谨以此书献给我天堂里的母亲

問獵天器

海岱地区商周青铜器研究

毕经纬 著

本书得到国家社科基金青年项目（12CKG004）、陕西师范大学优秀著作出版基金以及国家文物局文博人才培训示范基地（陕西师范大学）基金资助

序言(一)

毕经纬教授的《问道于器——海岱地区商周青铜器研究》终于付梓,我很是欣喜,这是第一部研究山东地区出土青铜器的综合性著作,是经纬十多年来孜孜不倦的成果。看到这部约八十万字的著作,就能想到他十多年来经常伏案至深夜,"焚膏油以继晷";中午亦趴在办公室的桌子上小憩一会儿,便继续看书、写作,以致眼睛成疾。正如陶渊明所言:"结庐在人境,而无车马喧。问君何能尔?心远地自偏。"心无旁骛地钻研学问,终于开花结果了。

山东半岛是一个独立的地理单元,东部是半岛、中部为山地丘陵、西北部属华北平原。独特的地理环境,创造了独特的人文文化。"海岱惟青州:嵎夷既略,潍淄其道"(《尚书·禹贡》):海泛指山东半岛面临之海,岱是泰山的别称,"海岱"原指泰山到海的一片区域,后又指山东之地。在中原文化进入山东半岛之前,这里是东夷文化的分布区域,岳石文化覆盖全省,甚至进入了淮河流域。最晚至早商晚期,商文化进入半岛,济南大辛庄遗址就是较为典型的遗址,出土的器物绝大多数与二里岗文化的同类器物相同,但亦有岳石文化的因素。商代中期,这里依然是商文化的势力范围,在菏泽安邱堌堆遗址、济宁潘庙遗址、泗水天齐庙遗址等都发现了中商时期的考古遗存,这一直延续到商末。20世纪30年代于青州苏埠屯发现了商代晚期墓葬;60年代中期至70年代初,又先后发掘了商代晚期的十座高等级墓葬,这些墓葬引起了学者的热烈讨论,被定为商代晚期方国方伯的墓葬。之后,又先后发现了桓台史家、邹平丁公、滕州前掌大等商晚期中原文化因素的遗址,也发现了珍珠门、芝水等代表土著东夷文化的遗址。

周人灭商,封周公于奄地,建鲁,逐渐在鲁西南形成了以鲁为中心的鲁文化区。封师尚父于薄姑,建齐,在鲁北形成了以齐为中心的齐文化区。周王室又先后在山东半岛分封了同姓与异姓子弟多人。东周时期,齐、鲁先后灭众多小国,两国独大。公元前249年,鲁为楚灭;公元前221年,秦兵攻入临淄,齐国灭亡,也标志着秦人统一六国。近四十年来,海岱地区先后发现了两周时期的多国遗存。较为引人瞩目的是20世纪末,在山东滕州前掌大发现了商末周初时期薛国首领和族人的墓地;2008—2009年,山东高青陈庄发现了西周城址、贵族墓葬、祭祀台等重要遗迹,出土了铜器、玉器、刻辞甲骨等重要遗物,特别是出土的"齐公"铭文,对遗址的解读非常重要。此外,曲阜的鲁故城、济阳刘台子的夆国遗址、长清仙人台的邿国遗址、胶州西庵的莒国遗址、邹城峄山的邾国遗址,以及沂源姑子坪、新泰周家庄、沂水纪王崮等墓地的先后发现,使我们逐渐了解了这一时期封国的概况。

对于商周青铜器族氏、封国的研究,一直是先秦考古学者们探讨的重点。从宋元明学者著录海岱青铜器,到清代学者《山左金石志》《山东通志》的出版,只是研究工作的发端。郭沫若的《两周金文辞大系图录考释》和王献唐的《山东古国考》开辟了研究的新途径,从出土器物的研究开始,结合文献、古文字材料,探讨古史,使山东古国的研究工作脱离了金石学的羁绊,进入了现代考古学的范畴。近六十年来,随着考古发掘的不断深入,出土的先秦时期青铜器越来越多,研究的文章、著作涉及方方面面,可谓汗牛充栋,但尚未有一本研究山东青铜器的综合性著作,毕经纬教授的这部巨著填补了这项空白。

毕经纬教授的《问道于器——海岱地区商周青铜器研究》一书,是在博士论文基础上写出的一部研究山东半岛地区青铜器的综合性著作。分为上、中、下三编,上编从青铜器的时空定位开始,将二里岗上层至东周时期的青铜器进行分期梳理,阐述了不同时期青铜器的组合、纹饰、铭文以及铸造特点,使读者更好地了解海岱地区青铜器的基本概况。

中编是在上编的基础上,对青铜器的深层分析,如海岱境内青铜器文化因素分析,不同时期随葬青铜器的摆放规律及用法等。较为重要的是论述山东半岛出土青铜器的国别与族属,这是以往学者研究的重点。作者在前人研究的基础上,分析了各个封国青铜器的特点,结合铭文与文献,列出了88国的分国表,并选出了商代的举、史、亚醜、融、爻等族属的铜器,周代的鲁、齐、莒、薛、邾、小邾、郜、夆、滕、纪、杞等封国的铜器,分别论述其出土的概况、器类、组合、形制特点以及纹饰与铭文,以飨读者。此外,作者还运用青铜器资料,从格局上梳理了青铜时代海岱青铜文化的演进过程。

下编,将海岱的青铜器研究上升到制度和思想层面。爵觚是商代青铜器组合的基础,等级的高低虽然有其他器物作为衬托,但主要是用爵觚的叠加来体现的;鼎簋是周代青铜器组合的基石,从西周中期始,鼎簋制度与编钟制度交相辉映,构成了贵族生活的主要成分,所谓"钟鸣鼎食"即是其最好的写照。"祛魅"是借用一个外来词汇,来讨论青铜器从夏商时期到西周、东周的发展过程中,古代宗教色彩日趋淡薄的过程。从深信鬼神,每举必卜、必问的虔诚信仰到流于形式的过程,可以说是中国青铜时代的大趋势,作者以海岱地区为蓝本很好地讨论了这个过程的大致情况。最后,运用文化因素分析法细致地分析了海岱地区周代青铜器的中原因素和东夷因素,从中梳理出海岱地区与中原地区文化融合过程的大致趋势。

总的来说,《问道于器——海岱地区商周青铜器研究》一书,在以下两个方面较为突出。

一、资料收集较全。资料是研究的基础,在资料完备的情况下,通过正确的方法,才能得出科学的结论。是书对2018年以前出土的材料都有涉及,列出的青铜器共218批次,基本涵盖了所有的出土资料,从礼容器、乐器到车马器、工具、兵器以及杂器等都一一列出,对器物形制、纹饰、组合、铭文、矿料铸造等均有论述,为进一步研究这一区域青铜器的学者提供了非常便利的条件。

二、在资料的基础上,由浅入深,从"形而下"到"形而上";由器物的分析,到器用制度,进而至格局的演化;从一个器物单位到封国的甄别,再进行思想文化上的探讨。论述逻辑清晰,层层深入,丝丝入扣。

当然,是书还有可商之处,亦有提高的空间,但瑕不掩瑜,可作为抛砖引玉之作,为中国青铜时代的研究作出一点贡献。

曹 玮
2019年春节于西安曲江春晓苑

序言(二)

毕经纬博士的《问道于器——海岱地区商周青铜器研究》(以下简称《海岱》)即将出版,他要我写一篇序言,我自感义不容辞,因为2006年他考取陕西师范大学硕士研究生时,我是他的导师。那一年我带了三位硕士研究生,除了他还有马强和吴伟。到了学位论文选题时,学院要我将部分研究生调配给曹玮老师,我遂与曹老师以及研究生商量,想作器类研究的跟我,想作区系研究的跟他。经纬来自山东,他想作山东地区的青铜器研究,于是他跟了曹老师。我一直很欣赏他的勤奋和稳健,虽然不再是他的研究生导师,但十多年来,经纬从研究生到留校当教师,我们一直在同一个单位,相互间时不时有一些交流,我也很高兴地目睹了他在曹老师的悉心指导下快速成长的历程。《海岱》的出版,就是一个很好的证明。

作为中国古代青铜器区系研究的专著,《海岱》有诸多优长之处。

第一,《海岱》是第一部系统研究海岱地区青铜器的著作。以往研究海岱地区的青铜器,或者研究其中的某一时段,或者研究某一局部地区,或者研究某一器类,总之难窥全豹。海岱地区是中国古代最重要的几个青铜文化区域之一,这里的青铜器很有特点。首先是数量多,《海岱》研究的青铜器就有65类8 261件。其次是年代跨度大,从商代中期到战国后期。再次是青铜器来源复杂,除了作为本地土著的东夷的青铜器,在商代与西周早期有商文化以及受商文化影响的青铜器,在西周早期到春秋早期还有周文化以及受周文化影响的青铜器,进入春秋以后,则有受晋、越和楚文化影响的青铜器。各种青铜文化因素在这里冲突碰撞、此消彼长、融汇演化,情景非常壮观。海岱地区是中国古代青铜文化面貌最为复杂、多元的地区之一,这无疑大大增加了海岱地区研究的难度,而作为区系研究的典型地区,也因此会大放光彩。《海岱》在这方面作出了很好的贡献。

第二,我们的区系研究应该怎么去作,或者说应该达到怎样的水平?《海岱》的努力令人注目。《海岱》在细致的分型分式、分期断代、组合形式和族别国别研究的基础上,形成精彩的第九章"海岱地区商周青铜文化的格局与演进",这一章分析了从史前到战国末年海岱地区各种青铜文化因素的消长及其原因。在海岱青铜文化的初始期(第一期),即史前到商代早期,海岱地区出土青铜器多为工具、武器和装饰品。此时商文化还没有进入海岱地区,其原因在于夏商之际的商、夷结盟,也就是《左传》记载的"景亳之会",会盟地点大约在海岱地区西南部的曹县一带。从商代中期到西周中期,是中原青铜文化向海岱地区的东进时期(第二期),其标志是商文化遗址和青铜器数量剧增,分布范围遍及海岱的大部分地区,实力推进到潍河一线。在商代,海岱地区没有发现性质明确的东夷青铜器。商人在海岱地区势力的急剧扩张,在史书中也留下痕迹,如《古本竹书纪年》记载商王南庚迁都于奄,阳甲居奄,而最有名的事件是帝辛征夷方,也见于殷墟出土的甲骨文和青铜器铭文。鉴于海岱地区作为土著的东夷青铜文化基础薄弱,因此在海岱地区青铜文化的第二期是商文化占优势地位的时期,海岱地区的青铜器基本上是外来的青铜器,与中原的商式青铜器差不多。第三期是海岱青铜文化的勃兴期,从西周晚期到战国。一方面随着周王室掌控力的减弱,东夷青铜文化实力加强,本土因素增多,特色显现;另一方面晋、越和楚文化介入,青铜文化面貌呈现多样性,后来由齐国青铜文化统一局面。当然,中原青铜文化始终占据统治地位。《海岱》将微观研究和宏观研究有效结合,将考古学与文献学相印证,透物见人,从社会变动的角度,给我们展示了一幅海岱地区四千多年历史文化的变迁图卷,揭示了变迁的原因,线条清晰,真实可信,具体而大气。《海岱》的研究,体现了当今中国古代青铜文化区系研究的前沿水平。

第三,区系研究有无特色,就看作者对自己所要研究的区系特征的了解程度。海岱地区的特点之一是国族林立。《海岱》第十章探讨"海岱地区商周青铜器的族别与国别特征",这是近年来研究区系的论著非常关注的一个问题,也是衡量区系研究成功与否的重要标尺,当然难度很大。如果不能较好地区分族别与国别,则所谓特征将无从谈起,甚至有可能弄错本源,南辕北辙。区分族别与国别首先要找到区分所在地区墓葬族属的标准,也就是《海岱》提出的"区分度"问题。《海岱》选取鲁国故城内共存的族属明显的甲、乙两组墓葬资料(其中甲组为东夷土著墓,乙组为姬姓周人墓),在此基础上提出几条判断族属的基本规则:首先是墓葬的形制、葬俗(朝向及随葬器物的摆放位置)、葬具,其次是铜容器的形制、纹饰和组合形式,再次是陶器的形制、纹饰和组合形式。并认为葬俗最稳定,区分度高。在甄别每一座墓葬青铜器时,《海岱》特别提醒大家,要注意出土青铜器中那些不属于墓主人的外来之器。这一点非常重要,若不能分清哪些是属于墓主人的青铜器,哪些是通过馈赠、婚嫁而来的器物,则墓主人族属非但不能搞清楚,甚至有可能错判,当初随州叶家山曾国墓地族属的误判就是一个典型例子。《海岱》的做法可谓明智之举。

海岱地区还有一个异于中原地区的特点就是女性用器的问题。《海岱》专辟一章(第十一章)来讨论"海岱地区商周青铜器的性别角色",是很有考量的做法,因为海岱地区女性墓葬出土的青铜器不同于中原地区,具有典型意义。在商代晚期至西周前期,女性墓出土的铜器类别、数量与男性墓比较接近,尤其在小型墓中,女性墓随葬兵器的比例高于男性墓(67%∶56%)。这与中原地区女性墓不随葬兵器大不一样,可以说颠覆了我们的传统观念。对此《海岱》作了仔细分析,认为在商代晚期至西周前期,海岱地区男女的社会地位差别不甚明显,春秋时期女性的从属地位基本形成。此说可信。

第四,《海岱》在作区系研究时,还提出一些超越区系研究的观点,如提出中国青铜器中期质变论的观点。《海岱》将海岱地区的青铜器分为五期:第一期约在二里岗上层二期至殷墟一期,相当于商代前期后段;第二期从殷墟二期至西周中期前段,即商代后期至西周前期;第三期从西周后期到春秋前期;第四期从春秋后期到战国前期;第五期为战国后期。《海岱》之所以这样分期,是源于青铜器的质变不是在一个历史朝代的开始,而是在一个朝代的中期,正是在这个时段,青铜器在类别、形制、纹饰等方面发生了显著的变化,形成了不同于以往面貌的铜器系统。这不仅有助于了解海岱地区青铜器年代及其演变的原因,对区系以外其他方面的研究也很有意义。

《海岱》不仅注意青铜器在墓葬中的组合关系,同时还关注青铜器在墓葬中的摆放位置,专设第四章"海岱地区商周青铜器的组合与随葬情况"来论述。《海岱》认为这种研究对于判断随葬品的性质与用途,了解古人的器用观念具有重要意义。譬如从摆放位置可以看出铜容器最受重视,其次是乐器,再次是兵器。在铜容器中,盨的地位可能不如簠;春秋晚期敦的地位高于豆,战国早期以后豆的地位高于敦;盘的地位高于匜。春秋战国时期,像章丘女郎山墓葬还专设兵器箱存放兵器,以示重视,时代越晚,兵器的地位越高。这些都是十分有益的探索。在这方面我们以往有所忽略,以至于考古报告和简报较少提供相关信息,而日本的考古学者非常重视墓葬中器物摆放的位置,他们因为墓葬出土实物太少,不得不关注器物之间的形式联系,结果却有了意想不到的收获,很值得我们学习借鉴。

下面谈几点意见和建议。

第一,《海岱》第十三章是"祛魅:海岱青铜器的世俗化及其制器思想",从器类与组合、形制及明器化、纹饰、铭文等方面来论证,本意是好的,问题是海岱青铜器的世俗化与中原地区青铜器的世俗化之间没有什么差别,正如作者自己所言"海岱地区商周铜器纹饰的世俗化进程基本与中原地区同步,其表现也基本无别","海岱地区商周铜器铭文的世俗化进程与中原地区基本一致"。既然商周铜器的世俗化是一个包括海岱地区在内都存在的一种现象,海岱地区并没有什么特殊的表现,这样大篇幅地论述,并不能很好地突显海岱地区青铜器的特色,还有可能冲淡主题。

第二,在第三章谈分期断代时,很少将所需判断年代的器物与标准器作对比,从而降低了结论的可信度。实际上虽然标准器不多,但还是有一些。海岱地区就有枣庄徐楼2009M1出土的宋公鼎,据考证这位宋公即宋共公,在位时间为公元前589—前576年。还有临朐杨善1963年墓葬出土的公子土折壶,据壶铭中人物生卒年的考证,壶的年代在公元前545—前539年之间。诸城臧家庄1970年墓葬出土的莒公孙潮子钟和镈,据铭文中相关人物在位时间推算,大约在公元前319—前280年。应该充分利用这些标准器。

第三,《海岱》提出几条判断族属的规则,首先是葬俗,而且认为葬俗最为稳定,应作为判断墓葬族属的首要条件。但滕国墓葬都有腰坑,墓向朝南,与姬姓墓葬不同;湖北随州叶家山曾国墓地的墓葬为东西向,墓主人头朝东,而且有的墓葬有腰坑,然而墓主人却是姬姓贵族。因此也不能过分依赖葬俗的可信性,恐怕还是要综合各方面条件来考虑。李学勤先生曾说过:"在青铜器有两种文化因素共存的情况下,中原文化的影响一般多表现于礼器……土著民族文化的影响多反映于兵器、用器,有时也作为纹饰在礼器上表现出来。"①譬如莒县西大庄墓葬虽然墓向朝北,但出土的夷式鬲、单耳卮、山字形器、人面首大刀非常有特色,所以莒县西大庄墓葬究竟是齐墓还是夷人墓,恐怕还需要研究。认为其属于齐墓的理由是此墓出土一件齐侯甗,这个墓葬不大,却只出一件齐国国君的铜器,反而可能成为否定其为齐墓的证据。

以上所言,未必妥当。无论是优长之处,还是不足部分,我都愿意提出来与经纬博士讨论,也希望得到诸位同行学者的批评指教。

张懋镕
2019 年五四青年节于西安

---

① 李学勤:《镇江地区青铜器》,《中国历史博物馆馆刊》总 9 期,1986 年;《缀古集》,上海古籍出版社,1998 年,第 98—99 页。

目　　录

序言（一） ……………………………………………………………… 曹　玮　1

序言（二） …………………………………………………………… 张懋镕　1

绪论 ………………………………………………………………………………… 1

上编　彝在东方：器物整理

第一章　海岱地区商周青铜器的发现与辨伪 ………………………………… 33
　　第一节　发现概况 ……………………………………………………………… 33
　　第二节　铜器辨伪 ……………………………………………………………… 55

第二章　海岱地区商周青铜器的形制分析 …………………………………… 61
　　第一节　青铜容器 ……………………………………………………………… 61
　　第二节　青铜乐器 …………………………………………………………… 118
　　第三节　青铜兵器 …………………………………………………………… 121
　　第四节　青铜工具 …………………………………………………………… 137
　　第五节　青铜车马器 ………………………………………………………… 144
　　第六节　青铜杂器 …………………………………………………………… 153

第三章　海岱地区商周青铜器的分期与时代推断 ………………………… 158
　　第一节　分组与分期 ………………………………………………………… 158
　　第二节　各期的时代推断 …………………………………………………… 172
　　附论　商周青铜器中期质变论——海岱商周青铜器分期的启示 ………… 181

第四章　海岱地区商周青铜器的组合与随葬情况 ………………………… 190
　　第一节　青铜器的组合 ……………………………………………………… 190

第二节　青铜器的随葬情况 ………………………………………………… 212

第五章　海岱地区商周青铜器的纹饰 …………………………………………… 230
　　第一节　动物类纹饰 ………………………………………………………… 230
　　第二节　几何类纹饰 ………………………………………………………… 250
　　第三节　纹饰的演变及其社会背景与思想内涵 …………………………… 258

第六章　海岱地区商周青铜器的铭文 …………………………………………… 275
　　第一节　铭辞分类 …………………………………………………………… 275
　　第二节　铭文中的国、氏、姓与职官 ……………………………………… 278
　　第三节　铭文中的徽铭 ……………………………………………………… 293
　　第四节　铭文中的列国婚姻 ………………………………………………… 302
　　第五节　铭文中的史实 ……………………………………………………… 309
　　第六节　铭文的区域特征 …………………………………………………… 312
　　小结 …………………………………………………………………………… 314

第七章　海岱地区商周青铜器的矿料来源与铸造地分析 ……………………… 316
　　第一节　铜矿分布与文献记载 ……………………………………………… 316
　　第二节　矿料来源与铸造地 ………………………………………………… 318

中编　器问东西：现象分析

第八章　海岱地区商周青铜器文化因素分析 …………………………………… 325
　　第一节　文化因素分析 ……………………………………………………… 325
　　第二节　与周边青铜文化的交流与互动 …………………………………… 337

第九章　海岱地区商周青铜文化的格局与演进 ………………………………… 344
　　第一节　海岱青铜文化的初始：史前至商代早期 ………………………… 344
　　第二节　中原青铜文化的东进：商代中期至西周前期 …………………… 348
　　第三节　海岱青铜文化的勃兴：西周后期至战国时期 …………………… 356
　　第四节　海岱青铜文化格局形成及其演进的背景 ………………………… 360

小结 ··· 365

第十章 海岱地区商周青铜器的族别与国别特征 ······································ 367
 第一节 部分青铜器的族属与国别推断 ··· 367
 第二节 商代青铜器的族别特征 ··· 388
 第三节 周代青铜器的国别特征 ··· 397

第十一章 海岱地区商周青铜器的性别角色 ·· 422
 第一节 商代后期至西周前期 ··· 423
 第二节 西周后期至春秋前期 ··· 425
 第三节 春秋后期至战国时期 ··· 427
 小结 ··· 430

下编 道器之间：器用制度与制器思想

第十二章 海岱地区商周青铜器的器用制度 ·· 435
 第一节 爵觚制度 ··· 435
 第二节 鼎簋制度 ··· 438
 第三节 编钟制度 ··· 446
 小结 ··· 452

第十三章 祛魅：海岱青铜器的世俗化及其制器思想 ······························· 453
 第一节 器类与组合的更替 ·· 453
 第二节 形制趋于单一与明器化 ·· 456
 第三节 纹饰的简化及功能的转变 ··· 461
 第四节 铭文内容与书体的世俗化 ··· 465
 第五节 祛魅：海岱地区商周青铜器世俗化的社会背景 ······················ 467

第十四章 碰撞、融合与新生：海岱青铜文化的多元性及其蜕变 ················ 472
 第一节 铜器组合的多元性 ·· 473
 第二节 铜器形制的多元性 ·· 475

第三节　出土陶器的多元性 ·· 477
第四节　墓葬形制及葬俗的多元性 ·· 478
第五节　多元性成因分析 ·· 480
小结 ·· 481

结语 ·· 482

参考文献 ·· 490

附表 ·· 514
　附表一　海岱地区商、西周青铜器出土单位一览表 ·················· 514
　附表二　海岱地区东周青铜器出土单位一览表 ························ 529
　附表三　海岱地区传世商周铜器一览表 ································· 554

后记 ·· 592

绪　论

一、研究背景

"海岱"一词源于"海、岱惟青州"(《尚书·禹贡》),"海"即大海,"岱"指泰山,二者之间涵盖了今天山东省的大部分地区。蒙文通、徐旭生先生把其地先民分别称为"海岱民族"[①]"东夷集团"[②],且视为当时的三大族团之一,这说明早在70余年前学者们就已认识到这一地区在地理、文化上的独立性。高广仁先生总结了以往学者对这一地区先民及其文化的称谓,从考古学角度,把大汶口—龙山文化系统所分布的区域称为"海岱历史文化区",简称"海岱地区"[③]。

考古学上的海岱地区有广义、狭义之分。广义的海岱地区指鼎盛时期的海岱文化(大汶口文化、山东龙山文化)所分布的区域,一般包括今山东全省、苏北、皖北、豫东、冀东南以及辽东半岛在内的广大地区[④]。狭义的海岱地区则指先秦时期海岱文化的中心区域,即今天的山东省境,尤其是泰沂山脉及其周围地带。本书的海岱地区取其狭义,即山东省境。

海岱地区北部、西部和西南部是济水、泗水浸润的开阔平原,中部的泰沂山脉向东连接莱山山脉后蔓延至渤海和黄海,向南绵延到淮河流域。古济水由海岱西部入境后折向东北,贯穿海岱地区北部后入海,把海岱地区从华北平原切割下来;泗水自蒙山南麓汇流而出(此按谭其骧《中国历史地图集》),在苏北与沂水交汇。济水、泗水、沂水、黄海、渤海所形成的包围圈就是今天海岱地区的大致范围,是华北平原南部一块相对独立的地理单元(图一)。相对独立的地理环境大致决定了海岱考古学文化的相对独立性,自北辛文化至岳石文化,莫不如是。

海岱地区自新石器时代以来的文化遗存,主要分布于由济水、大野泽、南四湖、泗水、沂水、黄海、渤海所形成的包围圈之内。大汶口文化是新石器时代第一个覆盖海岱全境的考古学文化,之后是龙山文化和岳石文化,其发达程度(岳石文化除外)可与中原地区同时期的考古学文化相媲美。值得注意的是,海岱地区的每个考古学文化与中原同时期的考古学文化之分界线均相去不远,而且也与今天鲁、豫两省的边界相近。由此可知,由济

---

① 蒙文通:《古史甄微》,商务印书馆,1933年,第5页。
② 徐旭生:《中国古史的传说时代》,文物出版社,1985年,第48—56页。该文初版于1943年。
③ 高广仁:《海岱区先秦考古论集》,科学出版社,2000年,第1—21页。
④ 栾丰实:《海岱地区考古研究·前言》,山东大学出版社,1997年。

图一 海岱地形图①

水、泗水在鲁西、豫东所形成的分界十分稳固,这种稳固性与该地在元代以前为广阔的沼泽水域所形成的天然屏障有直接的关系。

由于商代都城多分布在今天的冀、鲁、豫边境一带,从而打破了自新石器时代以来所形成的文化分界,商文化逐渐统治了海岱地区的大部分地域。西周时期的封土建国、以藩屏周政策,取得突破性进展,至西周晚期,整个海岱地区都纳入了周文化体系。需要注意的是,海岱青铜文化始终保留着一些自身的文化特色,在面貌上并未与中原青铜文化完全合流。直至秦汉时期,海岱文化作为中国考古学文化一个极具特色的地域文化,才最终融入了大一统的洪流之中。

苏秉琦先生曾经指出:山东既有它的整体性,各地又有各自的重点方面;其自然地

---

① 转自《中国分省地图集》,中国地图出版社,2013年,第7页。

理、人文条件既有它内向的一面,又有它外向的一面,但总的来说,在我国文明史上有着特殊的贡献①,并认为"山东是中国考古学界的三大支柱之一"②。美国学者明恩溥(Arthur H. Smith)认为"There is no one of all the provinces of China better worth studying than Shantung"③,意即山东是中国最值得研究的地方。

高明④、李伯谦⑤、李学勤⑥、朱凤瀚⑦等先生皆将海岱地区作为中国青铜文化一个重要的区系单元,海岱青铜文化是中国青铜文化不可或缺的部分。对其开展系统研究,有助于剖析中国青铜文化的构成情况以及海岱文化融入中原王朝文化的历史进程。

此外,东周时代正处于世界文明得以重大突破的"轴心时代"⑧。这一时期的海岱地区出现了众多先贤圣哲,其数量远多于其他地区,对中国后世的文化繁荣以及中国轴心文化——儒家文化的形成,有着至关重要的影响。其原因值得深思。对海岱地区商周青铜器进行系统研究,既有助于理清其境内青铜文化的构成,还可为探索东周时期该地文化繁荣的深层次原因提供考古学证据。

由于流传下来的先秦文献较为匮乏,考古资料遂成为探索以上问题的重要凭借,而其中又以墓葬资料最为丰富和重要,也相对容易解读。青铜器作为当时身份、地位的象征,在商周墓葬中最受重视,加上青铜器具有可铭刻、耐腐蚀等属性,遂成为当前研究海岱青铜文化的构成、国别、族属及其所反映的历史文化、社会生活、器用制度、祭祀观念、制器思想等方面的重要资料。

由于商周王朝的政治文化中心多位于中原地区,因此,这一时期的青铜器主要发现于这一地区。实际上,在21世纪之前,关于商周青铜器的研究也多集中在中原地区⑨,中原以外各地区的青铜器序列在21世纪之前尚未建立起来⑩。21世纪以来,关于区域青铜器的研究已取得丰硕的成果,主要表现在两个方面:一是研究的区域不断拓展,二是研究的区域不断细化。自《陕西出土商周青铜器》⑪等大型著录书问世以来,中原以外青铜器的著录与研究也相继出现⑫。同时,青铜器的区域研究还呈现出不断细化的倾向,涌现出大批针对某一区域或国别青铜器的著录与研究⑬。与之相比,关于海岱地区青铜器的著录

---

① 苏秉琦:《再谈筹建考古实验站与课题问题——苏秉琦教授给山东省文物局负责人的一封信》,《海岱考古》(第一辑),山东大学出版社,1989年,第3—5页。
② 参见杨子范:《对山东史前考古的追述与瞻望》,《山东史前文化论文集》,齐鲁书社,1986年,第16页。
③ Arthur H. Smith, *China and America Today*, NewYork: Laymans Missionnary Movement, 1907.
④ 高明:《中原地区东周时代青铜礼器研究》(上),《考古与文物》1981年第2期。
⑤ 李伯谦:《中国青铜文化的发展阶段与分区系统》,《华夏考古》1990年第2期。
⑥ 李学勤:《走出疑古时代》,辽宁大学出版社,1994年,第197页。
⑦ 朱凤瀚:《中国青铜器综论》,上海古籍出版社,2009年,第1043、1379、1536、2009页。
⑧ 卡尔·雅斯贝斯著,魏楚雄、俞新天译:《历史的起源与目标》,华夏出版社,1989年,第27页。
⑨ 张长寿:《长江流域青铜器研究·序言》,施劲松:《长江流域青铜器研究》,文物出版社,2003年。
⑩ 李学勤:《古代中国青铜器·序言》,朱凤瀚:《古代中国青铜器》,南开大学出版社,1995年。
⑪ 陕西省考古研究所、陕西省文物管理委员会等:《陕西出土商周青铜器》,文物出版社,1979年。
⑫ 如《云南青铜器》《鄂尔多斯式青铜器》《吴越和百越地区周代青铜器研究》《湖南出土殷商西周青铜器》《长江流域青铜器研究》等。
⑬ 如《殷墟青铜器》《周原出土青铜器》《城洋青铜器》《陕北出土青铜器》《皖南商周青铜器》《岭南地区出土铜器研究》《楚系青铜器研究》《晋系青铜器研究》《曾国青铜器研究》等。

和研究已明显落后。究其原因,一是由于商周时期的海岱地区国族林立,文化面貌比较复杂,研究的难度较大;二是关于这方面的研究工作并未充分展开,研究力度稍显不足。

当前,海岱各地发现的商周青铜器群已超过300批,所出铜器几乎囊括了中原地区的所有器类,加上传世铜器,总数已超过7890件,开展系统研究的条件已经成熟。如何利用这些青铜器及其相关的考古资料,建立起海岱地区商周青铜器的时代构架,理清其境内青铜文化的构成、区域特征以及格局与演进情况,进而进行国别、族属、器用制度、器用观念、制器思想等方面深层次的研究,已经成为今后海岱地区商周考古工作的一个重要任务。这些研究对于认识海岱青铜文化的面貌、内涵、变化和传承也均有重要意义。

本书选择海岱地区的商周青铜器作为研究课题,正是基于以上考虑。

具体而言,本课题的研究意义主要在以下几个方面:

(一)从时间上构建海岱地区商周青铜器的发展、演变框架;从空间上考察海岱地区商周青铜器的区域特征及其文化因素构成;从空间和时间的二维视角考察海岱地区商周青铜文化的格局及其演进情况。

(二)海岱青铜文化在中国青铜文化体系中的重要地位。在中国青铜文化区系研究中,高明、李学勤、李伯谦、朱凤瀚等先生均将海岱地区作为一个独立的区系单元对待,海岱青铜文化在中国青铜文化体系中占有重要地位。

(三)海岱青铜文化对中国青铜文化的贡献,是海岱地区商周考古研究的重要课题。对海岱地区商周青铜器进行系统研究,考察周边地区所出铜器中的海岱文化因素,可为解决这一课题提供实物依据。

(四)海岱地区春秋时期文化高度繁荣之原因的考古学观察。春秋时期的海岱地区出现了众多的先贤圣哲,对当时及后世中国的文化繁荣,尤其是中国轴心文化——儒家文化的形成,有着至关重要的影响。从海岱地区青铜文化的多元性入手,可为探讨其原因提供实物依据。

(五)关于海岱青铜器的研究相对滞后。近年来,区域性青铜器研究成果不断涌现,但关于海岱地区商周青铜器的系统研究还较为薄弱,加快这一方面的研究已是海岱地区商周考古工作的当务之急。

本书的主要研究对象是海岱地区商周时期的青铜器,在器类上以容器为主,兼及兵器、乐器、车马器、工具及部分杂器。其中大部分铜器具有明确的出土地点,伴出关系较为清楚,是本书研究的主要对象。另外,山东省各市、县博物馆历年来征集的明确属于海岱地区的青铜器以及出土地点不明的传世铜器,为本书研究的补充资料。需要注意的是,少量外来之器,如山东肥城小王庄出土的陈国嫁女之器,沂水县出土的黄太子盆、攻吴王剑,以及齐伐燕掳夺而来的陈璋方壶、圆壶(后刻铭文除外)等,不在本书研究范围。此外,各地、市博物馆征集的不能确定属于海岱地区的铜器,本书也不涉及。

本书主要从三个层面对海岱地区商周青铜器展开研究。一是运用类型学方法,对海岱青铜器的形制与纹饰进行分析,结合铜器组合、铭文,利用文化因素分析法和统计学方法，从器物层面构架起海岱青铜器的发展序列和空间体系。二是从社会层面，探讨海岱青铜器的国别族别特征、性别特点、文化因素构成与格局演进情况及其社会动因。三是引入哲学、社会学相关概念与方法，从制度、思想和习俗层面探讨海岱铜器的器用制度、世俗化进程、制器思想，以及海岱青铜文化在与周边青铜文化碰撞、融合之后的蜕变情况等。

二、研究简史

海岱铜器发现、研究的历史至迟可以追溯到西汉中期，《汉书·郊祀志》载武帝时"少君见上，上有故铜器，问少君。少君曰：'此器齐桓公十年陈于柏寝。'已而按其刻，果齐桓公器"[①]。之后的《梁书·刘杳传》载刘杳言"顷魏世鲁郡地中，得齐大夫子尾送女器，有牺樽，作牺牛形。晋永嘉贼曹嶷于青州发齐景公冢，又得此二樽，形亦为牛象"[②]。但关于海岱铜器的著录，目前所见始于宋代，如《博古图》《集古录》等。自宋至今，关于海岱铜器的著录与研究可分两个大的阶段：一是金石学范畴的著录与考释阶段，二是考古学范畴的综合研究阶段。具体情况概述如下。

（一）金石学范畴的著录与考释

两宋时期，金石学兴起，海岱铜器始见著录，《博古图》《集古录》《金石录》等著录书皆有辑录。经过元、明两代的低落后，于清代后期至民国时期又复兴起，丁树桢、吴式芬、王懿荣、陈介祺等收藏名家皆搜集了大量海岱铜器，当时的金石学家多有关于海岱铜器的著录与考释面世，如《西清》《筠清》《攈古》《缀遗》《两罍》《三代》《周金》等。这一阶段的著录体例，自宋人创立以来少有更易，或据器类或依时代对青铜器进行辑录，海岱铜器多散见于各家著录书之中。这一著录体例在乾嘉以后才出现了一些变化。

1. 海岱金石辑录专著的出现

乾嘉以后，出现了关于海岱铜器与石刻文字的辑录专著，如《山左金石志》[③]《济州金石志》[④]《益都金石记》[⑤]《山东通志·卷147·金石》[⑥]（后文简称《通志》）等[⑦]。值得一提的是，《通志》共辑录海岱铜器59件，虽仅有释文与流传情况，未附器物或铭文图片，所收铜器也不完备，但却为海岱铜器分域、集中著录之先声，预示着海岱铜器的辑录与考释即将结束千年来的散辑散录局面，开始转向分域式的集中著录，意义重大。但书中仍杂有石

---

① ［汉］班固：《汉书》，中华书局，1962年，第1216页。此器可能与十年陈侯午敦为同一批器物，若是，则齐桓公为田齐桓公。
② ［唐］姚思廉：《梁书》，中华书局，1973年，第715页。
③ ［清］毕沅、阮元：《山左金石志》，仪征阮氏小琅嬛仙馆刻本，1797年。
④ ［清］徐宗干、冯云鹓：《济州金石志》，闽中自刻本，1845年。
⑤ ［清］段松苓：《益都金石记》，益都丁氏刻本，1883年。
⑥ 孙葆田、法伟堂等纂，张曜、杨士骧等修：《山东通志·卷147·金石》，初刊于1915年，商务印书馆1934年影印，上海古籍出版社1988年重印，第4375—4405页。
⑦ 参见王恩田：《齐鲁文化志》，上海人民出版社，1998年，第62—68页。

刻等文字,尚未出现辑录海岱铜器的专著。

2. 海岱铜器辑录专著的问世

1940年出版的《山东金文集存·先秦编》①可以视为对《通志》海岱铜器辑录的发展和完善。本书共辑录302件海岱铜器,是新中国成立之前关于海岱铜器的集成之作。值得一提的是,此书对海岱地区先秦时期的列国历史、地望与传承等内容皆有涉猎,尤为难得的是,文后还附绘《山东先秦吉金出土地址图》。该书开创了关于海岱铜器专书著录与研究的先河。此书的出现,标志着海岱金文从此与石刻文字分道扬镳,走上了专域集录式的著录与研究路径。该书虽有漏录、误录等问题,但瑕不掩瑜。

《两周金文辞大系图录考释》②一书共辑录、考释海岱两周时期铭文铜器86件,其中齐器36件,鲁、邾器各13件,杞器9件,纪器7件,铸、滕器各3件,薛器2件。该书结合上古史料、文字训诂,对铭文中的人名、地名进行解读的方法与结论,至今仍有重要价值。需要说明的是,该书虽然参考了考古学关注器物形制、纹饰的研究理念,并创造性地提出标准器断代法,但在书中并未充分付诸实践,其对海岱铜器的研究,仍集中于对铭文的考释。就海岱铜器而言,《大系》的研究方法仍可归入传统的金石学方法。

此外,关于海岱铜器的重要著录书,还有柯昌济《金文分域编》③、徐中舒《陈侯四器考释》④、胡小石《齐楚古今表》⑤等。

3. 海岱铜器金石学著录的衰落

20世纪50年代以后,随着国内考古学的兴起,金石学的辑录与考释呈现出衰落趋势,关于海岱铜器的著录及考释日渐式微。由于众所周知的原因,这一时期,关于海岱铜器的著录与研究基本停滞,成果甚少,仅有几篇关于陈僖壶、邾伯甗、眉敖簋等铜器的考释与著录文章。直至20世纪80年代以后,关于海岱金文的著录与研究才进入快速发展时期,至今已涌现出数百篇(部)研究论著,如《鲁国金文编注》⑥《齐国金文及其史料价值》⑦《试论山东新出青铜器的意义》⑧《山东诸小国铜器研究——〈两周金文大系续编〉分国考释之一章》⑨《山东出土莒之铜器及其相关问题综考》⑩《齐国彝铭汇考》⑪《齐国金文研究》⑫以及《山东金文集成》⑬《海岱古族古国吉金文集》⑭《山东出土金文整理与研究》⑮

---

① 曾毅公:《山东金文集存·先秦编》,齐鲁大学国学研究所石印本,1940年。
② 郭沫若:《两周金文辞大系图录考释》,上海书店出版社,1999年,器189—275。
③ 柯昌济:《金文分域编》,余园丛刻,1935年。
④ 徐中舒:《陈侯四器考释》,《中研院史语所集刊》第三本第四分,1931年,第479—506页。
⑤ 胡小石:《齐楚古今表》,《国风》(第十一期),钟山书局,1934年。
⑥ 郭克煜、梁方健、陈德银:《鲁国金文编注》,曲阜师范学院孔子研究所、历史系中国古代史研究室油印本,1983年。
⑦ 梁方健:《齐国金文及其史料价值》,《管子学刊》1989年第1期。
⑧ 李学勤:《试论山东新出青铜器的意义》,《文物》1983年第12期。
⑨ 黄盛璋:《山东诸小国铜器研究——〈两周金文大系续编〉分国考释之一章》,《华夏考古》1989年第1期。
⑩ 黄盛璋:《山东出土莒之铜器及其相关问题综考》,《华夏考古》1992年第4期。
⑪ 江淑惠:《齐国彝铭汇考》,台湾大学出版委员会,1990年。
⑫ 刘伟杰:《齐国金文研究》,山东大学硕士学位论文,2004年。
⑬ 山东省博物馆:《山东金文集成》,齐鲁书社,2007年。
⑭ 陈青荣、赵缊:《海岱古族古国吉金文集》,齐鲁书社,2011年。
⑮ 苏影:《山东出土金文整理与研究》,华东师范大学博士学位论文,2014年。

等。其中影响较大的是《山东金文集成》等。

《山东金文集成》共辑录海岱地区商周时期有铭铜器800余件，基本上囊括了海岱地区历代出土的商周有铭铜器，并附有器物的尺寸、出土、流传、藏地、释文、著录等信息①。此外，该书文后还附有分区汇总的《山东地区商周时期出土铜器墓葬器物一览表》，方便学者查阅，对研究海岱铜器与金文有重要价值。遗憾的是，书中有一些美中不足之处，也有一定数量的误录、漏录之器②，一定程度上影响了其学术价值。

《海岱古族古国吉金文集》一书以地域为经，时间为纬，将胶东半岛作为起点，以泰沂山脉北侧、西侧、南侧为空间顺序，依据铜器铭文，对海岱古族古国进行了拟合与地域上的推断，之后依据族、国顺序，将其所属铜器、相关铜器以及该地区出土的国族不明的有铭铜器一一收录，族属及国别不明但以往著录言及海岱出土的铜器也一一附列③。该书收录铜器3 564件，辑录国、族180个，是目前辑录海岱金文最全的著录书，也是研究海岱历史、考古以及古文字等方面的重要资料。该书涉及了一些文献未予记载或记载较少的海岱古族古国，丰富了海岱古国、古族的内容，对研究海岱先秦历史与民族具有一定价值。然而，该书也有一些可商之处，如对"相关铜器"的搜集失于宽泛。此外，书中对部分器物未予甄别而加以收录，比如，"限"国（族）是根据龙口市徐家村出土的铜簋铭文"王在限，王子至于方"得来，然而其中部分铭文字义难明，该器缘何铸造、器主与王及王子之间有何关联等信息皆不明朗，且铭文中尚有"于方"之地名。该书把此簋定为限国（族）之器，并把"限"地定在莱州一带，有武断之嫌。再如"限"的相关参考器"伯限爵"之"限"应为人名（或字），将其视为国、族之名而收入书中，亦可商榷。类似情况在书中还有不少。该书将以往所认为的族氏徽铭等同于国氏名的做法显然也值得商榷。另外，书中还有少量漏收之器以及少量伪器或伪铭，部分铜器的年代判断也不甚准确。

《山东出土金文整理与研究》一文主要分为三部分，第一部分依据食器、酒器、乐器、水器、用器及兵器等载体的不同，对山东地区出土金文进行著录与考释，并附有器物图片、铭文拓片以及器物时代、出土地点；第二部分对山东金文中较为重要的85个偏旁的出现频率、出现时间、分布地域及演变规律进行了考论；第三部分对山东金文中的12个形体较为特殊的字进行了考释④。该文是从文字学角度对山东所出金文的整理与研究，其主要贡献是从古文字角度对85个部首及12个疑难字体的梳理和考释。

这一阶段关于一件或一组铜器铭文的研究文章，主要有于省吾《陈僖壶铭文考释》、陈邦怀《对〈陈喜壶〉一文的补充》、黄盛璋《关于陈喜壶的几个问题》、石志廉《陈喜壶补正》等，皆载于《关于〈陈喜壶〉的讨论》⑤。关于记载齐伐燕所获陈璋壶铭文的考释见于

---

① 山东省博物馆：《山东金文集成》，齐鲁书社，2007年。
② 商艳涛：《读〈山东金文集成〉》，《中国国家博物馆馆刊》2011年第5期。除此外，此书尚有不少其他不当之处，既有误录之器，也有漏录之器，笔者有专文探讨，兹不详论。
③ 陈青荣、赵缊：《海岱古族古国吉金文集》，齐鲁书社，2011年。
④ 苏影：《山东出土金文整理与研究》，华东师范大学博士学位论文，2014年。
⑤ 于省吾、陈邦怀、黄盛璋等：《关于〈陈喜壶〉的讨论》，《文物》1961年第10期。

周晓陆《盱眙所出重金络罐·陈璋圆壶读考》①、孙贯文《陈璋壶补考》②等。此外，还有王锡平《对山东黄县庄头西周墓出土铜器铭文的初步研究》③、王永波《论禽簋与鲁国始封年代》④、何琳仪《淳于公戈跋》⑤《莒县出土东周铜器铭文汇释》⑥、夏麦陵《叔夷钟铭与齐侯灭莱》⑦、方辉《鄁公典盘铭考释》⑧、曹定云《春秋杞国铜器铭文考释——兼论杞国迁徙及相关问题》⑨、涂白奎《〈鄁公典盘〉及相关问题》⑩、陈絜《郜氏诸器铭文及其相关历史问题》⑪等。

在对海岱金文进行考释的众多学者中，成果较多的是孙敬明，其相关文章多收于《考古发现与齐史类征》⑫，主要有《山东临朐新出铜器铭文考释及有关问题》《临淄出土㽙国铜敦考》《庚壶忝释》《山东潍坊新出铜戈铭文考释及有关问题》《荆公孙敦约解》《商周金文七解》（含七篇小文章：《鲁归父敦小识》《西周东周两寝盂》《"宅止癸"爵铭考》《新见䢵侯簋与同类器之名称考》《东周金文与铸史小笺》《山东新见陈器述略》《漆、黄铜器铭文比较研究》，皆与海岱铜器有关）《潍淄流域商代铜器铭文小笺》《两周金文与㽙史新征》《沂蒙先秦兵器铭文集释绎论》《莱国彝铭试释及论有关问题》《莒地新见齐、鲁、诸、莱、黄、陈六国铜器考》《两周金文与莒史补》等数十篇。

此外，论及海岱铜器的论著，还有杨树达《积微居金文说》⑬、白川静《金文通释》⑭等，图录方面有《小邾国遗珍》⑮等，工具书方面有《齐文字编》⑯等。

以上著录书多集中于对图像与铭文的著录和考释，其体例基本依循自宋以来的金石学著录体例，因此，这一时期可以称之为金石学范畴的著录、考释阶段。虽然这些论著著录与考释的角度和研究范围有限，但为考古学范畴的科学研究提供了经验、资料以及知识上的积累和借鉴，有筚路蓝缕之功。

（二）考古学范畴的综合研究

这一阶段，大致可分为三个时期：20 世纪 30—40 年代、50—70 年代以及 80 年代

---

① 周晓陆：《盱眙所出重金络罐·陈璋圆壶读考》，《考古》1988 年第 3 期。
② 孙贯文：《陈璋壶补考》，《考古学研究》（一），文物出版社，1992 年，第 287—300 页。
③ 王锡平：《对山东黄县庄头西周墓出土铜器铭文的初步研究》，《烟台师范学院学报》（哲学社会科学版）1991 年第 3 期。
④ 王永波：《论禽簋与鲁国始封年代》，《东南文化》2000 年第 11 期。
⑤ 何琳仪：《淳于公戈跋》，《杞文化与新泰》，中国文联出版社，2000 年，第 98—103 页。
⑥ 何琳仪：《莒县出土东周铜器铭文汇释》，《文史》2000 年第 1 辑。
⑦ 夏麦陵：《叔夷钟铭与齐侯灭莱》，《管子学刊》1993 年第 2 期。
⑧ 方辉：《鄁公典盘铭考释》，《文物》1998 年第 9 期。
⑨ 曹定云：《春秋杞国铜器铭文考释——兼论杞国迁徙及相关问题》，《杞文化与新泰》，中国文联出版社，2000 年，第 43—52 页。
⑩ 涂白奎：《〈鄁公典盘〉及相关问题》，《考古与文物》2003 年第 5 期。
⑪ 陈絜：《郜氏诸器铭文及其相关历史问题》，《故宫博物院院刊》2009 年第 2 期。
⑫ 孙敬明：《考古发现与齐史类征》，齐鲁书社，2006 年。
⑬ 杨树达：《积微居金文说》，上海古籍出版社，2007 年。初版于 1952 年。
⑭ 白川静：《金文通释》，白鹤美术馆，1962 年。
⑮ 赵友文主编：《小邾国遗珍》，中国文史出版社，2006 年。
⑯ 孙刚：《齐文字编》，福建人民出版社，2010 年。

至今。

1. 20世纪30—40年代

受西方考古学影响，出现了结合器物形制、铭文、纹饰以及传世文献等方面对海岱铜器的综合研究。《山东益都苏埠屯出土铜器调查记》①是其中的先行者，该文结合铜器形制、纹饰、铭文、文献等进行研究的方法，揭开了海岱铜器综合研究的序幕，具有承前启后之功。该文对1931年苏埠屯先后发现的两批铜器的出土地点、出土经过以及出土铜器的形制、纹饰、体量等信息进行了详细的描述。尤为重要的是，该文依据器物纹饰，判定两批铜器有早晚之分，并在与殷墟所出铜器纹饰进行比较之后，认为第一批铜器的时代为商代，第二批铜器的时代为商末周初。该文的研究方法与所得结论均较为准确、合理，揭开了结合铜器出土信息、铜器形制、纹饰以及文献信息等对海岱铜器进行考古学范畴的综合研究之序幕。

此外，值得提及的是郭沫若《彝器形象学试探》一文，该文分析了不同时期铜器的种类、形制与纹饰的主要特征，还以钟、鼎为例，分析了中国青铜器的演变规律，并将中国青铜器的发展过程分为五期：滥觞期，相当于殷商前期；勃古期，殷商后期至周初成、康、昭、穆之世；开放期，恭、懿以后至春秋中叶；新式期，春秋中叶至战国末年；衰落期，战国末年以后②。该文是早期运用西方考古学理论研究中国青铜器的重要论著，其对中国青铜器发展过程的分期，不囿于历史朝代而以铜器自身演变特点为依据的做法，更是充满智慧之光，反映了作者对中国青铜器发展过程的深刻理解与认知。本书关于海岱铜器的分期结果，也证明了这一分期方法及其结论的科学性和合理性。

这一时期涉及海岱铜器考古学研究的，还有容庚《商周彝器通考》③、陈梦家《中国铜器概述》④等。

2. 20世纪50—70年代

随着考古学研究方法的逐渐推广以及科学发掘铜器的增多，研究视域逐渐由个体铜器扩展到铜器群，并由铜器扩展到出土铜器的墓葬。这一时期，关于海岱铜器的研究成果主要如下。

陈梦家的《西周铜器断代》⑤。该书虽然仅涉及少量海岱铜器，但其在中国青铜器研究史上具有重要地位。该书分为上、下、外三编：《西周器铭考释》《西周铜器总论》《相关论著》。上编对铭文的考释实际上是对个体铜器的综合性研究，内容包括器物（包括图像与铭文）的主要著录情况，铭文与器物形制、纹饰的介绍，联系甲骨、金文及文献对相关字

---

① 祁延霈：《山东益都苏埠屯出土铜器调查记》，《中国考古学报》（第二册），商务印书馆，1947年，第167—177页。
② 郭沫若：《两周金文辞大系图编序说——彝器形象学试探》，《两周金文辞大系图录考释》，科学出版社，1957年。该文完稿于1934年。
③ 容庚：《商周彝器通考》，哈佛燕京学社，1941年。
④ 陈梦家：《中国铜器概述》，《海外中国铜器图录》，国立北平图书馆，1946年，第4页。该文完稿于1940年。
⑤ 陈梦家：《西周铜器断代》，中华书局，2004年。其中部分内容刊于《考古学报》1955年第1—2期及1956年第1—4期。

词、人名的考释,相同人名、族名、地名、国别等铜器的互联关系、相关史实以及铜器的出土地点,综合以上因素对铜器的时代进行判断。这一研究方法确立了关于个体铜器研究的典范,至今仍被广泛采用。下编是对西周铜器与相关的历史、地理、周礼等方面的综合研究。有些结论虽然现在看来不甚准确,如关于商、周铜器八个方面的区别等,但其研究方法与所得结论在不少方面都具有重要贡献,其中有不少甚至是开创性的,如对西周中期铜器巨大变化的认知;认为礼器、乐器与兵器都是有组合的;还论及考古学与历史学的关系,提出铜器的发展演变与社会发展阶段密切相关,研究铜器应结合历史与社会的研究等。外编由《西周年代考》《中国青铜器的形制》两篇文章组成。《西周年代考》(初版于1944年)一文是在对西周铜器分期断代的基础上,结合金文、传世文献、历法及前人研究成果,对西周各王在位年数进行了推断。虽然有少量王年可能推断不准确(如穆王在位约20年、夷王在位约30年),但大多数王年的推断基本是可靠的。该文在对西周铜器分期断代的基础上,对铭文中王年的运用,是其重要贡献。《中国青铜器的形制》分别对青铜器除形制以外的铭文、纹饰、出土地点的重要性以及影响铜器形制的要素进行了概括与归纳,之后以青铜卣为个案运用类型学方法进行了断代分析,讨论了各型式的演变与时代特征以及各型式之间的关系。现在看来,该文对型式的划分及时代的推断在一些方面虽然不甚准确,但其中也有不少结论是不易之论,如认为条状提梁垂腹卣的时代最晚等。

虽然书中不少内容未能完成,部分观点或结论目前来看也不甚准确,但其中的一些研究方法具有开创性,为后人确立了中国青铜器研究的典范,不少认识和结论可以说是不易之论,对于今天的铜器研究仍具有重要的参考价值和指导意义。《西周铜器断代》共考释、断代海岱传世铜器6组13件,另外还涉及海岱地区其他相关铜器7件,这些成果对于本书的研究也有重要参考价值。

1960年,王献唐《黄县㠱器》①出版,该书对黄县(今龙口市)归城遗址南埠村出土的8件春秋早期㠱国之器进行了专著式的研究,所涉内容十分繁博,主要包括铜器的出土情况、形制、纹饰、铭文、分期以及㠱国的分封、地望、传承等,并讨论了㠱与杞、纪的区分,不少结论至今仍有重要参考价值。该书的出版在海岱铜器研究乃至考古学研究史上均具有重要意义,它借鉴《两周金文辞大系图录考释》《西周铜器断代》等研究方法的同时,又有所超越,基本跳出了金石学传统的樊囿。在考释铭文的同时还兼顾字形与书体、铜器的形制与纹饰以及铸造工艺等。该书是结合传统金石学与西方考古学研究方法来研究海岱商周铜器的典范之作,揭开了海岱铜器研究的新纪元。这一方法直到今天仍为我们所沿用。

但之后的二十余年间,关于海岱地区商周铜器的研究进展缓慢,成果甚少,除发掘简报外,仅见《概述近年来山东出土的商周青铜器》②以及少量关于邿伯甗、陈僖壶等单件(组)器物的研究论文。《概述》一文涉及海岱地区自中华人民共和国成立之后二十余年

---

① 王献唐:《黄县㠱器》,山东人民出版社,1960年。后又载于王献唐:《山东古国考》,齐鲁书社,1983年,第1—158页。
② 齐文涛:《概述近年来山东出土的商周青铜器》,《文物》1972年第5期。

间出土的十五批商周青铜器,在铜器分期、方国地望与历史传承等方面作了一些分析与研究,具有重要的资料收集价值,所得结论也有一定的借鉴意义。但遗憾的是文章铜器图片较少,对铜器形制和出土情况的介绍也有些简略。

关于单件(组)器物的研究,有马承源《陈喜壶》①、安志敏《"陈喜壶"商榷》②、张颔《陈喜壶辨》③、张光远《战国初期齐桓公诸器续考》④等。

3. 20世纪80年代以来

这一时期,关于海岱铜器的研究进入快速发展时期,涌现出一大批研究论著。除发掘报告和简报外,这些成果可以分为三类:综论性著述、专题式研究和点式研究。

(1) 综论性著述。主要成果如下。

黄盛璋《山东诸小国铜器研究——〈两周金文大系续编〉分国考释之一章》⑤一文根据宿、费、鄫、曹、邾、郳、滕、小邾、鄀、薛等十个国家出土及传世铜器的形制与铭文,结合甲骨文、历史、地理、文献及音韵学知识,归纳了前人研究成果,对列国的历史、地望、传承以及铜器的年代等进行了细致的分析和研究,所得结论多较可靠。美中不足之处在于,未能充分利用同出的无铭铜器、随葬陶器以及墓葬形制与葬俗等。

杜迺松《东周时代齐、鲁青铜器探索》⑥一文对齐、鲁二国重要墓葬所出铜器的形制、铭文、组合、分期等进行了简要分析,并总结了齐、鲁两国东周铜器的基本特点,提出铜鉶、铜敦起源于齐国之观点,并对齐国金文的史料价值进行了总结,所得结论有一定价值。该文可商之处主要有二:一是关于铜鉶、铜敦起源于齐国的观点可能不确,二是对两国铜器的讨论较为简略。

《中国青铜器全集》⑦商代部分对海岱地区的长清小屯、青州苏埠屯、寿光古城、寿张梁山、滕州五地出土的部分铜器进行了概要性的介绍。两周部分择取鲁、齐、邾、郳、滕、纪、莒等国出土的铜器进行了简要分析。内容主要涉及铜器的形制、纹饰及铭文等,并附有大量清晰的器物图片。该书所得结论,对于研究海岱地区的商周铜器具有重要参考价值。只是少量铜器的年代判断有偏差,所收铜器的数量也较为有限,未能反映海岱地区商周青铜文化的全貌。

《中国音乐文物大系·山东卷》⑧辑录了海岱地区出土的商周时期的446件青铜乐器:铙9、镈56、钮钟174、甬钟105、钲3、句鑃24、铎3、铃67、錞于5,并附有清晰的乐器图片、说明文字、出土示意图以及对海岱地区出土铜质音乐文物的综述。该书是目前关于海岱地区出土青铜乐器较为完备的著录书,对研究海岱地区青铜乐器以及礼乐制度等方面

---

① 马承源:《陈喜壶》,《文物》1961年第2期。
② 安志敏:《"陈喜壶"商榷》,《文物》1962年第6期。
③ 张颔:《陈喜壶辨》,《文物》1964年第9期。
④ 张光远:《战国初期齐桓公诸器续考》,《故宫季刊》1977年第2期。
⑤ 黄盛璋:《山东诸小国铜器研究——〈两周金文大系续编〉分国考释之一章》,《华夏考古》1989年第1期。
⑥ 杜迺松:《东周时代齐、鲁青铜器探索》,《南方文物》1995年第2期。
⑦ 中国青铜器全集编辑委员会:《中国青铜器全集》(第4、6、9卷),文物出版社,1997年。
⑧ 《中国音乐文物大系》总编辑部:《中国音乐文物大系·山东卷》,大象出版社,2001年。

高广仁《海岱区的商代文化遗存》①一文主要依据海岱地区出土的青铜器以及田野发掘成果,结合甲骨、金文以及传世文献,对海岱地区的逄、彭、薛、齐、莱等18个商代国、族及其铜器分别进行了简要分析,讨论了商王朝对东土海岱地区的经略、海岱地区商文化遗存的分布、殷夷关系(包括对抗、融合与礼俗等)等问题。该文对研究商文化在海岱地区的东进进程、殷夷关系特别是国族研究,有重要价值,是对海岱地区商文化半个多世纪研究成果的一个总结②。

朱凤瀚《中国青铜器综论》③一书分为通论与分论两编。在下编分论中,对海岱地区主要铜器群以及主要国别的铜器组合、形制、纹饰、铭文、演变、时代、特点及其成因、族属、文化因素等诸多方面进行了分析和讨论,并附有大量器物图片。在资料梳理、研究方法、所得结论等诸多方面都颇有建树,具有重要的参考价值。书中部分章节的分析相对简略,主要是囿于该书的编写宗旨,而非作者之失。实际上,该书是自《商周彝器通考》之后,关于古代中国青铜器最为详备的通论性著作,也是古代中国青铜器通论性研究的集大成者。

此外,还有王迅《东夷文化与淮夷文化研究》④、方辉《山东商代考古小史》⑤《海岱地区夏商周考古的新收获》⑥、王世民等《西周青铜器分期断代研究》⑦、高广仁等《海岱文化与齐鲁文明》⑧、李玉洁《黄河流域的青铜文明》⑨、禚柏红《钟鸣鼎食——浅析山东地区青铜饮食器》⑩、王恩田《山东商代考古与商史诸问题》⑪等。

(2)专题式研究。20世纪90年代以来,随着考古学理论与方法的逐渐推广、考古发掘的不断开展以及研究工作的逐渐深入,出现了对海岱铜器进行类型学分析、分期、组合等相关内容的系统研究,开始关注建立海岱境内区域与国别青铜器的发展序列⑫。这是海岱青铜器考古学研究的新进展和新成果。主要成果如下。

刘彬徽《山东地区东周青铜器研究》⑬是第一篇关于海岱地区出土东周铜容器的研究

---

① 高广仁:《海岱区的商代文化遗存》,《考古学报》2000年第2期。
② 方辉:《海岱地区夏商周考古的新收获》,《山东大学学报》(哲学社会科学版)2006年第5期。
③ 朱凤瀚:《中国青铜器综论》,上海古籍出版社,2009年,第1043—1074、1379—1405、1654—1722、2009—2038页。
④ 王迅:《东夷文化与淮夷文化研究》,北京大学出版社,1994年。
⑤ 方辉:《山东商代考古小史》,《中国文物报》1997年8月3日第3版。
⑥ 方辉:《海岱地区夏商周考古的新收获》,《山东大学学报》(哲学社会科学版)2006年第5期。
⑦ 王世民、陈公柔、张长寿:《西周青铜器分期断代研究》,文物出版社,1999年。
⑧ 高广仁、邵望平:《海岱文化与齐鲁文明》,江苏教育出版社,2005年。
⑨ 李玉洁:《黄河流域的青铜文明》,科学出版社,2010年。
⑩ 禚柏红:《钟鸣鼎食——浅析山东地区青铜饮食器》,《收藏家》2008年第12期。
⑪ 王恩田:《山东商代考古与商史诸问题》,《中原文物》2000年第4期。
⑫ 此时距蒙特留斯提出系统的标形学(类型学)理论(《东方和欧洲的古代文化诸时期》,1903年)已90年,而国内考古学开始运用标形学分析青铜器也近60年(较早的如李济:《殷墟铜器五种及其相关之问题》,《庆祝蔡元培先生六十五岁论文集》,1933年)。
⑬ 刘彬徽:《山东地区东周青铜器研究》,《中国考古学会第九次年会论文集(1993)》,文物出版社,1997年,第263—275页。

论著,具有开创性。文章从海岱地区发现的东周铜器墓中选取了28个典型单位所出铜器作为研究对象,在对其年代隶定的基础上,将其分为春秋早、中、晚期和战国早、中、晚期六期。并选择了鼎、簠、敦、豆、壶、铺等8个主要器类进行类型学、组合及文化因素等方面的分析,总结了各类铜器的时代特征。指出,海岱地区在使用中原列鼎组合的同时,有所变革,即使用形制与大小均相同的列鼎。文中有颇多创见和重要发现,但因篇幅所限,所用资料相对较少,对器物类型学、分期、发展演变等分析相对简略,也未对海岱地区东周青铜器特点的形成原因进行详细讨论。

王恩田《东周齐国铜器的分期与年代》①一文,对齐国出土的鼎、鬲、铺、豆、壶、敦等10类254件青铜容器进行了类型学分析。按照铜器形制以及组合关系相近的原则,结合铭文,把选取的29座墓葬划分为春秋早、中、晚,战国早、中、晚六期,并将各单位出土的典型器物以表格的形式呈现出来。在此基础上,该文进一步讨论了各类器物的形制演变与文化特征。作者认为,齐国东周铜器的形制、组合与鲁国及中原地区存在明显差异,而与莒、邾等土著国家有着更多的相似性,如齐国不重视中原地区流行的标准样式的列鼎制度,而倾向于用大小相同的呈偶数的平盖鼎;并提出提链壶可能替代了匜与盘组成搭配。该文的研究方法以及对齐国铜器的发展演变、文化特征的总结颇有参考价值。

以上二文的发表,标志着关于海岱地区商周青铜器的研究进入专题式研究时期。自此以后,出现了大量研究成果。依据研究对象与研究角度,这些成果可分为以下九个方面。

① 器类

王清雷《山东地区两周编钟的初步研究》②一文共搜集海岱两周青铜镈、钟357件。在对这些镈、钟进行音乐性能分析的基础上,认为战国时期是海岱青铜乐器性能最高的时期,之后又对乐器的社会功能进行了探讨。该文所得结论及所作探讨对研究中国古代编钟等乐器有一定参考价值。该文的一些做法或有可商之处:一是未与中原地区的青铜乐器进行比较;二是未提供铜器出土地点和器物图片;三是未对乐器进行形制分析;四是未附乐器出土情况,资料价值相对较低。

梁法伟《山东地区出土东周时代铜兵器研究》③一文对海岱地区出土的东周时期青铜兵器进行了细致梳理和研究。内容涉及青铜兵器的出土信息、形制分析、分期及年代推断以及兵器的定名、组合、制作工艺、文化因素分析等问题。该文是首篇对海岱青铜兵器进行系统分析的论文,有重要的研究价值和意义。惜该文未提供各类兵器、各个型式的具体数量,致使部分结论未能直观地显现出来,在资料方面的价值也受到影响。

米永盈《东周齐国乐器考古发现与研究》④一文从考古学、历史学、音乐学等角度对东

---

① 王恩田:《东周齐国铜器的分期与年代》,《中国考古学会第九次年会论文集(1993)》,文物出版社,1997年,第276—297页。
② 王清雷:《山东地区两周编钟的初步研究》,《文物》2006年第12期。
③ 梁法伟:《山东地区出土东周时代铜兵器研究》,山东大学硕士学位论文,2006年。
④ 米永盈:《东周齐国乐器考古发现与研究》,山东大学博士学位论文,2009年。

周齐国乐器进行了系统分析，其研究的主要对象包括甬钟、镈钟、钮钟、钲、句鑃等五类。内容涉及齐国乐器的发现情况、年代推断、形制分析、性能测试、乐器特点及其成因以及对后世的影响等方面。其结合考古学、历史学、音乐学等学科对古代乐器进行系统研究之方法颇值称道。

毕经纬《山东出土东周青铜礼容器研究》[1]一文，对山东地区出土的1 000余件东周时期的青铜容器进行了整理与分析。该文在对器物的形制、分期、演变、组合、纹饰、区域特征等进行分析的基础上，重点对山东地区东周铜器墓葬的文化因素、族属、国别以及墓葬中的鼎簋制度、器物摆放规则、铜器特点形成的社会动因等方面进行了探讨，提出，春秋中期是东周器物种类、形制、组合、纹饰、随葬器用制度以及区域特征等发生巨大变化的时期。此外，作者还认为，山东东周青铜容器可能有平底化倾向，与中原地区尤其是晋文化区青铜器的圈足化倾向形成鲜明对比。该文首次对山东省全境东周时期的青铜容器进行全面梳理，其中的一些认识和观点具有开创性。

毕经纬《海岱地区出土东周铜容器研究》[2]一文的工作主要有以下几点：一是对海岱地区出土的东周铜容器进行了较为全面的搜集和整理，初步建立起海岱地区东周铜容器的时代框架和发展序列；二是对各类青铜容器进行了文化因素分析，初步梳理了海岱地区东周青铜文化的构成以及海岱境内各区青铜器在形制、纹饰、组合上的区域特征；三是对海岱地区东周铜容器特点的形成原因进行了分析和总结；四是提出海岱地区在东周时期创造了不少新器类和新器形，并传入中原及周边地区，形成了一定规模的"东器西渐"现象，并进一步提出海岱地区与中原地区之间的文化交流并不是单一的周式化，中原文化也同时存在着"夷化"现象。这些研究和认识具有一定价值和意义。该文不足之处主要有三：一是器类仅涉及较为常见的10种铜容器，不甚全面；二是未涉及铜器铭文；三是纹饰方面的梳理和分析相对简略。

刘晓婧《山东地区出土东周青铜矛初步研究》[3]一文对海岱地区出土的90余件东周青铜矛进行了整理，依据形制将其分为七型，在此基础上讨论了其形制演变特点，并对各型青铜矛的来源进行了分析，认为窄身长叶三刃矛及圭形矛是海岱地区的特色铜矛，亚腰形矛来自越文化区。该文所得结论多较可靠，但对部分铜矛来源之判断有待深化。

吴伟华《山东出土东周铜铍及相关问题研究》[4]一文对海岱地区出土的铜铍进行了系统整理与研究，内容涉及铜铍的定名与用途、形制分析、分期与年代、地域特征、起源、传播与消亡等。该文将山东出土铜铍分为两型、五期六段，并认为刘彬徽先生关于铜铍起源于鲁北地区的论断是正确的，其消亡时间是战国晚期。该文内容比较全面、结论也较为可靠。但由于早期铜铍在鲁东南地区发现的数量最多且目前最早的铜铍也发现于该地，故

---

[1] 毕经纬：《山东出土东周青铜礼容器研究》，陕西师范大学硕士学位论文，2009年。
[2] 毕经纬：《海岱地区出土东周铜容器研究》，《考古学报》2012年第4期。
[3] 刘晓婧：《山东地区出土东周青铜矛初步研究》，《文物世界》2009年第5期。
[4] 吴伟华：《山东出土东周铜铍及相关问题研究》，《考古》2012年第1期。

而铜钺的起源地还有商榷的空间。

刘延常等《山东地区青铜殳研究》①一文以新泰周家庄墓地所出青铜殳为切入点,结合文献记载,对山东地区出土的43件青铜殳进行了梳理与研究,论题涉及青铜殳的辨识、形制与功能分析、年代推断、使用者的身份、与楚殳的比较等,提出山东出土青铜殳绝大部分为晋殳之观点。该文研究方法得当,结论可靠,是商周青铜兵器尤其是海岱青铜兵器的重要研究成果,对探讨海岱青铜文化的构成也有重要意义。

郎剑锋等《山东新见青铜句鑃初识》②一文对山东地区历年出土的青铜句鑃进行了整理与分析,涉及句鑃的定名、年代、性质、来源等问题,提出山东地区的青铜句鑃可能是吴越地区青铜句鑃影响下的产物,是鲁北地区春秋中晚期专门用于祭祀的器物,常与青铜璧、圭组合在一起使用。该文结论可靠,是海岱地区青铜乐器的重要研究成果,对探讨海岱青铜文化的构成也有一定价值。

② 纹饰

吴伟华《春秋时期黄河流域青铜器纹饰研究》③一文对春秋时期黄河流域三个地区的铜器纹饰进行了比较,并对纹饰发展与演变的社会动力进行了探讨,具有一定意义。但有几处还有商榷的余地:一是对部分铜器年代的判断;二是对纹饰艺术特点、文化内涵的分析。

侯雯雯《山东出土两周青铜容器的纹饰研究》④一文对海岱地区发现的150余座两周墓葬出土的1 100余件铜器的纹饰进行了整理与分析。内容涉及纹饰的形式分析、纹饰组合、分期断代及装饰位置,并在与中原同期铜器纹饰对比的基础上,对山东地区两周铜器纹饰的国别特点、区域特征以及形成原因进行了分析与归纳。文中的资料搜集以及相关的统计、分析工作都较为细致,相关的分析与论证也较为合理。但从艺术学角度对铜器纹饰的分析尚显简略,对纹饰演变的社会动因分析也有欠缺之处。

③ 区域与国族

殷之彝(张长寿)《山东益都苏埠屯墓地和"亚醜"铜器》⑤一文搜集有图片的亚醜族铜器56件,结合殷墟出土铜器,从铜器组合、形制及纹饰等方面分析了亚醜族铜器的特点。该文注意到:亚醜族方形铜器比例较大,尤其是方形爵的数量较多,没有铜瓿,部分铜器形制较为少见(如人面纹铜钺等),铜器纹饰繁缛。作者认为亚醜族铜器的特点及埋葬制度与殷墟晚期铜器基本相同;此外,还扼要分析了苏埠屯出土的陶器、车马以及玉器等器物的情况;最后,联系文献记载,认为苏埠屯亚醜族铜器属于薄姑氏,继而探讨了薄姑都城的所在地。文后还附有56件亚醜族铜器的形制、纹饰、体量与著录情况。该文是研究"亚醜"族铜器的重要成果,无论是资料搜集还是所得结论,均有重要价值。较为遗

---

① 刘延常、徐倩倩、刘桂峰:《山东地区青铜殳研究》,《中国国家博物馆馆刊》2015年第3期。
② 郎剑锋、赵守祥:《山东新见青铜句鑃初识》,《东南文化》2016年第5期。
③ 吴伟华:《春秋时期黄河流域青铜器纹饰研究》,山东大学硕士学位论文,2007年。
④ 侯雯雯:《山东出土两周青铜容器的纹饰研究》,陕西师范大学硕士学位论文,2012年。
⑤ 殷之彝(张长寿):《山东益都苏埠屯墓地和"亚醜"铜器》,《考古学报》1977年第2期。

憾的是,该文未附器物图片,资料价值有所降低。

关于"亚醜"的讨论还有郭沫若《殷彝中图形文字之一解》①、王献唐《释"醜"》②、周法高等《金文诂林附录》③、李零《苏埠屯的"亚齐"铜器》④、王树明《"亚醜"推论》⑤、王迅《东夷文化与淮夷文化研究》⑥、李海荣《"亚醜"铭铜器研究》⑦、蔡运章《"亚醜"新诂》⑧、曹艳芳《山东出土商代青铜器研究》⑨、郭妍利《也论苏埠屯墓地的性质》⑩、何景成《商周青铜器族氏铭文研究》⑪等。

黄盛璋《山东出土莒之铜器及其相关问题综考》⑫一文,对诸城臧家庄村墓葬出土的莒公之孙诸、莒南大店墓出土的莒仲子平铜器以及莒之铜器铭文进行了梳理,继而广征文献,综合音韵学、古文字学、考古学、历史地理学等学科,对这些铭文进行了较为细致的考释,内容涉及部分关键字的释读、莒国的姓氏、葬俗、都城地望、墓主人身份地位等。之后又对沂水刘家店子春秋大墓墓主人的身份与国别进行了分析,认为墓主人可能是莒国贵族。此外,该文还谈及莒国墓葬与随葬铜器的形制、组合以及器用制度等方面的一些特点。该文虽主要着力于对铭文的考释,但所涉内容较广,研究方法丰富,大部分结论都较为可信,是研究莒国铜器尤其是铜器铭文的重要成果。略微遗憾的是,该文对无铭铜器关注相对较少。

刘雨《两周曹国铜器考》⑬一文发现,北宋时期扶风出土的姬寏母豆所记载的祭祀七代先祖之铭文,与1992年出土的师𡒏钟祭祀七代祖先之铭文基本相同,且两器出于同一地点。继而,通过分析得出,师𡒏与姬寏母为兄妹或姐弟关系,皆为姬姓。作者又通过与文献记载的姬姓列国世系相对比,发现《史记·管蔡世家》所记载的曹国世系与两器所记器主的祖先世系基本相同,遂断定二器所记历代先祖正是曹国世系的前半部分,其出土地应为曹国采邑。之后,作者又对文献记载的曹国世系进行了修正,推定出曹国的完整世系。最后对曹国其余五件铜器及其铭文与曹国地望进行了细致分析。该文嗅觉敏锐,论据充分,所得结论可靠,是研究曹国及其铜器的重要成果,具有重要意义。也有学者认为,二器主人非姬姓周人,但未解释二器所述世系与文献记载相吻合之现象⑭。目前来看,刘雨的观点更为充分。

---

① 郭沫若:《殷彝中图形文字之一解》,《殷周青铜器铭文研究》,科学出版社,1961年,第4页。
② 王献唐:《释"醜"》,《山东古国考》,齐鲁书社,1983年,第225页。
③ 周法高、李孝定、张日升:《金文诂林附录》,香港中文大学出版社,1977年,第261—297页。
④ 李零:《苏埠屯的"亚齐"铜器》,《文物天地》1992年第6期。
⑤ 王树明:《"亚醜"推论》,《华夏考古》1989年第1期。
⑥ 王迅:《东夷文化与淮夷文化研究》,北京大学出版社,1994年,第136—137页。
⑦ 李海荣:《"亚醜"铭铜器研究》,《辽海文物学刊》1995年第1期。
⑧ 蔡运章:《"亚醜"新诂》,《杞文化与新泰》,中国文联出版社,2000年,第298—310页。
⑨ 曹艳芳:《山东出土商代青铜器研究》,山东大学博士学位论文,2006年,第14—142页。
⑩ 郭妍利:《也论苏埠屯墓地的性质》,《三代考古》(三),科学出版社,2009年,第247—272页。
⑪ 何景成:《商周青铜器族氏铭文研究》,齐鲁书社,2009年,第140—149页。
⑫ 黄盛璋:《山东出土莒之铜器及其相关问题综考》,《华夏考古》1992年第4期。
⑬ 刘雨:《两周曹国铜器考》,《中原文物》2008年第2期。
⑭ 耿超:《浅议姬寏母豆与师𡒏钟作器者关系及族姓》,《考古与文物》2011年第1期。

李学勤《小邾国墓及其青铜器研究》①一文介绍了枣庄东江小邾国墓地的发现及分布情况,并对墓葬所出铜器的组合进行了简要分析,重点对铜器铭文、器物年代、作器者及墓主人进行了释读与分析,并结合传世文献讨论了小邾国的始封与世系。最后推断小邾国国君邾友父于约公元前768年始封,M4为其子邾庆之墓,M1墓主人可能是邾庆夫人,M5、M6则可能是邾公子害的儿子犁来及其夫人的墓葬。该文对铜器铭文的释读以及器物年代、作器者的判断准确可靠,对墓主人的剖析及小邾国世系的推定也卓有成效,是研究小邾国铜器与历史的重要成果。

孙敬明《莒之青铜文化研究》②一文首先回顾了莒国青铜文化研究的历史,之后结合文献与周边地区的青铜文化,对莒地自龙山时代至东周时期铜器的发现、组合、形制、纹饰、功用以及文化因素等进行了梳理与分析,并对莒文化的特点及其成因进行了讨论。该文内容繁博,论证合理,结论也颇有启发意义。不过,文中也有一些观点还可进一步商榷:一是将两组商代晚期铜器,即北京拣选的据传可能是费县出土的举族铜器与兰陵东高尧铜器,均视作莒之铜器;二是把胶县三里河出土的可能为西周早期后段的铜器判为商代晚期。

朱凤瀚《鲁国青铜器与周初鲁都城》③一文,对鲁国西周时期的重要青铜器,尤其是近年来在境内外私人手中的8件西周前期铜器,进行了简要分析,并据此对成王至康王中期(伯禽时期)鲁国都城所在地进行了推断,认为伯禽初封之地可能在曲阜以北。

毕经纬《鲁国铜礼器的初步整理与研究》④一文,首先梳理鲁国铜器的发现与研究情况,之后对考古发掘及传世的144件铜礼器进行了整理与研究,并对鲁国铜礼器的特点及其成因进行了分析与总结。该文是首篇对鲁国铜器进行全面整理与研究的论著。

高江涛《泗水流域出土商代青铜礼器的历史地理考察》⑤一文,首先简要介绍了泗水流域出土的十五批铜器,进而依据时代顺序总结了这些铜器的分布情况,最后结合甲骨文与历史文献,对泗水流域出土商代青铜器数量较多的历史背景进行了详细分析。该文提出,商王朝对泗水流域重视的原因,除了政治统治与军事部署需要外,其最重要的功能可能是输送来自长江中下游的铜料。文章对该地区发现较多商代青铜器之原因的解释未必完全符合史实,但也是目前较为合理的解释之一。

张叶亭《沂沭河流域商周青铜器研究》⑥一文对沂沭河流域发现的青铜器进行了专门的整理,内容涉及该地区出土铜器的形制分析、分期与断代、墓葬族属与国别情况等。最后对沂沭河流域自岳石文化时期至西周中期所出现的文化断层现象以及莒文化的鼎簋制

---

① 李学勤:《小邾国墓及其青铜器研究》,《东岳论丛》2007年第2期。
② 孙敬明:《莒之青铜文化研究》,《莒文化研究文集》,山东人民出版社,2002年,第258—274页。
③ 朱凤瀚:《鲁国青铜器与周初鲁都城》,《青铜器与山东古国学术研讨会论文集》,上海古籍出版社,2017年,第177—187页。
④ 毕经纬:《鲁国铜礼器的初步整理与研究》,《考古与文物》2018年第1期。
⑤ 高江涛:《泗水流域出土商代青铜礼器的历史地理考察》,《考古学集刊》(第18集),科学出版社,2010年,第287—297页。
⑥ 张叶亭:《沂沭河流域商周青铜器研究》,陕西师范大学硕士学位论文,2010年。

度推行情况进行了分析和讨论，认为该地"文化断层"现象或与气候变化、洪水或战争有关。现在看来这一推论显然是不正确的。该文对沂沭河流域铜器的收集和整理及部分结论有一定意义，其不足之处是未梳理这一地区的铜器纹饰。

刘延常等《鲁东南地区商代文化遗存调查与研究》①一文首次对鲁东南地区的商文化遗存进行了系统的调查与研究，共发现商代文化遗存54处，其中12处出土了商文化铜器。在对所发现的陶器及铜器的年代、属性进行分析的基础上，还总结了商文化与珍珠门文化的分布特点和聚落情况，并认为这些铜器基本上均属于商文化器物，年代自中商时期至商代晚期。该文在鲁东南地区尤其是沂水以东地区发现的商文化铜器填补了该地的空白。以往学界一直认为，终有商一代，商人未越过沂水抵达夷人腹地，目前来看，学界长久以来的这一认识是错误的，这也是该文的主要价值所在。

曹斌《鲁东南西周至春秋早期的文化谱系研究》②一文把鲁东南地区出土的西周至春秋早期的陶器与铜器的发展序列分为两期四段，将其文化构成分为四类，并认为在前三段周文化占据主导地位，最后一段淮夷文化因素迅速增加，但总量不多。该文对于建立海岱东南部周代考古学文化序列有一定意义。

此外，还有崔乐泉《纪国铜器及其相关问题》③、林仙庭《胶东青铜文化初探》④、王永波《"己"识族团考——兼论㠱、并、己三氏族源归属》⑤、刘延常《莒文化探析》⑥、任相宏《山东长清县仙人台周代墓地及相关问题初探》⑦《山东沂源县姑子坪周代遗存相关问题探讨》⑧、杨善群《杞国都城迁徙与出土铜器考辨》⑨、禚柏红《莒文化研究》⑩、王恩田《枣庄山亭䢵器与䢵国》⑪、张光明《齐文化的考古发现与研究》⑫、李零《读小邾国铜器的铭文》⑬、逄振镐《山东古国与姓氏》⑭、林沄《小邾国东江墓地青铜器铭文部分人名的考释》⑮、何景成《商代史族研究》⑯《商末周初的举族研究》⑰、王长丰《殷周金文族徽整理与

---

① 刘延常、赵国靖、刘桂峰：《鲁东南地区商代文化遗存调查与研究》，《东方考古》（第11集），科学出版社，2015年，第453—489页，图版四、五。
② 曹斌：《鲁东南西周至春秋早期的文化谱系研究》，《北方民族考古》（第1辑），科学出版社，2014年，第75—97页。
③ 崔乐泉：《纪国铜器及其相关问题》，《文博》1990年第3期。
④ 林仙庭：《胶东青铜文化初探》，《纪念山东大学考古专业创建二十周年文集》，山东大学出版社，1992年。
⑤ 王永波：《"己"识族团考——兼论㠱、并、己三氏族源归属》，《东夷古国史研究》（第二辑），三秦出版社，1990年，第126—149页。
⑥ 刘延常：《莒文化探析》，《莒文化研究文集》，山东人民出版社，2002年，第80—104页。
⑦ 任相宏：《山东长清县仙人台周代墓地及相关问题初探》，《考古》1998年第9期。
⑧ 任相宏：《山东沂源县姑子坪周代遗存相关问题探讨》，《考古》2003年第1期。
⑨ 杨善群：《杞国都城迁徙与出土铜器考辨》，《杞文化与新泰》，中国文联出版社，2000年，第9—20页。
⑩ 禚柏红：《莒文化研究》，山东大学硕士学位论文，2003年。
⑪ 王恩田：《枣庄山亭䢵器与䢵国》，《小邾国文化》，中国文史出版社，2006年，第159—172页。
⑫ 张光明：《齐文化的考古发现与研究》，齐鲁书社，2004年。
⑬ 李零：《读小邾国铜器的铭文》，《小邾国文化》，中国文史出版社，2006年，第173—189页。
⑭ 逄振镐：《山东古国与姓氏》，山东人民出版社，2006年。
⑮ 林沄：《小邾国东江墓地青铜器铭文部分人名的考释》，《小邾国文化》，中国文史出版社，2006年，第190—196页。
⑯ 何景成：《商代史族研究》，《华夏考古》2007年第2期。
⑰ 何景成：《商末周初的举族研究》，《考古》2008年第11期。

研究》①、雒有仓《商周青铜器族徽文字综合研究》②、李朝远《前掌大墓地中的"史"及其他——读〈滕州前掌大墓地〉》③、燕生东等《泗水流域的商代——史学与考古学的多重建构》④、张富祥《逄国考》⑤、孙进《青铜器中的古莱国与中原王朝》⑥、朱继平《金文所见商周逄国相关史实研究》⑦、李零《读陈庄遗址出土的青铜器铭文》⑧、石敬东等《枣庄徐楼墓葬及相关问题》⑨、董珊《启尊、启卣新考》⑩、井中伟《论枣庄徐楼春秋墓的几个问题》⑪、路国权《峄城徐楼2009M1、M2铜器群的年代和意义》⑫、方辉《鲁北地区出土的西周青铜器及其历史背景》⑬，等等，此处不再述列。

④ 器用制度

毕经纬《山东东周鼎簋制度初论——以中原地区为参照》⑭首先总结了以往关于鼎簋制度的研究成果，结合传世文献资料，较为系统地梳理了海岱地区的东周铜容器组合资料，并对东周时期海岱地区的鼎簋制度特点进行了概括，主要发现有：一是海岱大部分地区没有严格推行中原地区盛行的鼎簋制度；二是海岱地区的鼎簋制度基础较为薄弱，瓦解时间较早，瓦解速度也较快；三是一般认为，春秋中期至战国早期贵族墓葬普遍出现僭越，是列鼎制度的瓦解时期，但实际上，这一时期的大墓一般随葬多套列鼎，这一时期可以称为套鼎时期，是列鼎制度的高峰期，而不是瓦解期。在此基础上，进一步讨论了海岱地区鼎簋制度与中原地区鼎簋制度的差别及其成因。

毕经纬《海岱地区商周时期的青铜器用制度——以中原地区为参照》⑮一文，首先界定了器物组合成为器用制度所具备的三个条件，之后在参照中原青铜器资料的基础上，对海岱地区符合这三个条件的青铜器器用制度（爵觚制度、鼎簋制度、编钟制度），分别进行了梳理与分析，总结、探讨了海岱青铜器器用制度的特点与成因。该文是首篇对海岱地区

---

① 王长丰：《殷周金文族徽整理与研究》，郑州大学博士学位论文，2006年。
② 雒有仓：《商周青铜器族徽文字综合研究》，黄山书社，2017年。
③ 李朝远：《前掌大墓地中的"史"及其他——读〈滕州前掌大墓地〉》，《东方考古》（第4集），科学出版社，2008年，第154—161页。
④ 燕生东、王琦：《泗水流域的商代——史学与考古学的多重建构》，《东方考古》（第4集），科学出版社，2008年，第117—153页。
⑤ 张富祥：《逄国考》，《管子学刊》2010年第4期。
⑥ 孙进：《青铜器中的古莱国与中原王朝》，《烟台大学学报》（哲学社会科学版）2010年第2期。
⑦ 朱继平：《金文所见商周逄国相关史实研究》，《考古》2012年第1期。
⑧ 李零：《读陈庄遗址出土的青铜器铭文》，《海岱考古》（第四辑），科学出版社，2011年，第370—377页。
⑨ 石敬东、尹秀娇、杨晶：《枣庄徐楼墓葬及相关问题》，《海岱考古》（第七辑），科学出版社，2014年，第405—410页。
⑩ 董珊：《启尊、启卣新考》，《文博》2012年第5期。
⑪ 井中伟：《论枣庄徐楼春秋墓的几个问题》，《青铜器与山东古国学术研讨会论文集》，上海古籍出版社，2017年，第420—434页。
⑫ 路国权：《峄城徐楼2009M1、M2铜器群的年代和意义》，《青铜器与山东古国学术研讨会论文集》，上海古籍出版社，2017年，第435—442页。
⑬ 方辉：《鲁北地区出土的西周青铜器及其历史背景》，《青铜器与山东古国学术研讨会论文集》，上海古籍出版社，2017年，第124—129页。
⑭ 毕经纬：《山东东周鼎簋制度初论——以中原地区为参照》，《管子学刊》2010年第3期。
⑮ 毕经纬：《海岱地区商周时期的青铜器用制度——以中原地区为参照》，《高明先生九秩华诞庆寿论文集》，科学出版社，2016年，第39—56页。

商周时期青铜器器用制度进行系统探讨的论著,并提出了"爵觚制度"这一概念。

此外,涉及海岱地区商周青铜器器用制度的论著,还有刘彬徽《山东地区东周青铜器研究》①、王恩田《东周齐国铜器的分期与年代》②、曹艳芳《山东出土商代青铜器研究》③、张叶亭《沂沭河流域商周青铜器研究》④、梁法伟《山东地区出土东周时代铜兵器研究》⑤、杨丁《山东地区商西周青铜兵器研究》⑥、侯川《山东出土东周诸侯国乐器研究》⑦等。

⑤ 铜器墓葬

王青《海岱地区周代墓葬与文化分区研究》⑧一书在对海岱地区的周代墓葬进行系统梳理之后,对这些墓葬出土青铜器的类别、形制、演变和时代特征进行了扼要分析和归纳,并附有大量器物线图。在资料搜集、铜器墓葬分期、铜器文化因素分析等方面有重要价值,其结论也多可信从。

吴伟华《从随葬铜器墓看周代莒国贵族埋葬制度》⑨首先概述了莒国铜器墓的发现情况,并依据墓葬面积,结合随葬器物的数量,把莒国铜器墓葬按照等级分为三类。在对出土铜器形制进行分析的基础上,将莒文化铜器墓分为四期,进而探讨了铜器的演变情况。最后依据墓葬分期,将莒国贵族埋葬制度分为萌芽期、形成期、鼎盛期和消亡期四期,并分析了各期的特点。此外,作者还讨论了各期墓葬的葬俗以及外来因素对莒国贵族埋葬制度的影响。该文是研究莒文化贵族埋葬制度与莒国铜器的重要成果。

毕经纬《边缘墓葬族属、国别研究——以山东东周墓为例》⑩一文首先提出"边缘墓葬"这一概念,用以概括处于两个或多个族群(考古学文化)交错地带的墓葬。之后以曲阜鲁国故城内并存的分属不同族属的甲、乙两组墓葬为切入点,分析了墓葬中的各种要素(墓葬的形制、葬俗、随葬器物等)在墓葬族属方面的区分度问题。文章提出在墓葬各要素当中,葬俗最为稳定,应作为判断墓葬族属的主要依据。在这一认识指导下,作者结合文献记载以及前人相关研究成果,联系周边地区归属较为清楚的墓葬,对海岱地区发现的归属不明且较为重要的五座东周铜器墓进行了细致分析,并在此基础上对这些墓葬的族属和国别进行了推断。该文是较早系统探讨边缘墓葬归属问题的论文,其研究方法及将葬俗作为判断墓葬族属主要依据的做法,对于解决大批此类墓葬的归属问题具有指导意义。

---

① 刘彬徽:《山东地区东周青铜器研究》,《中国考古学会第九次年会论文集(1993)》,文物出版社,1997年,第263—275页。
② 王恩田:《东周齐国铜器的分期与年代》,《中国考古学会第九次年会论文集(1993)》,文物出版社,1997年,第276—297页。
③ 曹艳芳:《山东出土商代青铜器研究》,山东大学博士学位论文,2006年。
④ 张叶亭:《沂沭河流域商周青铜器研究》,陕西师范大学硕士学位论文,2010年。
⑤ 梁法伟:《山东地区出土东周时代铜兵器研究》,山东大学硕士学位论文,2006年。
⑥ 杨丁:《山东地区商西周青铜兵器研究》,陕西师范大学硕士学位论文,2012年。
⑦ 侯川:《山东出土东周诸侯国乐器研究》,天津音乐学院硕士学位论文,2010年。
⑧ 王青:《海岱地区周代墓葬与文化分区研究》,科学出版社,2012年。
⑨ 吴伟华:《从随葬铜器墓看周代莒国贵族埋葬制度》,《文博》2009年第3期。
⑩ 毕经纬:《边缘墓葬族属、国别研究——以山东东周墓为例》,《考古与文物》2011年第4期。

⑥ 阶段性铜器的综合研究

方辉《海岱地区早期铜器的发现与研究》①一文对海岱地区发现的自龙山文化时期至早商时期的铜器进行了细致的梳理与分析。内容涉及所发现铜器的金相及成分分析、形制特征、相关的 C^{14} 测年、铸造技术等。并结合海岱地区的铜矿分布以及古代冶炼遗迹,对海岱地区早期铜器的铸造地点及铜料来源进行了分析,其结论主要有:龙山、岳石文化时期铜器应是就地取材、当地铸造;早商时期的铜器可能来自郑州商城(或殷墟洹北商城);而个别不同于商文化铜器的器物则可能属本地铸造或另有来源,如济南大辛庄出土的铜笄可能来自东北亚,而铜盉则可能是当地铸造的。该文是较早系统讨论海岱地区早期铜器的论文,其研究方法与所得结论对本书研究均有重要参考价值。

曹艳芳《山东出土商代青铜器研究》②一文全面收集和整理了海岱地区 2006 年之前出土的商代青铜器。该文在三个方面有较大贡献:一是首次对海岱地区出土的商代青铜器进行了系统整理与分析,初步建立起海岱地区商代青铜器的时代框架;二是系统讨论了海岱地区商代考古学文化的族属等问题;三是较为细致地分析了商王朝青铜文化在海岱地区的东进路线。诚然,正如作者所言,该文尚有两点有待于进一步深化:一是青铜器的纹饰与铭文;二是青铜器的区域特征。

⑦ 铜器铭文

梁方健《齐国金文及其史料价值》③一文,首先从内容上将齐国金文分为称扬先祖、册命纪功、作器物件、制度条文等四类,并举例分析了齐国金文在四个方面的史料价值:弥补文献资料之不足、印证文献记载之事实、辨别文献记载之正误以及有助于解决齐国历史长期未决之问题。该文是较早梳理齐国金文的论著。

江淑惠《齐国彝铭汇考》④一文共辑录东周齐国铜器 68 件 42 铭,在对铭文汇考、训释的基础上,对东周时期齐国文字的构形书体、书法风格、铭辞特色与丧制问题进行了梳理和分析。该文认为,金文中自铭为敦且以"侯氏"称呼侯君始于东周齐国,并与《仪礼》用语相吻合,遂认为《仪礼》可能出自齐人之手,并于文末附有齐国金文编年表。该文是较早系统研究齐国金文的著作,是关于东周齐国金文研究的重要成果。文中也存在两点可商之处:一是误收非齐铜器,如夆叔诸器;二是误辨伪器,如齐不伺鬲等⑤。

刘伟杰《齐国金文研究》⑥一文首先对齐国金文进行了搜集和整理,之后,在运用传统金石学研究方法的同时,加入了考古学与艺术学角度的考察,继而对齐国金文的字形与书体进行了分析;最后又对齐国金文书法风格的演变进行了讨论,认为齐国金文书法可以分

---

① 方辉:《海岱地区早期铜器的发现与研究》,《海岱地区青铜时代考古》,山东大学出版社,2007 年,第 42—52 页。
② 曹艳芳:《山东出土商代青铜器研究》,山东大学博士学位论文,2006 年。
③ 梁方健:《齐国金文及其史料价值》,《管子学刊》1989 年第 1 期。
④ 江淑惠:《齐国彝铭汇考》,台湾大学出版委员会,1990 年。
⑤ 参见赖彦融:《早期齐彝铭研究》,中国社会科学院研究生院硕士学位论文,2011 年,第 2 页。
⑥ 刘伟杰:《齐国金文研究》,山东大学硕士学位论文,2004 年。

为工整和潦草两种风格。该文是在传统金石学方法基础上的改进与发展,吸纳了新的元素。该文对齐国金文字形书体与书法风格的分析有一定价值,但在以下三个方面略有欠缺:一是所涉齐国金文较少,仅对 13 例金文中有争议的字进行了简略的释读和隶定,而未及其他。实际上,齐国金文内容十分繁博,该文涉及较少。二是对齐国金文字形、书体与书法风格特点的形成原因分析较少。三是对部分齐国金文的时代隶定有一定误差,如将陈侯午诸器的年代推定为战国晚期,而实际上陈侯午为文献中记载的田齐桓公,其生活年代在战国早期后段至中期前段,且陈侯午诸器的形制特征也是在这一时期,而不见于战国晚期。

张振谦《齐国鸟虫书考》[①]一文通过举例,辩驳了《所谓齐国鸟虫书及相关问题》[②]一文关于齐国不存在鸟虫书的观点。认为《所谓》一文论证不合理,论据不充分,结论也不可靠,齐国金文存在鸟虫书,并认为齐国鸟虫书是越文化北上的结果。该文还指出,齐地鸟虫书数量较少。

张俊成《齐国铜器铭文分期研究》[③]一文在讨论金文书体演变理论的基础上,依据字形、结体、文辞格式、铭辞内容、韵律等,把齐国金文分为三期,即春秋早期至中期中段、春秋中期后段至战国早期以及战国中晚期。该文认为第二期是典型齐国金文风格的形成时期,并分析和归纳了各期金文的时代特征。该文是对齐国金文分期的有益尝试。

赖彦融《早期齐彝铭研究》[④]一文搜集到东周以前齐国金文 36 例,并逐一考释,兼及断代和时代特点,认为齐国金文大约在西周晚期开始形成自己的特点,并考证高青陈庄 M18 所出丰器之主为齐丁公之嫡子,还依据 M35 所出铜器的形制、纹饰、铭文辞例、风格,推断其时代为宣王时期。之后,结合历史文献、甲骨、金文以及前人研究成果,对商代晚期至西周时期的齐国历史、地望迁徙、文化渊源等进行了分析与总结。该文文字精练,资料完备,研究方法得当,所得结论较为可靠,是研究早期齐国金文与历史的重要成果。

此外,涉及海岱金文研究的,还有李学勤《战国题铭概述》[⑤]、徐在国《论晚周齐系文字特点》[⑥]、何琳仪《战国文字通论》(订补)[⑦]、曹锦炎《鸟虫书通考》[⑧]、张振谦《齐系文字研究》[⑨]、王雁君《战国齐系铜器文字构形研究》[⑩]、孙光英《齐系文字形体演变研究》[⑪]以及邱滢霓《东周齐国书风研究》[⑫]等。

---

① 张振谦:《齐国鸟虫书考》,《古文字学论稿》,安徽大学出版社,2008 年,第 270—274 页。
② 刘伟杰:《所谓齐国鸟虫书及相关问题》,《管子学刊》2007 年第 1 期。
③ 张俊成:《齐国铜器铭文分期研究》,《殷都学刊》2010 年第 4 期。
④ 赖彦融:《早期齐彝铭研究》,中国社会科学院研究生院硕士学位论文,2011 年。
⑤ 李学勤:《战国题铭概述》(上、中、下),《文物》1959 年第 7、8、9 期。
⑥ 徐在国:《论晚周齐系文字特点》,吉林大学硕士学位论文,1992 年。
⑦ 何琳仪:《战国文字通论》(订补),江苏教育出版社,2003 年。其由中华书局 1989 年初版。
⑧ 曹锦炎:《鸟虫书通考》,上海书画出版社,1999 年。
⑨ 张振谦:《齐系文字研究》,安徽大学博士学位论文,2008 年。
⑩ 王雁君:《战国齐系铜器文字构形研究》,陕西师范大学硕士学位论文,2009 年。
⑪ 孙光英:《齐系文字形体演变研究》,北京师范大学硕士学位论文,2006 年。
⑫ 邱滢霓:《东周齐国书风研究》,台湾艺术大学造型艺术研究所硕士学位论文,2005 年。

⑧ 海岱青铜文化的格局

徐基《商文化东渐初论》①一文对海岱地区早商至晚商文化遗存的分布情况与遗存特征进行了梳理，并重点对济南大辛庄遗存进行了分析，继而依据遗存特征，把海岱地区的晚商遗存分为北部和南部两个类型。主要结论如下：一是商文化在海岱地区的发展是自西向东逐步推进的，商人对海岱地区的统治可能采取两种方式，即将夷人赶尽杀绝或保留夷人文化并逐步同化。二是商代晚期遗迹比早期范围有所扩大，但发展很不平衡，泰沂山脉以北发展较快，而以南地区相对缓慢。三是商王朝未能完全占领夷人文化区。该文是较早探讨商文化东进及海岱地区商代青铜文化格局的文章，限于考古资料，虽然未能十分清晰地勾勒出商人东进的路线与进程，但有不少认识具有开创性，有些观点在今天看来依然是不易之论，其价值不容忽视。

方辉《商王朝对东方的经略》②一文综合考古发现与文献资料，将商王朝对海岱地区的经略分为三个时期。作者认为早商时期商夷联盟仍然较为稳固；至中商时期，商夷联盟破裂，是商文化东进和东夷退缩阶段；晚商时期是商、夷对峙时期，商文化虽然已逼近胶东半岛，但商文化没有最终取代半岛地区的夷人文化，文献关于"纣克东夷，而陨其身"的记载只对了一半。此外，文中还谈及商取代夏在文化与正统上的继承关系、夏商考古学文化的分界、中商以后的迁都、海岱考古学文化的更替、海岱地区的族群、商王朝与海岱诸族的关系、商王朝征夷方的主线以及商王朝东进的路线等问题。该文结合考古资料和历史文献进行研究的方法颇值称道，论证过程充分，其结论也十分可靠。该文是研究商文化东进过程以及海岱地区青铜文化格局与演进的重要成果，于本书的研究有重要参考价值和启发意义。

陈雪香《山东地区商文化聚落形态演变初探》③一文在重新推定海岱地区商文化遗址时代的基础上，将海岱商文化分为四期：早商、中商、晚商前段与晚商后段。并结合历史文献及考古资料（主要是陶器和铜器），从聚落形态演变角度，对海岱商文化的演变过程及其历史背景进行了重点考察。该文内容涉及各期聚落的数量、层级、地理位置及其特点，遗址内主要遗物和遗存的时代与文化因素分析以及遗址类型，夷方的位置，商王朝经营海岱地区的策略，夷人本土的考古学文化等，此外，还附有商文化各遗址的分布示意图。该文较为清晰地展现了商文化在海岱地区的东进情况。同时，该文把惠民大郭遗址④划为晚商晚期并将梁山七器归入晚商晚期等做法，还有商榷的余地。

刘延常等《西周晚期至春秋早期山东地区东土青铜器群的转变与传承》⑤一文，对山

---

① 徐基：《商文化东渐初论》，《南方文物》1994年第2期。
② 方辉：《商王朝对东方的经略》，《海岱地区青铜时代考古》，山东大学出版社，2007年，第308—323页。
③ 陈雪香：《山东地区商文化聚落形态演变初探》，《华夏考古》2007年第1期。
④ 山东惠民县文化馆：《山东惠民县发现商代青铜器》，《考古》1974年第3期。
⑤ 刘延常、徐倩倩：《西周晚期至春秋早期山东地区东土青铜器群的转变与传承》，《青铜器与金文》（第一辑），上海古籍出版社，2017年，第323—339页。

东东部地区发现的西周晚期至春秋早期的主要铜器群进行了梳理,总结了其在铜器种类、组合、器形、纹样及功能等方面的主要特点,在此基础上分析了这些铜器群的时空关系与文化属性,进而讨论了这一时期铜器群对早期铜器及中原铜器继承、创新与融合后所表现出来的转变与传承现象,并分析了形成这一现象的历史背景。该文对山东东部两周之际铜器群所展示出来的铜器特点的关注,体现了作者敏锐的观察力,文章剖析细腻,所得结论也十分精到。

徐良高《西周时期侯、伯性质与大东地区政治格局的考古学观察》[①]一文,从西周时期是否存在五等爵制谈起,从金文及考古发现的侯、伯资料入手,对二者的性质及关系进行了细致的梳理与分析,之后以二者之间的关系为切入点,重点讨论了大东地区诸侯国的分布情况与政治格局。作者由微知著的研究视野与方法颇值称道,所得结论于本书也有重要启示。

相关的研究,还有宋豫秦《论鲁西南地区的商文化》[②]、严文明《东夷文化的探索》[③]、王迅《试论夏商时期东方地区的考古学文化》[④]、李季等《泗河流域古代文化的编年与类型》[⑤]、许宏《对山东地区商代文化的几点认识》[⑥]、肖燕《从文化变迁的角度论山东地区早商文化》[⑦]、任相宏《从泰沂山脉北侧的商文化遗存看商人东征》[⑧]、何树环《西周对外经略研究》[⑨]、王立新《早商文化研究》[⑩]、邵望平《商王朝东土的夷商融合》[⑪]《考古学上所见西周王朝对海岱地区的经略》[⑫]、陈淑卿《山东地区商文化编年与类型研究》[⑬]、朱继平《从商代东土的人文地理格局谈东夷族群的流动与分化》[⑭]、曹艳芳《山东出土商代青铜器研究》[⑮]、徐昭峰《商王朝东征与商夷关系》[⑯]、张锟《东夷文化的考古学研究》[⑰]、李学勤《夏商周与山东》[⑱]、王恩田《山东商代考古与商史诸问题》[⑲]、李龙海《早商晚段至殷墟时期商

---

① 徐良高:《西周时期侯、伯性质与大东地区政治格局的考古学观察》,《青铜器与山东古国学术研讨会论文集》,上海古籍出版社,2017年,第42—54页。
② 宋豫秦:《论鲁西南地区的商文化》,《华夏考古》1988年第1期。
③ 严文明:《东夷文化的探索》,《文物》1989年第9期。
④ 王迅:《试论夏商时期东方地区的考古学文化》,《北京大学学报》(哲学社会科学版)1989年第2期。
⑤ 李季、何德亮:《泗河流域古代文化的编年与类型》,《文物》1991年第7期。
⑥ 许宏:《对山东地区商代文化的几点认识》,《纪念山东大学考古专业创建二十周年文集》,山东大学出版社,1992年,第17—23页。
⑦ 肖燕:《从文化变迁的角度论山东地区早商文化》,《东南文化》1993年第2期。
⑧ 任相宏:《从泰沂山脉北侧的商文化遗存看商人东征》,《中国文物报》1997年11月23日第3版。
⑨ 何树环:《西周对外经略研究》,台湾政治大学中国文学系研究所博士学位论文,2000年。
⑩ 王立新:《早商文化研究》,高等教育出版社,1998年。
⑪ 邵望平:《商王朝东土的夷商融合》,《东方考古》(第4集),科学出版社,2008年,第95—103页。
⑫ 邵望平:《考古学上所见西周王朝对海岱地区的经略》,《燕京学报》(新十期),北京大学出版社,2001年,第71—108页。
⑬ 陈淑卿:《山东地区商文化编年与类型研究》,《华夏考古》2003年第1期。
⑭ 朱继平:《从商代东土的人文地理格局谈东夷族群的流动与分化》,《考古》2008年第3期。
⑮ 曹艳芳:《山东出土商代青铜器研究》,山东大学博士学位论文,2006年,第159—174页。
⑯ 徐昭峰:《商王朝东征与商夷关系》,《考古》2012年第2期。
⑰ 张锟:《东夷文化的考古学研究》,中国社会科学院研究生院博士学位论文,2010年。
⑱ 李学勤:《夏商周与山东》,《烟台大学学报》(哲学社会科学版)2002年第3期。
⑲ 王恩田:《山东商代考古与商史诸问题》,《中原文物》2000年第4期。

人与东夷的文化融合》①、庞小霞等《晚商时期商文化东进通道初探》②、曹艳芳等《淄潍河流域商周文化东渐历史背景之考古学观察》③、周书灿《晚商时期对东方地区的军事经略和主权管辖》④、王爱民《商与东夷关系浅探》⑤、宋叶《殷商疆域研究》⑥、孙亚冰等《商代地理与方国》⑦等。

⑨ 铸造与科学分析

关于海岱商周铜器铸造及科学分析的论著较少，主要成果如下。

何堂坤《山东青铜器合金成分分析》⑧一文选择海岱地区两周时期的45件青铜器作为科学分析的对象，包括乐器、容器、车马器、兵器、工具、钱币六大类。作者分析了各个时期铜器成分（主要是铜、铅、锡）的变化，并将结果与《考工记》中的"六齐"相对比，得出除"钟鼎之齐"外，其余五"齐"是不能使用或不宜使用的。文章认为，文献中关于"六齐"之记载，既不是生产经验的总结，也不是指导生产实践的规范，而是对试验资料的总结和归纳。该文是对海岱铜器科学成分分析的系统尝试，虽然未涵盖商代铜器，且所选铜器数量也有限，但却是较早对海岱全境铜器进行科学检测的重要成果，无论是文章的开创之功还是其所得结论，对于海岱铜器的科学研究均具有重要价值。

此外，还有一些关于某地铜器的铸造或科学分析的研究，如何堂坤《胶东青铜器科学分析》⑨、方辉《海岱地区早期铜器的发现与研究》⑩、赵春燕《前掌大墓地出土铜器的化学组成分析与研究》⑪、梁法伟《山东地区出土东周时代铜兵器研究》⑫、赵凤燕等《仙人台邿国墓地出土青铜器锈蚀研究》⑬、周忠福《临淄战国墓出土铜器的鉴定报告》⑭、王滨《齐国青铜器装饰工艺研究》⑮、苏荣誉等《枣庄徐楼出土铸镶红铜青铜器探论——兼及红铜铸镶纹饰青铜器的时代与产地问题》⑯等。

关于海岱全境商周铜器铸造的论著目前尚未看到，仅见一些涉及少量铜器铸造问题

---

① 李龙海：《早商晚段至殷墟时期商人与东夷的文化融合》，《郑州航空工业管理学院学报》（社会科学版）2009年第3期。
② 庞小霞、高江涛：《晚商时期商文化东进通道初探》，《中原文物》2009年第5期。
③ 曹艳芳、尹锋超：《淄潍河流域商周文化东渐历史背景之考古学观察》，《管子学刊》2006年第2期。
④ 周书灿：《晚商时期对东方地区的军事经略和主权管辖》，《东方论坛》2008年第2期。
⑤ 王爱民：《商与东夷关系浅探》，河北师范大学硕士学位论文，2006年。
⑥ 宋叶：《殷商疆域研究》，厦门大学硕士学位论文，2007年。
⑦ 孙亚冰、林欢：《商代地理与方国》，中国社会科学出版社，2010年。
⑧ 何堂坤：《山东青铜器合金成分分析》，《文物春秋》1992年第1期。
⑨ 何堂坤：《胶东青铜器科学分析》，《文物保护与考古科学》1990年第2期。
⑩ 方辉：《海岱地区早期铜器的发现与研究》，《海岱地区青铜时代考古》，山东大学出版社，2007年，第42—52页。
⑪ 赵春燕：《前掌大墓地出土铜器的化学组成分析与研究》，《滕州前掌大墓地》，文物出版社，2005年，第649—673页。
⑫ 梁法伟：《山东地区出土东周时代铜兵器研究》，山东大学硕士学位论文，2006年。
⑬ 赵凤燕、李秀辉：《仙人台邿国墓地出土青铜器锈蚀研究》，《文物保护研究新论》，文物出版社，2008年，第124—128页。
⑭ 周忠福：《临淄战国墓出土铜器的鉴定报告》，《临淄齐墓》（第一集），文物出版社，2007年，第482—488页。
⑮ 王滨：《齐国青铜器装饰工艺研究》，《管子学刊》2016年第2期。
⑯ 苏荣誉、王丽华：《枣庄徐楼出土铸镶红铜青铜器探论——兼及红铜铸镶纹饰青铜器的时代与产地问题》，《青铜器与山东古国学术研讨会论文集》，上海古籍出版社，2017年，第391—419页。

的论著,而且多见于考古发掘报告和简报之中。除发掘报告和简报之外,涉及海岱铜器铸造的有张光明《齐文化的考古发现与研究》①、张昌平《论济南大辛庄遗址 M139 新出青铜器》②、张昌平等《关于重现的陈侯壶》③,以及孙敬明的《战国齐地平陆冶铸兵器考》《考古发现与齐币探索——铸造、流通两论》《战国时期邢邑及其相关地区的青铜兵器铸造》《春秋战国邢邑货币铸造与流通》《莒城铸币作坊及相关问题》等,皆收入《考古发现与齐史类征》④一书。

(3) 点式研究。是指针对某一件(批)铜器而进行的研究。20 世纪 90 年代以来的成果主要如下。

李学勤《试论山东新出青铜器的意义》⑤一文主要概述了建国以来海岱地区出土的六组比较重要的两周青铜器。之后,该文简要分析了这些铜器的形制、纹饰与年代,并根据铜器铭文,结合文献资料,重点对纪、莱、郯、曾等国的历史、地望等问题进行了简明扼要的考证,所得结论准确可靠,具有较高的学术价值。

杨波、李大营《青铜器》⑥共收录 120 余件海岱地区出土的商周青铜器。该书对所收铜器以小篇幅文章的形式逐一进行了介绍和分析,并附有各个铜器的图片,内容涉及青铜器研究的各个方面,具有一定参考价值。

此外,还有较多的散论文章涉及海岱青铜器。如王恩田的论文集《商周铜器与金文辑考》⑦,方辉系列论文:《山东省博物馆藏裸人铜方鼎》⑧《寺公典盘铭与郜史再考》⑨《大辛庄遗址的考古发现与研究》⑩《试论周代的铜匜》⑪《记两件流失海外的大辛庄出土商代青铜器》⑫《春秋时期方座形铜器的定名与用途》⑬等,多收入《海岱地区青铜时代考古》⑭一书;还有郎剑锋的《山东沂水刘家店子春秋墓铜器三题》⑮《山东大学博物馆收藏的三件青铜器》⑯;再如孙敬明系列论文:《山东潍坊新出铜戈铭文考释及有关问题》《山东临朐新出铜器铭文考释及有关问题》《新见夋侯簋与同类器之名称考》《漆、黄铜器铭文比较研究》《山东新见陈器述略》《甲骨金文所见山东古国与商王朝关系》《考古发现与战国齐兵

---

① 张光明:《齐文化的考古发现与研究》,齐鲁书社,2004 年。
② 张昌平:《论济南大辛庄遗址 M139 新出青铜器》,《江汉考古》2011 年第 1 期。
③ 张昌平、汪涛:《关于重现的陈侯壶》,《文物》2015 年第 3 期。
④ 孙敬明:《考古发现与齐史类征》,齐鲁书社,2006 年。
⑤ 李学勤:《试论山东新出青铜器的意义》,《文物》1983 年第 12 期。
⑥ 杨波、李大营:《青铜器》,山东友谊出版社,2002 年。
⑦ 王恩田:《商周铜器与金文辑考》,文物出版社,2017 年。
⑧ 齐皖(方辉):《山东省博物馆藏裸人铜方鼎》,《文物天地》1990 年第 5 期。
⑨ 方辉:《寺公典盘铭与郜史再考》,《九州学林》2006 年第 4 期。
⑩ 方辉:《大辛庄遗址的考古发现与研究》,《山东大学学报》(哲学社会科学版)2004 年第 1 期。
⑪ 方辉:《试论周代的铜匜》,《海岱地区青铜时代考古》,山东大学出版社,2007 年,第 483—498 页。
⑫ 方辉:《记两件流失海外的大辛庄出土商代青铜器》,《海岱地区青铜时代考古》,山东大学出版社,2007 年,第 301—307 页。
⑬ 方辉:《春秋时期方座形铜器的定名与用途》,《海岱地区青铜时代考古》,山东大学出版社,2007 年,第 440—452 页。
⑭ 方辉:《海岱地区青铜时代考古》,山东大学出版社,2007 年。
⑮ 郎剑锋:《山东沂水刘家店子春秋墓铜器三题》,《江汉考古》2016 年第 4 期。
⑯ 郎剑锋:《山东大学博物馆收藏的三件青铜器》,《文物》2016 年第 6 期。

器研究》《考古所见战国齐兵器种类及有关问题》《莒地新见齐、鲁、诸、莱、黄、陈六国铜器考》《从黄水河流域出土的两周青铜器铭文看莱、其两国对外交流的历史》等，多数文章曾经发表，后收入《考古发现与齐史类征》①一书。

还有刘翔《鲁"戎壶"小考》②、郭克煜等《索氏器的发现及其重要意义》③、杜在忠《寿光纪器新发现及几个纪史问题的再认识》④、王宇信《山东桓台史家"戍宁觚"的再认识及其启示》⑤、何洪源等《桓台史家出土"祖戊"觚的再认识及其探讨》⑥、李零《说匲——中国早期的妇女用品：首饰盒、化妆盒和香盒》⑦、朱凤瀚《叙器与鲁国早期历史》⑧、任伟《西周金文与齐国始封问题》⑨、高江涛等《索氏铜器铭文中"索"字考辨及相关问题》⑩、陈阳等《中国财税博物馆藏滕侯赇之歌钟考》⑪、刘云涛《从考古发现看西大庄两周墓出土青铜器的特点》⑫、吴镇烽《鲍子鼎铭文考释》⑬、张昌平《论济南大辛庄遗址 M139 新出青铜器》⑭、张懋镕等《新出杞伯簋浅谈》⑮、王峰等《近见鷰器铭文略考》⑯等。

近年来，还有一些研究高青陈庄铜器的文章：任相宏等《高青陈庄遗址 M18 出土豊簋铭文考释及相关问题探讨》⑰、方辉《高青陈庄铜器铭文与城址性质考》⑱、陈青荣《从传世山东藏家的藏品看高青出土的青铜器》⑲、孙敬明《陈庄考古发现比较摭谈》⑳、王恩田《高青陈庄西周遗址与齐都营丘》㉑、李学勤等《山东高青县陈庄西周遗址笔谈》㉒、魏成敏《陈庄西周城与齐国早期都城》㉓、李学勤《论高青陈庄器铭"文祖甲齐公"》㉔《高青陈庄引簋

---

① 孙敬明：《考古发现与齐史类征》，齐鲁书社，2006年。
② 刘翔：《鲁"戎壶"小考》，《齐鲁学刊》1986年第5期。
③ 郭克煜、孙华铎、梁方健等：《索氏器的发现及其重要意义》，《文物》1990年第7期。
④ 杜在忠：《寿光纪器新发现及几个纪史问题的再认识》，《东夷古国史研究》（第一辑），三秦出版社，1988年，第187—200页。
⑤ 王宇信：《山东桓台史家"戍宁觚"的再认识及其启示》，《夏商周文明研究》，中国文联出版社，1999年，第15—29页。
⑥ 何洪源、李晶：《桓台史家出土"祖戊"觚的再认识及其探讨》，《夏商周文明研究》，中国文联出版社，1999年，第30—40页。
⑦ 李零：《说匲——中国早期的妇女用品：首饰盒、化妆盒和香盒》，《故宫博物院院刊》2009年第3期。
⑧ 朱凤瀚：《叙器与鲁国早期历史》，《新出金文与西周历史》，上海古籍出版社，2011年，第1—20页。
⑨ 任伟：《西周金文与齐国始封问题》，《中原文物》2002年第4期。
⑩ 高江涛、庞小霞：《索氏铜器铭文中"索"字考辨及相关问题》，《南方文物》2009年第4期。
⑪ 陈阳、戴哲涛：《中国财税博物馆藏滕侯赇之歌钟考》，《东方博物》（第三十六辑），浙江大学出版社，2010年，第18—26页。
⑫ 刘云涛：《从考古发现看西大庄两周墓出土青铜器的特点》，《先秦史研究动态》1997年第1期。
⑬ 吴镇烽：《鲍子鼎铭文考释》，《中国历史文物》2009年第2期。
⑭ 张昌平：《论济南大辛庄遗址 M139 新出青铜器》，《江汉考古》2011年第1期。
⑮ 张懋镕、闫婷婷、王宏：《新出杞伯簋浅谈》，《文博》2011年第1期。
⑯ 王峰、李鲁滕：《近见鷰器铭文略考》，《中国国家博物馆刊》2012年第1期。
⑰ 任相宏、张光明：《高青陈庄遗址 M18 出土豊簋铭文考释及相关问题探讨》，《管子学刊》2010年第2期。
⑱ 方辉：《高青陈庄铜器铭文与城址性质考》，《管子学刊》2010年第3期。
⑲ 陈青荣：《从传世山东藏家的藏品看高青出土的青铜器》，《管子学刊》2010年第2期。
⑳ 孙敬明：《陈庄考古发现比较摭谈》，《管子学刊》2010年第3期。
㉑ 王恩田：《高青陈庄西周遗址与齐都营丘》，《管子学刊》2010年第3期。
㉒ 李学勤、刘庆柱、李伯谦：《山东高青县陈庄西周遗址笔谈》，《考古》2011年第2期。
㉓ 魏成敏：《陈庄西周城与齐国早期都城》，《管子学刊》2010年第3期。
㉔ 李学勤：《论高青陈庄器铭"文祖甲齐公"》，《东岳论丛》2010年第10期。

及其历史背景》①等。

除以上论著外，尚有部分发掘报告和论著也涉及了海岱铜器的研究，如《曲阜鲁国故城》②《山东20世纪的考古发现和研究》③《海阳嘴子前》④《临淄齐墓》⑤《商周青铜器族氏铭文研究》⑥《殷墟青铜礼器研究》⑦《归城遗址的考古学研究》⑧等。此外，还有部分学者所撰写的发掘报告和论著，也不同程度地论及了海岱铜器，如刘敦愿、李步青、王锡平、林仙庭、罗勋章、万树瀛、杨深富、马玺伦、王恩田、李光雨、任相宏、周亚、郝导华、魏成敏、唐锦琼、马俊才、张天恩、梁中合、燕生东、陈小三、赵燕娇等，其中部分收入《青铜器与山东古国学术研讨会论文集》⑨，笔者将在正文中逐一提及，兹不赘列。

实际上，金石学范畴的著录与考释阶段与考古学范畴的综合研究阶段在时间上并不能截然分开，只是在不同时期所采用的主要研究角度和研究方法有所不同。就目前而言，关于青铜器的考古学综合研究正逐渐成为一种趋势，但逐渐完善的金石学著录体例与考释工作，在今天的铜器研究中仍然十分必要。这种情况还将持续较长一段时间。

三、研究现状

以上论著从不同角度对海岱地区商周时期的青铜器进行了分析与研究，所涉论题主要有铜器的类别、组合、形制、纹饰、铭文、时代，以及相关的姓氏、国族、地望、婚姻、墓葬、礼仪制度等。在历代学者的不懈努力下，以上诸方面均取得了很大成绩。这些成果不仅为本书的进一步研究提供了资料上的积累，而且在研究方法上也提供了很好的借鉴，其中的卓识之见更是本书进一步深入研究的基础。

但毋庸讳言，关于海岱地区商周铜器的研究还存在一些问题与不足，比如关于海岱地区西周铜容器的形制分析、器物组合、分期演变、区域特征、文化因素构成等方面的研究仍然较为薄弱；关于海岱地区商周铜器的发展序列、区系传承、文化内涵以及与周边青铜文化的互动关系等方面的研究尚不够深入；关于国别铜器以及纹饰方面的研究还有很大的空间；有关海岱地区商周铜器特点形成原因的探讨也明显不足；通过铜器来进行商周时期海岱地区与中原王朝关系的探讨也明显较少。这些问题的解决，不仅需要发现新的资料，还需要不断改进研究方法、拓展研究视野。

在关注度较高的金文方面也大致如此。以往学者在对海岱金文中的疑难古字释读作

---

① 李学勤：《高青陈庄引簋及其历史背景》，《文史哲》2011年第3期。
② 山东省文物考古研究所、山东省博物馆等：《曲阜鲁国故城》，齐鲁书社，1982年。
③ 山东省文物考古研究所：《山东20世纪的考古发现和研究》，科学出版社，2005年。
④ 烟台市博物馆、海阳市博物馆：《海阳嘴子前》，齐鲁书社，2002年。
⑤ 山东省文物考古研究所：《临淄齐墓》（第一集），文物出版社，2007年。
⑥ 何景成：《商周青铜器族氏铭文研究》，吉林大学博士学位论文，2005年，第41—55、78—82、83—86、178—180页。
⑦ 岳洪彬：《殷墟青铜礼器研究》，中国社会科学出版社，2006年。
⑧ 李亮亮：《归城遗址的考古学研究》，山东大学硕士学位论文，2007年。
⑨ 山东省文物考古研究所、北京大学震旦古代文明研究中心等：《青铜器与山东古国学术研讨会论文集》，上海古籍出版社，2017年。

出重要贡献的同时,对各国重大历史事件、人物、姓氏、礼制、婚姻、经济、军事、外交、法制等方面的考证与研究也均取得了丰硕成果。在与文献资料相印证的同时,也较好地补充了文献记载之不足。此外,还对齐、鲁、纪、莒等国金文的字形书体、铭辞体例等方面作了一些探索。但在不少方面还存在不足,如对除齐以外的其他国别铜器铭文的研究较少,以海岱全境的商周金文作为分析对象的系统研究尚未出现,关于海岱金文的内容、字形、书体、辞例、国族、姓氏、地域特征等方面的研究尚较为薄弱,对其所反映的国氏、族徽的整理与研究也远未详尽等。

概观近年来古代中国青铜器区域研究的现状,主要有两个特点:一是研究区域不断扩展,二是研究区域不断细化。自《陕西出土商周青铜器》①等大型图录问世以来,中原以外铜器的著录与研究也相继出现②。同时,关于青铜器的区域研究还呈现出不断细化的倾向,涌现出大批针对某一地域或国别铜器的著录和研究③。

与之相比,关于海岱地区商周青铜器的著录和研究已相对滞后④。究其原因,一是因为海岱地区商周时期古国古族林立,青铜文化面貌十分复杂,研究难度较大;二是海岱地区这方面的研究工作不甚充分,研究力度稍显不足。故而,加快以上诸方面的研究,已成为当前海岱地区商周考古与青铜器研究的要务之一。

---

① 陕西省考古研究所、陕西省文物管理委员会等:《陕西出土商周青铜器》,文物出版社,1979年。
② 如《云南青铜器》《鄂尔多斯式青铜器》《吴越和百越地区周代青铜器研究》《湖南出土殷商西周青铜器》《长江流域青铜器研究》《湘江流域商周青铜文化研究》等。
③ 如《殷墟青铜器》《周原出土青铜器》《陕北出土青铜器》《皖南商周青铜器》《岭南地区出土青铜器研究》《楚系青铜器研究》《晋系青铜器研究》《曾国青铜器研究》等。
④ 近日知悉,李伯谦先生主编的大型图录《中国出土青铜器全集》出版,其中海岱青铜器共两卷,大大缓解了海岱青铜器著录的窘境,也为今后的海岱青铜器研究提供了诸多便利。

上　编
彝在东方：器物整理

第一章　海岱地区商周青铜器的发现与辨伪

第一节　发　现　概　况

至 2017 年底，海岱地区正式发表的青铜器已超过 300 批。现按照发现时间顺序概要如下：

1. 1116 年，北海县（今潍坊市潍城区附近）发现 3 件☒父辛斝①。时代为商代晚期。

2. 1116 年，安丘县农民耕地时发现 1 件齐侯盘②。时代为春秋早期。

3. 1123 年，临淄县一农民在齐国故城耕地，发现一批铜器，其中叔夷钟 13 枚、叔夷镈 1 枚③。时代为春秋晚期。

4. 1791 年，临朐柳山寨出土矢伯卣 1 件④。时代为西周早期。

5. 1830 年，滕州凤凰岭出土鬲 6、簋 3、盘 3、匜 1⑤。这批器物多是鲁伯俞父为其嫁到邾国的女儿所作的媵器。从组合上看，这批器物可能不完整。时代为西周晚期至春秋早期。

6. 清咸丰（一说道光）年间，寿张县（今阳谷县）梁山脚下农民发现一铜器窖藏，内有铜器 7 件：太保方鼎 2，太保簋、太史友甗、伯☒鼎、伯☒盉、小臣艅犀尊各 1（梁山七器另一说为：太保方鼎、太保簋、太史友甗、伯☒鼎、伯☒盉、鲁公鼎、太保鸮卣）⑥。乾隆末年，寿张梁山还出土 2 件亚艅爵⑦。时代为商末周初。

7. 1845 年，邹县纪王城发现数件青铜器，其中一件为干氏叔子盘⑧。时代为春秋早期。

8. 1857 年，胶县灵山卫出土齐量三器：子禾子釜、陈纯釜和左关锯⑨。时代为战国

---

① 山东省博物馆：《山东金文集成》，齐鲁书社，2007 年，第 581、584 页。
② 山东省博物馆：《山东金文集成》，齐鲁书社，2007 年，第 679 页。
③ 山东省博物馆：《山东金文集成》，齐鲁书社，2007 年，第 57—72、80 页。
④ 曾毅公：《山东金文集存·先秦编下》，齐鲁大学国学研究所石印本，1940 年，器十四。
⑤ 曾毅公：《山东金文集存·先秦编上》，齐鲁大学国学研究所石印本，1940 年，鲁器五至十三。
⑥ 陈梦家：《西周铜器断代》，中华书局，2004 年，第 44、45 页。
⑦ 山东省博物馆：《山东金文集成》，齐鲁书社，2007 年，第 539 页。
⑧ 曾毅公：《山东金文集存·先秦编下》，齐鲁大学国学研究所石印本，1940 年，器九。
⑨ 曾毅公：《山东金文集存·先秦编下》，齐鲁大学国学研究所石印本，1940 年，齐器二十一、二十二。

早期。

9. 清道光年间,新泰出土一批杞伯每亡为其妻所作铜器,计有鼎2、簋5、敦1、壶1、匜1①。时代为春秋早中期之际。

10. 清光绪初年,桓台县出土铸子叔黑臣诸器,计有鼎1、簋2、盨1、匜1②。时代为西周晚期至春秋早期。

11. 1893年,河北易县出土4件铜器:鼎1、敦1、盘1、匜1,从铭文知是齐侯嫁女所作的媵器③。时代为春秋晚期。

12. 1896年,龙口莱阴出土一批铜器,其中有旅鼎、莱伯鼎、霰鼎、蔡姞簋、束卣及甗1、盂1、觯1、钟3、盘1④。时代为西周早期。

13. 清代晚期,长山县(今邹平县)出土4件铜器:鬲1、爵2、卣1⑤。时代为商代晚期。

14. 民国初年,滕州出土夆叔三器:敦、盘、匜各1件⑥,器物组合可能不完整。时代为春秋晚期。

15. 1918年,长清崮山驿发现数件铜器,其中有鼎1、爵1、觚1、斝1、方彝1、卣1、罍1⑦。时代为商代晚期。

16. 1931年,青州苏埠屯出土两批青铜器。1936年傅斯年、梁思永、李济派祁延霈赴苏埠屯调查,得知第一批铜器共8件:圆鼎1、爵1、觚1、觯1、勺1、戈1、矢2;第二批铜器共7件:方鼎1、角2、觚2、觯1、盂1⑧。两批器物时代皆为商代晚期。

17. 1932年,曲阜林前村出土铺6、盂1,为鲁大司徒厚氏元自作器⑨,器物组合可能不完整。时代为春秋早期。

18. 1933年春,滕县安上村村民陈士富兄弟发现14件青铜器:鼎2、敦4、盘2、匜2、罍2、壶2⑩。同年10月,山东古迹研究会对安上村遗址进行发掘。这批铜器的年代为春秋中期。

19. 1951年,龙口归城南埠村出土鼎1、甗1、鬲1、甑1、盨4、盘1、壶1⑪。时代为西周晚期至春秋早期。

20. 1950—1990年间,日照市发现青铜器50件:鼎8、鬲8、壶2、钏4、匜2、镩2、削1、

---

① 曾毅公:《山东金文集存·先秦编上》,齐鲁大学国学研究所石印本,1940年,杞器一至八。
② 曾毅公:《山东金文集存·先秦编上》,齐鲁大学国学研究所石印本,1940年,铸器二、三、四。
③ 徐中舒:《陈侯四器考释》,《徐中舒历史论文选辑》(上),中华书局,1998年,第437—439页。
④ 曾毅公:《山东金文集存·先秦编下》,齐鲁大学国学研究所石印本,1940年,器十一、十二。
⑤ 山东省博物馆:《山东金文集成》,齐鲁书社,2007年,第571页。
⑥ 曾毅公:《山东金文集存·先秦编下》,齐鲁大学国学研究所石印本,1940年,器十。
⑦ 曾毅公:《山东金文集存·先秦编下》,齐鲁大学国学研究所石印本,1940年,器二。
⑧ 祁延霈:《山东益都苏埠屯出土铜器调查记》,《中国考古学报》(第二册),商务印书馆,1947年。
⑨ 曾毅公:《山东金文集存·先秦编下》,齐鲁大学国学研究所石印本,1940年,鲁十五、十六、十七。
⑩ 陈雪香、方辉:《王献唐与滕县安上遗址考古发掘》,《山东大学学报》(哲学社会科学版)2014年第5期。
⑪ 王献唐:《黄县曩器》,山东人民出版社,1960年。后又载于王献唐:《山东古国考》,齐鲁书社,1983年,第1—158页。

剑 11、戈 6、镞 4、矛 1、车饰 1①。时代为西周晚期至战国时期。

21. 1950—1992 年,潍坊市文物主管部门对潍坊市商周遗址进行了大规模文物普查,发现了大量青铜器。其中商代 11 件:爵 2、觚 1、觯形壶 1、卣 1、戈 6;西周 6 件:甗 1、爵 4、觯形壶 1;春秋时期 13 件:匜 2、铃 4、鼎 1、壶 1、盘 1、戈 1;战国时期 14 件:敦 3、剑 5、戈 4、矛 1、马衔 1②。

22. 1954 年,山东省文物管理处收到峄县文化馆送来的邾伯鬲 2 件③。时代为战国初期。

23. 1956 年春,临淄区稷下街道尧王村村民在凤凰冢南打井时发现 16 件青铜器:鼎 8、豆 6、壶 2④。时代为战国中期。

24. 1956 年,泰安市徂徕乡黄花岭村村民在翻地取土时发现一批青铜器,包括鼎 1、盨 1、爵 1、盘 1、匜 1、铃 2、车饰 2、马衔 2、矛 1、剑 1、戈 5⑤。这批器物年代跨度较大,在西周前期至春秋晚期。

25. 1956—1957 年,山东省文物普查时在滨州兰家村发现 3 件铜器:爵 1、觚 1、卣 1⑥。时代为商代晚期。

26. 1957 年,兖州县城西商周古遗址发现铜器 3 件:爵 1、觚 1、卣 1⑦。时代为商末周初。

27. 1957 年,长清县南兴复河北岸王玉庄与小屯村之间,发现一批青铜器。省文物管理处即派人前往调查,共收集铜器 98 件(组):鼎 2、爵 5、觚 3、觯 3、提梁卣 2、斗 1、刀 3、镞 3、戈 6、镞 46、马衔 2、当卢 1、衡饰 1、镳 4、泡饰 2 组(12)、节约 1 组(214)、弓形饰 2、铃 1、斧 3、锛 3、凿 2、雕刻刀 1、锤 1⑧。时代在商代晚期。

28. 1957 年,山东大学历史系刘敦愿教授征集铜罍 1 件,现藏于山东大学博物馆⑨。时代约为春秋中期。

29. 1957 年 6 月,栖霞县杨家圈东发现一被破坏墓葬,出土铜器 7 件:鼎 1、戈 2、曹 2、衔 2⑩。时代为战国早期。

30. 1958 年,黄县(今龙口市)农民翻土时发现一件素面连体铜甗,现藏蓬莱县文物管理所。时代大致在商代中期至西周早期之间⑪。

31. 1958 年,滕县井亭煤矿二号井发现铜器 20 件:鼎 2、爵 6、觚 4、提梁卣 1、斝 1、尊

---

① 杨深富、胡膺、徐淑彬:《山东日照市周代文化遗存》,《文物》1990 年第 6 期。
② 潍坊市博物馆:《山东潍坊地区商周遗址调查》,《考古》1993 年第 9 期。
③ 王献唐:《邾伯鬲考》,《考古学报》1963 年第 2 期。
④ 杨子范:《山东临淄出土的铜器》,《考古通讯》1958 年第 6 期。
⑤ 林宏:《山东泰安市黄花岭村出土青铜器》,《考古与文物》2000 年第 4 期。
⑥ 王思礼:《惠民专区几处古代文化遗址》,《文物》1960 年第 3 期。
⑦ 郭克煜、孙华铎、梁方健等:《索氏器的发现及其重要意义》,《文物》1990 年第 7 期。
⑧ 山东省博物馆:《山东长清出土的青铜器》,《文物》1964 年第 4 期。
⑨ 郎剑锋:《山东大学博物馆收藏的三件青铜器》,《文物》2016 年第 6 期。
⑩ 山东省博物馆:《山东栖霞县战国墓》,《考古》1963 年第 8 期。
⑪ 李步青、林仙庭:《山东黄县出土一件青铜甗》,《考古》1989 年第 3 期。

1、觯1、戈1、凿2、铃1，另有一些残铜器①。时代为商代晚期。

32. 1958年，招远县文物部门对招远县东曲城村进行调查，出土铜器8件：鼎2、簋2、盘1、盆1、壶1、甗1②。时代为西周后期。

33. 1959年，海阳市郭城镇修建水库时发现7件铜器：盘、壶、甬钟各1，钮钟4③。时代为西周后期。

34. 1959年，莒南县虎园水库出土铜觚、铜爵各1件。时代为商代中期④。

35. 20世纪50时代，黄县（今龙口市）归城和平村村民在村南挖土时发现己侯甗1件⑤。时代应属春秋早期。

36. 1960年4—5月，中国科学院考古研究所山东发掘队对平度东岳石村的20多座战国墓进行了发掘，其中11座墓共发现了铜器76件（另有铜镞超过40件）：鼎1、敦2、豆2、壶2、铺1、盘1、戈12、剑8、矛4、带钩16、环3、合页2、轴头6、管12、泡2、衔2⑥。时代为战国时期。

37. 1960年前后，青岛市文物管理委员会收集了4件青铜器：鼎1、簋2、虢叔簋1⑦。时代为西周晚期。

38. 1962年前后，山东省博物馆收藏了几件长清出土的铜器，计有方鼎2、贯耳卣1、罍1、豆1⑧。时代为商代晚期。

39. 1963年，泰安市夏张王士店修水坝时发现一批铜器，后由农民交于泰安市博物馆。铜器有铺3、豆2、匜1、戈1、剑2、矛1、车饰2、车軎2⑨。时代在春秋晚期至战国早期。

40. 1963年，肥城城东小王庄发现一批铜器：鼎2、鬲2、簋2、壶2、穿带壶1、盘1、匜1、勺2⑩。时代为春秋中期早段。

41. 1963年，莒县天井汪出土一批铜器：鼎6（列鼎5）、罍2、瓠壶1、盘1、鉴1、镈3、钟6⑪。时代为春秋中期。

42. 1963年，临朐杨善公社发现一批青铜器：鼎7（列鼎5）、壶3、敦2、铺1、编钟5、镈1、簋残片1，另有戈、軎、马衔等铜器若干⑫。时代为春秋晚期。

---

① 孔繁银：《山东滕县井亭煤矿等地发现商代铜器及古遗址、墓葬》，《文物》1959年第12期。
② 李步青、林仙庭、杨文玉：《山东招远出土西周青铜器》，《考古》1994年第4期。
③ 张真、王志文：《山东海阳市上尚都出土西周青铜器》，《考古》2001年第9期。
④ 刘延常、赵国靖、刘桂峰：《鲁东南地区商代文化遗存调查与研究》，《东方考古》（第11集），科学出版社，2015年，第453—490页。
⑤ 李步青、林仙庭：《山东黄县归城遗址的调查与发掘》，《考古》1991年第10期。
⑥ 中国科学院考古研究所山东发掘队：《山东平度东岳石村新石器时代遗址与战国墓》，《考古》1962年第10期。
⑦ 孙善德：《青岛市文物管理委员会收集的几件青铜器》，《文物》1964年第4期。
⑧ 山东省博物馆：《山东长清出土的青铜器》，《文物》1964年第4期。
⑨ 林宏：《泰安市夏张王士店出土一批青铜器》，《考古与文物》2008年第5期。
⑩ 齐文涛：《概述近年来山东出土的商周青铜器》，《文物》1972年第5期。
⑪ 齐文涛：《概述近年来山东出土的商周青铜器》，《文物》1972年第5期。
⑫ 齐文涛：《概述近年来山东出土的商周青铜器》，《文物》1972年第5期。

43. 1963 年,兰陵县东高尧村村民挖地瓜窖时发现一批青铜器:甗1、簋1、爵1、觚2、尊1、觯1、铃1、戈1①。时代为商代晚期。

44. 1964 年,临淄城南商王庄发现 1 面嵌金银镶绿松石大铜镜②。时代为战国后期。

45. 1964 年 10 月,黄县(今龙口市)村民发现 1 件西周早期铜鼎,鼎口内有 6 字铭文:"句监作宝尊彝"③。

46. 1964 年,滕县姜屯公社种寨村发现了 2 件铜器:鼎 1、鬲 1④。时代为商代晚期。

47. 1964—1980 年,中国社会科学院考古研究所山东工作队协同邹县文物保管所对邹县全境进行了考古调查,发现 6 件铜器:簋 4、盘 1、匜 1⑤。时代为西周晚期。

48. 1965 年 2 月,邹县田黄公社七家峪村发现一批铜器,并将铜器交于文物保管所,该批铜器包括鼎 6、鬲 5、簋 8(4 套)、盘 1、匜 1、罐 2、穿带壶 1⑥。时代为西周后期至春秋早期。

49. 1965 年春,黄县(今龙口市)归城姜家村修水库时发现一批铜器:鼎 2、甗 1、爵 2、尊 1、卣 1、觯 1、壶 1、凿 1⑦。时代为西周早期。

50. 1965 年 5 月,黄县(今龙口市)归城和平村村民在村东建房,发现铜鼎、矛各 1 件⑧。时代为西周晚期。

51. 1965 年,临淄河崖头村的淄河岸边发现一批铜器:盂 1、簋 4、钟若干⑨,器物组合可能不全。时代为西周晚期至春秋早期。

52. 1965 年,长岛县大竹岛发现一批铜器,有锄、戈、匕首、凿、鱼钩等,具体数量不详⑩。时代为春秋晚期至战国早期。

53. 1965 年,临淄河崖头村东淄河岸边出土铜簋 1 件⑪。时代在西周晚期至春秋早期。

54. 1966 年 4 月,临淄东申桥村出土 4 件铜器:锄 2、敦 2⑫。时代在春秋中期至战国中期。

---

① 临沂文物收集组:《山东苍山县出土青铜器》,《文物》1965 年第 7 期。
② 齐文涛:《概述近年来山东出土的商周青铜器》,《文物》1972 年第 5 期。
③ 李步青、林仙庭:《山东省龙口市出土西周铜鼎》,《文物》1991 年第 5 期。
④ 齐文涛:《概述近年来山东出土的商周青铜器》,《文物》1972 年第 5 期。
⑤ 中国社会科学院考古研究所山东工作队、邹县文物保管所:《山东邹县古代遗址调查》,《考古学集刊》(3),中国社会科学出版社,1983 年,第 98—108 页。
⑥ 王轩:《山东邹县七家峪村出土的西周铜器》,《考古》1965 年第 11 期。
⑦ 李步青、林仙庭:《山东黄县归城遗址的调查与发掘》,《考古》1991 年第 10 期。
⑧ 李步青、林仙庭:《山东黄县归城遗址的调查与发掘》,《考古》1991 年第 10 期。
⑨ 齐文涛:《概述近年来山东出土的商周青铜器》,《文物》1972 年第 5 期。
⑩ 齐文涛:《概述近年来山东出土的商周青铜器》,《文物》1972 年第 5 期。
⑪ 李剑、张龙海:《临淄出土的几件青铜器》,《考古》1985 年第 4 期。
⑫ 李剑、张龙海:《临淄出土的几件青铜器》,《考古》1985 年第 4 期。

55. 1966年前后,在临淄齐国故城出土铜鼎3件①。时代在春秋中期至战国中期。

56. 1966年,临沂俄庄区花园公社发现一批铜器,计有鼎3、鬲1、盘1、匜1、罍1、编钟9、削1、镞6②。时代为春秋晚期。

57. 1966年秋,滕县木石公社南台大队社员在取土时发现1件杞伯每亡铜鼎③。时代为春秋早中期之际。

58. 1969年,烟台地区文物管理委员会对烟台市上夼村东基建工程破坏的一座古墓进行抢救性发掘,出土異侯鼎1、己华父鼎1、三角纹壶2、匜1、钟1、戈2、铃1、鱼钩1④。时代为西周晚期。

59. 1969年,曲阜北关发现15件铜器:簋6、铺2、车軎1、铃6⑤。时代为西周晚期到春秋早期。

60. 1969年,黄县(今龙口市)归城小刘庄发现铜器4件:启尊、启卣、父辛卣盖、觯各1⑥。时代为西周早期。

61. 1969年,黄县(今龙口市)归城董家村村民在村东南临近河岸的土台上发现铜鼎、甗、盘各1件⑦。时代为西周晚期。

62. 1969年,黄县(今龙口市)归城曹家村出土铜器3件:尊1、卣2⑧。时代为西周早期。

63. 1970年,济南东郊大辛庄发现6件铜器:斝1、觚1、戈2、刀1、盉1⑨。时代为殷墟一期前后。

64. 1970年,诸城马庄公社臧家庄发现一批铜器:鼎4、豆4、壶4、奁形器1、罐1、瓠形器1、勺1、编镈7、编钟9,另外还有残器足4件⑩。时代为战国中期。

65. 1970年秋,历城北草沟一个墓葬中出土了鲁伯大父媵季姬簋⑪。时代在春秋早期。

66. 1971年4月,邹县化肥厂基建工程发现6件铜器:爵1、觚1、觯1、戈1、削1、弓形器1⑫。时代为商代晚期。

67. 1972年夏,邹县峄山之阳邾国故城发现1件费敏父鼎⑬。时代为春秋早期。

68. 1972年秋,济南柴油机厂在济南市千佛山北麓坡地上施工时发现一座古墓葬,出

---

① 李剑、张龙海:《临淄出土的几件青铜器》,《考古》1985年第4期。
② 齐文涛:《概述近年来山东出土的商周青铜器》,《文物》1972年第5期。
③ 万树瀛、杨孝义:《山东滕县出土杞薛铜器》,《文物》1978年第4期。
④ 山东省烟台地区文物管理委员会:《烟台市上夼村出土異国铜器》,《考古》1983年第4期。
⑤ 齐文涛:《概述近年来山东出土的商周青铜器》,《文物》1972年第5期。
⑥ 齐文涛:《概述近年来山东出土的商周青铜器》,《文物》1972年第5期。
⑦ 李步青、林仙庭:《山东黄县归城遗址的调查与发掘》,《考古》1991年第10期。
⑧ 李步青、林仙庭:《山东黄县归城遗址的调查与发掘》,《考古》1991年第10期。
⑨ 齐文涛:《概述近年来山东出土的商周青铜器》,《文物》1972年第5期。
⑩ 齐文涛:《概述近年来山东出土的商周青铜器》,《文物》1972年第5期。
⑪ 朱活:《山东历城出土鲁伯大父媵季姬簋》,《文物》1973年第1期。
⑫ 齐文涛:《概述近年来山东出土的商周青铜器》,《文物》1972年第5期。
⑬ 王言京:《山东邹县春秋邾国故城附近发现一件铜鼎》,《文物》1974年第1期。

土一批铜器：鼎2、壶2、鉴1、盘1、戈1、镈1、削1、器柄1、刀币136、铁片1①。时代在战国晚期。

69. 1972、1974、1976年，在济南刘家庄防空干道工程中陆续发现近20件青铜器，复原15件：鼎3、甗1、簋1、爵3、觚2、卣盖1、弓形器1、戈3②。时代为商代晚期。

70. 1973年，烟台地区文物管理委员会对黄县归城遗址进行了调查，清理出三座墓葬和一座车马坑，出土了一批铜器，其中M1出土鼎2、甗1、爵1、壶1、尊1；车马坑出土马衔半副、马镳1、车辖1、蛙式方环4、圆环2、半圆形环1、车器2、管1。M1时代在西周中期，车马坑时代在春秋时期③。

71. 1973年春，烟台地区、长岛县文物部门对长岛王沟村墓地中的八座墓进行了抢救性清理，出土器物有豆4、提梁壶1、壶2、铜6、敦4、鎏金刻纹鉴2、鎏金刻纹匜1、剑15、戈19、矛7、镈3、镞70、带钩46、扁环1、铜条1、削2、镜1、鱼钩1④。这批铜器的时代为春秋晚期到战国晚期。

72. 1973年春，滕州官桥镇吕楼村学校发现铜质爵、觚、斝各1件⑤。时代为商代中期。

73. 1973年5月，青州市弥河涝洼村出土青铜觚1件，圈足内铸铭文"鱼伯己"三字⑥。时代为西周早期。

74. 1973年8月，惠民县麻店公社大郭大队农民在挖土时发现一批青铜器，有鼎、方彝、爵、觚、铙、戈、矛、刀、钺、锛等10余种，具体数量不详⑦。时代为商代晚期。

75. 1973年12月，莱芜市西上崮村村民在取土时发现一批青铜器，有鼎3、豆2、铜1、壶1、盘1、敦4、匜2、戈8、剑4、镞14、带钩1⑧。这批器物的时代在春秋晚期到战国早期。

76. 1973年12月，滕县官桥公社狄庄大队社员在薛城遗址东城墙内取土时发现铜簋4件⑨。时代为春秋早期。

77. 1973、1978年，昌潍地区（今潍坊市）、益都县（今青州市）博物馆分别征集到一批出于青州苏埠屯墓地的青铜器。以车马器为主，包括长条形车饰3、衡末饰2、軎7、辖7、轴饰4、踵6、軏1、盖弓帽1、兽形饰2、长方形车饰11、马镫形车饰3、节约1、軥4、軥脚4、軥首饰4、軥颈饰4、軥箍2、当卢4、衔6、镳16、钩形饰1、弧形条饰3、銮1、铃6、连珠饰1、环形饰1、弓形器3、泡290；兵器包括戈4、镞22；工具有铲1、锛1⑩。时代为商代晚期。

---

① 李晓峰、伊沛扬：《济南千佛山战国墓》，《考古》1991年第9期。
② 李晓峰、杨冬梅：《济南刘家庄商代青铜器》，《东南文化》2001年第3期。
③ 李步青、林仙庭：《山东黄县归城遗址的调查与发掘》，《考古》1991年第10期。
④ 烟台市文物管理委员会：《山东长岛王沟东周墓群》，《考古学报》1993年第1期。
⑤ 滕州市博物馆：《山东滕州市薛河下游出土的商代青铜器》，《考古》1996年第5期。
⑥ 周庆喜：《山东青州市发现"鱼伯己"铜觚》，《考古》1999年第12期。
⑦ 山东惠民县文化馆：《山东惠民县发现商代青铜器》，《考古》1974年第3期。
⑧ 刘慧：《山东莱芜西上崮出土青铜器及双凤牙栉》，《文物》1990年第11期。
⑨ 万树瀛、杨孝义：《山东滕县出土杞薛铜器》，《文物》1978年第4期。
⑩ 夏名采、刘华国：《山东青州市苏埠屯墓群出土的青铜器》，《考古》1996年第5期。

78. 1974年5月,官桥镇大韩村村民在村南河旁高地取土时发现铜爵1件,据称伴出有人骨,推测为残墓①。时代为商代晚期。

79. 1974年8月,崂山县夏庄公社安乐大队社员发现一批青铜器,计有鼎1、豆2、铘1、盘1、壶1②。时代为春秋晚期至战国早期。

80. 1974年冬,莱阳县河前村村民平整土地时发现7件青铜器:鼎2、壶2、甗1、盘1、匜1③。时代为西周中期后段。

81. 1974年,黄县(今龙口市)归城和平村一村民在院内挖井,出土铜甬钟2件,时代为西周后期;其他方还出土铜鬲、铜壶各1件,时代为春秋时期④。

82. 1975年春,临沂莒南县大店公社发现了两座殉人墓,编号为M1和M2,各出土了一批铜器。其中M1出土鼎2,敦3、壶、剑、矛、镈各1,钮钟9,车马器若干;M2出土铜铘2、卣2、钮钟9、磬12(残存)、车马器若干⑤。墓葬时代为春秋晚期。

83. 1975年秋,长清县归德镇岗辛大队村民发现一座古墓,出土铜器有鼎4、盖豆4、壶2、铘1、盖弓帽1、镞2、弩机1、帷架构件27,另有铜质明器鼎1、壶1、盘1、匜1、钫2、盒形器4、铅质明器7⑥。时代为战国中期。

84. 1975年冬至1976年春,烟台市文物管理委员会和栖霞县文物事业管理处对栖霞县占疃乡杏家庄的三座古墓进行了清理,编号分别为M1、M2、M3。M1出土铜器8件:马衔2、马镳4、车軎2;M2出土铜器90余件:戈5、剑1、环首刀1、带钩1、矛2、軎6、衔6、镳8、节约4、盖弓帽16、合页3、珠1串(336颗)、双耳饰3、球形器1、环1、饰件21、镞14;M3出土铜器11件:匜1、铘1、敦1、车軎2、马衔2、马镳4⑦。M1、M2时代在战国早期,M3时代在春秋晚期。

85. 1975年冬,在泗水县城东南15公里的张庄公社窖堌堆的高台上发现一批铜器:爵2、觚1、尊1⑧。时代属商代晚期。

86. 1975年,滕州金庄出土1件宿伯鼎⑨。时代为西周中期。

87. 1976年,益都县(今青州市)博物馆对青州赵铺遗址进行了清理,出土一批铜器:戈1、剑2、矛2、镞2、带钩2、残片1、镜1⑩。时代为战国后期。

88. 1976年3月上旬,日照崮河崖大队社员在崮河崖村东南720米处之东岭取土时发现一批青铜器,日照县文化主管部门对出土地点做了清理,发现墓葬两座,一号墓出土

---

① 滕州市博物馆:《山东滕州市薛河下游出土的商代青铜器》,《考古》1996年第5期。
② 孙善德:《青岛市郊出土一批东周青铜器》,《文物资料丛刊》(5),文物出版社,1981年,第206—208页。
③ 李步青:《山东莱阳县出土己国铜器》,《文物》1983年第12期。
④ 李步青、林仙庭:《山东黄县归城遗址的调查与发掘》,《考古》1991年第10期。
⑤ 山东省博物馆、临沂地区文物组等:《莒南大店春秋时期莒国殉人墓》,《考古学报》1978年第3期。
⑥ 山东省博物馆、长清县文化馆:《山东长清岗辛战国墓》,《考古》1980年第4期。
⑦ 烟台市文物管理委员会、栖霞县文物事业管理处:《山东栖霞县占疃乡杏家庄战国墓清理简报》,《考古》1992年第1期。
⑧ 解华英:《山东泗水发现一批商代铜器》,《考古》1986年第12期。
⑨ 中国社会科学院考古研究所山东队、滕县博物馆:《山东滕县古遗址调查简报》,《考古》1980年第1期。
⑩ 夏名采:《青州市赵铺遗址的清理》,《海岱考古》(第一辑),山东大学出版社,1989年,第183—201页。

铜器 14 件：鼎 4(大鼎 2、小鼎 2)、壶 2、鬲 4、盆 2、盘 1、匜 1；二号墓出土铜器 3 件：方鼎 1、小圆鼎 1、壶 1①。这两座墓的时代在西周晚期至春秋早期。

89. 1976 年 6 月，昌潍地区(今潍坊市)文物管理组在胶县西庵遗址东部断崖清理了西周时期的一个车马坑，出土一批铜器：軎 2、辖 2、轭箍 4、銮 4、軏尾 1、大型铜泡 4、镞形铜泡 4、镳 8、戈 2、戟 1、镞 20、胸甲和背甲各 1，另外，还有中型铜泡、小型铜泡、小兽面铜泡和方形扁平铜泡若干②。此车马坑时代应属西周早期。

90. 1976 年，烟台市文物管理委员会对蓬莱县辛旺集和柳格庄周代墓群进行了发掘，出土铜器 88 件：鼎 2、鬲 1、甗 1、壶 2、钮钟 1、盆 2、罐 2、铏 3、戈 8、剑 4、矛 1、镞 28、锛 1、凿 1、軎 4、马衔 8、蝉形饰 10、带钩 2、环 6、异形饰 1③。时代为春秋时期。

91. 1976 年 12 月，平邑县东阳公社蔡庄村发现一座古墓，出土 10 件铜器：鼎 2、鬲 1、簠 4、盘 1、匜 2④。时代在春秋早期。

92. 1977 年 4 月 13—18 日，淄博市博物馆对山东淄博市淄川区磁村古墓葬进行了清理，其中三座墓村民已将随葬品取出，编号为 M1、M01、M02、M03，出土一批铜器：鼎 4、敦 4、铏 4、豆 1、戈 3、镞 5、车軎 4 对、马衔 6 副、镳 2 对、管络饰件 1 组、剑 1、环 2⑤。铜器时代均在春秋晚期。

93. 1977 年，威海市发现三座周代墓葬，出土铜器如下：M1 出土鼎 2、甗 1、铙 2、壶 1；M2 出土鼎 1、戈 2、削 1、镞 30、镦形镞 1；M3 出土敦 1、匜 1、剑 3、戈 1、矛 2、敦 2、镞 3、带钩 4⑥。M1 时代为西周中期，M2 为西周晚期或春秋早期，M3 为战国时期。

94. 1977 年，潍坊市博物馆与昌乐县文管所对岳家河周墓进行了清理，出土铜器有鼎 1、剑 11、戈 14、矛 5、镞 4、带钩 4、环 6⑦。墓葬时代为西周晚期至战国晚期。

95. 1977 年，青岛市崂山县夏庄公社取土时发现墓葬一座，出土铜鼎 1、辖軎 2⑧。时代为西周中期。

96. 1977 年秋与 1981 年春，临朐县嵩山公社泉头村社员在取土时先后发现两座墓葬，编号为 M 甲、M 乙，两座墓共出土青铜器 21 件：鼎 5、鬲 7、簠 2、盘 2、匜 2、壶 1、铏 1、戈 1⑨。时代为春秋早期。

97. 1977 年冬，沂水县院东头公社刘家店子大队在村西取土时发现两座墓和一座车马坑。其中 M1 出土铜器有鼎 16、鬲 9、簠 7、壶 7、盆 2、盘 1、铏 2、盂 1、编钟 28、铃 9、编镈 6、錞于 2、钲 1、剑 5、戈 3、杂器 31；M2 出土铜器有鼎 9、罐 2 以及若干壶、盘、匜、编钟等⑩。

---

① 杨深富：《山东日照崮河崖出土一批青铜器》，《考古》1984 年第 7 期。
② 山东省昌潍地区文物管理组：《胶县西庵遗址调查试掘简报》，《文物》1977 年第 4 期。
③ 山东省烟台地区文管组：《山东蓬莱县西周墓发掘简报》，《文物资料丛刊》(3)，文物出版社，1980 年。
④ 李常松：《平邑蔡庄出土一批青铜器》，《考古》1986 年第 4 期。
⑤ 淄博市博物馆：《山东淄博磁村发现四座春秋墓葬》，《考古》1991 年第 6 期。
⑥ 郑同修、隋裕仁：《山东威海市发现周代墓葬》，《考古》1995 年第 1 期。
⑦ 山东省潍坊市博物馆、山东省昌乐县文管所：《山东昌乐岳家河周墓》，《考古学报》1990 年第 1 期。
⑧ 孙善德：《青岛市文物管理委员会收集的几件青铜器》，《文物》1964 年第 4 期。
⑨ 临朐县文化馆、潍坊地区文物管理委员会：《山东临朐发现齐、郯、曾诸国铜器》，《文物》1983 年第 12 期。
⑩ 山东省文物考古研究所、沂水县文物管理站：《山东沂水刘家店子春秋墓发掘简报》，《文物》1984 年第 9 期。

两墓时代为春秋中期。

98. 1977—1978年，山东省文物考古研究所等单位对曲阜鲁国故城进行调查和发掘，墓葬可分甲、乙两组，其中八座甲组墓中随葬铜器有鼎2、盆2、簋3、盘2、匜2、盖豆2、铺9、戈4、镞10、耒2、辔饰90、衔2、镳2；十二座乙组墓出土铜器有鼎12、甗1、簋3、簠5、簋1、盘5、匜4、壶9、镳壶2、罐2、缶1、钵1、嵌金银带钩2、鎏金镶玉带钩1、镜2、腰带饰7、戈7、镈3、镦1、镞63、弩机2、耒6、游环4、饕餮头29、銮铃4、带兽头管饰1套(3)、节约46、锥1、辔饰120、衔4、镳10、细腰5、铃70、错金银杖首1、器座3、锛2、铲1、削14、刀1、鱼90、榫钉28等①。甲组墓的时代在春秋中期至战国早期，乙组墓的时代在西周中期至战国时期。

99. 1978年10—12月，济宁地区文物组对山东滕州薛国故城遗址进行了调查钻探，发掘九座周代墓葬，编号为M1—M9，出土了大量铜器。M1出土铜器599件：鼎8、簠6、鬲6、簋2、壶3、铺1、盘1、匜1、矛2、戈5、镞形器1、镞58、鸟首车器4、镳24、衔12、游环2、节约20、环2、管销1、泡134、管状饰300、环连箍5、甲片若干；M2出土铜器249件：鼎8、簠6、鬲6、簋2、壶3、盘1、匜1、铺1、小罐1、衔10、镳32、辔饰若干、铃4、耒4、游环10、鸟首车器4、兽首车器2、活页3、镂孔球形器1、挂钩2、戈12、矛2、剑2、异形兵器2、镦3、镈2、镞形器3、镞93、杖首1、削刀7、锛2、斧1、凿4、刻刀4、钻2、锯2、刻针4、盒1；M3出土铜提梁壶1、铃1、戈2、矛1、镞11；M4出土铜器37件：鼎10、簠2、壶3、盂1、盘1、匜1、簋6、鬲6、鸟形杯3、鉴1、铺1、矛1；M6出土铜鼎1、豆2、铺1；M7出土铜铺1；M9出土铜鼎1、豆2、盘1、匜1②。M1—M4的时代为春秋中期，M6、M7、M9为春秋晚期。

100. 1978年3月，滕县文化馆清理了一座墓葬，出土3件滕国铜器：鬲1、簋2③。该墓时代为西周早期后段。

101. 1978年春，滕县官桥镇前掌大村村民在村北挖水沟时发现墓葬一座，出土铜器15件：爵1、觚1、斝1、戈1、钺1、削1、镞9④。时代为商代中期。

102. 1979年3月，德州行署文化局文物组、济阳县图书馆对济阳县刘台子进行了探查，发现古墓葬一座，出土铜器5件：鼎1、觯1、簋2、鬲1⑤。墓葬时代为西周早期。

103. 1979年5月，聊城地区博物馆对阳谷县景阳岗春秋墓进行清理，出土铜器19件：盖豆1、铺1、扁壶1、戈1、镞7、镦1、衔5、器帽2⑥。时代为春秋晚期。

104. 1979年11月，山东省惠民地区文物组、邹平县图书馆在邹平县大省村清理墓葬九座，出土铜器有鼎2、盘2、鉴1、匜1、壶1、铺4、豆1、剑1⑦。时代为春秋晚期。

---

① 山东省文物考古研究所、山东省博物馆等：《曲阜鲁国故城》，齐鲁书社，1982年。
② 山东省济宁市文物管理局：《薛国故城勘查和墓葬发掘报告》，《考古学报》1991年第4期。
③ 万树瀛、杨孝义：《山东滕县出土西周滕国铜器》，《文物》1979年第4期。
④ 滕州市博物馆：《山东滕州市薛河下游出土的商代青铜器》，《考古》1996年第5期。
⑤ 德州行署文化局文物组、济阳县图书馆：《山东济阳刘台子西周早期墓葬发掘简报》，《考古》1981年第9期。
⑥ 聊城地区博物馆：《山东阳谷县景阳岗村春秋墓》，《考古》1988年第1期。
⑦ 山东省惠民地区文物组、邹平县图书馆：《山东邹平县大省村东周墓》，《考古》1986年第7期。

105. 1979年2月,烟台市博物馆对金沟寨十四座战国墓葬进行了抢救性清理,出土铜器83件:敦2、铡1、匜1、剑13、戈17、矛8、镞20、带钩17、车軎2、马衔2①。时代为战国前期。

106. 1980年2月,济南市博物馆征集到两批商代青铜器。一批是长清县归德公社前平大队社员在耕地时发现的,有铜爵、斝各1件,属商代中期;另一批是济南市环境卫生处工人所交,有铜爵、觚各1件,据说在桓台县田庄公社史家大队西南崖头出土,属商代晚期②。

107. 1980年3月上旬,滕县城郊公社后荆沟大队社员在村北取土时发现一批铜器,包括鼎2、鬲2、簋2、盘1、匜1、簠2、罐2、匕2、不明器1(残损)③。这批器物的时代为春秋早期。

108. 1980年9月,黄县庄头村村民取土时发现一座西周墓,出土铜器17件:鼎3、甗1、簋2、爵2、觯1、卣1、方壶1、盘1、盂1、戈1、勺1、残器底2④。时代为西周前期。

109. 1980年,山东大学考古队对位于新泰郭家泉村北柴汶河北岸的二十一座墓葬进行了发掘,其中六座铜器墓葬出土铜器15件:铡1、剑6、戈8⑤。时代在春秋晚期至战国早期。

110. 1980年冬,德州地区文化局文物组与济阳县图书馆对刘台子墓地西半部进行钻探,出土铜器3件:鼎1、簋1、戈1⑥。时代为西周早期后段。

111. 1980—1982年,潍坊市博物馆、昌乐县文管所先后在昌乐境内发现了一批铜器,其中宇家遗址M1出土鼎1、盘1、匜1、敦2,前张次遗址出土鼎1、剑2,时代均在战国早期。另采集铜爵1件,时代为商代晚期至西周早期⑦。

112. 1980—1995年,山东省文物考古研究所在临淄一带抢救发掘了一批墓葬,出土了大量随葬品,其中铜器871件:鼎3、鬲2、豆10(方豆1、圆豆9)、敦3、铡6、提链壶3、盘5、匜5、罍3、鸭形尊1、盒1、罐4、匕5、箕1、镈钟8、甬钟16、钮钟10、戈9、矛5、剑4、戟4、殳11、镞43、镦12、镡1、辖軎20、衡末饰4、轭首饰2、銮铃11、带扣38、节约59、踵饰8、盖弓帽26、管架1、插座32、衔12、镳4、铃5、泡饰12、筒形器48、带钩101、梳子1、镜9、铺首51、环85、吊扣2、削7、多足钉9、锥3、凿1、三足器1、器帽2、管2、贝形饰91、漏器1等⑧。时代为战国时期。

113. 1981年夏,滕县官桥镇大康留村村民在村北薛河故道断崖上取土时发现4件铜

---

① 烟台市博物馆:《山东烟台市金沟寨战国墓葬》,《考古》2003年第3期。
② 韩明祥:《山东长清、桓台发现商代青铜器》,《文物》1982年第1期。
③ 万树瀛:《滕县后荆沟出土不嬰簋等青铜器群》,《文物》1981年第9期。
④ 王锡平、唐禄庭:《山东黄县庄头西周墓清理简报》,《文物》1986年第8期。
⑤ 山东大学历史系考古专业、山东省新泰市文化局:《山东新泰郭家泉东周墓》,《考古学报》1989年第4期。
⑥ 德州地区文化局文物组、济阳县图书馆:《山东济阳刘台子西周墓地第二次发掘》,《文物》1985年第12期。
⑦ 潍坊市博物馆、昌乐县文管所:《山东昌乐县商周文化遗址调查》,《海岱考古》(第一辑),山东大学出版社,1989年,第292—312页。
⑧ 山东省文物考古研究所:《临淄齐墓》(第一集),文物出版社,2007年,第42—47页。

器：尊1、斝1、爵1、盘1①。时代大致在二里岗上层时期。

114. 1981年秋至2001年，中国社会科学院考古研究所对前掌大墓地陆续进行了8次发掘，清理出一大批商周墓葬。其中的二十六座墓葬和一座车马坑出土了大量青铜器：方鼎4、深腹圆鼎6、分裆圆鼎7、扁足圆鼎3、簋7、斝4、鬲3、甗4、觚36、爵35、角10、尊8、壶4、罍3、卣8、觯17、斗4、盉3、盘1、铙4、戈71、矛25、胄45、镞247、弓形器6、扣弦器1、斧8、锛9、凿8、刀18、车軎20、车辖10、轴饰2、鞧饰5、衡末饰13、管形饰3、车饰1、轭16、轭首4、轭颈2、轭箍2、轭脚4、銮铃2、踵管7、踵板4、栏饰8、车伞盖1、柱饰11、勒5、鼻梁带饰2、颊带饰2、额带饰4、鼻带饰4、带饰4、车衔5、钉齿镳12、镳27、泡181、当卢4、节约26、鞭策5、铃26、鱼2、帽1、镈3、柄形器2②。时代在商代晚期至西周早期早段。

115. 1981年前后，滕县柴胡店镇后黄庄村出土铜鼎、铜觯各1件，后被滕州市博物馆征集③。时代为商代晚期。

116. 1981年8月上旬，北京市文物队从北京铜厂废铜中拣选出一组商代晚期铜器，该组器物已有27件复原，包括方鼎2、圆鼎2、甗1、簋1、豆1、爵2、觚1、觯1、斝1、角2、尊1、提梁卣2、提梁方卣1、罍1、盉1、盘1、勺2、刀1、戈2，另有残片18④。该组铜器传为山东费县出土，但未经确实查考。

117. 1982年，山东省兖石铁路文物考古工作队在临沂市相公公社黑墩村凤凰岭发现了一座东周墓，出土铜器225件：鼎10、敦3、盆1、簠3、簋2、甗1、铘2、铎1、斤1、盘1、壶1、卣3、镰盉1、编镈2套(9)、钮钟2套(9)、炮1、弓4、戈14、矛15、镞139、剑4⑤。时代在春秋晚期。

118. 1982年，沂水全美官庄发现一批青铜器，计有桥形饰99、铃14、环7、带钩1、剑首2、盖形器1⑥。时代为战国时期。

119. 1982年3月，滕县姜屯公社庄里西村社员在村西约250米处一土台取土时发现古墓葬一座，出土铜器6件：鼎2、簋1、鬲2、壶1⑦。时代为西周早期。

120. 1982、1983年，栖霞县松山乡吕家埠村村民在窑场附近发现两座古墓。M1出土铜器28件：鼎1、罍1、匜1、铘1、戈1、剑1、镞12、刀2、锛1、凿1、车軎2、盖弓帽3、T形饰1；M2出土铜鼎、铜铘各1件⑧。时代为春秋早期。

121. 1982年5月，沂水县黄山铺公社东河北村村民在村北一高台挖出一座墓葬，出土5件铜器：鼎1、鬲1、铘1、戈1、削1⑨。墓葬时代在春秋早期。

---

① 滕州市博物馆：《山东滕州市薛河下游出土的商代青铜器》，《考古》1996年第5期。
② 中国社会科学院考古研究所：《滕州前掌大墓地》，文物出版社，2005年。
③ 滕州市博物馆：《山东滕州市薛河下游出土的商代青铜器》，《考古》1996年第5期。
④ 程长新、曲得龙、姜东方：《北京拣选一组二十八件商代带铭铜器》，《文物》1982年第9期。
⑤ 山东省兖石铁路文物考古工作队：《临沂凤凰岭东周墓》，齐鲁书社，1987年。
⑥ 马玺伦、宋桂宝：《山东沂水县全美官庄东周墓》，《考古》1997年第5期。
⑦ 滕县博物馆：《山东滕县发现滕侯铜器墓》，《考古》1984年第4期。
⑧ 栖霞县文物管理所：《山东栖霞县松山乡吕家埠西周墓》，《考古》1988年第9期。
⑨ 马玺伦：《山东沂水发现一座西周墓葬》，《考古》1986年第8期。

122. 1982年6月,淄博市博物馆在淄川区太和公社南阳村东发现一座古墓,出土铜鼎、铺、戈各1件①。墓葬时代在春秋早期。

123. 1982年7月,临淄区文物管理所在临淄齐国故城南清理发掘了一座古墓葬,出土牺尊1件②。时代在战国中期。

124. 1982年7月,沂水县黄山铺公社信家庄大队社员在村南平地时发现铜爵、觚、剑各1件,随后送交县文物管理站③。时代为商代晚期。

125. 1982年10月,泰安市城前村出土一批铜器,计有鼎2、簋2、壶1、镞29④。时代为春秋早期。

126. 1982年,滕县农民发现一墓葬,出土铜器6件:鼎2、簋1、鬲2、壶1⑤。墓葬时代为西周早期。

127. 1982年,沂水县文物管理站清理了一座墓葬,出土铜鼎、鬲、铺、戈、削各1件⑥。时代在商代中期稍晚。

128. 1982年,德州地区文化局文物组同济阳县图书馆对济阳刘台子墓地进行了第二次发掘。M3出土铜器有王季鼎1、夆彝簋1、戈1⑦。时代为西周早期后段。

129. 1982年,泗水寺台发现3件铜器:爵1、觚1、钺1。时代为商代晚期。

130. 1982年,费县文物部门在文物清查过程中发现2件铜器,分别为:上冶公社南张庄乡台子沟出土春秋中期徐子氽鼎1件,临沂西乡出土战国时期戈1件⑧。

131. 1983年1月,沂水县诸葛公社发现一座墓葬,出土铜器有铺1、剑1、戈1、镞5⑨。此墓时代约在春秋晚期。

132. 1983年4月,黄县(今龙口市)中村镇徐家村出土铜鬲、簋各1件⑩。时代为西周中期。

133. 1983年5月,滕州官桥镇薛国故城东部坝上村征集到1件三矮蹄形足铜敦⑪。时代为春秋晚期。

134. 1983年12月,寿光县古城公社古城一大队社员在"益都侯城"故址内挖井,发现铜器64件:鼎5、甗1、簋2、爵5、觚3、提梁卣2、尊2、罍1、斝1、斗2、戈10、矛4、刀3、镞15、锛2、凿1、铃6⑫。时代为商代晚期。

---

① 张光明:《山东淄博南阳村发现一座周墓》,《考古》1986年第4期。
② 李剑、张龙海:《临淄出土的几件青铜器》,《考古》1985年第4期。
③ 沂水县文物管理站:《山东沂水县出土商代铜器》,《考古》1990年第8期。
④ 程继林、吕继祥:《泰安城前村出土鲁侯铭文铜器》,《文物》1986年第4期。
⑤ 滕县博物馆:《山东滕县发现滕侯铜器墓》,《考古》1984年第4期。
⑥ 马玺伦:《山东沂水发现一座西周墓葬》,《考古》1986年第8期。
⑦ 德州地区文化局文物组、济阳县图书馆:《山东济阳刘台子西周墓地第二次发掘》,《文物》1985年第12期。
⑧ 心健、家骥:《山东费县发现东周铜器》,《考古》1983年第2期。
⑨ 沂水县文物管理站:《山东沂水县发现工虞王青铜剑》,《文物》1983年第12期。
⑩ 马志敏:《山东省龙口市出土西周铜簋》,《文物》2004年第8期。
⑪ 张东峰、聂瑞安:《浅谈滕州商周方国与出土青铜器》,《青铜器与山东古国学术研讨会论文集》,上海古籍出版社,2017年,第372—390页。
⑫ 寿光县博物馆:《山东寿光县新发现一批纪国铜器》,《文物》1985年第3期。

135. 1984年8月,临沂市博物馆在汤河乡中洽沟村发现了三座墓葬,M1出土铜器8件:鼎4、鬲1、盘1、匜1、削1①。该墓时代在春秋早期。

136. 1984年5月,莱芜市戴鱼池村村民在取土时发现一座墓葬。墓中出土铜器有鼎2、豆2、铺1、车軎4、马衔5、剑1、戈2、镦1、矛1、镞2②。此墓时代为战国初期。

137. 1984年10月,新泰市政工程在市政府门东发现一批铜器,有鼎1、鬲2、卣1、爵1、尊1、戈1、镞1③。时代为商末周初。

138. 1984年10月,平阴县洪范乡臧庄一农民在建房时发现铜器爵、觚、鼎各1件④。时代为商代晚期。

139. 1984年11月30日,齐国故城大城东北部东古城村村民在村西发现了一座墓葬,随后临淄区文物部门对墓葬做了清理。墓葬出土铜器18件:鼎3、簋2、匜1、盘1、壶1、铺1、戈1、矛1、镩1、軎2、辖1、衔2、镳1⑤。该墓时代为春秋早期。

140. 1984年,淄博市博物馆在淄博市淄川区南韩村清理了十三座墓葬,其中M1出土铜剑1件,M5出土铜匕首1件,M7出土铜带钩1件,M10出土铜剑1件、铜戈1件⑥。这批墓葬时代均在战国时期。

141. 1985年春,济南市历城区孙村镇南左家洼村村民在村南发现了一座古墓,出土青铜器19件:盖鼎3、盖豆3、提梁壶1、敦1、铺1、盘1、剑3、戈3、镞2。这座墓的时代为战国早期⑦。

142. 1985年春,潍坊市坊子区后邓村村民在院上水库取土时发现铜器3件:爵1、觯1、卣1。潍坊市博物馆文物工作人员到现场经详细调查后确认为一座商代晚期的墓葬⑧。

143. 1985年5月,山东省文物考古研究所清理了刘台子六号墓,出土铜器有鼎6(3圆、3方)、甗1、簋5、爵1、觯2、尊1、卣1、盉1、盘1⑨。时代为西周早期偏晚阶段。

144. 1985年9月,安丘县庵上镇毛子埠村出土1件铜鼎⑩。时代为春秋晚期至战国早期。

145. 1986年4月及1991年7月,长清县万德镇石都庄和义灵关村村民取土时各发现一批铜器,石都庄墓葬编号为M1,义灵关村墓葬编号为M2。M1出土铜器有鼎2、簋2,

---

① 临沂市博物馆:《山东临沂中洽沟发现三座周墓》,《考古》1987年第8期。
② 莱芜市图书馆、泰安市文物考古研究室:《山东莱芜市戴鱼池战国墓》,《文物》1989年第2期。
③ 魏国:《山东新泰出土商周青铜器》,《文物》1992年第3期。
④ 平阴县博物馆筹建处:《山东平阴洪范商墓清理简报》,《文物》1992年第4期。
⑤ 齐国故城遗址博物馆、临淄区文物管理所:《山东临淄齐国故城西周墓》,《考古》1988年第1期。
⑥ 于嘉芳:《淄博市南韩村发现战国墓》,《考古》1988年第5期。
⑦ 济南市文化局文物处、历城区文化局:《山东济南市左家洼出土战国青铜器》,《考古》1995年第3期。
⑧ 曹元启、单煜东:《坊子区院上遗址发现商代青铜器》,《海岱考古》(第一辑),山东大学出版社,1989年,第313页。
⑨ 山东省文物考古研究所:《山东济阳刘台子西周六号墓清理报告》,《文物》1996年第12期。
⑩ 徐新华、刘江:《山东安丘出土一件战国铜鼎》,《考古》1987年第12期。

M2 出土铜鼎 4 件①。时代为西周晚期至春秋早期。

146. 1986 年 5 月,临朐县冶源镇湾头村村民取土时发现一座墓葬,出土铜器 16 件:车舝 2、辖 1、马衔 2、剑 2、戈 2、矛 1、镞 6②。墓葬时代为春秋晚期。

147. 1986 年,黄县博物馆与烟台市博物馆对石良镇周家村西周残墓进行了清理,出土铜簋 2 件、铜觯 1 件③。时代为西周中期。

148. 1987 年 4 月,安丘县郚山乡贾孟村村民在取土时发现铜鼎、鬲各 1 件④。时代在西周后期。

149. 1987 年胶南县博物馆收集到 1 件荆公孙敦,据捐赠者称,此器于光绪年间出土于胶南县六汪镇山周村长城脚下⑤。该器物属春秋晚期或战国早期。

150. 1987 年 8 月,临淄市白兔丘村东淄河滩出土 1 件铜豆,由村民交给齐国故城遗址博物馆⑥。时代为战国早期。

151. 1988 年 4 月,滕州官桥镇薛国故城东部前莱村征集到铜鼎、铫、匜各 1 件⑦。时代为战国早期。

152. 1988 年,沂水县博物馆征集到杨庄镇李家坡村出土的青铜器:鼎、鬲、盘、罍、剑各 1 件,洗 5 件⑧。除铜洗时代为东汉时期外,其他铜器在春秋早期。

153. 1988 年 10 月,阳信县城关镇西北村出土一批文物,惠民地区文物普查队和阳信县文化馆随后进行了抢救性清理工作,发现一座陪葬坑,出土铜器 72 件:鼎 2、豆 2、壶 2、敦 4、提梁壶 1、罍 1、小罐 1、铫 1、盘 1、匜 1、编钟 9、镈 5、漏铲 1、铲 1、舝 8、衔 1,另有游环、节约、插管、饰件等⑨。这座陪葬坑的时代在战国中期。

154. 1988—1990 年,沂水县文物部门在沂水县境内发现五座东周墓葬,编号为 M1—M5,出土了一批铜器。M1 出土剑 2、戈 3;M2 出土剑 2、戈 1;M3 出土剑 2、戈 1;M4 出土剑 2、戈 5、矛 2、镦 2;M5 出土铫 1、戈 1⑩。M1、M4 时代在战国时期,M2、M3、M5 时代在春秋晚期。

155. 1989 年 2 月,郯城第二中学在校园内植树时发现古墓,郯城县文物管理委员会对其进行了抢救性发掘,共清理墓葬三座(编号为 M1—M3),其中 M1 出土 19 件铜器:鼎

---

① 昌芳:《山东长清石都庄出土周代铜器》,《文物》2003 年第 4 期。
② 宫德杰:《山东临朐县湾头河春秋墓》,《考古》1999 年第 2 期。
③ 唐禄庭、姜国钧:《山东黄县东营周家村西周残墓清理简报》,《海岱考古》(第一辑),山东大学出版社,1989 年,第 314—319 页。
④ 安丘县博物馆:《山东安丘发现两件青铜器》,《文物》1989 年第 1 期。
⑤ 王景东:《山东胶南县发现荆公孙敦》,《考古》1989 年第 6 期。
⑥ 张龙海:《山东临淄出土一件有铭铜豆》,《考古》1990 年第 11 期。
⑦ 张东峰、聂瑞安:《浅谈滕州商周方国与出土青铜器》,《青铜器与山东古国学术研讨会论文集》,上海古籍出版社,2017 年,第 372—390 页。
⑧ 孔繁刚:《山东沂水县出土一批青铜器》,《考古与文物》1992 年第 2 期。
⑨ 惠民地区文物普查队、阳信县文化馆:《山东阳信城关镇西北村战国墓器物陪葬坑清理简报》,《考古》1990 年第 3 期。
⑩ 沂水县博物馆:《山东沂水县发现五座东周墓》,《考古》1995 年第 4 期。

1、编钟 8、锛 2、凿 1、锯 1、合页 1、兽面饰 1、饰件 3、釜 1①。时代为战国中期。

156. 1989 年 4 月,安丘县雹泉镇峒峪村村民在取土时发现 1 件商代晚期的铜戈②。

157. 1989 年前后,章丘县发现了几批铜器:明水镇东南部小峨眉山北侧出土甬钟 4、铙形器 22、圭形器 30、璧形器 2,时代属春秋前期;东涧溪村小学出土提梁卣 1、觚 2,时代为商末周初;垓庄西北摩天岭出土鼎 1,时代在西周晚期③。

158. 1989 年,滕州市博物馆对滕州庄里西村发现的五座墓葬(编号分别为 M3、M4、M5、M6、M7)进行了清理,出土了一批铜器。M3 出土戈 1、矛 1;M4 出土爵 1、觚 1、觯 1、戈 1、弓形器 1、蚌泡 6;M5 出土鼎 1、簋 1、戈 1、矛 1、刀 1、当卢 1、泡 2;M6 出土鼎 1、簋 1;M7 出土鼎 1、簋 2、卣 2、尊 1、觚 1、爵 1、觯 2、戈 10、削 1、銮铃 2、当卢 4、镳 4、泡 97、节约 11④。五墓时代为西周早期。

159. 1989 年,临淄区文物部门在对河崖头五号墓殉马坑做防水工程时,发现三座西周墓,编号分别为 M101、M102、M103,出土 8 件铜器:M101、M103 皆出土鼎、簋各 1 件;M102 出土鼎 1、簋 1、鬲 2⑤。三墓时代基本相同,为西周中期早段。

160. 1990 年春,章丘女郎山发现一百二十余座历代墓葬,其中一号墓最大,二层台曾于汉代被盗,但器物库完整,出土了大量随葬品,其中铜器有鼎 5(列鼎 4)、盖豆 6、高柄豆 4、锄 4、壶 3、盘 1、勺 1、剑 7、戈 14、矛 8、戟 1、镞 113、车马器 105、钮钟 7、镈 5、带钩 20⑥。时代为战国中期。

161. 1990 年,滕州市博物馆在高台遗址西侧旧名凤凰岭的地方发现墓葬一座,后来又于 1992 年在高台遗址东南角清理一座墓葬,出土铜器有鼎 1、盘 1、匜 1、鼎足 1、豆 2、锄 2⑦。两墓时代为战国早期。

162. 1990 年 5 月,邹城市北宿镇西丁村村民在村西取土时发现一座墓葬,出土铜器 4 件:爵 2、觚 2⑧。该墓时代为商代晚期。

163. 1990 年,荣成市文物管理所对荣成市学福村的一座古墓进行了抢救性清理,出土铜器有尊 1、壶 1、戈 1、镞 3。该墓时代为西周早期后段⑨。

164. 1991 年 1 月,沂水县柴山乡信家庄农民在村南菜地翻土时发现铜戈 1 件⑩。时代为殷墟二期前后。

---

① 刘一俊、冯沂:《山东郯城县二中战国墓的清理》,《考古》1996 年第 3 期。
② 安丘县博物馆:《山东安丘老峒峪出土一件商代青铜戈》,《考古》1992 年第 6 期。
③ 常兴照、宁荫堂:《山东章丘出土青铜器述要兼谈相关问题》,《文物》1989 年第 6 期。
④ 滕州市博物馆:《1989 年山东滕州庄里西周墓发掘报告》,《中国国家博物馆馆刊》2012 年第 1 期。
⑤ 临淄区文物局、临淄区齐故城遗址博物馆:《临淄齐国故城河崖头村西周墓》,《海岱考古》(第六辑),科学出版社,2013 年,第 276—279 页。
⑥ 济青公路文物考古队绣惠分队:《章丘绣惠女郎山一号战国大墓发掘报告》,《济青高级公路章丘工段考古发掘报告集》,齐鲁书社,1993 年,第 115—149 页。
⑦ 滕州市博物馆:《山东滕州庄里西战国墓》,《文物》2002 年第 6 期。
⑧ 王军:《山东邹城市西丁村发现一座商代墓葬》,《考古》2004 年第 1 期。
⑨ 刘晓燕、孙承晋:《山东荣成市学福村商周墓葬的清理》,《考古》2004 年第 9 期。
⑩ 马玺伦:《山东沂水新发现一件带鸟象形文字的铜戈》,《文物》1995 年第 7 期。

165. 1991年7月,济宁市商业局在施工时挖出9件青铜器:鼎2、簋1、方彝1、爵2、觚2、盘1。随后济宁市博物馆派人勘查,推测铜器出自一座墓葬①。时代为西周中期偏早。

166. 1991年10月,滕州级索十一中师生在校内龙堌堆东部植树时,发现7件青铜器:鼎1、爵1、戈4、铃1②。时代为商代晚期。

167. 1991—1992年,中国社会科学院考古研究所及省市文物部门对枣庄市二疏城遗址进行了发掘,出土铜鼎2件③。时代为春秋晚期。

168. 1992年3月,滕州市水利局在官桥镇轩辕庄村南施工时挖出一批青铜器和玉器。滕州市博物馆派人员前往调查,器物出于一座墓葬,出土铜器有鬲1、爵1、斝1、戈1、镞2④。时代为商代中期后段。

169. 1992年,临淄水泥厂扩建,淄博市博物馆在临淄区商王村抢救发掘战国至两汉时期的墓葬一百余座,其中一号墓保存完好,出土铜器100余件:鼎5、盒9、壶4、杯形壶1、高柄壶2、盘1、匜1、罍4、蒜头壶1、汲酒器1、釜4、钵4、耳杯3、炉3、灯3、带钩5、玺印3、璜3⑤。此墓时代为战国晚期。

170. 1993年4月,莒县大沈刘庄发现一墓葬,出土铜器有剑2、戈6、矛1、镦1、带钩2、车马器若干⑥。该墓时代为春秋时期。

171. 1993年8月,烟台市文管会、栖霞市文管处对金山乡金山村的东周遗址和墓葬进行了抢救性发掘,共清理墓葬三座(编号M1—M3)、灰坑三个(H1—H3)。出土铜器如下:M1出土剑1、戈1、镞7、镦1;M2出土戈1、剑1、镞1、镦1;M3出土铃11、璜6、带钩1、环19、钮1;H1出土残削1;另采集铜剑1件⑦。时代在战国早期。

172. 1993年,肥城市王庄镇东焦村出土5件铜器:鼎1、豆1、壶1、铏1、匜1⑧。时代为战国晚期。

173. 1993年,泰安市博物馆对龙门口遗址进行调查,收集的铜器有鼎2、簋2、俎1、豆2、鬲2、爵1、觚1、杯2、卣1、戈6⑨。铜器时代跨度较大,自商代晚期至东周时期。

174. 1994年4月,海阳县郭城镇西古村出土青铜器,计有鼎1、簋1、钲1、戈1⑩。这批青铜器时代属春秋前期。

---

① 田立振:《山东省济宁市出土一批西周青铜器》,《文物》1994年第3期。
② 滕州市博物馆:《山东滕州出土商代青铜器》,《考古》1994年第1期。
③ 中国社会科学院考古研究所、枣庄市博物馆:《枣庄市二疏城遗址发掘简报》,《海岱考古》(第四辑),科学出版社,2011年,第1—29页。
④ 滕州市博物馆:《山东滕州市发现商代青铜器》,《文物》1993年第6期。
⑤ 淄博市博物馆:《山东临淄商王村一号战国墓发掘简报》,《文物》1997年第6期。
⑥ 张开学、刘云涛:《山东莒县大沈刘庄春秋墓》,《考古》1999年第1期。
⑦ 烟台市文管会、栖霞市文管处:《山东栖霞市金山东周遗址的清理》,《考古》1996年第4期。
⑧ 张彬:《山东肥城市王庄镇出土战国铜器》,《考古》2003年第6期。
⑨ 泰安市博物馆:《山东泰安市龙门口遗址调查》,《文物》2004年第12期。
⑩ 滕鸿儒、高京平:《山东海阳郭城镇出土战国青铜器》,《文物》1994年第3期。

175. 1994年4月,青州市于家庄村村民挖土时发现1件铜爵①。时代为商代后期。

176. 1994年8月,安丘市东古庙村南砖窑取土时发现青铜器224件:鼎5、罍4、鬲2、杯形器2、斗2、钯1、铜1、盘1、匜1、匕1、镞196、戈2、凿4、削2②。时代为春秋早期。

177. 1995年3—6月,山东大学考古系对长清县仙人台遗址进行了发掘,出土大量青铜器。其中M3出土鼎2、簋2;M6出土鼎15、簋8、方壶2、圆壶2、扁壶1、盂1、盘1、匜1、盖豆2、提梁小罐1、小罐1、甬钟11、钮钟9、钟架饰件2、合页3、车軎4、衔镳8、节约1、三通2、锛1、矛1、戈3、剑1、环4、镞30、泡3③;M5出土鼎3、甗1、敦2、铜2、壶1、盘1、带流鼎1、铜形器1、异形器1、编钟9、戈1、軎2、辖2、马衔2、马镳4④。M5的时代为春秋晚期,M3在西周晚期,M6在春秋早期。

178. 1996年5月,淄博修建外环路,淄博市博物馆在所经路线中探出大型古墓一座(编号南马坊M1)。该墓葬早年经盗掘,残留铜器有铺首衔环3、镜1、削2、环3⑤。墓葬时代在战国中期。

179. 1996年,莒县博物馆对西大庄一号墓进行了抢救性发掘。该墓出土铜器有鬲1、鼎3、甗1、簋4、壶1、匜1、盘1、铜1、山字形器2、人面首大刀1、鸟形饰2、戈2、削1、车篷架管2、盖弓帽4、軎2、辖2、马镳3、构件3、环5⑥。时代为西周晚期至春秋初期。

180. 1998—1999年,微山县夏镇东薛庄发现一座墓葬,出土铜器有圆鼎、方鼎、爵、觚等,具体数量不详⑦。时代为商代晚期。

181. 1998年8月上旬,滕州市博物馆对南岗子墓地进行抢救性发掘清理,共清理发掘九座墓葬,出土铜器22件:鼎1、觚1、爵1、戈2、刀4、軎1、锛1、铃4、輨2、泡4、三角形器1⑧。时代为商末周初。

182. 1999年,滕州市北辛村发现古墓,出土铜器有鼎2、罍2、豆2、马衔2、镞9⑨。时代约在战国早期或略晚。

183. 1999年秋,山东省文物考古研究所和滕州市博物馆对滕州东康留周代墓地进行发掘,共清理周代墓葬一百二十四座。正式报道的铜器有铜2、剑6、戈3、镞4⑩。墓葬时代为春秋晚期至战国早期。

184. 2000年12月下旬,滕州市博物馆对前掌大村东南墓地进行发掘,清理发掘墓葬十五座,出土铜器119件:鼎2、觚2、爵2、觯2、尊1、戈1、弓形器1、刀1、镞5、铃4、锛1、

---

① 周庆喜:《山东青州市发现商代铜爵》,《考古》1997年第7期。
② 安丘市博物馆:《山东安丘柘山镇东古庙村春秋墓》,《文物》2012年第7期。
③ 山东大学考古系:《山东长清县仙人台周代墓地》,《考古》1998年第9期。
④ 山东大学历史文化学院考古系:《长清仙人台五号墓发掘简报》,《文物》1998年第9期。
⑤ 淄博市博物馆:《山东淄博市临淄区南马坊一号战国墓》,《考古》1999年第2期。
⑥ 莒县博物馆:《山东莒县西大庄西周墓葬》,《考古》1999年第7期。
⑦ 参见国家文物局:《中国文物地图集》(山东分册),中国地图出版社,2007年,第65页。
⑧ 滕州市博物馆:《滕州前掌大村南墓地发掘报告:1998—2001》,《海岱考古》(第三辑),科学出版社,2010年,第227—375页。
⑨ 孙柱才、王元平、石晶:《山东滕州市北辛村发现一座战国墓》,《考古》2004年第3期。
⑩ 山东省文物考古研究所、滕州市博物馆:《山东滕州东康留周代墓地发掘简报》,《文物》2013年第4期。

凿2、镞3、衔1、泡91①。时代为商代晚期至西周早期。

185. 2001年1月,山东省文物考古研究所、临沂市文物管理委员会等部门抢救性发掘了郯城县大埠二村遗址,发现春秋时期墓葬两座。M1出土铜器有鼎2、鬲1、罐2、铺1、瓠壶1、盘1、匜1、盆1、连体罐1、车軎(含辖)6、削刀2、凿1;M2出土铜器有编钟4、矛1、镞3、斧1②。时代为春秋晚期早段。

186. 2001年3月中旬,滕州市博物馆对于屯村北墓地进行发掘,出土铜器102件:鼎5、簋3、尊3、卣4、斝1、觚9、爵13、觯5、戈10、弓形器2、刀3、镞16、铃10、锛、凿、镞4、衔2、泡6③。时代为商代晚期至西周早期。

187. 2001年3—4月,山东大学考古系、淄博市文物局及沂源县文管所对沂源县姑子坪两座墓葬进行了发掘,出土一批铜器。M1出土鼎5、簠2、簋2、方彝1、罍1、壶1、盘1、匕2、戈1、剑1、镞50余;M2出土鼎1、戈1、镞2④。M1时代在西周晚期,M2在两周之际或春秋早期。

188. 2001年3—6月,山东大学考古系、淄博市文物局等单位对淄川北沈马遗址进行了抢救性发掘,出土一批铜器。M8出土镞4件;M2出土剑1、戈3、矛2、带钩3件;M4出土环8件;M6出土环4件;M9出土带钩1件;M13出土环4件⑤。上述墓葬时代为战国早期。

189. 2001年11月,为配合临淄永流镇中轩电热厂的建设工程,山东省文物考古研究所等单位组成的考古队在施工现场发现两座墓葬。M1出土铜器有鼎2、铺1、敦1、豆2、壶2、盒2、勺2、盘1、匜1、箕1、碗3、耳杯4、带流盒5;M2出土铜器有车軎2、马衔2、节约2⑥。两座墓葬的时代皆为战国晚期。

190. 2001年,莒县博物馆报道了部分馆藏青铜器,有鼎3、鬲1、罍1、敦1、壶1、盘1、匜1等⑦。这几件器物时代均为春秋时期。

191. 2002年前后,中国财税博物馆征集入藏一套4件编钟,其中一件钲部铭文"滕侯赇之歌钟"⑧。时代为春秋晚期。

192. 2002—2003年,枣庄市文物部门对山亭区东江村的周代墓葬进行了抢救性发掘,共发掘六座墓葬,出土铜器情况如下:M1出土鬲4、瓶1;M2出土鼎4、鬲4、簋6、匜1、

---

① 滕州市博物馆:《滕州前掌大村南墓地发掘报告:1998—2001》,《海岱考古》(第三辑),科学出版社,2010年,第227—375页。
② 山东省文物考古研究所、临沂市文物管理委员会等:《郯城县大埠二村遗址发掘报告》,《海岱考古》(第四辑),科学出版社,2011年,第184—219页。
③ 滕州市博物馆:《滕州前掌大村南墓地发掘报告:1998—2001》,《海岱考古》(第三辑),科学出版社,2010年,第227—375页。
④ 山东大学考古系、淄博市文物局等:《山东沂源县姑子坪周代墓葬》,《考古》2003年第1期。
⑤ 曹艳芳、尹锋超等:《淄川北沈马遗址的发掘与研究》,《淄川考古——北沈马遗址发掘报告暨淄川考古研究》,齐鲁书社,2006年,第43—186页。
⑥ 淄博市临淄区文化局:《山东淄博市临淄区赵家徐姚战国墓》,《考古》2005年第1期。
⑦ 刘云涛、张建平:《莒县博物馆馆藏青铜器》,《东南文化》2001年第4期。
⑧ 陈阳、戴哲涛:《中国财税博物馆藏滕侯赇之歌钟考》,《东方博物》2010年第3期。

盘1、罍1、剑1、戈1、镞30;M3出土鼎4、鬲2、簋4、壶2、罍2、铀1、方奁1、提链罐1、盘1、削1;M4出土圆壶4、鬲2、匜2、簋2、方壶2、盘3①。墓葬时代为春秋早期后段至中期初年。

193. 2002—2004年,山东省文物考古研究所会同新泰市博物馆,在新泰市青云街道办事处周家庄东南发掘墓葬七十八座,其中的五十二座墓出土青铜器1 000余件。礼器161件:鼎23、甗3、盖豆53、壶1、提梁壶7、盘14、匜8、敦4、铀48;乐器47件:镈2、钮钟4、铎4、铃37;兵器385件,主要有剑72、戈137、矛39、戟23、殳19、镞83、铍1、匕首7、镡2、镦2;车马器424件,主要有辖軎52、马衔78、车构134、辔160(包括环25、泡1、节约4、管状串饰130)。另有削5、带钩2、贝4、铺首衔环8、狗项饰56(包括串饰55、环1)②。时代为春秋晚期至战国早期。

194. 2003年3—6月,山东大学东方考古研究中心、山东省文物考古研究所等部门对济南大辛庄遗址进行了考古发掘。M106出土铜器11件:觚3、爵2、斝2、尊2、提梁卣1等,时代属殷墟一期或略早;M74发现铜器5件:鼎1、觚1、爵1、铃2,时代约相当于殷墟三期偏晚阶段;东区M72出土铜器有鼎1、爵1、觚1、戈2③,时代为殷墟三期。

195. 2004年3月,章丘市博物馆与市文物局对章丘市呆家村一处古墓葬进行了抢救性发掘,出土铜戈、剑各1件④。时代为战国中期。

196. 2004年,山东省文物考古研究所与青州市博物馆对西辛战国墓进行了发掘,出土铜器有鼎2、壶2、钫1、釜1、灶1、镞2、器柄1、圆筒形器1、舆帽饰2、軎2、瑟枘2、盖弓帽12、环钮1⑤。墓葬时代为战国末年。

197. 2004年,莒南文物管理所在莒南中刘山抢救性发掘两座墓葬,其中二号墓出土铜器5件:鼎2、瓠壶1、盘1、鼎形匜1⑥。时代为春秋早期。

198. 2004年底,滕州市博物馆对前掌大遗址一古墓(编号04M1)进行了抢救性清理,出土铜器有鼎2、甗1、簋1、觚2⑦。墓葬时代为西周早期。

199. 2005年5月,临淄区文物局对国家村西南的六座墓葬进行了发掘,其中五座战国时期的墓葬出土铜器有鼎2、罍2、敦2、盘1、匜1、匕1、勺1、刻刀2、车軎5、盖弓帽1组(20)、带钩2、带扣4、镦1⑧。

200. 2007年,临淄国家村花园小区施工时发现墓葬,临淄区文物局组织人员进行了

---

① 枣庄市博物馆、枣庄市文物管理办公室:《枣庄市东江周代墓葬发掘报告》,《海岱考古》(第四辑),科学出版社,2011年,第220—328页。
② 山东省文物考古研究所、新泰市博物馆:《新泰周家庄东周墓地》,文物出版社,2014年,第30—53页。
③ 山东大学东方考古研究中心、山东省文物考古研究所等:《济南市大辛庄商代居址与墓葬》,《考古》2004年第7期。
④ 章丘市博物馆:《章丘市呆家村战国墓葬》,《海岱考古》(第四辑),科学出版社,2011年,第329—336页。
⑤ 山东省文物考古研究所、青州市博物馆:《山东青州西辛战国墓发掘简报》,《文物》2014年第9期。
⑥ 参见刘延常、徐倩倩:《西周晚期至春秋早期山东地区东土青铜器群的转变与传承》,《青铜器与金文》(第一辑),上海古籍出版社,2017年,第323—339页。
⑦ 滕州市博物馆:《山东滕州前掌大遗址新发现的西周墓》,《文物》2015年第4期。
⑧ 淄博市临淄区文物局:《山东淄博市临淄区国家村战国墓》,《考古》2007年第8期。

发掘。清理出墓葬四十九座,出土铜器58件:剑3、镞13、铍3、铃14、盖弓帽1、方镜3、带钩8、璜5、卮1、帽形饰1、削1、匜1、佩4①。时代为战国后期。

201. 2007年6月,北京民间国宝评选会上,发现奠姜生之孙鼎1件②。时代为战国早期。

202. 2007年,淄博市临淄区发现一座"甲"字形墓葬,墓葬遭到多次盗掘,出土铜器34件:环1、镡13、镞20③。时代为战国晚期。

203. 2008年6月,临淄区文物局对稷下街道办事处孙家徐姚村西北进行了调查勘探,发现一百一十八座墓葬,其中四座战国墓出土有青铜器:M1出土盖弓帽1;M20出土匜1、镜1;M22出土剑2、戈5、镞18、镡2、䡇2、衔2、管状串饰1组、带钩8、帽形器3;M45出土剑1、戈1④。M20时代约为战国早期,M1、M45、M22时代应为战国早期后段,简报所定时代不确。

204. 2008年,莱芜市嬴城遗址发现爵、斝、壶、鼎、剑、戟等商周时期的铜器,仅报道了商代晚期的爵、斝各1件⑤。

205. 2008年10月10日至11月16日,山东大学考古系对沂源东安故城进行了调查,清理发掘了部分东周墓葬。院峪墓地M1出土戈4、矛2、剑2、戟1;M2出土车䡇3、车辖4、匜1、盘1、敦2、壶1⑥。两墓时代在战国中期。

206. 2009年5月,枣庄市文物部门对徐楼村发现的两座古墓葬进行了抢救性发掘。M1出土铜器92件:鼎3、敦2、盘1、匜1、鉴1、簠(豆)2、簋4、浴缶2、提链罐1、盒2、不知名器1、钮钟3、镈钟1、䡇6、辖5、衔4、镳8、节约4、管络饰40、盖弓帽1;M2出土铜器101件:鼎3、盘1、匜1、鉴1、勺1、戈3、剑3、矛2、镞39、斧1、锛3、凿1、䡇6、辖6、衔6、镳12、杖首1、车盖斗1、合页3、镦4、钜1、锁1、殳首1⑦。两墓时代为春秋中晚期之际。

207. 2010年7月至2011年2月,济南市考古研究所对刘家庄遗址两座墓葬(M121、M122)进行了抢救性发掘。M121出土铜器78件(组):鼎5、甗1、簋1、爵3、觚2、斝1、卣1、壶1、戈22、矛10、刀12、锛4、环首小刀1、弓形器2、铃5等;M122出土铜器43件:器盖2、戈12、矛13、锛2、环首小刀1、弓形器1、铃5⑧等。两墓时代为殷墟三期。

208. 2010年9月至2011年1月,临淄区文物局对淄江花园西北部发现的墓葬进行

---

① 山东淄博市临淄区文物局:《山东淄博市临淄区国家村战国及汉代墓葬》,《考古》2010年第11期。
② 吴镇烽:《近年新出现的铜器铭文》,《文博》2008年第2期。
③ 淄博市临淄区文物局:《山东淄博市临淄城一号战国墓的发掘》,《考古》2008年第11期。
④ 淄博市临淄区文物局:《山东淄博市临淄孙家徐姚战国墓地》,《考古》2011年第10期。
⑤ 参见李翠霞:《山东莱芜嬴城遗址出土商代晚期青铜器》,《青铜器与山东古国学术研讨会论文集》,上海古籍出版社,2017年,第120—123页。
⑥ 参见朱晓琳:《沂源东安故城调查与浮来、盖邑考略》,山东大学硕士学位论文,2010年,第39—44页。
⑦ 枣庄市博物馆、枣庄市文物管理委员会办公室等:《枣庄市峄城徐楼东周墓葬发掘报告》,《海岱考古》(第七辑),科学出版社,2014年,第59—127页。
⑧ 济南市考古研究所:《济南市刘家庄遗址商代墓葬M121、M122发掘简报》,《中国国家博物馆馆刊》2016年第7期。

了抢救性发掘,编号为辛店二号墓,出土铜器46件:鼎9、甗1、壶4、盂1、敦4、铜提梁壶2、豆1、豆盖4、三足敦2、卮1、铲1、匜1、长柄勺2、短柄勺1、杯形器2、器柄1、盘2、灯1、箕1、带钩2、镞、环形饰件1①。墓葬时代为战国早期。

209. 2010年,中国国家博物馆征集到1件杞伯偶鬲,铭文20字"杞伯作车母媵鬲,用享孝于姑公(翁),万年子孙永宝用"②。时代为西周晚期至春秋早期。

210. 2011年2—5月,临淄区文物局对棕榈城一期工程中的古墓葬进行抢救性发掘,其中M19、M28两墓出土铜器220件:鼎3、甗1、簠4、壶2、铲2、匜2、盘2、戈3、矛1、钜1、车軎6、马衔6、马镳12、节约9、合页3、环1、钮形管3、扁形管13、圆形管146③。M19时代为春秋早期,M28为春秋中期。

211. 2012年1月,沂水县泉庄乡纪王崮天上王城景区修建蓄水池时发现一座大墓,出土大量铜器:鼎16(列鼎11)、甗1、鬲9、铺7、盂1、罐1、罍4、盆2、壶7、甑2、铲2、盘1、匜1、甬钟19(2套)、钮钟9、编镈6、錞于2、钲1、剑5、戈3、杂器31,另有镞、镦、车马器若干④。该墓葬时代为春秋中晚期之际。

212. 2012年2月,临淄区文物局抢救性清理了临淄区范家南墓地的两座古墓,编号为M112、M113。两墓出土铜器11件:樽1、盒2、匕2、带钩4、镜2⑤。墓葬时代为战国后期。

213. 2012年3—9月,淄博市临淄区文物局对范家村墓地的六座墓葬进行了抢救性发掘,编号为M4、M5、M257、M270、M275、M670,共计出土铜器68件:M5出土鼎2、甗1、钫2、匜1、盘2、盒2、洗1、勺1、匕1、铺首衔环27、泡4、环3、饰件1、带钩3、镜3、盖弓帽6;M4出土镞2;M275出土镜4、印章1、带钩1⑥。时代为战国晚期,或可晚至西汉初年。

214. 2014年前后,山东省文物考古研究所刘延常研究员等在鲁东南10个县区调查、发现了五十四处商代文化遗址,其中以下青铜器之前尚未正式报道过:平邑县洼子地遗址出土鸮卣1、觚1、爵1、觯1,时代为商代晚期;费县上冶镇双丘遗址出土商代铜爵1件;费县新桥镇墩头遗址出土中商文化铜戈1件;临沂县革委大院(兰山区)出土铜鼎1件,时代为商代晚期;兰陵县神山镇密家岭遗址出土鼎1、觚1、觯1,时代为商代晚期;卞庄镇晒米城遗址出土鼎1、尊1、爵2、觚2、提梁卣2,时代为商代晚期⑦。

215. 2014年前后,山东省文物考古研究所刘延常研究员等在临沂及其附近县、市博

---

① 临淄区文物局:《山东淄博市临淄辛店二号战国墓》,《考古》2013年第1期。
② 参见中国国家博物馆网站:http://www.chnmuseum.cn/Default.aspx? TabId = 450&AntiqueLanguageID = 4160&ShowType = Image&ShowType2 = Texture。
③ 临淄区文物局:《山东淄博市临淄刘家新村春秋墓》,《考古》2013年第5期。
④ 山东省文物考古研究所、临沂市文化广电新闻出版局等:《沂水纪王崮春秋墓出土文物集萃》,文物出版社,2016年,第12—23页。
⑤ 临淄区文物局:《淄博市临淄区范家南墓地M112、M113的发掘》,《海岱考古》(第七辑),科学出版社,2014年,第128—139页。
⑥ 淄博市临淄区文物局:《山东临淄范家村墓地2012年发掘简报》,《文物》2015年第4期。
⑦ 刘延常、赵国靖、刘桂峰:《鲁东南地区商代文化遗存调查与研究》,《东方考古》(第11集),科学出版社,2015年,第453—489页。

物馆看到9件袋状足联裆"夷式鬲",时代为西周晚期至春秋早期①。

第二节 铜器辨伪

目前笔者发现海岱地区商周传世铜器中,有四件有铭铜器可能是伪器或伪铭。此四器屡经著录,影响较大,故而一一辨析于下,以求教于方家。

一、青铜鹰首提梁壶

此器见于《商周彝器通考》②,铸有西周早期风格之铭文,但此类鹰首铜壶大抵在战国前期方始出现,器物铭文与形制抵牾明显。该壶先后经晚清收藏家李鸿裔、吴云、万中立递藏,20世纪初流落英伦,1989年苏富比英国铁路养老基金会专场拍卖会上由日本古玩商坂本五郎竞得,2014年春纽约苏富比拍卖会上因估价过高而流拍。此壶自被《两罍》(7.1)首载以来,或称卣或谓壶,屡见著录,如《捃古》(2.1.38.1—2)、《愙斋》(13.14)、《缀遗》(18.7)、《敬吾》(73.7—8)、《周金》(5.54)、《韡华》(庚中3)、《续殷》(上65.2)、《小校》(4.77.3)、《三代》(12.10.1)、《通考》(436:10,图713)、《通论》(54:5,图171)、《商周》(6349)、《总集》(5708)、《集成》(05339)等,影响较大。为此,本书对此壶辨证如下,以求教于方家。

（一）器物形制

此壶圆体,小口,细颈,鼓腹,圈足;器盖与器口作兽首鹰喙状,下喙为流,上喙可张开,盖上有环套于提梁,提梁可折叠;通身饰瓦棱纹(图二,1)。盖、器各铭2行9字"何作兄日壬宝尊彝,▨"(图二,7)。

铜壶在战国时期十分流行,其出土数量仅次于铜鼎,其时最为流行的是提链壶。此类鹰首提梁壶应是在提链壶流行的情况下衍生出的新品类,但数量极少。目前来看,仅出于高级贵族墓葬。

除何壶外,笔者尚搜集到7件此类壶,其中3件为发掘品,4件为传世器。另有一件现藏大英博物馆③,但未见其形制,是否与何壶为同一器物尚不清楚。3件发掘品分别出于临淄相家庄LXM6④、诸城臧家庄墓⑤(图二,2)和湖北九连墩M1⑥(图二,3),皆为高级贵族墓葬。4件传世器中有2件现藏台北故宫博物院,曾载于《故宫铜器图录》(器161、

---

① 参见刘延常、张文存、张子晓:《莒文化新发现及相关认识与思考》,《青铜器与山东古国学术研讨会论文集》,上海古籍出版社,2017年,第229—259页。
② 容庚:《商周彝器通考》,哈佛燕京学社,1941年,第378、436页。
③ 卢丁:《中国青铜器真伪鉴别》,广东科技出版社,1996年,第72页。
④ 山东省文物考古研究所:《临淄齐墓》(第一集),文物出版社,2007,第293—294页。
⑤ 山东诸城县博物馆:《山东诸城臧家庄与葛布口村战国墓》,《文物》1987年第12期。
⑥ 湖北省博物馆:《九连墩——长江中游的楚国贵族大墓》,文物出版社,2007年。

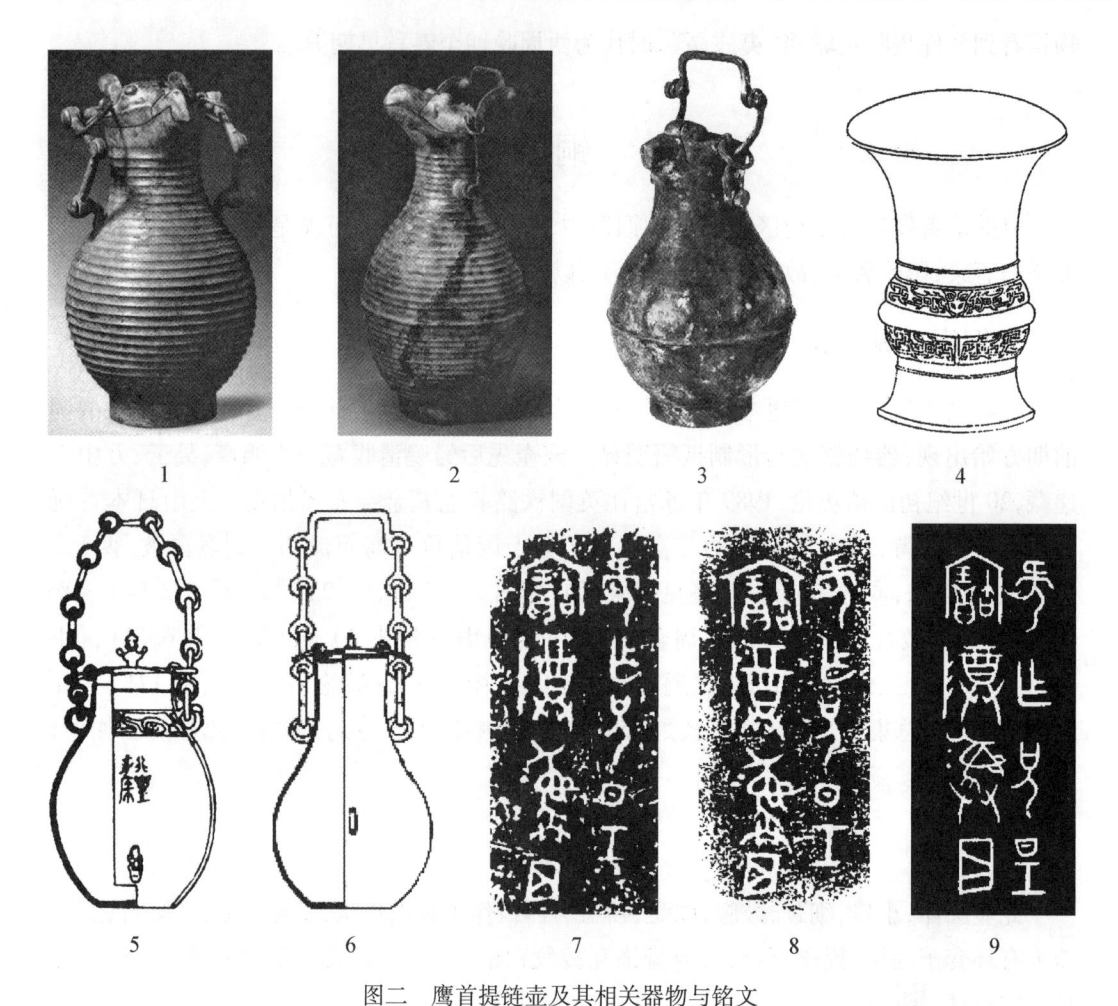

图二　鹰首提链壶及其相关器物与铭文

1. 何壶　2. 臧家庄壶　3. 九连墩壶　4. 何尊　5. 薛侯行壶　6. 仙人台 M5 铜壶　7. 何壶铭文
8. 何卣铭文　9. 何尊铭文

162)①,另一件现藏美国纳尔逊艺术博物馆②,还有一件为国外收藏家手中的齐国贵族国子山所作的鹰首提梁壶。以上 7 器的形制基本相同,仅细微处略有差异,时代皆为战国时期。这 7 件鹰首壶国别清楚的有 4 件,其中 3 件为齐国之器,故而此类壶可能起源于齐文化区。何壶形制与以上 7 器基本相同,也是仅细微处略有差异。因此,从形制上看,何壶也应在战国时期。器物基本情况见表一。

（二）器物提梁

西周早中期的青铜器提梁,不论壶、卣,还是其他器类,提梁皆为一个整体,仅与器身

---

① 台北故宫博物院联合管理处:《故宫铜器图录》(上),"中华"丛书委员会,1958 年,第 108 页。
② The Taipei Palace Museum Editorial Association: *Chinese Art in Overseas Collections Bronze*, Taipei Palace Museum Press, 1985, p.177.

表一 青铜鹰首提梁壶统计表

器物	臧家庄壶	九连墩壶	相家庄壶	故图161	故图162	海外174	何壶
纹饰	瓦棱纹	素面	素面	素面	素面	素面	瓦棱纹
高度（厘米）	通盖高47.5 通梁高56.0	通盖高34.4	通盖高32.5 通梁高43.5	通盖高36.2	通梁高52.4	通盖高43.2	通盖高38.6 通梁高45.3
铭文	无	无	无	无	无	无	9字
出土	发掘	发掘	发掘	传世	传世	传世	传世
藏地	诸城博物馆	湖北博物馆	山东考古所	台北	台北	纳尔逊	日本
时代	战国后期	战国后期	战国前期	战国	战国	战国	战国

套接处可活动，未见有一例如本壶般可折叠者。可折叠的提梁不同于环环相套的提链，是比提链更为先进的栓母技术，不见于战国以前，更毋论西周早期了。即使在战国时期，可折叠式的提梁，除此类壶外，也比较少见。

此外，本壶提梁之握手的形制，大约在春秋中期以后方始出现，此前铜器上的提链皆由链条套接而成，无便于抓握的握手。如春秋中期滕州薛国故城M3出土的薛侯行壶之提链尚无握手①（图二，5），至春秋晚期早段的长清仙人台M5之提链壶出现了握手②（图二，6）。这种形制的提梁握手基本不可能出现于西周早期铜器之上。

从器盖与提梁的套连情况来看，本壶的设计存在缺陷。从图二，1可以看出，提梁与壶身连接处距器盖较远，壶身一旦倾斜，系环易因受力过大而损坏；且提梁两节之设计亦有画蛇添足之嫌。而其他6件此类壶之提梁皆呈S形（图二，2、3），可有效缩短壶身倾斜时系环与提梁的距离，并缓解系环承受的拉扯力。S形提梁之设计简单、实用、美观，十分科学。两相对比，何壶提梁之设计缺陷明显。

（三）铭文书体

与此壶同铭的还有尊[器形为图二，4；铭文（摹写）为图二，9]、卣（不见器形，铭文为图二，8）各1件。依据张懋镕先生的"西周标准器常用字形表"③，刘华夏先生的"标准器铭文关键字类型表"④，以及马承源先生关于"宝""尊"二字的断代意见⑤，可以清楚地看出，两器铭文中"宝"字的"宀""贝"部分及"尊"字皆为西周早期的早期形态，以往著录把其铭文断在西周早期是没有问题的。此外，"何作兄日壬宝尊彝，図"在文法上也是西周

---

① 山东省济宁市文物管理局：《薛国故城勘查和墓葬发掘报告》，《考古学报》1991年第4期。
② 山东大学历史文化学院考古系：《长清仙人台五号墓发掘简报》，《文物》1998年第9期。
③ 张懋镕：《金文字形书体与二十世纪的西周铜器断代研究》，《古文字研究》（第二十六辑），中华书局，2006年，第192页。
④ 刘华夏：《金文字体与铜器断代》，《考古学报》2010年第1期。
⑤ 马承源：《中国青铜器》，上海古籍出版社，1988年，第384—386页。

早期常见之辞例,日名与族徽的存在也说明铭文不会晚于西周。再观其字形书体,笔画均细匀致,已无波磔之痕,当值西周早期之末,即在昭王之世。

(四) 同铭之尊

此器实物不知所踪,仅在《西清》见其线图①。观其形制,为三段式筒形,侈口长颈,腹部略鼓,圈足外侈。腹部中间有一周凸棱,上下各饰一周夔龙纹,夔龙纹外侧各有一道弦纹。形制与河南浚县辛村 M60 出土的陆尊②及北京琉璃河 M52 出土的复尊③相近。二器时代皆为西周早期,此尊也应在这一时期,与铭文的时代正相契合,当是真器。观卣之铭文,笔画均匀,清晰爽目。再观壶铭,笔画毛糙,模糊不清,与卣铭判然有别,有伪铭之嫌。而且从铭文拓片可以看出,卣之器壁光滑,气孔细小匀密;而壶之器壁凹凸不平,气孔粗大不均。器之真伪昭然可判。

综合本壶之形制、铭文,参考相类之壶和同铭之尊、卣,可以断定,自晚清以来屡见著录的何壶之铭文为伪造。考虑到铭文在壶颈内壁,壶口较小,不易錾刻,当不是成器后由利器錾刻而成;加上此壶提梁存在的严重缺陷,器物本身也应是伪造。其器形应仿自早年出土的鹰首提梁壶,铭文当摹仿于同铭之尊、卣,以混淆晚商动物形态之尊、卣。

二、亚醜父辛簋

其形制为隆盖上置圈状捉手,鼓腹,圈足下接兽面扁足,两半环耳饰兽头,下有垂珥(图三,1),具有典型的西周晚期或春秋早期铜簋的形制特征。盖饰由二夔相对组成的兽面纹,上腹饰由二夔相对组成的兽面纹、垂冠鸟纹,下腹饰瓦棱纹,圈足饰垂鳞纹。这一纹饰组合较为少见,兽面纹主要见于西周中期以前,垂冠鸟纹主要见于西周中期,瓦棱纹主要见于西周中期以后,而垂鳞纹则主要见于西周晚期以后。这一组合似与正常的纹饰组合不同,慎重起见,纹饰的年代似可断为西周中期后段至晚期前段。结合器物形制,该器年代可定为西周中晚期之际。当然,器物本身也有伪器之嫌。再观其铭文书体,"父辛"二字波磔明显,时代不晚于西周早期早段,而且目前发现的亚醜族徽皆属于商代晚期,加上族徽与日名多存在于西周中期以前,此铭文当属于商代晚期,至晚不过西周早期早段。这与器物形制及纹饰的时代特点抵牾明显,当为伪铭。由于实物不知所踪,器身真伪不敢妄言。此器自《西清》首录以来屡经著录,如《集成》03332、03333,《总集》1985,《通鉴》03723 等,皆误。

三、亚醜匜

此器(图三,2)铭文"亚醜诸妣以太子尊匜"。与此匜同铭之器有 9 件:甗 1、方爵 1、方尊 1(图三,3)、方觚 4、方罍 2。这 9 件同铭之器形制、纹饰、铭文都具有典型的商代晚

---

① [清] 梁诗正:《钦定西清古鉴》,大新书局,1965 年,器 9.24。
② 吴镇烽主编:《商周金文资料通鉴》(数据库光盘),2005 年,器 10956。
③ 北京市文物研究所:《琉璃河西周燕国墓地(1973—1977)》,文物出版社,1995 年,图版 66。

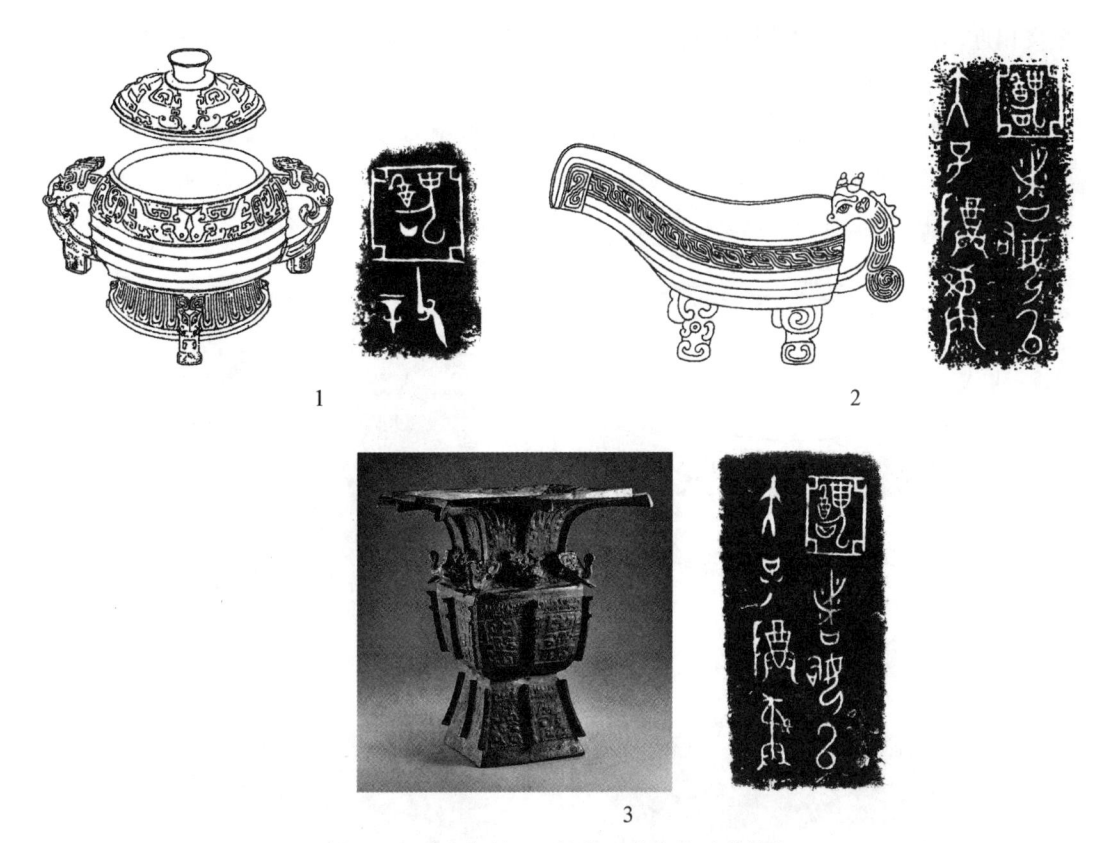

图三　亚醜父辛簋、亚醜匜、亚醜方尊及其铭文
1. 亚醜父辛簋线图及其铭文　2. 亚醜匜线图及其铭文　3. 亚醜方尊及其铭文

期风格,与青州苏埠屯所出亚醜诸器为同一系统,与殷墟小屯 M5(妇好墓)所出铜器特征近似,当为同时器。且这 9 件铜器多作方形,而殷墟三期正是方形器流行的时期,诸器时代应约当于殷墟三期。而青铜匜出现于西周中期后段,此匜的形制及纹饰皆是成熟时期铜匜的典型特征,具有西周晚期至春秋早期的时代特征,此匜不早于西周晚期。器物形制、纹饰与铭文的时代抵牾明显,器、铭必有一伪或皆伪。殷之彝(张长寿)先生也曾指出过此为伪器或伪刻①,甚确。因实物不可得见,不知究竟。此器自《善斋》(9.37)首录以来屡经著录,皆误。

四、齐太宰归父盘

此盘宽沿方唇,深腹下收,高圈足有扉棱,腹部及口沿无附耳。与西周中期以后常见的附耳盘区别明显,具有典型的商代晚期至西周早期的时代特征。纹饰为两两相对的夔龙纹,具有商代晚期至西周早期常见的夔龙纹特征。故该盘形制与纹饰皆具有典型的商代晚期至西周早期的时代特征。观其铭文书体横平竖直,严谨工整,笔画粗细一致,与石

---

① 殷之彝(张长寿):《山东益都苏埠屯墓地和"亚醜"铜器》,《考古学报》1977 年第 2 期。

鼓文相近,为春秋中晚期特征。此外,齐太宰归父,史籍有载,此归父可能为国归父,为齐国第二代国子,齐桓公时期重臣国懿仲之子,后担任齐国执政,辅佐齐孝公、齐昭公。其活跃于公元前630年前后,与铭文时代相合,但与器物形制的时代抵牾明显,器、铭应有伪者或皆伪。考虑到原藏陈介祺现藏上海博物馆的太宰归父盘(图四,2)仅余盘底,盘底铭文与此盘铭文相同,此器铭文或据此伪造。此盘自《筠清》首录以来屡有著录。

图四 齐太宰归父盘及其铭文
1. 齐太宰归父盘线图及其铭文　2. 上海博物馆藏齐太宰归父盘底部及其铭文

第二章 海岱地区商周青铜器的形制分析

截至 2017 年底,海岱地区正式发表的铜容器不少于 2 475 件(含器物形制清楚的传世器 413 件)、乐器 599 件(含传世器 43 件)、兵器 3 373 件(含传世器 119 件)、工具 161 件、车马器 1 500 件、杂器 331 件,合计不少于 8 439 件,其中传世器 575 件。本书选取 65 类共 8 261 件形制清楚的铜器进行类型学分析,其中容器 2 475 件、乐器 599 件、兵器 3 236 件、工具 161 件、车马器 1 459 件、杂器 331 件。具体情况如下。

第一节 青铜容器

在器物类别与形制方面,海岱地区商周时期的铜容器与中原地区大多相同。中原地区铜容器中仅个别器类和少量器形不见于海岱地区,如青铜瓿等。海岱地区铜容器中仅有少量器类和器形不见于中原地区,如卵腹壶、象首足方鼎、陈逆簠、人形足敦、四环足匜等。海岱地区正式发表的商周铜容器已超过 2 500 件,笔者搜集到 32 个器类 2 475 件:煮食器 734 件(含传世铜器 176 件),盛食器 502 件(含传世铜器 97 件),酒器 921 件(含传世铜器 96 件),水器及其他容器 318 件(含传世铜器 44 件)。

一、煮食器

鼎。目前海岱地区已发表形制清楚的商周铜鼎 581 件,根据腹部差异,可分为两大类:方鼎 46 件,其中 24 件为传世器;圆鼎 535 件,其中 118 件为传世器。

方鼎。俯视呈长方形,依据足部形态,46 件方鼎可以分为五型。

A 型:直壁柱足方鼎,38 件。根据腹部变化可分四式。

Ⅰ式,腹部较深,自颈以下腹部四角饰有扉棱,四壁中间靠上部位各有一短扉棱,14 件。标本:青州苏埠屯 M8:13,立耳呈倒 U 形,窄沿方唇,下腹略收,平底,四柱足较为粗壮,足高小于腹深。口沿下饰一周以云雷纹填地的小鸟纹,四壁饰"凹"字形乳丁纹带,"凹"字槽部位饰雷纹,足根饰以扉棱为栏线的兽面纹。口长 16.2、口宽 13.4、通高 21.5、腹深 8.5、足高 7 厘米(图五,1)。

Ⅱ式,腹部较Ⅰ式为浅,15 件。标本:滕州前掌大 M11:92,倒 U 形立耳,口部微敛,下腹略收,平底外鼓,柱足较Ⅰ式稍细,足高略小于腹深。腹壁四隅及四壁各有一道扉棱,

型式				一组 二	三	四	五	六	七	八
				一期	二期			三期		
				商前期后段	商后期至西周前期			西周后期至春秋前期		
方鼎		A型			1	2	3		4	
		B型			5					
		C型			6					
		D型				7				
		E型				8				
圆鼎	甲类立耳鼎	A型	Aa型	9	10	11	12,13	14		
			Ab型			15	16			
		B型				17	18			
		C型						19	20	21
	乙类附耳鼎	A型							23	
		B型								
		C型								
		D型								
丙类特殊形制鼎		A-O型							36,37,38	39

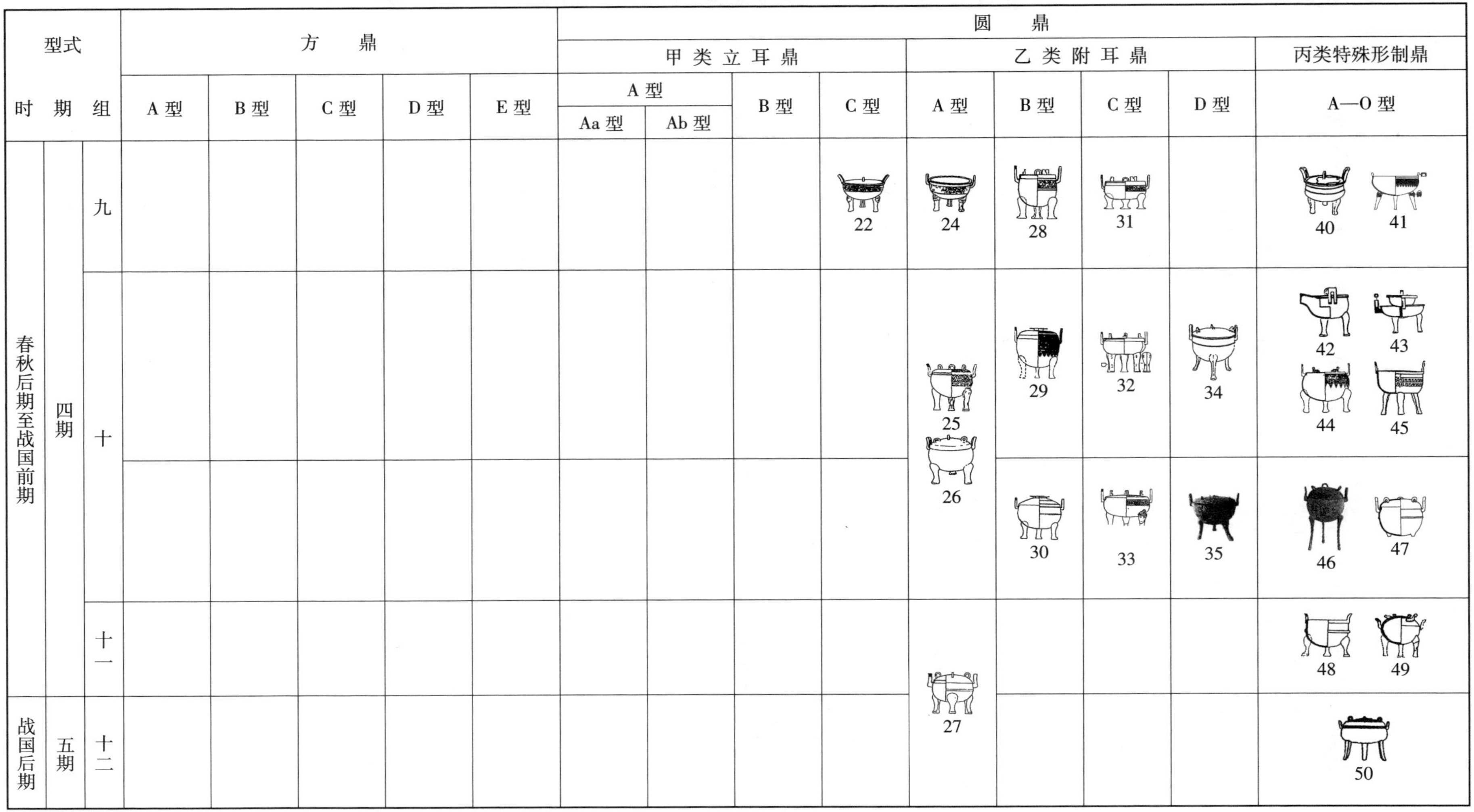

型式	方鼎					圆鼎								丙类特殊形制鼎
	A型	B型	C型	D型	E型	甲类 立耳鼎				乙类 附耳鼎				A—O型
时期 \ 组						A型 Aa型	A型 Ab型	B型	C型	A型	B型	C型	D型	
春秋后期至战国前期 九									22	24	28	31		40, 41, 42, 43, 44, 45
十 四期										25, 26	29	32	34	46, 47
十一										27	30	33	35	48, 49
战国后期 十二 五期														50

图五 青铜鼎的型式与演变

1. 青州苏埠屯 M8：13 2. 滕州前掌大 M11：92 3. 济阳刘台子 M6：19 4. 日照崮河崖 M2：2 5. 长清小屯：无号 6. 青州苏埠屯 M8：15 7. 滕州庄里西 82 年墓：无号 8. 济阳刘台子 M6：22 9. 济南大辛庄 M139：1 10. 济南大辛庄 M5：3 11. 滕州前掌大 M23：1 14. 龙口庄头 M1：无号 15. 滕州前掌大 M38：76 16. 崮河崖 M1：3 24. 沂水刘家店子 M1：3 17. 青州苏埠屯 M8：17 18. 济南大辛庄 M38：48 12. 己侯弟鼎 19. 曲阜鲁国故城 M48：18 21. 滕州薛国故城 M1：62 22. 沂水刘家店子 M1：3 23. 日照崮河崖 M1：3 24. 沂水刘家店子 M128：2 17. 青州苏埠屯 M8：17 18. 济南大辛庄 M38：48 12. 己侯弟鼎 19. 曲阜鲁国故城 M48：18 21. 滕州薛国故城 M1：62 22. 沂水刘家店子 M1：3 23. 日照崮河崖 M1：3 24. 沂水刘家店子 M128：2 17. 青州苏埠屯 M8：17 18. 济南大辛庄 M38：48 12. 己侯弟鼎 19. 曲阜鲁国故城 M48：18 20. 曲阜鲁国故城 M116：4 27. 济南千佛山 JCZ72：018 28. 滕州薛国故城 M2：105 29. 莱芜西上崮墓：2 30. 滕州薛国故城 M9：7 31. 滕州薛国故城 M2：104 32. 济南左家洼 LZM1：2 26. 曲阜鲁国故城 M116：4 27. 济南千佛山 JCZ72：018 28. 滕州薛国故城 M2：105 29. 莱芜西上崮墓：2 30. 滕州薛国故城 M9：7 31. 滕州薛国故城 M2：104 32. 济南左家洼 LZM1：2 33. 济南大店 M1：41 34. 滕州庄里西 LZM1：1 35. 滕州庄里西 90STZM8：1 36. 邹城七家峪 M1：无号 38. 枣庄东江小邾国 M2：4 39. 临沂中洽沟 M1：7 40. 长清仙人台 M1：41 34. 滕州庄里西 LZM1：1 35. 滕州庄里西 90STZM8：1 36. 邹城七家峪 M1：无号 37. 莱芜七家峪 M1：无号 38. 枣庄东江小邾国 M2：4 39. 临沂中洽沟 M1：7 40. 长清仙人台 M1：41 41. 长清仙人台 M5：85 43. 长清仙人台 M5：86 44. 海阳嘴子前 M4：90 45. 海阳嘴子前 M1：61 46. 临淄辛店 M2Q：4 47. 临淄辛店 M2Q：1 48. 诸城葛布口墓：无号 49. 阳信西北村陪葬坑 YCM：16 50. 曲阜鲁国故城 M58：95

四壁以扉棱为栏,各饰一组以云雷纹填地的兽面纹,柱足各饰三组蝉纹。口长 18.8、宽 15.4、通高 26.4、腹深 11.1、足高 10.7 厘米(图五,2)。

Ⅲ式,腹部更浅,足部更细更高,8 件。标本:济阳刘台子 M6:19,立耳,窄沿,下腹略收,平底外鼓,柱足上粗下细。腹部饰夔龙纹和乳丁纹。口长 16.5、宽 14、通高 23.3 厘米(图五,3)。

Ⅳ式,腹部比Ⅲ式更浅,1 件。标本:日照崮河崖 M2:2,附耳,平折沿,平底下接四蹄形足,足根粗壮。口沿下饰窃曲纹,腹部饰夔龙纹。底部留有明显的铸缝。口长 22.7、宽 17、通高 23.5 厘米(图五,4)。

演变规律:腹部趋浅,腹深与足高之比逐渐变小。

B 型:曲壁柱足方鼎,2 件。标本:长清小屯:无号,立耳,折沿,方唇,束颈,深腹外鼓,平底,柱足。腹部四隅有扉棱。口沿下饰夔龙纹,腹部饰半浮雕兽面纹,足部饰蕉叶纹。高 23、口长 16、宽 14.2 厘米(图五,5)。

C 型:扁足方鼎,3 件。标本:青州苏埠屯 M8:15,立耳,折沿,方唇,腹部较浅,底部外鼓,四夔形扁足。口沿下饰兽面纹,扁足两面饰夔龙纹。口长 13.9、口宽 11.3、通高 18.7、腹深 5.1、足高 10.7 厘米(图五,6)。

D 型:圆角方鼎,2 件。标本:滕州庄里西 82 年墓:无号,平面呈圆角方形。方盖微隆,子母直口,束颈较直,鼓腹微垂,圜底下接四柱足。颈部两侧附一对高附耳。盖及颈部各饰一周以云雷纹作地的夔龙纹、鸟纹,腹部饰半浮雕兽面纹,足部饰蝉纹及卷云纹。口长 16、宽 11.5、通高 27 厘米(图五,7)。

E 型:象鼻足方鼎,1 件。标本:济阳刘台子 M6:22,立耳,直口,束颈,直腹较深,圜底下接四象鼻形足。四壁口沿下各有一道扉棱,两侧均饰以云雷纹作地的凤鸟纹;腹部四角饰象首,与象鼻形足构成完整的象首。口长 14.9、宽 11.6、通高 20.4 厘米(图五,8)。

圆鼎。海岱地区共发现商周时期青铜圆鼎 535 件,可以分为立耳鼎、附耳鼎和特殊形制鼎三小类。

甲类:立耳圆鼎。336 件。根据足部不同可分为三型:圆足、扁足和蹄足。

A 型:圆足鼎,足横截面呈圆形,包括柱足和锥足,140 件,其中传世器 53 件。根据腹部的不同,可分为二亚型。

Aa 型:腹部呈盆形,123 件,其中传世器 49 件。根据足部及腹部的变化,可分六式。

Ⅰ式,腹部较深,截锥状圆足,2 件。标本:济南大辛庄 M139:1,口微敛,深腹微鼓,圜底,下接三个截锥状圆足。双耳与三足呈五点式排列。上腹饰兽面纹带,三锥状足均饰阳线兽面纹。口径 39—40.4、高 54.9 厘米(图五,9)。

Ⅱ式,腹部较Ⅰ式稍浅,细柱足上粗下细,1 件。标本:济南大辛庄 M5:3,微敛口,窄折沿,方唇,鼓腹,柱足上粗下细。口沿下饰三道弦纹。口径 14.1、通高 18 厘米(图五,10)。

Ⅲ式,腹部较Ⅱ式稍浅,33 件。标本:滕州前掌大 M38:48,立耳微侈,折沿,方唇,深腹微鼓,圜底,柱足粗壮。上腹饰一周四个长鼻夔龙纹和涡纹组成的纹饰带,其间饰云雷纹。口径 25.6、通高 31.6 厘米(图五,11)。

Ⅳ式,腹部更浅,53 件。标本:滕州前掌大 M120∶9,口部微敛,鼓腹,圜底。腹部饰以雷纹作地的方格乳丁纹。口径 21.5、通高 26 厘米(图五,12)。

Ⅴ式,腹部比Ⅳ式更浅,最大径近底部,23 件。标本:曲阜鲁国故城 M23∶1,直口,折沿,下腹外鼓,圜底近平,半柱形足。腹部饰由一对三足夔龙纹组成的兽面纹。口径 17.4、通高 22.1 厘米(图五,13)。

Ⅵ式,浅腹,圜底近平,11 件。标本:龙口庄头 M1∶无号,整体较矮,直口,颈部微束,浅腹较直,下腹略垂,半柱形足。上腹饰粗弦纹一周。口径 21.5、通高 23.5 厘米(图五,14)。

演变趋势:锥状足逐渐变为柱状足,腹部由深变浅,并逐渐形成垂腹。

Ab 型:分裆鼎,17 件。根据腹部变化,可分为二式。

Ⅰ式,腹部较深,11 件。标本:滕州前掌大 M38∶76,立耳微侈,口部微敛,束颈,鼓腹略垂,柱足较粗。腹部饰三组以云雷纹作地的兽面纹及倒立夔龙纹。口径 16.0、通高 22.6、足高 8.7 厘米(图五,15)。

Ⅱ式,腹部略浅,6 件。标本:滕州前掌大 M128∶2,侈口,束颈,下腹外鼓,柱足较Ⅰ式稍细。上腹饰一周单层兽面纹。口径 18.6、通高 24.4、足高 8.1 厘米(图五,16)。

演变趋势:腹部由深变浅。

B 型:扁足鼎,10 件。根据腹部变化,可分二式。

Ⅰ式,腹部较深,5 件。标本:青州苏埠屯 M8∶17,侈口,束颈,鼓腹,圜底,三夔形扁足。腹部饰兽面纹,足部两侧饰夔龙纹。高 14.8、口径 16.4、足高 8 厘米(图五,17)。

Ⅱ式,腹部较浅,5 件。标本:滕州庄里西 82 年墓∶无号,微敛口,腹部外鼓,圜底下接三扁夔形足。上腹饰以云雷纹作地的夔龙纹。口径 18.0、通高 20.5、腹深 7.5 厘米(图五,18)。

演变趋势:腹部由深变浅。

C 型:蹄形足鼎,186 件。根据腹部与耳部的变化,可分为四式。

Ⅰ式,腹部稍深,19 件。标本:己侯弟叟鼎,口部微敞,半球形腹较深,圜底下接三蹄形足,蹄足刚具雏形,尚保留柱足的部分特征。上腹饰弦纹两道。口径 29、通高 27.7 厘米(图五,19)。

Ⅱ式,腹部稍浅,103 件。标本:曲阜鲁国故城 M48∶18,口微敛,半球形腹较Ⅰ式稍浅。颈部饰一周横鳞纹。口径 24、高 24.5 厘米(图五,20)。

Ⅲ式,腹部更浅,32 件。标本:滕州薛国故城 M1∶62,口部微敞,腹部较Ⅱ式稍浅。口径 27.3、通高 25 厘米(图五,21)。

Ⅳ式,浅腹,32 件。标本:沂水刘家店子 M1∶3,立耳明显外侈,浅腹。口沿下饰蟠螭纹,足根饰兽面纹。口径 37、通高 33 厘米(图五,22)。

演变趋势:腹部由深变浅,立耳渐趋外侈,蹄形足逐渐明显。

乙类：附耳圆鼎。174件。三蹄形足，多有盖。根据腹部与足部差异，可分为四型。

A型：111件，半球形，部分盖面分置环形钮。根据腹部与盖的变化，可分为五式。

Ⅰ式，腹部较深，16件。标本：日照崮河崖M1:3，平盖，口部微敞，腹部较深。颈部饰一周窃曲纹，腹部饰一周弦纹，足根饰兽面纹。口径29、通高27、腹深13.5(图五,23)。

Ⅱ式，腹部较Ⅰ式稍浅，9件。标本：沂水刘家店子M1:15，口部微敞，浅腹，圜底。颈部饰蟠螭纹，足根饰兽面纹。口径9.3、通高7.7厘米(图五,24)。

Ⅲ式，腹部更浅，32件。标本：济南左家洼LZM1:2，微隆盖上置三环形钮，子口微敛，鼓腹，圜底。盖面与上腹饰勾连纹，下腹饰变形兽纹。口径23、通高29.2厘米(图五,25)。

Ⅳ式，浅腹，36件。标本：曲阜鲁国故城M116:4，隆盖，浅腹，蹄足粗壮，形态较Ⅲ式更矮。口径19.5、通高25.5厘米(图五,26)。

Ⅴ式，腹部比Ⅳ式更浅，18件。标本：济南千佛山JCZ72:018，子口微敛，腹部更浅，足部更矮，整体更宽侈。隆盖上置三环形钮。口径18.5、通高22厘米(图五,27)。

演变趋势：盖由平逐渐隆起，腹部由深变浅。

B型：12件。附耳，子口，卵形腹，有盖。依据腹部与盖的变化，可分为三式。

Ⅰ式，深腹，4件。标本：滕州薛国故城M2:105，卵形深腹，平盖上分置三个缺角矩形钮，蹄形足粗壮。盖与腹部各有一周带状蟠螭纹。口径24、通高37.5厘米(图五,28)。

Ⅱ式，腹部稍浅，4件。标本：莱芜西上崮墓:2，腹部较Ⅰ式稍浅，隆盖上置圈形捉手，蹄足较细。口径22.4、通高27.5厘米(图五,29)。

Ⅲ式，浅腹，4件。标本：滕州薛国故城M9:7，腹更浅，隆盖上置圆圈状捉手，整体较矮，三蹄形足较细。口径22、通高27厘米(图五,30)。

演变趋势：盖由平渐隆，腹部由深变浅。

C型：47件。子口，有盖，浅腹，圜底近平。盖中间置一环形钮，周边分置三个缺角矩形钮。根据盖、腹部与足部的变化，可分三式。

Ⅰ式，腹部稍深，15件。标本：滕州薛国故城M2:104，平盖，腹部微鼓，平底下接三蹄形矮足。盖缘与腹部各有一周蟠螭纹带。口径38、通高32厘米(图五,31)。

Ⅱ式，腹部变浅，22件。标本：长清仙人台M5:72，腹部更浅，足部较高。素面。口径21.8、高24.8厘米(图五,32)。

Ⅲ式，浅腹，10件。标本：济南左家洼LZM1:1，微隆盖，高蹄足。盖面与上腹部饰蟠螭纹，足根饰兽面。口径29.2、残高24厘米(图五,33)。

演变趋势：盖由平变隆，腹部由深变浅，蹄足渐高。

D型：4件。附耳直立，深腹，圜底，蹄足细高外撇，盖上置一个环形钮，周围分列三个矩形钮。根据盖的变化，可分二式。

Ⅰ式，平盖，2件。标本：莒南大店M1:41，腹壁较直。足部饰圆圈纹。口径26、通高32.5厘米(图五,34)。

Ⅱ式,隆盖,2件。标本:滕州庄里西90STZM8:1,深腹斜收。盖面与腹部分别饰三道和一道索状纹,其余部位饰蟠螭纹。口径31.5、通高30厘米(图五,35)。

演变趋势:盖由平变隆。

丙类:特殊形制鼎。25件。是鼎的特殊形态,每一种形态一般仅一两件,本无分型的必要,但为了便于后文分析,笔者也将其置于此处进行类型学分析。根据形态的不同,可分为十五型。

A型:附耳柱足鼎,1件。标本:邹城七家峪M1:无号,直口,平折沿,直颈,鼓腹,圜底下接三个柱形足。颈部置一对外侈附耳,一耳残缺。上腹饰一周横鳞纹。口径28.5、通高24厘米(图五,36)。

B型:子口附耳柱足鼎,1件。标本:邹城七家峪M1:无号,失盖,鼓腹较浅,圜底,三柱足较矮。上腹置一对长方形附耳,附耳较高。上腹饰一周斜角雷纹,其下饰一周弦纹。口径19.4、腹径21、通高23厘米(图五,37)。

C型:束颈立耳蹄足鼎,8件。标本:枣庄东江小邾国M2:4,立耳,平盖,口部微敛,颈部凹陷较深,浅腹外鼓,圜底近平。耳部外侧饰横鳞纹,颈部饰窃曲纹,足根部饰兽面。口径30.8、腹深17.6、通高36.4厘米(图五,38)。

D型:兽首流圆腹鼎,2件。标本:临沂中洽沟M1:7,微敞口,半球形腹,三蹄足。平沿上立一对环形耳,一侧接兽首流,一侧附卷尾龙形鋬,口径23.6、通高21.6厘米(图五,39)。

E型:束颈垂腹鼎,2件。标本:沂水刘家店子M1:1,立耳外侈,平盖,敛口,平折沿,下腹微鼓,圜底近平,三蹄形足。口径43、通高48厘米(图五,40)。

F型:锥形足鼎,1件。标本:枣庄徐楼M2:24,索状矮立耳外侈,口微敛,鼓腹下收,圜底,三锥状蹄形足。上腹饰蟠螭纹,中腹饰三角纹,足根饰兽面。口径21、腹深8.8、通高17.6厘米(图五,41)。

G型:匜形鼎,形体较小,可能为弄器,2件。标本:长清仙人台M5:85,平盖,敛口,双附耳,一侧有流,圜底近平,三蹄形足。口径6.2、通高7.4厘米(图五,42)。

H型:异形鼎,形体较小,可能为弄器,1件。标本:长清仙人台M5:86,鼎腹内部置一盘,其间以一柱贯通。鼎敞口,浅腹,圜底,三蹄形足;口径9.2厘米。盘有盖,平沿,浅腹;口径5.9厘米。整器通高9.2厘米(图五,43)。

I型:附耳兽钮盖鼎,1件。标本:海阳嘴子前M4:90,敛口,深腹,圜底,三蹄形足。平盖上置三个兽形钮。口径21.6、通高26.4厘米(图五,44)。

J型:平底撇足鼎,1件。标本:海阳嘴子前M1:61,立耳,近直口,浅腹微鼓,平底,三蹄足外撇。腹部饰细密的卷云纹。口径13.7、通高15.6、足高6.3厘米(图五,45)。

K型:细高足鼎,1件。标本:临淄辛店M2Q:4,器呈球形,附耳,隆盖,子口内敛,鼓腹,圜底,三蹄形高足呈多棱形。盖上分置三个环形钮。盖面饰圆涡纹及一周绹索纹,其外侧饰两周蟠虺纹带;器身腹部饰一周凸弦纹,其下为一周蟠虺纹带。口径12、通高27厘米(图五,46)。

L型：矮足鼎,1件。标本：临淄辛店M2Q：1,附耳,隆盖,子口微敛,深腹外鼓,圜底,三足极矮。腹部饰一道凸弦纹。口径20、腹径23、通高20.5厘米(图五,47)。

M型：小立耳鼎,1件。标本：诸城葛布口墓：无号,直口,深腹,圜底,三蹄形足。口径5.9、通高7厘米(图五,48)。

N型：卧兽钮S形耳鼎,1件。标本：阳信西北村陪葬坑YCM：16,子口微敛,球形腹,三蹄形足。颈部附一对S形耳,隆盖上分置四个卧虎形钮。口径15.5、通高21.5厘米(图五,49)。

O型：浅腹外撇足鼎,1件。标本：曲阜鲁国故城M58：95,子口微敛,浅腹,平底,下腹略鼓,凿形三足外撇。微隆盖上分置三个环形钮。口径12.5、通高14.5厘米(图五,50)。

鬲。海岱地区正式发表的商周铜鬲共114件,其中30件为传世器。根据足部形态的差异,可以分为二型。

A型：分裆鬲,73件。根据足部与颈部的不同,可分四个亚型。

Aa型：锥状足,1件。标本：滕州轩辕庄：无号,立耳,侈口,束颈,鼓腹,三锥形足。颈部饰一周兽面纹,腹部饰三个双线"人"字纹。通高19厘米(图六,1)。

Ab型：柱足鬲,领与腹分界明显,10件。根据器身由高变矮的变化,可分为二式。

Ⅰ式,形体较高,4件。标本：滕州前掌大M38：54,双立耳,侈口,高领,束颈,鼓腹,分裆,三柱形足。颈部饰两道弦纹,腹部饰双线"人"字纹。口径14.6、通高18.6厘米(图六,2)。

Ⅱ式,形体较矮,6件。标本：济阳刘台子M6：24,双立耳,侈口,束颈,鼓腹,分裆,三柱形足。素面。口径13.2、通高15.6、腹深8厘米(图六,3)。

演变趋势：整体由高变矮。

Ac型：无领柱足鬲,6件。根据形体由高变矮的变化,可分二式。

Ⅰ式,形体较高,1件。标本：滕州种寨：无号,双立耳,侈口,束颈,鼓腹,分裆,三柱形足较高。颈部饰一周以云雷纹作地的兽面纹。通高18.8厘米(图六,4)。

Ⅱ式,形体较矮,5件。标本：滕州前掌大M120：26,双立耳,侈口,束颈,鼓腹,分裆,三柱状足较矮。颈饰一周以云雷纹作地的兽面纹。口径12.8、通高15.6厘米(图六,5)。

演变趋势：整体由高向矮变化。

Ad型：无耳蹄足鬲,56件。根据形体由高变矮的变化,可分三式。

Ⅰ式,形体较高,12件。标本：日照崮河崖M1：7,宽折沿,深腹,联裆,柱足根部有月牙状扉棱。口沿下饰横鳞纹,腹部饰波曲纹。口径16、通高19.5、腹深9厘米(图六,6)。

Ⅱ式,形体变矮,36件。标本：临朐泉头M乙：4,平折沿、浅腹、联裆。足根至颈部饰F状扉棱,腹部饰大窃曲纹。口径17.5、通高11厘米(图六,7)。

Ⅲ式,器身更矮,8件。标本：滕州薛国故城M1：70,窄平沿、浅腹、联裆、蹄足较粗。腹部饰一周蟠螭纹。口径13、通高10.5厘米(图六,8)。

演变趋势：形体由高变矮。

B型：鼓肩袋足鬲，41件。根据整体形态差异，可分为二亚型。

Ba型：单体鬲，40件。根据足部变化，可分二式。

Ⅰ式，足部较高，器高与器宽相若，斜折沿，束颈，鼓肩，32件。标本：临沂中恰沟M1∶5，肩部饰夔龙纹，口径16、通高15.2厘米（图六，9）。

Ⅱ式，足变矮，裆变低，折沿近平，整体较矮，8件。标本：滕州薛国故城M2∶114，腹部饰一周蟠螭纹。口径12、通高10厘米（图六，10）。

演变趋势：足由高变矮，整体由高变矮。

Bb型：连体鬲，1件。标本：中国国家博物馆藏杞伯偶鬲①，由两个袋足鼓肩鬲相连而成，呈四足着地状。通长26.4、宽16.5、通高10.5厘米（图六，11）。

甗。海岱地区正式发表的商周铜甗共38件，其中2件残损未能复原，1件未报道，4件为传世器。形制清楚的35件铜甗可分圆体甗与方体甗两类。

甲类：圆体甗。33件。根据鬲部差异，可分二型。

A型：鬲部为鬲形，27件。甑、鬲连铸，分裆，柱形足。根据腹部变化，可分四式。

Ⅰ式，深腹，12件。标本：滕州前掌大M213∶49，甑部立耳微侈，侈口，腹壁较直，平底。鬲部短颈，鼓腹，分裆，三柱形足。甑腹部饰带状纹，鬲腹饰简化兽面纹。口径31、通高52.4厘米（图六，12）。

Ⅱ式，甑腹变浅，8件。标本：龙口归城M1∶3，甑部立耳，侈口，直腹，平底。箅有5个十字镂孔。鬲部鼓腹，分裆，三柱足。甑颈部饰一周兽面纹，足根及腹部饰浮雕兽面。口径28、通高40.6厘米（图六，13）。

Ⅲ式，甑腹更浅，2件。标本：潍坊（后）∶1，甑部立耳，侈口，浅腹略鼓，平底。箅有9个条状镂孔。鬲部联裆，蹄形足，足根粗大。甑之颈部饰一周横鳞纹，间以圆涡纹；足根皆饰两个乳丁以作象目，与足组成简化的象首状。口径29.2、通高42.8厘米（图六，14）。

Ⅳ式，甑腹较浅，5件。标本：海阳嘴子前M4∶87，甑底部有16个条形箅孔；鬲部束颈并饰横鳞纹。口径30、通高35.4厘米（图六，15）。

演变趋势：甑的腹部逐渐变浅，鬲足由柱足变成蹄足，箅孔由十字镂空变为条形。

B型：鬲部为罐形鼎，6件。根据鼎腹由深变浅的趋势，可分二式。

Ⅰ式，甑部与鼎腹较深，1件。标本：曲阜鲁国故城M48∶15，甑与鼎的腹部均较深。甑附耳，敞口，束颈，腹部下收，平底有9个十字形箅孔。口沿下饰横鳞纹，腹部饰环带纹。鼎为子敛口，束颈，附耳，圆鼓腹，圜底，三蹄形足。甑部口径31、通高41.1厘米（图六，16）。

Ⅱ式，甑部与鼎腹较Ⅰ式稍浅，5件。标本：临沂凤凰岭墓∶坑9，甑微敞口，附耳，束

---

① 中国国家博物馆网站 http://www.chnmuseum.cn/tabid/212/Default.aspx?AntiqueLanguageID=4160。

器类	型		式组	一	二	三	四	五
			时期	一期		二期		
			时代	商代前期后段		商代后期至西周前期		
甑						19		
甗	乙类方体甗							
	甲类圆体甗	B型						
		A型					12	13
	B型	Bb形						
		Ba型						
鬲	A型	Ad型						
		Ac型					4	5
		Ab型					2	3
		Aa型		1				

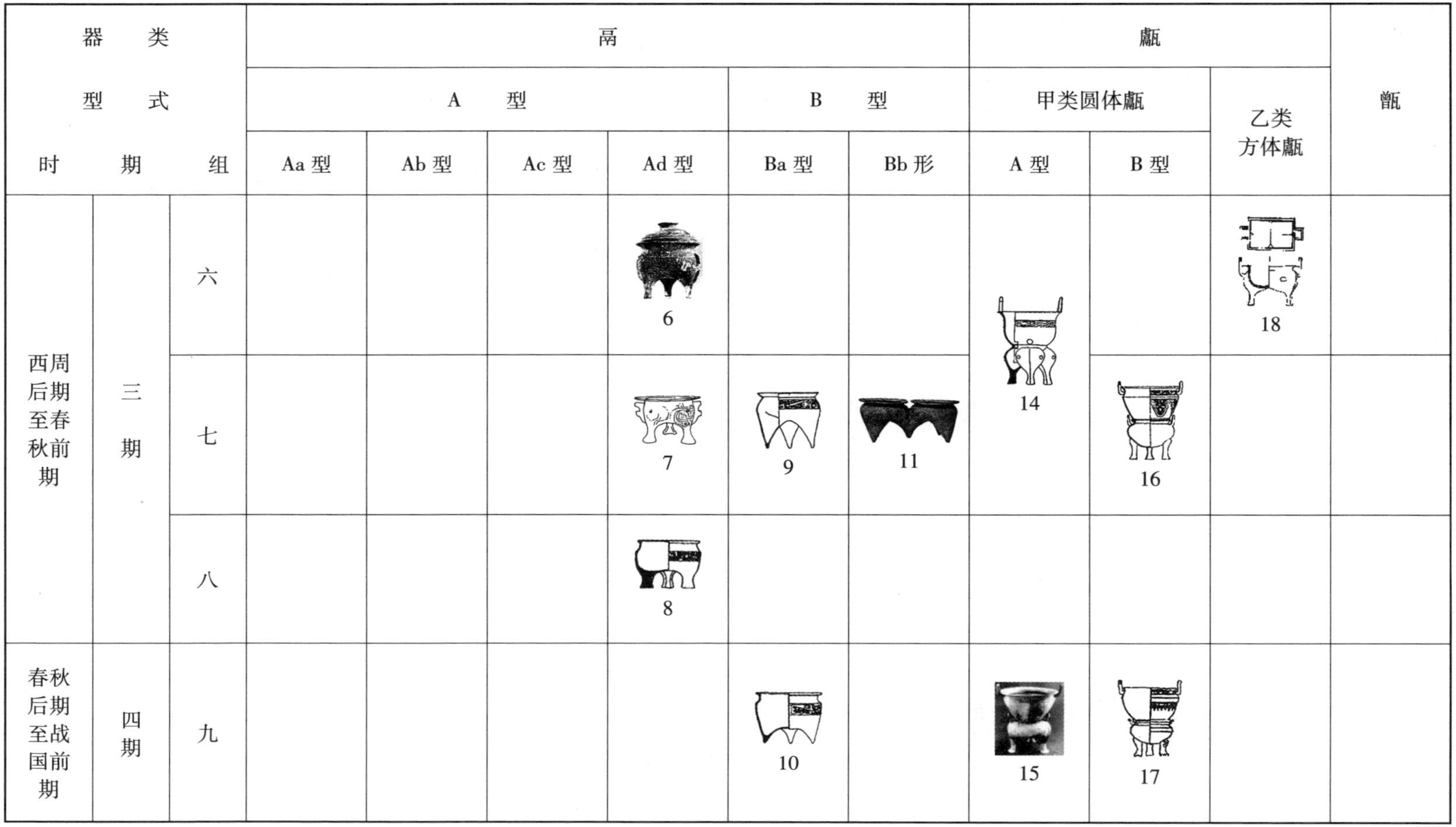

器类	鬲						甗		甗
型式	A型				B型		甲类圆体甗		乙类方体甗
组	Aa型	Ab型	Ac型	Ad型	Ba型	Bb形	A型	B型	
时期									
六 西周后期至春秋前期 三期				6			14	16	
七				7	9	11			
八				8	10				
九 春秋后期至战国前期 四期							15	17	18

图六 青铜鬲、甗的型式与演变

1. 滕州轩辕庄：无号 2. 滕州前掌大 M38：54 3. 济阳刘台子 M6：24 4. 滕州种寨：无号 5. 滕州前掌大 M120：26 6. 日照崮河崖 M1：7 7. 临朐泉头 M 乙：4 8. 滕州薛国故城 M1：70 9. 临沂中洽沟 M1：5 10. 曲阜鲁国故城 M48：15 17. 临沂凤凰岭墓：坑 9 18. 阳嘴子前 M4：87 16. 滕州薛国故城 M2：114 11. 杞伯偶甗 12. 黄县归城 HG：13 19. 济南刘家庄 M121：39 13. 龙口归城 M1：3 14. 潍坊 M1：5 15. 海

颈,收腹,圈足,箅孔呈放射状长条形。鼎部子口,附耳外侈,束颈,鼓腹,圜底,三蹄状足。甗颈部饰变形三角纹,腹部饰倒立三角纹;鼎足足根饰兽面。甗部口径30.5、通高43.5厘米(图六,17)。

演变趋势:甗与鼎的腹部逐渐变浅。

乙类:方体甗。2件。标本:黄县归城HG:13,甑部缺失,鬲部为四蹄形足,鬲口为方形,据此可知其甑部也为方形。鬲部口长25、宽17.5、通高26厘米(图六,18)。

甑。海岱地区发现铜甑1件,未见与其配套使用的鬲部。标本:济南刘家庄M121:39,侈口微敞,颈部微束,浅腹下收,矮圈足。箅孔为透雕的四个涡纹。颈部附一对兽首半环耳,上腹部饰一周左向的夔龙纹。尺寸不明(图六,19)。

二、盛食器

簋。海岱地区发现的商周时期铜簋共187件,其中传世器69件。根据整体差异,可分为甲类圈足簋和乙类方座簋。

甲类:圈足簋。172件。根据口部的不同,可以分为二型。

A型:侈口圈足簋,94件。根据耳的有无以及足部差异,可分为三亚型。

Aa型:无耳簋,12件。根据颈部与腹部的变化,可分为二式。

Ⅰ式,无颈,深腹,8件。标本:青州苏埠屯M8:12,敞口,深腹下收,腹壁较直,圜底近平,圈足微侈。颈部均匀分布三个兽首,其间饰目雷纹,腹部饰斜方格乳丁纹,圈足饰兽面纹,纹饰皆以雷纹作地。口径25.3、通高21.7厘米(图七,1)。

Ⅱ式,束颈,腹部较浅,4件。标本:滕州前掌大M120:24,侈口,束颈,下腹略鼓,圜底,圈足微侈。颈部饰一周兽面纹带,间饰一对兽首。口径17.6、高13.2厘米(图七,2)。

演变特征:束颈逐渐明显,腹部逐渐变浅。

Ab型:有耳簋,78件。据其腹部形态的变化,可分为三式。

Ⅰ式,深腹,7件。标本:青州苏埠屯M8:50,侈口,束颈,下腹略鼓,平底,高圈足。腹部置一对兽首半环耳。口沿下饰一周短蕉叶纹,内填蝉纹;颈部饰一周夔龙纹,间饰一对兽首;腹部饰分解式兽面纹;圈足饰夔龙纹,间置两对扉棱;通体纹饰以云雷纹作地。口径16.8、通高13.4厘米(图七,3)。

Ⅱ式,腹部较浅,43件。标本:滕州前掌大M18:44,侈口,束颈,下腹略鼓,圈足底部有折边。腹部置一对兽首半环耳,耳下有垂珥。颈部饰一周圆形涡纹,间饰四瓣目纹与一对兽首,圈足饰四组由两只夔龙组成的兽面纹,皆以云雷纹作地。口径18、通高12.4厘米(图七,4)。

Ⅲ式,腹部更浅,28件。标本:济阳刘台子M3:8,侈口,束颈,浅腹下垂,圈足底部有折边。腹部置一对兽首半环耳,耳下有垂珥。口沿下饰三道弦纹,圈足饰两道弦纹。口径17.7、高13.9厘米(图七,5)。

演变趋势:腹部逐渐变浅且渐渐下垂,兽首半环耳下逐渐出现小珥,整体由高变矮。

Ac 型：圈足下有三高足，4 件。标本：招远东曲城齐仲簋，侈口，束颈，浅腹下部倾垂，圈足下接三高足。腹部置一对兽首半环耳，耳下有钩形小珥。颈部两耳间饰以两道弦纹作界栏的长尾鸟纹，间饰一对兽首；足根饰兽面，足端为蹄形。口径 18、通高 19.5 厘米（图七，6）。

B 型：敛口圈足簋，78 件。隆盖顶部置圆圈状捉手，子口内敛，圈足。腹部置一对兽首半环耳。根据耳部形态的差异，可分为三亚型。

Ba 型：兽首半环耳簋，75 件。盖与腹部饰瓦棱纹，圈足，有的圈足下承三或四个扁状足。根据腹部的变化可分为三式。

Ⅰ式，腹部较深，圈足下有三或四个扁足，45 件。标本：莒县西大庄 M1∶6，盖缘、颈部饰横鳞纹，圈足饰垂鳞纹。口径 14.8、通高 17.8 厘米（图七，7）。

Ⅱ式，腹部变浅，圈足下有三或四个扁足，13 件。标本：滕州薛国故城 M1∶67，盖上置花瓣状捉手，盖缘与颈部饰蟠螭纹。口径 13.5、通高 22.5 厘米（图七，8）。

Ⅲ式，腹部更浅，圈足下无小足，17 件。标本：滕州薛国故城 M2∶108，盖缘与颈部饰变形夔龙纹。口径 16.8、通高 22 厘米（图七，9）。

演变趋势：腹部由深渐浅，整体由高变矮。

Bb 型：贯耳簋，2 件。根据腹部由浅至深的变化，可分为二式。

Ⅰ式，腹部较深，1 件。标本：长清∶附 3，隆盖，子口内敛，鼓腹，平底，圈足。上腹与盖缘各有一对贯耳相叠合。盖顶置圆圈状捉手，贯耳间分置一对兽首，盖顶捉手及圈足各有一对称方孔。盖缘与上腹各饰一周由四瓣目纹与圆涡纹组成的纹饰带，圈足饰一道弦纹。尺寸不明（图七，10）。

Ⅱ式，腹部更深，1 件。标本：泰安龙门口∶无号，失盖，子口内敛，鼓腹，平底，圈足。上腹置一对贯耳。上腹饰窃曲纹，其下饰环带纹，圈足饰简化夔龙纹。口径 5.7、底径 7、高 10.7 厘米（图七，11）。

演变趋势：纹饰由四瓣目纹发展为环带纹，腹部渐深。

Bc 型：高圈足无耳簋，1 件。标本：大唐西市博物馆藏杞伯每亡簋①，体型似豆，隆盖顶部置圈状捉手，子口内敛，鼓腹，圜底近平，高圈足呈喇叭状。周身饰细密的瓦棱纹。口径 16.6、腹径 19.8、通高 20 厘米（图七，12）。

乙类：方座簋。15 件。根据簋腹及耳部的变化，可分二式。

Ⅰ式，腹部较深，兽首半环耳，8 件。标本：滕州庄里西村 1978 年出土的滕侯簋，侈口，束颈，下腹倾垂，圈足下接方座。腹部附一对兽首半环耳，耳下有钩形小垂珥。颈部两耳饰夔龙纹，间饰一对兽首。腹部饰方格乳丁纹，圈足饰夔龙纹，纹饰均以雷纹为地。口径 20.5、通高 22.5 厘米（图七，13）。

Ⅱ式，腹部较浅，龙形耳，7 件。标本：陈侯午簋，侈口，束颈，浅腹，圈足下接方座，腹部置一对龙形耳。腹部与方座饰环带纹。高 33.5 厘米（图七，14）。

---

① 张懋镕、闫婷婷、王宏：《新出杞伯簋浅谈》，《文博》2011 年第 1 期。

器类	类型		型式	组	分期	时期
簠	A、B型					
簋	乙类 方座簋					
簋	甲类圈足簋	B型	Bc型			
簋	甲类圈足簋	B型	Bb型			
簋	甲类圈足簋	B型	Ba型			
簋	甲类圈足簋	A型	Ac型			
簋	甲类圈足簋	A型	Ab型			
簋	甲类圈足簋	A型	Aa型			

按组与时期排列：

组	分期	时期	Aa型	Ab型	Ac型	Ba型	Bb型	Bc型	乙类方座簋	A、B型(簠)
三	二期	商后期至西周前期	1							
四	二期	商后期至西周前期	2	3						
五	二期	商后期至西周前期		4						
五	二期	商后期至西周前期		5	6					
六	三期	西周后期至春秋前期				7	10		13	15
七	三期	西周后期至春秋前期					11			
八	三期	西周后期至春秋前期				8		12		16

器类 / 型式 / 时期		组	簋：甲类圈足簋 A型 Aa型	簋：甲类圈足簋 A型 Ab型	簋：甲类圈足簋 A型 Ac型	簋：甲类圈足簋 B型 Ba型	簋：甲类圈足簋 B型 Bb型	簋：甲类圈足簋 B型 Bc型	簋：乙类方座簋	簠：A、B型
春秋后期至战国前期	四期	九				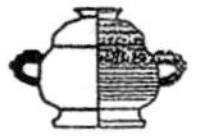 9				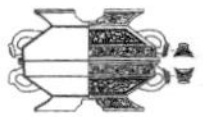 17
		十								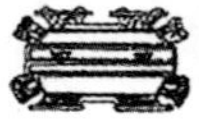 18
		十一							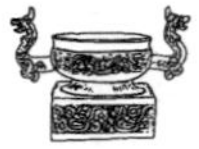 14	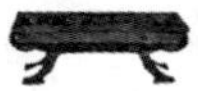 19

图七 青铜簋、簠的型式与演变

1. 青州苏埠屯 M8：12 2. 滕州前掌大 M120：24 3. 青州苏埠屯 M8：50 4. 滕州前掌大 M18：44 5. 济阳刘台子 M3：8 6. 招远东曲城齐仲簋 7. 莒县西大庄 M1：6 8. 滕州薛国故城 M1：67 9. 滕州薛国故城 M2：108 10. 长清：附3 11. 泰安龙门口：无号 12. 大唐西市博物馆藏杞伯每亡簋 13. 滕州庄里西1978年滕侯簋 14. 陈侯午簋 15. 临朐泉头 M乙：8 16. 滕州薛国故城 M1：76 17. 枣庄徐楼 M1：7 18. 临沂凤凰岭 M1：12 19. 陈曼簠

簠。或称瑚。海岱地区正式发表的两周铜簠共67件,其中1件未能复原,12件为传世器。根据足部差异,可分为二型。

A型:圈足簠,64件。根据腹部变化,可分为四式。

Ⅰ式,盖与腹部呈四面坡状,矩形圈足外侈,腹部两侧各有一兽首半环耳,37件。标本:临朐泉头M乙:8,盖与腹部均饰窃曲纹。口径30×24.5、通高15.5厘米(图七,15)。

Ⅱ式,盖与腹部近口处折成直壁,矩形圈足中间出现缺口,容量较Ⅰ式增加,18件。标本:滕州薛国故城M1:76,盖与器身基本相同。口径27、通高17厘米(图七,16)。

Ⅲ式,腹部直壁较高,容积较大,4件。标本:枣庄徐楼M1:7,盖顶及下腹饰蟠蛇纹,上腹饰三角形纹,足饰蟠螭纹。口径29.2×22.8、通高21.4厘米(图七,17)。

Ⅳ式,直壁更高,腹部基本呈直壁状,容积更大,5件。标本:临沂凤凰岭M1:12,通体饰蟠螭纹。口径31.20×23.5、通高21.7厘米(图七,18)。

演变趋势:腹部近口处由无直壁到有直壁,且直壁渐高,矩形圈足也渐大。

B型:四蹄足簠,2件。标本:陈曼簠,窄沿平折,直腹下部向内折收,平底,下承四个外撇犁铧状足。腹部窄边附一对兽首耳。口沿饰蟠龙纹,腹部饰方折卷龙纹。口横31.3、口纵19.6、通高10.5、腹深5.3厘米(图七,19)。

盨。海岱地区正式发表的青铜盨共15件,其中1件未报道,3件为传世器。根据耳部的不同,可分为二型。

A型:半环耳盨,5件。隆盖上置四扁足,子口微敛,腹部略鼓或直腹,圈足有梯形缺口。根据器口转角及腹部的变化,可分为二式。

Ⅰ式,器口与盖转角处圆转,敛口,鼓腹,圈足外侈,长边梯形缺口较浅,1件。标本:鲁司徒伯吴盨,腹部短边置一对兽首半环耳,盖缘与颈部各饰一周窃曲纹,腹部饰瓦棱纹。口横27.7、口纵34.4、高24.7厘米(图八,1)。

Ⅱ式,器口与盖呈圆角长方形,腹壁略鼓,较Ⅰ式略深,圈足长边梯形缺口较Ⅰ式稍深,盖上置夔龙形四扁足,4件。标本:鲁国故城M30出土的鲁伯余盨,盖缘、口沿和圈足均饰一周窃曲纹,盖面饰大窃曲纹和瓦棱纹,腹部饰瓦棱纹。口横23.5、口纵15.2、通高19.2、腹深8.7厘米(图八,2)。

演变趋势:器口由椭圆形变成圆角长方形,腹部渐深,圈足梯形缺口逐渐变深。

B型:附耳盨,10件。器口与盖呈圆角长方形,深腹微鼓,圈足外侈,长边有梯形缺口,盖上置夔龙形四扁足。短边上腹部置一对附耳。标本:冀伯子窑父盨,器腹饰瓦棱纹。口纵14.5、口横21、通高17.8、腹深8.8厘米(图八,3)。

铺。海岱地区正式发表的两周铜铺共17件,其中传世器3件。根据整体差异可分二型。

A型:直壁浅盘铺,10件。根据盘的深浅变化,可分二式。

Ⅰ式,浅盘,3件。标本:1969年曲阜北关出土铜铺,盘作直壁浅腹状,粗柄呈束腰状,圈足作喇叭形。盖顶三钮作鸟形。整器饰夔龙纹,圈足及柄镂空。高26.3、口径27.5厘米(图八,4)。

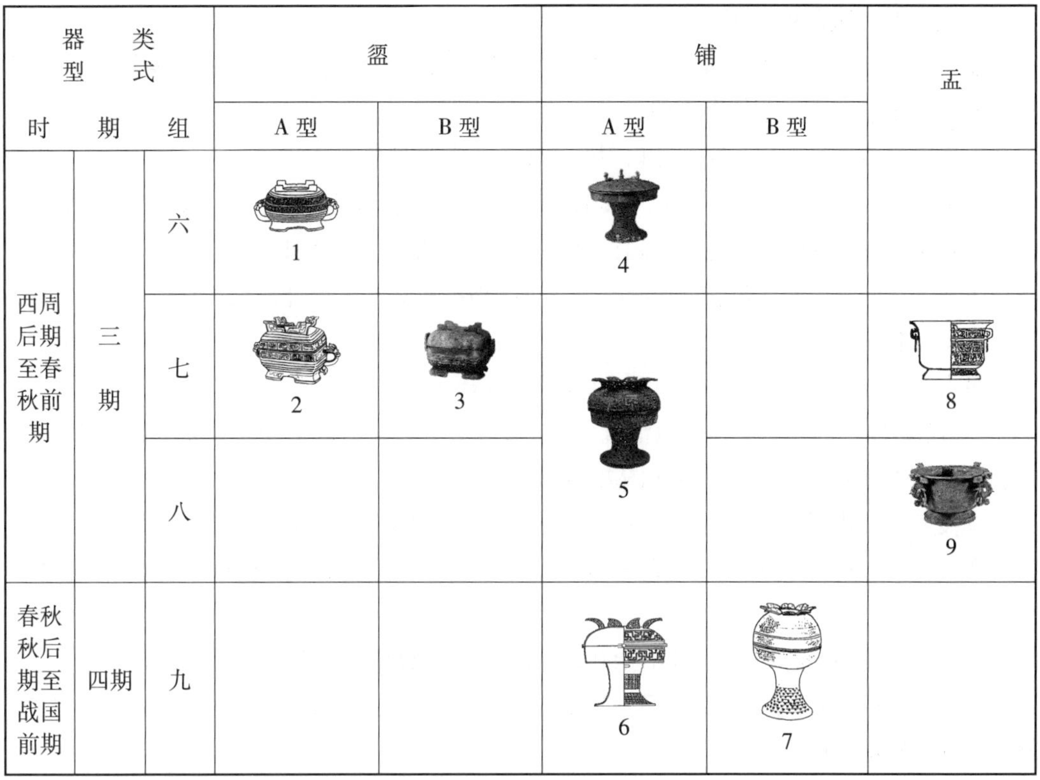

器类型式 时期　组		盨		铺		盂
		A 型	B 型	A 型	B 型	
西周后期至春秋前期	六	1		4		
	七	2	3	5		8
	八					9
春秋后期至战国前期 四期	九			6	7	

图八　青铜盨、铺、盂的型式与演变

1. 鲁司徒伯吴盨　2. 鲁国故城 M30 鲁伯余盨　3. 冕伯子窑父盨　4. 曲阜北关铜铺　5. 鲁大司徒厚氏元铺　6. 枣庄徐楼 M1：24　7. 沂水刘家店子出土公簠　8. 长清仙人台 M6：B32　9. 齐侯盂

Ⅱ式,盘稍深,7 件。标本 1：鲁大司徒厚氏元铺,隆盖,直壁浅盘,平底,圈足中部有一周凸箍;盖上置花瓣状捉手;通体饰蟠螭纹,盖的捉手与圈足镂空;口径 25.2、通高 28.6 厘米(图八,5)。标本 2：枣庄徐楼 M1：24,隆盖,直壁,平底,粗柄下接喇叭口状圈足;通体饰蟠蛇纹,柄及圈足饰长方形镂孔;口径 24.6、通高 24.6 厘米(图八,6)。

演变趋势：盘壁由浅渐深。

B 型：豆形铺,7 件。标本：沂水刘家店子出土的公簠,盘径较小,隆盖,直口,折沿,圜底,长柄,圈足呈喇叭状。盖上置八瓣莲花形镂空捉手,盖沿分置四个兽首小卡钮。盖与器身均饰蟠螭纹和鳞纹,圈足饰镂空鳞纹。口径 24、圈足径 17.7、通高 35.4 厘米(图八,7)。

盂。海岱地区正式发表的商周铜盂共 4 件。根据腹部由深至浅的变化,可分二式。

Ⅰ式,3 件。标本：长清仙人台 M6：B32,侈口,直腹,平底,圈足,上腹附一对兽首衔环耳。颈部饰窃曲纹,腹部饰环带纹。口径 55、底径 39、通高 38 厘米(图八,8)。

Ⅱ式,1 件。标本：齐侯盂,侈口,微鼓腹,圈足底部起台,腹侧附四个衔环兽形耳,腹部饰两层环带纹。口径 75、腹深 65.5、通高 43.5 厘米(图八,9)。

演变趋势：腹部由深至浅。

豆。海岱地区正式发表的商周青铜豆共 126 件，其中 2 件残损严重未能复原。根据柄之高矮和腹部差异，可分为四型。

A 型：大口短柄豆，14 件。敞口，粗短柄。可分为四式。

Ⅰ式，1 件。标本：长清：附 5，弧腹，圜底近平，粗短柄呈圈足状。腹部分饰六个浮雕涡形纹和三道凹弦纹，圈足饰两道凹弦纹。尺寸未报道（图九，1）。

Ⅱ式，2 件。标本：费县拣选：无号，平沿较窄，圜底。腹部饰两道弦纹，间饰涡形纹。口径 10.7、通高 10 厘米（图九，2）。

Ⅲ式，3 件。标本：淄川磁村 M03：4，无耳，扁球形腹，通体光素。高 21.2 厘米（图九，3）。

Ⅳ式，8 件。标本：莱芜戴鱼池墓：无号，口沿下附一对环形小耳，深腹接近半球形，柄更矮。口径 18.5、通高 22 厘米（图九，4）。

演变特征：由敞口无盖向子口有盖变化，盘逐渐加深，柄渐渐变细。

B 型：实心高柄豆，91 件。隆盖，子口，腹部呈半球形，实心高柄较细。根据盖之差异，可分为三亚型。

Ba 型：隆盖上分置三个环形钮，50 件。根据柄与腹部的变化，可分为四式。

Ⅰ式，浅腹无耳豆，喇叭状圈足，31 件。标本：邹平大省 M3：无号，素面，口径 14、高 28.3 厘米（图九，5）。

Ⅱ式，柄更高更细，腹部加深呈半球状，8 件。标本：济南左家洼 LZM1：4，口径 18.8、高 39.2 厘米（图九，6）。

Ⅲ式，柄更高，盖高与腹深相若，扣合后基本呈圆球形，9 件。标本：长岛王沟 M10：31，通体素面。通高 41 厘米（图九，7）。

Ⅳ式，柄更高更细，隆盖较低，盖顶较平，腹深大于口部半径，整体较为瘦高，2 件。标本：平度东岳石 M14：25，尺寸未报道（图九，8）。

演变趋势：柄部逐渐增高，腹部逐渐加深。

Bb 型：隆盖上置圆圈状捉手，40 件。子口，腹部两侧附对称环形耳。根据柄及腹部的变化，可分为四式。

Ⅰ式，腹鼓呈扁球状，圜底较平，喇叭口状圈足，25 件。标本：滕州薛国故城 M6：3，通体素面。口径 11、通高 27 厘米（图九，9）。

Ⅱ式，盖上圆圈状捉手增高，腹深约等于口部半径，柄变高变细，足底呈平盘状，3 件。标本：滕州庄里西墓地 90STZM8：2，口径 17.5、通高 29 厘米（图九，10）。

Ⅲ式，腹部加深，腹深大于口部半径，4 件。标本：长岛王沟 M2：4，盖与腹部饰对称的蟠蛇纹。通高 33.5 厘米（图九，11）。

Ⅳ式，盖与腹形制基本相同，仅腹部稍浅，高柄上粗下细，盖与腹部各饰两道弦纹，高柄饰三道弦纹，8 件。标本：诸城臧家庄墓：无号，通高 34 厘米（图九，12）。

演变趋势：柄逐渐变高，盖与腹部由浅渐深。

第二章 海岱地区商周青铜器的形制分析

时期	型式 组	A型	B型			C型		D型
			Ba型	Bb型	Bc型	Ca型	Cb型	
商后期至西周前期	二期 三	1						
	四	2						
	五							
西周后期至春秋前期	三期 六							
	七							
	八							
春秋后期至战国前期	四期 九							
	十	3	5	9	13			17 / 18
	十一	4	6	10				
			7	11		14 / 15	16	

型式 时期	组	A 型	B 型			C 型		D 型
			Ba 型	Bb 型	Bc 型	Ca 型	Cb 型	
战国后期	五期	十二	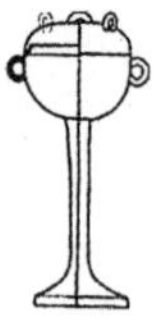 8	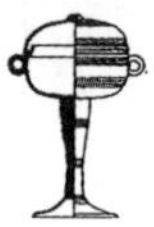 12				

图九　青铜豆的型式与演变

1. 长清：附 5　2. 费县拣选：无号　3. 淄川磁村 M03：4　4. 莱芜戴鱼池墓：无号　5. 邹平大省 M3：无号　6. 济南左家洼 LZM1：4　7. 长岛王沟 M10：31　8. 平度东岳石 M14：25　9. 滕州薛国故城 M6：3　10. 滕州庄里西 90STZM8：2　11. 长岛王沟 M2：4　12. 诸城臧家庄墓：无号　13. 新泰周家庄 M25：2　14. 章丘女郎山大墓：72　15. 临淄相家庄 M6：24　16. 临淄相家庄 M6：15　17. 海阳嘴子前 M1：54　18. 海阳嘴子前 M1：无号

Bc 型：隆盖上置一环形钮，1 件。标本：新泰周家庄 M25：2，子口，腹鼓呈扁球形，圜底较平，喇叭口状圈足。腹部有一对环形耳（图九，13）。

C 型：高柄浅盘豆，17 件。根据盘身形态的不同，可分为二亚型。

Ca 型：圆盘豆，16 件。直口或微敞口，腹部较浅，平底，高柄较细。标本 1：章丘女郎山大墓：72，口径 18、通高 31.8 厘米（图九，14）。标本 2：临淄相家庄 M6：24，盘口如盛开莲花状，柄下部有一道圆箍（图九，15）。

Cb 型：方盘豆，1 件。标本：临淄相家庄 M6：15，直口，俯视呈圆角长方形，余同 Ca 型。盘口长径 21.8、短径 16.5、高 39.4 厘米（图九，16）。

D 型：仿陶铜豆，2 件。标本 1：海阳嘴子前 M1：54，敞口，宽折沿，深腹，喇叭状高圈足；通体光素；口径 16.2、高 13 厘米（图九，17）。标本 2：海阳嘴子前 M1：无号，直口，折沿，深腹，喇叭形高圈足；口径 16.2、腹深 4.3、通高 18 厘米（图九，18）。

敦。敦有自名。楚文化区将上有隆盖、下承三足的敦形器，称为"盏"，但在中原与海岱地区却自铭为敦，如荆公孙敦、齐侯敦。故而，本书以敦统称之。海岱地区正式发表的铜敦共 87 件，其中 3 件残损严重未能复原，9 件属传世器。根据敦的整体差异，可分为六型，其中 D、E、F 型为特殊形制的敦。

A 型：平底敦，20 件。隆盖，侈口，束颈，腹部附一对环耳。根据盖与盖钮的变化，可分为三式。

Ⅰ式，隆盖较低，上置圆圈状捉手，1 件。标本：曲阜鲁国故城 M202：无号，颈部饰一周简化蝉纹，腹部饰一周鸟纹。口径 21.3、通高 11 厘米（图一〇，1）。

Ⅱ式，隆盖较高，上置圆圈状捉手，9 件。标本 1：海阳嘴子前 M1：无号，上腹部饰两道弦纹；口径 22、通高 17.5 厘米（图一〇，2）。标本 2：枣庄徐楼 M1：44，捉手内壁饰一周镶嵌红铜的齿状纹，内底饰圆涡纹；盖面饰一周镶嵌红铜的齿状纹和左向奔跑的瑞兽纹；上腹饰一周镶嵌红铜的瑞兽纹，下腹饰两周镶嵌红铜的齿状纹；口径 25.6、腹径 25.6、底径

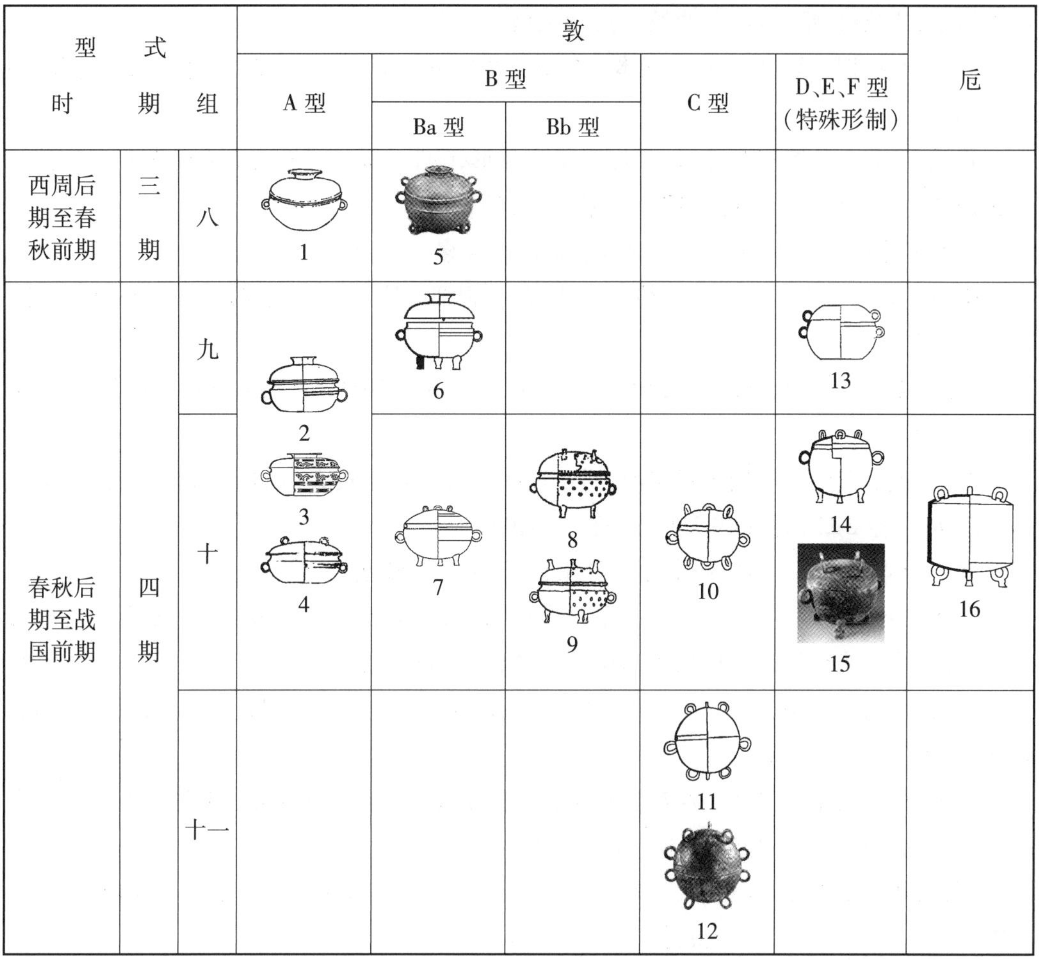

型式 时期	组	敦 A型	敦 B型 Ba型	敦 B型 Bb型	敦 C型	敦 D、E、F型（特殊形制）	盦
西周后期至春秋前期	三期 八	1				5	
春秋后期至战国前期	九		6			13	
春秋后期至战国前期	四期 十	2 3 4	7	8 9	10	14 15	16
春秋后期至战国前期	十一				11 12		

图一〇　青铜敦的型式与演变

1. 曲阜鲁国故城 M202：无号　2. 海阳嘴子前 M1：无号　3. 枣庄徐楼 M1：44　4. 淄川磁村 M01：2　5. 杞伯每亡敦　6. 泰安黄花岭墓：无号　7. 长清仙人台 M5：49　8. 淄川磁村 M03：2　9. 济南左家洼 LZM1：8　10. 济南左家洼 LZM1：9　11. 威海 M3：2　12. 平度东岳石 M16：23　13. 临沂凤凰岭 M1：40　14. 莱芜西上崮墓：无号　15. 临淄河崖头墓：无号　16. 临淄辛店 M2Q：39

13.8、通高 14.6 厘米（图一〇，3）。

Ⅲ式，隆盖上分置三或四个环钮，束颈，微鼓腹，10 件。标本：淄川磁村 M01：2，上腹部饰两道弦纹。腹径 23、通高 14.3 厘米（图一〇，4）。

演变趋势：隆盖由矮渐高，盖上圈状捉手钮变为多个环形钮，腹部由深渐浅。

B 型：三足敦，15 件。隆盖，子母口，扁球腹，圜底，三蹄足，腹部两侧各有一环耳。根据盖的差异，可分二亚型。

Ba 型：9 件。隆盖上置圈状捉手或数个环钮。根据盖钮变化，可分为三式。

Ⅰ式，圈状捉手较矮，1 件。标本：杞伯每亡敦（自名为盆，其实属敦）。盖缘与上腹各附一对环形钮，蹄状三矮足足根处各有一个半环状钮。盖之捉手有四个对称的长方形穿孔。盖上分布三周纹饰带，自内而外分别为环带纹、蟠螭纹、环带纹；器身自上而下分别饰垂鳞纹、凸弦纹、蟠螭纹、波曲纹。尺寸未报道(图一〇,5)。

Ⅱ式,圈状捉手较高,2件。标本:泰安黄花岭墓:无号,口径22.3、通高22厘米(图一〇,6)。

Ⅲ式,隆盖上分置三个环形钮,深腹呈半球形,6件。标本:长清仙人台M5:49,盖与上腹饰蟠虺纹。口径19、通高17.8厘米(图一〇,7)。

演变趋势:盖上圈状捉手趋于瘦高,最后变为多个环钮。

Bb型:6件。隆盖上有三个蹄形小钮,盖与腹部满饰乳丁。根据盖上蹄足钮的变化,可分二式。

Ⅰ式,盖上三蹄形钮较瘦小,2件。标本:淄川磁村M03:2,腹径19.4、通高17厘米(图一〇,8)。

Ⅱ式,盖上三蹄形钮较Ⅰ式粗壮,腹部所附环形双耳也较大,4件。标本:济南左家洼LZM1:8,口径21.5、通高19.2厘米(图一〇,9)。

演变趋势:盖上三蹄形钮由瘦小到粗壮,腹部由深渐浅。

C型:球形敦,39件。器身与盖略呈半球形,盖上分置三个环状钮,上腹附一对环形耳,腹部下接三个环形足。依据盖与腹部的变化,可分为三式。

Ⅰ式,盖与器身扣合后呈扁球形,18件。标本:济南左家洼LZM1:9,口径17.1、通高17.35厘米(图一〇,10)。

Ⅱ式,腹部较Ⅰ式加深,隆盖也较高,接近腹深,整器呈圆球形,14件。标本:威海M3:2,腹径14.8、通高18.4厘米(图一〇,11)。

Ⅲ式,隆盖更高,腹部更深,均略大于口部半径,7件。标本:平度东岳石M16:23,盖与腹部饰变形雷纹。尺寸未报道(图一〇,12)。

演变趋势:隆盖由浅渐深,整体由扁圆形变为圆形。

D型:平顶盖敦,5件。标本:临沂凤凰岭M1:40,隆盖,盖顶较平,子口微敛,鼓腹,平底。上腹置一对环形耳。盖与器身形制基本相同,仅略矮。通体光素。口径20.7、通高17厘米(图一〇,13)。

E型:三蹄足敦,4件。标本:莱芜西上崮墓:无号,盖微隆,子口微敛,深腹略鼓,圜底,三蹄形足较细小。盖上分置三个环形钮,上腹附一对环形耳。口径11.1、通高17.6厘米(图一〇,14)。

F型:人形足敦,1件。标本:临淄河崖头墓:无号,隆盖,子口,深腹,圜底下接三个人形短足。盖上分置四个环形钮,上腹附一对环形耳;人形足作跪坐状,双手置于膝上,背负器身。盖与器腹饰谷纹及蟠虺纹,纹饰涂成绿色,底部有烟炱。口纵11.6、口横11、通高13、腹深8.2、足高3厘米(图一〇,15)。

卮。海岱地区共出土2件铜卮。卮呈圆筒状。标本:临淄辛店M2Q:39,微隆盖,直口,直腹,圜底。盖上分置三个环状小钮,底部下接三个兽首环形小足。通体光素。口径15、通高17.7厘米(图一〇,16)。

三、酒器

爵。海岱地区出土商周铜爵的数量较多,几乎所有的商代青铜器群中都有发现,共计161件,其中2件残损严重,未能复原。可分为圆体爵(或略扁)和方体爵二类。

甲类:圆体爵。海岱地区发表的商周圆体爵共155件,其中传世器19件。根据底部差异,可分为二型。

A型:圜底爵,151件。根据爵体形状的不同,可分为二亚型。

Aa型:卵腹爵,腹部略呈卵形,145件。根据流柱的变化,可分为三式。

Ⅰ式,流柱较矮,尾部微翘,19件。标本:滕州前掌大1978:无号,流上翘,三棱状足,腹部饰云纹构成的兽面纹,流尾间距14.5、通高17厘米(图一一,1)。

Ⅱ式,流柱较高,距鋬较近,93件。标本:滕州前掌大M11:98,流、尾上翘,菌状柱较高,半环形兽首鋬,三棱足修长。腹部饰云雷纹作地纹的分解式兽面纹,柱帽顶端有乳突。流尾间距18.2、通高20.2厘米(图一一,2)。

Ⅲ式,流柱较高,距鋬更近,33件。标本:高青陈庄M27:6,流作半管状,尖状尾,腹作卵形,三棱锥形足外撇。鋬作兽首半环形。上腹饰两道弦纹。流尾间距15.6、通高19.9厘米(图一一,3)。

演变趋势:双柱渐高,距鋬渐近,流部渐宽,尾部渐长、渐翘。

Ab型:束颈鼓腹爵,6件。根据柱的变化,可分二式。

Ⅰ式,单柱粗壮,尾部短平,1件。标本:济南大辛庄M106:8,形体较粗,扁圆形口,窄流微翘,束颈,鼓腹,圜底。半环形鋬,单柱立于流折处,三棱锥状足。颈部饰一周云雷纹,柱面饰圆涡纹。通高15.6厘米(图一一,4)。

Ⅱ式,菌状柱较细较高,距鋬较近,5件。标本:青州苏埠屯M7:7,流、尾皆上翘,束颈,鼓腹,圜底。兽首半环形鋬,腹部饰两组由夔龙纹组成的兽面纹,以联珠纹作界,柱帽饰涡形纹。通高19.7厘米(图一一,5)。

演变趋势:柱由矮变高,距鋬渐近,流由窄变宽,尾由短变长、由平变翘。

B型:平底爵,4件。根据折腹位置及尾部的变化,可分为二式。

Ⅰ式,折腹近底部,尾部短平,2件。标本:长清前平:无号,无柱,窄流上翘,上腹部较长,三棱锥状足较细较高。腹部饰两组云雷纹组成的兽面纹。流尾间距15、通高15厘米(图一一,6)。

Ⅱ式,腹部起折处近中部,短尾上翘,2件。标本:滕州轩辕庄:无号,窄流上翘,三棱锥状足较为粗矮。腹部饰三道弦纹。流尾间距14.5、通高19厘米(图一一,7)。

演变趋势:折腹位置逐渐上移,尾部由短变长,逐渐上翘。

乙类:方体爵。4件。标本:台北故宫博物院藏亚醜方爵,长流上翘,尖尾,兽首半环形鋬,方颈,方腹,平底,底部四角各有一条三棱锥状足。口沿近流处有一对方形柱,柱顶为重檐屋顶形,颈、腹四角、中线、流下以及尾下各有一道扉棱。流下饰夔龙纹,颈部饰三

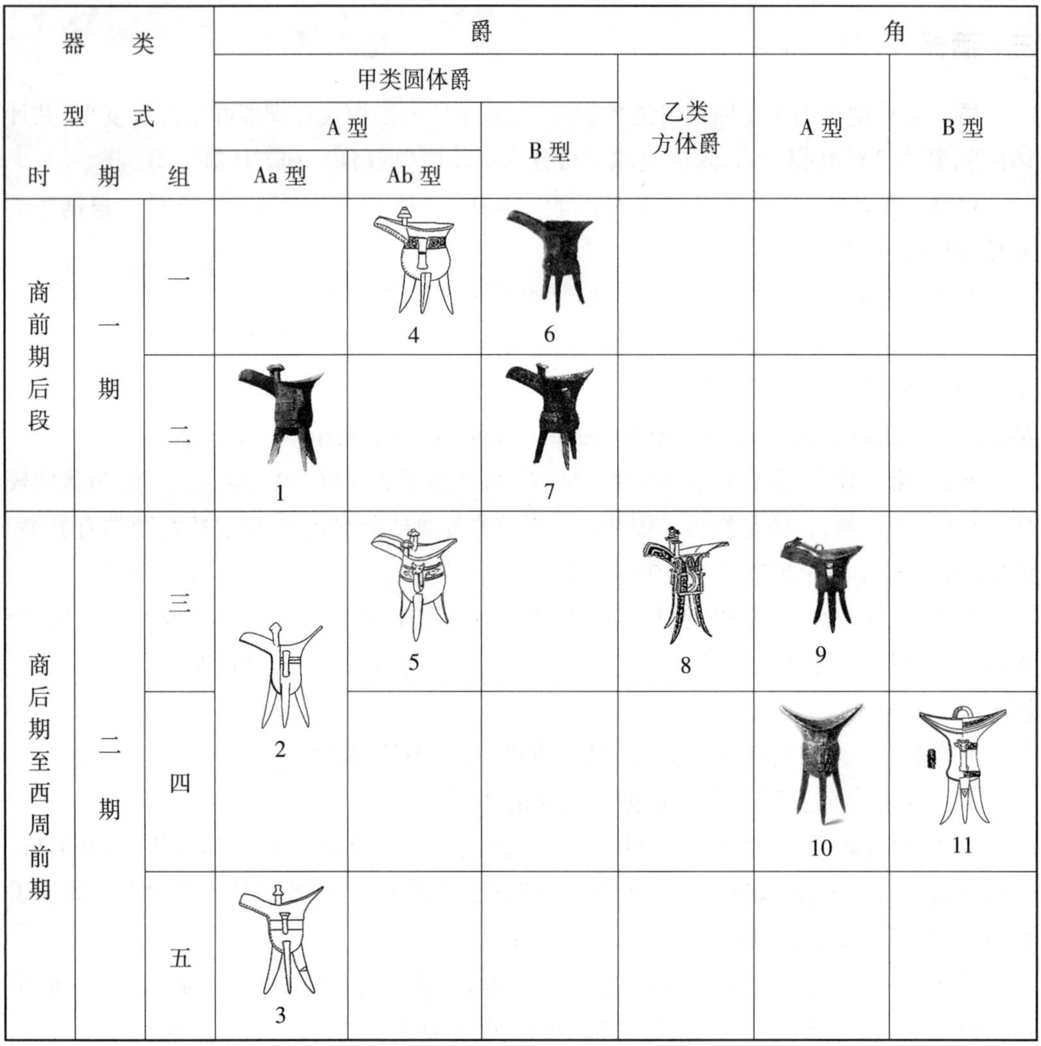

器类		爵				角	
型式		甲类圆体爵			乙类方体爵	A型	B型
		A型		B型			
时期	组	Aa型	Ab型				
商前期后段	一期 一		4	6			
	二	1		7			
商后期至西周前期	二期 三		5		8	9	
	四	2				10	11
	五	3					

图一一　青铜爵、角的型式与演变

1. 滕州前掌大1978：无号　2. 滕州前掌大M11：98　3. 高青陈庄M27：6　4. 济南大辛庄M106：8　5. 青州苏埠屯M7：7　6. 长清前平：无号　7. 滕州轩辕庄：无号　8. 亚醜方爵　9. 亚醜父丙角　10. 传费县出土的巺戙角　11. 滕州前掌大M18：32

角纹,腹与足部饰兽面纹,纹饰均以云雷纹填地。流尾间距40、通高47.3厘米(图一一,8)。

角。海岱地区正式发表的商周铜角共19件,其中传世器5件。依据整体形态的差异,可分为二型。

A型:圆形角。腹部横截面为圆形,18件。依据底部的变化,可分二式。

Ⅰ式,圜底近平,2件。标本:台北故宫博物院收藏的亚醜父丙角。尖尾上翘,腹壁较直,圜底近平,三棱形锥足。腹部一侧有半环形兽首鋬,口部有龙首形盖,盖钮为桥形,腹部饰三道扉棱。盖饰夔龙纹,腹饰兽面纹,以云雷纹填地。通高23厘米(图一一,9)。

Ⅱ式,卵形底,16件。标本:传山东费县出土的巺戙角,两尾上翘,腹部较直,圜底,三棱锥状足外撇,腹部一侧有兽首半环形鋬。颈与尾部饰蕉叶纹,腹部饰兽面纹,以云雷纹填地。两尾间距 14.5、通高 19 厘米(图一一,10)。

演变趋势:底部由平渐圜。

B 型:方形角,腹部横截面呈圆角方形,1 件。标本:滕州前掌大 M18:32,有盖,深腹,腰部微束,圜底,底径大于腹径,下接三棱锥状足。盖中置一半环钮,腹部附一半环形牛首鋬。盖面饰四组兽面纹,腹部上下各饰两组兽面纹。两尾间距 18、宽 8.6、通高 24.3、足高 9.6 厘米(图一一,11)。

觚。海岱地区发表的商周铜觚共 127 件,其中 2 件残损严重未能复原,传世器 26 件。根据整体差异,可分为圆体觚与方体觚两类。

甲类:圆体觚。126 件。依据腹部有无凸起,可分为二型。

A 型:觚身无凸箍,10 件。根据觚身粗细的不同,可分为二亚型。

Aa 型:粗体觚,2 件。根据腹部的变化,可分二式。

Ⅰ 式,腹部无鼓凸,1 件。标本:莒南虎园水库:无号,口及圈足呈喇叭口状,口部残损,平底。腹部饰两组以联珠纹为上下界栏的兽面纹。残高 14.9 厘米(图一二,1)。

Ⅱ 式,腹部略鼓,器呈三段式,1 件。标本:滕州前掌大村东南 Ⅱ 209:2,口与圈足皆呈喇叭状,腹部略鼓,平底。口沿下饰细体蕉叶纹,颈、腹与圈足附四条扉棱,每条扉棱皆饰十组矢状纹,腹部与圈足饰以云雷纹作地的兽面纹。口径 11.5、底径 9、通高 18.4 厘米(图一二,2)。

演变趋势:腹部渐鼓,圈足镂空由有到无。

Ab 型:细体觚,8 件。根据觚身由粗渐细的变化,可分二式。

Ⅰ 式,觚身较细,3 件。标本:济南大辛庄 1970:无号,口与圈足均呈喇叭口状,口径大于足径。腹部略凸处饰兽面纹,圈足饰云雷纹。通高 18.3 厘米(图一二,3)。

Ⅱ 式,觚身更细,5 件。标本:滕州前掌大 M120:22,口与圈足呈喇叭状,口径大于足径。圈足饰兽面纹,上下皆有以目云纹组成的纹饰带。口径 15.2、底径 8.9、通高 27.8 厘米(图一二,4)。

B 型:觚身腹部明显鼓凸,觚身呈三段式,116 件。依据扉棱的有无,可分为二亚型。

Ba 型:觚身无扉棱,82 。依据腹部与圈足的变化,可分二式。

Ⅰ 式,圈足较矮,19 件。标本:济南大辛庄 M5:5,腹部饰兽面纹,圈足上部有圆形镂孔。口径 18、通高 28.2 厘米(图一二,5)。

Ⅱ 式,圈足略高,63 件。标本:济南大辛庄 M72:9,圈足底部有折台,腹部与圈足饰云雷纹作地的兽面纹,圈足上部有一对"十"字形镂孔。口径 8、通高 13.3 厘米(图一二,6)。

演变趋势:腹部凸起由不明显到明显,圈足底部由外侈到起台。

Bb 型:觚身有扉棱,34 件。纹饰繁缛,制作精致。标本:长清小屯:24,喇叭口,中腰鼓凸,圈足底部有折台。腹部与圈足皆饰四条对称的扉棱。颈部饰蕉叶纹,腹部与圈足饰以云雷纹作地的兽面纹,圈足之上饰弦纹。口径 16、通高 30 厘米(图一二,7)。

型式 时期	组	甲类圆体觚				乙类方体觚
		A 型		B 型		
		Aa 型	Ab 型	Ba 型	Bb 型	
商前期后段	一期 一	 1				
	二		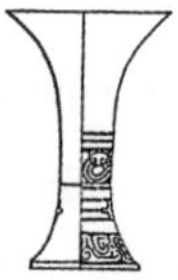 3	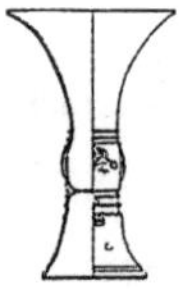 5		
商代后期至西周前期	二期 三	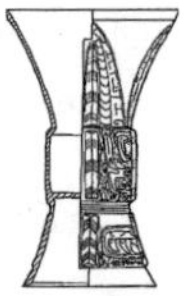 2		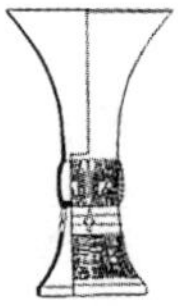 6	 7	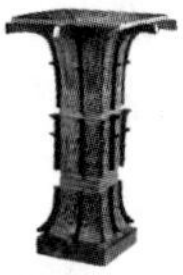 8
	四		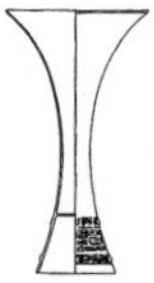 4			

图一二 青铜觚的型式与演变

1. 莒南虎园水库：无号 2. 滕州前掌大村东南Ⅱ209∶2 3. 济南大辛庄1970：无号 4. 滕州前掌大M120∶22 5. 济南大辛庄M5∶5 6. 济南大辛庄M72∶9 7. 长清小屯∶24 8. 亚醜方觚

乙类：方体觚。1 件。标本：台北故宫博物院收藏的亚醜方觚，方形喇叭口，长颈，直腹，高圈足，圈足底部有折台，四角及四壁各有一道扉棱。口沿下饰蕉叶纹，颈部饰四瓣目纹，腹部饰兽面纹，圈足饰四瓣目纹与兽面纹。口径22.5×22.5、足径14.4×14.5、通高43.3厘米（图一二，8）。

觯。海岱地区发表的商周铜觯共 55 件，其中传世器 5 件。据其形态差异，可分为扁圆体觯、圆体觯和细体觯三型。

A 型：扁圆体觯，41 件。又可分粗体与细体二亚型。

Aa 型：粗体觯，23 件。侈口，微束颈，鼓腹，圜底，圈足，多有盖。根据腹部及圈足变化，可分二式。

Ⅰ式，深腹，17 件。标本：滕州前掌大M126∶13，隆盖，侈口，微束颈，鼓腹略下垂，高圈足外侈。盖顶置一桥形钮。盖面饰一周卷云纹，颈部饰两组两两相对的夔龙纹，以联珠纹作界,夔首有列旗纹;圈足亦饰夔龙纹。口径 7.0×9.2、通高 17.6 厘米(图一三,1)。

Ⅱ式,浅腹,6 件。腹部更浅,整体较宽侈。标本:济阳刘台子 M6:9,隆盖上置桥形钮,子口外侈,颈部微束,垂腹,圈足。盖、颈与圈足各饰两道弦纹。口径 8.4—12、通高 15.8 厘米(图一三,2)。

演变趋势:腹部渐浅,垂腹逐渐明显,圈足变高,整体向宽侈发展。

Ab 型:觯身较 Aa 型稍细,18 件。根据腹部变化,可分二式。

Ⅰ式,鼓腹,5 件。侈口,短颈,鼓腹,圈足。标本:青州苏埠屯 M8:9,隆盖上有四坡状钮,圈足底部有折台。盖、颈、腹及足部均有扉棱。颈部饰蝉纹以及以雷纹作地的兽面纹,腹部与盖饰以雷纹作地的鸟纹,圈足饰以雷纹作地的兽面纹。口长径 8.7、通高 18.7 厘米(图一三,3)。

Ⅱ式,腹部略垂,13 件。颈部稍长,腹部微垂。标本:滕州前掌大 M38:60,隆盖上置六棱状钮,圈足底部有折台。盖缘、颈部与下腹饰鸟纹,上腹饰直线纹,圈足饰夔龙纹。口径 6.8×8.4、通高 18.9 厘米(图一三,4)。

演变趋势:腹部由鼓至垂,纹饰渐趋简单。

B 型:圆体觯,13 件。侈口,束颈,鼓腹,圈足。依据腹部与圈足的变化,可分为三式。

Ⅰ式,圈足较矮,1 件。标本:济南大辛庄 M139:12,整体较高,下腹饰云雷纹。口径 7、通高 14.4 厘米(图一三,5)。

Ⅱ式,鼓腹较深,圈足较高,3 件。标本:长清小屯:15,隆盖上置菌帽状钮,盖饰弦纹及斜角云纹,间以乳丁纹。颈部饰一周鸟纹、两周云雷纹和两道弦纹,圈足饰一周象纹。颈部、上腹与圈足均饰扉棱。口径 7.2、通高 17.5 厘米(图一三,6)。

Ⅲ式,腹部较浅,圈足较高,9 件。标本:泗水窖崮堆:无号,颈部饰一周以两道弦纹作界栏的卷云纹,圈足饰一道弦纹。口径 7.4、通高 13.4 厘米(图一三,7)。

演变特征:腹部趋浅,圈足趋高,纹饰趋于简单。

C 型:细体觯,整体细高,1 件。标本:高青陈庄 M27:15,敞口,束颈,深腹下垂,圜底较平,圈足外侈。通体素面。口径 9.2、高 19.3 厘米(图一三,8)。

斝。海岱地区正式发表的商周铜斝共 22 件,其中传世器 4 件。根据其底部形态,可以分为平底斝和分裆斝二型。

A 型:折腹平底斝,平底或近平底,9 件。依据折腹位置的变化,可分为二式。

Ⅰ式,深腹,领高明显大于腹深,3 件。标本:长清前平:无号,侈口,束颈,腹部外鼓,平底,三棱锥形足。二菌状柱立于口沿之上,腹部一侧附半环形鋬。腹部饰兽面纹。口径 15.5、通高 22 厘米(图一三,9)。

Ⅱ式,浅腹,领高略大于腹深,6 件。标本:滕州前掌大 1978:无号,侈口,高领,鼓腹,平底下接三棱锥状足。二菌状柱立于口沿之上,腹部附一半环形兽首鋬。颈部饰目云纹与联珠纹,腹部饰一周以联珠纹作界栏的兽面纹与目雷纹。口径 11.8、通高 24 厘米(图一三,10)。

演变趋势:腹部趋浅,折腹位置渐趋上移,菌状柱渐趋高大粗壮,距离越来越远。

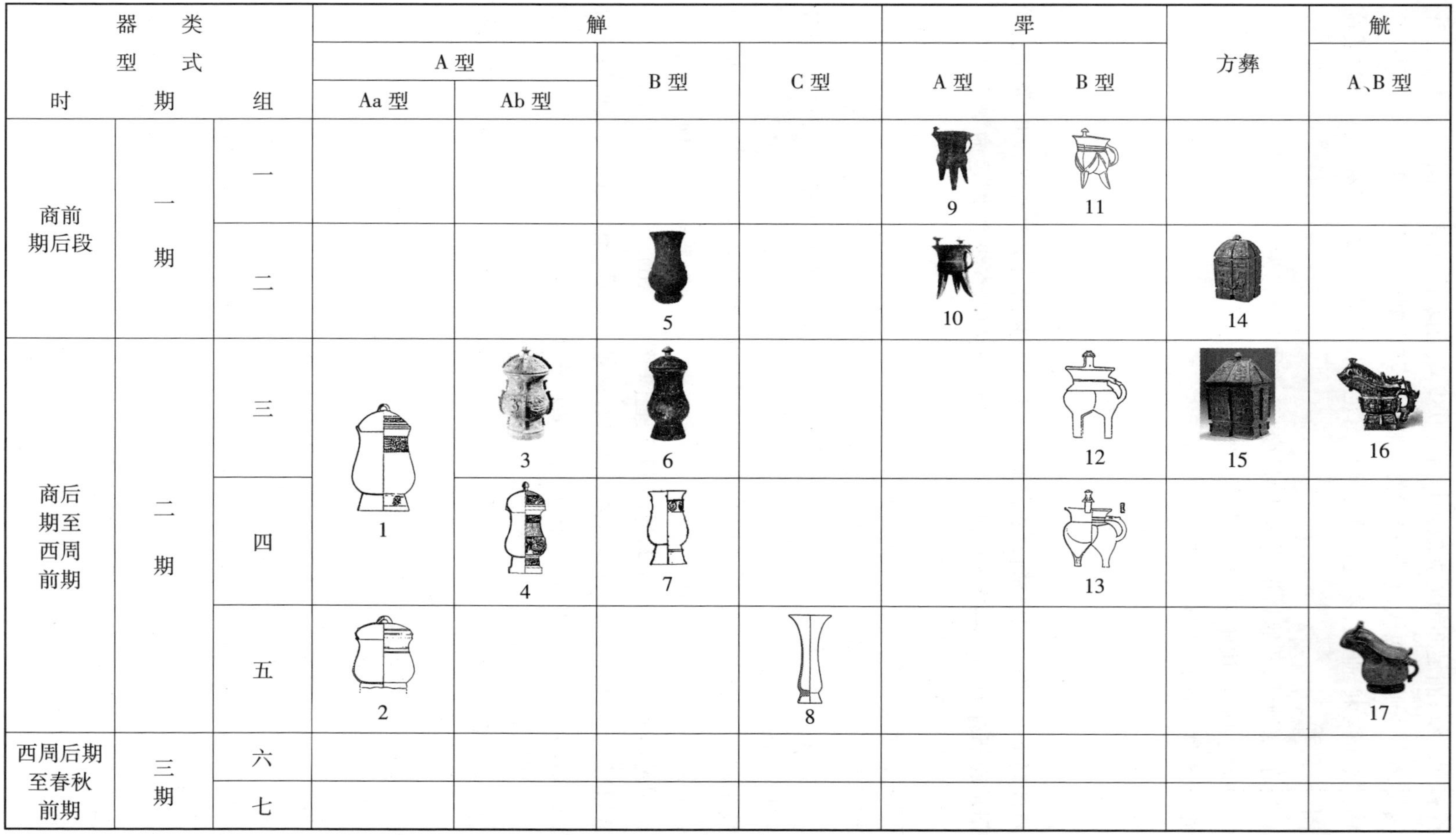

器型	类式	觯 A型 Aa型	觯 A型 Ab型	觯 B型	罍 C型	罍 A型	罍 B型	方彝	觥 A、B型
时期	组								
商前期后段	一期 一	1							
	二	2	3	5		9	11		
商后期至西周前期	二期 三		4	6		10	12	14	16
	四			7			13	15	
	五				8				17
西周后期至春秋前期	三期 六								
	七								

图一三 青铜觯、罍、方彝、觥的型式与演变

1. 滕州前掌大 M126：13　2. 济阳刘台子 M6：9　3. 青州苏埠屯 M8：9　4. 济南大辛庄 M139：12　5. 济南大辛庄 M38：60　6. 长清小屯：15　7. 泗水窖堌堆：无号　8. 高青陈庄 M27：15　9. 长清前平：无号　10. 滕州前掌大 M106：9　11. 台北故宫博物院藏亚醜方彝　12. 济南大辛庄 M8：1　13. 滕州前掌大 M11：95　14. 日本白鹤美术馆藏史方彝　15. 台北故宫出光美术馆藏亚醜者女觥　16. 日本东京出光美术馆藏亚醜者女觥　17. 高青陈庄 M27：8

B型：分裆鬲,13件。依据足部变化,可分为三式。

Ⅰ式,四棱锥状足,1件。标本：济南大辛庄M106：9,侈口,束颈,高领,鼓腹,分裆,颈与下腹附一半环形鋬。颈部饰两道弦纹,腹部饰双线人字纹。口径13.6、通高21.2厘米(图一三,11)。

Ⅱ式,柱状足较高,5件。标本：青州苏埠屯M8：1,侈口,束颈较细,鼓腹,兽首半环形鋬。柱帽饰圆涡纹,颈部与肩部饰弦纹。口径19.6、通高35.2厘米(图一三,12)。

Ⅲ式,柱状足较矮,7件。标本：滕州前掌大M11：95,双柱粗壮,侈口,高领,鼓腹,兽首半环形鋬。颈部饰两道弦纹。口径17.1、通高31.2厘米(图一三,13)。

演变趋势：棱锥状足向柱状足发展,且逐渐变矮。

方彝。海岱地区发表的商周方彝共6件,其中1件残损严重,形制不明,3件为传世器。根据形制变化,可分二式。

Ⅰ式,3件。标本：日本神户白鹤美术馆藏史方彝,四阿式屋顶形盖,直腹向下微收,平底,方形圈足,盖顶至圈足之四角与中线有棱脊,圈足下有方形缺口。盖钮亦作四阿式屋顶形,盖饰四组倒置的兽面纹,口沿下饰鸟纹,腹部饰兽面纹,圈足饰夔龙纹,均以云雷纹填地。口长15、口宽12.4、通高26.8厘米(图一三,14)。

Ⅱ式,3件。整体较宽侈,腹部及圈足的每条扉棱皆有1—2个犄角。标本：台北故宫博物院所藏亚醜方彝,长方体,直口,直壁,方圈足正中有长方形缺口,盖作四坡形,上有菌形钮,器身四角与四壁中线皆有扉棱。盖上饰倒置的兽面纹,口沿与圈足饰夔龙纹,腹部饰兽面纹,皆以云雷纹填地。通高23厘米(图一三,15)。

演变趋势：腹壁由直变为微外倾,扉棱由平至出现犄角,整体由瘦高变为宽侈。

觥。海岱地区正式发表的商周铜觥共4件,其中传世器2件。根据整体形态差异,可分方体和椭圆体二型。

A型：方体觥,腹部横截面呈方形,2件。标本：日本东京出光美术馆藏亚醜者女觥,通体呈椭方形,匜形口,高圈足,前有宽流,后有顾首龙形鋬,盖作双角兽形,尾部饰浮雕兽面,兽耳高竖。圈足、腹部和颈部各有四道扉棱,颈部饰鸟纹,腹部饰兽面纹,圈足饰夔龙纹,皆以云雷纹填地。通高31厘米(图一三,16)。

B型：椭圆体觥,腹部横截面呈椭圆形,2件。标本：高青陈庄M27：8,双角兽首盖,匜形口,前有宽流,后有兽首鋬,鼓腹下垂,圈足。其余不明(图一三,17)。

舟。俯视作椭圆形,《西清古鉴》以舟称之。《中国青铜器综论》依据两件自名之器,总结了以往关于此类器的定名工作,认为可能因为方言的缘故,此类器有匜、舟两种名称[①]。为避免争议,本书仍循旧例,以舟称之。海岱地区共发表铜舟144件,其中4件未能复原。根据耳部与足部的不同,可以分为六型。

A型：单耳平底舟,19件。小卷沿,平底,腹部一侧有一环形耳。依据腹部变化,可以

---

① 朱凤瀚：《中国青铜器综论》(上),上海古籍出版社,2009年,第263页。

分为三式。

Ⅰ式,直口微敞,深腹略鼓,5件。标本:莒县西大庄 M1:14①,与耳相对的一侧有皮囊缝合状装饰。口径 8.8×7.9、高 6.4 厘米(图一四,1)。

Ⅱ式,腹部较浅,10件。标本:曲阜鲁国故城 M203:8,腹部上下分饰垂鳞纹和三角云纹。口径 13.5×9.7、高 7 厘米(图一四,2)。

Ⅲ式,腹部更浅,微隆盖,盖顶置一环形钮,4件。标本:沂水刘家店子 M1:99,盖面与口沿下饰蟠螭纹。口径 18.8×15.4、通高 13.5 厘米(图一四,3)。

演变趋势:盖由无到有,腹部由高变矮,器形逐渐规整。

B型:双耳平底铜,111件。长边附一对环形耳。根据口沿的不同,可分为三亚型。

Ba型:33件。侈口,小卷沿,鼓腹。根据盖与腹部的变化,可分为四式。

Ⅰ式,无盖,7件。标本:栖霞吕家埠 M1:无号,环形小耳,腹部略鼓,平底,素面,口径 14×8、通高 7 厘米(图一四,4)。

Ⅱ式,平盖上置四个环形钮,9件。标本:滕州薛国故城 M2:79,上腹附两个兽首衔环。口径 15.5×12.5、通高 8.8 厘米(图一四,5)。

Ⅲ式,微隆盖上置五个环形钮,9件。标本:淄川磁村 M01:3,腹部略鼓,小平底,素面,口径 20×15.4、通高 11 厘米(图一四,6)。

Ⅳ式,失盖,8件。标本:临沂凤凰岭墓:35,通体光素,口径 24.5×18.8、通高 9 厘米(图一四,7)。

演变趋势:盖由无到有、由平渐隆,腹由深渐浅。

Bb型:76件。子口内敛或直口。依据腹部的变化,可分为三式。

Ⅰ式,深腹斜收,29件。标本:滕州薛国故城 M6:2,口径 17×13、通高 14 厘米(图一四,8)。

Ⅱ式,腹部稍浅,29件。标本:新泰郭家泉 M9:13,子口,深腹斜收,平底。腹部附一对环形耳。口长径 15.2、通高 8.2 厘米(图一四,9)。

Ⅲ式,腹部更浅,18件。标本:长岛王沟 M10:28,直腹,通高 12.5 厘米(图一四,10)。

演变趋势:腹部由深变浅,腹壁渐直。

Bc型,2件。标本:枣庄徐楼 M2:11,直口微敛,深腹,上腹近直,下腹弧曲内收,平底。腹部两长边各有一兽首环形耳。器为锻制,壁较薄。腹内壁近底部及底饰相互缠绕的四龙四蛇和两只蟾蜍。口径 16.8×14.4、腹深 6.6、通高 8.4 厘米(图一四,11)。

C型:乳丁纹蹄足铜,6件。子口微敛,盖与器身各有四个小蹄形足,盖中央有一环形钮,盖与器身布满乳丁,腹部两侧各有一环钮。根据盖的变化,可分为二式。

Ⅰ式,平盖,2件。标本:沂水略疃墓:无号,子口,浅腹略鼓,平底及盖各置四个瘦小

---

① 莒县博物馆:《山东莒县西大庄西周墓葬》,《考古》1999 年第 7 期。

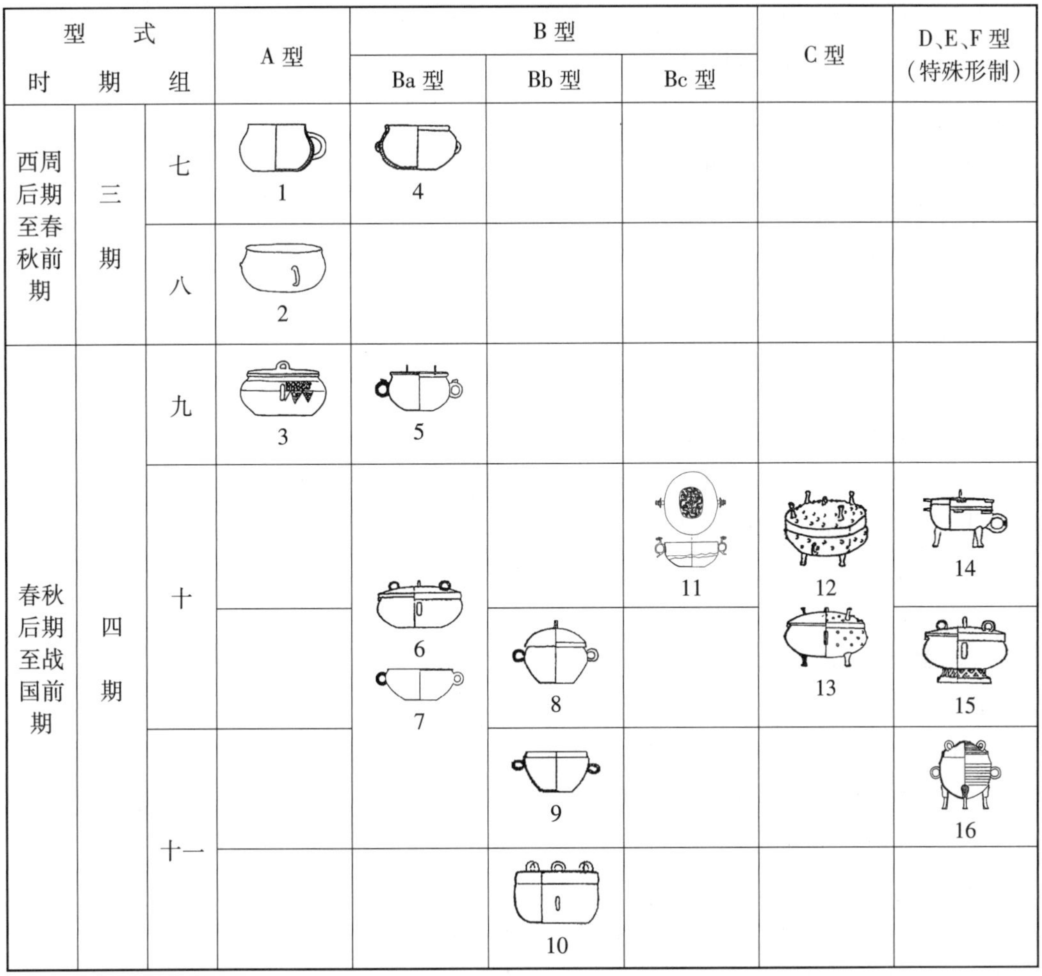

型式 时期	组	A 型	B 型			C 型	D、E、F 型 （特殊形制）
			Ba 型	Bb 型	Bc 型		
西周后期至春秋前期	三期	1	4				
		七					
		八 2					
春秋后期至战国前期	四期	九 3	5				
		十	6 7	8	11	12 13	14 15
		十一		9 10			16

图一四 青铜铍的型式与演变

1. 莒县西大庄 M1：14 2. 曲阜鲁国故城 M203：8 3. 沂水刘家店子 M1：99 4. 栖霞吕家埠 M1：无号 5. 滕州薛国故城 M2：79 6. 淄川磁村 M01：3 7. 临沂凤凰岭墓：35 8. 滕州薛国故城 M6：2 9. 新泰郭家泉 M9：13 10. 长岛王沟 M10：28 11. 枣庄徐楼 M2：11 12. 沂水略疃墓：无号 13. 阳谷景阳岗墓：无号 14. 长清仙人台 M5：84 15. 淄川磁村 M2：3 16. 临淄辛店 M2Q：40

的蹄形足。口径 17×14、通高 13.5 厘米（图一四，12）。

Ⅱ式，隆盖，4 件。标本：阳谷景阳岗墓：无号，口径 16.2×13.2、通高 12 厘米（图一四，13）。

演变趋势：由平盖到隆盖。

D 型：七环耳三足铍，1 件。标本：长清仙人台 M5：84，敛口，浅腹略鼓，平底，三蹄形足。腹部一侧有一环形鋬，盖沿及口沿下各附一周七个环形钮，盖较平，中央置一个环形钮。口径 8.6×6.6、通高 6.5 厘米（图一四，14）。

E 型：镂空圈足铍，1 件。标本：淄川磁村 M2：3，侈口，腹部略鼓，镂空圈足。腹部附一对环形耳，微隆盖上分置五个环形钮。口径 12.6×9.7、通高 9.2 厘米（图一四，15）。

F型：盏式铺,2件。标本：临淄辛店 M2Q：40,隆盖,子口内敛,深腹略鼓,圜底,三蹄形矮足。盖上分置四个环形钮,腹部附一对环形耳。盖及器身饰浅瓦棱纹,足根饰桃叶形纹。口径 13.7×11.4、通高 15.9 厘米(图一四,16)。

尊。海岱地区正式发表的商周铜尊共 27 件,其中传世器 10 件。根据整体形态差异,可以分为圆尊和方尊两类。

甲类：圆尊。23 件。俯视呈圆形或接近圆形。根据肩部的有无,可分为有肩尊和无肩尊二型。

A 型：有肩尊,2 件。根据口部等的变化,可分为二式。

Ⅰ式,1 件。标本：济南大辛庄 M106：5,小敞口,口径小于肩径,折肩,收腹,平底,圈足上有三个圆形镂孔。肩、腹及圈足均饰以联珠纹作界、由云纹组成的单层兽面纹。口径 15.9—17.1、通高 24.5 厘米(图一五,1)。

Ⅱ式,1 件。标本：寿光古城：无号,喇叭口,口径大于肩径,折肩,收腹,平底,高圈足。肩部分置三牺首,肩、上腹与圈足均饰兽面纹,下腹饰夔龙纹,三条扉棱由肩部通至圈足。口径 24.5、通高 26 厘米(图一五,2)。

演变趋势：形态趋高,口部渐大,颈变长,圈足趋高。

B 型：无肩尊,21 件。根据整体形态的差异,可分为二亚型。

Ba 型：三段式尊,16 件。腹部外鼓。根据腹部的变化,可分为三式。

Ⅰ式,圈足外侈,4 件。标本：青州苏埠屯 M8：8,喇叭状口,折肩,深腹,平底,喇叭状圈足。腹部饰两道弦纹,肩部饰以雷纹作地的分解式兽面纹。口径 21.2、通高 25.6 厘米(图一五,3)。

Ⅱ式,圈足较高,下有折台,9 件。标本：泗水窖堌堆：无号,喇叭状口,鼓腹,圜底,喇叭状圈足。有四条扉棱自颈部通至圈足。颈部饰蕉叶纹,腹部与圈足饰以云雷纹作地的分解式兽面纹。口径 23、通高 28.5 厘米(图一五,4)。

Ⅲ式,腹部明显鼓起,3 件。标本：龙口归城 M1：5,喇叭状口,鼓腹,圜底,喇叭状圈足。颈部饰两道弦纹,腹部饰兽面纹。口径 17.5、高 18.5 厘米(图一五,5)。

演变特征：腹部外鼓渐趋明显,整体趋于宽侈。

Bb 型：两段式尊,5 件。根据腹部形态的变化,可以分为二式。

Ⅰ式,腹部微鼓,2 件。标本：滕州前掌大 M119：36,喇叭状口,深腹呈筒形,下腹略鼓,圜底较平,喇叭状圈足。颈部与腹部各饰一周并列的三角纹,界以联珠纹,联珠纹又界以弦纹,圈足饰两道弦纹。口径 19.7、高 23.8 厘米(图一五,6)。

Ⅱ式,腹部下垂,整体较矮,3 件。标本：高青陈庄 M27：13,喇叭状口,颈部略束,腹部下垂,平底,喇叭状圈足。颈部饰两道粗弦纹。口径 17.8、高 18 厘米(图一五,7)。

演变特征：中腹外鼓渐趋明显,并趋于下垂。

乙类：方尊。4 件。可分为三型。

A 型：双耳方尊,1 件。标本：台北故宫博物院藏亚醜方尊,体呈方形,敞口,束颈,腹部略收,喇叭口形高圈足。口沿至腹部附一对兽首耳,下有小垂珥。器身四隅与四壁有扉棱。颈部与圈足饰夔龙纹，腹部饰兽面纹，皆以云雷纹作地纹。口横 18.1、口纵 11.9、通高 20.5 厘米(图一五,8)。

B 型：大口方尊，2 件。标本：台北故宫博物院藏亚醜方尊，体呈方形，喇叭状口，宽沿较平，高领，折肩，腹部微收，高圈足外侈。器身四隅与四壁各有一道扉棱，肩部四角各有一个象首，中部附一龙首。颈部饰夔龙纹与蕉叶纹，肩部饰夔龙文，腹部与圈足饰夔龙纹与兽面纹，皆以云雷纹填地。通高 45.5 厘米(图一五,9)。

C 型：腹部与圈足为方体，1 件。标本：上海博物馆藏鲁侯尊，喇叭状口，颈部饰一周粗弦纹，方腹中部凸起，方形圈足。颈部附一对兽首形耳，腹部两侧附一对垂地宽翼。口径 20.7、通高 22.2 厘米(图一五,10)。

卣。海岱地区发表的商周时期铜卣共 51 件，其中传世器 9 件，2 件仅见盖。依据整体形态，可分为扁圆体卣、圆体卣、方体卣和鸮形卣四类。

甲类：扁圆体卣。33 件。器身横截面呈椭圆形。依据腹部、提梁与捉手的变化，可分为三式。

Ⅰ式，形体较高，腹部外鼓，圈足较矮，索状提梁，2 件。标本：故宫博物院藏亚醜卣，隆盖上置一菌形钮，子口内敛，鼓腹，圜底，圈足较高，肩部附一对环形耳。盖沿与肩部饰鸟纹，肩部附对称牺首；圈足饰弦纹，有十字镂孔。宽 22.3、通高 30 厘米(图一五,11)。

Ⅱ式，形体较矮，腹部略垂，提梁为索状或扁条形，22 件。标本：滕州前掌大 M120∶18，隆盖，子口，鼓腹，圜底，圈足外侈，颈部两侧有半环形耳套接扁条状提梁。隆盖上置六棱状捉手，肩部附一对兽头。盖缘、肩部与圈足各有一周以云雷纹作地纹的夔龙纹，以联珠纹作界栏。口长径 17.9、通高 31.6 厘米(图一五,12)。

Ⅲ式，腹部明显下垂，形体较矮，9 件。标本：龙口归城 M1∶6，子口略侈，颈部较短，圈足较矮。提梁两端装饰兽首，盖与肩部饰鸟纹。通高 23.5 厘米(图一五,13)。

演变趋势：形体逐渐变矮，索状提梁逐渐向条状提梁发展，捉手由蓓蕾状向圈状演进，腹部逐渐下垂。

乙类：圆体卣。13 件。形体较瘦高。依据腹部差异，可以分为鼓腹卣、直体卣与筒形卣三型。

A 型：鼓腹卣，10 件。依据腹壁鼓起程度，可以分为二亚型。

Aa 型：腹部略鼓，2 件。根据肩部变化，可以分为二式。

Ⅰ式，肩部外鼓，圈足较高，1 件。标本：青州苏埠屯 M8∶11，子口微敛，长腹较粗，圜底。索状提梁套接一对半环形耳，隆盖之捉手呈蓓蕾状。肩部附一对牺首，盖面、颈部、腹部与圈足皆饰弦纹。口径 12、通高 26.3 厘米(图一五,14)。

Ⅱ式，无肩，矮圈足，1 件。标本：新泰府前街：无号，子口，下腹略鼓，圜底，矮圈足。隆盖上置圈状捉手，扁条状提梁两端套接一对兽首环，颈部附一对牺首。盖缘、肩部与圈足均饰兽面纹。口径 12、通高 33 厘米(图一五,15)。

Ab 型：腹壁鼓凸，8 件。根据腹部变化，可分二式。

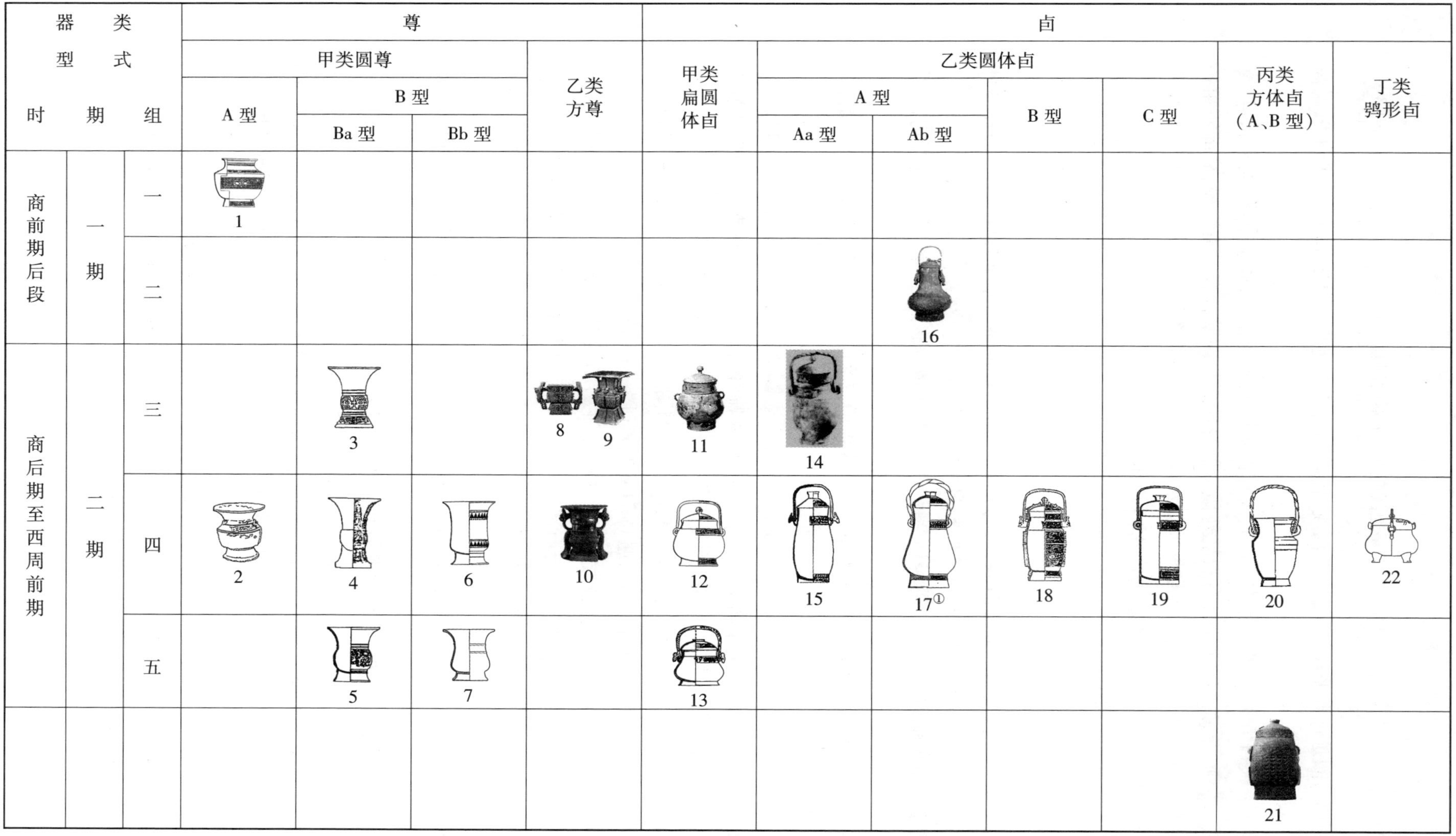

器型	尊				卣					
类式	甲类圆尊	B型		乙类方尊	甲类扁圆体卣	乙类圆体卣			丙类方体卣(A、B型)	丁类鸮形卣
	A型	Ba型	Bb型			A型		B型	C型	
						Aa型	Ab型			
组 时期										
一 商前期后段	1									
二		3								
三 商后期至西周前期	2	4	6	8, 9	11	14	16			
四		5	7	10	12	15	17①	18	19	20	22
五					13					21	

图一五 青铜尊、卣的型式与演变

1. 济南大辛庄 M106：5　2. 寿光古城：无号　3. 青州苏埠屯 M8：8　4. 泗水尹家城堆：无号　5. 龙口归城 M1：5　6. 滕州前掌大 M119：36　7. 高青陈庄 M27：13　8. 台北故宫博物院亚醜方尊　9. 台北故宫博物院亚醜方尊　10. 上海博物馆鲁侯尊　11. 故宫博物院亚醜卣　12. 滕州前掌大 M120：18　13. 龙口归城 M8：11　14. 青州苏埠屯 M1：6　15. 新泰府前街：无号　16. 济南大辛庄 M139：7　17. 费县出土北京拣选：无号　18. 滕州前掌大 M49：12　19. 滕州前掌大 M119：37　20. 费县出土北京拣选：无号　21. 沂源姑子坪 M1：10　22. 平邑连子地：无号

① 此式卣之盖为内插式，也可能是罍。

Ⅰ式，扁鼓腹，1件。标本：济南大辛庄 M139：7，隆盖，子口微侈，长颈较细，下腹鼓凸，圜底，圈足下部略外侈。盖顶立一桥形钮，肩部套接兽首提梁。提梁饰有多组菱形纹，盖面饰云雷纹与一对乳丁。颈部饰两道弦纹；下腹饰两层纹饰，上层为兽面纹，下层为云雷纹及乳丁纹，皆以弦纹为界栏；圈足饰一周夔龙纹，上有四个镂孔。口径 7.9、最大腹径 18.2、通高 19.6、圈足径 11.9 厘米（图一五，16）。

Ⅱ式，圆鼓腹，7件。标本：费县出土北京拣选：无号，口部微侈，长颈，下腹外鼓并明显下垂，圜底，高圈足。隆盖上置一圈状捉手，颈部附一对半环形耳套接索状提梁。盖面与颈部饰云雷纹填地的兽面纹，联珠纹作界栏，圈足饰三角云纹，间饰目纹。器高 24.5、通高 28 厘米（图一五，17）。

演变趋势：腹部由扁鼓趋向圆鼓。

B 型：直腹卣，盖、腹及圈足各饰四道扉棱，2 件。标本：滕州前掌大 M49：12，器形瘦高，隆盖上置蓓蕾状钮，子口，直腹微弧，平底，圈足触地起台。四条扉棱自盖通至圈足，扁条状提梁两端的双角兽首套接颈部的一对半环耳，颈部饰一对牺首。提梁饰长身夔龙纹，盖面、上腹与下腹各饰两组兽面纹，盖缘、颈部与圈足各饰两组相对的夔龙纹，纹饰皆以云雷纹填地。口径 10.8、通高 36.9 厘米（图一五，18）。

C 型：筒形卣，1 件。标本：滕州前掌大 M119：37，器呈圆筒形，隆盖上置圈状捉手，直口，直腹，圜底，假圈足。扁条状提梁两端套接颈部的一对半环耳。盖面、上腹与下腹均饰一周以云雷纹填地的兽面纹，皆以联珠纹作界栏。口径 13.3、通高 34.4 厘米（图一五，19）。

丙类：方体卣。2 件。器身俯视呈方形。依据形制的不同，可以分为二型。

A 型：1 件。标本：费县出土北京拣选：无号，失盖，口部微侈，颈部内束，折肩，腹部下收，平底下承矮圈足。颈部、肩部与上腹皆饰弦纹。口长径 5.5、通高 14.5 厘米（图一五，20）。

B 型：1 件。标本：沂源姑子坪 M1：10①，俯视呈方形。隆盖上置圈状捉手，子口微敛，深腹略鼓，平底，圈足。上腹附一对半环形耳，器身四隅均饰扉棱。上腹四面皆饰一对变体斜角夔龙纹，中腹以下每面皆饰排列整齐的半月形垂嶂纹，其间填以若干条极细的弧状凸棱纹。垂嶂纹的两侧，饰叶脉状的几何纹。圈足四面皆饰纵向的"之"字形几何纹。口长 18.5、口宽 15.5、通高 45.3 厘米（图一五，21）。

丁类：鸮形卣。1 件。标本：平邑洼子地：无号，器呈椭圆体，子口，短直颈，鼓腹下垂，四蹄形足，盖面饰两组兽面，腹部饰两对鸮翅。双耳套接索状提梁，盖顶有菌状柱。口径 12.6×15.7、通高 19.7 厘米（图一五，22）。

罍。东周时期多称为罐。海岱地区发表的商周铜罍共 39 件，其中 7 件为传世器。根据形态差异，可分为圆体罍与方体罍两类。

---

① 简报称之为方彝。郎剑锋先生认为该器有双系，应为方卣，本书从之（参见郎剑锋：《吴越地区出土商周青铜器研究》，山东大学博士学位论文，2012 年，第 159 页）。

甲类：圆体罍。35件，可分为五型。

A型：折肩尊式罍，1件。标本：济南大辛庄M139∶3，口部微侈，长颈较直，折肩，深腹下收，圜底较平，高圈足。肩部等距离分置三个羊首，圈足上有三个等距的椭圆形镂孔。颈部饰两道弦纹，肩部饰一周兽面纹带，腹部饰一周三组双目外凸的兽面纹，间饰三组倒置的双目较小的兽面纹。口径13.3、肩径19.5、通高24.7厘米（图一六，1）。

B型：鼓肩罍，29件。根据整体形态的变化，可分为五式。

Ⅰ式，平底罍，2件。标本：亚醜罍，直口，长颈，溜肩，深腹斜收，平底，肩部两侧有一对兽首衔环耳，盖面隆起，上置菌状钮。盖面与上腹饰以鸟纹相间的涡纹，颈部饰两道凹弦纹，肩部饰夔龙纹，腹部饰大三角纹。口径11.2、宽28.5、通高36.1厘米（图一六，2）。

Ⅱ式，圈足罍，9件。标本：寿光古城∶无号，侈口，束颈，鼓肩，收腹，小平底，矮圈足。肩部置两个对称的兽首衔环耳，下腹部一侧有一兽首鋬。颈部有两周凸弦纹；肩部置六个等距分布的涡纹以及两组云雷纹填地的兽面纹，上腹部饰一周凹弦纹，圈足饰一周云雷纹。口径18.5、高42.5厘米（图一六，3）。

Ⅲ式，较Ⅱ式稍矮，10件。标本：枣庄东江小邾国M2∶17，侈口，平沿，方唇，鼓肩，收腹，平底。肩部置一对兽首衔环耳，下腹部置一兽首鋬。肩部饰六个等距离分布的涡纹。口径21.4、腹径32、高42厘米（图一六，4）。

Ⅳ式，较Ⅲ式稍矮，2件。标本：沂水刘家店子M2∶11，隆盖，束颈，肩部外鼓，收腹，平底，圈足。盖顶置盘龙形钮，肩部置一对兽首半环耳。腹部饰环带纹与兽面纹。口径22.7、通高54厘米（图一六，5）。

Ⅴ式，形体更矮，6件。标本：莒县天井汪墓∶无号，隆盖，短颈，鼓肩，收腹，平底，盖顶置圆形捉手，肩部置一对兽首衔环耳。盖面与腹部饰蟠虺纹与弦纹。通高40厘米（图一六，6）。

演变趋势：腹部渐浅，形体趋矮。

C型：折肩罍，1件。标本：1954年沂水文物普查时发现，隆盖，斜折沿，小口，束颈，斜折肩，腹部斜收，平底。隆盖中央置一圈状捉手，捉手内有一卧鸟形钮，肩部置一对兽首衔环耳。通体饰细密的瓦棱纹。通高53.5厘米（图一六，7）。

D型：高圈足罍，2件。标本：山东大学历史系1957年征集，敞口，束颈，鼓肩，浅腹斜收，平底，喇叭状高圈足。肩部置一对兽首半环耳，颈部饰夔龙纹，肩部饰细密的横鳞纹，腹部饰蕉叶纹，内填对称夔龙纹，圈足外底饰一长鼻兽。口径22、肩径26.6、高26.3厘米（图一六，8）。

E型：鼓肩平底罍，2件。标本：枣庄徐楼M1∶19，小口，平沿，直领，鼓肩，收腹，平底，三蹄形矮足。肩部有两对双龙首尾相衔耳，耳间各有一隆起的变形圆涡纹，涡纹中间饰圆目纹，外饰S形纹、横鳞纹各两周；上腹饰以两周绹索纹为界栏的蟠螭纹带，下腹饰一周八组内填蟠螭纹的倒立桃形纹（图一六，9）。

乙类：方体罍。4件。根据装饰由繁趋简的变化，可分为二式。

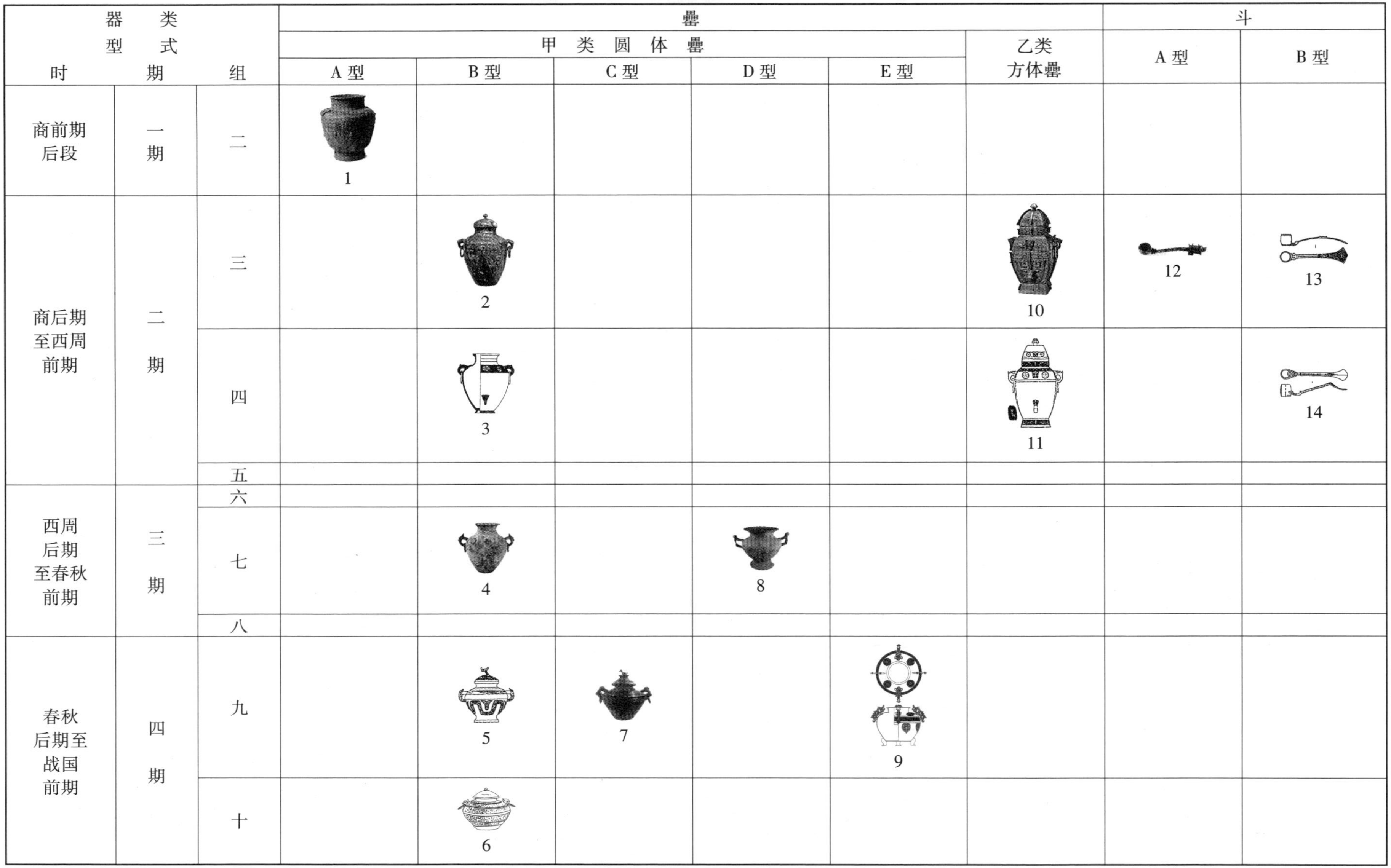

器型		罍						斗	
		甲类 圆体罍					乙类 方体罍	A型	B型
式		A型	B型	C型	D型	E型			
期	组								
一期	一	1							
二期	二		2						
	三		3						
	四		4						
三期	五								
	六								
	七				8				
	八			7					
四期	九		5			9	10	12	13
	十		6				11		14
时		商前期 后段	商后期 至西周 前期			西周 后期 至春秋 前期		春秋 后期至 战国 前期	

图一六 青铜罍与斗的型式与演变

1. 济南大辛庄 M139：3 2. 亚醜罍 3. 寿光古城：无号 4. 枣庄东江小邾国 M2：17 5. 沂水刘家店子 M2：11 6. 莒县天井汪墓：无号 7. 沂水普查发现 8. 山东大学 1957 年征集 9. 枣庄徐楼 M1：19 10. 亚醜者姒方罍 11. 滕州前掌大 M11：99 12. 长清小屯 13. 青州苏埠屯 M8：33 14. 滕州前掌大 M119：67

Ⅰ式,3件。标本:亚醜者如方罍,直口,短颈,收腹,圈足,攒尖式顶盖,兽首衔环耳,盖与腹部四隅及中线皆有棱脊,下腹有一兽首形鋬。盖面和钮饰兽面纹,颈部与圈足饰鸟纹,肩部饰兽面纹,腹部饰兽面纹。口长16.9、宽15.5、通高62厘米(图一六,10)。

Ⅱ式,1件。标本:滕州前掌大M11:99,四阿式顶盖,子口,直颈,溜肩,腹部下收,平底,圈足外侈。盖顶置四阿式钮,肩部附一对兽首半环形耳,下腹一侧附一兽首半环形鋬。盖与肩部的两个阔面各饰一对圆雕兽首,两侧间饰圆涡纹;盖与肩部的两个窄面各饰两个圆涡纹;盖钮、颈部、肩部与圈足各饰四组兽面纹。口长14.8、宽13.2、通高49.6、盖高16.2厘米(图一六,11)。

斗。海岱地区正式发表的商周铜斗共12件。其中济南大辛庄M139出土的1件残损,不知其形制。根据斗身差异,可分为二型。

A型:鼓腹圜底斗,3件。柄部曲折形态有所不同。标本:长清小屯:30,口部微敛,腹部略鼓,曲柄扁长。柄尾作夔龙形,其上饰云雷纹与蝉纹。通长20.5、口径2.4、斗高3.3厘米(图一六,12)。

B型:平底斗,斗部呈圆桶状,8件。根据斗身与柄部相接位置的变化,可分二式。

Ⅰ式,柄部接于斗身底部,斗腹略鼓,3件。标本:青州苏埠屯M8:33,曲柄扁长,柄前端与中部饰兽面纹,尾端呈半菱形,其上饰以雷纹填地的鸟纹。通长17.5、口径2.8、斗高3.4厘米(图一六,13)。

Ⅱ式,柄部接于斗身近中部,斗身较直,整体较Ⅰ式瘦高,5件。标本:滕州前掌大M119:67,直口,直腹微鼓,平底。骨柄两端以铜皮套接,柄部两端所饰兽面纹和变形蝉纹皆以绿松石镶嵌。通长21.8、口径3.5、斗高4.5厘米(图一六,14)。

演变趋势:柄与斗身连接处逐渐上移。

壶。海岱地区正式发表的商周铜壶共155件,其中2件未能复原,2件未见报道,9件为传世器。根据壶体形态的不同,主要可以分为四型(A—D型),另有九型(E—M型)为相对少见的形制。

A型:圆角长方形壶,13件。横截面呈圆角长方形,盖为母口,上置圆圈状捉手,长颈微束,下腹外鼓,矮圈足。根据颈部与腹部的变化,可以分为二式。

Ⅰ式,长颈微束,下腹外鼓,矮圈足,10件。标本:长清仙人台M6:B31,颈部两侧附一对兽首衔环耳。盖至圈足分饰垂鳞纹、环带纹、宽带纹、蟠龙纹、垂鳞纹。口径20.2×15.5、通高63.5厘米(图一七,1)。

Ⅱ式,颈部较Ⅰ式更长,下腹鼓起较Ⅰ式更明显,形成折腹,最大径在下腹,矮圈足,3件。标本:海阳嘴子前M4:92,颈部有一对兽首半环耳,腹部饰环带纹和变体龙纹。口径16.4×9.6、高42厘米(图一七,2)。

演变趋势:方壶的角棱由圆转逐渐变成直角,垂腹越来越明显,双耳由象鼻衔环变为兽首衔环。

B型:圆壶,63件。壶身横截面呈圆形,腹部外鼓,圈足较矮。依据腹部形态的差异,可分为三亚型。

Ba型：扁腹壶，腹部扁圆，40件。侈口，长颈内束，盖上置莲瓣状捉手。根据腹部与足部的变化，可分四式。

Ⅰ式，长颈，鼓腹，3件。标本：莒县西大庄 M1：10，隆盖上置圈状捉手，子口，长颈，下腹外鼓，下承矮圈足。颈部附一对兽首半环耳。盖顶饰圆涡纹，盖缘饰垂鳞纹，口沿饰横鳞纹，颈部饰夔龙纹，腹部饰环带纹，足部饰垂鳞纹。口径 12.3、足径 18、通高 36 厘米（图一七，3）。

Ⅱ式，腹部微垂，10件。标本：长清仙人台 M6：B29，颈部两侧附一对环形耳，耳部以上饰蟠虺纹，盖面及耳部以下饰垂鳞纹。口径 16.5、通高 43.7 厘米（图一七，4）。

Ⅲ式，腹部下垂，圈足较高，15件。标本：滕州薛国故城 M1：52，隆盖上置莲花瓣状捉手，通体饰窃曲纹，圈足饰垂鳞纹。口径 14、通高 41 厘米（图一七，5）。

Ⅳ式，腹部倾垂更明显，圈足更高，12件。标本：临朐杨善墓：无号，盖上置三个环形钮，盖面饰窃曲纹，腹部饰环带纹，圈足饰垂鳞纹。高 40 厘米（图一七，6）。

演变趋势：腹部逐渐下垂，圈足逐渐增高。

Bb型：球形腹，18件。微隆盖，上置三个环形钮，细颈，肩部两侧各附一个铺首衔环，鼓腹近似球形。根据颈部与腹部的变化，可分为二式。

Ⅰ式，细颈较短，腹部外鼓略呈椭圆形，14件。标本：阳信西北村陪葬坑 YCM：20，口径 9.5、通高 40.5 厘米（图一七，7）。

Ⅱ式，短颈较Ⅰ式稍长，腹部最大径较Ⅰ式下移，4件。标本：济南千佛山 JCZ72：019，盖上置三个鸟首环形钮，腹部圆鼓呈球形，喇叭形圈足。口径 10、通高 33.2 厘米（图一七，8）。

演变趋势：颈部渐长，腹部重心逐渐下移。

Bc型：橄榄形长腹，5件。依据腹部的变化，可分为二式。

Ⅰ式，长颈较细，腹部略鼓，3件。标本：龙口归城 M1：4，形态较瘦高，口略侈，颈略束，长腹略鼓，圈足。隆盖上置圈状捉手，颈部置一对贯耳，圈足及圈状捉手皆有一对圆形穿孔。颈部饰兽面纹。腹径 15.5、通高 46 厘米（图一七，9）。

Ⅱ式，短颈较细，腹部外鼓，2件。标本：沂源姑子坪 M1：12，口微侈，颈略束，深腹外鼓，平底，椭圆形圈足。隆盖上置圈状捉手，颈部近肩处附一对贯耳。圈足与捉手各有一对半圆形穿孔。盖缘与圈足各饰一周 S 形窃曲纹，颈部近肩处饰一周窃曲纹。口径 12.3、底长径 20.3、底短径 17.8、通高 53.3 厘米（图一七，10）。

演变趋势：腹部渐鼓。

C型：扁壶，13件。壶身横截面呈椭圆形，短颈，鼓腹，平底。可分为三亚型。

Ca型：3件。腹部略鼓。根据腹部的变化，可分二式。

Ⅰ式，腹部略鼓，整体较为瘦高，1件。标本：临淄齐故城 M1：8，颈、肩处附一对环形耳，口沿下饰横鳞纹。口径 8×6、通高 35.6 厘米（图一七，11）。

型\式\期\时	A 型	B 型			C 型			D 型			E—M 型（特殊形制）
		Ba 型	Bb 型	Bc 型	Ca 型	Cb 型	Cc 型	Da 型	Db 型	Dc 型	
二期 三组 商后期至西周前期							15				
二期 四组											
二期 五组				9			16				
三期 六组 西周后期至春秋前期		3		10							23
三期 七组	1	4			11	13					24
三期 八组		5			12						

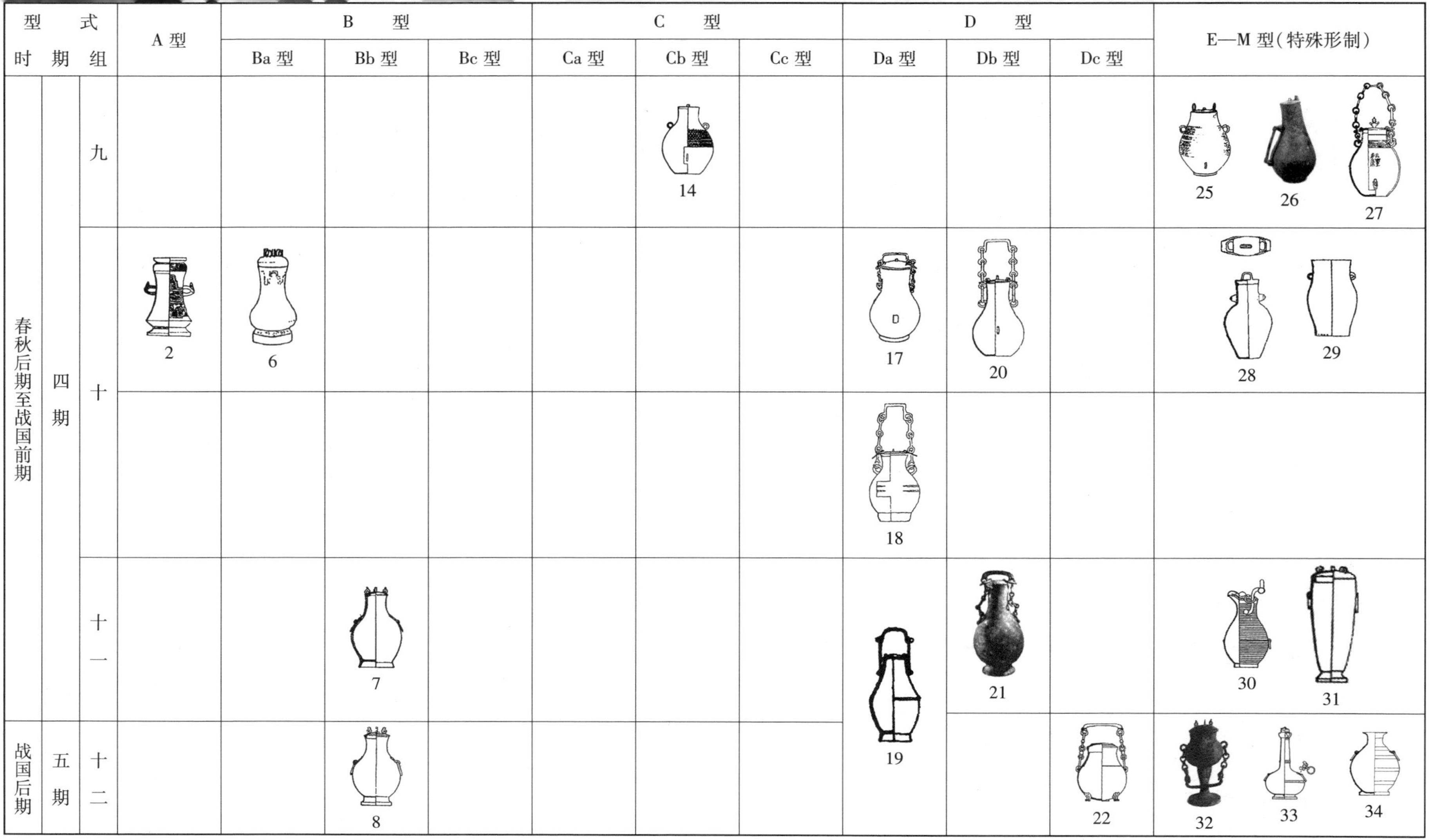
型 式
时 期 组
A 型
B 型
Ba 型
Bb 型
Bc 型
C 型
Ca 型
Cb 型
Cc 型
D 型
Da 型
Db 型
Dc 型
E—M 型（特殊形制）
春秋后期至战国前期
四期
九
十
十一
战国后期
五期
十二
14
25
26
27
2
6
17
20
28
29
18
7
21
30
31
19
8
22
32
33
34

图一七　青铜壶的型式与演变

1. 长清仙人台 M6：B31　2. 海阳嘴子前 M4：92　3. 莒县西大庄 M1：10　4. 长清仙人台 M6：B29　5. 滕州薛国故城 M1：52　6. 临朐杨善墓：无号　7. 阳信西北村陪葬坑 YCM：20　8. 济南千佛山 JCZ72：019　9. 龙口归城 M1：4　10. 沂源姑子坪 M1：12　11. 临淄齐故城 M1：8　12. 蓬莱辛旺集 M6：无号　13. 长清仙人台 M6：B12　14. 滕州薛国故城 M2：124　15. 济南刘家庄 M121：43　16. 龙口归城 HG：70　17. 莒南大店 M1：14　18. 济南左家洼 LZM1：7　19. 临淄东夏庄 M5：107　20. 长清仙人台 M5：48　21. 曲阜鲁国故城 M3：31　22. 临淄赵家徐姚 M1：5　23. 烟台上夼墓：无号　24. 曲阜鲁国故城 M48：16　25. 莒县天井汪：无号　26. 莒大叔壶　27. 滕州薛国故城 M3：9　28. 海阳嘴子前 M1：3　29. 阳谷景阳岗墓：无号　30. 诸城臧家庄墓：无号　31. 诸城臧家庄墓：无号　32. 临淄商王村 M1：26　33. 临淄商王村 M1：97　34. 临淄商王村 M1：6

Ⅱ式,腹部外鼓,2件。标本:蓬莱辛旺集 M6:无号,肩部饰一周夔龙纹,其下饰变形的三角夔龙纹。高 27.2 厘米(图一七,12)。

演变趋势:颈部由短到长,腹部由橄榄形到球形。

Cb 型:5件。鼓腹,整体比 Ca 型粗壮,肩部有一对环形小钮,下腹附一环形钮。根据颈部的变化,可分为二式。

Ⅰ式,短颈,2件。标本:长清仙人台 M6:B12,隆盖,短颈,颈部两侧有一对环形小耳,下腹附一环形耳。通体光素。口径 10.6×7.7、高 30.9 厘米(图一七,13)。

Ⅱ式,颈稍长,3件。标本:滕州薛国故城 M2:124,平盖顶部置一环形捏手,腹部饰三角纹与垂鳞纹。口径 9.7、高 32.8 厘米(图一七,14)。

演变趋势:颈部由粗短变为细长,腹部由橄榄形变为球形。

Cc 型:贯耳壶,5件。大口,粗颈,鼓腹,矮圈足。根据腹部变化,可分为二式。

Ⅰ式,腹部较深,1件。标本:济南刘家庄 M121:43,口微侈,颈粗长,腹部外鼓,圈足。颈部附一对管状贯耳。颈部饰两对以短扉棱为栏的兽面纹。颈部内壁有铭文"戈"字。口径 14.2、腹径 24.5、底径 18.3、通高 36.2 厘米(图一七,15)。

Ⅱ式,腹部较浅,4件。标本:龙口归城 HG:70,壶身扁圆,口微侈,圜底较平,矮圈足上有一对圆形穿孔,颈部附一对贯耳。颈部饰两道弦纹。口长径 19.4、短径 14.5、通高 31 厘米(图一七,16)。

演变趋势:腹部由深变浅。

D 型:提链壶,36件。颈部有一对环形钮套接提链,腹部外鼓。根据颈部与足部的不同,可分为三亚型。

Da 型:26件。短颈较粗,圈足较矮。根据颈部、腹部与足部的变化,可分为三式。

Ⅰ式,粗长颈,鼓肩,鼓腹呈球形,圈足矮直,4件。标本:莒南大店 M1:14,腹部有环形钮,盖与颈部各饰一周蟠蛇纹,腹部饰蟠蛇纹与兽面纹。口径 12、通高 43.5 厘米(图一七,17)。

Ⅱ式,粗短颈,鼓肩,腹部较Ⅰ式稍长,略呈橄榄形,直圈足较Ⅰ式稍高,13件。标本:济南左家洼 LZM1:7,隆盖顶部置一桥形扁钮,腹部饰两周凸棱。口径 10、通高 26.2 厘米(图一七,18)。

Ⅲ式,细短颈,溜肩,鼓腹较Ⅱ式稍长,呈橄榄形,9件。标本:临淄东夏庄 M5:107,子口,盖微隆,盖缘有一对环形钮套接提链。素面。口径 10.2、腹径 20.5、通高 30.5 厘米(图一七,19)。

演变趋势:颈部趋细,腹部最大径渐趋上移,腹部由球形逐渐变为橄榄形,圈足趋高,腹部从有錾到无錾。

Db 型:细长颈提链壶,9件。根据腹部的变化及圈足的有无,可分为二式。

Ⅰ式,颈部细长,腹部呈球形,平底,无足,1件。标本:长清仙人台 M5:48,平盖上置一环形钮,下腹饰一兽首半环形耳。素面。口径 7.5、通高 23.1 厘米(图一七,20)。

Ⅱ式,颈部更长,腹部较Ⅰ式稍长,呈橄榄形,圈足外侈呈喇叭口形,整体较Ⅰ式瘦高,8件。标本：曲阜鲁国故城 M3：31,肩部饰一对铺首衔环。素面。口径 8.6、高 37.5 厘米(图一七,21)。

演变趋势：腹部由橄榄形逐渐变成球形,由无足到圈足。

Dc 型：三足提链壶,1 件。标本：临淄赵家徐姚 M1：5,盖微隆,口略侈,短颈,球形腹,圜底下接三个蹄形矮足。上腹置一对半环形钮套接提链,提链中部有一身双首龙形握手。口径 8、腹径 13.8、通高 22.4 厘米(图一七,22)。

E 型：侈口细颈圆腹壶,2 件。标本：烟台上夼墓：无号,侈口,细颈,球形腹,平底内凹。肩部有一对环形钮。颈部及肩部各有一道弦纹,自腹至肩饰三周三角纹,填以紧密的竖线。高 43.5 厘米(图一七,23)。

F 型：卵形壶,6 件。根据盖的差异,可分二亚型。

Fa 型：隆盖,4 件。标本：曲阜鲁国故城 M48：16,小口,短颈,卵形腹,圈足。盖作蟠龙形,盖沿、肩部及下腹部各设一对系钮。壶身纹饰自上而下分别为夔龙纹、三角纹、顾首龙纹、三角纹,圈足饰垂鳞纹。口径 10.2、腹径 28、通高 38 厘米(图一七,24)。

Fb 型：平盖,2 件。标本：莒县天井汪：无号,口微侈,溜肩,鼓腹,矮圈足。平盖及肩部各置一对环钮。盖与腹部饰蟠虺纹。通高 38 厘米(图一七,25)。

G 型：瓠壶。2 件。标本：莒县中楼乡于家沟村出土的莒大叔壶,体呈瓠瓜形,平盖,直口,长颈向一侧歪斜,橄榄形腹,矮圈足。盖上有环形钮和直管流,腹一侧有兽首鋬。素面。口径 8.2、通高 34.6 厘米(图一七,26)。

H 型：扁方壶,或称钫,5 件。根据整体差异,可分为三亚型。

Ha 型：提链扁方壶,2 件。标本：滕州薛国故城 M3：9,长方形口,短颈,鼓腹,平底内凹,肩部两侧及下腹一侧各有一半环形耳。口径 10×8、通高 29.8 厘米(图一七,27)。

Hb 型：小口扁方壶,1 件。标本：海阳嘴子前 M1：3,长颈,鼓肩,收腹,平底。颈部有一对半环形钮,平盖上置一梯形钮。腹径 13×6、通高 24.6 厘米(图一七,28)。

Hc 型：大口扁方壶,2 件。标本：阳谷景阳岗墓：无号,侈口,颈微收,肩微鼓,腹略收,平底。口径 11.7×6.2、通高 24.1 厘米(图一七,29)。

I 型：鹰首壶,3 件。标本：诸城臧家庄墓：无号,圆体,小口,细颈,鼓腹,圈足。器盖与器口作鹰喙兽首状,盖上有环套于可折叠提梁。通身饰瓦棱纹。底径 14.1、通高 56 厘米(图一七,30)。

J 型：杯形壶,3 件。标本：诸城臧家庄墓：无号,壶身瘦高,盖微隆,子口,直腹微鼓,高圈足。盖上置三个环形钮,上腹有一对兽首衔环。素面。口径 11.5、通高 32.9 厘米(图一七,31)。

K 型：高柄壶,2 件。标本：临淄商王村 M1：26,母口微侈,微束颈,球形腹下接高柄,喇叭形足下接圆盘。腹上部附一对环钮接链式提梁。素面。口径 7.5、通高 28 厘米(图一七,32)。

L 型：蒜头壶，1 件。标本：临淄商王村 M1：97，整体作蒜头状，隆盖，小母口，细长颈，溜肩，鼓腹，平底，圈足。盖顶置一环形钮，肩部附一对铺首衔环。盖面饰数道旋纹，颈部饰两道宽带弦纹，腹部饰一道弦纹。口径 4.1、腹径 21.8、足径 13.3、通高 42 厘米（图一七，33）。

M 型：小口细颈圆腹壶，2 件。标本：临淄商王村 M1：6，侈口，细颈，橄榄形腹，平底，圈足。肩部有一对系钮衔环。自肩部至下腹饰四层瓦棱纹。口径 14.4、腹径 28.6、通高 37.7 厘米（图一七，34）。

四、水器及其他容器

盉。海岱地区发现商周铜盉 25 件，其中传世器 5 件，3 件形制不明。根据整体形制的不同，可分鋬手盉与提梁盉两类。

甲类：鋬手盉。17 件。又可分为圜底（或平底）盉、分裆盉二型。

A 型：圜底盉，9 件。根据腹部与足部的变化，可分为四式。

Ⅰ 式，三圆锥状足，1 件。标本：济南大辛庄 1970：无号，敛口，无颈，无肩，下腹圆鼓，圜底，三圆锥状足。上腹接一粗长管状流，流上扬。高 10.4 厘米（图一八，1）。

Ⅱ 式，三棱锥状足，4 件。标本：滕州前掌大 M18：46，隆盖，母口外侈，束颈，溜肩，球形腹，圜底，三棱状尖足。肩部一侧附一半环状鋬手，一侧置一圆管状短流；盖顶置一半环形钮，盖面一侧有一半环状钮系一提链套接鋬手。盖面饰一周三角纹，其内填目雷纹，颈部饰一周兽面纹，流饰变体蝉纹。口径 10.8、通高 27.0 厘米（图一八，2）。

Ⅲ 式，三柱状足，2 件。标本：济阳刘台子 M6：13，隆盖，侈口，长颈，扁圆体，溜肩，圜底，肩上有一管状流，与之对应的一面有兽首鋬，三柱形足较矮。盖上有半环形钮，一侧有钮以链条与鋬连接。颈饰两道弦纹，通体光素。口径 10、腹深 11.2、通高 19.1 厘米（图一八，3）。

Ⅳ 式，四柱状足，2 件。标本：高青陈庄 M27：8，隆盖，侈口，矮直颈，扁鼓腹，平底下接四柱足。圆管流接于盉底，流上扬。盖顶及近鋬手处各置一拱形钮，与流相对的一侧附一半环形粗壮兽首鋬，鋬连接颈及底部。素面。口径 11、高 18.5 厘米（图一八，4）。

演变趋势：腹部逐渐变浅，锥足变为柱足，整体趋于宽侈。

B 型：分裆盉，8 件。可分二亚型。

Ba 型：柱足分裆盉，3 件。标本：滕州前掌大 M11：101，隆盖，侈口，方唇，束颈，深腹外鼓，三细高柱形足。盖顶置一菌状柱，盖一侧有一半环形系钮，上腹一侧有一管状细流，流口略高于口沿。与流相对一侧置一兽首半环形鋬。半环形系钮与鋬之间以系链连接。盖钮饰圆涡纹，盖缘及肩部各饰一周以云纹作地的连体兽面纹带，腹、足之间有双线人字纹。口径 11.8、通高 30.8 厘米（图一八，5）。

Bb 型：粗体分裆盉，5 件。标本：滕州前掌大 M120：12，失盖，侈口，高领，鼓腹，裆不甚明显，三柱形足。颈部附一对贯耳，上腹置一管状流，流口略低于器口。颈部饰两道弦纹，肩部饰一道弦纹。口径 11.5、通高 18 厘米（图一八，6）。

型式\时期	组	甲类鋬手盉 A 型	B 型 Ba 型	B 型 Bb 型	乙类提梁盉
商代前期后段（一期）	一				
商代前期后段（一期）	二	 1			
商代后期至西周前期（二期）	三				
商代后期至西周前期（二期）	四	 2	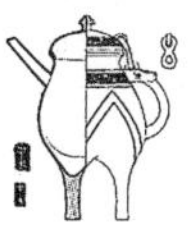 5	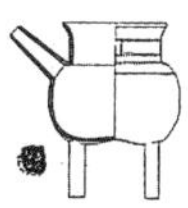 6	
商代后期至西周前期（二期）	五	3			
商代后期至西周前期（二期）	五	 4			
西周后期至春秋前期（三期）	六				
西周后期至春秋前期（三期）	七				
西周后期至春秋前期（三期）	八				
春秋后期至战国前期（四期）	九				 7
春秋后期至战国前期（四期）	十				8
春秋后期至战国前期（四期）	十一				 9

图一八　青铜盉的型式与演变

1. 济南大辛庄1970：无号　2. 滕州前掌大 M18：46　3. 济阳刘台子 M6：13　4. 高青陈庄 M27：8　5. 滕州前掌大 M11：101　6. 滕州前掌大 M120：12　7. 滕州薛国故城 M4：5　8. 临沂凤凰岭殉4：8　9. 曲阜鲁国故城 M52：98

乙类：提梁盉。5件。根据腹部与底部的变化，可分三式。

Ⅰ式，浅腹，平底，1件。标本：滕州薛国故城 M4∶5，直口，短直颈，扁鼓腹，平底，三蹄状足。平盖上置一展翅欲飞的小鸟，錾作龙形，口衔一小蛇，蛇口噬咬鸟尾，龙、蛇、鸟连接一体；上腹部附一兽首流。腹径17、通高17.5厘米（图一八，7）。

Ⅱ式，浅腹，圜底，1件。标本：临沂凤凰岭殉4∶8，直口，矮直颈，扁圆腹，圜底下接三蹄形足。平盖中部置一半环形錾，有链连于提梁。提梁方折接于上腹两侧近颈处。中腹接一兽首流。腹部饰蟠螭纹，提梁转角及蹄足根部饰简化兽面纹。口径22、腹深20.4、通高36厘米（图一八，8）。

Ⅲ式，深腹，圜底，3件。标本：曲阜鲁国故城 M52∶98，直口，矮直颈，鼓腹，圜底下接六棱形三蹄足。平盖中央有一系钮，有链连于半环状提梁。上腹接一曲状流，流口曲折向外。素面。通高16、口径10、腹径20厘米（图一八，9）。

演变趋势：腹部由浅变深，平底变为圜底。

此外，济南大辛庄 M139 尚出土2件袋足封顶盉[1]，但简报未提供器物图片；小邾国墓地还被盗出1件三足扁圆腹盉[2]，也未见正式报道。

盘。海岱地区发表的商周铜盘共120件，其中6件未能复原，2件未见报道，19件为传世器。根据耳、腹与足部的不同，可分为六型。

A型：附耳圈足盘，59件。根据圈足下有无小足及耳部的不同，可分为二亚型。

Aa型：圈足外侈呈喇叭口状，53件。依据腹部与圈足的变化，可分为五式。

Ⅰ式，圈足较高，2件。标本：海阳上尚都 C5∶41，侈口，斜折沿，弧腹较浅，平底，高圈足。双附耳外撇且高出口沿甚多。圈足近盘底处均匀分布四个方形镂孔。盘内底饰一盘曲龙纹，龙纹之外饰折线纹，再外部饰窃曲纹。腹外壁及圈足纹饰锈蚀难辨。圈足高度大于腹深。口径38.4、通高17.8厘米（图一九，1）。

Ⅱ式，深腹，圈足较矮，1件。标本：济宁市区墓：无号，侈口，方唇，深腹略鼓，圜底，矮圈足外撇。上腹置外撇双附耳。素面。口径22.9、通高8厘米（图一九，2）。

Ⅲ式，浅腹，附耳紧贴盘身，圈足较矮，36件。标本：临淄齐故城 M1∶7，腹部、圈足均饰横鳞纹。口径24.5、通高9.5厘米（图一九，3）。

Ⅳ式，附耳外折，腹部较Ⅱ式为浅，圈足较矮，8件。标本：滕州薛国故城 M1∶56，附耳外折。腹部及圈足饰蟠螭纹。口径35.4、高9厘米（图一九，4）。

Ⅴ式，附耳外折，腹部更浅，圈足更矮，6件。标本：海阳嘴子前 M1∶6，足径较小，上腹饰一周窃曲纹，圈足饰垂鳞纹。高9.75厘米（图一九，5）。

演变趋势：腹部及圈足逐渐变浅，附耳逐渐外侈。

Ab型：圈足下附三裸人足，6件。标本：曲阜鲁国故城 M48∶8，折沿，浅腹。附耳外

---

[1] 山东大学历史文化学院考古系、山东省文物考古研究所：《济南大辛庄遗址 139 号商代墓葬》，《考古》2010年第10期。

[2] 参见枣庄市山亭区政协：《小邾国文化》，中国文史出版社，2006年，第22页。

折,上饰卧牛。腹部、圈足分饰窃曲纹、垂鳞纹。口径 38.6、高 10.3 厘米(图一九,6)。

B 型：折腹盘,28 件。根据腹部变化,可分四式。

Ⅰ式,深腹,矮圈足,3 件。标本：莒南大店 M1：18,内底部饰蟠虺纹、绚索纹和四个鱼纹,腹部饰对称鱼纹和龙纹。口径 43.5、高 12 厘米(图一九,7)。

Ⅱ式,下腹斜收,形成明显折角,8 件。标本：济南左家洼 LZM1：11,底部有一周绚索纹,内有六只盘绕虬龙。口径 48、高 13.6 厘米(图一九,8)。

Ⅲ式,腹部较Ⅱ式稍浅,6 件。标本：章丘女郎山 M1：67,素面,口径 42、高 9.6 厘米(图一九,9)。

Ⅳ式,平底或圜底,无足,11 件。标本：济南千佛山 JCZ72：020,敞口,平沿外折,上腹较深,下腹折而内收。素面。口径 48.6、高 10 厘米(图一九,10)。

演变趋势：腹部逐渐变浅,折腹位置逐渐下移,圈足由有到无。

C 型：环耳弧腹盘,17 件。鼓腹,腹部置一对小环耳,圈足较矮。根据腹部的变化,可分为三式。

Ⅰ式,浅腹,1 件。标本：招远东曲城墓：采,敞口,斜折沿,方唇,浅弧腹,矮圈足。上腹饰一周横鳞纹。口径 40.6、高 6.5 厘米(图一九,11)。

Ⅱ式,浅腹,5 件。标本：长清仙人台 M5：46,窄沿,弧腹,矮圈足。素面。口径 43.5、高 7.2 厘米(图一九,12)。

Ⅲ式,深腹,整体呈圈足钵状,11 件。标本：莱芜西上崮墓：无号,口微敛,弧腹。口径 37.2、高 12.4 厘米(图一九,13)。

演变趋势：腹部逐渐变深。

D 型：三足平底盘,4 件。依据足部的变化,可分为三式。

Ⅰ式,三扁足,1 件。标本：济阳刘台子 M6：14,方唇,窄沿,浅腹,底近平,双附耳,钩形宽足。腹部饰弦纹,足两侧饰夔龙纹。口径 27.7、腹深 3.8、通高 8.7 厘米(图一九,14)。

Ⅱ式,三柱足,1 件。标本：高青陈庄 M27：9,敞口,窄平沿,浅弧腹,平底下附三柱足。下腹置一对附耳,附耳顶端高过口沿。素面。口径 28.9、高 11.4 厘米(图一九,15)。

Ⅲ式,三蹄足,2 件。标本 1：滕州薛国故城 M4：8,口微敛,窄沿,弧腹较浅,平底；附耳直立或外折；双耳饰兽面纹；口径 34、高 10.4 厘米(图一九,16)。标本 2：郯城大埠二村 M1：15,直口,浅腹,平底,三矮蹄足；上腹两侧有一对兽首衔环耳；素面；口径 42、腹深 6.4、通高 9.6 厘米(图一九,17)。

演变趋势：由扁足到柱足再到蹄足。

E 型：四环足盘,1 件。标本：滕州薛国故城 M9：3,口微敛。口径 34.8、高 7.5 厘米(图一九,18)。

F 型：无耳盘,3 件。根据腹部变化,可分为二式。

Ⅰ式,浅腹,2 件。标本：费县拣选：无号,敞口,窄平沿,浅腹略鼓,高圈足。外腹饰三组云雷纹,间饰浮雕兽首的兽面纹,内壁无纹。口径 27、通高 7 厘米(图一九,19)。

型式\期\时	A型		B型	C型	D型	E型	F型
	Aa型	Ab型					
三 (二期 商代后期至西周前期)	1						19
四					14		
五	2				15		20
六 (三期 西周后期至春秋前期)		6		11			
七	3				16		
八	4				17		

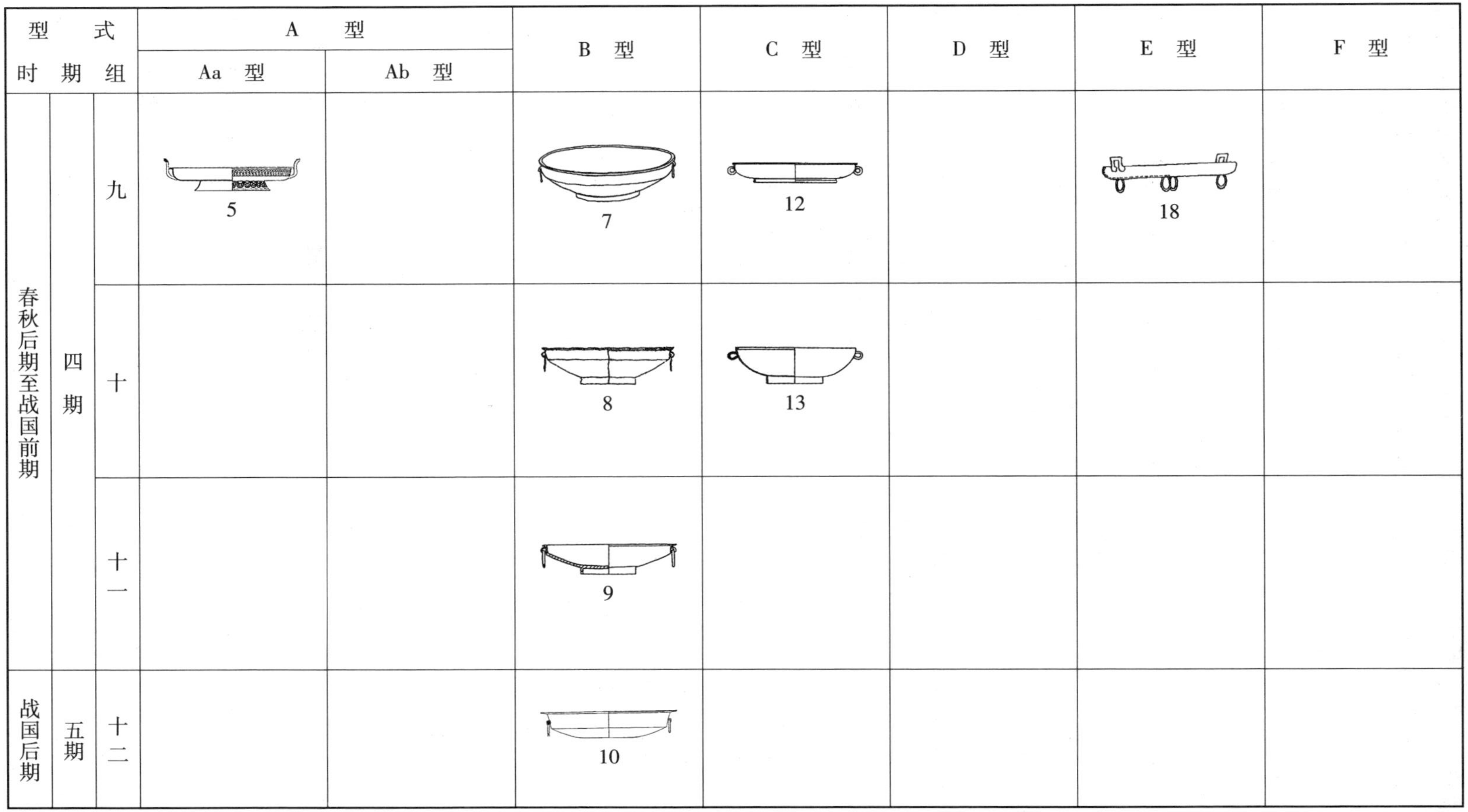

型\式\组\型\时期	A 型		B 型	C 型	D 型	E 型	F 型
	Aa 型	Ab 型					
九	5		7				
十			8	12			
十一			9	13			
十二			10			18	

期
四期 春秋后期至战国前期
五期 战国后期

图一九 青铜盘的型式与演变

1. 海阳上尚都C5：41 2. 济宁市区墓：无号 3. 临淄齐故城LZM1：11 4. 滕州薛国故城M1：7 5. 海阳嘴子前M1：56 6. 曲阜鲁国故城M1：6 7. 莒南大店M1：18 8. 济南左家洼：无号 9. 章丘女郎山M1：67 10. 济南于佛山JCZ72：020 11. 招远东曲城墓：采 12. 长清仙人台M5：46 13. 莱芜西上崮墓：无号 14. 济阳刘台子M6：14 15. 高青陈庄M27：9 16. 滕州薛国故城M4：8 17. 郯城大埠二村M1：15 18. 滕州薛国故城M9：3 19. 费县栋选：无号 20. 龙口庄头M1：无号

Ⅱ式,腹部较深,1件。标本:龙口庄头 M1:无号,敞口,卷沿,方唇,深腹略鼓,高圈足。颈部及圈足分饰以雷纹填地的蝉纹、夔龙纹以及弦纹。口径29.2、高11.2厘米(图一九,20)。

演变趋势:腹部逐渐变深。

匜。海岱地区发表的两周铜匜共103件,其中3件未能复原,1件未见报道,传世器17件。可分五型。

A型:蹄足或兽形扁足匜,67件。可分三亚型。

Aa型:敞口流匜,45件。流上扬,鋬为屈身龙形,四扁足。根据鋬及流的变化,可分三式。

Ⅰ式,龙形鋬无卷尾,流口略高于器口,5件。标本:烟台上夼墓:无号,敞口流上扬,深腹似瓢,圜底下接四蹄形足,兽首半环形鋬与流相对。口沿下饰窃曲纹。通长29、通高16.3厘米(图二〇,1)。

Ⅱ式,龙形鋬无卷尾,流口明显高于器口,19件。标本:曲阜鲁国故城 M48:11,口部与流下饰窃曲纹,腹部饰瓦棱纹。流鋬间距36、宽17、通高19厘米(图二〇,2)。

Ⅲ式,龙形鋬有卷尾,长流底部呈弧线上扬后又平伸,腹变浅,足变高,21件。标本:临朐泉头 M乙:7,流鋬间距42、通高22厘米(图二〇,3)。

演变趋势:流由平逐渐上扬,腹部由深趋浅,龙形鋬由无卷尾到有卷尾。

Ab型:兽首封口流,17件。根据腹部与足部的变化,可分为三式。

Ⅰ式,深腹,圜底,短流上扬后平伸,卷尾龙形鋬,4件。标本:邹城七家峪墓:无号,四兽形扁足。流鋬间距36.5、通高14厘米(图二〇,4)。

Ⅱ式,腹部变浅,筒状流变高,上扬后平折,平底,2件。标本:滕州薛国故城 M1:57,腹部微鼓,尾部有兽形鋬。流鋬间距35.7、通高14厘米(图二〇,5)。

Ⅲ式,腹部更浅,短流较粗,三蹄形足较矮,整体比Ⅱ式更具动物形态,11件。标本:泰安黄花岭墓:无号,俯视呈椭圆形,口微敛,腹略鼓,圜底近平,兽首环形鋬。流鋬间距27、宽5.6、通高7厘米(图二〇,6)。

演变趋势:流由上扬到上扬后平伸,腹部由深变浅,扁足逐渐变为蹄足。

Ac型:扁足变矮,底近平,5件。标本:上海博物馆藏夆叔匜,前有短流,后有龙首半环形鋬,口两侧有铺首衔环,下承四个兽形矮扁足。腹部饰四条镶嵌红铜的龙纹。通长35.7、口宽13.4、通高18.5厘米(图二〇,7)。

B型:平底或圜底匜,27件。无足,器呈瓢状,短流,平底或圜底。根据底部差异,可分三亚型。

Ba型:平底,23件。器身俯视呈圆角长方形,深腹,敞口短流上扬,尾端口沿下有小环钮。根据流及腹部的变化,可分三式。

Ⅰ式,流上扬,深腹,2件。标本:栖霞吕家埠 M1:17,后部沿下及流下各有一个小环钮,口沿下饰一周细竹节纹。口径37×36.5、高18.5厘米(图二〇,8)。

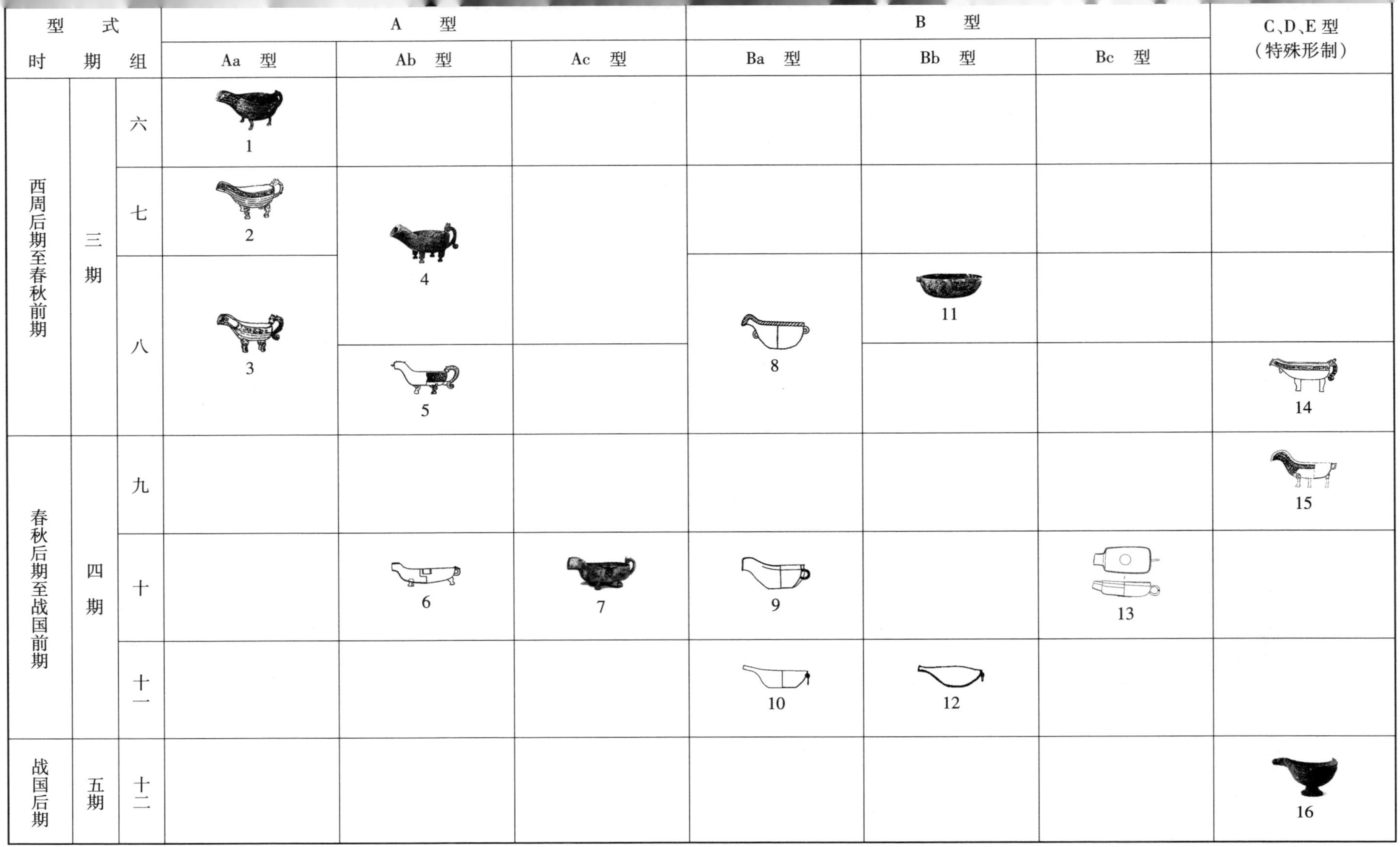

型	A 型				B 型			C、D、E型
式 组	Aa 型	Ab 型	Ac 型	Ba 型	Bb 型	Bc 型		（特殊形制）
时 期								
六	1							
七	2	4						
八	3	5		8	11			
九		6	7	9				
十				10	12	13		14
十一								15
十二								16

三期　西周后期至春秋前期

四期　春秋后期至战国前期

五期　战国后期

图二〇　青铜匜的型式与演变

1. 烟台上夼墓：无号　2. 曲阜鲁国故城 M48：11　3. 临朐泉头墓 M 乙：7　4. 邹城七家岭墓：无号　5. 滕州薛国故城 M1：57　6. 泰安黄花岭墓：无号　7. 拿叔匜　8. 栖霞吕家埠 M1：17　9. 滕州庄里西 90M8：6　10. 诸城葛布口墓：无号　11. 枣庄东江小邾国 M3：10　12. 威海 M3：1　13. 新泰周家庄 M72：10　14. 枣庄东江小邾国 M2：15　15. 郯城大埠二村 M1：14　16. 临淄商王村 M1：114

Ⅱ式,敞口流较平较深,腹部较Ⅰ式稍浅,后端有一环形钮,10件。标本:滕州庄里西90M8∶6,素面,口径26×22.6、高13.3厘米(图二〇,9)。

Ⅲ式,流窄而浅,稍高于口沿,腹较Ⅱ式稍浅,11件。标本:诸城葛布口墓:无号,素面,口径14.2×12.6、通高6厘米(图二〇,10)。

演变趋势:腹部由深变浅,流由粗变细,鋬由环形变为系钮衔环。

Bb型:3件。根据腹部的变化,可分为二式。

Ⅰ式,深腹,1件。标本:枣庄东江小邾国M3∶10,器身呈椭圆形,单耳,短流,深腹微鼓,圜底。通长26.2、宽18、通高8.8厘米(图二〇,11)。

Ⅱ式,浅腹,2件。敞口,浅腹,圜底,半管状流较平。标本:威海M3∶1,宽腹较浅,圜底近平,后部沿下有小系钮衔环。素面。通长27.2、高8.8厘米(图二〇,12)。

演变趋势:腹由深变浅,流由短变长。

Bc型:长方形匜,1件。标本:新泰周家庄M72∶10,浅腹呈圆角长方形,矮圈足较小。前有短流,后有环形鋬。素面。通长18.3、口长7.2、高4.4厘米(图二〇,13)。

C型:龙形鋬蹄足匜,2件。标本:枣庄东江小邾国M2∶15,器口呈瓢形,微敛口,平折沿,方唇,浅腹微鼓,圜底下承三粗壮蹄足。与流相对一侧有一卷尾龙形鋬,敞口流下有一缺角方形片。腹部饰窃曲纹,龙身饰鳞纹。通长34、口宽20.4、通高16厘米(图二〇,14)。

D型:长曲流扇形鋬匜,1件。标本:郯城大埠二村M1∶14,俯视呈瓢形,微敛口,半筒状流,微鼓腹,圜底近平,下承三个细蹄足,与流相对一侧有一扇形鋬。口沿下饰蟠螭纹,流下方及前腹饰细密鳞纹。长30.6、通高17.8厘米(图二〇,15)。

E型:鹰首流匜,2件。标本:临淄商王村M1∶114,侈口,深腹,圜底,高圈足。口沿一侧有鹰首状流。素面。通长18、宽16.6、通高10厘米(图二〇,16)。

盆。海岱地区发表的两周铜盆共4件。可分三型。

A型:折肩盆,1件。标本:招远东曲城墓采:无号,敛口,宽沿斜折,折肩,收腹,平底内凹。肩部置一对兽首耳衔环。肩部饰一道弦纹,腹部饰两道弦纹,中间饰蟠螭纹,锈蚀不清。高20、口径34.5厘米(图二一,1)。

B型:弧腹盆,2件。标本:曲阜鲁国故城M201∶20,失盖,敛口,斜折沿,微束颈,折肩不明显,弧腹斜收,平底。肩部置一对兽首半环耳。颈部饰简化蝉纹,腹部饰鸟纹,鸟目作乳丁状,凹凸感强烈。高11、口径21.3厘米(图二一,2)。

C型:无耳盆,1件。标本:临沂凤凰岭大墓:坑11,失盖,敛口,平折沿,束颈,折肩,收腹,平底。上腹饰一周蟠螭纹。口径26.5、高12.5厘米(图二一,3)。

鉴。海岱地区正式发表的东周铜鉴共4件。根据腹部的不同,可分为二型。

A型:鼓肩鉴,1件。最大径在肩部,形状似大盆。标本:莒县天井汪铜鉴[①],敛口,平

---

① 齐文涛:《概述近年来山东出土的商周青铜器》,《文物》1972年第5期。

器型 时期	类式 期组		盆			鉴	
			A 型	B 型	C 型	A 型	B 型
西周后期至春秋前期	三期	七	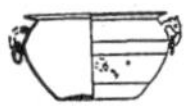 1				
		八		 2			
春秋后期至战国前期	四期	九					
		十			 3	 4	 5

图二一　青铜盆、鉴的型式与演变

1. 招远东曲城墓采：无号　2. 曲阜鲁国故城 M201：20　3. 临沂凤凰岭大墓：坑 11
4. 莒县天井汪铜鉴　5. 海阳嘴子前 M4 所出醽鉴

沿,方唇,鼓肩,深腹斜收。肩部饰对称的四个铺首衔环。素面。口径 50.6、肩径 55、高 28.5 厘米(图二一,4)。

B 型：鼓腹鉴,3 件。标本：海阳嘴子前 M4 所出醽鉴①,敞口,宽平沿,束颈,深腹,下腹斜收,平底。颈下部有四个兽首衔环耳,兽耳由镂空的蟠螭纹组成。颈部和腹部饰四道双首龙纹带。口径 69.5、通高 37 厘米(图二一,5)。

罐。海岱地区发表的商周铜罐共 17 件。根据口部差异,可分为三型。

A 型：小口罐,14 件。可分二亚型。

Aa 型：鼓肩收腹罐,4 件。标本：枣庄东江小邾国 M3：3,碗形盖,直口微侈,方唇,鼓肩,收腹,平底微内凹。素面。盖径 17、口径 13.6、腹径 28、底径 13.4 厘米(图二二,1)。

Ab 型：鼓腹罐,10 件。可分二式。

Ⅰ式,腹部下收,1 件。标本：国差𬭚,直口,宽平沿,短颈,溜肩,鼓腹下收,平底。肩上置四个对称的铺首衔环。素面。高 34.6 厘米(图二二,2)。

Ⅱ式,鼓腹,9 件。标本：曲阜鲁国故城 M58：99,直口,折沿,方唇,短颈,圆鼓腹,平底。素面。高 20.8、口径 14、腹径 21.5 厘米(图二二,3)。

演变趋势：因Ⅰ式铜罐仅 1 件,不具有普遍性,演变趋势尚不明朗。

B 型：大口罐,2 件。标本：郯城大埠二村 M1：17,敛口,斜折沿,尖唇,鼓腹,平底。素面。口径(通沿)7.4、腹径 7.6、通高 5.2 厘米(图二二,4)。

---

① 烟台市文物管理委员会、海阳县博物馆：《山东海阳县嘴子前春秋墓的发掘》,《考古》1996 年第 9 期。

型式 时期	组	罐			
		A 型		B 型	C 型
		Aa 型	Ab 型		
西周后期至春秋前期	三期	七			
		 八 1			
春秋后期至战国前期	四期	九		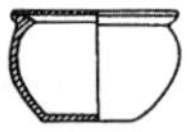 4	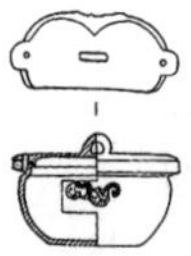 5
		十	 2		
		十一			
战国后期	五期	十二	 3		

图二二　青铜罐的型式与演变
1. 枣庄东江小邾国 M3∶3　2. 国差罈　3. 曲阜鲁国故城 M58∶99
4. 郯城大埠二村 M1∶17　5. 郯城大埠二村 M1∶11

C 型：连体罐，1 件。标本：郯城大埠二村 M1∶11，二罐连铸，俯视呈 8 字形。平盖，直口，方唇，束颈，鼓腹，平底。平盖中央置一环形钮，口沿两侧各有一平置半圆形小耳，与盖两侧半圆形小耳相叠合，联腹间有一龙形装饰。口径 13.8、通高 9.4 厘米（图二二，5）。

缶。海岱地区正式发表的东周铜缶共 10 件。根据足部差异，可分为三型。

A 型：圈足缶，7 件。标本：临淄相家庄 LXM6X∶18，隆盖，直口，平折沿，方唇，短直颈，鼓肩，缓收腹，平底，圈足。盖上置三个鸟首环形钮，最大腹径处有一对系钮衔环。素面。口径 15.8、腹径 27.6、通高 32.6 厘米（图二三，1）。

B 型：蹄足缶，1 件。标本：曲阜鲁国故城 M58∶100，微隆盖，直口，鼓腹，圜底下接三蹄形矮足。盖上置三个环形钮，盖的子口上有四个楔形凸棱，肩部有一对铺首衔环。口与上腹各有一道粗弦纹。通高 23、口径 22 厘米（图二三，2）。

C 型：无足缶，2 件。标本：临淄商王村 M1∶4，隆盖，子口较直，短颈微束，圆鼓腹，圜底近平。盖上分置三个环形钮，上腹置一对铺首衔环。上腹饰两道弦纹。通高 25.8、口径 18、腹径 26 厘米（图二三，3）。

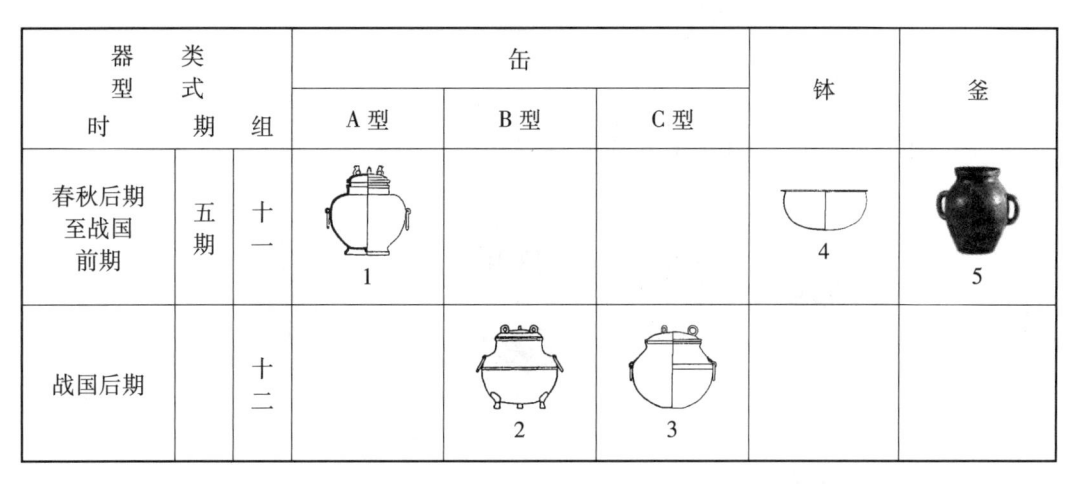

器型 时期	类式	组	缶			钵	釜
			A 型	B 型	C 型		
春秋后期 至战国 前期	五期	十一	1			4	5
战国后期		十二		2	3		

图二三 青铜缶、钵、釜的型式与演变
1. 临淄相家庄 LXM6X：18 2. 曲阜鲁国故城 M58：100 3. 临淄商王村 M1：4
4. 临淄商王墓地 M1：85 5. 陈纯釜

钵。海岱地区正式发表的东周铜钵共 3 件。标本：临淄商王墓地 M1：85，微敛口，平折沿，微鼓腹，圜底。素面。口径 30.8、高 13.5 厘米（图二三，4）。

釜。海岱地区正式发表的东周铜釜共 2 件。标本：陈纯釜，直口，束颈，圆肩，深腹微鼓，平底。上腹两侧有一对半环形鋬。素面。口径 22.7、底径 18.1、通高 38.7 厘米（图二三，5）。

匜[1]，或称㔾[2]。海岱地区正式发表的东周铜匜共 22 件，其中 3 件为传世器[3]。根据形体差异，可分圆体和方体两类。

甲类：圆匜。18 件。根据整体形状的差异，可分五型。

A 型：提链匜，8 件。根据盖及圈足的变化，可分三式。

Ⅰ式，圈足提链匜，5 件。标本：长清仙人台 M6：B38，通体呈球形，隆盖，子口内敛，腹部圆鼓，平底，圈足。盖顶置一展翅欲飞的小鸟，盖面两侧各有一个半环钮套接颈部两侧的提链。盖顶与腹部满饰变形卷体夔龙纹。口径 8.5、通高 9.2 厘米（图二四，1）。

Ⅱ式，平底提链匜，2 件。标本：蓬莱柳格庄 M6：56，平盖，子口内敛，腹部圆鼓，平底。盖中央置一立鸟，两侧各有一半环钮系于上腹两侧提链。素面。腹径 7.1、高 7.9 厘米（图二四，2）。

Ⅲ式，平底提链匜，较Ⅰ式宽侈，1 件。标本：枣庄徐楼 M1：3，平盖，母口微侈，束颈，鼓肩，收腹，平底。盖中央有一展翅欲飞的小鸟，肩部置一对环耳套接提链，盖两侧有一对系钮衔环套接提链，提链握手为一圆环。口径 5.2、腹径 7.6、器高 8、提链高 20 厘米（图二四，3）。

演变趋势：隆盖变为平盖，圈足变为平底。

B 型：贯耳匜，4 件。标本：沂水李家坡墓：无号（报告称罍），隆盖，子口内敛，圆鼓

---

[1] 方辉：《试论周代的铜匜》，《海岱地区青铜时代考古》，山东大学出版社，2007 年，第 483—498 页。
[2] 李零：《说㔾——中国早期的妇女用品：首饰盒、化妆盒和香盒》，《故宫博物院院刊》2009 年第 3 期。
[3] 方辉：《试论周代的铜匜》，《海岱地区青铜时代考古》，山东大学出版社，2007 年，第 483—498 页。

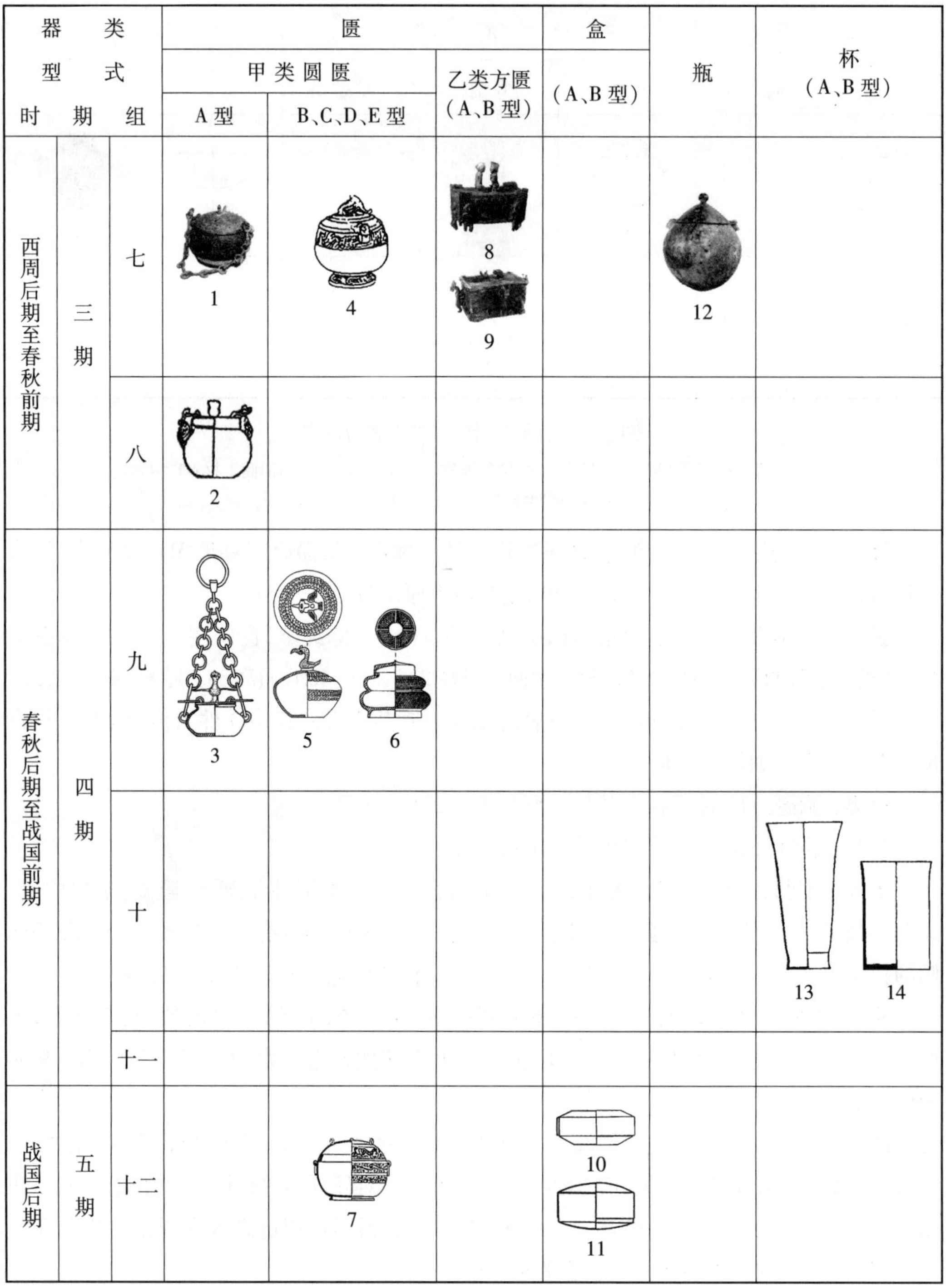

器类型式时期	组	匜 甲类圆匜 A型	匜 甲类圆匜 B、C、D、E型	匜 乙类方匜 (A、B型)	盒 (A、B型)	瓶	杯 (A、B型)
西周后期至春秋前期	三期 七	1	4	8 / 9		12	
西周后期至春秋前期	三期 八	2					
春秋后期至战国前期	四期 九	3	5	6			
春秋后期至战国前期	四期 十						13　14
春秋后期至战国前期	四期 十一						
战国后期	五期 十二		7		10 / 11		

图二四　青铜匜、盒、瓶、杯的型式与演变

1. 长清仙人台 M6：B38　2. 蓬莱柳格庄 M6：56　3. 枣庄徐楼 M1：3　4. 沂水李家坡墓：无号　5. 枣庄徐楼 M1：4　6. 枣庄徐楼 M1：2　7. 临淄商王村 M1：20-②　8. 山东省博物馆藏裸人铜匜　9. 枣庄东江小邾国 M3：15　10. 临淄商王村 M1：112-①　11. 临淄商王村 M1：100-①　12. 枣庄东江小邾国 M1：6　13. 临淄辛店 M2Q：30　14. 临淄辛店 M2Q：29

腹,圈足。盖中央置相搏斗状两兽,盖两侧各有一贯耳与颈部两侧贯耳叠合。上腹部饰变形夔龙纹,圈足饰横鳞纹。通高 12.2 厘米(图二四,4)。

C 型:立鸟匜,1 件。标本:枣庄徐楼 M1:4,器身似罍,溜肩,鼓腹,下腹内收,平底,盖顶有一展翅欲飞的小鸟。鸟勾喙,凸睛,长颈,短尾。鸟身及底中部各有一对称的圆孔,肩及下腹部饰涡纹带。腹径 12.8、底径 6、通高 12.8 厘米(图二四,5)。

D 型:亚腰匜,2 件。标本:枣庄徐楼 M1:2,盖顶隆起成攒尖,侈口,短颈,鼓肩,中腹凹陷呈亚腰状,下腹外鼓,矮圈足。盖及器身饰细密的方格乳丁纹。口径 4.4、通高 6.8 厘米(图二四,6)。

E 型:系钮衔环匜,3 件。标本:临淄商王村 M1:20-②,隆盖,子口内敛,鼓腹,平底,矮圈足。隆盖上置三个环形钮,口沿处有一对系钮衔环,盖面与腹部饰错金银虎纹、夔龙纹、云纹、鹿纹和凤纹。口径 12.5、腹径 15、通高 12.4 厘米(图二四,7)。

乙类:方匜。4 件。根据足部的不同,可分二型。

A 型:裸人足方匜,3 件。标本:山东省博物馆藏裸人铜匜,器身呈长方体,直壁微内收,四周与两侧有以背承器的裸人六个,以作器足,盖由两扇组合而成,分铸相对跪坐的裸人男、女为盖钮,裸人生殖器突出。器身主要饰两层垂鳞纹,近底部饰两道弦纹,内填＜形纹。长 12、宽 7.5、通高 11.6 厘米①(图二四,8)。

B 型:圈足方匜,1 件。标本:枣庄东江小邾国 M3:15,器身呈长方体,平盖,直口,直腹,平底,圈足。盖由两扇组合而成,其上分置一卧虎和猛兽钮,两兽作相对状;四壁中部各有一爬兽;圈足正、背面各饰一裸人,裸人仅有上半身。盖及四壁饰夔龙纹。通长 14、通宽 10.7、通高 7.3 厘米(图二四,9)。

盒。海岱地区正式发表的商周铜盒共 5 件。根据盖的不同,可分二型。

A 型:平顶平底盒,3 件。标本:临淄商王村 M1:112-①,隆盖,平顶,直口,直腹,下腹折而斜收,小平底。器身与盖基本相同,相互扣合。素面。尺寸不明(图二四,10)。

B 型:隆盖圜底盒,2 件。标本:临淄商王村 M1:100-①,隆盖,尖顶,直口,直腹较深,圜底。器身与盖基本相同,相互扣合。素面。尺寸未报道(图二四,11)。

瓶。海岱地区正式发表的商周铜瓶共 1 件。标本:枣庄东江小邾国 M1:6,隆盖,子口内敛,圆鼓腹较深,最大腹径在上腹,圜底。盖上置一圆饼状钮,盖缘及颈部两侧各有一对贯耳相叠合。素面。口径 14.2、腹径 20.4、腹深 18、通高 26.4 厘米(图二四,12)。

杯。海岱地区正式发表的商周铜杯共 2 件。根据足部的不同,可分为二型。

A 型:圈足杯,1 件。标本:临淄辛店 M2Q:30,杯体细高,喇叭形口,腹部向下微收,圈足。素面。口径 9、底径 5.1、高 16 厘米(图二四,13)。

B 型:平底无足杯,1 件。标本:临淄辛店 M2Q:29,杯体较粗,微敞口,直腹,平底。素面。口径 7.5、底径 7.2、高 11.1 厘米(图二四,14)。

---

① 方辉:《试论周代的铜匜》,《海岱地区青铜时代考古》,山东大学出版社,2007 年,第 483—498 页。

第二节 青铜乐器

海岱地区出土的商周青铜乐器共599件,其中传世器43件。器类主要有:铙、钲、铎、钟、镈、錞于、铃等,形制分析如下。

铙。铙与钟的区别:甬部中空为铙,实心为钟;无枚为铙,有枚为钟;甬上无旋无干为铙,有旋有干为钟。铙与钲的形制基本相同,区别在于大为铙,小为钲;宫殿用铙,战争用钲。铙的基本特征是体呈合瓦形,甬部中空无旋无干,使用时倒置套于柱状物之上。海岱地区目前正式发表的商周铜铙共20件,其中4件为传世器。根据铙身于部弧度的不同,可分为二型。

A型:平于铙或于部近平铙,3件。标本:滕州前掌大M206:128,体呈椭圆形,口微凹,腔壁较直微弧,平顶略窄于口,顶中部有管状甬,甬、钲相通,鼓部较宽,中间有一长方形加厚块,为敲击部位。腔体两侧有范缝。腔体两面皆饰浮雕兽面纹。口径11.4×8.5、通高15.2厘米(图二五,1)。

B型:弧形于铙,17件。铙体横截面呈◯形。根据于部凹陷程度与甬部的变化,可分为二式。

Ⅰ式,于部凹陷较浅,甬部上细下粗,14件。标本:上海博物馆所藏亚醜嫋铙。于部微凹,腔体较阔,甬部中空,与体腔相通,鼓部有一方块形凸起,为敲击部位,平舞。腔体两面皆饰兽面纹。口纵11、口横14.6、通高19.5厘米(图二五,2)。

Ⅱ式,于部凹陷较深,3件。标本:海阳郭城镇出土铜铙,甬部中间较细,腔体较长,管状甬与内腔相通,甬中部有一对方形穿,平舞。腔体两侧及甬上均有范痕。素面。口长径15.4、通高24.4厘米(图二五,3)。

演变趋势:于部(口部)凹陷由浅至深。

句鑃。海岱地区正式发表的铜句鑃共22件。句鑃器身较铙扁狭,横截面呈⬌形。根据甬部的不同,可分为二型。

A型:锥形甬上无凸起,12件。标本:章丘ZE:05,长铣较直,短柄呈实心扁圆柱状,平舞。于宽大于舞宽。素面。柄长6.3、口长径18、舞修14.7、通高34.2厘米(图二五,4)。

B型:锥形甬上有一周凸起,与甬钟的旋相似,10件。标本:章丘:17,长铣较直,短甬一面平一面圆,平舞。于宽略大于舞宽。素面。甬长2.9、于长12、舞修10.7、通高23厘米(图二五,5)。

铎。为大铃或小钟。《说文》:"铎,大铃也。"《广韵》:"似钟而小。"有柄,有舌,持而振之。

海岱地区发现铜铎1件:临沂凤凰岭大墓殉4足:7,铎体横截面呈椭圆形,口内凹,铣部较直,平舞,残甬中空,通于腔内,甬内插有木棍,木棍下端系有骨质铎舌。通体饰云雷纹。于长 8.6、宽 6.8、甬残长 2、高 9 厘米(图二五,6)。

铃。铜铃是目前国内出现最早的有舌青铜乐器,各种式样的铃一直被使用至今。海岱地区发表的商周铜铃共 98 件,其中 8 件形制不明。根据口部的不同,可分为二型。

A 型:平口铃,22 件。形体较瘦长。根据扉棱的有无,可分二亚型。

Aa 型:铃身无扉棱,16 件。根据形体的变化,可分二式。

Ⅰ式,6 件。标本:青州苏埠屯 M8:24,横截面呈椭圆形,平顶中央置拱形钮。铃腔内悬挂棒槌状铃舌。铃身饰兽面纹。口径大于顶径。通高 8.2 厘米(图二五,7)。

Ⅱ式,10 件。标本:栖霞金山 M3:6-8,横截面呈椭圆形,舞面有一孔,在腔内系一悬舌,口径大于顶径。高 3.3 厘米(图二五,8)。

演变趋势:形态趋小。

Ab 型:铃身两侧各有一扉棱,6 件。标本:滕州前掌大 M211:6,拱形钮,平舞,舞面有一孔悬挂铃舌于腔内,腔壁较直。腔体两面皆饰兽面纹。口宽 5.5、舞广 4.2、通高 7.4 厘米(图二五,9)。

B 型:弧形凹口铃,68 件。根据扉棱的有无,可分为二亚型。

Ba 型:铃身无扉棱,42 件。根据于部凹陷程度的变化,可分四式。

Ⅰ式,2 件。标本:青州苏埠屯 M1:9,体呈合瓦状,平口微凹,平顶,顶上有拱形钮,顶内有鼻,衔铃舌。两面皆有倒置的兽面纹。顶 3.6×3.2、下口 5.6×4、通高 9.7 厘米(图二五,10)。

Ⅱ式,13 件。标本:滕州前掌大 M207:1,口微内凹,平顶,顶上有拱形钮,腔内挂铃舌,腔壁较直。素面。口宽 4.2、顶宽 3.1、通高 6.6 厘米(图二五,11)。

Ⅲ式,5 件。标本:曲阜鲁国故城 M48:32,器呈合瓦形,弧形凹口,腔壁略鼓,平顶,拱形钮,腔内有舌坠,口径大于顶径。通高 7.3 厘米(图二五,12)。

Ⅳ式,22 件。标本:临淄相家庄 LXM1G:6,器呈合瓦形,弧形凹口,腔体较直,平顶,拱形钮,腔内有舌坠,口径大于顶径。通高 6.6、口长 4.3、宽 3.0 厘米(图二五,13)。

演变趋势:于部(口部)凹陷由浅至深。

Bb:铃身形状除两侧有扉棱外基本同 Ba 型,26 件。标本:滕州前掌大 BM9:1,腔内有棒槌状舌,口径大于顶径。口长 3.5、宽 2.3、通高 5.3 厘米(图二五,14)。

钟。海岱地区共发表青铜钟 375 件,可分甬钟和钮钟二型。

A 型:甬钟,174 件,其中 2 件残损严重未能复原,19 件为传世器。根据整体差异,可分二亚型。

Aa 型:瘦体钟,147 件。标本:归城和平村出土⫶⫶钟[1],钟腔作合瓦状,于呈凹弧状,舞部较平,长甬有旋有干。旋作索状,长枚作平顶两段式。篆间饰 S 形云纹,鼓部饰云纹。通高 39.5 厘米(图二五,15)。

---

[1] 李步青、林仙庭:《山东黄县归城遗址的调查与发掘》,《考古》1991 年第 10 期。

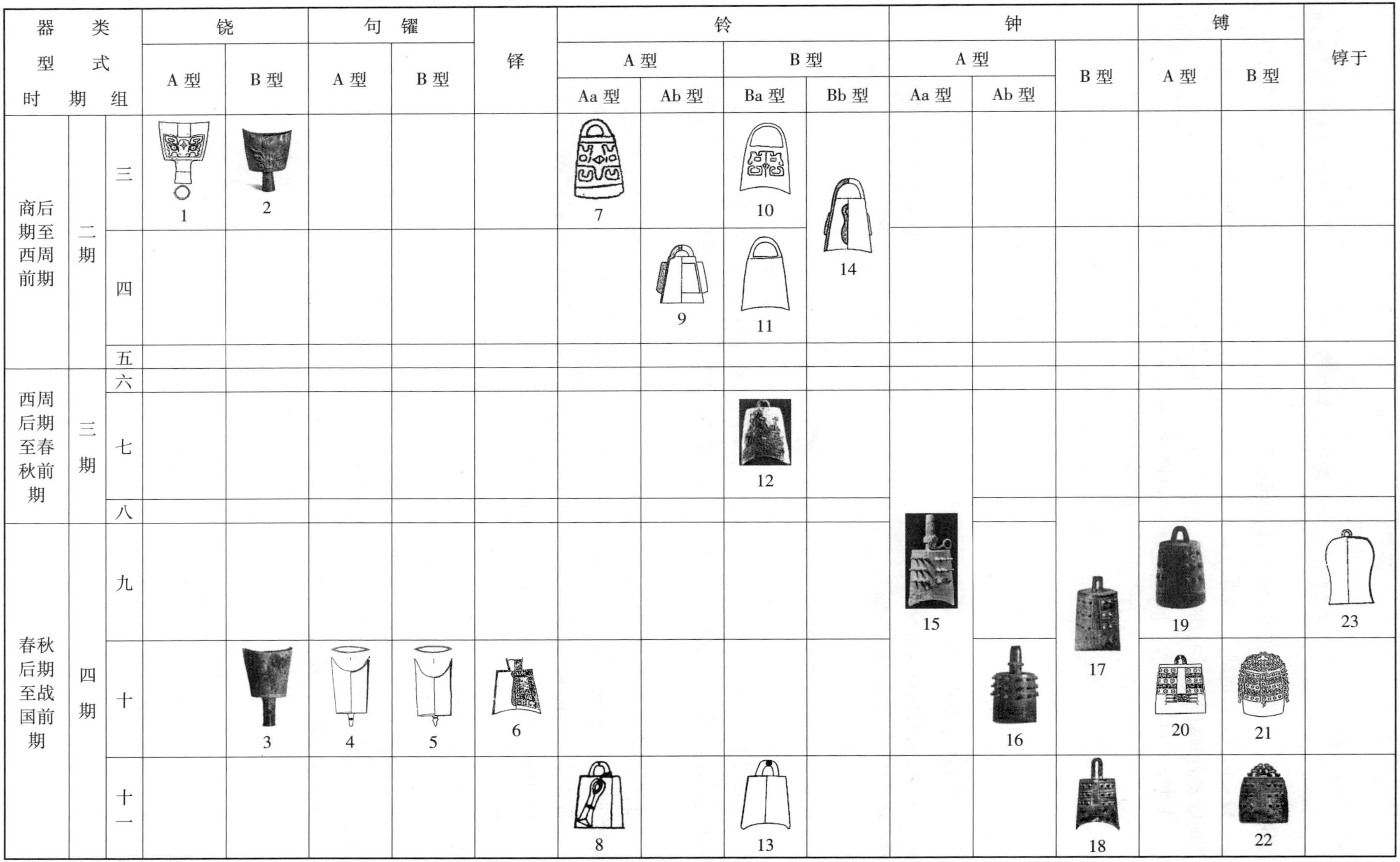

图二五 青铜乐器的型式与演变

1. 滕州前掌大 M206:128 2. 亚醜娛铙 3. 海阳郭城镇出土铜铙 4. 章丘 ZE:05 5. 章丘:17 6. 临沂凤凰岭大墓殉 4 足:7 7. 青州苏埠屯 M8:24 8. 栖霞金山 M3:6-8 9. 滕州前掌大 M211:6 10. 青州苏埠屯 M1:9 11. 滕州前掌大 M207:1 12. 曲阜鲁国故城 M48:32 13. 临淄相家庄 LXM1G:6 14. 滕州前掌大 BM9:1 15. 归城和平村出土甬钟 16. 郁公经钟 17. 莒叔之仲子平钟 18. 莒公孙潮子钟 19. 沂水刘家店子 M1:57 20. 临沂凤凰岭大墓坑:28 21. 叔夷镈 22. 公孙潮子镈 23. 沂水刘家店子 M1:94

Ab 型：粗体钟，25 件。整体较粗短。标本：郱公牼钟，甬部有旋有干，上端略细，钟腔作合瓦状，于呈浅弧状，舞部较平，枚作两层圆台形。旋饰乳丁纹，干饰弦纹，舞部饰雷纹，篆间饰顾首夔龙纹，鼓部饰多层雷纹，主纹为两个三首龙（图二五，16）。

B 型：钮钟，201 件，其中 12 件为传世器。根据于部弧度的变化，可分二式。

Ⅰ式，于部弧度较浅，162 件。标本：1975 年莒南大店 M2：1 莒叔之仲子平钟，钟体作合瓦状，长方形钮，平舞，直铣，于部内凹较浅，螺旋形枚。篆间、舞上和鼓部均饰蟠虺纹，鼓部蟠虺纹内填横鳞纹和圆点纹。通高 26.9、舞修 13.4、铣间 16.2 厘米（图二五，17）。

Ⅱ式，于部凹陷较深，U 形钮较长，39 件。标本：1970 年诸城市臧家庄墓出土莒公孙潮子钟，钟体作合瓦状，于部凹弧较深，铣较直。钮饰三角云雷纹，钲、篆间饰云纹，鼓部饰蟠螭纹；枚作铆钉状，枚顶饰涡纹。通高 37.8 厘米（图二五，18）。

演变趋势：于部（口部）凹陷由浅至深。

镈。海岱地区共发表商周铜镈 76 件，其中传世器 8 件。根据钮部的不同，可分二型。

A 型，半环形钮镈，40 件。根据镈身的变化，可分二式。

Ⅰ式，镈身较长。26 件。标本：沂水刘家店子 M1：57，腔体作合瓦状，于口平齐，直铣微弧，梯形扁钮，泡形枚。篆间饰夔龙纹。形体较大，尺寸不明（图二五，19）。

Ⅱ式，镈身较短，14 件。标本：临沂凤凰岭大墓坑：28，于口平齐，直铣微弧，U 形扁钮，螺旋形枚。舞面、鼓部饰蟠螭纹，篆间饰小蟠螭纹，钮饰小凸点纹。形体较大，尺寸不明（图二五，20）。

演变趋势：镈身由瘦高到粗短。

B 型：镂空钮镈，36 件。根据镈身的变化，可分二式。

Ⅰ式，高体镈，24 件。标本：叔夷镈（叔尸镈），镈腔作合瓦状。于口平齐，舞上有盘龙组成旋钮，腔外有四条透雕交龙形脊，螺旋形枚。篆间饰蟠虺纹。通高 60.2、舞横 36.2、铣间 45.1 厘米，重 122.5 斤（图二五，21）。

Ⅱ式，矮体镈，12 件。标本：公孙潮子镈[1]，体呈扁椭圆形，于口平齐，钮作扁体镂空二蟠龙状。舞、钲、鼓部均饰蟠螭纹，篆间饰浪花纹，铆钉形枚，枚顶饰涡纹。同出 7 件，最大者通高 51.4 厘米，最小者通高 30.5 厘米（图二五，22）。

演变趋势：镈身由瘦高到粗短。

錞于。7 件。标本：沂水刘家店子 M1：94，圜首，顶中央有一索状半环钮，圆肩，束腰，平口微侈。素面。通高 49、口长 26、宽 19 厘米（图二五，23）。

第三节　青铜兵器

海岱地区目前发表的商周青铜兵器已超过 3 373 件，其中戈 907 件、刀 19 件、钺 7 件、

---

[1] 山东诸城县博物馆：《山东诸城臧家庄与葛布口村战国墓》，《文物》1987 年第 12 期。

矛221件、剑276件、殳60件、戟53件、镞1804件、镦16件、鐏8件等。本书选取形制清楚的3236件进行类型学分析。

戈。海岱地区发表的商周铜戈已超过907件，其中传世器100余件。根据装柲方式的不同，可分为直内戈、曲内戈和銎内戈三类。

甲类：直内戈。843件。可分为无胡和有胡二型。

A型：直内无胡戈，36件。根据援部形制的不同，又可分为细长援、三角援和舌形援三亚型。

Aa型：直内无胡细长援戈，30件。根据援部的变化，可分为三式。

Ⅰ式，援瘦削似柳叶，无脊，内尾平直，1件。标本：滕州轩辕庄：无号，通长28、援长20、内长8、内宽3.8厘米（图二六，1）。

Ⅱ式，援变宽，中线起脊，内尾呈圆弧状，下角出刺，12件。标本：沂水信家庄：无号，通长22.4、援长15、内长7.4厘米（图二六，2）。

Ⅲ式，援瘦削，微有弧度，脊背较平，内尾呈圆弧状，下角出刺，17件。标本：滕州前掌大M41：15，通长27.3、援长19.5、援宽7.6、内长7.0、内宽3.6厘米（图二六，3）。

演变趋势：援由无脊到有脊，内尾由方角到圆钝、下角出刺。

Ab型：直内无胡三角援戈，无阑，4件。根据援部变化，可分为二式。

Ⅰ式，援较宽厚，中部起脊，内呈长方形，3件。标本：济南大辛庄11M5：6，尺寸不明（图二六，4）。

Ⅱ式，援较狭长，中部起脊，内后缘呈圆弧状，下端出刺，1件。标本：长清小屯：32，内后缘有阴铸纹饰。通长22、援长15.2、内长6.8厘米（图二六，5）。

演变趋势：援由粗壮到狭长，内尾由方角到圆钝、下角出刺。

Ac型：直内无胡舌形援戈，2件。援体宽厚，中部起脊。标本：滕州前掌大M120：79，钝锋，内呈长方形。援上饰两组对称的夔龙纹和云雷纹。通长22.2、援长15.8、援宽4.2、内长6.2厘米（图二六，6）。

B型：直内有胡戈，有阑，807件。可分为六亚型。

Ba型：直内短胡戈，19件。标本1：滕州前掌大M119：64，援狭长，中部起脊，内呈平行四边形；通长26.5、援长19.5、援宽8.3、内长6厘米（图二六，7）。标本2：滕州前掌大M40：14，援稍宽，尖锋呈三角形，援中部起脊，长内；近阑处饰变形蝉纹，内尾饰镂空夔龙纹；通长27.2、援长18.4、援宽3.5、内长8.8厘米（图二六，8）。

Bb型：直内长胡长援戈，600件。根据整体形制的变化可分七式。

Ⅰ式，3件。标本：青州苏埠屯M8：54，援狭长，钝锋，二穿，短直内。内面饰阴线纹。通长23.8、援长19厘米（图二六，9）。

Ⅱ式，50件。标本：滕州前掌大M131：15，援狭长，中部起直脊，上下刃平直，尖锋，三穿，直内下角有小缺口出刺。通长28.6、援长20.7、援中宽4.3、内长6.6、阑长14.9厘米（图二六，10）。

型										
式 组			二	三	四	五	六	七	八
时期			一期		二期			三期	
			商前期	商后期至西周前期			西周期后至春秋前期		
甲类直内戈	A型	Aa型	1	2	3				
		Ab型	4		5				
		Ac型			6				
	B型	Ba型			7, 8				
		Bb型		9	10	11		12	13
		Bc型							
		Bd、Be、Bf型							20
乙类曲内戈	A型	Aa型	23		24				
		Ab型			25				
	B型				26				
丙类銎内戈	A型	Aa型		27	28				
		Ab型		29	30				
	B型	Ba型			31				
		Bb型			32				

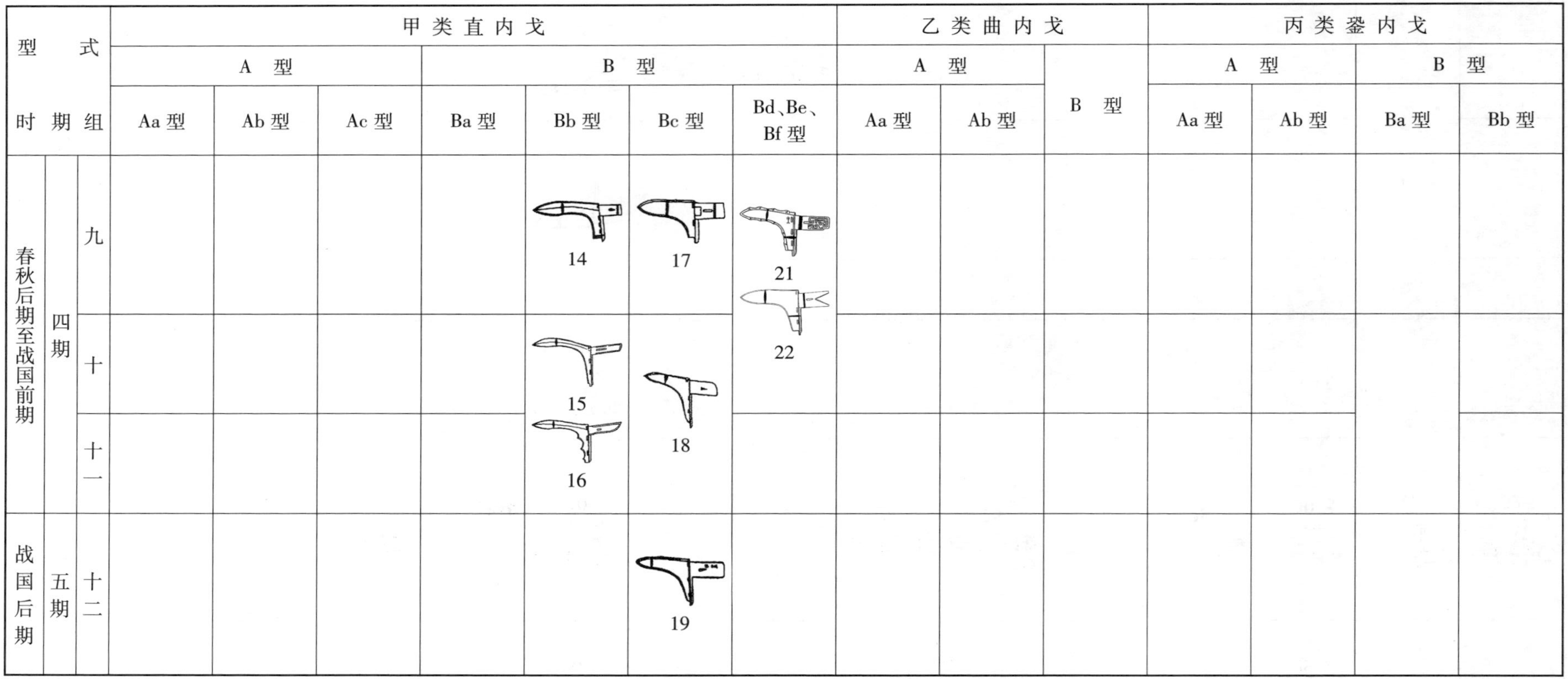

型	甲类直内戈						乙类曲内戈			丙类銎内戈			
	A 型			B 型			A 型		B 型	A 型		B 型	
式	Aa 型	Ab 型	Ac 型	Ba 型	Bb 型	Bc 型	Bd、Be、Bf 型	Aa 型	Ab 型		Aa 型	Ab 型	Ba 型	Bb 型
时期 组														
春秋后期至战国前期					14	17	21							
四期					15	18	22							
十一					16	19								
战国后期 五期 十二														

图二六 青铜戈的型式与演变

1. 滕州轩辕庄：无号 2. 沂水信家庄：无号 3. 滕州前掌大 M41：15 4. 济南大辛庄 11M5：6 5. 长清小屯：32 6. 滕州薛国故城 M120：79 7. 滕州前掌大 M119：64 8. 滕州前掌大 M40：14 9. 青州苏埠屯 M8：54 10. 滕州前掌大 M131：15 11. 荣成学福村 M1：3 12. 莒县西大庄 M1：21 13. 临沂凤凰岭大墓坑：19 15. 长岛王沟 M10：73 16. 长岛王沟 M10：11 17. 新泰周家庄 M6：25 18. 长岛王沟 M22：11 19. 淄川南韩 M10：2 20. 滕州薛国故城 M1：2 21. 新泰周家庄 M2：8 22. 新泰周家庄 M56：2 23. 济南大辛庄 1970：无号 24. 滕州前掌大 M17：3 25. 寿光古城：无号 26. 长岛王沟 BM9：18 27. 滕州级索十一中：无号 28. 滕州前掌大 M41：16 29. 莒县前石签征集 30. 沂源县土产公司废铜拣选 31. 滕州前掌大东南墓地Ⅱ M209：4 32. 滕州前掌大南岗子墓地Ⅰ M103：1

Ⅲ式,22件。标本:荣成学福村M1:3,援狭长,中部起直脊,上下刃平直,尖锋呈三角形,四穿,直内呈平行四边形,下角有小缺口。援后端饰云雷纹,内饰鳞状纹。通长24、援长16.8、内长6.7、胡长9厘米(图二六,11)。

Ⅳ式,35件。标本:莒县西大庄M1:21,援狭长,上下刃平直,尖锋呈三角形,三穿,直内呈长方形。通长25.6、阑长14.2厘米(图二六,12)。

Ⅴ式,42件。标本:滕州薛国故城M1:3,援狭长,中部起弧脊,援后端较前端稍窄,上刃平直,下刃略有弧度,尖锋呈不等边三角形,四穿,直内略呈平行四边形。通长20.3厘米(图二六,13)。

Ⅵ式,170件。标本:临沂凤凰岭大墓坑:19,援狭长,中部起弧脊,上刃前端下弯,下刃弯曲较大,造成尖锋下弯、援腰稍细的形态,四穿,直内呈长方形。通长23.5、援长16.5、内长7厘米(图二六,14)。

Ⅶ式,278件。标本1:长岛王沟M10:73,整体较瘦削;援上扬,更为狭长,中部起弧脊,上刃前端下弯,下刃弯曲较大,造成尖锋下弯、援腰较细的形态,三穿,直内狭长略上扬,内尾呈弧形有刃;通长30厘米(图二六,15)。标本2:长岛王沟M10:11,整体较瘦削;援上扬,更为狭长,中部起弧脊,上刃前端下弯,下刃弯曲较大,造成尖锋下弯、援腰较细的形态,三穿,内狭长略上扬,内下角圆钝、上角尖锐有刃,胡刃有两个凹弧呈三锋的形态;通长30.8厘米(图二六,16)。

演变趋势:援由平直到弓曲,锋由弧边三角形到直边三角形,援渐趋瘦长;内尾由圆钝到方角再到鳍状。

Bc型:直内长胡短援戈,184件。根据援部的变化,可分三式。

Ⅰ式,88件。标本:新泰周家庄M6:25①,援较短阔,无脊,尖锋,上刃平直,胡有二穿,直内较长呈长方形。尺寸不明(图二六,17)。

Ⅱ式,62件。标本:长岛王沟M22:11,短援较狭上扬,上刃较直,三角形锋,援之脊近上刃,长胡三穿,长内宽薄,上角浑圆有刃,有三角形穿。通长18.1厘米(图二六,18)。

Ⅲ式,34件。标本:淄川南韩M10:2,短援微上扬,无脊,尖锋,长胡三穿,长内较阔呈长方形。通长19.8厘米(图二六,19)。

演变趋势:援渐窄,内穿由条形变为锐角三角形。

Bd型:鱼首形内戈,1件。标本:滕州薛国故城M1:2,援狭长,尖锋,长内呈鱼嘴形,内穿较大呈椭圆形。通长27厘米(图二六,20)。

Be型:竹节援戈,1件。标本:新泰周家庄M2:8,援较直,前端呈锐角三角形,长胡有三穿,阑起脊;长方形内微翘,中部有一圆锥形穿,末端下角缺一矩形角。援锋、刃及胡呈竹节状,援中间起脊,上部一穿旁刻"王"字。内后部两面饰窃曲纹,中前部有一条形穿。通长27.5、内宽2.9厘米(图二六,21)。

---

① 山东省文物考古研究所、新泰市博物馆:《新泰周家庄东周墓地》,文物出版社,2014年,第41—42页。

Bf 型：燕尾形戈，2 件。标本：新泰周家庄 M56：2，宽援，截面呈纺锤形，长胡上有三个长方形穿，直内末端呈分叉燕尾形。通长 21.5、援宽 3.7、内长 6.9 厘米（图二六，22）。

乙类：曲内戈。37 件。根据胡的有无，可分为二型。

A 型：无胡曲内戈，34 件。根据阑的有无，可分为二亚型。

Aa 型：有阑无胡曲内戈，26 件。根据援部的变化，可分为二式。

Ⅰ式，2 件。标本：济南大辛庄 1970：无号，长援，中部起直脊，尖锋，阑不明显，内尾下弯，饰云纹。通长 27.6、援长 19.4、内长 8.2 厘米（图二六，23）。

Ⅱ式，24 件。标本：滕州前掌大 M17：3，长援较宽，自阑处向锋处渐窄，圆钝锋，阑前倾，内尾下弯。通长 22.6、援长 15.7、援中宽 3.2、阑长 6.5、内长 6.7 厘米（图二六，24）。

Ab 型：无阑无胡曲内戈，8 件。标本：寿光古城：无号，长援较阔，中部起直脊，无阑，内尾作鸟形，鸟身有阴线纹。通长 29.8、援长 19.2 厘米（图二六，25）。

B 型：短胡曲内戈，3 件。标本：滕州前掌大 BM9：18，长援，圆锋，中部起直脊，援中微束，短胡，内尾向下弯折。内尾有合范铸缝。通长 23.6、援长 16.8、援中宽 3.9、阑长 6.5、内长 5.9 厘米（图二六，26）。

丙类：銎内戈。27 件。根据胡的有无，可分二型。

A 型：有銎无胡或短胡戈，20 件。可分二亚型。

Aa 型：有銎短胡戈，18 件。根据援部变化，可分二式。

Ⅰ式，11 件。标本：滕州级索十一中：无号，援作舌状，圆锋，中部起直脊，銎孔呈椭圆形，有两个圆穿。通长 20、援长 13 厘米（图二六，27）。

Ⅱ式，7 件。标本：滕州前掌大 M41：16，长援较宽，上刃平直，下刃近銎处略曲，銎孔作卵形，内尾作圆弧状，下角有小缺口，内尾两面饰臣字形凸睛兽面纹。通长 22.8、援长 16.2、援中宽 4.1、戈宽 5.6、内长 6.6 厘米（图二六，28）。

演变趋势：援部渐宽。

Ab 型：有銎无胡戈，2 件。根据援部的变化，可分二式。

Ⅰ式，1 件。标本：莒县前石窑征集，圭形长援，直内，卵形銎口，无胡。残长 18、援中宽 3.4、内宽 3.3 厘米（图二六，29）。

Ⅱ式，1 件。标本：沂源县土产公司废铜拣选，长援略呈三角形，横截面呈菱形，卵形銎口，直内略呈梯形。通长 22、援最宽处 5.4 厘米（图二六，30）。

演变趋势：援部渐呈长三角形。

B 型：有銎长胡戈，7 件。根据援部差异，可分二亚型。

Ba 型：6 件。标本：滕州前掌大东南墓地Ⅱ M209：4，援较宽，中部起直脊，三角形锋，上刃较直微下倾，胡部有二穿，下阑较长，内尾较长略呈平行四边形。尺寸不明（图二六，31）。

Bb 型：1 件。标本：滕州前掌大南岗子墓地Ⅰ M103：1，三角形长援，中部起直脊，尖锋，长胡二穿，下阑较长，内尾呈圆弧状、下角有小缺口。尺寸不明（图二六，32）。

钺。海岱地区正式发表的商周铜钺共 7 件,其中传世器 2 件。根据钺部形状的不同,可分为梯形钺和 C 形钺两类。

甲类:梯形钺。6 件。根据钺柄安装方式的不同,可分为二型。

A 型,夹内钺,5 件。根据钺身形态的差异,可分二亚型。

Aa 型,宽体钺,3 件。根据刃部的变化,可分二式。

Ⅰ式,1 件。标本:济南大辛庄 M139:6,弧刃,平肩,长方形内较短。双肩部有对称的长方形穿,钺身中部偏上有一圆形穿。通体素面。高 29.5、肩宽 24.1、刃宽 30.6、圆穿直径 9.9 厘米(图二七,1)。

Ⅱ式,2 件。标本:青州苏埠屯 M1:2 亚醜钺,弧刃两角外侈,平肩两侧有对称长方形穿,长方形内较宽短,钺身两侧有透雕脊。钺身饰镂空人面纹。通长 32.7、宽 34.5 厘米,重 4.6 公斤(图二七,2)。

Ab 型:窄体钺,2 件。标本 1:济南大辛庄 1984JD 采,凸刃,长阔内有一小圆穿,内一侧近肩处有凸出小齿,一肩宽、一肩窄;钺身近肩处饰兽面纹,内尾饰夔龙纹及斜线纹;通长 15.8 厘米(图二七,3)。标本 2:青州苏埠屯 M8:30,刃部微弧,内长阔,平肩,一肩略宽、一肩略窄,肩部有二长穿,内近肩处有一圆穿;钺身饰三道横向弦纹,近刃部两道弦纹间饰三角纹;通长 23.6 厘米(图二七,4)。

B 型:銎内钺,1 件。标本:泗水寺台村:无号,弧刃两角外侈,平肩,銎内较长,銎孔呈椭圆形,钺身两侧中部内凹,呈亚腰状。通长 16、内长 6.8、肩宽 6.3、刃宽 8.3 厘米(图二七,5)。

乙类:C 形(耳形)钺。1 件。标本:1980 年邹县城前乡小彦村出土的取子孜鼓钺,钺身由龙身弯曲而成,呈 C 形,内沿为背,外沿整体为刃,龙尾处有管状銎,銎口饰三至四道弦纹。龙首凸目张口,有冠。尺寸不明(图二七,6)。

刀。青铜刀以用途分之,至少有三类:一是作为兵器,二是作为工具,三是作为仪仗或装饰。作为兵器的刀可分两种:一是长大厚重,作劈砍之用;二是尖利短小,作近身穿刺之用,此类刀亦可作为切割皮肉之用的工具。工具用刀一般形体稍小,便于携带和使用。作劈砍之用的铜刀,一是装有握柄之刀,此类刀应长大厚重,刀身长度一般在 40 厘米以上,否则不利于劈砍;二是装于长柲之前,其刀身长度应在 30 厘米以上,此类刀应主要以有銎刀和有穿刀为主,便于捆绑和固定;其他如刀柄前粗尾细的刀,可能是插于短柄作握柄之用,若插于长柲前端,劈砍时很容易造成柲端开裂致使刀身掉落。那些插于长柲前端的兵器是以击刺为主的双刃直兵器,如铍、矛等,因此刀柄前粗后细的刀应不是兵器用刀。

商周时期的握柄铜刀数量不少,但刀身或细长或较短,应都不是作劈砍之用的兵器用刀。海岱地区发现的作劈砍之用的兵器用刀目前可能仅有装长柲的刀一种。至于近身穿刺的近身兵器之刀与部分工具用刀不易区分,且在功能上也可能兼具,因此,笔者把近身穿刺用刀与工具用刀放在一起在后文加以分析,此处只讨论装长柲的劈砍之刀。而作

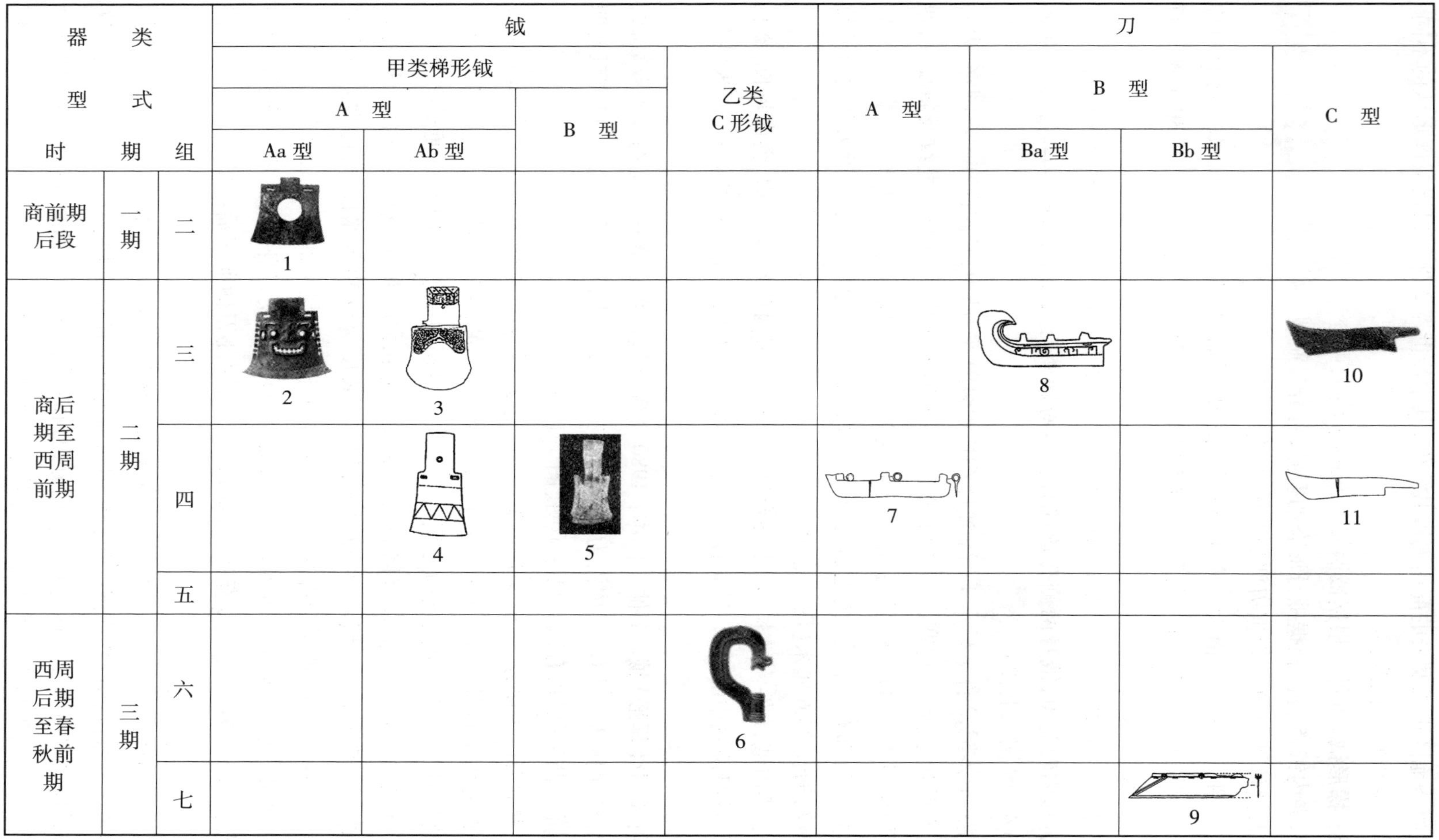

器类	钺			乙类 C形钺	刀			
型式	甲类梯形钺		B型		A型	B型		C型
	A型	Ab型				Ba型	Bb型	
组	Aa型							
时期								
一期 商前期后段 二	1							
二期 商后期至西周前期 三	2	3						
四		4	5					
五				6				
三期 西周后期至春秋前期 六					7	8		10
七							9	11

图二七 青铜钺、刀的型式与演变

1. 济南大辛庄M139:6 2. 青州苏埠屯M1:2 亚醜钺 3. 济南大辛庄1984JD采 4. 青州苏埠屯M8:30 5. 泗水寺台村：无号 6. 耿子祝敔钺 7. 寿光古城：无号 8. 青州苏埠屯M8:53 9. 莒县西大庄M1:19 10. 济南刘家庄M121:55 11. 寿光古城：无号

为仪仗之用的铜刀很可能主要由此类铜刀充当。

海岱地区发表的商周时期的兵器用刀共19件。根据装柄方式的不同,可分为有銎装秘刀、有穿装秘刀和有柄刀三型。

A型:有銎铜刀,1件。标本:寿光古城:无号,长条状,直刃,前锋上翘,背部三銎孔。刀片长41.3、宽5.8、脊厚0.3厘米(图二七,7)。

B型:有穿铜刀,14件。根据刀身形状的不同,可分二亚型。

Ba型:卷首刀,13件。标本:青州苏埠屯M8:53,直刃,前锋上卷,刀脊前端形成弯钩状,脊上有三个方形薄棱,近脊处有二长条形穿。刀身饰云雷纹。长29、宽6厘米(图二七,8)。

Bb型:直刃刀,1件。标本:莒县西大庄M1:19,刀身呈长方形,刀首呈平行四边形的一角之形态,刀刃平直,刃部锋利,脊下均匀分布五个长条形穿孔。刀脊两侧有对称的人面,刀首两面各饰一道斜直线纹。残长35.2、宽7.6、脊厚0.2厘米(图二七,9)。

C型:翘首有柄刀,4件。标本1:济南刘家庄M121:55,刀身宽厚,直背,凹刃,前刃较直,翘锋,短柄;通长35、中宽6.6厘米(图二七,10)。标本2:寿光古城:无号,厚背,薄刃,尖锋上翘,曲背,刃中部微凹,扁柄呈窄首宽尾的楔形;通长40.2、柄长10.2、最宽处约7.0厘米(图二七,11)。

矛。海岱地区发表的商周铜矛共221件,其中26件残损严重未能复原,9件为传世器。根据矛叶数量的不同,可分两类。

甲类:双叶矛。138件。可分五型。

A型:三角形矛,79件。叶部大致呈三角形。根据叶部的变化,可分为三式。

Ⅰ式,9件。标本:青州苏埠屯M1:6,长骹断面呈椭圆形,叶俯视呈长杏仁状,叶尾转角微弧,叶中部有长杏仁形血槽。槽中起脊通于矛锋。通长20.6、叶长10.5厘米(图二八,1)。

Ⅱ式,36件。标本:滕州前掌大M213:73,宽叶,叶尾转角浑圆,斜直刃,圆骹通脊至于锋,骹中部一侧有半环形系钮。通长21.4、骹长9.2、叶最宽处4.9厘米(图二八,2)。

Ⅲ式,34件。标本:新泰周家庄M11:9,圆骹通于叶三分之二处,余三分之一起线脊,微弧刃,叶尾转角基本呈直角。叶长略大于骹长。尺寸不明。(图二八,3)。

演变趋势:不甚明晰。

B型:狭长矛,15件。标本:新泰周家庄M1:87,短骹,长叶较窄,叶三分之二较平直,前三分之一弧曲聚于锋,圆骹通于柱脊前三分之一处,柱脊两侧有血槽。尺寸不明(图二八,4)。

C型:柳叶形矛,16件。根据叶的变化,可分二式。

Ⅰ式,15件。标本:滕州薛国故城M1:35,叶作宽柳叶形,两刃锋利,细长圆骹通于脊,脊与骹外部相贯连通于锋,下部三分之一处有对称圆形孔,当为铆钉之用。通长26.4、骹最大径2厘米(图二八,5)。

器型	类	式	组	三	四	五	六	七	八
矛	甲类双叶矛	A型		1	2				
		B型							
		C型							5
		D型	Da型	7	8				
			Db型						
		E型							
	乙类三叶矛	A型							
		B型							
剑	甲类	A型		16					
		B型			18				
		C型							
	乙类	A型							
		B型						22	
期				二期	二期	二期	三期	三期	三期
时				商后期至西周前期	商后期至西周前期	商后期至西周前期	西周后期至春秋前期	西周后期至春秋前期	西周后期至春秋前期

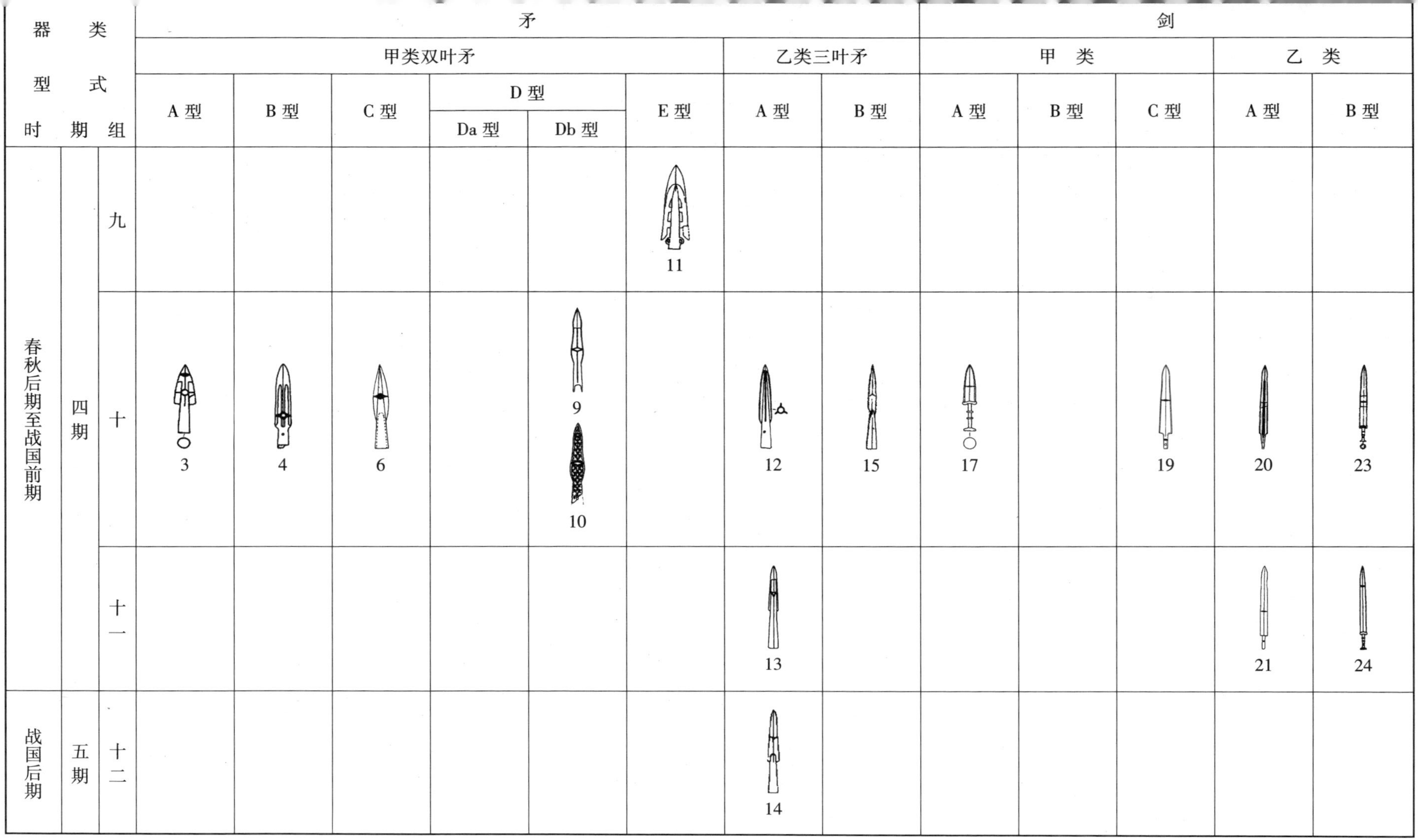

器型	矛								剑				
	甲类双叶矛					乙类三叶矛		甲类			乙类		
式	A型	B型	C型	D型		E型	A型	B型	A型	B型	C型	A型	B型
				Da型	Db型								
组													
时期													
九 四期 春秋后期至战国前期	3	4	6	9	10	11							
十							12	15	17		19	20	23
十一							13					21	24
十二 五期 战国后期							14						

图二八 青铜矛、剑的型式与演变

1. 青州苏埠屯 M1：6　2. 滕州前掌大 M205：31　3. 新泰周家庄 M11：9　4. 新泰周家庄 M213：73　5. 滕州前掌大 M1：6　2. 滕州薛国故城 M1：87　6. 莱芜戳鱼池塞：无号　7. 青州苏埠屯 1930 亚醜矛　8. 滕州前掌大 M1：18　16. 沂水信家庄：无号　17. 滕州东康刘 M141：1　18. 滕州前掌大 M41：42　19. 新泰周家庄 M58：49　20. 新泰周家庄 M1：53　21. 长岛王沟 M10：18　22. 沂源姑子坪 M1：17　23. 新泰周家庄 M61：3　24. 章丘女郎山 M1：93

Ⅱ式,1件。标本:莱芜戴鱼池墓:无号,叶作柳叶形,两刃锋利,圆骹通于脊,脊与骹外部相贯连通于锋。通长11.6厘米(图二八,6)。

D型:亚腰形矛,27件。根据腰出现部位的不同,可分二亚型。

Da型:后腰矛,23件。根据矛锋部的变化,可分二式。

Ⅰ式,21件。标本:1930年青州苏埠屯出土亚醜矛,宽叶前半部呈三角形,后半部两侧内凹呈束腰状,锋较圆钝,叶中部起线脊,中前部有杏仁状凹槽,叶下两边各有一个孔,圆骹通于脊前二分之一处。通长33.3、宽10.6、骹径4.7厘米(图二八,7)。

Ⅱ式,2件。标本:滕州前掌大M205:31,短骹通于脊前五分之二处,骹断面呈椭圆形,长叶中部起线脊,叶前半部呈锐角三角形,后半部刃部内凹呈束腰状,叶尾有一对称圆穿。弧状脊饰变形蝉纹。通长26.1、骹长0.3、叶最宽处7.8厘米(图二八,8)。

演变趋势:矛锋趋于尖锐。

Db型:前腰矛,4件。矛头前部双叶凹陷。标本1:临沂凤凰岭坑:57,叶刃部有两个弯曲,锋呈锐角三角形,刃中部内凹呈束腰状,后部刃外鼓;圆骹略扁圆通于脊,脊中空,断面呈菱形,骹尾有半圆形双尾叉;通长32厘米(图二八,9)。标本2:莒县大沈刘庄M1:9,形制基本同于上器,饰几何形暗纹;残长26.1厘米(图二八,10)。

E型:镂空矛。1件。标本:海阳嘴子前M1:74,整体似镞,圆骹通脊,两翼与骹之间有六处镂空,长27.3厘米(图二八,11)。

乙类:三叶矛。57件。矛头可分三叶与三棱二型。

A型:窄叶矛,52件。可分三式。

Ⅰ式,25件。标本:新泰周家庄M1:63,圆骹通于叶端近锋处,三叶较窄,叶尾弧曲,直刃微弧聚于锋。通长14.6、骹长4.3、銎口径1.6厘米(图二八,12)。

Ⅱ式,18件。标本:章丘女郎山M1:174①,圆骹通于叶前四分之三处,三叶较窄,叶尾转角较直,直刃在前四分之一处微弧聚于锋。通长17.6厘米(图二八,13)。

Ⅲ式,10件。标本:昌乐岳家河M150:27,三窄叶,直刃于叶前六分之一处弧聚于锋,圆骹,骹通于叶尾五分之一处。通长11.5、叶最宽处0.6厘米(图二八,14)。

演变趋势:不甚明显。

B型:柳叶翼三棱矛,5件。标本:济南左家洼M1:18,矛身三叶,叶呈半片柳叶状,弧刃聚锋,圆骹与矛身不通。长14.8、銎径1.9厘米(图二八,15)。

剑。海岱地区发表的商周铜剑共276件,其中6件残损严重未能复原。根据剑身的长短可分两类。

甲类:剑身较短。21件。根据剑首的不同,可分三型。

A型,有格短剑,2件。根据剑首变化,可分二式。

Ⅰ式,有格无首,茎部无箍,1件。剑身宽短,沿中线起柱脊。标本:沂水信家庄:无号,通长29.4、剑身长22、宽4厘米(图二八,16)。

Ⅱ式,有格有首,茎部有箍,1件。标本:滕州东康刘M141:1,尖锋,剑身呈长舌状,刃微曲,有格,茎部有两道圆箍(图二八,17)。

演变趋势:剑首从无至有。

B型,羊首剑,1件。标本:滕州前掌大 M41:42,剑身呈柳叶形,沿中线起柱脊,有格,柄首略弯、饰羊首,羊角后弯接于腮部。剑柄饰四道纵向蓖点线纹。残长36.6、宽6.0厘米(图二八,18)。

C型:无格短剑,18件。标本:新泰周家庄 M58:49,剑身宽短,前三分之一处略内收,扁茎近首处有一方形穿孔。长25.7、宽3.7、脊厚0.5厘米(图二八,19)。

乙类:剑身较长。249件。根据格的有无可分二型。

A型:无格长剑,17件。扁茎无首且基本无箍。根据茎部的变化可分二式。

Ⅰ式,茎部有格无箍,剑身中线起线脊,剑身狭长,2件。标本:新泰周家庄M1:53,茎部自首至尾由宽变窄,长54.2、最宽4.8、脊厚1.1厘米(图二八,20)。

Ⅱ式,茎部无格无箍,剑身中线起线脊,剑身更为狭长,前段三分之一处窄收,15件。标本:长岛王沟 M10:18,通长50厘米(图二八,21)。

演变趋势:剑身渐窄,扁茎渐细窄,柱脊变为线脊。

B型:有格长剑,232件。根据剑身变化,可分三式。

Ⅰ式,3件。标本:沂源姑子坪 M1:17,圆茎,无格,无箍,剑身沿中线起柱脊。长35.6厘米(图二八,22)。

Ⅱ式,141件。标本:新泰周家庄 M61:3①,圆茎,宽格,双箍,剑身中线起线脊,剑身变狭长。通长46.2、宽4.3、脊厚0.3厘米(图二八,23)。

Ⅲ式,88件。标本:章丘女郎山 M1:93,圆茎,宽格,双箍,剑身中线起线脊,剑身更为狭长。通长48.6、剑身宽4.2厘米(图二八,24)。

演变趋势:剑身渐窄,茎渐有箍,柱脊变为线脊。

镞。1804件。根据銎的有无可分有铤镞和有銎镞两大类。

有铤镞。又可分为双翼镞、三翼镞和无翼镞三小类。

有铤甲类:双翼镞。根据脊是否出本以及銎的有无可分二型。

A型:脊透出本。根据翼的张敛,可分为二亚型。

Aa型:张翼镞。根据翼的变化可分五式。

Ⅰ式,翼较长。标本:长清小屯:无号,铤作锥形,长6厘米(图二九,1)。

Ⅱ式,翼较尖锐,本较细,翼较宽侈。标本:滕州前掌大 M119:72,长6.5厘米(图二九,2)。

Ⅲ式,翼更为尖锐,翼尾略内收。标本:沂源姑子坪 M1:18,圆铤,长6.8厘米(图二九,3)。

Ⅳ式,翼更为形象化,翼尾较长略展,刃呈弧形,整体似一昆虫。标本:滕州薛国故城

---

① 山东省文物考古研究所、新泰市博物馆:《新泰周家庄东周墓地》,文物出版社,2014年,第364—366页。

型式																
	有銎镞			有铤镞												
				有铤甲类			有铤乙类			有铤丙类						
	C型	B型	A型	A型		B型		A型	B型	C型	A型			B型		
组				Aa型	Ab型	Ba型	Bb型				Aa型	Ab型	Ac型	Ad型	Ba型	Bb型	Bc型	Bd型
四				1		9												
五				2							16							
六																		
七				3	6													
八						10		13										

时期: 二期 商后期至西周前期 / 三期 西周后期至春秋前期

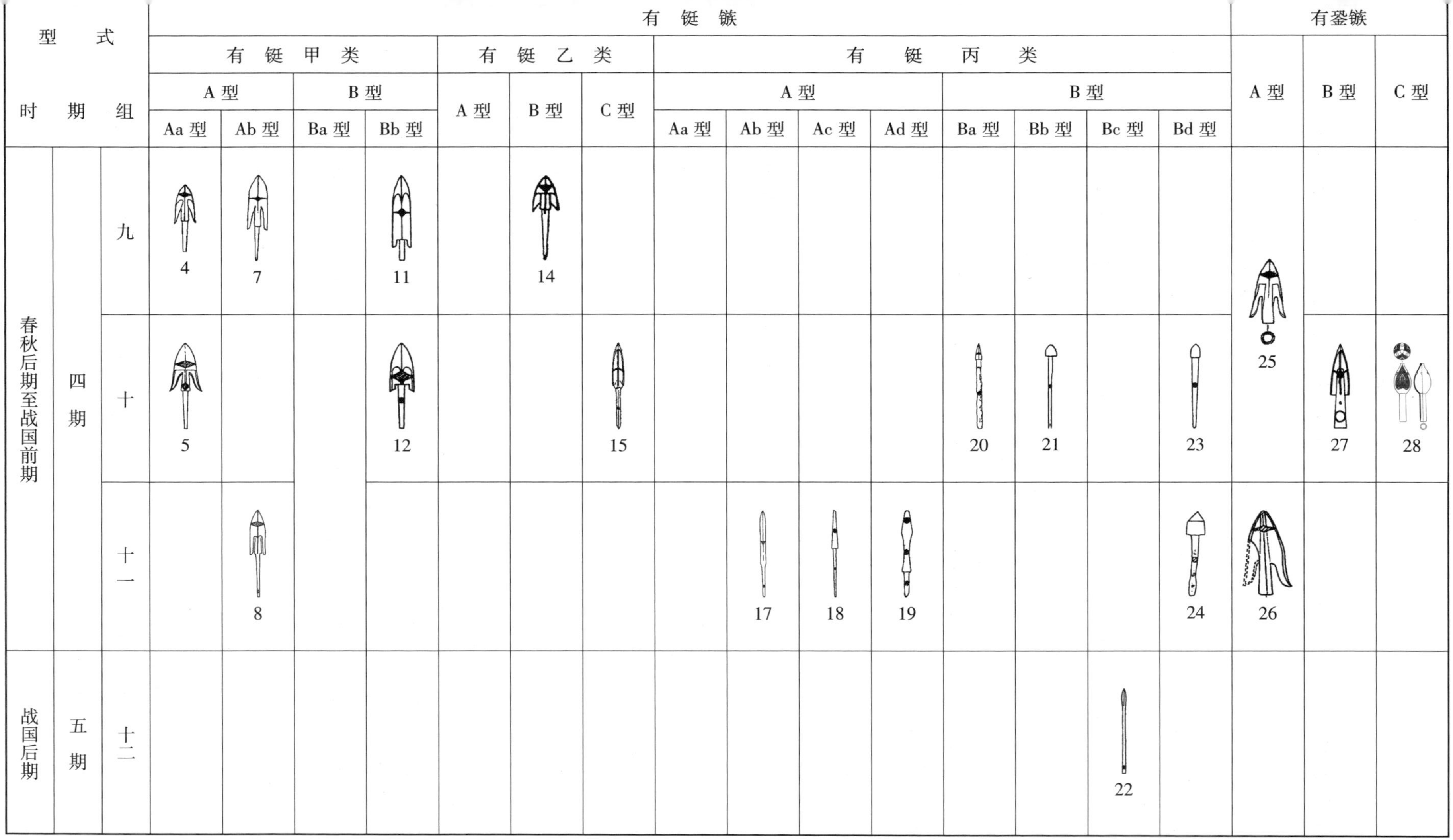

图二九 青铜镞的型式与演变

1. 长清小屯：无号 2. 滕州前掌大 M119：72 3. 沂源姑子坪 M1：18 4. 滕州薛国故城 M2：30－1 5. 临沂凤凰岭东周墓：坑 8 6. 长清仙人台 M6：GS11－1 7. 滕州薛国故城 M2：17－1 8. 章丘女郎山 M1：19① 9. 寿光古城 M1：22－1 10. 滕州薛国故城 M1：71 11. 临沂凤凰岭东周墓：无号 12. 滕州薛国故城 M1：28－1 13. 滕州薛国故城 M2：31－1 15. 阳谷景阳岗墓 M2：33 16. 滕州前掌大 M9：3 17. 章丘女郎山 M12：39 19. 长岛王沟 M12：35 20. 莱芜西上崮 M12：35 21. 新泰周家庄 M2：33 22. 阳谷景阳岗墓 M107：12 23. 莱芜西上崮：无号 24. 章丘女郎山 M1：36② 25. 滕州薛国故城 M2：52－1 26. 章丘女郎山 M1：19② 27. 阳谷景阳岗墓：无号 28. 新泰周家庄 M1：156

M2：30-1，体短宽，尖圆锋，横截面呈菱形，双翼较宽，圆铤细长。长 8.4 厘米（图二九，4）。

Ⅴ式，翼尾较长，略微外卷。标本：临沂凤凰岭东周墓：坑 8，长 6.1 厘米（图二九，5）。

演变趋势：翼尾渐长、趋于尖锐，柱脊向线脊演变，整体向瘦削发展。

Ab 型：敛翼出本镞。可分三式。

Ⅰ式，翼较短，镞身纤细。标本：长清仙人台 M6：GS11-1，双翼较短，菱形脊，圆柱形短铤。长 8.5 厘米（图二九，6）。

Ⅱ式，翼较长，较Ⅰ式稍粗。标本：滕州薛国故城 M2：17-1，铤作长钉形，长 8.9 厘米（图二九，7）。

Ⅲ式，翼较长，圆铤。标本：章丘女郎山 M1：19①，长 8.2 厘米（图二九，8）。

演变趋势：翼尾渐长，形体由瘦长向粗短发展。

B 型：脊未出本镞。可分二亚型。

Ba 型：张翼镞。根据翼的变化，可分二式。

Ⅰ式，翼较长，圆铤。标本：寿光古城：无号，尺寸不明（图二九，9）。

Ⅱ式，翼较长。标本：滕州薛国故城 M1：22-1，铤作长钉形，长 8.9 厘米（图二九，10）。

演变趋势：翼尾渐长、趋于尖锐，柱脊向线脊演变，整体向瘦削发展。

Bb 型：敛翼镞。根据翼的变化，可分二式。

Ⅰ式，镞身细长，翼尾较短。标本：滕州薛国故城 M2：19-1，长 8.2 厘米（图二九，11）。

Ⅱ式，镞身粗短，翼尾较短。标本：临沂凤凰岭东周墓：无号，长 5.2 厘米（图二九，12）。

演变趋势：翼尾渐长，形体由瘦长向粗短发展。

有铤乙类：三翼镞。可分三型。

A 型：窄翼镞。镞身纤长，锋尖锐。标本：滕州薛国故城 M1：28-1，三窄翼斜直聚于锋，本凹入较深，铤作尖锥状。通长 9.8 厘米（图二九，13）。

B 型：宽翼镞。镞身粗短。标本：滕州薛国故城 M2：31-1，长铤，短身，三宽翼弧聚于锋，本凹入较浅，长铤作尖锥状。尺寸不明（图二九，14）。

C 型：叶状翼镞。标本：阳谷景阳岗墓：无号，弧刃聚锋，翼似半片柳叶，长铤断面呈三棱锥状。长 6.6 厘米（图二九，15）。

有铤丙类：无翼镞。根据镞身长短的差异，可分为长镞身镞和短镞身镞二型。

A 型：长镞身镞。根据镞身的差异可分四亚型。

Aa 型：镞身呈粗棱锥状。横截面呈三角形，竖截面呈锐角三角形。标本：滕州前掌大 M9：3，长 5.3 厘米（图二九，16）。

Ab 型：镞身呈细棱锥状。标本：章丘女郎山 M1：71，镞身纤细，横截面呈三棱状，镞身俯视呈长剑状，尺寸不明（图二九，17）。

Ac 型：镞身呈尖锥状。标本：长岛王沟 M12：39，铤细长呈尖锥状，通长 14.5 厘米（图二九，18）。

Ad 型：镞身俯视呈亚腰矛状。镞身前端呈圆锥状，后端内收较细，圆铤较短，末端呈扁铲状。标本：长岛王沟 M12：35，通长 9 厘米（图二九，19）。

B 型：短镞身镞。可分四亚型。

Ba 型：镞前端呈三棱锥状。镞身呈三棱锥状，圆柱形铁铤较长。标本：莱芜西上崮：无号，通长 9.3 厘米（图二九，20）。

Bb 型：镞身呈尖帽状。标本：新泰周家庄 M2：33，尺寸不明（图二九，21）。

Bc 型：镞身呈枣核状，无关，圆柱形铤较长。标本：章丘王推官 M107：12，尺寸不明（图二九，22）。

Bd 型：镞身呈圆仓状。根据镞身的变化，可分二式。

Ⅰ式，镞身呈细高圆仓状。标本：莱芜西上崮：无号，圆锥状铤较长，通长 6.8 厘米（图二九，23）。

Ⅱ式，镞身呈粗圆仓状。标本：章丘女郎山 M1：36②，长铤呈圆柱状，通长 3.9 厘米（图二九，24）。

演变趋势：镞身由细渐粗。

有銎镞。数量较少。根据翼的不同，可分三型。

A 型：双翼镞，10 件。可分二式。

Ⅰ式，标本：滕州薛国故城 M2：52－1，通长 5.1 厘米（图二九，25）。

Ⅱ式，标本：章丘女郎山 M1：19②，通长 9.8 厘米（图二九，26）。

B 型：三翼镞。标本：阳谷景阳岗墓：无号，三刃前聚成锋，较锋利。圆銎上有一穿，长 10.2，銎长 3.9、銎口直径 1.5 厘米（图二九，27）。

C 型：花蕾状有孔镞，2 件。标本：新泰周家庄 M1：156，镞身呈花蕾状，饰花瓣纹，通长 14.6、铤长 6.9、銎口径 1.1 厘米（图二九，28）。

第四节 青铜工具

海岱地区发表的商周青铜工具已超过 200 件，笔者选取常见的刀、斧、锛、凿、铲、锯、刻刀、钻、刻针等 9 种共 161 件进行类型学分析。具体情况如下。

刀。除作为兵器（包括仪仗）的长柲铜刀外，其余铜刀大体可分为以下三种：一是砍刀，刀身多宽厚，长大者可能是作为劈砍的兵器，稍小者可能是砍刹的工具，此类铜刀多有握柄；二是削刀，刀身多纤细弧曲，刀背与刃多平行，是削割之用的工具，此类刀也多有握柄；三是刺刀，或称匕首，刀身较短且多弓曲，前半段一般较窄，后半段一般较宽，刀锋尖利多上翘,既可作为近身格斗之兵器,又可作为切割皮肉的工具,其中形体较小且有精美装饰者也可能是把玩之弄刀或装饰品,此类刀也多有握柄。

海岱地区共发表商周青铜工具用刀 63 件(含近身格斗用刀),其中 5 件残损严重,未能复原。具体形制如下。

甲类:砍刀。12 件。目前海岱地区此类刀的刀身多较短,可能是作为工具之用。根据刀背的不同,可分为三型。

A 型:直背刀,7 件。标本 1:青州苏埠屯 M8:52,厚背较直,薄刃,柄略下弯,环首;通长 29.8、宽 4.1、柄长 11 厘米(图三〇,1)。标本 2:滕州前掌大 M120:27,刀身较宽,刀背较厚、较直,直刃,柄部两侧各有一道凸起直线纹,刀柄横截面呈哑铃状;通长 28.4、宽 4.8 厘米(图三〇,2)。

B 型:弓背刀,2 件。刀背与柄基本呈弧线,形成弓背。标本:寿光古城:无号,刀身与刀柄有明显分界,刀身直背直刃,刀柄下弯,横截面呈纺锤形,环首。通长 30.8、宽 4.4、柄长 11.2 厘米(图三〇,3)。

C 型:翘首刀,3 件。标本:滕州前掌大 M18:26,刀背前端近锋处上翘,背部自柄首至刀锋有三个弯曲,形成曲背;直刃,环首。柄部饰由三道蓖点纹组成的装饰。通长 29.8、宽 4.3 厘米(图三〇,4)。

乙类:削刀。32 件。根据刀身的曲直,可分为窄削刀、宽削刀二型。

A 型:窄削刀,28 件。可分为弓背窄削刀、弧背窄削刀、直背窄削刀和特殊形制窄削刀四个亚型。

Aa 型:弓背窄削刀,3 件。根据背部变化,可分二式。

Ⅰ式,1 件。标本:长清小屯:35,直背,柄下弯,形成弓背状,刃中部微凹,尖锋微翘,圆角方环首。通长 31.6、宽 3.0、柄长 11 厘米(图三〇,5)。

Ⅱ式,2 件。标本:蓬莱柳格庄 M2:3,弧背较厚,刃中部微凹,尖锋微翘,扁方柄,环首。通长 15、宽 1.0 厘米(图三〇,6)。

演变趋势:形体变小。

Ab 型:弧背窄削刀。22 件,其中 15 件残损严重,不知其具体形制。刀背略弧曲,其弯曲程度小于弓背削刀。根据柄部横截面的变化,可分二式。

Ⅰ式,柄部横截面呈方形或近方形,3 件。标本:滕州薛国故城 M2:44,弧背较厚,内弧刃,方柄,环首。通长 30、宽 2.4 厘米(图三〇,7)。

Ⅱ式,柄部横截面呈三角形,19 件,其中 15 件残损严重。标本:临淄南马坊 M1:6,刀背微弧,刃较直,锋呈三角形,环首残损。残长 11.0、宽 1.0 厘米(图三〇,8)。

演变趋势:形体变小。

Ac 型:直背窄削刀,2 件。标本 1:蓬莱柳格庄 M4:1,直柄,直背,直刃,刀身前端残损,细方柄,环首;残长 24.5、宽 2.4 厘米(图三〇,9)。标本 2:滕州薛国故城 M2:22,直圆柄,直背,直刃,扁环首;残长 23.4、宽 1.4 厘米(图三〇,10)。

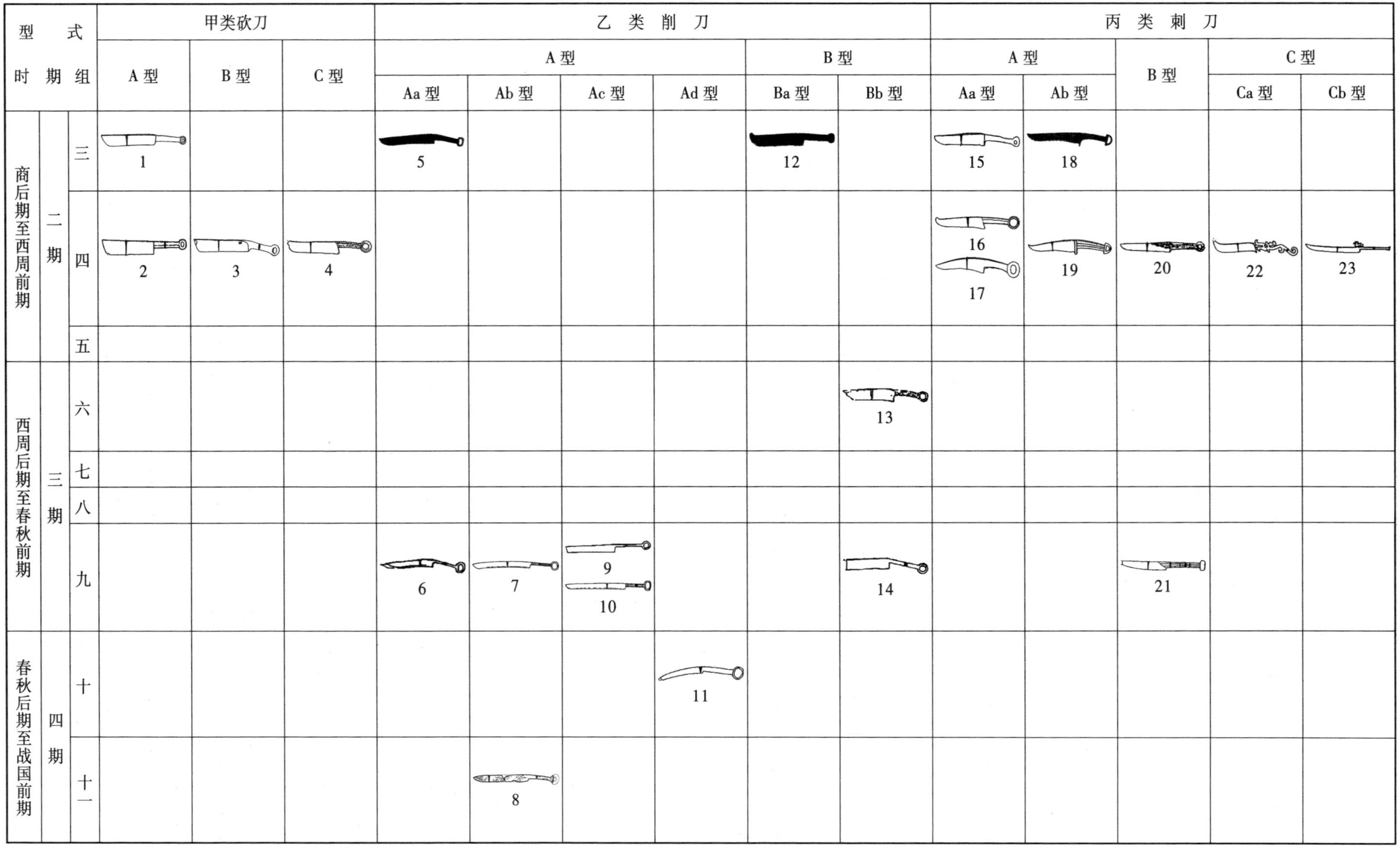

图三〇 青铜刀(工具)的型式与演变

1. 青州苏埠屯 M8∶52 2. 滕州前掌大 M120∶27 3. 寿光古城∶无号 4. 滕州前掌大 M18∶26 5. 长清小屯 6. 蓬莱柳格庄 M2∶3 7. 滕州薛国故城 M2∶44 8. 临淄南马坊 M1∶6 9. 蓬莱柳格庄 M4∶1 10. 滕州薛国故城 M2∶22 11. 莒南大店 M2∶殉1 12. 长清小屯∶4 13. 威海 M2∶4 14. 蓬莱柳格庄 M4∶4 15. 青州苏埠屯 M8∶32 16. 蓬莱庄里西 89M5∶5 17. 滕州前掌大 M45∶33 18. 长清小屯∶38 19. 滕州薛国故城 M2∶51 20. 滕州前掌大 BM9∶28 21. 滕州薛国故城 M2∶3 22. 滕州前掌大 M38∶70 23. 滕州前掌大 M50∶4

Ad 型：特殊形制的窄削刀，1 件。标本：莒南大店 M2：殉 1，刀背弓曲较甚，刀身纤细但较厚重，自柄部至刀锋逐渐变窄（图三〇，11）。

B 型：宽削刀，4 件。可分为直背宽削刀和弓背宽削刀二亚型。

Ba 型：直背宽削刀，1 件。标本：长清小屯：4，刀背近直，前锋上翘，直刃，扁柄，椭圆形实柄首。通长 30.8、宽 4.8、柄长 11 厘米（图三〇，12）。

Bb 型：弓背宽削刀，3 件。形体一般较小。标本 1：威海 M2：4，弓背较厚，内弧刃，曲柄，环首；通长 14.5、宽 2 厘米（图三〇，13）。标本 2：蓬莱柳格庄 M4：4，直背，直柄，直刃，柄与刀身相接处弯折，形成弓背，方柄，环首；残长 14.6、宽约 2 厘米（图三〇，14）。

丙类：刺刀。或称匕首。14 件。根据刀背的曲直以及装饰可分为三型。

A 型：弓背刺刀，7 件。刀身多呈前窄后宽状。根据柄首差异，可分二亚型。

Aa 型：环首刀，4 件。可分二式。

Ⅰ式，2 件。标本：青州苏埠屯 M8：32，厚背近直，直刃微凹，柄下弯，环首。通长 18.2、宽 2.4、柄长 7.4 厘米。成年男子用刀之握柄应在 8 厘米以上，加上柄首，柄长应在 9 厘米以上。此刀较为短小，柄长仅 7.4 厘米，可能为儿童用刀或妇女用刀（图三〇，15）。

Ⅱ式，2 件。标本 1：滕州庄里西 89M5：5，厚背微弓，前锋上翘，扁柄，环首；通长 28 厘米（图三〇，16）。标本 2：滕州前掌大 M45：33，弓背较甚，尖锋微上翘，曲刃，环首，刀身较薄；通长 27.8、宽 4.9 厘米（图三〇，17）。

演变趋势：不甚明晰。

Ab 型：半环首刀，3 件。根据刀背弓曲程度，可分二式。

Ⅰ式，1 件。标本：长清小屯：38，弓背，曲刃，前锋略上翘，柄与刀身连接处有阑，扁柄两面各有两道凸线，半环形首。通长 40.2、柄长 15.7、宽 4 厘米（图三〇，18）。

Ⅱ式，2 件。标本：滕州前掌大 M132：3，弓背较甚，尖锋上翘，曲刃，柄与刀身连接处有阑，扁柄中线起方脊，半环形首。通长 23.6、宽 4.1 厘米（图三〇，19）。

演变趋势：刀背由微曲到弓背。

B 型：直背刺刀，形体较小，2 件。根据刃部变化，可分二式。

Ⅰ式，标本：滕州前掌大 BM9：28，直背较厚，直刃，刀身较窄，环首。通长 15.5、宽 1.9 厘米（图三〇，20）。

Ⅱ式，标本：滕州薛国故城 M2：51，直背，外弧刃，锋残，扁柄，柄首呈长方形。残长 13 厘米（图三〇，21）。

C 型：附有装饰的小刀，5 件。可分二亚型。

Ca 型：夔龙柄小刀，3 件。标本：滕州前掌大 M38：70，曲背，曲刃，前锋上翘，柄部为一夔龙，夔龙柄与刀身由两横杆连接。残长 19.0、宽 2.0 厘米（图三〇，22）。

Cb 型：立鸟小刀，2 件，皆残。刀柄与刀身连接处有一立鸟。标本：滕州前掌大 M50：4，外弧背，外弧刃，刀身较细，前锋上翘，细直方柄，柄首残，可能为一小鸟。残长 19.2、宽 1.4 厘米（图三〇，23）。

斧。或称斤。斧与锛的区别主要有两个：一是斧刃与柄平行或者说在一条直线上，而锛刃与柄垂直；二是斧一般是双面刃，锛一般是单面刃。海岱地区共发表商周铜斧27件，其中2件残损，不知其形制。根据刃角是否外侈，可分二型。

A型：刃角不外侈，11件。根据斧平面形状的差异，可分二亚型。

Aa型：平面呈长方形，4件。根据斧身的变化，可分二式。

Ⅰ式，3件。标本：青州苏埠屯征集：无号，长方形銎口，短边微外凸，直刃。通长7.2、宽3.4、厚2厘米（图三一，1）。

Ⅱ式，1件。标本：郯城二中 M1∶45，长方形銎口，直刃。通长11.3、宽3.1、厚（指銎口宽度，下同）1.8厘米（图三一，2）。

演变趋势：斧身由粗壮到瘦削。

Ab型：平面呈梯形，7件。标本：滕州前掌大 M40∶34，长方形銎口，微外弧刃。通长10.8、刃长3.2、厚2.3厘米（图三一，3）。

B型：刃角外侈，14件。根据斧刃的变化，可分三式。

Ⅰ式，4件。标本：青州苏埠屯 M8∶41，长方形銎口，一侧有一小穿鼻，斧面中间微束，弧刃。两面均饰简化兽面纹。通长11、刃长4.8、厚2.5厘米（图三一，4）。

Ⅱ式，6件。标本：滕州前掌大 M18∶27，长方形銎口，一侧有一圆环，弧刃，刃部以上呈梯形。通长10.8、刃长4.0、厚3.2厘米（图三一，5）。

Ⅲ式，4件。标本：郯城二中 M1∶47，长方形銎口，弧刃，刃部以上呈梯形。通长12.9、刃长5.0、厚3.5厘米（图三一，6）。

演变趋势：斧刃由微弧到圆弧。

锛。海岱地区共发表商周铜锛35件。根据刃角是否外侈及整体差异可分三型。

A型：刃角外侈，24件。根据锛身的变化，可分二式。

Ⅰ式，12件。标本：青州苏埠屯 M8∶40，长方形銎口，弧刃，锛面中间微束。两面均饰简化兽面纹。通长5.2、刃长3.5、厚1.3厘米（图三一，7）。

Ⅱ式，12件。标本：滕州薛国故城 M2∶7-2，长方形銎口，弧刃，锛面中部微束，弧面銎口下有一半环形钮，其下有一三角形穿孔。长8.8、刃长约3厘米（图三一，8）。

演变趋势：锛身由粗壮到瘦削。

B型：刃角不外侈，锛面呈梯形，10件。可分二式。

Ⅰ式，8件。标本：寿光古城：无号，梯形銎口，直刃，锛面中部饰十字纹。长10.8、刃长3、厚1.3厘米（图三一，9）。

Ⅱ式，2件。标本：曲阜鲁国故城 M57∶1，长方形銎口，锛面基本呈长方形。长14.2、刃长4.1厘米（图三一，10）。

演变趋势：中间有较大的时间缺环，演变趋势不明晰。

C型：1件。标本：长清小屯：50，圆銎一侧为一长方形扁片，一侧作薄斧状，弧刃，刃角外侈较甚，刃上部呈束腰状。通长15.3厘米（图三一，11）。

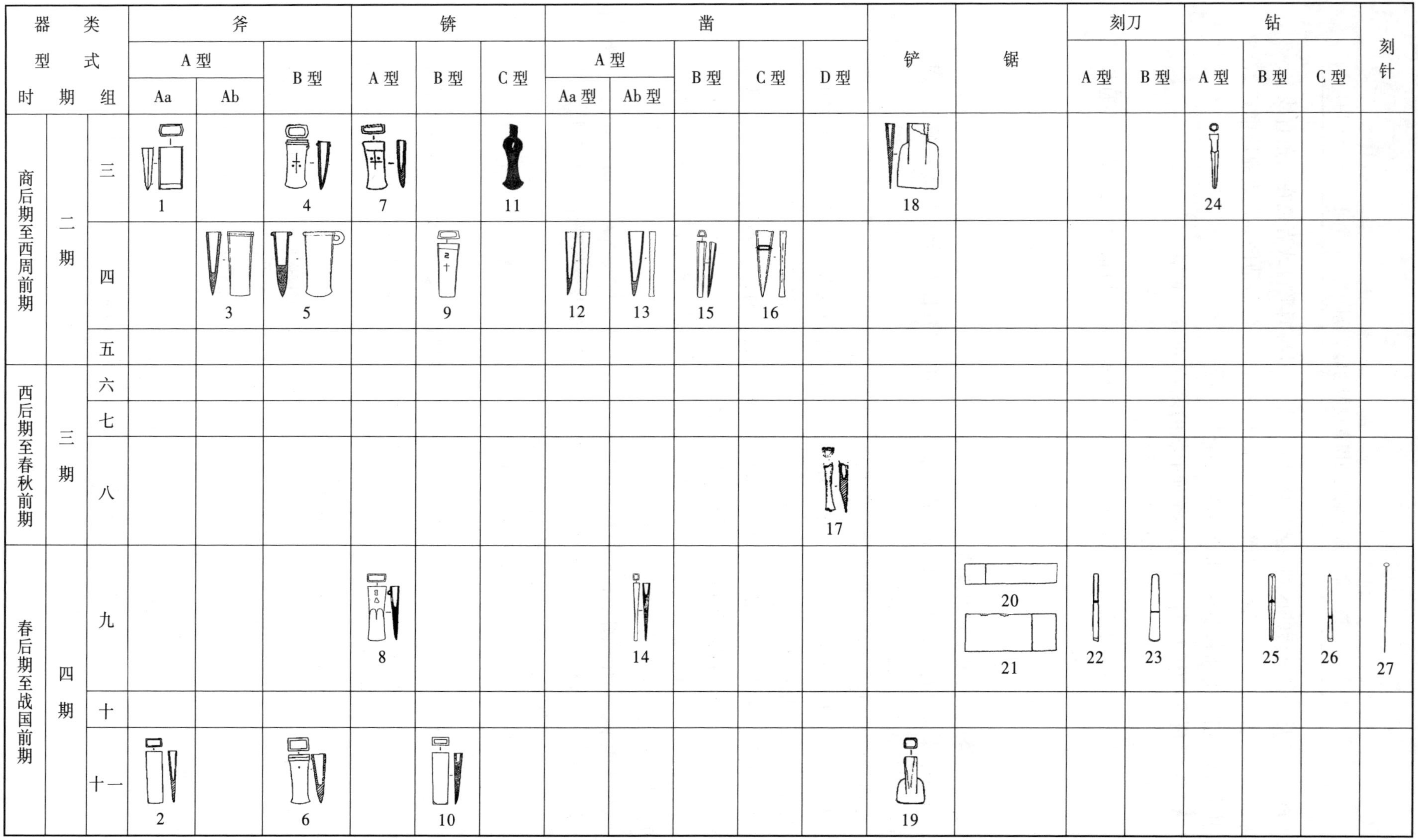
器类
型式
时期组
斧
A型
Aa
Ab
B型
锛
A型
B型
C型
凿
A型
Aa型
Ab型
B型
C型
D型
铲
锯
刻刀
A型
B型
钻
A型
B型
C型
刻针
商后期至西周前期
二期
三
四
五
西后期至春秋前期
三期
六
七
八
春后期至战国前期
四期
九
十
十一
1
2
3
4
5
6
7
8
9
10
11
12
13
14
15
16
17
18
19
20
21
22
23
24
25
26
27

图三一　青铜斧、锛、凿、刻刀、钻、刻针的型式与演变

1. 青州苏埠屯征集：无号　2. 郯城二中 M1：45　3. 滕州前掌大 M40：34　4. 青州苏埠屯 M8：41　5. 滕州前掌大 M18：27　6. 郯城二中 M1：47　7. 青州苏埠屯 M8：40　8. 滕州薛国故城 M2：7－2　9. 寿光古城：无号　10. 曲阜鲁国故城 M57：1　11. 长清小屯：50　12. 滕州前掌大 M41：28　13. 滕州前掌大 M21：9　14. 滕州薛国故城 M2：35　15. 寿光古城：无号　16. 滕州前掌大BM9：16　17. 栖霞吕家埠 M1：无号　18. 青州苏埠屯征集：无号　19. 阳信西北陪葬坑：31　20. 滕州薛国故城 M2：46　21. 滕州薛国故城 M2：47　22. 滕州薛国故城 M2：43－1　23. 滕州薛国故城M2：45－1　24. 济南大辛庄Ⅱ M7：4　25. 滕州薛国故城 M2：30　26. 滕州薛国故城 M2：131　27. 滕州薛国故城 M2：39－1

凿。20件,其中2件形制不明。根据凿身横截面形状的不同,可分四型。

A型:凿身横截面呈长方形,12件。根据凿身竖截面的差异,可分二亚型。

Aa型:竖截面呈梯形,4件。标本:滕州前掌大M41∶28,器身三面平直,长方形銎口,单面直刃。长12.3、宽2.1、厚1.8厘米(图三一,12)。

Ab型:竖截面呈亚腰形,8件。根据凿身的变化,可分二式。

Ⅰ式,3件。标本:滕州前掌大M21∶9,器身四面平直,双面直刃,长方形銎口。长12.1、宽2.8、厚1.1厘米(图三一,13)。

Ⅱ式,5件。标本:滕州薛国故城M2∶35,器身四面平直,双面直刃,长方形銎口。长15.2厘米(图三一,14)。

演变趋势:凿身由扁向方发展,銎口由深向浅发展。

B型:凿身横截面呈梯形,4件。标本:寿光古城:无号,器身三面平直,单面直刃,竖截面呈梯形。长12.8、刃长1.2厘米(图三一,15)。

C型:凿身横截面呈扁六边形,1件。标本:滕州前掌大BM9∶16,器身四面平直,双面直刃,竖截面呈亚腰形。长10.6、宽2.7、厚1.0厘米(图三一,16)。

D型:凿身横截面呈半椭圆形,1件。标本:栖霞吕家埠M1:无号,残,四面平直,单面直刃。残长9.0、刃长2.0厘米(图三一,17)。

铲。3件。根据柄部及铲身的变化,可分二式。

Ⅰ式,1件。标本:青州苏埠屯征集:无号,方形柄,长方形銎口,圆肩,单面直刃,由肩至刃逐渐变薄。高12.0、刃长7.4、銎口长3.8、宽1.6厘米(图三一,18)。

Ⅱ式,2件。标本:阳信西北陪葬坑:31,梯形长柄,方形銎口,圆肩,双面刃微弧。高13.6、铲身高7.2、刃长7.6厘米(图三一,19)。

演变趋势:柄由短向长发展,铲身由长向短发展。

锯。3件。标本1:滕州薛国故城M2∶46,长方形薄片,两侧边有锯齿,一边斜齿,一边正齿;长17.6、宽4、厚0.2厘米(图三一,20)。标本2:滕州薛国故城M2∶47,长方形薄片,一侧有斜齿;长12.2、宽5.2、厚0.2厘米(图三一,21)。

刻刀。5件。根据刃部差异,可分二型。

A型:斜刃,2件。标本:滕州薛国故城M2∶43-1,体呈长条状,顶端略窄,刃端略宽,斜刃。长10.2厘米(图三一,22)。

B型:弧刃,3件。标本:滕州薛国故城M2∶45-1,体呈扁条状,顶端略窄,刃端略宽,弧刃。长14.3、刃长2.2厘米(图三一,23)。

钻。3件。根据钻身横截面形状的不同,可分三型。

A型:钻身横截面呈菱形,1件。标本:济南大辛庄ⅡM7∶4(报告称此钻为凿,误),上端为方形,圆形銎口,銎口下为圆柱,其下为菱形棱柱。长11.7厘米(图三一,24)。

B型:钻身横截面呈三角形,1件。标本:滕州薛国故城M2∶30,体作三棱长条状,倒山字形尖锋。长9.7厘米(图三一,25)。

C 型：钻身横截面呈梯形，1 件。标本：滕州薛国故城 M2∶131，体作四棱长条状，倒山字形尖锋。长 14.3 厘米(图三一，26)。

刻针。2 件。标本：滕州薛国故城 M2∶39-1，体细长，球形帽，圆柄，三棱状尖锋。长 25.5 厘米(图三一，27)。

第五节　青铜车马器

截至 2017 年底，海岱地区发表的商周青铜车马器已超过 2 000 件，种类包括车辖、车軎、盖弓帽、衡末饰、銮铃、轭、踵饰、马衔、马镳、当卢、铜泡、节约等。本书选取其中形制较为清楚的 1 459 件，进行类型学分析。具体情况如下。

车軎。车軎一般作筒形，皆有内外两端。近毂端为内端，较粗；近轴端为外端，稍细；内端有穿以纳辖键。海岱地区发表的商周青铜车軎共 206 件，依据軎体的不同，可分二型。

A 型：瘦长体无沿车軎，48 件。根据外端顶部的平凸情况，可分二亚型。

Aa 型：外端向外凸出，20 件。根据长短的变化，可分三式。

Ⅰ式，形体较瘦长，5 件。标本：滕州前掌大 M204∶8，内端素面，外端饰简化蕉叶纹。通长 17、外端径 4.1、内端径 5.4 厘米(图三二，1)。

Ⅱ式，直圆筒形，无内外端之分，通体素面，6 件。标本：济阳刘台子 M3∶无号(图三二，2)。

Ⅲ式，形体较粗短，9 件。标本：曲阜鲁国故城 M46∶4，外端呈十一棱柱形，素面。通长 13.1、外端径 4.3、内端径 5.6 厘米(图三二，3)。

演变趋势：由瘦长变为粗短。

Ab 型：外端顶平，28 件。根据长短的变化，可分二式。

Ⅰ式，形体较瘦长，12 件。标本：滕州前掌大 M45∶23，通体有纹饰，外端为四分蕉叶纹，外端顶面饰蜷曲夔龙纹，内端的辖孔两侧饰兽面纹。通长 18.5、外端径 3.5、内端径 5.0 厘米(图三二，4)。

Ⅱ式，形体稍短，16 件。标本：曲阜鲁国故城 M48∶33，外端饰窃曲纹，长 11.3、外端径 3.9、内端径 5.2 厘米(图三二，5)。

演变趋势：由瘦长变为粗短。

B 型：短体折沿车軎，158 件。形制较短，内端有折沿。根据形体差异，可分五亚型。

Ba 型：軎身上有棱，内端为宽折沿，99 件。根据长短的变化，可分二式。

Ⅰ式，軎身瘦长，45 件。标本：临淄齐故城 M1∶无号，軎身呈圆筒状，有棱，内端向外折沿，通长 8.5、内端径 8.3、外端径 4.5 厘米(图三二，6)。

Ⅱ式，軎身稍短，54 件。标本：滕州薛国故城 M2∶69，圆筒形器身有十二条棱，长 8.8 厘米(图三二，7)。

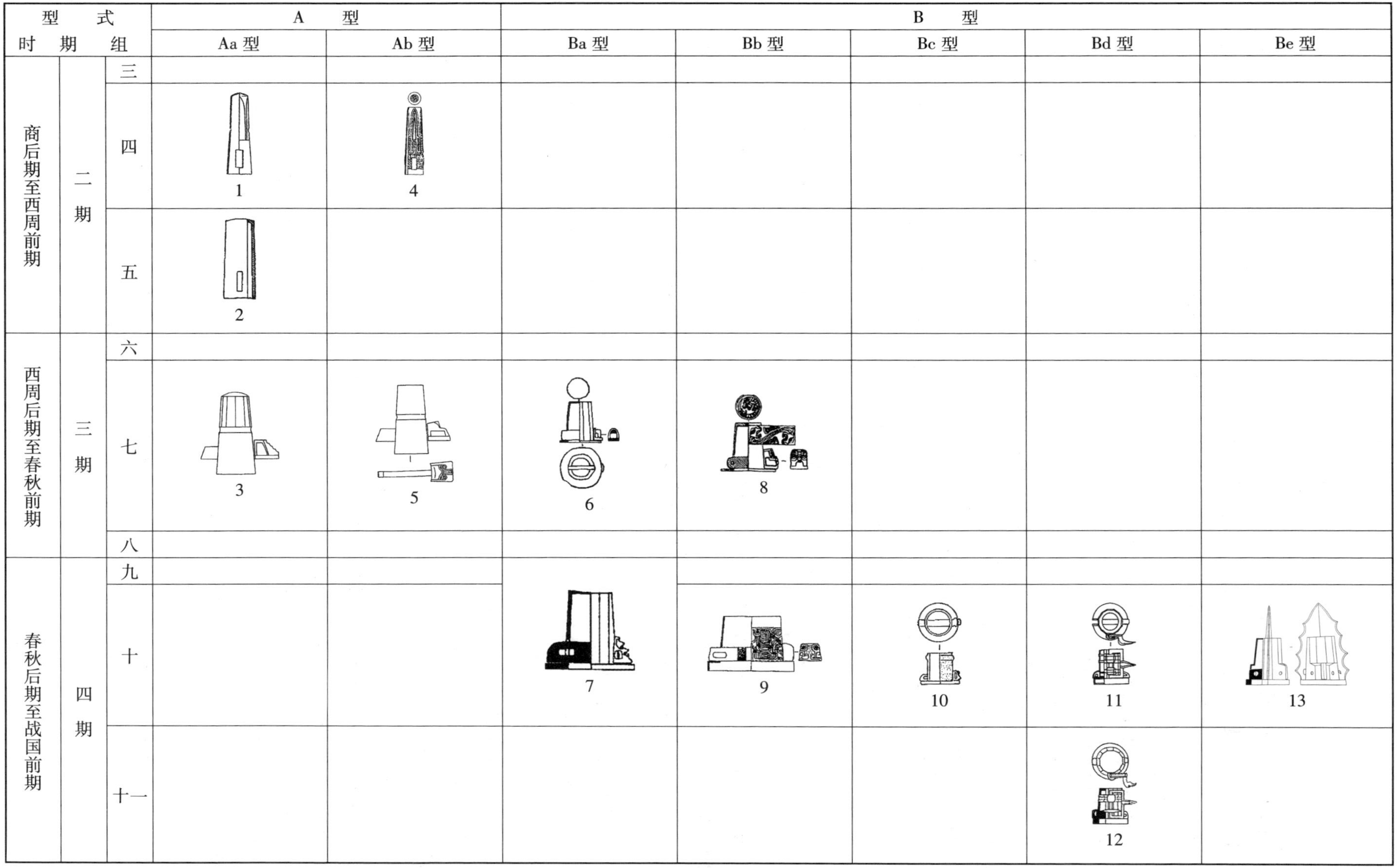

型期	A 型		B 型				
时组式	Aa 型	Ab 型	Ba 型	Bb 型	Bc 型	Bd 型	Be 型
二期 商后期至西周前期 三							
二期 商后期至西周前期 四	1	4					
二期 商后期至西周前期 五	2						
三期 西周后期至春秋前期 六	3						
三期 西周后期至春秋前期 七		5	6	8			
四期 春秋后期至战国前期 八九							
四期 春秋后期至战国前期 十			7	9	10	11	13
四期 春秋后期至战国前期 十一						12	

图三二 青铜车軎的型式与演变

1. 滕州前掌大 M204：8 2. 济阳刘台子 M3：无号 3. 曲阜鲁国故城 M46：4 4. 滕州前掌大 M45：23 5. 曲阜鲁国故城 M48：33 6. 临淄齐故城 M1：无号 7. 滕州薛国故城 M2：69 8. 莒县西大庄 M2：无号 9. 莱芜西上崮 10. 栖霞杏家庄 M2：无号 11. 莒县大沈刘庄 93M1：13 12. 长岛王沟 M10：74 13. 新泰周家庄 M35：26

演变趋势：由瘦长变为粗短。

Bb 型：軎身无棱，内端有宽折沿，14 件。根据形态变化，可分二式。

Ⅰ式，较瘦长，2 件。标本：莒县西大庄 M1：29，器身近外端饰有夔龙纹一周，外顶端饰虎纹。尺寸不明（图三二，8）。

Ⅱ式，较宽侈，12 件，周身饰蟠螭纹。标本：莱芜西上崮：无号，长 5、宽折沿径 7.6、外端径 5.1 厘米（图三二，9）。

演变趋势：由瘦长变为粗短。

Bc 型：近外端有一圈半圆形箍，32 件。标本：栖霞杏家庄 M2：无号，长 5.8、外端径 4.8、内端径 7.3 厘米（图三二，10）。

Bd 型：一侧设方策，11 件。标本 1：莒县大沈刘庄 93M1：13，軎体为十二边形，饰有弦纹两周，一侧有鸟头形方策（图三二，11）。标本 2：长岛王沟 M10：74，外端为正十二边形，一侧设方策，策钩为鸟头形；长 8 厘米（图三二，12）。

Be 型：軎体出扉棱，2 件。标本：新泰周家庄 M35：26，軎体呈筒形，外部呈十二棱形，筒身两侧出扉棱相交于外端，扉棱平视呈塔形。通长 17.2、外端径 4.8、内端径 7.0 厘米（图三二，13）。

车辖。海岱地区共发表商周青铜车辖 82 件。由辖首和辖键组成，辖键上带圆孔穿以缚绳。车辖可分三型。

A 型：长方形兽首辖，两端有穿孔，辖身呈长条形，47 件。根据辖首兽面的变化，可分二式。

Ⅰ式，22 件。标本：滕州前掌大 BM3：31，辖首为简单兽面形，尺寸不明（图三三，1）。

Ⅱ式，25 件。标本：长清仙人台 M5：22②，辖首为简化的兽面形，长 8.7 厘米（图三三，2）。

演变趋势：辖首兽面由形象到简化。

B 型：铜首木键辖，辖首正面为兽头，背面为厚方形座，20 件。标本：滕州前掌大 M40：44，尺寸不明（图三三，3）。

C 型：辖首为半弧形，素面，辖身长条形，辖首和辖身末端有长方形穿孔，15 件。标本：淄博市临淄区孙家徐姚 M1：22，尺寸不明（图三三，4）。

銮铃。由铃、颈、身三部分构成。上部为镂空的圆球形铃体，铃中含一小石丸（铜丸），下部为方銎座。海岱地区共发表商周銮铃 21 件。根据铃体的差异，可分为四型。

A 型：上部为扁球状，内装铜丸，下部为方銎，5 件。标本：滕州前掌大 BM3：34，球两面有对称圆孔，一面有三角形镂孔饰，外周为扁平宽边，下部饰上小下大的长方座，底座两侧各有一方形孔。通高 17.0 厘米（图三三，5）。

B 型：铃体较小，柄较长，1 件。标本：滕州庄里西 1989M7：21，上部铃为圆形，铃内有弹丸，圆长筒柄，柄饰乳丁，中部饰对称方形孔，銎口呈圆形。通高 18 厘米（图三三，6）。

型式 时期	组	车辖 A型	车辖 B型	车辖 C型	銮铃 A型	銮铃 B型	銮铃 C型	銮铃 D型
商后期至西周前期	二期	三	 1	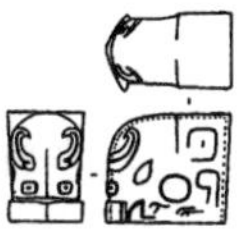 3		 5			
		四							
		五					 6		
西周后期至春秋前期	三期	六							
		七						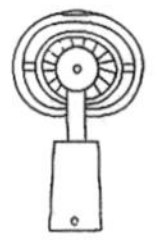 7	
		八							
春秋后期至战国前期	四期	九							
		十	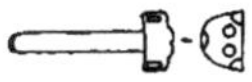 2		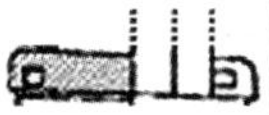 4				 8

图三三 青铜车辖、銮铃的型式与演变

1. 滕州前掌大 BM3∶31　2. 长清仙人台 M5∶22②　3. 滕州前掌大 M40∶44　4. 淄博孙家徐姚 M1∶22
5. 滕州前掌大 BM3∶34　6. 滕州庄里西 1989M7∶21　7. 曲阜鲁国故城 M48∶35　8. 临淄淄河店 M3 车 1∶1

C型：上部呈扁球状，下部为方銎，球体无宽边，4件。标本：曲阜鲁国故城 M48∶35，上部为圆铃，正面为辐射状镂孔，下部为长方形銎，两侧有圆孔（图三三，7）。

D型：颈部不明显，11件。标本：临淄淄河店 M3 车 1∶1，上部为扁球状铃体，铃上有一组镂孔，中间一孔，另三孔呈三角形均匀排列，下有扁方形中空器座。通高 13.3、铃径 7.1、座长 3.6、宽 1.7 厘米（图三三，8）。

马衔。与马镳及缰绳连接在一起，方便控制马。海岱地区共发表商周青铜马衔 192 件。根据整体差异，可分三型。

A型：由两个形制相同的环链衔接而成，187 件。可分为二亚型。

Aa型：186 件。根据整体的变化，可以分为三式。

Ⅰ式,环链两端大小基本一致,椭圆形的环圈相连接,32件。标本:青州苏埠屯:采集,通长15.2厘米(图三四,1)。

Ⅱ式,环链衔接部分变小,两端环圈变大,44件。标本:临淄齐故城M1:无号,通长23.5厘米(图三四,2)。

Ⅲ式,环链衔接部分更小,两端环圈更大,110件。标本:栖霞杏家庄M2:无号,长17.4厘米(图三四,3)。

演变趋势:相连接的环越来越小,两边衔镳的环孔变大,趋于规整。

Ab型:两端圆柱形,其上有长条形穿孔用于系镳,中间三个环链衔接,1件。标本:长清小屯:无号,长27.3厘米(图三四,4)。

B型:长条形,3件。标本:滕州前掌大M18:8,麻花状长条,两端各接一小环以系马镳,长13.3厘米(图三四,5)。

C型:此型比较特殊,2件。标本:滕州前掌大BM9:10,"U"形下端横梁相当于马衔,两端有钉齿。长16.4、宽7.1厘米(图三四,6)。

马镳。套在马口角的两颊上,用绳索相系,与衔配合使用,供御手持绳控制马的活动。海岱地区共发表商周铜马镳190件。按整体形制的不同,可分为六型。

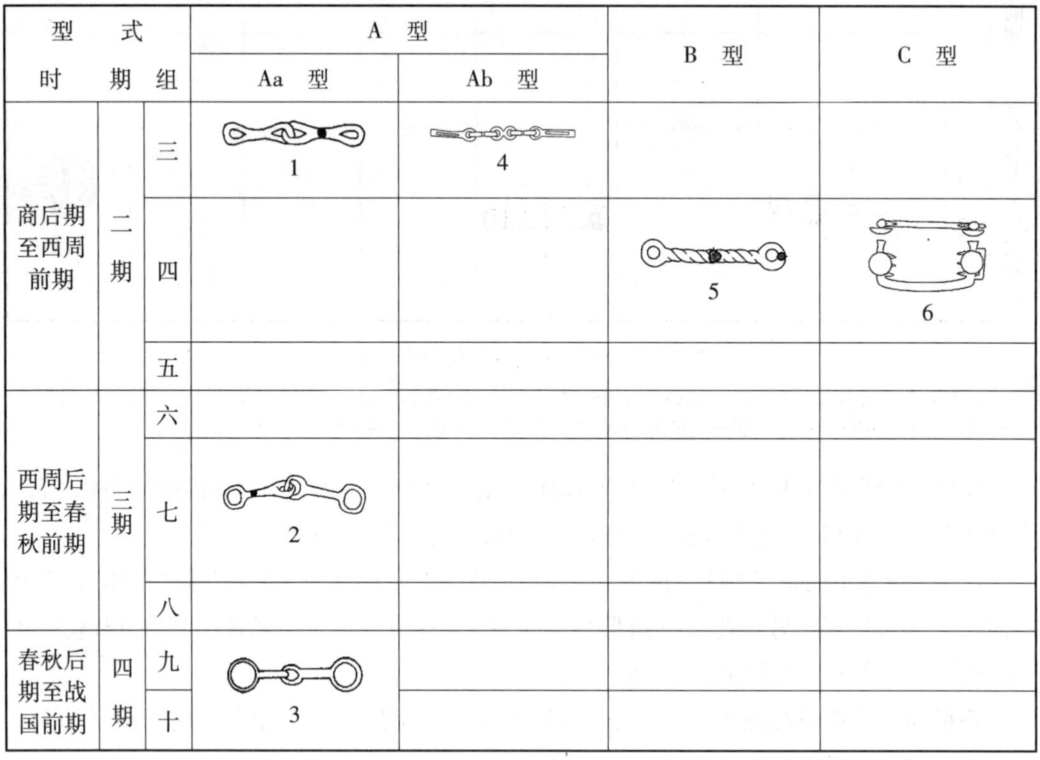

时期	型式 组	A 型		B 型	C 型
		Aa 型	Ab 型		
商后期至西周前期	二期	三	1	4	
		四			5 6
		五			
西周后期至春秋前期	三期	六			
		七	2		
		八			
春秋后期至战国前期	四期	九	3		
		十			

图三四 青铜马衔的型式与演变

1. 青州苏埠屯:采集 2. 临淄齐故城M1:无号 3. 栖霞杏家庄M2:无号 4. 长清小屯:无号
5. 滕州前掌大M18:8 6. 滕州前掌大BM9:10

A 型：长方形或近方形，45 件。可分为二亚型。

Aa 型：上下有椭圆形或棱形筒，中间有圆形穿，最上部有长穿孔，41 件。标本：滕州前掌大 M213：42，长 7.3、宽 7.4 厘米(图三五，1)。

Ab 型：长方形顶端立折，折立面有两圆孔，长方形中心有一圆孔，底侧有一细长孔，4 件。标本：滕州前掌大 M40：53，长 7.9、宽 6.8、高 2.8 厘米(图三五，2)。

B 型：鸟翼形，4 件。标本：滕州前掌大 M45：2，大体呈长方形，一侧的一角为圆弧状，一角尖锐；另一侧两角凸起。前端中部有一圆孔，上有一细长孔；背部有上下两个半圆形穿。正面饰兽面纹。长 9.4、宽 6.0—7.0、厚 0.4 厘米(图三五，3)。

C 型：螺状，1 件。标本：青州苏埠屯：采集，上有半圆形钮，中部有圆形镂孔，孔周围饰夔龙纹，背面有四鼻。直径 10.4 厘米(图三五，4)。

D 型：角状，24 件。下部有一环形鼻，断面呈半圆形。标本：青州苏埠屯：采集，长 7.3 厘米(图三五，5)。

型式 时期	组	A 型		B 型	C 型	D 型	E 型	F 型
		Aa 型	Ab 型					
商后期至西周前期	二期							
	四				4	5		
	五	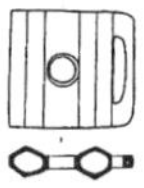 1	 2	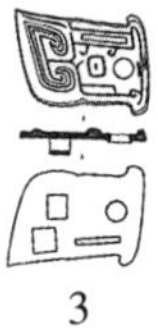 3				 8
西周后期至春秋前期	三期							
	六							
	七							
	八						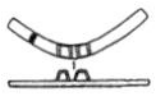 6	
春秋后期至战国前期	四期							
	九						7	

图三五 青铜马镳的型式与演变

1. 滕州前掌大 M213：42 2. 滕州前掌大 M40：53 3. 滕州前掌大 M45：2 4. 青州苏埠屯：采集
5. 青州苏埠屯：采集 6. 滕州薛国故城 M2：65B-1 7. 长清仙人台 M5：21② 8. 前掌大于屯村北 M310：13-1

E型：114件。根据钮部的变化，可分二式。

Ⅰ式，中间有两个桥形钮，30件。标本：滕州薛国故城M2：65B-1，长17.4厘米（图三五，6）。

Ⅱ式，弓部中间有两个穿孔或两个半圆形钮，84件。标本：长清仙人台M5：21②，呈S形，背部中间有两个半环形钮。长17.2厘米（图三五，7）。

F型：U形，2件。标本：前掌大于屯村北M310：13-1，两侧各有三枚齿钉和一个穿孔。通长7.7、宽6.6厘米（图三五，8）。

当卢。海岱地区共发表商周铜当卢16件。根据当卢形态的不同，可分三型。

A型：圆形，4件。根据断面形状的不同，可分二亚型。

Aa型：断面呈椭圆形，背部中间有四根横梁相接，2件。标本：长清小屯：无号，直径7.4厘米（图三六，1）。

Ab型：断面呈圆形，周边有四个对称钮，2件。标本：青州苏埠屯：采集，中部凸起，有镂孔，长宽均为6.4、中部厚4.5厘米（图三六，2）。

B型：三角状，6件。可分二亚型。

Ba型：顶部为弧形或略平，背面上部有一钮，下端尖部为漏斗形装饰，正面一般有三角纹或菱形纹，4件。标本：青州苏埠屯：采集，长16、宽7.8厘米（图三六，3）。

Bb型：三角叶形，2件。顶部及尖部两侧各有一凸出的长方形孔。标本：滕州前掌大M40：47，背部下面有一小横梁。通长12.3、宽9.9厘米（图三六，4）。

C型：6件。标本：滕州庄里西1989M7：22，两歧角呈弧形向外分开，歧角与长方形体的背面有纵鼻相连。通高20厘米（图三六，5）。

时期	型式组	A 型		B 型		C 型
		Aa 型	Ab 型	Ba 型	Bb 型	
商后期至西周前期	二期	三	 1	 2	 3		
		四				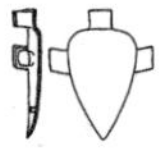 4	
		五					 5

图三六　青铜当卢的型式与演变
1. 长清小屯：无号　2. 青州苏埠屯：采集　3. 青州苏埠屯：采集　4. 滕州前掌大M40：47
5. 滕州庄里西1989M7：22

铜泡。海岱地区共发表商周铜泡614件。根据形状的不同,可分六型。

A 型:圆形泡,545 件。背面有一道或两道横梁。根据纹饰的不同,可分为三亚型。

Aa 型:素面,525 件。根据背部有无横梁,可分为二式。

Ⅰ式,圆形。标本:滕州前掌大 M40∶1,侧面呈月牙状,背部无横梁,直径 2.5 厘米(图三七,1)。

Ⅱ式,圆形。标本:滕州薛国故城 M1∶11A-1,侧面呈月牙状,背部有一横梁,直径 1.8 厘米(图三七,2)。

Ab 型:正面饰四瓣目纹,17 件。标本:滕州前掌大 M132∶50,直径 3.6 厘米(图三七,3)。

Ac 型:正面饰同心的凸棱,3 件。标本:滕州前掌大 M214∶4,直径 3.6 厘米(图三七,4)。

B 型:兽首形,21 件。标本:滕州前掌大 M206∶54,长 5.8、宽 5.2 厘米(图三七,5)。

C 型:夔龙形,38 件。标本:滕州前掌大 M213∶15,长 6.2、宽 3.4 厘米(图三七,6)。

D 型:长方形,3 件。标本:滕州前掌大 BM3∶29,背面有横梁,长 5.2、宽 2.3 厘米(图三七,7)。

E 型:鳞形,3 件。标本:滕州前掌大 BM3∶14,面部鼓起,背部有一横梁,长 4.3、宽 2.9 厘米(图三七,8)。

F 型:镞形,4 件。标本:滕州前掌大 M206∶46,背部有两道横梁,长 5.0、宽 3.1 厘米(图三七,9)。

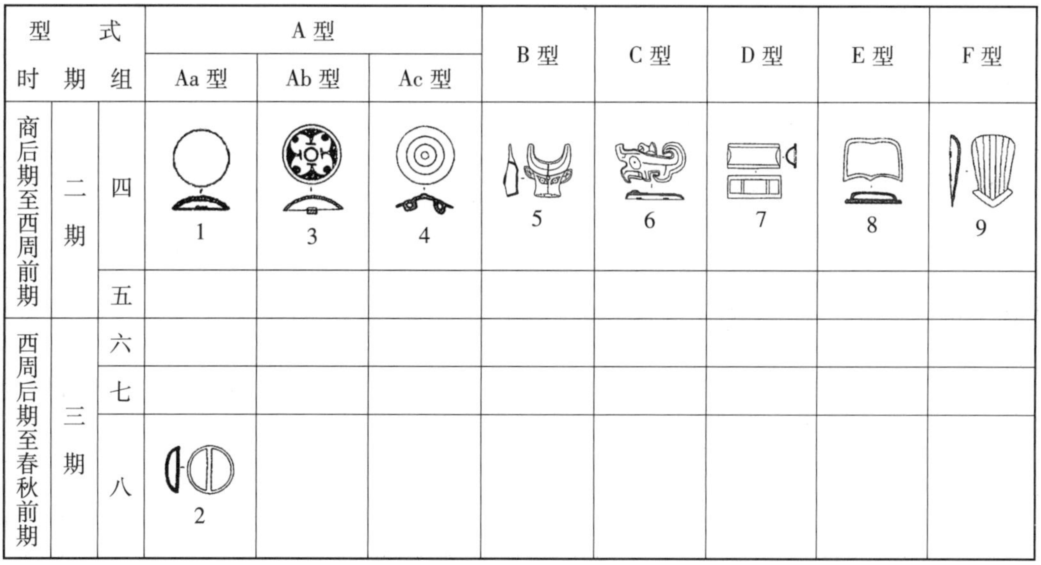

时期	型 式 组	A 型			B 型	C 型	D 型	E 型	F 型
		Aa 型	Ab 型	Ac 型					
商后期至西周前期	二期 四	1	3	4	5	6	7	8	9
	五								
西周后期至春秋前期	三期 六								
	七								
	八	2							

图三七 青铜泡的型式与演变

1. 滕州前掌大 M40∶1 2. 滕州薛国故城 M1∶11A-1 3. 滕州前掌大 M132∶50 4. 滕州前掌大 M214∶4 5. 滕州前掌大 M206∶54 6. 滕州前掌大 M213∶15 7. 滕州前掌大 BM3∶29 8. 滕州前掌大 BM3∶14 9. 滕州前掌大 M206∶46

节约。海岱地区发表的商周节约共 130 件,根据整体形状的不同,可分为六型。

A 型:扁平长方形,6 件。标本:滕州前掌大 BM3:27,一侧有长方形孔,长 3.2、宽 3.1 厘米(图三八,1)。

B 型:十字形,26 件。根据整体形态的变化,可分三式。

Ⅰ式,横轴与纵轴基本等长,14 件。标本:滕州前掌大 M40:49,四面为四方锥形饰,中空,背面有不规则方孔,长 5.3、宽 5.1、孔径 1.7 厘米(图三八,2)。

Ⅱ式,横轴比纵轴短,8 件。标本:滕州薛国故城 M1:12A-1,呈长十字形,长 2.2、宽 1.6 厘米(图三八,3)。

型式 时期	组	节约						弓形器
		A型	B型	C型	D型	E型	F型	
商后期至西周前期	二期 四	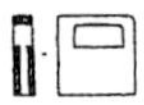 1	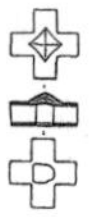 2	 5				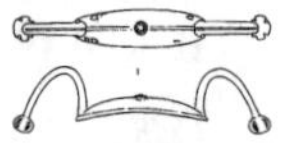 10
	五							 11
西周后期至春秋前期	三期 六							
	七				 6	 8		
	八							
春秋后期至战国前期	四期 九		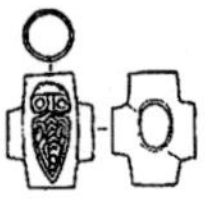 3		 7			
	十		 4					
	十一						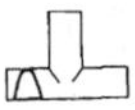 9	

图三八 青铜节约及弓形器的型式与演变

1. 滕州前掌大 BM3:27 2. 滕州前掌大 M40:49 3. 滕州薛国故城 M1:12A-1 4. 新泰周家庄 M2:22-2
5. 滕州前掌大 M40:52 6. 曲阜鲁国故城 M30:19 7. 滕州薛国故城 M1:12C-1 8. 长清仙人台 M6:026
9. 淄博赵家徐姚战国墓 M2:3 10. 济南刘家庄 M121:47 11. 沂源东安故城:无号

Ⅲ式,横轴与纵轴基本等长,整体近方形,4件。标本:新泰周家庄 M2:22-2,双管平行,正面饰变形兽面纹。通长3.1、宽2.7厘米(图三八,4)。

演变趋势:形体由细至粗。

C 型:人字形,6件。标本:滕州前掌大 M40:52,中空,背部有不规则方孔,长5.5、宽4.9、顶宽3.5、底端口宽1.9厘米(图三八,5)。

D 型:"X"形,14件。标本1:曲阜鲁国故城 M30:19(图三八,6)。标本2:滕州薛国故城 M1:12C-1,正面饰蝉纹,长2.0、宽1.8厘米(图三八,7)。

E 型:管状,32件。标本:长清仙人台 M6:026,上部为环形,下部为扁圆管状,环径1.9厘米(图三八,8)。

F 型:"T"形,46件。标本:淄博赵家徐姚战国墓 M2:3,平面呈"T"字形,体中空,面弧鼓,平底,长5.2、宽3.7厘米(图三八,9)。

弓形器。8件。弓身扁长,中间略宽,向上拱起,两端连接带铃曲臂,铃内有一小铜球。根据弓身与曲臂夹角的变化,可分二式。

Ⅰ式,曲臂与弓身夹角大于或等于90°,5件。标本:济南刘家庄 M121:47,弓身中部有一饰放射状阴线的圆形凸起,高8.6、通长34.8厘米(图三八,10)。

Ⅱ式,曲臂与弓身夹角小于90°,3件。标本:沂源东安故城:无号,背部中间饰圆形太阳纹或放射状阴线纹,中央镶嵌绿松石,长31.1、宽5.4厘米(图三八,11)。

演变趋势:弓身与曲臂夹角从大于90°到小于90°。

第六节 青铜杂器

海岱地区发现的商周时期的青铜杂器品类较多,但数量一般较少,本书选取出土数量较多且较为重要的服饰器——带钩进行分析。

带钩。本书共收集到海岱地区出土的商周青铜带钩331件,其中形制清楚的有99件。根据形状特征的不同,可分为六型。

A 型:琵琶形,59件。根据钩面的装饰情况,可分为三亚型。

Aa 型:素面无纹饰,钩体多瘦长,钩首作鸭首、马首等形状,钩尾圆滑,12件。根据钩钮距钩尾的远近可分二式。

Ⅰ式,9件。标本:莒县大沈刘庄 93M1:11,形体瘦长,方头,平喙,钩钮距钩尾较近,长12厘米(图三九,1)。

Ⅱ式,3件。标本:临淄单家庄 LSM2G:4,形体瘦长,鸟首状钩,钩钮上移至钩体三分之二处,长12.2、腹宽1.5、厚0.6厘米(图三九,2)。

演变规律:钩钮由钩体尾端逐渐上移。

Ab 型:钩面有凸起宽平脊或两道棱脊,钩身多扁长且多为窄体,钩首作鸭首、马首等形状,20件。根据钩钮距钩尾的远近可分二式。

型		式期组	九	十	十一
A型	Aa型		1		
	Ab型			3	4
	Ac型				7, 8, 9
B型	Ba型			10	11
	Bb型				13
	Bc型			14	
	Bd型			15	16
C型					18
D型			19		
E型					20
F型				21, 22	
时期				四期	
			春秋后期至战国前期		

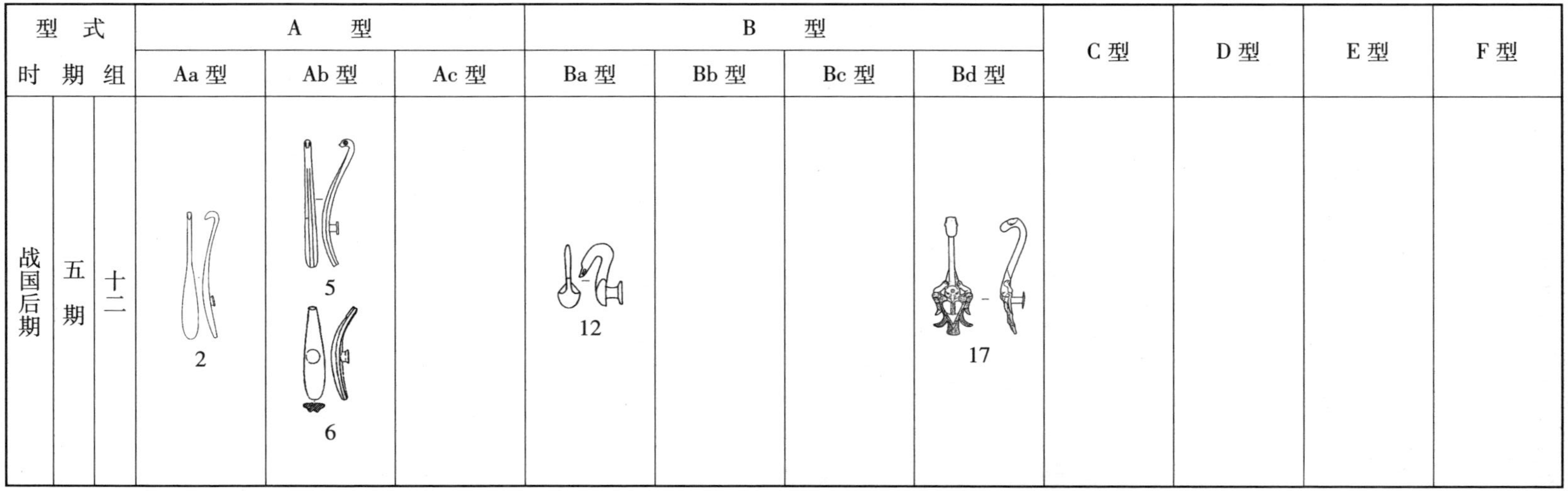

第二章 海岱地区商周青铜器的形制分析

型式	A 型			B 型				C 型	D 型	E 型	F 型
时期 组	Aa 型	Ab 型	Ac 型	Ba 型	Bb 型	Bc 型	Bd 型				
十二 五期 战国后期	2	5 6		12			17				

图三九 青铜带钩的型式与演变

1. 莒县大沈刘庄 93M1∶11　2. 临淄单家庄 LSM2G∶4　3. 长岛王沟 M1∶6　4. 章丘女郎山 M1∶81　5. 临淄国家村 M45∶8　6. 淄川南韩 M7∶1　7. 长岛王沟 M2∶9　8. 长岛王沟 M10∶93　9. 章丘女郎山 M1∶80　10. 临淄郎家庄 M1∶63　11. 章丘宁家埠 M104∶1　12. 临淄相家庄 M4P2∶3　13. 临淄相家庄 LXM3P5∶4　14. 长岛王沟 M3∶2　15. 栖霞杏家庄∶无号　16. 曲阜鲁国故城 M51∶8　17. 临淄商王村 M1∶126　18. 临淄相家庄 LXM3P5∶9-1　19. 兖州西吴寺 T3619④∶1　20. 临淄东夏庄 LDM4P6∶2　21. 沂水石泉村∶无号　22. 栖霞金山 M3∶5

Ⅰ式,18件。标本1:长岛王沟M1:6,鸭首,饰有双目,钩钮距离钩尾较近,长7.5厘米(图三九,3)。标本2:章丘女郎山M1:81,钩体瘦长,腹较窄,钩钮距钩尾较近,长12.2、宽1.05厘米(图三九,4)。

Ⅱ式,2件。标本1:临淄国家村M45:8,钩体瘦长,鸟首,方喙,钩首饰有双目,腹部有两条棱脊,钩钮位于钩体中部偏下位置,长11.1厘米(图三九,5)。标本2:淄川南韩M7:1,首端残,钩面有两条纵向凸棱,钩钮位于钩体中部,长6.5、钩钮高0.5厘米(图三九,6)。

演变规律:钩钮由钩尾上移至钩体中部。

Ac型:钩面饰卷云纹、涡纹、重环纹等纹饰,还有错金、嵌绿松石几何云纹等,27件。标本1:长岛王沟M2:9,钩首为鸭首形,有双目及鼻沟,钩尾尖圆,钩面饰勾连纹,长10.1厘米(图三九,7)。标本2:长岛王沟M10:93,鸟首,钩面饰涡纹,长7.3厘米(图三九,8)。标本3:章丘女郎山M1:80,鸟首,腹部饰涡纹,长8.5、宽1.4厘米(图三九,9)。

B型:动物形,32件。根据动物形态的不同,分为四亚型。

Ba型:水禽形,23件。钩首呈鸭首、马首等动物头部形态,钩尾一般较肥圆,似禽形,钩钮位于钩尾或靠近尾端,有一部分钩尾作羽翼形,或简单表示羽翼状,多为短钩。标本1:临淄郎家庄M1:63,钩首呈马首形,饰有双目,尾部肥大,钩身饰两道棱脊表示羽翼(图三九,10)。标本2:章丘宁家埠M104:1,龙首形钩首,尾肥圆(图三九,11)。标本3:临淄国家村M4P2:3,鸭首形钩首,钩体较小,回颈至腹部,腹部似饰羽翼,长3.6、宽1.2厘米(图三九,12)。

Bb型:飞禽形,2件。鸟首状钩,颈以下有两个并列的钩体似为双翅,中部凸起的鸟首将钩体连为一体,钩钮位于中部鸟首的背面,整个钩体犹如长尾鸟。标本:临淄相家庄LXM3P5:4,长14.4、宽2、厚0.4厘米(图三九,13)。

Bc型:兽面形,1件。标本:长岛王沟M3:2,形体较小,钩颈较长,似为杆状,钩体饰兽面,长6.9厘米(图三九,14)。

Bd型:兽体形,6件。钩整体呈兽形。标本1:栖霞杏家庄:无号,鸟首形钩首,钩面雕龙身,钩尾作龙首形,口含一蛇,造型别致,长5.2、宽2.3、厚1.3厘米(图三九,15)。标本2:曲阜鲁国故城M51:8,钩体扁宽,钩首作兽首形,钩面以金银错为蟠虺纹,背面和钮以金银错为卷云纹,钮近钩体中部,长12厘米(图三九,16)。标本3:临淄商王村M1:126,兽首形钩首,整体为孔雀形,钩身上为一人面鸟喙神人,额头与身体周围镶嵌绿松石,双手上举作持握状,臂下生羽翼,八字形尾,长8.2、宽2.8、厚1.7厘米(图三九,17)。

C型:曲棒形,3件。钩体为较均匀的棒形,大多素体无纹。标本:临淄相家庄LXM3P5:9-1,钩体呈弯曲长条状,横截面作长方形,钩钮近尾端,长13.4、宽0.9、厚0.5厘米(图三九,18)。

D型:匙形,2件。钩整体呈匙形。标本:兖州西吴寺T3619④:1,细长条形,腹部截面近长方形,素面,长6.5厘米(图三九,19)。

E 型：长牌形,1 件。标本：临淄东夏庄 LDM4P6：2,钩体扁平,尾齐平,呈长牌状,素面,长 8.4、宽 1.5 厘米(图三九,20)。

F 型：异形,2 件。标本 1：沂水石景村：无号,钩面饰一周弦纹,长 12 厘米(图三九,21)。标本 2：栖霞金山 M3：5,首端残,钩身为扁薄圆环,环上饰卷云纹,钮位于钩体中部,残长 5.8 厘米(图三九,22)。

第三章 海岱地区商周青铜器的分期与时代推断

第一节 分组与分期

一、组的划分

依据上文类型学的分析结果以及各类器物的变化,可以把海岱地区商周时期126个典型墓葬出土的铜器分为12组(表二:海岱地区商周典型铜器单位器物共存关系表),各组主要器物形制如下。

第一组。主要器物有:圆鼎甲Aa Ⅰ,爵甲Ab Ⅰ、B Ⅰ,觯B Ⅰ,斝A Ⅰ、B Ⅰ,尊甲A Ⅰ,卣乙Ab Ⅰ,罍甲A,盉甲Ba,钺甲Aa Ⅰ等。

第二组。主要器物有:圆鼎甲Aa Ⅱ,鬲Aa,爵甲Aa Ⅰ、B Ⅱ,觚甲Ab Ⅰ、Ba Ⅰ,斝A Ⅱ,方彝 Ⅰ,盉甲A Ⅰ,钺甲Ab,戈甲Aa Ⅰ、Ab Ⅰ、乙Aa Ⅰ等。本组保留的上一组器物很少,延续上一组但形制上有所变化的器物也较少,有圆鼎甲Aa、爵甲B、斝A等。但产生了较多新的器类,如鬲Aa,爵甲Aa,觚甲A、Ba,方彝,盉甲A,钺甲Ab,戈甲Aa、Ab、乙Aa等。本组虽有少量器物延续了第一组的类别和形制,但新产生的器物更多。因此,本组可以从第一组分离出来列为第二组。

第三组。主要器物有:方鼎A Ⅰ、B、C,圆鼎甲Aa Ⅲ、Ab Ⅰ、B Ⅰ,簋Aa Ⅰ、Ab Ⅰ、Bb Ⅰ,豆A Ⅰ,爵甲Aa Ⅱ,角A Ⅰ,觚甲Ba Ⅱ、Bb、乙,觯Aa Ⅰ、Ab Ⅰ、B Ⅱ,斝B Ⅱ,尊甲Ba Ⅰ,卣甲 Ⅰ、乙Aa Ⅰ,罍甲B Ⅰ、乙 Ⅰ,方彝 Ⅱ,觥A,斗A、B Ⅰ,铙A、B Ⅰ,铃Aa Ⅰ、Ba Ⅰ,戈甲Aa Ⅱ、Ab Ⅱ、Bb Ⅰ、丙Aa Ⅰ、Ab Ⅰ,钺甲Aa Ⅱ、Ab,刀A、Ba,矛甲A Ⅰ、B,剑甲A Ⅰ等。本组保留的上一组器物有觚甲Ba Ⅰ等,数量很少。延续上一组但形制上有所变化的器物有圆鼎甲Aa,爵甲Aa,觚甲Ba,戈甲Aa、Ab,钺甲Ab等,数量也不多。但本组新产生的器类和器形较多,如方鼎A、B、C,圆鼎甲Ab、B,簋Aa、Ab、Bb,豆A,爵乙,角A,觚甲Bb、乙,觯Aa、Ab,尊甲Ba,卣甲 Ⅰ、乙Aa Ⅰ,罍甲B Ⅰ、乙 Ⅰ,觥A,斗A、B,铙A、B,铃Aa、Ba,戈甲Bb Ⅰ、丙A,刀A、Ba,矛甲A、B等。本组虽有少量器物保留或延续了第二组的器类和形制,但新出现的器物更多。因此,本组可以从第二组分离出来列为第三组。

第四组。主要器物有:方鼎A Ⅱ,圆鼎甲Aa Ⅳ、Ab Ⅱ、B Ⅱ,鬲Ab Ⅰ、Ac Ⅰ,甗甲A Ⅰ,簋甲Aa Ⅱ、Ab Ⅱ,豆A Ⅱ,爵甲Aa Ⅱ、Ab Ⅱ,角A Ⅱ、B,觚甲Ab Ⅱ、Ba Ⅱ、Bb,觯Aa Ⅰ、

AbⅡ、尊甲AⅡ、BaⅡ、BbⅠ、乙、卣甲Ⅱ、乙AaⅡ、AbⅡ、B、C、丙、罍甲BⅡ、乙Ⅱ、斝BⅢ、斗BⅡ、盉AⅡ、Ba、Bb、盘FⅠ、铃Ab、BaⅡ、Bb、戈甲AaⅢ、AbⅡ、Ac、Ba、乙AaⅡ、Ab、B、丙AaⅡ、AbⅡ、Ba、Bb、矛甲AⅡ、DaⅡ、剑甲B、有铤镞甲AaⅡ、丙Aa等。本组保留的上一组器物有爵甲AaⅡ、觚甲BaⅡ、卣甲Ⅱ、罍甲BⅡ、铙B、铃AaⅠ等。延续上一组但形制上有所变化的器物有方鼎A,圆鼎甲Aa、Ab、B,簋甲Aa、Ab,豆A,爵甲Aa、Ab,角A,觚甲Ba,觯Ab,尊甲Ba,卣甲、乙Aa,罍甲B、乙,斝B,斗B,铃Ba,戈甲Aa、Ab、丙A,矛甲A,有铤镞甲Aa。新产生的器物有鬲AbⅠ、AcⅠ、甗甲AⅠ,角B,卣乙B、C、丙,盉Bb,铃Bb,戈乙Ab、B、丙Ba、Bb,剑甲B,有铤镞丙Aa。本组保留的上一组器物相对较少,而延续上一组但形制上有所变化的器物以及新出现的器类较多,这说明本组新出现的因素明显多于所保留的上一组因素。因此,本组也可以单列为一组,为第四组。

第五组。主要器物有：方鼎AⅢ、D、E,圆鼎甲AaⅣ、AaⅤ,觯C,觚B,钺乙等。本组保留的上一组器物相对较少,而延续上一组但形制上有所变化的器物以及新产生的器物较多,这说明本组新产生的因素明显多于所保留的上一组因素。因此,本组也可以单列为一组,为第五组。

第六组。主要器物有：圆鼎甲CⅠ,甗甲AⅢ,盘AaⅢ,匜AaⅠ、AaⅡ,戈甲BbⅣ等。本组器物发现较少,就现有资料而言,本组保留的上一组器物较少,而且延续上一组的器物也较少,酒器消失,新产生的器物相对较多。因此,本组也可以单列为一组,为第六组。

第七组。主要器物有：方鼎AⅣ,圆鼎甲CⅡ、乙AⅠ、丙E、F,鬲AdⅠ、BaⅠ,甗甲AⅣ、BⅠ、乙,簋甲BaⅠ,簠AⅠ,盨AⅠ、AⅡ、B,铺AⅠ,盂Ⅰ,盆B,罍甲BⅢ,壶AⅠ、BaⅠ、BcⅡ、CaⅠ、CbⅡ、E、K,盘Ab、C,匜AaⅡ、AbⅠ、BbⅠ,匦甲AⅠ、B、E,罐Aa,瓶,钟Aa、BⅠ,戈甲BbⅣ,刀Bb,剑乙AⅠ等。本组保留的上一组器物仅有盘AaⅢ、匜AaⅡ、戈甲BbⅣ。本组延续上一组的器物有方鼎、壶Bc、盘Aa、铃Ba、戈甲Bb、罍甲B、有铤镞甲Aa。本组新产生的器物有圆鼎甲C、乙A、丙E、F,壶A、Ba、Ca、Cb、E、K,盘Ab、C,钟Aa、B,鬲Ad、B,甗甲B、乙,簋甲Ba,簠AⅠ,匜Aa、Ab,盨A、B,铺A,盂Ⅰ,匦A、B、E,瓶,刀Bb,剑乙B,有铤镞甲Ab。可以看出,本组保留的上一组器物相对较少,而延续上一组但形制上有所变化的器物以及新产生的器物较多,这说明本组新产生的因素多于所保留的上一组因素。因此,本组也可以单列为一组,为第七组。

第八组。主要器类有：圆鼎甲CⅢ,鬲AdⅢ、BaⅡ,簋甲BaⅡ,簠AⅡ,铺AⅡ,敦AⅠ,盆A,铍AⅢ、BaⅠ,壶BaⅢ、CaⅡ、CbⅡ,盘AaⅣ,匜AaⅢ、AbⅡ、BaⅠ,匦甲AⅡ,钟Aa、B,戈甲BbⅤ,有铤镞甲AaⅢ、AbⅠ等。本组保留的上一组器类较少,有盘AaⅢ,匜AaⅢ,钟Aa、B,戈甲BbⅤ等。本组延续上一组的器物有圆鼎甲C、乙A,鬲Ad、B,簋甲Ba,簠AⅡ,罍甲B,壶Ba、Cb,盘Aa,匜Aa、Ab,匦甲A,钟Aa、B,有铤镞甲Aa等。本组新出现的器物有敦AⅠ、BaⅠ,盆A,铍BaⅠ,匜Ba,有铤镞甲AbⅠ等。总的来看,本组保留的上一组器物相对较少,而延续上一组但形制上有所变化的器物以及新产生的器物较多,这说明本组新产生的因素多于所保留的上一组因素。因此,本组也可以单列为一组,为第八组。

表二　海岱地区商周典型

时期	组	单位	鼎 方鼎 A	鼎 圆鼎 Aa	鼎 圆鼎 Ab	鼎 圆鼎 B	鬲 Ab	鬲 Ac	甗 甲 A	瓿 甲 Aa	瓿 Ab	簋 A	豆 Aa	爵 甲 Ab	爵 B	角 A	斝 甲 Ab	斝 Ba	觚 Aa	觚 Ab	觯 B	A
一期：商前期后段	一组：二里岗上层二期	大辛庄 M106												Ⅰ								Ⅰ
		长清前平													Ⅰ							Ⅰ
		滕州吕楼													Ⅰ							Ⅰ
		滕州大康留													Ⅰ							
		大辛庄 M139		Ⅰ										Ⅰ							Ⅰ	
	二组：殷墟一期	前掌大 1978												Ⅰ			Ⅰ					
		滕州轩辕庄													Ⅱ							Ⅱ
		大辛庄 1970												Ⅰ								Ⅱ
		大辛庄 11M5		Ⅱ										Ⅰ			Ⅰ					
二期：商后期至西周前期	三组：殷墟二、三期	惠民大郭		Ⅲ										Ⅱ			Ⅰ					
		大辛庄 M72		Ⅲ										Ⅱ			Ⅱ					
		苏埠屯 31 一		Ⅲ										Ⅱ					Ⅰ			
		苏埠屯 M1																				
		苏埠屯 M8	Ⅰ	Ⅲ		Ⅰ			Ⅰ					Ⅱ			Ⅱ		Ⅰ			
		刘家庄 M121	Ⅰ	Ⅲ		Ⅰ								Ⅱ			Ⅰ					
		滨州兰家												Ⅱ			Ⅱ					
		长清小屯		Ⅲ													Ⅱ	Ⅰ		Ⅱ		
		长清出土附										Ⅰ										
		滕州级索		Ⅲ										Ⅱ								
		寿光古城墓		Ⅲ	Ⅰ		Ⅰ		Ⅰ					Ⅱ			Ⅱ					Ⅱ
	四组：殷墟四期至西周前期前段	平阴洪范		Ⅳ										Ⅱ			Ⅱ					
		苏埠屯 M7		Ⅳ				Ⅱ						Ⅱ	Ⅱ		Ⅱ					
		苏埠屯 31 二	Ⅱ												Ⅱ		Ⅱ				Ⅱ	
		邹县西丁村												Ⅱ			Ⅱ					
		北京拣选	Ⅱ		Ⅰ		Ⅱ		Ⅰ	Ⅱ		Ⅱ			Ⅱ		Ⅱ					Ⅲ
		桓台史家												Ⅱ			Ⅱ					
		兰陵东高尧					Ⅱ		Ⅱ								Ⅱ				Ⅲ	
		泗水窖堌堆															Ⅱ				Ⅲ	
		滕州种寨			Ⅰ		Ⅰ															
		邹县小西韦												Ⅱ							Ⅲ	
		邹县化肥厂												Ⅱ			Ⅱ					
		前掌大 M213					Ⅰ							Ⅱ								
		前掌大 BM9												Ⅱ			Ⅱ					
		前掌大 M38		Ⅲ	Ⅰ		Ⅰ			Ⅱ		Ⅱ						Ⅱ				

铜器单位器物共存关系表

斝	方彝	尊 甲			卣 甲		乙	罍 甲	斗 乙	盉 甲		盘 A		铙	铃		戈 甲				矛 甲		钺 甲	镞 甲
B		A	Ba	Bb	Aa	Ab	B	B	B	A	Ba	Aa	F	B	Aa	Ba	Aa	Ab	Ba	Bb	A	Da	Aa	Ba
I		I																						
						I				√											I			
															I									
							I																	
	I														II									
															II				I					
																			I					
												I	I								I	II	I	
II		I			I		II	I		I	I											II		
II																	II		I	I				
			I																					
					II			II																
								II																
		II	I		II		II	I																
																	II			I				
										√									II	II				
III			II		II		II	II		II				I										
			II																					
			II																					
III												I												
																II								
III			II		II		II	II						I										

时期	组	单位	方鼎	圆鼎			鬲		甗	甑甲		豆	爵甲			角	觚甲		觯			
				甲					甲													
			A	Aa	Ab	B	Ab	Ac	A	Aa	Ab	A	Aa	Ab	B	A	Ab	Ba	Aa	Ab	B	A
重酒时期	二期：商后期至西周前期	前掌大 M308		Ⅳ	Ⅱ						Ⅱ		Ⅱ						Ⅰ			
	四组：殷墟四期至西周前期前段	前掌大 M309		Ⅳ							Ⅱ		Ⅱ						Ⅰ			
		前掌大 M301									Ⅱ		Ⅱ									
		前掌大 M312			Ⅱ						Ⅱ		Ⅱ						Ⅰ			
		前掌大 M49											Ⅱ									
		前掌大 M123											Ⅱ									
		前掌大 M108											Ⅱ					Ⅱ				
		前掌大 M128																	Ⅰ			
		前掌大 M11	Ⅱ	Ⅳ	Ⅰ				Ⅱ		Ⅱ					Ⅱ		Ⅱ	Ⅰ	Ⅱ		
		前掌大 M13			Ⅱ													Ⅱ			Ⅱ	
		前掌大 M18		Ⅳ					Ⅱ		Ⅱ		Ⅱ					Ⅱ				
		前掌大 M21		Ⅳ				Ⅱ			Ⅱ					Ⅱ		Ⅱ			Ⅲ	
		前掌大 M30									Ⅱ							Ⅱ	Ⅰ			
		前掌大 M31									Ⅱ							Ⅱ			Ⅲ	
		前掌大 M41									Ⅱ											
		前掌大 M110									Ⅱ							Ⅱ			Ⅲ	
		前掌大 M119	Ⅱ		Ⅱ					Ⅱ			Ⅱ					Ⅱ			Ⅲ	
		前掌大 M120	Ⅲ	Ⅳ	Ⅱ	Ⅱ	Ⅱ	Ⅱ	Ⅱ		Ⅱ					Ⅱ	Ⅱ				Ⅲ	
		前掌大 M14									Ⅱ								Ⅰ			
		前掌大 M121									Ⅱ							Ⅱ			Ⅲ	
		新泰府前街		Ⅳ			Ⅱ				Ⅱ											
		兖州李宫									Ⅱ							Ⅱ				
		庄里西 89M4									Ⅱ							Ⅱ	Ⅰ			
		庄里西 89M5			Ⅱ								Ⅱ									
		庄里西 89M6		Ⅳ							Ⅱ											
		庄里西 89M7		Ⅳ							Ⅱ		Ⅲ									
	五组：西周前期后段	济阳刘台子 M2		Ⅳ			Ⅱ				Ⅲ											
		济阳刘台子 M3		Ⅳ							Ⅲ											
		济阳刘台子 M6	Ⅲ	Ⅴ		Ⅱ	Ⅱ				Ⅲ		Ⅲ							Ⅱ		
		龙口归城 M1		Ⅴ			Ⅱ	Ⅱ			Ⅲ											
		龙口庄头 M1		Ⅴ				Ⅱ														
		高青陈庄 M27											Ⅲ									

注：20世纪70年代济南刘家庄出土的三组铜器很可能不属于同一墓葬，滕州井亭铜器群也可能如此，故而本表未作统计。

续表

斝	方彝	尊			卣			罍	斗		盉			盘		铙	铃	戈				矛		钺	镞
		甲			乙		甲	甲			甲		乙	A				甲				甲		甲	甲
B	彝	A	Ba	Bb	Aa	Ab	B	B	A	Ba	Aa	F	B	Aa	Ba			Aa	Ab	Ba	Bb	A	Da	Aa	Ba
Ⅲ		Ⅱ				Ⅱ												Ⅱ	√						
		Ⅱ	Ⅱ															Ⅱ	√						
						Ⅱ																			
		Ⅱ	Ⅱ																						
																		Ⅲ		Ⅱ					
																				Ⅱ					
																		√							
Ⅲ		Ⅱ			Ⅱ		Ⅱ	Ⅱ	√		I									Ⅱ	Ⅱ				
		Ⅱ																							
		Ⅱ			Ⅱ			Ⅱ				I						√	Ⅱ						
Ⅲ		Ⅱ	Ⅱ															√							
																Ⅲ									
																		√							
			I							Ⅱ							Ⅱ	√							
		Ⅱ		Ⅱ		Ⅱ			Ⅱ																
			Ⅱ																						
			I	Ⅱ														Ⅱ							
				Ⅱ																					
																		√	Ⅱ						
		Ⅱ		Ⅱ														√	Ⅱ						
																				Ⅱ					
		Ⅲ		Ⅲ					Ⅲ																
		Ⅲ		Ⅲ																					
				Ⅲ									Ⅱ												
			Ⅱ	Ⅲ					Ⅳ																

表二　海岱地区商周典型

时期	组	器类	鼎					鬲			甗		簠	簋	敦				豆		铺
			圆鼎								甲				B				B		
		型式	甲	乙																	
		单位	C	A	B	C	D	Ac	Ad	Ba	A	B	Ba	A	A	Ba	Bb	C	Ba	Bb	A
重食时期 三期：西周后期至春秋前期	六组：西周后期前段	烟台上夲墓	I																		
		莱阳前河前	I								III										
	七组：西周后期后段至春秋前期前段	莒县西大庄M1	II								IV	I									
		日照崮河崖M1	II	I					I												
		沂源姑子坪M1	II											I	I						
		沂源姑子坪M2	II																		
		鲁国故城M48	II						I				I	I	I						
		临淄齐故城M1	II											I							
		鲁国故城M30	II																		
		长清M1	II											I							
		长清仙人台M6	II											I							II
		曲阜城前村墓	II											I							
		邹县七家峪墓							I					I							
		滕州后荆沟M1	II									I		I	I						
		枣庄小邾国M2							I					I							
		枣庄小邾国M3							I					I							
		沂水东河北墓	II						I												
		临朐泉头M甲	II						I												
		临朐泉头M乙	II	I					I					I							
		平邑蔡庄墓	II								I			II							
	八组：春秋前期后段	栖霞吕家埠M1	III																		
		栖霞吕家埠M2	III																		
		鲁国故城M201	III																		
		鲁国故城M202														I					
		滕州薛国故城M1	III						II					II	II						

铜器单位器物共存关系表（续）

铙 B	罍 B		罍 甲	壶 B	壶 C		壶 D	盉 A 乙	盘 A			匜 A		匜 B	钟 A	钟 B	镈		铃	戈		矛 乙	剑 乙		镞 甲		
A	Ba	Bb	B	A	Ba	Cb	Da	Aa	Aa	B	C	Aa	Ab	Ba	Aa	B	A	B	Ba	Bb	Bc	A	A	B	Aa	Ab	Bb
												Ⅰ			√					Ⅳ							
								Ⅲ				Ⅱ															
Ⅰ				Ⅰ								Ⅱ								Ⅳ							
								Ⅲ																			
		Ⅲ																		Ⅳ			Ⅰ	Ⅲ			
																				Ⅳ				Ⅲ			
								Ⅲ				Ⅱ							Ⅲ	Ⅳ							
Ⅱ								Ⅲ				Ⅱ								Ⅳ			Ⅰ				
								Ⅲ				Ⅱ								Ⅳ							
					Ⅰ	Ⅱ	Ⅰ								√	Ⅰ				Ⅳ			Ⅰ		Ⅰ		
					Ⅰ																						
		Ⅲ							Ⅲ	Ⅰ																	
											Ⅲ																
		Ⅲ			Ⅱ			Ⅲ	Ⅲ											Ⅳ			Ⅰ	Ⅱ			
					Ⅱ			Ⅲ			Ⅰ																
Ⅰ																				Ⅳ							
Ⅰ									Ⅲ											Ⅳ							
Ⅰ									Ⅲ			Ⅲ															
									Ⅲ			Ⅲ															
	Ⅰ	Ⅳ														Ⅰ					Ⅰ		Ⅰ				Ⅱ
	Ⅰ																			Ⅴ							
	Ⅰ								Ⅲ			Ⅲ															
	Ⅰ				Ⅲ	Ⅱ			Ⅳ				Ⅱ							Ⅴ							Ⅱ

时期	组	器类 单位	鼎 圆鼎 甲 C	鼎 圆鼎 乙 A	鼎 圆鼎 乙 B	鼎 圆鼎 乙 C	鼎 圆鼎 乙 D	鬲 Ac	鬲 Ad	甗 Ba	瓿 甲 A	瓿 甲 B	簠 Ba	簋 A	敦 A	敦 B Ba	敦 B Bb	豆 C	铺 B Ba	铺 B Bb	铺 A
重食时期	四期：春秋后期至战国前期	九组：春秋后期前段	滕州薛国故城 M2		I	I					II			III	II							
		滕州薛国故城 M4		I	I					II			III	II							
		刘家店子 M1	IV	II						II											
		刘家新村 M28	IV											II							
		大埠二村 M1	IV							II											
		大埠二村 M2																			
		海阳嘴子前 M2	IV											II							
		海阳嘴子前 M6	IV											II							
		海阳嘴子前 M4	IV								IV			II							
		枣庄徐楼 M1			I								II	III							II
		海阳嘴子前 M1	IV											III							
		栖霞杏家庄 M3	IV																		
		长清仙人台 M5			II					II			III	II							
		临朐杨善墓			III								III		I						
		莒南大店 M1				I							III								
		淄川磁村 M01			III								III								
		淄川磁村 M03			II									I							
		淄川磁村 M1			III								III								
		邹平大省 M1		III									III								
		邹平大省 M3											III			I					
		凤凰岭大墓	IV		III					II	III										
	十组：春秋后期后段至战国前期前段	莱芜西上崮墓		II												I					
		滕州薛国故城 M6		III															I		
		滕州薛国故城 M9		III															I		

续表

铘			罍	壶				盉	盘		匜		钟	镈		铃		戈			矛	剑		镞		
	B		甲	B		C	D	A			A	B						乙			乙			甲		
								乙																		
A	Ba	Bb	B	A	Ba	Cb	Da	Aa	B	C	Aa	Ab	Ba	Aa	B	A	B	Ba	Bb	Bc	A	A	B	Aa	Ab	Bb
	II				III	II					III							III	V					IV	II	I
	II				III	II		I			III															
III			IV	III				IV																		
III				III				V			III							V								
	III																									
														I												II
III																										
	II																									
	II					II								III	√	I			V							II
														III			I									
	III							V						√		I		V	I		I		IV			
	III										III															
									II							I			VI							
	III					IV								√												
							II									I	I									
	III																									
	III																	VI								
	III																									
	III								III																	
						II			I											I						
	IV								II					I	II											
		I				II			III	III																
		I																								

时期	组	单位	鼎 圆鼎 甲	鼎 圆鼎 乙				鼎			鬲 甲		甗	簠	簋	敦 B			豆 B		铺
			C	A	B	C	D	Ac	Ad	Ba	A	B	Ba	A	A	Ba	Bb	C	Ba	Bb	A
重食时期	四期：春秋后期至战国前期 十组：春秋后期后段至战国前期前段	莱芜戴鱼池墓				Ⅲ															
		泰安东焦村墓		Ⅲ																Ⅱ	
		新泰周家庄 M2		Ⅲ															Ⅰ		
		新泰周家庄 M3		Ⅲ															Ⅰ		
		新泰周家庄 M68		Ⅲ															Ⅰ	Ⅱ	
		新泰周家庄 M67		Ⅲ																Ⅱ	
		济南左家洼 M1		Ⅲ		Ⅲ										Ⅲ	Ⅱ		Ⅱ		
		庄里西 90M8					Ⅱ													Ⅱ	
		鲁国故城 M116		Ⅳ																Ⅱ	
		青岛安乐村墓				Ⅱ													Ⅱ		
		长岛王沟 M1																Ⅰ			
		长岛王沟 M2																Ⅰ		Ⅲ	
		长岛王沟 M10																Ⅰ	Ⅲ		
	十一组：战国前期后段	临淄辛店 M2		Ⅳ													Ⅱ	Ⅲ			
		阳信陪葬坑		Ⅳ													Ⅱ				
		东岳石 M16		Ⅳ														Ⅲ			
		临淄 LDM5		Ⅳ														Ⅲ	Ⅲ		
		临淄 LXM6		Ⅴ														Ⅲ			
向实用器过渡时期	五期：战国后期 十二组：战国后期	章丘女郎山 M1		Ⅴ														Ⅲ		Ⅳ	
		临淄国家村 M4		Ⅴ																	
		诸城臧家庄墓		Ⅴ																Ⅳ	
		赵家徐姚 M1		Ⅴ																Ⅳ	
		济南千佛山墓		Ⅴ																	
		临淄商王村 M1		Ⅴ																	

续表

铘			罍	壶				盉	盘		匜			钟		镈		铃	戈		矛	剑		镞		
B			甲	B		C	D		A							A	B		乙		乙	乙		甲		
								乙																		
A	Ba	Bb	B	A	Ba	Cb	Da	Aa	B	C	Aa	Ab	Ba	Aa	B	A	B	Ba	Bb	Bc	A	A	B	Aa	Ab	Bb
		I																	VI	I	I			IV		
	I						II								II											
		II				II				III		II									I	I	II	V		
		II								III											I	I	II		II	
		II								III										II	I					
		II								III										II	I		II		II	
IV							II		II										VI	I	I					
		II								III		II			I											
		II																								
	I					II			II																	
	I					II														II	I					
		III																								
		III																		VII	II	II	III			
								III																		
		II				III											II									
									II										VII		III					III
		III							III																	
		III				III			III					II	II				VII	II	II	II	III			III
		III							IV							III					III					
									IV							III										
																	II									
		III							III			IV				III										
									IV											III						
		III							IV							III										

第九组。主要器物有：圆鼎乙AⅢ、BⅠ、CⅠ、丙E、F，甗甲AⅣ、BⅡ，簠AⅢ，敦AⅡ、BaⅠ、D，豆AⅢ、BaⅠ、BbⅠ，盆C，罍甲BⅣ，盉乙Ⅱ，铺BaⅡ、BaⅢ、BbⅠ、CⅠ、D，壶AⅡ、BaⅣ、DaⅠ、DbⅠ、H、I，鉴A、B，盘AaⅤ、BⅠ、CⅡ、E，匜AbⅢ，铙BⅡ，钟Aa、Ab、B，镈AⅡ、B，句鑃A、B，铎，戈甲BbⅤ，矛甲AⅢ、B、CⅡ、Db、E、乙AⅠ、B，有铤镞甲AaⅤ、BbⅡ、乙C、丙Ba、Bb、BdⅠ，有銎镞AⅠ等。本组保留的上一组器物较少，有钟Aa、B等。延续上一组的器物较多，如圆鼎乙A，甗甲A、B，簠，敦A，豆A，罍甲B，盉乙，铺Ba，壶A、Ba，盘Aa、C，匜Ab，镈A，戈甲Bb，矛甲A、C，剑甲A，有铤镞甲Aa、Bb等。新出现的器物有圆鼎乙AⅢ、B、C、丙E、F，敦BaⅠ、D，豆BaⅠ、BbⅠ，盆C，铺Bb、C、D，壶Da、Db、H、I，鉴A、B，盘B、E，镈B，句鑃A、B，铎，戈甲Bc，矛甲B、Db、E、乙A、B，有铤镞乙C、丙Ba、Bb、Bd，有銎镞AⅠ等。本组保留的上一组器物相对较少，而延续上一组但形制上有所变化的器物以及新产生的器物较多，这说明本组新产生的因素多于所保留的上一组因素。因此，本组也可以单列为一组，为第九组。

第十组。主要器类有：圆鼎乙AⅣ、BⅡ、CⅡ、DⅡ，簠乙Ⅱ，敦AⅢ、BaⅡ、BbⅠ、CⅠ、E，豆AⅣ、BaⅡ、BbⅡ，罍甲BⅤ，铺BaⅣ、BbⅡ、CⅡ、E，壶DaⅡ，盘BⅡ、CⅢ，匜BaⅡ，钟BⅡ，戈甲BbⅥ、BcⅠ，矛甲CⅡ。本组保留的上一组器物较少，有圆鼎乙AⅢ、B、C，敦AⅢ，铺BaⅣ，匜AbⅢ，戈甲BaⅥ、BcⅠ，有铤镞甲AaⅣ、有銎镞B，矛甲CⅡ等。本组延续上一组的器物有圆鼎乙A、B、C、D，敦A、Ba、Bb，豆A、Ba、Bb，罍甲B，铺Ba、Bb、C，壶Da，盘B、C，匜Ba，钟B，戈甲Bb、Bc，矛甲C等。本组新出现的器物有敦Bb、C、E，铺E，有銎镞B等。本组保留的上一组器物相对较少，而延续上一组但形制上有所变化的器物以及新产生的器物较多，这说明本组新产生的因素多于所保留的上一组因素。因此，本组也可以单列为一组，为第十组。

第十一组。主要器类有：圆鼎乙AⅣ、丙L、M，豆BaⅢ、BbⅢ，敦CⅡ，盉乙Ⅲ，壶BbⅠ、BbⅡ、DaⅢ、J、K，铺BbⅢ，盘BⅢ，匜BaⅢ、BbⅡ，罐Ab，铃AaⅡ、BaⅣ，钟BⅡ，镈BⅡ，戈甲BbⅦ、BcⅡ，矛乙AⅡ，剑甲AⅢ，有铤镞甲AbⅢ、丙Ab、Ac、Ad、BdⅡ，有銎镞AⅡ等。本组保留的上一组器物较少，有钟BⅡ、戈甲BbⅦ等。本组延续上一组的器物有圆鼎乙A，豆Ba、Bb，敦C，盉乙，壶Bb、Da，铺Bb，盘B，匜Ba，罐Ab、Bb，铃BaⅣ，钟B，镈B，戈甲Bb、Bc，矛乙AⅡ，剑乙AⅡ、BⅡ，有铤镞甲Ab、BdⅡ。本组新出现的器物有圆鼎丙L、M，壶BbⅠ、J、K，有铤镞丙Ab、Ac、Ad。本组保留的上一组器物相对较少，而延续上一组但形制上有所变化的器物以及新产生的器物较多，这说明本组新产生的因素多于所保留的上一组因素。因此，本组也可以单列为一组，为第十一组。

第十二组。主要器类有：圆鼎乙C、丙N，豆BaⅣ、BbⅣ，敦CⅢ，铺BbⅢ，壶BbⅡ、DaⅢ、Dc、K、L、M，盘BⅣ，匜C，匮甲C、D，戈甲BcⅢ，矛乙AⅢ，有铤镞丙Bc等。本组出土铜容器较少，保留的上一组器物有鼎BaⅤ，敦BbⅡ、C等。本组延续上一组的器物有豆Ba、Bb，敦Bb、C，铺Bb，壶Bb、Da、Db，盘B，戈甲Bc，矛乙A等。本组新产生的器物有圆鼎丙N，壶Dc、I、J，匜C，匮甲C、D，有铤镞丙Bc，钵等。以往流行的礼容器敦、铺等器物在本组少见,而出现了大量实用器,与第十一组明显不同。本组保留的上一组器物相对较少,而延续上一组但形制上有所变化的器物以及新产生的器物较多,这说明本组新产生的因素多于所保留的上一组因素。因此,本组也可以单列为一组,为第十二组。

二、期的划分

根据上文各组器物的形制演变、新旧器物的更迭以及器物的共存情况,可以看出,海岱地区商周青铜器的发展经历过的比较大的变化有以下几个时段:第二组与第三组之间,第五组与第六组之间,第八组与第九组之间,第十一组与第十二组之间。这种变化主要表现在大量新旧器类、器形的更替上,也就是说器物的组合与形制均发生了很大变化,同时在铜器纹饰上也出现明显变化(关于纹饰的变化笔者将在后文详细探讨)。具体情况如下。

第一、二组器物之间虽有差异,但其间器物类别以及形制演变的差异远小于第二、三组之间的差异,如方形器的大量出现,鼎的锥足变为柱足,鬲的尖足变为柱足,簋、豆、分裆鼎、扁足鼎、三段尊、鼓肩罍、椭圆粗体卣、瘦体卣、柱足盉、斗、铙、铃、长胡戈等新器物的出现,以及平底斝、锥足分裆斝、折肩罍、袋足盉等器物的消失等。故而,第一、二组可进一步合并,是为海岱地区商周青铜器发展的第一期。

第三、四、五组之间的器物有所变化,如方形器减少,器物的厚重感有所降低等,但其间的器物类别基本相同,器物形制的连续性比较强,其间的差异也小于第五组与第六组之间的差异。第五、六组之间无论器物类别,还是器物形制都有重大变化,如大量酒器的消失,大量食器的出现,水器盉与匜的更替,以及柱足鼎、鬲的消失和蹄足鼎、鬲的产生与流行等。故而第三、四、五组也可以合并为一期,为海岱地区商周青铜器发展的第二期。

第六、七、八组之间的变化不甚明显,器类多相同,形制的演变也多具有连续性,远小于第八、九组之间的变化。如第九组立耳鼎基本消失,附耳鼎迅速流行,传统样式的鬲、簋、盨、铺、壶、盘等器类逐渐消失,扁足匜基本被蹄足匜和无足匜取代,新生器物敦、钫的流行等。因此,第六、七、八组可进一步合并,为海岱地区商周青铜器发展的第三期。

第九、十、十一组之间的连续性也较强,如三组器类基本相同,形制的变化也不如第十一组与第十二组之间的变化大,而且第十二组基本不见以往流行的敦、豆、钫、匜等礼器,而产生了一定数量的实用器和新器类如钵、洗、釜、缶等。因此,第九、十、十一组可以合并为一期,为海岱地区商周青铜器发展的第四期。

第十二组单列为一期,为海岱地区商周青铜器发展的第五期。

因此,海岱地区商周时期青铜器的发展演变可分五期:第一、二组为第一期,第三、四、五组为第二期,第六、七、八组为第三期,第九、十、十一组为第四期,第十二组为第五期。

这五期可分别以各期的典型器物或器物的典型特征替代如下：第一期为锥足立耳鼎时期，第二期为柱足立耳鼎时期，第三期为蹄足立耳鼎时期，第四期为蹄足附耳鼎时期，第五期为向日常实用器过渡的时期。其实，这五期还可以进一步合并归纳为三大时期：第一、二期可以合并为以酒礼器为主的重酒时期，第三、四期可以合并为以食器为主的重食时期，第五期为以实用器为主或向实用器过渡的时期。

第二节　各期的时代推断

一、第一期

本期较早的出土铜器的单位主要有大辛庄M106①、M139②，稍晚的有1978滕州前掌大墓③、大辛庄Ⅳ11M5④等。

大辛庄M106出土青铜器10件：爵2、斝3、罍2、尊2、卣1。其中4件简报附有器物图片。M106∶5铜尊：微侈口，方唇，高颈较粗，折肩，弧腹下收，高圈足较细（与照片对比，线图略微失真）；颈部饰三道弦纹，肩、腹及圈足饰以联珠纹作界、由卷云纹组成的兽面纹带（腹部兽面纹二"臣"字形目凸出），圈足上均匀分布三个圆形镂孔。其形制、纹饰与郑州白家庄M3∶9⑤、盘龙城89HPCYM1∶7⑥、汉中城固龙头村1980所出铜尊⑦及安阳小屯M232∶R2056⑧相近，除安阳小屯M232∶R2056约为殷墟一期外，其余三器大致属于二里岗上层时期。M106∶9铜斝：侈口，中领，鼓腹，分裆，四棱形尖锥状中空足，二菌状柱立于口沿近流处，一足之上附有一半环鋬连接腹部与领；颈部饰三道弦纹，腹部饰双线人字形纹。其形制、纹饰与新郑望京楼出土铜斝⑨相近，后者年代约在二里岗上层二期。大辛庄M106∶4铜斝：侈口，高领，束腰，鼓腹，平底微下凸，三锥状中空足，一足之上附半环鋬连接腹部与领，二菌状柱立于另外二足之上的口沿部分。其形制与郑州铭功路M2∶20斝⑩相近，后者年代约在二里岗上层一期。大辛庄M106∶8铜爵：侈口，窄流略翘，短尾近平，束颈，鼓腹，圜底，三棱尖锥状足，单菌形柱立于流折处；颈部饰三角云纹。

---

① 山东大学东方考古研究中心、山东省文物考古研究所等：《济南市大辛庄商代居址与墓葬》，《考古》2004年第7期。
② 山东大学历史文化学院考古系、山东省文物考古研究所：《济南大辛庄遗址139号商代墓葬》，《考古》2010年第10期。
③ 齐文涛：《概述近年来山东出土的商周青铜器》，《文物》1972年第5期。
④ 山东大学历史系考古专业、山东省文物考古研究所等：《1984年秋济南大辛庄遗址试掘述要》，《文物》1995年第6期。
⑤ 河南文物工作队第一队：《郑州市白家庄商代墓葬发掘简报》，《文物参考资料》1955年第10期。
⑥ 湖北省文物考古研究所：《盘龙城——1963—1994年考古发掘报告》，文物出版社，2001年。
⑦ 曹玮：《汉中出土商代青铜器》，巴蜀书社，2006年；赵丛苍：《城洋青铜器》，科学出版社，2006年。
⑧ 石璋如：《小屯第一本·遗址的发现与发掘·丙编·殷墟墓葬之三——南组墓葬附北组墓补遗》，中研院史语所，1973年。
⑨ 新郑县文化馆：《河南新郑县望京楼出土的铜器和玉器》，《考古》1981年第6期。
⑩ 郑州市博物馆：《郑州市铭功路西侧的两座商代墓》，《考古》1965年第10期。

其形制与伊川坡头寨商墓出土铜爵①以及藁城台西 C：76② 相近，后二器的年代约为二里岗上层二期。因此大辛庄 M106 所出铜器的年代大致为二里岗上层二期。

大辛庄 M139 出土青铜器 14 件：鼎 2、爵 1、觯 1、罍 1、壶 1、斝 1、盉 2、斗 1、钺 1、矛 2、镢 1。简报公布了鼎、罍、壶、觯、钺等 5 件器物的图片。简报把其年代定为大致在二里岗期或处于二里岗期向殷墟期过渡阶段。张昌平先生通过细致的比较分析，认为其铜器表现出了一定的滞后现象，其年代应为殷墟一期③。二者所持依据均有其道理，笔者取其中，大辛庄 M139 的年代大致在二里岗上层二期向殷墟一期过渡的时期。

大辛庄Ⅳ11M5 出土铜器 4 件：鼎 1、爵 1、觚 1、戈 1。Ⅳ11M5∶3 铜鼎：立耳较扁，方唇，口微敛，深腹，圜底，三柱状足上粗下细，口沿下饰三道弦纹。该器与安阳武官村 M1∶2④、安阳董王度 M1 出土铜鼎⑤形制相近，唯武官村 M1∶2 立耳为方形，柱足上下较为匀称，腹饰三角云雷纹，这些特征说明武官村 M1∶2 的年代可能晚于大辛庄Ⅳ11M5∶3；而安阳董王度 M1 出土铜鼎三足还保留锥状形态，似乎略早。武官村 M1 为殷墟二期，安阳董王度 M1 为殷墟一期早段。因此，大辛庄Ⅳ11M5∶3 的年代约在殷墟一期后段。大辛庄Ⅳ11M5∶4 铜爵：窄流较平，长尾上翘，卵形腹，二菌状柱立于流折处，三棱形细高足外撇，颈部饰弦纹。形制、纹饰与小屯 M388∶R2034⑥ 较为接近，唯大辛庄Ⅳ11M5∶4 腹部较深，流较平，尾较长，整体更瘦削。小屯 M388 的年代为殷墟一期。大辛庄Ⅳ11M5∶5 铜觚：喇叭形口，颈腹较细，中腹凸起，平底，圈足，觚体呈三段式，中腹及圈足饰兽面纹和弦纹。此觚形制、纹饰与安阳花园庄东地 M60∶3⑦、小屯 M17∶5⑧ 极似。后二者的年代为殷墟一期。因此，大辛庄Ⅳ11M5 所出铜器的年代约当于殷墟一期。

滕州前掌大 1978 年墓出土铜容器 3 件：爵 1、觚 1、斝 1。爵为卵形腹，腹壁较直，下腹径稍大于上腹径，二菌状柱立于流折处。觚为粗体，喇叭口，腹部微凸，圈足有十字镂孔。斝为高领，鼓腹，领高明显大于腹高，平底微外凸，二菌状柱立于二足之上。三器的形制、纹饰与安阳三家庄 M3⑨所出爵、觚、斝的形制与纹饰均极为相近。安阳三家庄 M3 的年代为殷墟一期，前掌大 1978 年墓所出铜器的年代也约当于这一时期。

因此，海岱地区商周青铜器第一期的年代范围约在二里岗上层二期至殷墟一期，即约当于商代前期后段。其中第一组约当于二里岗上层二期，第二组约当于殷墟一期或稍早。

---

① 宁景通：《河南伊川县发现商墓》，《文物》1993 年第 6 期。
② 河北省博物馆、文管处台西考古队等：《藁城台西商代遗址》，文物出版社，1977 年。
③ 张昌平：《论济南大辛庄遗址 M139 新出青铜器》，《江汉考古》2011 年第 1 期。
④ 中国社会科学院考古研究所安阳工作队：《安阳武官村北的一座殷墓》，《考古》1979 年第 3 期。
⑤ 孟宪武：《安阳三家庄、董王度村发现的商代青铜器及若干问题的讨论》，《安阳殷墟考古研究》，中州古籍出版社，2003 年。
⑥ 石璋如：《小屯第一本·遗址的发现与发掘·丙编·殷墟墓葬之五——丙区墓葬上》，中研院史语所，1980 年。
⑦ 中国社会科学院考古研究所安阳工作队：《河南安阳殷墟花园庄东地 60 号墓》，《考古》2006 年第 1 期。
⑧ 中国社会科学院考古研究所安阳工作队：《安阳小屯村北的两座殷代墓》，《考古》1981 年第 4 期。
⑨ 孟宪武：《安阳三家庄、董王度村发现的商代青铜器及若干问题的讨论》，《安阳殷墟考古研究》，中州古籍出版社，2003 年。

二、第二期

本期的典型铜器单位较早的有济南大辛庄 M72①、青州苏埠屯 M8②、滕州前掌大 M128③，稍晚的有济阳刘台子 M6④、龙口庄头 M1⑤ 等。

（一）大辛庄 M72：1 铜鼎方立耳，窄方唇，斜折沿，深腹，圜底，三柱足较粗壮，上部稍粗，颈部饰一周均匀分布的圆饼状纹饰。形制、纹饰与安阳小屯 M17：4⑥、小屯 M18：12⑦、郭家庄 M26：26⑧ 诸鼎基本相同。唯后三者腹部稍浅或柱足上下较均匀，时代似乎略晚于大辛庄 M72：1。铜爵长流，尖尾，双菌柱细高，卵形腹较深，腹饰三周弦纹。形制、纹饰与大辛庄Ⅳ11M5：4、安阳苗圃北地 M105：2⑨ 相近。唯大辛庄 M72 铜爵器形较大辛庄Ⅳ11M5：4 规整，菌柱更粗壮，应稍晚；其腹部比苗圃北地 M105：2 稍深，但年代应相去不远。铜觚（M72：9）喇叭口，颈腹较细，中腹凸起，高圈足上有四个十字形镂孔，圈足触地处形成矮直壁，腹部与圈足饰云雷状兽面纹及弦纹。形制、纹饰与安阳小屯 M17：5、殷墟西北冈 M1400：R1032⑩ 极似，年代也应相当。安阳小屯 M17、小屯 M18、郭家庄 M26、苗圃北地 M105、殷墟西北冈 M1400 的时代约在殷墟二期后段，因此大辛庄 M72 铜器的年代应在殷墟二期。

（二）青州苏埠屯 M8：13 方鼎整体粗壮厚重，形制、纹饰与安阳郭家庄 M160：134 方鼎相近；M8：17 扁足鼎与安阳戚家庄 M269：38 相近；M8：16 柱足圆鼎与安阳郭家庄东 M1：3⑪ 相近；M8：1 铜斝与殷墟西区 M875：5 相近，作柱足分裆高领状；M8：6 铜爵与安阳戚家庄 M269：9⑫ 相近；M8：3 铜觚与殷墟西区 M875：1⑬ 相近；M8：10 铜罍与安阳戚家庄 M269：35 相近；M8：33 铜斗与安阳戚家庄 M269：79 相近。除苏埠屯 M8 以外的其余墓葬的年代大约在殷墟三期前段。因此，苏埠屯 M8 的年代也应大致在这一时段，即殷墟三期。

（三）前掌大 M128：2 分裆鼎方立耳，侈口，微束颈，鼓腹，分裆，三柱足较细，颈部饰

---

① 山东大学东方考古研究中心、山东省文物考古研究所等：《济南市大辛庄商代居址与墓葬》，《考古》2004 年第 7 期。
② 山东省文物考古研究所、青州市博物馆：《青州市苏埠屯商代墓地发掘报告》，《海岱考古》（第一辑），山东大学出版社，1989 年，第 254—273 页。
③ 中国社会科学院考古研究所：《滕州前掌大墓地》，文物出版社，2005 年，第 232 页。
④ 山东省文物考古研究所：《山东济阳刘台子西周六号墓清理报告》，《文物》1996 年第 12 期。
⑤ 王锡平、唐禄庭：《山东黄县庄头西周墓清理简报》，《文物》1986 年第 8 期。
⑥ 中国社会科学院考古研究所安阳工作队：《安阳小屯村北的两座殷代墓》，《考古》1981 年第 4 期。
⑦ 中国社会科学院考古研究所安阳工作队：《安阳小屯村北的两座殷代墓》，《考古》1981 年第 4 期。
⑧ 中国社会科学院考古研究所安阳工作队：《河南安阳市郭家庄东南 26 号墓》，《考古》1998 年第 10 期。
⑨ 中国社会科学院考古研究所安阳工作队：《1984 年秋安阳苗圃北地墓发掘简报》，《考古》1989 年第 2 期。
⑩ 梁思永、高去寻：《侯家庄：河南安阳侯家庄殷代墓地·第九本·1129、1400、1443 号大墓》，中研院史语所，1996 年。
⑪ 安阳市博物馆：《安阳郭家庄的一座殷墓》，《考古》1986 年第 8 期。
⑫ 安阳市文物工作队：《殷墟戚家庄东 269 号墓》，《考古学报》1991 年第 3 期。
⑬ 中国社会科学院考古研究所：《殷墟青铜器》，文物出版社，1985 年，第 450 页。

云雷状列旗纹。形制与 82 小屯 M1∶45① 相近。铜簋(M128∶1)侈口,束颈,鼓腹,圜底,高圈足,一对兽首半环耳下有钩状小珥;口沿下饰三角纹,颈部、圈足饰夔龙纹,腹部饰分解式兽面纹。该簋形制与殷墟戚家庄 M269∶40 簋相近,但后者耳下无小珥,故该簋时代略晚于戚家庄 M269∶40,约在殷墟四期。铜觚为瘦体,喇叭口,中腹凸起将觚体分为上中下三段,圈足触地起台,腹部与圈足有扉棱;颈部饰蕉叶纹,腹部及圈足饰云雷纹为地的兽面纹。形制、纹饰与郭家庄北 M6∶3② 基本相同,年代应相当,约在殷墟四期。铜罍侈口,方唇,束颈,鼓肩,收腹,圈足;肩部饰二兽首衔环,下腹饰一牛首錾,肩部饰一周 6 个圆涡纹。该罍形制、纹饰皆与灵石旌介 M1∶32③、辽宁喀左北洞村一号窖藏∶3④ 相近,时代为殷墟四期,可晚至周初。铜觯为粗体觯,侈口,束颈,鼓腹,圈足,除圈足饰一周夔龙纹外为素面。该觯形制与殷墟郭家庄东南 M1∶25⑤、前掌大 M119∶40⑥ 相近,时代为殷墟四期,可晚至周初。因此,前掌大 M128 出土铜器的年代约为殷墟四期至周初。

(四)济阳刘台子铜器群。济阳刘台子 M6∶20 铜鼎方立耳,微敛口,腹较浅,倾垂明显,圜底,三柱足呈半筒状,颈部饰两周弦纹。该鼎形制与扶风齐镇 M2 出土铜鼎⑦、天马—曲村 M6190∶13⑧ 及传世害鼎相近,时代约在康昭时期。铜簋侈口,微束颈,浅腹微垂,圜底近平,圈足微侈,一对兽首半环耳下有钩状小珥,颈部饰一周列旗纹间以一对兽首,腹部饰直棱纹。该簋形制、纹饰与洛阳北窑 M37∶2 伯懋父簋⑨ 相近,时代为康昭时期。铜觯(M6∶11)为瘦体,喇叭口,细长颈,颈腹分界不甚明显,下腹微垂,圈足亦呈喇叭口状,颈部饰两道弦纹。形制、纹饰与洛阳北窑 M1∶5、天马—曲村 M6231∶20 相近⑩,二觯唯觯体稍粗,时代可能稍早于 M6∶11。M6∶11 应在西周早期后段。因此刘台子 M6 的年代约在西周早期后段。

(五)龙口庄头 M1 出土铜鼎方立耳,平折沿,垂腹较浅,三柱足较细,呈半筒形,整体较宽侈,颈部饰一道凸弦纹。形制、纹饰与长安斗门镇 M17∶5⑪、长安张家坡 M103∶1⑫、洛阳中州路 M816∶37⑬ 基本相同,唯前者比庄头 M1 鼎稍深,时代略早。斗门镇 M17 的年代约在西周中期前段,而后二者的年代在中期后段。方座簋腹部垂弛,腹部与方座皆饰垂冠大鸟纹,是穆共时期的特征。觯为瘦体,喇叭口,束颈,垂腹,圈足。形制与 75 庄白墓

---

① 中国社会科学院考古研究所:《殷墟青铜器》,文物出版社,1985 年,图版 84,第 232—238 页。
② 中国社会科学院考古研究所安阳工作队:《1969—1977 年殷墟西区墓葬发掘报告》,《考古学报》1979 年第 1 期。
③ 山西省考古研究所:《灵石旌介商墓》,科学出版社,2006 年。
④ 喀左县文化馆、朝阳地区博物馆等:《辽宁喀左北洞村出土的殷周青铜器》,《考古》1974 年第 6 期。
⑤ 中国社会科学院考古研究所安阳工作队:《1987 年夏安阳郭家庄东南殷墓的发掘》,《考古》1988 年第 10 期。
⑥ 中国社会科学院考古研究所:《滕州前掌大墓地》,文物出版社,2005 年。
⑦ 陕西省考古研究所、陕西省文物管理委员会:《陕西出土商周青铜器》,文物出版社,1979 年,第 57 页。
⑧ 北京大学考古学系商周组、山西省考古研究所:《天马—曲村(1980—1989)》,科学出版社,2000 年。
⑨ 洛阳市文物工作队:《洛阳北窑西周墓》,文物出版社,1999 年。
⑩ 北京大学考古学系商周组、山西省考古研究所:《天马—曲村(1980—1989)》,科学出版社,2000 年。
⑪ 陕西省文物管理委员会:《西周镐京附近部分墓葬发掘简报》,《文物》1986 年第 1 期。
⑫ 中国社会科学院考古研究所:《张家坡西周墓地》,中国大百科全书出版社,1999 年。
⑬ 中国科学院考古研究所:《洛阳中州路(西工段)》,科学出版社,1959 年。

出土的蕉叶纹觯①相近，时代为西周中期前段。因此，庄头 M1 铜器的年代约在西周中期前段。

可以看出，本期的年代范围为殷墟二期至西周中期前段，即商代后期至西周前期。其中第三组约当于殷墟二期至三期，第四组约当于殷墟四期至西周早期前段，第五组约当于西周早期后段至西周中期前段。

三、第三期

本期典型铜器单位较早的有烟台上夼铜器墓②、长清仙人台 M6③、曲阜鲁国故城 M48④、枣庄东江小邾国诸墓⑤，稍晚的有曲阜鲁国故城 M202⑥、滕州薛国故城 M1⑦ 等。

（一）烟台上夼铜器群。烟台上夼村墓出土铜鼎立耳，平折沿，口微敞，深腹圜底呈半球状，三足初具蹄状，上腹饰两道弦纹。形制、纹饰与长安张家坡 M115∶2、岐山董家村窖藏此鼎（三件）基本相同，年代约在西周晚期。出土铜匜敞口流上扬，深腹，圜底，三蹄足，龙首錾无卷尾，颈部饰窃曲纹。形制与纹饰均属于早期铜匜的特征。形制介于僎匜与长安马王村窖藏出土铜匜⑧之间，具有西周中期后段至晚期早段的特征。

（二）曲阜鲁国故城鲁国铜器群。山东省文物考古研究所联合山东省博物馆、济宁地区文物局、曲阜县文管所共同发掘。《曲阜鲁国故城》⑨发表了 1978 年发掘的 128 座墓葬和 1950 年清理的 M501，共得两周墓 129 座，其中铜器墓 19 座。原报告根据器物组合、葬俗、葬制等方面的差异将墓葬分为甲、乙两组。把甲组铜器墓 M305、M201、M202、M203 划为春秋早期，把 M103、M115、M116 划为春秋晚期。把乙组铜器墓 M23、M11、M20、M14、M30、M42、M46、M48 划为西周中期，把 M49 划为西周晚期，把 M3、M52 划为战国早期，把 M58 划为战国中期或稍晚。

《曲阜鲁国故城》出版后，陆续有学者著文重新对墓葬进行了分期，如刘彬徽⑩、崔乐泉⑪、朱凤瀚⑫、王恩田⑬、杜迺松⑭、许宏⑮、王青⑯等。崔乐泉先生主要根据出土陶器把乙

---

① 罗西章、吴镇烽、雒忠如：《陕西扶风出土西周伯㺇诸器》，《文物》1976 年第 6 期。
② 山东省烟台地区文物管理委员会：《烟台市上夼村出土㠱国铜器》，《考古》1983 年第 4 期。
③ 山东大学考古系：《山东长清县仙人台周代墓地》，《考古》1998 年第 9 期。
④ 山东省文物考古研究所、山东省博物馆等：《曲阜鲁国故城》，齐鲁书社，1982 年。
⑤ 枣庄市博物馆、枣庄市文物管理办公室：《枣庄市东江周代墓葬发掘报告》，《海岱考古》（第四辑），科学出版社，2011 年，第 220—328 页。
⑥ 山东省文物考古研究所、山东省博物馆等：《曲阜鲁国故城》，齐鲁书社，1982 年。
⑦ 山东省济宁市文物管理局：《薛国故城勘查和墓葬发掘报告》，《考古学报》1991 年第 4 期。
⑧ 西安市文物管理处：《陕西长安新旺村、马王村出土的西周铜器》，《考古》1974 年第 1 期。
⑨ 山东省文物考古研究所、山东省博物馆等：《曲阜鲁国故城》，齐鲁书社，1982 年。
⑩ 刘彬徽：《山东地区东周青铜器研究》，《中国考古学会第九次年会论文集(1993)》，文物出版社，1997 年，第 263—275 页。
⑪ 崔乐泉：《山东地区东周考古学文化的序列》，《华夏考古》1992 年第 4 期。
⑫ 朱凤瀚：《中国青铜器综论》，上海古籍出版社，2009 年。
⑬ 王恩田：《曲阜鲁国故城的年代及其相关问题》，《考古与文物》1988 年第 2 期。
⑭ 杜迺松：《东周时代齐、鲁青铜器探索》，《南方文物》1995 年第 2 期。
⑮ 许宏：《先秦城市考古学研究》，北京燕山出版社，2000 年。
⑯ 王青：《海岱地区周代墓葬与文化分区研究》，科学出版社，2012 年，第 27 页。

组铜器墓 M23、M11、M20、M14、M30、M42、M46、M48 断为春秋早期,把甲组墓 M201、M202、M203、M305 断在春秋中期,把甲组墓 M103、M115、M116 和乙组墓 M52、M58、M3 断为战国中期,与《曲阜鲁国故城》年代推断相差较大。朱凤瀚先生从出土铜器的形制、纹饰角度将 M23 断在西周中期,将 M11、M14、M20、M42、M46 定为西周晚期至春秋早期,把 M202 定为春秋中期早段。王青先生主要总结了崔乐泉、朱凤瀚两位先生的观点后,把以上墓葬分别与陕西扶风强家村 M1、长安张家坡 67M115、长清仙人台 M3、河南陕县上村岭 M1706、M1052 所出铜器进行了对比,把鲁国故城各墓葬的年代分别隶定如下:乙组墓 M23 为西周中期,乙组墓 M11、M14、M20 为西周晚期,乙组墓 M30、M46、M48、M49 为春秋早期,甲组墓 M201、M202、M203、M305 为春秋中期,甲组墓 M115、M116 为战国早期,乙组墓 M3、M52、M58 为战国中期。从现有资料来看,《曲阜鲁国故城》墓葬的分期确有重新划分的必要。本书基本赞同朱凤瀚及王青先生的观点,但考虑到 M58 打破了 M52,且其出土器物多为以往少见的日常实用器如钵、缶、罐等,本书把 M58 拟定为战国晚期前段。

鲁国故城 M48 所出铜器如立耳蹄足鼎、圈足瓦棱纹簋、斜腹簠、附耳盨、瓦棱纹匜等,均具有典型的两周之际的特征,其年代应在西周晚期晚段至春秋早期早段。M202 所出器物如立耳外侈鼎、隆盖敦、浅腹铺等器物的形制与洛阳中州路 M2415 所出同类器相近,后者年代为春秋中期前段。因此,朱凤瀚先生关于 M202 的年代隶定甚确。

(三)长清仙人台铜器群①。1995 年春山东大学考古系在长清仙人台墓地共清理两周墓葬 6 座。其年代自西周晚期延续到春秋晚期偏早阶段,前后延续 200 余年。依据铜器形制及其铭文,参考有关文献,可知这是一处邿国贵族墓地,并且 6 号墓可能为邿国国君之墓。报告把 M3 定为西周晚期,其余 5 墓定为春秋时期。其中 M6 出土铜器的形制、纹饰与三门峡虢国墓地 M2012② 所出器物多有相近之处,如立耳蹄足垂鳞纹鼎与三门峡上村岭 M2012:1 基本相同,簋与三门峡上村岭 M2012:7 基本相同,簠与三门峡上村岭 M2012:14 基本相同,盘与三门峡上村岭 M2012:17 相近,铺与三门峡上村岭 M2012:13 基本相同。这些器物的形制、纹饰均具有典型的西周晚期晚段至春秋早期早段的特征。三门峡上村岭 M2012 的年代在春秋早期前段,因此,长清仙人台 M6 铜器的年代也大致在这一时段。M5 所出器物中有不少特殊形制,但其总体面貌属于春秋晚期,如齐地春秋晚期至战国早期流行的乳丁纹铺、附耳浅腹高蹄足鼎等。此乳丁纹铺的形制还不是战国早期流行的样式;鼎为平底,也还未演变为战国早期齐地流行的圜底浅腹鼎;同时,隆盖平底敦、小环钮浅腹圈足盘、长援直刃戈等也表现出较早的时代特征。因此,其年代应在春秋晚期前段。对于诸墓的年代,学界基本没有异议,本书也信从报告所定年代。

---

① 山东大学考古系:《山东长清县仙人台周代墓地》,《考古》1998 年第 9 期;山东大学历史文化学院考古系:《长清仙人台五号墓发掘简报》,《文物》1998 年第 9 期。
② 河南省文物考古研究所、三门峡市文物工作队:《三门峡虢国墓》,文物出版社,1999 年。

（四）枣庄东江小邾国铜器群①。2002年6月至7月，枣庄市文物管理办公室和枣庄市博物馆对枣庄市山亭区东江古墓群进行了抢救性发掘②，共发掘墓葬6座，编号M1—M6，其中M1被盗，M4、M5、M6被盗空，M2、M3为抢救性发掘。报告把墓葬的时代定为春秋早期。李学勤③、李光雨④、朱凤瀚⑤等先生根据铜器及铭文以及小邾国的历史，也认为墓葬属春秋早期。观其所出铜鼎、鬲、簠、壶、盘、匜等器物形制多具有西周晚期至春秋早期典型器物的特征，其出土的裸人三足盘、提链圈足罐、方匜等也是海岱地区两周之际的特色器物。以上诸位先生的年代隶定是没有问题的。考虑到M2出土的两件铜匜之鋬手已有卷尾，其年代下限可能已入春秋早期后段。M3所出的圜底无足短流匜是春秋时期的新兴器形，时代似乎也稍晚。此外，被盗出的邾庆作秦妊簠之腹部已有直壁，其时代也不早于春秋早期后段。因此，M2、M3的年代应在春秋早期后段。

（五）滕州薛国故城铜器群⑥。发掘报告将发掘的9座墓葬分为甲乙两类，将M1—M4等甲类较大墓葬年代断在春秋早中期，把墓葬面积较小的乙类墓M6、M7、M9断在春秋晚期，M5、M8断在战国时期。对于甲类墓的年代，朱凤瀚⑦、王恩田⑧等先生依据所出铜器，认为M1的年代为春秋中期，M2—M4的年代为春秋晚期。对于乙类墓，王青先生依据所出陶器，把M6、M9划为春秋晚期。三位先生的意见十分精当，但考虑到M2与M1所出的3壶2簠形制相同，组合也基本相同，其年代应相去不远，而且所出器物的时代特征明显早于M6、M9，因此M2—M4的年代应在春秋中期晚段至晚期早段。值得注意的是，M1与M2、M4所出器物虽然有部分类似，但也有不少器物时代明显不同，如M1的列鼎为外侈立耳，而M2、M4皆为附耳；M1所出铜鬲为中原常见的蹄足鬲，而M2、M4所出为尖足鼓肩夷式鬲；M1所出铜匜是早期常见的扁足敞口流匜，而M2、M4所出铜匜为蹄足封口流匜；M1所出铜盘为春秋早期常见的圈足附耳盘，而M2、M4所出为春秋晚期较为流行的蹄足盘；M1所出铜钟为春秋早期常见的形体较高的小口鼓腹钟，而M2、M4所出铜钟为平盖矮体钟。这些特征都说明M1与M2、M4之间发生了较大变化。这一变化说明，M1的年代要早于M2、M4。因此，M1的年代约在春秋中期前段，而M2、M4的年代约在春秋中期后段。

可以看出，本期的年代范围为西周后期至春秋前期。其中第六组约当于西周中期后段至晚期偏早阶段，第七组约当于西周晚期后段至春秋早期，第八组约当于春秋中期前段。

---

① 枣庄市博物馆、枣庄市文物管理办公室：《枣庄市东江周代墓葬发掘报告》，《海岱考古》（第四辑），科学出版社，2011年，第220—328页。
② 李光雨、张云：《山东枣庄春秋时期小邾国墓地的发掘》，《中国历史文物》2003年第5期。
③ 李学勤：《小邾国墓及其青铜器研究》，《东岳论丛》2007年第2期。
④ 李光雨、刘爱民：《枣庄东江小邾国贵族墓地发掘的意义及相关问题》，《东岳论丛》2007年第2期。
⑤ 朱凤瀚：《中国青铜器综论》，上海古籍出版社，2009年，第1664—1675页。
⑥ 山东省济宁市文物管理局：《薛国故城勘查和墓葬发掘报告》，《考古学报》1991年第4期。
⑦ 朱凤瀚：《中国青铜器综论》，上海古籍出版社，2009年，第1659—1663页。
⑧ 王恩田：《曲阜鲁国故城的年代及其相关问题》，《考古与文物》1988年第2期。

四、第四期

本期的典型铜器单位较早的有沂水刘家店子 M1①等,稍晚的有长清仙人台 M5②,蓬莱辛旺集 M6、M7③,济南左家洼 M1④,长岛王沟诸墓⑤。

（一）沂水刘家店子 M1⑥。M1 出土铜容器 55 件、乐器 38 件、兵器 29 件、杂器 31 件,其时代简报定为春秋中期。M2 破坏严重,部分器物可能散失,简报认为略晚于 M1,为春秋中期后段。刘彬徽先生认为简报所定年代正确⑦。朱凤瀚先生根据公簠（铺）高柄镂空、莲花瓣盖的形制以及器物多饰蟠螭纹等特征,认为墓葬的年代在春秋中期偏晚⑧。再考察其他器物特征,如附耳鼎、侈耳鼎、平盖铒、环带纹罍（罐）、黄太子伯克盆等,多具有春秋中期向晚期过渡的特征。故而,朱凤瀚先生关于此墓的年代推断是比较准确的。

（二）蓬莱辛旺集铜器群⑨。1976 年共发掘 8 座墓,其中 M6、M7 材料较丰富。所出随葬品多为铜器,主要有鼎、鬲、壶、甗、铒、提链罐、剑、矛、戈、凿和车马器等,另有玉器多件。简报把墓葬断在西周中期至春秋时期。王青先生认为"M6 所出铜戈、剑与新泰郭家泉 M2:8 戈、M2:7 剑相似,铜壶与本期滕州薛国故城 M2:127 壶相似,铜甗与临沂凤凰岭墓出土铜甗形制相同"⑩,遂把墓葬的年代定为春秋中期偏晚,颇可信从。

（三）长清仙人台 M5 的年代前文已作过讨论,为春秋晚期前段,兹不重复。

（四）济南左家洼 M1 所出乳丁纹敦、球形敦、浅腹蹄足鼎是齐地春秋晚期至战国早期的典型器物;而所出附耳深腹 T 字形勾连雷纹鼎、矢状条带纹鼎、细高柄豆、折腹系钮衔环盘、提链壶以及长弧刃凹腰弓背戈等都属于战国早期的典型器物,如附耳深腹 T 字形勾连雷纹鼎与邯郸复兴路原钢铁公司北大门墓出土铜鼎⑪的形制、纹饰均相近;折腹盘与山西长子牛家村 M7 所出折腹盘⑫相近,唯后者折腹位置偏下且无圈足,这是年代稍晚的特征。邯郸复兴路原钢铁公司北大门墓约在战国早期前段,山西长子牛家村 M7 约在战国早期后段。综合来看,济南左家洼 M1 所出器物的年代约在战国早期早段。

（五）长岛王沟铜器群⑬。村民取土时发现,烟台文管会进行了抢救性发掘,共发掘

---

① 山东省文物考古研究所、沂水县文物管理站:《山东沂水刘家店子春秋墓发掘简报》,《文物》1984 年第 9 期。
② 山东大学历史文化学院考古系:《长清仙人台五号墓发掘简报》,《文物》1998 年第 9 期。
③ 山东省烟台地区文管组:《山东蓬莱县西周墓发掘简报》,《文物资料丛刊》(3),文物出版社,1980 年。
④ 济南市文化局文物处、历城区文化局:《山东济南市左家洼出土战国青铜器》,《考古》1995 年第 3 期。
⑤ 烟台市文物管理委员会:《山东长岛王沟东周墓群》,《考古学报》1993 年第 1 期。
⑥ 山东省文物考古研究所、沂水县文物管理站:《山东沂水刘家店子春秋墓发掘简报》,《文物》1984 年第 9 期。
⑦ 刘彬徽:《山东地区东周青铜器研究》,《中国考古学会第九次年会论文集(1993)》,文物出版社,1997 年,第 263—275 页。
⑧ 朱凤瀚:《中国青铜器综论》,上海古籍出版社,2009 年。
⑨ 山东省烟台地区文管组:《山东蓬莱县西周墓发掘简报》,《文物资料丛刊》(3),文物出版社,1980 年。
⑩ 王青:《海岱地区周代墓葬研究》,山东大学出版社,2002 年,第 38 页。
⑪ 郝良真、赵建朝:《邯钢出土青铜器及赵国贵族墓葬区域》,《文物春秋》2003 年第 4 期。
⑫ 山西省考古研究所:《山西长子县东周墓》,《考古学报》1984 年第 4 期。
⑬ 烟台市文物管理委员会:《山东长岛王沟东周墓群》,《考古学报》1993 年第 1 期。

东周墓葬19座,其中铜器墓5座(原报告认为是3座),王恩田先生认为"发掘报告引用了少量采M1—M4等四墓的铜器,误作M1、M2"①。编号:M1、M2、M3、M4、M10,共出土铜容器19件。简报认为其年代接近,皆为战国早期,至迟不到战国中期。刘彬徽先生根据出土铜壶、敦的纹饰、形制认为报告所定年代是正确的②;王恩田先生根据M10出土的8件鸡鸣戈,认为墓葬年代在战国中期;王青先生主要将出土器物与章丘女郎山出土陶、铜器进行了对比,认为M1、M2(M1—M4)的年代在战国早期,M10在战国中期。本书暂依王青先生所定年代。

因此,本期的年代范围为春秋后期至战国前期。其中第九组约当于春秋中期后段至春秋晚期前段,第十组约当于春秋晚期后段至战国早期前段,第十一组约当于战国早期后段至战国中期前段。

五、第五期

本期的典型铜器单位有曲阜鲁国故城M58③、临淄商王村M1④等。

(一)曲阜鲁国故城M58的年代前文已作过探讨,即战国晚期早段。

(二)临淄商王村M1:105印模团花纹附耳鼎与平山三汲乡中山王陵M6:67⑤、洛阳针织厂东周墓(C1M5269)⑥所出铜鼎的形制、纹饰均基本相同,唯后二者盖钮为兽形钮,前者为三个鸟首钮。商王村M1:18折腹铜盘与战国中期的平山三汲乡中山王陵M6:83⑦的形制基本相同。但考虑到商王村M1出有蒜头壶、洗、釜、杯形壶、平顶盒等战国晚期及以后的典型器物,商王村M1的年代应较晚。商王村M1:97蒜头壶的形制已比较成熟,与陕西泌阳官庄M3:6蒜头壶相近,后者的年代在战国晚期⑧。而且大量以前少见的日常实用器的出现是战国晚期青铜器的重要特征之一。因此,商王村M1出土的少量铜器的年代可到战国中期,大部分器物应在战国晚期。

因此,本期即第十二组的年代范围为战国中期后段至晚期,即战国后期。

海岱地区商周时期主要铜器单位的年代见文末附表一、二。

值得注意的是,海岱地区商周青铜器发展过程中所产生的重大变化多发生在各个历史时期的中期前后,中原地区的情况也是如此。可以说,中国青铜器面貌发生质变的时期大多在各个历史时期的中期前后。

---

① 王恩田:《东周齐国铜器的分期与年代》,《中国考古学会第九次年会论文集(1993)》,文物出版社,1997年,第276—297页。
② 刘彬徽:《山东地区东周青铜器研究》,《中国考古学会第九次年会论文集(1993)》,文物出版社,1997年,第263—275页。
③ 山东省文物考古研究所、山东省博物馆等:《曲阜鲁国故城》,齐鲁书社,1982年。
④ 淄博市博物馆:《山东临淄商王村一号战国墓发掘简报》,《文物》1997年第6期。
⑤ 河北省文物研究所:《战国中山国灵寿城——1975—1993年考古发掘报告》,文物出版社,2005年。
⑥ 洛阳市文物工作队:《洛阳针织厂东周墓(C1M5269)的清理》,《文物》2001年第12期。
⑦ 河北省文物研究所:《战国中山国灵寿城——1975—1993年考古发掘报告》,文物出版社,2005年。
⑧ 朱凤瀚:《中国青铜器综论》,上海古籍出版社,2009年,第2111页。

附论　商周青铜器中期质变论
——海岱商周青铜器分期的启示

在商周青铜器的发展过程中曾出现过几次显著的变化,这些变化将商周青铜器的发展过程分成若干个时间上连续但面貌却不相同的阶段,比如商代前期、商代后期至西周前期、西周后期至春秋前期以及春秋后期至战国前期等。对于这些变化的内涵、形成原因及其动力,学界关注已久,但一直未见系统的讨论,鉴于此,本文着力对这些问题进行探讨。

物质文化的变迁一般会经历一个由量变到质变的过程,青铜器的变化也是如此。通常情况下,青铜器所发生的能够观察到的量变,是研究者对其进行分组进而分期的依据,其所发生的质变则是区分不同青铜文化的主要依据。目前一般认为中国最早的铜容器出现于二里头三期①,以容器组合为主要特征的中国青铜礼器系统②也初步形成于这一时期。鉴于二里头三期的测年数据(约前1595—前1555)③可能已落入商代纪年,且青铜器在战国以后趋于衰落,故而,本文以商代为起点,以战国末年为终点,从青铜器类别、形制、纹饰等方面的变化入手,来分析青铜器的质变情况。

一、商周时期青铜器的质变

青铜器的质变,是指某一时期的青铜器在类别、形制、纹饰等方面发生显著变化,形成了不同于以往的青铜文化面貌。商周青铜器的质变情况具体如下。

(一)商代青铜器的质变

目前关于商代青铜器的分期主要有二期④、三期⑤两种意见,但对商代铜器组(小期)的划分分歧不大,笔者对于这两种分期意见不作深究,主要讨论商代铜器各组之间的区别与联系。以三期分法为例,商代早期可进一步分为三个小期(二里岗一期、二期、三期),商代中期也可以进一步分为三个小期(二里岗四期、花园庄早期、花园庄晚期),商代晚期则可分为四个小期(殷墟一期、二期、三期、四期),即商代青铜器的发展过程可细分为10个小期(组)。各小期铜器之间的联系与区别分析如下。

---

① 许宏、赵海涛:《二里头遗址文化分期再检讨——以出土铜、玉礼器的墓葬为中心》,《南方文物》2010年第3期。
② 方辉:《论我国早期国家阶段青铜礼器系统的形成》,《文史哲》2010年第1期。
③ 本文所用测年数据除特别注明者外,皆引自张雪莲、仇士华、蔡莲珍等:《新砦—二里头—二里冈文化考古年代序列的建立与完善》,《考古》2007年第8期。
④ 二期分法主张把商代铜器分为前后两期,即二里岗期和殷墟期。参见邹衡:《试论夏文化》,《夏商周考古学论文集》,文物出版社,1980年,第95—182页;朱凤瀚:《中国青铜器综论》,上海古籍出版社,2009年,第853—856页。
⑤ 三期分法主张把二里岗上层二期至花园庄晚期铜器单列为一期,作为商代中期铜器。参见唐际根:《中商文化研究》,《考古学报》1999年第4期;中国社会科学院考古研究所:《中国考古学·夏商卷》,中国社会科学出版社,2003年,第387—395页。

商代早期的二里岗一期、二期、三期铜器之类别基本相同,均以酒器为主;铜器形制上的差别也不甚明显,具有明显的连续性;纹饰皆以简略的几何纹为主,具有早期铜器的特征。商代中期的二里岗四期、花园庄早期、花园庄晚期铜器之间的区别也较小,铜器的类别、形制以及纹饰基本相同,其间虽有一些变化,但之间的联系明显大于其间的区别。商代晚期的殷墟一期①、二期、三期、四期之间的区别也较小,铜器的类别基本相同,铜器的形制、纹饰虽有一定变化,但各期之间的联系明显大于其间的区别。需要注意的是,商代早、中、晚三大期之间铜器的变化较大,尤其是中、晚期铜器之间的变化。

表三 商代青铜器变化一览表

时期	主要器类	核心器类	主要形制	主要纹饰	族徽与铭文
商代早期	爵、斝、盉、觚、鼎、鬲	爵	平底爵、袋足斝、袋足封顶盉、锥足鼎、折肩尊、折肩高圈足罍	联珠纹、弦纹、人字纹	无
商代中期	爵、斝、盉、鼎、鬲、觚、壶、尊、罍	爵、斝	平底爵、袋足斝、袋足封顶盉、锥足鼎、折肩尊、折肩罍、方鼎、扁足圆鼎	联珠纹、弦纹、人字纹、兽面纹(无地纹)	极少
商代晚期	爵、斝、盉、鼎、鬲、觚、壶、尊、罍、瓿、盂、分档鬲、方彝、觥、角、觯、斗、动物形尊、动物形卣等	爵、觚	圜底爵、棱锥状足圜底斝、鬲形斝、三段式细体觚、无肩尊、鼓肩矮圈足罍、柱足鬲形盉、粗颈扁腹壶、柱足鼎、柱足鬲	兽面纹(有地纹)、鸟纹、夔龙纹、蝉纹、方格乳丁纹	常见

资料来源:中国社会科学院考古研究所:《中国考古学·夏商卷》,中国社会科学出版社,2003年,第387—394页。

由表三可知,商代早、中期铜器之间有一定变化。商代中期铜器的类别较早期有所增加。兽面纹多见,打破了早期以简单的几何纹饰为主导的纹饰格局。原有器类在形制上也有一些变化,但演变关系明显,连续性较强。总的来看,除纹饰变化较大外,早、中期铜器的类别与形制变化均不甚大,其间的联系明显大于其间的区别,属于量变的范畴。

商代中、晚期铜器之间的变化显著。仅殷墟一期新产生器类的数量就已接近商代中期铜器的类别,而且随着大量新器类的产生,铜器组合也随之发生明显变化。铜器形制与纹饰方面的变化也十分明显。族徽与铭文方面的变化也较为显著。总的来看,商代中、晚期铜器在类别、形制、纹饰等方面均发生了剧烈变化,是延续了300余年旧面貌的结束和即将延续300余年新面貌的开始。这些变化十分显著,可以说是质的变化。

纵览商代铜器的发展历程,商代早期的铜器变化较小,经过一段时间的积累,至中商时

---

① 殷墟一期前、后两段在陶器、青铜器以及随葬品组合上,都存在较大差异(参见唐际根:《殷墟一期文化及其相关问题》,《考古》1993年第10期)。笔者认为,殷墟一期前、后段之间的差异明显大于一期与二期之间的差异,显然不符合考古学的分期原则。因此,殷墟一期前段宜并入花园庄晚期;殷墟一期后段可单独列为一期即殷墟一期,也可并入殷墟二期,本文采取前一种做法。

期,才出现相对较大的变化,但新生因素少于原有因素,仍属于量变的范畴。至中、晚期之交才完成由量变到质变的积累,出现显著变化,并形成新的铜器系统——殷墟铜器系统。其所对应的年代大致在小乙、武丁之际(约前1250)①,此时商覆夏已有350年左右的时间。

商代的时长约为554年(约前1600—前1046),若将商代铜器发展演变的10个小期视为10个小变化,则每个小变化的平均速率约为55年(需要说明的是,笔者并不认为青铜器的发展变化是匀速的)。也就是说商代青铜器每经过大约55年就会出现可以观察到的小变化,但大约350年之后才发生质的变化,形成新的铜器系统。

(二)西周时期青铜器的质变

因有一定数量的标准器,西周铜器的分期工作开展得更为细致、精确。西周铜器目前一般划分为五组(小期)②,其中第一组大致在武王至康王时期,第二组大约在昭王至穆王前期,第三组大概在穆王后期至共王时期,第四组大致在懿、孝、夷、厉、共和时期,第五组大概在宣王至幽王时期③。结合表四,将这五组铜器的变化分析如下。

表四 西周青铜器变化一览表

王世	主要器类	核心器类	主要形制	主要纹饰	族徽、日名
武、成、康	爵、觚、觯、尊、卣、壶、盘、盉、鼎、鬲、簋	酒器	柱足鼎、柱足分裆鬲、侈口簋、三段式尊、贯耳橄榄腹圆壶	兽面纹、夔龙纹、小鸟纹	有
昭、穆王前段	爵、觚、觯、尊、卣、壶、盘、盉、鼎、鬲、簋	酒器	柱足鼎、柱足分裆鬲、侈口簋、三段式尊、贯耳橄榄腹圆壶	兽面纹、夔龙纹、垂冠大鸟纹	有
穆王后段、共	爵、觯、尊、卣、壶、盘、盉、鼎、鬲、簋	酒器+食器	柱足鼎、柱足分裆鬲、侈口簋、两段式尊、贯耳橄榄腹圆壶	兽面纹、夔龙纹、垂冠大鸟纹	有
懿、孝、夷、厉、共和	鼎、鬲、簋、簠、盨、铺、壶、盘、匜	食器	蹄足鼎、半柱足鼎、蹄足连裆鬲、敛口簋、斜壁簠、扁足匜、环耳鼓腹壶、环耳圆角方壶	窃曲纹、垂鳞纹、重环纹、环带纹	趋于消失
宣、幽	鼎、鬲、簋、簠、盨、铺、壶、盘、匜	食器	蹄足鼎、蹄足连裆鬲、敛口簋、斜壁簠、扁足匜、环耳鼓腹壶、环耳圆角方壶	窃曲纹、垂鳞纹、重环纹、环带纹	基本消失

资料来源:朱凤瀚:《中国青铜器综论》,上海古籍出版社,2009年,第1327、1328页。

---

① 唐际根:《殷墟一期文化及其相关问题》,《考古》1993年第10期。
② 曹玮:《周原西周铜器的分期》,《考古学研究》(二),北京大学出版社,1994年,第156页。
③ 部分学者有不同的划分意见:武王至康王前段为第一期(组),康、昭时期为第二期(组),穆、共时期为第三期(组),懿、孝、夷时期为第四期(组),厉王至幽王时期为第五期(组)(参见朱凤瀚:《中国青铜器综论》,上海古籍出版社,2009年,第1328页)。

第一、二组铜器之间略有变化。两组铜器的类别基本相同,均以酒器为主,只是觚的数量渐少,觯的数量增加。两组铜器的形制虽有一些变化,但其间的连续性较强。两组铜器的纹饰也有一些变化,如第二组铜器上出现垂冠大鸟纹,但作为主体的兽面纹及夔龙纹仍然沿袭了第一组的纹样。族徽、日名在两组铜器上都较为常见。总的来看,第一、二组铜器之间的联系明显大于其间的区别,两组铜器之间的变化属于量变的范畴。

第二、三组铜器之间有一定变化。两组铜器在类别上略有变化,第三组中食器的数量有所增加,酒器有所减少,但总体上酒器的比例仍大于食器。铜器形制有一些变化,形体由高向矮发展,部分器物的腹部出现下垂,尊由三段式觚形尊变为两段式觯形尊,但两组器物的演变关系明显,具有较强的连续性。纹饰由兽面纹为主转向兽面纹与垂冠大鸟纹并行。第三组具有族徽与日名的铜器略有减少。总的来看,第二、三组铜器之间的联系仍然大于其间的区别,其间的变化也属于量变的范畴。

第三、四组铜器之间变化显著。第三组及以前的铜器类别主要是酒器,但第四组铜器中酒器的种类及数量急剧减少,食器的种类及数量大增,铜器组合由以酒器为主转向以食器为主,出现了大规模的器类更替现象。尚酒与重食是商、周铜器系统的最大区别,其转折点发生在第三、四组之间。铜器的形制与纹饰也在第四组发生了很大变化,出现了大规模的新、旧器型和纹饰的更替现象。此外,以往铜器上流行的族徽与日名在第四组急剧减少。显然,第三、四组铜器之间的区别明显大于其间的联系,属于质的变化。

第四、五组铜器之间变化较小。两组铜器的类别均以食器为主,均以鼎、簋组合为核心。形制也基本相同,只是第五组蹄足鼎的数量明显多于第四组。两组铜器的纹饰也基本相同,族徽与日名均少见。第四、五组铜器之间的联系明显大于其间的区别,其间的变化属于量变的范畴。

可见,西周铜器第一、二组之间变化不大,第二、三组之间有一定变化,第三、四组之间变化显著,第四、五组之间变化较小。其中第三、四组铜器之间的变化远大于其他组别之间的变化,可以说是发生了质的变化,并形成了新的铜器系统——西周铜器系统。第三、四组之际大致在共王、懿王之交(约前900),正处于西周中期,此时周覆商已有145年左右的时间。需要说明的是,西周中期铜器的变化,是延续了大约700年的酒礼器时代的结束和即将延续700年的食礼器时代的开端,是商周青铜器发展过程中出现的最大变化。

西周的时长约为275年(约前1046—前771),若将西周铜器的每一组视为一个小变化,则每个小变化的平均速率约为55年。也就是说西周铜器大约55年会形成可以观察到的小变化,但直至周覆商大约145年后才发生质的变化,形成具有自身文化特色的铜器系统。

(三)春秋时期青铜器的质变

春秋青铜器的显著变化也发生在中期前后,也主要表现为新旧器类、形制、纹饰大规模的更替(参见表五)。西周后期以来流行的盨、簠、盝、铺等器类在春秋中期以后趋于消失,新生器类涌现并迅速流行。器类的更替直接造成器物组合发生明显变化,如鼎簋组合趋于消失,由鼎、敦、豆为核心的新的组合迅速流行起来。继续存在的器类在形制上也多出现较大变化,如鼎、簋、壶、盘、匜等。纹饰上,西周后期以来流行的窃曲纹、垂鳞纹、重环纹、波曲纹等趋于消失,代之以蟠螭纹、蟠虺纹、人物画像纹等新兴纹饰。这些变化标志着西周铜器系统的结束和春秋铜器系统的形成,是质的变化。这一变化大致发生在春秋铜器第二期Ⅰ、Ⅱ段之间①,时值春秋中期,此时平王东迁已有大约150年的时间。

表五 东周青铜器变化一览表

时期	主要器类	核心器类	主要形制	主要纹饰
春秋前期	鼎、鬲、簋+盨、铺、壶、盘、匜	食器	立耳鼎、连裆鬲、敛口簋、斜壁盨、铺、圈足盘、扁足匜、环耳鼓腹壶	窃曲纹、垂鳞纹、重环纹、环带纹
春秋后期	鼎、敦、豆+簋、舟、壶、盘、匜、鉴	食器	附耳鼎、直壁簋、蹄足盘、平底盘、蹄足匜、平底匜、环钮长腹提链壶	蟠螭纹、蟠虺纹、人物画像纹、三角纹
战国前期	鼎、敦、豆+簋、舟、壶、盘、匜、鉴	食器	附耳鼎、直壁簋、蹄足盘、平底盘、蹄足匜、平底匜、环钮长腹提链壶	蟠螭纹、蟠虺纹、人物画像纹、三角纹
战国后期	鼎、盒、壶、釜、甑、盆、耳杯、樽	礼器+实用器	附耳鼎、圆壶(锺)、方壶(钫)、扁壶、圜底匜	多素面,少量蟠虺纹、勾连云纹、三角云纹、菱形纹、团花纹

资料来源:朱凤瀚:《中国青铜器综论》,上海古籍出版社,2009年,第1587—1651、1902—1935页。

春秋时期的时长约为317年(前770—前453),考虑到春秋铜器的发展过程可以进一步细分为6组②,若将每一组视为一个小变化,则每个小变化的平均速率约为53年。也就是说,春秋时期的青铜器大约53年会形成可以观察到的小变化,但直至平王东迁大约150年之后才发生质的变化。

(四)战国时期青铜器的质变

战国时期青铜器的显著变化也发生在中期前后,也主要表现在新旧器类、形制、纹饰的更替上(参见表五)。战国后期,春秋后期以来流行的敦、豆、舟、匜等器类趋于消失,出现了较多的实用器类如盒、釜、甑、盆、耳杯、樽、卮、镰、洗等,继续存在的器类之形制也发生了较大变化。此外,器物纹饰明显较少,素面铜器迅速增加。之前的铜器承袭了春秋后期铜器的诸多特点,之后的铜器则开启了世俗化的青铜实用器时期。这一变化大致发生在战国铜器的第二期Ⅰ、Ⅱ段之际③,时值战国中期偏晚,此时三家分晋已有150年左右

---

① 朱凤瀚:《中国青铜器综论》,上海古籍出版社,2009年,第1588页。
② 朱凤瀚:《中国青铜器综论》,上海古籍出版社,2009年,第1587—1651页。
③ 朱凤瀚:《中国青铜器综论》,上海古籍出版社,2009年,第1933—1935页。

的时间。

战国时期的时长约为232年(前452—前221),考虑到战国铜器还可以进一步细分为4组[1],若将每一组视为一个小变化,则每个小变化的平均速率约为58年。也就是说,战国青铜器约需58年会形成可以观察到的小变化,但进入战国约150年之后才发生显著变化。

此外,作为战国铜器的余续,汉代铜器的显著变化大致发生在武帝后期,时值西汉中期,也主要表现在新旧器类及纹饰的更替上。西汉前期青铜器的类别、形制、纹饰等均与战国后期基本相同,至西汉后期,战国后期延续下来的青铜礼器趋于消失,大量实用器涌现。继续存在的器类在形制上也发生了一定变化,如鼎、锺、钫、扁壶、盆等。西汉前期的青铜器以素面为主,纹饰多用云纹、蟠虺纹、奔兽纹、几何纹等,少量铜器可见错金银工艺,这些特点均承袭战国后期。至西汉后期,铜器的素面比例又有明显提高,以往流行的纹饰基本消失或少见,新出现柿蒂纹、锦纹、锯齿纹、云气纹、写实动物纹等[2]。汉代铜器在西汉后期才逐渐摆脱战国后期铜器的影响,并形成具有自身文化特色的铜器系统——实用器系统。至此,传承1500余年的中国青铜礼器系统基本走到了尽头,逐渐被世俗化的实用器所取代。此时西汉建立已有100年左右的时间,若从战国末年算起,已逾百年。

综合以上分析,可知商周时期青铜器变化的平均速率大约为50余年,即每个朝代在开始大约50余年之后才会出现一些可见的变化,比如西周昭王时期的铜器与周初铜器相比已有一些可以观察到的区别。但发生质的变化,即基本摆脱前朝铜器影响形成新的铜器系统,一般需要100年以上的时间。

二、商周青铜器"中期"质变论

"形而上者谓之道,形而下者谓之器"(《易·系辞上》),器物研究的目的是透物见人,即透过事物表象,发现隐藏在其间的规律,并剖析规律产生的原因。本文尝试从器物"现象—规律—原因"这一链条式研究思路,来分析商周青铜器的质变现象。

(一)商周青铜器"中期"质变论的提出

依据上文分析,商、西周分别在建立大约350年、145年之后,其境内的铜器面貌才发生显著变化。春秋与战国时期的铜器则分别在平王东迁、三家分晋约150年之后才发生显著变化。秦朝存在时间较短,倾覆之时其青铜文化尚未形成,笔者不予讨论。汉朝建立大约100年之后,其铜器面貌才发生明显变化。这些变化显著而剧烈,均形成了新的铜器面貌,属于质的变化。

商代、春秋及战国铜器的质变均是未经过王朝更替而发生的变化,是自身青铜文化自然演进的结果;而西周与汉代铜器的质变,则是在王朝更替之后对前朝青铜文化的革新。

---

[1] 朱凤瀚:《中国青铜器综论》,上海古籍出版社,2009年,第1902、1903、1933—1935页。
[2] 吴小平:《汉代青铜容器的考古学研究》,岳麓书社,2005年,第276页。

两者在性质上虽有不同,但殊途同归,均是在各个朝代的中期前后发生了质的变化,形成了新的铜器系统。其共同特点是:新朝代之初的铜器面貌与前朝后期基本相同,新朝代中期之后方形成具有自身文化特色的铜器系统。比如,西周早期的青铜器在类别、组合、形制、纹饰等方面均与商代后期基本相同,是以酒器为核心的铜器系统的延续;中期之后方形成周王朝以食器为核心的铜器系统。春秋、战国乃至汉代的铜器情况也均是如此。显而易见,这几个时期的青铜器,均未随着朝代更迭而骤然发生更替,而是经过100余年甚至更长时间的量变积累之后,才发生质的变化,形成具有自身文化特色的铜器系统。

最早注意到这一现象的是郭沫若。20世纪30年代,郭氏通过对中国青铜器的类别、形制、纹饰以及铭文的考察与分析,大致以各个时期的中期为界,将中国青铜器的发展过程分为五期①。郭氏不囿于历史分期,而以青铜器自身的阶段性特征进行分期的做法,反映了其对中国青铜器演变规律的深刻理解与认知。20世纪60至90年代,又有一些学者先后注意到西周前、后期之交青铜器所发生的巨大变化,并据此对这一时期的社会变迁、礼制变化等问题进行了探讨②。但一直鲜见学者系统讨论商代、春秋、战国以及西汉等时代中期前后青铜器所发生的显著变化。

对于青铜器在商代至西汉等朝代的中期前后所发生的显著变化,笔者初步提出"商周青铜器中期质变"这一观点。需要说明的是,所谓的"中期"只是一个大概的时间范围,可能会略早或略晚一些,而不是各个朝代绝对的中间年份。这一观点的提出,旨在说明青铜器不会随着朝代更迭而骤然发生显著变化,而会经历相当长的渐变积累过程。

(二)商周青铜器中期质变现象产生的原因

当某类现象不断重复出现时,其背后一般隐藏着某种共同的因素。促使商周青铜器"中期"质变现象不断发生的因素,是青铜器及其组成的青铜文化之发展具有渐变性特点,即一个青铜文化一般会经历一个形成、发展、衰落、消亡或转变的过程③,其中每一个环节的完成往往都会经历一段时间,当渐变积累到一定程度时才会发生质的突变。

渐变与突变是文化变迁的两种基本形式,一般而言,渐变是文化变迁的基本特征,突变通常是渐变积累到一定程度的结果。考古资料显示,不同族群之间的文化替代或融合过程,往往需要很长的时间才能完成。原因在于,文化系统会同时受到发展中的子系统和衰落中的子系统的影响,二者之间的此消彼长需要一定时间,文化变迁因而会经历一个缓

---

① 即滥觞期、勃古期、开放期、新式期、衰落期,分别对应商代前期、商代后期至西周前期、西周后期至春秋前期、春秋后期至战国中期、战国晚期以后(参见郭沫若:《彝器形象学试探》,《两周金文辞大系图录考释》,科学出版社,1957年,第64页)。
② 郭宝钧:《商周铜器群综合研究》,文物出版社,1981年,第62—69页;曹玮:《从青铜器的演化试论西周前后期之交的礼制变化》,《周秦文化研究》,陕西人民出版社,1998年,第443—456页;李朝远:《青铜器上所见西周中期的社会变迁》,《学术月刊》1994年第11期;Jessica Rawson: "Western Zhou Archaeology", in Loewe, Michael and Edward L. Shaughnessy eds, *The Cambridge History of Ancient China: From the Origins of Civilization to 221 BC*, Cambridge: Cambridge University Press, 1999, pp.414–430.
③ 李伯谦:《感悟考古》,上海古籍出版社,2014年,第23—25页。

慢的累积过程①。青铜器作为物质文化的组成部分,也是如此。旧铜器系统的消亡与新铜器系统的形成往往会经历一个此消彼长的过渡时期。在这一时期内,当旧的铜器因素在总量上占据优势时,其铜器面貌属于旧的铜器系统;而当新的铜器因素占据上风时,则标志着过渡期行将结束,一种新的铜器系统即将形成。

那么,青铜器及其组成的青铜文化为什么具有渐变性特点?过程考古学认为,文化是一个政治、社会、技术、生业、意识形态等子系统相互关联、相互影响的复杂系统②。文化变迁一般发生在这些子系统发生一系列变化之后,而各个子系统发生变化一般会经历一个过程。考虑到稳定的生业系统对中原地区商至汉代的青铜器影响甚小,笔者拟从其他四个子系统入手,简要分析其对青铜器变化的影响。

1. 政治系统:新统治集团的统治方略。一般情况下,新王朝在建立之初,为稳定统治,对前朝遗民一般会采取一些安抚措施③,前朝遗民得以继续生活下去,其制器技术、器用观念以及风俗习惯得以保留,其物质文化也从而得以延续。这会促使西周早期与商代晚期的青铜器在诸多方面呈现出较强的趋同性和连续性④。

2. 社会系统:新、旧统治集团的关联程度及人口对比。可分两种情况:(1)新、旧统治集团属于不同族群。周覆商后,由于周人数量远少于商遗民,而商遗民又不可能一下子全部舍弃原有的铜器因素,而全盘接纳周人的铜器因素,更何况周人的铜器因素很多就来自商人,故而,以商文化因素为主体的青铜文化面貌会延续较长一段时间⑤。(2)新、旧统治集团属于同一族群。比如商代前期与后期、西周与春秋时期以及春秋与战国时期,新、旧统治集团的变化仅仅是统治阶层内部的权力调整,境内的民众基本没有改变,其铜器系统自然也不会很快发生大的变化。

3. 意识系统:观念、习俗的稳定性。与物质资料的生产活动相比,人类的信仰和观念具有相对稳定的特点,一经形成,便不易改变,如祭祀的形式、埋葬习俗等⑥。法国社会学家皮埃尔·布迪厄(Pierre Bourdieu)也曾得出过类似的结论⑦。比如,周人汲取商人嗜酒亡国的教训,在周初就颁布了限制饮酒的《酒诰》,但考古资料显示,西周中期以前使用青铜酒器随葬的现象一直比较流行,在中期以后才趋于消失。显然,周人在建国初期所推行的限制饮酒政策,直到中期以后民众才普遍接受。究其原因,重酒之传统在殷遗民及受商文化影响较深的周人贵族中根深蒂固,有较大的惯性,很难快速改变。

---

① Wendy Ashmore, Robert J. Sharer: *A Brief Introduction to Archaeology*, New York: McGraw-Hill Press, 2009, p.223.
② 杰瑞米·萨博洛夫:《过程考古学》,《考古学:关键概念》,中国人民大学出版社,2012年,第215—220页。
③ 徐良高:《周文化演进模式的考古学考察》,《三代考古》(一),科学出版社,2004年,第245—260页。
④ 朱君孝:《二里头文化与夏商分界再探》,《中原文物》2006年第3期。
⑤ 王朝更替不可能立刻造成广大民众生活的巨大变化,作为其物质遗留的考古学文化,当然也不大可能突然中断而发生突变(参见李伯谦:《关于早期夏文化——从夏商周王朝更迭与考古学文化变迁的关系谈起》,《中原文物》2000年第1期)。
⑥ 王巍:《考古学文化及其相关问题探讨》,《考古》2014年第12期。
⑦ 皮埃尔·布迪厄、华康德著,李猛、李康译:《实践与反思——反思社会学导引》,中央编译出版社,1998年,第171页。

4. 技术系统：先进技术的向心力。中国历史上由族群战争引起的朝代更替，多是落后取代先进、小邦颠覆大邑，如商灭夏、周覆商等。文化落后的民族（或族群）统治文化先进的民族，其本民族的文化风格通常需要一段比较长的时间才能显露出来①。原因在于，先进技术具有天然的传播优势，新政权通常会承袭、学习旧政权的先进技术，比如周人对商人铸铜技术的承袭与学习。而其中最为有效的方式是继续使用前朝工匠和工人，其生产出来的铜器便不可避免地带有大量前朝印记，铜器的变化自然较为缓慢。

上述各个系统发生作用，并造成青铜器在以上朝代的中期才发生更迭之现象，归根结底是较为缓和的文化选择（cultural selection）②的结果，同时也有文化漂变（cultural drift）③的因素。比如新统治集团出于稳定统治的需要，对人口占据多数的原住民之风俗习惯、技术发明不干涉甚或接纳，以及原住民对新统治集团及其统治政策、技术发明有选择地接纳等，双方都倾向于接受和保留那些对本族群有益的成分，而抛弃或者暂时抛弃那些无用甚至有害的部分。这种选择常常伴随着文化调适（cultural adaptation），以缓和双方在选择过程中出现的冲突。缓和的文化选择会造成物质文化（包括青铜器）的渐变。此外，随着时间的流逝，新统治集团的势力不断壮大，前朝遗民尤其是其中的既得利益群体，对新统治集团的认同感不断增强，会自觉或不自觉地接纳新统治集团所倡导的文化系统，而逐渐偏离原有传统，文化漂变因之逐渐显现。同样，由于文化漂变之故，即使未经历族群更替的朝代，随着时间的推移，其文化系统也会逐渐发生变化，比如商代、春秋以及战国时期青铜器的变化。

综上所论，商周青铜器大约经过50余年就会出现一些可见的变化，但质的变化，往往需要经过100多年的积累才会发生，且大多发生在各自朝代的中期前后。商周青铜器"中期"质变，缘于青铜器具有渐变性特点，而不会随着王朝更替骤然发生更迭。但随着时间的推移，文化漂变的作用逐渐显现，青铜器会渐渐偏离原有传统，并最终转向新统治集团所倡导的文化系统。商周青铜器"中期"质变论的提出，是对商周青铜器发展进程的再次回顾与总结，将有助于揭示青铜器及其他物质文化的发展规律，进而重新审视考古学文化与王朝（或族群）在时间上的对应关系。

---

① 孙华：《关于二里头文化》，《考古》1980年第6期。
② 文化选择是指民众普遍接受和保存那些对本社会有益的文化特征，而抛弃、抗拒那些无用甚至有害的部分（Wendy Ashmore, Robert J. Sharer: *A Brief Introduction to Archaeology*, New York: McGraw-Hill Press, 2009, p.214）。
③ 文化漂变是指文化通过学习代代相传，但没有人能接受别人的所有信息，因而传承通常是不完整的、有偏差的，随着时间的流逝，这些微小差异不断积累就能形成明显变化（Wendy Ashmore, Robert J. Sharer: *A Brief Introduction to Archaeology*, New York: McGraw-Hill Press, 2009, pp.213-218）。

第四章 海岱地区商周青铜器的组合与随葬情况

第一节 青铜器的组合

杰西卡·罗森曾言:"青铜器不是单独孤立的存在,它是成组的出现。这是符合宗教礼仪的。根据任何一次的发掘都发现各种不同的器型都有序的按要求放置……将这些器物奉献给他们的先祖,这是器物随葬的意义。"[①]由函皇父盘铭文"函皇父作琱妘盘盉尊器,鼎簋一具,自豕鼎降十又一,簋八,两罍,两壶,琱妘其万年子子孙孙永宝用"(集成10164),知西周时期祭祀所用青铜器存在一定组合形式。古人在"事死如事生,事亡如事存"(《荀子·礼论》)观念的支配下,铜容器组合观念也应存在于墓葬之中,这一点在考古发现中已经得到证实。目前虽然尚未发现关于商代随葬和祭祀中用器的明确记载,但联系考古发现,商代的随葬和祭祀用器也应受到丧葬和祭祀制度或观念的约束,从而在一定程度上呈现出当时的器物组合现象。通过对商周时期青铜器组合的考察,有助于了解当时墓葬中的器用制度或器用观念。

本书以海岱地区科学发掘的、未经盗扰或扰动较轻的147座商周铜器墓为例,结合中原地区同时期的组合情况,试对海岱地区商周铜容器、兵器、工具的组合情况作一探讨,其中乐器组合情况将在后文"海岱地区商周青铜器的器用制度"一章讨论。

一、青铜容器组合

(一) 中原地区商周青铜容器核心组合演变述要

关于铜容器基本组合(核心组合)的判断方法,一般来讲应以小型铜器墓中最为常见的器物组合为依据。小型墓之主人生前一般财力有限、地位较低,他们选择随葬品时一般只选择随葬品中不可缺少或者最为重要的器物来随葬,这些器物无疑是当时随葬品的核心。爵、斝组合出现于二里头文化三期,但比例很小,其时盛行随葬单一的爵。爵、斝组合盛行于二里岗下层时期,中原地区较为完整的6座铜容器墓中,爵、斝组合有4座;二里岗上层时期也较常见。爵、觚、斝组合出现于二里岗上层一期二段,盛行于二里岗上层二期

---

① 杰西卡·罗森著,陈显丹、陈必译:《中国青铜器艺术与宗教》,《四川文物》1998年第1期。

至殷墟二期,较大的墓葬多伴有其他器物,如鼎、斝、尊等。爵、觚组合出现于二里岗上层二期,盛行于殷墟二期晚段至四期,殷墟四期尤为盛行,较大的墓葬一般另外配有鼎及其他酒器。西周前期是铜器组合的过渡时期,即由商人以酒器为核心向周人以食器为核心的转变时期,食器常与酒器混杂,核心组合不甚明显,其组合的总体特征是酒器越来越少,而食器越来越多。西周后期至春秋前期是以鼎、簋组合为核心的重食时期。春秋后期至战国前期是以鼎、敦、豆为核心的重食时期,是周人以鼎簋制度为核心重食特质的延续与转型。战国后期是礼制铜器的衰落时期,也是向日常实用器转变或过渡的时期。

(二)海岱地区商周青铜容器的组合情况

笔者依据上一章对铜器形制演变的分组情况,把组合也分为十二组,按照时间顺序分别探讨如下。

1. 第一组:约当于二里岗上层二期

本组完整的铜容器组合有4例,组合方式有4种:

长清前平墓:爵1斝1

滕州吕楼墓:爵1觚1斝1

滕州大康留墓:爵1斝1尊1盘1

济南大辛庄M106:爵2觚3斝2尊2卣1

本组4座铜器墓中面积超过5平方米的1座(大辛庄M106:7.0平方米)。这4例铜容器组合皆有爵、斝,应是以爵、斝为组合核心。若进一步细分的话,可以分为2组:爵、斝组合2组,爵、觚、斝组合2组。这两个组合皆见于中原同期的铜器组合,且器物形制也与中原地区相同。本组组合皆以酒器(尤其是爵、斝)为核心,仅有少量水器,未见食器,与中原地区相同。

2. 第二组:约当于殷墟一期或略早

本组完整的铜容器组合有5例,组合方式有5种:

济南大辛庄M139:鼎2爵1觯1罍1卣1盉2

济南大辛庄M107:爵1觚1

济南大辛庄Ⅳ11M5:鼎1爵1觚1

滕州前掌大1978:爵1觚1斝1

滕州轩辕庄:鬲1爵1斝1

本组5座铜器墓中面积超过5平方米的1座(大辛庄M139:7.2平方米)。这5例组合各不相同,但皆有爵,3例有觚,2例有斝,2例有鼎。若细分之,可分为4组:爵、斝组合1组,爵、觚、斝组合1组,爵、觚组合1组,鼎、爵、觚组合1组,爵、觯组合1组。除爵、觯组合不见于殷墟地区外,其余4例组合皆见于殷墟地区。与前期相比,爵、斝组合以及爵、觚、斝组合有所减少,出现爵、觚组合,开启了爵、觚组合的序幕。本段组合仍然以酒器为核心,水器和食器仍然很少见,是爵、斝组合向爵、觚组合的过渡阶段。

3. 第三组：约当于殷墟二、三期

本组完整的铜容器组合有9例，组合方式有7种：

济南大辛庄 M72：鼎1 爵1 觚1

济南大辛庄 M74：鼎1 爵1 觚1

平阴洪范墓：鼎1 爵1 觚1

济南大辛庄 M86：爵1 觚1

济南刘家庄 M121：鼎5 簋1 爵3 觚2 斝1 卣1 壶1

青州苏埠屯 M8：鼎5 簋1 爵4 觚2 觯1 斝1 罍1 尊1 卣1 斗1

滨州兰家村：爵1 觚1 卣1

惠民大郭村：鼎1 爵1 觚1 方彝1

滕州级索十一中：鼎1 爵1

海岱地区殷墟二、三期较为完整的组合共9例，除苏埠屯 M8 面积超过40平方米外，余多在5平方米左右。这9例组合皆有爵，8例有觚，7例有鼎。其余器类较少，散见于大中型墓葬之中。其中以鼎、爵、觚为核心的组合6例，爵、觚组合2例，鼎、爵组合1例。显然，本期以爵、觚为基本组合，辅以鼎。此期殷墟铜器的基本组合是鼎、爵、觚组合，有的配簋，大多数组合中有爵、觚。海岱地区与殷墟铜容器组合基本相同，但海岱地区本期铜器组合的统一性似乎高于殷墟地区。海岱地区本组有8例组合有爵、觚，基本上迈进了爵、觚组合时期。与前期相比，海岱地区爵、斝以及爵、觚、斝组合基本不见。本期仍以酒器为主，但食器鼎的数量明显增加，偶见簋，水器仍然少见。值得注意的是，苏埠屯 M8 中爵、觚的数量不同，这种情况相对少见。

4. 第四组：约当于殷墟四期至西周早期前段

本组完整的铜容器组合有40例，组合方式有21种：

前掌大 M38：圆鼎1 分档鼎2 鬲2 簋1 爵4 觚4 觯1 尊1 卣2 斗1 罍1 斝1

前掌大 M11：方鼎2 圆鼎2 分档鼎2 扁足鼎2 甗1 簋1 爵5 觚4 角2 觯2 尊1 卣2 斗1 罍1 斝1 盂1 盘1

前掌大 M120：方鼎1 圆鼎1 扁足鼎1 甗1 鬲1 簋1 爵2 觚2 角2 觯1 尊1 卣1 斗1 壶1 盂1

前掌大南 M308：鼎2 簋1 尊1 卣1 斝1 爵1 觚1 觯1

前掌大南 M309：鼎2 簋1 尊1 卣1 爵1 觚1 觯1

前掌大 M18：鼎1 甗1 簋1 爵2 觚2 角1 觯1 尊1 盂1 壶2

前掌大 M21：鼎1 簋1 爵3 觚3 角1 觯2 尊1 卣1 斝1 盂1

前掌大 M119：方鼎1 分档鼎1 簋1 角4 觚2 觯1 尊1 卣1

前掌大南 M301：簋1 卣1 爵1 觚1 觯1

前掌大 M13：鼎1 爵1 觚1 觯1 尊1

前掌大南 M312：鼎1 爵2 觚1 尊1 卣1

前掌大南 M213：鼎 1 爵 1 觯 1 尊 1

泗水窖堌堆：爵 2 觚 1 觯 1 尊 1

前掌大 M121：爵 2 觚 2 觯 1 尊 1

苏埠屯 M7：鼎 1 簋 1 爵 3 觚 3

前掌大南 M209：爵 1 觚 1 觯 1

邹县化肥厂：爵 1 觚 1 觯 1

滕州庄里西 89M4：爵 1 觚 1 觯 1

前掌大 M110：爵 1 觚 1 觯 1

前掌大 M30：爵 1 觚 1 觯 1

前掌大 M31：爵 1 觚 1 觯 1

兖州李官庄：爵 1 觚 1 卣 1

前掌大 M49：爵 2 觚 1 卣 1

前掌大南 M310：鼎 1 爵 1 觚 1

前掌大 BM9：爵 1 觚 1

前掌大 M17：爵 1 觚 1

前掌大 M108：爵 1 觚 1

前掌大 M123：爵 1 觚 1

前掌大 M127：爵 1 觚 1

前掌大南 M107：爵 1 觚 1

前掌大南 M305：爵 1 觚 1

桓台史家墓：爵 1 觚 1

邹城西丁墓：爵 2 觚 2

前掌大 M14：爵 1 觯 1

前掌大 M34：爵 1 觯 1

前掌大南 M306：爵 1 觯 1

前掌大南 M307：爵 1 觯 1

邹县小西韦：爵 1 觯 1

前掌大南 M206：觚 1

前掌大 M15：爵 1

以上 40 座铜器墓葬的面积基本都在 10 平方米以下，较大的在 8 平方米左右，多数在 4—5 平方米。其中 38 例组合中有爵（前掌大 M119 虽无爵但有角，似为爵之替代品），33 例有觚，24 例有觯，13 例有尊，13 例有鼎，11 例有卣（尊、卣在较高等级墓葬中多同出），10 例有簋；含有爵、觚的组合 31 例。40 例组合中，爵、觚组合 9 例，爵、觚、觯组合 6 例，爵、觯组合 5 例，爵、觚、卣组合 2 例，仅有爵或觚的组合各 1 例。综合来看，以爵、觚为核心，辅以其他器物的组合 31 例。与上一组相比，本组组合仍然以爵、觚为核心，但觯的数量明显增多,而且单一的爵、觚、觯组合6例,单一的爵、觯组合5例,这些新组合元素的出现,说明觯的地位明显提高,对觚形成了一定程度的冲击。本组仍以酒器为主,食器鼎、甗、簋及水器仍然少见,多出现于规格较高的墓葬之中。鼎较少的原因主要在于本组多为小型铜器墓,而鼎在这一时期尚没有成为基本组合元素(在较大墓葬之中才多有发现),故而较为少见。

5. 第五组:约当于西周早期后段至中期前段

本组完整的铜容器组合有14例,组合方式有11种:

济阳刘台子M6:鼎6甗1鬲1簋5爵2觯2尊1卣1盉1盘1

高青陈庄M27:鼎1甗1簋2爵1觯1尊1卣1盉1壶1盘1

高青陈庄M18:鼎1甗1簋1爵1觯1觥1尊1卣1斗1

济宁市区墓:鼎2簋1方彝1爵2觚2盘1

龙口归城M1:鼎2甗1爵2壶1尊1卣1

滕州庄里西1982墓:鼎2鬲2簋1壶1

济阳刘台子M2:鼎1鬲1簋2觯1

龙口归城董家村墓:鼎1甗1盘1

威海M1:鼎2甗1觯1

滕州庄里西89M5:鼎1簋1

滕州庄里西89M6:鼎1簋1

曲阜鲁国故城M23:鼎1

济阳刘台子M1:鼎2

崂山夏庄墓:鼎1

本组完整的铜容器组合14例,墓葬面积除济阳刘台子M6、高青陈庄M27、龙口归城M1在20平方米左右外,其余墓葬基本在10平方米以下。本组组合种类较为丰富,也较为凌乱。总的来看,皆有鼎,而且单一的鼎组合有3例。8例组合有簋,6例组合有甗,5例组合有觯,5例组合有爵,4例组合有尊、卣,4例组合有盘,3例组合有壶,3例组合有鬲。与上一组相比,本组组合发生了较大变化,一是酒器的数量明显降低,爵、觚的数量下降明显,尤其是觚已很少见;觯的数量及在酒器中的地位明显上升,与爵相当。二是食器的数量及地位明显提高,已经超过了酒器,尤其是在小型铜器墓中更为明显,主要表现为鼎之核心地位的确立,甗、簋、鬲等食器的数量及地位明显上升。三是水器的地位有一定提高,如盘的数量明显增多。但值得注意的是,本组较高等级的铜器组合仍然有大量酒器,这是上层贵族受前朝随葬器用制度影响较深的表现。

值得注意的是本期出现了鼎、簋组合,是海岱地区出现的全新的组合元素,对爵、觚组合形成了一定冲击。

总的来看,本组在时间上处于新、旧组合的更替阶段,组合混乱是本组铜容器组合的重要特征之一。其原因在于,西周王朝建立已久,周文化及其器用制度正处于逐渐确立的阶段。

6. 第六、七组：约当于西周中期后段至春秋早期

此两组四鼎以上铜容器组合共 5 例，组合方式有 5 种：

长清仙人台 M6：鼎 15（列鼎 8）簋 8 簠 2 壶 5 盂 1 匜 1 提链罐 1

小邾国墓地 M2：鼎 4 鬲 4 簋 4 甗 2 壶 2 盘 1 匜 1

小邾国墓地 M3：鼎 4（匜形鼎 1）鬲 2 簋 4 甗 2 壶 2 盘 1 匜 1 提链罐 1

沂源姑子坪 M1：鼎 5 簋 2 簠 2 方彝 1 甗 1 壶 1 盘 1 匕 2

日照崮河崖 M1：鼎 4 鬲 4 壶 2 盆 1 盘 1 匜 1

此两组二鼎、三鼎铜容器组合共 7 例，组合方式有 7 种：

莒县西大庄 M1：鼎 3 甗 1 鬲 1 簋 4 壶 2 盘 1 匜 1 铺 1

鲁国故城 M48：鼎 3 甗 1 簋 2 簠 1 盨 2 壶 1 盘 1 匜 2

临朐泉头 M 乙：鼎 3 鬲 2 簋 2 壶 1 盘 1 匜 1

临朐泉头 M 甲：鼎 2 鬲 5 铺 1 盘 1 匜 1

高青陈庄 M35：鼎 2 簋 2 壶 2 盘 1 匜 1

莱阳前河前墓：鼎 2 甗 1 壶 1 盘 1 匜 1

烟台上夼墓：鼎 2 壶 1 匜 1

此两组一鼎墓铜容器组合共 7 例，组合方式有 4 种：

鲁国故城 M30：鼎 1 盨 1 壶 1 盘 1 匜 1

鲁国故城 M49：鼎 1 簋 2 盘 1 匜 1

鲁国故城 M46：鼎 1 簋 1

昌乐岳家河 M118：鼎 1

鲁国故城 M11：鼎 1

鲁国故城 M20：鼎 1

沂源姑子坪 M2：鼎 1

以上 19 例组合可分为三组：四鼎以上组合（墓葬面积多在 20 平方米左右），二鼎、三鼎组合（墓葬面积多在 10 平方米左右）和一鼎组合（墓葬面积多在 5 平方米左右）。

本组四鼎以上等级组合共 5 例，其中墓主人身份明确的有 4 例，或为国君及其夫人或为诸侯之女。墓主人身份不明的沂源姑子坪 M1 为五鼎墓，随葬品也十分丰富，而且出有高等级墓葬才有的方彝（卣），是目前该地区发现的西周至春秋早期最高级别的墓葬，其等级应不低于上大夫。这一等级墓葬虽然皆有鼎，但因地域不同，与鼎搭配的器物有较大差异。这 5 例组合中鼎、簋组合及鼎、簠组合各有 2 例，有水器匜的组合 4 例。组合较为混乱，即使同为国君，其间随葬品的差异也很大。

本组二鼎、三鼎等级组合共 7 例，墓主人身份明确的有 3 例：鲁国故城 M48 墓主人为鲁国司徒，烟台上夼墓墓主为己侯之弟，莱阳前河前墓墓主为己国小臣。其等级约当于中大夫。高青陈庄 M35 更是拥有墓道的较大墓葬。因此，本组三鼎、二鼎墓葬的等级应不

低于中大夫。这一等级的铜器组合也较为混乱,虽然皆有鼎,但与鼎搭配的器物各不相同:鼎、簋组合3例,鼎、簠组合2例,无盛食器的有3例,而基本上都有水器盘、匜。

本组一鼎等级组合7例,皆有鼎,其中随葬单一鼎的组合有4例。这说明本组以单一的鼎为基本组合,然后在此基础上增加其他器物。有簋的2例,有盨的1例,有盘、匜的2例。

总的来看,本组19例组合中皆有鼎,而且单一的鼎组合就有4例,鼎的核心地位十分稳固。酒器大规模退出历史舞台,以食器为核心、辅以水器的铜容器组合时代来临。

再看中原同时期的铜容器组合情况:

(1) 三门峡上村岭虢国墓地① M2001、M1052 分别为七鼎国君和太子墓,铜容器基本组合为鼎、甗、鬲、簋、豆、壶、盘、盉;M1706、M1810、M2010 为五鼎墓,铜容器基本组合为鼎、甗、鬲、簋、豆、壶、盘、盉(匜)。M1602、M1705、M1820 为三鼎墓,基本组合为鼎、鬲、簋(盨)、盘、匜。虢国墓地三鼎以上墓葬的铜容器基本组合为鼎、鬲、簋(盨)、盘、匜。另有20座一鼎墓,其中仅随葬一鼎的11座,另加一盘、一匜的4座,其他也多仅加1—2件器物,或簋,或盘,或匜。

(2) 上马墓地②完整的铜容器墓有 M1284、M1287、M4078,皆为三鼎墓,基本组合为鼎、盘、匜。

(3) 山西闻喜上郭墓地③完整的铜容器墓有 74M51、76M4、76M6、89M12,皆为一鼎墓,基本组合为鼎、盘、匜。

可以看出,海岱地区本组三鼎以上铜容器组合,与中原地区虢国墓地同中有异,如皆以鼎为组合核心,一般由煮食器加盛食器、酒器、水器中的若干类组成。但其间的差异也十分明显,如海岱地区本期铜器组合中多数无簋,列鼎的数量有的呈偶数且大小相同。三鼎以下墓葬的器物组合也是如此,相同之处是多有鼎、盘、匜等。不同之处在于海岱地区有壶的比例较高;海岱有铏,而中原无;海岱地区半数组合的列鼎为偶数;部分组合中鼎的形制不同或大小相同,呈现出较强的地方特色。值得注意的是,这些特色恰与南方楚墓少簋多簠、鼎多为偶数的情况相近,如河南南阳西关墓④、信阳平桥 M2⑤ 等,其间可能有一定的影响关系。

7. 第八组:约当于春秋中期前段

本组较为完整的铜容器组合有7例,组合方式有6种:

三鼎以上铜容器组合1例:

---

① 中国科学院考古研究所:《上村岭虢国墓地》,科学出版社,1959年;河南省文物研究所、三门峡市文物工作队:《三门峡上村岭虢国墓地 M2001 发掘简报》,《华夏考古》1992年第3期;河南省文物考古研究所、三门峡市文物工作队:《三门峡虢国墓地 M2010 的清理》,《文物》2000年第12期。
② 山西省考古研究所:《上马墓地》,文物出版社,1994年。
③ 朱华:《闻喜上郭村古墓群试掘》,《三晋考古》(第一辑),山西人民出版社,1994年;山西省考古研究所:《1976年闻喜上郭村周代墓葬清理记》,《三晋考古》(第一辑),山西人民出版社,1994年。
④ 王儒林、崔庆明:《南阳市西关出土一批春秋青铜器》,《中原文物》1982年第1期。
⑤ 河南省博物馆、信阳地区文管会等:《河南信阳市平桥春秋墓发掘简报》,《文物》1981年第1期。

薛国故城 M1：鼎 8(列鼎 7)鬲 6 簋 6 簠 2 铺 1 壶 3 盘 1 匜 1

三鼎以下铜容器组合 6 例：

鲁国故城 M201：鼎 1 铺 1 鉴 1

鲁国故城 M202：铺 1 敦 1 盘 1 匜 1

鲁国故城 M203：铺 1

鲁国故城 M305：铺 1

栖霞吕家埠 M1：鼎 1 罍 1 铺 1 匜 1

栖霞吕家埠 M2：鼎 1 铺 1

本组组合等级较高的仅 1 例,为八鼎墓,可能为薛国国君墓。其余 6 例皆为一鼎等级组合,皆无簋,仅 3 例有鼎,而 6 例有铺。值得注意的是,本组单一的铺之组合有 2 例,可以说铺是本组组合的核心。本组组合的一大特点是铺迅速发展,在地域上已扩展至海岱南部,成为本组的基本组合。本组 7 例铜容器组合皆有铺,特别是鲁国故城甲组墓的铜容器组合是以铺为核心的,鼎的地位似乎不如铺,与中原同时期流行的鼎、簋组合截然不同。这种差异可能是春秋时期地域性特点突显的反映,而且是从低级贵族墓开始的。本组的另一重要变化是,低级贵族墓出现铜敦,开始了替代簋的进程。高等级墓葬中的铜器组合与中原地区基本相同,以鼎、鬲、簋组合为核心,推行鼎簋制度。

8. 第九组：约当于春秋中期后段至晚期前段

本组二鼎以上较为完整的铜容器组合有 10 例,组合方式有 10 种：

滕州薛国故城 M2：鼎 8(列鼎 7)鬲 6 簋 6 簠 2 铺 1 壶 3 盘 1 匜 1 提链罐 1 盒 1

滕州薛国故城 M4：鼎 10(列鼎 7)鬲 6 簋 6 簠 2 铺 1 壶 3 盘 2 匜 1 镰盉 1 盆 1

淄博刘家新村 M28：鼎 3 甗 1 簋 4 壶 2 铺 2 盘 1 匜 1

沂水刘家店子 M1：鼎 16(列鼎 11)甗 1 鬲 9 铺 7 铺 2 壶 7 敦 2 盘 1

沂水纪王崮 M1：鼎 14(列鼎 2 套：一套 7 件、一套 5 件,镬鼎 2 件)甗 1 鬲 8 铺 7 敦 4 豆 1 罍 8 壶 1 铺 5 盘 2 匜 1 鉴 1

枣庄徐楼 M1：鼎 3 敦 2 簋 4 铺 2 铺 1 盘 1 匜 1 罍 2 盒 2 提链罐 1 立鸟罐 1

枣庄徐楼 M2：鼎 3 铺 1 盘 1 匜 1 勺 1

海阳嘴子前 M4：鼎 7(列鼎 6)甗 1 敦 1 铺 1 方壶 2 匜 1 鉴 1

长清仙人台 M5：鼎 3 甗 1 敦 2 铺 2 壶 1 盘 1

郯城大埠二村 M1：鼎 2 鬲 1 敦 1 罐 2 连体罐 1 铺 1 瓠壶 1 盘 1 匜 1

本组一鼎以下铜容器组合有 5 例,组合方式有 3 种：

淄川磁村 M01：鼎 1 敦 1 铺 1

淄川磁村 M02：鼎 1 敦 1 铺 1

淄川磁村 M1：鼎 1 敦 1 铺 1

邹平大省 M1：鼎 1 敦 1 铺 2 盘 1 匜 1

栖霞杏家庄 M3：敦 1 盘 1 匜 1

本组较高等级铜器组合的墓葬面积除长清仙人台M5(15.2平方米)外,其余皆在30平方米以上。郯城大埠二村M1中鼎的数量虽然不多,但随葬铜器丰富,且墓葬面积超过33平方米,级别应较高。海岱南部,薛国故城的两例铜器组合以鼎、鬲、簠为核心,推行了鼎簋制度;枣庄徐楼二墓以鼎、铺、盘、匜为基本组合。海岱东南部的两例组合也不相同,刘家店子M1以鼎、鬲、铺为核心,大埠二村M1以鼎、鬲、敦为核心。海岱北部及东部齐文化区,淄博刘家新村M28以鼎、簋组合为核心,推行了鼎簋制度;长清仙人台M5、海阳嘴子前M4两例组合基本以鼎、敦、铺、壶为核心。以上10例高等级墓葬中的组合皆有鼎、铺,大多有壶及盘、匜。较早的组合尚有簋,仍在推行鼎簋制度;稍晚的组合多用敦替代了簋。铺继续流行,敦在本期后段迅速流行。总的来看,大型墓与前期相比变化不大,只是在后期敦全面取代了簋。

本组5例一鼎级别的墓葬皆为10平方米以下的小型铜器墓。4例组合有铺,铺的数量多为1件,加上高等级墓葬中皆有铺,铺的地位在本组低级贵族中仍然处于上升趋势。敦与前期相比有了较大发展,5例组合皆有敦,进一步挤兑了簋的发展空间,传统的圈足簋在本组走到了尽头。但作为功能上与簋相近的器物,敦及自下一组开始流行的盖豆仍然属于周人重食文化的范畴,鼎、敦组合以及鼎、豆组合是鼎、簋组合的延续。值得注意的是,栖霞杏家庄M3舍弃了炊煮器鼎,而采用盛食器加水器的组合,战国中期的威海M3、长岛王沟诸墓等皆是对这一组合的继承,是鼎簋制度瓦解现象在地域上的扩大。本组海岱地区一鼎墓铜器的基本组合与中原基本相同,差异性比中期明显减小。

再看中原同时期的组合情况。从新郑李家楼郑公大墓①(鼎22甗1鬲9簠8簋6方壶4圆壶2罍2,组合中缺少水器盘、匜或盉,组合可能不全)、山西长治分水岭墓地②、长子牛家坡③、侯马上马墓地④、河南陕县后川墓地⑤、洛阳中州路墓地⑥及辉县琉璃阁墓地⑦来看,五鼎以上墓葬铜器的基本组合为:鼎、甗、鬲、簠、敦、铺、壶、鉴、盘、匜、盉,列鼎多有2套以上;三鼎墓基本组合为鼎、敦、铺、盘、匜;一鼎墓基本组合为鼎1簠(敦)1铺1,个别加盘、匜,如洛阳中州路M1、M61、M216、M2415以及上马墓地M1010、M1013、M1026、M2148等,一鼎墓组合的一致性很高。

---

① 河南博物院、台北历史博物馆:《新郑郑公大墓青铜器》,大象出版社,2001年。
② 山西省文物管理委员会:《山西长治市分水岭古墓的清理》,《考古学报》1957年第1期;山西省文物管理委员会、山西省考古研究所:《山西长治分水岭战国墓第二次发掘》,《考古》1964年第3期;山西省文物工作委员会晋东南工作组、山西省长治市博物馆:《长治分水岭269、270号东周墓》,《考古学报》1974年第2期。
③ 山西省考古研究所:《山西长子县东周墓》,《考古学报》1984年第4期。
④ 杨富斗:《山西侯马上马村发现东周铜器》,《考古》1959年第7期;山西省文物管理委员会侯马工作站:《山西侯马上马村东周墓葬》,《考古》1963年第5期;山西省考古研究所:《上马墓地》,文物出版社,1994年。
⑤ 黄河水库考古工作队:《1957年河南陕县发掘简报》,《考古通讯》1958年第11期。
⑥ 中国科学院考古研究所:《洛阳中州路(西工段)》,科学出版社,1959年;中国社会科学院考古研究所洛阳唐城队:《1983年洛阳西工区墓葬发掘简报》,《考古》1985年第6期;中国社会科学院考古研究所洛阳唐城队:《河南洛阳市中州路北东周墓葬的清理》,《考古》2002年第1期。
⑦ 郭宝钧:《山彪镇与琉璃阁》,科学出版社,1959年。

与李家楼郑公大墓相比,薛国故城铜容器组合中无甗、罍,有铈,列鼎仅有1套;沂水刘家店子M1与郑公大墓相比,列鼎仅有1套,此外,无簠、罍,有敦。海阳嘴子前M4级别为六鼎,但随葬器物的种类、数量皆少于中原同规格墓葬,无鬲、簠、盉、盘等。本期海岱地区的三鼎墓和一鼎墓,与中原相比相差不大。

总的来看,海岱地区本组组合与中原地区趋同性明显增强。

9. 第十组:约当于春秋晚期后段至战国早期前段

本组完整的铜容器组合有42例,组合方式有16种:

济南左家洼 M1:鼎1 敦2 盖豆3 壶1 铈1 盘1

新泰周家庄 M1:鼎2 甗1 盖豆2 提梁壶1 杯1 斗1 盘2 匜1

新泰周家庄 M2:鼎2 甗1 盖豆4 提梁壶1 铈2 盘1 匜1

新泰周家庄 M35:鼎1 甗1 盖豆2 提梁壶1 铈2 盘1

邹平大省 M3:鼎1 盖豆1 提梁壶1 铈1 盘1

新泰周家庄 M38:鼎1 盖豆2 提梁壶1 铈1 盘1

新泰周家庄 M5:鼎1 盖豆2 提梁壶1 铈1

新泰周家庄 M50:鼎1 盖豆1 提梁壶1 铈1

新泰周家庄 M65:鼎1 盖豆2

薛国故城 M9:鼎1 盖豆2 盘1 匜1

新泰周家庄 M13:鼎1 盖豆2 铈2

新泰周家庄 M18:鼎1 盖豆2 铈2

新泰周家庄 M22:鼎1 盖豆2 铈2

新泰周家庄 M73:鼎1 盖豆2 铈1

新泰周家庄 M48:鼎1 盖豆2 铈2

新泰周家庄 M49:鼎1 盖豆2 铈1

薛国故城 M6:鼎1 盖豆2 铈1

新泰周家庄 M3:鼎1 盖豆4 铈2 盘1

新泰周家庄 M37:鼎1 盖豆1 铈1 盘1

新泰周家庄 M36:鼎1 盖豆2 铈2 盘1 匜1

新泰周家庄 M67:鼎1 盖豆2 铈2 盘1 匜1

新泰周家庄 M68:鼎2 盖豆2 铈2 盘1 匜1

新泰周家庄 M72:鼎1 盖豆2 铈2 盘1 匜1

新泰周家庄 M70:鼎1 盖豆2 铈2 盘1 匜1

滕州庄里西 90STZM8:鼎1 盖豆2 铈2 盘1 匜1

新泰周家庄 M69:提梁壶1 铈1 敦1 盘1

新泰周家庄 M32:铈1 敦2 盘1

新泰周家庄 M10:盖豆2 铈2

新泰周家庄 M11：盖豆 2 铍 2
新泰周家庄 M25：盖豆 1 铍 1
新泰周家庄 M28：盖豆 2 铍 2
新泰周家庄 M58：盖豆 2 铍 2
新泰周家庄 M70：盖豆 2 铍 1
新泰周家庄 M62：铍 1 敦 1
新泰周家庄 M57：铍 1
新泰周家庄 M59：铍 2
新泰周家庄 M61：铍 2
鲁国故城 M115：铍 1
新泰郭家泉 M9：铍 1
薛国故城 M7：铍 1
滕州东康刘 M51：铍 1
滕州东康刘 M124：铍 1

本组大型墓可能因封土高大，特征明显，基本均被盗掘。完整的铜容器墓多为中小型墓，主要出于新泰周家庄墓地，面积多在 5—10 平方米之间。本组 42 例组合中，有铍的组合 39 例，有盖豆的组合 31 例，有鼎的组合 25 例，有盘的组合 17 例，有匜的组合 9 例，有提梁壶的组合 8 例（等级相对较高），有敦的组合 4 例。再看完整的组合，单一的铍组合 8 例，鼎、盖豆与铍的组合 7 例，盖豆与铍的组合 6 例，鼎、盖豆、铍、盘与匜的组合 6 例。显然，在本组一级核心器物为铍，二级核心器物是盖豆，三级核心器物是鼎，四级核心器物是盘，五级核心器物是匜与提梁壶。低等级铜器墓中的铜器组合以铍为核心，辅以盖豆与鼎。等级稍高的铜器墓葬铜器组合以铍、盖豆、鼎为核心，辅以盘、匜。等级较高的铜器墓以铍、盖豆、鼎、提梁壶为核心，辅以甗、盘、匜等器类。可以说，本组组合延续了以往以铍为核心的传统，常配以盖豆与鼎，组成较高等级的组合。与前期相比，盖豆开始普及，在数量和普及程度上超过了敦，而且多成对出现。需要注意的是，提梁壶铸造难度较大，故而多出于较高等级墓葬之中。

再看中原地区同时期的组合情况。从潞城潞河 M8①，陕县后川 M2044、M2047 及 M2060② 来看，一鼎墓器物基本组合为鼎、豆（敦）、盘、匜，个别无豆（敦），部分有壶，个别有铍。

海岱地区战国早期铜容器组合与中原地区同中有异，多有鼎、豆（敦）、盘，但海岱地区组合绝大多数有铍，中原地区仅部分组合有铍。铍在本组的地位依然稳固，鲁国故城 M115 仅随葬 1 件铍，这是甲组墓的一贯传统。而且以铍为核心的做法，在本组还影响到邻近的新泰周家庄、郭家泉及薛国故城一带。等级稍高的组合中鼎的地位没有明显下降；

---

① 山西省考古研究所、山西省晋东南地区文化局：《山西省潞城县潞河战国墓》，《文物》1986 年第 6 期。
② 中国社会科学院考古研究所：《陕县东周秦汉墓》，科学出版社，1994 年。

敦的比例与前期相比下降明显;但盖豆在本组发展迅速,多数组合中有盖豆,特别是海岱北部及其附近的齐文化区极为普遍。就现有资料来看,本组组合的区域性差异进一步缩小,与中原组合也进一步趋同,但仍保留一定特点(铼的流行程度区别较大)。海岱地区敦与盖豆的承继现象与中原基本同步,如春秋晚期前段的山西上马 M2008 组合中尚无盖豆(鼎3甗1敦1铼1盘1匜1),至春秋晚期后段的上马 M4006 组合中盖豆取代了敦(鼎3豆2铼1盘1匜1),山西临猗程村 M0003、M1056[①] 的情况也是如此。

10. 第十一组:约当于战国早期后段至战国中期前段

本组完整的铜容器组合有5例,组合方式有5种:

临淄辛店二号墓:鼎9(列鼎7)甗1壶4球形敦4三足敦2豆1盖豆4盉1提梁壶2 卮1铼1盘2匜1杯形器2长柄勺2短柄勺2

鲁国故城 M52:镣盉1盘1

长岛王沟 M10:盖豆1壶1

威海 M3:敦1匜1

平度东岳石 M16:鼎1敦2壶1铼1

本组完整的铜器墓较少。除辛店 M2 出土器物较为丰富外,其余墓葬随葬器物皆不多,但部分墓葬的面积巨大,如鲁国故城 M52 及长岛王沟 M10 面积皆在 50 平方米以上。组合之间的差异十分明显。海岱地区本组组合发生了较大变化,一是组合各异,不但区域间的差异极大,同一墓地同规格的组合也有很大差异;二是组合出现严重的紊乱不全现象,如以上5例组合仅有2例有鼎,鼎的地位较前期又有下降,但随葬品较为丰富的墓葬还可以发现鼎。以上现象反映了当时的思想观念发生了巨大变化,进而引起器用制度上的显著变化。鼎的消失应是鼎簋制度瓦解的最重要标志,海岱地区鼎簋制度瓦解现象不但早于中原地区,而且远比同期的中原地区严重。

再看这一时期中原地区的铜器组合情况:

长治分水岭 M25:鼎5敦2豆2壶2鉴2匜2簠2

长治分水岭 M26:鼎7鬲3敦2豆2铼1壶2盘1匜1

洛南城关冀原 M1:鼎1豆1鉴1

洛阳中州路 M203:鼎2豆2壶1

屯留武家沟墓:鼎1豆1铼1壶2

中原地区的低等级和高等级墓葬中的铜器组合内部还保持着较高的一致性,等级相近,鼎的数量也相近,组合也相近。鼎的数量仍然是判断组合等级的重要标准,中原地区战国中期的用鼎制度还较为稳定。

11. 第十二组:约当于战国后期

本组完整的铜容器组合有4例,组合方式有4种:

---

① 中国社会科学院考古研究所、山西省考古研究所等:《临猗程村墓地》,中国大百科全书出版社,2003年。

平度东岳石 M14：盖豆 2 壶 1 盘 1

济南千佛山墓：鼎 2 盖豆 1 壶 2 盘 2

鲁国故城 M58：鼎 1 壶 2 镳盉 1 盘 1 匜 1 钵 1 缶 1 罐 1

临淄商王村 M1：鼎 5 盒 7 壶 2 杯形壶 1 高柄壶 2 铊 2 盘 3 匜 3 叠 4 蒜头壶 1 耳杯 3 釜 2 钵 2

本组 4 例组合各异，其中 1 例没有鼎，也是本组等级最低的组合；1 例保持着以往饪食器、盛食器、水器俱全的组合传统；2 例等级较高的组合保持着用鼎传统，但有了较大变化，钵、缶、釜等日常实用器比例较高，这是以往所没有的器类组合形式。

再看中原地区同时期的组合情况：

邯郸百家村 M3①：鼎 1 敦 1

万荣庙前村 61M1②：鼎 1 敦 1 壶 1

长治分水岭 M35：鬲 1 鉴 1

长治分水岭 M36：鼎 1 鬲 1 壶 2 盉 1

洛阳针织厂 C1M5269：鼎 3 壶 3 匜 1 镳盉 1

辉县赵固 M1：鼎 3 甗 1 鬲 1 敦 2 铊 2 壶 2 鉴 1

战国后期中原地区的铜容器组合还保持着一定程度的一致性，如大部分有鼎，但差异性开始增加，如长治分水岭 M35 出现了不用鼎随葬的情况，但仅是个例。其他组合不论等级高低都有鼎。是以，中原地区的用鼎制度虽然在本期中小型贵族墓中开始松弛，但鼎的地位仍然较为稳固，远未到瓦解的程度。同时，中原地区本期的铜容器组合尚未大比例出现钵、釜等日常实用器。这说明在中央政权统治力日益削弱的时期，非文化核心区对传统的丧葬制度和丧葬观念的改变可能早于文化核心地区。

二、青铜兵器组合

（一）第一组：商代前期

本组完整的铜兵器组合有 5 例，组合方式有 5 种：

滕州轩辕庄墓：戈 1 镞 3（破坏）

前掌大 1978 墓：戈 1 钺 1 镞 9

大辛庄 M139：钺 1 矛 2（盗扰）

大辛庄 1970 墓：戈 2 刀 1（破坏）

大辛庄Ⅳ11M5：戈 1

这一时期海岱地区的青铜兵器组合共发现 5 例，其中完整的墓葬仅有 2 例，探讨组合的条件尚不充分，其结论不具有普遍意义。从现有资料来看，该期兵器组合形式均不相

---

① 河北省文化局文化工作队：《河北邯郸百家村战国墓》，《考古》1962 年第 12 期。
② 杨富斗：《山西万荣庙前村东周墓地调查发掘简讯》，《考古》1963 年第 5 期。

同,但多数有戈,有钺及镞的组合各2例,有矛及刀的组合各1例。其中有钺的2例墓葬规模与其他组合并无明显区别,这一情况与中原地区基本相同①。仅有济南大辛庄M139一墓无戈,但该墓曾被盗扰,存在组合被破坏之可能。显然,这一时期的兵器组合以戈为核心,辅以钺、镞、矛、刀。

(二) 第二组:商代后期至西周前期

本组完整墓葬的铜兵器组合共33例,组合形式有11种:
苏埠屯 M8:戈6钺2矛10刀2镞204
前掌大 M21:戈2矛2刀1镞1
济南刘家庄 M121:戈22矛10刀12
前掌大 M11:戈31矛2刀2
滕州庄里西89M5:戈1矛1刀1
前掌大南 M301:戈2刀1镞5
前掌大 M18:戈4刀2镞5
前掌大 BM9:戈5矛6镞7
前掌大南 M308:戈1刀1
前掌大南 M309:戈1刀1
前掌大南 M209:戈1刀1
前掌大 M38:戈1刀2
前掌大 M120:戈1刀2(女性)
大辛庄 M72:戈2矛1
滕州庄里西89M3:戈1矛1
前掌大 M119:戈1镞2(女性)
前掌大南 M304:戈1镞3
荣成学福村墓:戈1镞3
平阴洪范墓:戈1镞2
苏埠屯 M7:戈7
前掌大南 M312:戈2
前掌大南 M310:戈1
前掌大 M49:戈2(女性)
前掌大 M108:戈2(女性)
前掌大 M44:戈1
前掌大 M110:戈1(女性)

---

① 参见郭妍利:《商代青铜兵器研究》,社会科学文献出版社,2014年,第134—135页。

前掌大 M14：戈 1

前掌大 M17：戈 2（女性）

前掌大 M121：戈 1

滕州庄里西 89M4：戈 1

高青陈庄 M18：戈 2

前掌大 M50：刀 2

前掌大南 M307：镞 1

以上 33 例组合中，31 例有戈，13 例有刀，10 例有镞，8 例有矛，1 例有钺。单一的戈组合 12 例，单一的刀及镞组合各 1 例，戈、刀组合 5 例，戈、镞组合 4 例，戈、矛组合 2 例，戈、矛、刀组合 3 例。可见本组海岱地区的青铜兵器组合仍以戈为核心，辅以刀、矛、镞，规格较高的组合四种器类皆备。与前期相比，戈的地位仍然极为稳固；刀的地位明显上升；钺的数量明显降低，仅出现于高等级墓葬之中；矛、镞没有明显变化。这一情况与中原地区基本相同[①]。需要注意的是，这一时期海岱地区的不少女性墓随葬了青铜兵器，如前掌大 M17、M49、M108、M110、M119、M120 等。这一情况与中原地区明显不同，值得注意。

（三）第三组：西周后期

本组共有完整组合 7 例，组合形式有 3 种：

沂源姑子坪 M1：戈 1 镞>50

沂源姑子坪 M2：戈 1 镞 1

高青陈庄 M35：戈 3 矛 1（女性）

鲁国故城 M11：戈 1

鲁国故城 M20：戈 1

高青陈庄 M36：戈 1

莒县西大庄 M1：戈 2

本组 7 例组合皆有戈，有镞的组合仅有 2 例，有矛的组合仅有 1 例。仅有戈的组合 4 例，戈、镞组合 2 例，戈、矛组合 1 例。显然，戈仍然是组合的核心，辅以镞、矛，钺基本消失。这一时期海岱地区女性墓随葬青铜兵器的现象有所减少，但仍然存在，如高青陈庄 M35 等。

（四）第四组：春秋前期

本组完整的兵器组合共有 18 例，组合方式有 9 种：

滕州薛国故城 M2：戈 9 矛 2 钜 3 镦 3 镈 2 镞 93 异形兵器 2

[①] 参见郭妍利：《商代青铜兵器研究》，社会科学文献出版社，2014 年，第 134—135 页。

长清仙人台 M6：戈 6 剑 2 矛 2 镞 60
栖霞吕家埠 M1：戈 1 剑 1 镞 12
枣庄东江小邾国 M2：戈 1 剑 1 镞 30
淄博刘家新村 M28：戈 3 矛 1 钜 1
滕州薛国故城 M1：戈 3 矛 2
临淄齐故城 M1：戈 1 矛 1
海阳郭城镇墓：戈 1 剑 1
鲁国故城 M30：戈 1
鲁国故城 M46：戈 1
鲁国故城 M48：戈 1
淄川南阳墓：戈 1
临朐泉头 M 甲：戈 1
临朐泉头 M 乙：戈 1
沂水东河北墓：戈 1
鲁国故城 M201：戈 1
滕州薛国故城 M4：矛 1
沂水李家坡墓：剑 1

本组 18 例青铜兵器组合中，16 例有戈，6 例有矛，5 例有剑，4 例有镞，2 例有钜。显然，本组兵器组合仍以戈为绝对核心，辅以矛、剑等。本组较前期的变化是刀的比例明显下降；长剑开始成为组合中的重要一员，甚至有 1 例以剑作为唯一的兵器随葬的墓葬；在较高规格墓葬中，钜开始成为组合中的一员；矛的情况与前期相比没有明显变化。值得注意的是，本组高等级墓葬之中，兵器的数量较为悬殊，如滕州薛国故城三墓，有的墓葬之中兵器的数量多达上百件，有的仅有数件。这一情况与中原地区基本相同。本组墓葬由于缺少性别鉴定资料，出土兵器的墓葬主人性别情况尚不清楚。

（五）第五组：春秋后期至战国时期

本组完整的青铜兵器组合共有 71 例，组合形式有 31 种：
新泰周家庄 M1：剑 11 戈 36 矛 31 戟 3 殳 4 镞 5 镈 1 镦 1
枣庄徐楼 M2：剑 3 戈 2 矛 2 殳 1 钜 1 镦 4 镞 39
临沂凤凰岭 M1：剑 4 戈 14 矛 4 镦 4 镞 139 弓 4
新泰周家庄 M2：剑 3 戈 4 矛 2 戟 1 殳 1 镞 7
新泰周家庄 M67：剑 1 戈 2 戟 2 殳 2 铍 1 镞 10
新泰周家庄 M16：剑 2 戈 3 戟 1 殳 1 铍 1
新泰周家庄 M10：剑 2 戈 2 矛 1 戟 2 殳 1
新泰周家庄 M26：剑 1 戈 1 矛 1 戟 2 殳 1

章丘女郎山 M1：剑 7 戈 14 矛 8 戟 1 镞 113
新泰周家庄 M32：剑 2 戈 5 戟 1 殳 1 镞 3
新泰周家庄 M35：剑 3 戈 5 戟 1 殳 1 镞 8
新泰周家庄 M3：剑 2 戈 7 戟 2 殳 1 镞 2
新泰周家庄 M5：剑 3 戈 3 戟 2 殳 1 镞 2
沂水纪王崮 M1：剑 2 戈 4 矛 1 钜 1 镦 1
新泰周家庄 M49：剑 1 戈 2 殳 1 匕首 1 镞 5
新泰周家庄 M38：剑 2 戈 3 殳 1 镞 21
新泰周家庄 M30：剑 2 戈 2 殳 1 镞 2
新泰周家庄 M58：剑 2 戈 3 殳 1 镞 7
新泰周家庄 M11：剑 2 戈 2 矛 2 戟 1
新泰周家庄 M56：剑 1 戈 2 矛 2 戟 1
新泰周家庄 M13：剑 1 戈 1 戟 1 镞 7
莱芜戴鱼池墓：剑 1 戈 2 矛 1 镞 2
长岛王沟 M10：剑 4 戈 8 矛 3 镞 34
威海 M3：剑 1 戈 1 矛 2 镞 3
新泰周家庄 M4：剑 2 戈 5 戟 1 殳 1
新泰周家庄 M6：剑 2 戈 4 殳 1 匕首 1
新泰周家庄 M70：剑 2 戈 1 戟 1
新泰周家庄 M22：剑 2 戈 4 戟 1
新泰周家庄 M33：剑 2 戈 2 戟 1
新泰周家庄 M68：剑 1 戈 2 戟 1
新泰周家庄 M61：剑 1 戈 2 矛 1
海阳嘴子前 M1：剑 1 戈 2 矛 1
新泰周家庄 M18：戈 2 戟 1 殳 1
淄川磁村 M01：剑 1 戈 3 镞 6
济南左家洼 M1：剑 3 戈 3 镞 2
新泰周家庄 M52：剑 1 戈 3 镞 4
平度东岳石 M16：剑 3 戈 6 镞 40
新泰周家庄 M73：剑 1 戈 2 匕首 1
新泰周家庄 M57：剑 1 戈 2 匕首 1
新泰周家庄 M59：剑 2 戈 3 殳 1
鲁国故城 M52：剑 1 矛 1 弩机 1
莱芜西上崮墓：剑 4 戈 8
新泰周家庄 M78：剑 1 戈 3

鲁国故城 M115：剑 1 戈 1
新泰周家庄 M15：剑 1 戈 2
新泰周家庄 M40：剑 2 戈 2
新泰周家庄 M75：剑 1 戈 1
新泰周家庄 M65：剑 2 戈 2
新泰周家庄 M39：剑 1 戈 3
长岛王沟 M1：剑 3 戈 1
章丘杲家村墓：剑 1（残）戈 1
新泰周家庄 M77：戈 2 匕首 1
新泰周家庄 M48：戈 3 匕首 1
阳谷景阳岗墓：戈 1 镞 7
滕州东康刘 M92：剑 1 镞>6
新泰周家庄 M19：剑 1
新泰周家庄 M51：剑 1
新泰周家庄 M64：剑 1
新泰周家庄 M71：剑 1
新泰周家庄 M79：剑 1
邹平大省 M3：剑 1
沂水略疃墓：剑 1
滕州东康刘 M71：剑 1
滕州东康刘 M125：剑 1
鲁国故城 M58：剑 1
滕州东康刘 M108：戈 1
滕州东康刘 M110：戈 1
长清仙人台 M5：戈 1
济南千佛山墓：戈 1
栖霞杨家圈墓：戈 2
临淄辛店 M2：镞 2

以上 71 例组合中，有剑的组合 61 例，有戈的组合 58 例，有镞的组合 25 例，有殳的组合 19 例，有戟的组合 20 例，有矛的组合 16 例。单一的剑组合 10 例，单一的戈组合 5 例。显然，本组的兵器组合以剑、戈为核心，辅以戟、殳、矛、镞等器类。与前期相比，剑在本组发展迅速，在地位上甚至超越了戈。戟、殳在本组出现后发展迅速，均超过了矛。这一时段的兵器组合与中原地区基本相同。总的来看，墓葬规格越高，兵器的种类和数量一般越多，但并不绝对，高等级墓葬中也有兵器较少者，如沂水纪王崮 M1、临淄辛店 M2 等。此外，也有个别女性墓随葬了兵器，如长清仙人台 M5，但战国时期已不见女性墓随葬兵器的现象。

三、青铜工具组合

截至2017年底,海岱地区发现的出土青铜工具的完整组合相对较少,且变化不大,故而,本部分以西周中期为界分为两大阶段进行探讨。

(一)第一组:商代后期至西周前期

本组完整的青铜工具组合共有17例,组合形式有10种:
长清小屯:斧3 锛3 凿2 雕刻刀1 锤1
前掌大 BM9:斧1 锛2 刀2 凿1
前掌大 M18:斧1 锛1
前掌大 M38:斧1 锛1
苏埠屯 M1:斧1 锛2
前掌大 M21:锛1 凿1
前掌大南 M309:锛1 凿1
前掌大 1978:削1
邹县化肥厂墓:削1
惠民大郭墓:锛1
前掌大南 M308:锛1
前掌大南 M312:锛1
前掌大 M213:凿2
前掌大 M110:凿1
前掌大 M120:斧1
济南大辛庄 M139:䦆1
寿光故城墓:刀1

本组工具组合中,10例有锛,6例有斧,6例有凿,2例有削,2例有刀。单一的锛组合有3例,单一的削组合2例,单一的凿组合2例。显然海岱地区这一时期的工具组合形式丰富多样,没有占据绝对优势的器类,组合中锛最为流行,其次是斧及凿。随葬青铜工具的墓葬中不乏高规格墓葬,如长清小屯墓、苏埠屯 M1、大辛庄 M139、寿光故城墓、前掌大 M120 等,且部分工具纹饰十分华丽。这说明,商代的青铜工具可能是重视农业生产的一种象征,而不是实用器,并不能说明墓主生前从事农业或手工业生产。这一时期中原地区出土商周青铜工具的完整墓葬有21例,其中15例有锛,16例有凿,12例有刀,5例有铲,4例有削,2例有斧[①]。总的来看,海岱地区商周时期的青铜工具组合

---

① 孔德铭:《殷墟墓葬中青铜生产工具组合的初步研究》,《殷都学刊》2007年第4期。

与中原地区大致相近,均是以锛最为多见,常见凿,削相对少见;而且高等级墓葬随葬的工具不一定多。但两地也有一定区别,比如海岱地区铜斧明显较多,凿、刀相对较少,铲则基本不见①。

(二) 第二组:西周后期至战国时期

本组完整的青铜工具组合共有14例,组合方式有7种:

滕州薛国故城M2:锛2 斧1 削9 凿4 刻刀4 钻2 锯2 刻针4

枣庄徐楼M2:锛3 斧1 凿1 锯1

栖霞吕家埠:锛1 削2 凿1

郯城二中M1:锛2 凿1

莒县西大庄M1:削1

枣庄东江小邾国M3:削1

临沂俄庄区花园村墓:削1

海阳嘴子前M1:削1

新泰周家庄M13:削1

新泰周家庄M22:削1

济南千佛山墓:削1

长清仙人台M6:锛1

临淄齐故城M1:锛1

沂水纪王崮M1:凿3

以上组合中,有削的组合9例,有锛的组合6例,有凿的组合5例,有斧的组合2例。与前一阶段相比,本阶段削的比例明显上升,而且以削作为唯一工具随葬的墓葬有7例,占据所有随葬工具的完整墓葬中的半数,削的地位已超过锛,但锛仍占有一定地位。此外,凿的地位变化不大,斧的地位明显下降。这些特点与中原地区基本相同,但海岱地区仍然延续一直以来少见铜铲的传统,有别于中原地区。

小结

(一) 青铜容器组合

由上述分析可知,海岱地区商周墓葬中铜容器组合的变化与形制的演变基本同步,形制变化较大的几个时期也是组合变化较大的时期,如第一期是以爵、斝为核心的时期,第二期是以爵、觚为核心的时期,第三期是以鼎、簋为核心的时期,第四期是以形制较为简单的鼎、敦(豆)、𬭚为核心的时期,第五期是日常实用器逐渐取代礼器的时期。

---

① 朱凤瀚:《中国青铜器综论》,上海古籍出版社,2009年,第521页。

若进一步归纳,海岱地区商周青铜器组合有两个时期发生了巨大变化:一是西周中期,食器替代了酒器;二是战国中期,日常实用器开始替代传统礼器。实际上,这两大变化的性质并不相同,前一个变化是礼器内部的选择和调整,后一个变化是祭祀观念的根本转变,其所反映的文化内涵有根本区别。前一变化的原因主要是周人对商人文化传统的革新,如《酒诰》的颁布等,是一种自主的、浅层次的改革,未触及祭祀礼制的本质。后一变化的原因则主要在于礼制崩坏所引起的祭祀观念的根本转变,日趋功利和实用,是一种自发的、更深层面的变化。

至于引起组合上其他两个相对较小的变化的原因则不好把握。商代中期爵觯组合逐渐取代爵斝组合,或由于斝与爵在形态和功用上较为相似,故而逐渐发生了变化,再加上爵的地位不可动摇(在二里头时期爵的地位就已确立),故而选择了另一功用不太相同的器物来替代斝。同时,觯在当时的酒器中,形制相对简单、较易铸造,也可能是受时人青睐的另外一个原因。此外,与商代早期铜觯形制相同的陶觯在大汶口文化时期就已出现,如临淄齐都镇薛家庄大汶口文化遗址出土的红陶觯①,陶觯的长期使用,也是其得以进入青铜礼器系统的重要因素。至于这一选择和变化为什么会发生在商代中期前后,可能与各个历史时期青铜文化的质变多发生在中期有关。春秋中期组合的变化,或缘于传统礼制逐渐崩坏所引起的丧葬观念的转变,礼制的原有约束力逐渐减弱,鼎簋组合的社会等级意义日益下降,簋的等级意义也随之趋微,加上簋、簠、盨等传统礼器形态较为复杂,铸造难度较大,故而时人更为现实地选择了形制相对简单、更易铸造的敦、豆、铺等来替代簋、簠等器物,与鼎搭配组成了一种新的器物组合。由于当时的礼制是"坏而未崩",故而鼎的地位和礼制意义仍然存在,敦、豆、铺等新生器物也都有一定的礼制内涵。但此时的礼器选择已有简化、实用倾向。此外,东周时期王朝统治力日趋衰微,对诸侯国的约束力逐渐减弱,也可能是引起春秋时期铜器组合发生变化的因素之一。

可以看出,组合(器类)的变化多缘自社会领域的变化和变革。形制的变化则可能与时人的实用需求和审美取向的变化有关,并受器类变化的影响。而器物纹饰的变化则更多缘于意识形态领域的变化。器物三种要素的变化所反映的社会意义和层面有所不同,但往往在大部分器物上达到一种和谐的统一和同步。当然也存在器物各个要素发展不同步的情况②,但除偏远地区外,一般不会相差太多。

总的来看,海岱地区商周时期的铜容器组合与中原地区有较多相同的方面,如商代晚期的爵觯组合十分流行;西周时期至春秋早期用鼎较为普遍,组合上也多采用煮食器加盛食器、酒器、水器的做法,具有周人重食的文化特质;随葬器物的类别多相同;组合的演变也与中原基本同步。但其间的差异也十分明显,这种差异主要表现在西周后期以后,如除海岱南部以外的大多数地区少见中原盛行的鼎簋组合;鼎簋制度(准确来讲是用鼎制度)的松弛和瓦解时间皆早于中原地区;在战国中期出现的组合紊乱现象比中原地区更为严

---

① 解维俊:《齐都文物》,百花文艺出版社,2006年,第16页。
② 张懋镕:《试论西周青铜器演变的非均衡性问题》,《考古学报》2008年第3期。

重等。此外,海岱地区的铜容器组合在春秋中期与中原的差异性较为明显,至晚期以后趋同性增强,战国中期以后差异性又明显加大。海岱地区与中原铜容器组合在西周后期以后出现差异的原因主要有二:一是海岱地区本是东夷故地,其文化习俗根深蒂固,周文化东进在此处所遇阻力较大,该地的固有传统和习俗保留较多。二是周室东迁以来,其向心力逐渐涣散,区域文化兴起,原本相对统一的器用制度逐渐被区域性的器用制度所取代。出现趋同性则与列国间通婚、贸易、人才流动等交流增多有关。值得注意的是,鼎簋制度的瓦解是由低级贵族墓开始的,尔后才逐渐波及高级贵族。这说明,高级贵族对于礼制的固守较为持久,同时也更具保守性。

(二)青铜兵器组合

海岱地区商周时期完整的青铜兵器组合,除商代晚期至西周早期及春秋晚期至战国早期的资料较为丰富外,其他时段均不甚丰富,故而资料较少的时段,其所呈现的特点可能不具有普遍意义。就目前资料而言,海岱地区商周时期青铜兵器演变情况大致如下。戈始终是兵器组合的核心,二里岗期至殷墟一期辅以钺、矛、镞;商代晚期至西周前期辅以刀、矛、镞;西周后期辅以镞、矛;春秋后期出现较大变化,长剑急剧流行,与戈并驾齐驱甚至略占优势,成为核心组合中的一员,辅以戟、殳、矛、镞等;战国中期至晚期,仍以剑、戈为组合核心,辅以矛、镞等。总的来看,海岱地区商周时期的兵器组合及其演变趋势与中原地区基本相同。

此外,海岱地区的青铜兵器组合也有自身的一些特点,比如,海岱地区商代至西周早期的不少女性墓随葬了青铜兵器,如前掌大 M17、M49、M108、M110、M119、M120 等。这一现象在西周中晚期甚至春秋时期还有所见,比如高青陈庄 M35、长清仙人台 M5 等。女性随葬兵器的现象是海岱地区与中原地区商周青铜兵器组合的最大区别。总的来看,西周中期以前两地的差别较大,西周中期以后尤其是春秋晚期以后逐渐趋同。

(三)青铜工具组合

海岱地区商周时期完整的青铜工具组合资料较少,就目前资料而言,可以西周中期为界分为前后两个阶段,前段以锛、斧、凿为核心,辅以削、刀;后段以削、锛、凿为核心,辅以斧、锯、刻刀等。以上情况均与中原地区基本相同。但海岱地区商周青铜工具组合也有自身的一些特点,比如海岱地区商代至西周时期的铜斧明显较多,凿、刀相对较少,铲则基本不见;东周时期海岱地区少见铜铲,而中原地区比较流行随葬铜铲。

总的来看,海岱地区商周青铜器组合在与中原地区保持较高一致性的同时,也有一些自身的特点。在组合与墓葬等级方面,容器组合与墓葬等级有必然的联系,等级越高的墓葬随葬的青铜容器一般越多;而兵器及工具的数量与墓葬等级没有直接的关系,常见同等级墓葬中随葬兵器或工具数量悬殊的现象。这一现象可能与墓主人身份有关,一般而言,军官随葬的兵器一般较多,分管工匠的官员或贵族随葬的工具可能偏多,当然也不排除墓主人的个人偏好之情况。此外,青铜容器组合的变化要比兵器及工具组合敏感,器类的更替也更快。这可能与青铜容器作为礼器与当时贵族的日常生活更为密切有关,贵族阶层祭祀或丧葬观念的变化会直接导致青铜容器类别与组合方式的变化。

第二节　青铜器的随葬情况

《仪礼·既夕礼》载:"陈明器于乘车之西。……器西南上,綪。茵。……厥明,陈鼎五于门外……至于圹,陈器于道东西,北上。"由以上记载可知,周人入葬前后丧葬用品的种类及其摆放位置皆有定制。了解各类随葬品在墓葬中的方位及其位置关系,对于判断随葬品的性质与用途,了解器物的思想内涵,探求古人墓葬中的器用观念和方位观念,具有重要意义。正如杰西卡·罗森所言:"这些青铜器不是单独孤立的存在,它是成组的出现,这是符合宗教礼仪的。根据任何一次的发掘都发现各种不同的器型都有序的按要求放置……将这些器物奉献给他们的先祖,这是器物随葬的意义。"[1]

随葬品的摆放规则至少在新石器时代已经形成。西安半坡仰韶文化墓地的陶器多置于死者下肢和足部[2]。华县元君庙仰韶文化墓地的随葬品皆摆放在墓室东部且多在小腿以下[3]。临潼姜寨仰韶文化墓地一次葬的随葬品多置于足部[4]。河南灵宝西坡仰韶文化墓地的陶器均集中放置在足部;玉石器多放置在死者头部右上方[5]。邹县野店大汶口文化墓地的陶器一般放在头部或足部的左侧,有二层台的多放在头部二层台上,生产工具一般放在腰部或身旁一侧[6]。胶县三里河大汶口文化和龙山文化墓地的随葬品绝大多数放在足部[7]。安徽尉迟寺大汶口文化墓地,陶器一般置于头部,工具多放在墓主人的一侧[8]。浙江反山良渚文化墓地玉器的摆放位置具有明显的一致性,头骨上方为玉冠饰,头部为三叉形器,胸腹部放置玉琮,一侧放玉钺,腿部、足部多有玉璧[9]。山西襄汾陶寺墓地大中型墓的头端皆有木案,上置小罍、瓠、杯等酒器;炊器和食器多摆放在身体右侧,乐器、武器、工具及玉石器主要列置在身体左侧[10]。青州苏埠屯商代晚期墓葬中的铜礼器皆摆放在头部棺椁之间,兵器、工具放在身侧[11]。滕州前掌大商末周初墓地6座未被盗掘的中型墓中

---

[1] 杰西卡·罗森著,陈显丹、陈必译:《中国青铜器艺术与宗教》,《四川文物》1998年第1期。
[2] 中国科学院考古研究所、陕西省西安半坡博物馆:《西安半坡》,文物出版社,1963年。
[3] 北京大学历史系考古教研室:《元君庙仰韶墓地》,文物出版社,1983年。
[4] 西安半坡博物馆、陕西省考古研究所等:《姜寨——新石器时代遗址发掘报告》,文物出版社,1988年。
[5] 马萧林、李新伟、杨青海:《河南灵宝西坡遗址第五次发掘获重大突破》,《中国文物报》2005年8月26日第1版。
[6] 山东省博物馆、山东省文物考古研究所:《邹县野店》,文物出版社,1985年。
[7] 中国社会科学院考古研究所:《胶县三里河》,文物出版社,1988年。
[8] 中国社会科学院考古研究所:《蒙城尉迟寺——皖北新石器时代聚落遗存的发掘与研究》,科学出版社,2001年。
[9] 浙江省文物考古研究所反山考古队:《浙江余杭反山良渚墓地发掘简报》,《文物》1988年第1期。
[10] 中国社会科学院考古研究所山西工作队、临汾地区文化局:《山西襄汾县陶寺遗址发掘简报》,《考古》1980年第1期。
[11] 山东省文物考古研究所、青州市博物馆:《青州市苏埠屯商代墓地发掘报告》,《海岱考古》(第一辑),山东大学出版社,1989年,第254—273页。

绝大部分铜器和陶器置于头部棺椁间或头箱中;27座未被盗掘且随葬有陶器或铜器的小型墓中,器物主要放在头部棺椁间或头箱中;兵器大部分置于棺椁间或棺内;玉器主要置于棺内①。同一墓地或同一地区随葬品摆放位置的一致性,反映了共同的精神信仰和心理习俗,本书称之为随葬品的摆放规则。

目前,墓葬中随葬品的摆放问题尚未引起足够的重视,与之相应的是以往的田野发掘对此关注也相对较少,不少发掘报告和简报对此语焉不详,从而遗失了不少重要信息,也为开展这方面的研究带来了不便。笔者仅能依据发掘报告和简报所提供的墓葬平面图(随葬器物平面图)及文字描述等少量资料,进行尝试性分析。本书以海岱地区的商周铜器墓为例,按照时间顺序,试对随葬品的摆放问题作一探索。

一、商代前期至西周初期

海岱地区商代前期至西周初年,青铜器摆放位置较为清楚的墓葬约25座,绝大多数为中小型墓。本书以这些墓葬为对象来探讨青铜器的摆放情况。为了更好地展现青铜器在墓葬中的位置,本书也将其他质地的重要随葬品一并进行了梳理。具体情况如下。

(一)青铜容器的随葬情况

本期青铜容器的随葬情况如下。

棺内头部附近:滕州轩辕庄墓、1978前掌大、平阴洪范墓、前掌大部分中小型铜器墓(BM9、M13、M17、M30、M108、M110、M123、M127);

头部器物箱内:前掌大 M11、M18、M21、M119、M120;

头部棺椁间:苏埠屯 M8,前掌大 M14、M15;

棺内头部、下肢及足部:前掌大 M121;

头部棺椁间和棺盖上:前掌大 M38;

棺椁间头部、棺内足部:苏埠屯 M7;

棺内足部或下肢:前掌大 M49;

足部棺椁间:大辛庄 11M5。

可以看出,海岱地区商代青铜容器在墓葬中的摆放位置有多种,归纳起来主要有以下几种:被置于棺内头部附近的情况最为多见,此类墓葬约占墓葬总数的50%。其次是置于头前器物箱之中的,约占墓葬总数的20%。再次是置于头部棺椁之间的,约占墓葬总数的12%。总的来看,铜容器被置于头部附近的墓葬约占总数的82%,若加上另外3座在头部附近也置有铜容器的墓葬,总数为23座,约占墓葬总数的93%。而放置在足部附近的,包括棺内足部、下肢附近以及足部棺椁间的共2座,仅占墓葬总数的7%。可见,海岱地区

---

① 中国社会科学院考古研究所:《滕州前掌大墓地》,文物出版社,2005年,第56—121页。

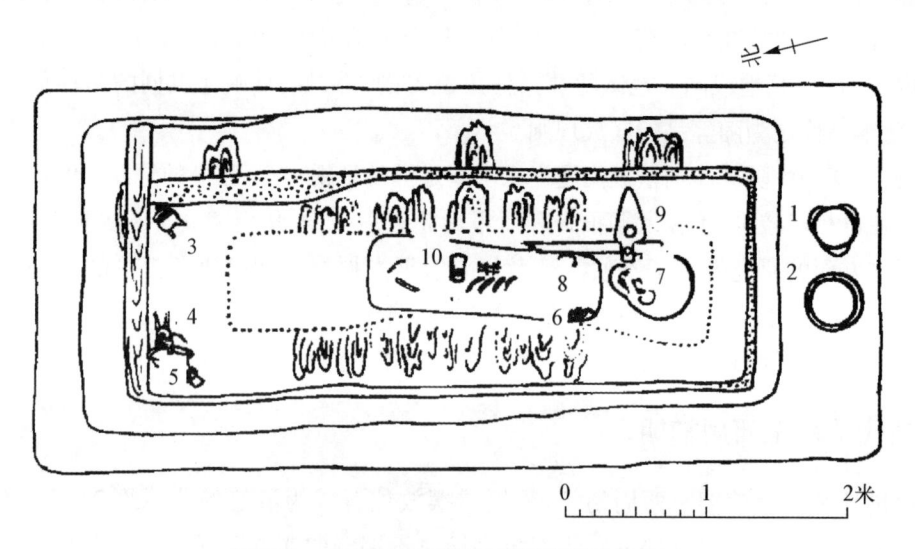

图四〇　济南大辛庄Ⅳ11M5器物摆放示意图

（转自《1984年秋济南大辛庄遗址试掘述要》[①]）

1. 陶鬲　2. 陶盆　3. 铜鼎　4. 铜爵　5. 铜觚　6. 三角援铜戈　7. 玉珩　8. 玉龙　9. 玉虎　10. 玉斧

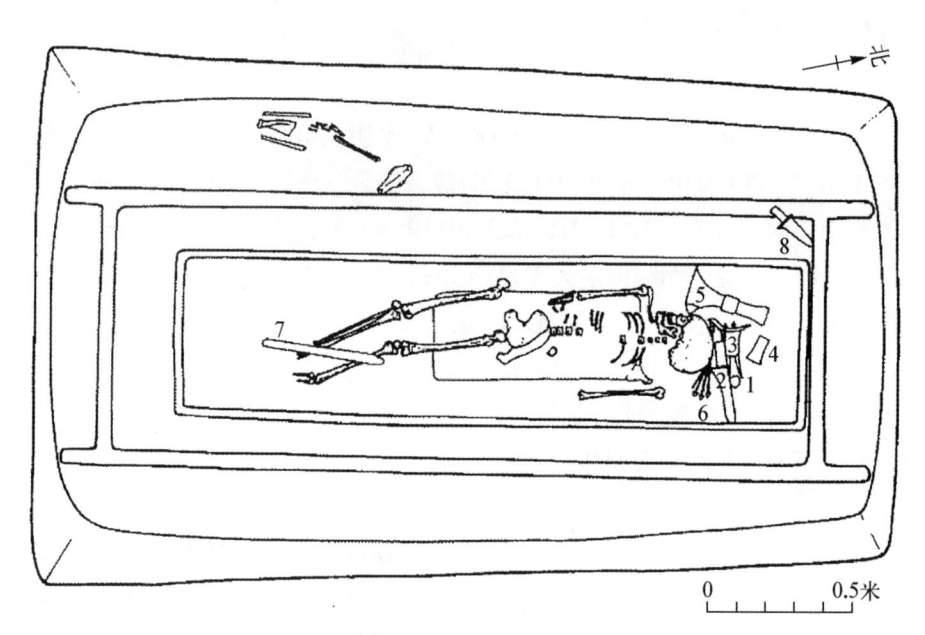

图四一　滕州前掌大M108器物摆放示意图

（转自《滕州前掌大墓地》）

1. 金箔　2. 铜戈　3. 铜爵　4. 玉管　5. 铜觚　6. 骨笄　7. 骨器　8. 铜戈

[①] 山东大学历史系考古专业、山东省文物考古研究所：《1984年秋济南大辛庄遗址试掘述要》，《文物》1995年第6期。

商代墓葬中的绝大多数铜容器置于头部附近,而且以棺内头部附近居多,当然这类墓葬一般为铜容器数量不太多的中小型铜器墓葬。铜容器置于足部及下肢附近的墓葬相对较少。

(二) 青铜兵器的随葬情况

本期青铜兵器的随葬情况如下。

棺内腰部:滕州轩辕庄墓(镞),1978前掌大(戈、钺、削、镞),前掌大 M110(戈)、M121(戈);

棺内头部:前掌大 M14、M17、M49(皆为女性墓,皆为戈,其中 M49 所出铜戈为本墓地最大铜戈);

棺内腰部和足部:平阴洪范墓(腰部戈、足部镞);

棺内肩部:大辛庄 11M5(戈);

棺内头部及腰部:前掌大 BM9(头部直内戈、镞,腰部曲内戈);

棺内头部及头部右上侧棺椁之间:前掌大 M108(女性,戈2);

棺盖上:前掌大 M21(戈)、前掌大 M119(棺盖中部,镞);

棺西侧、棺内:苏埠屯 M7(戈);

棺两侧:苏埠屯 M8(棺西侧有铜弓柲、钺、戈、砍刀;棺东侧有铜矛、钺、砍刀、铙);

头箱内:前掌大 M11(戈31、矛2、刀2、弓形器1、鞭策1、胄13、镞134);

头箱内、棺两侧及棺外足部:前掌大 M18(置铜戈于头箱内、棺两侧及棺外足端等)。

相较于铜容器,铜兵器的摆放位置更为复杂多样。归纳起来,放在棺内的有10座,占总数的63%,放在棺盖上的2座,置于头箱和棺两侧的各有1座,分散放置的有2座。把铜兵器放置在棺内的墓葬以棺内腰部居多,头部其次。

再看青铜兵器的分类放置情况。

戈:棺内腰部4座,头部3座,头部、腰部皆有的1座,肩部1座,头箱内1座,棺盖上1座,棺两侧1座,棺内头部及棺椁之间1座,头箱及棺两侧1座,棺两侧、棺内1座。戈的摆放位置复杂多样;

镞:棺内头部1座,腰部1座,足部1座,头前器物箱内1座,棺盖中部1座,散放各处1座。镞的摆放位置也较为多样;

矛:棺左侧:苏埠屯 M8;头箱内:前掌大 M11;

钺:棺内腰部:1978前掌大;棺两侧:苏埠屯 M8(>2钺)。

(三) 青铜工具的随葬情况

本期青铜工具的随葬情况如下。

棺内头部:前掌大 BM9(刀在头部左侧)、M110(凿在头部右侧);

棺内腰部:1978前掌大(削);

棺右侧：苏埠屯 M8(刀、削、锛、凿)；

头箱内：前掌大 M11(刀)、M18(刀、斧、锛)；

棺盖上：前掌大 M21(刀、锛)、M38(斧、锛)。

可以看出，青铜工具多集中摆放在一起，其摆放位置以棺内头部、头箱、棺盖之上居多，各有 2 座墓葬。摆放在棺内腰部或右侧棺椁之间的各有 1 座。就单个器类的摆放位置而言，似无规律可循。

（四）青铜车马器的随葬情况

本期青铜车马器在墓葬中的随葬情况如下。

头箱及棺顶：前掌大 M18(头箱：镳、马衔 2、车饰、车器 7；棺顶：马衔)。

海岱地区商代随葬青铜车马器的墓葬较少，就现有资料而言，其摆放位置有头箱和棺盖之上两种情况。

（五）青铜杂器的随葬情况

本期发现的青铜杂器数量不多，笔者选取出土稍多的铜铃进行分析，随葬情况如下。

头前器物箱：苏埠屯 M7、前掌大 M18；

头前棺椁之间：苏埠屯 M8。

海岱地区商代青铜铃发现也不多，摆放位置基本都在头部附近，具体来讲有两种情况：摆放在头前器物箱内的 2 座，头前棺椁之间的 1 座。

（六）陶器的随葬情况

本期陶器的随葬情况如下。

头前二层台：大辛庄 11M5、前掌大 M120；

头前棺椁之间：苏埠屯 M8(陶簋、罐)、前掌大 M14(簋、绳纹罍 2、尊 1、壶 1)、前掌大 M121；

头前及足部棺椁之间：苏埠屯 M7(头前陶簋、爵、豆、罐；棺南有陶盘、罐)；

棺内头前：平阴洪范墓(陶罐 3)、前掌大 M13(陶壶 1)、前掌大 M30(陶簋、罐、盆)；

头前器物箱：前掌大 M11(陶器有盉、罐、纺轮各 1 件)；

棺内头前以及两侧二层台：前掌大 M13；

棺内腹部：前掌大 M17(陶豆)；

头部及足部二层台：前掌大 M123；

头部二层台及足部棺椁间：前掌大 M127。

陶器的放置情况也较为复杂。放置在棺内的有 4 座，其中 3 座在头前，1 座在腹部。放置在二层台的有 3 座，其中头前二层台 2 座，头前及足部二层台 1 座。放置在棺椁之间的有 3 座，皆在头前棺椁间。其他放置情况相对较少，都仅有 1 座。总体来看，头前放置陶器的有13座,头部未放陶器的仅有2座。可以看出,陶器的摆放位置也是倾向于头部附近,但在类别上似无规律可循。

(七)印纹硬陶的随葬情况

本期印纹硬陶的随葬情况如下。

头部棺盖上:前掌大M119(棺盖北部,陶尊2件、瓿1件);

头前器物箱:前掌大M120;

头部棺椁间:前掌大M110(陶罍);

棺内头部:前掌大M30。

出土印纹硬陶的墓葬面积多较大,印纹硬陶的摆放位置也集中在头部附近,但情况不一,棺内、棺椁之间、头箱以及棺盖上都有放置。

(八)原始瓷器的随葬情况

本期原始瓷器在墓葬中的随葬情况如下。

棺内头部:前掌大M119(瓷豆2,一正放一反扣),前掌大M13(瓷豆1);

头前器物箱:前掌大M120(瓷豆2)。

海岱地区出土原始瓷器的商代铜器墓相对较少,摆放位置也集中在头部附近,其中放置在棺内头部的2座,头前器物箱内的1座。

(九)玉器的随葬情况

本期玉器的随葬情况如下。

棺内:滕州轩辕庄墓,1978前掌大墓,大辛庄11M5,滕州前掌大M18、M21、M38、M119、M120、M13、M14、M30、M49、M108、M110、M121;

头前器物箱内:滕州前掌大M11。

在本期海岱地区铜容器摆放位置清楚的墓葬中,随葬玉器的有16座,其中15座墓葬中的玉器放在了棺内骨架附近,仅有1座放在了头前器物箱内。玉器的种类很多,有日常佩戴的饰品,也有用于陪葬的玉礼器。前者如鱼、龙、水鸟等牌饰、坠饰,后者如璧、璜、戈、钺、斧、柄形器、玉玲等。涉及摆放问题的一般是后者。玉礼器多放在棺内骨架的上半身,玉质兵器如戈、钺、斧等多置于腰部附近,玉璧、玉璜等多在肩颈及头部附近。

总的来看,海岱地区商至周初墓葬中,铜容器主要集中在头部附近,其中以棺内头部附近居多,其次是头前器物箱,再次是头部棺椁之间。铜兵器的摆放位置较为复杂,其中棺内居多(主要是腰部和头部)。铜工具多集中摆放在一起,以棺内头部、头箱、棺盖上居多。青铜车马器发现较少,就现有资料而言,其摆放位置有头箱和棺盖上两种情况。青铜杂器的数量也较少,就铜铃而言,主要放在头部附近,以头前器物箱居多,其次是头部棺椁

二、西周早期至春秋初期

海岱地区西周时期随葬品摆放位置基本清楚的铜器墓有18座,各墓葬青铜器摆放情况如下。

（一）青铜容器的随葬情况

本期青铜容器的随葬情况如下。

棺内头部附近：黄县东营周家村M1、滕州89庄里西M5（头部左侧）、滕州89庄里西M6、烟台上夼村墓；

棺内足部或下肢附近：滕州89庄里西M4；

头部器物箱：高青陈庄M18；

头部棺椁间：济阳刘台子M3、滕州82庄里西墓、高青陈庄M27；

头前二层台：济阳刘台子M2、M6；

头部左侧壁龛：昌乐岳家河M118；

头前器物箱和边箱：沂源姑子坪M1；

足部棺椁间：曲阜鲁国故城M30、荣成学福村墓；

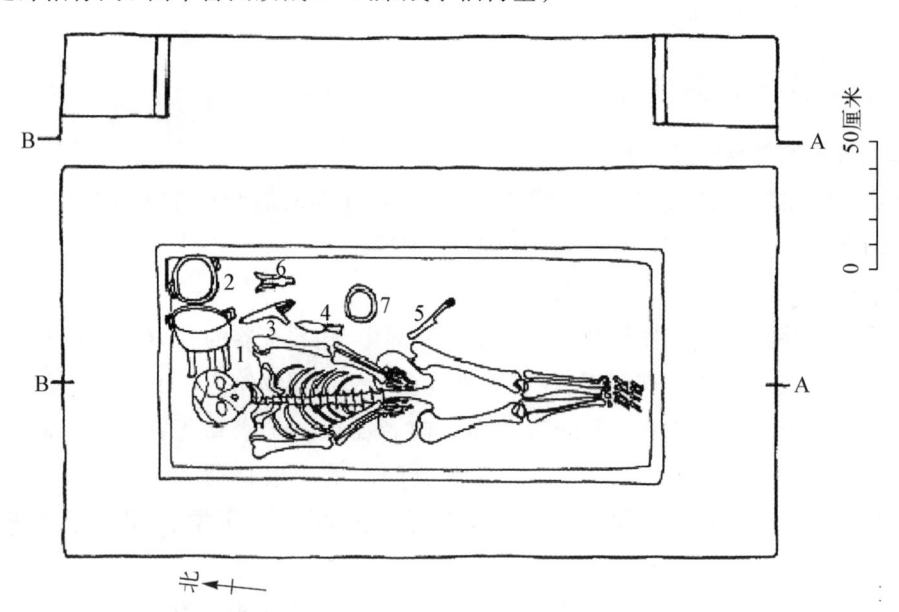

图四二　滕州庄里西1989M5器物摆放示意图
（转自《1989年山东滕州庄里西西周墓发掘报告》①）
1. 铜鼎　2. 铜簋　3. 铜戈　4. 铜矛　5. 铜刀　6. 铜当卢　7. 铜泡

---

① 滕州市博物馆：《1989年山东滕州庄里西西周墓发掘报告》，《中国国家博物馆馆刊》2012年第1期。

身体一侧：黄县归城 M1；

右侧棺椁间：日照崮河崖 M1、M2。

海岱地区西周墓葬中青铜容器的摆放位置，以棺内头部附近居多，共有 4 座；头部棺椁间的其次，有 3 座；头前二层台、足部棺椁间以及右侧棺椁间的再次，各有 2 座。其他如头前壁龛、身体一侧以及头箱和边箱的各有 1 座。总的来看，在头部附近放置铜容器的有 12 座；在足部附近放置铜容器的有 3 座；在身体一侧放置铜容器的有 3 座。放置在棺内的 6 座，放置在棺椁之间的 7 座，放置在头箱或边箱的 2 座，放置在二层台的 2 座，放置在壁龛里的 1 座。可见，铜容器一般放置在头部附近，具体位置多倾向于棺内或棺椁之间。仅有少量放置在头箱或边箱以及二层台上，个别放置在壁龛之中。

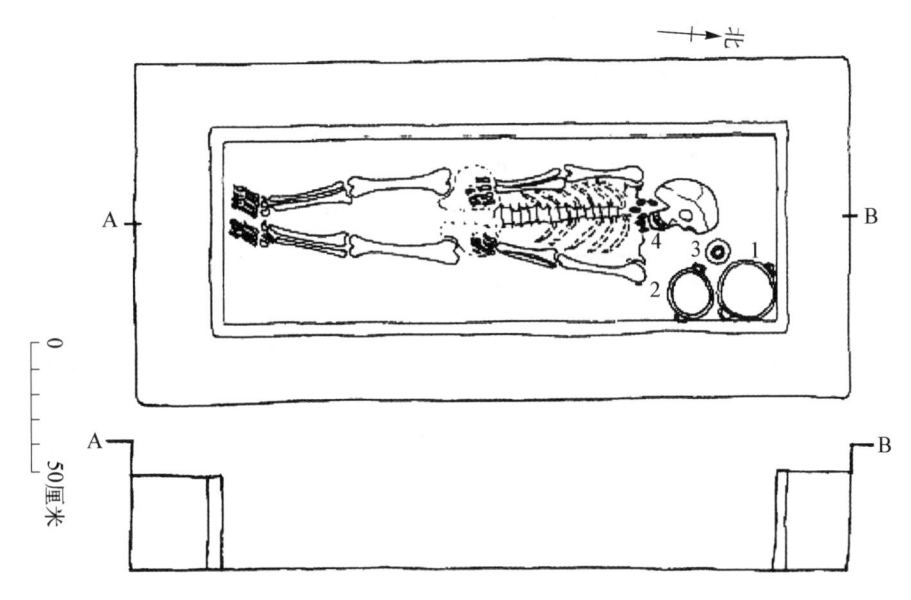

图四三　滕州庄里西 1989M6 器物摆放示意图
(转自《1989 年山东滕州庄里西西周墓发掘报告》[①])
1. 铜鼎　2. 铜簋　3. 陶罐　4. 贝

（二）青铜兵器的随葬情况

本期青铜兵器的随葬情况如下。

头部棺椁间：济阳刘台子 M3；

腰部两侧：荣成学福村墓（右侧为戈，左侧为镞）；

棺内头部及腰部：高青陈庄 M18；

腿部右侧：滕州 89 庄里西 M4（戈在小腿位置，弓柲在大腿位置）；

手臂左侧：滕州 89 庄里西 M5；

---

① 滕州市博物馆：《1989 年山东滕州庄里西西周墓发掘报告》，《中国国家博物馆馆刊》2012 年第 1 期。

右侧边箱：沂源姑子坪 M1；

腿部左侧棺椁间：鲁国故城 M30。

海岱地区西周时期的铜容器墓中，随葬青铜兵器的比例与商代相比有所下降，但青铜兵器的摆放情况仍然较为复杂。总的来看，以棺内居多，有 3 座；棺椁之间的其次，有 2 座；仅有 1 座放在了边箱之中。其余情况限于墓葬资料不好再作进一步的分析。

（三）青铜工具的随葬情况

本期青铜工具的随葬情况如下。

腰部：滕州 89 庄里西 M5（刀在腰部左侧）。

海岱地区西周墓葬中青铜工具摆放位置清楚且未被盗扰的墓葬较少，仅有 1 座。器物为刀，摆放在棺内人骨腰部位置。

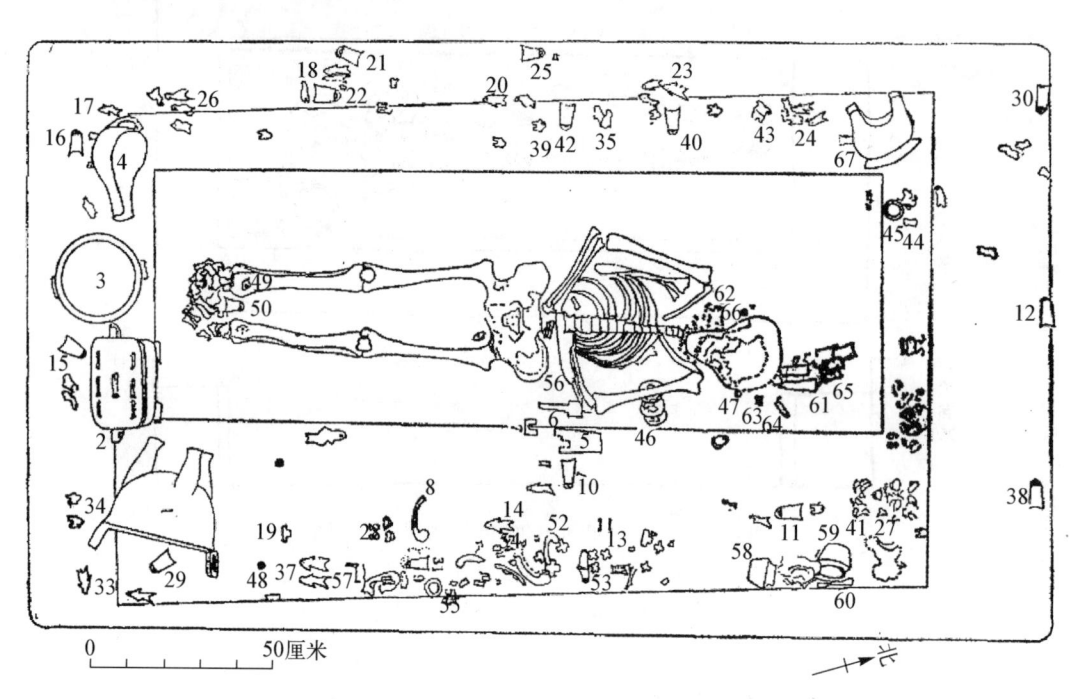

图四四　曲阜鲁国故城 M30 器物摆放示意图

（转自《曲阜鲁国故城》）

1. 铜鼎　2. 铜簋　3. 铜盘　4. 铜匜　5. 车軎　6、7. 车辖　8、52. 铜镳　9—12、15、16、21、22、25、29—31、36、38、40、42、50、51. 铜铃　14、17、18、20、23、24、33、37. 铜鱼　13、44. 铜细腰　19、53. 铜节约　26、35. 蚌鱼　27、28、47、68. 蛤蜊壳　32. 铜壶　34、43. 饕餮头　39. 石圭　41. 玉玦　45、55. 铜环　46. 铜腰带饰　48、49. 贝壳　54. 铜銮铃　56、57. 铜戈　58、59. 陶罐　60. 兽骨　61、62、64、65. 石片　63. 蚌饰　66. 项链　67. 陶鬲　69. 骨饰

（四）青铜车马器的随葬情况

本期青铜车马器的随葬情况如下。

肩部左侧：滕州 89 庄里西 M5（当卢）；

腰部左侧：滕州89庄里西M5（铜泡）；
左侧棺椁之间：鲁国故城M30（铜镳、节约、车軎等）。

车马器的情况与工具相仿，摆放位置清楚且未被盗扰的墓葬较少，限于资料，不再作进一步的分析。

（五）青铜杂器的随葬情况

本期青铜杂器的随葬情况如下。
铜铃、铜鱼等荒帷坠饰：椁四周（鲁国故城M30）。

杂器的情况也基本如此，只是铜铃的位置与商代相比有所变化，目前海岱地区西周墓葬中的铜铃与铜鱼分布在椁的四周，且数量较多，可能是荒帷上的坠饰。而商代的铜铃在墓葬中仅有个别发现，且有的被置于头箱之中，体型也较大，显然不是作为荒帷坠饰之用。

（六）陶器的随葬情况

本期陶器的随葬情况如下。
棺内头前：黄县（今龙口市）东营周家村M1（鬲、豆、罐）、滕州89庄里西M6（罐1）；
棺内一侧：黄县（今龙口市）归城M1；
头前二层台：济阳刘台子M2（鬲、罐）、M6（鬲2、罐2、壶1）；
头部两侧棺椁间：鲁国故城M30（鬲1、罐2）；
上身左侧壁龛中：昌乐岳家河M118（陶器很多）。

海岱地区西周时期陶器的摆放情况依然比较复杂。放置在棺内的有3座，其中2座放在了头前，1座放在了身侧。放在头前二层台的有2座。放在头部两侧棺椁间以及壁龛之中的各有1座。总的来看，在头部放置陶器的有5座，放置在身体或棺椁一侧的有2座。可见，陶器放置情况与铜器有相近之处，即倾向于放置在头部附近。

（七）原始瓷器的随葬情况

本期原始瓷器的随葬情况如下。
头前棺椁间：济阳刘台子M3（瓷豆2）；
头前二层台：济阳刘台子M6（瓷壶1）。

原始瓷器在墓葬中的摆放情况与陶器基本相同，倾向于头部位置，但没有放置在棺内，且仅出于大中型铜器墓葬之中。

（八）玉器的随葬情况

本期玉器的随葬情况如下。
棺内头部及肩部：济阳刘台子M3、高青陈庄M26；
棺内手臂及头部棺椁间：高青陈庄M27；

专门放置器物的二层台：济阳刘台子 M2；

二层台、棺内：济阳刘台子 M6（主要在棺内）。

西周墓中玉器的放置情况与商代相比略有变化，部分墓葬把玉器与其他较为重要的随葬品如青铜礼器放置在专门放置器物的二层台上。但大部分墓葬仍然把玉器放在了棺内，尤其是上半身附近。把玉器放在二层台的墓葬，其二层台可能与普通的二层台有所不同。普通的二层台多放置陶器等不甚珍贵之物，而专门放置器物的二层台则常放置一些贵重之物，如青铜礼器、原始瓷器等，其作用大致相当于器物箱。

总的来看，海岱地区西周墓葬中，铜容器一般放置在头部附近，以棺内或棺椁之间居多，少量放置在头箱、边箱或二层台上，仅个别放置在壁龛之中。铜兵器的摆放位置仍然较为复杂，其中以棺内居多，其次是棺椁之间，个别放在边箱之中。青铜工具摆放在棺内人骨腰部位置，因青铜工具位置清楚的墓葬仅有 1 座，故而不具有普遍性。青铜车马器或置于棺内身体左侧，或置于棺椁之间，但因资料较少也不具有普遍意义。

三、春秋早期至战国晚期

海岱地区东周时期青铜器摆放位置清楚的墓葬较多，随葬品也比较丰富，因此，本书对这一时段进行重点探讨。具体情况分析如下。

（一）随葬品的总体布局

1. 集中放置

即随葬品集中置于一处，多在棺椁间，以头部位置居多，如鲁国故城甲组 M107[①]、M120、M310、滕州庄里西 STZM8、淄川磁村 M01、M02、M03、临淄两醇 M2051、M3174、栖霞吕家埠墓地、长岛王沟 M5 等。也有放在足部棺椁间的，如鲁国故城甲组 M301、临淄东古 M1002、邹平大省 M7 等。还有放在器物箱之中的，如长清仙人台 M3、沂源姑子坪 M2 等。还有放在棺内身侧的，如鲁国故城甲组 M320 陶器在身体左侧；新泰郭家泉墓地 19 座墓葬中有 7 座墓葬的随葬品放了身体左侧，4 座放在了身体右侧；邹平大省 M3 的随葬品放在了腿部左侧等。此外，还有少量放在棺下底箱或壁龛之中的，如新泰郭家泉墓地有 4 座墓葬的随葬品放在了棺下底箱之中；新泰郭家泉 M9、临淄东古 M1009、临淄两醇 M3180、M1016 等随葬品放在了壁龛之中。

随葬品集中于一处的一般是随葬品较少的小型墓，面积多在 10 平方米以下，随葬品一般仅有数件，多为陶器。同一墓地的随葬品多摆放在相同位置，以头部居多，身体左侧次之，足部再次之，器物置于身体右侧、棺下底箱、壁龛中的较少。

2. 分散放置

即器物散置于墓室的多个部位。一是散置于棺椁间、椁外、棺椁盖上、二层台、棺下底

---

① 由于本书涉及的发掘报告和简报较多，篇幅所限，不再一一标注，下同。墓葬资料出处参见文后附表二。

箱等多个位置,如鲁国故城乙组 M48、M49、M52、M58,鲁国故城甲组 M116,薛国故城 M5、M8,临淄东古 M1003、M1019,临淄两醇 M3197、M3201,章丘女郎山 M1,蓬莱柳格庄 M6,威海 M3 等;二是器物主要置于器物箱或壁龛之中,另有少量散置于墓室,设置器物箱的有薛国故城墓地、枣庄东江小邾国墓地、长清仙人台 M6、海阳嘴子前 M4、沂水刘家店子 M1、莒南大店二墓、临沂凤凰岭大墓、郯城二中 M1 等;设置壁龛的有长清仙人台 M5 等。

随葬品分散放置的一般是随葬品较为丰富的大中型墓,墓圹面积一般在 10 平方米以上,其中部分墓葬超过了 100 平方米。由于随葬品较多,集中于一处显然过于局促。随葬品的具体布置方式与墓主的族属和传统习俗有关,如鲁国故城、齐国故城及海岱东部一带多采用设置二层台的方式,把随葬品分置在四周的二层台、棺椁间等位置;而海岱东南一带薛国故城墓地、枣庄东江小邾国墓地、长清仙人台 M6 等则主要采用设置器物箱的方式以放置大量的随葬品。

(二) 随葬品的分类放置

大中型墓中的随葬品一般包括铜礼器、乐器、兵器、工具、陶器、玉石器等,在墓葬中的摆放位置一定程度上反映了它们在墓葬中的地位和作用。海岱地区东周时期器物出土位置明确的墓葬如下。

鲁国故城墓地[1]。春秋早期的陶器和铜器多放在头部、足部的二层台或椁盖上;兵器多在棺椁间;车马器多在足部或身侧的椁盖上;玉器、配饰多在棺内身旁。战国时期的铜礼器、车马器、兵器、陶器多放在椁室四周,石戈、石圭多放在棺盖上。随葬品的摆放较为分散,似乎以头部为尊,左侧次之。

小邾国墓地[2]。从 M2 来看,椁室左侧设有器物箱,以放置随葬品。炊食器与水器、酒器大体分开放置,炊食器位于头部左侧,青铜鼎处于首要位置,比较精美的两只青铜壶也置于这一边;水器、酒器、陶器主要放在足部左侧。其余兵器、玉器等的位置因简报和报告皆未述及,情况不明。可以看出以头部及身体左侧为尊。

长清仙人台邿国墓地[3]。M3、M6 的时代为西周晚期至春秋早期,二墓随葬品摆放的共同特征是:椁室左侧皆有器物箱;随葬品基本上是按照类别摆放的。M3 中的铜器与陶器间隔摆放;M6 的陶器靠近椁室,外围是大量铜容器。此外,M6 的椁室右侧专设了器物箱,以放置乐器,足见墓主人对乐器的重视。二墓也是以头部及身体左侧为尊。

薛国故城墓地[4]。在发掘的 9 座墓葬中,7 座北部(头部)设生土二层台,上置器物箱,放置铜礼器和陶器;玉石器放在棺内;车马器、兵器、工具多置于椁外或棺椁间。另有 2 座墓葬(M5、M8)的器物放在了右侧棺椁之间。墓葬的规格不一,但一致性较强,多数在头

---

[1] 山东省文物考古研究所、山东省博物馆等:《曲阜鲁国故城》,齐鲁书社,1982 年。
[2] 赵友文主编:《小邾国遗珍》,中国文史出版社,2006 年。
[3] 山东大学考古系:《山东长清县仙人台周代墓地》,《考古》1998 年第 9 期。
[4] 山东省济宁市文物管理局:《薛国故城勘查和墓葬发掘报告》,《考古学报》1991 年第 4 期。

前二层台设器物箱,器物多按照类别集中放置。从随葬品的位置来看,头部最重要,身体右侧似乎次之。

海阳嘴子前墓地①。随葬品主要置于头箱内;石贝在椁盖上;木器在左侧二层台上,编钟在右侧二层台上;棺椁之间放置兵器、革甲、玉石饰件;铜容器、陶器、漆木器置于头箱内。从随葬品的位置来看,头部最重要,身体右侧次之。

沂水刘家店子M1②。椁室两侧各设一个器物库,南库(椁室左侧)主要放置铜容器,北库(椁室右侧)主要放置乐器,另有少量铜容器、兵器、杂器等,具体摆放情况不明。南库东部为列鼎,中部为陶器,西部为其他铜器,分三层叠放。从列鼎位置来看,以头部和身体左侧为尊。

淄川磁村墓地③。4座墓葬中3座器物皆置于头部,1座放在头部两侧棺椁之间,有铜容器、兵器、陶器等,器类混杂放置。以头部为尊,左右位次不明。

章丘女郎山M1④。墓向为190°。东南、西北角二层台上各放置一套编磬;青铜礼器主要放在头部两侧的内外椁之间;乐器和车马器主要放置在东北角和西南角的内外椁之间;兵器分别放在东、西两侧内外椁之间和东二层台上的兵器箱内,长兵器放在内椁盖上;玉器及玛瑙器放置在内椁的兵器箱上。从随葬品位置来看,头部为尊,右侧似乎次之。

威海M3⑤。铜容器在棺内足部;兵器、玉器、陶豆分置在足部右侧棺椁间;玉石饰件、带钩等多随身佩戴。从随葬品的位置来看,以足部为尊,右侧次之。

郯城二中M1⑥。方形墓室分南北两部分,分置棺椁与陶、铜器。墓主人在南,铜容器和陶器在右侧东部,靠近墓主人头部及上身。乐器在墓主人下半身左侧椁内;工具在墓室西南角。以头部为尊,右侧似乎次之。

从以上单位可以看出,不设器物箱的墓葬中铜容器多放在靠近头部的棺椁之间,有器物箱的多放在器物箱内。在方位上,大多数墓葬以头部为尊;而在左右次序上,海岱南部以左侧为尊,其他地区则以右侧为上。乐器与铜容器多分开放置,以置于二层台上者居多,较大墓葬则专设盛放乐器的器物箱。兵器多放在棺椁之间或椁室四周,剑等短武器多在墓主人腰部或腰部棺椁之间,有的棺椁上还放置长兵器戈、戟等。车马器多在棺椁间或二层台上。工具多放在棺椁之间。小件铜器多在身体附近,多属佩饰。陶器多在棺椁之间及器物箱内,少量在二层台上,多与铜容器混杂。玉器多放在棺内,其中多数为配饰。石器多放在棺椁之间、棺内或棺椁之上。此外,还有部分墓葬中的随葬品有杂置现象,不同类别的器物放在了一起,同一类别的器物分置各处等。

---

① 烟台市博物馆、海阳市博物馆:《海阳嘴子前》,齐鲁书社,2002年。
② 山东省文物考古研究所、沂水县文物管理站:《山东沂水刘家店子春秋墓发掘简报》,《文物》1984年第9期。
③ 淄博市博物馆:《山东淄博磁村发现四座春秋墓葬》,《考古》1991年第6期。
④ 济青公路文物考古队绣惠分队:《章丘绣惠女郎山一号战国大墓发掘报告》,《济青高级公路章丘工段考古发掘报告集》,齐鲁书社,1993年,第115—149页。
⑤ 郑同修、隋裕仁:《山东威海市发现周代墓葬》,《考古》1995年第1期。
⑥ 刘一俊、冯沂:《山东郯城县二中战国墓的清理》,《考古》1996年第3期。

从随葬品的摆放位置可以看出,铜容器在墓葬中最受重视,这进一步证明了青铜礼容器是贵族身份、地位的象征。其次为乐器,乐器一般仅出于大型墓葬,从长清仙人台 M6、沂水刘家店子 M1 等墓葬专设器物箱以放置乐器的做法,可以看出墓主人对乐器的重视程度,乐器也是身份、地位的象征。再次是兵器,兵器一般出于棺椁之间,显然具有卫护之意,有的墓葬在棺椁之间专门设置了兵器箱,如章丘女郎山 M1;有的则是以数量来显示对其的重视,如临沂凤凰岭墓。这些墓葬对兵器的重视程度,可能不亚于青铜礼容器和乐器,其墓主人一般为军事将领或重视征伐和军功之人,时代多为春秋晚期至战国时期,时代越晚兵器的地位越高,是此期战争频繁的反映。再次为车马器、工具,这些器物一般放在二层台或填土中,也有放在棺椁之间的。玉器一般出于棺内身体周围,特别是饰品,这可能与《周礼·春官·典瑞》中"驵圭、璋、璧、琮、琥、璜之渠眉,疏璧琮以敛尸"之记载有关。

值得注意的是,陶器的情况比较复杂。在传统观念中,墓葬中陶器的重要性及其地位较低。但从海岱地区东周时期的墓葬来看,这一观念存在可商之处。在没有青铜器随葬的小型墓中,陶器一般放在首要位置。在有青铜器随葬的情况下,器内有粮食的陶器一般放在距身体较近的地方,如小邾国墓地 M2,陶器位于足部一侧,但比其他青铜水器要靠近墓主人;长清仙人台 M6、沂源姑子坪 M2 随葬的陶器皆放在最靠近墓主人的位置(椁外左侧),铜容器则在其外围;长清仙人台 M3 的铜容器与陶器间隔摆放,陶器的地位似乎不低于铜器;鲁国故城 M48 陶器与铜器混放,分置于头部和足部棺椁间;鲁国故城 M49 陶器皆放在头部棺椁之间,而铜器放在了足部棺椁之间;海阳嘴子前 M1 头箱内大部分是铜器,但靠近头部的位置有一陶豆;栖霞杏家庄 M3 铜器放在右侧棺椁之间,而大量陶器却放在了宽大的棺内;此外,临朐泉头 M 乙、临沂凤凰岭墓、淄川磁村四墓、郯城二中 M2 等情况也相类似。可以看出,至少部分陶器在墓葬中的地位是较高的,这些陶器可能有实用价值,例如盛放粮食、食物、饮用水等生活必需品,也可能较为精美,或者其他原因,从而摆放在了比较重要的位置。

(三)不同类别铜容器的摆放次序

鉴于铜器在墓葬中的地位,以及铜容器在铜器中的代表性,笔者选取古人最为重视的青铜礼容器来分析同质地不同类别随葬品的摆放次序。海岱地区铜容器摆放次序较为明确的东周墓葬如下。

长清仙人台 M3。器物皆在椁外左侧的二层台上,器物自上(头)而下(足)依次为:鼎、陶鬲、陶豆、簋、陶罐。

长清仙人台 M6。椁室左右两侧各设一个器物箱,青铜容器在左侧器物箱内。器物分内外两层摆放,内侧器物较小,自上而下依次为:陶豆、陶簋形豆、铜簋、陶盘、铜圆壶、铜方壶。外侧器物较大,有分两排摆放的 15 件铜鼎和 1 件铜盂,较大的鼎内放有小铜鼎、铜簋、铜豆等。

鲁国故城 M30。青铜容器置于足部棺椁间,自左至右依次为:鼎、盨、盘、匜。

小邾国墓地 M2。青铜容器在椁室左侧的二层台上,上身左侧自上而下依次为:鼎、鬲、簠、壶在鼎的外侧。足部罍、匜、盘的次序不明。总次序为鼎、鬲、簠、壶、罍、盘、匜,或鼎、鬲、簠、壶、盘、匜、罍。考虑到小邾国墓地 M2 中酒器壶的次序在盘之前,且罍可能为酒器,笔者初步拟定的顺序为前者。

临朐泉头 M 甲①。青铜容器在墓圹南端,自东而西:鼎、鬲、盘、盘内有铺、匜、戈。

临朐泉头 M 乙②。器物在墓圹南端,自东而西:鼎、鬲、簠、陶罐、盘,盘内有壶、匜。

海阳嘴子前 M1。青铜容器皆在头箱内,自左至右依次为:鼎、豆、敦、盘、壶、铺,或鼎、豆、盘、壶、盆、铺。

滕州庄里西 90STZM8③。青铜容器在墓主头部,自右至左依次为:鼎、豆、铺、盘、匜。

栖霞杏家庄 M3④。青铜容器放在右侧棺椁之间,自头至足依次为:敦、铺、匜。

以上墓葬青铜容器摆放次序基本明确的如下。

长清仙人台 M3:鼎、簠;

鲁国故城 M30:鼎、盨、盘、匜;

小邾国墓地 M2:鼎、鬲、簠、壶、罍、盘、匜;

临朐泉头 M 甲:鼎、鬲、盘、匜、铺(铺、匜在盘中);

临朐泉头 M 乙:鼎、鬲、簠、盘、匜、壶(壶、匜在盘中);

滕州庄里西 90STZM8:鼎、豆、盘、匜、铺(铺、匜在盘中);

栖霞杏家庄 M3:敦、铺、匜。

部分器物次序明确的墓葬如下。

海阳嘴子前 M1:鼎、豆、敦、盘、壶、铺或鼎、豆、盘、壶、盆、铺;

长清仙人台 M6:鼎、盂、簠、铺、壶(盂与形体较大的鼎摆放在一排,其次序似乎在簠前)。

可以看出,东周墓葬中铜容器的基本次序为煮食器、盛食器、酒器、水器或煮食器、盛食器、水器、酒器。造成酒器、水器次序不太明朗的原因主要是发掘报告和简报关于器物摆放次序的信息较少,且有不少壶、铺与匜一起置于盘中的现象。《左传·庄公二十一年》记有周天子巡守郑地、虢地赐器之事:"郑伯之享王也,王以后之鞶鉴予之。虢公请器,王予之爵。"郑伯由此认为王轻郑而重虢,因此怀恨在心。虽然春秋时期酒器爵已很少见到,但两周之际的部分墓葬中还时有发现作为明器的铜爵,如北赵晋侯墓地 M93,平顶山应国墓地 M8,三门峡虢国墓地 M2001、M2006、M2012 等,这说明铜爵在当时仍然受到一定程度的重视。因此,上文所记载的爵应还是指西周中期以前流行的铜爵。由此可见,

---

① 临朐县文化馆、潍坊地区文物管理委员会:《山东临朐发现齐、郑、曾诸国铜器》,《文物》1983 年第 12 期。
② 临朐县文化馆、潍坊地区文物管理委员会:《山东临朐发现齐、郑、曾诸国铜器》,《文物》1983 年第 12 期。
③ 滕州市博物馆:《山东滕州庄里西战国墓》,《文物》2002 年第 6 期。
④ 烟台市文物管理委员会、栖霞县文物事业管理处:《山东栖霞县占疃乡杏家庄战国墓清理简报》,《考古》1992 年第 1 期。

酒器的地位是高于水器的。再加上小邾国墓地 M2 中酒器壶的次序在盘之前,因此,本书拟定的顺序为:煮食器、盛食器、酒器、水器,与我们今天所常列的次序是一致的。当然,笔者所认为的酒器在东周时期也不排除有部分用作水器的可能。正如张懋镕先生所说:"以前我们总是过于拘泥于某一种器类似乎只有一种功能,遂使问题无法解决。现在来看,某一器类不一定只有一种功能,而且功能有随着时代的变化而转移的可能。"[1]特别是春秋中期以后,在礼仪制度、丧葬制度等出现松弛的趋势下,出现这种情况的可能性更大。

(四) 同类铜容器的摆放次序

本书仍以铜容器为研究对象,在前文分析的基础上,对各类青铜容器的具体摆放次序分析如下。

1. 煮食器

煮食器中,鼎无疑居于第一位,其次为鬲、甗。海岱东周时期鬲、甗同出的墓葬仅有沂水刘家店子 M1 一墓,鬲、甗分别出于椁室左右两侧的器物箱内,而且甗的出土位置不明,因此无法从出土位置上判断二者地位的高低。鬲的使用群体较广泛,上自诸侯下至中小贵族的墓葬中都有发现。甗一般在大中型墓葬之中才有发现,海岱东周时期的铜甗仅发现 6 件,皆出于三鼎以上级别的墓葬,其地位应高于鬲。

2. 盛食器

以上墓葬关于盛食器簠的资料较少,在推行鼎簠组合的地区簠无疑居于第一位,但海岱多数地区没有推行这一组合[2],在这些地区簠的地位不高。盨、簋二者地位的高下不易判断。簋的使用者一般是中级以上贵族[3],盨的使用者也是如此[4],但簋的普及程度要高于盨。曲阜鲁国故城 M48 出有 2 盨 1 簋,可能有助于我们的判断。簋放置在头前的棺椁间,而 2 盨放置在头部的椁盖之上。放在椁盖之上的器物还有 1 鼎(M48:3)、1 盘、1 匜,其中盘、匜为制作粗糙、形体较小的明器,鼎虽为实用器,但没有头部棺椁间鼎(M48:23)的形体大,纹饰的精美程度相差甚远。在头部棺椁间的另外两件器物(盘、匜)也是纹饰精美、铸有铭文的实用器。通过比较,放在椁盖上的器物无论形体,还是纹饰都不如头部棺椁间的器物,"器皿之度……以大为贵"(《礼记·礼器》),其地位高下之别非常清楚。而且,盨还出现于规格稍低的 M30 中,而簋在鲁国故城三鼎以下级别的墓葬中尚未发现。依此推测,盨的地位可能不如簋。敦、豆作为簋的替代者,出现的时间有早晚之分。从中原及海岱地区来看,敦稍早于豆,敦大范围替代簋是在春秋晚期,而豆作为主要盛食器登上历史舞台是在战国早期。二者的地位应具体时期具体分析。大致来说,春秋晚期敦的

---

[1] 张懋镕:《青铜盆小议》,《古文字与青铜器论集》(第二辑),科学出版社,2006 年,第 128—132 页。
[2] 毕经纬:《山东东周鼎簠制度初论——以中原地区为参照》,《管子学刊》2010 年第 3 期。
[3] 毕经纬:《山东出土东周青铜礼容器研究》,陕西师范大学硕士学位论文,2009 年,第 150 页。
[4] 张懋镕:《两周青铜盨研究》,《考古学报》2003 年第 1 期。

地位高于豆,之后可能是二者相持时期,再后豆的地位高于敦。

3. 酒器

通过小邾国墓地 M2,可以看出酒器中壶的地位高于罍。从海岱地区来看,方壶的使用者一般是高级贵族,且多为诸侯;罍的情况也相似,但其级别似乎不太严格,如在莱阳前河前、栖霞吕家埠等中级贵族墓也有发现,这可能与春秋时期罍的形体较小、纹饰简朴、制作相对简易有关。铈作为酒器出现较晚,流行时间在春秋晚期和战国早期。铈的使用群体极为广泛,上自诸侯下至小贵族墓葬均有发现,特别是在中小贵族墓葬中其流行程度超过了壶,成为春秋中期至战国中期最为流行的酒器。在中小贵族墓中铈的地位较高,自春秋中期至战国早期,铈在不少中小型墓葬中是作为唯一的青铜容器存在的,在曲阜鲁国故城甲组墓、滕州薛国故城墓地、新泰郭家泉墓地等都有不少发现,其地位似乎尚高于鼎。春秋晚期至战国早期铈的地位更加稳固,海岱地区 80% 以上的铜器墓有铈,而且是不少墓葬仅有的一件铜容器,其地位可见一斑。但在高级贵族墓中铈似乎不如壶受重视,这可能与其形制较为简朴、实用性强而礼仪特征稍差有关。

值得注意的是铈有置于盘中的现象,铈属酒器还是水器的问题似还有商榷的余地。但笔者认为,铈置于盘中,可能是因为铈的形体矮小,如直接置于众器物之间,易被遮掩,当置于较大的盘中才较为明显。而且较多的现象是铈与匜同置于盘中,并不是仅有铈置于盘中,如临朐泉头 M 甲、滕州庄里西 90STZM8、上马墓地 M1027①等。此外,还有铈置于盘中,而匜另置他处的情形,如长治分水岭 M229②。也有盛食器豆置于盘中,而匜、铈置于甗中的情况,如上马 M15、M2008③等。也有象牙梳、骨器等较小器物置于鼎中的现象,如滕州庄里西 90STZM8 等。还有壶置于鉴中的情形,如上马 M5218④、长治分水岭 M26⑤等。还有鬲置于鉴中的情况,如长治分水岭 M25⑥等。也有敦、匜同置于盘中的情形,如临猗程村 M1002⑦。因此,较小器物置于较大的不同类别器物之中,是东周墓葬中常见的现象,不能机械地以此来判断器物的功用。

4. 水器

本书主要讨论盘、匜两种最为常见且明确为水器的器物。海岱地区东周时期的铜匜一般与盘同出,盘的形体一般远大于匜,匜多置于盘中,这一点与《仪礼·既夕礼第十三》"匜实于盘中,南流"的记载相合。《仪礼·公食大夫礼第九》:"小臣具盘匜,在东堂下。"《仪礼·既夕礼第十三》:"用器:弓矢,耒耜,两敦,两杆,盘,匜。"文献记载的盘的顺序皆在匜之前。鲁国故城 M30 提供了难得的墓葬实例,其青铜容器的摆放次序为鼎、盨、盘、

---

① 山西省考古研究所:《上马墓地》,文物出版社,1994 年,第 61 页。
② 山西省考古研究所、山西博物院等:《长治分水岭东周墓地》,文物出版社,2010 年,第 322 页。
③ 山西省考古研究所:《上马墓地》,文物出版社,1994 年,第 62、190 页。
④ 山西省考古研究所:《上马墓地》,文物出版社,1994 年,第 193 页。
⑤ 山西省考古研究所、山西博物院等:《长治分水岭东周墓地》,文物出版社,2010 年,第 274 页。
⑥ 山西省考古研究所、山西博物院等:《长治分水岭东周墓地》,文物出版社,2010 年,第 265 页。
⑦ 中国社会科学院考古研究所、山西省考古研究所等:《临猗程村墓地》,中国大百科全书出版社,2003 年,第 27 页。

匜;鲁国故城 M48 头前棺椁间的青铜容器自左至右顺序为鼎、簋、盘、匜。是以,盘的摆放次序位于匜之前,其地位应高于匜。

笔者认为,自新石器时代以来,古人在墓葬中摆放随葬品时,在方位和位置上都是有取舍的,取舍的依据就是随葬品的摆放规则。至商周时期,随葬品的摆放规则仍具有较强的约束作用,其约束力的来源主要是时人的精神信仰和生活习俗。由于发掘和报道的完整墓葬资料较少,海岱地区战国时期青铜器的摆放情况尚不十分清晰,但从《曲阜鲁国故城》中"甲组春秋墓(战国早期)器物的放置,远没有西周墓(春秋早期)那样规律"[1]之描述,以及薛国故城墓地较晚的 M5、M6、M7、M8、M9 来看,春秋晚期至战国时期随葬品的摆放规则与春秋早中期相比已相对松弛。这一现象与同时期墓葬中鼎簋制度开始瓦解是一致的[2],是当时丧葬制度和丧葬观念发生变化的反映。与鼎簋制度相比,随葬品在墓葬中摆放的规范化程度相对较低,是否曾经上升到规则的层面还有商榷的余地。

---

[1] 山东省文物考古研究所、山东省博物馆等:《曲阜鲁国故城》,齐鲁书社,1982 年,第 92 页。
[2] 毕经纬:《山东东周鼎簋制度初论——以中原地区为参照》,《管子学刊》2010 年第 3 期。

第五章 海岱地区商周青铜器的纹饰

纹饰是青铜器的重要组成部分，也是青铜器研究相对薄弱的一个环节。目前关于青铜器纹饰的研究多集中在个体纹饰上，如对兽面纹、鸟纹、窃曲纹等纹饰的研究，而对于某一区域纹饰的综合性研究还较为欠缺。关于海岱地区青铜器纹饰的研究，目前仅有少量论著有所涉及[①]，但缺乏对海岱地区商周青铜器纹饰演变过程的动态研究。鉴于此，笔者对海岱地区商周青铜器纹饰的样式进行类型学分析和统计，来考察海岱地区商周青铜纹饰的时代特点和演变规律等，并在此基础上探讨引起其变化的社会动因。

第一节 动物类纹饰

一、兽面纹

海岱地区商周时期的兽面纹大致可以分为三类：一首双身、有首无身和特殊兽面纹。

甲类：一首双身兽面纹。又可分为不分解式兽面纹和分解式兽面纹二型。

A型：不分解式兽面纹。正面为一兽面，两侧各连接一躯干，尾部上卷，有分跂和不分跂之分，根据躯体的肥瘦又可分为粗体和细体二亚型。

Aa型：粗体兽面纹。形体较粗壮，躯体上多有阴线云雷纹装饰，或由云状纹饰勾勒而成。此型纹饰在商至西周早期青铜器上最为常见，躯干和脚爪变化多样。

Ⅰ式，主体兽面纹眼睛明显凸起，其余部位凸起不甚明显，无地纹。标本：济南大辛庄铜尊腹部纹饰。约为二里岗上层二期偏早。

Ⅱ式，出现刀状跂足或跂尾。标本：滕州轩辕庄铜斝下腹纹饰。约为二里岗上层二期偏晚向殷墟一期的过渡时期。

Ⅲ式，尾部上折外卷。标本1：北京拣选费县出土铜尊腹部纹饰。标本2：前掌大M11∶95方鼎腹部纹饰，有些变形。标本3：前掌大M11鼎腹部纹饰。约当于殷墟四期至西周初年。

Ab型：细体兽面纹。

---

① 吴伟华：《春秋时期黄河流域青铜器纹饰研究》，山东大学硕士学位论文，2007年；侯雯雯：《山东出土两周青铜容器的纹饰研究》，陕西师范大学硕士学位论文，2012年。

Ⅰ式，双目凸出，多由云状纹饰勾勒而成。标本：济南大辛庄M139鼎颈部纹饰。约当于殷墟一期前段或稍早。

Ⅱ式，身体演化为简单的线条状。标本：苏埠屯M8:12簋足部纹饰。约为殷墟三期。

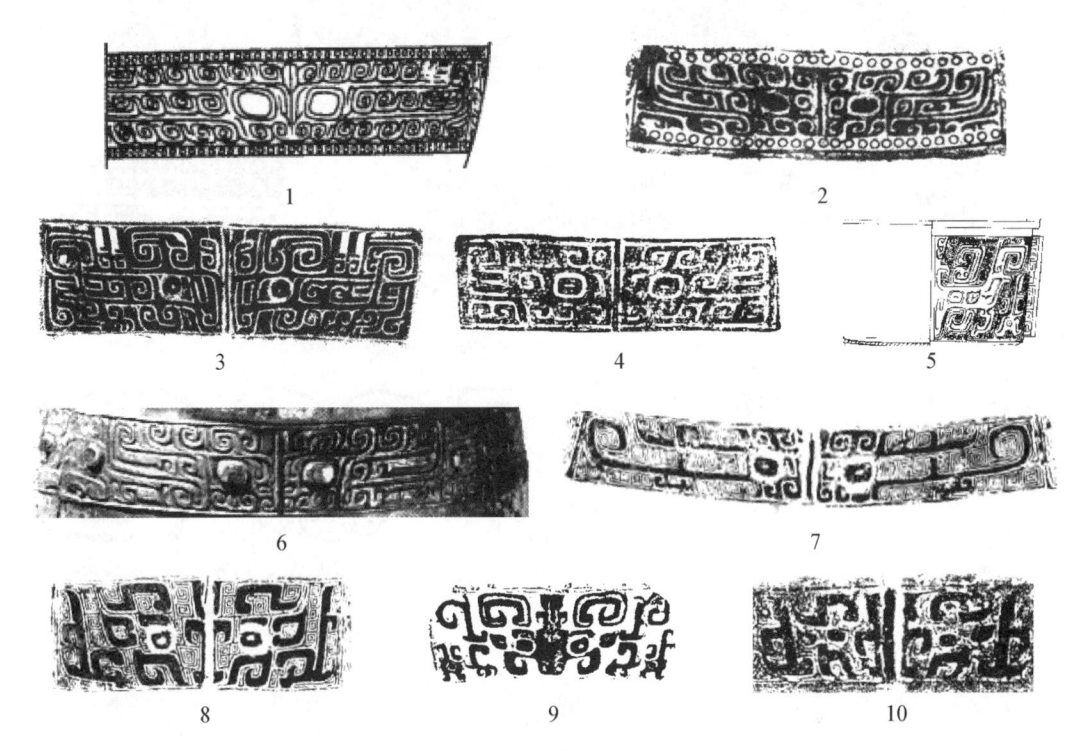

图四五　甲类兽面纹

1. 大辛庄M106尊腹部纹饰　2. 滕州轩辕庄铜斝下腹纹饰　3. 北京拣选费县出土铜尊腹部纹饰　4. 前掌大M11:95方鼎腹部纹饰　5. 前掌大M11鼎腹部纹饰　6. 大辛庄M139鼎颈部纹饰　7. 苏埠屯M8:12簋足部纹饰　8. 苏埠屯M8:8尊腹部纹饰　9. 寿光古城墓葬铜卣腹部纹饰　10. 刘台子M6:27鼎腹部纹饰

B型：分解式兽面纹。分解的一首双身兽面纹。此型兽面纹省略了躯体，但仍保留兽足于原来位置。部分兽面纹两侧配以夔龙纹。

Ⅰ式，有地纹。标本1：苏埠屯M8:8尊腹部纹饰。标本2：寿光纪国墓葬铜卣腹部纹饰。约当于殷墟三期至殷墟四期。

Ⅱ式，无地纹。标本：刘台子M6:27圆鼎腹部纹饰。约为西周早期偏晚。

海岱地区A型连体兽面纹的演变情况如下：商代中期，兽面纹多无地纹，除双目凸起外，多为云状阴线勾勒，躯体不甚明显，目为实心。殷墟二期前后，部分兽面纹出现地纹，兽面纹尾部出现跂足，兽面纹躯体明显，目多为实心，部分兽面纹出现变形现象。殷墟四期至西周早期，有两种倾向：一是兽面纹变形明显，躯体线条弯曲，躯干变形；二是部分兽面纹写实性特征明显，夔尾上折。多有地纹，目有瞳孔。一首双身细体兽面纹演变特征：商代中期，双目凸起，躯体由云状阴线勾勒而成，无地纹，躯体纤细。殷墟三期前后，躯体发生变形，多由两条主线构成，尾部上卷，多有地纹。B 型分解式一首双身兽面纹多有地纹，逐渐简化、变形。

图四六　乙类兽面纹

1. 费县甗鬲部纹饰　2. 前掌大 M11∶94 足根纹饰　3. 前掌大 M11∶76 腹部纹饰　4. 苟监鼎腹部纹饰　5. 滕公鬲腹部纹饰　6. 龙口庄头铜甗鬲部纹饰　7. 刘家店子 M1∶1 腹部纹饰　8. 苏埠屯 M8 铜铙　9. 苏埠屯 M1 铜铃　10. 苏埠屯 M1 铜车饰及铜泡纹饰　11. 苏埠屯 M8∶13 足根纹饰　12. 前掌大 M11 方鼎腹部纹饰　13. 前掌大 M18∶35 爵腹纹饰　14. 费县墩头村铜戈纹饰

乙类：有首无身兽面纹。纹饰为一独立的兽面图案，没有躯干，即所谓的"周鼎著饕餮，有首无身"。根据兽面的组成情况，可以分为不分解式和分解式二型。

A 型：不分解式有首无身兽面纹。根据具体形状可分为常见型和特殊型二亚型。

Aa 型：常见型。兽面纹一般表现为大角，角形多为牛角或外卷角，臣字目或大圆目，桃形耳，阔鼻，巨口，部分兽面两侧各有一倒立夔龙纹，一般为浅浮雕饰于青铜礼容器腹部或足根处。

Ⅰ式，未变形。标本 1：北京拣选费县出土铜甗鬲部纹饰。标本 2：前掌大 M11∶94 鼎足根部纹饰。标本 3：前掌大 M11∶76 铜尊腹部纹饰。标本 4：龙口韩栾出土苟监鬲形鼎腹部纹饰。约当于殷墟四期至西周初年。

Ⅱ式,兽面简略,制作粗糙,面部特征不甚清晰,角变小。标本1:滕州庄里西滕公鬲腹部纹饰。标本2:龙口庄头铜甗鬲腹部纹饰。约当于西周早期后段。

Ⅲ式,比Ⅱ式更简略,角更细小,简化为"一"字,面部特征模糊。标本:沂水刘家店子M1:1镬鼎腹部纹饰。约当于春秋中期后段。

演变特征:兽面纹逐渐简化、粗糙,角逐渐变为"一"字形。

Ab型:特殊型。主要见于铜铙、铃或车饰上,尤其是车饰及铜泡上的兽面纹与当时流行的兽面纹多不相类。标本:苏埠屯M1车饰及铜泡兽面纹。约当于殷墟三期。

B型:分解式有首无身兽面纹。这种兽面纹表现为兽面五官相分离。可分二亚型。

Ba型:一般形态的分解式有首无身兽面纹。标本1:苏埠屯M8:13鼎足根部纹饰。标本2:前掌大M11方鼎腹部纹饰。约当于殷墟三期至西周初年。

Bb型:简化、变形分解式有首无身兽面纹。标本:前掌大M18:35爵腹部纹饰,无躯干,首部角、眉、目、口、鼻彼此分离,有些变形。约为西周初年。

丙类:特殊兽面纹。1件。标本:费县新桥镇墩头村出土铜戈援部近阑处纹饰。约当于殷墟二期。

二、夔龙纹

夔龙纹是组成一首双身兽面纹的主体纹饰,其自身也可作为独立的纹饰。其与龙纹的主要区别是躯干较直,而龙之躯干一般有多个弯曲。夔龙纹根据形制特征可以分为写实、写意和怪异类三类。

甲类:写实夔龙纹。根据躯体弯折或卷曲,可以分为三型。

A型:卷尾夔龙纹。标本:苏埠屯M8:16鼎足纹饰。约为殷墟三期。

B型:直尾或微下卷夔龙纹。标本1:前掌大M11:76铜尊腹部纹饰。标本2:龙口韩栾鬲形鼎腹部纹饰。约为殷墟四期至西周早期。

C型:躯体自腹部上折。标本:前掌大M11鼎腹部纹饰。约为殷墟四期至西周早期。

乙类:写意夔龙纹。根据躯体粗细分为二型。

A型:粗体写意夔龙纹。可分二式。

Ⅰ式,标本:滕州轩辕庄铜斝下腹纹饰。约当于二里岗上层二期偏晚至殷墟一期早段。

Ⅱ式,标本1:北京拣选费县出土铜尊腹部纹饰。标本2:滕州前掌大M11:95方鼎腹部纹饰。约当于殷墟四期至西周早期。

演变特征:越来越简化、变形。

B型:细体写意夔龙纹。多有地纹,可分二式。

Ⅰ式,标本:苏埠屯M8:12簋足部纹饰。约当于殷墟三期。

Ⅱ式,略有变形。标本：前掌大 M119∶4 簋颈部纹饰。约当于殷墟四期至西周早期。

演变特征：越来越简化、变形。

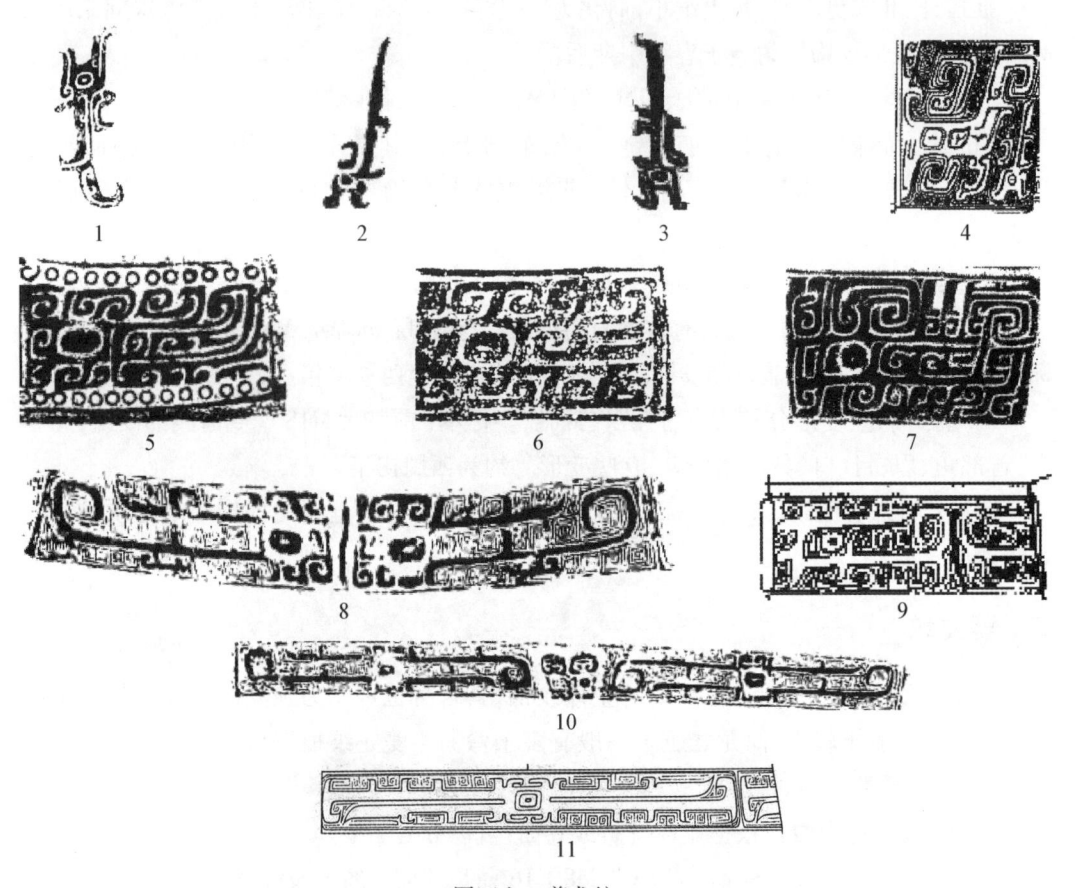

图四七　夔龙纹

1. 苏埠屯 M8∶16 鼎足纹饰　2. 前掌大 M11∶76 铜尊腹部纹饰　3. 龙口韩栾鬲形鼎腹部纹饰　4. 前掌大 M11 鼎腹部纹饰　5. 滕州轩辕庄铜斝下腹纹饰　6. 费县出土铜尊腹部纹饰　7. 前掌大 M11∶95 方鼎腹部纹饰　8. 苏埠屯 M8∶12 簋足部纹饰　9. 前掌大 M119∶4 簋颈部纹饰　10. 苏埠屯 M8∶12 口部纹饰　11. 前掌大 M21∶34 簋颈部纹饰

丙类：怪异类夔龙纹。一首双身，巨目。两只夔共一首，呈中心对称。可分二式。

Ⅰ式，标本：苏埠屯 M8∶12 口部纹饰。约当于殷墟三期。

Ⅱ式，标本：前掌大 M21∶34 簋颈部纹饰。约当于殷墟四期至西周早期。

演变特征：越来越简化、变形。

三、鸟纹

根据形态差异，可分为小鸟纹、长尾鸟纹、垂冠大鸟纹、抽象鸟纹、特殊形制鸟纹和写实鸟纹六型。

A 型：小鸟纹。根据喙部及整体差异，可分为四亚型。

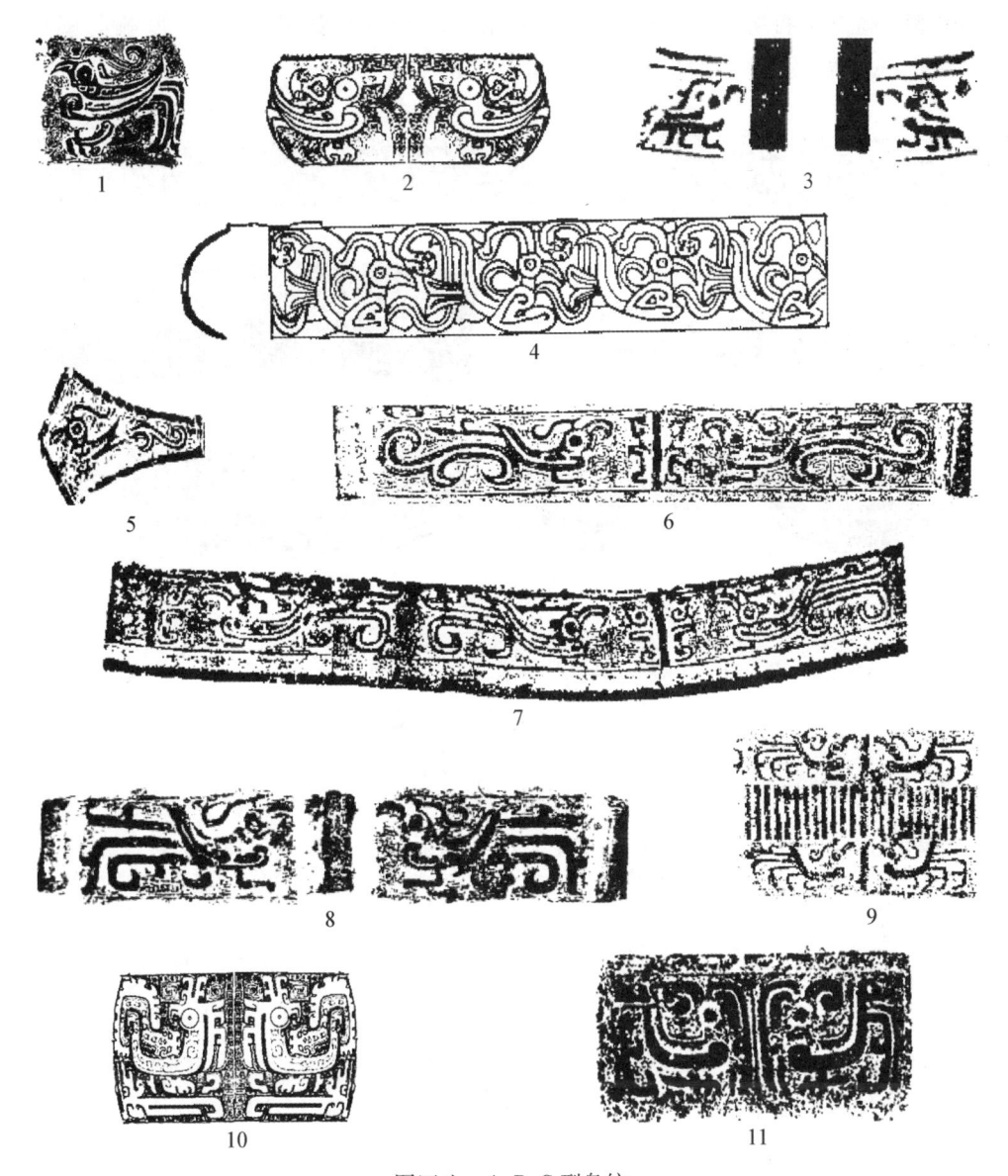

图四八　A、B、C 型鸟纹

1. 苏埠屯 M8 觯腹部纹饰　2. 前掌大 M38∶60 觯腹部纹饰　3. 滕侯方鼎腹部纹饰　4. 滕州薛国故城 M2∶29 车马器镂空纹饰　5. 苏埠屯 M8∶33 斗柄纹饰　6. 刘台子 M6∶19 方鼎颈部纹饰　7. 滕侯壶盖纹饰　8. 刘台子 M6∶22 铜鼎颈部纹饰　9. 前掌大 M121∶3 腹部纹饰　10. 前掌大 M21∶37 尊腹部纹饰　11. 黄县庄头 M1 簋方座纹饰

Aa 型：短喙小鸟纹。标本：苏埠屯 M8 觯腹部纹饰。约当于殷墟三期。

Ab 型：折喙小鸟纹。鸟喙下折呈钩状。标本：前掌大 M38∶60 觯腹部纹饰。约当于殷墟四期至西周早期。

Ac 型：勾喙小鸟纹。鸟喙弯曲如钩，躯体以线条勾勒。标本：滕侯方鼎腹部纹饰。约当于西周早期。

Ad 型：高冠曲羽鸟纹。长喙微下曲，高冠，长羽弯曲，歧尾。标本：滕州薛国故城 M2∶29 车马器镂空纹饰。约当于春秋中期后段。

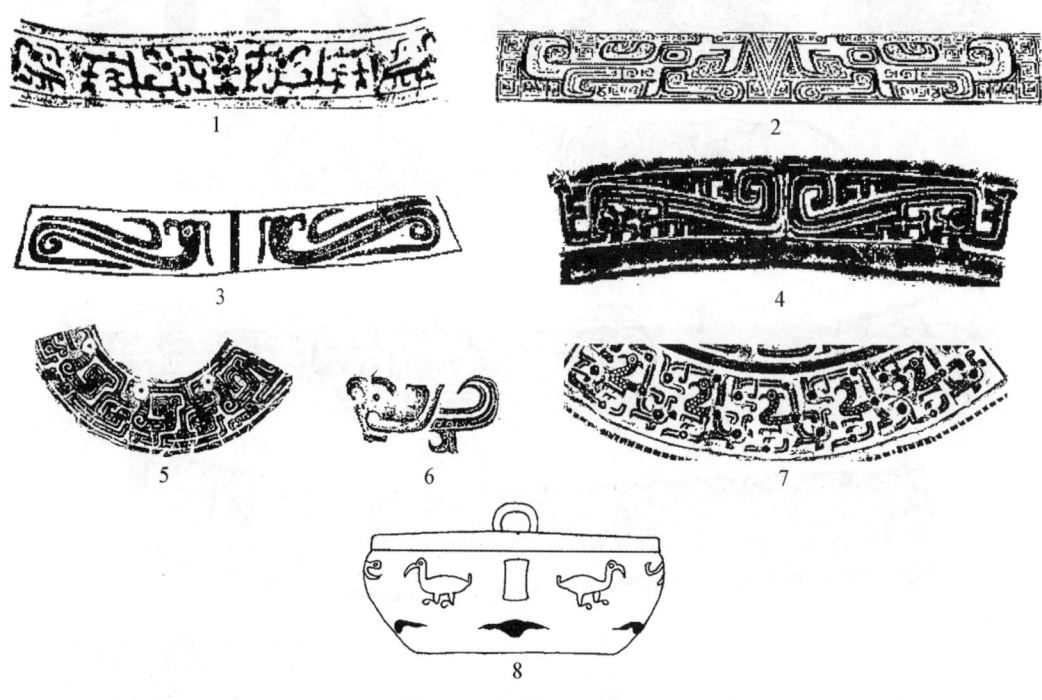

图四九　D、E、F 型鸟纹

1. 滕侯方鼎腹部纹饰　2. 前掌大 M38∶50 簋颈部纹饰　3. 崂山前古镇窑厂铜鼎颈部纹饰　4. 沂源姑子坪 M1∶1 鼎颈部纹饰　5. 黄县庄头 M1 簋腹部纹饰　6. 滕州庄里西 1982 鼎足纹饰　7. 莒县天井汪罍腹部纹饰　8. 枣庄徐楼钾镶嵌红铜纹饰

B 型：长尾鸟纹。可分二亚型。

Ba 型：尾不分歧。躯体似小鸟纹，长尾。标本 1：苏埠屯 M8∶33 斗柄纹饰。标本 2：刘台子 M6∶19 方鼎颈部纹饰。约当于殷墟三期至西周早期。

Bb 型：长尾分歧，有二至五个分尾。标本 1：滕侯壶盖纹饰。标本 2：刘台子 M6∶22 铜鼎颈部纹饰。标本 3：前掌大 M121∶3 腹部纹饰。约当于殷墟四期晚段至西周早期。

C 型：垂冠大鸟纹。可分二亚型。

Ca 型：华冠大鸟纹。标本：前掌大 M21∶37 尊腹部纹饰。约当于殷墟四期晚段至西周早期。

Cb 型：垂冠大鸟纹。标本：黄县庄头 M1 出土簋方座纹饰。约当于西周中期前段。

D 型：抽象鸟纹。可分三亚型。

Da 型：细线勾勒鸟纹。标本：滕侯方鼎腹部纹饰。约当于西周早期。

Db 型：粗线勾勒鸟纹。标本：前掌大 M38∶50 簋颈部和圈足纹饰。约当于殷墟四期至西周早期。

Dc 型：顾首鸟纹。标本 1：青岛崂山前古镇窑厂出土铜鼎颈部纹饰。标本 2：沂源姑子坪 M1∶1 鼎颈部纹饰。约当于西周后期。

E 型：特殊形制鸟纹。可分三亚型。

Ea 型：标本：黄县庄头 M1 出土铜簋腹部纹饰。约当于西周中前段。

Eb 型：常竖立充当鼎足。标本：滕州庄里西 1982 年出土鼎足纹饰。尖喙下曲呈钩状，躯干较直，翅膀较细，后半弯折向上，长尾上卷，足在尾下。约当于西周早期。

Ec 型：卧鸟纹。标本：莒县天井汪罍腹部纹饰。约当于春秋晚期。

F 型：写实鸟纹。形态逼真。标本：枣庄徐楼 M2∶21，立鸟长喙短尾，双爪勾曲，面向奔兽作警惕状。约当于春秋中晚期之际。

四、龙纹

可分为大龙纹和小龙纹二类。

甲类：大龙纹。躯干似夔，无足，多作弯曲状。根据躯体的不同可分为四型。

A 型：躯体呈波浪形。躯体作波浪形弯曲。可分二式。

Ⅰ式，标本：苏埠屯 M1 器物提梁纹饰。约当于殷墟三期。

Ⅱ式，标本：前掌大 M21∶34 簋颈部、圈足纹饰。约当于殷墟四期至西周初年。

演变趋势：纹饰向简略、呆板变化。

B 型：躯体呈"几"字形弯曲。标本：荣成学福村 M1∶1 尊腹部纹饰。约当于西周早期。

C 型：顾首龙纹。最突出的特点是龙首朝向尾部回顾，形式多样，大体可分为七亚型。

Ca 型：单体顾首龙纹。卷体呈 C 形，大头张口向下，卷唇，躯干自颈部内卷，尾端绕于头顶，两龙相背呈"⌒⌒"形或"⌒⌒"形。标本 1：鲁国故城 M48∶16 壶腹部纹饰。标本 2：莒县西大庄 M1∶36 车饰纹饰。约当于西周晚期至春秋早期。

Cb 型：呈"∽"形折体，身长而斜直，顾首，尾部回卷，多无足，两龙交尾、相对或相背组成纹饰带饰于器物口沿或腹部，部分为一身双首。标本 1：临沂中洽沟鬲肩、鼎腹部纹饰。标本 2：莒县西大庄 M1∶29 簠部纹饰。标本 3：泰安城前村壶肩部纹饰。约为西周晚期至春秋早期。

Cc 型：两两相接型。标本：泰安城前村壶腹部纹饰。约为西周晚期至春秋早期。

Cd 型：两龙一上一下为一组，均圆睛张口，尾部末端伸出短而平的线条，呈"⊐"形或"⊏"形，两龙头呈中心相对状，组成一个纹饰单元，并连续出现构成纹饰带，两龙相背构成"⊐⊏"图案。标本：临朐泉头 M 乙∶4 鬲腹部纹饰。约当于西周晚期至春秋早期。

Ce 型：两龙尾部相接，头部顾首相对，两龙躯干组成三角形。标本：姑子坪 M1∶11 罍腹部纹饰。约当于西周晚期至春秋早期。

图五〇 甲类龙纹

1. 苏埠屯 M1 器物提梁纹饰 2. 前掌大 M21：34 簋圈足纹饰 3. 荣成学福村 M1：1 尊腹部纹饰 4. 鲁国故城 M48：16壶腹部纹饰 5. 莒县西大庄 M1：36 车饰纹饰 6. 临沂中洽沟鬲肩、鼎腹部纹饰 7. 莒县西大庄 M1：29 卣部纹饰 8. 泰安城前村壶腹部纹饰 9. 临朐泉头 M乙：4 鬲腹部纹饰 10. 姑子坪 M1：11 罍腹部纹饰 11.平邑蔡庄盘腹部纹饰 12. 临沂凤凰岭瓿上腹部纹饰 13. 前掌大 M11：112 卣口沿纹饰 14. 黄县归城小刘庄启卣颈部纹饰

Cf 型：两龙一上一下组成一组，均圆睛张口，尾部伸出短而平的单足，呈"⊐┐"形或"┌⊏"形，两龙头呈中心相对状，连续出现构成纹饰带。标本：平邑县蔡庄盘腹部纹饰。约当于春秋早期。

Cg 型：折尾顾首龙纹。身体纤细，尾部先曲后折再卷，两龙呈中心对称组成一个个纹饰单元。标本：临沂凤凰岭甋上腹纹饰。约当于春秋晚期。

D 型：一首双身龙纹。一首双身龙纹，梁彦民先生作过专门的探讨①。头部为龙或其他兽首形象，身躯呈波浪状起伏，李济先生称之为"肥遗"②。但观其躯干虽似蛇，但头部有角，故而笔者也将其归入龙纹范畴。此型龙纹多见于铜容器的口沿、颈部或圈足及提梁等。标本 1：前掌大 M11：112 卣口沿纹饰。标本 2：黄县归城小刘庄出土启卣颈部纹饰。约当于殷墟四期至西周中期早段。

乙类：小龙纹或曰蟠螭纹。《说文》："螭，若龙而黄……或云无角曰螭。"《汉书·司马相如传》文颖注曰："螭，为龙子。"可见，"螭"为无角小龙，其与"虺"（小蛇）有异，前者有唇，后者则无。蟠为曲折缠绕之意。顾名思义，蟠螭纹是指由蟠曲的小龙组成一个个纹饰单元构成的纹饰。既有个体龙蟠曲成一纹饰单元的，也有两个及两个以上相互缠绕组成一个纹饰单元的。按纹饰布局方式的不同，可分为二型：单体蟠曲类蟠螭纹和两体缠绕类蟠螭纹。

A 型：单体蟠曲类蟠螭纹。多为一首一身。根据表现手法的不同，可以分为二亚型。

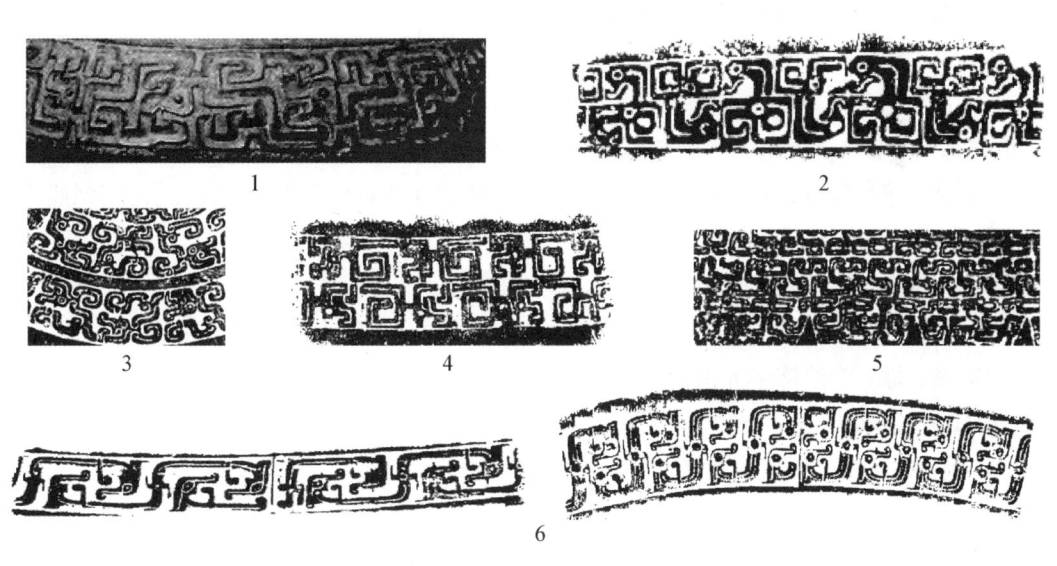

图五一　乙类龙纹

1. 鲁大司徒厚氏元铺盖缘纹饰　2. 长清仙人台 M5：76 腹部纹饰　3. 莒县天井汪罍盖部纹饰
4. 临沂凤凰岭墓铜盘腹部纹饰　5. 莒县天井汪铜壶腹部纹饰　6. 海阳嘴子前 M4：73 鉴颈部、腹部纹饰

---

① 梁彦民：《殷周青铜器双身龙纹及相关问题》，《考古与文物》2006 年第 6 期。
② 李济：《殷墟出土青铜斝形器之研究：青铜斝形器的形制与花纹（1968）》，《李济文集》（卷四），上海人民出版社，2006 年，第 191—194 页。

Aa 型：写实类一首一身蟠螭纹。躯体弯折处或为直角或较圆润，躯干扭曲呈"冂"形或"凸"形，圆目凸起。有阴线和阳线之分。标本 1：鲁大司徒厚氏元铺盖缘纹饰，阴线勾勒。标本 2：长清仙人台 M5∶76 腹部纹饰。约当于春秋中期至晚期。

Ab 型：变形单体蟠螭纹。仅头部具备龙的形象，躯干跋分。标本 1：莒县天井汪罍盖部纹饰。标本 2：临沂凤凰岭墓铜盘腹部纹饰。约当于春秋晚期。

B 型：两体缠绕类蟠螭纹。多为一身二首单体蟠螭纹，组成纹饰带。可分为二亚型：交缠型与相接型。

Ba 型：两两交缠。标本：莒县天井汪铜壶腹部纹饰。约当于春秋晚期。

Bb 型：两两相接。标本：海阳嘴子前 M4∶73 鉴颈部、腹部纹饰。约当于春秋晚期。

五、蛇纹

《诗经·小雅·斯干》："维虺维蛇。"《国语·吴语》："为虺弗摧，为蛇将若何？"韦昭注曰："虺小蛇大。"蟠虺纹之"虺"，应指小蛇。蟠虺纹一般指两条或两条以上的小蛇相互蟠绕，构成一个个纹饰单元，布满器表。蛇是现实存在的动物，海岱地区从商代至战国时期的青铜器中都有发现。按蛇纹构图形状的不同，可分为单体蛇纹、蟠蛇纹和蟠虺纹三型。

A 型：单体蛇纹。根据造型的区别，分三亚型。

Aa 型：标本：滕州前掌大 M38∶60 觯盖纹饰。约当于殷墟四期至西周早期。

Ab 型：蛇身中部向下弯折呈 S 形，卷尾，双目凸出，每一蛇即一纹饰单元，重复出现组成纹饰带。标本：济阳刘台子 M6∶19 方鼎口沿纹饰。约当于西周早期后段。

Ac 型：蛇身较直，尾部蜷曲呈钩状，身上有鳞，蛇首明显，两眼鼓出，吐信，蛇似爬形状，具写实性。标本：莒县天井汪壶盖部纹饰。约当于春秋晚期。

B 型：蟠蛇纹。可分二亚型。

Ba 型：S 形蛇纹两两错落相交。标本：枣庄徐楼 M1∶24 铺盖面及腹部纹饰。

Bb 型：每一个纹饰单元由两条蟠曲的小蛇相互交缠组成 X 状蟠蛇纹。标本：章丘女郎山 M1 钮钟纹饰。约当于战国中期。

C 型：蟠虺纹。根据造型、构图方式的不同，可分为四亚型。

Ca 型：每个纹饰单元由四条小蛇分别占据一角组成一个正方形，四条小蛇两两呈中心对称。标本：临沂凤凰岭墓甗耳内侧纹饰。约当于春秋晚期。

Cb 型：小蛇细长、卷曲，头部细小呈三角形，无规则排列，较为稀疏。标本：海阳嘴子前 M4∶132 錞盖纹饰。约当于春秋晚期。

Cc 型：小蛇蟠曲细密，肉眼难辨其形制。标本：长清仙人台 M5∶75 錞腹部纹饰。约当于春秋晚期。

Cd 型：由 S 形小蛇与 C 形小蛇组成一个纹饰单元，重复出现组成繁缛的蟠虺纹。标

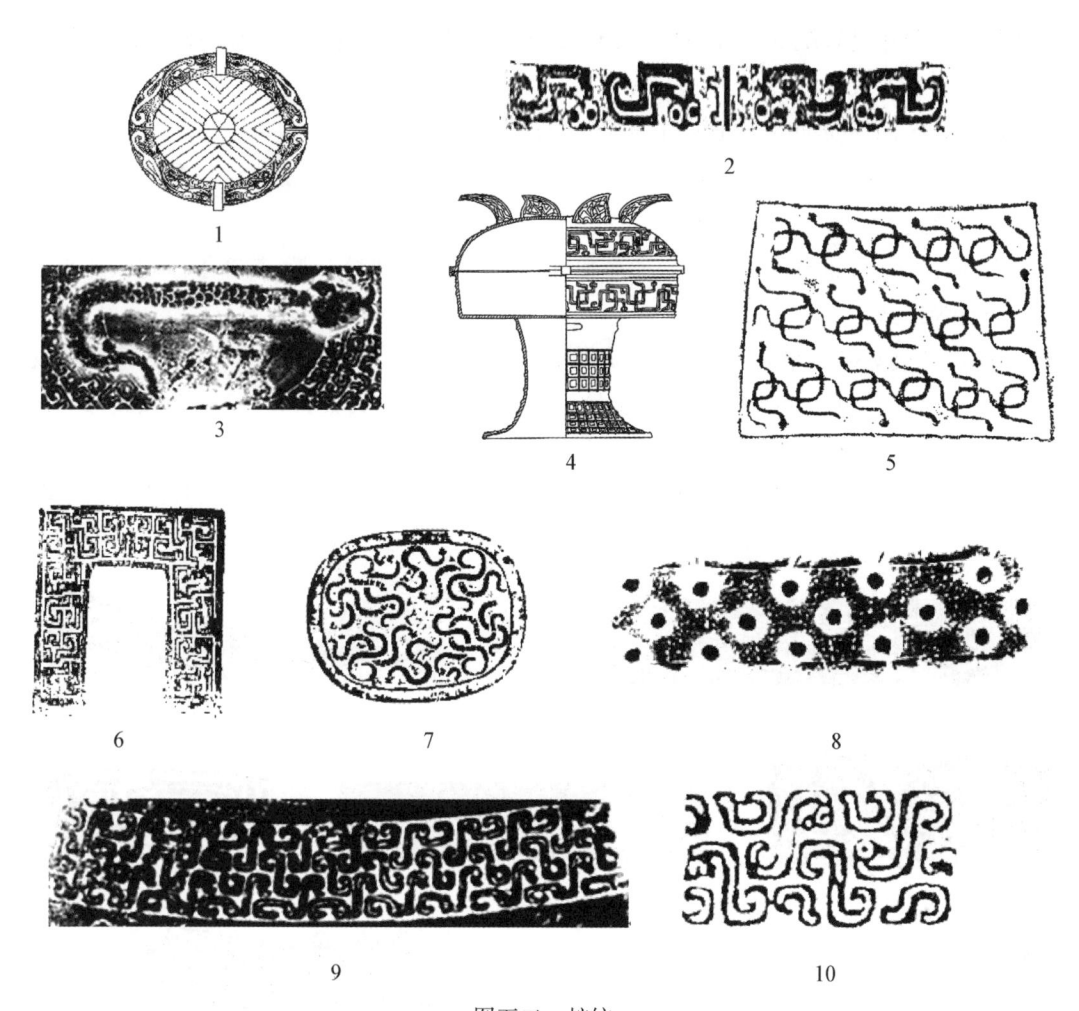

图五二　蛇纹

1. 滕州前掌大 M38：60 觯盖纹饰　2. 济阳刘台子 M6：19 方鼎口沿纹饰　3. 莒县天井汪壶盖部纹饰　4. 枣庄徐楼 M1：24　5. 章丘女郎山 M1 钮钟纹饰　6. 临沂凤凰岭墓甗耳内侧纹饰　7. 海阳嘴子前 M4：132 铈盖纹饰　8. 长清仙人台 M5：75 铈腹部纹饰　9. 莒县天井汪壶腹部纹饰　10. 沂水刘家店子 M1：25 簠腹部纹饰

本1：莒县天井汪铜壶腹部纹饰。标本2：沂水刘家店子 M1：25 簠腹部纹饰。约当于春秋中期后段。

六、窃曲纹

《吕氏春秋·适威》："周鼎有窃曲，状甚长，上下皆曲，以见极之败也。"青铜器上的窃曲纹变化多样，其主要特征是由卷曲的细长条纹组成 S 形或 C 形等弯曲图案。这与文献《吕氏春秋·适威》的记载大致相合。往往是多个窃曲纹连接成带状饰于器物盖缘、颈部。常作为主体纹饰出现在西周晚期至春秋早期簋、盨的盖缘、口沿、圈足，鼎的颈部，簠的口沿、盖顶，盘的圈足及钟的舞、篆、鼓等部位。目前多认为窃曲纹来源于动物变形，是对变形动物纹的抽象化与几何图形化，可以看作简省动物纹。关于西周时期的窃曲纹，彭裕商等先生曾作过系统的研究,认为窃曲纹来源于兽面纹和龙纹①。海岱地区的窃曲纹主要来源于夔龙纹。

海岱地区两周时期的窃曲纹,根据形态的不同,可分为五型。

A型:S形窃曲纹。此型窃曲纹似来源于S形顾首龙纹,不少窃曲纹还保留有夔龙纹或龙纹的痕迹。可分为三个亚型。

Aa型:由独立的横S形纹组成一个单元,连续出现构成纹饰带,常饰于器物颈部或口沿。可分为二式。

Ⅰ式,弯转处基本呈直角,中间有龙首及目。标本1:滕县后荆沟M1:2簋腹部纹饰。标本2:沂源姑子坪M1:6簋颈部纹饰。标本3:鲁国故城M48:2盨盖顶纹饰。标本4:长清仙人台M3:1鼎腹部纹饰。约当于西周晚期至春秋早期。

Ⅱ式,省略目形,变为一短直线条,或翻转180°,常单独为一纹饰单元,连续分布于器

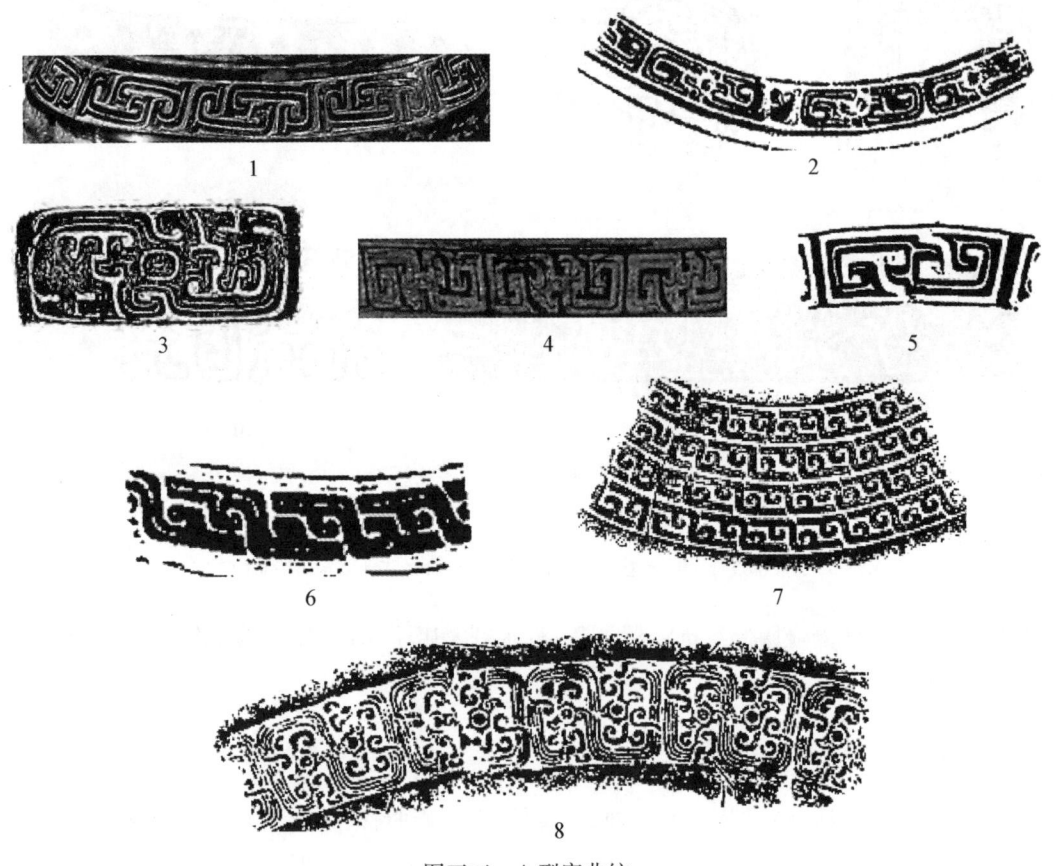

图五三　A型窃曲纹

1. 滕县后荆沟M1:2簋腹纹饰　2. 沂源姑子坪M1:6簋颈部纹饰　3. 鲁国故城M48:2盨盖顶纹饰　4. 长清仙人台M3:1鼎腹部纹饰　5. 沂水刘家店子M1:48鬲肩部纹饰　6. 沂水县李家坡盘腹部纹饰　7. 枣庄峄县邾伯御肩部纹饰　8. 莒南大店M1:15敦腹部纹饰

---

① 彭裕商:《西周青铜器窃曲纹研究》,《考古学报》2002年第4期。

物肩部。标本：沂水刘家店子 M1∶48 鬲肩部纹饰。约当于春秋中期后段。

Ab 型：简化 S 形纹。绝大多数饰于器物口沿、肩部，少数作为主要纹饰饰于器物腹部。此型窃曲纹由顾首龙纹衍化而来，龙首及尾简化为短而平的直线。可分二式。

Ⅰ式，标本：沂水县李家坡出土盘腹部纹饰。约当于春秋早期。

Ⅱ式，标本：枣庄峄县出土邾伯鬳肩部纹饰。约当于战国早期。

Ac 型：由一身双首顾首鸟纹组成的窃曲纹。标本：莒南大店 M1∶15 敦腹部纹饰。约当于春秋晚期。

B 型："⊂⊃"形窃曲纹。根据构图方式，可分为二亚型。

Ba 型："⊂⊃""⊂⊃"形窃曲纹连续出现。标本 1：沂源姑子坪 M1∶12 壶颈部纹饰。标本 2：临沂中洽沟出土鼎颈部纹饰。标本 3：鲁国故城 M48∶2 盨口沿纹饰。标本 4：泰安城前村出土鼎颈部纹饰。约当于西周晚期至春秋早期。

Bb 型："⊂⊃"形窃曲纹，由"⊂⊃"及"⊂⊃"上下叠合而成。可分二式。

Ⅰ式，标本：邹县七家峪出土盘口沿纹饰。约当于春秋早期。

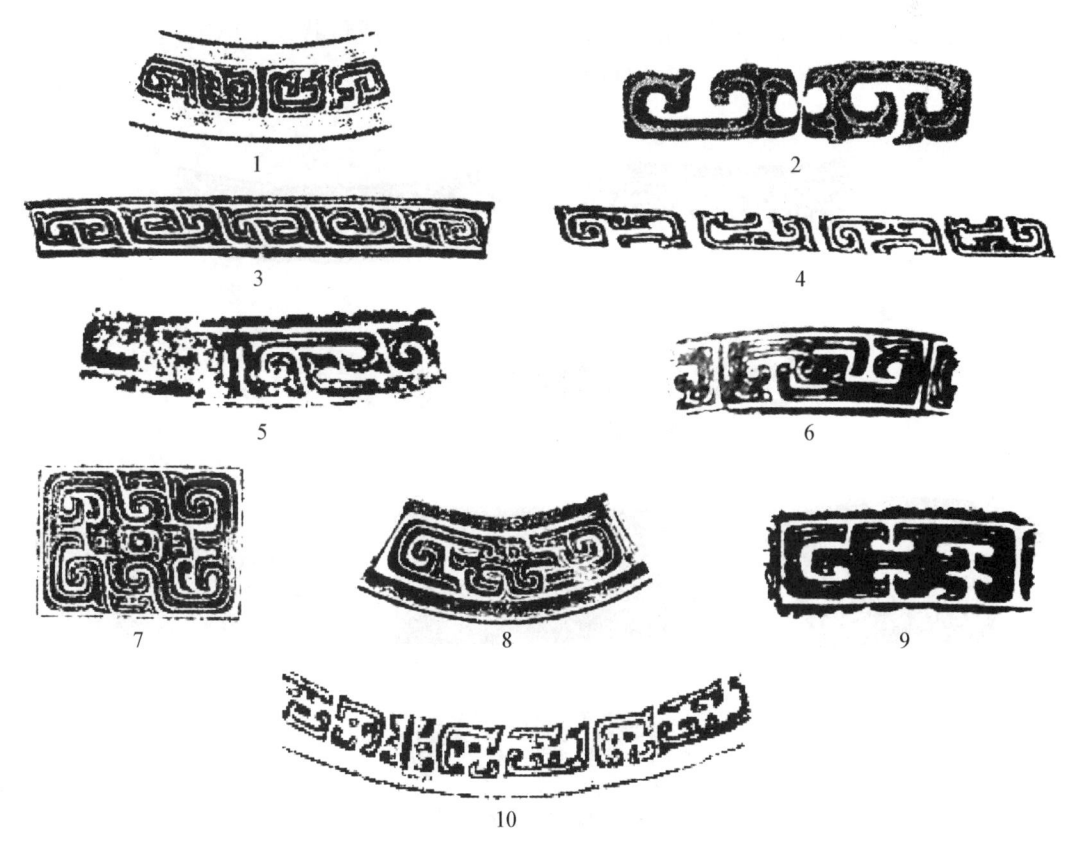

图五四　B、C、D、E 型窃曲纹

1. 沂源姑子坪 M1∶12 壶颈部纹饰　2. 临沂中洽沟鼎颈部纹饰　3. 鲁国故城 M48∶2 盨口沿纹饰　4. 泰安城前村鼎颈部纹饰　5. 邹县七家峪盘口沿纹饰　6. 沂水刘家店子 M1∶42 鬲盖纹饰　7. 鲁国故城 M48∶28 簠盖顶纹饰　8. 鲁国故城 M48∶16 壶腹部纹饰　9. 沂水刘家店子 M1∶14 鼎颈部纹饰　10. 龙口东营周家 M1∶8 簠颈部纹饰

Ⅱ式，标本：沂水刘家店子 M1∶42 鬲盖纹饰。约当于春秋中期后段。

C 型：一首双身窃曲纹，也称象首纹。整个图案由一首双身夔龙纹构成，龙首在中间，整个图案呈中心对称状。常饰于簠、盨盖顶。标本：鲁国故城 M48∶28 簠盖顶纹饰。

D 型：长鼻兽窃曲纹。除长鼻外，形体似夔龙，上卷尾或下卷尾。可分二式。

Ⅰ式，标本：鲁国故城 M48∶16 壶腹部纹饰。约当于西周晚期至春秋早期。

Ⅱ式，标本：沂水刘家店子 M1∶14 鼎颈部纹饰。约当于春秋中期后段。

E 型：由一周变形鸟纹组成，鸟冠绕过头顶垂地，躯干平直，尾部上卷，翅膀平直，多饰于簋颈部等。标本：龙口东营周家 M1∶8 簋颈部纹饰。约当于西周晚期至春秋早期。

七、波曲纹

亦称环带纹或山纹，其状如波浪起伏，波峰间常填以" "纹。多作为主纹饰施于器物腹部。可分二型。

A 型：带状波曲纹。可分三式。

Ⅰ式，无首双身龙纹，中间不起折，波峰空隙填以心状或口状纹。标本：黄县归城小刘庄出土启卣颈部纹饰。约当于西周早期后段。

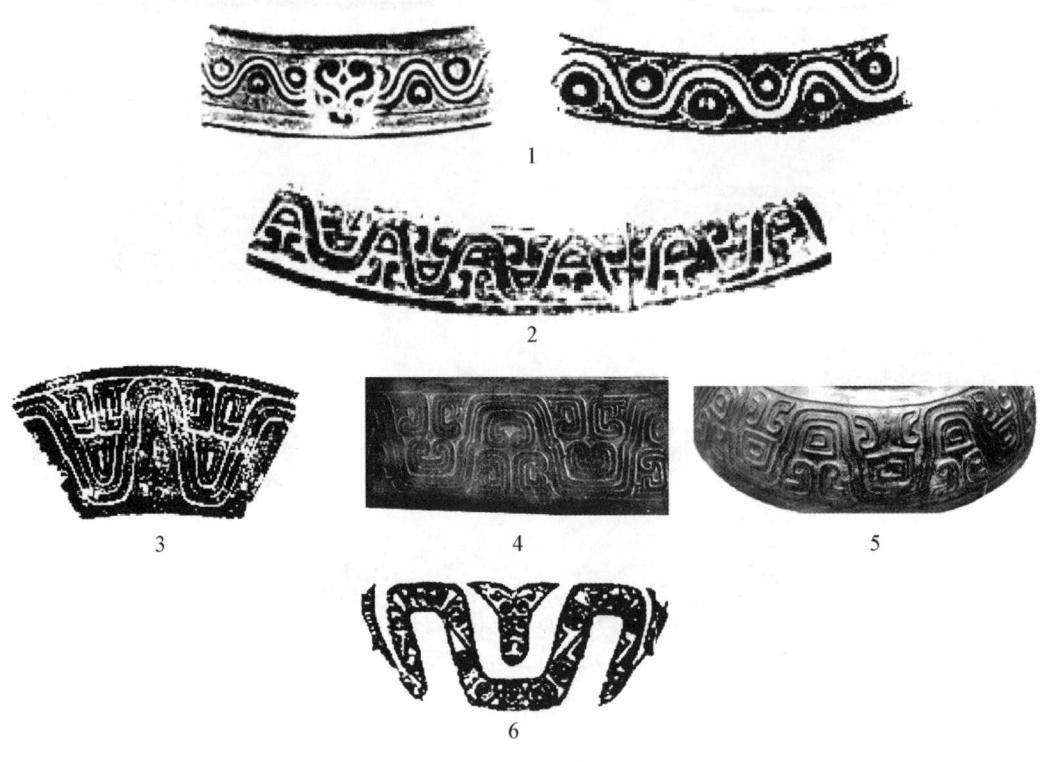

图五五　波曲纹

1. 黄县归城小刘庄启卣颈部纹饰　2. 长清仙人台 M6∶B32 盂圈足纹饰　3. 鲁国故城 M48∶15 甗腹部纹饰
4. 陈侯午簠方座纹饰　5. 陈妨簠盖纹饰　6. 沂水刘家店子 M2∶11 罐腹部纹饰

Ⅱ式,波带渐起折,波峰间的空隙填以"⟨符⟩"。标本1:长清仙人台 M6∶B32 盂圈足纹饰。波带每一峰间左右对称起折,波峰间空隙上下或只上部填"⟨符⟩"。标本2:鲁国故城 M48∶15 甗腹部纹饰。约当于西周晚期至春秋早期。

Ⅲ式,波带方折。标本1:陈侯午簋腹及方座纹饰。标本2:陈贻簠盖纹饰。约当于战国早期。

B型:龙身形波曲纹。有别于 A 型波曲纹的线条化风格,波带似波状龙身,身上填几何纹。标本:沂水刘家店子 M2∶11 罍腹部纹饰。约当于春秋中期后段。

八、鳞纹

鳞纹,是由龙蛇或鱼的鳞片组成的纹饰,也属于简省动物纹。可分为垂鳞纹和横鳞纹两类。

甲类:垂鳞纹。根据排列方式的不同,可分二型。

A型:排列作鱼鳞状,重叠排列,多饰于器物腹部。标本:曲阜鲁国故城 M30∶1 鼎腹部纹饰。约当于西周晚期至春秋早期。

B型:单个鳞片作横向排列,构成带状,多饰于器物圈足等部位。标本:沂源姑子坪 M1∶6 簠圈足纹饰。约当于西周晚期至春秋早期。

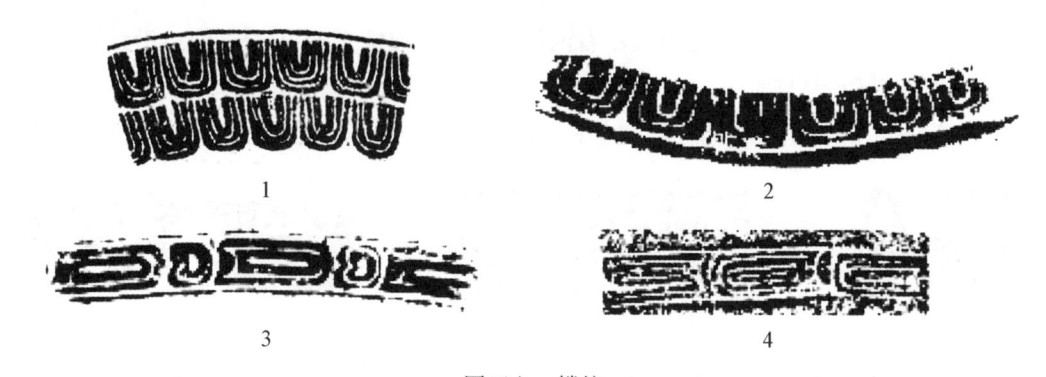

图五六 鳞纹
1. 曲阜鲁国故城 M30∶1 鼎腹部纹饰 2. 沂源姑子坪 M1∶6 簠圈足纹饰
3. 长清仙人台 M3∶2 鼎颈部纹饰 4. 栖霞吕家埠 M2 铜鼎腹部纹饰

乙类:横鳞纹,也称重环纹。目前,学界多认为重环纹是鳞纹的一种。马承源先生将重环纹归为并列式鳞纹①;朱凤瀚先生将重环纹与鳞纹分开叙述,认为"重环纹应是从青铜器纹饰中龙蛇之类鳞的图像演化而来的"②;彭裕商先生将重环纹归为横鳞纹③。观察单个的横鳞纹与垂鳞纹,其形状并无明显不同,仅布局有别。因此,笔者也把重环纹称为横鳞纹。

横鳞纹一端弧圆,一端内凹或平齐,多较瘦长,常组成纹饰带饰于器物口沿、颈部、圈

---

① 马承源:《中国青铜器》(修订本),上海古籍出版社,2003 年,第 329 页。
② 朱凤瀚:《中国青铜器综论》,上海古籍出版社,2009 年,第 577 页。
③ 彭裕商:《西周青铜器年代综合研究》,巴蜀书社,2003 年,第 544—547 页。

足等。标本1：长清仙人台 M3∶2 鼎颈部纹饰。标本2：栖霞松山吕家埠 M2 铜鼎腹部纹饰。约当于西周晚期至春秋中期前段。

九、目纹

也属于简省动物纹。目纹多作椭方形，瞳仁多为一横或圆点。常与其他纹饰组合使用，多见于器物上腹及颈部。按其组合特点，可分为三型。

A 型：四瓣目纹。一目居中，四角附有四个等大的花瓣形纹样。多与圆涡纹相间构成纹饰带，饰于器物上腹部、颈部或肩部。可分二亚型。

Aa 型：花瓣呈弯月状。可分二式。

Ⅰ式，图案清晰规整，弯月饱满。标本：前掌大 M119∶39 角腹部纹饰。约当于殷墟四期至西周早期。

Ⅱ式，图案不甚清晰规整，弯月瘦瘪。标本：黄县归城 M1∶1 鼎上腹纹饰。约当于西周中期前段。

Ab 型：花瓣呈一杠连双轮状。标本：前掌大 M18∶44 簋颈部纹饰。约当于殷墟四期至西周早期。

B 型：目云纹。按目纹两侧云纹的形状，可分为二亚型。

Ba 型："⌐⌐"形卷云纹在目纹左右两侧。标本：前掌大 M11∶93 鼎口沿纹饰。约当于殷墟四期至西周早期。

Bb 型：云纹作斜角状排列在目纹左右。标本：北京拣选费县铜卣颈部纹饰。约当于

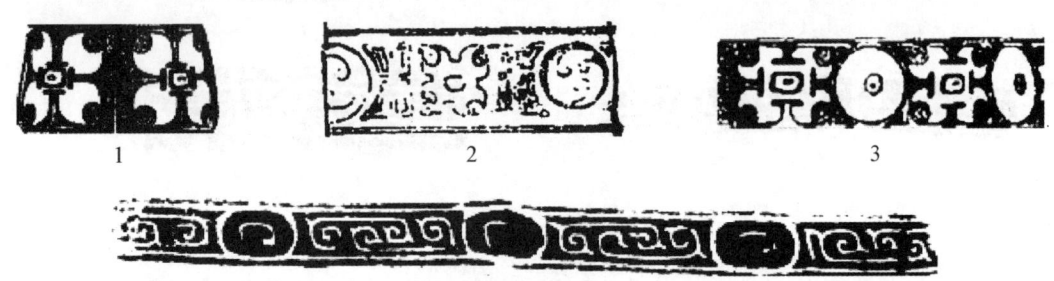

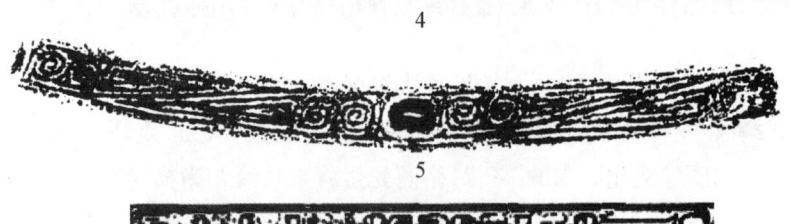

图五七　目纹

1. 前掌大 M119∶39 角腹部纹饰　2. 黄县归城 M1∶1 鼎上腹纹饰　3. 前掌大 M18∶44 簋颈部纹饰
4. 前掌大 M11∶93 鼎口沿纹饰　5. 北京拣选费县铜卣颈部纹饰　6. 前掌大 M21∶34 簋颈部纹饰

殷墟四期。

C 型：简化一首双身目纹。多饰于器物颈部。标本：前掌大 M21：34 簋颈部纹饰。约当于殷墟四期至西周早期。

十、其他动物纹

（一）鱼纹

鱼纹通常饰于水器盘、鉴内壁，作为主体纹饰或辅助纹饰。海岱地区商周青铜器上的鱼纹，线条简洁而粗犷，写实性较强。标本 1：日照崮河崖 M1：13 盆腹内壁纹饰。标本 2：平度东岳石 M16 盘内壁纹饰。标本 3：长岛王沟 M10 鎏金刻纹铜匜残片纹饰。前一器约当于西周晚期，后二器约当于战国早中期。

（二）象纹

《吕氏春秋·古乐》："商人服象，为虐于东夷，周公遂以师逐之，至于江南。"可见，在商、西周时期，海岱地区是有象存在的，但目前海岱地区商周青铜器上的象纹并不多。海岱铜器上的象纹主要可分为二型。

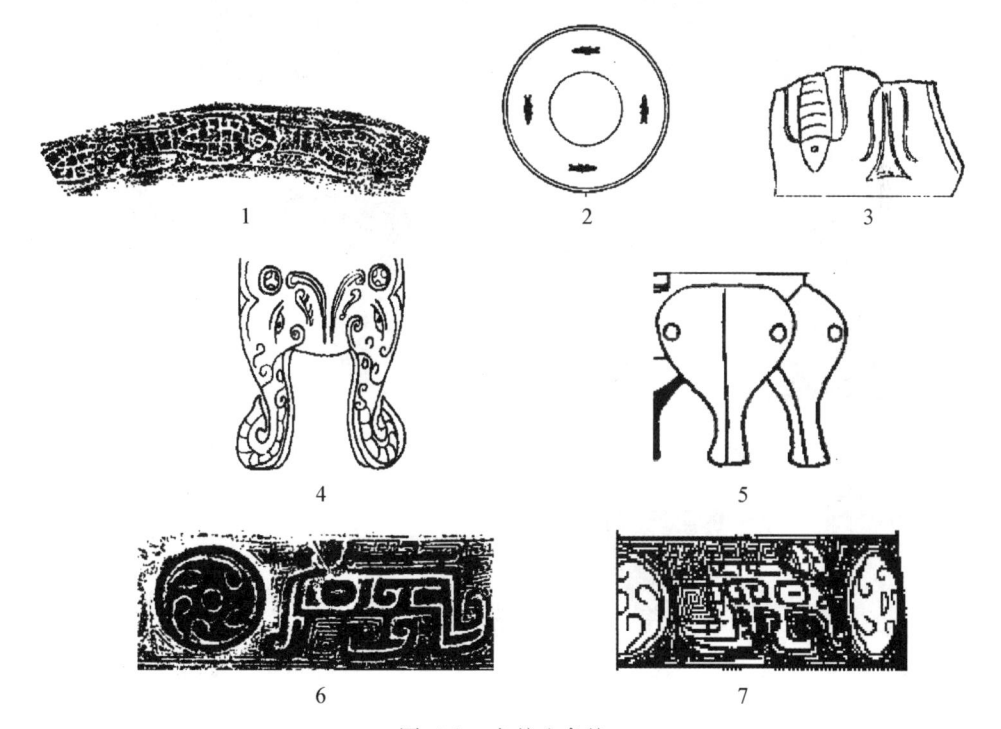

图五八　鱼纹和象纹
1. 日照崮河崖 M1：13 盆腹内壁纹饰　2. 平度东岳石 M16 盘内壁纹饰　3. 长岛王沟 M10 鎏金刻纹铜匜纹饰　4. 济阳刘台子 M6：22 方鼎腹及足部纹饰　5. 潍坊商周遗址调查西周甗(后：1)鬲腹及足部纹饰　6. 长清小屯 10 号鼎腹部纹饰　7. 前掌大 M38：48 鼎腹部纹饰

A 型：象首纹。主要装饰在器物足部。可分二式。

Ⅰ式，写实性象首纹。标本：济阳刘台子 M6：22 方鼎腹及足部象纹，长鼻卷曲作为鼎足，造型生动形象。约当于西周早期。

Ⅱ式，简化象首纹。仅保留象首的部分特征。标本：潍坊商周遗址调查西周甗（后：1）鬲腹及足部纹饰。约当于西周中晚期之际。

B 型：简化象纹。简化象纹与写实性象纹相比，在形态上有所简略和变形。标本1：长清小屯 10 号鼎腹部纹饰。标本 2：前掌大 M38：48 鼎腹部纹饰。约当于殷墟三期至西周早期。

（三）蝉纹

青铜蝉纹多作垂叶形三角状，腹有节状条纹，无足，近似蛹，四周填云雷纹；也有长形的蝉纹，有足，也以云雷纹作地纹。

海岱地区商周青铜器上的蝉纹发现不多。根据构图方式，可分为二型。

A 型：写实性蝉纹。头、躯干清晰可辨，与现实之翼蝉近似，但无足，翼翅也不明显。

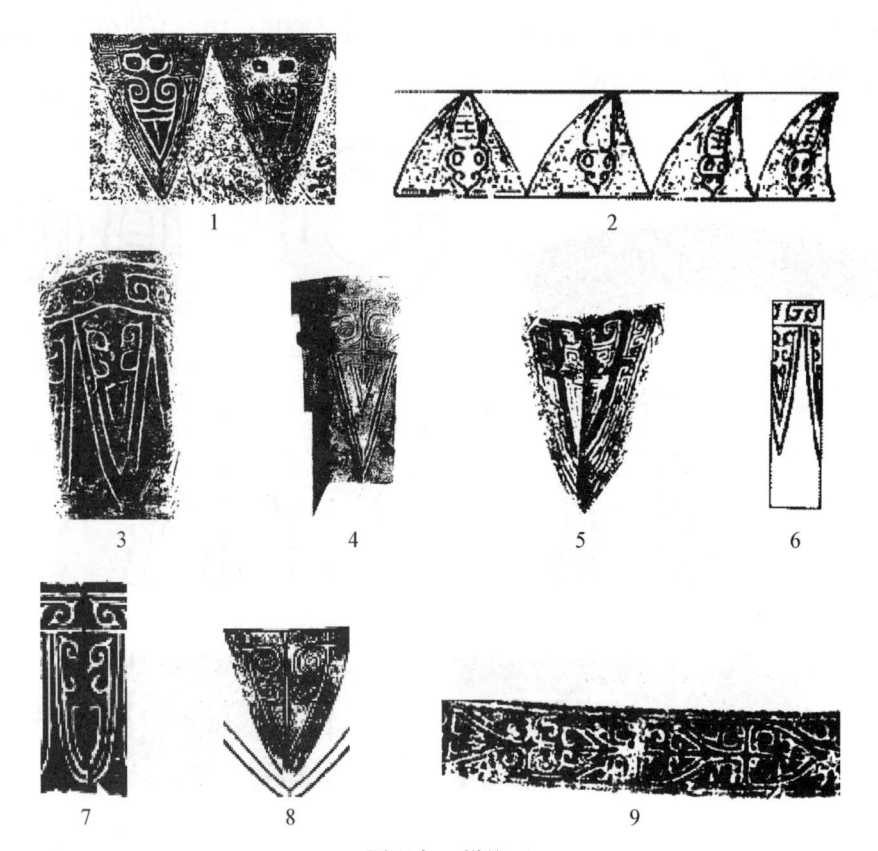

图五九　蝉纹

1. 长清小屯 10 号鼎下腹纹饰　2. 前掌大 M38：50 簋口沿纹饰　3. 苏埠屯 M1 鼎足纹饰　4. 苏埠屯车踵纹饰　5. 北京拣选角纹饰　6. 前掌大 M11：82 鼎足纹饰　7. 龙口韩栾村鼎足纹饰　8. 前掌大 M119：39 角流部纹饰　9. 费县台子沟鼎颈部纹饰

标本 1：长清小屯 10 号鼎下腹纹饰。标本 2：前掌大 M38：50 簋口沿纹饰。约当于殷墟三期至西周早期。

B 型：简化蝉纹。可分二亚型。

Ba 型：简化蝉纹，头部不甚明显，双目不甚对称，多用云纹线条简单勾勒。整体作尖锐的长三角状。标本 1：苏埠屯 M1 鼎足残片纹饰。标本 2：苏埠屯出土车踵纹饰。标本 3：北京拣选铜角纹饰。标本 4：前掌大 M11：82 鼎足纹饰。标本 5：龙口韩栾村出土鼎足纹饰。约当于殷墟三期至西周早期。

Bb 型：三角形蝉纹较短，尾部不甚尖锐。可分二式。

Ⅰ式，标本：前掌大 M119：39 角流部纹饰。约当于殷墟四期至西周早期。

Ⅱ式，标本：费县台子沟出土鼎颈部纹饰。约当于西周晚期至春秋早期。

十一、不知名动物纹

商周青铜器上一直有一些不知名的动物纹饰，可能是幻想创造的动物纹样，多由几种动物的典型部位拼凑而成。大体有以下几型。

A 型：标本：前掌大 M11：76 尊颈部纹饰，象鼻夔身。约当于殷墟四期至西周早期。

B 型：标本：前掌大 M21：40 卣颈部、圈足纹饰。约当于殷墟四期至西周早期。

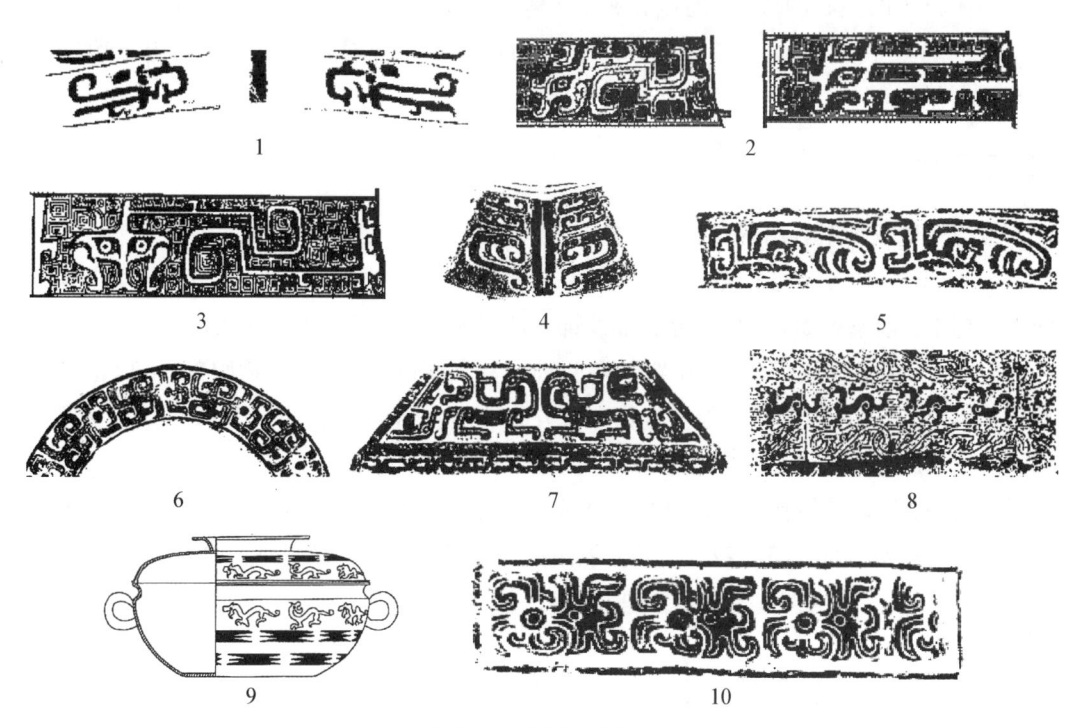

图六〇　不知名动物纹

1. 前掌大 M11：76 尊颈部纹饰　2. 前掌大 M21：40 卣颈部、圈足纹饰　3. 前掌大 M120：18 卣圈足纹饰　4. 前掌大 M41：11 尊腹部纹饰　5. 沂水东河北鼎腹部纹饰　6. 齐侯盂耳部铜环纹饰　7. 滕州薛国故城 M1：77 簋盖纹饰　8. 莒南大店 M1：14 壶腹部纹饰　9. 枣庄徐楼 M1：44 敦腹部纹饰　10. 章丘甬钟鼓部纹饰

C型：标本：前掌大 M120∶18 卣圈足纹饰。约当于殷墟四期至西周早期。

D型：标本：前掌大 M41∶11 尊腹部纹饰。约当于殷墟四期至西周早期。

E型：标本：沂水东河北鼎腹部纹饰。约当于西周晚期至春秋早期。

F型：标本：齐侯盂耳部铜环纹饰。约当于春秋中期前段。

G型：标本：滕州薛国故城 M1∶77 簠盖纹饰。象鼻，细长颈，躯干细长，尾下垂、末端上卷，四足作半伏状。低首回顾，张口无舌。两两相对。约当于春秋中期前段。

H型：标本1：莒南大店 M1∶14 壶腹部纹饰。标本2：枣庄徐楼 M1∶44 敦腹部纹饰。兽张口巨目，长身弓曲，四足粗壮，粗尾扬起，作奔跑状。约当于春秋晚期。

I型：标本：章丘甬钟鼓部纹饰，个体形似章鱼。约当于西周晚期至春秋早期。

第二节 几何类纹饰

几何类纹饰在青铜器上一般是作为辅助纹饰存在的，少数被用作主体纹饰。按照构图形状大致可以分为以下几类。

一、联珠纹

形体较小的空心圆圈，常连续排列，故称作联珠纹。多施于主纹饰（如兽面纹、鸟纹、雷纹等）上下，作为边界。标本：前掌大 M120∶18 卣颈部联珠纹。约当于殷墟四期至西周早期。

二、乳丁纹

常与其他纹饰组合出现。根据组合方式的不同，可分三型。

A型：U形纹饰带乳丁纹，乳丁密集整齐，多无地纹，多见于商代晚期与西周早期铜鼎腹部。标本：前掌大 M119∶33 鼎腹部纹饰。约当于殷墟四期至西周早期。

B型：方格乳丁纹，有方格和斜方格两种。常见于圆鼎、簋等器物腹部，多以雷纹为地。标本1：滕州庄里西出土滕侯簋腹部及方座纹饰。标本2：前掌大 M18∶45 壶提梁纹饰。约当于殷墟四期至西周早期。

C型：排列疏散的乳丁纹，无地纹，横成排但竖不成列。东周时期的齐文化区部分青铜器腹部可以见到此类乳丁纹。标本：淄川磁村 M03∶2 敦腹部纹饰。约当于春秋晚期。

三、弦纹

弦纹是最早出现的几何纹之一。可分二型。

A型：凸弦纹。顾名思义，为凸起的线条。根据构成图形的不同可以分为二亚型。

Aa型：人字形凸弦纹。常见于鬲、盉等三足器物的腹部或盖上。标本：前掌大 M11∶101 腹部纹饰。约当于殷墟四期至西周早期。

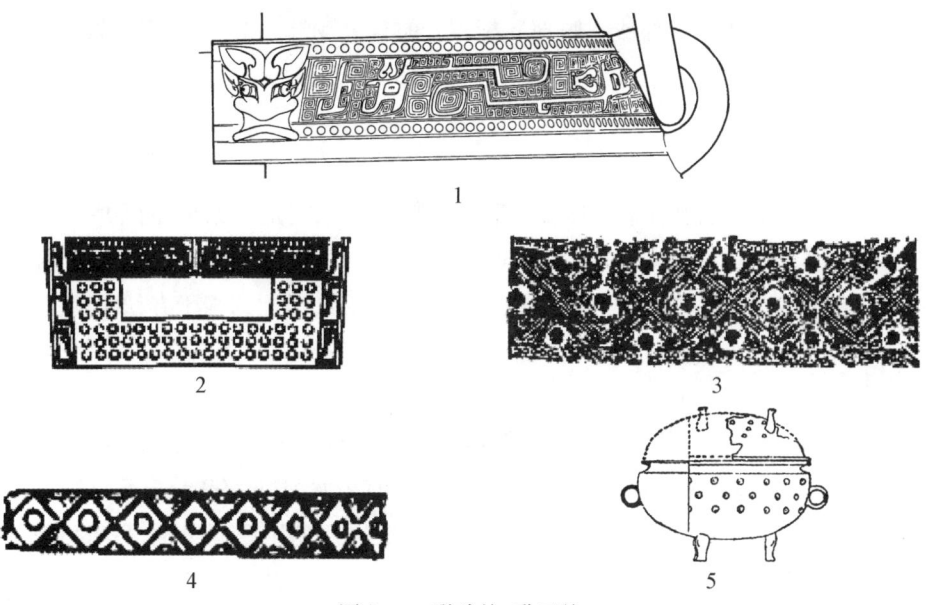

第五章　海岱地区商周青铜器的纹饰

图六一　联珠纹、乳丁纹
1. 前掌大 M120：18 卣颈部纹饰　2. 前掌大 M119：33 鼎腹部纹饰　3. 滕侯簋腹部及方座纹饰
4. 前掌大 M18：45 壶提梁纹饰　5. 淄川磁村 M03：2 敦

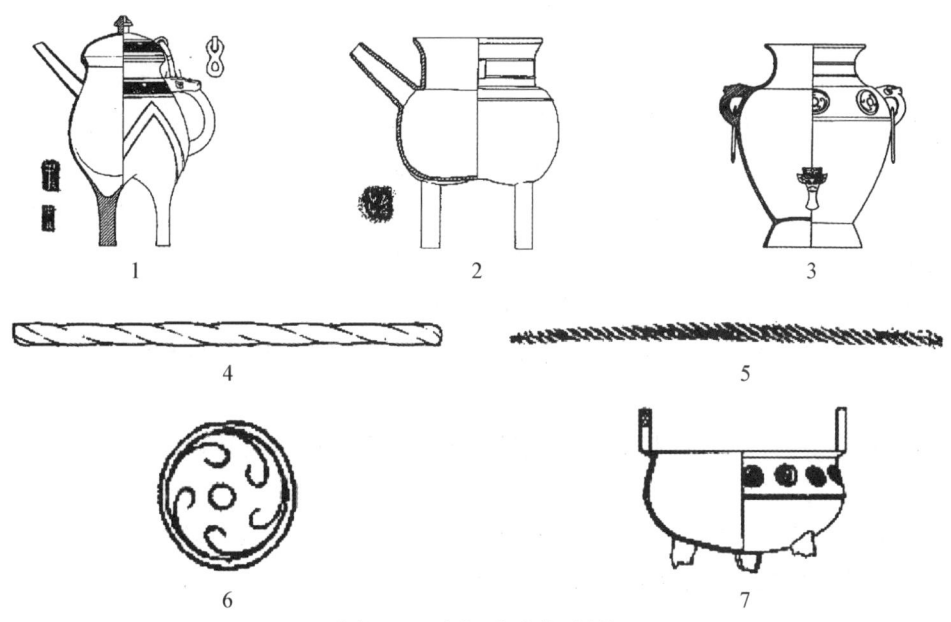

图六二　弦纹、绹索纹、涡纹
1. 前掌大 M11：101　2. 前掌大 M120：12　3. 前掌大 M38：49 罍　4. 前掌大 M38：66 卣提梁纹饰
5. 临沂凤凰岭甗口沿纹饰　6. 前掌大 M11：99 罍肩部纹饰　7. 昌乐岳家河 M118：1 鼎

Ab 型：直线纹。少者一道，多者二三道，常见于器物腹部、颈部及圈足，或作为器物纹饰的界栏。标本：前掌大 M120：12 领及肩部纹饰。约当于殷墟四期至西周早期。

B 型：凹弦纹，又称旋纹，相对凸弦纹而言，较为少见。常作为器物耳部纹饰，部分见于罍、尊等鼓肩类器物的肩部或上腹部。标本：前掌大 M38：49 罍上腹纹饰。约当于殷墟四期至西周早期。

四、绚索纹

绚索纹多见于器物提梁、圈足、耳部等部位，或单独使用，或充当纹饰间的界栏。可分二型。

A 型：粗体绚索纹。标本：前掌大 M38：66 卣提梁纹饰。约当于殷墟四期至西周早期。

B 型：细体绚索纹。标本：临沂凤凰岭出土甗口沿纹饰。约当于春秋晚期。

五、涡纹

或称火纹。涡纹常与其他纹饰（如夔龙纹、四瓣目纹、蛇纹等）组合使用。常见于罍、尊肩部，斝、爵柱的帽顶及器物盖部捉手。标本 1：前掌大 M11：99 罍肩部纹饰。标本 2：昌乐岳家河 M118：1 鼎上腹部纹饰。前者约当于殷墟四期至西周早期，后者约当于西周晚期至春秋早期。

六、云雷纹

分为云纹和雷纹。云纹圆转，雷纹方折。

（一）云纹

青铜器上的云纹出现较早，形制多样，而且作为辅助纹饰可以组成各种样式的主纹或地纹，如兽面纹、夔龙纹、窃曲纹等。根据云纹的卷曲程度，可分为五型。

A 型：舒展云纹。云纹舒展，仅末梢有卷曲。常作为商代夔龙纹及鸟纹的尾部。标本：滕州吕楼铜觚腹部纹饰。约当于二里岗上层二期。

B 型：卷云纹。根据构成形状，可分为二亚型。

Ba 型：卷曲呈多个圆圈状◎或◎。标本：济南大辛庄 M106 尊腹部纹饰。约当于二里岗上层二期。

Bb 型：卷曲呈单个圆圈状◡或◠。标本：北京拣选费县青铜觯纹饰。约当于殷墟四期。

C 型：C 形云纹。常作为辅助纹饰出现。如兽面纹角、夔龙纹、鸟纹等多有此类云纹。标本 1：滕州轩辕庄斝腹部纹饰。标本 2：滕州庄里西 1982 铜壶颈部纹饰。前者约当于二里岗上层二期至殷墟一期早段，后者约当于西周早期。

D 型：勾连云纹。可分二式。

Ⅰ式，T 形云纹相互勾连。标本：前掌大 M11：93 鼎口沿纹饰。约当于殷墟四期至西周早期。

Ⅱ式，T 形、C 形云纹相互勾连，更具图案化。标本：临淄国家村 M4：23 罍上腹纹饰。约当于战国中期前段。

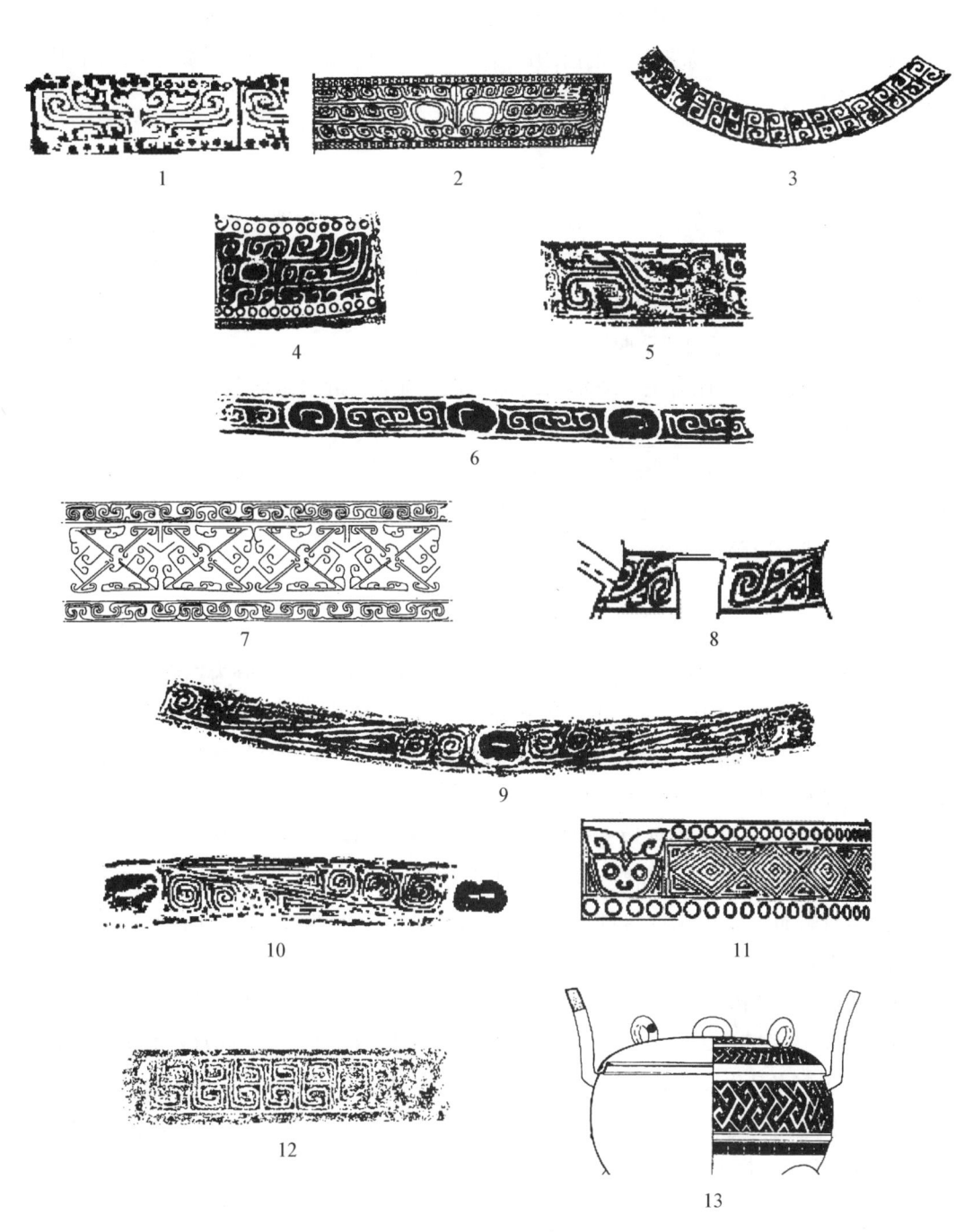

第五章 海岱地区商周青铜器的纹饰 ·253·

图六三 云纹、雷纹

1. 滕州吕楼铜瓿腹部纹饰 2. 济南大辛庄 M106 尊腹部纹饰 3. 北京拣选费县青铜觯纹饰 4. 滕州轩辕庄斝腹部纹饰 5. 滕州庄里西 1982 铜壶颈部纹饰 6. 前掌大 M11∶93 鼎口沿纹饰 7. 临淄国家村 M4∶23 罍上腹纹饰 8. 济南大辛庄 M106 爵颈部纹饰 9. 费县铜卣颈部纹饰 10. 滕侯鬲颈部纹饰 11. 前掌大 M38∶66 卣颈部纹饰 12. 沂水东河北铜鬲肩部纹饰 13. 新泰周家庄 M2∶1 鼎盖及腹部

E型：斜角云纹。云纹作斜角状，两个一组，呈中心对称样式。

Ⅰ式，标本：济南大辛庄M106爵颈部纹饰。约当于二里岗上层二期。

Ⅱ式，标本1：北京拣选费县铜卣颈部纹饰。标本2：滕侯鬲颈部纹饰。约当于殷墟四期至西周早期。

（二）雷纹

雷纹可以看作是方角云纹。线条在弯卷时均出方角。按构图形状的不同，可分三型。

A型：菱形格雷纹。常作地纹。多个大小不一的菱形纹相套，组成一个纹饰单元，连续分布组成纹饰带或布满器物腹部，常施于卣颈部或器物腹部。标本：前掌大M38:66卣颈部纹饰。约当于殷墟四期至西周早期。

B型：方格雷纹。作为主纹或辅助纹饰出现。标本：沂水东河北铜鬲肩部纹饰。约当于春秋早期。

C型：勾连雷纹。勾连雷纹作为主体纹饰，自商代晚期就已出现，直到战国早期仍然存在，但数量一直不多，海岱地区仅在春秋晚期至战国早期才发现数例。标本：新泰周家庄M2:1鼎盖及腹部纹饰。

七、三角纹

青铜器上的三角纹基本上连续出现。按三角纹样式的不同，可分为二型。

A型：蕉叶状三角形。三角形两腰边略有弧度，三角形内为一完整纹饰，多为蝉纹，个别为双夔龙纹。标本1：长清10号鼎腹部纹饰。标本2：前掌大M38:50簋口沿纹饰。标本3：沂源姑子坪M1:11罍腹部纹饰。约当于殷墟四期至西周早期。

B型：标准三角形。根据填充纹饰的不同，可分为二亚型。

Ba型：内填几何纹的三角纹。三角纹内填充竖线、三角折线、云纹等几何纹饰。标本1：日照崮河崖M1:1壶腹部纹饰。标本2：长岛王沟M10鎏金刻纹铜鉴残片纹饰。约当于战国中期。

Bb型：内填动物纹的三角纹。三角纹内填充蚕纹、蟠螭纹、蟠虺纹等。标本1：前掌大M119:36尊颈部纹饰，约当于殷墟四期至西周早期。标本2：鲁国故城M201:7铜腹部纹饰，约当于春秋中期前段。标本3：海阳嘴子前M4:78盆盖纹饰，约当于春秋晚期。标本4：莒县天井汪壶腹部纹饰，约当于春秋晚期。标本5：临沂凤凰岭甗耳、腹部纹饰，约当于春秋晚期。标本6：临淄国家村M4:24肩、腹部纹饰，约当于战国中期。

八、菱形纹

海岱地区商周青铜器上的菱形纹可以分为二型。

A型：乳丁菱形纹。菱形纹内装饰乳丁。标本：前掌大M120:9鼎腹部纹饰。约当于殷墟四期至西周早期。

图六四　三角纹

1. 长清10号鼎腹部纹饰　2. 前掌大M38∶50簋口沿纹饰　3. 沂源姑子坪M1∶11罍腹部纹饰　4. 日照崮河崖M1∶1壶腹部纹饰　5. 长岛王沟M10鎏金刻纹铜鉴纹饰　6. 前掌大M119∶36尊颈部纹饰　7. 鲁国故城M201∶7铜腹部纹饰　8. 海阳嘴子前M4∶78盆盖纹饰　9. 莒县天井汪壶腹部纹饰　10. 临沂凤凰岭甗耳、腹部纹饰　11. 临淄国家村M4∶24肩、腹部纹饰

B型：嵌红铜菱形纹。标本：枣庄徐楼M1∶38匜腹部纹饰。约当于春秋中晚期之际。

九、直楞纹

主要流行于商代晚期至西周早期，常见于簋、尊等腹部。标本1：前掌大M121∶3尊腹部纹饰。标本2：济阳刘台子M6∶29簋腹部纹饰。约当于殷墟四期至西周早期。

十、瓦棱纹

也称"平行沟纹"，主要流行于西周后期至春秋前期，常见于簋盖以及簋、盨、匜等器物的腹部。标本：滕县后荆沟 M1∶1 簠盖、腹部纹饰。约当于西周晚期至春秋早期。

十一、矢状纹

纹饰呈箭头状，不甚常见，多作为辅助纹饰。标本：济南左家洼 M1∶3 鼎腹部纹饰。约当于战国早期。

十二、叶形纹

按形状可分三型。

A 型：蕉叶纹。状似蕉叶，甚长。可分二式。

Ⅰ式，其内常填充兽面纹、夔龙纹、蝉纹等。标本：前掌大 M11∶76 尊颈部纹饰。约当于殷墟四期至西周早期。

Ⅱ式，内部填充同时期流行的其他纹饰。标本：沂水刘家店子 M1∶33 壶腹部纹饰。约当于春秋中期后段。

B 型：倒立杏叶状。标本：枣庄徐楼 M1∶19 罍下腹纹饰，内填两两相对的变形夔龙纹。

C 型：心形叶纹。标本 1：泰安城前村出土壶颈部纹饰。标本 2：长岛王沟 M2∶4 豆腹部纹饰。标本 3：临淄国家村 M4∶23 罍下腹纹饰。约当于春秋早期至战国中期前段。

十三、特殊几何纹

亚字纹。纹饰作亚字形，嵌红铜。标本：枣庄徐楼 M1∶44。

十四、人物画像等刻划类纹饰

人物画像类纹饰，是指用写实手法表现人们宴飨、战斗、狩猎、采桑等现实生活场景的组合性纹饰。海岱地区人物画像纹青铜器发现 6 件，多破碎。简要介绍如下。

长岛王沟 M2 出土鎏金刻纹铜鉴 2 件，俱碎。M2∶1 铜鉴共存残片 9 片。由数组纹饰带组成，纹饰带之间皆以简单的辅助纹饰隔开。一件表现车马、狩猎场景，一件表现乐舞、宴飨场景。其中一件内底饰一大一小相套的蚯蚓纹，大圈外及大小圈之间布满蚯蚓纹。大圈外 8 条蚯蚓头尾相勾连，大小圈之间的 4 条蚯蚓头尾皆内卷呈 C 字形。约当于战国早期。

长岛王沟 M2 出土鎏金刻纹铜匜 M2∶3，已碎。仅存流口处残片，纹饰为鱼、三角纹和竖线纹。约当于战国早期。

长岛王沟 M10∶29 铜壶，2 件。刻纹错红铜，纹饰自上而下共有 5 组，第 1、2 组纹饰锈蚀不清，第 3 组仅可辨一长尾曲体动物，第 4 组为两两相对的 8 只长角曲体四足动物（简报认为是虎，不确），第 5 组为两两相对的 6 只长角鹿。约当于战国中期。

第五章　海岱地区商周青铜器的纹饰　·257·

图六五　菱形纹、直楞纹、瓦棱纹、矢状纹、叶形纹、亚字纹

1. 前掌大 M120：9 鼎腹部纹饰　2. 枣庄徐楼 M1：38 匜　3. 前掌大 M121：3 尊腹部纹饰　4. 刘台子 M6：29 簋腹部纹饰　5. 后荆沟 M1：1 簋盖、腹部纹饰　6. 左家洼 M1：3 鼎　7. 前掌大 M11：76 尊颈部纹饰　8. 刘家店子 M1：33 壶腹部纹饰　9. 枣庄徐楼 M1：19 罍下腹纹饰　10. 泰安城前村壶颈部纹饰　11. 长岛王沟 M2：4 豆腹部纹饰　12. 临淄国家村 M4：23 罍下腹纹饰　13. 枣庄徐楼 M1：44

图六六　人物画像等刻划纹

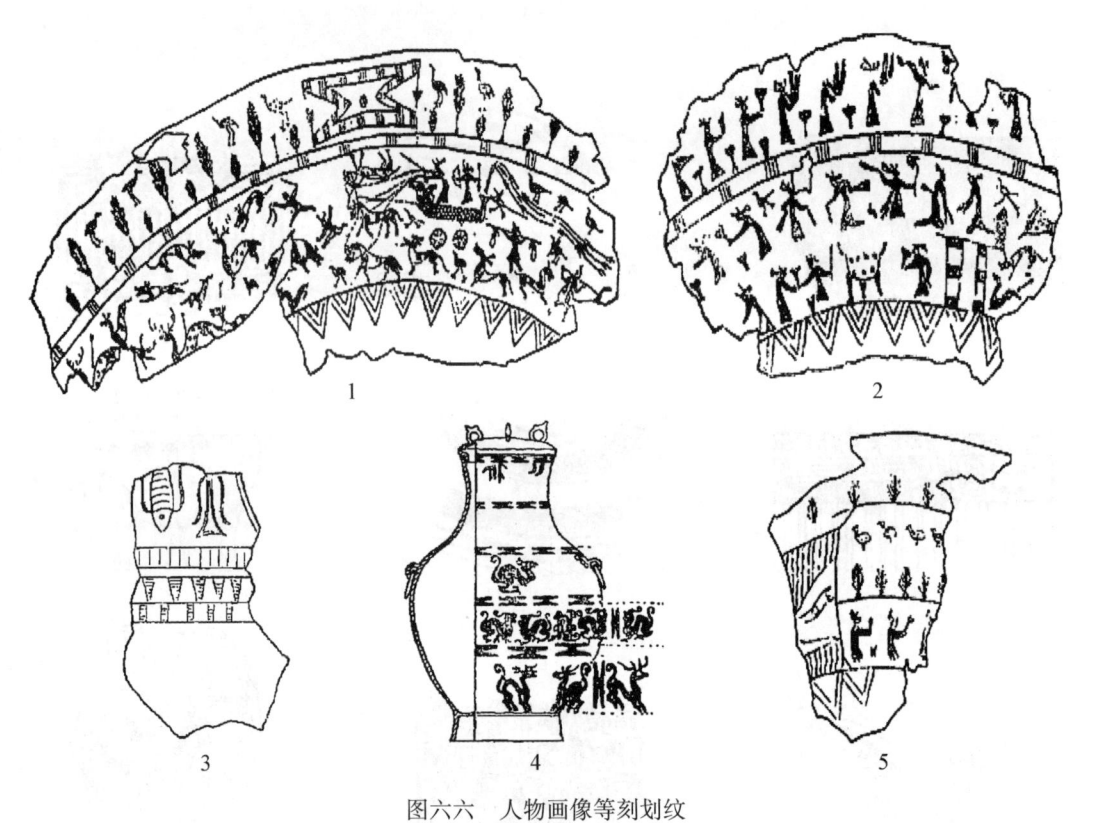

1. 王沟M2∶1铜鉴纹饰　2. 王沟M2∶2铜鉴纹饰　3. 王沟M2∶3铜匜纹饰
4. 王沟M10∶29铜壶纹饰　5. 东岳石M16∶60纹饰

平度东岳石M16∶60刻纹铜器残片,自上而下有4组纹饰,分别为:树木、鸟禽+树木、人物和三角纹。约当于战国中期。

第三节　纹饰的演变及其社会背景与思想内涵

一、海岱地区商周青铜器纹饰的演变

青铜牌饰上的兽面纹在二里头文化时期就有发现,但与后来青铜器上典型的兽面纹有较大不同。青铜器上典型的兽面纹目前所见出现于二里岗下层时期,流行于二里岗下层至西周早期。海岱铜器的兽面纹早期多由云状纹饰勾勒而成,除双目凸出外,其余部位多由阴线勾勒,兽面纹的躯干不甚明显,常作为主体纹饰出现于器物颈、腹部。商代晚期至西周早期仍作为主体纹饰,但此期的兽面纹出现简化、变形趋势。西周中期之后作为主要纹饰的兽面纹趋于消失,少量有首无身兽面纹也主要见于鼎足根部。兽面的双目演变较为明显,基本上由"臣"字凸目到圆目长条形瞳仁再到近长方形目。这一演变趋势,与中原地区基本相同。海岱青铜器上的兽面纹大致可分为两个系统：一是青铜礼容器，其上所饰兽面纹较为规整，是典型的兽面纹；二是乐器、车马器等器类所饰兽面纹，样式较为特殊，是兽面纹的一个支系，其发展演变也与典型兽面纹不同。总体来看，海岱地区商周时期兽面纹的特征及其发展演变与中原基本相同。

青铜器上的夔龙纹大约出现于二里岗下层时期，是以两两相对组成兽面纹的形式出现的。海岱地区的夔龙纹目前所见出现于二里岗上层二期，殷墟三期至西周早期是其高峰期，春秋早期仍可得见，但已较少。夔龙纹大致可分为写实、写意和特殊样式三类。殷墟三期至西周早期的夔龙纹，或成对组成一首双身的兽面纹、目纹出现，或作为一个个独立的纹饰组成纹饰带出现，但多两两相对，组成一个纹饰单元。后期的夔龙纹与龙近似，多首尾相接连续出现组成一个纹饰带，或成对出现组成叶形、三角形等纹饰单元。总体上日益简化、变形。海岱地区夔龙纹的特征及其发展演变与中原基本无异。

鸟纹是商周青铜器上比较常见的纹饰，其中较早出现的是小鸟纹，长尾鸟纹、垂冠大鸟纹稍晚。目前所见，鸟纹大约出现于殷墟二期，如安阳小屯M5：791偶方彝，此期的鸟纹多作为辅助纹饰，殷墟三期小鸟纹开始作为主体纹饰出现，西周早期长尾鸟纹较为流行，至西周中期前后，垂冠大鸟纹作为主体纹饰非常流行，也是鸟纹的全盛时期。西周晚期以后，鸟纹逐渐衰落。海岱青铜器目前最早的鸟纹见于苏埠屯M8出土的方鼎和铜觯上，有小鸟纹和长尾鸟纹两种，时代约当于殷墟三期。海岱地区最早的大鸟纹见于商周之际的前掌大M21出土铜尊上。海岱地区的鸟纹主要集中在西周早中期，中期以后鸟纹逐渐衰落，至春秋中晚期，部分青铜器上出现了不同于以往的鸟纹，但多呆板、笨拙，羽翼多不明显。总的来看，海岱铜器上鸟纹的特征及其发展演变与中原基本相同。

青铜器上的龙纹大致可分为大龙纹和小龙纹两种。大龙纹大约出现于殷墟二期，如安阳小屯M5：790三联甗口沿龙纹、小屯M18：14盘内底龙纹，流行于西周晚期至春秋早期，春秋中期以后少见。小龙纹即蟠螭纹出现于春秋中期，流行于春秋中期至战国早期，战国中期以后少见，多以印模方式重复压印器物模范而成。商代晚期至西周早期的大龙纹多两两相对或一首双身，西周晚期至春秋早期的大龙纹多两两相接或相互纠缠组成各种形状的图案。小龙纹躯体多卷曲纠结，重复出现组成繁缛的蟠螭纹，早期的蟠螭纹躯体多粗壮，晚期的多纤细。海岱铜器上龙纹的特征及其发展演变与中原基本一致。

青铜器上的蛇纹大约出现于殷墟二期，如安阳小屯M5：805小方缶颈部纹饰，有学者称之为蚕纹①。海岱地区的蛇纹大约出现于殷墟四期，多以单体重复出现组成疏朗的纹饰带；流行于春秋晚期至战国中期，多相互纠结组成细密的蟠虺纹，常以印模方式重复压印器物模范而成。海岱铜器上蛇纹的特征及其发展演变与中原基本无别。

青铜器上的窃曲纹大致出现在西周中期，流行于西周晚期至春秋早期，型式多样。海岱地区两周铜容器上的窃曲纹与中原地区基本一致，大约出现于西周中期，流行于西周晚

---

① 岳洪彬：《殷墟青铜礼器研究》，中国社会科学出版社，2006年，第223页。

期至春秋早期,春秋中期以后无论样式还是数量都明显减少,至战国早中期仅偶有所见。窃曲纹的弯曲由圆角向直角发展,头部由有到无。整体来看,窃曲纹逐渐向抽象化、几何化发展。海岱铜器上窃曲纹的特征及其发展演变与中原基本无异。

青铜器上的波曲纹样式较为简单,变化也较少,时代特征不甚明显。从启卣颈部的一首双身龙纹来看,波曲纹似由一首双身龙纹发展而来,是后者略去头部仅留躯干之简省,属于简省动物纹。波曲纹大约出现于西周早期后段,流行于西周晚期至春秋中期,战国中期以后基本不见。海岱铜器上波曲纹的特征及其发展演变与中原基本相同。

青铜器上的鳞纹大约出现于西周中期,流行于西周晚期至春秋早期,春秋晚期以后逐渐少见。由于鳞纹形制简单,变化也不大,特别是横鳞纹变化甚小。垂鳞纹变化稍大,主要表现在西周晚期至春秋早期上下叠压的垂鳞纹多疏朗、规整,如曲阜鲁国故城 M30∶1 鼎腹部纹饰;春秋中期以后的垂鳞纹多细密、粗糙,如滕州薛国故城 M2 出土的铜壶腹部垂鳞纹。海岱铜器上鳞纹的特征及其发展演变与中原基本相同。

青铜器上的目纹目前最早见于安阳小屯 M5∶783 铜觯上,流行于殷墟四期至西周早期。海岱地区最早的目纹见于殷墟四期,流行于殷墟四期至西周早期,西周中期以后基本不见。海岱地区的目纹种类不多,前后变化也不大,总体演变趋势是早期精细,晚期粗疏。海岱铜器上目纹的特征及其发展演变与中原基本无异。

青铜器上的象纹目前最早见于殷墟二期的郭家庄东南 M26∶35 方彝圈足上,流行于商代晚期至西周早期。海岱地区的象纹目前最早见于约当殷墟三期的长清小屯 10 号鼎腹部,为简化象纹。象首纹出现于西周早期,流行于西周早期,常作为鬲、甗足部纹饰。象纹在大中原区商周青铜器上有较多发现,可能因为象在当时的大中原地区较为常见,只是商末周初气候持续干冷化①,迫使大象逐渐南迁,作为青铜纹饰的象纹也逐渐消失不见。海岱铜器上象纹的特征及其发展演变与中原基本无异。

青铜器上的蝉纹目前最早见于殷墟二期 59 武官村 M1∶3 觯上,盛行于商代晚期至西周早期,主要装饰在鼎腹、爵流及尊、觚等敞口容器的口沿上,盘及车饰上偶有所见。海岱地区的蝉纹发现不多,最早见于约当殷墟三期的长清小屯 10 号鼎上腹部及苏埠屯 M1 的鼎足上,流行于殷墟四期至西周早期。主要有写实和简化两种类型,总体演变趋势是由精细到粗疏。海岱铜器上蝉纹的特征及其发展演变与中原基本无异。

青铜器上的不知名动物纹多出现于殷墟四期以后,海岱地区多集中在商周之际、两周之际和春秋中晚期三个时段。这些纹饰的数量虽少,但却是商周青铜纹饰中的新元素,对探求时人的祭祀观念、宗教思想的变迁以及青铜文化的地域特征有重要意义。

青铜器上的云雷纹在商周时期十分常见,形状较为丰富。商代中期至西周早期最为常见,多作为基本元素相互组合构成主体纹饰,或者充当主体纹饰的地纹。西周中期以后减少,但始终可见。海岱铜器上云雷纹的特征及其发展演变与中原基本无别。

---

① 王晖、黄春长:《商末黄河中游气候环境的变化与社会变迁》,《史学月刊》2002 年第 1 期。

三角纹在商周青铜器上较为常见,海岱地区也有较多发现。商代晚期至西周早期的三角纹多内填蝉纹或作为蕉叶纹的形式出现,多装饰在敞口器物的口沿,多作正立状。春秋中晚期的三角纹内多填蟠螭纹、蟠虺纹和蚕纹等,多装饰在器物的腹部作为最下层纹饰,多作倒立状。部分三角纹内填竖线纹或空白。海岱铜器上三角纹的特征及其发展演变与中原基本无异。

青铜器上的叶形纹在商代晚期至西周早期最为流行,多作蕉叶状饰于敞口器物的口沿下。西周中期至春秋晚期发现不多,或作蕉叶状或作心形。战国早期以后的叶形纹又有较多发现,多作心形饰于器物的腹部。海岱铜器上叶形纹的特征及其发展演变与中原基本无异。

青铜器上的人物画像纹大约出现于春秋晚期,流行于战国早期前后,至战国晚期仍可得见。目前所见较早的人物画像纹铜器主要出现于江苏境内,如六合程桥 M1[①] 出土的铜盘残片、镇江谏壁王家山墓[②] 出土的鉴、盘、匜等,江苏及其附近一带是探讨人物画像纹起源的重要区域。海岱地区青铜器上的人物画像纹发现不多,且多破碎,集中出于战国早中期,多见于鉴、匜、壶等水器上,属錾刻纹饰。海岱地区的此类纹饰在题材、工艺、器物选择及其时代特征上都与中原地区的人物画像纹基本无异。

其他纹饰或较为少见或存在时间较短,演变特征不明显,不再一一述列。

二、海岱地区商周青铜器纹饰的时代特征

笔者选取报道较为详细的铜容器纹饰进行统计分析。需要说明的是,因很多铜器装饰的纹饰不止一种,故而,本书对个体纹饰的统计只计算出现频率而不计所占器物比例。

(一)商代前期后段

海岱地区商代前期后段纹饰清楚的 26 件铜容器,所饰主要纹饰统计如表六、图六七。

表六 海岱地区商代前期后段青铜器纹饰统计表

纹饰类别	兽面纹	弦纹	乳丁纹	联珠纹	云雷纹	涡纹	云纹	目纹	夔龙纹	人字纹	菱形纹	素面
铜器数量	17	8	3	3	3	3	2	2	1	1	1	1
出现频率(%)	65	30	11	11	11	11	8	8	4	4	4	4

① 江苏省文物管理委员会、南京博物院:《江苏六合程桥东周墓》,《考古》1965 年第 3 期。
② 镇江博物馆:《江苏镇江谏壁王家山东周墓》,《文物》1987 年第 12 期。

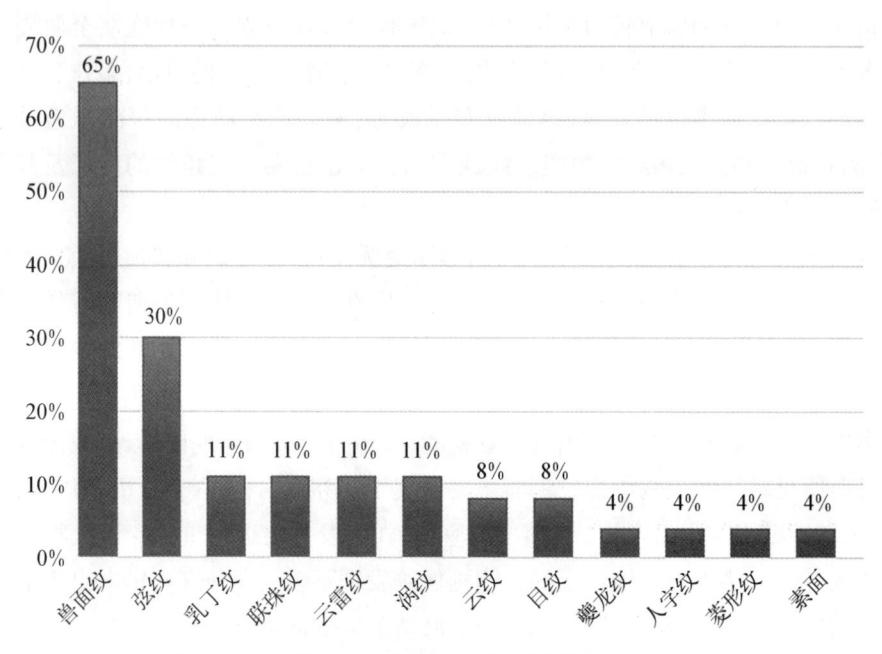

图六七　海岱地区商代前期后段青铜器纹饰出现频率

本期兽面纹居统治地位，可以称为兽面纹时期。考虑到此期的兽面纹多由云纹组成，也可以称为云纹兽面纹时期。

（二）商代后期至西周前期

海岱地区发现的商代后期至西周前期纹饰较为清楚的 395 件铜容器，所饰主要纹饰统计如表七、图六八。

表七　海岱地区商代后期至西周前期青铜器纹饰统计表

纹饰类别	兽面纹	弦纹	雷纹	涡纹	夔龙纹	蕉叶纹	目纹	云纹	蝉纹	鸟纹	乳丁纹	联珠纹	素面
铜器数量	209	138	89	64	51	32	11	36	14	17	16	12	65
出现频率(%)	53	35	23	16	13	8	2.8	9	3.5	4	3	3	16.7

可以看出，这一时期兽面纹仍然是最为流行的纹饰，超过一半的器物装饰有兽面纹，这一时期也可以称为兽面纹时期。考虑到本期的兽面纹多由二夔组成，也可以称为夔龙纹兽面纹时期。本期兽面纹与商代中期相比比例有所下降，并出现了一些新的纹饰，如蕉叶纹、鸟纹、乳丁纹、蝉纹、目纹以及常作地纹的雷纹等。

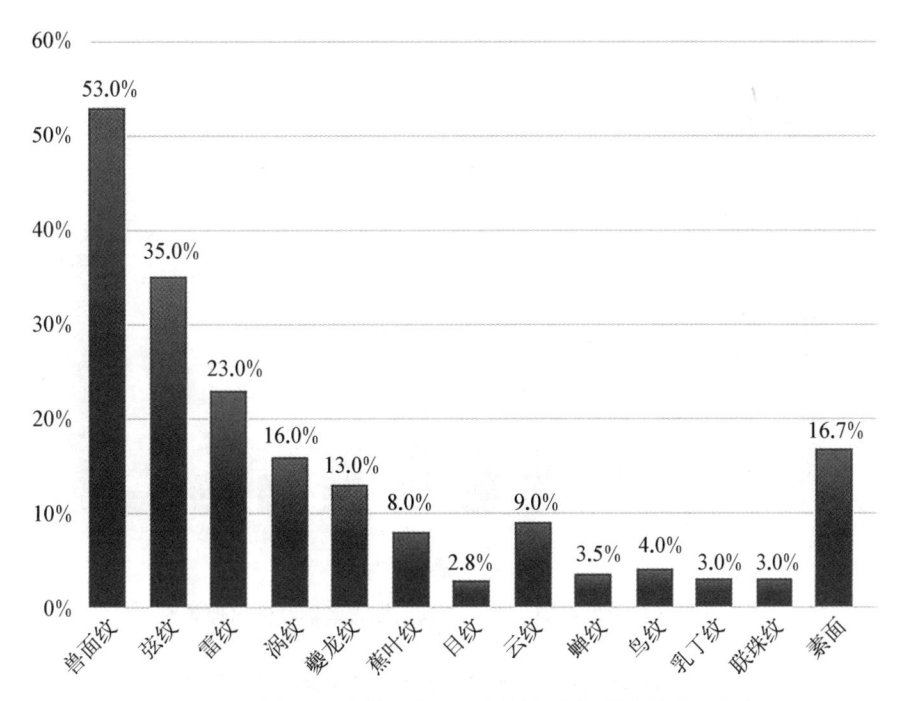

图六八　海岱地区商代后期至西周前期青铜器纹饰出现频率

（三）西周后期至春秋前期

海岱地区发现的西周后期至春秋前期纹饰较为清楚的316件铜容器，所饰主要纹饰统计如表八、图六九。

表八　海岱地区西周后期至春秋前期青铜器纹饰统计表

纹饰类别	鳞纹	窃曲纹	弦纹	龙纹	瓦棱纹	夔龙纹	波曲纹	三角纹	兽面纹	云纹	鸟纹	素面
铜器数量	98	95	46	30	28	18	16	14	7	7	5	57
出现频率(%)	31	30	15	9	9	5.6	5	4.5	2.7	2.7	1.6	18

与前期纹饰相比，本期纹饰发生了重大变化，前期占统治地位的兽面纹，本期仅偶有所见，继之而兴的是鳞纹、窃曲纹、龙纹、瓦棱纹、波曲纹等大量新出现的纹饰。

（四）春秋后期至战国前期

海岱地区发现的春秋后期至战国前期纹饰较为清楚的539件器物，所饰主要纹饰统计如表九、图七〇。

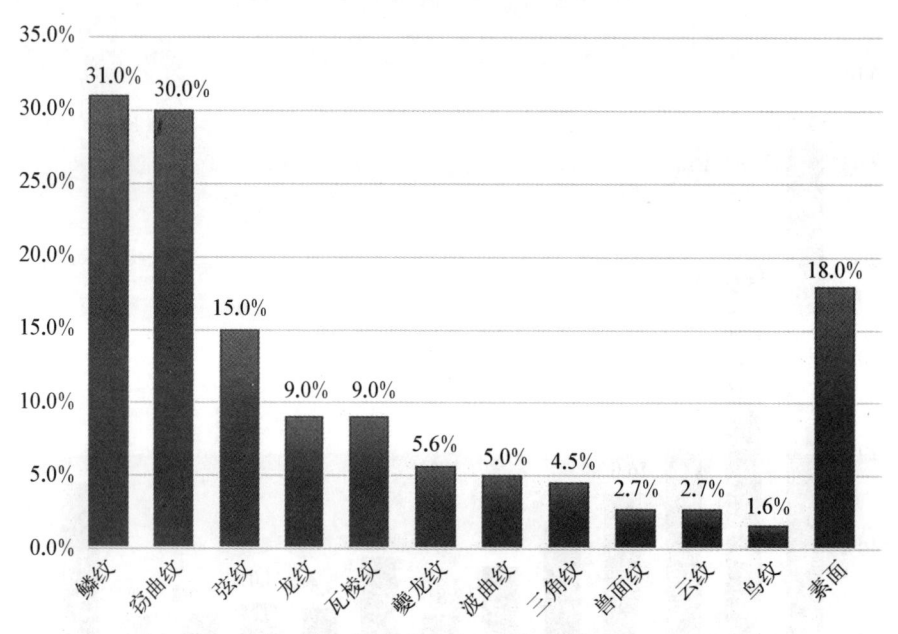

图六九　海岱地区西周后期至春秋前期青铜器纹饰出现频率

表九　海岱地区春秋后期至战国前期青铜器纹饰统计表

纹饰类别	弦纹	蟠螭纹	蟠虺纹	窃曲纹	三角纹	夔龙纹	乳丁纹	云纹	雷纹	绳纹	瓦棱纹	波曲纹	涡纹	素面
铜器数量	37	33	20	13	12	10	10	8	6	5	5	4	3	300
出现频率(%)	7	6	4	2.4	2.2	1.8	1.8	1.5	1.1	1	1	0.7	0.6	55.6

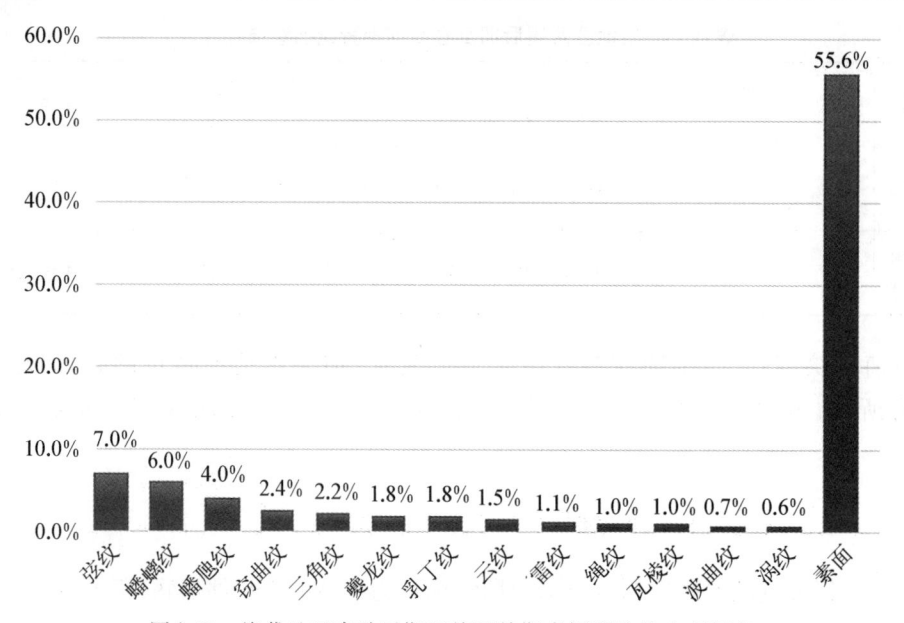

图七〇　海岱地区春秋后期至战国前期青铜器纹饰出现频率

本期有纹饰的铜器数量大为减少,素面器物占据多数。前期流行的鳞纹、窃曲纹、瓦棱纹、波曲纹等大为减少,继之而兴的是蟠螭纹、蟠虺纹等新生纹饰,但所占比例都不是很高。本期没有占据统治地位的纹饰,这与有纹饰的器物比例降低以及纹饰的种类增多有关。由于本期最为流行的纹饰先是蟠螭纹后为蟠虺纹,且最具代表性,故而本期也可以称为蟠螭纹与蟠虺纹时期。

（五）战国后期

海岱地区发现的战国后期纹饰较为清楚的 100 件铜容器,所饰主要纹饰统计如表一〇、图七一。

表一〇　海岱地区战国后期青铜器纹饰统计表

纹饰类别	弦纹	云纹	蟠螭纹	瓦棱纹	三角纹	叶形纹	绳纹	错金纹	素面
铜器数量	15	5	1	1	1	1	1	1	83
出现频率（%）	15	5	1	1	1	1	1	1	83

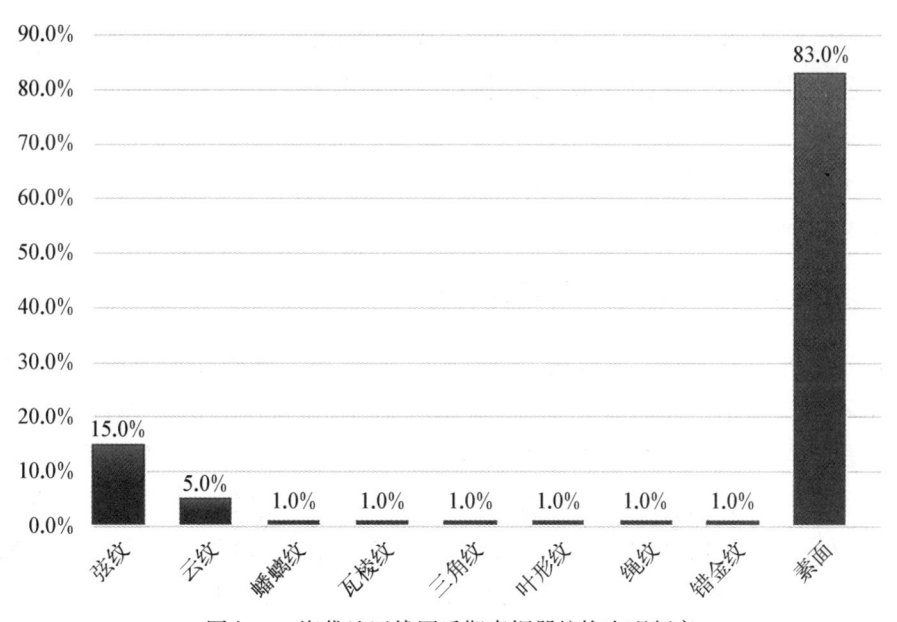

图七一　海岱地区战国后期青铜器纹饰出现频率

本期素面器物的比例比前期又有大幅增长,绝大部分器物为素面或仅饰弦纹。本期可以称为素面化时期。

可以看出,海岱地区商周时期的青铜纹饰可以大致分为四个时期：兽面纹时期、鳞纹+窃曲纹时期、蟠螭纹+蟠虺纹时期以及素面时期。兽面纹时期相当于器物形制变化的第一、二期,鳞纹+窃曲纹时期相当于器物形制变化的第三期,蟠螭纹+蟠虺纹时期相当于器物形制变化的第四期,素面时期相当于器物形制变化的第五期。除兽面纹时期相当于形制演变的第一、二期外,其余几个时期与器物形制的分期基本相同。可以看出,海岱地区商周青铜器形制与纹饰的演进基本同步,但也略有差异。

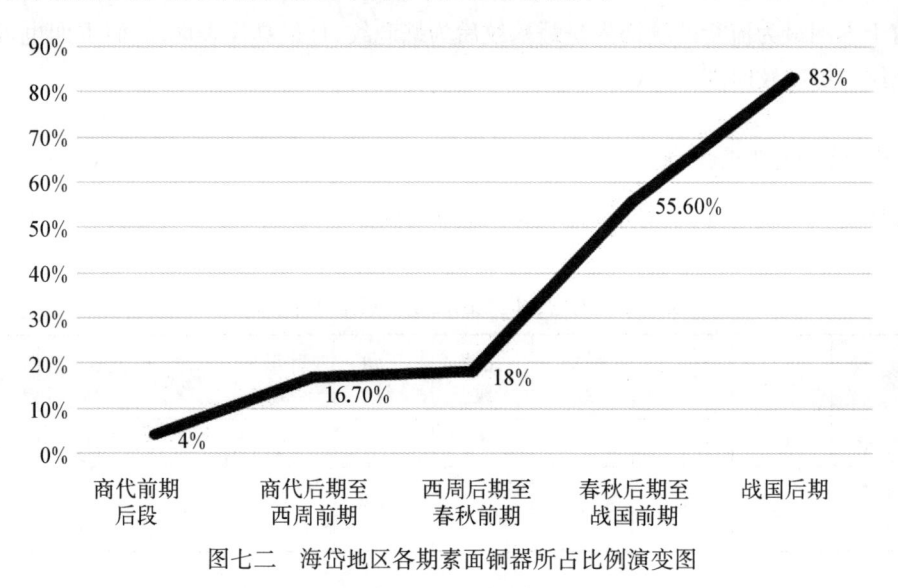

图七二　海岱地区各期素面铜器所占比例演变图

需要注意的是,从图七二可以看出,素面铜器的比例越来越高。尤其是从春秋中期开始,素面铜器急剧盛行,至战国后期,素面铜器所占比例已达到83%,也就是说大部分铜器不再装饰纹饰。

总的来看,海岱地区商周青铜器纹饰的类别、形制及其演变与中原地区基本一致,仅少量纹饰或纹饰组合较有特色。

三、海岱地区商周青铜器纹饰的区域特征

中原地区作为商周时期的政治、文化中心,是商周青铜文化最为先进的地区,周边地区无不受其影响。就青铜器而言,大部分器类、器形、铭辞、纹饰首先出现于中原,然后逐渐辐射至周边地区,周边地区或全面接收或加以吸收并结合自身的需要加以改造,形成富有地域特色的器类、器形、铭辞和纹饰。可以说中原地区一直扮演着物质文化流行元素风向标的角色。海岱地区毗邻中原,青铜纹饰也不可避免地受到中原地区的影响,而且相对于器物形制而言,纹饰方面的影响更大。海岱地区商周青铜器纹饰的类别、样式、组合及其演变与中原地区基本相同,仅在少许方面略有特色。兹分析如下。

（一）海岱地区商周青铜器纹饰的类别和样式

相对于中原地区而言,海岱地区的青铜器由于出土数量相对较少,部分纹饰特别是较为少见的纹饰或型式在海岱地区尚未发现,如郑州向阳食品厂 H1∶8 方鼎腹部兽面纹、

第五章 海岱地区商周青铜器的纹饰

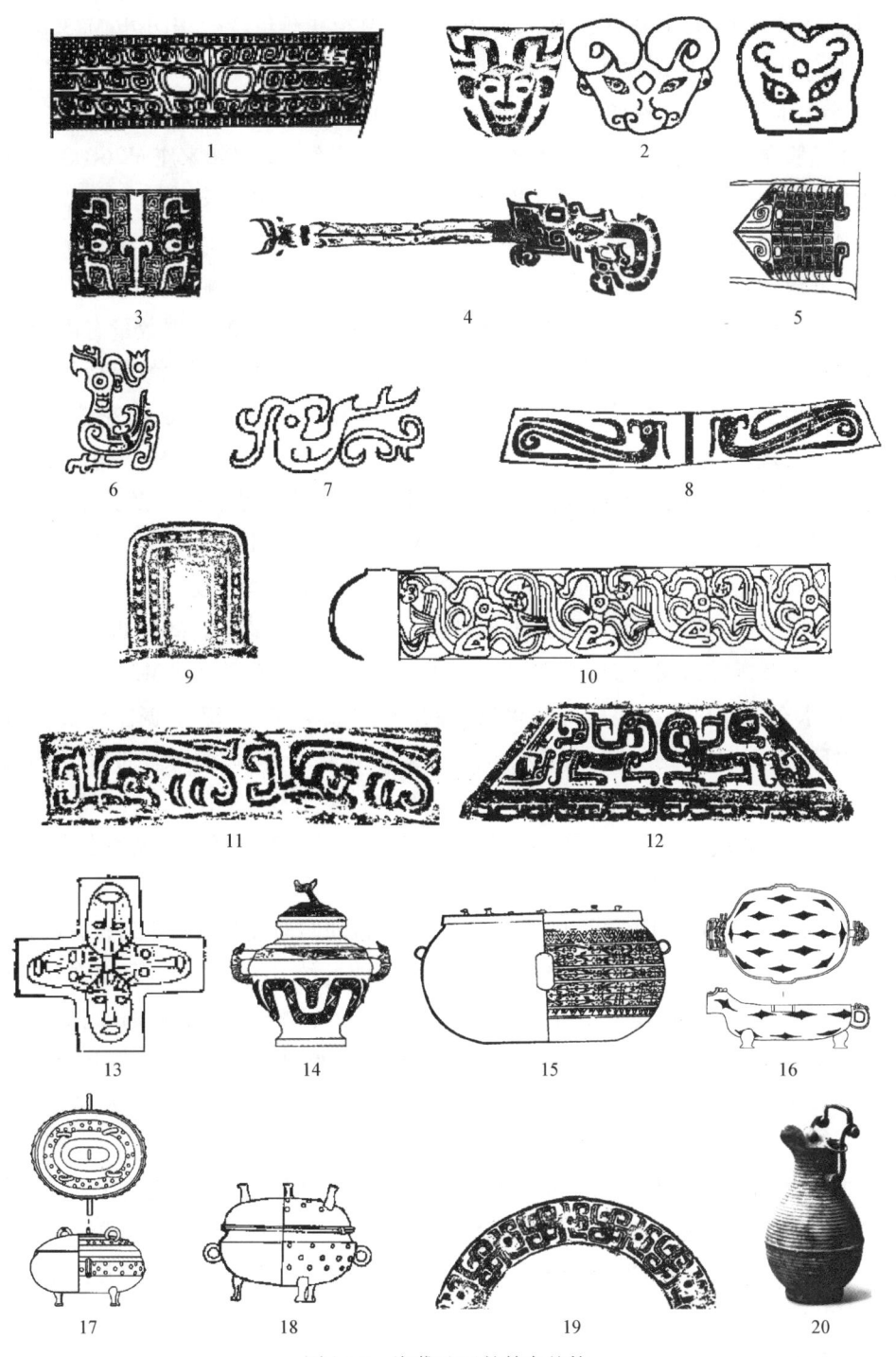

图七三 海岱地区的特色纹饰

1. 大辛庄 M106 罍上腹纹饰 2. 苏埠屯 M1 铜车饰及铜泡纹饰 3. 前掌大 M18：35 爵腹兽面纹 4. 长清附：30 斗柄纹饰 5. 新桥镇墩头村戈纹饰 6. 夆莫父卣腹部鸟纹 7. 过伯簋顾首飞翔鸟纹 8. 崂山前古镇窑厂铜鼎颈部纹饰 9. 吕家埠 M2 鼎耳圆点纹 10. 滕州薛国故城 M2：29 车马器镂空鸟纹 11. 沂水东河北村鼎上腹纹饰 12. 滕州薛国故城 M1：77 簠盖纹饰 13. 滕州薛国故城 M1：12B-1 14. 沂水刘家店子 M2：11 15. 海阳嘴子前 M4：132 16. 枣庄徐楼 M1：38 17. 仙人台 M5：75 18. 济南左家洼 M1 敦 19. 齐侯盂环耳纹饰 20. 臧家庄鹰首提梁壶

郑州向阳食品厂 H1：11 卣腹部兽面纹、郑州白家庄 M2：1 罍龟纹、安阳小屯 M232：R2073 龟纹、安阳小屯 M331：R2070 尊腹部兽面纹、安阳小屯 M331：R2066 方卣腹部兽面纹、安阳小屯 M5：784 鸮尊鸮纹、吴方彝盖面兽面纹、厚趠方鼎腹部兽面纹、安阳小屯 M5：754 鼎腹部夔龙纹、浚县辛村 M60：7 卣颈部夔龙纹、安阳郭家庄 M26：35 方彝腹部大象纹、臣辰尊腹部变异大象纹以及天亡簋、泾阳高家堡 M1：6 尊腹部的蜗身纹、安阳小屯 M5：791 偶方彝小鸟纹、安阳小屯 M18：5 簋小鸟纹、史墙盘外壁长尾鸟纹、邢季卣腹部垂冠大鸟纹、宁簋盖垂冠大鸟纹、汲县山彪镇 M1：56 铜鉴水战画像纹等。海岱地区之所以没有发现这些纹饰，其主要原因可能是当地发现的铜器数量有限，纹饰的类别及样式因之较少。此外也有一些地域性因素，如关中及其附近地域流行的蜗身纹，其他地区极为少见；再如中原地区西周早期新出现的水波纹、竖条纹、莲花瓣纹在海岱地区也较少发现。

另一方面，海岱地区商周青铜纹饰中也有少量不见或少见于中原及其他地区的纹饰式样。如大辛庄 M106 罍上腹纹饰、苏埠屯 M1 铜车饰及铜泡纹饰、长清附：30 斗柄纹饰、前掌大 M18：35 爵腹兽面纹、费县新桥镇墩头村铜戈兽面纹、上海博物馆藏夆莫父卣腹部鸟纹、过伯簋腹部所饰顾首飞翔鸟纹、崂山前古镇窑厂铜鼎颈部鸟纹、长清仙人台 M6：B5 及栖霞吕家埠 M2 鼎耳外部所饰圆点纹、滕州薛国故城 M2：29 车马器镂空鸟纹、沂水东河北村鼎上腹所饰怪兽纹、滕州薛国故城 M1：77 簋盖怪兽纹、滕州薛国故城 M1：12B-1 节约所饰人面纹、沂水刘家店子 M2：11 罐腹部环带纹、海阳嘴子前 M4：132 铈腹部菱形纹、枣庄徐楼 M1：38 匜腹部菱形纹、长清仙人台 M5：75 铈及济南左家洼 M1 敦所饰乳丁纹、齐侯盂环耳所饰怪兽纹、诸城臧家庄鹰首提梁壶瓦棱纹等。

1. 沂源姑子坪 M1：10 方彝①纹饰及其组合。盖的四面及顶面饰排列整齐的月牙形垂幛纹（或曰指甲纹）；上腹每面皆饰两个斜角变体夔龙纹；中腹以下每面均饰有排列整齐的月牙形垂幛纹，其间填以极细的若干条弧状凸棱纹，垂幛纹的两侧，饰叶脉状的几何纹；圈足四面均饰有纵向的"之"字形几何纹。其中月牙形垂幛纹、叶脉状的几何纹、纵向的"之"字形几何纹十分少见，方彝的这种纹饰组合也不见于其他地区，是当地的特色纹饰。

2. 曲阜鲁国故城 M48：16 卵形壶之纹饰及组合。盖作蟠龙形，壶身自上而下分别饰夔龙纹、大三角纹（内填竖线纹）、两两相背的顾首龙纹、大三角纹（内填竖线纹），圈足饰垂鳞纹。该壶每组纹饰都较常见，但其组合却十分少见，除在海岱地区东部及东南部的同类壶上有发现外，其余地区基本不见。

3. 海阳嘴子前 M4：90 鼎之纹饰及其组合。此鼎不但形制少见，纹饰也较为特殊，上腹自上而下分饰三组纹饰：倒立三角纹、横置垂鳞纹、倒立三角纹。最下一组为倒立三角

---

① 有学者称之为方卣，如郎剑锋：《吴越地区出土商周青铜器研究》，山东大学博士学位论文，2012 年，第 159 页。细观其上腹有一对半环形钮，与西周中期以前的铜卣近似，可为一说。

图七四　海岱地区的特色纹饰组合

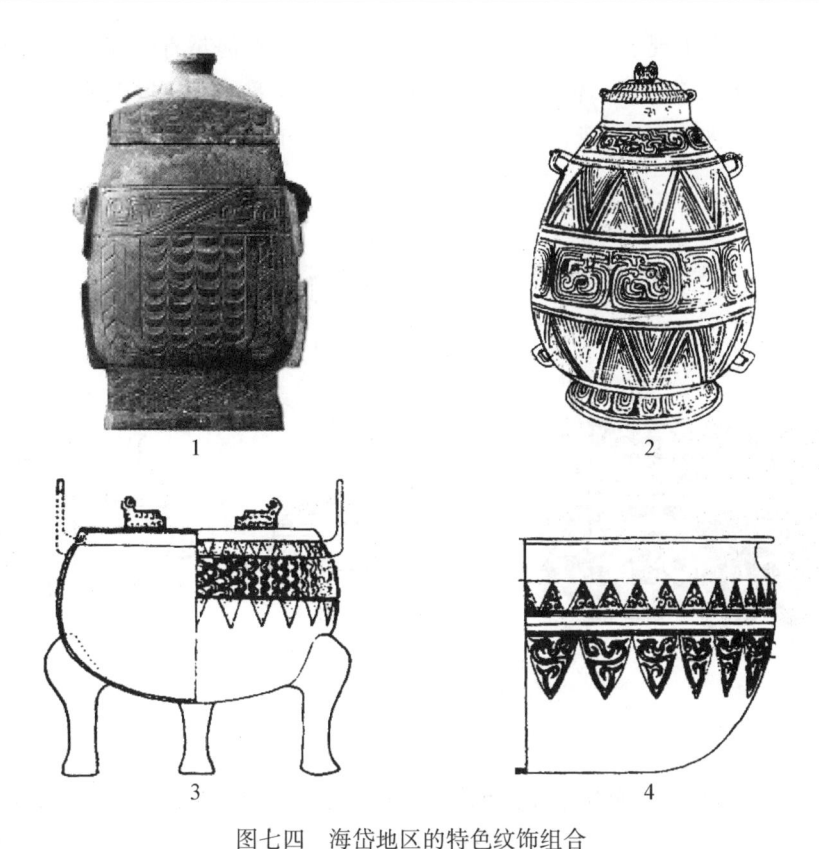

1. 沂源姑子坪 M1∶10 方彝纹饰　2. 曲阜鲁国故城 M48∶16 卵形壶纹饰
3. 海阳嘴子前 M4∶90 腹部纹饰组合　4. 海阳嘴子前 M6∶3 敦腹部三角纹内怪兽纹

纹十分常见,但中间一组横置的垂鳞纹却十分少见。

4. 海阳嘴子前 M6∶3 敦之纹饰及其组合。敦下腹三角纹内填一上喙(或上唇)极长的怪兽,弯卷勾曲,尾部分叉,躯体折成三角状。不论怪兽的形状还是三角形内填这种怪兽的组合都十分少见,极具特色。

(二) 海岱地区东周青铜纹饰的"复古"现象

中原地区的兽面纹从西周中期开始就逐渐由主体纹饰退居为次要纹饰,一般只装饰在鼎足根部。作为主体纹饰的兽面纹在西周后期以后基本不见,但海岱地区东周时期的部分器物上仍然可见作为主体纹饰的兽面纹,如春秋后期沂水刘家店子 M1 出土的两件镬鼎腹部纹饰。此外,本地春秋至战国时期铜鼎足根部位装饰兽面纹的现象也比其他地区普遍。传统的乳丁纹流行于商代晚期至西周早期,西周中期以后已基本消失。但在春秋晚期,乳丁纹在齐文化区重新焕发生机,出现后就迅速流行,一直持续到战国中期方才逐渐消失。这些都说明海岱地区的青铜纹饰存在一定程度的"复古"现象,这种现象虽然不甚普遍,但有重要意义,值得注意。西周后期以后周王室的统治力衰弱,地方诸侯势力兴起,海岱地区因是东夷故地,加上以莒国为首的东夷故国仍然有较大的影响力,其境内特别是东部、东南部出现了"夷礼回潮"现象①。这种现象在海岱青铜器上有明确的反映，如大量新器类（铫）、新器形（环形系钮盘、卵形壶、裸人足盘、匜、平底及圈底匜、浅腹高足鼎、乳丁纹鼎、敦、铫等）的出现。海岱地区部分青铜纹饰的"复古"现象也是在这一背景下产生的。

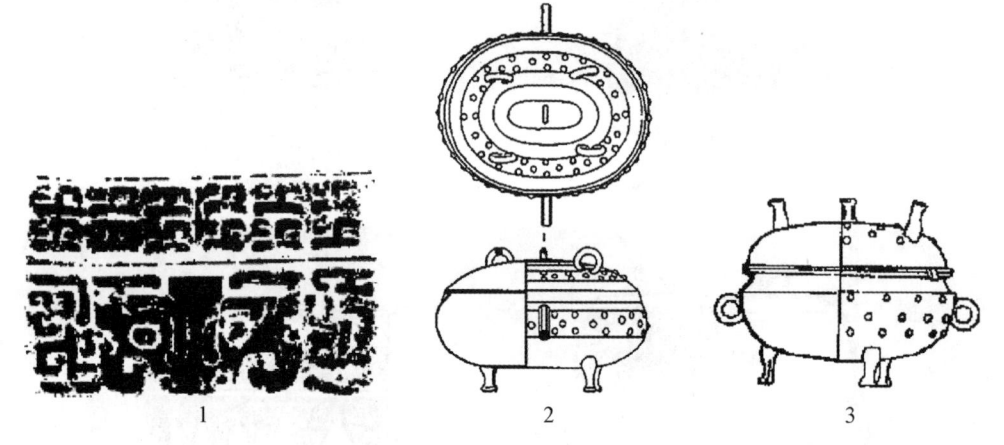

图七五　海岱地区东周时期的复古纹饰
1. 沂水刘家店子 M1：1 鼎腹部兽面纹　2. 长清仙人台 M5：75 铫　3. 济南左家洼 M1 敦

海岱地区东周时期兽面纹的复古现象，还可能与海岱地区东南一带是东夷故地有关。该地原是东夷腹地，传承了较多夷人文化，加上本地多山川丘壑，与外界的交流较少，故而还保留着中原地区早已不用的兽面纹。海岱地区齐文化区乳丁纹"复古"现象，还可能与当时青铜纹饰风格转向素朴明快有关，在几何纹饰大盛的形势下，构形简单的乳丁纹得以在小范围内复兴。

四、青铜器纹饰发展演变的社会背景及其思想内涵

上文探讨了海岱地区商周青铜纹饰所经历的四个发展阶段。英国著名艺术史学家贡布里希说过："要真正了解古代的艺术品，除非我们能进入到古代人的思想中去。"②郭宝钧先生曾说："我们可以看到的这些青铜器……当时的风俗好尚、意识形态、工艺水平、文化进程也蕴蓄于其中。"③马承源也说："将各种青铜器纹饰按照时代顺序加以排比，从中可以看到社会观念、审美思想变化的轨迹。"④青铜纹饰是研究古人思想意识形态的重要载体和表现形式，研究青铜纹饰必然要探讨其内蕴的思想观念和意识形态。马克思、恩格斯语："任何一个时代的统治思想始终都不过是统治阶级的思想。"⑤罗泰（Lothar Von

---

① 高广仁：《莒国在东周夷夏融合大势中的地位和作用》，《考古学集刊》（第 18 集），科学出版社，2010 年，第 298—305 页。
② 贡布里希（E. H. Gombrich）：《艺术的故事》（The Story of Art），浙江摄影出版社，1984 年，第 104 页。
③ 郭宝钧：《商周铜器群综合研究》，文物出版社，1981 年，第 1 页。
④ 李松主编：《中国美术史·夏商周卷》，齐鲁书社，2000 年，第 105 页。
⑤ 马克思、恩格斯：《共产党宣言》，《马克思恩格斯选集》，人民出版社，1995 年，第 292 页。

Falkenhansen)先生认为,有关西周社会物质文化的研究,很难避免只属当时社会上一小撮地位、身份较高的人①。作为祭祀之用的青铜器纹饰,其变化的内因主要在于时人特别是统治阶层宗教思想和祭祀观念的变化。现简要分析如下。

(一)商代中期至西周前期

当前学界对于商代至西周前期极具特色的幻想纹饰属性的认识,主要有两种观点:一是以李济②、张光直③先生所认为的协助巫觋与神沟通的媒介为代表,一是以俞伟超先生所认为的神灵形象为代表④。其他学者如朱志荣认为:"青铜器的纹饰中蕴涵着商代人浪漫而严肃的天命观,体现了他们对神灵、自然的感受以及自我认识。在纹饰的创作过程中,以及重新以敬仰的心态面对它们时,都是商代人情感的宣泄和释放过程。"⑤则是从艺术学角度论及了商代青铜纹饰的外在表现风格,但似未及其本质。

《左传·宣公三年》载王孙满语:"昔夏之方有德也,远方图物,贡金九牧,铸鼎象物,百物而为之备,使民知神、奸。故民入川泽山林,不逢不若。螭魅魍魉,莫能逢之,用能协于上下,以承天休。"其言鼎之"象物"既可驱螭魅魍魉,也可"协于上下以承天休"。即鼎之图纹既有威慑之功,还有沟通天地之用。由此观之,张光直先生的观点似更为合理。商代是中国"神权至上"的神秘主义时代,占卜与祭祀是当时统治阶层最为重要的大事,几乎达到逢事必卜、每日必祭的地步。《礼记·表记》:"殷人尊神,率民以事神,先鬼而后礼。"在这种浓郁的鬼神氛围中,以统治阶层为主导的思想、文化和艺术也不可避免地附有"神权至上"的神秘主义宗教色彩。青铜器作为祭祀、随葬的重要器物,其作用是盛美酒佳肴以飨鬼神。而祖先、鬼神不在人间,这些食物就需要一定的媒介使其达于祖先与鬼神之处。这就要求青铜器不但要具有盛食的功能,更为重要的是还要肩负起把酒食送至祖先、鬼神之处的使命。因此,青铜器是沟通祖先鬼神、贯通天地的媒介之一,这一属性决定了其外在特征必然与日常使用之器有所不同。这种不同,最好的表现方式就是器物的形制与纹饰的设计和布局。在铸造技术层面,青铜器形制上的变化难度要大于纹饰上的变化难度,故而,附于器物表面的纹饰就更多地担负起其沟通祖先鬼神、贯通天地的"神圣"使命。在这种敬畏祖先、鬼神至上的神秘主义宗教思想驱使下,作为沟通媒介的铜器纹饰遂被创造成利于营造神秘、庄严祭祀氛围的幻想动物形象。这些动物不可能完全凭空创造,而需要一定的原型再加以变化。这些原型一般是大自然中一些比较凶猛、使人畏惧的动物,尔后加以创造,以便于营造出一种肃穆、庄严的祭祀氛围。较为例外的是大约在殷

---

① Lothar Von Falkenhansen:"Late Western Taste", *Etudes Chinoises* 18,1/2(1999), p.144.
② 李济:《安阳遗址出土之狩猎卜辞、动物遗骸与装饰文样》,《台湾大学考古人类学刊》1957年第9—10期合刊,第10—20页。
③ 张光直:《商周青铜器上的动物纹样》,《考古与文物》1981年第2期。
④ 俞伟超:《先秦两汉美术考古材料中所见世界观的变化》,《庆祝苏秉琦考古五十五年论文集》,文物出版社,1989年,第111—120页。
⑤ 朱志荣:《夏商周美学思想研究》,人民出版社,2009年,第186页。

墟二期出现的小鸟纹以及稍晚出现的长尾鸟纹,鸟纹本身比较轻灵,对于营造敬畏、庄严的祭祀氛围似乎没有直接的作用。但鸟纹的一个属性决定了商人选择鸟纹的必然性:鸟是可以翱翔于天地之间的动物,对于古人来讲它们具有贯通天地的能力,更加接近天上的神祇。卜辞中有"于帝史凤,二犬"(卜辞通纂398),郭沫若认为凤为天帝之使,而祀之以二犬①。胡厚宣也据此认为凤鸟是天地的使者②。张光直③、王晖④等学者也曾作是论。

周人覆商后,因是小邦周取代大邑商,在西周早期,周人的文化似较商人落后,统治也不稳定,因而,西周早期的典制多因袭商人。关于这一点,学界争议不大,王晖等先生对此曾有详论⑤。因此西周早期的统治者所表现出的宗教思想、祭祀模式大致与商相同。作为沟通祖先鬼神、贯通天地的青铜纹饰也承袭了商代晚期神秘、庄严的幻想动物纹风格。

另一方面,商纣王不修德行,致使众叛亲离,最终亡国。这个教训是深刻的,为周人新的统治观、政治观、宗教观的形成提供了很好的借鉴。周人统治阶层所酝酿的制度、思想和文化的大变革,随着统治的日益稳定,也逐渐提上日程,并陆续展开。在统治思想上,周人认为"天命是可以变化的,不是一成不变的。上帝鬼神是否佑助周王室统治集团及各级贵族,不是单凭上帝鬼神自己的愿望、感情来决定,而是要根据民众的愿望、感情来决定"⑥。这是统治思想由"有命在天"到"天人相应"的巨大转变,是宗教思想由"民神二分"到"民神杂糅"的巨大转变,也是政治思想由"神权至上"到更为理性的"敬天保民"的巨大转变。至此,神权政治开始转向神权与君权融合的政治。《尚书·康诰》:"惟乃丕显考文王,克明德慎罚,不敢侮鳏寡,庸庸,祇祇,威威,显民……天乃大命文王,殪戎殷,诞受厥命越厥邦民。""天乃大命文王"的原因在于文王"克明德慎罚,不敢侮鳏寡"。这一段很好地记载了天命可变,而可变的依据在于是否敬德、保民。从"神权至上"到"敬天保民"的转变,并不是一蹴而就的,大致经历了两个阶段:"第一阶段是从周文王到武王之前的一段时间,这个时期主要是继承殷礼,并提出天命变易思想。第二阶段从周成王到西周中期,这个阶段周人制礼作乐,并形成了尊天、敬德、保民的天人合一观。"⑦

然而,任何制度、思想的形成和推广都需要一定时间,特别是对于比较大的转变和变革,民众的接受需要有一个过程。加上周初统治者基于"敬德""保民"以及巩固统治的需要,对新思想和新制度的推行较为温和,遂使得这一进程更为漫长,大致在西周前后期之

---

① 郭沫若:《卜辞通纂》,科学出版社,1983年,第376页。
② 胡厚宣:《甲骨文所见商族鸟图腾的新证据》,《文物》1977年第2期。
③ 张光直:《商周神话与美术中所见人与动物关系之演变》,《中国青铜时代》,生活·读书·新知三联书店,1983年,第397页。
④ 王晖:《论周文化中朱鸟赤凤崇拜的原型、蕴义及演化》,《人文杂志》1994年第5期。
⑤ 王晖:《商周文化比较研究》,人民出版社,2000年,第131页。
⑥ 王晖:《商周文化比较研究》,人民出版社,2000年,第131页。
⑦ 王晖:《商周文化比较研究》,人民出版社,2000年,第131页。

交方基本完成。对此,业师曹玮①及李朝远②、杰西卡·罗森③等先生都有过精彩的论述。表现在青铜器上就是西周前后期之交的巨大变化,包括大量新旧器类、新旧形制和新旧纹饰的产生和消亡,以往神秘、森严的幻想动物纹基本为垂冠大鸟纹以及窃曲纹、鳞纹、环带纹等新兴的简省动物纹饰所取代。王国维在《殷周制度论》中曾说"中国政治与文化之变革,莫剧于殷周之际"④,实际上变革的成效直至西周中期方全面显现。纹饰的变革至恭王时已基本完成⑤,这是周人思想文化体系确立的标志之一⑥。

(二)西周后期至春秋前期

实际上,西周后期至春秋前期流行的简省动物纹如窃曲纹、鳞纹、环带纹等,仍然还遗留有一定的神秘、诡异因素,只是比以往大为减少,其营造的恐怖氛围也明显减弱。这是当时统治阶层宗教思想中的"敬天"观念所致。"敬天"思想中有敬"天命"而远之之意,一方面对天命有所怀疑,一方面又不敢完全抛弃不顾。反映了时人自我意识觉醒的同时,对"天""神"仍然有很深的畏惧。这一阶段是"神本位"宗教观向"人本位"思想观的过渡时期,是"天人合一"、天人并重的时期。这种过渡时期的矛盾心理一直持续到更加关注现实、以武力和实力为准绳的春秋中期才明显消退。以往青铜器所担负的沟通祖先鬼神、贯通天地的使命逐渐消退,其祭祀之功用虽得以保留,但已明显形式化和仪式化。遂在青铜纹饰上就表现为图案的不断重复和堆叠,似乎有敷衍心理,如不断重复的横鳞纹、垂鳞纹、环带纹等,缺少了以往复杂的构思和设计,以往常见的复杂、繁缛的三层纹饰也消失不见,而为简单、重复的单层简省纹饰所取代。

(三)春秋后期至战国前期

春秋中期以后,作为天下共主、天命所赐的周天子权力与地位日益衰落,各诸侯国内君权旁落,弑君、出君、僭越等有违"天命"的行为不胜枚举,"尊神""敬天"的天命神学思想进一步遭到普遍怀疑。《诗经》中"变风""变雅"的大量出现,正是时人对"天"公正性的怀疑、指责甚至诅咒的写照。在这种社会背景下,怀疑天命已经从自发的感性情绪转化为自觉的理性思考和批判,其结果便是重人轻神、以民为本思想的形成⑦,人逐渐从"天"的附属地位中解放出来,人本主义思潮兴起⑧。人本主义的兴起是对"神权"思想的第二次冲击,也是中国思想史上的重大突破。虽然未能彻底颠覆"天命""鬼神"观念,但其影

---

① 曹玮:《从青铜器的演化试论西周前后期之交的礼制变化》,《周秦文化研究》,陕西人民出版社,1998年,第443—456页。后收入曹玮:《周原遗址与西周铜器研究》,科学出版社,2004年,第91—106页。
② 李朝远:《青铜器上所见西周中期的社会变迁》,《学术月刊》1994年第11期。
③ 杰西卡·罗森著,陈显丹、陈必译:《中国青铜器艺术与宗教》,《四川文物》1998年第1期。
④ 王国维:《殷周制度论》,《观堂集林》(卷二),中华书局,1959年,第451页。
⑤ 马承源:《商周青铜器纹饰综述》,《商周青铜器纹饰》,文物出版社,1984年。
⑥ 李朝远:《青铜器上所见西周中期的社会变迁》,《学术月刊》1994年第11期。
⑦ 王晖:《商周文化比较研究》,人民出版社,2000年,第132页。
⑧ 侯雯雯:《山东出土两周青铜容器的纹饰研究》,陕西师范大学硕士学位论文,2012年。

响深远,基本解除了长期以来"天""神"宗教观念对人们思想的禁锢和束缚,从而为时人探索新的信仰、形成新的认识做好了准备,并在不久迎来了中国思想、文化史上最为璀璨绚烂的"轴心时代"。青铜器作为祭祀礼器,形式化和仪式化更为明显,其所盛食物,原来仅用来飨祭祖先和鬼神,但到春秋后期,这些食物在程序化的祭祀活动之后,还用来宴飨宾客,如郐公钎钟、郐公华钟、郐公牼钟、莒叔之仲子平钟、齐鲍氏钟等铭文皆有记载。这是中国祭祀仪式的重大变革,是"神本位"向"人本位"的重大转变。这一时期铜器上以往流行的既有少量神秘色彩又有敷衍意味、重复堆叠的横鳞纹、垂鳞纹、环带纹等简省纹饰基本消失,敷衍感更为明显的蟠螭纹、蟠虺纹,现实生活中常见的写实纹饰如植物纹、动物纹、几何纹以及生活场景纹、战斗狩猎纹等纹饰大量出现并迅速流行。这些纹饰清新、活泼,富有生活气息。新、旧纹饰的更迭和风格的转变正是当时思想观念发生重大转变的反映。另一方面,由于礼制的逐渐崩溃以及祭祀观念的重大变化,青铜器作为祭祀礼器逐渐走向尾声,简单实用的素面铜器盛行,极富素朴之风。

(四) 战国后期

至战国后期,经过数百年的攻伐洗礼,大一统趋势逐渐显现,百家之争也近尾声,时人已认识到武力和实力是现实社会的决定性因素。列国统治阶层在内忧外患的严峻现实下,也多认识到传统的礼教、德教已经不适合统治的需要,唯有一方面发展生产、壮大实力,一方面推行法制稳固统治,才是生存之道。在这种统治阶层实用主义功利思想盛行的情况下,传统礼制进一步崩溃,宗法祭祀观念进一步转变。作为祭祀之用的青铜器至此基本走到尽头,在器类上,祭祀及随葬所用的青铜礼器逐渐为生活实用器所取代;在纹饰上,简朴之风更为盛行,弦纹或素面成为青铜器纹饰的主流,仅少量高级贵族墓所出铜器还有精美纹饰。

第六章　海岱地区商周青铜器的铭文

本章将首先对海岱地区商周青铜器铭文中的铭辞进行分类，然后对铭文中所记载的国、氏、姓、职官以及徽铭进行梳理，再对铭文所反映的列国（氏、族）世系源流及其之间的婚姻关系等信息进行分析，最后结合铭文的字形书体、修辞体例以及历日纪年等方面对海岱铜器铭文的区域特征进行探讨。具体情况分析如下。

第一节　铭辞分类

目前关于商周铜器铭辞的研究主要有《金文嘏辞释例》①《两周青铜乐器铭辞研究》②《两周祝嘏铭文研究》③《两周颂扬铭文及其文化研究》④《西周金文作器用途铭辞研究》⑤等，其中以《西周金文作器用途铭辞研究》论述最为详尽。但尚未见到以海岱地区作为一个区域单元而进行的系统研究。海岱地区840余件有铭铜器中，除去12件铭文漫漶不清者，663件器物的铭辞标明了器物使用场所，13件未标明器用场所但表明了器物用途，150余件铜器之铭辞既未标明器用场所又未表明用途。现对标明器物使用场所或用途的铜器铭辞分类整理如下。

一、标明器用场所者

标明器物使用场所的663件铜器铭辞，按照器用场景大体可分为六种，按照器物数量依次为：祭祀先祖（273件）、祈冀福寿（240件）、婚嫁送媵（61件）、军旅征行（38件）、赏赐纪念（13例34件）、宴飨宾客（6例17件）。需要注意的是，以上六种铭辞并不是截然分开的，祭祀先祖、婚嫁送媵、军旅征行等铭辞常与祈冀福寿类铭辞联用，赏赐纪念、宴飨宾客两类铭辞也常与祭祀类铭辞联用。商代用途铭辞主要集中于祭祀先祖方面，赏赐纪念类铭辞偶有所见。西周时期出现大量新的用途铭辞，按照器物数量依次为：祭祀先祖、祈冀福寿、军旅征行、赏赐纪念、婚嫁送媵，但尚未发现宴飨宾客铭辞。春秋时期出现宴飨

---

① 徐中舒：《金文嘏辞释例》，《中研院史语所集刊》第六本第一分，1936年。
② 陈双新：《两周青铜乐器铭辞研究》，河北大学出版社，2002年。
③ 金信周：《两周祝嘏铭文研究》，台湾师范大学国文研究所硕士学位论文，2002年。
④ 金信周：《两周颂扬铭文及其文化研究》，复旦大学博士学位论文，2006年。
⑤ 陈英杰：《西周金文作器用途铭辞研究》，线装书局，2008年。

宾客铭辞,偶见赏赐纪念铭辞,按照器物数量依次为:祈冀福寿、祭祀先祖、婚嫁送媵、军旅征行、宴飨宾客、赏赐纪念。详细情况如下。

(一) 祭祀先祖

祭祀先祖铭辞贯穿晚商至战国,且始终较为多见,其中晚商时期最为盛行,也是晚商铜器铭辞的主旋律。海岱地区商周时期祭祀祖先的铭辞目前发现245例,约占海岱有铭铜器的30%。商代祭祀铭辞最为常见的是尊亲名+天干,如父乙觯、祖戊爵、后母戊方鼎等,有的后缀"宝尊彝""尊彝"等彝器共名,或附有族氏徽铭。西周早期不少铜器铭辞仍然沿用晚商祭祀铭辞,如"薛侯戚作父乙鼎彝,史"(集成2377)等,但此类铭辞至西周中期已大为减少,至西周晚期基本消失。西周时期流行"作器者+尊亲名+尊彝(或器物名)"式的铭辞,如"滕侯作滕公宝尊彝"(集成3670)、"邾义伯作此赢尊鼎"(集成2640)等。西周早期末叶出现并在中期开始流行"作器者+尊亲名+器物名+'永宝'或'子子孙孙其永宝'"式铭辞,如寓鼎(集成2749)、宁簋(集成4021)、伯旬鼎(集成2414)等,一直流行到战国中期。此类铭辞在西周晚期开始增加"眉寿万年"式的祭祀先祖+祈冀福寿式铭辞,如鲁司徒仲齐盨(集成4440)、陈侯作孟姜媵簠(集成4607)等。春秋晚期出现祭祀先祖+宴飨宾客式的铭辞,如邾公钘钟(集成102)、邾公华钟(集成245)、邾公牼钟(集成149)、莒叔之仲子平钟(集成172)、齐鲍氏钟(集成142)等,主要为乐钟铭辞。祭祀类铭辞的特征是或有亲祖名或器物名称前有"尊""彝""祭""御""适""祥""享孝于"等祭祀类词语,如滕侯作滕公宝尊彝、陈侯因咨敦"作祭器"(集成4649)、滕侯昊之御敦(集成4635)、十年陈侯午敦"作平寿适器"(集成4648)等。

(二) 祈冀福寿

祈冀福寿类铭辞出现于西周早期后段,延续至战国中期。主要分为三类,按照铭辞数量依次为:长寿永续、多福永福、安邦保国,其中祈冀长寿永续类铭辞占据多数。海岱地区此类铭辞的出现时间与中原地区基本相同,如梁山七器之一的寓鼎。"眉寿"一词大约出现于西周中期,西周晚期开始流行。祈冀永福、多福铭辞出现于西周早期后段,如乃子克鼎"辛伯其普受毕(厥)永福"(集成2712)、宁簋"其用各百神用绥多福"(集成4021)等,西周中期至春秋晚期皆有所见。安邦保国类铭辞约出现于西周中期,如䚄簋"用保厥邦"(集成4192)。海岱地区此类铭辞出现于春秋中期后段,延续至战国中期,如国差𦉢"齐邦谧静安宁"(集成10361)、邾公华钟"邾邦是保"(集成245)、陈侯因咨祭敦"保有齐邦世万"、十四年陈侯午簠(集成4145)、十年陈侯午敦"保有齐邦,永世毋忘"等,多见于齐器。祈福类铭辞常与祭祀、婚媵类铭辞联用,一般置于文末。

(三) 婚嫁送媵

媵类铭辞大约出现于西周中期,如羍妊甗(集成877)、尹叔鼎(集成2282)等,流行于西周晚期至春秋晚期,战国时期少见。海岱地区婚媵类铭辞出现于西周晚期,如郱伯鬲(集成669)、孟弼父簋(集成3963)等,盛行于春秋早期。从器类上看,主要见于鼎、鬲、簋、簠、盘、匜六类器物,其中鬲的数量最多,偶见于敦、豆、盂,仅有1例见于钟上。婚媵类铭辞常后缀"眉寿万年""子孙永宝用"等祈冀福寿永续类嘏辞。海岱地区诸侯国中,鲁国的婚嫁送媵铜器铭辞数量最多,达到28件,占海岱地区此类铜器总数的46%。

(四)军旅征行

行旅类铭辞出现于西周早期前段,如鲁侯作旅簋(集成4029)、飤侯作旅鼎(集成2457)等,流行于西周中期至春秋晚期。海岱地区发现42例,最早的是鲁侯尊(集成4029)。征行类铭辞出现于西周早期,麦方鼎铭"用作鼎,用从邢侯征事"(集成2706)、用征尊(集成5591)。西周晚期出现"征行"一词,如史免簋铭"史免作旅簋,从王征行"(集成4579)。但直到春秋早期征行类铭辞才较为流行,但流行时间很短,春秋中期以后已少见。海岱地区目前最早的征行类铭辞见于春秋早期的胾伯子安父征盨(集成4442),铭"胾白(伯)子安父作征盨……以征以行"。军旅征行类铭辞的特征是器名前缀"旅""征""行""戎""徒"等字。如郜召旅簋①、胾伯子安父征盨(集成4442)、侯母作侯父戎壶(集成9657)、薛侯行壶②、元阿左舲徒戈(集成11158)等。

(五)赏赐纪念

赏赐纪念类铭辞出现于商代晚期,流行于商代晚期至西周中期。如小臣缶方鼎(集成2653)、奢簋(集成4088)、录簋(集成4122)等。海岱地区赏赐纪念类铭辞发现不多,仅有13例(组)34件,最早的见于小臣艅尊(集成5990),最晚的见于叔夷镈(集成285)。海岱地区商周时期的赏赐物品主要有:贝金、弓矢、马匹、臣民、土田封邑、司威、铁镐、玄镠、锵铝等九种。赐贝金者7例(组),赐土田者5例(组),赐臣民戎兵者3例(组),赐弓矢者2例(3件),赐马匹者3例(组),赐司威者1例,赐铁镐玄镠锵铝者1例(组)。从时间上看,商代仅1例、西周9例、春秋4例(皆为乐器钟、镈)。西周时期是海岱地区赏赐纪念类铭辞的盛行期,但总量不多。

(六)宴飨宾客

宴飨宾客类铭辞出现于西周晚期,如伯□父盨③,流行于春秋晚期,如王子婴次钟(集成52)、沇儿镈(集成203)等,战国时期已少见。宴飨宾客类铭辞多出现于乐器钟上,且多与祭祀先祖类铭辞联用。海岱地区的宴飨宾客类铭辞也流行于这一时期,共有6组17

---

① 山东大学考古系:《山东长清县仙人台遗址发掘简报》,《考古》1998年第9期。
② 山东省济宁市文物管理局:《薛国故城勘查和墓葬发掘报告》,《考古学报》1991年第4期。
③ 张锦少:《读新见西周伯□父盨铭"用飨宾于宗室"杂志》,《古文字学论稿》,安徽大学出版社,2008年,第258—269页。

件：郳公华钟、郳公牼钟（4件）、莒叔之仲子平钟（9件）、齐鲍氏钟、郳公钘钟、莒大史申鼎（集成2732）。除莒大史申鼎外，余皆为乐器钟、镈，而且除莒大史申鼎铭辞单纯为宴飨宾客外，其余皆为宴飨宾客与祭祀先祖联用。

二、标明器物用途者

未标明器用场所但表明器物用途的铜器有13件。此类铭辞一般在器物名称前缀盛放之物或用途类的限定词，如"膳鼎""羞鬲""饎簋""醴壶""盥盘""和钟"等，或在文末表明器物用途。此类铭辞出现于西周早期，如旟簋铭"旟作宝尊彝，用饎"（集成3628），敔簋铭"敔作宝簋，用氽饎孙子"（集成4323）。但数量不多，西周晚期始流行起来，如曾太保簋铭"曾太保□用吉金自作膳簋"（集成4054）、仲姞羞鬲（集成547）等。海岱地区此类铭辞出现于西周晚期。前缀"膳"字的器物有1例：归父膳敦（集成4640）。前缀"饎"字的有2例：冑自作饎簋（集成4532）、新姒作饎簋（集成3439）。前缀"羞"字的有郳伯作仲姬羞鬲（3件，集成589—591）、郳庆作华妊羞鬲（2件）①、郳华妊作羞鬲（2件）②、郳始逯母羞鬲（集成596）、酉叔蔓父羞鬲（山左1.15.1）、儥（祝）姬作孟妊姑兹羞鬲③，共6组10件。与中原地区用法相同，"膳"字主要用在鼎上，"饎"字主要用在簋和簠上，"羞"字绝大多数用于鬲上。

三、器用场所和用途皆不明者

未标明器用场所和具体用途的铭辞多为单字或字数较少。此类铭辞自商至战国均习见，如举觯（集成6026）、射南自作其簠（集成4479）等。此类铭辞铜器中，铜容器主要集中在商代晚期至西周早期，兵器与工具主要集中在战国时期。此类铭辞虽多，包含信息却较少，兹不赘述。

第二节　铭文中的国、氏、姓与职官

一、铭文中的国、氏、姓

海岱地区商周时期国族林立，据《山东通史·先秦卷》，海岱地区商周时期的方国约有60个④。而据《山东古国与姓氏》，海岱地区有夏商周古国151个，两周古国86个⑤。

---

① 枣庄市博物馆、枣庄市文物管理办公室：《枣庄市东江周代墓葬发掘报告》，《海岱考古》（第四辑），科学出版社，2011年，第220—328页。
② 枣庄市博物馆、枣庄市文物管理办公室：《枣庄市东江周代墓葬发掘报告》，《海岱考古》（第四辑），科学出版社，2011年，第220—328页。
③ 泰安市博物馆：《山东泰安市龙门口遗址调查》，《文物》2004年第12期。
④ 安作璋主编：《山东通史》（第一册），山东人民出版社，1993年。
⑤ 逄振镐：《山东古国与姓氏》，山东人民出版社，2006年，第764、794、797页。

前者似较少，后者又似略多。商代方国的判断标准，《商代地理与方国》①总结了八条，其依据主要是甲骨卜辞。铜器铭文有所不同，笔者总结了以下四种：1. 职官前，鲁司徒仲齐、莒大史申等；2. 爵称或排行前，如滕公、滕侯、鲁伯、郳仲等；3. 人名前，如鲁士郙父、齐趫父等；4. 姓氏前，如鲁姬、齐姜等。《左传·隐公八年》："天子建德，因生以赐姓，胙之土而命之氏。"事实上，胙之土而命之"国"者也十分常见，且来源更早。因此，金文中姓的区分相对较易，而国与氏的区分则比较困难，一是因为数量较多；二是文献失载、未载的国、氏较多；三是国与氏常有变易。如尹，依据尹伯鬲铭（集成912）、尹公爵（集成9039），西周早期尹可能为国名；而西周中晚期的永盂（集成10322）、訇壶（集成9728）、颂鼎（集成2829）则称为"尹氏"，可以确定为氏名。鉴于此，笔者把国、氏放在一起进行统计，然后尽可能依据文献和金文资料进行区分。

《出土商周时期青铜器铭文中的国名考察》（简称《国名考察》）一文从铜器铭文中得海岱国名18个②：齐、鲁、滕、邾、小邾、薛、上曾、莒、莱、纪、杞、成、铸、逢、邡、曹、郜、夷。其中夷器发现于陕西扶风强家村墓葬，上曾可能是湖北之曾。笔者通过对海岱商周铜器的全面考察，发现可能为国（氏）名的有84个。另外，还有一些文献中有明确记载的海岱国氏虽在海岱境内铜器中没有发现，但在海岱以外出土的铜器或出土地点不明的传世铜器中有发现，如阳、夷、过、须句四国。这88个国氏的情况见表八。此外，文献中有记载的少量海岱小国尚未在海岱铜器中发现或释读出来，如偪阳、鄾、颛臾、鄫等，需要在今后的工作中多加注意。

二、铭文中的职官

1. 王朝职官

载有王朝职官的铜器有：太祝禽鼎（集成1938）、小臣艅尊、太保鼎（集成2157）、太史友作召公宝尊彝甗（集成915）、旅鼎（太保，出于龙口莱阴）。

2. 诸侯职官

齐：叔夷钟（小臣）、龢镈（大攻厄、太史、太徒、太宰、太空、正卿，集成217）、齐太宰归父盘（集成10151）、少司马耳杯③（出于临淄商王村，时代为战国晚期，当属齐器）、国差罐（工师，集成10361）、十年洱阳令戈④（司寇、工师）、十年铍⑤（工师、啬夫）、建信君铍（相邦、工师）、柴内右戈⑥、陈御寇戈（集成11083）。

鲁：鲁内小臣寐生鼎（集成2354）、鲁司徒伯吴旅簋（集成4415）、鲁大宰原父簋（集成3987）、鲁大（左）司徒厚氏元膳铺（集成4689）、鲁少司寇封孙宅媵盘（集成10154）。

---

① 孙亚冰、林欢：《商代地理与方国》，中国社会科学出版社，2010年，第254—257页。
② 徐世权：《出土商周时期青铜器铭文中的国名考察》，吉林大学硕士学位论文，2009年，第32—45页。
③ 淄博市博物馆、齐故城博物馆：《临淄商王墓地》，齐鲁书社，1997年，第27页。
④ 孙敬明、苏兆庆：《十年洱阳令戈考》，《文物》1990年第7期。
⑤ 枣庄市博物馆：《鲁南出土两件铭文铜器》，《考古》1985年第5期。
⑥ 魏国：《山东新泰出土一件战国"柴内右"铜戈》，《文物》1994第3期。

表一一 海岱地区商周金文中的列国(氏)统计表

序号	国氏	释名	姓	相关铜器及铭文①	国(氏)驻地	主要出土地点	备注
1	齐	齐	姜、妫	齐侯诸器、丰启诸器铭"作祖甲齐公宝尊彝"	临淄	淄博、高青、临朐、莒县等	《史记·齐太公世家》:"于是武王已平商而王天下,封师尚父于齐营丘。"《史记·田敬仲完世家》:"康公之十九年,田和立为齐侯,列于周室,纪元年。"
2	己	己	姜	己侯簋(集成3772)、己侯貉子簋(集成3977)、己华父鼎(集成2418)等	寿光	寿光纪侯台、烟台上夼、莱阳前河前	《路史·国名纪一》:"侯爵,姜姓。"列于夏商古国,炎帝之后。
3	夆(逄)	夆(逄)	姜	夆伯甗(集成369)、夆叔盘(集成10163)、夆叔匜(集成10282)、夆莫父匂(集成5245)等	济阳	济阳刘台子	《左传·昭公二十年》:"昔爽鸠氏始居此地,季荝因之,有逄伯陵因之,蒲姑氏因之,而后大公因之。"《国语·周语》韦昭注:"逄公,伯陵之后,太姜之侄,殷之诸侯,封于齐地。"
4	釐(莱)	釐(莱)	姜或子	釐白縢女高(集成663—665)	龙口(?)	日照崮河崖	《尚书·禹贡》:"海岱惟青州,嵎夷既略,淮淄其道。""莱夷作牧。"《史记·齐太公世家》:"武王……封师尚父(大公)于齐营丘,东就国……莱侯来伐,与之争营丘,营丘边莱。"《春秋·襄公六年》:"十有二月,齐侯灭莱。"
5	异	异	姜	异侯簋、异侯弟曳鼎、异伯彊父诸器、异公壶等	莒县北	烟台上夼、龙口归城等	己、异是否一国暂目存疑。

① 本栏铜器未注明出处者请参见文末的"附表三:海岱地区传世商铜器一览表"。

续表

序号	国氏	释名	姓	相关铜器及铭文	国(氏)驻地	主要出土地点	备注
6		淳于	姜	淳于公之御戈,淳于右造戈,淳于左造戈,淳于戈	安丘、新泰	泰安、新泰	《左传·桓公五年》:"冬,淳于公如曹。度其国危,遂不复。"《春秋·隐公四年》:"桓六年,淳于公亡国。"杜预正义:"桓六年,淳于公亡国,杞似并之,迁都淳于。"
7		敔(荥?华?)	姜、子、妊(?)	敔伯鼎(总集693)	龙口	龙口莱阴	史籍无载。
8		国	姜	国差䍐(集成10361),国子鼎(集成1348)等	临淄	临淄姚王庄、曲阜	《左传·昭公四年》:"适齐,娶于国氏。"《世本·氏姓篇》(张澍稡集补注本):"国氏,齐太公之后,代为上卿。"
9		豐(丰)	姜	丰启诸器	高青	高青陈庄	丰启诸器铭"作祖甲齐公宝尊彝"。
10		高	姜	高子戈(集成10961)	临淄	临淄白兔丘	《世本·氏姓篇》(张澍稡集补注本):"高氏,齐文公子高,孙傒,为齐上卿,王父字为氏。"
11		荆(?)	姜(?)	荆公孙敦(集成4642)	胶南荆水附近	胶南山周	《世本·氏姓篇》(张澍稡集补注本):"周有荆利,荆伯。"《水经注》:"潍水又北迳平昌县故城东,荆水注之,水出县南荆山埠。"
12		羊	姬或姜	羊子戈(集成11089)	曲阜(?)	曲阜	《姓谱》及《通志·氏族略》皆言为周代晋国人羊舌氏之后,春秋末年改为单字姓羊氏。

续表

序号	国氏	释名	姓	相关铜器及铭文	国(氏)驻地	主要出土地点	备注
13		鲁	姬	鲁司徒仲齐诸器、鲁侯诸器等	曲阜	曲阜鲁国故城,宝鸡戴家湾、泰安城前村	《史记·周本纪》:"封弟周公旦于曲阜曰鲁。"《史记·鲁周公世家》:"鲁周公伯禽代就封于鲁,而使其子伯禽代就封于鲁。"
14		滕	姬	滕侯诸器	滕州姜屯镇	滕州庄里西	《左传·僖公二十四年》:"管、蔡、郕、霍、鲁、卫、毛、聃、郜、雍、曹、滕、毕……文之昭也。"
15		郜	姬	郜史硕父鼎、郜仲尊	成武	不明	《左传·僖公二十四年》《左传·文之昭也。"《左传正义》:"以郜大鼎赂公。"杜预正义:"济阴城武县东南有北郜城。"
16		胙	姬	郗友父滕其子胙曹宝鬲	范县胙亭	枣庄东江	《左传·僖公二十四年》:"凡蒋、邢、茅、胙、祭,周公之胤也。"
17		㷟	姬、妃	倗荞生作成姽䕻尊鼎(集成2524)	周原、宁阳、栖霞(?)	栖霞县松山乡大北庄村桃庄、岐山县董家村1号铜器窖藏	《左传·僖公二十四年》:"管、蔡、郕、霍……文之昭也。"另有传世成伯邦父作叔姜壶(集成9615)、许男作成垣女嬴鬲(集成9609)、成伯孙父作口壶(集成680)、倗荞生作成姽䕻尊鼎(集成2549)、倗多父作成姬多母盨(集成2524)、伯多父铸成姬孟母妃(集成4419)、成公作子孟妃盨(集成968)从此器来看,或另有己姓之成)。
18		曹	姬	曹公盨(集成10144)、曹公沱戈(集成11120)、曹伯狄作宿风簋(集成4019)	定陶、曹县	山东、河南淮阳	《史记·管蔡世家》:"曹叔振铎者,周武王弟也。武王已克殷纣,封叔振铎于曹。……(曹伯阳)十五年,宋灭曹,执曹伯阳及公孙疆以归而杀之。曹遂绝其祀。"

第六章　海岱地区商周青铜器的铭文

续表

序号	国氏	释名	姓	相关铜器及铭文	国（氏）驻地	主要出土地点	备注
19	（图）	阳	姬、嬴或御	叔姬作阳伯旅鼎（集成2392）、阳子作厥旅盨（集成3578）	青州	不明	《春秋·闵公二年》："春，王正月，齐人迁阳。"《读史舆纪要》卷一《历代州域形势一》："沂水县南有阳都城，故阳国。或曰，阳国本在今益都县东南，齐逼迁之于此。"另有传世阳食生簋（集成3984）。
20	（图）	厚	姬	鲁大司徒厚氏元铺（集成4689）	济宁	曲阜	《礼记·檀弓》正义："孝公生惠伯革，其后为厚氏。"《史记·鲁世家》索隐："厚昭伯名恶，鲁孝公之后，称郈氏。"
21	（图）	蹙	姬	司马南叔作蹙媵匜（集成10241）	?	莒县城东前集	史籍无载。
22	（图）	㭉（茅?）	姬	齐侯作㭉姬盘、匜（集成10117、10242）	安丘(?)金乡(?)	安丘	《左传·僖公二十四年》："凡蒋、邢、茅、胙、祭，周公之胤也。"
23	（图）	皇	姬	齐侯作皇姬孟姬宝盂（集成10123）	?	?	《姓氏考略》载："春秋时郑公族有皇氏。"或即此皇氏。
24	（图）	嬯	姬	齐嬯姬作宝簠（集成3816）	?	不明	史籍无载。有传世嬯廷作安壶（集成9555）、嬯幼作宝壶（集成9556），苏甫人作嬯改襄朦盘（集成10080）。
25	（图）	紫	姬	齐紫姬之嬯盘（集成10147）	?	不明	史籍无载。有传世紫伯匠（集成3481）、紫叔卣（集成5382）等。
26	（图）	井或邢	姬	羿侯作夐井姜妢母尊簠（近出470）	安丘	不明	《左传·僖公二十四年》："凡蒋、邢、茅、胙、祭，周公之胤也。"

续表

序号	国氏	释名	姓	相关铜器及铭文	国(氏)驻地	主要出土地点	备注
27		干(?)	姬	干氏叔子作仲姬客母媵盘(集成10131)	?	邹城纪王城等	另有传世成周邦父作仲姜宝壶(集成9621)。此徽识不甚清晰,是否为干尚难确论。《商周干国的研究参见朱镇豪:关于干国考》,《东南文化》1993年第5期。
28		幻	姬或妊	孟孖父作幻伯妊媵簠(集成3960),同出有孟孖父作宝簠(集成3962)	滕州(?)	滕州安上村	史籍无载。
29		薛	妊	薛侯戚鼎(集成2377),薛侯行壶(近出951),薛侯匜(集成10263)	滕州官桥镇	滕州	《通志·氏族略》:"薛氏,妊姓。黄帝之孙颛帝少子阳封于妊,故以为姓。"《左传·定公元年》:"薛宰曰:薛之皇祖奚仲,居薛以为夏车正。奚仲迁于邳,仲虺居薛。"
30		铸	妊	铸侯求钟(集成47),铸公簠(集成4574)、铸子叔黑臣诸器	肥城	肥城,桓台等	《吕氏春秋·慎大览》:"武王胜殷,人殷,未下舆,命封黄帝之后于铸。"《史记·周本纪》:"武王追思先圣王,乃褒封神农之后于焦,黄帝之后于祝,祝或通铸。
31		郚	妫	郚伯鬲(集成589)、郚伯仲鼎(集成2601)	长清	长清仙人台等	《左传·襄公十三年》:"夏,邿乱,分为三。师救邿,遂取之。"由郚仲簠铭"郚仲腰孟妫为姓"知郚为妫姓。
32		邳	妊	邳伯夏子罍(集成10007)	江苏邳县、枣庄峄县	枣庄峄城区	《说文·邑部》:"邳,奚仲之后,汤左相仲虺所封国,在鲁,薛县是也。"

第六章 海岱地区商周青铜器的铭文

续表

序号	国氏	释名	姓	相关铜器及铭文	国(氏)驻地	主要出土地点	备 注
33		华	妊	郳庆作华妊盖盨、郳庆作华妊壶、华孟子媵宝鼎妇中子媵宝鼎	或在济南至泰安一带①	枣庄东江、沂水纪王崮	另有传世华季嗌盨(集成4412)。此外，询簋(集成4321)铭文中有秦夷、京夷、华夷，或与此国氏有关。《古今姓氏书辨证》载："出自子姓，末戴公孙督，字华父，相末公，因自立为华氏。"
34		秦(姜)	妊	郳庆作妊匜匜、郳庆作秦妊簋	范县秦亭(?)	枣庄东江	询簋(集成4321)铭文中有秦夷、京夷、华夷，或与此国氏有关。
35		过	妊	过伯簋(集成3907)	莱州	不明	《左传·襄公四年》："处浇于过。"杜预正义："过，戈皆国名，东莱县北有过乡。"《左传·哀公元年》："遂灭过、戈，复禹之绩。"《路史·国名纪六》："过，夏禹之国，即有过。"另有传世过伯作彝(集成8991)。
36		郯	曹	郯伯鬲、郯公钎钟、郯公华钟、郯太宰钟等	邹城	不明	《世本·世家》《张澍稡集补注本》："郯，曹姓，子爵。"
37		郳(郳、小郳)	曹	郳庆壶、郳庆鬲、郳公敦(集成4641)	枣庄山亭	枣庄东江	《世本·世家》《张澍稡集补注本》："郳，曹姓，子爵。"春秋初年，分自郳。
38		邾(邹、郯?)	曹	取它人之善鼎(集成2227)，取膚上子商盘、匜，取子致鼓鈸	邹城	邹城小彦	《路史·国名纪四》："邾，商氏后国，邾国地春秋鲁邑。"《左传》："邾人纥之以出门者。"
39		甚	曹或妃	甚諆鼎(集成2410)	潍坊	潍县东乡	或为鄩灌，鄩鄩之分。

① 方辉：《华孟子鼎铭小议》，《中国文物报》2012年9月14日第6版。

续表

序号	国氏	释名	姓	相关铜器及铭文	国(氏)驻地	主要出土地点	备注
40		杞	姒	杞伯每亡诸器	安丘、新泰等	新泰	《史记·陈杞世家》:"周武王克殷纣,求禹之后,得东楼公,封之于杞,以奉夏后氏祀。"
41		者(诸)	姒、彭	诸㳺故作匜、亚醜者姒诸器	诸城、安丘	莒县崔家岭等	《路史·国名纪三》:"诸,彭姓,密之诸城西北三十,春秋之诸国。"夏商时为姒姓。
42		郚	姒	郚伯作郱子□□媵匜、仲盘、匜	潍坊(?)	临朐泉头	多认为是夏斟郚之后。
43		费	姒	费敏父作孟姒媵鼎	费县	邹城峰山北簏斗鸡台	本夏古国,后为鲁季孙氏封邑。
44		龙(䣛)	姒	王姜作龙㘡宝尊彝	?	济阳刘台子	《左传·襄公四年》:"有豸后羿……弃武罗、伯因、熊髡、龙圉,而用寒浞。"
45		新	姒	新姒作䭜盨宝鼎(集成2596)等	?	滕州庄里西	有传世新宫叔硕父监姒作宝鼎(集成2596)等
46		鼜(鲍)	姒	齐鼜(鲍)氏钟(集成142)、鲍子鼎	?	不明	《史记·管晏列传》:"管仲曰:'吾始困时,尝与鲍叔贾,分财利多自与,鲍叔不以我为贪,知我贫也。'"鲍氏为杞国公子敬叔奔齐之商。文献中还有鲍国公牙、鲍国、鲍牵、鲍牧等。
47		伊	姒(?)姜(?)	伊诗簋(集成4533)	曹县	邹城匡庄	商初有伊尹,另有传世伊生作公母尊彝(集成3631)、伊番作簋(集成4533)、王平伊伯赐懋贝(集成9714)。

续表

序号	国氏	释名	姓	相关铜器及铭文	国(氏)驻地	主要出土地点	备注
48	(图)	宋	子	宋公差(佐)戈、宋公鼎(通志147.4392)	商丘	济宁、临淄等	疆域涵盖海岱西南部部分地区。
49	(图)	商丘	子(?)	商丘叔盨(集成4557)	泰安	泰安龙门口	史籍无载。吴镇烽《金文人名汇编》云："商丘叔，卫国人，封于商丘，以邑为氏。"
50	(图)	尹	姞	鲁侯作尹叔姬壶(集成9579)、蔡姞簋"蔡姞作皇兄尹叔尊鬻彝"(集成4198)	蓬莱(?)	器二传出蓬莱	有传世尹伯甗(集成912)、尹公爵(集成10322)、智壶(集成9728)、颂鼎(集成2829)中有尹氏。《左传·成公十七年》有尹武公。
51	(图)	眂桨(?)	姞	眂可忌作厥元子仲姞塍豆	?	临淄白兔丘	史籍无载
52	(图)	徐	嬴	徐子鼎(集成2390)	泗水、郯城、徐州等	费县上冶台子沟	《左传·定公四年》："分鲁公以大路、大旗……殷民六族，条氏、徐氏、萧氏、索氏、长勺氏、尾勺氏。"
53	(图)	此(他)	嬴	郱义伯作此甗尊鼎(集成2640)	?	滕州安上村	有云源于官位，出自西周初期王室侍从他土，属手以官职称谓为氏。
54	(图)	郯	嬴或己	郯右戈	临沭、郯城	临沭五山头	《左传·昭公十七年》："秋，郯子来朝，公与之宴。昭子问焉，曰：'少皞氏鸟名官，何故也？'郯子曰：'吾祖也，我知之。'"

续表

序号	国氏	释名	姓	相关铜器及铭文	国(氏)驻地	主要出土地点	备注
55		宿	风	曹伯狄作宿风簠	东平	滕州金庄等	《春秋·隐公元年》杜预正义:"宿,小国,东平无盐县也。"《左传·僖公二十一年》:"任、宿、须句、颛臾,风姓也。"另有传世宿邕作祖皮宝尊彝簋、宿伯鼎。
56		须句	风	须句簠	梁山	不明	《春秋·僖公二十二年》:"春,公伐邾,取须句。"《左传·僖公二十一年》:"任、宿、须句、颛臾,风姓也。"《释须句》,《金文丛考》,人民出版社,1954年,第213—214页,是陕西出版此簋孔丁作尖刺状,是陕西地区的特色,此簋铭文或不应释作须句。
57		莒	妃	莒叔之仲子平钟、莒公孙潮子钟、莒大史申鼎、莒小子簋	莒县	莒南大店等	《春秋左传正义》引《世族谱》:"莒,嬴姓,少昊之后,周武王封兹舆期于莒,初都计。"
58		姅	妖	姅仲簋(集成4534)	?	曲阜鲁国故城	史籍无载。
59		夷	妘	夷伯簋(近出481)	胶州东北,即墨西	陕西扶风强家村	《左传·隐公元年》:"八月,纪人伐夷。"杜预注:"夷国在城阳壮武县。"杨伯峻注:"夷,国名,妘姓。"又云:"卜辞有'人方',亦即夷国。"
60		鄅(?)	?	鄅车季鼎(沂蒙金石志,33页)	郯城	不明	《路史·国名纪六》:"鄅,周世侯伯。"《通志·氏族略》:"鄅为氏,以国为氏,鲁取之。"附庸国。成六年,鲁取之。

续表

序号	国氏	释名	姓	相关铜器及铭文	国(氏)驻地	主要出土地点	备注
61		莃	?	偂莃生作成魄䐊鼎(集成2524)	?	栖霞桃庄	《列子·周穆王》记载:"西极之南隅……名古莽之国。"另有传世莃君作父乙宝尊彝(集成5945)。
62		遣	?	遣叔作旅鼎、遣小子簋(集成3848)	?	一出于济宁任城,二藏于山东博物馆	史籍无载。另有传世遣叔吉父盨(集成5373)。
63		婴	?	婴土父作䗕妃尊鬲	肥城	肥城小王庄	史籍无载。
64		匋(?)	?	匋监鼎	?	龙口庄头韩家村	史籍无载。
65		矢	?	矢伯㦰作父癸卣(集成5291)	?	临朐柳山寨	有云在陕西西周至境,此矢恐非在陕境。
66		庆(侯?)	?	鲁内小臣庆生作鼎	?	不明	史籍无载。或释为侯。
67		㠱	?	陈子作㠱孟妫女滕匜	潍县东乡(?)	潍县东乡	史籍无载。
68		巫	?	齐巫姜簋	?	青州	《姓氏考略》:"黄帝臣巫彭作医,为巫氏之始。"又曰:"殷有巫咸,巫贤。"《今本竹书纪年》:"三年,命卿士巫贤"。
69		射	?	射南簋(集成4480)	邹城	邹城七家峪(栖驾峪)	史籍无载。

续表

序号	国氏	释名	姓	相关铜器及铭文	国(氏)驻地	主要出土地点	备注
70	(图)	索	?	索氏诸器	兖州	兖州城西李官	《左传·定公四年》："分鲁公以大路、大旗……殷民六族，条氏、徐氏、萧氏、索氏、长勺氏、尾勺氏。"
71	(图)	厉	?	鲁大司徒子仲伯作厉孟姬滕匜	河南鹿邑、息县、山东聊城、历城等	不明	驻地争议较大。

以上国氏的中心驻地多数可以确定于海岱地区，以下国氏的驻地多数可以确定于海岱地区之外。

72	(图)	毕	姬	毕仲簋	咸阳	枣庄东江	周文王十五子，武王之弟毕公高之封国。
73	(图)	宽鬲(鲜虞?)	白狄姬姓	齐侯作媵鲜虞鬲姜盥盘（集成10159），御匜、敦、盂（集成10283）	河北易县	河北易县	《国语·郑语》："北有卫、燕、翟、鲜虞、路、洛、泉、徐、蒲。"韦昭注："鲜虞，姬姓，在翟者。"
74	(图)	上曾	姬	上曾太子鼎（集成2750）	湖北随州	临朐泉头	史载不详。
75	(图)	虢	姬	齐侯作虢孟姬良母宝匜	三门峡(?)	不明	《左传·僖公五年》："虢仲、虢叔，王季之穆也，为文王卿士，勋在王室，藏于盟府。"《左传·僖公二年》："晋荀息请以屈产之乘与垂棘之璧，假道于虞以伐虢。"

第六章 海岱地区商周青铜器的铭文

续表

序号	国氏	释名	姓	相关铜器及铭文	国(氏)驻地	主要出土地点	备注
76	攻吴	工吾（攻吴、吴）	姬	攻吴王剑	苏州附近	沂水略疃、邹城、新泰周家庄、朱山庄	《史记·吴太伯世家》："吴太伯，太伯弟仲雍，皆周太王之子，而王季历之兄也。"《左传·哀公二十二年》："冬，十一月丁卯，越灭吴。"
77	匽	匽即燕	姬	匽王旨剑	北京房山、河北易县	临淄齐都龙贯淄河滩	《史记·燕召公世家》。周武王之灭纣，封召公于北燕，姓姬氏。《左传》：（燕孝王）三十二年，"秦拔辽东，房燕王喜，卒灭燕。"
78	郜	郜	姬	郜氏左戈（近出1117）	原在山西泌水下游，后郜城（？）	郯城大尚庄	《说文·邑部》。《国语·晋语上》："夫大夫郜虎也，邑合声。"《国语·晋语二》："郜之宠人也，三卿而五大夫，可以戒惧矣。"《国语·晋语中》："郜至归，明年死难。"
79	蔡	蔡	姬	蔡姑作皇兄尹叔尊篇彝簋（集成4198）	河南上蔡	传出蓬莱	《史记·管蔡世家》："管叔鲜、蔡叔度者，周文王子而武王弟也。"又云："蔡叔度既迁而死。其子曰胡，胡乃改行，率德驯善。……于是周公言于成王，复封胡于蔡，以奉蔡叔之祀，是为蔡仲。"
80	戴	戴	子或姬	戴叔朕鼎（集成2690—2692）、戴叔庆父鬲（集成608）、戴伯匜（集成10246）、戴公戈	兰考	曲阜等	《左传·隐公十年》："扰任郑，末人，卫人人郑，蔡人从之，伐戴。"八月王戌，郑伯围戴。癸亥，克之，取三师焉。《左传·闵公二年》："齐人使昭伯烝于宣姜，不可，强之。生齐子、戴公、文公、末桓夫人、许穆夫人。"
81	昆	昆	媿	昆君妇媿灵作旅尊鼎（集成2502）	晋南	枣庄东江	《元和姓纂·二十三魂》（岑仲勉校勘本）："昆，夏诸侯昆吾氏之后。"然昆吾氏为己姓，此昆为媿姓，司能不是一国（氏）。

续表

序号	国氏	释名	姓	相关铜器及铭文	国(氏)驻地	主要出土地点	备 注
82	倗	倗	媿	倗浑生作成媿媵鼎(集成2524),羮仲作倗生饮壶	山西绛县横北	栖霞桃庄	《左传·僖公二十三年》杜预正义:"赤狄,媿姓。"《国语·周语》韦昭注:"媿(隗)姓也。"另,山西省绛县横北倗国墓地,可能为怀姓九宗之一。
83	黄	黄	嬴	黄太子伯克盆(集成10338)	河南潢川	沂水刘家店子	《左传·桓公八年》:"夏,楚子合诸侯于沈鹿。黄、随不会,使薳章让黄。"《左传·僖公十二年》:"夏,楚灭黄。"传为少昊之裔伯益之后,嬴姓。
84	邛、江	嬴	邛伯厚之孙薁君季葱自作鉴盂	河南正阳	沂水纪王崮	《春秋·僖公二年》:"齐侯、宋公、江人、黄人盟于贯。"河南正阳县东南,淮水北岸有邛国故城。
85	楚	楚	芈	楚高缶(集成9989)	湖北、安徽	泰安东更道	《史记·楚世家》:"当周成王之时,举文、武勤劳之后嗣,而封熊绎于楚蛮,封以子男之田,姓芈氏,居丹阳。"《离骚》曰:"帝高阳之苗裔兮,朕皇考曰伯庸。"
86	陈	陈	妫	陈侯诸器	河南淮阳	肥城小王庄	《史记·陈杞世家》:"陈胡公满者,虞帝舜之后也。……姓妫氏。"至于周武王克殷纣,乃复求舜后,得妫满,封之于陈,以奉舜祀,是为胡公。
87	甫	姜	妌仲作甫妷媵簋(集成4534)	山西吕梁或河南南阳	曲阜鲁国故城	古通吕,《尚书·周书·吕刑》为吕(甫)侯所作。
88	鄝	妃	嬰土父作鄝妃尊鬲	河南唐河、固始	肥城小王庄	《左传·桓公十一年》:"郧人军于蒲骚,将与随、绞、州、蓼伐楚师。"《左传·文公五年》:"楚公子燮灭蓼。"

郳：郳太宰钟、郳大司马戈（集成11206）、郳太师□□觥戈（金索2.7.1）。

滕：滕司马懋编镈、滕司徒戈（集成11205）、滕太宰得之御匜①。

莒：莒司徒斧（集成11785）、莒大史申鼎（集成2732）。

纪：右司工（空）铈②（出于寿光岳寺李村东弥河北岸，时代为商周之际，当属纪器）。

杞：杞史硕父鼎（山东金文集存·杞8.2）。

巢：司马南叔作巢姬媵匜（集成10241，出于莒县城东前集）。

郯：郯右司戈③。

综上，海岱金文中的王朝职官名有太祝、太史、太保、小臣4种。诸侯国职官名有太师、太史、史、太宰、太徒、大司徒、大左司徒、司徒、太空、右司空、右司、大攻厄、大司马、司马、少司马、司寇、少司寇、御寇、小臣、内小臣、内右、正卿、工师、啬夫、相邦等25种。

第三节　铭文中的徽铭

关于铜器徽铭的性质目前仍有争议，笔者暂时按照较为流行的做法称之为族氏徽铭。关于族氏徽铭的判定方法和标准，不少学者曾作过探讨，张懋镕先生在《一千年来商周青铜器族徽文字研究述评》④中认为何景成博士所总结的六条标准比较全面。笔者据此六条标准对海岱地区商周时期的徽铭进行了统计，得68种，其中海岱地区出土较多的有58种，见表一二。以往也有学者对海岱地区发现的徽铭的数量进行过大致统计，何景成博士统计了28种⑤，曹艳芳博士统计了24种⑥。这68种徽铭中，出土地点明确且主要出于海岱地区的有51种。

一、仅见于海岱地区的徽铭

目前仅见于海岱地区的徽铭有如下36种：（夆）、（索）、（融）、（戎）、⑦、⑧、。这些

---

① 王人聪：《新获滕大宰得匜考释》，《文物》1998年第8期。
② 贾效孔、黄爱华：《右司工铜铈小考》，《中国文物报》1993年10月31日第3版。
③ 王亮：《山东临沭县发现青铜器》，《考古》1990年第2期。
④ 张懋镕：《一千年来商周青铜器族徽文字研究述评》，《新史学》十八卷二期，第157—189页。
⑤ 何景成：《商周青铜器族氏铭文研究》，吉林大学博士学位论文，2005年，第178—180页。
⑥ 曹艳芳：《山东出土商代青铜器研究》，山东大学博士学位论文，2006年，第135—153页。
⑦ 此徽识出于长清仙人台M6，壶的年代为两周之际。此时的铜器徽识已基本消失，是否为徽识尚难确定。伦敦苏富比拍卖行曾收藏一件商代铜壶，徽识为，与此徽识相近。
⑧ 此徽铭与扶风庄白村一号窖藏七式钟铭文相近。参见曹玮：《周原出土青铜器》，巴蜀书社，2005年，第904、909页。

表一二 主要出于海岱地区的徽铭及其铜器统计表

序号	徽识	海岱境内出土铜器	数量	海岱境外出土铜器情况	地点不明数量	主要出土地点	族群驻地
1	史	鼎10簋1罍1斝1甗1瓿11爵17角5尊3壶3罍1卣5觚4盉2盘1簋1戈2	70	辽宁喀左1、陕西耀县丁家沟1、殷墟西区1、郑州洼刘1、宝鸡竹园沟1	加上复合徽铭40余件	滕州前掌大	滕州前掌大
2	（徽）	鼎2甗1簋1豆1卣7尊1觚2觥1觯3爵8角3斝1盉1罍2	33	安阳11（刘家庄M9出土6、侯家庄1、大司空1、安阳3）、郑州洼刘1、河南1、陕西麟游后坪村1、扶风庄白1号窖藏2（商尊、商卣）、长安沣西大原村2、房山琉璃河2、老牛坡1、灵台白草坡1、岐山礼村1	加上复合徽铭超过155件	传费县、长清、安阳刘家庄	费县、长清、安阳刘家庄
3	癸	觚1爵1	3	0	8	长清	长清
4	䖵	鼎4觯11瓿1爵2觯1戈1矛9钺1斧2伞1	33	0	近70	青州苏埠屯	青州苏埠屯
5	融	鼎3簋1卣1尊1觯1瓿1爵1罍1	11	0	1	青州苏埠屯	青州苏埠屯
6	举	鼎2簋3觯1爵1盘1	8	0	0	济阳刘台子	济阳刘台子
7	己	鼎5爵5瓿3尊1卣2	16	安阳1	1	寿光侯城	寿光侯城
8	亢	鼎1簋1甗2爵1瓿1爵2	8	殷墟西区3（M1125、M284及第八墓区各1）、广西全苏村1	7	兰陵高尧	兰陵高尧

第六章 海岱地区商周青铜器的铭文

续表

序号	徽识	海岱境内出土铜器	数量	海岱境外出土铜器情况	地点不明数量	主要出土地点	族群驻地
9		卣1尊1觯2觚1爵1	6	宝鸡戴家湾2、扶风县云塘村1、安阳殷墟西区1	0	滕州井亭	滕州井亭
10		铙1方彝1鼎1戈1	4	0	0	惠民大郭	惠民大郭
11		钟1	1	0	0	归城和平村	归城和平村
12		爵1	1	0	0	滕州级索	滕州级索
13		觚1	1	0	0	滕州种寨	滕州种寨
14		爵2	2	安阳武官村2	0	寿张梁山	寿张梁山
15		鼎1	2	0	0	龙口莱阴	龙口莱阴
16		尊1	1	0	0	青州	青州
17		尊1	1	0	0	兰陵高尧	不明
18		鼎1觚1簋1卣1	4	安阳大司空南地1、殷墟西区1、灵石旌介1	8	济南刘家庄	济南刘家庄
19		爵1觯1卣1	1	0	0	潍坊院上	潍坊院上

续表

序号	徽 识	海岱境内出土铜器	数量	海岱境外出土铜器情况	地点不明数量	主要出土地点	族群驻地
20		觚 2	1	山西永和县下辛角村 1	2	长清王玉庄	长清王玉庄
21		爵 1	1	陕西长武县枣园村 1	4	邹城小西韦	邹城小西韦
22		卣 1	1	0	0	滨州兰家村	滨州兰家村
23		簋 1	1	河南河清 1	5	东营周家村	东营周家村
24		爵 1	1	0	0	潍坊胥家村	潍坊胥家村
25		戈 1	1	0	0	沂水倍家庄	沂水倍家庄
26		卣 2 爵 1 斝 2 罍 1	6	安阳 1,传安阳 1,浚县辛村 1	4	长清崮山驿	长清崮山驿
27		鬲 1	1	湖北蕲春县毛家嘴村 1,陕西宝鸡 1	8	山东	不明
28		鼎 1	1	0	0	滕州辛渚	滕州辛渚
29		爵 3	3	0	0	不明	不明

续表

序号	徽识	海岱境内出土铜器	数量	海岱境外出土铜器情况	地点不明数量	主要出土地点	族群驻地
30		爵1	1	0	0	平阴洪范	平阴洪范
31		爵1	1	0	0	滕州大韩	滕州大韩
32		爵2	2	0	0	济南大辛庄	济南大辛庄
33		戈1	1	0	0	青州苏埠屯	青州苏埠屯
34		卣1 爵1 角1	3	0	0	兖州李宫村	兖州李宫村
35		觚1	2	0	0	邹城南关窑厂	邹城南关窑厂
36		觯1 戈1	2	0	1	济阳刘台子	不明
37		爵1	1	0	0	昌乐东圈	昌乐东圈
38		爵2	2	0	0	滕州庄里西	滕州庄里西

续表

序号	徽识	海岱境内出土铜器	数量	海岱境外出土铜器情况	地点不明数量	主要出土地点	族群驻地
39		罍1	1	0	3	滕州前掌大	不明
40		爵1	1	0	0	青州	青州
41		鼎1爵1卣1	3	0	16	新泰府前街	新泰府前街
42		觚1 锜1	2	0	6	济南	济南
43		尊1	1	0	0	潍坊胥家村	潍坊胥家村
44		尊1	1	0	6	泗水张庄	泗水张庄
45		卣1	1	0	0	章丘东涧溪	章丘东涧溪
46		觚1	1	0	0	邹县化肥厂	邹县化肥厂
47		刀1	1	0	0	小屯北岸	兴复河北岸
48		觯1	1	0	0	传山东	传山东
49		尊1卣1	2	山西洪赵县永凝东堡1	4	龙口归城	龙口归城

续表

序号	徽识	海岱境内出土铜器	数量	海岱境外出土铜器情况	地点不明数量	主要出土地点	族群驻地
50		卣 1	1	0	0	肥城	肥城
51		盉 1	1	0	0	滕州前掌大	不明
52		鬲 1	1	0	0	新泰	新泰
53		觯 1	1	0	0	兰陵高尧	不明
54		瓿 1	1	0	0	寿光古城	不明
55		觚 1	1	陕西麟游县九成宫镇后坪村 1	3	邹城西丁	邹城西丁
56		爵 1	1	0	0	济宁任城	济宁任城
57		壶 1	1	0	0	长清仙人台	长清仙人台
58		卣 1（滕州庄里西 1989M7）	1	安阳 15、郑州洼刘 2、上蔡 2、洛阳 2、浚县 1、北京顺义 6、房山 1、河北 1	30 余	河南安阳、北京顺义	河南安阳、北京顺义

族徽铜器的数量多数较少，其中很多仅发现 1 件，是否为徽铭似还有商榷的余地，但其中的多数为徽铭当无太大问题，且其聚居地也应多在海岱地区。而铜器数量较多的徽铭，如夆、融、索、戎等，则基本可以确定其聚居地在海岱地区。

二、主要发现于海岱地区的徽铭

有如下 16 种：⿱(冀)、⿱(史)、⿱(亚醜)、⿱(爻)、⿱①、⿱②、⿱③、⿱④、⿱⑤、⿱⑥、⿱⑦、⿱⑧、⿱⑨、⿱⑩、⿱⑪、⿱⑫。

现选取海岱地区发现较多、影响较大的冀、史、亚醜、爻四种族徽作简要分析。

冀。宋人释为"析子孙"⑬，丁山⑭、郭沫若⑮认为是"冀"字，于省吾释为"举"字⑯，目前多从"举"字。此外，尚有不少学者对此徽铭作过研究⑰。"举"族在卜辞中多出于商武丁时期的宾组卜辞及商代晚期的铜器铭文，是商代的强大宗族，常为商王朝征伐西北方国，后迁徙至东方抵御夷方⑱。据统计，明确为举族的铜器至少已发现 168 件⑲，另有 40 余件为"举"族复合族徽或其变体⑳，合计已超过 210 件。出土地点明确的 52 件如下：北京拣选(传出自费县)19、长清小屯 8、安阳 11(刘家庄 M9 出土 6、侯家庄 1、大司空 1、安阳 3)、陕西麟游后坪村 1、扶风庄白 2(商尊、商卣)、长安沣西大原村 2、房山琉璃河 2、滕

---

① 共 19 件，地点明确者 3 件，皆出于新泰境内。
② 共 19 件，地点明确者 11 件：苍山高尧 6 件、殷墟西区 3 件(M1125、M284 及第八墓区)、广西全苏村 1 件，还有 1 件也出于山东，但不知具体地点。
③ 共 13 件，地点明确者 9 件：山东长清崮山峄 5 件、山东某地 1 件、安阳 1 件、传安阳 1 件、浚县辛村 1 件。
④ 共 6 件，地点明确者 1 件，出于泗水张庄。
⑤ 共 3 件，地点明确者 1 件，出于济阳刘台子。
⑥ 共 2 件，地点明确者 1 件，出于泰安黄花岭。
⑦ 共 4 件，地点明确者 1 件，出于山东某地。
⑧ 共 8 件，地点明确者 2 件，出于济南。另有 7 件与"弓"组成复合族徽，但不知出土地点。
⑨ 共 18 件，地点明确者 17 件：山东寿光古城 16 件、安阳 1 件。
⑩ 共 11 件，地点明确者 3 件，皆出于山东长清王玉庄。
⑪ 共 7 件，地点明确者 3 件：龙口归城小刘庄 2 件、山西洪赵县永凝东堡 1 件。
⑫ 共 4 件，地点明确者 2 件：长清王玉庄 1 件、山西永和县下辛角村 1 件。
⑬ 吕大临：《考古图》(卷四父乙内)，上海古籍出版社，1991 年，第 82 页。
⑭ 丁山：《说冀》，《中研院史语所集刊》第一本第二分，1930 年。
⑮ 郭沫若：《殷彝中图形文字之一解》，《殷周青铜器铭文研究》，科学出版社，1961 年，第 11—20 页。
⑯ 于省吾：《释冀》，《考古》1979 年第 4 期。
⑰ 秦建明、张懋镕：《说冀》，《考古与文物》1984 年第 6 期；周永珍：《论"析子孙"铭文铜器》，《中国考古学研究——夏鼐先生考古五十年纪念论文集》(二)，科学出版社，1986 年，第 81—105 页；程长新、曲得龙、姜东方：《北京拣选一组二十八件商代带铭铜器》，《文物》1982 年第 9 期；韩明祥：《山东长清、桓台发现商代青铜器》，《文物》1982 年第 1 期；王建军：《殷周时期的"举族"及其相关问题》，《考古与文物》2010 年第 1 期；何景成：《商周青铜器族氏铭文研究》，吉林大学博士学位论文，2005 年，第 41—55 页；王国维：《说俎》(下)，《观堂集林》(卷三)，中华书局，1959 年，第 157—159 页；曹艳芳：《山东出土商代青铜器研究》，山东大学博士学位论文，2006 年，第 136—139 页；张懋镕：《一千年来商周青铜器族徽文字研究述评》，《新史学》十八卷二期，第 157—189 页；李伯谦：《冀族族系考》，《考古与文物》1987 年第 1 期；雒有仓：《商周青铜器族徽文字综合研究》，黄山书社，2017 年，第 332—337 页。
⑱ 王建军：《殷周时期的"举族"及其相关问题》，《考古与文物》2010 年第 1 期。
⑲ 何景成：《商周青铜器族氏铭文研究》，吉林大学博士学位论文，2005 年，第 42 页。
⑳ 王长丰：《殷周金文族徽整理与研究》，郑州大学博士学位论文，2006 年，第 222—224 页。

州前掌大 2、老牛坡 1、灵台白草坡 1、郑州洼刘 1、岐山礼村 1、河南 1。其中费县、长清小屯、安阳刘家庄、房山琉璃河四地较为可能是举族居住地。从时间上来看，长清小屯 8 器约在殷墟二、三期之际，北京拣选铜器与安阳刘家庄 6 器约在殷墟四期或商末，房山琉璃河 2 器约在西周康王时期。其间可能有先后迁徙关系。

史。有学者作过探讨①。目前"史"族铜器已发现 100 余件，另有"史"族复合族徽 11 件②。出土地点明确的 73 件如下：前掌大 66、邹城西丁村 1、泗水张庄 1、辽宁喀左 1、陕西耀县丁家沟 1、殷墟西区 1、郑州洼刘 1、宝鸡竹园沟 1。除前掌大可以确定为"史"族居住地外，其他皆不足为据。

亚醜。据《金文诂林附录》，阮元释为"亚形中卤形，其格上三矢形"；高田忠周释为"召"；马叙伦释为"仆"；吴闿生释为"醜"；郭沫若释为"召"，并认为召公奭名丑的说法可能是误读此字造成的；金祥恒释为"馘"③。此外，李零释为"妻"，通"齐"④。目前，学界从"亚醜"者较众⑤，本书亦从之。杜在忠先生认为是"灌"字⑥，王树明等先生认为或是"斟"字⑦，但都认为此地是斟灌、斟鄩后裔之居住地。王献唐⑧、曹艳芳⑨亦持是说。目前"亚醜"铜器已发现近 100 件，其中出土地点明确的 32 件，皆出于青州苏埠屯墓地，苏埠屯一带当是其聚居地。

爻。共 29 件，出土地点明确的 10 件：滕州井亭 6、陕西宝鸡戴家湾 2、陕西扶风县云塘村 1、安阳殷墟西区 1。除滕州井亭可视为爻族居住地外，余皆所据不足。丁山先生认为爻为地名，疑嚣即爻字的别写，嚣即仲丁所迁之隞都，在今洙泗上游之嶅山⑩。爻作为地名曾出现于卜辞之中，如"贞，王兽于爻，□贞，王勿兽于爻。"王狩猎之所应距殷都不远，滕州井亭作为"爻"族的居住地，很可能与王狩猎之地"爻"为同一地点。丁氏之说当有所据。滕州井亭 6 器年代为殷墟四期或商末，宝鸡戴家湾 2 器为西周早期，两地之间或有迁徙。

这四种铜器数量较多的族氏徽铭主要出于海岱地区，特别是亚醜及史族铜器绝大多数出于海岱地区。值得注意的是，这些大族族徽在周初之后就基本消失不见，包括其长期居住之地和墓地（如青州苏埠屯和滕州前掌大等）也都突然废弃不用。而其他地区也没有再出现或集中出现铸有这些族徽的铜器。这一突变现象可能是周初周公践奄的直接结

---

① 何景成：《商周青铜器族氏铭文研究》，吉林大学博士学位论文，2005 年，第 83—86 页；曹艳芳：《山东出土商代青铜器研究》，山东大学博士学位论文，2006 年，第 146—147 页。
② 王长丰：《殷周金文族徽整理与研究》，郑州大学博士学位论文，2006 年，第 245—246 页。
③ 参见何景成：《商周青铜器族氏铭文研究》，吉林大学博士学位论文，2005 年，第 78—82 页。
④ 李零：《苏埠屯的"亚齐"铜器》，《文物天地》1992 年第 6 期。
⑤ 殷之彝（张长寿）：《山东益都苏埠屯墓地和"亚醜"铜器》，《考古学报》1977 年第 2 期；王献唐：《释醜》，《山东古国考》，齐鲁书社，1983 年，第 225—262 页，本书完稿于 1944 年；曹艳芳：《山东出土商代青铜器研究》，山东大学博士学位论文，2006 年，第 141—142 页；李海荣：《"亚醜"铭铜器研究》，《辽海文物学刊》1995 年第 1 期。
⑥ 杜在忠：《关于夏代早期活动的初步探析》，《夏史论丛》，齐鲁书社，1985 年，第 245—265 页。
⑦ 王树明："亚醜"推论》，《华夏考古》1989 年第 1 期。
⑧ 王献唐：《释醜》，《山东古国考》，齐鲁书社，1983 年，第 225—262 页。
⑨ 曹艳芳：《山东出土商代青铜器研究》，山东大学博士学位论文，2006 年，第 142 页。
⑩ 曹艳芳：《山东出土商代青铜器研究》，山东大学博士学位论文，2006 年，第 148 页。

果。这些大族可能是周初殷遗民叛乱的主要力量,遂成为东征军镇压的主要对象,即使有少量留存也多被分散迁移。同时,海岱地区的部分族群也得以保留,如己、薛、◻等;部分族群得以壮大,如◻等。

以上 16 种族徽的发现地点主要在海岱地区,除数量较少的几种族徽外,基本可以确定海岱地区是其族群的主要聚居地。

三、部分发现于海岱地区的徽铭

以下 6 种徽铭在海岱地区有一定发现:◻①、◻②、◻③、◻④、◻⑤、◻⑥。

以上 6 种徽铭在海岱地区发现的数量,占出土地点明确的此类族徽铜器总数的 30%—50%,虽然尚不能确定海岱地区是其族群的聚居地,但无疑具有较高的可能性。

其余徽铭在海岱地区的发现数量较少,而海岱地区之外发现较多,如◻、◻、◻、◻、◻、◻、◻、◻、◻、◻、◻等。兹不一一述列。

第四节　铭文中的列国婚姻

海岱地区商周铜器铭文中蕴含着大量国族之间的通婚信息,目前共发现 53 例。这些通婚大多发生在海岱境内国族之间,也有少量发生在海岱国族和境外国族之间,主要集中在西周晚期至春秋时期。具体情况如下。

一、商代后期

海岱地区商代后期铜器铭文中反映国族婚姻关系的有 4 组。

1. 亚醜族与杞联姻,见亚醜杞妇卣铭"亚醜,杞妇"(集成 5097)。
2. 史族与宋联姻,见前掌大出土宋妇史瓿铭"宋妇,史"⑦。
3. 亚醜族与诸联姻,见亚醜诸姒尊、卣、罍、觥等铭"诸姒以大子尊彝"。
4. 齐族与举族联姻,见齐妇鬲铭"齐妇,冀(举)"(集成 486),此为商代齐族,与西周齐国有别。

此外,尚有一件铜甗铭"商妇作彝,冀(举)"(集成 867),此甗可能是嫁于举族高级贵族甚至是首领的商王朝之女所作之器,器物年代约在殷墟四期。由于举器出土地点基本集中于山东费县和安阳殷墟两地,尤以费县数量最多、规格最高,因此商妇甗出于山东费

---

① 共 15 件,地点明确者 6 件:济南刘家庄 4 件、安阳大司空南地 1 件、殷墟西区 1 件、灵石旌介 1 件。
② 共 5 件,地点明确者 2 件:邹城西丁村 1 件、陕西麟游县九成宫镇后坪村 1 件。
③ 共 6 件,地点明确者 2 件:邹城小西韦 1 件、陕西长武县枣园村 1 件。
④ 共 4 件:寿张梁山 2 件、安阳武官村 2 件。
⑤ 共 7 件,地点明确者 2 件:东营周家村 1 件、河南河清 1 件。
⑥ 共 11 件,地点明确者 3 件:山东 1 件、湖北蕲春县毛家嘴村 1 件、陕西宝鸡 1 件。
⑦ 中国社会科学院考古研究所:《滕州前掌大墓地》,文物出版社,2005 年,第 232 页。

县的可能性较大。若是，则增添一组海岱族群与商王朝通婚之例。与此类似的还有一件铜爵铭"龟妇辟彝，龚（举）"（集成9029）。

二、两周时期

海岱两周金文中反映诸国（氏）之间婚姻的铜器有49组。其中齐国最多，鲁、邾略次，小邾、异再次，其余国（氏）相对较少。整理如下。

（一）齐国，10组

1. 鲁姬鼎，出于高青陈庄M18，时代为西周早期。鼎铭"鲁姬赐贝十朋用作宝尊彝"。此鲁姬当为鲁国公室之女，嫁于齐国，或为齐侯夫人，可能为丰启母亲或祖母。根据同出簋铭，知丰启为齐公室的一个分支。齐、鲁联姻。

2. 齐侯盘铭"齐侯作宽䥰（鲜虞）媵孟姜鼎"（集成10159），器出河北易县，同出有敦、盘、匜，时代为春秋晚期。春秋晚期易县为鲜虞居地。郭沫若主"宽䥰"即鲜虞①。而白川静认为"宽䥰"可能为中山的"望诸"，器物时代在公元前400年前后②。从器物形制、字形书体上看，时代当在春秋晚期，郭氏之说更为妥当。齐、鲜虞联姻。

3. 齐侯盘铭"齐侯作楸姬宝盘"（集成10117），器出安丘，同出有匜，时代为春秋时期。可能是齐侯为其夫人作器。楸可能为国（氏）名，为姬姓，不见于典籍。齐、楸联姻。

4. 齐侯匜铭"齐侯作虢孟姬良母宝匜"（集成10272），时代为春秋早期，为齐侯为其夫人所作之器。齐、虢联姻。

5. 齐縈姬盘铭"齐縈姬之孀作宝盘"（集成10147），时代在春秋早期，属嫁于齐国的縈国女子自作之器。西周中期有縈伯簋（集成3481），可知縈当为国（氏）名。齐、縈联姻。

6. 齐嬭姬簋铭"齐嬭姬作宝簋"（集成3816），时代为西周晚期。由西周时期的嬭妊作安壶（集成9556）、嬭妫作宝壶（集成9555）及苏甫人作嬭改襄媵盘（集成10080），知嬭为国（氏）名。此簋是嫁于齐国的姬姓嬭国（氏）女子自作之器。齐、嬭联姻。

7. 齐巫姜簋铭"齐巫姜作尊簋"（集成3893），时代为西周晚期。《今本竹书纪年·殷纪》载："三年，命卿士巫贤。"《姓氏考略》载："黄帝臣巫彭作医，为巫氏之始。"又："殷有巫咸，巫贤，汉有冀州刺史巫健，又有巫都，著《养性经》也。"《列子·黄帝》载："有神巫自齐来，处于郑，命曰巫咸，知人生死存亡，期以岁月，句句如神。"巫姓族人的源地平阳，或指今山东邹县。春秋时为邾国之地，后变成鲁邑，秦时置为邹县。

8. 齐不伺鬲铭"齐不伺作庆伯尊鬲"（总集1478），时代为西周后期。此为齐不伺为其异国（氏）长辈庆伯所作之器。庆伯可能为其舅舅或岳丈。此中可见齐、庆联姻。

9. 节可忌作厥元子媵豆（近出543），为节可忌嫁女所作媵器。器出临淄区白兔丘，时代为战国早期。齐（或国内某氏）、节联姻。

---

① 郭沫若：《两周金文辞大系图录考释》（上编），科学出版社，1957年，第430—432页。
② 白川静著，高广政译：《齐侯盘》，《管子学刊》2003年第1期。

10. 鲍子鼎铭"鲍子作媵仲匋姒……子思……"①吴镇烽先生认为子思"就是《左传·哀公五年》中的郑大夫子思，又称桓子思，即国参，子国（郑穆公的儿子公子发）之孙，子产（即公孙侨）之子"②。由此可知，可能是齐鲍氏与郑联姻。

（二）鲁国，9组

1. 鲁大司徒子仲伯匜铭"鲁大司徒子仲伯作厉孟姬媵匜"（集成10277），为鲁大司徒子仲伯为嫁于厉国的女儿所作之器，时代为春秋早期，不知出于何处。反映了鲁、厉联姻。《左传·昭公四年》记有楚灭厉国之事，在河南息县。此外，历城东尚有厉地，《史记·齐太公世家》载："晋赵鞅伐齐，至厉而去。"《左传·哀公十年》载："毁高唐之郭，侵及赖（厉）而还。"《左传·哀公六年》载："使胡姬以安孺子如赖（厉）。"皆为邑名。与鲁国联姻者，从铭文上看似为河南之厉，从地理上看又似历城之厉。不知孰是。

2. 鲁侯壶铭"鲁侯作尹叔姬壶"（集成9579），时代不晚于西周晚期，不知出于何地。是鲁侯为嫁于尹国（氏）的女儿所作的媵器。反映了鲁、尹联姻。历史上有尹国，为宣王时尹吉甫（兮甲）封国，《左传》鲁成公十六年（前575年）、十七年记有尹武公随晋、鲁伐郑事。但此尹为姬姓，似不太可能与同姓之鲁联姻。金文中尚有姞姓之尹（蔡姞簋铭"蔡姞作皇兄尹叔尊䵼彝"，集成4198），且在西周早期就已存在，如尹叔鼎（集成2282）、尹伯甗（集成912），至西周中晚期金文中常见"尹氏"，如永盂（集成10322）、曶壶（集成9728）、颂鼎（集成2829）等。娶鲁侯之女者当为姞姓之尹，因蔡姞簋出于蓬莱，笔者暂时把蓬莱作为姞姓之尹的所在。

3. 鲁侯簠铭"鲁侯作姬䞛媵簠"（汇编1068），时代为春秋早期。器出泰安城前村，为鲁侯嫁女所作媵器。铭文虽未标明夫国，但泰安城前村春秋属牟国境，当是鲁、牟联姻。

4. 鲁内小臣床生鼎铭"鲁内小臣床生作鼎"（集成2354），另有鬲铭"齐不伺作床伯尊鬲"③，知可能有床国（氏）存在。床不见于文献，《左传·隐公元年》载"公及邾仪父盟于蔑"，《公羊》作眛，笔者怀疑床即蔑，在今泗水县境。此内小臣的母家为床国（氏），由此知鲁、床之联姻。另有学者释"床"为"侯"，并认为将"侯"写作"床"是齐鲁之地的地方特征④，可为一说。

5. 鲁宰驷父鬲铭"（鲁）宰驷父作姬雔媵鬲"（集成707），时代为春秋早期。器出邹城七家峪，为鲁宰驷父嫁女于邾所作媵器。七家峪距邾国故城不远，属邾国境。同出有射南簋，知可能为鲁、邾（射氏）联姻。

6. 鲁伯愈父鬲铭"鲁伯愈父作邾姬媵羞鬲"（集成690），1830年出于滕州凤凰岭，时

---

① 吴镇烽：《鲍子鼎铭文考释》，《中国历史文物》2009年第2期。
② 吴镇烽：《鲍子鼎铭文考释》，《中国历史文物》2009年第2期。
③ 此器有学者认为是伪器，暂且存疑。参见赖彦融：《早期齐彝铭研究》，中国社会科学院研究生院硕士学位论文，2011年，第55页。
④ 赖彦融：《早期齐彝铭研究》，中国社会科学院研究生院硕士学位论文，2011年，第55页。

代为春秋早期。反映了鲁、郳联姻。

7. 鲁伯大父簋铭"鲁伯大父作季姬婧媵簋"（集成3974），时代为春秋早期。器出历城北草沟，为鲁伯大父嫁女所作媵器。历城区春秋时属姒姓之谭国，可能为鲁、谭联姻。

8. 姘仲簠铭"姘仲作甫妀媵簠"（集成4534），器出曲阜鲁国故城乙组墓M48，是姘仲嫁女于鲁所作媵器。鲁、姘联姻。另，因两周时期国（氏）名有"女"字旁者极少，或为鲁、甫联姻。姘不见于文献。甫，古与吕通，为伯夷之后，于周穆王时受封，姜姓，侯爵，春秋时亡于楚，驻地在河南南阳。

9. 鲁伯者父盘铭"鲁伯者父作孟姬媵盘"（集成10087），此盘出于曲阜鲁国故城甲组墓M202，甲组墓与姬姓乙组墓在诸多方面都不相同，一般认为甲组墓为本地原居民。此盘的出土说明姬姓周人与同城之内非姬姓鲁人之间有通婚关系。这是符合周人同姓不婚制度的。

（三）郳国，8组

1. 郳伯御戎鼎铭"郳伯御戎作滕姬宝鼎"（集成2525），时代为春秋早期，出土地不明。可能是郳伯御戎为来自滕国的妻子所作之器。郳、滕联姻。

2. 郳义伯鼎铭"郳义伯作此嬴尊鼎"（集成2640），时代为春秋早期，1933年春器出滕州安上村土城。可能是郳义伯为其来自嬴姓此国（氏）的母亲或其他女性先祖作器。郳、此联姻。《左传·隐公元年》载"公及郳仪父盟于蔑"。笔者怀疑二者为同一人。

3. 郳豸父簋铭"郳叔豸父作杞孟□籂簋"（集成4592），时代为春秋早期，器出平邑蔡庄。可能是郳叔豸父为来自杞国的妻子所作之器。郳、杞联姻。

4. 杞伯每亡鼎铭"杞伯每亡作郳嫌（曹）宝鼎"（集成2495），时代为春秋早期，器出新泰。新泰春秋早期为杞国所在地，属杞伯每亡为其妻所作器。郳、杞联姻。

5. 费敏父鼎铭"费奴（敏）父作孟妀府媵鼎"（集成2589），时代为春秋早期，器出邹城峄山北麓斗鸡台西侧郳国故城址。其时鲁国季氏尚未封费，且此费妀姓，当为早于季氏之费者。郳与妀姓之费联姻。

6. 孟弇父媵簋铭"孟弇父作幻伯妊媵簋"（集成3963），时代为春秋早期，1933年与郳义伯鼎同出于滕州安上村土城。是幻伯嫁女于郳所作媵器。郳、幻联姻。

7. 干氏叔子盘铭"干氏叔子作仲姬媵盘"（集成10131），时代为春秋早期，是姬姓干叔嫁女所作媵器。1845年器出邹县郳国故城纪王城，当为郳、干联姻。

8. 益公钟铭"益公为楚氏钟"。1933年出于邹城，曾毅公疑即郳隐公益[①]。若是，则郳、楚联姻。

（四）小邾国，4组

1. 郳庆鼎铭"郳庆作秦妊匜鼎"，时代为春秋早期，器出枣庄东江小邾国墓地。是郳

[①] 曾毅公：《山东金文集存·先秦编》，齐鲁大学国学研究所石印本，1940年，第9、10页。

庆为其来自妊姓秦国的夫人所作之器。小邾、妊秦联姻。

2. 邾庆鬲铭"邾庆作华妊羞鬲",时代为春秋早期,器出枣庄东江小邾国墓地,是邾庆为其来自妊姓华国的夫人作器。小邾、华联姻。华为西周封国,都城在今河南新郑市郭店镇华阳寨村。郑国东迁后,为郑所灭。《左传·成公八年》:"凡诸侯嫁女,同姓媵之,异姓则否。"以上二器可看出当时婚姻的媵妾制。秦妊、华妊应有一个为媵妾。

3. 邾友父鬲铭"邾友父媵其子胙曹宝鬲",时代为春秋早期,是邾友父为嫁于胙国的女儿所作媵器,器出枣庄东江小邾国墓地。小邾、胙联姻。至于媵器出现于母国之缘由,有学者已作过探讨①。

4. 昆君妇壶铭"昆君妇媿灵作旅壶",时代为春秋早期,器出枣庄东江小邾国墓地。李学勤先生认为媿灵很可能是墓主的母亲②,联系同墓地所出的瓶铭"灵父君佥父作其金瓶",可知,"灵"为同一人。昆当属国(氏)名。邾与昆应有联姻关系。

(五)冀国,3组

1. 王妇冀孟姜匜铭"王妇冀孟姜作旅匜,其万年眉寿用之"(集成10240)。为嫁于周天子的冀国女子自作器,冀与周王室通婚。

2. 冀侯簋盖铭"冀侯作冀井姜妢母尊簋",由"尊簋"二字,可以看出是冀侯为其嫁于井国的长辈作器,冀、井联姻。

3. 冀仲壶铭"冀仲作倗生饮壶"(集成9704)。冀、倗皆为国名,受器者的母亲来自倗国。此壶可能是冀仲为其子女(或自己)所作,冀、倗联姻。

(六)莒国,3组

1. 司马南叔匜铭"司马南叔作嬎姬媵匜"(集成10241),器出莒县城东前集,时代为两周之际。司马当属官职,嬎应为国名,不见于文献。为嬎司马嫁女于莒所作媵器。莒县其时为莒国辖境。莒、嬎联姻。

2. 莒、莱联姻,见"莱伯□女子作宝鬲"(集成663),时代为西周晚期或两周之际,出于日照崮河崖M1,其时属莒。

3. 莒、华联姻,见"华孟子作中叚氏妇中子媵宝鼎"③,时代为春秋中晚期之际,器出沂水纪王崮,其时属莒。

(七)铸国,2组

1. 铸公簠铭"铸公作孟妊车母媵簠"(集成4574),时代为春秋早期,器传出于齐东县。齐东县即今邹平、博兴的一部分,距齐都临淄约35公里,春秋早期属齐。铸、齐

---

① 袁俊杰:《小邾国媵器随葬于本国贵族墓地原因探析》,《华夏考古》2008年第2期。
② 李学勤:《小邾国墓及其青铜器研究》,《东岳论丛》2007年第2期。
③ 山东省文物考古研究所、临沂市文物考古队等:《山东沂水县纪王崮春秋墓》,《考古》2013年第7期。

联姻。

2. 铸叔盘铭"铸叔作叔妊秦媵盘"①,器出枣庄东江小邾国墓地,时代为春秋早期。铸为妊姓国名,春秋时在今泰安宁阳铸城,处于齐鲁之间。此盘是铸叔为其女儿所作的媵器,其女子叔妊与秦妊、华妊同时嫁于邾友父。铸、小邾联姻。

(八) 㠱国(氏),2组

1. 陈侯壶铭"陈侯作妫橹媵壶"(集成9633),为淮河流域陈侯嫁女所作媵器。器出肥城小王庄,同出2件同铭壶及2件㠱士父鬲,时代皆为春秋早期后段。㠱或作䣝,当为国(氏)名,肥城小王庄一带或是其居地。㠱、陈联姻。

2. 㠱士父鬲铭"㠱士父作蓼妃尊鬲"(集成715)。器出肥城小王庄,蓼可能为国(氏)名。是㠱士父为其来自妃姓蓼国(氏)的母亲(或其他女性先祖)所作之器。㠱、蓼联姻。

(九) 其他国(氏)的联姻,共8组

1. 蔡姞簋铭"蔡姞作皇兄尹叔尊簋彝,尹叔用绥多福于皇考德尹惠姬"(集成4198)。器传出蓬莱,时代为西周晚期。此簋为嫁于蔡国的姞姓女子为其兄尹叔所作之器。铭文中显示其母亲为惠姬。蔡为国名。西周早期有尹叔鼎(集成2282)、尹伯甗(集成912),西周中晚期铭文常见"尹氏",知"尹"为国(氏)名。惠亦可能如是,但也不排除"惠"是谥称或尊称之可能。蔡、惠可能与尹皆有联姻关系。

2. 㝬弃生鼎铭"㝬弃生作成媿媵鼎"(集成2524)。器出栖霞市桃庄,时代为春秋早期。㝬、弃、成应皆为国(氏)名。作器者是㝬(倗)国(氏)人,其母亲来自弃国(氏),其女儿嫁于成国(氏),且㝬(倗)为媿姓。由倗仲作毕媿媵鼎,知倗亦为媿姓,㝬与倗应为同一字。由齐弃史喜作宝鼎(集成2586)、弃者君作父乙宝尊彝(集成5945)知弃应为国(氏)名。㝬(倗)与弃、成有联姻关系。文献中有姬姓郕国,先后为齐、鲁附庸,公元前408年为齐所灭,驻地在今宁阳县东北。1975年岐山县董家村窖藏发现有成伯孙父鬲(集成680),传世的还有成伯邦父方壶(集成9609),时代为西周晚期,其"成"字写法皆同于此鼎之"成"。周原世族中姬姓贵族甚少②,成伯很可能不是姬姓。因此,此成可能非彼郕,周王东迁后,或自周原迁至海岱栖霞桃庄一带。

3. 新妣簋铭"新妣作饙簋"(集成3439)。器出滕州庄里西,时代为西周早期后段。为新妣自作之器。庄里西两周时期属滕国,新妣当为妣姓新国(氏)之女嫁于滕国者。滕、新联姻。

---

① 枣庄市博物馆、枣庄市文物管理办公室:《枣庄市东江周代墓葬发掘报告》,《海岱考古》(第四辑),科学出版社,2011年,第220—328页。

② 曹玮:《周原的非姬姓家族与虢氏家族》,《陕西历史博物馆馆刊》(第七辑),三秦出版社,2000年。又载于《周原遗址与西周铜器研究》,科学出版社,2004年,第39—49页。

4. 郭仲盘铭"郭仲媵仲女盘"(集成10135)。器出临朐泉头村乙墓,同出有同铭匜,时代为春秋早期。春秋早期此地属纪,春秋早期末叶为齐所占。此墓归属问题多有争论,通过对各因素的综合分析,笔者主张此墓可能属齐国,见本书第八章第一节。此盘为郭仲嫁女于此所作媵器。可能为郭、齐联姻。

5. 王姜鼎铭"王姜作龙妣宝尊彝"(集成2724)。是王姜为其长辈龙妣所作之器,时代为西周早期后段,出于济阳刘台子夆国墓地。《国语·周语下》载:"我皇妣大姜之侄、伯陵之后,逢公之所凭神也。"《左传·昭公二十年》杜注曰:"逢伯陵,殷诸侯,姜姓。"夆当为姜姓,铭文之"王姜"应为夆国之女,嫁于周王。龙妣可能为妣姓龙国(氏)之女,嫁于夆国,是王姜的母亲或其他女性先祖。由此可知与夆有关的两次联姻:夆国与龙国以及夆国与周王室。

6. 陈子匜铭"陈子作廪孟妫毂女媵匜"(集成10279)。器出潍县东乡,时代为春秋早期,为陈子嫁女于廪所作媵器。廪,郭沫若认为应是国名①,可从。陈、廪联姻。

7. 宋公固鼎铭"有殷天乙汤孙宋公固作费(或滥)叔子䤼鼎"②,时代为春秋晚期早段,此鼎出于枣庄徐楼M1,为宋国国君给嫁至费(或滥)国的女儿所作的媵器。宋、费(或滥)联姻。

8. 据李学勤先生《夏商周与山东》③一文揭示,滕州后荆沟出土不嬰簋之后配器盖也有铭文,内容提及当地国君娶了周王之女。前文笔者探讨了后荆沟当时可能属郳,知为郳、周王室联姻,但证据不甚确凿,暂置于此。

海岱地区商周金文所载的列国婚姻关系多不见于文献,是研究先秦列国婚姻、政治关系以及姓氏的重要资料,具有重要价值。可与《先秦政治婚姻史》④互为补充。

媵器的兴起是当时列国政治婚姻流行的结果,联姻是巩固和拓展自身实力的重要手段之一,当时的列国贵族婚姻几乎都包含有强烈的政治色彩,具有极强的功利性、现实性和普遍性。这是当时缺失强有力的中央政权以及周礼崩坏情况下,诸侯国之间、氏族之间、公室与国君之间相互联合、相互制约的重要手段,是特殊时期的特殊社会、政治现象。当时的贵族女性既担负着保家卫国的政治使命,又是国和家的政治附属品和牺牲品。可以说先秦时期尤其是春秋时期的贵族婚姻,无关乎个人福祉生死,但关乎家国存续兴亡。此外,由于青铜器在当时是身份、地位、财富的象征,具有特殊的价值,遂成为陪嫁品中最重要、最流行的元素,而且大都铭刻媵辞。为担负重大责任而远嫁的女儿祝愿、祈福,反映了时人一种普遍的、自觉的现实主义情怀,其间也蕴含着浓浓的不舍、担忧、无奈与期冀。

---

① 郭沫若:《两周金文辞大系图录考释》(上编),科学出版社,1957年,第375页。
② 枣庄市博物馆、枣庄市文物管理委员会办公室等:《枣庄市峄城徐楼东周墓葬发掘报告》,《海岱考古》(第七辑),科学出版社,2014年,第63页。
③ 李学勤:《夏商周与山东》,《烟台大学学报》(哲学社会科学版)2002年第3期。
④ 崔明德:《先秦政治婚姻史》,山东大学出版社,2004年。

第五节　铭文中的史实

一、军事战争

1. 征人（夷）方。小臣艅尊铭"丁巳，王省夔京，王锡小臣艅夔贝。唯王来征人（夷）方，唯王十祀又五，肜日"（集成5990）。从器物形制、纹饰、铭文判断，时代为商代晚期。且帝乙、帝辛时甲骨文常见"唯王来征夷方"之辞，亦可证。

2. 伐夷（庵、东国、叔）。旅鼎铭"唯公太保来伐反夷年，在十又一月庚申，公在盩师，公锡旅贝十朋。旅用作父丁尊彝。莱"（集成2728）。禽簋铭"王伐庵侯，周公谋，禽祝，禽有振祝，王锡金百锊，禽用作宝彝"（集成4041）。鲁侯尊铭"唯王令明公遣三族伐东国，在遣鲁侯有𢦏功，用作旅彝"。大保簋铭"王伐录子𦔻，叔（莒）厥叛，王降征令于太保，太保克敬亡譴，王徏太保，锡休集土，用兹彝对令"（集成4140）。从器物形制、纹饰、铭文判断，时代为西周早期。亦合周初平叛三监、武庚及践奄之事。

3. 从王南征。启卣铭"王出兽南山，搜𤞷山谷，至于上侯滰川上，启从征，谨不扰作祖丁宝旅尊彝，用匄鲁福，用夙夜事。戉箙"（集成5410）。启尊铭"启从王南征，𤞷山谷，在洦水上，启作祖丁旅宝彝。戉箙"（集成5983）。从器物形制、纹饰、铭文判断，时代为西周早期后段，亦合昭王南征事，似昭王时期。

4. 伐严狁。不嬰簋铭"伯氏曰：不嬰，驭方严狁，广伐西俞"（集成4328）。从器物形制、纹饰、铭文判断，时代为西周晚期。伐严狁事多发生在宣王时期，故可定在宣王之世。

5. 围莱入筥。庚壶铭"齐三军围莱，崔子执鼓，庚大门之，执者献于灵公之所。公曰：庸庸，赏之以邑、嗣衣、裘、车、马于灵公之廷。庚率二百乘舟入筥从河，以殛伐巇廪丘……归献于灵公之所，赏之以兵皋、车马……"（集成9733）。铭文中的灭莱过程与《左传·襄公六年》"四月，晏弱城东阳，而遂围莱。……十一月丙辰而灭之"相合。可与叔夷钟、镈相补益，为齐灵公标准器。

6. 灭莱赏赐。叔夷钟、镈铭"余命汝政于朕三军……公曰：夷……汝肇敏于戎功，余锡汝莱、㠱、密、剹其县三百……造或徒四千……余命汝职佐正卿……余锡汝马、车、戎兵，莱仆三百又五十家……谨勤劳其政事……桓武灵公锡夷吉金……"（集成272—284）。大意为：叔夷帅三军灭莱并获赏赐莱、㠱、密三百郡、徒四千、莱仆三百五十家、戎兵、车、马若干，并职佐正卿。又因勤于政事，而得到灵公赏赐吉金。可与庚壶相补益，为齐灵公标准器。

7. 伐燕纪念。陈璋方壶铭"唯王五年，郑易、陈得再立事岁，孟冬戊辰，大将锅孔、陈璋入伐燕亳邦之获"（集成9703）。为齐师伐燕后的战利品，并鏨刻铭文纪念。从器物形制、纹饰、铭文判断，时代为战国中期。与齐宣王六年（前314年）齐趁燕国内乱攻入燕国并占领三年的记载相合。此壶除铭文属齐外，余皆属燕，为齐据燕之前的燕器。

二、世系源流

1. 引簋铭"引肇作厥祖甲齐公宝尊彝"①。"齐公"一词为首现,引为姜太公之裔孙。时代为西周早期后段。

2. 陈侯因咨敦铭"陈侯因咨曰:皇考孝武桓公恭戴……绍缵高祖黄帝"。《国语·周语中》载单襄公语:"陈,我大姬之后也。"《史记·五帝本纪》言:"自黄帝至舜、禹,皆同姓,而异其国号。"《世本》谓陈:"周武王封舜裔于太昊之墟,子孙以国为氏。"《元和姓纂·十七真》亦云周武王封舜后胡公满于陈,以奉虞祀。陈出自虞舜,虞舜同姓于黄帝,单襄公之语可能由此。陈侯因咨语"高祖黄帝",可为《国语》《史记》之佐证,陈侯因咨为田齐桓公午之子齐威王。此敦为齐威王标准器。

3. 庚壶铭"唯王正月初吉丁亥,殷王之孙,右师之子武叔曰庚……"梁方健先生认为"宋为殷后,右师为宋国独有之官,知庚亦是宋人之后而仕于齐者"②。此说出自张政烺先生③。

4. 叔夷钟、镈铭"夷典其先旧,及其高祖,赫赫成汤,有敢在帝所,溥受天命……伐夏司,败厥灵师,伊小臣唯辅,咸有九州,处禹之堵,丕显穆公之孙,其配襄公之出,而成公之女,粤生叔夷,是辟于齐侯之所……"夏麦陵先生总结《啸堂》《大系》《金文说》《通释》《断代》等诸家之说认为,叔夷为成汤后裔,其父是宋穆公之孙,其母为齐襄公的外甥女④,甚确。《左传》载公元前620—前609年宋国大乱,应是叔夷奔齐之因。器铭对叔夷祖先及本人的功业与履历以及本人仕齐的原因均有追述。庚及叔夷皆为宋人奔齐者,且都在齐灭莱战役中立有大功。联系稍早的陈完奔齐受到重用之事,可知齐国"唯才"的用人方略。其结果是既壮大了齐国,又为田陈代齐埋下后患。"处禹之堵"之语说明时人笃信大禹治水之事,也为其治水之地或其都城所在提供了很好的线索。

5. 宋公固鼎铭"有殷天乙汤孙宋公固作费叔子䝼鼎"⑤。此鼎为宋国国君为嫁至费国的女儿所作。此鼎铭文显示宋为商汤之后,可与庚壶、叔夷钟相印证。

6. 邾公钎钟铭"陆融之孙邾公钎作厥禾和钟"。《世本·世家》:"邾,曹姓,子爵。颛顼之后有陆终,产六子,其第五子曰安,邾即安之后。周武王封其苗裔邾侠为附庸。"《大戴礼记》《史记·楚世家》《路史》皆作是语。《元和姓纂》云:"邾,颛顼之后,周封曹侠于邾。"此钟之铭文证验邾国确出自陆终。王国维⑥、郭沫若⑦等亦持是说。

---

① 山东省文物考古研究所:《高青县陈庄西周遗存发掘简报》,《海岱考古》(第四辑),科学出版社,2011年,第72—183页。
② 梁方健:《齐国金文及其史料价值》,《管子学刊》1989年第1期。
③ 张政烺:《庚壶释文》,《出土文献研究》,文物出版社,1985年,第126—133页。
④ 夏麦陵:《叔夷钟铭与齐灭莱》,《管子学刊》1993年第2期。
⑤ 枣庄市博物馆、枣庄市文物管理委员会办公室等:《枣庄市峄城徐楼东周墓葬发掘报告》,《海岱考古》(第七辑),科学出版社,2014年,第63页。
⑥ 王国维:《邾公钎跋》,《观堂集林》(卷十八),中华书局,1959年,第894页。
⑦ 郭沫若:《两周金文辞大系图录考释》(上编),科学出版社,1957年,第390页。

三、齐霸诸侯

十年陈侯午敦铭"陈侯午朝群邦诸侯于齐,诸侯享以吉金,则作平寿适器"。十四年陈侯午簋铭"陈侯午以群诸侯献金,作皇妣孝大妃祭器锐敦"。观二器形制、铭文,当在战国早中期之际。据《史记·田敬仲完世家》载"齐侯太公和立二年,和卒,子桓公午立",知二器为田齐桓公十年、十四年标准器。陈侯因咨敦铭"……朝问诸侯,答扬厥德,诸侯贪荐吉金,用作孝武桓公祭器敦"。以上三器,可见田齐桓、威时期威霸东土之局面。印证了《史记·司马穰苴列传》"至常曾孙和,因自立,为齐威王,用兵行威,大放穰苴之法,而诸侯朝齐"之记载,而且诸侯朝齐至少可早至田齐桓公时期。

四、制度条文

齐国关于量器制度的条文见于灵山卫左关三量器。陈纯釜铭"陈猷立事岁,散月戊寅,于兹安陵亭,命左关师发敕成左关之釜,节于廪釜,屯者曰陈纯"(集成10371)。子禾子釜铭"……左关釜节于廪釜,关铺节于廪半,关人筑杆戚釜,闭料于□外,觙釜而车人制之,而以发退汝关人,不用命则寅之,御关人□□其事,中刑斤杀……"(集成10374)。左关铺铭"左关之铺"(集成10368)。三器为齐国征收关市赋税之量器,铭文严格规定了量器标准及关市、赋税管理制度,关人如在征收赋税时徇私舞弊,将受到刑罚处分。

五、齐侯服丧

齐侯壶(又名洹子孟姜壶)铭"齐侯女雷聿丧其舅,齐侯命太子乘遽来句宗伯,圣命于天子,曰:期则尔期,余不其使汝受刺,遄传祇御,尔其跻受御,齐侯拜嘉命,于上天子用璧玉备,于大无司誓、于大司命用璧、两壶、八鼎,于南宫子用璧二、备玉二司、鼓钟一肆,齐侯既跻洹子孟姜丧……"(集成9729)。铭文大意为齐侯之女夫家有丧事,齐侯却自愿期服,这是不合礼制的行为,于是齐侯命太子赶赴王都向周天子请示,周王同意后,齐侯用玉璧、玉佩、壶、鼎、鼓、钟等礼器服丧。此壶铭文反映了当时诸侯的丧服礼制以及服丧期间的用器情况。此壶年代争议较大,主春秋晚期者多释"洹子"为"陈桓子",如孙诒让[1]、郭沫若[2]、杨树达[3]、白川静[4]等。但观其形制、纹饰、铭文则为春秋早期特征,这一点李学勤先生已撰文作过探讨[5],认为此壶时代为春秋早期,可信。

---

[1] 孙诒让:《古籀余论》,中华书局,1989年,第40—41页。
[2] 郭沫若:《两周金文辞大系图录考释》(上编),科学出版社,1957年,第432页。
[3] 杨树达:《积微居金文说》,中国科学院,1952年,第52—54页。
[4] 白川静:《金文通释》,白鹤美术馆,1973年,第388—403页。
[5] 李学勤:《齐侯壶的年代与史事》,《中华文史论丛》2006年第2期。

第六节 铭文的区域特征

一、字形书体

海岱金文的字形书体及其演变,在商至春秋早期与中原地区基本一致,地域特征不甚明朗。值得注意的是龙口徐家村出土的一件西周铜簋,内底铸铭50余字,记录了某王十一月在"限"地的活动,铭文字体运用了圆笔道,笔画连贯潦草,与莱阳前河前出土的陶盉肩部文字(有学者称之为东夷系统已佚文字①)相近,其风格与典型的周式铭文不同。此外,赖彦融先生认为"侯"写作"厌"独见于齐鲁之地,如鲁内小臣厌生鼎、薛侯行壶②。至春秋中期,海岱地区商周金文才有较为明显的分化。海岱地区春秋时期的金文大致可分为齐、鲁两大系统。关于这方面的研究,有不少学者曾有论述③。

朱凤瀚先生认为,书体布局方面,从春秋中期始,齐金文出现两种风格,第一种风格,字形瘦长而工整,竖笔往往长垂而迂曲,显得庄重而又典雅,如齐侯盘、齐侯盂、叔夷钟铭文等;第二种风格,字形较方,笔画舒张,风格比较豪放,如国差罎、洹子孟姜壶铭文等。而鲁国此期金文罕见齐国第一种字体,多数金文保留了西周晚期稳重敦厚的风格,仅个别字体笔画亦迂曲,布局较宽松,如鲁大司徒厚氏元簠、鲁大司徒子仲伯匜铭文等。字形结构方面,齐、鲁两系统在个别字的写法上具有同一特殊性,如"寿"字上部笔画,很有地域特色。但两系统在字形上的差异性更为突出,如"其""须""万""保"等。并总结认为齐、鲁两系统金文地域上的差异,说明由于政治上之独立性增强与地域上之割据状态加深了文化上的隔阂④。此外,国氏名添加"邑"字偏旁也是海岱地区的特色⑤,如郜、鄑、邦等。杨树达先生云:"寿考孝诸字见于彝铭者,多至不可胜数,而老省作形者,仅局限于山东诸国。"⑥孙敬明先生言杨先生这一发现"而今凿然可证,殊令人钦敬"⑦。

战国时期,齐国在海岱地区独大,齐文化已基本覆盖海岱全境。齐国金文也成为海岱金文的代表。朱凤瀚先生认为战国时期的齐金文有以下特点:1. 内容上,田齐铭文仍可见春秋时期颂扬先祖、祝愿家族昌盛类铭文,而其他国家已消失不见。2. 字形书体上,战国早期金文虽还带有春秋中晚期的部分特征,但也已有改变,如故意拖长、迂曲的笔画已

---

① 俞伟超:《东夷系统的已佚古文字》,《揖芬集——张政烺先生九十华诞纪念文集》,社会科学文献出版社,2002年,第139—146页。
② 赖彦融:《早期齐彝铭研究》,中国社会科学院研究生院硕士学位论文,2011年,第55页。
③ 朱凤瀚:《中国青铜器综论》,上海古籍出版社,2009年,第640—643页;张晓明:《春秋战国金文字体演变研究》(第三章"春秋战国金文字体的演变"),山东大学博士学位论文,2005年,第52、57—59、72页;赵学清:《战国东方五国文字的构形系统》,《聊城师范学院学报》(哲学社会科学版)2001年第5期。
④ 朱凤瀚:《中国青铜器综论》,上海古籍出版社,2009年,第640—643页。
⑤ 孙敬明:《荆公孙敦约解》,《第三届国际中国古文字学研讨会论文集》,香港中文大学,1997年。
⑥ 杨树达:《积微居金文说》,上海古籍出版社,2007年,第242页。
⑦ 孙敬明:《荆公孙敦约解》,《第三届国际中国古文字学研讨会论文集》,香港中文大学,1997年。

很少见,行笔多方折。至战国中期,发生较大变化,字体虽较规整,但书体已近于手写的俗体,笔画厚重,且形成浓厚的地域特色,如十四年陈侯午敦、陈纯釜等。3. 齐国兵器铭文主要是铸铭,字体较为粗犷,未见"物勒工名"形式,内容主要有两种:一是标明铸器地点,为"某地戈"之形式,常缀"左""右"或"造"字,如平阿左戈、高密造戈等;二是标明器主,作"某某戈"或"某某徒(敊、车)戈"之形式,如陈子翼徒戈。字形结构上,"戈"字常以"钅"为偏旁,"造"常写作"艁"等①。甚确,兹不赘述。

这些观点还散见于《文字学概要》②《试论齐国兵器及其相关问题》③《战国文字通论》④等论著。

二、修辞体例

海岱地区商周金文在辞例上大多与中原地区相同,但自西周中期特别是春秋中期以后,部分铭辞突显出一定的地域特色,更出现了一些特殊辞例,兹汇集如下。

冀伯子安父盨铭"……其阴其阳……庆其以藏"(集成 4442)。"其阴其阳"辞例目前仅发现 2 例,另外 1 例见于较晚的冉钲鍼(集成 428)。此外,在春秋晚期秦石鼓文中还有"或阴或阳"⑤铭辞。二者都明显晚于冀伯子安父盨。"庆其以藏"铭辞尚属孤例。莒叔之仲子平钟之"……以乐其大酋,圣智弃良"(集成 172)铭辞为商周金文所仅见。莒大史申鼎之"子孙是若"铭辞仅此 1 例,不过"是若"一词还见于稍早的徐王糧鼎"子子孙孙,世世是若"(集成 2675)。"是若"一词可能是徐、莒一带的方言或特色词语。己侯貉子簋之"……用龠用匋万年"(集成 3977)铭辞为商周金文所仅见。陈舫簋之"……奔夤鬼神……"(集成 4190)铭辞仅见此 1 例,"鬼""神"联用还见于西周中期的伯戓簋"……用绥神鬼"(集成 4115)。齐陈曼簠之"……肇谨经德……"(集成 4595)铭辞仅见此 1 例。类似铭辞还有 1 例:晋姜鼎铭"……经雍明德……"(集成 2826),早于陈曼簠。陈侯因咨敦之"子子孙孙永为典尚常"铭辞仅见此 1 例。十年陈侯午敦铭"……用作平寿适器……"金文中"祭器""尊器""敬器"等祭祀类词语较为常见,但"适器"罕见。郱子姜首盘(郱公典盘)之"于终有卒……丕用勿出"(近出 1009)铭辞极为罕见,西周晚期至春秋早期多见"永命霝终"之语,但"于终有卒……丕用勿出"之铭辞仅见此 1 例。国差罎之"受福眉寿,俾旨俾清……齐邦谧静安宁"(集成 10361)铭辞仅见此 1 例。冀仲作倗生壶铭"……匋三寿懿德万年",铭"三寿"者还见于默钟(集成 260)、晋姜鼎(集成 2826)、者减钟(集成 193),但"匋三寿懿德万年"仅此 1 例。齐侯盘铭"……它它(沱沱)熙熙……"铭此嘏辞者目前共发现 8 件铜器:冀公壶(集成 9704)、齐侯敦(集成 4645)、齐侯盘(集成 10159)、齐侯匜(集成 10283)、夆叔盘(集成 10163)、夆叔匜(集成 10282)、郱子姜首盘

---

① 朱凤瀚:《中国青铜器综论》,上海古籍出版社,2009 年,第 652、654—656、663 页。
② 裘锡圭:《文字学概要》,商务印书馆,1988 年,第 57 页。
③ 黄盛璋:《试论齐国兵器及其相关问题》,中国古文字研究会第六届年会论文,1986 年。
④ 何琳仪:《战国文字通论》,中华书局,1989 年,第 83 页。
⑤ 郭沫若:《石鼓文研究》,科学出版社,1982 年,第 182—191 页。

（近出1009）、庆叔匜（集成10280），皆为海岱之器，时代为春秋时期，当为海岱地区的特色方言。此外，郜召簠铭"……爰（永）宝毋又疆"（近出526），这句嘏辞也极为罕见，目前似不见于其他地区。"永保其身""霝命""难老""寿老毋死""嘉命"等铭辞也多见或仅见于海岱地区。

三、历日纪年

海岱地区纪年及历日类铭辞的形式，在春秋中期以前与中原地区相同，年、月、日、月相四要素中多具其三，个别仅具其一或其二，但尚未见四要素俱全者，如莒侯少子簋（唯五年正月丙午，集成4152）、邾叔钟（唯王六月初吉壬午，集成87）等。自春秋中期始，齐地出现并流行具有浓郁地域特色的"立事岁"或"再立事岁"+月、日式的纪年方式，如国差𦉢（立事岁咸丁亥）、莒公孙潮子钟（陈㪋立事岁十月己丑，新收1139）等。燕国此期也有"立事"，如"燕王喜立事"（集成11705），当源自齐国。此外，齐地"立事岁"式纪年铭辞的"月"前常用前缀"冰""䫒""畿""稷""饭者"替代月份，如陈逆簠（冰月丁亥，集成4096）、陈僖壶（再立事岁䫒月己酉，集成9700）、子禾子釜（立事岁稷月丙午，集成10374）、陈纯釜（立事岁畿月戊寅，集成10371）、公子土折壶（立事岁饭者月，集成9709）等。但同时，传统的纪年方式在海岱地区包括齐地仍然较为流行，如莒侯少子簋（唯五年正月丙午）、陈肪簋（唯王五月元日丁亥，集成4190）、陈侯因咨祭敦（唯正六月癸未）、邳伯缶（唯正月初吉丁亥，集成10007）等。此外，战国时期还出现1例特殊纪年铭辞，司马懋编镈铭"唯正孟岁十月庚午"，目前，商周金文中"正孟岁"之铭辞仅发现此1例。

海岱地区商周金文在春秋中期以前与中原地区区别不大，但在春秋晚期发生了较大变化，这一变化与东周时期王室东迁密切相关。王室东迁后，其统治力和向心力逐渐弱小，海岱地区各诸侯国逐渐摆脱王室束缚，自主观念增强，从而在春秋中期逐渐形成自己的文化特色。海岱金文的变化也由此而生。

小　结

海岱地区商周金文根据器物使用场所的不同，大体可分为祭祀、祈福、婚媵、赏赐、军旅、宴飨六种，是研究当时贵族阶层社会生活的重要资料。海岱地区商周金文中记载的国（氏）名有88个、族氏徽铭68个、古姓15个、列国（氏）婚姻关系60组。此外，还记载了当时的部分军事战争、世系源流、齐霸诸侯、制度条文、诸侯丧礼等史实。在验证古史的同时，还补充了传世文献未载之史实，具有重要价值。

海岱地区商周金文无论字形书体、修辞体例，还是历日纪年都大体与中原地区一致，这说明，海岱金文在本质上仍然属于商周王朝金文的范畴。但自春秋中期以后，海岱金文的区域特色开始增强，在部分方面出现了一些特点，这种变化是王室东迁后统治力和向心力逐渐衰弱的结果。

海岱地区商周金文数量众多、信息丰富,具有很高的研究价值。本书所及仅是初步的整理与研究,还较为浅显,尚需更多的学者关注这一课题,以开展更为系统、深入的研究。

第七章 海岱地区商周青铜器的矿料来源与铸造地分析

第一节 铜矿分布与文献记载

一、海岱地区铜矿分布简况

海岱地区铜矿资源较为匮乏，且多为伴生铜矿。目前公布的国内92家五等以上级别铜矿中，海岱地区仅有一家，为烟台福山铜矿。海岱地区目前发现铜矿产地70余处，但多为贫矿且不易开采，主要分布在海岱东部和南部，较为集中分布在以下几个地区：海阳—荣成地区（主要是矿点）、福山—栖霞地区（多金属矿伴生的铜矿）、五莲七宝山地区（金伴生铜矿）、邹平（金银伴生铜矿）、金岭—莱芜地区（铁矿伴生铜矿）。主要铜矿见表一三。

表一三 海岱地区主要铜矿统计简表

矿床名称	地理位置	规模	矿石类型	矿产组合
北孙徐铜镍矿	泗水	矿点	贫矿	共伴生
胡家庄铜矿	莱芜	小	中等	单一
埠口铜矿	莱芜	矿点	中等	单一
顾家台铜铁矿	莱芜	小	贫矿	共伴生
山子后北铜铁矿	莱芜	小	贫矿	共伴生
胡家庄铜矿	莱芜	矿点	中等	单一
铜井龙头旺铜矿	沂南	小	中等	单一
山子涧铜矿	沂南	矿点	贫矿	单一
汞泉铜矿	沂南	矿点	贫矿	共伴生
邹平王家庄铜矿	邹平	小	富矿	单一
七宝山铜矿	五莲	小	贫矿	单一
丁家营子铜矿	日照	矿点	中等	单一
香夼多金属矿	栖霞	中	贫矿	共伴生

续表

矿床名称	地理位置	规模	矿石类型	矿产组合
王家庄铜矿	福山	中	中等	共伴生
寨前铜矿	乳山	矿点	富矿	单一
孔辛头铜钼矿	牟平	矿点	中等	共伴生
玲珑西铜矿	招远	矿点	贫矿	伴生
前孙家金铜矿	招远	矿点	贫矿	伴生
望儿山金铜矿	莱州	小	贫矿	伴生
曹村铜矿	莱州	矿点	贫矿	伴生
金岭铁铜矿	淄博	小	贫矿	伴生
敖山铜矿	安丘	矿点	中等	单一
青上铜矿	昌乐	小	中等	单一

此外，蒙阴、章丘、长清、诸城、临淄、淄川、平度、莱西、海阳等地也有铜矿分布。部分铜矿露于地表，易于发现和开采，如诸城叶家沟铜矿、泗水县城关东南铜矿，表面都有孔雀石等氧化铜矿。

二、古代文献关于海岱铜矿的记载

文献记载的海岱地区古铜矿资料主要如下：

《魏书·食货志》："南青州苑烛山、齐州商山并是往昔铜官，旧迹见在。"

《太平御览·地部二十一》引晋伏琛《齐地记》："莱芜谷有铜冶岘，古铸铜处。"

《新唐书·地理志》："莱芜有铁冶十三，有铜冶十八，铜坑四，有锡。"

关于海岱地区古代铜矿的记载最早见于《魏书》。据《古矿录》[①]记载，清代以前海岱地区发现的铜矿产地有青州、莱芜、齐州（今济南）、沂水、蒙阴、益都（今青州）、临朐、莒县等地。地质勘察时新泰、蒙阴等地发现了若干开采铜矿的老窟[②]。

总的来看，目前海岱地区发现铜矿的地区有：泗水、莱芜、新泰、邹平、沂南、昌乐、五莲、日照、栖霞、福山、莱州、招远、牟平、海阳、安丘、淄博、临淄、淄川、乳山、诸城、长清、平度、莱西、章丘、蒙阴、临朐、莒县、沂水等27县市。

海岱地区的铜矿分布较广，但多为含铜量较低的贫矿和伴生矿，总体来看较为匮乏。文献中关于海岱铜矿的开采记录也出现较晚。目前，关于海岱地区先秦时期铜矿开采情况的探索，只能求诸于考古发现和相关的研究分析。

---

① 章鸿钊：《古矿录》，地质出版社，1954年，第281—300页。
② 孙淑云：《山东泗水县尹家城遗址出土的岳石文化铜器鉴定报告》，《泗水尹家城》，文物出版社，1990年，第359页。

第二节　矿料来源与铸造地

一、矿料来源

海岱地区早在龙山文化时期的栖霞杨家圈、日照尧王城等遗址就发现了铜炼渣遗迹、孔雀石和小件铜器①，这说明早在龙山文化时期海岱地区就已经具备了炼铜、铸铜的能力。

海岱地区夏商周时期的炼铜遗迹和遗址发现较少，且主要集中在东周时期，鉴于其发现地点皆在东周故城内，可以断定这些冶炼遗址不是铜矿的开采之地；没有发现商周时期开采铜矿的老窟，文献中也没有关于海岱地区先秦时期发现铜矿的明确记载。那么是否可以说海岱地区商周青铜器的矿料来源于外地呢？

金正耀先生根据二里头三、四期铜器中的铅同位素与青州苏埠屯出土的岳石文化铜锥、器物残片以及燕、齐铜币铅同位素组成近似这一结果，认为二里头文化第四期铜器的矿源地可能集中位于夏文化在山东半岛控制区域内的某一地，而且与岳石文化有一定的联系②。陈国梁先生也认为山东半岛可能是二里头文化铜矿开采地之一③。至于其运输路径，可能是利用济水等水道。但目前尚缺乏明确为这一时期的古矿址和冶炼遗迹，来证明二里头时期的山东半岛已开采铜矿并铸造铜器。而且当时的海岱地区是岳石文化的分布区，夏人似乎尚未进入该地区。陈国梁先生通过对17件岳石文化铜器中的10件进行金相考察，认为岳石文化铜器在工艺上具有原始性，先铸后锻铜器的比例较高，有别于二里头遗址出土的铜器④。孙淑云通过对泗水尹家城遗址出土铜器的科学分析及对附近地区铜矿老窟的考察资料，也认为岳石文化铜器属当地铸造的可能性较大。方辉先生根据海岱地区的铜矿及相关铜器的科学分析，已作过较为详细的探讨，认为海岱早期铜器的矿源应是本地铜矿，且可能是本地铸造的；并认为尹家城少量含砷铜刀的矿源地可能是济南历城区含砷的铜矿⑤。这一结论是较为可信的。

目前发现的与商代青铜器铸造有关的是1955年在济南大辛庄勘察时发现的一块铜矿石⑥。由于未作科学分析，尚不能判定这块矿石的来源。

由《诗经·鲁颂·泮水》"憬彼淮夷，来献其琛，元龟象齿，大赂南金"可知，春秋早期（鲁僖公时期）鲁国铸铜所用铜料至少有一部分来自淮夷地区，而且征伐淮夷的目的之一可能就

---

① 方辉：《海岱地区早期铜器的发现与研究》，《海岱地区青铜时代考古》，山东大学出版社，2007年，第42—52页。
② 金正耀：《二里头青铜器的自然科学研究与夏文明探索》，《文物》2000年第1期。
③ 陈国梁：《二里头文化铜器研究》，《中国早期青铜文化——二里头文化专题研究》，科学出版社，2008年，第157、169页。
④ 陈国梁：《二里头文化铜器研究》，《中国早期青铜文化——二里头文化专题研究》，科学出版社，2008年，第173—174页。
⑤ 方辉：《海岱地区早期铜器的发现与研究》，《海岱地区青铜时代考古》，山东大学出版社，2007年，第42—52页。
⑥ 山东省文物管理处：《济南大辛庄商代遗址勘查纪要》，《文物》1959年第11期。

是为了俘金。依据上文海岱地区早期铜器矿源来自海岱本地的结论,笔者虽然倾向于海岱地区商周青铜器所需矿料的一部分可能是取自本地铜矿,但由于本地铜矿的匮乏以及尚未发现商周时期的古铜矿,因此笔者尚缺乏直接的证据来证明这一推测。有学者通过对临淄齐国故城出土的草叶纹铜镜的铅同位素比值分析,认为其是临淄本地的矿料铸造的①。从这一点来看,海岱地区至迟在西汉时期已经发现并开采了本地所产的铜矿。

关于海岱地区商周青铜器矿源的准确信息还有待于进一步的科学分析。

二、铜器铸造地

(一) 海岱地区发现的铸铜遗迹

海岱地区商周时期的铸铜遗址发现不多,这与本区铜矿匮乏且多难开采有直接的关系。邹县化肥厂靠近泗水县的一处大型商代遗址附近之山有铜矿,且有古代炼铜迹象,曾发现过炼铜的硫渣和铸铜所用的残石范,但炼铜遗迹的时代不详。

目前发现的较为明确的铸铜遗迹主要有鲁国故城、齐故城、莒故城、即墨故城四地,其中后三地属于齐地,主要为铸币遗址。

1. 莒县廓城以内现存有大量作坊遗址,已发现的有东周铸铜、铸钱、制陶遗址和汉代铸钱遗址各一处。铸铜遗址位于廓城东墙西,今慕家庄子村西南30米处,东关三街东北。东西约100米,南北约120米。灰坑内发现有炉渣、铜镞范和其他陶范。据实物分析,是春秋时期的铸铜遗址。《左传·昭公七年》载"赐子产莒之二方鼎",似乎说明当时莒国的铸铜技术并不落后。

2. 曲阜鲁国故城内的冶铜遗址

(1) 盛果寺冶铜遗址。位于鲁国故城北部。遗址范围东西约350米,南北约250米。地势略高,地面散布少量铜炼渣和红烧土。这一带的文化堆积有4—6层,分属西周、春秋、战国和汉代。炼铜遗址在第五层,有铜硫渣、红烧土和砂质陶范等遗物,时代可能在西周晚期至春秋早期。

(2) 药圃铸铜遗址。位于鲁国故城西北部,是一处包括铸铜、制陶、居住和墓葬的多类型遗址,文化堆积有5—7层,铸铜遗址在第五层。铸铜遗址位于东部,范围南北约200米,东西约70米。钻探时发现较多的铜硫渣、炭灰、红烧土等,在遗址南部有较密集的方形和圆形灰坑,内含铜硫渣、碎范块和红烧土等。在遗址北部试掘时发现了一些春秋中期前后的圆形冶炼遗迹,残存炉门、火膛、火道、炉床、烟囱等。炉身直径1.5米,根据附近的碎陶范等,推测可能是烘烤陶范的烤炉②。在药圃墓地的M138还出土两块箭镞陶范,陶质为夹砂灰褐陶(图七六,2),时代约在春秋早期前后③。

---

① 崔剑锋、吴小红、白云翔等:《山东临淄齐国故城遗址出土西汉铜镜的铅同位素比值分析》,《考古》2009年第4期。
② 山东省文物考古研究所、山东省博物馆等:《曲阜鲁国故城》,齐鲁书社,1982年,第49—51页。
③ M138时代约在西周晚期。报告定为西周中期,不确。参见《曲阜鲁国故城》第110页。

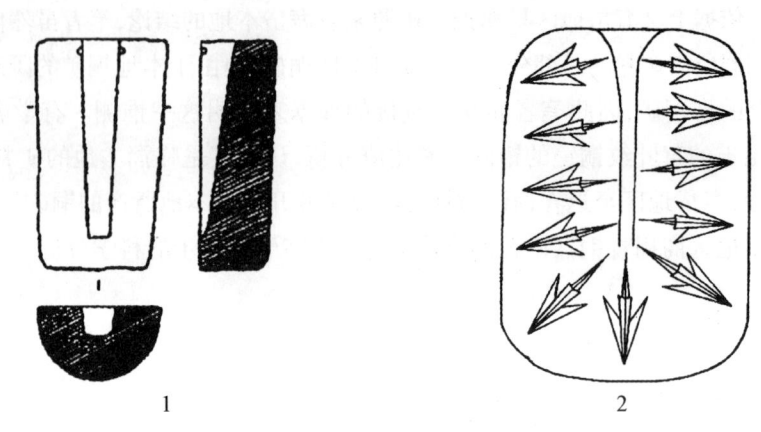

图七六　海岱地区发现的商与春秋时期的陶范
1. 邹平郎君村东晚商遗址出土铜凿陶范　2. 鲁国故城药圃墓地 M138 箭镞陶范

3. 齐故城内有多处炼铜遗址及铸币遗址，其中较为重要的有两处：一是大城东北部阚家寨东部的韩信岭一带，有铜渣、炉渣、烧土等，时代为春秋前期；一是小城南部的铸铜作坊遗址，面积约 4 000 平方米，是一处专铸铜质钱币的作坊，出土有泥质、石质、铜质钱范，泥质均为"齐法化"，石质均为"益六化"，铜质为齐刀范母。齐国早期铸币目前发现主要有三种：一是齐之法化，铸造地在齐都临淄，此处遗址或是其铸地之一；二是安阳之法化，铸造地在莒县安阳；三是即墨之法化，铸造地在即墨。此外，平度市大朱毛村也有发现。

海岱地区商周时期的铸铜遗迹和遗址发现较少，且主要集中在东周时期，这与海岱地区出土如此之多的商周青铜器是不相匹配的。

（二）海岱地区商周青铜器铸造地的推断

自商至东周，海岱地区的青铜器虽然在类别、形制、组合、纹饰、铭文等方面大部分与中原地区相同，但各个时期都有或多或少的当地因素。这些因素是我们目前判断其铸造地的主要依据。

关于海岱地区早期（龙山—早商文化时期）铜器的铸造地点，方辉先生作过详细的归纳和总结，认为海岱地区龙山文化时期的铜器多为铸造而成，且日照尧王城龙山文化时期遗址还发现了铜炼渣①，说明海岱地区在龙山文化时期可能已具备了铸造铜器的能力，但仍局限于生产工具等小件铜器②。岳石文化时期虽然尚未发现确切的炼铜遗迹，但青铜器的大量发现以及早期铜鬶③的出现足以说明，此期的海岱地区已经具备了较为成熟的青铜器铸造技术，虽然多为小件铜器。此外，济南大辛庄发现的商代中期的铜盉与中原地

---

① 严文明：《论中国的铜石并用时代》，《史前研究》1984 年第 1 期。
② 方辉：《海岱地区早期铜器的发现与研究》，《海岱地区青铜时代考古》，山东大学出版社，2007 年，第 42—52 页。
③ 严文明：《论中国的铜石并用时代》，《史前研究》1984 年第 1 期。

区颇有不同,也可能是当地铸造的①。

商代中期,海岱地区的青铜器中尚无明确为本地特色的器物,张昌平先生对大辛庄M139所出的14件铜器进行了较为细致的分析,认为这些器物在诸多方面显示了滞后现象,是中商文化时期地方(海岱地区)青铜文化开始兴起的结果,器物年代应为殷墟一期②。若是,则说明海岱地区中商文化时期也有铸造复杂青铜容器的能力。

商代晚期至西周前期,海岱地区青铜器中出现了一些本地因素。形制上有青州苏埠屯出土的人面钺,北京拣选费县铜方卣,大辛庄1984年出土铜钺,济阳刘台子M6出土象鼻足方鼎、扁足盘、瓦棱纹尊、卣,前掌大M11出土的大扉棱鼎、M18出土的垂腹角,龙口1958年发现的仿陶铜甗③等。纹饰上没有明显的地域特征。铭文和铭辞上的特点也不甚突出,虽然海岱地区特有的族徽数量甚多,但不足以作为本地铸造的依据。这一时期海岱青铜器在形制上的独有特点说明本地具有铸造青铜器的能力,但在技术上似乎稍有落后。

西周后期至春秋前期,海岱青铜器的地方性特点大增,器类上创造出铈这一新的器类;形制上创造出袋足鬲、平底无足匜、封口匜、卵形壶、圈足环形钮盘、裸人足盘、裸人足方形铜匜、蹄足方鼎,以及沂源姑子坪M1出土的指甲纹方彝、足根饰兽首扉棱的铜鼎,莒县西大庄出土的山字形铜匜,枣庄东江小邾国M2出土的圆孔戈及提链罐等。这些带有浓厚的地方性特征的青铜器说明,这一时期海岱地区的铸铜技术有较大发展,有不少创新。而且考古发现的曲阜鲁国故城以及临淄齐故城炼铜、铸铜遗址也在这一时期,也是这一时期海岱地区具有铸造青铜器能力的佐证。

春秋后期至战国时期,海岱地区青铜器的地方性特点持续增加,在器物形制上有诸多本地特点,如袋足鬲、龙耳方座簋、齐侯盂、乳丁纹敦、乳丁纹铈、方形铈、镂空圈足铈,以及长清仙人台M5出土的七环耳铈形器、温鼎,海阳嘴子前M4出土的平盖蹄足鼎、圈足环钮盘,临沂凤凰岭出土的平顶敦,海阳嘴子前M1出土的宽沿仿陶铜豆,诸城臧家庄出土的鹰首提梁壶,滕州薛国故城出土的提链铈(薛侯行壶),沂水刘家店子M1出土的公簋,郯城大埠二村M1出土的连体罐等。纹饰上,乳丁纹具有鲜明的地域特点,于春秋后期至战国早期集中出现于齐文化区,这足以说明这些器物是由齐国铸造的。这些器物均发现或起源于海岱地区,是海岱地区铸造铜器的明证,而且在前期的基础上又有发展。

岳石文化时期至西周前期虽然尚未发现明确的铸铜遗迹,但其拥有一定的铸铜能力应是没有问题的。西周晚期至春秋早期铸铜遗址的发现、鲁国故城箭镞陶范的出土,以及大量地方性特点青铜器的发现,是海岱地区拥有铸铜技术的明证,且海岱地区的铸铜技术似乎并不明显低于中原地区的铸铜技术。可以说,海岱地区西周后期及以后的青铜器可能主要是由本地铸造的,但之前的铜器本地铸造的比例尚难揣测。

---

① 方辉:《海岱地区早期铜器的发现与研究》,《海岱地区青铜时代考古》,山东大学出版社,2007年,第42—52页。
② 张昌平:《论济南大辛庄遗址M139新出青铜器》,《江汉考古》2011年第1期。
③ 李步青、林仙庭:《山东黄县出土一件青铜甗》,《考古》1989年第3期。

附：古代文献关于海岱地区铅矿、锡矿的记载

1. 历城县南七十里四门山产铅(《山东通志》①)。
2. 章丘平顶山、平度古田、潘家潭、蓬莱、栖霞、掖县、益都、胶州、安丘、莱芜、福山、招远、博山、胶州、泰安皆产铅(《古矿录》②298页)。
3. 益都颜神镇府百八十里接莱芜、淄川二县界产铅(《古矿录》298页)。
4. 诸城县西北四十里有锡山(《古矿录》297页)。
5. 胶州出金、锡(《古矿录》288页)。
6. 兖州府峄县夹儿山在县北七十里,旧有锡矿(《古矿录》287页)。

---

① 孙葆田、法伟堂等纂,张曜、杨士骧等修:《山东通志》,初刊于1915年,商务印书馆1934年影印,上海古籍出版社1988年重印。
② 章鸿钊:《古矿录》,地质出版社,1954年。

中 编
器问东西：现象分析

第八章 海岱地区商周青铜器文化因素分析

本书在前文青铜器类型学分析的基础上,结合周边地区出土的青铜器,从器物形制、组合、纹饰、铭文四个方面,对海岱地区商周青铜器的文化因素进行分析,进而探讨海岱青铜文化与周边地区的交流情况及其相关社会背景。

需要说明的是,因本书第四、五、六章已涉及海岱商周铜器组合、纹饰与铭文等方面文化因素分析的讨论,为免重复,本章仅对海岱地区商周青铜器[①]的形制进行分析。

第一节 文化因素分析

一、青铜容器

鼎。海岱地区商至西周铜鼎的形制与殷墟及关中地区基本相同,仅少量铜鼎略有差异。一是济阳刘台子M6出土的象鼻足方鼎,其特别之处在于足为逼真的象鼻形,而且上腹为A型方鼎形,下腹却为D型方鼎的腹部形态。二是日照崮河崖M2所出方鼎,时代为西周晚期,特异之处在于耳为附耳,足为蹄足,类似的方鼎还见于安徽屯溪弈棋村墓地[②]M3:5、M3:9等,时代也约在西周晚期,其间的影响关系尚不清楚。三是邹县七家峪墓所出的柱足附耳铜鼎,除附耳外,鼎身及柱足与西周前期常见的柱足鼎基本相同,但此鼎附耳与东周时期常见的鼎之附耳明显有别。

海岱地区东周铜鼎的形制较为丰富,其中大部分形制仿自中原地区,少量来源尚不甚清楚,部分富有海岱特色。圆鼎乙类A型蹄足附耳鼎,在西周晚期至春秋早期的北赵晋侯墓地[③]及三门峡虢国墓地[④]出土较多,海岱地区此期此型鼎的数量较少,除日照崮河崖出土的此型鼎时代可早至西周晚期外,其余鼎的时代都略晚,此型鼎可能来自晋南、豫北。圆鼎乙类B型Ⅰ式矮足深腹附耳鼎较为少见,海岱地区仅在滕州薛国故城发现4件,时代为春秋中期后段。此外,《曾国青铜器研究》还搜集到6件:豫南鄂北2件、上村岭虢国墓

---

① 本部分所列器物参见本章表一四、表一五。
② 李国梁:《屯溪土墩墓发掘报告》,安徽人民出版社,2006年。
③ 朱凤瀚:《中国青铜器综论》,上海古籍出版社,2009年,第1459、1463、1468、1470页。
④ 河南省文物考古研究所、三门峡市文物工作队:《三门峡虢国墓》,文物出版社,1999年。

地1件、长沙1件、上海博物馆和广州博物馆各收藏1件①。这10件鼎中时代较早的2件均为立耳,分别出于上村岭虢国墓地M1612②和随州黄土坡M1③。上村岭M1612的年代在两周之际,黄土坡M1的年代尚有争议,《曾国青铜器研究》及发掘简报认为在两周之际,《中国青铜器综论》把其归入春秋中晚期之际④。从形制上看,此鼎方立耳较厚,但鼎耳已有外侈迹象,定在春秋早期后段较为适宜。其余8件皆可定在春秋中期。目前来看,此型鼎可能源于豫西一带,但鉴于滕州薛国故城地处海岱南部,不排除受到豫南、鄂北影响之可能。圆鼎乙类C型附耳鼎还见于山西闻喜上郭村76M17:6⑤,时代与滕州薛国故城M2相当,但数量较少。海岱地区此型鼎的发展序列较为完整,因此,此型鼎可能是海岱地区的特色器物。圆鼎乙类D型三足外撇附耳鼎在越文化区十分常见,时代也较早,而且此型鼎仅在海岱地区南部及东南部有少量发现,可能与春秋晚期越文化强势北上有关。

特殊形制鼎中A、B型柱足附耳鼎仅见于邹县七家峪墓,是商周柱足鼎的遗留。C型鼎在海岱地区仅小邾国墓地及临朐泉头墓地有发现,但殷墟一期的安阳小屯M331:R2051⑥、西周前期后段的长安普渡村M2:24⑦皆属于此型鼎,当可确定来源于中原地区。D型为圆腹兽首流鼎,兽首封口流立于口沿,此型鼎腹部俯视呈圆形,与匜形鼎俯视呈匜形明显不同,此型鼎目前仅在海岱地区东南部发现数件,应为本地特色器物。E型鼎仅在海岱地区东南部沂水刘家店子M1发现2件,但在楚墓中出土较多,年代也较此二鼎稍早,其来源可能是楚文化区。F型锥足外撇鼎仅在枣庄徐楼M2发现1件,不见于其他地区。G型是匜形鼎,敞口流开于口沿,腹部作匜形,有别于D型圆腹兽首流鼎,此型鼎在山西闻喜上郭村墓地⑧等西周晚期至春秋早期墓地有较多发现,可能源于晋文化区。此型鼎春秋时期在安徽中部舒城⑨及邻近地区十分流行,枣庄小邾国M3和长清仙人台M5匜形鼎的发现,提供了匜形鼎南下的可能路线之一。值得注意的是,二墓皆为女性墓,此型鼎是否与墓主人性别有关尚待进一步考察。H型鼎仅见于仙人台M5,其他地区尚未发现,可能是本地的特色器物。I型鼎在海岱地区罕见,在河南洛阳市纱厂路JM32⑩、尉氏河东周村墓⑪、河南淅川下寺M7⑫等也有出土,时代在春秋中晚

---

① 张昌平:《曾国青铜器研究》,文物出版社,2009年,第205—208页。
② 中国科学院考古研究所:《上村岭虢国墓地》,科学出版社,1959年,图版40。
③ 拓古、熊燕:《湖北随州市黄土坡周代墓的发掘》,《考古》2007年第8期。
④ 朱凤瀚:《中国青铜器综论》,上海古籍出版社,2009年,第1728页。
⑤ 山西省考古研究所:《1976年闻喜上郭村周代墓葬清理记》,《三晋考古》(第一辑),山西人民出版社,1994年,第133页。
⑥ 石璋如:《小屯第一本·遗址的发现与发掘·丙编·殷墟墓葬之五——丙区墓葬上》,中研院史语所,1980年。
⑦ 陕西省文物管理委员会:《长安普渡村西周墓的发掘》,《考古学报》1957年第1期。
⑧ 朱华:《闻喜上郭村古墓群试掘》,《三晋考古》(第一辑),山西人民出版社,1994年,第102页;山西省考古研究所:《1976年闻喜上郭村周代墓葬清理记》,《三晋考古》(第一辑),山西人民出版社,1994年,第144页。
⑨ 安徽省文化局文物工作队:《安徽舒城出土的铜器》,《考古》1964年第10期;安徽省文物考古研究所、舒城县文物管理所:《安徽舒城县河口春秋墓》,《文物》1990年第6期;怀宁县文物管理所:《安徽怀宁县出土春秋青铜器》,《文物》1983年第11期。
⑩ 洛阳市第二文物工作队:《洛阳市纱厂路东周墓(JM32)发掘简报》,《文物》2002年第11期。
⑪ 郑州市博物馆:《尉氏出土一批春秋时期青铜器》,《中原文物》1982年第4期。
⑫ 河南省文物研究所、河南省丹江库区考古发掘队等:《淅川下寺春秋楚墓》,文物出版社,1991年。

期之际①,与海阳嘴子前 M4 此型鼎的时代相当。因中原与楚地发现较多,其来源应与这两地有关,但同时在形制和纹饰上有所变化,故而较有地方特色。J 型撇足鼎也具有典型的越式鼎的特征,与圆鼎乙类 D 型附耳鼎一样,都是受到越文化影响的产物。K 型细高足鼎目前仅在临淄辛店二号墓出土 1 件,不见于其他地区。L 型矮足鼎也较为少见,目前其来源尚不甚清楚。M 型小立耳鼎在战国时期较为罕见,是早期立耳鼎的孑遗。观其形制与春秋战国之际的栖霞杏家庄 M3、M2 出土的立耳铜鼎和陶鼎十分相似,而且海岱地区东南部的立耳鼎持续时间明显比其他地区长,在春秋晚期还有较多发现,因此,M 型鼎也可视作当地的特色器物。N 型卧兽钮 S 形耳鼎仅见于海岱北部阳信陪葬坑,此型鼎在燕文化区极为常见,如唐县北城子 M2②、唐山贾各庄 M28③、北京顺义龙湾屯墓④等都有出土,是典型的燕文化器物。O 型浅腹外撇足鼎,前文已述及是前期越文化鼎的典型特征,此时越国虽已不存,但其文化影响可能还未消失,因此,鲁国故城出土的战国中期的此型鼎也属于越文化因素。此外,从小邾国墓地盗出又被缴回的 10 件满饰华丽夔龙纹的带盖鼎,也不见于其他地区。

甗。海岱地区商与西周时期的铜甗基本上都仿自中原地区。东周时期海岱地区的铜甗出现了新的因素,如曲阜鲁国故城 M48 出土铜甗,鬲部为附耳罐形鼎,而同时期的中原铜甗的鬲部为鬲形,与此甗颇为不同,稍晚的临沂凤凰岭东周大墓所出的铜甗也是这一形制。此外,龙口曾发现一件仿陶铜甗⑤,形制与岳石文化、芝水二期文化及珍珠门文化陶甗颇似,其时代可能在商晚期至西周早期⑥。

鬲。海岱地区商至西周中期的铜鬲,与中原地区基本无异,各类铜鬲在中原地区都能找到相近的形制,因此商至西周时期海岱地区的铜鬲当来自或仿自中原地区,且基本没有创新。这一情况在西周晚期有所改变,莒县西大庄 M1 出土的 B 型鼓肩袋足铜鬲不见于中原地区,B 型鬲主要出于海岱东南部和南部一带,海岱东部有个别发现。此型鬲在江淮一带也比较流行,延续的时间也较长。这些区域都基本属于夷文化区,是西周晚期以后夷礼回潮形势下产生的新器形,可以归为夷文化器物⑦。目前发现的最早的 B 型铜鬲为西周晚期,在莒县西大庄⑧和宁镇地区⑨都有出土,传世的西周晚期的邳伯鬲⑩也是这一形制。关于 B 型鬲的源头,林沄先生认为与王迅判断为淮夷文化的陶鬲相近⑪。有学者认

---

① 朱凤瀚:《中国青铜器综论》,上海古籍出版社,2009 年,第 1607、1616、1779 页。
② 郑绍宗:《唐县南伏城及北城子出土周代青铜器》,《文物春秋》1991 年第 1 期。
③ 安志敏:《河北省唐山市贾各庄发掘报告》,《考古学报》(第六册),1953 年。
④ 程长新:《北京市顺义县龙湾屯出土一组战国青铜器》,《考古》1985 年第 8 期。
⑤ 李步青、林仙庭:《山东黄县出土一件青铜甗》,《考古》1989 年第 3 期。
⑥ 方辉:《海岱地区早期铜器的发现与研究》,《海岱地区青铜时代考古》,山东大学出版社,2007 年,第 42—52 页。
⑦ 王迅:《东夷文化与淮夷文化研究》,北京大学出版社,1994 年,第 149 页;王青:《海岱地区周代墓葬研究》,山东大学出版社,2002 年,第 183 页。
⑧ 莒县博物馆:《山东莒县西大庄西周墓葬》,《考古》1999 年第 7 期。
⑨ 郑小炉:《吴越和百越地区周代青铜器研究》,科学出版社,2007 年,第 193 页。
⑩ 中国青铜器全集编辑委员会:《中国青铜器全集》(第 6 卷),文物出版社,1997 年,图版说明第 23 页。
⑪ 林沄:《海岱地区周代墓葬研究·序》,王青:《海岱地区周代墓葬研究》,山东大学出版社,2002 年。

为,此类陶鬲最早见于西周中期的淮河流域①。鉴于此,有学者提出"这种铜鬲是在安徽淮河流域西周时期陶鬲的影响下产生的,这种因素同时影响到海岱东南部和江苏宁镇地区"②。而王青先生认为这种铜鬲可能是由岳石文化陶鬲发展而来的,是东夷文化的产物③。故而,B 型铜鬲的来源问题,尚有争议。此型鬲在海岱地区东南部出土数量最多,常成套出土,而且发展序列完整,较早的几件此型鬲的时代也比较明确。因此,笔者认为,此型鬲是以莒国为首所掀起的夷礼回潮形势下所创造的众多新器物、新器形之一,此型鬲在莒文化区首先产生似乎更合情理,尔后江淮流域诸国争相回应推行夷礼,从而仿制了此类器物。此外,杞伯偶鬲④的形制极为少见,其形制大致为两个 B 型尖足鼓肩鬲相连而成,目前仅发现这一例。

簠。截止到目前,海岱地区商至春秋前期的大多数铜簠无论器形还是纹饰均与中原地区相同或相近,演变趋势也与之相近。其中仅少量型式具有地方特色,一是甲类 Bb 型贯耳敛口簠,异于同时期流行的侈口半环耳簠,其他地区罕见。二是杞伯豆形簠,柄部较矮,异于同时期的铜豆,张懋镕等先生详细对比了这一时期簠与豆的特征称之为簠⑤,是正确的。此类铜簠十分少见,目前仅见此一件。乙类 Ⅱ 式方座簠在临淄河崖头出土 4 件,相近的形制还有春秋晚期至战国中期的昭王之媓簠⑥、湖北九连墩 M1 方座簠⑦、曾侯乙墓方座簠⑧、荆州天星观 M2⑨方座簠,以及传世的莒侯少子簠⑩、陈侯午簠、禾簠等。1940 年临淄近郊出土、现藏美国旧金山亚洲艺术博物馆的龙耳簠以及故宫博物院收藏的龙耳簠⑪也是这一形制。湖北境内的此型簠时代似乎稍早,数量也不少。鉴于目前齐地发现的此类方座簠的时代皆在陈齐时期,且陈氏来自邻近楚文化区的淮河流域,因此,齐地 B 型方座簠有可能是楚文化方座簠影响下的产物,传入齐地后迅速在高级贵族中流行,但很快消失。

簋。海岱地区两周时期的铜簋,尤其是 A 型 Ⅰ、Ⅱ、Ⅲ 式簋的形制与中原地区基本一致。簋在东周时期的楚文化区最为盛行,Ⅳ式簋与楚地同期簋更为接近,可能是受到楚文化簋的影响。B 型四足簋极为少见,是齐文化区的特色器物。

敦。目前,较早的 A 型平底敦在信阳平西 M5⑫、洛阳中州路 M2415⑬皆有出土,湖北

---

① 宫希成:《安徽淮河流域西周时期文化试析》,《东南文化》1999 年第 5 期;王迅:《东夷文化与淮夷文化研究》,北京大学出版社,1994 年,第 117 页。
② 郑小炉:《吴越和百越地区周代青铜器研究》,科学出版社,2007 年,第 193 页。
③ 王青:《海岱地区周代墓葬研究》,山东大学出版社,2002 年,第 183 页。
④ 中国国家博物馆网站 http://www.chnmuseum.cn/tabid/212/Default.aspx?AntiqueLanguageID=4160。
⑤ 张懋镕、闫婷婷、王宏:《新出杞伯簠浅谈》,《文博》2011 年第 1 期。
⑥ 陈佩芬:《夏商周青铜器研究·东周篇》(上),上海古籍出版社,2004 年,第 139—141 页。
⑦ 湖北省博物馆:《九连墩——长江中游的楚国贵族大墓》,文物出版社,2007 年。
⑧ 湖北省博物馆:《曾侯乙墓》,文物出版社,1989 年。
⑨ 湖北省荆州博物馆:《荆州天星观二号楚墓》,文物出版社,2003 年。
⑩ 容庚:《商周彝器通考》,哈佛燕京学社,1941 年,第 185 页。
⑪ 中国青铜器全集编辑委员会:《中国青铜器全集》(第 9 卷),文物出版社,1997 年,图 9、10,图版说明第 3—4 页。
⑫ 信阳地区文管会、信阳市文管会:《河南信阳市平西五号春秋墓发掘简报》,《考古》1989 年第 1 期。
⑬ 中国科学院考古研究所:《洛阳中州路(西工段)》,科学出版社,1959 年,图版 45。

随县涢阳出土的息子行盆①也是这一形制，时代在春秋早期至中期前段。海岱地区 A 型敦出现于鲁国故城 M202，时代为春秋中期前段，与中州路 M2415 相当，而略晚于其他两件，其来源可能是豫南、鄂北的楚文化区。B 型敦在海岱地区仅发现数件，皆出于海岱北部齐文化区，且年代较晚，应来源于楚文化区的盏式敦。Bb 型敦满饰乳丁纹的做法则是海岱北部齐文化区的特色。C 型敦仅在海岱北部、海岱东部的齐文化区有发现。目前来看，辉县琉璃阁 M 甲出土的三环形足敦②是中原最早的此型敦，时代为春秋晚期早段，楚文化区的此型敦也大约出现于这一时期③，都早于海岱地区。值得注意的是，B、C 两型敦在距楚文化区更近的海岱南部及海岱东南部都没有发现，因此，齐文化区的这两型敦都可能是经由中原传入的。D 型敦发现不多，海岱地区仅见于临沂凤凰岭大墓、沂水纪王崮大墓和莒县于家沟墓④，湖北襄阳蔡坡墓⑤也有出土，但后者已入战国，时代较晚。此型敦应发源于海岱地区东南部莒文化区。E 型敦也属盏式敦，但形制少见，仅在莱芜西上崮出土，也可能是楚文化影响下的产物。F 型人形足敦目前仅在临淄河崖头发现 1 件，其他地区未见，是齐文化的特色器物。

豆。海岱地区商至西周时期的铜豆发现 2 件，在器形上也与中原地区同时期的铜豆基本相同，应是仿自中原地区。

东周时期，特别是春秋晚期出现了一些当地因素。A 型Ⅲ式大口矮柄盖豆出现于春秋晚期，目前中原及其他地区最早的此型豆出于洛阳中州路 M2729⑥、洛阳玻璃厂哀成叔墓⑦及江苏邳州九女墩 93PJM3⑧，三墓年代约在春秋晚期偏晚⑨。海岱地区最早的此型豆出于阳谷景阳岗墓，其出土的此型豆的形态似乎稍早，同出的四蹄足铜也较哀成叔铜原始，同出的扁方钺与河南尉氏河东周村墓出土钺相同，河东周村墓的年代约在春秋中晚期之际。目前来看，景阳岗墓出土的此型豆可能是最早者，之后传入中原。海岱地区最早的 B 型铜豆出于邹平大省 M3，时代为春秋晚期。春秋晚期的此型豆海岱地区共发现 7 件：Ba 型 3 件，Bb 型 4 件。目前，海岱境外最早的此型豆要数江苏苏州新塘村墓⑩及河北唐县北城子 M2⑪所出铜豆，时代为春秋战国之际。此型豆可能首先产生于海岱地区，尔后传入河北、中原等地。新泰周家庄 M25：2 单钮盖豆不见于其他地区。C 型细高柄浅盘豆出现最晚，海岱地区约在战国中期出现，但陶质的直壁、浅腹、平底豆在西周晚期就已出

---

① 程欣人：《随县涢阳出土楚、曾、息青铜器》，《江汉考古》1980 年第 1 期。
② 郭宝钧：《山彪镇与琉璃阁》，科学出版社，1959 年。
③ 彭裕商：《东周青铜盆、盏、敦研究》，《考古学报》2008 年第 2 期。
④ 中国青铜器全集编辑委员会：《中国青铜器全集》（第 9 卷），文物出版社，1997 年，图 71，图版说明第 24 页。
⑤ 湖北省博物馆：《襄阳蔡坡战国墓发掘报告》，《江汉考古》1985 年第 1 期。
⑥ 中国科学院考古研究所：《洛阳中州路（西工段）》，科学出版社，1959 年。
⑦ 洛阳博物馆：《洛阳哀成叔墓清理简报》，《文物》1981 年第 7 期。
⑧ 孔令远、陈永清：《江苏邳州市九女墩三号墩的发掘》，《考古》2002 年第 5 期。
⑨ 朱凤瀚：《中国青铜器综论》，上海古籍出版社，2009 年，第 1593 页。
⑩ 苏州博物馆考古组：《苏州虎丘东周墓》，《文物》1981 年第 11 期。
⑪ 郑绍宗：《唐县南伏城及北城子出土周代青铜器》，《文物春秋》1991 年第 1 期。

现,只是柄较粗矮。C 型铜豆在战国早期的淅川徐家岭 M10①有出土,楚文化区是此型豆产生地的重要考察区。此型豆应与西周晚期至春秋早期流行的浅盘铜铺有关。C 型中盘口作莲花状的铜豆十分罕见,目前不见于其他地区。Cb 型长方形方盘铜豆目前仅一例。D 型豆明显有别于其他铜豆,这种形制的陶豆在春秋中晚期的鲁国故城甲组墓②以及海岱东南一带较为常见,应仿自陶豆,其原型可早到春秋早期,如临沂中洽沟墓陶豆③,可能是东夷文化器物。

铺。A 型Ⅰ式是铺的早期形态。铺在莒县西大庄西周晚期墓就有发现,春秋早期就已流行于海岱东南部和北部,而中原地区的铜铺目前最早见于春秋早中期之际的闻喜上郭村 M57④、中州路 M2415 和信阳平桥西 M3⑤,海岱地区应是其发源地。其传播路线十分清晰:海岱地区东南部(莒县西大庄)→中部(临朐泉头 M 甲)→北部(临淄齐故城)→南部(鲁国故城)→中原(河南洛阳、山西闻喜等地)→鄂北及京津唐地区等。目前最早的 B 型双耳平底铺出于海岱东部的栖霞吕家埠 M1,中原地区目前最早的此型铺出于闻喜上郭村 76M4:2⑥,时代为春秋中期前段,海岱东部是此型铺起源地的重要考察区域。目前来看,其传播路线为:海岱地区东部→南部→中原→鄂北及京津唐等地。Bc 型中龙首环耳铺腹部较深,此类铜铺目前在海岱地区仅发现 2 件,但龙首环耳铺多见于襄樊、当阳一带,如当阳赵家湖金家山 M9⑦、当阳曹家岗 M5⑧等,故而 Bc 型铺可能受到湖北襄阳一带铜铺的影响。C 型铺与 Bb 型敦一样,器身满饰乳丁纹之做法是齐文化区的特色。D、E、F 型是铺的偶然形态,分别出于长清仙人台 M5、淄川磁村 M2 以及临淄辛店二号墓,其他地区未见,应是海岱地区的创新器形。值得注意的是,海岱地区的铜铺大多是平底无足铺,另有少量三足铺。而山西地区多为圈足铺,新郑一带多为三人形足铺,中原地区则平底、圈足、三足铺都较为流行。

壶。海岱地区商至西周时期的铜壶,在器形上也与中原地区同时代的铜壶相同,应仿自中原地区。西周晚期出现了一些海岱文化因素,如 Fa 型卵形壶。最早的此型壶发现于西周晚期的莱阳前河前墓⑨及日照崮河崖墓,主要分布在海岱地区东部和东南部的日照地区,南部曲阜鲁国故城也发现 2 件,海岱地区东部、东南部应是其来源地。此型壶集中出于西周晚期至春秋早期的墓葬。西周晚期此型壶腹部至口基本呈直线,弧度较小,致使颈腹成为一体;两周之际腹部更为丰满,整体更近卵形。此型壶不见于其他地区,是海岱

---

① 河南省文物考古研究所、南阳市文物考古研究所等:《淅川和尚岭与徐家岭楚墓》,大象出版社,2004 年。
② 山东省文物考古研究所、山东省博物馆等:《曲阜鲁国故城》,齐鲁书社,1982 年。
③ 临沂市博物馆:《山东临沂中洽沟发现三座周墓》,《考古》1987 年第 8 期。
④ 山西省考古研究所:《闻喜县上郭村 1989 年发掘简报》,《三晋考古》(第一辑),山西人民出版社,1994 年,第 144 页。
⑤ 信阳地区文管会、信阳市文化局:《信阳市平桥西三号春秋墓发掘简报》,《中原文物》1981 年第 4 期。
⑥ 山西省考古研究所:《1976 年闻喜上郭村周代墓葬清理记》,《三晋考古》(第一辑),山西人民出版社,1994 年,第 128 页。
⑦ 湖北省宜昌地区博物馆、北京大学考古系:《当阳赵家湖楚墓》,文物出版社,1992 年,第 123—124 页。
⑧ 湖北省宜昌地区博物馆:《当阳曹家岗 5 号墓葬》,《考古学报》1988 年第 4 期。
⑨ 李步青:《山东莱阳县出土己国铜器》,《文物》1983 年第 12 期。

地区的特色器物。此外,烟台上夼墓出土的 E 型侈口细颈圆腹平底壶也极为少见,仅在湖北随州熊家老湾出土一件。张昌平先生根据海岱陶器上的三角纹饰,判定此壶是从海岱地区传播过去的①,甚确。实际上,海岱地区西周晚期铜器上的此类纹饰有不少,如卵形壶上的三角纹饰等,与此件铜壶的纹饰如出一辙。

东周时期的 A 型方壶和 Ba 型圆壶是西周晚期壶常见形制的延续,此类壶的数量最多。Bb 型铺首衔环圆壶在春秋晚期至战国早期的河南淅川和尚岭 M2、徐家岭 M10②、固始 M1③都有发现,而海岱地区此型壶最早见于战国中期的长清岗辛大墓,应由中原传播而来。Ca 型扁壶海岱地区发现不多,其他地区也少见,来源尚不清楚。Cb 型扁壶在海岱南部薛国故城有较多发现,较早的此型壶,出于西周晚期招远东曲城墓地和春秋早期的长清仙人台 M6,早于中原地区的此型壶,海岱地区似乎是其发源地。D 型提链壶可能是 Ha 型薛侯行壶影响下的产物。目前,提链壶中以薛国故城 M3 出土的 Ha 型薛侯行壶最早,是春秋中期出现的新器形,出现后即迅速流行起来。中原地区的提链壶目前来看似乎均晚于此壶。观其提链风格与海岱春秋早期的提链罐之提链相近,其提链可能由此而来。Fb 型卵形壶仅见于沂水刘家店子 M1 和莒县天井汪墓,是海岱地区东南文化区极富特色的卵形壶的延续。G 型瓠壶流行于战国时期,目前较早的一件发现于湖南新宁飞仙桥,时代为商末周初④,此型壶的来源或与南方有关。Ha 型提链扁方壶海岱地区仅见于滕州薛国故城 M3,此型壶,包括 Hb、Hc 型,朱凤瀚先生称之为方钫⑤。Ha 型壶发现较少,山西闻喜上郭村墓出土的陈公孙旅壶⑥以及《考古图》中的弘钫⑦与此型壶相近,但二钫无提链,无盖,与此壶稍有不同,可能稍晚于本壶。目前 Hb 型扁壶仅见于海阳嘴子前 M1,此型壶以及 Ha、Hc 型方钫似乎与北方草原有关,但尚无确切证据,也不排除是本地特色器物。Hc 型扁壶海岱地区仅见于阳谷景阳岗墓,与本壶年代相当的还见于蔡侯墓⑧和河南尉氏河东周村墓⑨,但更早形态的此型壶在春秋中期后段的山西闻喜上郭村 M7⑩有发现,可能来自晋南及附近地区。I 型鹰首壶大多发现于齐文化区,诸城臧家庄和临淄相家庄 LXM6、临淄商王村 M1 皆有出土,在湖北九连墩 M1⑪也有发现,但时代略晚。此型壶的产生可能受到北方草原文化的影响,但其产生地可能是齐文化区。J 型圈足杯形壶出于诸城臧家庄墓和临淄商王村 M1,在湖北九连墩 M1也有发现,但时代略晚。目前来看,海岱北部可能是此型壶的发源地。K 型高柄壶,还见

---

① 张昌平:《曾国青铜器研究》,文物出版社,2009 年,第 305、306 页。
② 河南省文物考古研究所、南阳市文物考古研究所等:《淅川和尚岭与徐家岭楚墓》,大象出版社,2004 年,第 40—43、273 页。
③ 固始侯古堆一号墓发掘组:《河南固始侯古堆一号墓发掘简报》,《文物》1981 年第 1 期。
④ 邵阳市文物管理处、新宁县文管所:《湖南省新宁县发现商至周初青铜器》,《文物》1997 年第 10 期。
⑤ 朱凤瀚:《中国青铜器综论》,上海古籍出版社,2009 年,第 240—241 页。
⑥ 中国青铜器全集编辑委员会:《中国青铜器全集》(第 8 卷),文物出版社,1997 年,图版说明第 16 页。
⑦ 朱凤瀚:《中国青铜器综论》,上海古籍出版社,2009 年,第 241—242 页。
⑧ 安徽省文物管理委员会、安徽省博物馆:《寿县蔡侯墓出土遗物》,科学出版社,1956 年。
⑨ 朱凤瀚:《中国青铜器综论》,上海古籍出版社,2009 年,第 242—243 页。
⑩ 山西省考古研究所:《1976 年闻喜上郭村周代墓葬清理记》,《三晋考古》(第一辑),山西人民出版社,1994 年,第 133 页。
⑪ 湖北省博物馆:《九连墩——长江中游的楚国贵族大墓》,文物出版社,2007 年。

于太原金胜村 M251∶561①,此墓时代为春秋战国之际,早于临淄商王村甚多,因此,三晋文化区是此型壶来源的重要考察区域。L 型蒜头壶是战国中晚期秦文化区的典型器物,应来源于秦文化区。M 型小口细颈圆腹圈足壶在中原地区有较多发现,且时代较早,应来源于中原地区。

角。海岱地区商周时期大多数铜角的形制演变与中原地区基本相同。仅滕州前掌大 M18∶32 束腰垂腹方体角的形制十分特殊,不见于其他地区。

卣。海岱地区商周时期大多数铜卣的形制演变与中原地区基本相同。仅北京拣选费县所出商代晚期的方卣及沂源姑子坪出土的两周之际的方卣形制较为特殊。北京拣选费县所出方卣大口、粗颈、折肩、收腹、圈足,颈部双环套索状提梁,较为少见。此型卣还在河南鹿邑太清宫长子口墓②及宝鸡竹园沟 M7③ 中各发现 1 件,时代为商末周初和西周早期,其中长子口墓方卣与费县所出方卣的时代相当或略晚。此型卣暂时可视作海岱地区的特色器物。沂源姑子坪 M1 所出方卣不见于其他地区,有学者称此器可能受到了吴越青铜文化的影响④,还有讨论的余地。前掌大 M119 出土的筒形卣则可能来源于北方草原文化区与中原文化区的交接地带。平邑洼子地出土的鸮形卣,海岱地区目前仅发现这一件,但中原地区有较多发现,应来自中原地区。

瓿。海岱地区商周时期的铜瓿大多数与中原地区无甚差异,仅约当于殷墟三期的沂水信家庄出土的铜瓿略具特色,瓿腹部凸起的上方附加了一周凸起,形制较有特点,是海岱地区的特色器形。

罍(罐)。莒县老营出土的两周之际的铜罍、沂水调查所得春秋时期的铜罐、沂水刘家店子大墓以及枣庄徐楼 M1 所出铜罍(罐)较有特色,不见于其他地区,是海岱地区的特色铜器。

盉。海岱地区商周时期的铜盉大多数与中原地区无甚差异,仅济南大辛庄 1970 年出土的商代中期的铜盉较有特色,此型盉不见于其他地区,是海岱地区的特色器形。

鉴。莒县天井汪春秋中晚期之际墓葬所出 A 型鼓肩盆式铜鉴较有特色,不见于其他地区,是探讨铜鉴与盆之间渊源关系的重要资料。另一件 B 型铜鉴出于海阳嘴子前 M4,与中原地区常见的铜鉴形制基本相同。

盂。海岱地区发现两周铜盂 4 件,其中 3 件与中原地区的盂形制相同,另一件是 Ⅱ 式齐侯盂,铜盂上腹部饰四个爬兽衔环耳,较有特色,不见于其他地区。

铺。海岱地区发现两周铜铺 17 件,其中 10 件 A 型铜铺与中原地区铜铺形制相同;另外 7 件 B 型铜铺为同一形制,出于沂水刘家店子 M1,自铭"公簋",实为铜铺,但与常见的

---

① 山西省考古研究所、太原市文物管理委员会:《太原金胜村 251 号春秋大墓及车马坑发掘简报》,《文物》1989 年第 9 期。
② 河南省文物考古研究所、周口市文化局:《鹿邑太清宫长子口墓》,中州古籍出版社,2000 年。
③ 卢连成、胡智生:《宝鸡㵒国墓地》,文物出版社,1988 年。
④ 郎剑锋:《吴越地区出土商周青铜器研究》,山东大学博士学位论文,2012 年,第 159 页。

第八章　海岱地区商周青铜器文化因素分析

铜铺的形制有一定差异,此铺兼有铜铺与铜豆的特征,不见于其他地区。

匜。海岱地区发现的甲类 A 型 I 式提链匜共 5 件,集中出现于西周晚期至春秋早期。此类提链匜皆为隆盖、子母口、鼓腹、圈足,提链尚无后世的握手,这是早期提链的重要特征。此类提链匜目前仅发现于海岱地区,流行时间较短,至春秋中期圈足消失,变为平底提链匜。枣庄徐楼 M1 出土的提链立鸟平底匜不见于其他地区,应是当地独创。海岱地区发现 B 型贯耳匜 4 件,最早的一件出于邹县七家峪墓,时代为西周晚期,也是目前此类匜的较早者。此类匜在春秋早期的三门峡虢国墓地发现较多(M1820、M2012、M1052 等墓葬皆有出土),但时代略晚于邹县七家峪墓所出贯耳匜,此类匜的发源地尚不甚清楚。C 型立鸟罍形铜匜仅见于枣庄徐楼 M1,不见于其他地区,应是当地独创。枣庄徐楼 M1 出土的 D 型亚腰圈足匜多见于江淮地区,应来自江淮地区,如固始侯古堆 M1 出土此类器。临淄商王村 M1 出土的 E 型系钮衔环隆盖圈足匜,多见于楚文化区,如长沙楚墓 M1274①、江陵张家山 M201② 出土此类器。乙类 A 型男女对坐钮裸人足方匜目前最早出于海岱地区东南部,之后渐渐传至中原,但形制与装饰有所变化,因此,此类方匜是海岱地区东南部莒文化区的特色器物。

连体罐。郯城大埠二村 M1 出土的连体罐不见于其他地区,应是当地的创造。

瓶。商周时期的铜瓶发现极少,目前仅在枣庄东江小邾国墓地及韩城梁带村各发现 1 件,此外,海阳嘴子前还发现 1 件漆瓶。小邾国铜瓶是昆君为其女儿所作的媵器,昆的所在地尚不明确。上述两件铜瓶形制稍有区别,但小邾国出土铜瓶与海阳嘴子前出土漆瓶基本相同,故而,小邾国出土铜瓶的来源在海岱地区的可能性较大。

盒。海岱地区的铜盒主要发现于战国时期的齐文化区,比如临淄商王村、赵家徐姚等,与楚文化区铜盒基本相同,如包山 M2③、江陵雨台山 M480④ 所出铜盒。由于铜盒是楚文化标志性铜器之一,故而海岱地区的铜盒应来自楚文化区或受其影响。

盘。海岱地区商至西周时期绝大多数铜盘的形制与殷墟及关中地区所出铜盘相同,基本上是仿自中原地区。仅个别铜盘略有不同,一是济阳刘台子 M6 出土的三扁足铜盘,三扁足中部外侧各有 U 形豁口。此种形制的盘尚不见于同时期的中原地区,颇具特色。二是高青陈庄 M27 所出三柱足附耳铜盘,较为少见,此型盘还见于山西天马—曲村 M6384:5 家父盘⑤,且时代略早于此盘,当是由其他地区传播而来。三是招远东曲城墓采集的西周晚期的环耳铜盘,是目前此型铜盘的最早者。海岱地区之外发现的最早的此型盘出于春秋中晚期之际的山西侯马上马村 M5⑥ 及辉县琉璃阁⑦,传世的齐侯盘⑧ 及夆

---

① 湖南省博物馆、湖南省文物考古研究所等:《长沙楚墓》,文物出版社,2000 年,第 57 页。
② 荆州地区博物馆:《江陵张家山 201 号楚墓清理简报》,《江汉考古》1984 年第 2 期。
③ 湖北省荆沙铁路考古队:《包山楚墓》,文物出版社,1991 年,第 294 页。
④ 湖北省荆州地区博物馆:《江陵雨台山楚墓》,文物出版社,1984 年,第 73 页。
⑤ 北京大学考古学系商周组、山西省考古研究所:《天马—曲村(1980—1989)》,科学出版社,2000 年。
⑥ 山西省文物管理委员会侯马工作站:《山西侯马上马村东周墓葬》,《考古》1963 年第 5 期。
⑦ 郭宝钧:《山彪镇与琉璃阁》,科学出版社,1959 年。
⑧ 容庚:《商周彝器通考》,哈佛燕京学社,1941 年,第 446 页。

叔盘(通鉴13385)也是这一形制,春秋晚期的临沂凤凰岭大墓也有出土。此型盘主要出于海岱地区,且其他地区出现均较晚,因此,海岱地区东部可能是此型盘的发源地。四是西周晚期的莒县西大庄M1出土的立耳盘。商代铜盘基本作无耳状,两周时期多见附耳盘,立耳盘十分少见。此盘除立耳外与同时期常见的铜盘没有区别。

东周时期,Aa型盘沿用西周晚期的常见形制,与中原同期盘相同;Ab型盘可能是Aa型盘在海岱地区的变体,在西周晚期至春秋早期都有发现,出土地域集中在海岱南部和海岱东南一带。在陕西扶风齐家村西周晚期铜器窖藏中出土了一件相近形制的"它"盘①,据方辉先生研究,裸体人形足铜器多出于海岱莒文化区,时代也多在西周晚期至春秋早期②,因此,"它"盘也可能来源于海岱东南地区或受其影响。B型小系钮衔环折腹盘,目前来看,以莒南大店M1:18时代最早,海岱东南一带可能是此型盘的源头。其小系钮衔环之设计则可能脱胎于较早出现的小系耳衔环盆,如山西曲沃村M7176出土的菱形纹盆③等。D型盘较为少见,其产生可能受到蹄足匜的影响,在海岱地区最早出于滕州薛国故城M2、M4,其他地区目前最早见于闻喜上郭村M7,时代可能稍早于滕州薛国故城二墓。因此,海岱此型盘可能来源于晋文化区。E型四环形足盘,海岱地区仅在春秋战国之际的滕州薛国故城M9发现1件,洛阳C1M124:3④与此盘相似,时代也相近。此外,春秋中晚期的辉县琉璃阁甲乙墓出土的匜形盘⑤也是四环作足,因此,此型盘应来源于中原文化区。

匜。海岱地区的Aa型匜自西周晚期至春秋时期与中原地区都基本一致。Ab型匜脱胎于Aa型,早期的此型匜仍然保留着较多Aa型的特征。目前发现的最早的此型匜为日照崮河崖M1:14,在两周之际。随州安居桃花坡M1⑥出土的此型匜是目前楚文化区中的较早者,为春秋早期。闻喜上郭村M33是中原地区发现的此型匜的较早者,时代为春秋早中期之际,其他地区也未见早于海岱此型者,海岱地区可能是此型匜的发源地。Ac型匜较少见于海岱地区之外,时代为春秋晚期,是海岱地区的特色器物。除夆叔匜外,此型匜还有齐侯四器之一的齐侯匜、枣庄徐楼出土的两件匜等。海岱境外的此型匜在侯马上马M5⑦也有发现。此型匜常与浅腹小环耳盘配套使用,如夆叔盘、齐侯盘、侯马上马M5出土盘等。Ba型平底匜出现较晚,流行于春秋晚期至战国中期。海岱地区最早的此型匜出于栖霞吕家埠M1。河南信阳明港墓⑧出土的此型匜是目前中原发现的此型匜的最早者,年代为春秋早中期之际。Bb型圜底无足匜流行于春秋晚期至战国中期。海岱地

---

① 梁星彭、冯孝堂:《陕西长安、扶风出土西周铜器》,《考古》1963年第8期。
② 方辉:《山东省博物馆藏裸人铜方鼎》、《试论周代的铜匜》,《海岱地区青铜时代考古》,山东大学出版社,2007年,第478—482、483—498页。
③ 北京大学考古学系商周组、山西省考古研究所:《天马—曲村(1980—1989)》,科学出版社,2000年。
④ 洛阳市文物工作队:《洛阳两座东周铜器墓》,《中原文物》1983年第4期。
⑤ 郭宝钧:《山彪镇与琉璃阁》,科学出版社,1959年。
⑥ 随州市博物馆:《湖北随县安居出土青铜器》,《文物》1982年第12期。
⑦ 山西省考古研究所:《上马墓地》,文物出版社,1994年。
⑧ 信阳地区文管会、信阳县文化馆:《信阳县明港发现两批春秋早期青铜器》,《中原文物》1981年第4期。

区最早的此型匜出于春秋早期的枣庄东江小邾国墓地M3①,目前其他地区的此型匜尚未见早于此器者,海岱地区可能是此型匜的产生地。Bc型长方形矮圈足匜目前仅在新泰周家庄M72中发现1件,不见于其他地区。C型匜的特征是蹄足、流下有装饰。蹄足匜目前最早者为陕西岐山董家村一号铜器窖藏出土的僾匜②,但流下有装饰者则多见于皖南一带,如繁昌县孙村镇窑上③、铜陵市谢垄土坑④出土的此型匜等。此型匜或受到江淮铜器的影响。D型蹄足长曲流匜也多见于江淮地区,如河南光山宝相寺黄君孟夫人墓G2：A13⑤等,时代也稍早,而且龙形鋬改为扇形平置鋬(俯视似鸟尾)在江淮一带最为流行,此型匜也可能来源于江淮地区。此型匜传世器有台北故宫博物院藏蟠虺纹匜等。E型细高圈足鹰首流匜较为罕见,目前发现的此型匜多在齐故城附近,如临淄商王村、齐故城郎家村⑥等;湖北包山楚墓M2⑦也有出土,时代也相近。这几件E型匜的源流关系尚不清楚,但根据Ⅰ型鹰首壶可能产生于齐地之推测,此型匜也可能产生于齐文化区。需要提及的是春秋战国之际的河北唐县北城子M1出土的鸟首匜⑧,下承三蹄足,鸟首有颈,与此型匜有较大差异,尚难确论其间是否有源流关系。

其余容器基本与中原地区相同,兹不赘述。

二、其他器类

戈。海岱地区商周时期的铜戈多数与中原地区相同或相近。关于少量三角援铜戈的源头,曾有学者根据黄陂盘龙城出土的二里岗上层的三角援铜戈,认为三角援铜戈可能源自湖北黄陂一带⑨。但观盘龙城铜戈与典型的三角援铜戈有较大差异,将其作为三角援铜戈的源头存在可商之处。目前最早的此型戈之时代约在二里岗上层时期,出土地点包括郑州、城固、藁城台西等地⑩。因此,此型戈的来源目前尚不甚明朗。滕州前掌大墓地出土的有銎戈则可能受到北方草原文化有銎器的影响。此外,安丘老峒峪出土的直内戈形制较为特殊,锋圆钝,内部纹饰为直线与折线,不似商式直内戈,或许是夷人之物。若是,则此戈是目前发现的为数不多的夷人铜器。新泰周家庄M2出土的竹节援戈不见于其他地区,当是海岱地区的特色器物。外来铜戈可能大多是经由中原地区传播而来的。

剑。海岱地区商周时期的铜剑也与中原地区基本一致,仅滕州前掌大M41：42羊首短剑可能来自或仿自北方草原文化区,也可能是经由中原传播而来的。

---

① 赵友文主编：《小邾国遗珍》,中国文史出版社,2006年。
② 庞怀清、镇烽、忠如等：《陕西省岐山县董家村西周铜器窖穴发掘简报》,《文物》1976年第5期。
③ 安徽大学、安徽省文物考古研究所：《皖南商周青铜器》,文物出版社,2006年。
④ 安徽大学、安徽省文物考古研究所：《皖南商周青铜器》,文物出版社,2006年。
⑤ 河南信阳地区文管会、光山县文管会：《春秋早期黄君孟夫妇墓发掘报告》,《考古》1984年第4期。
⑥ 中国青铜器全集编辑委员会：《中国青铜器全集》(第9卷),文物出版社,1997年,图36,图版说明第13页。
⑦ 湖北省荆沙铁路考古队：《包山楚墓》,文物出版社,1991年,彩版10。
⑧ 郑绍宗：《唐县南伏城及北城子出土周代青铜器》,《文物春秋》1991年第1期。
⑨ 井中伟：《关于三角援铜戈起源问题的新认识》,《边疆考古研究》(第4辑),科学出版社,2006年,第76—82页。
⑩ 井中伟：《关于三角援铜戈起源问题的新认识》,《边疆考古研究》(第4辑),科学出版社,2006年,第76—82页。

钺。海岱地区出土的铜钺多数与中原地区一致,仅青州苏埠屯墓地出土的人面形镂空铜钺富有特色,而且不见于其他地区,是海岱青铜文化的特色器物。泗水寺台村商代墓葬出土的有銎钺,则可能源自北方草原文化区[1]。此外,1980年邹县城前乡小彦村出土的取子孜鼓钺也较有特色,钺呈耳形,时代约在西周中期。此型钺数量较少,张昌平先生收集到10件并进行了系统分析[2]。目前较早的一件为甘肃白草坡M1∶583[3],此外,湖北叶家山M65[4],长安张家坡M170[5],韩城梁带村M27[6]、M502[7]皆有出土,时代约为西周早期至春秋早期。除湖北叶家山M65出土的一件出于南方外,其余多出自关中及其邻近地区,此型钺可能源自甘陕地区,而且叶家山M65所出铜钺也不排除是由关中地区传播过去的。张昌平先生认为其来源是卷首刀和斧形钺的混合体,且认为"半环形钺及其人形、动物形装饰,并无直接的周文化系统之外的影响"[8]是颇为可信的。

刀。海岱地区发现的商周时期作为武器的铜刀数量不多,但作为工具的铜刀较多,其中多数与中原地区的铜刀无异。寿光古城出土的三銎刀可能源自北方草原文化区或者是北方草原文化区与中原文化区的交接地带。环首刀及弓背刀的来源可能是北方地区[9],但海岱地区的环首刀可能是经由中原传播而来的。

镞。新泰周家庄M1出土的花苞状铜镞不见于其他地区,可能是海岱地区的特色铜器。

軎。新泰周家庄M35出土的锯齿扉棱车軎不见于其他地区,应是海岱地区的特色器物。

带钩。海岱地区发现的青铜带钩大体与中原地区相同,但也有一些带钩具有本地特色。在带钩发展的初期,中原地区的带钩尺寸皆较小,长度一般不超过5厘米,而同时期海岱地区带钩的长度基本大于5厘米,最长达12厘米,但钩钮基本都位于钩尾处或靠近钩尾。春秋战国之际出现了有纹饰的琵琶形带钩,此型大都制作精美,除饰有卷云纹、涡纹等纹饰外,还有的错金银、镶嵌绿松石等。同时,有脊棱的带钩数量增多。与临淄郎家庄M1出土的带钩形制相似的还有中山灵寿城外M8221[10]中发现的一件,时代为战国早期偏晚[11]。至战国中晚期,海岱地区有脊棱的带钩衰落,带钩在形制与装饰方面与中原地区趋同。

---

① 朱凤瀚:《由殷墟出土北方式青铜器看商人与北方族群的联系》,《考古学报》2013年第1期。
② 张昌平:《论半环形钺及其文化背景》,《两周封国论衡——陕西韩城出土芮国文物暨周代封国考古学研究国际学术研讨会论文集》,上海古籍出版社,2014年,第196—206页。
③ 甘肃省博物馆文物队:《甘肃灵台白草坡西周墓》,《考古学报》1977年第2期。
④ 湖北省文物考古研究所、随州市博物馆:《湖北随州叶家山M65发掘简报》,《江汉考古》2011年第3期。
⑤ 中国社会科学院考古研究所:《张家坡西周墓地》,中国大百科全书出版社,1999年,第168页。
⑥ 陕西省考古研究院、渭南市文物保护考古研究所等:《陕西韩城梁带村遗址M27发掘简报》,《考古与文物》2007年第6期。
⑦ 陕西省考古研究院、渭南市文物保护考古研究所等:《梁带村芮国墓地——2007年度发掘报告》,文物出版社,2010年。
⑧ 张昌平:《论半环形钺及其文化背景》,《两周封国论衡——陕西韩城出土芮国文物暨周代封国考古学研究国际学术研讨会论文集》,上海古籍出版社,2014年,第206页。
⑨ 朱凤瀚:《由殷墟出土北方式青铜器看商人与北方族群的联系》,《考古学报》2013年第1期。
⑩ 河北省文物研究所:《战国中山国灵寿城——1975—1993年考古发掘报告》,文物出版社,2005年。
⑪ 朱凤瀚:《中国青铜器综论》,上海古籍出版社,2009年,第2013页。

其他器类如爵、斝、罍、尊、觥、斗、盨、乐器、矛、车马器、工具等的形制演变与中原地区基本相同或相近,多仿自中原地区或经由中原传入。值得注意的是,其中有不少器物(如有銎镞、环首刀以及车马器等)的源头可能是北方草原甚至欧亚大陆,如塞伊玛—图尔宾诺文化[①]等,但可能多是经由中原传入海岱地区的。

总的来看,海岱地区商至西周前期的青铜器,绝大多数与中原地区相同或相近,仅少量器物较有特色。自西周后期开始,海岱地区的本土特色器物开始大量涌现,形成一种夷文化器物回潮现象。海岱地区西周晚期至战国晚期青铜器起源于中原、本土、楚(江淮)、越、燕文化区的分别约占48%、33%、10%、0.60%、0.23%,起源地尚不明朗的约占8%。显然,海岱地区青铜器中,中原文化因素最多,其次是本土文化因素,再次是楚文化因素,最后是微量的越、燕文化因素。详见表一四、一五。

第二节 与周边青铜文化的交流与互动

通过对海岱地区商周青铜器文化因素的分析,可以推断出海岱地区商周青铜文化与周边地区大致的互动关系。笔者分两个方面探讨如下。

一、商周时期周边青铜文化对海岱地区的影响

商代前期后段至西周前期,海岱青铜器中的中原因素占据绝对优势,仅有少量本地因素和微量其他地区因素。其他地区的因素有:甲 Ab 型三角援戈的起源地尚不明朗,但很可能是经由中原地区传播而来的;甲 B 型羊首短剑可能属北方草原文化因素;甲 B 型有銎钺和 A 型有銎刀,则可能源自北方草原文化区与中原文化区的交接地带;耳形钺则可能来自甘陕一带。组合上基本仿自中原地区。纹饰上有少量兽面纹(大辛庄 M139 鼎、苏埠屯 M1 铜车饰及铜泡、前掌大 M18:35 爵)、鸟纹(夆莫父卣、过伯簋、崂山前古镇窑厂铜鼎)可能属本地因素,其余纹饰基本仿自中原地区。

西周后期至春秋前期,中原文化因素仍然占据绝对优势,但在比例上有所降低,这缘于本地因素明显增加。晋文化因素较少,如圆乙 A 型 I 式附耳鼎、匜形鼎。不见楚文化因素。组合上除了海岱地区东南部出现钾且多无簋外,与中原地区基本相同。纹饰除仙人台 M6:B5 鼎耳外侧所饰圆点纹、沂水东河北村鼎上腹所饰怪兽纹以及沂源姑子坪 M1 出土卣的纹饰外,基本仿自中原地区。

春秋后期前段,随着周王室统治力的涣散以及区域文化的兴起,本土因素迅速增加,中原文化因素开始大幅度减少,晋文化因素也仅见 D 型盘,但楚文化因素明显增加,如丙 E 型圆鼎、A 型敦、D 型匜、甲 D 型簠等,当与本期楚及江淮文化开始勃兴有关。越文化因素开始出现,比如丙 F 型圆鼎。组合上也大致如此。纹饰除栖霞吕家埠 M2 鼎所饰圆点

---

① E.H.切尔内赫、C.B.库兹明内赫著,王博、李明华译,张良仁审校:《欧亚大陆北部的古代冶金:塞伊玛—图尔宾诺现象》,中华书局,2010 年。

表一四 海岱地区商周时期本土（包括融合性因素）铜器统计简表

器类 组	食器	酒器	水器	兵器	其他
一、二组					
三、四组					
五组					
六、七、八组					
九、十组					

续表

器类组	食器	酒器	水器	兵器	其他
九、十组	27 28 29 30	20 21 22 23	11 12		
十一组	31 32 33 34	24 25	13		
十二组	35 36 37 38	26 27 28	14		

食器：1. 滕州前掌大 M11：85 2. 长清 3. 龙口 4. 济阳刘台子 M6：22 5. 临沂中洽沟 M1：7 6. 临沂中洽沟 M1：无号 7. 邹城七家峪 M1：无号 8. 泰安龙门口：无号 9. 临沂中洽沟 M1：5 10. 大唐西市博物馆藏杞伯每亡簋 11. 鲁国故城 M48：15 12. 中国国家博物馆藏杞伯每偶簋 13. 杞伯每亡教 14. 海阳嘴子前 M4：90 17. 长清仙人台 M5：86 18. 薛国故城 M2：114 19. 齐侯盂 20. 邹平大省 M1：67 21. 沂水刘家店子 M1 公簋 22. 沂水刘家店子 M03：4 24. 海阳嘴子前 M1：54 26. 新泰周家庄 M25：2 27. 临淄河崖头：无号 28. 邹平丁家堡 M1：3 29. 临沂凤凰岭 M1：4 30. 枣庄徐楼 M1：40 32. 海阳左家洼 M2Q：4 34. 济南左家洼 LZM1：8 35. 临淄相家庄 M6：15 36. 临淄相家庄 M6：24 37. 诸城葛布口墓：无号 38. 陈曼簠

酒器：1. 滕州前掌大 M18：32 2. 上海博物馆藏鲁侯尊 3. 滕县出土北京珑选：无号 4. 沂水信家庄 5. 鲁国故城 M48：16 6. 沂源姑子坪 M1：10 7. 长清仙人台 M6：B12 8. 莒县西大庄 9. 烟台上亢墓 10. 莒县老营簋 11. 上海博物馆藏侯母尊 12. 沂水刘家店子 M2：11 13. 长清仙人台 M5：48 14. 枣庄徐楼 M1：无号 15. 沂水略曈墓 16. 淄川磁村 M2：3 17. 长清仙人台 M5：84 18. 莒县天井汪：无号 19. 鲁国故城 M4：5 20. 国差罇 21. 枣庄徐楼 M4：91 22. 海阳嘴子前 M4：91 23. 长清仙人台 M4：无号 24. 临淄辛店 M1Q：28 26. 诸城藏家庄塞：无号 27. 诸城藏家庄墓 28. 临淄商王庄西南

水器：1. 济南大辛庄 1970：无号 2. 济阳刘台子 M6：14 3. 招远东曲城塞：采 4. 莒县西大庄墓：采 5. 鲁国故城 M48：8 6. 邹城七家峪岭墓：采 7. 薛国故城 M9：3

兵器：1. 安丘李响岭 2. 莒县天井汪：无号 11. 莒县天井汪：无号 12. 鲁国故城 13. 新泰周家庄 M3：无号 8. 薛国故城 M3：无号 4. 新泰周家庄 M1：156

其他：1. 沂水李坡墓 2. 滕州前掌大 M21：7 3. 滕州前掌大 M50：4 4. 枣庄东江小邾国 M3：15 3. 长清仙人台 M1：11 7. 新泰周家庄 M35：26 8. 薛国故城 M2：16 9. 长清仙人台 M6：48 5. 新泰周家庄 M1：6 6. 枣庄东江小邾国 M6：B38 4. 山东省博物馆藏倗人方彝 6. 郯城大埠二村 M1：11 7. 新泰周家庄

表一五 海岱地区商周时期其他文化因素铜器统计简表（不含中原文化因素）

器类 组别	北方、燕	甘、陕/秦	晋	楚/江淮	吴、越	待定
第一、二组						1
第三、四、五组	1 2 3 4 6 5 7 8 9	1 2				2
第六组			1			
第七、八组			2			3 4

续表

器类 组别	北方/燕	甘、陕/秦	晋	楚/江淮	吴、越	待定
第九、十组						
第十一组						
第十二组						

北方/燕：1. 滕州级泰十一中：无号　2. 滕州前掌大南岗子墓地ⅠM103：1　3. 长清小屯：38　4. 寿光古城：无号　5. 泗水寺台村：无号　6. 滕州前掌大M18：27　7. 长清小屯：50　8. 滕州前掌大M132：3　9. 滕州前掌大M41：42　10. 邹城古城：无号　11. 阳谷景阳冈墓M2：52-1　12. 阳信陪葬坑YCM：16

甘、陕/秦：1. 高青陈庄M27：9　2. 滕州前掌大M119：37　2. 邹城小彦：无号　3. 长清仙人台M5：85　4. 临淄商王村M1：97

晋：1. 高青陈庄M132：3　2. 日照崮河崖：无号　3. 沂水刘家店子M1：1　2. 临沂凤凰岭M1：12　3. 海阳黄花岭墓：无号　4. 海阳嘴子前M1：5　5. 临淄商王前M1：2　7. 莱芜西上崮墓：无号

楚/江淮：1. 章丘女郎山墓：72　10. 临淄相家庄LXM6X：18　11. 莒南大店M1：41　3. 莒南大店M1：61　3. 日照崮河崖M1：32　3. 海阳嘴子前M2：24　2. 栖霞吕家埠M1：无号　5. 鲁国故城M58：9　6. 海阳嘴子前M3：9

侯午簋：9. 枣庄徐楼：M2：24　2. 章丘女郎山墓：72　10. 临淄相家庄LXM6X：18　11. 莒南大店M1：41

吴、越：1. 济南大辛庄11M5：6　2. 海阳嘴子前M2：24　2. 栖霞吕家埠M2：2　4. 枣庄徐楼M1：无号　5. 莒大淑壶

待定：1. 滕州前掌大南岗子墓地ⅠM103：1　3. 长清小屯：38　4. 薛国故城：无号　5. 长清仙人台M5：85　4. 临淄商王村M1：14　6. 枣庄徐楼M1：112-①　14. 临淄商王前M1：100-①

纹、滕州薛国故城 M1：77 簋盖怪兽纹、滕州薛国故城 M1：12B-1 节约所饰人面纹、滕州薛国故城 M2：29 车马器镂空鸟纹、沂水刘家店子 M1：1 罍腹部环带纹、齐侯盂耳环所饰怪兽纹、枣庄徐楼墓地的镶嵌红铜菱形纹饰外，基本仿自中原地区。

春秋后期后段，中原文化因素进一步减少；本土因素又有增长；楚文化因素与前期相若，如 B 型敦等；晋文化因素仅见承袭前期的圆乙 A 型鼎；随着越文化的强势北上，本期出现少量越文化因素，如圆乙 D、丙 J 型外撇足鼎。组合上也大致如此。纹饰除海阳嘴子前 M4：132 铀所饰菱形纹、长清仙人台 M5：75 铀及济南左家洼 M1 敦所饰乳丁纹外，基本仿自中原地区。

战国前期，本地因素与前期相若，中原文化因素仅在传统的圆乙 B 型鼎及 C 型敦上可见，楚文化因素也较少见，越文化因素仅见撇足鼎，晋文化因素基本不见。铜器组合与纹饰基本仿自中原地区，仅有少量本地因素，如乳丁纹等。

战国后期，本地因素与前期相若；楚文化因素较前期有所增长，如 A 型Ⅲ式簠、C 型平盘豆、Bb 型兽首衔环壶；前期越文化的孑遗尚见一例，如丙 O 型圆鼎；三晋文化因素 K 型高柄壶发现 2 件；燕文化典型卧兽 S 耳鼎在海岱北部阳信陪葬坑也发现 2 例；此外，秦文化的代表因素蒜头壶也开始出现于海岱北部文化区。值得注意的是战国中晚期外来文化因素主要集中于海岱北部，当与齐文化与周边地区文化交流频繁有关。组合上除少量本地因素如鼎的比例较低、日常实用器较多外，基本与中原地区相同。纹饰除诸城臧家庄鹰首提梁壶所饰瓦棱纹外，基本仿自中原地区。

二、海岱地区商周青铜文化对周边地区的影响

商代前期后段至西周前期，无论器物形制、组合还是纹饰，海岱地区对周边的影响均极小，目前笔者尚未发现海岱地区的特色器物对周边地区形成影响者。

西周后期至春秋前期，海岱地区的特色青铜器对境外形成影响者显著增加，如 A 型铀，Ab、Ba、Bb 型匜，B 型鬲，甲 B、乙 B 型簋，E 型壶，C 型盘等，都对周边地区造成了一定影响。

春秋后期前段，海岱青铜文化因素对外影响明显增加，有较多的因素传入周边地区，如圆乙 C 型鼎，A、Ba 型铀，Cb、Ha 型壶，Ab 型匜等，周边地区皆不同程度地受到影响。

春秋后期后段，海岱青铜文化达到顶峰，创新品种较多，对周边地区的影响也达到峰值，如 A、B 型豆、Bb 型敦、C 型铀、B、C、D 型壶、B、C 型盘、Ab、Ba 型匜等大批青铜文化因素传向周边地区，并延续了较长时期。

战国前期，本土因素虽然持续对周边地区产生影响，但基本为前期的余绪，在器形上基本没有创新，影响转小。仅个别器类对周边有所影响，如球形敦。

战国后期，海岱青铜器创新品种也不多，仅见 I 型鹰首壶、J 型杯形壶、E 型鹰首流匜三种，且都仅有数件，周边地区仅有个别发现，影响转微。

在器物组合及纹饰上，海岱青铜器对外界的影响甚微，仅春秋晚期至战国早期的个别

纹饰如乳丁纹对燕文化区有微量影响。此外,春秋晚期至战国早期的鼎、敦、豆等器物盖的环形钮对周边有所影响。

总的来看,海岱青铜文化在商至西周前期无论组合、形制还是纹饰,基本仿自中原地区,本地创新元素很少。在与中原青铜文化的交往中,海岱地区处于绝对的劣势地位。自西周后期开始,海岱地区的本土元素明显增多,无论器类、组合还是纹饰,均出现了一些本地特色因素。但从总量上看,海岱地区大部分元素仍然仿自中原地区,在与中原青铜文化的交往中仍然处于劣势,只是比前期有所改观。本期晋文化因素开始影响海岱地区。春秋后期前段海岱青铜文化因素开始强势反弹,但在总量上仍然少于中原文化因素,在与中原青铜文化的交往中仍然处于弱势,但两地的相互影响已逐渐接近。至春秋后期前段,海岱青铜文化达到顶峰,不但创造了较多的新器形,而且影响深远,与周边文化的相互影响已渐趋平衡。本期楚、越文化因素开始影响海岱地区,但同时海岱文化因素也对两地产生了一定影响,如两地青铜钲、平底匜等器物的发现。至战国前期,海岱青铜文化对周边文化的影响转弱,与周边地区的相互交流又开始处于弱势。战国后期,随着统一局面的逐渐显现,海岱地区与周边地区的物质文化差异越来越小,并最终融入大一统的洪流之中。

值得注意的是,在西周后期夷礼逐渐回潮的形势下,特别是在王室东迁后统治力日渐衰微、列国之间的交流日趋频繁的情况下,海岱地区本土因素急剧增多的同时,周边青铜文化因素对海岱地区的影响也日益增加,海岱地区的青铜文化面貌不可避免地日益复杂化。海岱地区西接中原、北靠燕戎、南面江淮,处于多种文化的交汇地带,再加上海岱地区是东夷故地,这些地理、历史原因也加剧了这一地区文化因素的复杂性。由于济水、黄河的天然阻隔,海岱地区与北方的交往较少,与周边地区的交往主要集中在中原和南部的江淮地区。海岱南部作为海岱地区与周边地区交往的前沿地带,不可避免地成为海岱地区青铜文化面貌最为复杂的地区,也是中国青铜文化体系中最为复杂的地区之一,极具代表性。对于这一问题,笔者将在最后一章详细讨论。

第九章　海岱地区商周青铜文化的格局与演进

青铜文化格局,是指在一定时空范围内,一定数量的青铜文化遗存所形成的一种面貌和态势。它是一个随着时间推移而不断变化的动态概念。以往关于海岱青铜文化的研究多关注其中的某一时段,如方辉《海岱地区早期铜器的发现与研究》①、曹艳芳《山东出土商代青铜器研究》②、王青《海岱地区周代墓葬与文化分区研究》③、吴伟华《东周时期海岱地区青铜器研究》④、毕经纬《海岱地区出土东周铜容器研究》⑤等。这些论著分别就海岱地区某一时段的青铜文化进行了深入分析和研究,并取得了可喜的成绩,是本书进一步研究的基础。但海岱地区作为一个自成体系的文化单元,其青铜文化基本贯穿了中国的整个青铜时代,对其进行分段研究,不利于把握海岱地区完整的青铜文化格局与演进情况,也不利于长时段考察其与中原及周边青铜文化的动态关系。因此,本书在以往学者研究的基础上,着力对海岱青铜文化的格局与演进情况进行全时段的考察与研究。

海岱青铜文化的格局与演进过程,大致可以分为三个阶段,现依据时间顺序分别探讨如下。

第一节　海岱青铜文化的初始:史前至商代早期

一、龙山文化时期

海岱地区发现的最早的铜制品或铸铜遗迹属于龙山时期,目前共发现以下五例:1974年胶县三里河发现2件铜锥,经鉴定为黄铜⑥;1978年诸城呈子发现铜片1枚⑦,但

---

① 方辉:《海岱地区早期铜器的发现与研究》,《海岱地区青铜时代考古》,山东大学出版社,2007年,第42—52页。
② 曹艳芳:《山东出土商代青铜器研究》,山东大学博士学位论文,2006年。
③ 王青:《海岱地区周代墓葬与文化分区研究》,科学出版社,2012年。
④ 吴伟华:《东周时期海岱地区青铜器研究》,南开大学博士学位论文,2012年。
⑤ 毕经纬:《海岱地区出土东周铜容器研究》,《考古学报》2012年第4期。
⑥ 中国社会科学院考古研究所:《胶县三里河》,文物出版社,1988年,第21、196—199页。
⑦ 严文明:《论中国的铜石并用时代》,《史前研究》1984年第1期。

迄今未见正式报道;1981年栖霞杨家圈发现铜条1根及数处碎铜沫①,但锈蚀严重未做鉴定;1982年长岛店子发现铜片1枚②,未见详细报道;此外,20世纪80年代初日照尧王城发掘出铜炼渣③,也未见详细报道。以上5件铜器(出土地点示意如图七八),仅有2件做过金相鉴定,为铸造而成的黄铜器,含锌量高达23.2%,且杂质较多。方辉先生认为这些铜器的年代约在龙山文化中晚期,即距今4400年至4000年之间,并指出这一时期是海岱地区早期铜器的萌芽时期④。此时的海岱铜器发现较少,且未发现明确的青铜制品,尚未进入青铜时代。

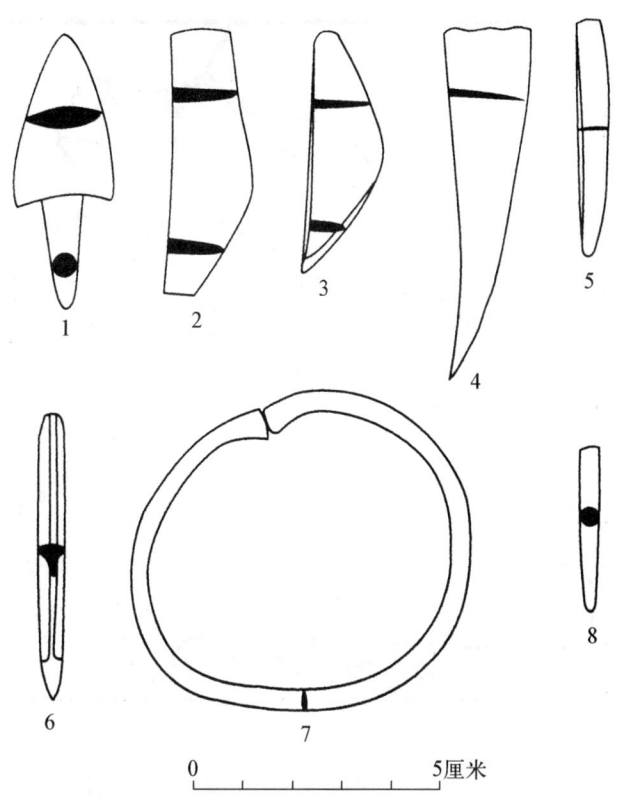

图七七 尹家城遗址出土岳石文化铜器
(转自方辉《海岱地区早期铜器的发现与研究》,《海岱地区青铜时代考古》第46页)
1. 镞　2—5. 刀　6、8. 锥　7. 环

二、岳石文化时期

岳石文化时期的铜器发现相对较多,据不完全统计,目前已超过22件,出土情况如下:泗水尹家城出土镞1、刀5、锥2、环1、铜片5,共计14件⑤(图七七);牟平照格庄出土锥1件⑥;青州郝家庄出土残刀把、容器残片各1件⑦;邹平丁公出土镞、刀数件⑧;河南杞县鹿台岗出土刀1件⑨;夏邑清凉山出土镞1件⑩;江苏连云港藤花落

---

① 北京大学考古实习队、山东省文物考古研究所:《栖霞杨家圈遗址发掘报告》,《胶东考古》,文物出版社,2000年,第151—206页。
② 严文明:《论中国的铜石并用时代》,《史前研究》1984年第1期。
③ 严文明:《论中国的铜石并用时代》,《史前研究》1984年第1期。
④ 方辉:《海岱地区早期铜器的发现与研究》,《海岱地区青铜时代考古》,山东大学出版社,2007年,第42—52页。
⑤ 山东大学历史系考古专业教研室:《泗水尹家城》,文物出版社,1990年,第202—204页。
⑥ 北京钢铁学院冶金史组:《中国早期铜器的初步研究》,《考古学报》1981年第3期。
⑦ 吴玉喜:《岳石文化地方类型初探——从郝家庄岳石遗存的发现谈起》,《考古学文化论集》(三),文物出版社,1993年,第270—310页。
⑧ 参见方辉:《海岱地区早期铜器的发现与研究》,《海岱地区青铜时代考古》,山东大学出版社,2007年,第47页。
⑨ 郑州大学文博学院、开封市文物工作队:《豫东杞县发掘报告》,科学出版社,2000年,第138页。
⑩ 北京大学考古学系、商丘地区文管会:《河南夏邑清凉山遗址发掘报告》,《考古学研究》(四),科学出版社,2000年,第443—519页。

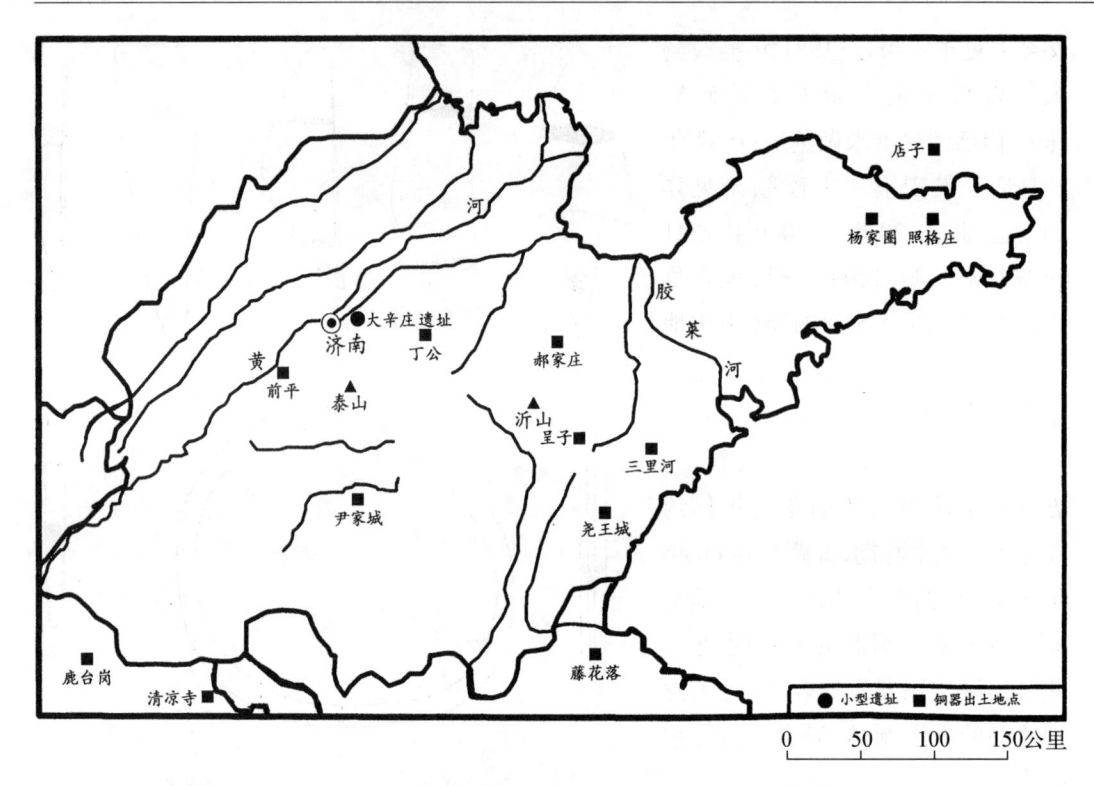

图七八　海岱地区史前至商代早期铜器出土地点示意图
(底图转自陈雪香《山东地区商文化聚落形态演变初探》①，在原图基础上有较大改动)

出土削刀1件②(出土地点示意如图七八)。其中海岱地区出土19件。经科学检测，以上铜器大部分为铸造而成的青铜制品。目前经过发掘的岳石文化遗址大多发现了青铜器，说明这一时期海岱地区的青铜器已相对多见，已进入青铜时代，并呈现出一定特点，如超过半数青铜器经过锻打，有别于二里头青铜器锻打较少的特点③。但岳石文化青铜器的数量还不是很多，且基本都是小件物品(只有一件容器残片)，反映出这一时期仍处于青铜时代的初期阶段。

这20多件青铜制品多为工具，少量为武器和饰品，基本都是小件器具，其出土地点多在小型聚落遗址。因此，这些铜器应不是作为祭祀或陪葬之用的礼器，与商周时期的青铜器多为礼器的情况大不相同。

此外，还有4件疑似岳石文化的铜容器：济南市博物馆藏有一件短锥足深腹铜鼎④(图七九,1)，其形制与上海博物馆所藏的云纹鼎⑤近似，时代大致在二里头文化晚期至二

---

① 陈雪香：《山东地区商文化聚落形态演变初探》，《华夏考古》2007年第1期。
② 林留根：《江苏连云港藤花落遗址》，《2000年中国重要考古发现》，文物出版社，2001年，第1—7页。
③ 陈国梁：《二里头文化铜器研究》，《中国早期青铜文化——二里头文化专题研究》，科学出版社，2008年，第164页。
④ 于中航：《济南市博物馆藏商周青铜器选粹》，《海岱考古》(第一辑)，山东大学出版社，1989年，第320—324页。
⑤ 陈佩芬：《夏商周青铜器研究》，上海古籍出版社，2004年，第2—3页。

里岗下层时期;江苏师范大学历史文化与旅游学院收藏有一件高领鼓肩袋足鬲①(图七九,2),王迅先生认为是"东夷式铜鬲",时代为商代早期晚段②;1958年黄县(今龙口市)农民在深翻土地时发现一件青铜甗③(图七九,3),其形制近似岳石文化及珍珠门文化陶甗,时代可跨商、周两代;1989年安丘老峒峪农民取土时发现一件线纹直内戈④(图七九,4),形制、纹饰与1975年二里头遗址采集的铜戈⑤近似,时代为二里头文化后期至二里岗时期。徐基先生经过细致分析,认为这四件铜器均属于岳石文化铜器⑥。此论基本可信,然因出土时缺少明确的地层信息,这些铜器是否属于岳石文化尚有讨论的余地。

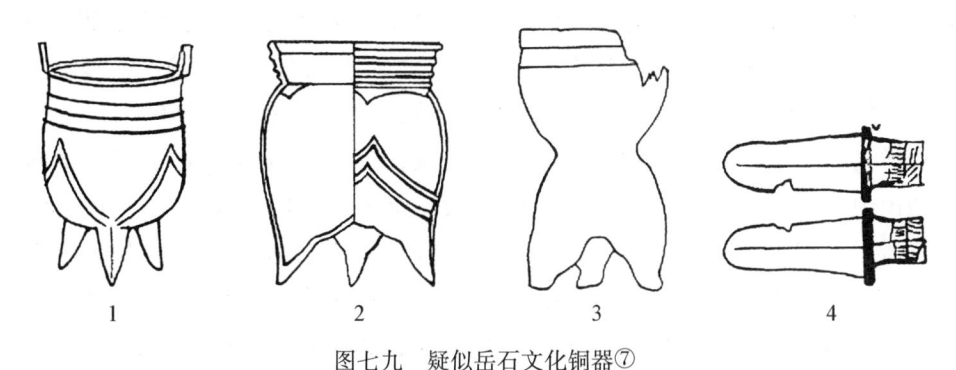

图七九　疑似岳石文化铜器⑦
1. 济南市博物馆　2. 江苏师大历史文化与旅游学院　3. 蓬莱市文管所　4. 安丘市博物馆

总的来看,岳石文化时期的青铜器处于青铜文化的初期阶段,器类以工具为主,有少量武器和饰品,多属于日常使用的小件器具,与后世以祭祀礼器为主的铜器系统迥然有别。此外,岳石文化的先民可能具备了铸造铜容器的能力,但尚缺乏确凿的实物证据。

三、商代早期

早商一、二期,商人的拓展方向主要是西方和南方,此时商文化还未进入海岱地区,这一点已基本形成共识⑧。一般认为济南大辛庄遗址是海岱地区目前发现的最早的商文化遗址,其出现时间约在早商三期。之前的商文化遗址还非常少,也未发现典型的商文化铜器,故而这一时段的海岱地区还基本属于岳石文化四期的范畴。

---

① 徐基:《夏时期岳石文化的铜器补遗——东夷式青铜重器之推考》,《中原文物》2007年第5期。
② 王迅:《东夷文化与淮夷文化研究》,北京大学出版社,1994年,第30、148—149页。
③ 李步青、林仙庭:《山东黄县出土一件青铜甗》,《考古》1989年第3期。
④ 贾德民、徐新华、郑岩:《山东安丘老峒峪出土一件商代青铜戈》,《考古》1992年第6期。
⑤ 陈国梁:《二里头文化铜器研究》,《中国早期青铜文化——二里头文化专题研究》,科学出版社,2008年,第143页。
⑥ 徐基:《夏时期岳石文化的铜器补遗——东夷式青铜重器之推考》,《中原文物》2007年第5期。
⑦ 徐基:《夏时期岳石文化的铜器补遗——东夷式青铜重器之推考》,《中原文物》2007年第5期。
⑧ 王立新:《早商文化研究》,高等教育出版社,1998年,第141、142页;方辉:《商王朝对东方的经略》,《海岱地区青铜时代考古》,山东大学出版社,2007年,第310—311页;陈雪香:《山东地区商文化聚落形态演变初探》,《华夏考古》2007年第1期。

第二节　中原青铜文化的东进：
商代中期至西周前期

一、商代中期

这一时期商文化东进之势十分迅猛，海岱地区的商文化遗址急剧增多，以容器为标志的商文化铜器大量增加（图八〇）。海岱地区这一时期的商文化遗址主要有五组：一是西南部的菏泽安邱堌堆[①]、曹县莘冢集[②]、茌平南陈庄[③]等遗址；二是北部济水南岸的济南大辛庄[④]、长清前平[⑤]、章丘城子崖[⑥]、齐河曹庙[⑦]、济阳邝塚[⑧]、邹平丁公[⑨]等遗址；三是南部泗水上游的济宁潘庙[⑩]、济宁凤凰台[⑪]、泗水尹家城、泗水天齐庙等遗址；四是南部泗水中游（今微山湖东岸南端）的滕州北辛[⑫]、吕楼[⑬]、大康留[⑭]、轩辕庄[⑮]、前掌大[⑯]、西薛河[⑰]、后荆沟[⑱]等遗址；五是东南部的兰陵刘家堡、莒南虎园水库、莒县前石窑、沂源东安等遗址[⑲]。主要分布于海岱北部、西南部、东南部以及南部尼山山脉西侧、西南侧的平原地带。其中的部分遗址出土了一定数量的铜器，铜器的类别、形制和纹饰与二里岗上层至殷墟一期铜器基本相同，均属于商式铜器。其中海岱东南部发现的铜器数量相对较少，目前仅有莒南虎园水库遗址发现了铜容器，其余均为兵器戈。

本期商人青铜文化的东进呈现出三线并进的态势。商人在北线的东进意图十分明显，即控制济水（即今黄河），打通由济水至海的通道。而同时期的中线即经泗水县沿

[①] 北京大学考古系商周组、山东省荷泽地区文展馆等：《菏泽安邱堌堆遗址发掘简报》，《文物》1987年第11期。
[②] 菏泽地区文物工作队：《山东曹县莘冢集遗址试掘简报》，《考古》1980年第5期。
[③] 山东大学历史系考古专业、聊城地区文化局等：《山东省茌平县南陈庄遗址发掘简报》，《考古》1985年第4期。
[④] 山东大学历史系考古专业、山东省文物考古研究所等：《1984年秋济南大辛庄遗址试掘述要》，《文物》1995年第6期。
[⑤] 韩明祥：《山东长清、桓台发现商代青铜器》，《文物》1982年第1期。
[⑥] 傅斯年、李济、董作宾等：《城子崖：山东历城县龙山镇之黑陶文化遗址》，中研院史语所，1934年。
[⑦] 李开岭：《山东禹城、齐河县古遗址调查简报》，《考古》1996年第4期。
[⑧] 熊建平：《山东济阳县邝塚遗址调查》，《考古》1990年第6期。
[⑨] 山东大学历史系考古专业、邹平县文化局：《山东邹平丁公遗址试掘简报》，《考古》1989年第5期；山东大学历史系考古专业：《山东邹平丁公遗址第二、三次发掘简报》，《考古》1992年第6期；山东大学历史系考古专业：《山东邹平丁公遗址第四、五次发掘简报》，《考古》1993年第4期。
[⑩] 国家文物局考古领队培训班：《山东济宁潘庙遗址发掘简报》，《文物》1991年第2期。
[⑪] 国家文物局考古领队培训班：《山东济宁凤凰台遗址发掘简报》，《文物》1991年第2期。
[⑫] 中国社会科学院考古研究所山东队、滕县博物馆：《山东滕县古遗址调查简报》，《考古》1980年第1期。
[⑬] 滕州市博物馆：《山东滕州市薛河下游出土的商代青铜器》，《考古》1996年第5期。
[⑭] 滕州市博物馆：《山东滕州市薛河下游出土的商代青铜器》，《考古》1996年第5期。
[⑮] 滕州市博物馆：《山东滕州市发现商代青铜器》，《文物》1993年第6期。
[⑯] 滕州市博物馆：《山东滕州市薛河下游出土的商代青铜器》，《考古》1996年第5期。
[⑰] 滕州市博物馆：《山东滕州市薛河下游出土的商代青铜器》，《考古》1996年第5期。
[⑱] 中国社会科学院考古研究所山东队、滕县博物馆：《山东滕县古遗址调查简报》，《考古》1980年第1期。
[⑲] 刘延常、赵国靖、刘桂峰：《鲁东南地区商代文化遗存调查与研究》，《东方考古》（第11集），科学出版社，2015年，第453—489页。

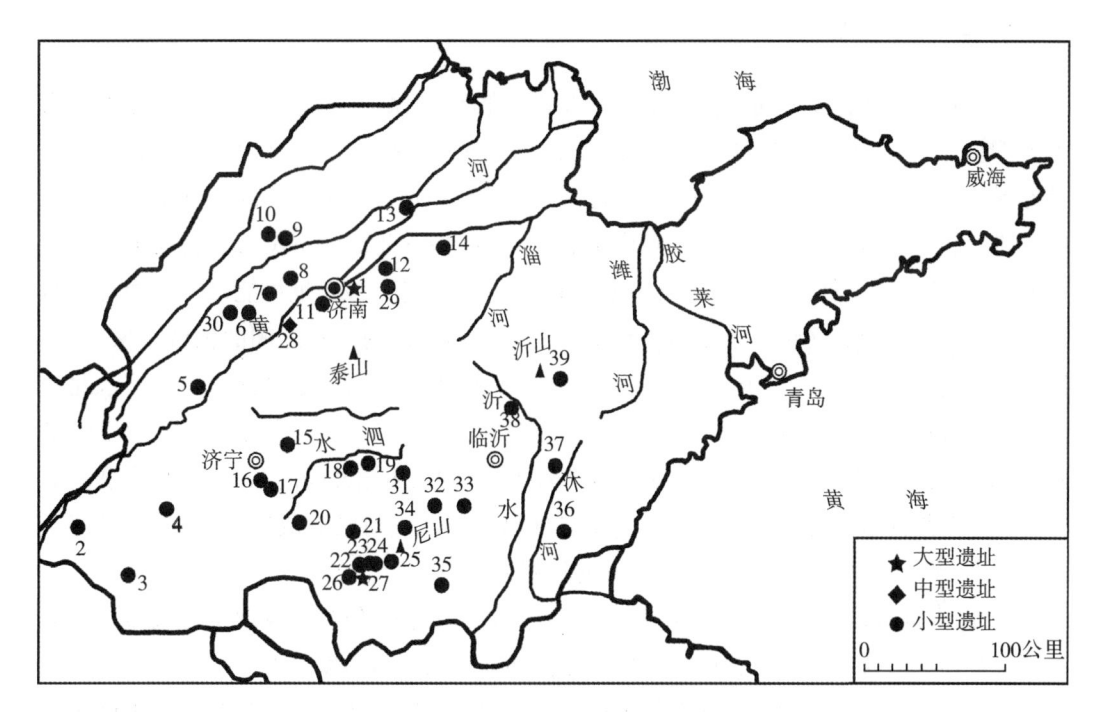

图八〇 海岱地区商代中期商文化遗址及青铜器出土地点示意图

(转自陈雪香《山东地区商文化聚落形态演变初探》,在原图基础上有所改动,并参考了刘延常等《鲁东南地区商代文化遗存调查与研究》一文)

1. 济南大辛庄(铜容器) 2. 东明窦堌堆 3. 曹县莘冢集 4. 菏泽安邱堌堆 5. 阳谷黑堌堆 6. 茌平南陈庄 7. 齐河曹庙 8. 齐河尹屯 9. 禹城周尹 10. 禹城蒋芦 11. 济南旧军门巷 12. 章丘马彭北 13. 济阳邝塚 14. 邹平丁公 15. 兖州梓椁树 16. 济宁潘庙 17. 济宁凤凰台 18. 泗水尹家城 19. 泗水天齐庙 20. 邹县西朝阳村 21. 滕州后荆沟 22. 滕州轩辕庄(铜容器) 23. 滕州大康留(铜容器) 24. 滕州北辛 25. 滕州西薛河 26. 滕州吕楼(铜容器) 27. 滕州前掌大(铜容器) 28. 长清前平(铜容器) 29. 章丘城子崖 30. 茌平李孝堂 31. 平邑蔡庄 32. 费县曹车 33. 费县故城 34. 费县吴家村 35. 兰陵刘家堡 36. 莒南虎园水库(铜容器) 37. 莒县前石窑 38. 沂水西黄家庄 39. 沂水姑子顶

蒙山山谷向东南进入费县,再沿祊河进入沂沭河中上游地区。南线以滕州为基点,经鲁南尼山南侧丘陵地带向东进入沂沭河中下游地区。此期中线与南线在沂河中游一带已完成会师。据初步调查,商代中期仅鲁东南一带就有13处商文化遗存,诸如莒南虎园水库、莒县前石窑、沂源东安等较大遗址更是发现了一些零散的商式铜器①。显然,商人自中线及南线向东已越过沂河和沭河,抵达海岱东南部夷人腹地。这一发现基本推翻了以往关于商人始终未越过沂水进入东夷腹地之认识。

商代中期淄河流域及以东地区的遗存大致属于芝水二期文化②,目前尚未发现铜容器,也基本未见小件铜器。

---

① 刘延常、赵国靖、刘桂峰:《鲁东南地区商代文化遗存调查与研究》,《东方考古》(第11集),科学出版社,2015年,第453—489页。
② 张锟:《东夷文化的考古学研究》,中国社会科学院研究生院博士学位论文,2010年,第128、129页。

二、殷墟一①、二期

本期北线商文化遗址向东拓展至惠民大郭②、桓台史家③、寿光钓鱼台④、寿光丁家店子⑤等地,主要分布于济水南岸与淄河之间,但部分遗址已越过弥河,临近潍河(图八一)。考虑到3 000多年前海水内侵较甚⑥,寿光境内的几处遗址已临近海岸线。其中寿光丁家店子遗址邻近弥河西岸寿光双王城煮盐遗址群⑦。海岱东北部的惠民大郭遗址出土了大量青铜器,其中有方彝、铙及钺,说明器主人的身份等级很高,该遗址可能是一个中心性质的聚落。这一时期商文化在东方的中心据点已推进到淄河与济水之间的桓台史家一带。桓台史家遗址面积巨大,且出土了一定数量的商文化铜器,具有中心聚落气象。济水北岸的惠民大郭及南岸的桓台史家高等级聚落遗址的出现,标志着商人在此地的统治已经稳固,基本控制了济水两岸,完成了控制海盐等资源的生产、运输并隔离东夷南、北族群的战略目的。而弥河东岸寿光一带大量商文化遗址的出现既是对已有成果的巩固,又是商人继续东进、进一步挤压东夷族群生存空间的战略准备。

此外,在北线西部的茌平一带出现了较多的商文化遗址,但尚未发现中心聚落。此地距商王朝新都殷墟较近,商人可能加强了对此地的开发、经营力度(图八一)。

本期潍河以东地区的考古学文化大致属于珍珠门一期文化,未发现铜容器,小件铜器也基本没有发现。

本期中线及南线的商文化遗址明显增加,呈现出向东方迅猛扩张的态势。据初步调查,仅海岱东南部发现的本期商文化遗址就有34处,尤其是殷墟一期时的遗址多达23处,与前期相比明显增加,至殷墟二期时有所减少。这一时期的商文化遗址虽多,但沭河以东地区未见关于商文化遗址的报道,且这一时期仅费县墩头、沂水信家庄、沂源东安三处遗址出土了铜器,铜器的数量相对较少。

三、殷墟三期

商人约在殷墟二期控制济水流域后,在三期向东又有伸张,大致分两个方向:一是沿济水北岸继续向东北方向扩张,如滨州兰家村⑧发现了典型的商式铜器和煮盐遗迹,但济

---

① 本书殷墟一期皆指传统的殷墟一期后段。由于传统的殷墟一期前、后段差异很大,故而学者将前段归入洹北花园庄期,即商代中期后段,后段为新的殷墟一期。[参见唐际根:《殷墟一期文化及其相关问题》,《考古》1993年第10期;何毓灵、岳洪彬:《殷墟文化一期再认识》,《三代考古》(三),科学出版社,2009年,第202—213页。]
② 山东惠民县文化馆:《山东惠民县发现商代青铜器》,《考古》1974年第3期。
③ 韩明祥:《山东长清、桓台发现商代青铜器》,《文物》1982年第1期。
④ 潍坊市博物馆:《山东潍坊地区商周遗址调查》,《考古》1993年第9期。
⑤ 寿光县博物馆:《寿光县古遗址调查报告》,《海岱考古》(第一辑),山东大学出版社,1989年,第29—60页。
⑥ 邹逸麟:《黄淮海平原历史地理》,安徽教育出版社,1997年,第190页;王青、朱继平、史本恒:《山东北部全新世的人地关系演变:以海岸变迁和海盐生产为例》,《第四纪研究》2006年第4期。
⑦ 山东省文物考古研究所、北京大学中国考古学研究中心等:《山东寿光市双王城盐业遗址2008年的发掘》,《考古》2010年第3期。
⑧ 王思礼:《惠民专区几处古代文化遗址》,《文物》1960年第3期。

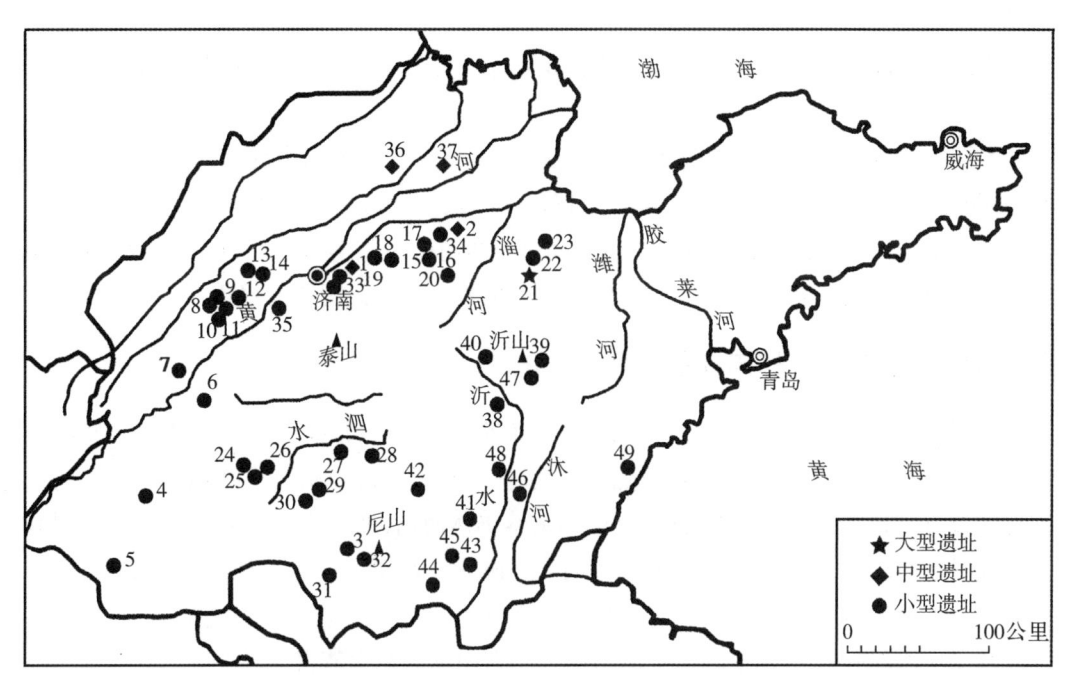

第九章　海岱地区商周青铜文化的格局与演进

图八一　海岱地区殷墟一、二、三期商文化遗址和青铜器出土地点示意图

（转自陈雪香《山东地区商文化聚落形态演变初探》，在原图基础上有所改动，并参考了刘延常等《鲁东南地区商代文化遗存调查与研究》一文）

1. 济南大辛庄（铜容器）　2. 桓台史家（铜容器）　3. 滕州前掌大　4. 菏泽安邱堌堆　5. 曹县莘冢集　6. 梁山青堌堆　7. 阳谷黑堌堆　8. 茌平东一甲　9. 茌平台子高　10. 茌平西路庄　11. 茌平腰718 12. 茌平南陈庄　13. 东阿王集　14. 齐河郝庄　15. 章丘乐盘　16. 邹平史营　17. 邹平大河崖　18. 济南裴家庄　19. 济南洪家楼　20. 淄博南家　21. 青州苏埠屯（铜容器）　22. 寿光钓鱼台　23. 寿光丁家店子　24. 济宁潘庙　25. 济宁凤凰台　26. 济宁南赵庄　27. 泗水尹家城　28. 泗水天齐庙　29. 邹县化肥厂　30. 邹县西丁　31. 微山鲍楼　32. 滕州后黄庄　33. 济南刘家庄（铜容器）　34. 邹平丁公　35. 长清小屯（铜容器）　36. 惠民大郭（铜容器）　37. 滨州兰家村（铜容器）　38. 沂水信家庄（铜容器）　39. 沂水姑子顶　40. 沂源东安　41. 费县墩头（铜容器）　42. 费县曹车　43. 临沂西店子　44. 兰陵刘家堡　45. 兰陵密家岭（铜容器）　46. 莒县东莞　47. 莒南墩后　48. 沂南埠子顶　49. 日照联合村

水北岸遗址数量不多（图八一）。其原因可能是此地位于济水下游，河沙淤积严重，河道摆动频繁，除了少数地势较高的地带还保存一些遗迹外，其他遗迹多被掩埋或冲刷无存。而济水南岸的水患情况要少很多，这也是南岸遗址远多于北岸的一个重要原因。二是以泰沂山脉东北侧的青州苏埠屯一带为据点向东南部胶莱平原发展。苏埠屯遗址发现数座高规格的墓葬和150余座中小型墓葬，出土了大量精美的"亚醜"族和"融"族铜器，是目前海岱地区同时期墓葬中规格最高者[1]。其铜器的类别、形制及纹饰与中原地区基本相同，属于商文化铜器。当商人扩张至此地时，南部已失去泰沂山脉的屏障和阻隔，可穿越胶莱平原南下至海岱东南部。苏埠屯遗址位于泰沂山脉北麓与胶莱平原的夹角地带，既可东进又可南下，是极佳的战略要地，也是商人东进在新形势下的必然

---

[1] 山东省文物考古研究所、青州市博物馆：《青州市苏埠屯商代墓地发掘报告》，《海岱考古》（第一辑），山东大学出版社，1989年，第254—273页。

选择。

本期潍河以东的考古学文化基本属于珍珠门二期文化,未发现铜容器,小件铜器也基本没有发现。

本期中线及南线的商文化遗址有所减少,但海岱东南部的商文化遗址基本维系了殷墟二期时的数量,并一度抵达沭河西岸,如莒南墩后遗址,甚至在沿海的日照两城镇联合村也发现了饰绳纹的商文化陶鬲足。这些遗址中也有少量高等级遗址,如兰陵密家岭,发现了一定数量的铜礼器①,但沂河以东地区尚未见关于商文化铜器的报道。

四、殷墟四期至西周初年前段：南北并进

殷墟四期,商人在海岱地区的扩张态势又有明显增强。北线商文化遗址和铜器的发现地点向东推进至潍河西岸,如潍坊院上②、寒亭会泉庄③等,与东夷族群隔河对峙。商人原有区域内的高等级遗址也更为密集,中心聚落仍然使用,如青州苏埠屯、桓台史家,同时还出现了新的高等级聚落,如寿光古城遗址④。该遗址发现了一座高规格铜器墓葬,出土了大量"己"器。商文化中心聚落之外的小聚落此期已沿胶莱平原向南蔓延至今胶州、诸城以及安丘南部一带⑤,基本隔离了海岱东部与东南部的东夷族群。

此期的中线及南线呈现比较明显的防御态势,主要表现在两个方面:一是商文化遗址数量达到本区历史的峰值;二是出现了一定数量的出土大量青铜器的高等级遗址。本期中线的商文化遗址主要有泗水寺台⑥、泗水窖埂堆⑦、邹县小西韦⑧、邹县化肥厂⑨、邹县砖瓦厂⑩、邹县西丁⑪、沂源东安⑫等;南线有滕州种寨⑬、龙埂堆⑭、井亭⑮、大韩⑯、后黄庄⑰、前掌大⑱等,沂河流域有费县(拣选)⑲、平邑洼子地、兰陵晒米城、兰陵东高尧、兰陵密家岭、

---

① 刘延常、赵国靖、刘桂峰:《鲁东南地区商代文化遗存调查与研究》,《东方考古》(第11集),科学出版社,2015年,第453—489页。
② 曹元启、单煜东:《坊子区院上遗址发现商代青铜器》,《海岱考古》(第一辑),山东大学出版社,1989年,第313页。
③ 刘延常:《潍坊会泉庄遗址考古发掘的意义》,《中国文物报》1998年3月25日第3版。
④ 寿光县博物馆:《山东寿光县新发现一批纪国铜器》,《文物》1985年第3期。
⑤ 陈淑卿:《山东地区商文化编年与类型研究》,《华夏考古》2003年第1期。
⑥ 赵宗秀:《山东泗水发现商代青铜器》,《考古》1988年第3期。
⑦ 解华英:《山东泗水发现一批商代铜器》,《考古》1986年第12期。
⑧ 王言京:《山东省邹县又发现商代铜器》,《文物》1974年第1期。
⑨ 王言京:《山东省邹县又发现商代铜器》,《文物》1974年第1期。
⑩ 中国社会科学院考古研究所山东工作队、邹县文物保管所:《山东邹县古代遗址调查》,《考古学集刊》(3),中国社会科学出版社,1983年,第98—108页。
⑪ 王军:《山东邹城市西丁村发现一座商代墓葬》,《考古》2004年第1期。
⑫ 刘延常、赵国靖、刘桂峰:《鲁东南地区商代文化遗存调查与研究》,《东方考古》(第11集),科学出版社,2015年,第453—489页。
⑬ 齐文涛:《概述近年来山东出土的商周青铜器》,《文物》1972年第5期。
⑭ 滕州市博物馆:《山东滕州出土商代青铜器》,《考古》1994年第1期。
⑮ 孔繁银:《山东滕县井亭煤矿等地发现商代铜器及古遗址、墓葬》,《文物参考资料》1951年第1期。
⑯ 滕州市博物馆:《山东滕州市薛河下游出土的商代青铜器》,《考古》1996年第5期。
⑰ 滕州市博物馆:《山东滕州市薛河下游出土的商代青铜器》,《考古》1996年第5期。
⑱ 中国社会科学院考古研究所:《滕州前掌大墓地》,文物出版社,2005年。
⑲ 程长新、曲得龙、姜东方:《北京拣选一组二十八件商代带铭铜器》,《文物》1982年第9期。

兰陵县革委大院等①。这些遗址除滕州前掌大为大型中心聚落外,其余不少属于中型聚落,并出土了商文化铜器。这一时期大中型商文化遗址的数量超过了以往。值得注意的是,中线及南线的商文化遗址尤其是发现铜器的遗址主要集中在沂河以西地区。而这一时期的沂河以东地区多见珍珠门文化遗址,如莒县西苑、石龙口、莒南王家坊、沂南榆林、孙家黄疃等②(图八二)。显然,商人在南线呈现出退缩的态势,甚至已让出沂河以东地区。面对这一形势,商王朝需要加强对沂河以西的控制,这可能是沂河以西地区高等级商文化聚落出现较多的原因。

综合以上分析,商王朝的东进过程,南线较为顺利,早在商代中期后段就已基本完成。北线相对艰难,基本上是通过逐步东进完成的,而且有商一代均未越过潍河到达夷人腹地的胶东半岛。

西周初年,海岱地区的青铜文化格局基本延续了殷墟四期的态势。但原商人文化覆盖区大量商文化遗址及族氏徽铭铜器的突然废弃和消失,是这一时期后段海岱青铜文化的突出特征,如北部的济南刘家、苏埠屯、史家、寿光古城,西南部的前掌大,东南部的兰陵东高尧等遗址及其相应的铜器徽铭皆是如此。这与周公东征有直接的关系,这些族群因之消亡或者迁移。据铜器徽铭的消失或减少情况来看,徽铭消失的如亚醜、融、戎等族群可能是灭亡了,而数量减少但仍有发现的如举、夨、史等族群则可能迁往他地了。

本期潍河以东的考古学文化基本属于珍珠门三、四期文化(出土陶器示意如图八三),仅在龙口发现一件前文提到的仿陶铜甗,其年代尚不能确定在这一时期;小件铜器也基本没有发现。

五、西周前期:北进南守

(一)西周前期早段。经过对海岱地区殷遗民及东夷族群的军事战争,加上大规模分封,周人不但拥有原商王朝控制的海岱大部分地区,而且在北线向东又有大幅度伸张,已越过潍河和胶莱河进入胶东半岛腹地,这是商王朝东进从未取得过的成就。目前,西周早期后段的周文化铜器在胶东半岛已有较多发现,如龙口归城出土的记载器主人启随昭王南征的启尊、启卣③以及龙口韩栾出土的鬲形鼎(旬监鼎)④,龙口鲁家沟出土的芮公簋⑤,威海荣成学福村西周墓⑥出土的铜尊、壶、戈等,在靠近海岱东南部的胶县西庵遗址也出

---

① 刘延常、赵国靖、刘桂峰:《鲁东南地区商代文化遗存调查与研究》,《东方考古》(第11集),科学出版社,2015年,第453—489页。
② 刘延常、赵国靖、刘桂峰:《鲁东南地区商代文化遗存调查与研究》,《东方考古》(第11集),科学出版社,2015年,第453—489页。
③ 李步青、王锡平:《建国来烟台地区出土商周铭文青铜器概述》,《胶东考古研究文集》,齐鲁书社,2004年,第344页。
④ 李步青、林仙庭:《山东省龙口市出土西周铜鼎》,《文物》1991年第5期。
⑤ 王锡平、唐禄庭:《山东黄县庄头西周墓清理简报》,《文物》1986年第8期。
⑥ 刘晓燕、孙承晋:《山东荣成市学福村商周墓葬的清理》,《考古》2004年第9期。

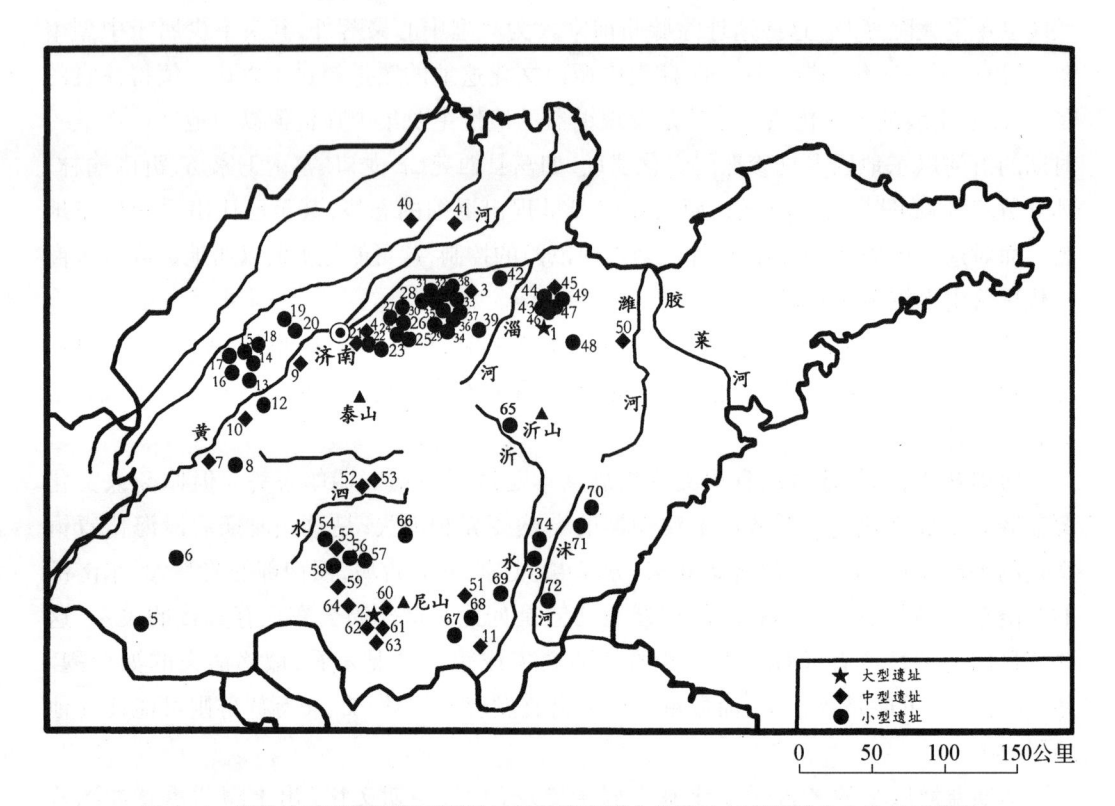

图八二　海岱地区殷墟四期至西周初年前段商周文化遗址与青铜器出土地点示意图

（转自陈雪香《山东地区商文化聚落形态演变初探》，在原图基础上有所改动，并参考了刘延常等《鲁东南地区商代文化遗存调查与研究》一文）

1. 青州苏埠屯（铜容器）　2. 滕州前掌大（铜容器）　3. 桓台史家（铜容器）　4. 济南大辛庄（铜容器）　5. 曹县莘冢集　6. 菏泽安邱堌堆　7. 寿张梁山（铜容器）　8. 梁山青堌堆　9. 长清兴复河（铜容器）　10. 平阴洪范（铜容器）　11. 兰陵东高尧（铜容器）　12. 平阴朱家桥　13. 东阿王集　14. 茌平腰庄　15. 茌平南陈庄　16. 茌平西路庄　17. 茌平东一甲　18. 茌平台子高　19. 齐河曹庙　20. 齐河郝庄　21. 济南刘家庄（铜容器）　22. 济南洪家楼　23. 济南王舍人镇　24. 章丘城子崖　25. 章丘东涧溪　26. 章丘乐盘　27. 章丘宁家埠　28. 章丘王推官庄　29. 邹平台头　30. 邹平鲍家　31. 邹平郎君　32. 邹平大河崖　33. 邹平明礼　34. 邹平芦泉南　35. 邹平廉家　36. 邹平五里　37. 邹平纸坊　38. 邹平丁公　39. 淄博南家　40. 惠民大郭　41. 滨州兰家　42. 广饶西杜疃　43. 青州凤凰台　44. 寿光高家庄　45. 寿光古城（铜容器）　46. 青州赵铺　47. 青州杨家营　48. 昌乐宇家　49. 寿光桑家庄（铜容器）　50. 潍坊院上（铜容器）　51. 费县（铜容器）　52. 泗水寺台（铜容器）　53. 泗水青堌堆（铜容器）　54. 邹城南关　55. 邹城化肥厂（铜容器）　56. 邹城砖瓦窑（铜容器）　57. 邹城岳庄　58. 邹城西丁（铜容器）　59. 滕州种寨（铜容器）　60. 滕州大韩村（铜容器）　61. 滕州后黄庄（铜容器）　62. 滕州后掌大（铜容器）　63. 滕州井亭（铜容器）　64. 滕州龙堌堆　65. 沂源东安　66. 平邑洼子地　67. 兰陵晒米城（铜容器）　68. 兰陵密家岭（铜容器）　69. 兰陵县革委大院（铜容器）　70. 莒县西苑　71. 莒县石龙口　72. 莒南王家坊　73. 沂南榆林　74. 沂南孙家黄疃

土了大量西周早期后段的周文化铜器[①]。大量周式铜器的出现说明，在西周早期后段周人青铜文化基本覆盖了这些地区。但此期的海岱东南部没有发现典型的周文化遗址和铜器，此地可能依然属于珍珠门文化鲁东南类型。

值得注意的是本期海岱地区出现了一些新的族氏徽铭，如启尊、启卣的"戈箙"等，可

---

① 山东省昌潍地区文物管理组：《胶县西庵遗址调查试掘简报》，《文物》1977年第4期。

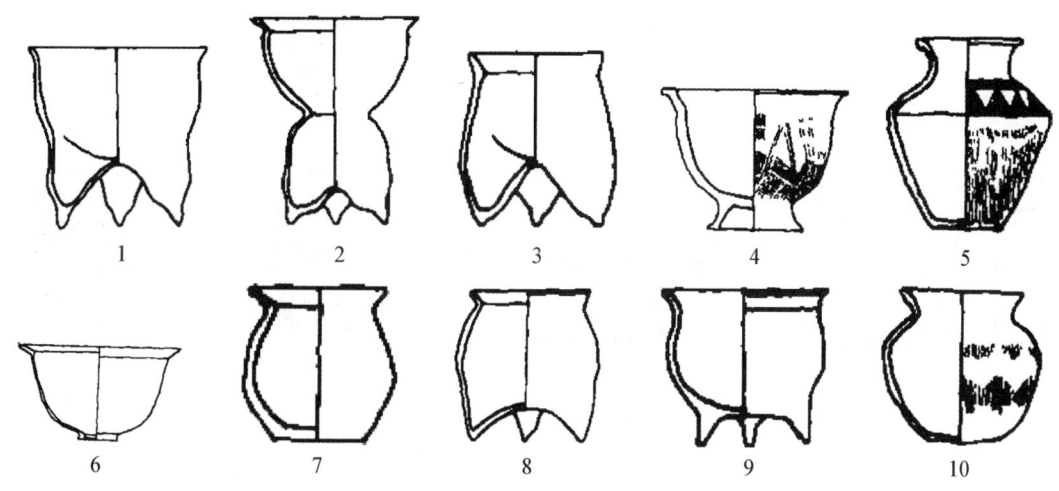

第九章　海岱地区商周青铜文化的格局与演进　　　　　　　　　　·355·

图八三　珍珠门文化部分陶器
(器物图片转自刘延常:《珍珠门文化初探》,《华夏考古》2001年第4期)
1. 一期　2、3. 二期　4、5、6. 三期　7. 四期　8、9、10. 五期

能是较早归顺周人并跟随周人东征之后驻守于此的商遗民。

(二)西周前期后段。之前尚未出现铜礼器的地区,在本期多发现了周式铜器,如青岛崂山前古镇①、海阳上尚都②(铜器见图八四)、招远东曲城③、威海西河北M1④等,加上前期已发现铜礼器的地区,周文化铜器在本期已基本遍及胶东半岛,本地的珍珠门文化基本消失。值得注意的是,以上铜器墓包括前一期墓向明确的墓葬皆向东,而夷人墓葬的一个典型特征就是墓葬向东,故而这些墓葬的主人很可能属于接受了周人文化的夷人。与前期相比,海岱东南部的情况没有大的改变,仍然没有发现铜容器和周文化遗址。这一区域似乎还属于夷人控制区,其物质文化面貌大致属于珍珠门文化鲁东南类型⑤,但已濒临消亡。

本期海岱东南部与胶东半岛东端的考古学文化基本属于珍珠门五期文化和南黄庄文化⑥,未发现明确为这一时期的铜容器,仅发现少量铜镞⑦。

可以看出,周人的东进路线也是以北线为主,一是越过潍河和胶莱河向东推进到胶东半岛,二是自胶莱平原向东南部夷人腹地推进,周人青铜文化也随之覆盖了这些地区。但此期的海岱东南部仍然没有发现周式铜器和典型的周文化遗址,此地仍属于珍珠门文化鲁东南类型。

---

① 孙善德:《青岛市发现西周墓葬》,《文物资料丛刊》(6),文物出版社,1982年,第169页。
② 海阳市博物馆:《山东海阳市上尚都出土西周青铜器》,《考古》2001年第9期。
③ 李步青、林仙庭、杨文玉:《山东招远出土西周青铜器》,《考古》1994年第4期。
④ 郑同修、隋裕仁:《山东威海市发现周代墓葬》,《考古》1995年第1期。
⑤ 刘延常:《珍珠门文化初探》,《华夏考古》2001年第4期。
⑥ 张锟:《东夷文化的考古学研究》,中国社会科学院研究生院博士学位论文,2010年,第131、132页。
⑦ 北京大学考古系、烟台市文管会等:《山东乳山县南黄庄西周石板墓发掘简报》,《考古》1991年第4期。

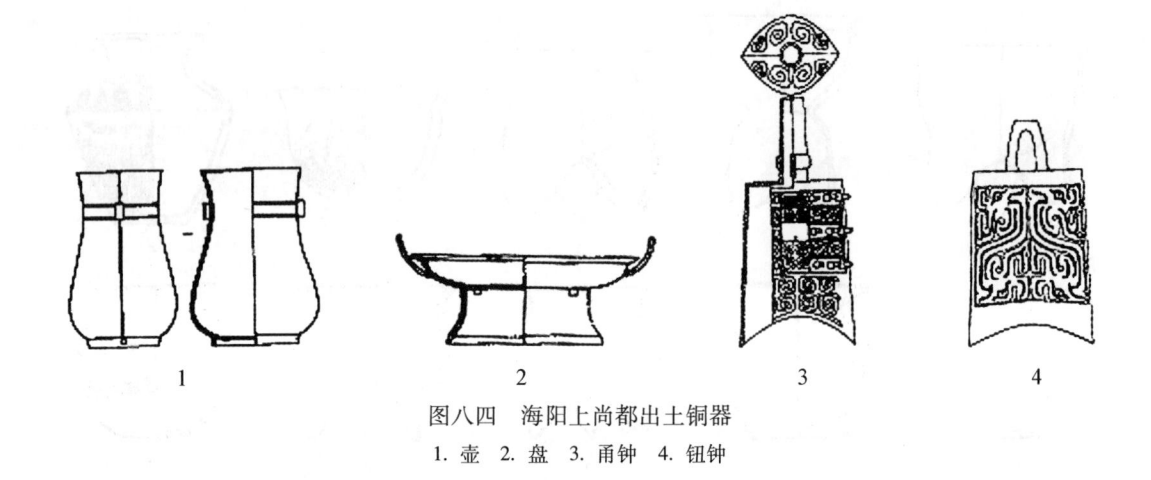

图八四 海阳上尚都出土铜器
1. 壶 2. 盘 3. 甬钟 4. 钮钟

第三节 海岱青铜文化的勃兴：
西周后期至战国时期

至西周晚期，以往未发现铜器的海岱东南部，也涌现出了一大批出土周式铜器的遗址，如沂源姑子坪①、日照崮河崖②、五莲中至留③、莒县西大庄④、莒县前集⑤、莒县崔家峪⑥等。至此，整个海岱地区基本上已被周人青铜文化所覆盖，珍珠门文化作为东夷族群在海岱地区的最后一个考古学文化基本走到了尽头。以上遗址发现的铜器墓葬皆向东，说明墓主人很可能是接受了周文化的夷人。由于夷人原有的文化传统与周人存在较大差异，夷人在接受周文化的同时可能会有一定程度的改造。在铜器上表现为器类、组合、形制、纹饰等方面新元素的出现。随着时间的推移，这些因素逐渐壮大，并对周边地区特别是中原一带产生影响，形成海岱青铜文化对中原地区的回潮现象，如铜铫、袋足鬲、方匜等。

由于历史、地理等原因，海岱各区青铜文化产生的新元素多不相同，海岱青铜文化的面貌也随之日益复杂。但总的来看，地域相邻、文化传统相近的地区，其青铜文化面貌也较为接近，因此有必要先对海岱青铜文化进行分区，然后在此基础上讨论其格局与演进情况。本书采用王青先生《海岱地区周代墓葬与文化分区研究》的分区成果，将海岱地区西周晚期至战国时期的青铜文化分为北、南、东及东南四区，依据时间顺序探讨如下。

---

① 山东大学考古系、淄博市文物局等：《山东沂源县姑子坪遗址的发掘》，《考古》2003年第1期。
② 杨深富：《山东日照崮河崖出土一批青铜器》，《考古》1984年第7期。
③ 孙敬明：《莒之青铜文化研究》，《莒文化研究文辑》，山东人民出版社，2002年，第258—274页。
④ 莒县博物馆：《山东莒县西大庄西周墓葬》，《考古》1999年第7期。
⑤ 山东省文物管理处、山东省博物馆：《山东文物选集》（普查部分），文物出版社，1959年，第49页。
⑥ 苏兆庆、夏兆礼、刘云涛：《莒县文物志》，齐鲁书社，1993年，第204页。

一、西周后期至春秋前期：周人青铜文化覆盖全境与海岱青铜文化的勃兴

这一时段海岱东南部涌现出大量周文化遗址和铜器，与之前的文化面貌形成鲜明对比。这些铜器在类别、组合及形制上多与周式铜器相同或相近，但在一些地区也出现了少量新器类和新形制（图八五）①。具体情况如下。

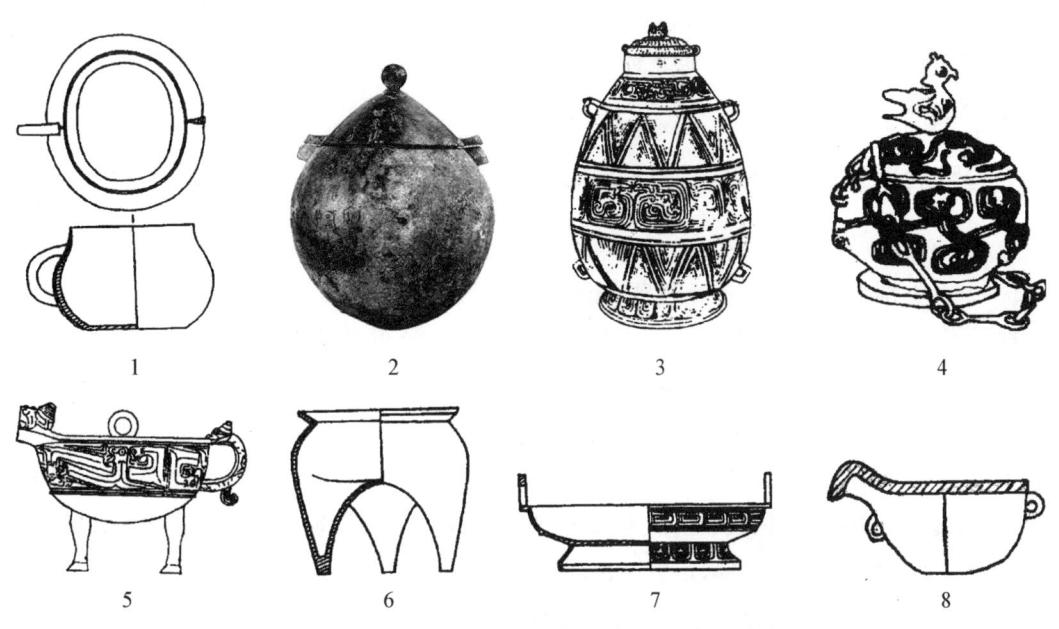

图八五　海岱地区西周后期至春秋前期的部分特色铜器
1. 莒县西大庄单耳钾（M1∶14）　2. 枣庄东江小邾国金父瓶（M1∶6）　3. 曲阜鲁国故城侯母壶（M48∶16）
4. 临朐泉头提链罐（M乙∶10）　5. 临沂中洽沟兽首流鼎（M1∶7）　6. 莒县西大庄袋足鬲（M1∶4）　7. 莒县西大庄立耳盘（M1∶13）　8. 栖霞吕家埠平底匜（M1∶18）

（一）铜器类别与形制。这一时期海岱东南部产生了一些新的器类——铜钾、铜瓶、刖人方匜以及一些新的器形如卵形壶、兽首流鼎、袋足鬲、提链罐、人形三足盘、立耳盘、平底匜等。其中以钾与袋足鬲的数量最多，分布范围也最为稳定，并对海岱周边地区产生较大影响。从器类与形制观之，这一时段海岱东南部的青铜器最具特点，表现出蓬勃的创造力，而其他三区则与中原地区更为接近。

（二）器物组合。本段海岱地区较为完整的铜器组合共有 22 组②，其中鼎簋组合 8 组，主要在南部曲阜、滕州与长清等地；鼎簠组合 7 组，主要在南部的枣庄、长清两地；鼎钾组合 6 组，主要在东南部的临沂、日照；其他组合 3 组，集中在东部的莱阳和烟台。鉴于鼎簋组合与鼎簠组合分布区多有重合，且簋、簠常同出并同属粢盛之器，两区可合而为一。由此观之，海岱南部的铜器组合以鼎簋（簠）组合为主；东南部以鼎钾组合为核心组合；东

---

① 刘延常、徐倩倩：《西周晚期至春秋早期山东地区东土青铜器群的转变与传承》，《青铜器与金文》（第一辑），上海古籍出版社，2017 年，第 323—339 页。
② 毕经纬：《山东东周鼎簋制度初论——以中原地区为参照》，《管子学刊》2010 年第 3 期。

部以鼎为核心组合;北部铜器组合比较混乱,即多种组合共存。四区的地理边界犬牙交错,各类铜器组合在地域上也多有混杂。其中南部铜器组合与中原地区最为接近;而东南部的铜器组合与中原地区区别最大,基本不见于中原地区;东部的铜器组合在中原也较为少见。

总的来看,这一时段海岱青铜文化的主体仍然是中原文化因素,但本土因素逐渐增多,呈现出海岱本土青铜文化勃兴的局面。本期海岱青铜文化的格局有两个主要特点:一是周文化覆盖海岱全境且占据主体地位,二是海岱本土因素自东南部开始勃兴,并呈现出分化趋势。

二、春秋后期至战国前期:海岱青铜文化的繁荣与齐国青铜文化的伸张

这一时段海岱青铜器最为丰富,分布十分密集,呈现出繁荣局面。

(一)类别与形制。这一时期海岱铜器的类别及形制十分丰富,虽然大部分铜器与中原地区相同或相近,但也出现了不少富有特色的器物,分布情况如下:平底浅腹高足鼎主要见于北部的长清、济南、莱芜、淄川等齐文化区,龙耳方座簋主要出于北部齐文化核心区,鼎式敦、球形敦主要集中在莱芜、济南、阳信、昌乐、平度、长岛、威海等齐文化区,平顶敦主要发现于东南部沂水、临沂一带,四环足匜主要发现于南部枣庄一带,假圈足铺、环耳盘主要发现于中部齐文化区的新泰周家庄,鹰首提梁壶主要发现于北部齐文化区,隆盖高柄豆集中在北部、东部及南部,以齐文化区为主(铜器见图八六)。

(二)组合。海岱北部以鼎、敦、豆、铺组合为主,南部以鼎、豆、铺组合为主,东部以敦、铺组合为主,东南部以鼎、敦、铺组合为主。组合上的区域特征较为明显,但各区也都包含一定数量的其他组合形式,各区之间的区别并不是泾渭分明的。需要注意的是,这一时期海岱地区不少铜器组合中没有鼎,但基本上皆有铺,铜铺是这一时期海岱地区最为活跃的器类。

(三)纹饰。大部分铜器纹饰与中原地区相同,仅部分纹饰较有特色,主要如下:装饰乳丁纹的鼎、敦及铺,主要集中在临淄、淄川、长清、济南、安丘、阳谷等齐文化区;装饰菱形纹的铜器则集中发现于南部枣庄峄城区徐楼(图八六)。

(四)铭文。部分铭辞和历日纪年方式很有特色。出现"它它(沱沱)熙熙"铭辞,这一铭辞不见于其他地区,目前有此铭辞者共发现9例:冥公壶(集成9704)、齐侯敦(集成4645)、齐侯盘(集成10159)、齐侯匜(集成10283)、夆叔盘(集成10163)、夆叔匜(集成10282)、郜子姜首盘(近出1009)、庆叔匜(集成10280)以及新见鲍子鼎[①]。这9件器物皆为海岱之器,集中出于齐文化区,时代为春秋中晚期,当为海岱金文的特色嘏辞。历日纪年上出现"立事岁"或"再立事岁"+月、日式的历日纪年方式,并且"立事岁"纪年铭辞的"月"前常用前缀"冰""畿""禝""饭者"替代月份,如陈逆簋(冰月丁亥)、陈僖壶(再立事

---

① 吴镇烽:《鲍子鼎铭文考释》,《中国历史文物》2009年第2期。

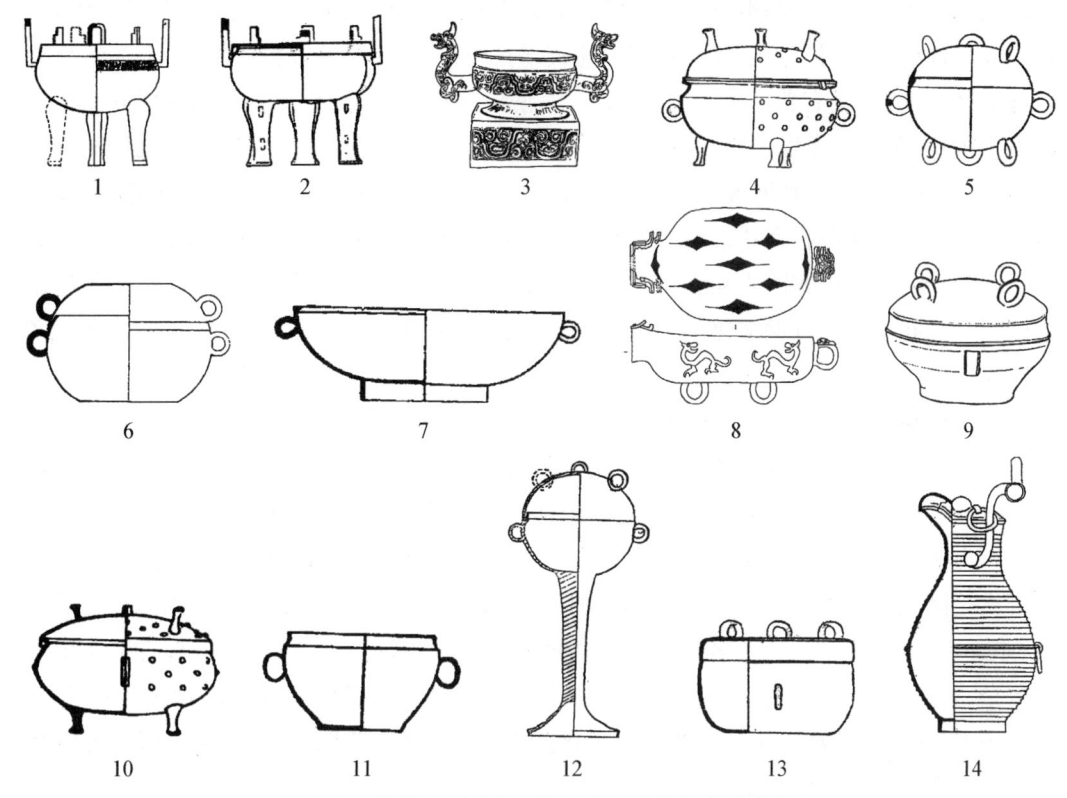

图八六 海岱地区春秋后期至战国前期的特色器物

1. 莱芜戴鱼池高足鼎(M1:26) 2. 长清仙人台高足鼎(M5:72) 3. 台北故宫博物院藏陈侯午簠 4. 济南左家洼鼎式敦(器物编号:8) 5. 济南左家洼球形敦(器物编号:9) 6. 临沂凤凰岭大墓平顶敦(器物编号:40) 7. 莱芜西上崮环耳盘(无器物号) 8. 枣庄徐楼环形足匜(M2:20) 9. 莒南大店假圈足铺(M2:13) 10. 阳谷景阳岗乳丁纹铺(无器物号) 11. 滕州庄里西敛口铺(90STZM8:4) 12. 长岛王沟高柄豆(M10:31) 13. 长岛王沟平盖铺(M10:28) 14. 诸城臧家庄鹰首提梁壶(无器物号)

岁甗月己酉)、子禾子釜(立事岁禝月丙午)、陈纯釜(立事岁畿月戊寅)、公子土折壶(立事岁饭者月)等。

这一时段海岱青铜文化的主体仍然是中原因素,但本土因素增加明显,大量特色元素不断涌现,呈现出海岱青铜文化繁荣的局面。值得注意的是,这一时段形制、纹饰及铭文比较有特点的铜器主要出于海岱北部及东部的齐文化区,东南部及南部仅有少量发现。就整体面貌而言,齐国青铜文化逐渐遍及海岱全境,其他三区的特色文化因素渐趋消失。综合以上分析,本期海岱青铜文化格局有三个主要特点:一是中原青铜文化始终占据上风;二是海岱青铜文化呈现出繁荣局面;三是海岱青铜文化内部分化现象在前期基础上又有发展,但这一现象随着齐国青铜文化对海岱地区的统一而趋于消失。

三、战国后期:海岱青铜文化的转型及与中原青铜文化的合流

与前期相比,这一时段的海岱铜器在类别及组合上有较大变化,前期流行的敦、方座簠、盖豆等趋于消失,铺的出现频率也明显下降,但壶十分流行,鼎、豆仍然比较流行。北

部以鼎、豆、铈、壶、盘为基本组合,南部以鼎、壶为基本组合,东部以豆、壶、盘为基本组合,东南部组合情况不明。由于除北部资料比较丰富外,其他三区的资料皆较少,上述组合除北部地区外,均不具有普遍意义。形制上,海岱地区较为流行的青铜器,除北部齐文化区的方形铈外,多与中原地区相同或相近。本期铜器纹饰趋于简朴,铭文流于形式化的物勒工名,均与同期的中原相同或相近。本期海岱地区的铜器资料除北部齐文化区外,其他三区均不甚丰富。从现有资料来看,本期海岱青铜文化格局特点主要如下:从器物组合、形制、纹饰及铭文来看,齐国青铜文化延续前期对海岱地区的统一局面,境内青铜文化日益趋同;与此同时,海岱青铜文化与中原及周边地区的区别越来越小,并最终与中原青铜文化合流。

综上所述,海岱地区西周晚期至战国时期的青铜文化格局主要有以下特点:一是中原青铜文化因素始终占据主体地位;二是海岱自身的青铜文化因素不断壮大,并在春秋晚期促成海岱青铜文化的繁荣局面,且对周边地区尤其是中原地区产生了一定影响。此外,由于历史、地理等原因,海岱青铜文化内部出现分化现象,各区的构成情况也有所不同:南部文化区接受外来因素最多,无论是中原文化还是楚、晋、越文化都比较明显;北部次之,东部再次,东南部最少。各区文化面貌的复杂程度也因之而异,其中南部青铜文化最为复杂,其境内的鲁、薛、邾、小邾、滕、郜、费等国青铜器无论组合还是形制都有较大差别。总的来看,除东南部莒文化区和北部齐文化区的地域特征较为明显外,其他两区的青铜文化特征在大多数时间里都不甚分明。

第四节　海岱青铜文化格局形成及其演进的背景

龙山文化至岳石文化时期,海岱地区发现的铜器主要是工具、武器、饰品等小件物品,发现地点及出土数量都尚少,只是刚刚步入青铜时代,还不具备讨论其格局及演进的条件。因而,本部分主要讨论商至战国时期海岱青铜文化的格局及其演进背景。兹按照时间顺序探讨如下。

一、商代前期早段:约当于商汤至大戊时期

关于早商一、二期商文化未进入海岱地区的原因,不少学者认为缘于夏商之际的商、夷联盟或同盟关系[①]。而促成这一联盟的正是历史上有名的"景亳之会"[②],会盟地点大约在海岱西南部的曹县一带。下七垣文化与岳石文化在地域上邻近,双方存在着一定规

---

① 宋豫秦:《试论豫东地区夏商时代的文化性质》,《郑州大学学报》(哲学社会科学版)1989年第1期;张国硕:《论夏末早商的商夷联盟》,《郑州大学学报》(哲学社会科学版)2002年第2期;张锟:《东夷文化的考古学研究》,中国社会科学院研究生院博士学位论文,2010年;徐昭峰:《商王朝东征与商夷关系》,《考古》2012年第2期。
② 方辉:《"景亳之会"的考古学观察》,《海岱地区青铜时代考古》,山东大学出版社,2007年,第221—230页。

模的交流与往来①,可能是先商与东夷较长时期的共处或联盟关系在考古学上的反映。傅斯年在《夷夏东西说》②中把夷、商同归为东系,也是看到了文献中早期的夷、商在地理与文化上的相似性。这一时期与下七垣文化发生直接联系的主要是岳石文化的郝家庄类型与安邱堌堆类型,这说明,与商人结成联盟关系的应是位于海岱地区北部、西部及西南部的夷人③。文献记载的商汤代夏之后重用的伊尹及仲虺,正属于海岱西南部的夷人族群,可为上述观点之佐证。商人代夏初期,为巩固政权,原有的商夷联盟得以维系,这在中原地区的早商文化中有所体现。早商一、二期时期的岳石文化对周边地区的影响明显加强,如中原核心区有较多的岳石文化因素发现,常与下七垣文化、早商文化以及二里头文化交错分布或融合共存,对东北的辽东半岛、南方的江淮、宁镇一带的影响也均有所加强。

当商人覆夏并稳固政权之后,原有的以共同抵御夏王朝侵害④为基础的联盟,随着商、夷角色的转换而逐渐瓦解。早商三期(约当于大戊时期),商王朝对海岱地区的策略发生了重大转变,由浅层控制模式转向殖民模式⑤,商文化向海岱地区猛烈扩张,直接导致了岳石文化的结束。商文化东进的路线目前来看主要有三个:北线、中线与南线,其中北线和南线尤为重要。

北线首先在济水南岸的济南大辛庄建立了据点。这一据点的选择,可能主要出于三个方面的考虑:一是济南大辛庄位于夷人族群北部边缘地带而且邻近商人控制区,夷人力量较弱。二是该地及附近一带可能没有大的夷人族群居住(考古发现济南大辛庄商文化遗存直接位于生土层之上),容易建立据点;三是该地位于济水南岸,扼控东西交通要冲⑥,可顺济水而下深入夷人腹地,既有军事物资输送之便,还有运输夷人资源之利,如海盐、海贝等资源。

南线是邻近中原核心区的海岱西南部一带,选择这一地区,可能有两方面的考虑:一是加强防御和控制农业物资的考虑。这一地区邻近商文化中心区,夷人势力对王都能形成直接威胁;加上薛河沿岸农业生产环境优越,毗邻易守难攻的沂蒙山腹地,可以建立长期的根据地,以图长远⑦。二是控制泗水水道,进而确保江淮流域铜料的北上运输(即"金道")⑧。故而,随着商、夷矛盾的爆发,控制并加强这一带的防御力量是商王朝的当务之急。

---

① 方辉:《墓葬所见岳石文化与下七垣文化关系举例》,《中国历史文物》2010年第4期;赵海涛:《试论岳石文化与周围同时期文化的关系》,中国社会科学院研究生院硕士学位论文,2002年;张翠莲:《先商文化、岳石文化与夏家店下层文化关系考辨》,《文物季刊》1997年第2期。
② 傅斯年:《夷夏东西说》,《庆祝蔡元培先生六十五岁论文集》,中研院史语所,1933年。
③ 张锟:《东夷文化的考古学研究》,中国社会科学院研究生院博士学位论文,2010年,第167页。
④ 张国硕:《论夏末早商的商夷联盟》,《郑州大学学报》(哲学社会科学版)2002年第2期。
⑤ 张锟:《东夷文化的考古学研究》,中国社会科学院研究生院博士学位论文,2010年,第182页。
⑥ 方辉:《商王朝对东方的经略》,《海岱地区青铜时代考古》,山东大学出版社,2007年,第308—323页。
⑦ 方辉:《商王朝对东方的经略》,《海岱地区青铜时代考古》,山东大学出版社,2007年,第308—323页。
⑧ 刘莉、陈星灿:《中国早期国家的形成——从二里头和二里岗时期的中心和边缘之间的关系谈起》,《古代文明》(第1卷),文物出版社,2002年,第71—134页;孙亚冰:《商代的铜路》,《纪念殷墟YH127甲骨坑南京室内发掘70周年论文集》,文物出版社,2008年,第204—214页;高江涛:《泗水流域出土商代青铜礼器的历史地理考察》,《考古学集刊》(18),科学出版社,2010年,第287—297页。

早商时期的海岱地区还未发现明确为这一时期的铜容器,就此期的海岱地区而言,还属于岳石文化时期。但为中商时期商人青铜文化的东进做好了准备。

二、商代前期后段：约当于商王仲丁至小乙时期

这一时段海岱青铜文化格局的特点是商人青铜文化南北并进。《古本竹书纪年·殷纪》载："南庚更自庇,迁于奄。阳甲即位,居奄。"南庚迁都至奄(学者多认为在曲阜附近),已临近海岱东南部,需要清扫该地的夷人势力,以防范其对王都的威胁。故而,本期商文化迅速拓展至海岱东南部腹心地带,很可能与南庚迁奄有直接的关系。本期北线的东进力度较大,以济南大辛庄、长清前平等较大规模遗址为据点,向东已拓展至济阳和邹平一带,其意图是利用济水之便控制、运输海盐等战略物资①,并隔离济水南、北的东夷族群。至于济南大辛庄以西地区,已被商人完全控制,并与商王朝中心区连成一片。《今本竹书纪年·殷纪》载："祖乙之世,商道复兴,庙为中宗。"商王朝虽因九世之乱一度中衰,但至祖乙时又复兴盛,有实力也有必要向东方拓展。

三、殷墟一、二期：约当于武丁至祖甲时期

这一时段海岱青铜文化格局的特点是商人青铜文化在北线的继续东进以及对南线的巩固。此期商王朝国力强盛,与周边族群的军事战争十分频繁,《今本竹书纪年·殷纪》载武丁三十二年"伐鬼方,次于荆"、四十三年"王师灭大彭"、五十年"征豕韦,克之"、祖甲十二年"征西戎"。卜辞中记载的战争更多,其中关于征夷方的有"王叀尸征"(合集33112)、"今者王步伐尸"(合集6461正)、"王叀妇好令征尸"(合集6459)等,商王朝对东夷的战争此期十分频繁。由于对海岱东南部的控制已较为稳固,加上控制济水的重要性,本期商人的东进主要体现在北线,北线的商文化遗址因之大幅度增加。至殷墟二期时,因盘庚迁殷已久,商王朝对海岱南部的重视程度有所降低,加上这一时期商王朝对外战争频繁,已无力抵抗来自胶东半岛夷人势力南下的进攻,遂逐渐让出沂河以东地区。

四、殷墟三期：约当于廪辛至文丁时期

这一时段海岱青铜文化格局的特点是商人青铜文化的北转南进。本期北线的变化主要是商文化向东没有明显推进,但在泰沂山脉东北侧的青州苏埠屯一带建立了强大的据点。前期频繁的战争、祖甲时期的乱政,加上这一时段对西部、西北部等地的羌、土方、工方、召方等方国(族)的战争,国力逐渐衰微,致使商人无力继续东进,只是加强了对济水的控制力量(如济水桓台史家大型遗址)和对夷人族群的防御力量(青州苏埠屯大型遗址)。此外,由于商王朝在前期已完成对济水的完全控制,主要的战略目的已达成,其东进的欲望可能已不如早期强烈,这也可能是商王朝东进脚步变缓的原因之一。商人之所以

---

① 方辉：《商王朝对东方的经略》,《海岱地区青铜时代考古》,山东大学出版社,2007年,第308—323页。

选择青州苏埠屯作为据点,可能是因为青州苏埠屯位于泰沂山脉北麓平原和胶莱平原的夹角地带,是防守和进攻东、南两面夷人族群的战略要地。这是商人东进面临新的地理环境和新形势下所作出的选择。商王朝在南线有所伸张,再次越过沂水,推进到沭河西岸,可能是对前期夷方内侵并威胁商王朝东土安全的反攻。

五、殷墟四期至西周前期早段:约当于商帝乙至周康王时期

这一时段海岱青铜文化格局的特点是商、周青铜文化的继续东进。《后汉书·东夷列传》载:"武乙衰敝,东夷浸盛,遂分迁淮、岱,渐居中土。"在商王朝对西、北诸方发动战争之际,东夷族群逐渐内侵,至殷墟四期已重新占据了沂河东岸,威胁到商王朝东土甚至王畿地区,这是商王朝对东夷猛烈进攻的外因。而帝辛好大喜功,想攻克东夷,以完成历代商王都未能竟功的伟业①(《左传·昭公四年》载"商纣为黎之蒐,东夷叛之"),这是商王朝对东夷迅猛进攻的内因。此外,帝辛三十一年以前,周族对商王朝基本上是臣服状态(《今本竹书纪年·殷纪》载帝辛"三十年春三月,西伯率诸侯入贡"),商王朝西境及西北境诸方的内侵多由周族抵抗,这也是帝辛时期能展开对东夷大规模战争的重要原因。而帝辛早期商王朝的国力得到一定程度的恢复,也为大规模东征做好了物资准备和人力储备。从甲骨文(十祀、十五祀等征夷方卜辞)、金文(小臣艅尊、作册般甗②)中可以窥得商末对夷方的战争频繁、持久而且规模宏大,其中商王亲征就有多次。本期沂河西岸发现的众多高等级遗址,可能就是作为商王朝东进的据点而存在的。至于沂河东岸发现商文化遗址较少的原因,从"纣克东夷而陨其身"(《左传·昭公十一年》)之记载可见端倪,即商王朝占据沂沭河流域后很快灭亡,留下的遗存故而较少。

周人覆商后为巩固统治也无力向海岱东部和东南部进攻,基本维持着商代末期的局面。西周早期早段的海岱青铜文化格局与商末基本相同。

六、西周前期后段:约当于穆共时期

这一时段海岱青铜文化格局的特点是北线的迅速东进和南线的持续萎靡。周公践奄后,周人的统治才基本稳定下来,遂自北线对东夷展开猛烈进攻,之后又通过大规模的分

---

① 罗琨:《商代战争与军制》,中国社会科学出版社,2010年,第301页。
② 铭文:"王宜人方无敄。咸。王赏作册般贝,用作父己尊。来册。"(集成944)金文中的无敄还见于无敄鼎铭"无敄用乍父甲宝尊彝,举"(集成2432)、无敄簋铭"无敄用乍父乙宝尊彝"(集成3664)。不少学者认为无敄是夷方首领,举为其族徽。笔者认为这可能是不正确的,理由如下:一是从无敄鼎和无敄簋铭文可以看出,二者肯定不是同一人,而且也可能不同族,无敄只是常见人名。二是族徽只出现于商文化遗址的典型商式铜器上。海岱地区在费县发现的举族铜器的时代为商末,正值商末商人大规模进攻东夷的时期,当是商人无疑。另,小子𤔲簋铭:"癸巳,𤔲赏小子犀贝十朋,在上备,唯𤔲乍伐人方,𤔲宾贝,用作父丁尊彝,在十月四,举。"小臣缶方鼎铭:"王易小臣缶湡积五年,缶用乍㝬大子乙家祀尊。举父乙。"小子逢卣盖铭:"乙子,子令小子逢先以人于堇,子光逢贝二朋。子曰:贝,唯蔑女历。逢用乍母辛彝。在十月二,隹子曰:令望人方。举母辛。"这些铭文说明,举为商人大族,其首领常为王室官员,是征人方的重要力量。周波认为"'无敄'当是商周时期惯用的人名……也许可以考虑读作'无侮'。"(参见周波:《"侮"字归部及其相关问题考论》,《古籍研究》2008年第2期。)又《尚书·盘庚》载"汝无侮老成人",《诗经·大雅·皇矣》云"四方以无侮"。"无侮"一词商周时期惯用,常作为人名是可能的。因此,甗铭中的人方首领无敄与鼎、簋铭中的无敄可能不是一人,而且此"举"也不是人方无敄的族徽。

封,特别是把齐国封于北部淄河流域,使海岱东部迅速纳入周文化体系。本期周文化在南线的东进不甚明显,海岱东南部始终没有发现典型的周文化遗存,与北线势如破竹的东进态势形成鲜明对比。这一现象的形成可能有两个原因:一是本地一直是夷人的核心区,夷人势力最为强大,其地此时可能还有一部分未被收服的夷人力量;二是本地多南北走向的山川河流,东西交通不畅,对周王朝势力的东进及周文化的传播阻碍较大;三是对于周王朝而言,该地的重要性可能不及胶东半岛,不是东进的首要选择。

七、西周后期至春秋前期:约当于懿王至鲁僖公时期

　　这一时段海岱青铜文化格局的特点是周人青铜文化覆盖海岱全境以及海岱青铜文化的勃兴。本期周文化铜器已遍布海岱全境,海岱全境纳入了周人青铜文化体系。本期周人青铜文化迅速进入海岱东南部的原因,可能是因为残存的夷人力量被周人消灭或驱逐,受周王朝分封的夷人①进入并统治了该地区,从而带来了周人的青铜文化,如莒国国都自胶州迁至莒县一带。当然也可能是因为当地的夷人接受了周王朝的统治,并逐渐接受了周人的青铜文化。但由于历史、地理等原因,夷人原有的文化传统与周人存在较大差异,这些差异决定了夷人接受周人文化元素时可能会有一定程度的改造,表现在青铜器上就是一些新元素(器类组合、形制、纹饰等)开始出现,这些新元素对于覆盖海岱全境的周人青铜文化而言,在一定程度上是一种内部的分化。这种分化也是海岱青铜文化不同于以往的新格局的开端。分化局面的形成,除了上述原因外,还与周王室东迁后控制力衰微、区域文化开始勃兴有关,也与海岱各区不同的历史、文化传统以及国别、地理上的壁垒不无关系。

　　至于周人青铜文化遍布海岱全境的时间,可以从铜器铭文上得到一些启示。厉王时期的禹鼎铭文(集成2833)记载鄂侯驭方联合东夷、淮夷侵犯周之东国、南国之事,宗周钟铭文(集成260)也将东夷、南夷并称,说明至迟在厉王时期,东夷作为一支独立的力量还存于周之东国,即海岱东南部,但之后金文再不见"东夷"之名。宣王时期的师寰簋铭文(集成4313)记载师寰率齐师、纪、莱等征淮夷,说明海岱东部的齐、纪、莱与淮夷之间的海岱东南部已无夷人势力阻隔,从侧面反映了此地的东夷已被征服或南迁。这与西周晚期周文化铜器已进入海岱东南部相吻合。另据宣王五年的兮甲盘(集成10174)、宣王十八年的驹父盨盖(集成4464)等所载淮夷向周室纳贡、贸易之事,说明至迟在宣王时期周王朝对淮夷的战争已取得重大胜利。由此可以判断师寰簋所记对淮夷的战争可能早于宣王五年。也就是说,至迟在宣王五年,海岱东南部可能已经被周人青铜文化所覆盖。

---

　　①　之所以说是夷人而不是周人或殷遗民,是因为这一地区西周晚期至春秋时期的绝大多数铜器墓的葬俗与周人及商人墓葬明显不同,具有强烈的地方特点,如墓葬皆向东,大墓墓穴分为椁室和器物坑两部分等,这些都是东夷墓葬的典型特征,其墓主人可能都是东夷人。

八、春秋后期至战国前期：约当于鲁文公至鲁康公时期

这一时段海岱青铜文化格局的特点是本土青铜文化的繁荣与齐国青铜文化的伸张。此时海岱青铜文化的主体仍然是中原青铜文化，但本土因素迅速涌现，呈现出海岱青铜文化繁荣的局面，其内部的分化现象也得以延续。与此同时，随着齐国国势不断壮大，在政治上逐渐形成独霸海岱的局面，其青铜文化也逐渐强势影响海岱其他地区。此外，春秋晚期兴起的会盟、朝聘、联姻、人才流动、商业贸易等也加快了区域间的交流与融合。这些因素逐渐打破海岱各区之间旧的分野与壁垒，为各区之间物质、文化的交流与融合提供了便利，青铜文化面貌很快由分化转向趋同。至战国早期，齐国的青铜文化逐渐遍布海岱全境，遂形成齐国青铜文化基本统一海岱全境的局面。

九、战国后期：约当于鲁景公至公元前 221 年

这一时段海岱青铜文化格局的特点是海岱青铜文化与中原青铜文化的合流。在前期齐国青铜文化统一海岱全境的基础上，随着列国之间经济、文化的交流，人才流动、婚姻往来的日益频繁，列国之间的政治、文化、贸易壁垒逐渐被打破，海岱青铜文化与中原青铜文化的面貌也逐渐趋于一致，形成海岱青铜文化合流于中原青铜文化的局面。之后，随着秦、汉帝国统一局面的形成，海岱青铜文化最终融入了大一统的洪流之中。

小　结

岳石文化之后的海岱地区似乎重新退回到石器时代，在商、周王朝青铜文化分布区之外的夷人文化区基本没有发现铜器。因此，商周时期海岱青铜文化的格局与演进基本上是以商周王朝青铜文化的东进进程为主要特征，并于西周后期完全纳入王朝青铜文化体系之中。总的来看，夏商周时期海岱青铜文化的格局及演进情况大致可以分为三个阶段：史前至商代前期早段、商代前期后段至西周前期、西周后期至战国时期。海岱青铜文化的第一阶段基本属于较为单纯的山东龙山文化及岳石文化时期，处于青铜文化的萌芽和初期阶段，格局及演进情况尚不清晰。第二阶段是中原王朝青铜文化的东进。这一时期海岱青铜文化的格局随着中原王朝的东进进程而不断变化：北线的青铜文化格局以沿着济水两岸逐步东进为主要特征，其演进过程及特点比较清晰；中线与南线的青铜文化格局则随着中原王朝的国力、策略变化而不断变化，尤其是南线变化较为频繁，变化的界线多在沂、沭河之间，因资料所限，其格局与演进尚不十分清晰，大致来说，沂河以西地区自商代前期后段至晚期基本都被商人青铜文化所覆盖，沂河以东地区除商代前期后段商人青铜文化一度到达沭河东岸外，其余时间基本不见商人青铜文化遗存。除商代中期外，商、周两代对北线的重视程度基本上都远高于南线。第三阶段是海岱青铜文化的普及、勃兴及与中原青铜文化的合流，其格局随着海岱青铜文化内部的分化与整合而不断变化，其间包

含着本土元素的增减、海岱内部各文化区之间的交流与融合、海岱文化区和境外的交流与融合等。期间伴随着齐国青铜文化的不断壮大并最终完成对海岱青铜文化的统一。

　　影响海岱青铜文化格局和演进的因素有很多,归纳起来主要有两点。一是西部的中原王朝因素。中原王朝通常根据自身所面临的内外形势、统治需要以及国力的消长而不断调整政治、军事策略,进而对海岱地区产生影响,比如商王朝都城的迁移会直接影响其对海岱地区的战略部署,西周时期东都洛阳的设置也使周王朝对海岱地区的控制更为有力,文化的渗透也更快。二是海岱地区的自身因素。首先,海岱地区自身的历史传承以及与中原王朝的力量对比等,会对中原青铜文化进入海岱地区的进程带来影响;其次,海岱北部济水通海、中部多山的地理环境,决定了海岱内部各地存在一定差异的同时,还限定了中原王朝进入海岱地区的主要通道;再次,海岱东部沿海的海盐等资源十分丰富,而且海盐味道好于池盐,加上晋南池盐资源逐渐枯竭,海盐遂成为商、周王朝迫切需要控制的战略物资;最后,中原王朝统治者长居内陆,对大海或有天然的向往之心,而海岱东部的海域距中原最近,加上济水通海之便,也可能助长了中原王朝统治者东进的欲望。

　　需要注意的是,在中原王朝青铜文化漫长的东进过程中,商、周王朝与东夷族群对峙的同时,总有夷人族群不断加入王朝阵营,从而出现王朝文化因素与夷人文化因素融合、共存的现象,这在商代后期的济南大辛庄、青州苏埠屯等遗址出土的陶器上均有明确的反映,这一现象在淄、弥河流域尤为明显[1]。西周后期临沂一带富有地方特色的铜器也反映了这一现象。此外,令人费解的是,早在岳石文化时期海岱地区就已进入青铜时代初期阶段,但商代及西周时期的夷人聚居区却始终没有发现明确属于夷人的青铜器。

---

[1] 山东省文物考古研究所:《山东20世纪的考古发现和研究》,科学出版社,2005年,第332、344、346页。

第十章 海岱地区商周青铜器的族别与国别特征

《左传·昭公二十八年》："武王克商,光有天下。其兄弟之国者十有五人,姬姓之国者四十人。"《荀子·儒效》则说西周王朝"兼制天下,立七十一国,姬姓独居五十三人"。西周王朝究竟有多少封国,其实数已难稽考。清人顾栋高①、今人杨伯峻②、陈槃③等都作过十分细致的考证工作。逄振镐先生在前人研究的基础上,对海岱地区周代古国进行了详细论证,认为海岱地区的周封同姓国主要有鲁、滕、曹、郕、郲、极等17国;周封异姓国主要有齐、纪、逄、向、莒、邾、小邾、薛、郯、杞、鄫、鄋等24国;还有莱、谭、牟、鄣等6个不得姓之国;另有遂、郜等古国④。

由于海岱地区商周时期的国、族众多,若对各国、族铜器详细分析,需要很大篇幅,与本书主旨不谐,因此,本书仅对相对重要的国、族青铜器进行简要梳理,详细的研究工作将另辟专文进行。

在讨论之前,需要对一些远离列国(族)都城,且出于两国(族)或数国(族)交界地带的铜器的国别或族属进行分析和界定。

第一节 部分青铜器的族属与国别推断

一、墓葬族属区分度的理论探讨

（一）研究缘起

位于考古学文化边缘地带,尤其是处于两个以上考古学文化(或国族)交界地带的墓葬,其文化因素一般比较复杂,其归属也多有争议。这一类墓葬自新石器时代以来就大量存在,对研究考古学文化的分布、变迁等有重要意义,有必要对这类墓葬进行概念上的界

---

① [清]顾栋高辑,吴树平、李解民点校:《春秋大事表》,中华书局,1993年。
② 杨伯峻:《春秋左传注》(修订本),中华书局,1990年。
③ 陈槃:《春秋大事表列国爵姓及存灭表譔异》,中研院史语所,1969年;陈槃:《不见于春秋大事表之春秋方国稿》,上海古籍出版社,2009年。
④ 逄振镐:《东夷文化研究》,齐鲁书社,2007年,第516—518页。

定。以往有学者将这些地带称为"交互作用区"①"交汇地域"②"交界地带"③等。本书暂以"交界地带"来统称这些区域。那些出于各文化或国族交界地带、归属问题存在争议的铜器是本章探讨的对象。

由于难度较高,目前关于文化交界地带所出铜器的研究还较为薄弱,尚未有关于此类铜器的系统探讨,不少报告和简报的原有结论或推断难以使人信服,从而桎梏了诸多方面的进一步研究,有必要对其作系统的探讨。商周时期的海岱地区国族林立,其境内的交界地带遍及海岱地区,致使不少铜器的归属难以结论。笔者拟以包括铜器、陶器、葬俗等文化因素在内的墓葬资料为主要研究依据,参考文献资料,在前人研究的基础上,来探讨这些铜器的归属问题。

(二)墓葬族属区分度的理论探讨

鲁国故城内共存的甲、乙两组墓葬是探讨墓葬各要素族属区分度的绝佳资料。报告认为甲组墓为殷遗民或东夷土著墓,乙组墓为姬姓周人墓。这一点已得到普遍认可。笔者择取墓葬的形制、葬俗以及随葬品中最具代表性的陶器和铜容器等,来探讨墓葬族属的区分问题。

1. 鲁国故城甲组墓

(1)墓葬。形制:竖穴土坑,墓穴长度和宽度之比大于、等于和小于2的分别占64%、22%、14%,墓穴口、底大小基本相同,四面是熟土二层台。葬俗:头向绝大多数为200°左右,绝大多数为仰身直肢葬,37%有腰坑殉狗,随葬器物多置于头部棺椁之间和两侧。葬具:绝大多数为一椁一棺。

(2)铜容器。组合:以铜为核心,仅少量有鼎,没有簋、盨等传统的周式器物。形制:除铜以外的器物与中原基本相同。纹饰:春秋中期种类较多,没有主导纹饰,春秋晚期至战国早期以素面为主。

(3)陶器。组合:以鬲、簋、豆、罐为主,各为2件或4件的偶数,流行簋、豆等圈足器。形制:制作较为精细规整,如华盖壶、盖豆等。纹饰:鬲多饰绳纹,其余器物多素面,或饰旋纹(凹弦纹)、绳纹等;春秋晚期的华盖壶、盖豆等多饰精细的彩绘,部分纹饰似仿青铜纹饰。

2. 鲁国故城乙组墓

(1)墓葬。形制:竖穴土坑,墓穴长度和宽度之比大于、等于和小于2的各占三分之一,墓穴口、底大小基本相同,四面为熟土二层台。葬俗:头向绝大多数在0°—25°之间,为仰身直肢葬,无腰坑,随葬器物多放置在头、脚两端的棺椁间和二层台上。葬具:绝大多数为一椁一棺。

---

① 戴向明:《浅议考古学文化的"交互作用区"》,《中国文物报》1992年7月19日第3版。
② 宋豫秦:《夷夏商三种考古学文化交汇地域的发现及意义》,《中国文物报》1992年1月12日第3版。
③ 郭伟民:《关于考古学文化传统中心交界地带及新区域的思考》,《南方文物》1992年第3期。

(2) 铜容器。组合：以鼎、簋（盨）为核心。形制：出土的34件春秋早期铜容器中只有2件卵形壶与同期周式壶不同，其余器物基本为周式。纹饰：主要纹饰有横鳞纹、窃曲纹、垂鳞纹等，与中原同时期青铜纹饰基本一致。

3. 陶器。组合：春秋早期一般是鬲、罐、甗，春秋晚期至战国早期一般是釜、罐、甗，不见簋、豆、盂等圈足器。形制：陶器制作较为粗糙，鬲都带扉棱，与典型周人陶鬲相同；其他器物装饰较少。纹饰：绳纹最多，多见于鬲、釜上，旋纹其次，多施于罐上，波浪形、同心圆等暗纹和刻纹则多见于战国时期的壶上，纹饰总体上较为简单粗疏。

可以看出甲、乙两组墓有同有异。墓葬方面：甲、乙两组墓葬的形制、葬具以及葬式基本相同，族属区分度不高；而墓葬的头向、腰坑的有无、随葬品的摆放①等埋葬习俗则具有较高的族属区分度。特别是墓向，有学者认为，墓向的选择与氏族的共同信仰和心理习俗密切相关，是区别不同部落、不同国族的重要标志②。美国人类学家乔治·彼得·穆达克也曾指出，马来半岛的色曼人埋葬时头朝向日落的方向，爱斯基摩人死后头朝向大海，美国印第安人中的喀罗人死后，头朝向西方③。随葬器物方面：陶器的组合、形制、纹饰等皆有较高的区分度；铜容器的种类及组合也有一定的区分度，如甲组铜器墓组合的核心是铜，多数无鼎，而乙组周人墓青铜器组合的核心是鼎，且自始至终不随葬铜。由此观之，墓葬的诸多因素中，葬俗最为稳定，应作为判断墓葬族属的首要依据；其次是陶器以及铜容器组合；其余方面可作为判断墓葬族属的参考。这种不同族属共存一处的现象还存在于章丘宁家埠墓地、内蒙古毛庆沟墓地等。

二、海岱地区列国交界地带出土青铜器的族属与国别推断

商代晚期至西周初年海岱地区出土的青铜器绝大多数具有族氏徽铭，少数没有徽铭的铜器也多没有墓葬资料，仅凭铜器本身不能判断其归属。而春秋晚期以后齐国基本占据了海岱全境，族属国别不明的青铜器较少。故而笔者探讨的重点是西周早期至春秋前期海岱地区交界地带出土铜器的族属、国别问题。需要说明的是，此处所说的"族"是指族群，与前文提及的商代族氏徽铭之"族"常指家族不同。

（一）海岱东部出土铜器的国族

海岱地区西周铜器的归属尚不清楚的主要集中在东部地区，如龙口、蓬莱、莱阳、招远、荣成、威海等，其中龙口一带最为密集。

龙口归城曾出土过数批青铜器，可资判别铜器归属的主要如下。

---

① 本书第四章第二节对这一问题已进行过讨论。
② 王仁湘：《我国新石器时代墓葬方向研究》，《中国原始文化论集——纪念尹达八十诞辰》，文物出版社，1989年，第320—333页；李友谋：《裴李岗文化墓葬初步考察》，《中原文物》1987年第2期；张胜琳、张正明：《上古墓葬头向与民族关系》，《湖北省考古学会论文选集》（一），武汉大学学报编辑部，1987年，第186—198页；宋公文：《楚墓的头向与葬式》，《考古》1994年第9期。
③ 乔治·彼得·穆达克著，童恩正译：《我们当代的原始民族》，四川省民族研究所，1980年，第69页。

1951年南埠村出土的8件異器①,是異伯为女儿所作的媵器。时代为春秋早期。

20世纪50年代和平村南农民取土时挖出铜器30余件②,现仅见己侯鬲,铭"己侯□□姜□□子子孙孙永宝用",时代为西周晚期。根据残存铭文,其性质有两种可能:一是己侯为其女所作媵器,二是为其母或祖母所作祭器。然从己为姜姓来看,根据周代同姓基本不婚的规制,可能是前者。

1965年曹家村南挖水库时发现一座墓葬③,出土铜器8件。其中尊、卣分铭"作父辛宝尊彝""作宝尊彝"。从铜器及铭文上仅知其主人不是姬姓,不知其国属。时代为西周中期。

1969年小刘庄出土启尊、启卣、觯及卣盖④,有徽铭"戈箙",不知其国属。时代为西周早期后段。

1974年和平村出土2件甬钟⑤,有一可能为族氏徽铭的标记⛤。这一徽铭仅见此一例,不知其国属。时代为西周中晚期。

1980年龙口庄头墓出土2件簋,为芮公叔自作器,出土铜卣是小夫为其父所作之器,出土铜壶为能(熊)奚自作器。芮国驻地在陕西韩城一带,2件芮器当为外来之器。熊为楚姓,此熊可能即楚之熊,也可能是外来之器。小夫可能为官职名,没有国、姓,然最可能与此墓主人有直接关系。时代为西周中期。

1983年龙口中村镇徐家村出土鬲、簋各1件⑥,铜器的形制、纹饰与铭文无甚特色,看不出其族属。时代为西周中期。

1986年龙口东营周家村墓出土2件簋⑦,铭"作朕宝簋其万年永宝用,单"。作为族徽的"单"字发现较多,但海岱地区仅见此一例,而且是最晚的一例,其国属不明。时代为两周之际。

招远东曲城墓地破坏较严重,仅采集到8件铜器:鼎2、簋2、壶1、甗1、盆1、盘1⑧,时代约在西周中期至西周晚期。其中2件簋铭"齐仲作宝尊簋"。盘、壶、盆的形制基本不见于中原地区,而在西周晚期至春秋时期的海岱地区东部及东南部常见,可能是当地器物。此地已近山东半岛腹地,距临淄250多公里左右,若说此地属齐,恐不确。那么齐器在此地发现有两种可能:一是墓主人为齐仲,但可能是齐宫廷内乱被驱逐之人。在齐国历史上,内乱非常频繁,仅姜齐时期就有多次,因之而亡的国君有哀公、

---

① 王献唐:《黄县異器》,山东人民出版社,1960年。
② 李步青、林仙庭:《山东黄县归城遗址的调查与发掘》,《考古》1991年第10期。
③ 李步青、林仙庭:《山东黄县归城遗址的调查与发掘》,《考古》1991年第10期。
④ 李步青、王锡平:《建国来烟台地区出土商周铭文青铜器概述》,《胶东考古研究文集》,齐鲁书社,2004年,第344页。
⑤ 李步青、林仙庭:《山东黄县归城遗址的调查与发掘》,《考古》1991年第10期。
⑥ 李步青、王锡平:《建国来烟台地区出土商周铭文青铜器概述》,《胶东考古研究文集》,齐鲁书社,2004年,第344页。
⑦ 唐禄庭、姜国钧:《山东黄县东营周家村西周残墓清理简报》,《海岱考古》(第一辑),山东大学出版社,1989年,第314—319页。
⑧ 李步青、林仙庭、杨文玉:《山东招远出土西周青铜器》,《考古》1994年第4期。

厉公、襄公、懿公、庄公、悼公、简公等十一位。而每一次内乱后，几乎都有一些公子被逐或避难于外，如公孙无知杀襄公后，公子小白避难于莒，公子纠避难于鲁等。此墓主人齐仲也不排除是这种情况。二是墓主人为当地居民，齐器或来自战争掠夺或赗赙赠予。因墓葬毁尽，葬俗和陶器不可得见，其族属暂时无从判断。从本地因素较为浓厚的盘、壶及盆来看，笔者倾向于后者。

烟台上夼墓出土鼎2、壶1、匜1、钟1、铃1、戈2。其中一件鼎为䢼弟叟所作，另一件鼎为己华父所作，似可证䢼、己为一国。毓璜顶东坡的烟台二中在校园施工时出土1件西周时期的铜爵，在鋬手之内的腹壁上，铸有一个"己"字。莱阳前河前墓出土8件铜器，其中壶铭："己侯作眉寿壶，使小臣以汲，永宝用。"另一件有出土地点的西周中期的己侯铜钟于乾隆年间出于寿光纪侯台下。这四批己器的时代相去不远，但地点相距较远，笔者认为目前多数学者所认为的纪国都城在寿光的观点应是正确的。烟台上夼墓所出二鼎虽然可以基本确定为己国之器，但也不能断定其他的6件铜器皆属纪国，也不能断言此墓主人属己国。莱阳前河前墓所出铜器中仅有一件明确为己侯所作之器，这批铜器同理也不能确定是己国之器。烟台上夼墓、莱阳前河前墓及二中校园所出的己器都有可能为外来之器。而且即使以上二墓的墓主人为己国之人，也不能断论此地属己。其原因在于不能排除墓主人可能因为某种原因离开己国而迁于此地，这在两周时期是十分常见的。当然也不排除这些铜器是战争掠夺或赗赙而来的。

师寰簋铭"今余肇命汝率齐师、䢼、厘、莱、僰、夷……左右虎臣征淮夷"（集成4313），齐、䢼、莱并列文中，所以䢼、莱不大可能是一个国家。1896年龙口凤仪镇鲁家沟出土钟3、鼎2、甗1、觯1、壶1、盂1、盘1①。其中一鼎铭"莱伯作旅鼎"，另一鼎为旅鼎，文后有族氏徽铭 ▨，后一鼎徽铭多释作"莱"，然同出莱伯之莱与此徽铭之莱写法相差较大，不知何故。诸器年代在西周中期前段。庚壶记载有齐军围莱大捷赏赐之事，叔夷钟记载有齐灭莱后赐叔夷莱都、莱仆之事。《尚书·禹贡》："莱夷作牧，厥篚檿丝。"《左传·襄公六年》："十一月，齐侯灭莱。"可见在春秋晚期以前，莱国一直存在。山东半岛两周时期较有名望的国家主要是莱、己（纪），而且龙口归城也是目前山东半岛出土两周铜器最多、最为集中的城址。由龙口归城南埠村所出己伯为其女所作媵器及和平村所出己侯为其女所作媵器，基本可以断言归城不是己国聚居之地。但归城目前为止亦未出莱器。基本明确为莱器的有两批：一是1896年龙口凤仪镇鲁家沟出土的莱伯鼎和徽铭为莱的旅鼎，二是日照崮河崖出土的莱伯嫁女媵器。后者对于判断莱国居地用处不大。鲁家沟在归城东南约10公里处，相去不远，由此观之归城属莱在考古发现中并不是无迹可寻。也许，莱国王室墓地不在归城之内，而且尚未被发现或盗掘。

以上铜器群的出土地相去不远，大致位置为：归城东10公里处为石良镇庄头村，庄头村南略偏西约8公里为凤仪镇鲁家沟，庄头村南1公里为东营周家村，归城西略偏北10

---

① 王献唐：《黄县䢼器》，山东人民出版社，1960年。

公里处为中村镇徐家村。可以说,以归城为中心的10公里范围内是目前山东半岛青铜器出土最为集中的区域,此地也最可能属于莱国都城所在地。只是目前莱国王室的墓地尚未发现,致使其归属一直难以确论。

至于莱国的疆域,在前文已作过讨论,山东半岛大部分可能均属莱国。故而,龙口徐家村墓,荣成学福村墓,威海M1、M2所出的西周时期铜器以及栖霞吕家埠、蓬莱村里集、辛旺集、柳格庄等地出土的春秋时期铜器可能皆为莱国之器。而战国中期的威海M3所出铜器则属齐。

以上几座墓向明确的墓葬皆向东,皆为竖穴土坑墓,有熟土二层台,铜器等主要器物皆置于头端,其族属初步判断应相同。从铭文及文献可知,应为姜姓,与东夷颇近,其国别问题历来有争议。所出铜器在器物类别、形制、纹饰、铭文等特征上与中原铜器基本无异。铜器墓所出陶器与中原亦基本无异,如龙口东营周家村铜器墓M1所出鬲、豆、罐的组合、形制与中原基本无异。但部分墓葬所出陶器在组合、形制上与中原地区有一定差异,如归城曹家庄M2:1圈足束颈贯耳罐①、龙口东营周家村M2:51圈足双钮罐、M2:147素面陶鬲、M2:31束颈鼎,莱阳前河前墓所出陶盉等。在葬俗上,这些墓葬皆向东,铜器等主要随葬品皆放置在头前(多有器物箱),部分墓葬有腰坑殉人和砺石(如龙口东营周家村M2)。这些特征说明,墓葬的族属与姬周不同,部分铜器也有特色(如招远东曲城墓所出盘、壶、盆)等。但同时,在墓葬葬俗(竖穴土坑、熟土二层台、棺椁等)、器物形制(陶器尤其是铜器)上与中原地区相同或相近之处也颇多,这说明这些墓葬的族属虽与姬周不同,而且也有不少本土特色,但其所受姬周影响是较深的。

关于己、䄉、莱的争论一直比较热烈,王恩田先生认为己、䄉、莱为一国②,理由有四:"第一,两者均为姜姓,而且其领土都是西与齐国为邻,东至胶东半岛一带……同属姜姓而领土又相密合,知两者应属一国。""第二,在金文中己与厘(莱)还可通用,如传世的《己白钟》共五枚(代1.17—18),其中一、二、四枚器主虘与蔡姬说'追孝于己白',而第三枚却说'用作朕文考厘(莱)白'可证。""第三,烟台地区博物馆藏'己侯钟',铭作'纪侯作宝钟',另有一件'纪侯鬲'均为黄县归城出土。莱国都城出土己器,也可证两者为一国。""第四,齐灭莱后'迁莱于郳'(即今枣庄小邾国一带)……王献唐抄录……'䄉甫人匜'拓本题跋说:'光绪乙未峄县(今枣庄峄城区)出土,同出有大尊、大罍各一对,并四簋、三鬲、一破牺尊。除匜外,余皆无字。'"为己、莱一国重要论据。

实际上,可能并非如此,笔者在此逐一探讨王恩田先生立论的四个依据。第一个依据,可以看出并没有直接的证据,猜测成分居多。第二个依据,"己伯""厘伯",此外还常见已公、厘公等,这类词前基本都有文考、文祖等尊称,应属于谥名或美称,这在两周金文中比较常见。己伯、己公还见于兮仲钟(集成70)、大鼎(集成2808)、膳夫吉父盂(集成10321)、霍鼎(集成2413)、虘钟(集成89)等,厘伯、厘公还见于康鼎(集成2786)、应侯再

---

① 李步青、林仙庭:《山东黄县归城遗址的调查与发掘》,《考古》1991年第10期。
② 王恩田:《纪、䄉、莱为一国说》,《齐鲁学刊》1984年第1期。

簋(近出 485)、三年师兑簋(集成 4318)、觑仲钟(集成 36)。此外,《国语·鲁语上》载:"莒太子仆弑纪公,以其宝来奔。宣公使仆人以书命季文子曰:'夫莒太子不惮以吾故杀其君,而以其宝来,其爱我甚矣。'"此"纪公"是莒国被弑之国君的谥号或尊称。"己"在两周时期常作为谥号或尊称出现,再观己伯钟之"己伯"在铭文中的位置,"己伯"可能是尊称或美谥。故而,己、莱通用之说可能有误。第三个依据,归城所出己侯、異伯之器前文已作过探讨,多为媵器,两国媵器出于归城恰好说明,此地可能不属己、異,显然莱都出土己、異之器并不能成为己(異)、莱二国为一的证据。第四个依据,"迁莱于郳"本身就存在较大争议,異甫人匜作为孤例即使出于枣庄小邾国一带也不能证明莱国迁于此。再说己、莱二字无论音形都相去甚远,这一点实难圆通,而且师寰簋铭中異、莱同出,其并非一国的证据更为充分。因此,己、莱为一国之说只是建立在山东半岛目前发现的莱国之器罕见的基础上的推测,缺乏有力的直接证据。

(二)海岱南部出土铜器的国族

1. 滕州后荆沟铜器墓①

(1)葬俗。墓向 310°,随葬器物在墓主右侧。其余不明。

(2)青铜器。组合:鼎 2 鬲 2 簋 2 簠 2 盘 1 匜 1 罐 2,与春秋中晚期薛国故城墓相近,比鲁国故城 M48 多 2 鬲、2 罐,少 1 鼎。形制:鼎、簋、簠、匜与鲁国故城 M48 相近,为典型的周式器物;盘与枣庄东江小邾国墓地 M2、鲁国故城 M48 及沂源姑子坪 M1 出土的裸体人形三足盘相近;鬲为海岱东南部常见的夷式尖足鬲。纹饰:出土的 12 件铜容器中,窃曲纹 11 例、垂鳞纹 4 例、横鳞纹 3 例,窃曲纹比例极高。铭文:不嬰簋内底铭文 12 行 151 字,记不嬰随伯氏在征伐严狁中立有大功,获封赏后作簋以纪念先祖之事。

(3)陶器。无。

族属、国别推断。滕州后荆沟铜器墓破坏严重,其具体形制已不可知,观其墓向西北,与长清仙人台邿国墓地相同,铜器纹饰也是如此,但长清仙人台邿国墓地出土器物形制与此墓差别极大,且间隔面积颇大的鲁国与邿国,不可能属邿国。铜器组合与薛国相近,但薛国距此尚有滕国相隔,且墓葬形制、墓向、器物形制相差甚多,也不似薛国墓葬。小邾国墓向东,椁室南侧设器物箱,与此墓迥然不同;两地铜容器组合不同,器物形制、纹饰差别更大,因此此墓也不属小邾国。此地与曲阜鲁国故城间隔面积颇大的邿国,加上墓向不同,随葬器物的组合、纹饰也相差较大,而且出土的 2 件鬲是夷人特有之物,为鲁国故城所不见,不属鲁国当可断言。

目前一般认为今滕州市西南东、西滕城村一带是周代滕国的都城所在地。滕州后荆沟墓大约在滕城村东北 20 公里处,这也是目前不少学者认为后荆沟墓是滕国墓葬的主要

---

① 万树瀛:《滕县后荆沟出土不嬰簋等青铜器群》,《文物》1981 年第 9 期。

原因。笔者认为这一推论还有可商之处,分析如下。所出不娶簋,有学者联系不娶为秦庄公之名,认为不娶簋是秦庄公所作①。但秉着以考古资料本身说话的态度,笔者认为不娶簋是墓主人不娶为祭祀其祖父及姬姓祖母所作的祭器。自《左传》以来皆以姬姓称滕,滕为姬姓毋庸置疑。而不娶祖母为姬姓,依据先秦同姓不婚制度,不娶应不是姬姓。而且目前发现的滕国墓葬皆向北,且器物皆在墓主头前棺椁之间,在葬俗上也与后荆沟墓明显有别。《孟子·滕文公上》称滕国"绝长补短,将五十里",《谷梁传·宣公十五年》载"古者,三百步一里",《汉书·食货志上》说"古者建步立亩,六尺为步",周秦两汉的一尺约当于今天的 23 厘米②,古五十里约当于今天的 20 公里。考虑到滕国西部、南部到微山湖及薛国边境较为广阔,其东北部可能偏狭。是以,后荆沟墓葬或在滕国疆域之外,或在滕国东北部边境。王献唐把此地划为郳国,应有所据③。遗憾的是目前典型的郳国墓葬及其随葬器物情况尚不清楚,无法为笔者的推断提供确切的证据。所幸有传世的郳伯鬲,郳伯鬲与后荆沟墓出土的 2 件铜鬲形制、纹饰、尺寸几乎完全相同,皆属于海岱东南及南部地区最为流行的夷式尖足鬲,是夷人文化区的典型器物。而且其墓向为 310°,与邹城七家峪郳国墓葬(见下文)相同。

因此,笔者认为滕州后荆沟墓很可能属于郳国,在本书铭文一章中"世系源流"部分已作过讨论,其族属为东夷。这在婚姻、姓氏制度上也不相悖。从不娶簋铭文可以看出,不娶在攻伐严狁的战争中立过大功,受周文化影响较深,故而其随葬铜器具有较多的周文化特征。

另据李学勤先生《夏商周与山东》④一文揭示,滕州后荆沟出土不娶簋之后配器盖也有铭文,内容提及当地国君娶了周王之女。此国君或是郳国国君。不娶与此国君是何种直系关系不好断言,此王室女与不娶的关系也不易判断,但从墓葬规模及随葬器物来看,不娶当不是此国君,从不娶祖母为姬姓来看,不娶或为此国君之孙。此地可能是郳不娶之封邑。

另有学者认为不娶为郳其,是郳国之人,与 1954 年出于峄城的郳伯罍⑤之郳伯皆为战国前期郳国北迁之前的下邳之人⑥。把不娶释为郳其,有一定道理。然考虑到不娶簋所叙伐严狁之事发生在宣王前后,为西周晚期之器,而且滕州后荆沟墓所出其他铜器也皆为这一时期,此墓主人应为西周晚期或两周之际之人。而此时郳国尚在江苏下邳县境,于梁惠王三十一年才北迁至薛地。郳伯罍或是郳国北迁所携之器,但不娶簋当不在此列,不娶也应不是郳国之人。前文已述及不娶的祖母为姬姓,不娶当不是姬姓。《左传·昭公元

---

① 李学勤:《不娶簋与秦早期历史》,《新出青铜器研究》,文物出版社,1990 年,第 272—274 页;陈泽:《秦公簋铭文考释与器主及作器时代的推定》,《秦西垂文化论集》,文物出版社,2005 年,第 538—543 页。
② 赵晓军:《中国古代度量衡制度研究》,中国科学技术大学博士学位论文,2007 年,第 50—54 页。
③ 王献唐:《春秋郳分三国考·三郳疆邑图考》,齐鲁书社,1982 年。
④ 李学勤:《夏商周与山东》,《烟台大学学报》(哲学社会科学版)2002 年第 3 期。
⑤ 王献唐:《郳伯罍考》,《考古学报》1963 年第 2 期。
⑥ 孙敬明:《郳其簋再现及相关问题》,《西周文明论集》,朝华出版社,2003 年,第 132—135 页。

年》载"商有姓邳,盖仲虺之裔为乱者,国灭,武王复封其后于邳,为薛侯"。《说文》云"邳,奚仲之后,汤左相仲虺所封,国在鲁薛县"。邳可能与薛同为妊(任)姓。若是,笔者推测,不嬰或为邳其,其先祖可能为邳国国君,后投奔于邾,成为邾国之邳氏。

当然,后荆沟墓距滕国故城较近,属滕之异姓氏族的可能性也不能完全排除,支持此观点的证据有传世滕之丕忏剑(集成11608,春秋时期),此剑主人为滕国丕氏名忏者。此剑说明滕国其时有丕氏族人栖息。

总而言之,后荆沟墓葬的归属犹如河中之沙,其确切的本源已颇难追寻。

2. 邹县七家峪铜器①

(1)墓葬。墓葬已破坏殆尽,头东足西,具体角度不明。墓葬形制不明,仅知坑壁涂朱,铜器在墓坑南侧。

(2)铜器。组合:鼎6 鬲5 簋4 罍2 盘1 匜1 穿带壶1。此组合与其他几组组合不同,与小邾国M2相近,但后者无穿带壶,且鼎、鬲的数量不同。形制:出土的附耳鼎极为少见;匜是目前较早的封口流匜,是目前海岱南部发现的最早的一件;鬲、簋、罍、盘为周式;穿带壶(小罐)与沂水李家坡以及虢国上村岭M1705出土的相似;纹饰:16件器物中,横鳞纹8例、窃曲纹7例、夔龙纹4例,与鲁国故城M48相近。

(3)陶器。无。

族属、国别推断。七家峪墓葬文化因素十分复杂,与周边青铜文化皆有相近之处,又有较为明显的差异。随葬器物规格较高,且出土的盘和鬲铭"伯驷父作姬沧媵盘,子孙永宝用",根据在附近搜集的鲁宰驷父盘,可知驷父为鲁国贵族,此二器是为其女嫁入此地而作的媵器。此墓主人可能是鲁女姬沧。但观其墓葬及随葬器物,鲁文化之外的因素较多,如墓向东、墓壁涂朱等与鲁国乙组墓迥异。关于两周女子嫁入他国后的葬俗从属问题,容专文探讨,此不赘述。

《春秋·哀公二年》:"王二月,季孙斯、叔孙州仇、仲孙何忌帅师伐邾,取漷东田及沂西田。"可知,漷水大体是鲁、邾两国的边界。王青先生在分析漷水(今南沙河)附近的遗址和墓葬后认为:"漷水以北地区应是鲁文化的主要分布范围。"②《左传·文公十三年》载"邾文公卜迁于绎",邾国在文公十三年迁于今绎山之南。至于邾国迁于绎之前的都城所在,王献唐先生认为是訾娄③,今峄山东北约15公里处;郭克煜先生认为在今峄山之北④。两地距今天的七家峪都不远,此地距鲁国故城、滕国故城、薛国故城及小邾国故城都在30公里以上,此地在春秋早期属邾国应无疑。此墓向东与小邾国墓相同,组合也相近,加上目前学术界多认为小邾国是在西周晚期由邾国分离而来,是以,笔者倾向于此墓葬属邾国,但与滕州后荆沟又有区别,可能由二者族属有别所致。

---

① 王轩:《山东邹县七家峪村出土的西周铜器》,《考古》1965年第11期。
② 王青:《海岱地区周代墓葬研究》,山东大学出版社,2002年,第164页。
③ 王献唐:《三邾疆邑图考》,齐鲁书社,1982年,第40、42页。
④ 郭克煜:《邾国历史略说》,《东夷古国史研究》(第一辑),三秦出版社,1988年,第244—258页。

鲁国贵族之女远嫁此处说明春秋早期鲁、邾之间除频繁的交战之外,也有联姻和交好、妥协的一面。

3. 新泰郭家泉墓地①及新汶凤凰泉墓地②

(1) 墓葬。新泰郭家泉墓地共发掘东周墓 21 座,年代自春秋中期至战国晚期,情况如下。形制:多竖穴土坑墓,无二层台,口底面积基本相同,有壁龛的 2 座。葬俗:墓向 90°左右,墓室填含沙的青膏泥;有 2 座墓底铺黄沙;器物放在椁外的 7 座,放在棺下和棺椁间的 6 座,放在壁龛上的 2 座;兵器和其他器物多在棺椁间;无腰坑。葬具:均为单棺单椁,分三种:垫木悬棺 12 具、长方形棺 5 具、独木棺 1 具。

(2) 铜器。仅出土 1 件铆,口沿下饰一周夔龙纹,为当时常见的式样。

(3) 陶器。组合:以鬲、盂、豆、罐为主要组合。海岱北部齐文化区墓葬以鬲、钵、豆、罐为主;鲁国故城甲组墓多见鬲、簋、豆、罐,有盂的仅 4 座。此处不见华盖簋等,有彩绘。

族属、国别推断。本墓地向东,与小邾国相似;施青膏泥与海岱东部海阳嘴子前、海岱东南沂水刘家店子等相似;悬棺、独木棺、壁龛与长清仙人台邿国墓地相似;器物放在棺下与鲁国故城甲组墓 M116 相同;随葬铜铆与鲁国故城甲组墓相同;陶器组合、形制与海岱南部、海岱北部有同有异;陶器纹饰有彩绘与鲁国故城甲组墓相近。此墓地文化因素较为复杂,其葬俗与鲁国故城甲组墓和仙人台邿国墓较为相近,其随葬铜器与鲁国故城甲组墓相同。考虑到此地距仙人台较远,而距鲁国故城稍近,故其族属可能与鲁国故城甲组墓最为相近,但与仙人台邿国墓地也可能有联系。

据《水经注·洙水》及《元和郡县志》记载,新泰在晋武帝之前称平阳。《左传·宣公八年》:"城平阳。"杜预注:"今泰山有平阳县。"鲁宣公时期此处为鲁国平阳邑。凤凰泉墓地在新泰市东南 11 公里处,距鲁国都城更近,春秋时期当属鲁国。

新汶凤凰泉墓地距郭家泉墓地 5 公里,墓葬的形制、葬俗、随葬器物制度、棺椁制度及墓室内填青膏泥的情况与郭家泉均相同或相近,两处墓地当属同一族属。有一墓葬的棺用五根草绳缠绕,与临沂凤凰岭东周大墓用锡链缠棺的做法相似,其间是否有联系尚需进一步考察。凤凰泉墓地处于曲阜鲁国故城和郭家泉墓地之间,其国别也应属鲁国。

(三) 海岱中部出土铜器的国族

临朐泉头甲、乙二墓③

(1) 葬俗。根据 M 甲南 1 米的一座残墓,知墓向南。随葬器物在头部,自东而西依次为:鼎、鬲、盘、匜、铆。

(2) 铜器。组合:以鼎、鬲、盘、匜为主,M 甲有铆,M 乙有簋、壶。形制:铆的形制较

---

① 山东大学历史系考古专业、山东省新泰市文化局:《山东新泰郭家泉东周墓》,《考古学报》1989 年第 4 期。
② 泰安地区文物局、新汶县文教局:《山东新汶县凤凰泉东周墓发掘简报》,《考古》1983 年第 11 期。
③ 临朐县文化馆、潍坊地区文物管理委员会:《山东临朐发现齐、郭、曾诸国铜器》,《文物》1983 年第 12 期。

为原始,仅在海岱东部、东南部有少量出土,是典型的夷式器物;鼎足根部有扉棱,饰兽面纹,与沂源姑子坪 M1、沂水刘家店子 M1 出土铜鼎相近,春秋时期海岱东南一带较为常见;其余器物是中原地区的常见形制。纹饰:窃曲纹、横鳞纹最多,是两周之际的典型特征。铭文:比较复杂,M 甲:9 为齐侯子行自作匜;M 乙:1 是上曾太子祭祀父母之鼎;M 乙:4、M 乙:5 是齐趫父为孟姬所作之鬲;M 乙:6、M 乙:7 是郭仲嫁女所作媵器盘和匜。

(3) 陶器。无。

孙敬明等先生认为齐侯子行即齐庄公赎[①],曹定云[②]、王恩田[③]等先生认为齐侯子行就是 M 乙铭文中的齐趫父。简报作者及王恩田先生认为二墓是齐趫父夫妻合葬墓。至于上曾太子鼎,王恩田先生认为可能是齐趫父伐鄂、豫间曾国时的战利品[④],张昌平先生根据此鼎形制及铭文特点,也认为属湖北曾国之器[⑤],颇为可信。李学勤先生则认为乙墓是上曾太子墓[⑥]。诸位先生各有所据,莫衷一是。笔者认为此器来自湖北之曾应是正确的。

族属、国别推断。目前来看,根据铭文很难判断墓葬的族属及国别,需要综合墓葬的各方面因素及周边的典型墓葬进行分析。高青陈庄诸墓以及临淄河崖头 M5(齐景公墓)是典型的姜齐高级贵族墓葬,其墓向北[⑦],墓葬的口与底基本同大,二层台或有或无。而泉头村墓葬为南北向,口大底小,没有二层台。两地墓葬在葬俗上较为相近,而且泉头二墓的墓向也可能向北,墓向有一半的概率相同,两地墓葬的族属可能相同。此地北距齐国故城约 60 公里,应在齐国疆域之内,因此,此二墓属于齐趫父夫妇墓的可能性很大。有学者认为在鲁庄公元年(公元前 693 年)齐灭纪以前此地可能属纪[⑧],认为此二墓是纪国被齐所灭之前的墓葬。但观此二墓与海岱地区东部发现的典型纪国墓葬如莱阳前河前墓、烟台上夼墓等在墓向、随葬品的摆放等葬俗方面有较大差异,泉头二墓属于纪国墓葬的可能性不大。

(四) 海岱东南部出土铜器的国族

1. 莒县西大庄墓[⑨]

(1) 葬俗。墓向为 20°,器物主要在北部、西部二层台和墓室东部。

(2) 铜器。组合:鼎、甗、鬲、簠、铺、壶、盘、匜。3 件鼎形制、纹饰相同,大小相次,4

---

① 孙敬明、何琳仪、黄锡全:《山东临朐新出铜器铭文考释及有关问题》,《文物》1983 年第 12 期。
② 曹定云:《山东临朐泉头村周代铜器铭文研究——兼论"齐侯子行"非"齐侯"》,《史海侦迹——庆祝孟世凯先生七十寿文集》,香港新世纪出版社,2006 年,第 57—68 页。
③ 王恩田:《上曾太子鼎的国别及其相关问题》,《江汉考古》1995 年第 2 期。
④ 王恩田:《上曾太子鼎的国别及其相关问题》,《江汉考古》1995 年第 2 期。
⑤ 张昌平:《曾国青铜器研究》,文物出版社,2009 年。
⑥ 李学勤:《试论山东新出青铜器的意义》,《文物》1983 年第 12 期。
⑦ 山东省文物考古研究所:《山东高青县陈庄西周遗址》,《考古》2010 年第 8 期。
⑧ 王恩田:《上曾太子鼎的国别及其相关问题》,《江汉考古》1995 年第 2 期。
⑨ 莒县博物馆:《山东莒县西大庄西周墓葬》,《考古》1999 年第 7 期。

件簋形制、纹饰相同,属中原流行的鼎簋之制,仅鼎、簋的数量略有出入。形制:鼎、甗、簋、壶、盘、匜皆为两周之际中原流行的形制;鬲为夷式尖足鬲,鉶为单耳,则是海岱东南部特色器物;出土的山字形器、人面首大刀也极富特色。纹饰:14件铜容器中,1件素面,横鳞纹11例、垂鳞纹7例、瓦纹4例,具有典型的中原两周之际的纹饰特征。铭文:甗铭"齐侯作宝□□□……子子孙孙永宝用"。

(3) 陶器。无。

族属、国别推断。莒县西大庄墓是海岱东南一带发现的较早的周代铜器墓,时代为两周之际。根据墓葬地望,所出夷式鬲、单耳鉶以及山字形器、人面首大刀等器物判断,此墓的族属似为东夷。但观其墓向北,不设器物箱而是把器物放在二层台上,铜器以周式为主等,又与春秋早期的沂源姑子坪墓及春秋中期的刘家店子M1、莒南大店墓等海岱东南典型夷人墓截然不同。《春秋左传正义》引《世族谱》云:"莒,嬴姓,少昊之后,周武王封兹於期于莒,初都计。"其迁徙时间,多认为是西周晚期。目前主计在今胶州西南者居多,西大庄距此地的直线距离超过100公里,西周晚期此地恐不属莒。因此,简报认为此墓是莒国墓葬恐有武断之嫌,其族属也很可能不属东夷。此墓唯一有铭文的铜器为齐侯所作之器,而且墓向等葬俗方面也与高青陈庄诸墓相同或相近①,属齐墓的可能性较大。墓主人可能是驻守于此或避难于此的齐人,当然,齐侯之器也不排除赠赠之可能。

2. 沂源姑子坪墓②

(1) 葬俗。其墓向东,与沂水刘家店子诸墓、莒南大店诸墓、临沂凤凰岭大墓等典型的夷人墓葬相同;腰坑殉狗与莒南大店M2、临沂凤凰岭大墓、栖霞杏家庄墓、栖霞吕家埠墓等相同;椁室与器物箱由熟土隔梁相隔的做法与临沂凤凰岭大墓、沂水刘家店子墓、莒南大店墓、长清仙人台邿国墓、枣庄东江小邾国墓等相同或相近,都是东夷文化的传统葬俗。

(2) 铜器。组合:鼎、簋、簠、方彝(卣)、罍、壶。推行了周人重视的鼎簋制度,但酒器较多与同期其他地区墓葬大不相同,似乎保留了东夷人的尚酒传统。形制:方彝(卣)极富特色,为仅见;裸人三足盘与鲁国故城M48、枣庄东江小邾国M2、滕州后荆沟墓等所出相似;鼎足饰兽面的做法与临朐泉头墓、沂水刘家店子墓相似;其余为中原常见形制。纹饰:窃曲纹、横鳞纹比例较大,与同时期鲁国故城乙组周人铜器相近,铜方彝(卣)上的半月形垂幛纹、叶脉纹等为其他地区所不见,而与岳石文化陶器上的几何纹饰非常相近③。

(3) 陶器。组合:鬲、簋(盆、盂)、豆、罐,多为偶数。与鲁国故城甲组墓、新泰郭家泉墓地、沂水东河北墓、临沂凤凰岭大墓、临沂中洽沟M1等相同或相近。形制:鸡冠耳簋、瘪裆鬲等具有浓郁的东夷传统文化特色;M2所出的尖足鬲是典型的夷文化器物。纹饰:多有黑色陶衣,可能是龙山文化、岳石文化的孑遗;饰凹弦纹和绳纹的做法则较

---

① 山东省文物考古研究所:《山东高青县陈庄西周遗址》,《考古》2010年第8期。
② 山东大学考古系、淄博市文物局等:《山东沂源县姑子坪周代墓葬》,《考古》2003年第1期。
③ 任相宏:《山东沂源县姑子坪周代遗存相关问题探讨》,《考古》2003年第1期。

为常见。

族属、国别推断。墓葬的时代为西周晚期至春秋早期。姑子坪墓葬保留了较多的东夷传统文化因素,有学者认为属莱夷①,但考察海岱东部可能与莱夷有关的墓葬,如莱阳前河前墓地,蓬莱柳格庄墓地、辛旺集墓地、村里集墓地,栖霞吕家埠墓地等多无器物箱,有器物箱的也是设头箱而不设边箱,与此墓地明显有别,陶器组合也有较大差异。而其诸多方面都与海岱东南一带的墓葬相近,其族属应最为接近。简报认为其葬俗与随葬品所反映的文化倾向都具有莒文化特征,但此地距西周晚期的莒都计甚远,恐不在莒国疆域之内。因此,莱夷之说似难成立,属莒之说也难周全,不排除是另一古老东夷国墓葬之可能。朱凤瀚先生也注意到这一点,遂把其国族归为待定②。

3. 临沂中洽沟墓③

(1) 葬俗。墓向东,随葬品多在墓室北部,腰坑殉狗。

(2) 铜器。组合:鼎、匜形鼎、鬲、盘。形制:鼎除蹄足较弯曲外与中原同时期常见鼎相似;匜形鼎在沂水李家庄墓、枣庄东江 M3 等也有发现;鬲为尖足夷式鬲;盘为中原常见的形制。纹饰:M1 出土的 6 件器物中,弦纹 5 例,窃曲纹、旋纹各 4 例,斜角云纹、云雷纹、蟠龙纹各 1 例,与中原同时期纹饰有同有异。

(3) 陶器。组合:鬲、罐、豆。形制:皆为本区特色器物,其他地区少见或不见。纹饰:除少量素面外,皆为绳纹。

族属、国别推断。从随葬器物来看临沂中洽沟墓兼有中原和本地特征,但地域特色比较浓厚,当与此地处于海岱东南腹地,与中原文化交流相对较少有关。有学者倾向于把此墓归为莒国墓葬④,还有商榷的余地。临沂中洽沟 M1 在凤凰岭墓地南约 10 公里处,北距郯国故城(今郯古城村)约 20 公里,而东北距莒国故城则超过 100 公里,考虑到临沂中洽沟墓在春秋早期或两周之际,此时的莒国自胶州一带迁来不久,还未如春秋中后期强盛,此地在当时可能属郯国。临沂中洽沟墓与凤凰岭大墓的陶器组合皆为鬲、罐、豆,陶器纹饰也多为绳纹,两墓相同之处多于莒南大店墓。目前一般认为凤凰岭大墓是郯国墓葬,而且距临沂中洽沟最近的古国就是郯国,是以,中洽沟墓葬笔者暂时倾向属于郯国,族属为夷人。

4. 沂水东河北墓⑤

(1) 墓葬。形制:长方形竖穴土坑,口底比例不明,长、宽比值为 1.3。葬俗:墓南北向,椁外施膏泥;随葬品在墓葬东南角。葬具:有棺。

(2) 铜器。组合:鼎 1 鬲 1 铜 1。形制:鼎为撇耳鼎,双立耳外撇明显,敞口,深腹,圜底,蹄形柱足,与芮城 M1 出土鼎相近,但后者鼎耳仅微撇;铜为单耳,属较早形态;鬲为 B

---

① 任相宏:《山东沂源县姑子坪周代遗存相关问题探讨》,《考古》2003 年第 1 期。
② 朱凤瀚:《中国青铜器综论》,上海古籍出版社,2009 年,第 1708 页。
③ 临沂市博物馆:《山东临沂中洽沟发现三座周墓》,《考古》1987 年第 8 期。
④ 朱凤瀚:《中国青铜器综论》,上海古籍出版社,2009 年,第 1703 页。
⑤ 马玺伦:《山东沂水发现一座西周墓葬》,《考古》1986 年第 8 期。

型。纹饰：夔龙纹、云纹、垂叶象鼻纹、旋纹各1例。

（3）陶器。组合：鬲1豆2罐5。形制：与曲阜鲁国故城甲组墓相近。纹饰：弦纹和粗绳纹。

此墓南北向，与典型莒国墓葬不同，但观其鼎、鬲、单耳铺的形制知其接受了夷人传统。此地距莒国都城不是太远，在春秋早期可能属莒，此墓葬可能属莒国境内的非夷人国家。也不排除是其他国家墓葬的可能。

5. 沂水李家坡墓①

（1）墓葬。情况不明。

（2）铜器。组合：鼎1鬲1盘1罍1剑1。形制：鼎为折沿，立耳，弧腹，圜底，三蹄足；口沿下饰有夔龙纹及一道弦纹，一耳饰有横鳞纹，属春秋早期常见的AaⅠ式圆鼎。铺为单耳，属较早形态。鬲为B型，侈口，束颈，折肩，腹微鼓，分裆，足尖呈柱状；肩部饰有五组斜云纹。盘为直口，浅腹，附耳，圈足；双耳外饰横鳞纹，腹部饰窃曲纹和一道弦纹，圈足饰套云纹。罍，口残，鼓腹，平底；器身素面，腹部附有两个环耳。

（3）陶器。无。

可以看出，鼎、鬲、铺为本区特色器物，余多为中原铜器特征。此地与沂水东河北墓一样，可能属莒，但墓葬破坏殆尽，族属不好判断。

6. 临沂凤凰岭墓②

（1）墓葬。形制：长方形竖穴土坑，口大底小，呈斗形，长宽比值为1.2。葬俗：头向东，近方形墓室分南北两部分，一为椁室，一为器物坑，底部皆用白膏泥夯打，厚40厘米；殉人14，腰坑殉狗，器物多有打破现象。葬具：一椁一棺，棺上绕三根锡链。

（2）铜器。组合：被盗。仅余器物坑及殉人的随葬器物，包括鼎10（6件列鼎）盆1敦（报告为簋）3簠2甗1铺2盘1壶1镳1。形制：所出铜器可分为两类，一类是中原型，如立耳蹄足鼎、甗、铺、壶、镳、盘在海岱其他地区都有发现，立耳蹄足鼎时代较早，与齐国故城M1出土鼎相近，甗与鲁国故城M48甗相似，铺、镳与鲁国故城M115、M2出土铺、镳相近，壶与沂水刘家店子出土壶相似，盘与招远东曲城、长清仙人台M5、河南辉县琉璃阁乙墓出土盘③相似。另一类是地方型，如平盖浅腹矮粗蹄足鼎以及平盖圆腹贯耳壶皆与沂水刘家店子所出同类器相近，平盖子母口敦及簠则具有明显的楚文化风格。此外，凤凰岭墓墓室所出的6件附耳鼎的形制、大小皆相同，与中原大小相次的列鼎明显不同，这种组合方式与上述沂水刘家店子M2及海岱北部相同。从形制上来说，本地与域外的交流要多于莒南大店墓地。纹饰：蟠虺纹、兽面纹、三角雷纹较多。蟠虺纹、三角雷纹与中原同时期纹饰特征相似，但兽面纹等表现出强烈的地域特色，与莒南大店相似。

---

① 孔繁刚：《山东沂水县出土一批青铜器》，《考古与文物》1992年第2期。
② 山东省兖石铁路文物考古工作队：《临沂凤凰岭东周墓》，齐鲁书社，1987年。
③ 河南博物院、台北历史博物馆：《辉县琉璃阁甲乙二墓》，大象出版社，2003年。

(3) 陶器。组合：鬲 8 罐 9 豆 9。形制：陶器中豆皆长柄，有侈口和直口两种，侈口豆与临沂中洽沟豆基本相同，仅柄稍高，时代稍晚。器盖为圈状捉手，多与莒南大店 M2 所出陶器相近。鬲圆肩，宽联裆，是本地早期陶鬲的延续。罐侈口，鼓肩，腹壁斜下收，富有地方特色，为其他地区所不见。纹饰：多饰绳纹。

从墓葬形制、葬俗来看，与莒南大店有颇多相似之处：口大底小、墓室分两部分、墓向东、墓室近方形、较多殉人等。也有不同之处：墓内用白膏泥夯打，不是悬棺，棺上绕三根锡链等。但同明显大于异，其族属应相近或相同。从铜器上看，与莒南大店有一定差别，陶器上也是如此。报告称其为鄅国墓葬，此为重要依据。

鄅国是因被邾国侵袭才见于经传的。《左传·昭公十八年》："六月，鄅人藉稻。邾人袭鄅，鄅人将闭门。邾人羊罗摄其首焉，遂入之，尽俘以归。鄅子曰：'余无归矣。'从帑于邾，邾庄公反鄅夫人，而舍其女。"《左传·昭公十九年》："鄅夫人，宋向戌之女也，故向宁请师。二月，宋公伐邾，围虫。三月，取之，乃尽归鄅俘。"此后无闻。

《汉书·地理志》：东海"开阳，故鄅国。"《水经注·沂水》："沂水又南迳开阳县故城东，县故鄅国也。"《中国古今地名大词典》："开阳县，春秋时鄅国，后改名启阳，属鲁，汉置县，避景帝讳，改名开阳……故城在今山东临沂县北十五里。"鄅国故城遗址位于临沂市南坊街道鄅古城村，于 1992 年公布为省级文物保护单位。《春秋·哀公三年》："季孙斯、叔孙州仇帅师城启阳。"如无误，至迟于哀公三年鄅国已不存，并为鲁国城邑。凤凰岭墓地位于今临沂城东约 20 公里的凤凰岭乡王家黑墩村东，距鄅古城村直线距离约 13 公里，从距离上看此地可能属鄅国。由于该墓及其出土器物与莒国也有不少相近之处，故而，朱凤瀚先生把其国族归为待定[①]。鄅为小国，此墓距国都较远，是否为国君墓葬尚需商榷。1966 年俄庄区花园村出土 16 件青铜器，因出土器物没有具体报道，具体形制不明。观其出土地点距鄅国故城约 10 公里，可能也是鄅国器物。

小结

不同国族或文化交界地带所出铜器的族属、国别推断是一个复杂的系统工程，不但需要对出土铜器墓葬的各个要素进行综合、细致的分析，理清其在族属区分上的主次关系，还需要熟悉周边地区的同期墓葬情况，此外，还要掌握相关的文献资料。鉴于葬俗的稳定性，当葬俗资料较为丰富、完整时，应以葬俗作为判断边缘墓葬族属的首要依据，其他因素可作参考，然后结合相关文献记载，来作出判断。

本书关于墓葬各要素族属区分度的理论探讨尚不够深入，一些结论还有商榷的空间，相信随着考古工作的不断深入和理论研究的不断成熟，这些墓葬的归属问题会不断得以解决。以上墓葬只是新石器时代以来众多边缘墓葬中的沧海一粟，关于边缘墓葬的研究任重而道远，需要更多的研究者关注这一领域。

[①] 朱凤瀚：《中国青铜器综论》，上海古籍出版社，2009 年，第 1708 页。

附：沂水纪王崮大墓的国别探讨

山东沂水纪王崮春秋大墓①发现于 2012 年 1 月，共有墓葬两座，其中二号墓为空墓②，本书探讨的是一号墓（下文简称 M1）。该墓报道后，引起了学界的广泛关注，并入选 2013 年度全国十大考古新发现。由于该墓距离已知的列国都城均较远，给其国别的判断带来较大困扰，不少学者曾对该墓的国别等问题发表过意见，但多为直观推测，尚未有系统的分析，其结论也莫衷一是。本书依据现有资料，结合相关研究成果，试就该墓的国别等问题探讨如下。

一、墓主国别之谜

"崮"为四周陡峭、山顶较平的山，是沂蒙山区常见的一种地貌。纪王崮号称"沂蒙七十二崮之首"，海拔 577.2 米，崮顶面积约 0.45 平方公里。纪王崮 M1 位于崮顶南部"擂鼓台"的北部③。

康熙十一年黄炉登主修的《沂水县志》云："纪王崮，在县西北八十里，巅平阔，可容万人，相传纪侯去国居此。"这个传说在当地民间比较流行。任相宏先生认为，如果这些记载和民间传说成立的话，那么纪王崮大墓极有可能就是纪国国君或是其夫人之墓④。然观此墓形制、葬俗以及出土器物与沂水刘家店子 M1⑤和临沂凤凰岭东周大墓⑥有颇多近似之处，具有较多的莒文化特征。但墓中仅有的两件有铭之器邛（江）伯之孙鉴和华孟子鼎既不属于莒国也不属于纪国。此外，纪王崮距莒国故城（今莒县县城一带）较远，直线距离约 50 公里，莒国疆域能否覆盖此地也有疑问。多种因素共存致使该墓的归属存在较大争议。

华孟子鼎铸铭 5 行 27 字："华孟子作中叚氏妇中子媵宝鼎，其眉寿万年无疆，子=孙=保用享。"⑦铭文中的"孟"字应是排行，按照两周金文惯例，排行前一般是国氏名，而姓则一般置于排行之后，极少见到姓在排行之前的情况，如"毛叔媵彪氏孟姬宝盘"（集成 10145）、辅伯匡父作豊孟妘媵鼎（集成 2546）等。是以，鼎铭第一个字应释为国氏"华"而非古姓"芈"。方辉先生结合传世文献和金文也认为该字是"华"字而非"芈"字⑧。小邾国墓地曾出土两件邾庆为其夫人华妊所作的铜鬲、两件华妊自作铜鬲⑨，这说明当时有华

---

① 山东省文物考古研究所、临沂市文物考古队等：《山东沂水纪王崮春秋墓》，《考古》2013 年第 7 期。
② 吕凯、尹纪亮、郝导华：《山东沂水纪王崮二号墓发掘取得重要收获》，《中国文物报》2014 年 1 月 31 日第 8 版。
③ 山东省文物考古研究所、临沂市文化广电新闻出版局等：《沂水纪王崮春秋墓出土文物集萃》，文物出版社，2016 年，第 12 页。
④ 参见赵晓林：《纪王崮古墓墓主人或为纪侯夫人中子》，《济南日报》2012 年 8 月 27 日第 A05 版。
⑤ 山东省文物考古研究所、沂水县文物管理站：《山东沂水刘家店子春秋墓发掘简报》，《文物》1984 年第 9 期。
⑥ 山东省兖石铁路文物考古工作队：《临沂凤凰岭东周墓》，齐鲁书社，1987 年，第 4—25 页。
⑦ 郝导华、邱波、张子晓等：《山东沂水纪王崮发现大型春秋墓葬》，《中国文物报》2012 年 10 月 12 日第 8 版。
⑧ 方辉：《华孟子鼎铭小议》，《中国文物报》2012 年 9 月 14 日第 6 版。
⑨ 赵友文主编：《小邾国遗珍》，中国文史出版社，2006 年，第 106—110 页。

国(氏)存在,且其聚居地可能就在鲁南一带。

江伯之孙鉴,以往的报道及简报皆依据其自名称之为盂①,然观其肩部外鼓微折,是典型的鉴之形制,而盂皆直腹无肩,且盂在春秋晚期已基本消失,而其时鉴的发展正值鼎盛,故应定名为鉴。铜鉴铸铭7行38字:"唯王正月初吉丁亥,邛(江)伯厚之孙繄君季㝬,自作濫(鉴)盂,用祀用飨,其眉寿无疆,子=孙=永宝是尚。"依据文献记载,目前多认为古江国的都城是位于河南正阳县东南、淮水北岸大林乡涂店村的商周古城址②,距沂水纪王崮有千里之遥。《左传·文公四年》云"秋,楚人灭江",时值公元前623年,而此墓的埋葬年代在公元前560年前后(见后文分析),二者相距约60年。江伯之孙在灭国后即使有逃到纪王崮附近之可能,但也没有能力建造如此高规格、高难度的墓葬。因此,江伯之孙不是此墓主人似可定论。

目前,对于纪王崮M1墓主人及其国别主要有三种推测:一、墓主为当地人传说中的纪王或其夫人,以任相宏、邱波③等先生为代表;二、墓主是莒国人甚至是国君,以罗勋章、张学海、郑同修、苏兆庆等先生为代表④;三、墓主是华孟子的女婿"中叚氏",以王恩田⑤、郝导华⑥等先生为代表。以上三种观点都依据地域及文献记载排除了此墓属江国之可能。此外,由于人骨朽没,墓主人的性别也未能确定。

二、墓葬概况与国别推断

通检山东地区已公布的东周墓葬资料,纪王崮M1的形制、葬俗及其出土器物与沂水刘家店子M1⑦最为接近,部分器物的形制与临沂凤凰岭东周大墓也有相似之处。山东地区东周时期的其余墓葬皆与纪王崮M1有较大差异,故而,笔者主要将纪王崮M1与刘家店子M1进行比较,兼及凤凰岭东周大墓。

(一)沂水纪王崮M1概况

1. 墓葬形制与布局(图八七;图八八,1)。该墓为带一条墓道的长方形岩坑竖穴墓,由墓室、墓道、车马坑三部分组成;墓室与车马坑共凿于一个南北长约39米、东西宽约13.5米、深约2.2米的岩坑之中,南部为墓室,北部为车马坑;双椁双棺,内椁南北两侧各有一个器物箱,南器物箱内有大量铜容器和7件陶罐,北器物箱有大量铜乐器、容器、兵器、杂器以及石磬等。

2. 葬俗。墓向116°;在棺内及墓主人骨架周围铺有一层厚约6厘米的朱砂,骨架朽

---

① 山东省文物考古研究所、临沂市文物考古队等:《山东沂水县纪王崮春秋墓》,《考古》2013年第7期。
② 徐少华:《江国铜器及其历史地理考辨》,《中原文物》1994年第3期。
③ 任相宏、邱波:《山东沂水天上王城出土芈孟子鼎、繄君季㝬盂铭考略》,《中国文物报》2012年8月17日第6版。
④ 参见卞文超、刘凯思、张中:《纪王崮春秋古墓主人猜想》,《大众日报》2012年5月15日第11版。
⑤ 参见徐维欣:《崮顶"春秋古墓"无数不解谜团》,《文汇报》2012年5月2日第3版。
⑥ 郝导华、邱波、张子晓等:《山东沂水纪王崮发现大型春秋墓葬》,《中国文物报》2012年10月12日第8版。
⑦ 山东省文物考古研究所、沂水县文物管理站:《山东沂水刘家店子春秋墓发掘简报》,《文物》1984年第9期。

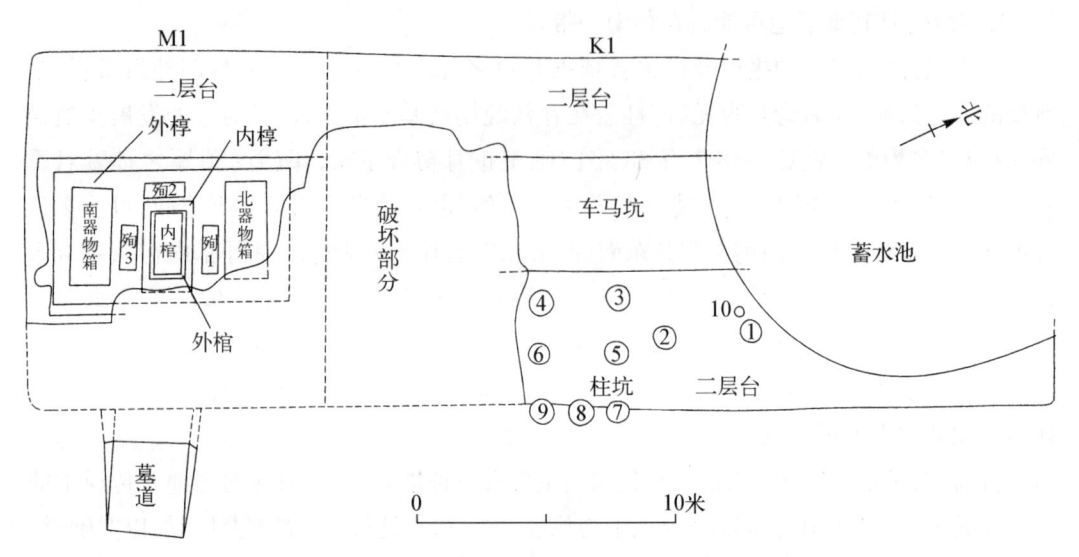

[图八七 沂水纪王崮M1、K1平面示意图]

没,葬式不清;内椁下有殉犬一只,内椁的北、西、南三面各有1个殉人,殉人均有木棺。

3. 器物组合。鼎14(列鼎2套:一套7件、一套5件,镬鼎2件)、甗1、鬲8、铺7、敦4、豆1、罍8、壶1、铏5、盘2、匜1、鉴1、编钟18(甬钟、钮钟各9件)、编镈4、錞于2、钲1、编磬10、剑2、戈4、钜1、矛1、镦1、镞若干、斧、凿若干、车马器若干、玉器若干、陶罐7。

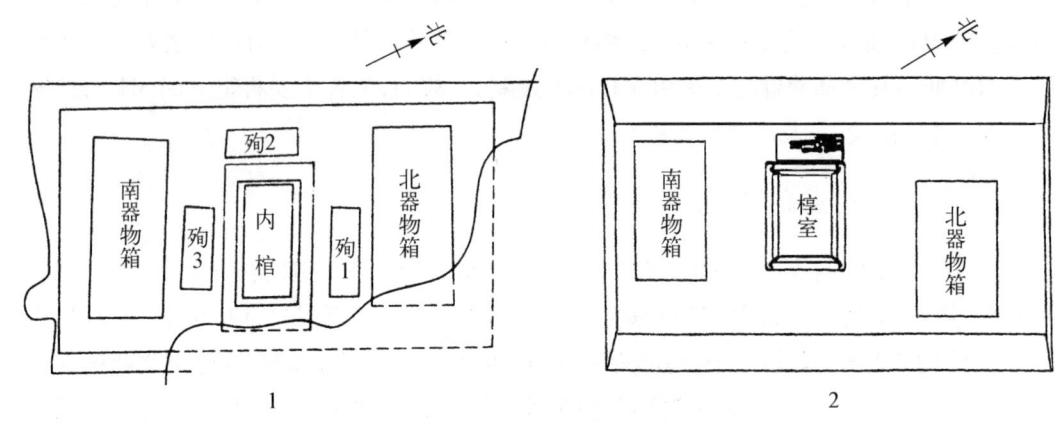

[图八八 沂水纪王崮M1及刘家店子M1墓室平面示意图
1. 沂水纪王崮M1墓室平面示意图 2. 沂水刘家店子M1墓室平面示意图]

(二)沂水刘家店子M1概况

1. 墓葬形制与布局(图八八,2)。长方形竖穴土坑,口大底小,墓口12.8×8米,墓底8.5×5.8米;西侧20米处为大型车马坑;无墓道;二椁一棺,外椁较小;外椁南北两侧各有一个器物箱,南器物箱内主要是铜容器,北器物箱内主要是乐器、兵器、杂器等。

2. 葬俗。墓向109°,椁室与器物箱外施膏泥,殉人近40,与之并列可能为其夫人墓葬的 M2 有腰坑殉狗。

3. 器物组合。鼎 16（列鼎 11 件）、甗 1、鬲 9、铺 7、盂 1、罐 1、罍 4、盆 2、壶 7、瓿 2、铍 2、盘 1、匜 1、甬钟 19（2 套）、钮钟 9、编镈 6、錞于 2、钲 1、剑 5、戈 3、镞、镦若干，杂器 31，车马器若干，石磬一组，玉器若干，陶罐 13。

（三）二墓对比情况

1. 墓葬形制与布局。不同之处：前者建于岗顶，凿岩为穴，车马坑与墓室同穴，有墓道；后者建于高台之上，掘土为穴，墓室面积略小，车马坑在墓室西侧 20 米处，无墓道；开凿难度前者大于后者。相同之处：竖穴，口大底小，墓室南北较长，室内布局相同，棺椁在中间，南北各有一个器物箱，这是莒文化区高级贵族墓独有的特征，不见于其他文化区。

2. 葬俗。不同之处：前者棺内有大量朱砂，后者无。相同之处：头向东，有殉人（前者较少，后者较多），腰坑殉狗。

3. 器物组合。纪王崮 M1 出土铜容器 53 件、乐器 34 件，刘家店子 M1 出土铜容器 54 件、乐器 38 件，在数量上较为接近。不同之处：前者列鼎两套，有敦、豆，无盆；后者列鼎一套但数量较多，有盆，无敦、豆；甬钟、镈钟、陶器等数量也不尽相同。相同之处：容器、乐器的数量及组合都大致相同，组合核心都是鼎、鬲、铺、编钟、编镈、石磬，陶器仅有陶罐。器物组合的不同，特别是器类上的差异，可能主要是由二墓时代不同所致。

4. 器物形制（图八九、图九〇）。相同之处：二墓所出青铜鼎、鬲、铍、錞于、钮钟、镈、钲等形制基本相同。不同之处：纪王崮 M1 所出铜鼎以附耳为主，刘家店子 M1 以立耳为主；前者所出铜盘为蹄足，后者所出铜盘为圈足；前者所出铜壶为曲颈瓠形，后者所出铜壶为直颈、鼓腹、圈足，这些差异显然也主要是由时代不同所引起的自然演变。

5. 其他方面。前者 2 号车内出土鼎、鬲、敦、镞等铜器，后者在车马坑中部发现了鼎、鬲、盆、扁壶、戈、镞等铜器。

总的来看，二墓同中有异，其中同是主流。二墓相同之处主要集中在墓室布局、葬俗和器物的类别与形制上；不同之处主要集中在部分器物的类别和形制上，而这些不同多是由时代差异所致。由于莒文化区高规格墓葬在椁室两侧普遍设有宽大的器物箱（库），而且器物箱与椁室之间多有殉人间隔，故墓室多呈南北较宽而东西相对较狭的格局。这种墓室格局是莒文化区高规格墓葬独有的特征，不见于其他文化区。此外，墓葬东向，有殉人、殉狗，以鼎、夷式鬲（即袋足鼓肩鬲，见图八九，2；图九〇，2）、铺为核心组合等，这些特征也都主要发现于春秋时期的莒文化墓葬之中。可以看出纪王崮 M1 几乎具备莒文化墓葬的所有特征。一般情况下，由于葬俗具有较高的稳定性，应作为判断墓葬族属的主要依据[1]。从这一点来看，可以断定纪王崮 M1 属于莒文化墓葬。鉴于春秋时期莒文化区内莒国势力独大，其他国家可能都没有能力在高山之巅营造出如此高规格的墓葬，因此，纪王

---

[1] 王巍：《考古学文化及其相关问题探讨》，《考古》2014 年第 12 期；毕经纬：《边缘墓葬族属、国别研究——以山东东周墓为例》，《考古与文物》2011 年第 4 期。

崮 M1 应是莒国国君或国君夫人之墓。

《左传·庄公四年》云："纪侯大去其国，违齐难也。"纪国国祚至此而断，时值公元前 690 年，比纪王崮 M1 的埋葬年代早约近百年。目前发现的可能为纪国墓葬的主要有烟台上夼墓①、莱阳前河前墓②以及临朐泉头甲、乙墓③。依据铜器铭文，烟台上夼墓墓主可能为纪侯之弟，莱阳前河前墓墓主可能为纪国之小臣，而临朐泉头二墓尚不能确定为纪国贵族墓葬。因此，可资比较的只有烟台上夼墓和莱阳前河前墓。但二墓的年代皆在西周晚期，比纪王崮 M1 早近 100 多年，而且二墓规模较小且均遭破坏，与纪王崮 M1 比较的意义已微乎其微。现将二墓特征简述于后，供读者参考：二墓皆为长方形竖穴土坑墓，无墓道，皆向东，墓室东西较长，无殉人，器物置于头前。

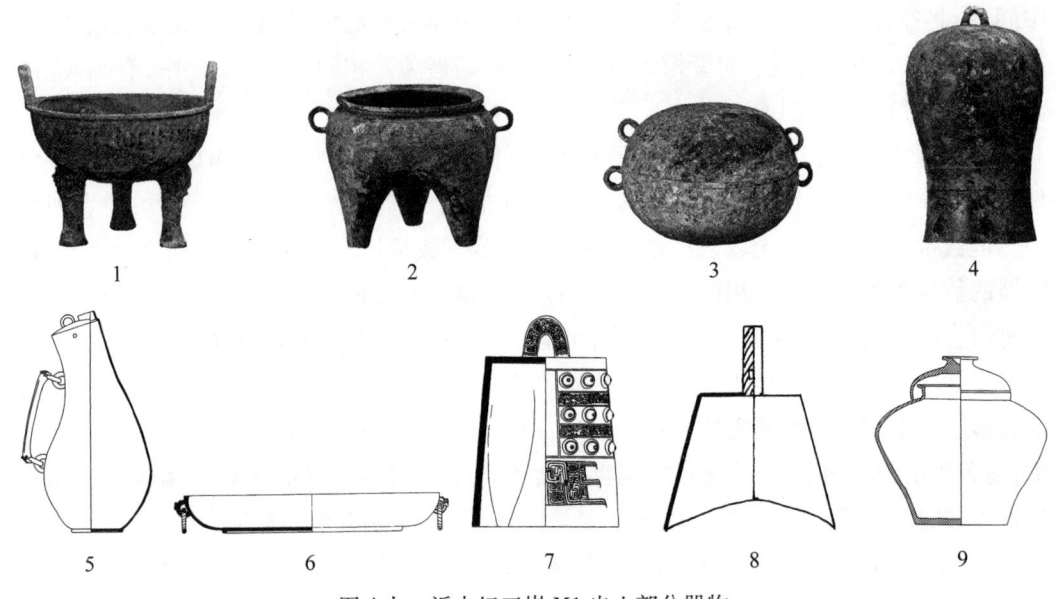

图八九　沂水纪王崮 M1 出土部分器物
1. 铜鼎　2. 铜鬲　3. 铜敦　4. 铜錞于　5. 铜瓠壶　6. 铜盘　7. 铜镈　8. 铜钲　9. 陶罐

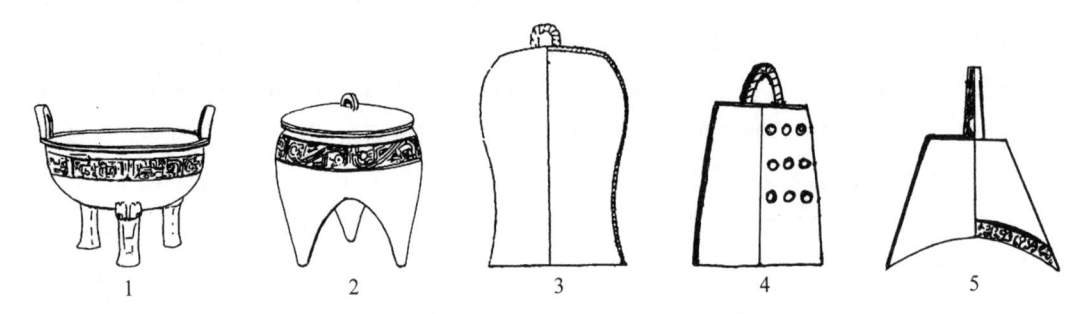

图九〇　沂水刘家店子 M1 出土部分器物
1. 铜鼎　2. 铜鬲　3. 铜錞于　4. 铜镈　5. 铜钲

---

① 山东省烟台地区文物管理委员会：《烟台市上夼村出土曩国铜器》，《考古》1983 年第 4 期。
② 李步青：《山东莱阳县出土己国铜器》，《文物》1983 年第 12 期。
③ 临朐县文化馆、潍坊地区文物管理委员会：《山东临朐发现齐、郯、曾诸国铜器》，《文物》1983 年第 12 期。

三、其他相关问题

(一) 墓葬年代与墓葬主人

从器物组合与形制来看,纪王崮 M1 与刘家店子 M1 有较多的共性,年代应相近。同时,纪王崮 M1 出土的铜容器中有敦、豆、鉴等春秋中晚期之际方始流行的器物,而且随葬多套列鼎的做法也自春秋后期才开始流行。此外,列鼎形制多为附耳,铜盘为蹄足,也说明其时代较晚。这些特点显示此墓的年代比春秋中期后段的刘家店子 M1[①] 略晚。纪王崮 M1 出土的极为少见的平顶敦以及镈、环钮浅腹盘、带盖陶罐等还见于春秋晚期早段的临沂凤凰岭东周大墓(图九一,2、3、4),较为少见的瓠形壶与春秋晚期的莒大叔瓠壶[②]形制相同(图九一,1)。这说明该墓年代与凤凰岭大墓相去不远。综合来看,此墓的年代介于刘家店子 M1 与凤凰岭东周大墓之间,与刘家店子 M1 尤为接近,即春秋中期后段至春秋中晚期之际(约公元前 620—前 580 年之间)。发掘简报所定年代为春秋晚期,略微偏晚。《春秋·庄公四年》载:"三月,纪伯姬卒。"又云:"夏……纪侯大去其国。"两件事皆发生在公元前 690 年,即春秋早期后段。纪王崮 M1 的埋葬年代距"纪侯大去其国"近百年,不可能是纪侯之墓。即使纪侯后裔有流落此地之可能,但也不可能有如此雄厚的国力营造难度与规格如此之高的墓葬。而认为墓主为纪伯姬(衣冠冢)或叔姬的观点[③]更是忽略了其间近百年的时差。

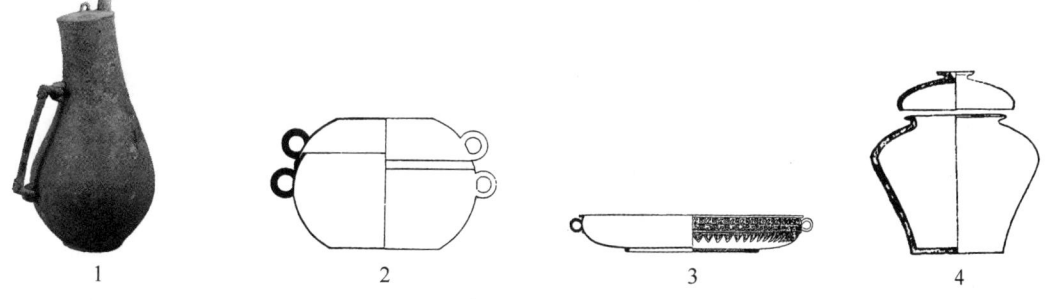

图九一 莒大叔瓠壶及临沂凤凰岭东周大墓出土部分器物
1. 莒大叔瓠壶 2. 铜敦 3. 铜盘 4. 陶罐

《左传·文公十八年》载:"莒纪公生大子仆,又生季佗,爱季佗而黜仆,且多行无礼于国。仆因国人以弑纪公,以其宝玉来奔,纳诸宣公。"后季佗继位,是为莒厉公。鲁文公十八年为公元前 609 年,正处于纪王崮 M1 的年代范围,故而,莒纪公很可能是纪王崮之"纪王"之由来。莒纪公因立季佗黜仆而遭弑,季佗即位后必然为纪公举行隆重葬礼,这也是纪王崮 M1 规格极高的原因所在。

---

① 毕经纬:《海岱地区商周青铜器研究》,陕西师范大学博士学位论文,2013 年,第 126、135 页。
② 中国青铜器全集编辑委员会:《中国青铜器全集》(第 9 卷),文物出版社,1997 年,图版第 79 页。
③ 赵晓林:《纪王崮古墓墓主人或为纪侯夫人中子》,《济南日报》2012 年 8 月 27 日第 A05 版。

纪王崮 M1 出土铜剑 2、戈 4、钜 1、矛 1、镞 100 件左右。据研究①,山东地区春秋中期以后的男性铜器墓基本都有兵器随葬,女性墓中除长清仙人台 M5② 仅随葬了一件铜戈外,余皆未见有兵器随葬。因而,该墓主人应为男性,这也与墓主为莒纪公不矛盾。故而,纪王崮 M1 应是莒纪公之墓,而 M2 则可能是为其夫人准备的墓葬。

(二)何以葬远郊

至于纪王崮 M1 距莒国都城较远的问题,笔者有以下解释。

1. 莒国国君及高级贵族葬于莒国都城之外是常例,如沂水刘家店子 M1、莒南大店 M1③ 等,距都城约 40 公里,只是纪王崮 M1 距都城更远一些。

2. 莒国在春秋中期后段至晚期前段较为强盛,西北疆域广阔。据《左传》记载,春秋中期后段至晚期前段,莒国曾多次征伐鲁国东境,鲁国因忙于与晋、齐等大国周旋,几无还手之力,其时莒国的疆域在西北部有较大扩展。纪王崮位于沂水县西北约 40 公里处,M1 的埋葬年代约在公元前 609 年。这与莒国国力强盛、向外扩张较剧的年代相合,其时的纪王崮在莒国境内应没有问题。但之后,晋国内耗加剧,无暇外顾,齐、鲁二国对莒用兵渐多,加上莒国内乱,莒国国力由盛转衰,军事上由攻转守,西、北疆域也逐渐内收,莒国渐渐失去对纪王崮一带的掌控,该地也不再适合作为莒国国君或其夫人的埋身之所。这也可能是纪王崮 M2 未完工的原因所在。

第二节 商代青铜器的族别特征

海岱地区商代的族群众多,笔者择取出土铜器相对较多的七个族氏徽铭进行简要分析。

一、冀族铜器

(一)铜器概况。据统计,铭徽识"冀"的铜器至少已发现 168 件④,另有 40 余件为"冀"族复合族徽或其变体⑤,合计已超过 210 件。出土地点参见本书第六章第三节。其中费县、长清小屯(王玉庄)、安阳刘家庄、房山琉璃河四地较为可能是冀族居住地。从时间上来看,长清小屯 8 器约在殷墟三期,北京拣选铜器与安阳刘家庄 6 器约在殷墟四期或商末,房山琉璃河 2 器约在西周康王时期。其间可能有先后迁徙关系。本书只探讨海岱地区出土的 129 件冀器。

---

① 毕经纬:《海岱地区商周青铜器研究》,陕西师范大学博士学位论文,2013 年,第 345—346 页。
② 山东大学历史文化学院考古系:《长清仙人台五号墓发掘简报》,《文物》1998 年第 9 期。
③ 山东省博物馆、临沂地区文物组等:《莒南大店春秋时期莒殉人墓》,《考古学报》1978 年第 3 期。
④ 何景成:《商周青铜器族氏铭文研究》,吉林大学博士学位论文,2005 年,第 42 页。
⑤ 王长丰:《殷周金文族徽整理与研究》,郑州大学博士学位论文,2006 年,第 222—224 页。

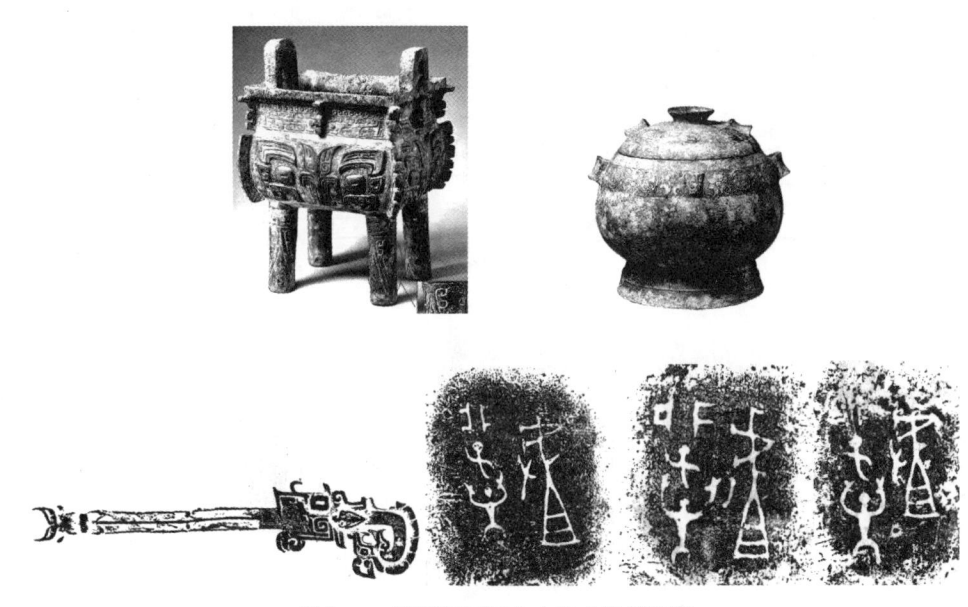

（二）器类与组合。海岱地区的巽族铜器在类别上与中原地区基本相同。有两处集中出土巽族铜器：长清小屯和费县。长清小屯有铜容器16件（圆鼎2、爵5、觚3、觯3、卣2、斗1）及兵器58件、工具11件、车马器14件。因出土时器物散失，后追缴收回，器物组合不完整。此外，山东博物馆收集长清铜器5件：方鼎2、豆1、卣1、罍1，由于两批铜器铭文基本相同，可能出于同一墓地甚至同一墓葬。从组合上看，器物可能不完整，可能还缺少铜尊等器物。传费县出土的铜器有28件：方鼎2、圆鼎2、甗1、簋1、豆1、爵2、觚2、觯1、角1、斝1、尊1、卣3、罍1、盉1、盘1、勺1、刀1、戈2、斗1、残鼎1。从容器上看，器物组合应基本完整。从两组铜器的组合来看，均以酒器为核心，辅以一定数量的食器和少量水器。与中原同时期的铜器组合相同。

图九二　长清兴复河小屯出土巽族铜器

（三）形制。除长清小屯出土的巽方鼎、贯耳簋、龙纹曲柄斗（30号）以及费县（北京拣选）出土的一件方卣较为少见外，其他都是中原同时期常见的形制（图九二、九三）。

（四）纹饰。除长清小屯出土的巽方鼎腹部兽面纹以及龙纹曲柄斗（30号）之柄尾龙纹较为少见外，其余与中原同期纹饰基本无别（图九二）。

（五）铭文。字形书体与中原无异。大部分铜器铭有徽识"巽"。另外，北京拣选铜器中的11例徽铭皆为巽、虘组合，是探讨复合族徽问题的重要实例。

二、史族铜器

（一）铜器概况。有学者统计[①]，目前有"史"字徽识的铜器已发现100余件，另有

---

① 参见何景成：《商周青铜器族氏铭文研究》，吉林大学博士学位论文，2005年，第83—86页；曹艳芳：《山东出土商代青铜器研究》，山东大学博士学位论文，2006年，第146—147页。

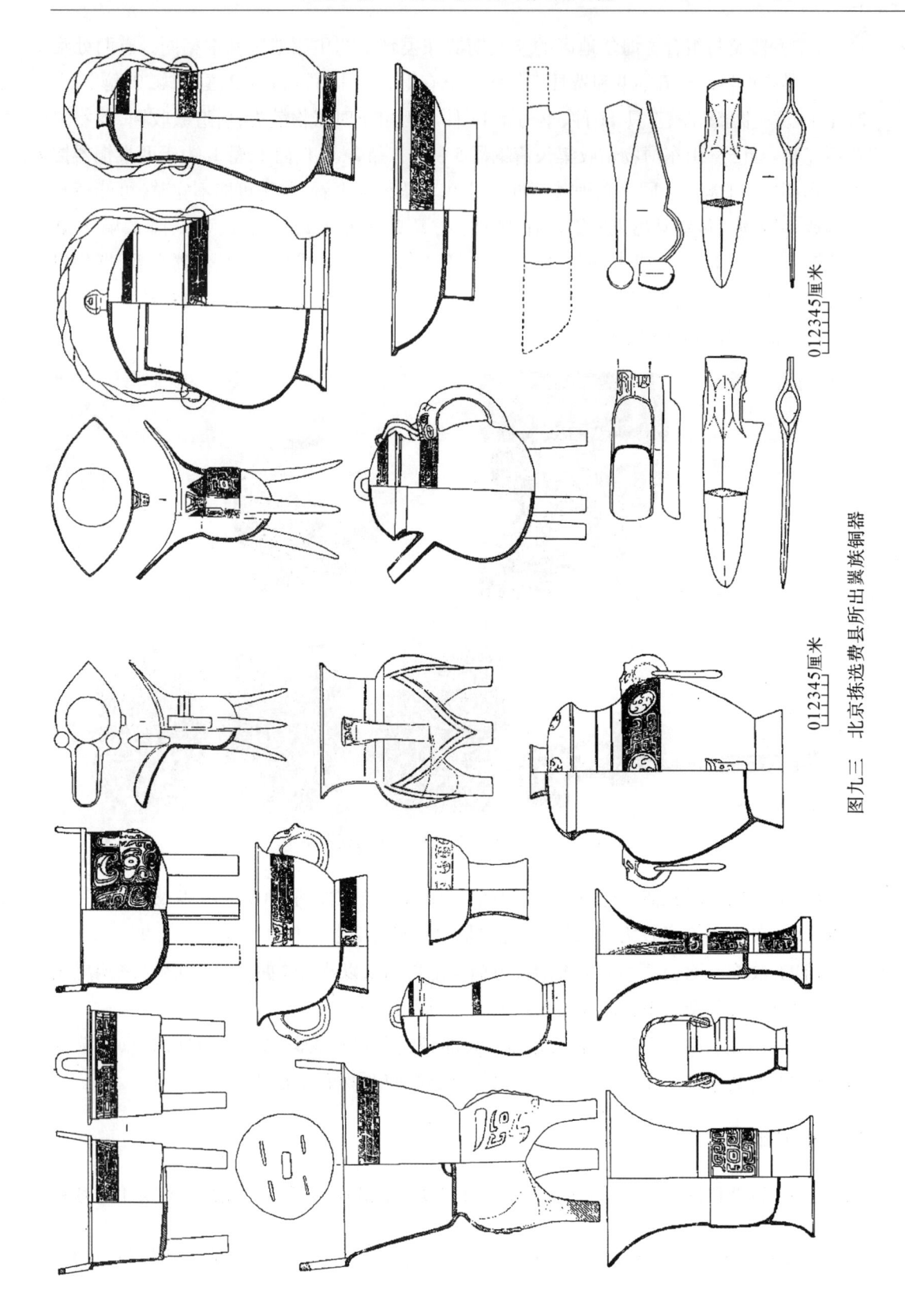

· 390 ·　问道于器——海岱地区商周青铜器研究

图九三　北京拣选费县所出巢族铜器

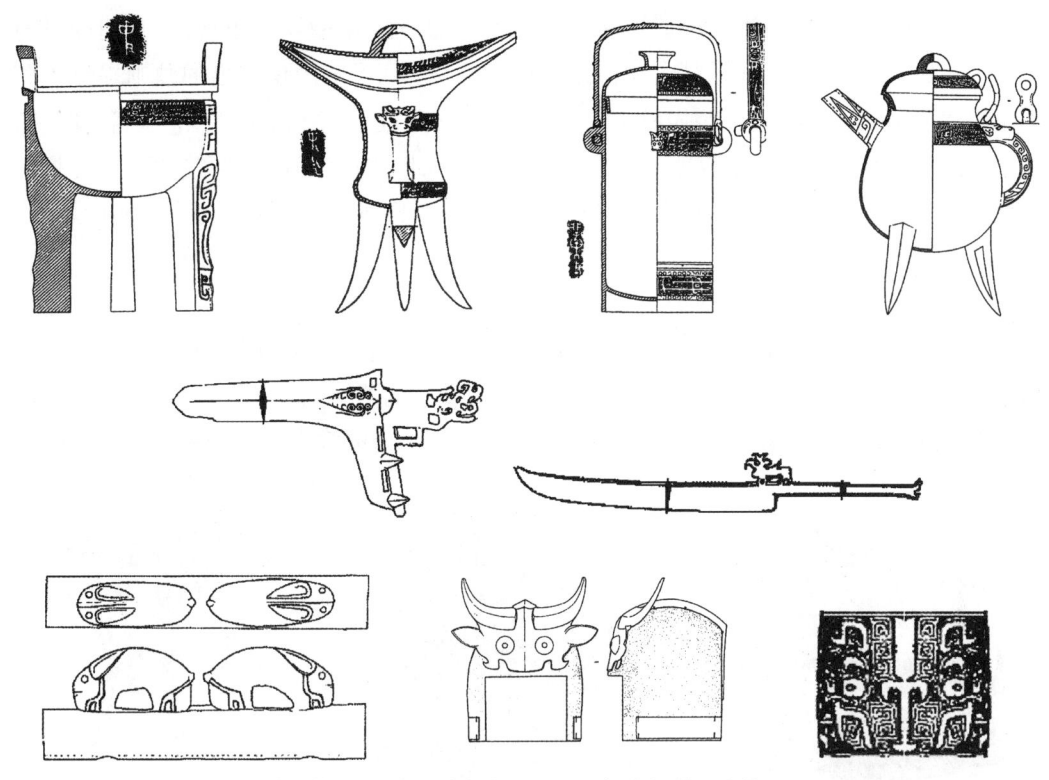

图九四　滕州前掌大墓地出土部分铜器及纹饰

"史"族复合族徽 11 件①。出土地点参见本书第六章第三节中的"主要出于海岱地区的徽铭及其铜器统计表"。除前掌大可以确定为"史"族居住地外，其他皆不足为据。前掌大墓地共发现 1 265 件铜器，除去铭其他徽识的铜器 34 件，共 1 231 件。其中容器 216 件、兵器 427 件、乐器 22 件、车马器 393 件、工具 56 件、杂器 117 件。

（二）器类与组合。史族铜器除未见方彝与瓿外，在器类上与中原地区基本相同。组合上，种类较多，总的来看以爵、觚为核心，等级稍高的适量增加鼎、角、觯、尊、卣、罍、斝等器类。与中原地区同时期的组合基本相同。

（三）形制。铜器形制与中原地区基本无别。仅数件铜器较有特色：M11 出土的 2 件扁足圆鼎之扁足、M18 出土的亚腰垂腹方体角、M21 出土的蝉纹戈、M50 出土的立鸟削、BM4 出土的车軎等十分少见，很有特色。M119 出土的筒形提梁卣也较有特色，此类器多见于中原地区与草原文化区交界地带，如宝鸡弢国墓地、灵台白草坡墓地等均有出土②。M50 出土的刀柄与刀身交界处立有一鸟的铜刀也较有特点。此外，前掌大墓地共出土 46 件铜胄，出于 5 座墓葬和 1 个车马坑，在数量上较多。

（四）纹饰。铜器纹饰与中原地区基本无异，仅前掌大 M18：35 爵腹兽面纹较为特殊。

---

① 参见王长丰：《殷周金文族徽整理与研究》，郑州大学博士学位论文，2006 年，第 245—246 页。
② 梁彦民：《周初筒形卣研究》，《考古与文物》2007 年第 2 期。

（五）铭文。字形书体与中原地区无异。大量的"史"字徽识的出现，为我们探讨前掌大墓地的归属提供了重要信息。而另外两件"薛"与"史"字徽识同出的鼎则提供了薛国与史族关系的重要线索："薛侯戚作父乙鼎彝，史"（集成2377）、亚薛鼎铭"亚薛，史"①；加上薛国墓地与前掌大墓地仅距数里，且葬俗方面（如墓向、头前设器物箱等）多有相同之处，薛国统治阶层可能为史族的主体或一个分支。李鲁滕②、何景成③等先生亦持是论。

三、亚醜族铜器

（一）铜器概况。目前铭"亚醜"的铜器已发现100余件，出土地点明确的有32件，皆出于青州苏埠屯墓地，苏埠屯一带当是其聚居地。联系到苏埠屯早年被盗掘的几座大墓，其余的亚醜铜器很可能出自这几个墓葬。加上此墓地出土的没有铭文的铜器，共719件：

图九五　苏埠屯M1出土部分铜器与纹饰

---

① 祁健业：《岐山县北郭公社出土的西周青铜器》，《考古与文物》1982年第2期。
② 李鲁滕：《略论前掌大商代遗址群的文化属性和族属》，《华夏考古》1997年第4期。
③ 何景成：《商代史族研究》，《华夏考古》2007年第2期。

容器 65 件、乐器 3 件、兵器 109 件、工具 5 件、车马器 537 件。

（二）器类与组合。器类及组合与中原同时期基本相同。皆以爵、觚为组合核心，辅以大量酒器和少量食器鼎、甗、簋，但无盉，斝的数量也较少，这一点张长寿先生在早年就已注意到①。

（三）形制。形制与中原同时期器基本相同，仅几件铜器较有特色。一是两件人面铜钺，为苏埠屯铜器的特色器物；二是方形爵②、兽首耳方形尊（以往多称簋）较为少见，较有特色；三是方形铜容器达 22 件③，占铜容器总数的 1/3，比例较高，这与苏埠屯墓葬的级别较高有关。

（四）纹饰。纹饰与中原同时期基本相同。只是钺的透雕人面纹以及亚醜铙的兽面纹之角极有特色，尚未见雷同者。此外，由于方形器较多，纹饰多比较繁缛、精美。这也与墓葬的等级较高直接相关。

（五）铭文。字形书体与中原无甚差别，只是发现了大量"亚醜"铭族徽，而其他地区皆未见有此徽识出土，说明苏埠屯可能是"亚醜"族即"斟灌"族后裔的聚居地。

四、融族铜器

（一）铜器概况。目前铭徽识"▨（融）"的铜器皆出于青州苏埠屯 M8。该墓出土铜器 253 件：容器 18 件、兵器 224 件、乐器 3 件、铃 8 件。时代大约介于苏埠屯 M1 与 M7 之间，即殷墟三、四期之际。

（二）器类与组合。器类与组合情况为：鼎 5、簋 1、爵 4、觚 2、觯 1、斝 1、罍 1、尊 1、卣 1、斗 1、铙 3、铃 8、钺 2、矛 10、戈 6、刀 2、镞 204。与中原地区同规格铜器组合基本相同。

（三）形制。形制与中原同时期铜器基本相同。

（四）纹饰。纹饰与中原同时期铜器基本相同。

（五）铭文。字形书体与中原同时期铜器基本相同，仅徽识"▨"不见于其他地区，可知，此地也是融族聚居之地，但居住时间不长，时代大约介于苏埠屯 M1 与 M7 之间。鉴于融族铜器皆出于苏埠屯 M8，故而，融族可能附属于亚醜族。

五、爻族铜器

（一）铜器概况。目前铭徽识"爻"的铜器共 29 件，其中出土地点明确的 10 件：滕州井亭 6 件、陕西宝鸡戴家湾 2 件、陕西扶风县云塘村 1 件、安阳殷墟西区 1 件。除滕州井亭可视为爻族居住地外，余皆所据不足。滕州井亭 6 器年代为殷墟四期或商末。滕州井亭尚有无铭铜器 14 件，故而，海岱地区的爻族铜器共 20 件：容器 16 件、兵器 1 件、工具 2

---

① 殷之彝（张长寿）：《山东益都苏埠屯墓地和"亚醜"铜器》，《考古学报》1977 年第 2 期。
② 殷之彝（张长寿）：《山东益都苏埠屯墓地和"亚醜"铜器》，《考古学报》1977 年第 2 期。
③ 殷之彝（张长寿）：《山东益都苏埠屯墓地和"亚醜"铜器》，《考古学报》1977 年第 2 期。

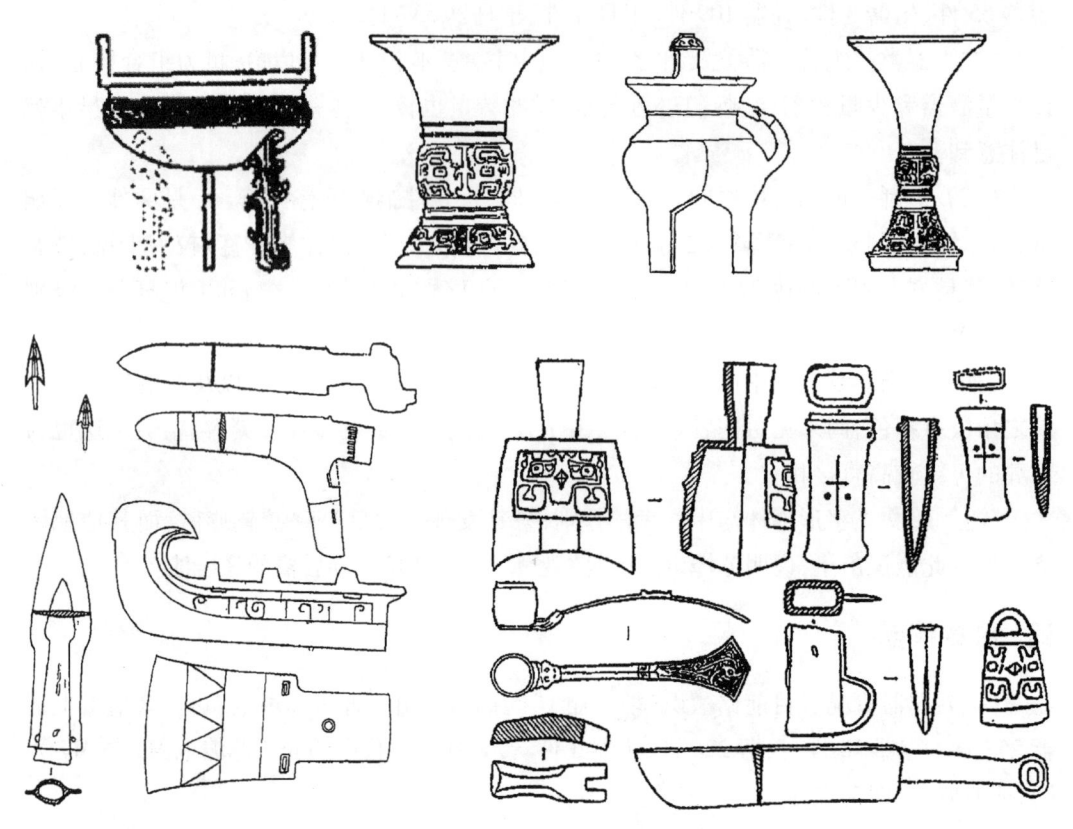

图九六　青州苏埠屯 M8 出土的融族铜器

件、杂器1件。时代皆为商末周初。

（二）器类与组合。器类与组合为：鼎2、爵6、觚4、觯1、斝1、尊1、卣1、戈1、凿2,铃1。因出于一个煤井之中,铜器的埋葬情况不明。可以看出,以酒器为组合核心,辅以食器鼎。

（三）形制。形制与中原同时期铜器基本相同,因图片皆不清晰,此处略去。

（四）纹饰。纹饰与中原同时期铜器基本相同,因图片皆不清晰,此处略去。

（五）铭文。字形书体与中原同时期铜器相同,仅铭"父"字铜器较多,说明此地可能是爻族聚居之地。

六、☒族铜器

（一）铜器概况。铭"☒"的铜器目前共发现18件,地点明确的有17件,其中寿光古城16件、安阳1件。可以确定寿光古城附近是此族的聚居地。与寿光古城16件此铭铜器同出的还有45件铜器,共61件：容器23件、兵器32件、杂器6件。时代为殷墟三、四期之际。

（二）器类与组合。器类与组合为：鼎5、甗1、簋1、爵5、觚3、斝1、罍1、尊2、卣2、斗

2，铃6，戈10、矛4、镞15、刀3。与中原同时期的器类和组合基本相同，皆以酒器为核心，辅以少量食器。

（三）形制。形制与中原同时期铜器基本相同，仅三銎铜刀较有特点，可能是北方草原与中原文化交界地带的特色器物。

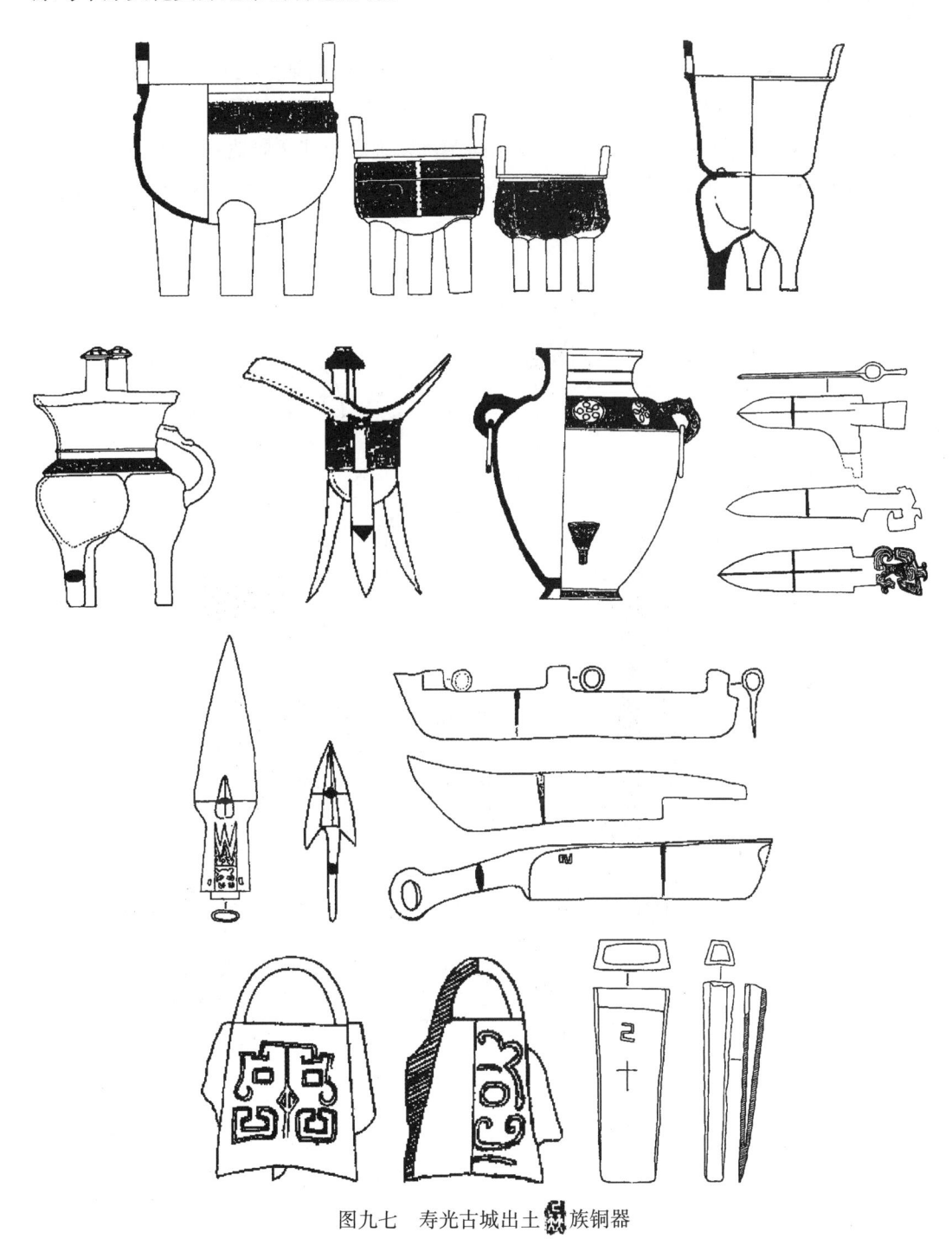

图九七　寿光古城出土❋族铜器

（四）纹饰。纹饰与中原同时期铜器基本相同。

（五）铭文。字形书体与中原同时期铜器基本相同，仅铭"[徽]"徽识的铜器较多，证明此地是[徽]族的聚居地。

七、[徽]族铜器

（一）铜器概况。目前铭徽识"[徽]"的铜器共发现19件，地点明确的13件：兰陵东高尧6件、殷墟西区3件（M1125、M284及第八墓区各1件）、广西全苏村1件，还有1件也出于海岱地区，但具体地点不明。除兰陵东高尧可以确定为其聚居地外，余皆不足为据。加上同出的5件无铭铜器，[徽]族铜器共11件：容器8件、乐器1件、兵器2件。时代为商末周初。

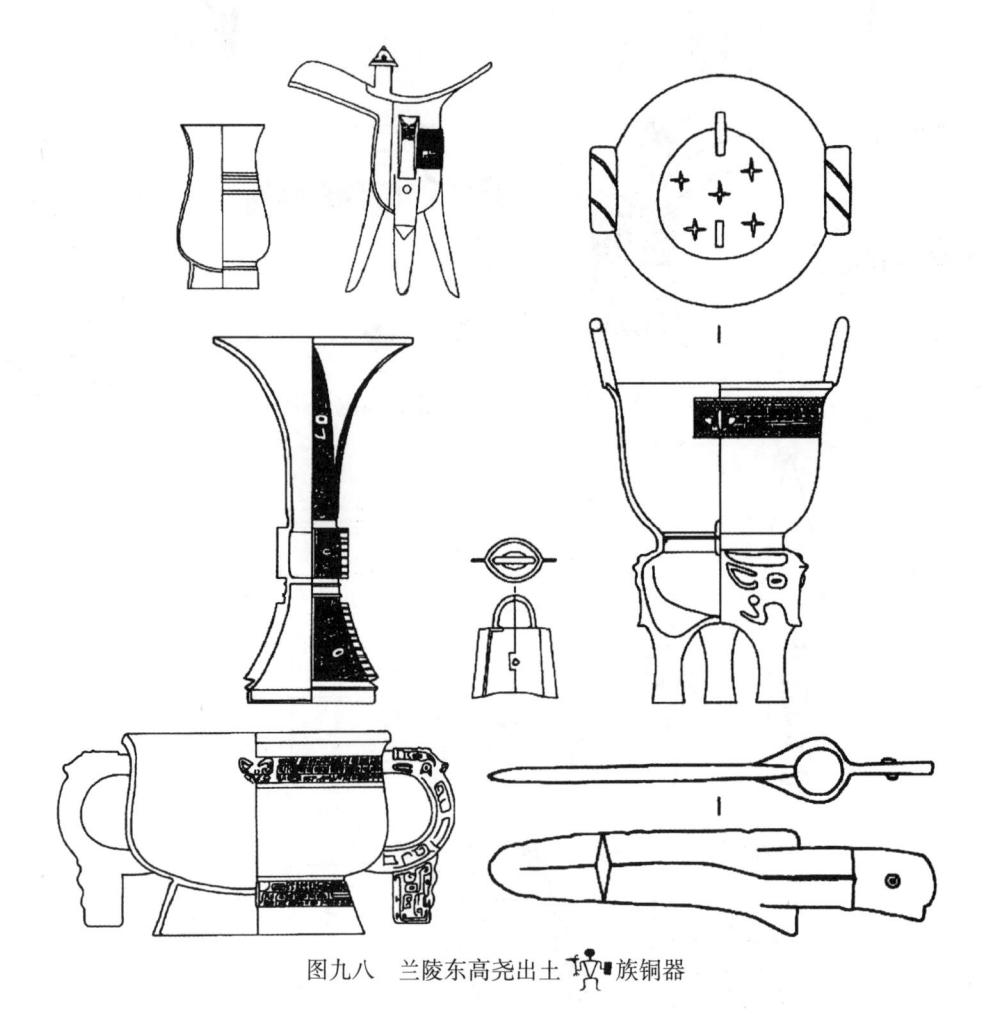

图九八　兰陵东高尧出土[徽]族铜器

（二）器类与组合。器类与组合为：甗1、簋1、爵2、觚2、觯1、尊1、铙1、戈2，无鼎，组合应不完整。与中原同期铜器相同，以酒器为组合核心，辅以少量食器。

（三）形制。形制与中原同时期铜器基本相同。

(四)纹饰。纹饰与中原同时期铜器基本相同。

(五)铭文。字形书体与中原地区相同。但铭"✤"徽识的铜器较多,说明此地可能是✤族聚居之地。

海岱地区其余族群的铜器数量都较少而且缺少特点,兹不一一述列。

总的来看,海岱地区商代铜器的族别特点不甚突出,各族铜器与殷墟铜器基本无别。前文笔者已探讨过海岱地区商代青铜器基本上都是商人东进的产物,海岱地区在青铜器上铭有徽识的族群基本上都与商王朝有比较亲密的关系,基本上都是商人或受商人影响较深的族群,而且这些铜器可能有不少是在殷墟地区铸造的。正是这些原因使得其青铜器与殷墟王畿地区青铜器的特征保持较高的一致性。而少量的差异则来自地域上的差异以及难以预测的偶然因素,当然目前发现的铜器资料有限也是一个原因。

第三节 周代青铜器的国别特征

对于国别铜器的判断标准有必要作一说明,需要注意的有两点:一是有铭铜器中作器者国名明确的,不论其出土地点,皆可判为该国之器,如齐侯敦、鲁正叔盘、归父敦等,皆可归为鲁器;二是出土地点明确在该国境内但铭文明确记载为其他国所作之器的除外,如曲阜鲁国故城M48出土的姓仲簠(M48:28)[①],即属姓国(氏)嫁女所作的媵器,虽然不能断定作器者不是鲁人,但把其归入鲁器显然是不妥当的。当然,一国境内出土的无铭铜器也可能有他国之器,但从形制、纹饰等方面,尚无法把其甄别出来,只好暂作该国之器处理。此外,再如鲁国故城M58出土的越式铜鼎(M58:95),虽知其形制为越式,但也不能排除是鲁国受越文化影响所作之器,因此,也暂归为鲁国之器。

一、鲁国铜器

鲁国自周初伯禽代周公就封于鲁,至鲁顷公二十四年(公元前256年)灭于楚,存国约780余年,其中都于曲阜的时间约770余年。

(一)铜器概况。目前已公布的鲁国铜器约800余件(组):乐器1件、容器142件、兵器109件、工具18件、车马器396件(组)、服饰器13件、棺椁器122件、错金银铜杖首1件、器座1组3件。142件青铜容器中,传世器57件、发掘品85件,其中11件残损严重不能复原,有铭铜器73件。西周早期有少量器物,但主要集中在西周晚期以后。

(二)器类与组合。鲁国铜器的类别、组合与中原基本一致,仅在以下方面略有特色:一是甲组墓所出铜礼器的组合始终以鼎为核心,每座铜容器墓都至少有1鼎随葬,其他器

---

① 山东省文物考古研究所、山东省博物馆等:《曲阜鲁国故城》,齐鲁书社,1982年,第150页。

类或有或无,铍的流行程度明显高于其他地区。与之相应的是,大部分铜容器墓没有鼎随葬,鼎簋制度基本不存在。二是鲁国铜礼器的类别与组合在战国中期发生较大变化,以往最受重视的礼容器基本不见,出现了以往罕见的钵、罐、釜等生活实用器,而中原地区直到秦汉时期才出现这种情况。

（三）形制。大部分铜器与中原地区相同,仅数件器物略有特色。如分体甗、鲁侯尊、叔提梁套盒①、卵形铜壶、裸人三足铜盘、错金银铜杖首等。鲁侯尊的形制不见于其他地区,是目前仅有的一件。鲁国故城 M30∶32、M48∶16 两件卵形铜壶不见于中原及海岱境外的其他地区,但在东南部日照地区发现较多②,时代也略早,应来自海岱东南一带或者是受其影响下的产物。M48 出土的裸体人形三足盘(图九九,5)也是海岱地区的特色器物,海岱地区还发现 4 件,分别出于小邾国墓地 M3、滕州后荆沟 M1③、临朐泉头 M 甲④、沂源姑子坪 M1⑤,时代在西周晚期至春秋早期。据方辉先生研究,以裸体人形作足之器多出于海岱莒文化区,时代也多在西周晚期至春秋早期⑥。鲁国故城 M48∶8 可能是受其影响的产物。M52 出土的四钮衔环无耳盘(图九九,7)也比较少见,其时流行的是双钮衔环盘,四钮衔环较少见。三足缶(图九九,8)多见于楚文化区,应源于楚地。鲁国故城 M58 出土的铜鼎(图五,50)来源于越文化区或受其影响。

（四）纹饰。曲阜鲁国故城 M48∶16 卵形壶的纹饰及组合较有特点。盖作蟠龙形,壶身自上而下分别饰夔龙纹、大三角纹(内填竖线纹)、两两相背的顾首龙纹、大三角纹(内填竖线纹),圈足饰垂鳞纹。该壶每组纹饰都较常见,但其组合却十分少见,除在海岱东南部的同类壶上有发现外,其余地区基本不见。

（五）铭文。鲁国有铭铜器集中出现于西周晚期至春秋早期,西周早期也有一部分,但未发现晚于春秋中期的铭文铜器。鲁国铜器铭文基本与中原无异,仅在一些小的方面略有特点。铭文内容上,婚媵铭文较多(占有铭铜器的 42%),且没有出现纪年铭辞。字形书体上,鲁国多数金文保留了西周晚期稳重敦厚的风格,仅个别字体笔画迂曲,布局较宽松,如鲁大司徒厚氏元簠、鲁大司徒子仲伯匜铭文等⑦。

值得注意的是,与其他诸侯国相比,鲁国铜器尚具有以下特点。

1. 数量较少。鲁国铜礼器的数量与其他较大的诸侯国相比明显较少,与很多小诸侯国相比也颇有不如。在乐器上尤其如此,截至目前,鲁国乐器仅发现 1 件,即现藏于上海博物馆的鲁原钟。尚未正式发表的 1981 年发掘的曲阜林前村 22 座铜器墓中也未发现乐

---

① 朱凤瀚:《叔器与鲁国早期历史》,《新出金文与西周历史》,上海古籍出版社,2011 年,第 1—20 页。
② 杨深富:《山东日照崮河崖出土一批青铜器》,《考古》1984 年第 7 期。
③ 万树瀛:《滕县后荆沟出土不夔簋等青铜器群》,《文物》1981 年第 9 期。
④ 临朐县文化馆、潍坊地区文物管理委员会:《山东临朐发现齐、郯、曾诸国铜器》,《文物》1983 年第 12 期。
⑤ 山东大学考古系、淄博市文物局等:《山东沂源县姑子坪周代墓葬》,《考古》2003 年第 1 期。
⑥ 方辉:《山东省博物馆藏裸人铜方鼎》、《试论周代的铜匜》,《海岱地区青铜时代考古》,山东大学出版社,2007 年,第 478—482、483—498 页。
⑦ 朱凤瀚:《中国青铜器综论》,上海古籍出版社,2009 年,第 640—643 页。

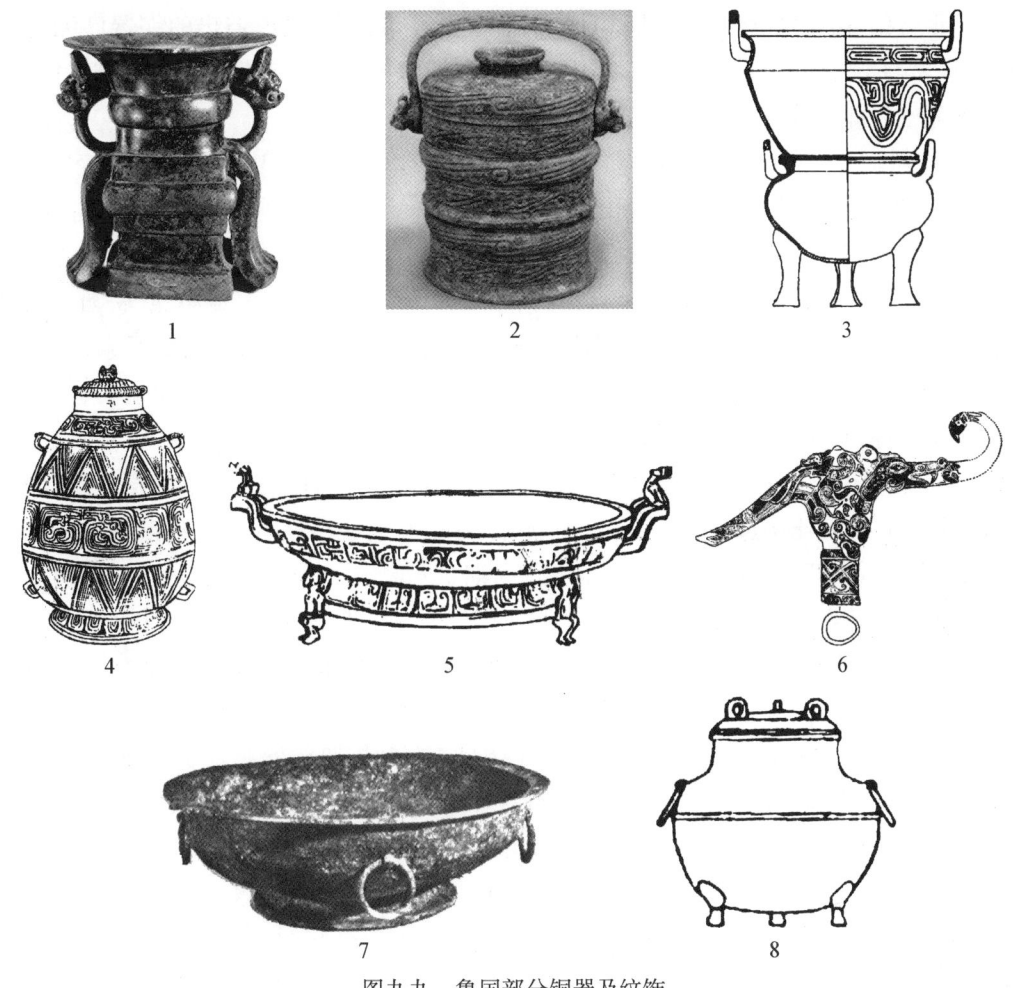

图九九　鲁国部分铜器及纹饰
1. 鲁侯尊　2. 叙叔卣　3. 鲁司徒仲齐甗　4. 戎母壶　5. 鲁司徒仲齐盘
6. 铜杖首　7. 四系钮衔环盘　8. 矮蹄足缶

器①。这与其他诸侯国铜器墓大为不同,譬如周边的齐、滕、邾、莒、郯等诸侯国皆有较多的铜乐器传世或出土。

鲁国发现的青铜器较少,可能有以下原因：1. 境内铜矿资源缺乏。据山东省地质局调查,山东省铜矿主要分布在东半部,即临沂—日照—胶县—昌潍—烟台一线。鲁国境内铜矿资源匮乏,且距矿源较远,所用铜料大多依靠输入。这直接限制了鲁国铜器的数量。2. 1981年曲阜林前村发掘的鲁国贵族墓地资料尚未发表。该墓地发掘了22座铜器墓,其中五鼎墓和三鼎墓各2座,一鼎墓8座,铜礼器的数量应不在少数。这也影响了鲁国铜器的数量。3. 鲁侯墓还未发现,高级贵族墓也发现甚少。如发现完整的侯墓或高级贵族墓葬区,铜器数量应不在少数。4. 鲁国故城战国时期的7座面积120—200平方米的大墓

---

① 山东省文物考古研究所：《山东20世纪的考古发现和研究》,科学出版社,2005年,第443页。

皆被严重盗掘，而且鲁国春秋中期以后的铜器极少有铭文者，所以盗出的铜器已无迹可寻，直接影响了鲁国铜器的数量。5. 还有一种可能，鲁国高级贵族墓葬早年就被盗掘，大量铜器盗出后即被熔铸成其他物品，如钱币等。

2. 媵器较多。鲁国发现的69件有铭铜器中，媵器29件：鼎3、鬲6、簋4、簠5、壶1、盘7、匜3，占有铭铜器的42%，占鲁国铜礼器的21.5%。中原东周媵器多盘、匜，鲁国则多盘、鬲、簠，而匜较少。媵器集中在两周之际至春秋早期。媵器较多的原因可能是随着礼制的不断崩坏，各诸侯国之间以及诸侯国内部高级贵族之间的竞争日益激烈，联姻是巩固和拓展自身实力的重要手段之一，青铜器遂成为陪嫁品中最重要、最流行的元素，而且大都铭刻媵辞。为担负重大责任而远嫁的女儿祝愿、祈福，反映了时人一种普遍的、自觉的现实主义情怀，其间也蕴含着浓浓的不舍、担忧与期冀。

3. 侯器较少。在132件铜容器中，鲁侯所作之器仅有14件，且皆在春秋早期及以前。东周时期鲁侯之器比例远小于秦、晋、楚、燕、齐、宋、陈、邾、杞、莒等大多数诸侯国。与之相应的是，贵族作器在西周时期甚少，而东周时期急剧增多。其原因可能是东周时期作为鲁国的最高统治者，鲁侯的地位已大为降低，而卿大夫地位明显上升。这在文献中有清楚的反映，至三桓专权后鲁侯逐渐沦为傀儡，铸器权利越来越小，公侯作器自然减少。而卿大夫则在逐渐掌控国家政权的同时，也逐渐掌控了象征身份地位的铸器权。

4. 两个系统。鲁国在东周时期存在两个明显不同的铜器系统。① 甲、乙两组墓葬数量相当，但甲组铜器中铜铺达10件，而乙组只有1件；甲组铜器中仅有2件铜鼎，而乙组达到11件。显然，甲组重铺轻鼎，而乙组则相反。② 甲组铜器无铭文，M202出土的甲组墓仅有的一件有铭文的盘，也是姬姓鲁国贵族为女儿出嫁所作的媵器，仍然属于乙组姬姓鲁人铜器。③ 甲组铜器没有明器，多以实用器陪葬，而乙组有11件明器，可能说明甲组铜器尚质，而乙组则较重文，即重视礼器组合形式上的完整性。但乙组铜器是鲁国铜器的主体部分。鲁国铜器的两大系统，与甲、乙两组墓葬具有不同的埋葬习俗是一致的。这说明，铜礼器具有一定的族属稳定性，一旦形成，一般不会轻易改变。也说明鲁国境内部分殷遗民或东夷土著的地位是较高的，且在与姬姓鲁人共居于鲁国都城之中时，尚能保留自己的风俗习惯，而且与姬姓鲁国高级贵族还有通婚关系。

形成鲁国铜礼器特点的原因是多方面的，既有鲁国自然地理、历史传承、国势更迭的因素，也与鲁国内部的治国策略、权力分配、民族构成以及礼仪制度密切相关。

总的来看，鲁国铜器与中原铜器保持着较多的一致性，器物的类别、组合、形制、纹饰、铭文与中原铜器都基本相同。但同时，鲁国铜礼器也有少量自身特点。譬如，形制上，鲁国铜器中的卵形壶、裸人三足盘中原地区基本不见；组合上，甲组铜器组合以铺为核心，中原极为流行的鼎簋制度在甲组墓地推行不力等；铭文上，多为婚嫁媵辞，春秋中期以后铭文罕见。与其他国家相比，鲁国铜器还有以下特点：鲁国铜器数量较少；乐器远少于大多数诸侯国；媵器较多；鲁侯铜器较少，且多为嫁女送媵之器；东周时期存在两个铜器系统，甲组铜器重铺轻鼎，而乙组基本相反，但乙组铜器一直是鲁国铜器的主导力量。

此外,鲁国姬姓周人所用铜器受到当地土著青铜文化的影响较小。比如,在海岱地区的东周时期,铜铺极为盛行,但姬姓周人墓一直没有发现铜铺。鲁国故城姬姓铜器墓出土的卵形铜壶是为数不多的受到东夷青铜文化影响的铜器。而其他姬姓诸侯国如燕、晋、滕、曾等在分封之后,受到当地土著青铜文化的影响均较大,对王畿青铜文化的坚守似不如鲁国。这一结论,一定程度上印证了文献中"周礼尽在鲁矣"之记载。

二、齐国铜器

齐国,姜姓(后被妫姓之陈齐取代),自周初太公封齐,至公元前 221 年被秦所灭,共历 800 余年。齐国作为海岱地区两周时期势力最强的诸侯国,其境内的青铜器最为丰富,也较有特点。概要如下。

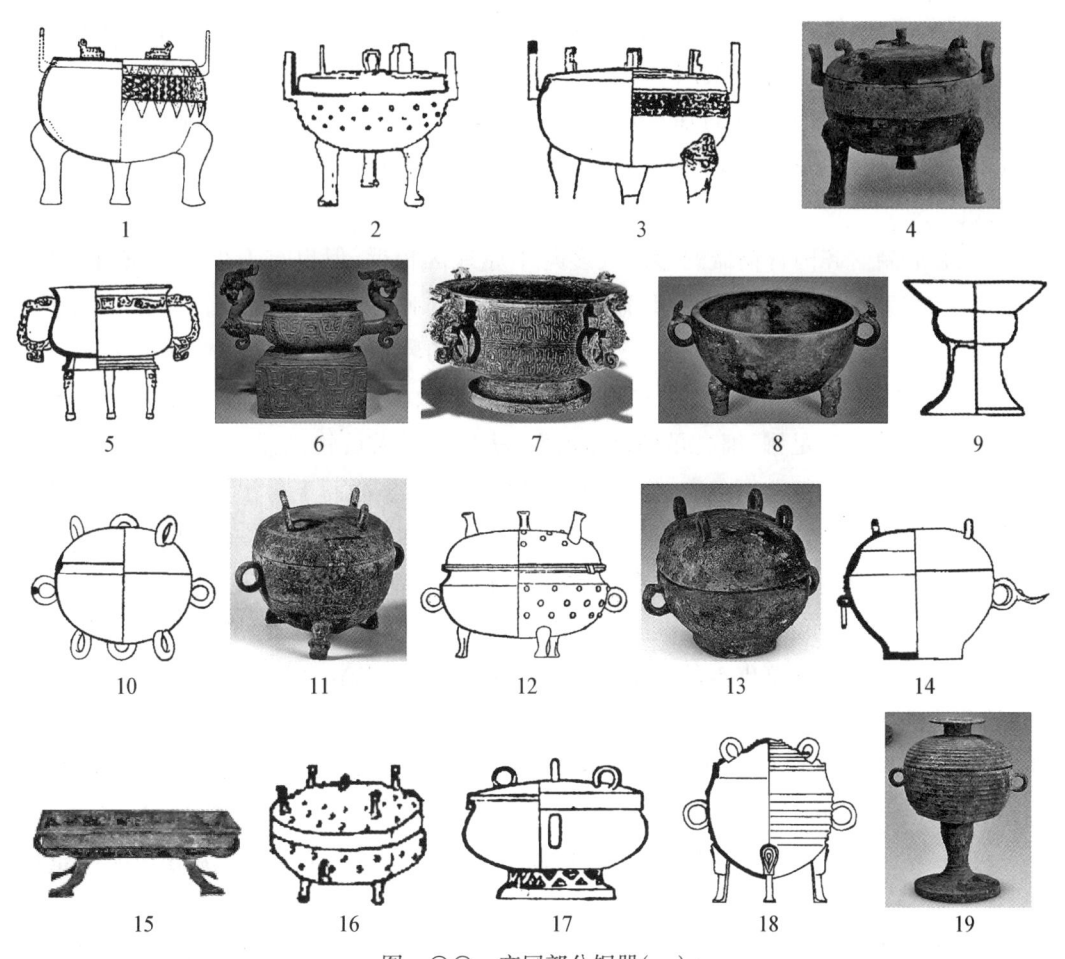

图一○○ 齐国部分铜器(一)

1. 嘴子前 M4:90　2. 安丘毛子埠出土　3. 左家洼 LZM1:1　4. 临淄辛店 M2Q:11　5. 齐仲簋　6. 龙耳簋　7. 齐侯盂　8. 陈侯午敦　9. 嘴子前 M1:54　10. 左家洼 LZM1:9　11. 河崖头出土　12. 左家洼 LZM1:8　13. 周家庄 M5 出土　14. 商王村 M1:28　15. 陈逆簋　16. 沂水略疃墓出土　17. 淄博磁村 M2:3　18. 临淄辛店 M2Q:40　19. 临淄中轩出土

（一）铜器概况。目前发现的齐国铜器近100批,总数已超过3700件,其中铜容器约700余件(含传世器110余件)、乐器约300件、兵器1000余件、车马器已超过1000件、工具约100件、杂器600余件。此外,齐国钱币的发现数量更为庞大,1949年以来就已超过20000枚①,因钱币不在本书研究范围,故未统计入内。这3000余件铜器中,传世铜器约110件,有铭铜器约160件。齐国铜器主要集中在春秋晚期以后,也是在这一时期形成了自己的特点。

（二）器类与组合。齐国青铜器的类别与中原地区基本无异。但在器物组合上有一些特点。青铜铺在齐国出现的时间较早,可早到春秋早期;铺的普及率也很高,基本上每个铜容器墓皆有出土,而且延续时间较长,至战国晚期仍多有出土。春秋早期齐国铜器墓除齐故城M1外均未出土簋,多以鼎、鬲、簠、盘、匜为基本组合,鼎簋组合不甚流行;春秋中晚期本区铜容器组合发生了较大变化,鬲、簠、簋消失不见,铺、敦迅速普及,普遍存在于各铜容器墓之中,流行鼎、敦、铺、盘的组合。春秋晚期,齐地铜豆作为组合的核心器物之一出现较早,且发展迅速,至战国早中期,几乎每座铜容器墓都有盖豆,形成鼎、豆、敦、壶、铺、盘、匜的组合。战国晚期的基本组合为鼎、豆、壶、盘、匜。齐国盛行形制相同、大小相等且呈偶数的列鼎形式,没有严格推行中原盛行的形制相同、大小相次、按奇数组合的列鼎形式。

（三）形制。齐国青铜器的形制大多与中原地区相近,但也有不少器物富有特色。高青陈庄M27出土的柱足盘,海阳嘴子前M4出土的卧兽钮鼎、环带纹方壶、菱形纹铺、小口扁壶,M1出土的仿陶敞口豆,安丘毛子埠出土的乳丁纹鼎,招远东曲城采集的三高足齐仲簠,济南左家洼M1出土的浅腹高足鼎、球形敦、乳丁纹敦,临淄辛店M2出土的卧兽钮鼎、瓦棱纹三足铺、细高足鼎,临淄河崖头出土的人足敦,临淄中轩出土的瓦棱纹豆,临淄相家庄出土的鸭衔鱼尊、方豆、莲花状盘口豆,临淄商王村出土的圈足盒、错金银牺尊、高柄壶、提链高柄壶、杯形壶、鹰首圈足匜、长柄酒汲,临淄张家庄出土的一套食器,淄博磁村出土的镂空圈足铺,新泰周家庄M5出土的圈足铺,M72出土的矮圈足椭方匜,M1出土的蓓蕾状镦,M2出土的竹节状戈及齿状扉棱车軎,诸城臧家庄墓出土的鹰首提梁壶,沂水略疃墓出土的乳丁纹平盖三足铺,长清岗辛大墓出土的凤鸟钮盖椭方铺,长岛王沟M10出土的环钮平盖椭方铺,洛阳出土的齐侯盂以及传世的龙耳簋,上海博物馆藏齐侯匜、陈侯午敦,大都会艺术博物馆藏齐侯匜及齐侯盘、国差𦉢、陈逆簠等,均是齐国青铜器中的特色器物。

（四）纹饰。齐国铜器纹饰与中原地区基本无异,只是在春秋晚期以后出现了少量特点,具体如下。纹饰类别上,春秋晚期乳丁纹在齐地的"复古",出现后就迅速流行,一直持续到战国中期方才消失,对邻近地区也有微量影响。纹饰组合上,海阳嘴子前M4：90鼎上腹自上而下分饰倒立三角纹、横置垂鳞纹、倒立三角纹,中间一组垂鳞纹横置的做法

---

① 参见燕羽惊尘:《古齐国货币简介》,http://blog.sina.com.cn/s/blog_6b7e52cb0100v87l.html。

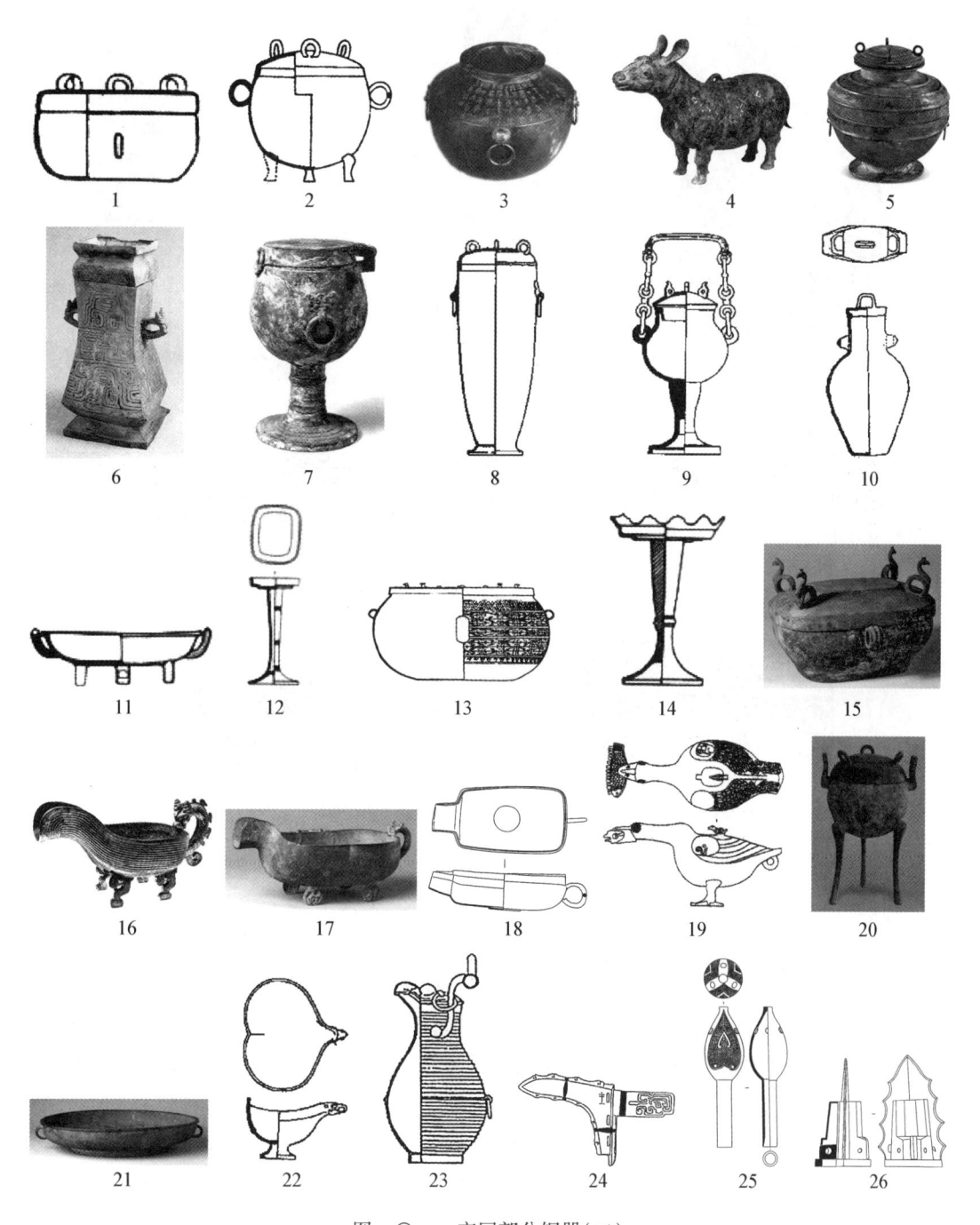

第十章　海岱地区商周青铜器的族别与国别特征　·403·

图一〇一　齐国部分铜器(二)

1. 王沟 M10：28　2. 西上崮墓出土　3. 国差䞟　4. 商王村出土　5. 张家庄墓出土　6. 嘴子前 M4：92　7. 商王村 M1：28　8. 商王村 M1：109　9. 商王村 M1：26　10. 嘴子前 M4：3　11. 陈庄 M27：9　12. 相家庄 M6：15　13. 嘴子前 M4：132　14. 相家庄 M6：24　15. 岗辛大墓出土　16. 齐侯匜　17. 齐侯匜　18. 周家庄 M72：10　19. 相家庄 M6：19　20. 辛店 M2Q：4　21. 齐侯盘　22. 商王村 M1：114　23. 臧家庄（无号）　24. 周家庄 M2：8　25. 周家庄 M1：156　26. 周家庄 M35：26

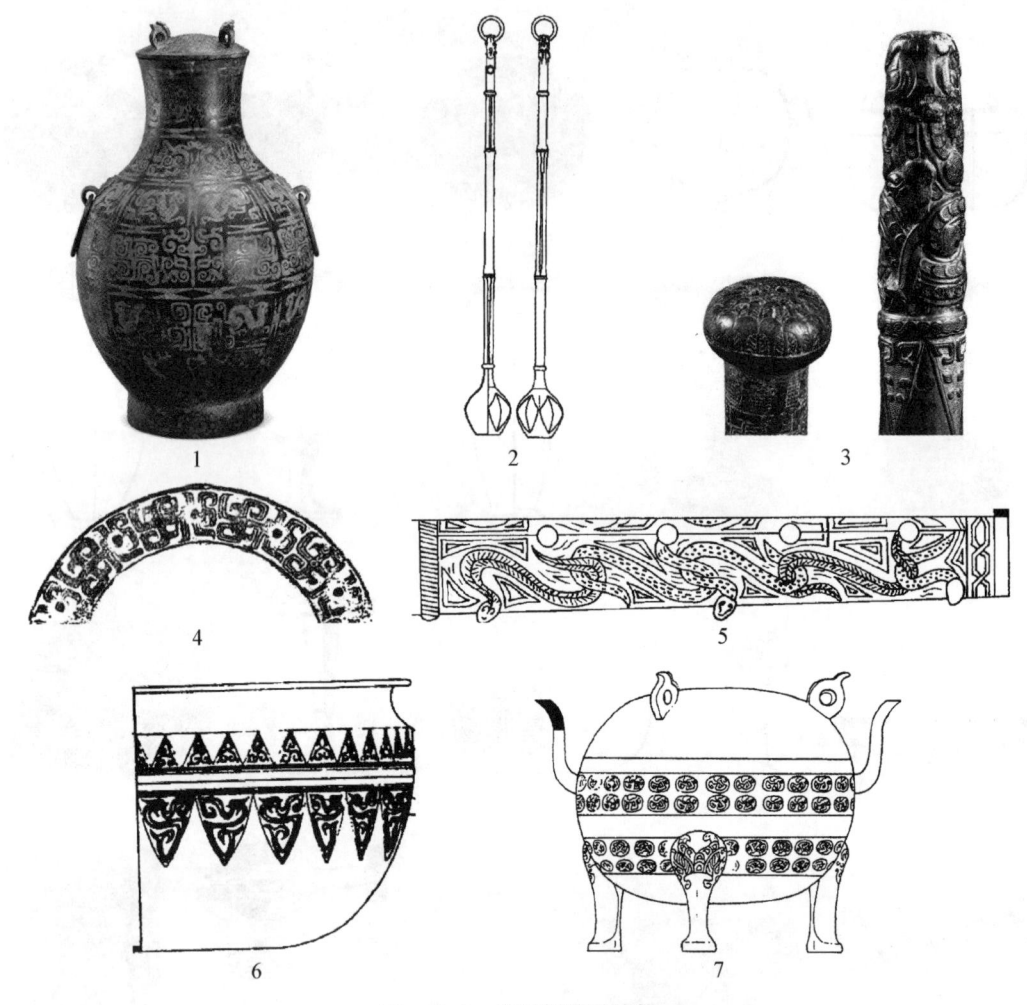

图一〇二　齐国铜器及纹饰

1. 临淄辛店 M2Q:17　2. 临淄商王村 M1:114　3. 新泰周家庄 M32:12、34　4. 齐侯盂环耳纹饰
5. 泰安上士村出土车饰　6. 海阳嘴子前 M6:3 敦腹部三角纹内怪兽纹　7. 临淄商王村 M1:105 团鸟纹

十分少见,最上一组口沿下饰倒立三角纹的做法也较为少见。此外,该鼎盖上的四个兽首钮也十分少见。海阳嘴子前 M6:3 敦下腹的三角纹内填一上喙(或上唇)极长的怪兽,弯卷勾曲,尾部分叉,躯体折成三角状。不论怪兽的形状还是三角形内填这种怪兽的组合都十分少见,极具特色。此外,新泰周家庄 M32 出土的殳首所饰叶形纹、蟠蛇纹及蕉叶纹,辛店二号墓出土的铜壶所饰兽面纹,齐侯盂环耳所饰蟠螭纹,泰安上士村出土车饰所饰浮雕蟠蛇纹,临淄商王村 M1 鼎腹部所饰团鸟纹等,均极具特色。

(五)铭文。总的来说齐国铜器铭文与中原地区区别不大,但也有一些地域特点,具体情况如下。

1. 书体布局方面。从春秋晚期开始,齐国金文出现两种风格:第一种风格,字形瘦长而工整,竖笔往往长垂而迂曲,显得庄重而典雅,如齐侯盘、齐侯盂、叔夷钟铭文等。第二种风格,字形较方,笔画舒张,风格比较豪放,如国差𦉜、洹子孟姜壶铭文等①。战国早期齐地金文虽还带有春秋中晚期的部分特征,但已有改变,如故意拖长、迂曲的笔画已很少见,行笔多方折。至战国中期发生较大变化,字体虽较规整,但书体已近于手写的俗体,笔画厚重,且形成浓厚的地域特色,如十四年陈侯午敦、陈纯釜等。齐国金文也成为海岱金文的代表。

2. 铭文内容方面。田齐铭文仍可见春秋时期颂扬先祖、祝愿家族昌盛类铭文,而其他国家已消失不见。铭文内容未见"物勒工名"形式,内容主要有两种：一是标明铸器地点,为"某地戈"之形式,常缀"左""右"或"造"字,如平阿左戈、高密造戈等;二是标明器主,作"某某戈"或"某某徒(散、车)戈"之形式,如陈子翼徒戈。字形结构上,"戈"常以"钅"为偏旁,"造"常写作"䞿"等②。

3. 修辞体例方面。陈肪簋"……𢼭龏鬼神……"(集成4190)铭辞仅见此1例。齐陈曼簠"……肇谨经德……"(集成4595)铭辞仅见此1例。陈侯因咨敦之"子子孙孙永为典尚(常)"铭辞仅见此1例。十年陈侯午敦"……用作平寿适器……"之"适器"金文中仅见此1例。国差𦉜之"俾旨俾清……受福眉寿……齐邦谧静安宁"(集成10361)铭辞仅见此1例。齐侯盘铭"……它它(沱沱)熙熙……"铭此嘏辞者共8器,皆为海岱之器,其中多数为齐国之器。

4. 历日纪年方面。在春秋中期以前与中原地区相同,年、月、日、月相四要素中多具其三,个别仅具其一或其二,尚未见四要素俱全者。自春秋中期始,齐地出现并流行具有地域特色的"立事岁"或"再立事岁"+月、日式的纪年方式,如国差𦉜(立事岁咸丁亥)等。而且影响到燕国"燕王喜立事"(集成11705)。此外,齐地"立事岁"式纪年铭辞的"月"前常用前缀"冰""馺""饭者"替代月份,如陈逆簋(冰月丁亥)、陈僖壶(再立事岁馺月己酉)、子禾子釜(立事岁䄍月丙午)、陈纯釜(立事岁畿月戊寅)、公子土折壶(立事岁饭者月)等。但同时,传统的纪年方式在齐地仍然较为流行,如陈肪簋(唯王五月元日丁亥)、陈侯因咨祭敦(唯正六月癸未)等。

总的来看,齐国铜器与中原铜器保持着较多的一致性,器物的类别、组合、形制、纹饰、铭文与中原铜器大多相同。但同时,与中原铜器相比,春秋晚期齐国铜器开始形成自己的特点,在组合、形制、纹饰、铭文上都有所体现,尤其是铭文,特点十分鲜明。

三、莒国铜器

莒国,周武王封少昊之裔兹舆期于莒③,或为嬴姓。然《世本·氏姓篇》(张澍稡集补注本)云:"莒,自纪公以下为己姓。"且由《左传·文公七年》载"穆伯娶于莒,曰戴己,生文伯;其娣声己,生惠叔"知春秋时莒可能改为己姓。此外,《国语·郑语》又云:"曹姓邹、

---

① 参见朱凤瀚:《中国青铜器综论》,上海古籍出版社,2009年,第640—643页。
② 参见朱凤瀚:《中国青铜器综论》,上海古籍出版社,2009年,第652、654—656、663页。
③ 参见《春秋左传正义》引《世族谱》载:"莒,嬴姓,少昊之后,周武王封兹於期于莒,初都计。"

莒。"莒国之姓今已迷离难辨。莒国至公元前431年灭于楚,共历约600年。

(一)铜器概况。目前发现的莒国铜器已超过20批,总数在800件以上,其中铜容器200余件,乐器约100件,兵器约150件,工具约50件,车马器、杂器等300余件。有铭铜器约60件。莒国青铜器主要发现于春秋早期至春秋晚期。

(二)器类与组合。莒国青铜器的类别大部分与中原地区基本无异,但种类偏少,如簋、簠、豆、匜等器物基本不见,唯鼎、鬲、编钟的数量稍多。组合上也有自己的特色,如没有簋随葬,不存在鼎簋组合;本区中小型墓流行鼎、鬲、铺组合;盛行形制相同、大小相等的鼎制,这一点与北部较为相似,而与中原不类;组合中少见簋、簠、豆、匜等器物。本区中小型墓葬组合的地方性特色较为突出,而大型墓则表现出较多与中原文化区的趋同性。此外,錞于也较为多见,目前海岱地区发现的錞于主要集中在莒国境内。

(三)形制。莒国青铜器有不少器物颇具特色。莒县有西大庄M1出土的单耳铺、立耳盘、立兽爬龙盘、三叉器,老龙湾出土的短颈四系罍,天井汪出土的鼓肩鉴、环耳平盖壶、隆盖蟠蛇纹罍、平盖罐以及早年出土的裸人足方匮(匜)等;沂源县有姑子坪M1出土的方形卣、蕉叶纹罍、裸人三足盘等;临沂市有崮河崖出土的蹄足方鼎、卵形壶,中恰沟出土的兽首流圆腹鼎、尖足鬲,凤凰岭大墓出土的平顶敦、直壁簋、小环耳浅腹盘,大炮楼出土的蜥蜴形车饰等;沂水县有李家坡出土的贯耳十字纹宽带壶,刘家店子M1出土的豆形铺、平顶敦,刘家店子M2出土的环带纹罐,纪王崮出土的盆腹蹄足鼎、小口鼓腹鼎、小口罐、扉棱盖铺,普查发现的瓦棱纹罐等;莒南县有大店出土的莒大叔瓠壶、假圈足铺等;郯城县有大埠二村出土的曲流匜、二联罐等。以上器物基本不见或少见于其他地区。立耳鼎在春秋中期以后已很少见,但本区在春秋晚期还时有发现,如沂水刘家店子M1、沂水纪王崮、临沂凤凰岭大墓等都有出土,可能是由于该地距中原较远,文化有所滞后所致。从器物形制上来说,莒国由于固有的夷人文化传统和相对封闭的地理环境,其青铜器受中原文化的影响相对较小,地域特色比较浓厚。

(四)纹饰。莒国青铜纹饰总体上与中原基本一致,但也有少量地方性特点。一是窃曲纹出现频率较高。此外,作为主体纹饰的兽面纹在西周晚期以后基本不见,但莒国春秋中期以后的部分器物上仍然可见,如沂水刘家店子M1出土的2件镬鼎腹部均以兽面纹为主体纹饰。本地春秋至战国时期的铜鼎足根部位装饰兽面纹的现象也似乎比其他地区普遍。沂水纪王崮M1出土的甗口沿下饰两周垂鳞纹,于铜甗而言极为少见,颇具特色。早年沂水普查发现的瓦棱纹罐、沂水刘家店子M2出土的环带纹罐、沂水东河北出土的鼎、日照崮河崖M1出土的卵形壶、沂源姑子坪M1出土的方卣以及莒县老龙湾出土的短颈四系罍等器物纹饰均较有特点,在海岱之外基本不见或少见。在纹饰组合方面,沂源姑子坪M1:10方卣的纹饰及其组合都较有特色。盖的四面及顶面饰排列整齐的月牙形垂幛纹(或曰指甲纹);上腹每面皆饰两个斜角变体夔龙纹;中腹以下每面均饰有排列整齐的月牙形垂幛纹,其间填以极细的若干条弧状凸棱纹,垂幛纹的两侧饰叶脉状的几何纹;圈足四面均饰有纵向的"之"字形几何纹。其中月牙形垂幛纹、叶脉状的几何纹、纵向的

第十章　海岱地区商周青铜器的族别与国别特征　　·407·

图一〇三　莒国部分铜器(一)

1. 日照崮河崖出土　2. 临沂中洽沟 M1：7　3. 临沂中洽沟 M1：5　4. 临沂凤凰岭大墓出土　5. 临沂凤凰岭大墓出土　6. 临沂凤凰岭大墓出土　7. 沂水刘家店子 M1：93　8. 莒县西大庄 M1：14　9. 沂源姑子坪 M1：10　10. 沂源姑子坪 M1：11　11. 沂水刘家店子 M2：11　12. 沂水普查铜罐　13. 日照崮河崖出土　14. 莒大叔瓠壶　15. 沂水李家坡出土　16. 莒县天井汪出土　17. 莒县天井汪出土　18. 莒县天井汪出土　19. 莒县老龙湾出土　20. 临沂凤凰岭大墓出土　21. 沂源姑子坪 M1：13

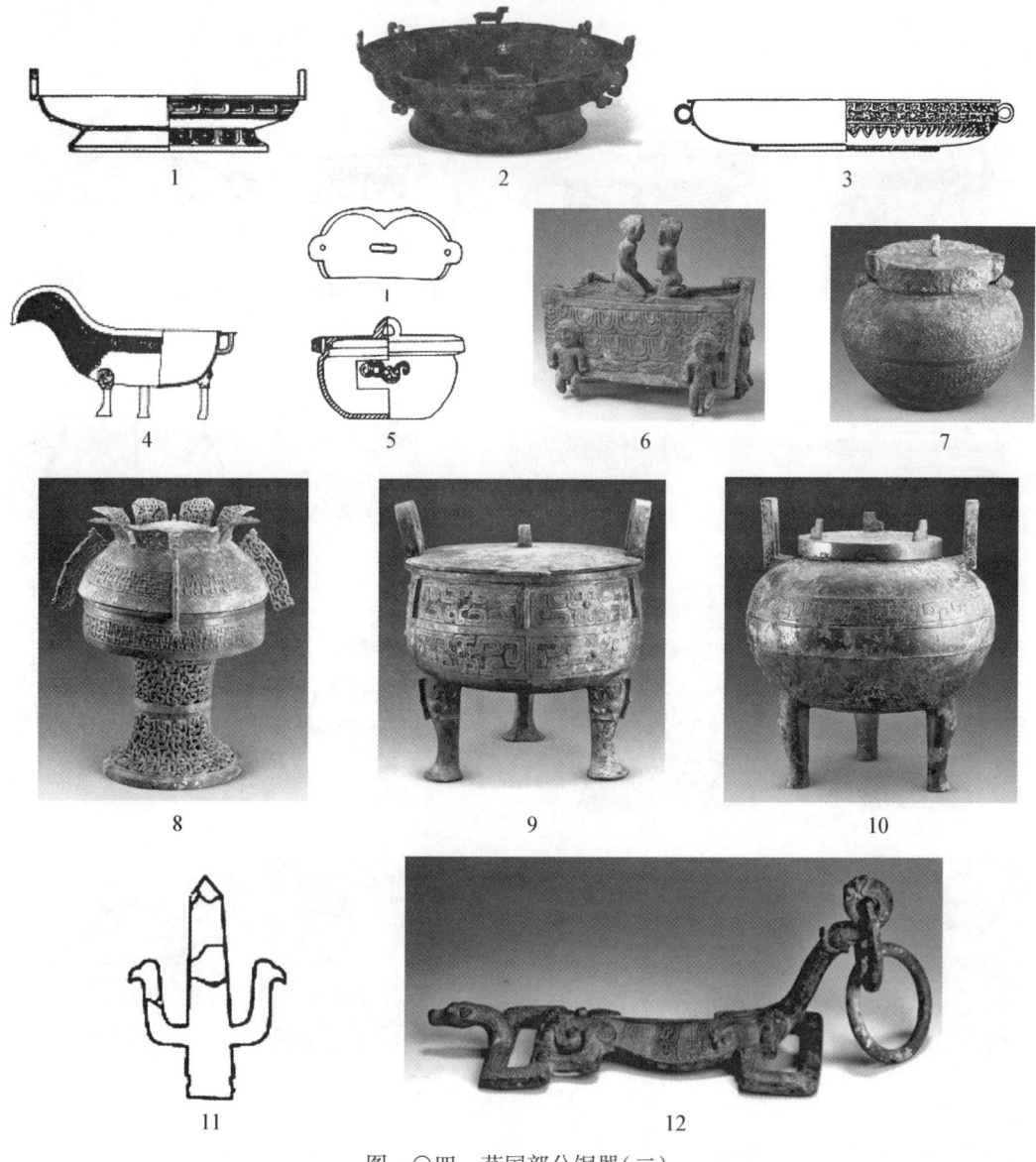

图一〇四　莒国部分铜器(二)

1. 莒县西大庄 M1:13　2. 莒县博物馆藏铜盘　3. 临沂凤凰岭大墓出土　4. 郯城大埠二村 M1:14　5. 郯城大埠二村 M1:11　6. 山东博物馆藏铜匜　7. 沂水纪王崮 M1:43　8. 沂水纪王崮 M1:107　9. 沂水纪王崮 M1:52　10. 沂水纪王崮 M1:871　11. 莒县西大庄 M1:15　12. 日照大炮楼村尼姑庵出土

"之"字形几何纹十分少见,方卣的这种纹饰组合也不见于其他地区,是当地的特色纹饰组合。此外,日照崮河崖 M1 出土的卵形壶与鲁国故城 M48 出土的卵形壶形制及纹饰组合基本相同,不见于海岱之外,很有特色。

(五)铭文。莒国铜器铭文的特点不多,在前期,无论字形书体、铭文内容还是铭辞体例,多与中原一致,至后期则与齐国基本一致。仅莒大史申鼎之铭辞"子孙是若"极为少见,目前仅此 1 例。不过"是若"一词还见于稍早的徐王糧鼎铭辞"子子孙孙,世世

图一〇五　莒国铜器纹饰（部分）
1. 沂水纪王崮 M1 出土铜甗口沿下所饰垂鳞纹　2. 沂水东河北出土鼎上腹纹饰
3. 沂水刘家店子 M1 出土鼎腹部纹饰

是若"（集成 2675）。"是若"一词可能是徐、莒一带的方言或特色词语。此外，由目前发现的莒国铜器铭文来看，莒国媵器较少，目前还未有发现。从莒县城东前集出土的司马南叔匜之铭"司马南叔作㽦姬媵匜"可知，此器应为嫁于莒国的他国（氏）所作媵器，而非莒国嫁女所作媵器。沂水纪王崮 M1 发现的华孟子鼎也是江国嫁女于此地所作的媵器。此外，沂水刘家店子 M1 出土的铜铺自名为"簠"，为簠与铺的关系提供了新的线索。

莒国铜器与中原铜器有同有异，虽然中原式铜器稍占优势，但在器类、组合、形制、纹饰、铭文等方面也有一些自己的特点，这些特点自西周晚期出现，一直持续到春秋晚期。

四、薛国铜器

薛国，任（妊）姓，海岱古国，早在夏商时期就已存在。《左传·定公元年》载："薛宰曰：'薛之皇祖奚仲居薛，以为夏车正。奚仲迁于邳。仲虺居薛，以为汤左相。'"周初重封于薛，于公元前 418 年亡于齐。

（一）铜器概况。薛国铜器目前发现约 10 批，总数 900 余件，其中铜容器 120 件左右，兵器约 200 件，车马器、杂器等近 600 件。主要集中在春秋中期，春秋早期和春秋晚期及战国早期也有少量发现。另有传世器约 10 件。有铭铜器共 10 余件。薛国铜器在春秋中期略有特点。

（二）器类与组合。薛国铜器的类别与中原地区基本相同，组合上也大致无别。如春秋中期以鼎、鬲、簠、簋为组合核心，推行了鼎簋制度，春秋晚期至战国早期以鼎、盖豆、铺为核心。需要注意的是，春秋晚期至战国的个别小型铜器墓葬（M7）仅随葬了一件铺，与鲁国故城甲组墓的做法相同，这一组合方式不见于中原地区。

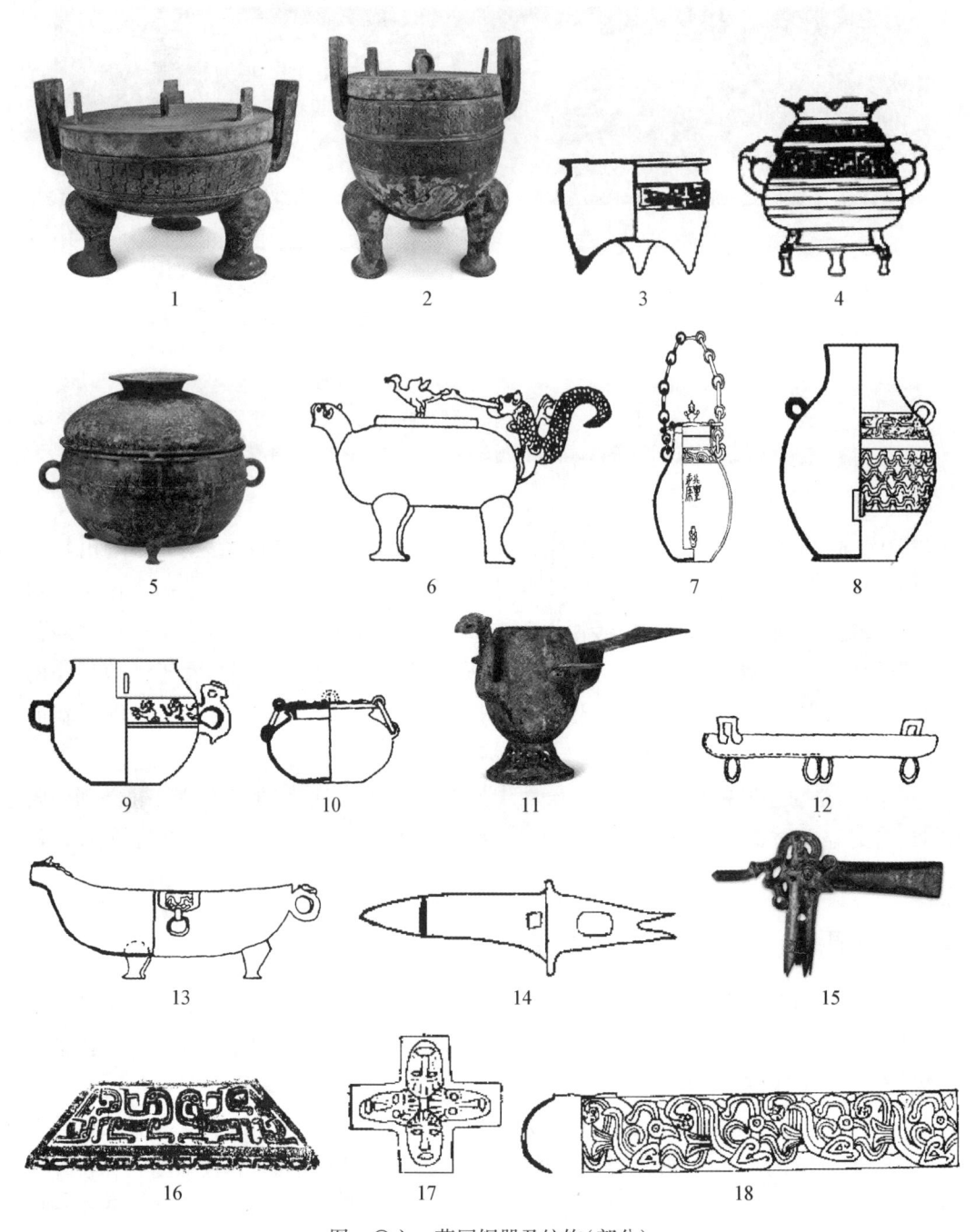

图一〇六 薛国铜器及纹饰(部分)

1. 滕州薛国故城 M2：104　2. 滕州薛国故城 M2：121　3. 滕州薛国故城 M2：114　4. 滕州薛国故城 M1：27　5. 滕州坝上出土　6. 滕州薛国故城 M4：5　7. 薛侯行壶　8. 滕州薛国故城 M1：63　9. 滕州薛国故城 M1：1　10. 滕州薛国故城 M2：20　11. 滕州薛国故城 M4　12. 滕州薛国故城 M9：3　13. 滕州薛国故城 M2：121　14. 滕州薛国故城 M1：2　15. 滕州薛国故城 M2：16　16. 滕州薛国故城 M1：77 簋盖纹饰　17. 滕州薛国故城 M1：12B-1 节约　18. 滕州薛国故城 M2：29 车马器镂空鸟纹

（三）形制。薛国铜器多数与中原地区相同或相近，部分器物在形制上较有特点。薛国故城出土14件鼎为直附耳、浅腹、圜底近平、粗短蹄足以及4件鼎为直附耳、卵形深腹、粗短蹄足，均较有特点。有8件铜鬲是海岱地区东南部流行的夷式尖足铜鬲。其出土的6件莲花状捉手铜簋也十分少见。一件短颈、橄榄形腹、平底提链壶（薛侯行壶），是目前发现的最早的提链铜壶之一。此外，M1出土的鱼嘴形直内戈、M2出土的平盖提链罐、M4出土的3件鸟形杯以及杖首也较有特色。

（四）纹饰。薛国铜器的纹饰也与中原地区基本相同，仅少量器物的纹饰较有特色，如滕州薛国故城M2:29车马器所饰镂空鸟纹、滕州薛国故城M1:77簋盖所饰怪兽纹、滕州薛国故城M1:12B-1节约所饰人面纹等。此外，蟠螭纹十分流行。

（五）铭文。薛国铜器铭文目前尚未发现有什么特色。但有两件薛器有重要研究价值：薛侯鼎及亚薛父己鼎。二器皆后缀徽识"史"，说明薛国与"史"这一族群有重要关系，是考察商代晚期至西周早期族群名称与封国名称的重要资料。也是探索前掌大"史族"墓地归属的重要线索。此外，目前尚未发现薛国所作的媵器，原因不明。

薛国铜器在总体上与中原地区基本一致，仅在组合、形制、纹饰等方面有一些自己的特点，这些特点主要集中在春秋中期。

五、小邾国铜器

小邾，也称郳，分自邾，"自邾子侠受封，五世至夷父颜。当周宣王时，封其子肥于郳，为小邾"①。公元前258年前后灭于楚。都于今枣庄市山亭区东江村一带。

（一）铜器概况。目前发现的小邾国铜器集中于枣庄东江小邾国墓地，共出土铜器120余件，其中铜容器87件、兵器32件、工具1件。传世器5件左右。目前发现的小邾国铜器集中于春秋早期后段。

（二）器类与组合。器类与中原地区基本相同，仅有一件提链铜罐仅见于海岱地区，较有特色。值得注意的是，M3出土的卵形铜瓶十分少见，但此瓶为昆君嫁女所作媵器，应不是小邾国之器。小邾国铜器组合以鼎、鬲、簋为核心，没有簠（或盨），有罍，而且簋、鬲的数量较多，与同期的鲁国故城乙组墓及中原地区明显有别。未推行严格的鼎簋制度。此外，出土的列鼎大小相同，与中原地区大小相次的列鼎明显不同，很有特色。

（三）形制。器物形制与中原地区有同有异。此墓地出土鼎的形制有四种，其中两种较有特色：一种是立耳、平盖、束颈、鼓腹鼎，共7件，出于M2、M3；一种是附耳平盖鼎，通体饰夔龙纹，10件，被盗至澳门后被中贸圣佳拍卖公司购回。在同时期的中原地区都较为少见，有一定的地域性特色。此外，M2出土的裸人三足盘、仿陶鼓肩罐，M3出土的袋足鬲、提链罐、兽首衔环耳罍、圜底无足匜、裸人四足方匴（匱）以及被盗至澳门后追回收藏于安徽省博物馆的兽座凤鸟盖盉也很有特色。

---

① 王献唐：《春秋邾分三国考》，齐鲁书社，1982年，第3页。

图一〇七 小邾国铜器(部分)

1. 小邾国 M2 出土 2. 中贸圣佳拍卖公司自澳门购回 3. 小邾国 M3 出土 4. 小邾国 M3 出土 5. 小邾国 M3 出土 6. 安徽省博物馆藏凤鸟盖盉 7. 小邾国 M1 出土 8. 小邾国 M3 出土 9. 小邾国 M3 出土 10. 小邾国 M2 出土 11. 小邾国 M3 出土 12. 小邾国 M2 出土

（四）纹饰。小邾国青铜器的纹饰与中原地区基本相同，以窃曲纹和夔龙纹最为常见。但横鳞纹装饰在鼎盖立壁的做法与中原地区横鳞纹一般装饰在器物颈部或上腹的做法明显不同，很有特色。

（五）铭文。小邾国铜器铭文无甚特色，与中原铜器铭文基本无异。

小邾国铜器在总体上与中原地区基本一致，但在器类、组合、形制、纹饰等方面也有自己的一些特点，尤其是形制方面特点较为突出。

六、郱国铜器

郱国，妘姓（见郱仲簠铭"郱仲媵孟妘宝簠"）。郱国何时立国，尚不清楚。由《左传·襄公十三年》"夏，郱乱，分为三。师救郱，遂取之"知公元前560年为鲁国吞并。其故都当在长清五峰山仙人台附近一带。

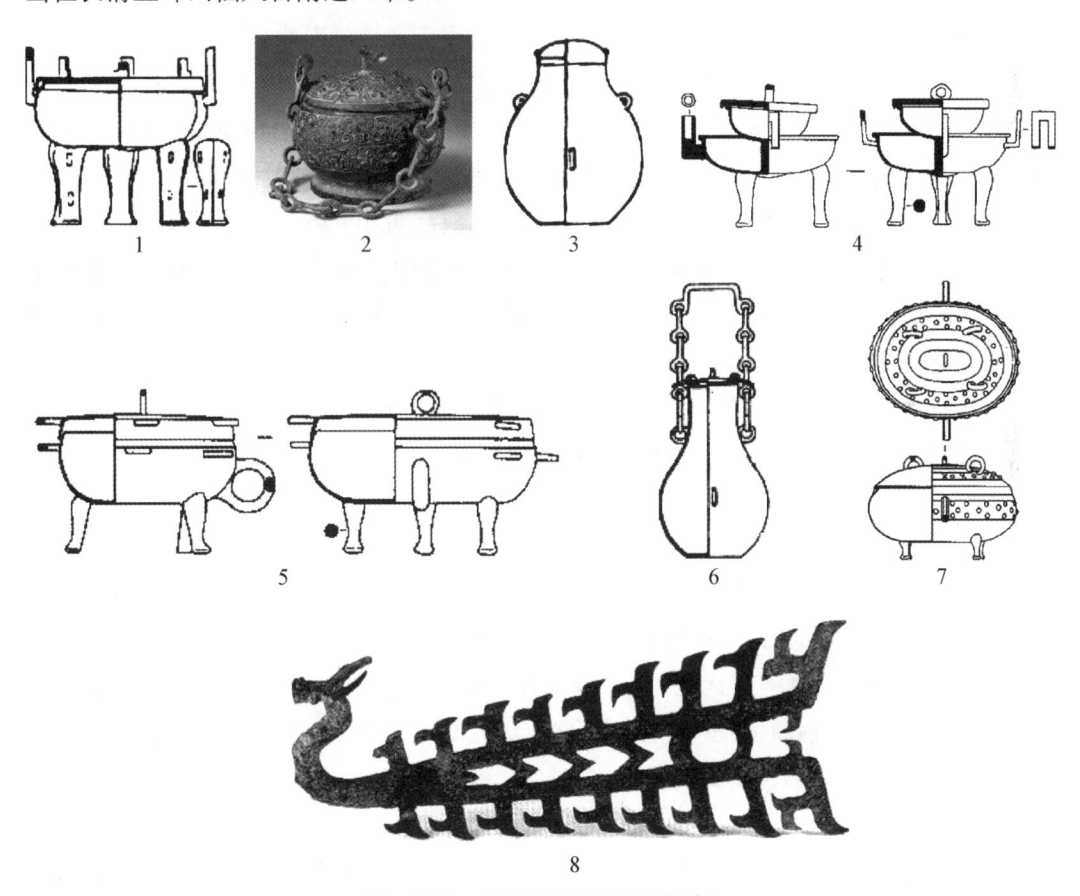

图一〇八　郱国铜器及纹饰（部分）
1. 仙人台 M5：72　2. 仙人台 M6：38　3. 仙人台 M6：12　4. 仙人台 M5：86　5. 仙人台 M5：84
6. 仙人台 M6：48　7. 仙人台 M5：75　8. 仙人台 M6 出土龙首凤尾状钟架饰

（一）铜器概况。郱国铜器目前共出土3批，总数220余件（组），其中铜容器88件，乐器29件，兵器57件，车马器36件（套），工具、杂器约10余件。此外，还有传世器10余件。主要集中在两周之际和春秋晚期。

（二）器类与组合。邿国铜器在类别上与中原地区基本相同。组合上，两周之际以鼎、簠为核心，等级较高的墓葬（如仙人台 M6）才配以簋；晚期以鼎、敦为核心。早期有盉、提梁小罐，无鬲、盘，晚期无匜。邿国铜器中簠的数量较多，多以簠替代簋，与鼎组成组合核心，如仙人台 M3、长清 M1（石都庄）等，这也是邿国铜器组合的一个重要特点。

（三）形制。邿国铜器在形制上大多与中原地区相近，但部分器物特别是春秋晚期 M5 出土的器物较有特色。两周之际的三足聚于底部的立耳鼎，短颈、腹一面平一面鼓的扁圆壶以及提链圈足罐较有特色。春秋晚期 M5 出土的平盖浅腹蹄足附耳鼎、乳丁纹三足铺（与齐国三足铺相似，可能受齐地影响）、七环三蹄足铺形鼎、鼎中置盘且有 L 形筒状附件的异形器、匜形鼎以及 M6 出土的提链罐、系钮扁壶、龙首凤尾状钟架饰等都十分有特色。

（四）纹饰。两周之际以窃曲纹最为常见，这一情况与小邾国墓地较为相似。除此外，三足铜铺上装饰乳丁纹的做法与齐国相似，应是受到齐地的影响。

（五）铭文。邿国铜器铭文与中原地区基本相同，仅个别铭辞较有特色。如邿子姜首盘之"……它它（沱沱）熙熙……"及"于终有卒……丕用勿出"（近出 1009）。这两句铭辞都较为少见，前者主要见于齐国铜器，可能是受齐国影响；后者目前仅见此一例，是邿国铜器铭文的特色辞例。邿召簠铭"……爰（永）宝毋又疆"（近出 526）之嘏辞也极为罕见，目前似不见于其他器物，也是邿国的特色铭辞。有铭铜器中，邿仲簠的铭文（邿仲媵孟妫宝簠）十分重要，邿国之姓困扰了学界较长一段时间，邿仲簠铭文的发现为解决这一问题提供了直接的证据。

邿国铜器在总体上与中原地区基本一致，但在器类、组合、形制、铭文等方面也都有自己的一些特点，尤其是形制和铭文方面特点较为突出。

七、夆国（族）铜器

《左传·昭公二十年》记载："昔爽鸠氏始居此地，季荝因之，有逢伯陵因之，蒲姑氏因之，而后大公因之。"《国语·周语》韦昭说："逄公，伯陵之后、太姜之侄，殷之诸侯，封于齐地。"李学勤先生考证说："商武乙、文丁及周穆王时，逢国仍在，其君逢公且颇有重要地位。"[①]西周中期有夆伯甗（集成 894）、夆伯鬲（集成 696）。此外，还有早年出于滕州的夆叔三器盘、匜、敦，为夆叔为季妃所作之器，时代为春秋晚期，这说明夆作为国（氏）一直存至春秋晚期。

（一）铜器概况。目前发现的夆国（族）之器除上述 5 件传世器外，主要发现于济阳刘台子墓地，共发现青铜器 35 件，其中容器 32 件、兵器 1 件、铜铃 2 件。时代为西周早期后段。

（二）器类与组合。器类有鼎、甗、鬲、簋、觯、尊、卣、盉、盘、匜、敦、戈、铃，与中原地区

---

① 李学勤：《有逢伯陵与齐国》，《齐文化纵论》，华龄出版社，1993 年，第 454—460 页。

基本相同，只是器物较少，种类上也有欠缺。组合上有三例完整组合。M2：鼎1、簋1、戈1；M3：鼎1、甗1、簋2、觯1；M6：鼎6、甗1、簋5、甂1、爵2、觯2、尊1、卣1、盉1、盘1。可以看出，中小型铜器墓偏重食器，大型墓食器、酒器并重，但不重兵器。墓主人性别不明。

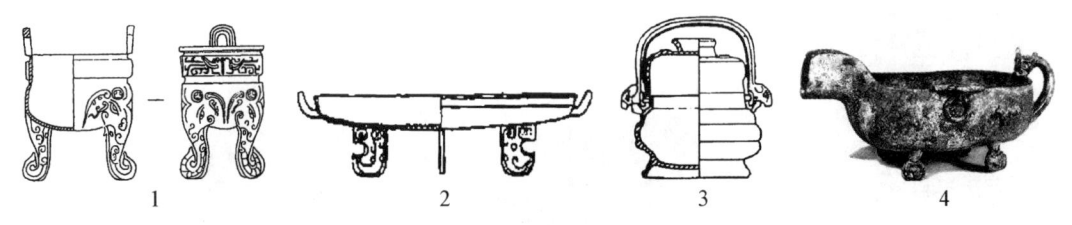

图一〇九　夆国铜器（部分）

1. 济阳刘台子 M6：22　2. 济阳刘台子 M6：14　3. 济阳刘台子 M6：10　4. 夆叔匜

（三）形制。西周早期夆国铜器的形制与中原地区基本相同，仅少量器物较有特色。一是济阳刘台子 M6 出土的象鼻足方鼎（M6：22），其特别之处在于足为逼真的象鼻形，而且上腹为正常的 A 型方鼎形，下腹却为 D 型方鼎形。二是 M6 出土的浅盘附耳三扁夔足盘（M6：14），不见于其他地区。三是夆叔三器，盘为小环耳浅腹圈足盘，匜为方腹短弧流矮扁足匜，与齐侯四器中的盘、匜形制相同，为海岱地区春秋中晚期之际的特色器物。

（四）纹饰。夆国（族）铜器纹饰与中原地区基本相同，仅少量器物有些特色。一是济阳刘台子 M6 出土的象鼻足方鼎（M6：22）之足，为写实的象首和象鼻，较为少见。二是 M6 所出的三扁夔足盘（M6：14）之夔足于盘上极为少见。三是 M6 所出的粗弦纹提梁卣腹部之凸出的粗弦纹。此外，夆叔三器的兽形纹饰可能是用红铜镶嵌的，这与枣庄徐楼铜匜及其纹饰如出一辙。

（五）铭文。铭文基本与中原相同，仅西周早期铭文中，"夆"之一字常单独使用，如觯（M6：11）、盉（M6：13）、盘（M6：14）、鼎（M6：21、22），或者作"夆，宝尊鼎"（M6：19鼎），而未见"夆"与其他文字联用的情况。这说明西周早期的"夆"还很可能是一个族的标识，即所谓的族徽，至西周中期，夆已是国（氏）名，如夆叔盘铭"唯王正月初吉丁亥，夆叔作季妃盘，其眉寿万年保其身，它它（沱沱）熙熙，寿考无期，永保用之"。此外，"它它（沱沱）熙熙"是海岱地区特别是齐文化区的特色铭辞。

八、滕国铜器

《国语·晋语四》载司空季子云"凡黄帝之子二十五宗，其得姓者十四人，为十二姓"，滕在其中。《世族谱》云："滕，姬姓。文王子错叔绣之后，武王封之居滕。"公元前 414 年为越所灭，后复国；又于公元前 296 年灭于宋。今滕州西南庄里西村附近一带是其故城所在。

（一）铜器概况。滕国铜器目前共发现 6 批，已公布 5 批，皆发现于滕州庄里西附近一带。目前已公布177件,其中容器36件、乐器8件(镈,2组)、兵器16件、车马器115件、工具2件。此外,还有传世器20余件。时代集中在西周早期和春秋晚期至战国早期。

图一一〇　滕国铜器及纹饰(部分)
1. 滕侯方鼎　2、3. 滕太宰得匜及上腹部纹饰

（二）器类与组合。西周早期的器类有鼎、鬲、簋、爵、觚、觯、尊、卣、壶、戈、削、弓形器等,春秋晚期至战国早期的器类有鼎、敦、豆、钟、盘、匜、编镈、戈等。组合上与中原地区同时期的组合基本相同。

（三）形制。基本与中原地区无别,仅个别器物较有特色。如庄里西1982年出土的滕侯方鼎是典型的周式方鼎,其附耳形制及盖面四夔足较有特点,海岱地区之外很少见。此外,现存于香港中文大学文物馆的滕太宰得匜之形制于海岱地区罕见,但在晋文化区及洛阳王畿地区十分常见,时代为春秋晚期。

（四）纹饰。纹饰上没有突出的特点,与中原地区基本无别。仅上述滕侯方鼎之纹饰与方鼎形制之搭配十分少见,周式方鼎通体装饰兽面纹的比较少见,此为一例。上述滕太宰得匜腹部纹饰上层为勾连卷云纹,下层为卷曲成横C状的螭纹,均不多见。

（五）铭文。铭文方面也没有明显的地域特点,与中原地区基本无别。仅几件器物的铭文信息较有价值,如新姒簋"新姒作饙簋"①,从此铭可知,新可能为一新的国或氏;再如滕侯簋"滕侯乍(作)滕公宝尊彝",此铭既是此地为滕国故都所在地的证明材料之一,又为研究西周诸侯国国君的生称与死谥提供了很好的材料。

九、纪国铜器

《世本·氏姓篇》(张澍稡集补注本)云:"纪氏,姜姓,炎帝之后,封纪,为齐所灭,以国为氏。"寿光古城发现有殷墟三、四期之际的"己并"族铜器,可能为墓葬,东西向,与烟台上夼墓及莱阳前河前墓相同。"己并"族或为两周纪国前身。至公元前690年,在齐国的不断逼迫下,"纪侯大去其国",自此不见于经传。

---

① 万树瀛、杨孝义:《山东滕县出土西周滕国铜器》,《文物》1979年第4期。

（一）铜器概况。目前出土的基本明确为两周纪国铜器的共有4批,共出土青铜器23件,其中容器19件、乐器1件、兵器2件、车马器1件。此外,尚有传世器10余件。主要集中在西周早期后段及西周晚期至春秋早期。

（二）器类与组合。器类上与中原无异,但因器物较少,器类不全。由于墓葬较少且多遭破坏,组合情况不明。

（三）形制。与中原同期铜器基本无异,仅烟台上夼墓出土的侈口细颈圆腹平底壶极为少见,可以视为海岱地区的特色器物。

（四）纹饰。与中原同时期铜器基本无异,仅烟台上夼墓出土的侈口细颈圆腹平底壶所饰三角纹、直线纹等纹饰组合在一起较为少见,是海岱地区的特色纹饰组合。

（五）铭文。与中原同时期铜器基本无异,仅已侯壶铭"……它它熙熙,受福无期……"为海岱地区特别是齐地的特色铭辞。

图一一一　己国铜器及纹饰（部分）
1. 貉子卣　2. 己侯壶　3. 烟台上夼墓出土　4. 莱阳前河前墓出土

十、杞国铜器

《国语·周语》称:"有夏虽衰,杞、鄫犹在。"《世本·王侯》（张澍稡集补注本）:"殷汤封夏后于杞,周又封之。"商汤灭夏后,将夏后姒姓之民迁至杞,即今河南杞县一带。约至商末,国绝。周覆商后,觅得夏后裔东楼公,重封之于杞（今河南杞县）。约西周厉王以后,因受淮夷、宋等国的侵逼,又迁至今新泰一带,后于公元前706年迁至淳于,其后可能又有迁徙,楚惠王四十四年(公元前445年)灭杞[①]。

(一)铜器概况。目前发现的杞国铜器有4批,共得铜器14件,皆为容器,即杞伯每亡器,时代集中在春秋前期,主要于清末出于新泰。

(二)器类与组合。器类上与中原无异,但因器物较少,器类不全。由于墓葬较少且多遭破坏,组合情况不明。

1　2　3　4

图一一二　杞国铜器及纹饰(部分)
1. 杞伯每亡鼎　2. 杞伯偶鬲　3. 大唐西市藏杞伯每亡簋　4. 杞伯每亡敦

(三)形制。形制上与中原基本无异,仅新发表的2件杞伯每亡豆形铜簋[②]、中国国家博物馆藏杞伯偶鬲以及杞伯每亡盏式敦较有特点。二簋体形似豆,但柄略短且全身饰瓦棱纹,称簋更为合宜。杞伯偶鬲为2件尖足铜鬲相连,但相连二足较短,呈悬空状,其余四足着地,十分罕见。杞伯每亡敦隆盖两侧所置的2个环形钮比较少见。这种形制的簋、尖足偶鬲及敦皆为首现,极具特色。

(四)纹饰。与中原同期铜器基本无异。

(五)铭文。与中原同期铜器基本无异。但值得注意的是,这些杞国之器皆为杞伯每亡为其夫人邾曹所作。一方面说明,杞国由于辗转迁徙致使国力衰微,铸器较少;另一方面说明杞伯每亡甚爱其夫人,或者说至少表面上是如此。其原因可能与杞国自杞县新迁至新泰有关,新泰毗邻邾国,杞国得以迁徙至此很可能有邾国之助,而且邾国相对强大,杞伯每亡为其妻铸造这么多的器物或为此故。

十一、邾国铜器

邾国,亦称邾娄国、邹国或驺。《世本·世家》(张澍稡集补注本):"邾曹姓,子爵。颛顼之后有陆终,产六子,其第五子曰安,邾即安之后。周武王封其苗裔邾侠为附庸。"《通

[①] 郭克煜:《杞国迁居山东问题》,《齐鲁学刊》1989年第4期;逄振镐:《山东古国与姓氏》,山东人民出版社,2006年;《史记·陈杞世家》"楚惠王之四十四年,灭杞";程为有:《杞国及其迁徙》,《东夷古国史研究》(第一辑),三秦出版社,1988年,第201—211页。

[②] 张懋镕、闫婷婷、王宏:《新出杞伯簋浅谈》,《文博》2011年第1期。

志·氏族略》:"周武王时,封安之苗裔曰郳挟为附庸,居于郳。"《汉书·地理志》班固注曰:"故郳国,曹姓,二十九世为楚所灭。"郳国灭于何时,史说不一。何浩先生认为:"郳之灭,当在考烈王二年至七年,即公元前 261 年至前 256 年之间。"① 目前,出土地大致明确的郳国铜器多出于滕州境内②。

（一）铜器概况。郳国铜器目前主要为传世器,共 22 件,其中容器 11 件、乐器(钟)10件、兵器 1 件。乐器钟的比例较高。主要集中在春秋时期。

图一一三　郳国铜器及纹饰(部分)
1. 取子孜鼓钺　2. 郳伯鬲　3. 滕州后荆沟出土裸人足龙耳盘

（二）器类与组合。器类与中原地区基本无异,只是数量较少,在类别上有所欠缺。器类有鼎、鬲、匜、钟、戈,尤其是钟数量较多。其青铜器因基本均是传世器,组合情况不明。

（三）形制。形制也基本同于中原同时期铜器,仅郳伯鬲、取子孜鼓钺以及裸人三足龙耳盘三件铜器较有特色。

（四）纹饰。与中原同时期铜器纹饰基本无异。

（五）铭文。与中原同期铜器基本无异。仅郳大宰簠(集成 4623)之铭辞"……曰：余诺恭孔惠,其眉寿以馈……"十分少见,较有特色。《小雅·楚茨》中有"孔惠孔时,维其尽之",与此近似。此外,郳公钎钟铭"陆融(终)之孙郳公钎作厥和钟"证验郳国确如《世本·世家》所言出自陆终(融)。

十二、潊国铜器

潊国墓葬发现于枣庄峄城区徐楼村,目前已发现两座大墓,出土了大量青铜器。根据铭文知 M2 为潊叔子之墓,M1 为潊夫人永的墓葬。潊字的释读尚有争议,有学者认为是王献唐先生《春秋郳分三国考》③滥国之"滥"字,从字形上看,有相似之处。据《春秋·昭

---

① 何浩：《楚灭国研究》,武汉出版社,1989 年,第 294 页。
② 陈公柔：《滕国、郳国青铜器及其相关问题》,《中国考古学研究——夏鼐先生考古五十年纪念论文集》,文物出版社,1986 年,第 181 页。
③ 王献唐：《春秋郳分三国考》,齐鲁书社,1982 年。

公三十一年》载"黑肱以滥来奔",滥国似应邻近鲁国。但徐楼二墓位于郳国东南(见图一二三),郳所分三国中距鲁国最远,于理不合。故而,本书暂依发掘简报意见,将溾释为鄪(费),即二墓可能属于费国。对此,本书最后一章有较为详细的讨论,兹不赘述。

（一）铜器概况。溾国铜器主要发现于2009年枣庄峄城区徐楼村二墓,共出土铜器190件,其中容器27件、乐器4件、兵器52件、车马器98件、工具6件、杂器3件,依据铭文知有5件宋国之器。时代为春秋中晚期之际。

（二）器类与组合。徐楼M1：鼎3、敦(简报称簋)2、簠4、铺2、铞1、盘1、匜1、罍2、盒2、提链罐1、立鸟罐1、钮钟3、镈1、辖5、軎5、衔4、镳8、节约4、盖弓帽1、管络饰40(注：该墓因遭破坏,组合可能不完整)。徐楼M2：鼎3、铞1、盘1、匜1、勺1、戈2、剑3、矛2、殳首1、镞39、钜1、镦4、斧1、锛3、凿1、锯1、辖6、軎6、衔6、镳12、杖首1、车盖斗1、锁1。组合方面处于鼎簋制度向鼎敦组合过渡的时期,较有特点。首先,铜器的性别属性明显,M1无兵器、工具随葬,但容器偏多,且多罕见之器,墓主人为女性的可能性很大;而M2容器相对偏少,但兵器较多,有工具,为男性的可能性较大。其次,M1随葬了这一时期已经濒于消失的器类——铺,且有较为少见的龙耳罍、凸弦纹盒、提链罐、立鸟罐等器物。

（三）形制。多数器物富有特色,比如出土的浅腹平底附耳鼎、提链罐、立鸟罐、龙耳蹄足罍、束腰盒、龙耳铞、四环足匜、管銎斧斤、铜锁等,部分仅见于海岱地区,部分仅见于该墓地。

（四）纹饰及装饰。部分器物的纹饰富有特色,比如平底敦、蹄足盘及环足匜所饰的镶嵌红铜的奔兽纹,铜铺盖面及腹部所饰的蟠蛇纹,平底敦所饰的镶嵌红铜亚字形纹,龙耳铞内底所饰的蟠龙纹,提链罐及立鸟罐盖上所饰立鸟,蹄足罍肩部所饰龙形耳及腹部所饰杏叶状纹饰,束腰盒所饰筐点纹,平盖铞腹部所饰长身兽纹和鸟纹,盘、匜所饰镶嵌红铜菱形纹等,均较有特色。

（五）铭文。该墓地出土具铭铜器9件,其中提到的国名有溾、宋、鄩三国,据铭文内容知,M1为宋公圛第三女、溾夫人永的墓葬,M2为溾叔子之墓。其中M2所出一鼎铭文末尾为"永宝子孙无疆子子孙孙永宝是尚",较为特殊,一是出现两次"永宝"子孙,二是"永宝是尚"为海岱地区的特色嘏辞,其他地区少见。二墓铭文中出现的溾君、溾公、溾叔子之称谓实为一人,且皆为生时自称,是研究先秦时期人名称谓的重要资料。此外,根据铭文,可知M1所出的三件浅腹平底鼎及铺皆为宋公圛所作的嫁女媵器,应为宋国之器,特此说明。

由于目前没有可以确定为莱国的铜器,因此,对莱国铜器的探讨只好暂时搁置。海岱地区其他诸侯国如曹、铸、鄅、宿、州的铜器都较少且缺少特点,本书也暂不作讨论。

总的来看,海岱地区两周铜器与中原地区差别较小,特别是在西周晚期以前更是如此。西周晚期以后,地域特征开始显现,铜器的国别特征也开始出现,但国别特征的形成大多是在春秋中期以后。海岱诸国中,铜器的国别特征较为突出的有齐、莒、小邾、郳四国,其余国家的铜器数量较少且特点都不甚鲜明。

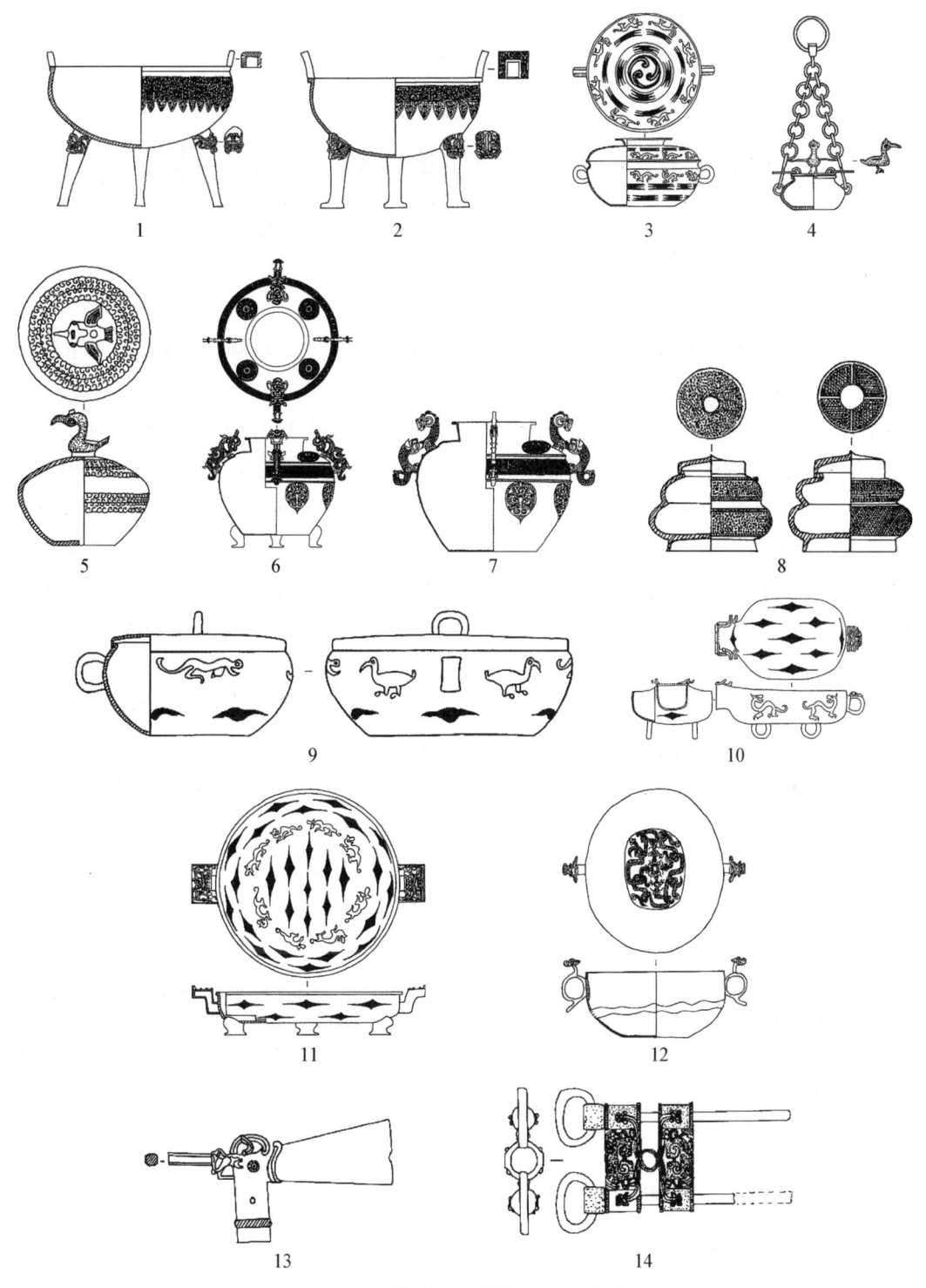

第十章 海岱地区商周青铜器的族别与国别特征

图一一四 潝(滥)国铜器及纹饰(部分)

1. 枣庄徐楼 M2：24 2. 枣庄徐楼 M2：25 3. 枣庄徐楼 M1：44 4. 枣庄徐楼 M1：3 5. 枣庄徐楼 M1：4
6. 枣庄徐楼 M1：19 7. 枣庄徐楼 M1：20 8. 枣庄徐楼 M1：1、2 9. 枣庄徐楼 M2：21 10. 枣庄徐楼 M1：11
11. 枣庄徐楼 M2：22 12. 枣庄徐楼 M1：22 13. 枣庄徐楼 M1：23 14. 枣庄徐楼 M1：4

第十一章　海岱地区商周青铜器的性别角色

　　性别考古学兴起于20世纪80年代,肇始于西方女权主义思潮的兴起,其倡导者有Gero J. M.①、Margaret W. Conkey 和 Janet D. Spector② 等。在2002年"晋侯墓地出土青铜器国际学术研讨会"上,汪涛引入了"性属考古"(Gender and Archaeology),即性别考古之概念③。同时陈芳妹④、雍颖⑤也在会上分别讨论了晋侯墓地的性别差异问题。2004年,王苏琦节译了英国考古学家 Matthew Johnson 的著作 Archaeological Theory: An Introduction (《考古学理论导言》)中的第八章"Archaeology and Gender"(考古与性别)⑥,正式介绍了性别考古学。同年,陈淳、孔德贞的《玉璜与性别考古学》⑦也介绍了性别考古概念,并结合中国考古资料进行了关于玉璜性别考古的个案研究。中国考古学界对性别考古学的普遍关注是在林嘉琳、孙岩主编的《性别研究与中国考古学》⑧中文版出版之后。该论文集由12位曾在匹兹堡大学工作和学习过的学者撰写,主要从墓葬、葬俗、随葬品等方面,探讨了中国新石器时代至汉代的性别差异所反映的社会现象,是目前最早的关于中国性别考古学研究的专题论文集。之后国内有关性别考古的论著不断涌现,如《从性角色的渲染到性别角色的出现——新石器时代的男女之别》⑨《试论周代的铜匜》⑩《墓葬习俗中的性别研究——以贾湖遗址为例》⑪《说匳——中国早期的妇女用品:首饰盒、化妆盒和香

---

① Gero J. M.:"Gender Bias in Archaeology: A Cross-cultural Perspective", *The Socio-Politics of Archaeology*, Amherst: University of Massachusetts, Department of Anthropology, Research Report No.23, 1983, pp.52-57.
② Margaret W. Conkey and Janet D. Spector: "Archaeology and the Study of Gender", *Advances in Archaeological Method and Theory*, Vol. 7(1984) pp.1-38.
③ 汪涛:《两周之际的青铜器艺术——以晋侯墓地出土的青铜器为例》,《晋侯墓地出土青铜器国际学术研讨会论文集》,上海书画出版社,2002年,第384—410页。
④ 陈芳妹:《晋侯墓地青铜器所见性别研究的新线索》,《晋侯墓地出土青铜器国际学术研讨会论文集》,上海书画出版社,2002年,第157—171页。
⑤ 雍颖:《晋侯夫妇墓之比较及晋国高级贵族妇女社会地位试析》,《晋侯墓地出土青铜器国际学术研讨会论文集》,上海书画出版社,2002年,第197—208页。
⑥ 马太·约翰逊著,王苏琦译:《考古学与性别》,《江汉考古》2004年第1期。
⑦ 陈淳、孔德贞:《性别考古与玉璜的社会学观察》,《考古与文物》2006年第4期。
⑧ 林嘉琳、孙岩:《性别研究与中国考古学》,科学出版社,2006年。
⑨ 赵东玉:《从性角色的渲染到性别角色的出现——新石器时代的男女之别》,《中国历史文物》2006年第5期。
⑩ 方辉:《试论周代的铜匜》,《海岱地区青铜时代考古》,山东大学出版社,2007年,第483—498页。
⑪ 王建文、张童心:《墓葬习俗中的性别研究——以贾湖遗址为例》,《四川文物》2008年第6期。

盒》①《内蒙古凉城县小双古城墓地女性墓葬的社会地位试析》②《女性考古与女性遗产》③《性别研究视角下的井沟子遗址西区墓地》④《西周至春秋早期贵族女性墓随葬品的考察及其相关问题》⑤《梁带村芮桓公夫妇墓随葬青铜器的性别观察》⑥《性别考古学研究综述——以中国考古学为中心》⑦等。经过十余年的发展，国内的性别考古学已经取得了较大进展，特别是对于随葬品的性别特征以及男女社会分工、社会地位的探讨更是成果显著。

　　总的来看，中国的性别考古学研究方兴未艾，就研究内容而言，主要集中在新石器时代的墓葬、葬俗、随葬品等方面的性别差异。对青铜器性别的关注大抵始于20世纪90年代晋侯墓地的发现，且主要是对一处墓地的个案研究，因选题所限，多未作深入的探讨。目前，有关青铜器性别问题的专题研究尚付阙如。此外，由于年代久远，商周墓葬中的人骨多已腐朽无存，致使大量墓葬的性别信息缺失，影响了进一步的研究。故而，具有身份等级象征的青铜器的性别特征是推断这些墓葬主人性别的重要参考。鉴于此，本书在以往学者研究的基础上，以海岱地区为例，来考察商周青铜器的性别特征，以作为中国性别考古研究的一点补充。

　　海岱地区商周墓葬中的人骨一部分朽腐无存，一部分未作性别鉴定，只有一小部分墓葬有性别鉴定信息。本书选取有性别鉴定信息且未被盗掘的铜器墓作为研究对象，尝试作一分析。由于商代前期海岱地区性别信息清楚的完整铜器墓阙如，故而本书的资料分析从商代后期开始。

第一节　商代后期至西周前期

　　从表一六可以看出，海岱地区商代后期至西周前期有性别鉴定资料的中型以上墓葬仅有4座，其中以济阳刘台子M2⑧时代最晚，为西周早中期之际。就现有资料而言，除较晚的刘台子M2外，本阶段中型男性墓所葬铜器的种类与女性相近，皆以酒器为核心，食器较少。但男性墓中的铜器总量略多于女性，铜容器、兵器和工具的数量也略多于女性。具体而言，男性墓无方鼎、无鬲、无卣；女性墓无爵、无锛、无车马器。但考虑到被盗扰的大型女性墓前掌大⑨BM3（墓口8.0×3.35平方米）随葬了大量车马器，这说明在本期车马器

---

① 李零：《说匲——中国早期的妇女用品：首饰盒、化妆盒和香盒》，《故宫博物院院刊》2009年第3期。
② 杨建华、曹建恩：《内蒙古凉城县小双古城墓地女性墓葬的社会地位试析》，《内蒙古文物考古》2010年第1期。
③ 贺云翱主编：《女性考古与女性遗产》，南京大学出版社，2011年。
④ 张礼艳：《性别研究视角下的井沟子遗址西区墓地》，《边疆考古研究》（第10辑），科学出版社，2011年。
⑤ 韦心滢：《西周至春秋早期贵族女性墓随葬品的考察及其相关问题》，《两周封国论衡——陕西韩城出土芮国文物暨周代封国考古学研究国际学术研讨会论文集》，上海古籍出版社，2014年，第303—325页。
⑥ 王洋：《梁带村芮桓公夫妇墓随葬青铜器的性别观察》，《考古与文物》2013年第2期。
⑦ 曹芳芳：《性别考古学研究综述——以中国考古学为中心》，《南方文物》2013年第2期。
⑧ 德州行署文化局文物组、济阳县图书馆：《山东济阳刘台子西周早期墓发掘简报》，《考古》1981年第9期。
⑨ 中国社会科学院考古研究所：《滕州前掌大墓地》，文物出版社，2005年，第560—561页。

与性别并无直接关系,而可能与墓葬的等级有关。需要说明的是,由于此期墓葬资料较少,尤其是男性墓仅有一座,以上部分结论不具有普遍意义。

表一六　商代后期至西周前期中型铜器墓出土铜器统计表

器类 墓葬	鼎方	鼎圆	甗	鬲	簋	爵	觚	觯	角	尊	卣	壶	盉	戈	镞	斧	刀	性别
前掌大 M18		1	1		1	2	2	1	1	1		2	1	4	5	1	2	男
前掌大 M119	1	1			1		2			1	1			1	10			女
前掌大 M120	1	2	1	1	1		2	2	2	1	1	1	1		1		2	女
刘台子 M2		1		1	2				1									女

注：前掌大M18尚出土车马器17件。

海岱地区商代后期至西周前期有性别鉴定信息且较为完整的小型铜器墓皆出于滕州前掌大墓地,墓葬面积多在5平方米左右。从表一七可以看出,除前掌大BM9随葬品较为丰富外,其余男性墓与女性墓中的铜器类别与数量都较为接近,多是以爵、觚为核心,部分墓葬加戈等兵器,食器很少。男性墓葬随葬兵器的占56%,女性墓葬随葬兵器的占67%,女性墓随葬兵器的比例高于男性墓,而且本墓地出土的最大的铜戈也出于女性墓M49。

表一七　商代后期至西周前期小型铜器墓出土铜器统计表

器类 墓葬	鼎	簋	爵	觚	觯	尊	卣	罍	戈	矛	镞	斧	刀	锛	凿	铃	性别
前掌大 BM9			1	1					5	6	7	1	2	2			男
前掌大 M13	1		1	1	1	1											男
前掌大 M14			1		1				1								男
前掌大 M15			1														男
前掌大 M44									1							1	男
前掌大 M121			2	2	1	1			1							1	男
前掌大 M123			1	1													男

续表

器类 墓葬	鼎	簋	爵	觚	觯	尊	卣	罍	戈	矛	镞	斧	刀	锛	凿	铃	性别
前掌大 M124													1				男
前掌大 M127			1	1													男
前掌大 M17			1	1					2								女
前掌大 M31			1	1	1												女
前掌大 M49			2	1			1		2								女
前掌大 M108			1	1					2								女
前掌大 M110			1	1					1					1			女
前掌大 M128	1	1	2	1		1											女

值得注意的是,从表一六、表一七可以看出,本期前掌大墓地的女性墓多有兵器随葬,而且被扰动过的女性墓(前掌大 M17)也有兵器随葬。这说明以往通常认为女性墓不随葬兵器的观点是不恰当的,至少在海岱地区商代后期至西周前期女性墓随葬青铜兵器的现象就比较普遍。

第二节 西周后期至春秋前期

从表一八可知,海岱地区西周后期至春秋前期性别清楚的铜器墓数量不多,大中型铜器墓除仙人台 M6[①] 外,在随葬铜器的种类和数量上差别不大,这一点在枣庄东江小邾国 M2、M3[②] 这一对夫妻墓中表现得很明显。但在铜器的类别方面也有一定差异,如男性墓较少随葬鬲、簋,女性墓不见方壶和钟。女性墓不见方壶和钟之现象与晋侯夫人墓[③]相

---

① 山东大学考古系:《山东长清县仙人台周代墓地》,《考古》1998 年第 9 期。
② 枣庄市博物馆、枣庄市文物管理办公室:《枣庄市东江周代墓葬发掘报告》,《海岱考古》(第四辑),科学出版社,2011 年,第 220—328 页。
③ 北京大学考古系、山西省考古研究所:《1992 年春天马—曲村遗址墓葬发掘报告》,《文物》1993 年第 3 期;北京大学考古学系、山西省考古研究所:《天马—曲村遗址北赵晋侯墓地第二次发掘》,《文物》1994 年第 1 期;山西省考古研究所、北京大学考古学系:《天马—曲村遗址北赵晋侯墓地第三次发掘》,《文物》1994 年第 8 期;山西省考古研究所、北京大学考古学系:《天马—曲村遗址北赵晋侯墓地第四次发掘》,《文物》1994 年第 8 期;北京大学考古学系、山西省考古研究所:《天马—曲村遗址北赵晋侯墓地第五次发掘》,《文物》1995 年第 7 期;北京大学考古文博院、山西省考古研究所:《天马—曲村遗址北赵晋侯墓地第六次发掘》,《文物》2001 年第 8 期。

似。男性墓皆有兵器,60%的女性墓有兵器,在兵器的普及率上女性低于男性,但与同时期中原地区女性墓基本不随葬兵器的现象仍然有较大区别。小型铜器墓的情况也基本如此。此外,其他同出的随葬品中,对比东江小邾国 M2、M3,女性墓 M3 随葬有匜形鼎、方匮①(李零先生称之为"奁"②),而无兵器。关于方匮的用途及使用者,方辉及李零先生已作过论证,均认为是女性的首饰盒。

表一八　西周后期至春秋前期墓葬出土铜器统计表

器类 墓葬	鼎	鬲	簋	簠	盨	壶			罍(罐)	盘	匜	戈	镞	钟	性别
						方	圆	扁							
陈庄 M36			2	2						1		1			男
仙人台 M6	15		8			2	2	1		1	1	3	30	20	男
枣庄东江 M2	4	4		4			2		2	1	1	1	30		男
烟台上夼墓	2					1		1			1	2		1	男
陈庄 M35	2		2				2			1	1	3			女
姑子坪 M1	5		2	2			1		1			1	50		女
枣庄东江 M3	4	2		4			2		2	1	1				女
城前村墓③	2			2			1						29		女
崮河崖 M1	4	4					2			1	1				女
姑子坪 M2	1											1	2		男
岳家河 M118④	1														男
岳家河 M134													2		男
仙人台 M3	2		2												女

注:表中部分墓葬尚有铜器未作统计,情况如下。
　　陈庄 M35:车 2 矛 1(女性)⑤;
　　仙人台 M6:盂 1 罐 1 矛 1 锛 1 车马器 15 环 4 扣 7 箍 1(男性);
　　烟台上夼墓:铃 1 鱼钩 1(男性)⑥;
　　姑子坪 M1:方彝 1 匕 2(女性)⑦;
　　枣庄东江 M3:方匮(奁)1 提链罐 1(女性);
　　崮河崖 M1:盆 1(女性)⑧。

---

① 方辉:《试论周代的铜匮》,《海岱地区青铜时代考古》,山东大学出版社,2007 年,第 483—498 页。
② 李零:《说匮——中国早期的妇女用品:首饰盒、化妆盒和香盒》,《故宫博物院刊》2009 年第 3 期。
③ 程继林、吕继祥:《泰安城前村出土鲁侯铭文铜器》,《文物》1986 年第 4 期。
④ 山东省潍坊市博物馆、山东省昌乐县文管所:《山东昌乐岳家河周墓》,《考古学报》1990 年第 1 期。
⑤ 山东省文物考古研究所:《山东高青县陈庄西周遗址》,《考古》2010 年第 8 期。
⑥ 山东省烟台地区文物管理委员会:《烟台市上夼村出土畟国铜器》,《考古》1983 年第 4 期。
⑦ 山东大学考古系、淄博市文物局等:《山东沂源县姑子坪周代墓葬》,《考古》2003 年第 1 期。
⑧ 杨深富:《山东日照崮河崖出土一批青铜器》,《考古》1984 年第 7 期。

第三节 春秋后期至战国时期

一、中型以上铜器墓

海岱地区春秋后期至战国时期性别清楚且较为完整的大中型墓葬有 23 座，主要集中于新泰周家庄墓地①。

从表一九可以看出，海岱地区春秋后期至战国时期的墓葬中，乐器铎、杂器狗项串饰、工具削、车器伞盖、车盖座、构件、合页等性别区分度最高，仅在男性墓中有发现；其次是兵器，除仙人台 M5 女性墓出土 1 件兵器戈外，其余兵器均出自男性墓，且所有的男性墓均有兵器随葬，这一点与中原地区已趋于一致；再次是车马器，88%的男性墓随葬有车马器，而只有 28.5%的女性墓中有车马器；另外，28.5%的女性墓随葬有铜铃，高于男性墓的 6%；其余器类的区分度都较低。值得注意的是女性墓如仙人台 M5 也随葬了乐器编钟，可知编钟在春秋后期以后不再是男性的专属随葬品。

二、小型铜器墓

海岱地区这一时段性别清楚且较为完整的小型铜器墓共 28 座，出土铜器情况如下：

新泰周家庄 M52：剑 1 戈 3 镞 4 马衔 2 铜片 3（男性，春秋晚期）；

新泰周家庄 M56：剑 1 戈 2 矛 2 戟 1 马衔 2（男性，春秋晚期）；

新泰周家庄 M61：钺 2 剑 1 戈 2 矛 1 马衔 2（男性，春秋晚期）；

昌乐岳家河 M106：剑 1 戈 1 镞 2 带钩 1（男性，春秋晚期）；

新泰周家庄 M57：钺 1 剑 1 戈 2 匕首 1（男性，春秋晚期）；

昌乐岳家河 M117：剑 1 戈 3 矛 1 带钩 1（男性，春秋晚期）；

新泰周家庄 M15：剑 1 戈 3（男性，春秋晚期）；

新泰周家庄 M64：剑 1（男性，春秋晚期）；

新泰周家庄 M51：剑 1（男性，春秋晚期）；

昌乐岳家河 M138：带钩 1（男性，春秋晚期）；

昌乐岳家河 M112：剑 1（男性，春秋晚期）；

昌乐岳家河 M107：剑 1（男性，春秋晚期）；

昌乐岳家河 M108：戈 3（男性，春秋晚期）；

昌乐岳家河 M157：剑 1（男性，春秋晚期）；

新泰周家庄 M59：钺 2 剑 2 戈 3 殳 1 马衔 2 璧形环 1（男性，战国早期）；

新泰周家庄 M30：剑 2 戈 2 殳 1 镞 2（男性，战国早期）；

---

① 山东省文物考古研究所、新泰市博物馆：《新泰周家庄东周墓地》，文物出版社，2014 年，第 576—587 页。

表一九　海岱地区春秋后期至战国时期墓葬出土铜器统计表

器类／墓葬	鼎	甂	敦	豆	壶	铺	盘	匜	剑	戈	戟	矛	殳	镞	带钩	铎	铃	害	辖	马衔	性别
周家庄 M2	1	2		4	1	2	1	1	3	4	1	2	1	7				2	2	4	男
周家庄 M6									2	2			1					2	2	2	男
周家庄 M10				2		2			2	2	2	1	1							2	男
周家庄 M11	1			2		2			2	2	1	2	1			1	6				男
周家庄 M13				2		2			2	4	1			7				2	2	2	男
周家庄 M22	1			2		2			2	4			1			1		2	2	2	男
周家庄 M35	1	1		2		2			3	5	1			8				4	4	4	男
周家庄 M49	1			2		1		1	1	2	1		1	5				2	2	2	男
周家庄 M68	2			2		2			1	2			1					2	2	2	男
周家庄 M65	1			2		1	1	1	2	2								2	2	2	男
周家庄 M38	1			2	1	1				3			1	21				2	2	2	男
周家庄 M73	1			1	1	1			1	2					1	1		2	2	2	男
周家庄 M5	1			1		1			3	3	2		1	2				2	2	2	男
周家庄 M18	1		2	2		2				2	1							2	2	2	男
周家庄 M32				1			1		2	5			1	3				2	2	2	男
周家庄 M67	1			2		2	2	2	1	2	2		2	10				2	2	2	男

续表

器类\墓葬	鼎	瓿	敦	豆	壶	觚	盘	匜	剑	戈	戟	矛	殳	镞	带钩	铎	铃	觽	辖	马衔	性别
威海 M3①	3								3	1		2		2	4						男
仙人台 M5		1	2		1	2	1	1										2	2	2	女
周家庄 M37	1			1		1	1	1		1											女
周家庄 M69			1	1		1															女
周家庄 M80	1			2		2	1	1												2	女
栖霞金山 M3															1		11				女
商王村 M1	5				5	2	3	3													女

注：表中部分墓葬尚有铜器未作统计，情况如下。

周家庄 M2：伞盖 1 车盖座 1 构件 4 衔环构件 3 合页 3 节约 4 管管状串饰 3（组）圆环 3 削 1 狗项串饰 1（组）（男性）；
周家庄 M13：削 1（男性）；
周家庄 M22：削首 1（男性）；
周家庄 M35：圆首 1 合页 3（男性）；
周家庄 M49：盖弓帽 12 匕首 3（男性墓）；
周家庄 M6：挂环 1（组）带扣 1 狗项串饰 1（组）圆环 1 狗项串饰 3 合页 1；
周家庄 M5：镦 1 伞盖 1 车盖座 1 构件 3（男性）；
周家庄 M32：圆环 3 带扣 4 管形环 4 管状串饰 1（组）狗项串饰 1（组）（男性）；
周家庄 M67：敂 1 狗项串饰 1 环 1（组）（男性）；
仙人台 M5：编钟 9 镈 6 铜璜 4（女性）②；
商王村 M1：盒 7 罍 4 耳杯 3 玺 4 钵 4 炉 2 灯 3 玺印 3 铜璜 3 镜等（女性）④。

① 郑同修：隋裕仁：《山东威海市发现周代墓葬》，《考古》1995 年第 1 期。
② 山东大学历史文化学院考古系：《长清仙人台五号墓发掘简报》，《文物》1998 年第 9 期。
③ 烟台市文管会，栖霞市文管处：《山东栖霞市金山东周遗址的清理》，《考古》1996 年第 4 期。
④ 淄博市博物馆，齐故城博物馆：《临淄商王墓地》，齐鲁书社，1997 年，第 140—146 页。

昌乐岳家河 M135：剑 1 戈 3 矛 1（男性，战国早期）；

昌乐岳家河 M150：剑 1 戈 2 矛 3（男性，战国早期）；

新泰周家庄 M77：戈 2 匕首 1（男性，战国早期）；

新泰周家庄 M75：剑 1 戈 2（男性，战国早期）；

新泰周家庄 M70：盖豆 2 铫 1 剑 2 戈 1 戟 1（男性，战国中期）；

新泰周家庄 M33：剑 2 戈 2 戟 1（男性，战国中期）；

新泰周家庄 M26：剑 1 戈 1（男性，战国中期）；

昌乐岳家河 M148：剑 1 带钩 1（男性，战国晚期）；

昌乐岳家河 M152：剑 1（男性，战国晚期）；

新泰周家庄 M28：盖豆 2 铫 2 铃 6（女性，春秋晚期）；

新泰周家庄 M25：盖豆 1 铫 1（女性，战国中期）；

昌乐岳家河 M130：环 6（女性，战国晚期）。

　　海岱地区这一时段性别清楚的 28 座小型铜器墓集中于新泰周家庄和昌乐岳家河①两处墓地，其中女性墓葬仅有 3 座，联系中型墓葬中仅有 27% 的墓葬为女性墓，以及周家庄墓地 91%（29/32）的男性墓和 33%（5/15）的女性墓随葬了象征身份等级的铜器，可以看出这一时期女性的地位普遍低于男性，致使女性墓葬中少有铜器随葬。岳家河墓地 38%（13/34）的男性墓和 7.7%（1/13）的女性墓随葬铜器的情况也反映了这一点。上述 25 座男性墓中，除 1 座仅随葬了一件带钩外，其余的 24 座皆随葬了兵器，其中 22 座有剑，17 座有戈。此外，4 座随葬带钩的墓葬皆为男性墓。女性墓皆未随葬兵器，也未随葬带钩。总的来看，春秋后期至战国时期的小型墓随葬铜器的性别特征较为明显，这一点已与中原地区基本相同。

　　总之，海岱地区商代后期至西周前期男女墓葬中铜器的类别及数量差别不大，尤为重要的是，二者在兵器上的差异也不明显。西周后期至春秋前期，男女墓葬在随葬铜器的数量上差别也不十分明显，但在类别上开始出现分化，如女性有铜匜（方盉），男性则无；而且女性随葬兵器的比例低于男性。春秋后期至战国时期男女随葬品进一步分化，铜铎、狗项串饰、削、车器伞盖、车盖座、构件、合页等区分度最高，仅在男性墓中有发现；其次是兵器和带钩，绝大多数出于男性墓，仅个别女性墓有兵器或带钩，特别是战国时期，女性墓已不见兵器。此外，这一时段的女性墓也有随葬乐器编钟者，可知，编钟在春秋中期以后不再是男性的专属随葬品。需要说明的是，因性别清楚的墓葬资料有限，以上部分结论可能不具有普遍意义。

小　　结

　　自商代后期至战国时期，海岱墓葬中铜器的性别特征呈现出逐渐分化的趋势，由开始

---

① 山东省潍坊市博物馆、山东省昌乐县文管所：《山东昌乐岳家河周墓》，《考古学报》1990 年第 1 期。

的不明显逐渐到后来的泾渭分明,这一趋势在兵器上表现得最为明显。这一过程一定程度上反映了男女社会地位与从属关系的变化:商代后期至西周前期男女的社会地位差别尚不甚明显,而到春秋时期,女性的从属地位已基本形成。

商代的妇女有自己的田产以及主祭的权利,而且死后还有享祭的尊荣。如《合集》9966:"甲寅卜,古贞,妇妌受黍年。""丁巳卜,贞,侑于帚(妇)。"《合集》2829:"庚子卜,贞,侑于帚(妇),一犬。"此外,商代的妇女还有领兵作战的权利。卜辞中女孩也可称子,这也说明当时女性的地位还是较高的。《尚书·周书·牧誓》:"牝鸡司晨。"西周早期吸取商纣王宠信妲己犹牝鸡之晨而致使朝政大坏的教训,把女人排挤出国家政权之外,并以宗法的形式确立了男尊女卑的等级制度。自此以后中国古代女性的社会地位如江河日下,其政治权利基本被剥夺,而军事权利更是无存。春秋战国时期礼崩乐坏,传统礼法的约束力减弱,上层社会的女性又开始参与国家政事,如鲁国的文姜、穆姜、卫国的宣姜、定姜、孔姬、晋骊姬等。其中又以齐姜居多,当缘于母国姜齐势大。当然此时的参政与商代已有根本不同,多是诸侯妻妾在夫君死后为子争权的传嗣之争。女性的地位和命运基本系于母家的权势、丈夫的恩宠和儿子的地位。女性社会权利的丧失直接导致其社会地位下降和社会分工更加明确,反映在墓葬中就是随葬品的规格和种类与男性逐渐分化。此外,青铜器的性别特征有一定的时代性和地域性,会因时因地而异。

需要注意的是,根据随葬品来判断墓主人的性别具有一定风险,需要多方面综合论证、谨慎处理。因为遗物或遗存所代表的性别信息会因时因地而异,而且早期社会尤其是史前时期的性别分工和性别关系也未必是泾渭分明的。正如丹佛大学人类学系教授Sarah M. Nelson所言:"每一个社会性别的劳动分工都要论证是否存在相近、重叠的情况。"[1]许倬云也认为:"中国传统社会确有男耕女织的分工,但是男性也常用纤维搓制绳索,例如制作鱼网、兽网、缰绳、络头……之属,何尝不用纺轮一类的工具?因此,一见纺轮,即联想到女性的生产专业,似乎有以一概全(之嫌),未免武断。"[2]此论可谓灼见。同时,墓葬中的随葬品是否能真实反映现实中的社会分工和性别关系也存在疑问。忽视这些因素,就可能产生似是而非、以偏概全的结论。关于墓葬中青铜器的性别角色研究也是如此。

---

[1] Sarah M. Nelson: *Gender in Archaeology: Analyzing Power and Prestige*, 2nd Edition, AltaMira Press, 2004, p.224.
[2] 许倬云:《性别研究与中国考古学·序》,林嘉琳、孙岩:《性别研究与中国考古学》,科学出版社,2006年。

下 编
道器之间：器用制度与制器思想

第十二章　海岱地区商周青铜器的器用制度

古代文献对周代的用鼎制度有较多的描述,以往的考古发现也证明了周代用鼎制度的存在。此外,考古资料显示周代还存在与用鼎制度配合使用的用簋制度,一般统称为鼎簋制度。然而周代以前的青铜器器用制度,因为文献的缺失,已无可辑考,只能依据考古资料来解决这一问题。

笔者认为,作为一种器用制度,该器物或器物组合应具备三个条件:一是器用核心,组合稳定;二是数量有度,等级分明;三是约束力强,普遍出现。通览三代的青铜器器用情况,符合这些条件的主要有三种:爵觚制度、鼎簋制度和编钟制度。

需要说明的是,青铜兵器中,戈虽然十分流行,且始终是兵器组合的核心,但其在等级方面的区分度较低,有的高等级墓葬中戈的数量并不多。如商代晚期的苏埠屯 M8 作为大型墓葬仅有 6 件戈,而大约同时期的中型墓葬前掌大 M11 中戈多达 31 件,济南刘家庄 M121 戈多达 22 件,同为中型墓葬的前掌大 M18、M21、M38 戈的数量分别仅为 4、2、1 件。再如春秋中期的滕州薛国故城大型墓 M1、M2、M4 戈的数量分别为 3、9、0 件。春秋晚期至战国时期的情况也是如此,如沂水纪王崮 M1 可能为诸侯王墓葬,而新泰周家庄 M1 显然级别没有那么高,但前者随葬戈仅有 4 件,后者却多达 36 件。其他兵器的情况也大致如此,故而,兵器基本没有形成真正意义上的器用制度。

关于中原王畿地区的青铜器器用制度,部分学者或多或少曾有涉及,而对王畿之外关注尚少,其执行情况多不甚清楚。兹以中原地区为参照,对海岱地区商周时期的青铜器器用制度探讨如下。

第一节　爵　觚　制　度

一、王畿地区爵觚制度的形成与瓦解

二里头文化三、四期较为完整的铜容器墓大约 13 座,其中仅随葬爵的 10 座,随葬爵、斝的 1 座,随葬盉的 1 座,随葬鼎、斝的 1 座,器物基本上一类一件。显然,这一时期青铜器用的核心是爵,以器用制度言之,可以姑且称为用爵制度。

二里岗下层较为完整的铜容器墓约 6 座:爵、斝组合 4 座,爵、盉组合 1 座,单一的爵

组合1座，多为一类一件。6座墓葬皆有爵，有斝的4座，爵斝同出的4座。这一时期爵仍然是青铜器用的核心，但斝的地位明显上升。

二里岗上层较为完整的铜容器墓约20座：爵斝组合、爵觚组合、爵觚斝组合及鼎爵觚斝组合各2座，鼎斝组合1座，鼎爵组合1座，鼎爵斝罍盘组合1座，鼎鬲爵觚斝尊组合1座；仅有爵的4座，仅有斝的2座，仅有鼎和仅有鬲的各1座。组合较为混乱。有爵的墓葬15座，有斝的墓葬11座，有觚的墓葬7座，有鼎的墓葬7座。爵、斝同出的8座，爵、觚同出的7座。可见，本期爵仍然是青铜器用的核心，斝的地位仍然较高，觚、鼎的地位较前期明显上升。

殷墟一期完整的铜容器墓约6座：其中5座有爵，5座有觚，5座有鼎，4座有斝，3座有罍。5座有爵、觚，4座有鼎、爵、觚、斝，3座有鼎、爵、觚、斝、罍。此期，爵、觚、鼎在组合中的地位相当，是最为重要的青铜容器，斝次之。因小型铜器墓仅有两座（一座仅随葬爵、觚，一座仅随葬鼎），尚看不出更为核心的组合。但此期爵、觚组合已渐趋成型。

殷墟二期完整的铜容器墓约39座：有爵和觚的各37座，有鼎的16座，有簋和甗的各8座，有斝和卣的各7座。爵、觚同出的34座，仅随葬爵、觚的18座，皆为小型墓，且绝大多数小型铜器墓仅随葬爵、觚，时代集中在二期后段。爵、觚组合的核心地位在殷墟二期后段得以确立，甗、簋、卣的地位也有所上升。

殷墟三期完整的铜容器墓约31座：有爵的30座，有觚的27座，有鼎的20座，有簋的11座，有卣的8座，有斝的6座。觚、爵同出的27座，也就是说有觚的墓葬都有爵同出。仅随葬觚、爵的6座。本期觚、爵同出的现象仍然十分普遍，仅随葬觚、爵的墓葬比前期少，是因为本期发现的小型铜器墓的数量较少。

殷墟四期完整的铜容器墓44座：有爵的38座，有觚的37座，有鼎的22座，有簋的18座，有卣的16座，有尊的14座（皆有卣同出），有觯的11座，有斝的9座。爵、觚同出的36座，有觚的基本都有爵同出（仅91后岗M38有觚无爵）。仅随葬爵、觚的12座，在20座小型墓中也占据了多数。可见，爵、觚组合仍十分稳定。但值得注意的是小型铜器墓中，无爵又无觚的墓葬有5座，比前期有所增加，同时，觯的地位有所上升。

西周早期完整的铜容器墓如下。周原一带9座：有鼎的8座，有簋的7座，有爵的4座，有觯的4座，有觚的0座。长安张家坡、沣河铁路桥西及马王村一带7座：有爵的6座，有觚的5座，有觯的3座，有鼎的6座，有簋的5座，爵、觚同出的5座。洛阳一带6座：皆有鼎、觯，有爵的5座，有觚的3座，有甗的3座，有尊的3座，爵、觚同出的3座，爵、觯同出的5座。可以看出，西周早期鼎的地位明显上升，绝大多数铜容器墓都有鼎，簋的地位也大致如此。爵、觚的地位明显下降，除长安一带墓葬中的爵觚组合还较为稳定外，周原、洛阳一带墓葬中的爵、觚组合受到了很大冲击，尤其是觚，19座墓葬中仅有8座有觚。本期觯的地位得以快速提高，已然超过了觚，而与爵相当，一并构成爵觯组合，且有取代爵觚组合之势。此期,商人的爵觚组合开始瓦解。

在爵觚组合盛行的时期,爵、觚的数量一般相等或相近。一般来讲,墓葬主人的等级越高,爵、觚的数量越多,如花园庄 M54 随葬 9 爵 9 觚、小屯 M18 随葬 5 爵 5 觚、大司空东南 M663 随葬 2 爵 2 觚,小屯 M17 随葬 1 爵 1 觚,这些墓葬的年代基本相同,但由于墓葬等级不同,爵觚的数量也因之而异。关于这一点,朱凤瀚先生也曾有论述[1]。

总的来看,商代晚期爵、觚相配使用的现象十分普遍,以往多称之为爵觚组合或觚爵组合。现在看来,爵觚相配使用符合器用制度的三个基本特征,可以上升到器用制度的层面,称之为爵觚制度。只是爵觚制度的推行年代久远,不似鼎簋制度尚有文献记载,致使缺少直接的文字证据证明其存在。二里头文化时期的用爵现象也基本符合器用制度的三个特征,似乎可以称之为用爵制度,但由于资料较少,尚需更多的考古发现来进一步证实。至迟在商代就已用"爵位"的高低来代表时人的地位等级,其本义可能就是源于商代后期盛行的爵觚制度或更早的用爵制度。爵位的推行也是当时存在爵觚制度或用爵制度的重要佐证。

体现商人重酒的爵觚制度可以说肇始于二里头文化时期的用爵制度,形成于殷墟一期,成熟于殷墟二期,殷墟四期之后由于王朝的更迭而衰落,西周早期后段已基本瓦解。

西周前期是新旧青铜器器用制度交替的过渡时期,至西周后期,继之而起的是等级更为分明、形式更为完善且体现周人祭祀理念的鼎簋制度。加上稍晚形成的编钟制度,统称为礼乐制度。

二、海岱地区的爵觚制度

海岱地区商代中期至西周早期基本完整的铜容器墓有 61 座,根据这些墓葬随葬的铜器情况,现将其爵觚制度的执行情况分析如下。

商代中期完整的铜容器墓 7 座:有爵的 7 座,有斝的 6 座,有觚的 4 座。爵、觚同出的 4 座,爵、斝同出的 6 座,皆无鼎。这与中原地区同时期的器物组合基本一致,仅鼎的使用较少。

殷墟一、二期完整的铜容器墓 2 座:一为觚、斝、盉组合,一为鼎、爵、觚组合。由于资料较少,组合情况尚不明晰。

殷墟三期完整的铜容器墓 11 座:皆有爵,10 座有觚,9 座有鼎,4 座有觯。爵、觚同出的 10 座。至迟在本期,海岱地区的爵觚制度已基本形成。与中原地区相比,似乎略晚。同时,本期鼎的地位略高,而且无簋。

殷墟四期完整的铜容器墓 16 座:15 座有爵(另一座无爵有角,似有替代关系),15 座

---

[1] 朱凤瀚:《中国青铜器综论》,上海古籍出版社,2009 年,第 1020 页。

有觚,5座有觯,有鼎和簋的各2座。爵、觚同出的15座,仅随葬爵、觚的8座。此期,海岱地区的爵觚制度方始成熟,晚于王畿地区。鼎、簋在青铜礼器中的普及程度或地位远低于王畿地区。

西周早期完整的铜容器墓25座:17座有觯,16座有爵,15座有鼎,12座有觚,11座有簋。爵、觚同出的12座,爵、觯同出的14座,鼎、簋同出的11座。10座小型铜器墓中,仅随葬爵、觚的1座,仅占10%;爵、觚同出的也不到一半。而且觯的数量已超过爵、觚,爵、觯组合已超过爵、觚组合,鼎、簋的地位也已逼近爵、觚。本期,海岱地区的爵觚制度开始瓦解,其瓦解时间似乎略晚于西周王畿关中地区,而与中原地区相当。

小结

海岱地区的爵觚制度形成时间略晚,瓦解时间也略晚,这主要是因为海岱地区不在商、周王朝的腹地。由于边缘化效应①,商人爵觚制度形成一段时间之后才传播到海岱地区,而当西周王畿地区开始推行新的器用制度时,海岱地区作为殷人及夷人的故地,摒弃原有的爵觚制度和推行新的器用制度也都会有一个过程,所以海岱地区原有的爵觚制度会经历一个自然的惯性期,其存在时间会稍长,瓦解时间也相应延迟,海岱地区中部及以东地带更是如此。但其在殷墟四期普遍推行了爵觚制度当无问题。

第二节 鼎簋制度

一、"鼎簋制度"概念的形成

《荀子·王制》曰:"衣服有制,宫室有度,人徒有数,丧祭械用,皆有等宜。"鼎簋制度作为"明贵贱,辨等列"(《左传·隐公五年》)宗法等级制度的重要组成部分,具有一定的强制性。《周礼·天官·膳夫》载周王之礼曰:"王日一举,鼎十有二,物皆有俎。"郑玄注:"'鼎十有二',牢鼎九,陪鼎三。"然郑玄注《周礼·秋官·掌客》载诸侯之礼亦曰:"鼎十有二者,饪一牢,正鼎九与陪鼎三。"何休注《公羊传·桓公二年》云:"礼祭,天子九鼎,诸侯七,卿大夫五,元士三也。"《孟子·梁惠王下》载:"君所谓踰者,前以士,后以大夫,前以三鼎,而后以五鼎与?"赵岐注曰:"乐正子曰:……士祭三鼎,大夫祭五鼎故也。"郑玄、何休、赵岐皆为东汉末年经学大家,关于周代用鼎规格的解释三者有所出入。何休、赵岐观点相近,认为诸侯享用七鼎,而郑玄则认为诸侯与天子同用九鼎。时至今日,关于周代诸侯的用鼎制度问题仍争论纷纷。

郭宝钧先生根据辉县琉璃阁出土的形状纹饰相似、尺寸大小依次递减的铜鼎,联系到

---

① 唐际根、荆志淳:《考古学文化发展的延滞现象和"边缘化效应"》,《三代考古》(一),科学出版社,2004年,第12—15页。

文献中的"列鼎而食"(《说苑·建本》)而率先提出"列鼎"概念①,开启了关于用鼎制度的探索。之后,俞伟超、高明两位先生率先进行了关于用鼎制度的系统探讨②,并引起了考古学家与历史学家们的广泛重视,具有里程碑式的意义。随后,有不少学者参与了讨论③。主要观点有三:邱德修等先生认为殷商中期已有完整的用鼎制度;俞伟超、高明、宋建、王世民等先生认为西周前期已有完整的用鼎制度;曹玮、朱凤瀚、印群、王飞等先生则认为严格的用鼎制度形成于两周之际。目前以第三种意见较为流行。

在郭宝钧先生提出列鼎概念之后,林沄先生提出"所谓列鼎关键在于形制相若,至于是否大小相次倒不必绝对化",并将与列鼎相配的形制、纹饰、大小相同的簋称为列簋④。在此基础上,曹玮先生进一步提出"列器"之概念,并将这一理论推广到整个青铜器器用制度中,如列爵、列觚、列鬲等⑤。列鼎理论至此基本成熟。两周考古资料中,在簋被敦、豆取代之前,鼎、簋一般同出,与文献记载相合。目前学界多认为宝鸡茹家庄 M1 甲室墓出土的 5 鼎 4 簋是目前发现的列鼎列簋组合的最早实例⑥,其成熟并形成制度时期是在西周后期⑦。

列鼎列簋制度即鼎簋制度,是指由数量上相携增减、大小相同或相次的鼎与簋组成的较为稳定的礼器组合制度。目前关于这方面的研究已取得较多成果,但鼎簋制度的具体演变过程仍不是十分清楚,鼎簋制度的区域研究更为薄弱,有必要作进一步的探索。笔者在前人研究的基础上,在对中原地区的鼎簋制度重作梳理的基础上,对海岱地区两周时期的鼎簋制度作一探讨。

二、中原地区的鼎簋制度

为避免不必要的争论,笔者仅选择未被盗掘的诸侯及卿、大夫墓葬进行分析。

---

① 郭宝钧:《山彪镇与琉璃阁》,科学出版社,1959 年。
② 俞伟超、高明:《周代用鼎制度研究》(上、中、下),《北京大学学报》(哲学社会科学版)1978 年第 1—2 期、1979 年第 1 期。
③ 邱德修:《商周礼制中鼎之研究》,《华学月刊》1982 年第 7 期;宋建:《关于西周时期的用鼎问题》,《考古与文物》1983 年第 1 期;林沄:《周代用鼎制度商榷》,《史学集刊》1990 年第 3 期;朱凤瀚:《古代中国青铜器》,南开大学出版社,1995 年,第 1023—1026 页;曹玮:《试论茹家庄西周墓地的器用制度——兼论西周后期器用制度的源流》,《中国考古学跨世纪的回顾与前瞻——1999 年西陵国际学术研讨会文集》,科学出版社,2000 年,第 274—280 页;印群:《论周代列鼎制度的嬗变——质疑"春秋礼制崩坏说"》,《辽宁大学学报》(哲学社会科学版)1999 年第 4 期;吴十洲:《两周墓葬青铜容器随葬组合定量分析》,《考古》2001 年第 8 期;梁云:《周代用鼎制度的东西差别》,《考古与文物》2005 年第 3 期;张闻捷:《周代用鼎制度疏证》,《考古学报》2012 年第 2 期。
④ 林沄:《周代用鼎制度商榷》,《史学集刊》1990 年第 3 期。
⑤ 曹玮:《从青铜器的演化试论西周前后期之交的礼制变化》,《周原遗址与西周铜器研究》,科学出版社,2004 年,第 91—106 页。
⑥ 曹玮:《试论茹家庄西周墓地的器用制度——兼论西周后期器用制度的源流》,《中国考古学跨世纪的回顾与前瞻——1999 年西陵国际学术研讨会文集》,科学出版社,2000 年,第 274—280 页;印群:《论周代列鼎制度的嬗变——质疑"春秋礼制崩坏说"》,《辽宁大学学报》(哲学社会科学版),1999 年第 4 期。
⑦ 曹玮:《关于晋侯墓随葬器用制度的思考》,《远望集——陕西省考古研究所华诞四十周年纪念文集》,陕西人民美术出版社,1998 年,第 294—301 页。

（一）西周至春秋时期

北赵晋侯墓地①。本墓地3座未被盗掘的晋侯墓随葬鼎簋的数量分别为：M91：7鼎5簋；M64：5鼎4簋；M93：5鼎4簋。与之对应的未被盗掘的3座夫人墓分别为：M92：2鼎2盨（替代簋）；M62：3鼎4簋；M102：3鼎4簋。曹玮先生根据M9、M13、M92所出鼎、簋的形制各不相同这一现象，认为"所谓的列鼎列簋制度并没有完全形成，还处于一个过渡阶段。……至M93、M102则完全成为'形制花纹相同、大小相同或相似'的列鼎列簋了"②。此说甚是，众家也多持是说。M93、M102的时代为两周之际，列鼎列簋制度至此已经形成，结束了以往形制、大小较为混乱的鼎簋器用现象。

平顶山应国墓地。本墓地未被盗掘的M1、M95、M84、M8各出土5鼎6(4)簋，简报认为是应国国君墓③，时代为西周晚期。其中M1的5件鼎形制相同、大小相次，6件簋的形制、纹饰、大小相同，属标准的鼎簋之制。应侯的用鼎规格为5鼎，配以4簋或6簋。

三门峡虢国墓地。本墓地共发掘5鼎以上墓葬8座④，其中M2009⑤出土9鼎8簋，M2001、M1052、M2011各出土7鼎6簋，M1706、M1810、M2010、M2012各出土5鼎4簋。报告认为M2001（虢季墓）、M2009（虢仲墓）是虢国国君墓；M1052、M2011是虢国太子墓；其余为国君夫人及卿大夫墓。《左传·僖公五年》："冬十二月丙子朔，晋灭虢。"鲁僖公五年为公元前655年，是以，郭宝钧、李学勤、朱凤瀚等先生认为上村岭虢国墓葬的年代为平王东迁至春秋中期早段的120年间⑥。此时的虢国墓地用鼎规格诸侯及太子为7鼎，夫人和卿大夫为5鼎，享用规格高于晋侯和应侯墓。至于M2009虢仲墓为9鼎，可能是因为虢公为周王室三公之一，是以比侯爵高一等级。

辉县琉璃阁卫国墓地⑦。M60为国君墓，随葬4套列鼎：列鼎9列簋6（鼎、簋各两

---

① 北京大学考古系、山西省考古研究所：《1992年春天马—曲村遗址墓葬发掘报告》，《文物》1993年第3期；北京大学考古学系、山西省考古研究所：《天马—曲村遗址北赵晋侯墓地第二次发掘》，《文物》1994年第1期；山西省考古研究所、北京大学考古学系：《天马—曲村遗址北赵晋侯墓地第三次发掘》，《文物》1994年第8期；山西省考古研究所、北京大学考古学系：《天马—曲村遗址北赵晋侯墓地第四次发掘》，《文物》1994年第8期；北京大学考古学系、山西省考古研究所：《天马—曲村遗址北赵晋侯墓地第五次发掘》，《文物》1995年第7期；北京大学考古文博院、山西省考古研究所：《天马—曲村遗址北赵晋侯墓地第六次发掘》，《文物》2001年第8期。

② 曹玮：《关于晋侯墓随葬器用制度的思考》，《远望集——陕西省考古研究所华诞四十周年纪念文集》，陕西人民美术出版社，1998年，第294—301页。

③ 河南省文物研究所、平顶山市文管会：《平顶山北滍村两周墓地一号墓发掘简报》，《华夏考古》1988年第1期；河南省文物研究所、平顶山市文物管理委员会：《平顶山应国墓地九十五号墓的发掘》，《华夏考古》1992年第3期；河南省文物考古研究所、平顶山市文物管理委员会：《平顶山应国墓地八十四号墓发掘简报》，《文物》1998年第9期；河南省文物考古研究所、平顶山市文物管理局：《河南平顶山应国墓地八号墓发掘简报》，《华夏考古》2007年第1期。

④ 中国科学院考古研究所：《上村岭虢国墓地》，科学出版社，1959年；河南省文物研究所、三门峡市文物工作队：《三门峡上村岭虢国墓地M2001发掘简报》，《华夏考古》1992年第3期；河南省文物考古研究所、三门峡市文物工作队：《上村岭虢国墓地M2006的清理》，《文物》1995年第1期；河南省文物考古研究所、三门峡市文物工作队：《三门峡虢国墓地M2010的清理》，《文物》2000年第12期。

⑤ 侯俊杰、王建明：《三门峡虢国墓地2009号墓获重大考古成果》，《光明日报》1999年11月2日。

⑥ 郭宝钧：《商周铜器群综合研究》，文物出版社，1981年，第70页；李学勤：《东周与秦代文明》，文物出版社，1984年，第65页；朱凤瀚：《古代中国青铜器》，南开大学出版社，1995年，第866—873页。

⑦ 郭宝钧：《山彪镇与琉璃阁》，科学出版社，1959年。

套),列鼎5(两套)。M80、M55为公子墓,级别为卿大夫,各随葬列鼎2套:一套为列鼎7列簋4,一套为列鼎5。时代皆为春秋中晚期之际。

此外,春秋中晚期之际的新郑李家楼郑国国君墓也随葬列鼎2套:一套为列鼎9列簋8,一套为列鼎7。

(二) 战国时期

战国早期。山彪镇M1(诸侯):鼎18(4套,列鼎5)、豆11;陕县后川M2040(卿):鼎17(鬲形鼎7、鼎5、无盖鼎5)、盖豆8、无盖豆2;太原金胜村M251(卿):鼎27(大鼎1、有盖列鼎7、有盖列鼎6、无盖列鼎5、联裆列鼎5、小鼎3)、豆14(方座豆4、有盖豆4、盖豆4、高柄豆2);后川M2115(大夫):鼎5、豆2;后川M2041(大夫):鼎5、豆6。

战国中晚期。长治分水岭M14:列鼎7;长治分水岭M12:鼎5、敦2;长治分水岭M25:鼎5、敦2、豆2;洛阳西工段M131:鼎5、豆4。

由以上诸侯国高级贵族墓葬可知,诸侯墓葬中的鼎簋制度是一个动态的概念,随着时代的演进而不断变化。大体演变趋势为:西周后期至两周之际为5鼎4(或6)簋;春秋早期为7鼎6簋;春秋中期为9鼎8簋;春秋中晚期至战国早中期一般有多套列鼎,单套列鼎少者3件多者9件;战国晚期又似乎恢复为一套列鼎,具体情况资料较少尚不十分清楚。是以,鼎簋制度可分为五个阶段:西周后期是形成期;春秋早期至中期是成熟期;春秋中晚期至战国早期是套鼎期,也是鼎簋制度的高峰期;战国中晚期是衰落期;秦汉是瓦解期。

可见,何休、赵岐、郑玄对春秋时期用鼎制度的注解可以说都是正确的,但又都不完全正确。何休、赵岐看到的可能是春秋中期以前用鼎制度的规定,而郑玄看到的则可能是春秋中期以后的实际用鼎情况。表面看来诸侯用鼎规格的提升似乎是一种僭越,但从本质上讲用鼎规格逐步、有序、普遍的提升则是当时器用制度发展的必然结果,把用鼎规格逐步、有序的演化和发展简单地归之为僭越似乎有形而上学之嫌。

从山西长治分水岭墓地①、长子县墓地②、侯马上马墓地③、河南陕县后川墓地④及洛阳市西工区墓地等⑤可以清楚地看到,在春秋中晚期,敦、豆开始了替代簋的进程,至战国早期已基本完成,此前中原地区普遍流行的鼎簋组合走到了尽头,但用鼎制度仍然普遍存在,而且西周以来的重食传统仍然盛行。敦、豆作为食器替代了簋,应可看作是鼎簋制度的延续,这种情况一直持续到汉代才结束。

---

① 山西省文物管理委员会:《山西长治市分水岭古墓的清理》,《考古学报》1957年第1期;山西省文物管理委员会、山西省考古研究所:《山西长治分水岭战国墓第二次发掘》,《考古》1964年第3期;山西省文物工作委员会晋东南工作组、山西省长治市博物馆:《长治分水岭269、270号东周墓》,《考古学报》1974年第2期。
② 山西省考古研究所:《山西长子县东周墓》,《考古学报》1984年第4期。
③ 山西省考古研究所:《上马墓地》,文物出版社,1994年。
④ 黄河水库考古工作队:《1957年河南陕县发掘简报》,《考古通讯》1958年第11期。
⑤ 中国科学院考古研究所:《洛阳中州路(西工段)》,科学出版社,1959年;中国社会科学院考古研究所洛阳唐城队:《1983年洛阳西工区墓葬发掘简报》,《考古》1985年第6期;中国社会科学院考古研究所洛阳唐城队:《河南洛阳市中州路北东周墓葬的清理》,《考古》2002年第1期;洛阳市文物工作队:《洛阳市西工区几座春秋墓的清理》,《考古与文物》2003年第2期。

三、海岱地区的鼎簋制度

目前发表的海岱地区西周晚期3鼎以上鼎簋同出的完整墓葬有2座：莒县西大庄M1（3鼎4簋）、沂源姑子坪M2（5鼎2簋）。其中莒县西大庄M1出土的3件鼎形制相同、大小相次，4件簋形制、大小相同，唯簋的数量稍多。沂源姑子坪M2出土的5件鼎形制基本相同、大小基本相次，2件簋形制相同，簋的数量则较少，不合标准的鼎簋制度之规范。就现有资料来看，海岱地区的鼎簋制度在两周之际尚未完全成熟，与中原地区相比略晚。下面为海岱地区东周时期的鼎簋制度情况。

（一）春秋时期

1. 国君墓葬。

海岱地区未被盗扰的春秋时期的国君墓如表二○。

表二○ 海岱地区春秋时期国君墓随葬列鼎统计表

墓　葬	主要器物	国别	姓	时　代	资料来源
长清仙人台M6	鼎8簋8	邿	妢	春秋早期	考古1998.9
小邾国墓地M2	鼎4簠4	小邾	曹	春秋早期	小邾国遗珍
薛国故城M1	鼎7簋6	薛	妊	春秋中期前段	考古学报1991.4
薛国故城M4	鼎7簋6	薛	妊	春秋中期后段	考古学报1991.4
薛国故城M2	鼎7簋6	薛	妊	春秋中期后段	考古学报1991.4
刘家店子M1	鼎11铺7	莒	己	春秋中期后段	文物1984.9

从国君墓葬来看，鼎簋制度在海岱地区没有全面推行，推行的规范性也与中原地区相差很多，如长清仙人台M6虽然推行了鼎簋制度，但列鼎的数量为8个且大小基本相同；小邾国墓地M2没有簋出土，而是以簠代簋，列鼎的数量为4个且大小相同。春秋中期后段的沂水刘家店子M1也推行了鼎簋制度，但列鼎的数量偏多且大小相同，簋的数量为奇数且形制实为豆形铺。仅有春秋中期的薛国故城推行了标准的鼎簋制度。观其用鼎规格，春秋早期的仙人台M6似乎略有逾越，小邾国M2明显偏低，沂水刘家店子M1则明显偏高，仅春秋中期的薛国故城墓用鼎规格与当时的鼎簋制度相合。

2. 卿、大夫、元士墓葬。

海岱地区未被盗扰的春秋时期的卿、大夫、元士墓如表二一。

春秋早期的卿、大夫、元士墓中仅曲阜鲁国故城姬姓周人墓和齐国故城M1推行了鼎簋制度，而且齐故城M1三件鼎的形制各异，并不是严格的列鼎制度。其余墓葬仅有鼎而无簋。春秋中晚期，敦逐渐取代了簋，鼎簋组合基本不见，其演进与中原基本同步；列鼎大小相同且呈偶数，与中原大小相次、呈奇数的列鼎有异。再看用鼎规格。鲁国故城

表二一　海岱地区春秋时期卿、大夫、元士墓随葬列鼎统计表

墓　　葬	主要器物	国别	姓	时　代	资料来源
鲁国故城 M48	鼎 3 簋 2	鲁	姬	春秋早期	曲阜鲁国故城
临淄齐国故城 M1	鼎 3 簋 2	齐	姜	春秋早期	考古 1988.1
临朐泉头 M 乙	鼎 3 簋 2	纪或齐	姜	春秋早期	文物 1983.12
海阳嘴子前 M4	鼎 6 敦 1	齐	妫	春秋晚期	海阳嘴子前
临沂凤凰岭大墓	鼎 6 敦 3	鄅	妘	春秋中晚期	临沂凤凰岭大墓

M48①出土的铜器多为鲁司徒仲齐自作之器，墓主当为鲁司徒仲齐。《周礼·地官·司徒》："大司徒，卿一人。小司徒，中大夫二人。"出土鲁国铜器中有"大司徒"官职，如春秋中期的鲁大司徒厚氏元铺（集成 4689—4691）、鲁大左司徒元鼎（集成 2592—2593），但未见小司徒铜器。据《西周金文官制研究》，金文中的司徒与《周礼·地官·司徒》所载等级相若，鲁司徒仲齐用鼎规格为 3 鼎 2 簋，其身份可能是小司徒。1969 年曲阜北关一春秋早期残墓出土 6 簋 2 铺；1981 年曲阜林前村发掘了 30 座春秋乙组周人墓，其中有 2 座五鼎墓，惜资料尚未发表，具体情况不明。据此，其时鲁侯的用鼎规格可能为 7 鼎 6 簋。海阳嘴子前 M4 的墓主人学界多认为是《史记·田敬仲完世家》所载的"田乞使人之鲁，迎阳生"之田乞，为卿大夫，如是，墓主人用鼎规格为 6 鼎与同时期的中原相比并不高。

3. 元士以下墓葬。

海岱地区未被盗扰的春秋时期 3 鼎以下墓葬如表二二。

表二二　海岱地区春秋时期低级贵族墓随葬列鼎统计表

墓　　葬	主　要　器　物		国别	姓	时代	资料来源
鲁国故城 M30	鼎 1	盨 1	鲁	姬	春秋早期	曲阜鲁国故城
鲁国故城 M46	鼎 1	簋 1	鲁	姬	春秋早期	曲阜鲁国故城
鲁国故城 M49	鼎 1	簋 2	鲁	姬	春秋早期	曲阜鲁国故城
临朐泉头 M 甲	鼎 2	鬲 5	纪或齐	姜	春秋早期	文物 1983.12
栖霞吕家埠 M1	鼎 1		莱	姜	春秋早期	考古 1988.9
栖霞吕家埠 M2	鼎 1		莱	姜	春秋早期	考古 1988.9
鲁国故城 M201	鼎 1	盆 1 铈 1	鲁	?	春秋中期	曲阜鲁国故城
鲁国故城 M202		敦 1 铈 1	鲁	?	春秋中期	曲阜鲁国故城
鲁国故城 M203		铈 1	鲁	?	春秋中期	曲阜鲁国故城
鲁国故城 M305		铈 1	鲁	?	春秋中期	曲阜鲁国故城

---

① 关于曲阜鲁国故城墓葬的年代，不少学者撰文对报告进行了纠正，如王恩田、崔乐泉、朱凤瀚、刘彬徽、杜廼松、许宏、王青等。其中以崔乐泉、朱凤瀚、王青的阐述最为系统，本书采纳这三位先生的分期意见，即甲组 M30、M46、M48、M49 为春秋早期，M52 为战国早期，M58 为战国中期；乙组 M201、M202、M203、M305 为春秋中期，M115 为战国早期。

续表

墓　　葬	主　要　器　物		国别	姓	时代	资料来源
淄博磁村 M01	鼎 1	敦 1	齐	姜	春秋晚期	考古 1991.6
淄博磁村 M02	鼎 1	敦 1	齐	姜		考古 1991.6
淄博磁村 M1	鼎 1	敦 1	齐	姜		考古 1991.6
邹平大省 M1	鼎 1		齐	姜		考古 1986.7
邹平大省 M3	鼎 1	盖豆 1	齐	姜		考古 1986.7
新泰郭家泉 M9		铜 1	鲁或杞	?		考古学报 1989.4
薛国故城 M6	鼎 1	盖豆 2	薛	妊		考古学报 1991.4
薛国故城 M7		铜 1	薛	妊		考古学报 1991.4
薛国故城 M9	鼎 1	盖豆 2	薛	妊		考古学报 1991.4
栖霞杏家庄 M3		敦 1	齐	?		考古 1992.1

可以看出，春秋早期 3 鼎以下墓葬之中均有鼎，半数墓葬有簋，在一定范围内推行了鼎簋制度。值得注意的是推行鼎簋制度的墓葬皆为鲁国故城乙组周人墓，其他墓葬仅有鼎而无簋，也没有簋的派生器——盨，没有推行或基本没有推行鼎簋制度。春秋中期的完整墓葬较少，皆为鲁国故城甲组墓，其中仅有 1 座墓有鼎，多数墓葬仅有 1 件铜铜，而没有鼎，基本没有推行鼎簋制度，流行随葬铜铜。春秋晚期墓葬相对较多，多数有鼎随葬。海岱南部有 2 座墓葬与鲁国甲组墓葬一样仅随葬了 1 件铜铜，而没有鼎随葬。值得注意的是海岱东部的栖霞杏家庄 M3 也没有鼎随葬，而以敦替代了鼎，这是以前所没有的现象。说明鼎地位下降的现象已不局限于海岱南部，鼎簋制度已有瓦解迹象。

（二）战国时期

海岱地区未被盗掘的战国铜容器墓葬如表二三。

表二三　海岱地区战国时期贵族墓随葬器物统计表

墓　　葬	主　要　器　物		国别	姓	时代	资料来源
济南左家洼 M1	鼎 1	盖豆 3 敦 2	齐	?	战国早期	考古 1995.3
庄里西 90STZM8	鼎 1	盖豆 2	滕	姬		文物 2002.6
鲁国故城 M115		铜 1	鲁	姬		曲阜鲁国故城
鲁国故城 M52		盂 1 盘 1 罐 1	鲁	姬		曲阜鲁国故城
临淄姚王村墓	鼎 8	豆 6	齐	姜	战国中期	考古与文物 1985.6
长清岗辛墓	鼎 4	盖豆 4	齐	?		考古 1980.4

续表

墓　　葬	主　要　器　物	国别	姓	时代	资料来源
诸城臧家庄墓	鼎4　豆4	齐	己	战国中期	文物 1987.12
鲁国故城 M58	鼎1	鲁	姬	战国中期	曲阜鲁国故城
郯城二中 M2	鼎1	?	?	战国中期	考古 1996.3
长岛王沟 M10	盖豆1	齐	?	战国中期	考古学报 1993.1
威海 M3	敦1	齐	?	战国中期	考古 1995.1
淄博商王村 M1	盒9 釜4 钵3	齐	?	战国晚期	临淄商王墓地
平度东岳石 M14	盖豆2 敦2	齐	?	战国晚期	考古 1962.10
济南千佛山墓	鼎2　豆1	齐	?	战国晚期	考古 1991.9

战国早期的4座一鼎级别墓中有2座没有鼎，其余2座为鼎、豆组合。鼎、豆（敦）组合作为鼎簋制度的延续仍然存在，但已出现明显的瓦解现象，其中包括鲁国故城乙组周人墓。鼎簋制度瓦解现象比中原地区出现得早而严重。战国中期的7座墓葬中，4鼎以上级别的墓葬4座，皆为鼎、豆组合，是鼎簋制度的延续；4鼎以下级别的墓葬3座，其中2座没有随葬鼎。这种情况说明较低级别墓葬中的鼎簋制度瓦解现象已十分严重。战国晚期完整墓葬较少，从表中3座墓葬可以看出，3座墓葬中有2座没有鼎随葬，其中包括出土32件铜容器的淄博商王村1号大墓。这说明海岱地区的鼎簋制度瓦解现象已波及高级贵族，鼎簋制度基本瓦解。

鼎在青铜礼容器中的消失是鼎簋制度瓦解的最重要标志。《中国青铜器综论》及《黄河中下游地区的东周墓葬制度》二书，对战国时期完整的铜容器墓作了较为全面的收集，笔者据此进行了统计分析，结果如下：1. 周及三晋地区的38座铜容器墓中，仅战国中晚期的长治分水岭 M35 没有鼎随葬，而以鬲替代了鼎。2. 燕国10座铜容器墓中皆有鼎随葬。3. 秦国16座墓葬中，仅战国晚期的八旗屯西沟道 M7 没有鼎随葬。4. 中山国14座墓葬皆有鼎随葬。5. 楚国53座墓葬中，仅1座战国末年的无锡前洲墓没有鼎随葬。可以看出，以上列国的鼎簋制度至少在战国晚期还没有瓦解，而海岱地区至迟在春秋战国之际就已出现瓦解现象，至战国晚期基本崩溃。海岱地区鼎簋制度的瓦解现象出现得较早，瓦解速度也较快。

小结

鼎簋制度是一个动态的概念，随着时代的演进而不断变化。其中春秋中期至战国中期变化较大，高级墓葬中一般有数套列鼎，是鼎簋制度的套鼎时期，也是鼎簋制度的高峰期。战国中晚期随葬列鼎的现象仍然较为普遍，因此这一时期并不是鼎簋制度的瓦解期，其瓦解期应在秦汉。

海岱地区鼎簋制度的特点主要有二：一是春秋早中期除海岱南部的曲阜鲁国故

城乙组墓、薛国故城墓和仙人台邾国墓外,大部分地区基本没有严格推行这一时期盛行于中原的鼎簋制度。二是鼎簋制度在战国早期就已趋于瓦解,至战国晚期已基本瓦解。而中原地区的鼎簋制度在战国中晚期仍然较为牢固,直至秦汉时期才渐趋瓦解。

形成这些特点的原因,笔者认为主要有三:一是海岱地区本是殷夷故地,其文化习俗根深蒂固,加上距中原较远,境内又多南北走向的山川丘壑,周文化东进所遇阻碍较大,鼎簋制度推行不彻底,其基础也较为薄弱,瓦解起来自然迅速。二是周王室东迁以来,其向心力日益减弱,区域文化特征开始突显,原本相对统一的器用制度很快被地域性器用制度所取代。三是中原地区鼎簋制度推行的力度大,基础坚实,而且经过长期的推行,很大程度上已经沉淀为一种观念和习俗,而观念和习俗作为一种意识形态,其惯性一般较大,改变较慢,因此,中原地区鼎簋制度的瓦解现象出现较晚,其瓦解过程也较海岱地区漫长。

鉴于此,在对两周铜器墓墓主身份进行判断时,既要考虑墓葬的时代,还要考虑其所在地域,对于中原之外没有严格推行鼎簋制度的地区,更是如此,不宜直接套用文献所记载的用鼎标准。

第三节 编钟制度

一、海岱地区的编铙制度

两周时期的编钟制度,始于商代的编铙制度,海岱地区也不例外。海岱地区最早出现的青铜乐器[①]是铙,共有 6 例,其中完整组合 3 例,具体情况如下。

惠民大郭: 铙 3
苏埠屯 M8: 铙 3
沂源东安故城: 铙 3

---

① 需要说明的是,二里头时期的铜铃多位于墓主人腰部,商周时期的铜铃多出于墓葬殉狗、殉马的颈部附近,且个体均较小(高度多在 5 厘米左右),故而研究者多认为早期的铜铃主要是人或家畜(主要是狗或马)的装饰品(响器),而不属于严格意义上的乐器。(参见安家瑗:《中国早期的铜铃》,《中国历史博物馆馆刊》1987 年总第 10 期;朱凤瀚:《中国青铜器综论》,上海古籍出版社,2009 年,第 325—326 页。)但一组数件形制相近、大小相次的编铃或属于乐器,如三星堆出土的商代晚期的两组编铃(一组 16 件、一组 14 件)、扶风庄白一号窖藏出土的西周中期的一组 7 件编铃、湖北随县刘家崖春秋中期墓葬出土的一组 5 件编铃、辉县琉璃阁一号墓出土的一组 3 件战国早期的编铃等(参见朱凤瀚:《中国青铜器综论》,上海古籍出版社,2009 年,第 327 页),但仅有数例。海岱地区目前发现的铜铃绝大部分出自墓葬,多单件出土(商代晚期至春秋中期:青州苏埠屯 M8 出土 8 件,寿光故城墓出土 6 件,苏埠屯 M5 及济南刘家庄 M121 各出土 5 件,济南大辛庄 M74 及前掌大 M119 各出土 2 件,其余 11 座墓葬如滕州级索十一中、井亭煤矿、苏埠屯 M7、前掌大 BM9、M213、鲁故城 M11、M46、M48、M49 以及烟台上夼墓等皆出土 1 件;春秋晚期至战国早期:新泰周家庄 M58 出土 12 件、新泰周家庄 M1 出土 9 件,新泰周家庄 M11 及 M28 各出土 6 件,新泰周家庄 M3 出土 4 件),多件同出的铜铃在体量上基本同大,尚未发现标准的编铃资料。总的来看,铜铃的形制普遍偏小,一般不宜于演奏音乐,商周时期多为装饰品(铃铛),是否存在为乐器的铜铃尚存争议,海岱地区也未发现明确为乐器的铜铃资料。故而,本部分未将铜铃纳入其中。

前掌大 M206：铙 2（被盗）

前掌大 M213：铙 1（被盗）

前掌大 M222：铙 1（被盗）

海岱地区的铜铙集中出现于商代晚期的较高等级墓葬之中，6 例铜铙中，3 例呈 3 件一组的编铙形式，2 例仅有 1 件，1 例有 2 件。这 3 例编铙的形制基本相同，大小相次。商文化核心区安阳一带出土的商代铜铙也多为 3 件一组，也为形制基本相同、大小相次的编铙。仅妇好墓编铙为 5 件一组，较为特殊。滕州前掌大 M206、M213、M222 出土的铜铙均不完整，报告显示，这 3 座墓葬皆被盗掘，编铙极可能因此而残缺。这似乎也说明海岱地区的编铙与中原基本相同，均为 3 件一组。

二、编钟制度的形成及中原地区编钟制度的执行情况

《论语·季氏》云："天下有道，则礼乐征伐自天子出。"《礼记·乐记》曰："功成作乐，治定制礼。"《史记·儒林列传》曰："幽厉微而礼乐坏。"礼与乐自古就互为肘腋，如同车之两轮，鸟之双翼。《周礼·春官·小胥》："正乐悬之位，王宫悬，诸侯轩悬，卿大夫判悬，士特悬，辨其声。"作为身份、地位象征的青铜乐器也与礼器一样有着严格的等级制度。编钟作为东周时期乐器的核心，集中体现了这一功能，是研究乐器的等级功能及其礼制意义的重要依据。关于编钟的礼制意义，曹玮、魏京武先生《西周编钟的礼制意义》一文有详细探讨①。

目前一般认为考古发现的最早的编钟资料有随州叶家山 M111 出土的 4 件编钟②及宝鸡竹园沟 M7 出土的 3 件一套的编钟③等，年代大致在昭王时期。之后，穆王时期的宝鸡茹家庄 M1、长安普渡村长由墓都有出土，皆为 3 件一套④。年代相当或稍晚的编钟资料主要还有：1960 年陕西扶风齐家村出土了 8 件柞钟、8 件中义钟，1973 年陕西长安马王村出土了 10 件南钟，1975 年陕西扶风庄白村出土了 21 件编钟，1985 年陕西眉县杨家村出土 10 件甬钟和 3 件镈，1988 年河南平顶山北滍村两周应国墓 M95 出土一组 7 件编钟等。曹玮先生通过对以上单位出土编钟的细致分析，认为："共懿之后，编钟的发展产生了一个较大的飞跃。……6 件成组的编钟制度在西周后期也已形成。"⑤目前，编钟制度在西周中期已经形成已成为学界之共识。相关的研究还见于李纯一⑥、罗泰（Lothar Von

---

① 曹玮、魏京武：《西周编钟的礼制意义》，《南方文物》1994 年第 2 期。
② 方勤：《叶家山 M111 号墓编钟初步研究》，《黄钟》2014 年第 1 期。
③ 卢连成、胡智生：《宝鸡𢎛国墓地》，文物出版社，1988 年，第 97 页。
④ 曹玮：《从青铜器的演化试论西周前后期之交的礼制变化》，《周原遗址与西周铜器研究》，科学出版社，2004 年，第 101 页。
⑤ 曹玮：《从青铜器的演化试论西周前后期之交的礼制变化》，《周原遗址与西周铜器研究》，科学出版社，2004 年，第 101—102 页。
⑥ 李纯一：《关于陕西地区的音乐考古》，《中国音乐学》1986 年第 2 期；《山东地区音乐考古及研究课题》，《中国音乐学》1987 年第 1 期。

Falkenhausen)①、王世民②、方建军③、蒋定穗④、高西省⑤、关晓武⑥等学者的相关论著。

西周晚期至春秋早期发现的编钟资料主要有：

晋侯墓地 M91：编钟 7 编磬近 20（国君墓，西周晚期）

晋侯墓地 M64：编钟 8 编磬 10 余（国君墓，西周晚期）

晋侯墓地 M6：编钟 16（2 组，每组 8 件）编磬 10 余（国君墓，西周晚期）

晋侯墓地 M93：编钟 16（2 组，每组 8 件）编磬 10（国君墓，两周之际）

虢国墓地 M2001：甬钟 8 编磬 10（国君墓，两周之际）

虢国墓地 M2009：甬钟 8 钮钟 8 编磬 20（2 组，每组 10 件）（国君墓，两周之际）

此时的编钟制度已经较为成熟，一般 7 件或 8 件一套，国君墓葬一般随葬一套，有的是甬钟，有的是钮钟。此期的卿大夫以下墓葬尚未发现有编钟随葬，但从周原较多贵族铜器窖藏出有编钟来看，卿大夫在平时宴飨、祭祀时已有使用编钟的资格，其墓葬中尚未发现编钟可能另有原因。

春秋中晚期的编钟资料主要有：

琉璃阁 M 甲：镈 4 甬钟 8 复钮钟 9 单钮钟 9 编磬 11（国君墓，春秋中期）

琉璃阁 M60：镈 4 甬钟 8 复钮钟 9 单钮钟 9 编磬 11（国君墓，春秋中晚期）

琉璃阁 M80：铙 1 编钟 3（七鼎墓，春秋中期）

太原金胜村 M251：钟 19（一套 14 件、一套 5 件）编磬 13（七鼎墓，春秋晚期）

万荣庙前村墓：钮钟 9 编磬 10（五鼎墓，春秋晚期）

长治分水岭 M269：甬钟 9 钮钟 9 编钟 10（五鼎墓，春秋晚期）

长治分水岭 M270：甬钟 8 钮钟 9 编磬 11（五鼎墓，春秋晚期）

侯马上马 M1004：镈 9 编磬 10（三鼎墓，春秋晚期）

侯马上马 M5218：镈 13 编磬 10（三鼎墓，春秋晚期）

春秋中晚期的国君墓随葬乐器的情况发生了较大变化，铜乐器一般由镈、甬钟、复钮钟、单钮钟等四套组成，再配以编磬。镈 4 件一套，甬钟 8 件一套，复钮钟 9 件一套，单钮钟 9 件一套，编磬 11 件一套。而七鼎卿墓的乐器规格不一，地域差异也较大，如琉璃阁 M80 随葬铙 1、编钟 3；太原金胜村 M251（赵卿墓）随葬钟 19（一套 14 件、一套 5 件），再加编磬 13 件，规格高很多，但与国君墓仍有差距，没有复钮钟和镈等。五鼎大夫墓的地域性

---

① Lothar Von Falkenhausen：*Suspended Music: Chime Bells in the Culture of Bronze Age China*，University of California Press，1993，pp. 319 – 320.

② 王世民、蒋定穗：《最近十多年来编钟的发现与研究》，《黄钟》1999 年第 3 期。

③ 方建军：《两周铜镈综论》，《东南文化》1994 年第 1 期；《陕西出土西周和春秋时期甬钟的初步考察》，《交响》1989 年第 3 期；《陕西音乐文物综述》，《中国音乐学》1997 年第 2 期；《商周礼乐制度中的乐器主及演奏者》，《音乐研究》2006 年第 2 期；《商周时期的礼乐器组合与礼乐制度的物态化》，《音乐艺术》2007 年第 1 期。

④ 蒋定穗：《中国古代编钟论纲》，《中国音乐》1995 年第 1 期。

⑤ 高西省：《商周时代南北甬钟之关系及南北文化交流之检讨》，《东南文化》1991 年第 6 期；《西周早期甬钟比较研究》，《文博》1995 年第 1 期。

⑥ 关晓武：《青铜编钟起源的探讨》，《文物保护与考古科学》2001 年第 2 期。

差异也较大,但同一墓地随葬乐器相同;长治分水岭墓比万荣庙前村墓多出 8—9 件甬钟;五鼎墓多有磬,但也没有镈;春秋晚期的五鼎墓随葬乐器规格已普遍超过了春秋早期的国君墓。同一墓地的三鼎墓随葬乐器基本相同,仅在具体数量上有一些差异,可能由年代上的早晚所致。三鼎墓的乐器一般由镈和磬组成,没有钟,因镈在琉璃阁国君墓中都有发现,是以,镈能否作为三鼎墓与五鼎墓的区别尚需进一步讨论。值得注意的是,三鼎墓出现了成套的乐器(由镈和磬组成,没有钟),乐器的使用范围向下有所扩展,但等级间的差距仍十分明显。编磬的配套出现正反映了《周礼·春官·磬师》关于"磬师掌教击磬,击编钟,教缦乐、燕乐之钟磬。凡祭祀奏缦乐,钟师掌金奏"之记载。

战国早期的编钟主要有:

山彪镇 M1:编钟 14(2 组)编磬 10(国君墓)

陕县后川 M2040:编钟 20 编镈 9 编磬 10(七鼎墓)

陕县后川 M2041:编钟 9 编磬 10(五鼎墓)

战国早期的国君墓从山彪镇 M1 来看,乐器随葬规格不高,仅随葬编钟 14 件(2 组)、磬 10 件,比中晚期国君墓少很多,与同期的陕县后川卿墓相比也颇有不如,可能不完整。7 鼎卿墓随葬编钟 20 件、编镈 9 件、磬 10 件,超过了春秋中晚期的卿墓,与中晚期国君墓相当。五鼎大夫墓与七鼎卿墓随葬乐器规格相差很多,没有编镈,编钟的数量也相对较少。卿墓乐器规格大幅度提升至逼近国君墓,似乎与春秋晚期以后列国出现的"公室卑于大夫之家"现象有关,而中级贵族的乐器规格尚未明显提升。

战国中晚期的编钟资料主要有:

中山王陵 M1:编钟 14 编磬 13(国君墓,战国中期偏晚)

长治分水岭 M14:甬钟 2 钮钟 8 编磬 22(七鼎墓,战国中期)

长治分水岭 M25:编镈 4 编磬 10(五鼎墓,战国中期)

洛阳西工段 M131:编钟 16(2 组)编磬 6(五鼎墓,战国中期)

从中山王墓来看,战国中晚期国君墓的乐器随葬规格也不高,仅有编钟 14 件、磬 13 件,与同时期卿大夫墓相当。但卿墓随葬乐器的规格也不高,与之相反的是大夫墓的乐器随葬规格却较高,多于同期的七鼎墓。造成这一现象的原因,地域性差异应是其中之一,各国间政治、经济实力的不均衡也造成了随葬乐器规格的不同,但同一墓地的等级之别仍十分明显。从长治分水岭春秋晚期与战国中期墓葬来看,不管是卿墓还是大夫墓,战国中期的乐器随葬规格多不如春秋晚期,这个现象值得注意。除国力衰退因素外,也可能与重视程度有关,如战国中期各国间的竞争日趋白热化,各国统治者在政治、经济、意识形态等领域与春秋中晚期相比应有较大的变化,从而引起随葬器物制度上的变化。

总的来说,中原地区在西周中期和春秋中期乐器随葬制度发生了两次较大变化。国君墓随葬乐器的种类和数量比前期明显增多,除编钟、编磬外,还有编镈,编钟有的还分编钮钟和编甬钟两套;卿墓中开始出现乐器。在春秋晚期,三鼎墓也开始随葬编钟,这在春秋早期是不可想象的。编钟随葬制度使用范围的向下扩展与用鼎规格的普遍提升是同步的。一方面是因为大夫阶层兴起,地位不断提高;另一方面,原有礼乐等级制度的约束力逐渐减弱,"公室卑于大夫之家"现象普遍,卿大夫地位的提升,进而引起整个社会乐器随葬规格的提升。自春秋中期以后乐器随葬规格就呈现出强烈的地域性特征,各地的乐器随葬种类、数量区别较大。出现这一现象的原因主要有二:一是春秋中期以后随着东周王室约束力的逐渐衰微,各地的地域性文化特征开始突显,造成各国随葬乐器的种类、数量的不同;二是各国间政治、经济实力的不均衡造成了随葬乐器种类、数量的不同。至于战国中期的乐器随葬规格多不如春秋晚期这一现象之原因,笔者在前面已经作过分析,此不赘言。

三、海岱地区编钟制度的执行情况

目前,海岱地区出土镈、钟共451件,其中甬钟174件、钮钟201件、镈钟76件。由于考古资料所限,目前海岱地区西周时期的青铜钟一般仅发现1件或2件,尚未发现明确的编钟资料。但至迟在春秋早期海岱地区已出现了成熟的编钟制度。

春秋早期的编钟发现1例。长清仙人台M6:甬钟11、钮钟9、编磬10(国君)。

春秋早期的国君墓仅仙人台M6出土了乐器,从器类和数量来看,不低于中原同期的国君墓,这与该墓的8鼎8簋规格相一致。枣庄东江小邾国墓地国君墓没有出土乐器,与之相应的是该墓地国君墓也没有推行鼎簋制度,列鼎的数量仅有4个,不知是因为小邾国没有推行乐器随葬制度,还是由于没有推行的资格,这有待于进一步考察。海岱地区春秋早期的5鼎以上墓葬发现不多,卿级墓葬是否有乐器随葬还不好断言,但根据鲁国故城M48鲁司徒仲齐墓、齐故城M1大夫墓等都没有乐器随葬来看,至少大夫级别是没有随葬乐器资格的。

春秋中期的编钟资料主要有:

莒县天井汪墓:编镈3编钟6(五鼎墓)

蓬莱柳格庄M6:编钟9(大墓,被盗)

临沂花园公社墓:编钟9(三鼎墓)

沂水刘家店子M1:编镈6编钟20(甬钟19)钮钟9錞于2钲1编磬若干(国君墓)

沂水纪王崮M1:编镈4编钟18(甬钟、钮钟各9)錞于2钲1编磬10(国君墓,春秋中晚期之际)

长清仙人台M5:编钟9磬14(三鼎墓,女性)

春秋中期的国君墓仅沂水刘家店子M1及纪王崮M1出土了乐器,薛国故城未发现乐器。沂水刘家店子M1及纪王崮M1随葬乐器十分丰富,无论种类还是数量均超过了中原同期的国君墓,值得提及的是此二墓各出土2件铜錞于和1件铜钲。《国语·晋语五》云:"战以錞于,丁宁,儆其民也。"《国语·吴语》曰:"鼓丁宁、錞于、振铎。"《诗经·小雅·采芑》云:"方叔率止,钲人伐鼓。"毛传:"钲以静之,鼓以动之。"可知,錞于、铎、钲等皆属杀伐之乐器。从莒县天井汪墓、蓬莱柳格庄M6出土的乐器来看,在春秋早中期之际海岱地区的卿大夫墓就已经随葬了乐器,但其种类一般仅一种,数量不超过9件。从临沂俄庄区花园公社墓及长清仙人台M5来看,春秋中晚期的三鼎墓就已具有随葬青铜乐器的资格。与中原同时期同规格墓葬相比,乐器的种类和数量相若,但不同的是本地出土石磬极少,而中原则多有石磬。海岱地区卿级以下开始随葬乐器的时间早于中原地区。

春秋晚期的编钟资料主要有:

海阳嘴子前M4:甬钟7 钮钟2(六鼎墓)

海阳嘴子前M1:镈2 甬钟5(一鼎墓)

临沂凤凰岭墓:钮钟9 编镈9 铎1(六鼎墓)

莒南大店M2:钮钟9 磬≥12(卿墓,被盗)

莒南大店M1:镈1 钮钟9(卿墓,被盗)

海岱地区没有发现春秋晚期明确为国君的大墓。临沂凤凰岭墓出有10鼎,但其中3鼎在殉人身旁,而墓主人器物库内的列鼎仅有6件,是以,此墓的规格应是六鼎,而且此墓距鄅国国都的直线距离超过了30公里,似乎不是国君墓。但此墓乐器有20件,多于海阳嘴子前M4,少于沂水刘家店子M1,殉人达14人,其规格不低于卿级,其乐器随葬规格与中原相当。值得注意的是海阳嘴子前M1是一鼎墓,却随葬了2件镈钟、5件甬钟,说明乐器使用阶层进一步扩大,乐器不再为高级贵族所专有,作为等级身份标志的乐器随葬制度出现松弛甚至瓦解迹象。反映了自春秋晚期始,小贵族作为新兴的政治力量其地位明显提高,当然也可能是因为此时此地重视礼乐器甚于礼容器。本期墓葬中随葬石磬的现象仍然较少。临沂凤凰岭墓出土1件铎,《国语·吴语》:"鼓丁宁、镎于、振铎。"可见,铎与镎于、钲一样也是战时之乐器。海岱地区东南一带春秋中晚期墓葬出土了较多的战时乐器,而其他地区出土较少,可能是处于齐鲁大国间挣扎求存的海岱东南小国重视军战的反映。

战国时期的编钟资料主要有:

淄河店大墓:编镈8(2组)甬钟16(2组)钮钟10 编磬24(3组)(七鼎墓,战国早中期之际)

章丘女郎山M1:编镈5 钮钟7 编磬8(五鼎墓,战国中期)

阳信西北村陪葬坑:编镈5 钮钟9 磬13(二鼎墓,战国中期)

诸城臧家庄墓:编镈7 钮钟9(四鼎墓,战国中期)

淄博商王村M2:钮钟14(二鼎墓,战国中期)

郯城二中M1:钮钟8(一鼎墓,战国中期)

战国早中期完整的贵族墓葬不多,从以上墓葬(陪葬坑)出土的乐器来看,与中原同时期墓葬相比区别不大,但随葬石磬的现象仍不如中原普遍。这一时期齐国基本占据了除南部以外海岱大部分地区,出土乐器的墓葬主要在齐国境内。郯城二中M1仅有1件铜容器鼎,却有编钟随葬,说明乐器使用者的阶层在前一期扩展的基础上又进一步扩大,标志着等级身份的乐器随葬制度的约束力渐趋于无,以至于出现了乐器泛滥现象;也反映了自春秋晚期开始,小贵族作为新兴的政治力量,其地位得到明显提高。这一时期的乐器随葬规格与春秋晚期相比变化不大,而与中原区别较大,中原这一时期的乐器仍主要出于五鼎以上等级墓葬。

总的来看,海岱地区周代墓葬中的编钟制度与中原地区大致相同,其演变趋势也与之相近,也是在春秋中期前后发生了较大变化。这一时期,卿、大夫墓中开始出现编钟。春秋晚期,较低等级的一鼎墓也有随葬成组编钟的现象。编钟使用人群的向下扩展与用鼎规格的普遍提升是同步的。一方面是因为大夫阶层作为新兴势力兴起,地位不断提高;另一方面,原有的礼乐等级制度约束力逐渐减弱,进而引起整个社会乐器随葬规格提升。在春秋中期以后乐器随葬规格呈现出一定的地域特征,各地乐器的随葬种类、数量区别较大。出现这一现象的原因笔者在前面已作过分析,兹不赘言。值得注意的是,春秋时期普遍出现于中原高级墓葬之中的青铜乐器在海岱南部的鲁国故城墓地、薛国墓地、小邾国墓地皆没有发现,其原因值得探究。此外,海岱地区东南一带出土较多与战争有关的乐器,应与当时当地所面临的较为恶劣的国际环境和对军事征伐的重视有关。此外,江淮下游一带也较为流行征战之用的乐器,海岱东南一带与之毗邻,其间或有影响关系。

小　　结

通览三代墓葬中的青铜器器用情况,符合器用制度特征的主要有三种:爵觚制度、鼎簋制度和编钟制度。总的来看,海岱墓葬中的青铜器器用制度与中原王畿地区有较高的趋同性,但同时也有一些自身的特点。

海岱地区爵觚制度的形成与瓦解时间皆晚于王畿地区。其鼎簋制度呈现出两大特点:一是春秋早中期除海岱南部的曲阜鲁国故城乙组墓、薛国故城墓和仙人台邿国墓外,其他大部分地区基本没有严格推行盛行于中原地区的鼎簋制度;二是鼎簋制度在战国早期就出现瓦解迹象,至战国晚期已基本瓦解,皆早于中原地区。春秋时期普遍出现于中原高等级墓葬之中的青铜编钟,在海岱南部的鲁国、薛国、小邾国等诸侯国墓地均没有发现,这些诸侯国似乎没有推行编钟制度,这是海岱地区编钟制度的突出特点。

海岱地区青铜器器用制度形成这些特点的原因,笔者认为主要有二:一是海岱地区本是殷夷故地,其文化习俗根深蒂固,具有很强的文化惯性;加上地理上不在商、周王朝的腹地,会出现一定程度的边缘化效应,商、周器用制度的东传会出现一定程度的延滞或者推行不彻底。二是周室东迁以后,其向心力日益减弱,区域文化开始突显,原本相对统一的器用制度很快被地域性的器用制度所取代。

第十三章　祛魅：海岱青铜器的世俗化及其制器思想

"祛魅"（Disenchantment）一词源于马克斯·韦伯所说的"世界的祛魅"①，是指从宗教神权社会向世俗社会转型，人类社会逐渐摆脱宗教羁绊，日益理性。本书所讨论的青铜器的祛魅，是指商周青铜器所附着的神圣色彩逐渐消退，越来越贴近日常生活和现实世界，呈现出日益明显的世俗化倾向。目前，文学、哲学、社会学领域对古代社会的祛魅现象关注较多②，但考古学对这一问题的关注尚少，也未见系统的讨论。本书尝试以海岱地区商周青铜器为切入点，来探讨这一问题，以期助益商周青铜器制器思想的研究。

由于商人重酒、周人重食，其间器类的更迭幅度很大，因类别不同，酒器与食器之间的尺寸比较并无实质性意义，即使同一器类比如鼎、簋，也因不同时期的重视程度不同，而无法进行直接的比对。故而，商周青铜器的世俗化进程，从铜器的体量上无法进行有效比较，只能求诸类别、组合、形制、纹饰、铭文及铸造诸方面。本书尝试分析如下。

第一节　器类与组合的更替

从现有资料来看，海岱地区商周青铜器的类别与组合经历过几次大的变化，每一次变化均是世俗化不断加深的表现。具体情况如下。

一、商代前期

海岱地区发现的商代前期的青铜器主要出于 11 座墓葬（见附表一），时代约当于二里岗上层时期。这些墓葬所出铜器皆以礼容器为主，其中有 5 座墓葬仅随葬了青铜礼容器，另外 5 座墓葬还有少量兵器和工具。容器以酒器为主，显然以酒器为核心，酒器中以爵、斝为核心，觚的数量稍次，另有少量尊、卣、罍；兵器以戈为主，有少量钺和一定数量的镞。这些铜器，除了容器具有典型的祭祀性质外，兵器、工具皆是为适应现实生活中的战争和

---

① Max Weber: "The Disenchantment of Modern Life", in John J. Macionis, Nijole Vaicaitis Benokraitis, eds: *Seeing Ourselves: Classic, Contemporary, and Cross-cultural Readings in Sociology*, Prentice Hall, 2006, pp.515–516.
② 如卢风：《世界的附魅与祛魅》，《自然辩证法研究》1997 年第 10 期；高春常：《世界的祛魅：西方宗教精神》，江西人民出版社，2009 年；兰娟：《先秦制器思想研究》，南开大学博士学位论文，2014 年；彭锋：《从"艺术"到"艺术界"——艺术的赋魅与祛魅》，《文艺研究》2016 年第 5 期。

生产而制造出来的器物,一般不具有祭祀意义或神圣色彩,其在产生之初就具有较强的世俗之意。

这一点在二里头时期的青铜器上已有比较清楚的反映。比如二里头遗址目前发现的12座铜容器墓中仅有1座墓随葬了铜兵器(1975YLVIKM3:戚1、刀1),2座墓随葬了铜工具(刀3),这说明青铜容器自产生之初就已被赋予用于葬礼的神圣职责,而这一职责,显然不是通过兵器或工具来完成的。稍晚的二里岗下层时期的青铜器延续了这一传统。目前发现的二里岗下层时期出土铜容器的16个单位中,只有1座墓葬随葬了兵器和工具(郑州顺河路C8M7:戈1、凿1)①。这一情况在二里岗上层后段发生了明显变化,墓葬中铜质兵器及工具开始大量出现②,反映了青铜器在墓葬中的神圣属性出现分解,其中的一部分转向现实生活中需要的兵器与工具等,出现了世俗化倾向。海岱青铜器在这一时期出现的世俗化倾向,应是受中原青铜器世俗化的影响。

二、商代后期

海岱地区发现的商代后期(含商末周初)青铜器主要出于70座墓葬(见附表一)。这些墓葬皆以铜容器为主,其中酒器仍为大宗,尤以爵、觚最为盛行,是组合的核心,另有一定数量的斝、觯、罍、壶、尊、卣等。其中34座墓葬有食器,食器以鼎为主;39座墓葬有铜质兵器或工具,兵器仍以戈为核心,另有一定数量的铜质矛、钺、刀、镞等。这些铜器,除了容器具有典型的祭祀性质外,兵器与工具是适应现实生活中的战争和生产劳动而制造出来的器具,一般不具有宗教意义或神圣色彩。墓葬中随葬爵、觚组合套数的多寡普遍成为死者或生者身份的标识,本身就是世俗社会等级现象的一种反映,与青铜器祭祀的神性本义已发生明显背离。此外,铜质车马器作为生活实用器以及狗项圈与铜铃作为狗的装饰品,在墓葬出现,更是对青铜器神圣性的挑战。

三、西周前期

海岱地区发现的西周前期(西周早期至西周中期前段)青铜器主要出于31座墓葬(见附表一)。这些墓葬的随葬品仍以铜质礼容器为主,酒器的数量与前期相比明显减少,食器明显增加,二者在总量上渐趋持平。其中12座墓葬有铜质兵器或工具,6座有铜质车马器,在棺椁的荒帷上还出现了铜鱼坠饰等,还有一墓仅随葬了青铜兵器而不见礼容器。这些礼器之外铜器的增多说明,西周前期海岱铜器的世俗化倾向与前期相比又有较大发展。兵器中体量最大、等级最高的铜钺于本期骤减,可能是为了节省铜料。食器的增加,本身就是西周政权限制饮酒之政令的结果,也是当时周人社会生活重食倾向的直接反映,其本身也是青铜器世俗化的一种表现。

---

① 陈国梁:《二里头文化铜器研究》,《中国早期青铜文化——二里头文化专题研究》,科学出版社,2008年,第240、274页。

② 朱凤瀚:《中国青铜器综论》,上海古籍出版社,2009年,第874—875页。

四、西周后期至春秋前期

海岱地区发现的西周后期至春秋前期(西周中期后段至春秋中期前段)青铜器主要出于63座墓葬(见附表一、二)。这些铜器仍以容器为主,酒器基本消失,而食器大盛,成为容器的主体,尤其是鼎、簋相配上升为一种制度层面的组合,成为死者与生者身份等级的象征;水器中盘匜组合替代了盘盉组合,而且壶(其中一部分可能属酒器)的数量剧增。其中30座墓葬有铜质兵器、工具或生活用器,兵器仍以戈为核心。在一些棺椁的荒帷上也有铜鱼坠饰等。此外,可能用作盛放小件玩赏器物或化妆品的铜质提链罐、穿带壶、瓶等非礼器性容器出土较多,有12座墓葬随葬了此类铜器,海岱东南部新出现的裸人方甗也属于此类。这些礼器之外的铜器增加说明,海岱铜器在西周前期世俗化的基础上又有明显发展。另外,酒器的核心地位彻底被食器所取代,且食器的种类远少于之前酒器的类别,盛行标识身份等级的鼎簋制度。这说明与商人相比,周人的祭祀观念更为理性,其汲取了商人酗酒亡国的教训,即使在祭祀时也不过量饮酒和铺张浪费,以免沉湎其中,激化世俗社会不同阶层之间的矛盾,影响统治的稳定。

五、春秋后期至战国前期

海岱地区发现的春秋后期至战国前期(春秋中期后段至战国中期前段)铜器出于107座墓葬之中(见附表二)。这些铜器仍以礼容器为核心,食器仍是容器中的主体;成套的铜质乐器编钟、编镈盛行。其中随葬铜质兵器、工具或生活用器的墓葬有78座,超过了铜器墓葬的半数,而且兵器的数量较多,这是在以往任何时期都没有出现过的现象。此外,这一时期也出现了一些新的非礼器性装饰品,比如佩剑、带钩等。食器组合的核心由前期的鼎簋组合转为鼎敦豆组合,形成了新的礼器系统,食器的类别少于前期,且敦、豆作为形制与纹饰相对简单的圆形铜器,其铸造难度要小于满花装饰的盨、簋、铺。此外,高等级墓葬中铜质列鼎常常随葬几套,用列鼎的数量和套数来标识身份等级的意味更为明显。兵器以戈和佩剑最为流行,是这一时期的兵器核心。值得注意的是乐器编钟、编镈,从部分编钟铭文上可以看出,其原来辅助营造祭祀氛围的功能已有所转变,有的是为了铭功、纪赏;更有不少是为了以宴以喜、以乐嘉宾或父兄、朋友等,如沇儿镈(集成203)、王孙遗者钟(集成261)、郘公牼钟(集成149),据统计此类乐钟有20多件[1]。此外,还有少量编钟属于为嫁女所作的媵器,比如楚王媵邛仲妳南钟(集成72)、铸侯求钟(集成47)等。另外,值得一提的是,长清仙人台M5出土的带流鼎(高7.4厘米)、七环铺形器(高6.5厘米)、异形器(高9.2厘米),均极小巧精致,应属于玩赏之类的弄器。最后,在战国早期,还出现了一些量器,如灵山卫左关三量器:陈纯釜(集成10371)、子禾子釜(集成10374)、左关铜(集成10368)等。三器为齐国征收关市、赋税之量器,完全脱离了礼器的范畴。标识

---

[1] 陈双新:《两周青铜乐器铭辞研究》,河北大学出版社,2002年,第153—154页。

身份等级的成套列鼎、宴乐宾朋或作为嫁妆的编钟、供人玩赏的弄器以及兵器、工具、生活用品及装饰品的流行或出现，说明这一时期海岱铜器的世俗化倾向已成为一种潮流。

六、战国后期

海岱地区发现的战国后期（战国中期后段至晚期）铜器主要出于14座墓葬之中（见附表二）。这些铜器仍以礼容器为大宗，但其比例明显降低。与之相应的是，10座墓葬出土了铜质兵器、工具、装饰品、钱币或其他杂器等，不论是类别还是总量，都在一定程度上挤兑了礼容器的发展空间。兵器在这一时期仍然十分流行，仍以戈、剑为组合核心。标识身份等级的成套列鼎、作为宴乐宾朋的编钟以及带钩、炭盘、盒形器、钵、釜、罐、铜镜等生活实用器的普遍出现，尤其是钱币的大量发现，说明青铜这种原本作为神圣领域的资源已大规模流向世俗生活。这一时期青铜器的世俗化进程最为迅猛，是汉代铜器世俗化完成的前夜。

综上所述，就器类及器物组合而言，铜质兵器、工具的出现本身就是世俗化的体现。目前来看，海岱地区商周青铜器的世俗化倾向，自商文化铜器进入海岱地区伊始就已出现，至商代后期，随葬爵、觚组合套数的多寡普遍成为死者或生者身份的标识，铜质狗项圈的大量发现，说明青铜器的世俗化现象已十分严重。至西周前期，墓葬中食器明显增加而酒器明显减少，车马器及棺椁荒帷上出现铜鱼坠饰等，说明这一时期的世俗化又有发展。西周后期至春秋前期，酒器的核心地位彻底被食器取代，但食器的种类远少于之前的酒器，加上非礼器性容器明显增多，说明青铜器的世俗化倾向又有较大发展。至春秋后期至战国前期，标识身份等级的成套列鼎、作为嫁妆及以宴以喜、以乐宾朋的编钟流行，多数墓葬中出现了非礼器性质的铜器，尤其是带钩及佩剑等装饰品的流行，说明青铜器的世俗化倾向更为显著。至战国后期，绝大多数铜器墓葬随葬了非礼器性质的铜器，大量生活实用器涌现，尤其是钱币这一世俗生活的标志性器类大量出现，标志着青铜资源从神圣领域已基本转向世俗领域，青铜器的世俗化进程基本完成。

第二节 形制趋于单一与明器化

海岱地区商周青铜器世俗化在形制上的表现，主要有两点，一是铜器形制由丰富转向单一，二是明器化趋势日益明显。具体情况如下。

一、形制趋于单一

（一）部分器型消失

从延续时间较长的器类来看，主要表现在鼎、尊、卣、戈、刀等器物上。

1. 方鼎、分档鼎、扁足鼎消失。在商代后期至西周前期，海岱地区尚能看到数量较多的方鼎(44件)、分裆鼎(17件)及扁足鼎(10件),但之后方鼎仅发现1件,分裆鼎及扁足鼎皆消失不见。这与西周中期以后食器大盛的趋势南辕北辙。较为合理的解释是,从铸造技术来看,方鼎、分裆鼎及扁足鼎的铸造难度要大于一般形制的圆鼎,这三类鼎型的消失不排除是出于铸造难度的考量。这从侧面反映了周人对于铜器的铸造更为理性、务实,不再一味追求器物的高大与精美。

2. 动物形尊、卣消失。商代后期流行的动物形尊、卣及高体卣,至西周前期已基本消失,仅余觚形尊和矮体卣仍可得见。其消失可能有两方面的原因:一是动物形尊、卣可能具有沟通祖先鬼神的神性,而周人更关注人世,对鬼神的关注已远不如商人,对这些器物不再重视;二可能是出于铸造难度的考量,动物形尊、卣的铸造难度远大于一般形制的尊、卣。这两个方面均说明周人对祖先神灵祭祀的虔诚和重视远不如商人,反映了西周铸器思想的功利性、现实性和理性。

3. 兵器中三角援戈、直内无援戈、曲内戈、有銎戈及大型铜刀消失。在商代后期至西周前期,三角援戈、直内无援戈、曲内戈、有銎戈及大型铜刀等器型均有不少发现,戈的亚型多达16种,大刀的亚型也有4种,但西周后期以后这些器型基本消失。前者可能出于铸造难度的考量,后者则可能是为了节省铜料。

(二) 形制趋于单一

铜器形制趋于单一之现象,在延续时间较长的器类上表现得比较清楚,如鼎、簋、动物形器、戈等。

1. 圆鼎形制渐趋单一。与方鼎一样,海岱地区商代后期至西周前期的圆鼎形制丰富,至少可分为柱足鼎、扁足鼎和分裆鼎三种,至西周后期及以后,基本上仅余蹄足鼎一种,且多以象征身份等级的同一样式的列鼎形式出现。

2. 簋的形制渐趋单一。从前文簋的型式与演变图中可以看出,其在商代后期至西周前期至少有5个亚型,在西周后期至春秋前期,已变成3个,至春秋后期及其以后减少为2个,直至消失不见。

3. 尊、卣的形制渐趋单一。商代后期流行的各种动物形象的尊、卣至西周前期已比较少见,直接导致尊、卣的形制单一化,直至消失。

4. 戈、刀形制渐趋单一。在商代后期至西周前期戈的形制丰富多样,三角援戈、直内无援戈、曲内戈、有銎戈及大型铜刀等器型均有不少发现,戈的亚型多达16种,大刀的亚型也达到4种。但西周后期以后这些器型已基本消失,戈基本上皆为长援戈,刀则多为小型削刀。

铜器形制由丰富转向单一,主要表现在部分器型的消失致使铜器的形制出现单一化趋势,这一趋势在部分存续时间较长的器类上表现得十分明显,比如鼎、簋、尊、卣、戈、刀等。此外,铸造难度较大的器型逐渐遭到舍弃,而铸造难度相对较小的器型则保留下来。这两个方面都说明青铜器作为神圣领域使用的器物,其受重视的程度逐渐降低,作器者及工匠的铸器热情和创新动力均明显不足。

二、日益明器化

青铜明器一般具有铸造工艺粗糙、器体小而轻薄、徒有其形而无其实或铅质化等特点，不能正常使用，其目的是为了"凑数"，充当一般的礼器，归根结底是不甚重视死者在另一个世界的生活，或者对死后是否有另外一个世界表示怀疑。总之，青铜明器体现了时人非常现实的思想，是青铜器世俗化的一种体现。

青铜器的明器化现象大约出现于殷墟一期，首先出现的是兵器，之后即约在二期出现了明器化的容器①。目前海岱地区商周青铜器中最早的可能为明器的资料是青州苏埠屯 M8 出土的钺、刀、矛、曲内戈等 29 件兵器（部分铜器见图一一五），均质地轻薄，制作粗糙，其器刃皆平钝无锋，应属明器②。

高青陈庄 M27 出土的西周早期后段的鼎、甗、簋、爵、觯、尊、卣、盘、盉等 11 件青铜器均为素面（部分铜器见图一一六），简报列举的 7 件铜器中至少有 4 件为明器。具体如下：爵尾下有合范痕；卣腹部一侧有范线痕；盘制作粗糙，底部、足、附耳均留范线凸棱；盉流管内尚有红褐色泥芯。

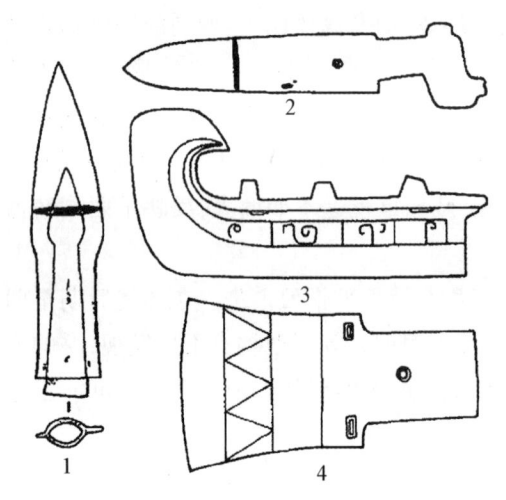

图一一五　苏埠屯 M8 所出铜质明器
1. 矛　2. 戈　3. 刀　4. 钺

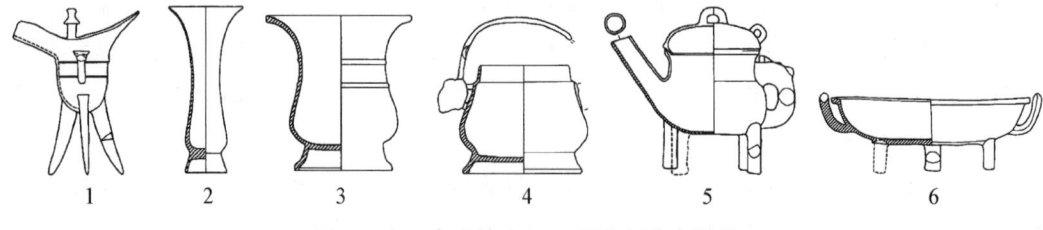

图一一六　高青陈庄 M27 所出部分青铜器
1. 爵　2. 觯　3. 尊　4. 卣　5. 盉　6. 盘

济宁市区商业局基建施工时发现 9 件西周前期铜器：鼎 2、簋 1、爵 2、觚 2、方彝 1、盘 1（图一一七），器体均小而轻薄，制作粗糙，且通体素面，应为明器，时代为西周中期早段。

曲阜鲁国故城出土的西周晚期至春秋早期的铜器中，5 件铜簋中有 3 件为明器，如

---

① 刘一曼：《安阳殷墓青铜礼器组合的几个问题》，《考古学报》1995 年第 4 期。
② 郭妍利：《论商代青铜兵器的明器化现象》，《考古与文物》2006 年第 6 期。

第十三章 祛魅：海岱青铜器的世俗化及其制器思想

图一一七 济宁商业局出土铜器(1—5)及新泰市区墓出土的铜尊(6)
1. 鼎 2. 爵 3. 觯 4. 方彝 5. 簋 6. 尊

M48:2、M48:9(图一一八,1、2)①,盖与器身铸成一体,内有泥芯。再如,报道的5件铜盘中,有3件内底留有泥范,如M30:3、M48:5、M49:3(图一一八,3、4、5),显然也为明器。还有4件铜匜中有2件制作粗糙,报道称属明器,如M48:4、M49:5(图一一八,6、7)。最后,铜壶中也有1件盖与器铸成一体,显然属于明器(M30:32,图一一八,8)。鲁国故城乙组墓出土的西周晚期至春秋早期的29件铜器中,明器有9件,约占30%。

齐故城东古城村出土的春秋早期的盘、匜、壶皆体小质劣,纹饰粗疏,近似于明器。

滕州薛国故城出土的春秋中期铜簋皆质粗形糙,器形不规整,甚至有因外范错位导致变形的情形②。

春秋晚期的长清仙人台M5出土器物,报告称"多数铜器制作粗糙",尤其是铜瓿,"通体素面,制作粗糙。腹壁及器底尚有因浇铸不足或垫片脱落而留下的孔洞"③。该瓿为明器,其他铜器虽然未必属于明器,但制作粗糙,明器化已比较明显。此外,这一情况在春秋及战国时期比较常见,比如,长清石都庄出土的西周晚期至春秋早期的6件铜鼎中有4件铸造"较粗糙",多留有范痕。

战国中期的长清岗辛大墓出土的1鼎、1壶、2钫、1罐、1匜、1盘、4盒等11件铜器内皆有范土,体型细小,制作粗糙,皆为明器;另有7件铅质明器。

---

① 山东省文物考古研究所、山东省博物馆等:《曲阜鲁国故城》,齐鲁书社,1982年,第149—150页。
② 山东博物馆、滕州市博物馆:《惟薛有序,于斯千年——古薛国历史文化展》,浙江人民美术出版社,2016年,第124、132页。
③ 山东大学历史文化学院考古系:《长清仙人台五号墓发掘简报》,《文物》1998年第9期。

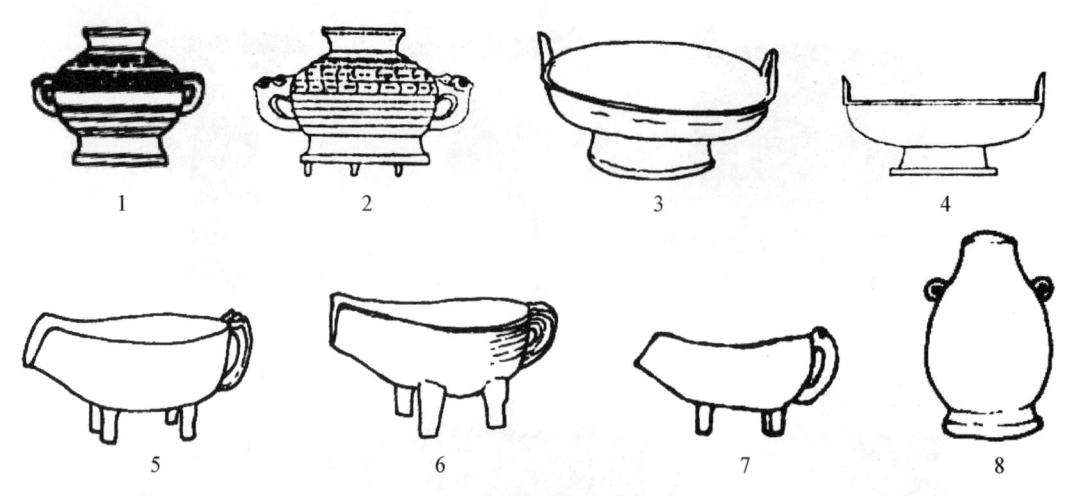

图一一八　曲阜鲁国故城乙组墓出土青铜明器
1. 簋　2. 簋　3. 盘　4. 盘　5. 匜　6. 匜　7. 匜　8. 壶

此外，还有一些类明器或明显明器化的铜器，简要如下：滕州前掌大墓地出土的不少青铜器素面无纹，如鼎、鬲、簋、爵、斝、觯等器物。尤其是滕州前掌大村南墓地出土的43件铜容器，皆体薄器轻，制作粗糙，即使不属于明器，也可以视为一种明器化的铜器。西周早期的新泰市区墓出土的铜尊器壁较薄且为素面①，而这一时期的尊多有纹饰，此尊可能为明器。两周之际的日照崮河崖M2出土的蹄足方鼎②（图一一九，1），器底四边皆留有明显铸痕。两周之际的日照六甲庄出土的卵形铜壶形制与纹饰粗糙，可能为明器。春秋中期的蓬莱柳格庄M9出土的铜鼎简报称"壁极薄"③。春秋晚期的栖霞杏家庄M3出土的双系铜器壁较薄且为素面④（图一一九，2），铸造较为粗糙。再如，郯城大埠二村出土的青铜瓠壶⑤（图一一九，3）以及2001年出现在纽约苏富比拍卖行的战国早期的国子山鹰首提梁壶⑥（图一一九，4），器物造型虽然颇为有趣，但浇铸时器范未固定好，致使器身纹饰明显错位。后者外颈铸铭11字，显然不是明器，但铸造工艺粗劣，已近明器。若在商代，器物出现如此大的铸造瑕疵肯定要回炉重铸，但在战国时期，显然是将就使用了。

总的来看，海岱青铜明器至迟出现于殷墟三、四期之际的苏埠屯M8⑦，这一时期的铜质明器还相对较少，就器类而言，主要是兵器。至西周早中期，铜质明器已相对较多，器类已扩展至礼容器，此外也有不少明器化的铜器。至春秋时期，这一现象至少在鲁国故城乙

---

① 魏国：《山东新泰出土商周青铜器》，《文物》1992年第3期。
② 杨深富：《山东日照崮河崖出土一批青铜器》，《考古》1984年第7期。
③ 烟台市文物管理委员会：《山东蓬莱县柳格庄墓群发掘简报》，《考古》1990年第9期。
④ 烟台市文物管理委员会、栖霞县文物事业管理处：《山东栖霞县占疃乡杏家庄战国墓清理简报》，《考古》1992年第1期。
⑤ 山东省文物考古研究所、临沂市文物管理委员会等：《郯城县大埠二村遗址发掘报告》，《海岱考古》（第四辑），科学出版社，2011年，第108—140页、彩版三。
⑥ 参见裴书研：《中国古代青铜器整理与研究——青铜壶卷》，科学出版社，2015年，第37页。
⑦ 山东省文物考古研究所、青州市博物馆：《青州市苏埠屯商代墓地发掘报告》，《海岱考古》（第一辑），山东大学出版社，1989年，第254—273页。

第十三章　祛魅：海岱青铜器的世俗化及其制器思想

图一一九　明器化的铜器与纹饰
1. 日照崮河崖 M2：2　2. 栖霞杏家庄 M3 铜钥　3. 郯城大埠二村出土瓠壶腹部　4. 国子山壶

组（姬姓周人）墓中已十分常见，且分布范围较前期明显扩大，如长清石都庄、日照崮河崖、蓬莱柳格庄、栖霞杏家庄、长清仙人台等地均有发现。值得注意的是，战国时期明确为明器的铜器，除在长清岗辛战国墓中有所发现外，其他墓葬多难以断言。原因在于以下两点：一是这一时期的很多青铜器出现了不同程度的明器化现象，比如器物体小轻薄，素面无纹，制作粗糙，与明器之间的界限逐渐模糊；二是战国时期日常实用器逐渐流行，这些实用器本身大多素朴无纹，工艺粗糙，其制作难度及价值与青铜明器相差不大，故而，对于贵族阶层而言，用实用器随葬与用青铜明器随葬，所耗财力相差不大，而且用实用器随葬可能更符合时人"事死如事生"的丧葬观念。

第三节　纹饰的简化及功能的转变

青铜礼器初始多质素无纹，偶见简洁、拙朴的几何纹饰，盖因当时的铸造技术尚低，只能主攻居于核心地位的器型，尚不能在居于次要地位的纹饰上过多分力。至二里岗时期，铸造技术明显进步，器型方面已比较成熟，已有余力顾及辅助性质的纹饰，遂始现精美的纹饰。至殷墟时期，铜器纹饰出现简化现象，开启了青铜纹饰的世俗化进程。

一、商代晚期至西周前期：铜器纹饰的简化

缘于商人对祖先、鬼神的敬畏，铜器纹饰须具有辅助营造祭祀氛围甚至能协助沟通祭祀对象的特质。威严而又略显狰狞的兽面纹便应运而生，并成为当时青铜器纹饰的主流，直至西周前期。在这一时期的后段，即殷墟三期前后，铜器纹饰开始出现简化现象，比如鼎、鬲、甗及尊、觚、爵、豆等器物腹部的兽面纹仅余两只眼睛；甗鬲部的兽面纹仅余角和眼睛，如殷墟小屯M17①、刘家庄88M89②、甘泉阎家沟③等墓出土的铜甗。海岱铜器纹饰的简化也大致出现在殷墟三期，比如1972—1976年济南刘家庄出土的3件鼎中有2件鼎的兽面纹仅有眼睛的圆形瞳孔④。再如前掌大M213出土的铜甗甑部上腹纹饰带内未填充纹饰，鬲部兽面纹仅有角及眼睛⑤；前掌大村东南M210出土的铜鼎，前掌大于屯村北M308出土的爵、觚、罍，M301、M312出土的爵，于屯村北出土的大部分觯或素面或仅有极简省的兽面纹等⑥（见图一二〇）。还有青州苏埠屯M7出土的铜鼎⑦等。这些简省纹饰的大量出现，说明当时贵族对精美纹饰的追求大为降低，反映了时人对铜器纹饰甚至铜器本身神秘涵义的质疑，透露出其理性的思辨意识和敷衍的祭祀心理。

二、西周后期至春秋前期：纹饰的更迭

本期，海岱铜器上的兽面纹已近尾声，其在祭祀场所营造的森严、诡悚氛围也逐渐消退。这一点与中原铜器纹饰相同。一方面，部分铜器纹饰十分粗略，比如薛国故城M1出土的环带纹壶、垂鳞纹壶、花瓣捉手簋以及M2出土的6件簋等所装饰的纹饰⑧，或粗糙不堪或错位明显，十分粗劣，近于明器。另一方面，替代兽面纹而新出现的窃曲纹、垂鳞纹、横鳞纹以及环带纹等纹饰虽然尚有动物纹饰的影子，但显然比兽面纹更加平和可亲，其所营造的祭祀氛围，也远不如前期森严、诡悚。这与本期青铜器器类变化所反映的周人更为理性的祭祀理念是一致的。周人在重视祭祀的同时，更加关注德行与人世，这缘于对祭祀对象的不同心理表现：商人对其充满敬畏，而周人则是对其敬而远之。

三、春秋后期至战国时期：纹饰的更迭、素面化与拍印技术

与中原青铜器纹饰一样，海岱青铜器纹饰在春秋后期至战国时期发生了四个大的变化：一是前期流行的窃曲纹、鳞纹、环带纹基本消失，代之以蟠螭纹、蟠虺纹、三角纹、

---

① 中国社会科学院考古研究所安阳工作队：《安阳小屯村北的两座殷代墓》，《考古》1981年第4期。
② 中国社会科学院考古研究所安阳工作队：《河南安阳殷墟刘家庄北地殷墓与西周墓》，《考古》2005年第1期。
③ 王永刚、崔风光、李延丽：《陕西甘泉县出土晚商青铜器》，《考古与文物》2007年第3期。
④ 李晓峰、杨冬梅：《济南刘家庄商代青铜器》，《东南文化》2001年第3期。
⑤ 中国社会科学院考古研究所：《滕州前掌大墓地》，文物出版社，2005年，第227页。
⑥ 滕州市博物馆：《滕州前掌大村南墓地发掘报告：1998—2001》，《海岱考古》（第三辑），科学出版社，2010年，第291、339、343、349、352页。
⑦ 山东省文物考古研究所、青州市博物馆：《青州市苏埠屯商代墓地发掘报告》，《海岱考古》（第一辑），山东大学出版社，1989年，第254—273页。
⑧ 山东省济宁市文物管理局：《薛国故城勘查和墓葬发掘报告》，《考古学报》1991年第4期。

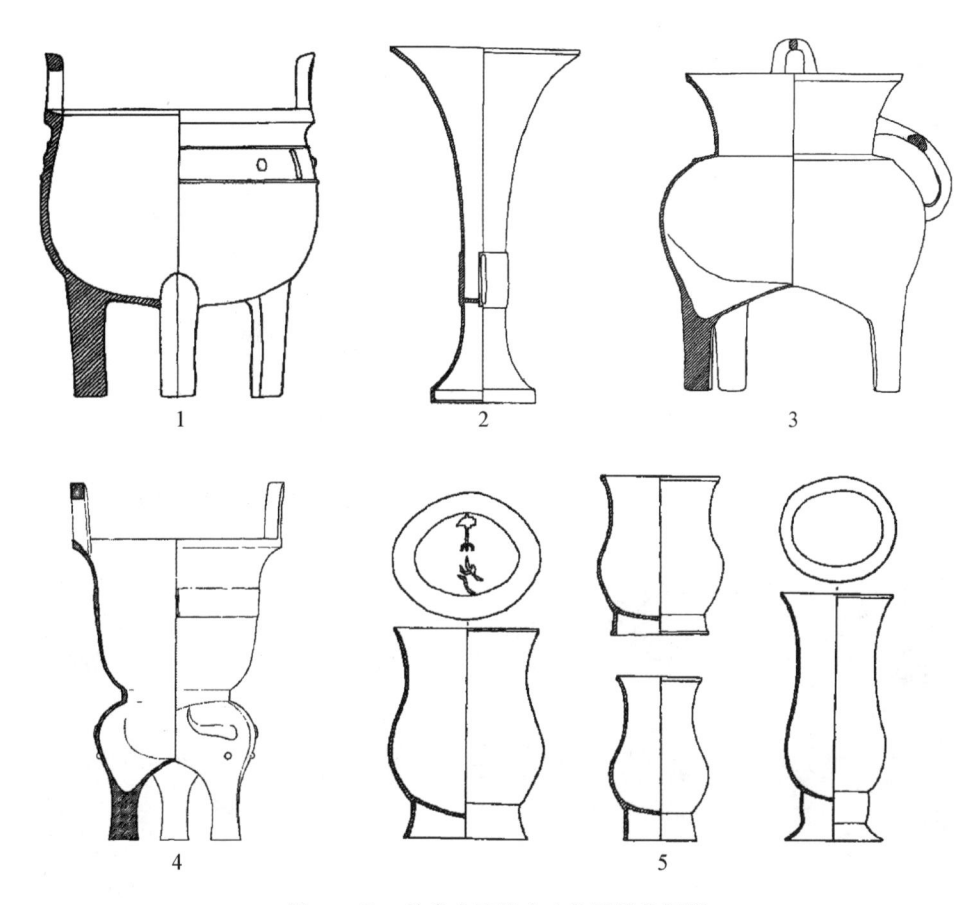

第十三章 祛魅：海岱青铜器的世俗化及其制器思想

图一二〇　前掌大遗址出土的明器化铜器
1. 前掌大村东南 M210∶10　2. 前掌大于屯村北 M305∶8　3. 前掌大于屯村北 M308∶1
4. 前掌大 M213　5. 前掌大于屯村北墓地所出铜觯

人物画像纹、写实动物纹等新兴纹饰；二是素面化倾向越来越明显并逐渐成为主流；三是常见由纹饰模连续排印衔接而成的纹饰，纹饰制作效率大大提高；四是错金银工艺兴起。

第一个变化，尤其是其中反映社会生活和现实世界的人物画像纹、写实动物纹的流行，是青铜器纹饰从神圣领域迈向世俗领域里程碑式的一大步，这一时期的青铜器更加贴近社会生活，如长岛王沟 M2 所出的铜匜纹饰（图一二一，1）。

第二、第三个变化，说明铜器铸造可能已经进入商品化生产模式，为追求效率，遂发明了模印的纹饰装饰手法，甚至不加装饰，大大节省了人力和时间。但其后果是拍印纹饰常常出现错位、衔接不畅甚至方向相反的现象，如临淄辛店 M2 出土的蟠虺纹提链壶[①]（图一二一，2），腹部的三周纹饰带皆不平整且左右多有不能顺畅衔接之处，盖因纹饰皆由排印而成。同时，铜器的素面化倾向越来越明显，并逐渐成为主流。此外，纹饰的粗糙化程度

[①] 临淄区文物局：《山东淄博市临淄区辛店二号战国墓》，《考古》2013 年第 1 期。

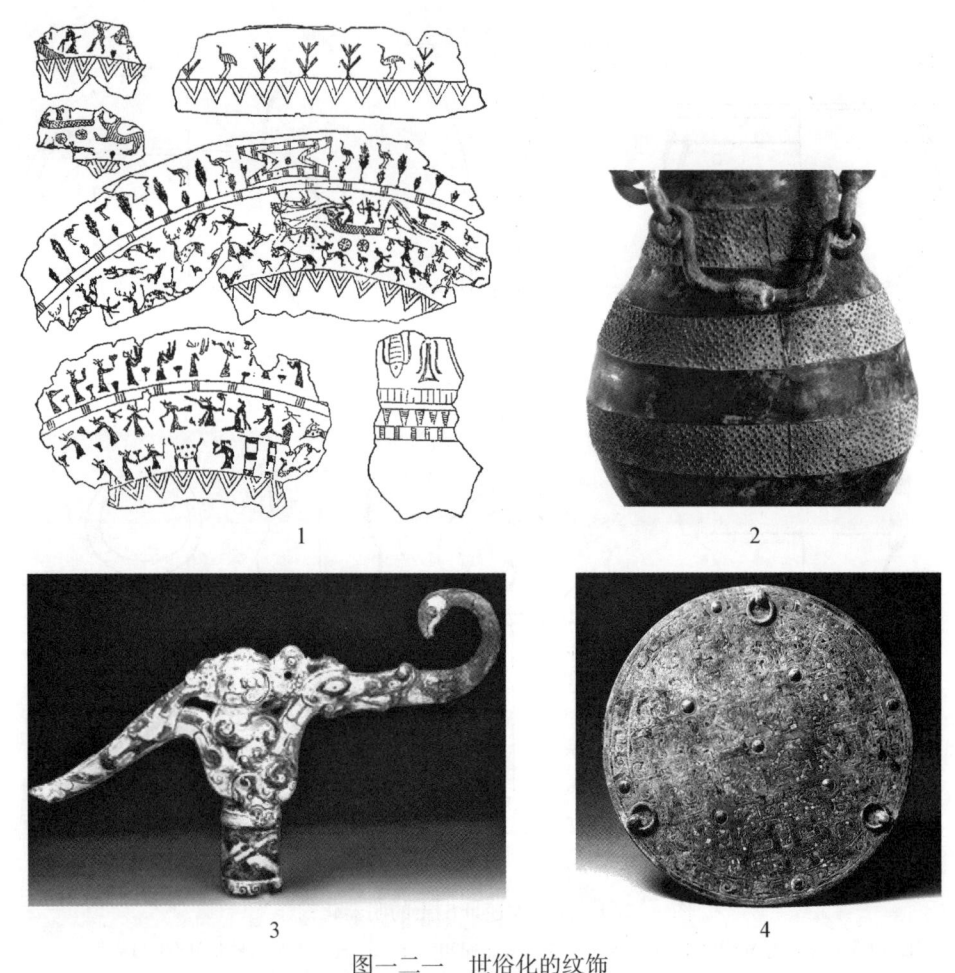

图一二一　世俗化的纹饰
1. 长岛王沟出土铜匜纹饰　2. 临淄辛店 M2 出土蟠虺纹提链壶　3. 鲁国故城 M3 出土错金银带钩
4. 临淄商王墓地 M1 出土铜镜

在前期的基础上又有发展,很多纹饰尤其是满花纹饰,粗看十分华丽,细看大多比较粗糙,比如滕州薛国故城、海阳嘴子前、沂水纪王崮等高规格墓葬出土的大量铜器纹饰。这种铜器的较多发现,说明当时至少有一部分贵族对铜器纹饰是否精美甚至有没有纹饰已不甚在意,时人更加注重现实世界的生活境况,对祖先、鬼神的祭祀渐渐流于形式,甚至敷衍了事,远不如早期虔诚。在财力不甚充足的情况下,作为盛放祭品的器具自然是越简单、实用越好。

第四个变化突出了铜器纹饰的另一个风尚——奢靡与浮华,纹饰的神秘意蕴已经无存,其所反映的现实主义的人文关怀也渐渐退却。当为了追求华丽的外在观感,而不再顾及纹饰的本义时,铜器纹饰已沦为纯粹的装饰,如鲁国故城 M3 出土的战国时期的错金银带钩(图一二一,3)、临淄商王墓地 M1 出土的镶嵌绿松石铜镜(图一二一,4)。这些华而不实的纹饰,逐渐成为标榜财富的工具,青铜器纹饰的世俗化至此基本完成。

海岱地区商周铜器纹饰的世俗化进程基本与中原地区同步,其表现也基本无别。大致于殷墟三期出现世俗化现象;至商周之际有较大发展,出现了较多素面或纹饰简化的铜器;至西周后期至春秋前期,原本占统治地位并具有神秘色彩的兽面纹被新兴的更为中性的窃曲纹、鳞纹和环带纹所取代,铜器纹饰开始走下神坛,世俗化进程迈出了重要一步。春秋后期至战国时期,大量反映社会生活和现实世界的人物画像纹、写实动物纹等纹饰出现并流行起来,标榜世俗财富的错金银纹饰兴起,尤其是素面铜器的盛行,说明这一时期的铜器纹饰基本完成了由神圣领域向世俗领域的转变,其所遗留的少量残余在汉代也很快被涤荡殆尽。

第四节 铭文内容与书体的世俗化

铜器铭文的初始一般是作器者的族徽或受祭者的日名,至殷墟后期出现了一些长铭铜器,内容开始涉及作器者的事迹及祭祀祖先的时间、地点、受祭者等,如二祀邲其卣。还有一些记载作器者受到上级赏赐的铭文,如戍嗣子鼎(集成2708)、六祀邲其卣(集成5414)等。也有一些记载军事战争或狩猎的铭文,如小臣艅犀尊(集成5990)、宰甫卣(集成5395)等。青铜礼器最初应主要用于祭祀,颇有神圣意味。至商代晚期,祭祀铭文中开始出现赏赐、铭功、宴飨等内容。值得注意的是宰甫卣铭文,大意为:商王狩猎归来宴飨时,宰甫获得赏赐并作此器以纪其事。显然,宰甫卣的制作不是为了祭祀某位先祖,而是为了纪念获得商王赏赐之荣耀事迹。这一铭文的目的已经背离礼器的神圣初衷,而用于铭记世俗社会的荣耀之事。海岱地区商代铜器中目前尚未见此类铭文铜器。

至西周时期,铜器铭文除了以上内容外,还出现了一些新的铭辞。比如西周早期末叶出现并迅速流行的"作器者+尊亲名+器物名+'永宝'或'子子孙孙其永宝'"式铭辞,在祭祀先祖的同时,一方面希望子孙永远铭记这件事,一方面也希望能够子孙永昌,如害鼎(集成2749)、宁簋(集成4021)、伯旬鼎(集成2414)等。稍晚,铭文中开始出现祈冀福寿类铭辞,即长寿永续、多福永福、安邦保国等,如鲁司徒仲齐盨(集成4440)、陈侯簠(集成4607)等。其中祈冀长寿永续类铭辞占据多数,在祭祀祖先的同时,希望得到祖先的回报和福佑,作器的目的带有明显的功利性。

此外,还有婚嫁送媵类铭辞。婚媵类铭辞大约出现于西周中期,如尹叔鼎(集成2282)等;流行于西周晚期至春秋晚期。海岱地区婚媵类铭辞出现于西周晚期,如邾伯鬲(集成669)、孟弢父簋(集成3963)等;盛行于春秋时期,如鲁侯簠(汇编1068)、费敏父鼎(集成2589)、齐侯盘(集成10159)等。此类铭文显然已背离青铜器的神圣本义。

另外,还有一些反映军旅征行之类的铭文,主要表明此器为征行旅途中所用。行旅类铭辞出现于西周早期前段,如鲁侯作旅簋(集成4029);流行于西周中期至春秋晚期。海岱地区发现42例。此类铜器显然是征行旅途中使用的实用器[1],也与铜器的神圣本义

---

[1] 也有学者认为旅器为旅途中祭祀祖先或神灵时所用的祭器,可备一说。参见岳连建、王安坤:《铜盨的渊源及演变》,《考古与文物》2014年第2期。

不类。

还有一些宴飨宾客类铭文。此类铭辞出现于西周晚期，如伯□父盨①；流行于春秋晚期，如王子婴次钟（集成52）、沇儿镈（集成203）等；战国时期已少见。宴飨宾客类铭辞多出现于乐器钟上，且多与祭祀先祖类铭辞联用。海岱地区的宴飨宾客类铭辞也流行于春秋晚期，共有6组17件，除莒大史申鼎（集成2732）外，余皆为乐器钟、镈，而且除莒大史申鼎铭辞单纯为宴飨宾客外，其余皆为宴飨宾客与祭祀先祖联用。宴飨宾客本与祭祀先祖无关，但在春秋晚期却几乎成为祭祀先祖仪式后的必备项目，且以铭文形式留作纪念。尤其是莒大史申鼎，其作器目的是为了宴飨宾朋，与祭祀宴飨鬼神和先祖全无关联。此类铭文的流行可能缘于礼制崩坏，人与人之间的信义约束逐渐乏力，而宴飨活动能维系、加深亲友之间的情感，以应付逐渐恶化的社会生活环境。

在春秋晚期以后，还有一些铭文是为了标榜自己的显赫出身，如传世的庚壶（集成9733）、陈侯因咨敦（集成4649）、叔夷钟与镈（集成272—285）等。更甚者，作器目的除了祭祀先祖之外，还有炫耀武功的成分，比如十年陈侯午敦（集成4648）、陈侯因咨敦等铭文所记述的齐霸诸侯之信息。此类铭文之中充盈着世俗的炫耀之意。

战国早期的左关三量器陈纯釜（集成10371）、子禾子釜（集成10374）、左关𫓧（集成10368）铭文显示，三器为齐国征收关市赋税之量器。铭文严格规定了量器标准及关市、赋税管理制度，关人如在征收赋税时徇私舞弊，将受到刑罚处分。此类法律条文与祭祖铭文完全没有关系，已彻底世俗化。

战国后期，铜器铭文很多都是物勒工名，多有所有者、工匠名字、铸造地点、使用地点或容量，以明确所有权、方便管理者检验产品质量或使用，如高子戈（集成10961）、武城戈（集成10966）、成阳辛城里戈（集成11154）、丁之十重耳杯②等，完全背离了青铜器铭文的本义。

此外，铭文的字体及表现形式大致由美观转向粗劣，这一趋势贯穿了两周时期。商代晚期绝大多数铭文笔画雄浑，笔力遒劲，而且字体工整，首尾出锋，转折处多有波磔，如刀削斧斫，法度俨然，具有浓郁的艺术韵味，如小臣艅犀尊等。至西周早期前段的鲁侯尊（集成4029）、禽簋（集成4041），铭文书体为之一变，笔锋渐收，波磔趋平，开始向平实发展，笔画稍嫌乏力，艺术气息渐弱。至西周早期后段的启尊（集成5983）、启卣（集成5410）时，已基本看不到商代晚期书体的影子，笔画柔弱，平实素朴的周式书体风格基本形成，但尚保留着商代晚期铭文的整齐之貌。至西周后期，铭文开始脱离整齐的布局，字体也不再如早期规整，如鲁侯盉（集成9408）、引簋等铭文。至春秋中期，铭文布局散乱，横不平，竖不直，字体潦草松散，如蒙童习字，铭文已成为纯粹的记事媒介，几无章法可言，如杞伯每亡簋（集成3898）、邾公牼钟（集成149）等铭文。这种铭文书体一直延续至战国时期，如齐

---

① 张锦少：《读新见西周伯□父盨铭"用飨宾于宗室"杂志》，《古文字学论稿》，安徽大学出版社，2008年，第258—269页。

② 淄博市博物馆、齐故城博物馆：《临淄商王墓地》，齐鲁书社，1997年，第27页。

第十三章 祛魅：海岱青铜器的世俗化及其制器思想

图一二二 海岱地区商周铜器铭文示例
1. 小臣艅犀尊 2. 鲁侯尊 3. 禽簋 4. 启卣 5. 启尊
6. 鲁侯盉 7. 引簋 8. 杞伯每亡簋 9. 齐侯壶

侯诸器、莒公孙潮子钟（近出4-9）等铭文。而战国后期兴起的在铜器上刻画的铭文更是粗劣不堪。

海岱地区商周铜器铭文的世俗化进程与中原地区基本一致，铜器铭文的初始一般是作器者的族徽或受祭者的日名，大约在殷墟后期出现了一些长铭铜器，开始出现赏赐、铭功、宴飨等内容，呈现出世俗化倾向。西周时期开始出现祈冀福寿、子孙永昌、军旅征行之类的铭辞，祭祀祖先的目的很大程度上是为了自身的福祉，部分器物用作实用器而非祭祀之用。至春秋战国时期，铭文中出现了较多的宴飨宾客、标榜世系、炫耀武功等内容，尤其是出现了较多的婚嫁送媵和法律条文铭辞，青铜器的世俗化已遍及社会生活的方方面面。此外，铜器铭文的布局、书体也反映了这一趋势。

第五节 祛魅：海岱地区商周青铜器世俗化的社会背景

综上所述，海岱青铜器的世俗化进程，自中原青铜文化进入伊始（二里岗上层二期）

就已开启,至商代后期青铜器的世俗化已十分明显,如作为生活实用器的铜质车马器以及作为狗装饰品的铜项圈及铜铃的出现,形制的明器化,纹饰的简化,非祭祀铭文的出现等。青铜器的世俗化在西周时期明显加快,除了上述表现外,更为理性的器类与纹饰取代了充满感性和神秘意味的纹饰,祈福、婚嫁、宴飨宾客类铭文大大冲击了以往占据主流的祭祀类铭文,而且明器数量大增。至春秋后期,铜器的世俗化全面展开,已波及社会生活的方方面面。至战国后期,铜器逐渐脱离神圣世界,步入世俗领域,大量生活实用器涌现,素面铜器大盛,精美的铜器纹饰及铭文已成为炫耀身份地位的工具,铜器的世俗化至此基本完成。

商代前期后段,中原青铜文化正由附魅转向祛魅,故而,海岱青铜文化在一开始就烙上了祛魅的印记,铜器的世俗化正是时人制器思想祛魅的产物,有其深刻的社会原因。研究者通常将文化由表及里描述为三个既有区别又相互关联的层次:器物、制度与思想。其中,器物是最为形象且最易描述的层面,但"形而上之道""形而下之器",器物研究的根本目的是透物见人,目标是透过器物直达制度与思想的核心。然器物表意曲折隐晦,这一目标的实现存在诸多碍难之处,因此,通过器物来探讨制度与思想难度较大但意义重大。笔者尝试以海岱地区为切入点,对商周铜器的制器思想作一尝试性探讨,敬祈方家指正。

亚里士多德认为器物的材料、形式、制作目的和动因都充盈着作器者的思想①。青铜器也不例外,其形制、纹饰与铭文的创造、发展、演变、消亡,均承载着时人的制器思想,这些思想紧密联系着先民对自然、社会、神祇、身份等各种精神需求的复杂反应。因而,制器思想之探讨绝不局限于器物本身,必定会辐射至器物与人、人与自然以及人与社会等更为广阔的领域②。故而,有学者认为器物几乎能反映出"从经验到知识,从技术到信仰,从体制到文艺,从战争到生活的全部的、根本的深刻演变"③。宗白华亦云"从最低层的器皿,穿过礼乐生活,直达天地境界,是一片浑然无间、灵肉不二的大和谐与大节奏"④。青铜器显然是研究三代制器思想和祛魅过程的最佳媒介。

三代的制器活动既是贵族阶层意识形态的反映,又是工匠⑤知行合一的实践。尤其是青铜器的制作过程,不仅有工匠内部的协作分工,也有贵族阶层与工匠的对话与合作。贵族阶层掌握着知识,参与器物的构想与谋划;工匠掌握着技艺,实施具体的设计与制作。两个阶层的通力合作,才能创造出所需要的器物形态⑥。

---

① 亚里士多德著,吴寿彭译:《形而上学》,商务印书馆,1959年,第31页。参见夏保华:《亚里士多德的技术制作"四因说"思想》,《科学技术与辩证法》2005年第5期。
② 兰娟:《先秦制器思想研究》,南开大学博士学位论文,2014年。
③ 邵琦、李良瑾、陆玮等:《中国古代设计思想史略》,上海书店出版社,2009年,第6页。
④ 宗白华:《艺术与中国社会》,《宗白华美学与艺术文选》,河南文艺出版社,2009年,第211—214页。
⑤ 先秦时期的工匠至少包含两个阶层:"百工""多工"是指贵族作坊中的工匠和氏族作坊中的手工业者;"我工""宗工"等是指服务于王室的工匠。(参见蔡锋:《夏商手工业者的身份与地位》,《中国经济史研究》2003年第4期。)
⑥ 兰娟:《先秦制器思想研究》,南开大学博士学位论文,2014年。

一、商代

商代的制器活动与巫术及宗教信仰密不可分,器物制作过程充满神秘与神圣意味。他们相信惟有对鬼神怀有敬畏之心,人的智慧与技术才能生产出理想中的神圣之器①。《礼记·表记》云:"殷人尊神,率民以事神,先鬼而后礼。"商人大小事务皆要通过特定的方式咨询祖先以获取他们的旨意。祭祀、丧葬等礼仪活动采用这些铸有动物纹样的铜器,意在借由这些动物的神性帮助祭祀者沟通祖先神。商人试图用兽面纹等森严的纹样,营造一种庄严、肃穆的氛围,以引导祭祀者进入一种庄重、虔诚的情境。而这正是殷人热衷于创新器物形制与纹饰的内在动力。

但这一情况在商代晚期发生了较大变化。据研究,"在武丁、祖庚时代,人们畏惧死去祖先作祟降灾的能力,是禳祓、祈请之祭盛行的思想背景……此后,祭祖仪式内容的不断制度化,则反映了宗教性的祖先崇拜的持续削弱,富有自然神属性的高祖在祭祀仪式中的逐步退场也可促使我们想到这一点。如此看来,《史记·殷本纪》中所载武乙射天、帝辛荒于祭祀等事,并非没有历史事实为依据"②。故而,有学者指出商代后期神权逐渐弱化,王权逐步上升③。商代后期青铜器世俗化倾向的出现应是这一背景下的产物。

二、西周

商代先民敬事鬼神,几乎无事不卜,似乎必须依照鬼神的指示才可行动。周人剪商之后接受了殷人的典章、文化。然而周人并不是消极地因袭商人,而是有所革新与重构。原因在于,周人已意识到"天命靡常"(《诗经·大雅·文王》),且认为"皇天无亲,惟德是辅"(《左传·僖公五年》)。周人不再像商人那样凡事沟通祖先、祈盼得到神祇庇佑、指示,而更加重视德行与人事,也令相关的礼器突显出难得的理性与人文气息。这在青铜器的传承与革新中有充分的体现。

西周中期以后,商人酷爱的酒器基本消失,其所着力塑造的充满神秘色彩的兽面纹也急剧衰落,窃曲纹、鳞纹、环带纹等抽象几何形纹饰大盛,但多呈带状分布于器物颈部、上腹或圈足。这些新兴纹饰不再具有兽面纹那般神秘的力量,也不抵商时多姿多彩,却体现出一种舒朗大方的风格。

此外,长篇铭文铜器大量出现,所记内容也非殷商时的先祖,而是关乎周王分封、赏赐、训诰、征伐以及买卖交换、法律判决文书等世俗生活的内容。而且,青铜器除了在宗庙用作祭祀活动之器外,还可能"跨界"用于军旅征行、宴飨宾客甚至闲暇娱乐的场合,呈现出一种摆脱宗教、走向社会生活的倾向。铜器铸造的着眼点也由"人—神"关系,转向"人—人"与"人—物"的现实关系。

---

① 兰娟:《先秦制器思想研究》,南开大学博士学位论文,2014年。
② 刘源:《商代后期祭祖仪式类型》,《历史研究》2002年第6期。
③ 李双芬:《从选祭到周祭——兼论商代后期王权的合法性建构》,《殷都学刊》2015年第2期。

三、东周

春秋时期,政治上王纲解纽,思想上却迎来了史无前例的黄金时期。春秋中期以后,政治与文化领域的变革,促使科学技术与生产力取得显著发展,与之相应的制器活动也展现出新的风貌。

器类与形制。这一时期战事频仍,青铜兵器得以迅猛发展,如戈、矛、戟、剑、弩机等十分发达,制作也较为精细。此外,新兴贵族在衣、食、居、行、娱等方面的现实愿望,促使大量实用器不断涌现,如带钩、铜镜、灯、炉、玺印、符节、度量衡与货币等等,甚至还生产一定数量用于玩赏或盛放饰品的弄器或饰品盒,如弗利尔美术馆的子作弄鸟尊、智君子弄鉴,上海博物馆的子仲姜盘,韩城梁带村M26及长清仙人台M5出土的小而精致的铜器等,形成了东周时期极富特色的器具形态。

纹饰方面。西周后期以来流行的窃曲纹、鳞纹、环带纹等趋于消失,代之以大量新兴纹饰。与其相关的装饰工艺也有较多发明和创造,但其世俗化倾向越发显著。首先,模印纹饰的发明,虽然省时省力,但纹样单调、缺少美感,更甚者还会出现错印、倒印、割裂等失误,貌似繁缛复杂实则粗疏草率。其次,春秋后期铜器上的华丽装饰,所呈现的已不是早期神秘诡异的宗教意味,而是充满世俗生活气息,如亭台楼阁、人物鸟兽、宴飨娱乐、车马出行、水陆攻战、狩猎采桑等,完全突破了早期神秘、呆板的风格。与之相应的镶嵌、错红铜,错金银等工艺,更使青铜器纹饰呈现出色彩斑斓、绚丽多姿的风貌。做到了心与物、文与质、形与神、材与艺、用与美的统一。战国后期以后,青铜器再次返归简省与素朴,直至青铜时代结束。

铭文方面。至春秋战国时期,铜器铭文的书体愈加草率,并出现了较多的宴飨宾客、标榜世系、炫耀武功等世俗内容,尤其是出现了较多的婚嫁送媵和法律条文铭辞。此外,容器与兵器上出现的"物勒工名"制度无疑利于国家更好地控制器物质量与工匠群体的活动,对制器活动而言乃是一极大的进步,但就铭文而言所呈现的是不折不扣的世俗化。

《左传·昭公十八年》载,当郑人请求以珠宝祭神以攘除火灾时,子产曰:"天道远,人道迩,非所及也。"这一记载反映了时人敬鬼事神之观念逐渐式微,理性意识日益突显。此时的器物创作更多地赋予了人本精神,偏重世俗情致,强调艺术对现实生活的点缀作用。在这一背景下,铜器的类别、形制、纹饰与铭文上的变化,仿若一种喧闹的和声,高调宣告着新兴贵族阔步走上了历史舞台①。但同时,也映射着礼器神圣意蕴的进一步衰落和消退,器物的功利色彩逐渐浓厚,贵族着力追求式样的翻新,热衷于财富的炫耀,器物基本沦为纯粹的装饰。而战国以后,随着礼仪的衰退、神圣的祛魅,看似理性的生活方式又逐渐沦落为另一种粗鄙质野的文化形态②。青铜器世俗化至此完成,青铜时代也由此落下

---

① 兰娟:《先秦制器思想研究》,南开大学博士学位论文,2014年。
② 兰娟:《先秦制器思想研究》,南开大学博士学位论文,2014年。

帷幕。

　　总的来看,商周青铜器的祛魅现象,既是人类心智渐开的自发行为,也与统治阶层的开明与理性有关。同时也应看到,为稳固统治,统治阶层常常有意地借用附魅手段(比如神化先祖、天命论等)来蛊惑民众,以鼓吹、宣扬自身统治的合法性。但随着民智逐渐开启,祛魅仍是古代人类宗教思想发展的总体趋势,作为人类思想产物的青铜器及其他物质文化也反映了这一进程。

第十四章 碰撞、融合与新生：海岱青铜文化的多元性及其蜕变

通过前文分析可知，海岱地区商周青铜文化的发生与发展，是中原王朝青铜文化东进的结果，这一东进过程一直持续到西周后期。这一过程，实际上也是中原青铜文化与海岱土著文化不断对峙、碰撞的过程。当若干文化经过长期的碰撞之后，其结果通常是，这些文化一方面表现出相互融合的趋势，另一方面又展现出各自固守传统的特点。随着时间的推移，融合一般会逐渐占据主导地位，而传统因素则渐渐消退，最终形成一种更为繁荣的文化。而且，相互碰撞的文化越复杂、多元，其最终形成的文化一般会越繁荣。比如，经历战国乱世之后的秦汉文化，经历魏晋南北朝各民族冲突与融合之后的隋唐文化等。海岱地区商周时期的青铜文化也是如此，其在经历与周边青铜文化长时期的碰撞与融合之后，于东周时期成为当时中国青铜文化最为繁荣的地区之一。

海岱地区中部与东部多山的地理环境，一定程度上决定了海岱四境在族群、文化上的多元性特点，至迟在商代就已形成国族林立的局面[①]。通过前文诸章节的分析可知，至商周时期，在经历了与中原及周边青铜文化长时期的对峙与融合之后，海岱青铜文化的构成更为复杂、多元。这一点在海岱南部地区表现得尤为明显。这一地区作为东夷与中原以及江淮诸族群交流的前沿地带，其文化构成的复杂程度可能超过了其他大多数地区。在经历了漫长时期的碰撞与融合之后，该地在春秋时期完成蜕变，绽放出其他地区无可比拟的绚烂光彩，诞生了众多的先贤圣哲，成为海岱地区乃至当时中国轴心时代的文化重心，这一重心的思想光芒还辐射至周边地区，形成当时中国文化星空中灿烂的银河地带。

本章主要运用考古学文化因素分析法，以海岱南部铜器墓为切入点，对随葬的铜器与陶器之形制、组合、纹饰以及墓葬的形制、葬俗等因素进行综合分析，以揭示海岱青铜文化的多元性特征，从而为探索众多先贤圣哲诞生于此地的深层次原因提供考古学依据。

海岱南部地区所辖地域大体包括今济宁、枣庄、泰安三个地区。其中济宁地区东南部至枣庄一带，是海岱南部铜器墓葬的集中发现之地。这一区域方圆不过百里，但见于文献

---

① 《山东古国考》《东夷杂考》《山东古国与姓氏》《春秋大事表列国爵姓及存灭表譔异》《不见于春秋大事表之春秋方国稿》等。

第十四章　碰撞、融合与新生：海岱青铜文化的多元性及其蜕变

且影响较大的诸侯国却至少有鲁、邾、薛、滕、小邾（郳）、费等六国。本区目前已发表的东周铜器墓葬主要有：曲阜鲁国故城墓①、滕州薛国故城墓②、枣庄东江小邾国墓③、枣庄徐楼墓④、滕州庄里西滕国墓⑤、滕州后荆沟墓⑥、邹城七家峪（栖驾峪）墓⑦等（图一二三），均出土了大量青铜器，呈现出十分繁荣的景象。兹选取随葬品较为丰富的铜器墓分析如下。

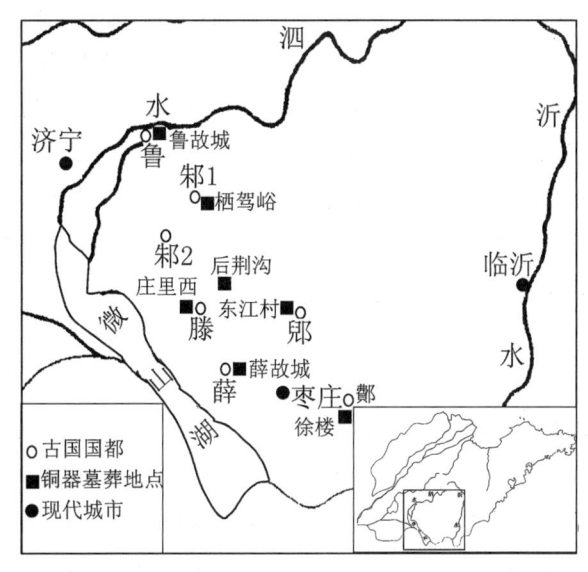

图一二三　海岱南部东周铜器墓葬分布示意图

第一节　铜器组合的多元性

一、春秋早期

春秋早期较为完整的铜容器墓有 7 座，组合方式皆不相同：鲁国故城 M46：鼎 1 簋 1；鲁国故城 M30：鼎 1 盨 1 盘 1 壶 1 匜 1；鲁国故城 M49：鼎 1 簋 2 盘 1 匜 1；鲁国故城 M48：鼎 3 甗 1 簋 2 簠 1 盨 2 壶 1 盘 2 匜 2；滕州后荆沟 M1：鼎 2 鬲 2 簋 2 簠 2 盘 1 匜 1 罐 2；小邾国墓地 M2：鼎 4 鬲 4 簋 4 罍 2 壶 2 盘 1 匜 1；小邾国墓地 M3：鼎 4 鬲 2 簋 4 罍 2 壶 2 盘

---

① 山东省文物考古研究所、山东省博物馆等：《曲阜鲁国故城》，齐鲁书社，1982 年。
② 山东省济宁市文物管理局：《薛国故城勘查和墓葬发掘报告》，《考古学报》1991 年第 4 期。
③ 赵友文主编：《小邾国遗珍》，中国文史出版社，2006 年。
④ 枣庄市博物馆、枣庄市文物管理委员会办公室等：《枣庄市峄城徐楼东周墓葬发掘报告》，《海岱考古》（第七辑），科学出版社，2014 年，第 59—127 页。
⑤ 万树瀛、杨孝义：《山东滕县出土西周滕国铜器》，《文物》1979 年第 4 期；滕县博物馆：《山东滕县发现滕侯铜器墓》，《考古》1984 年第 4 期；滕州市博物馆：《山东滕州庄里西战国墓》，《文物》2002 年第 6 期；刘延常、李鲁滕：《滕州庄里西遗址考古发掘获重要成果》，《中国文物报》1996 年 7 月 28 日第 1 版。
⑥ 万树瀛：《滕县后荆沟出土不嬰簋等青铜器群》，《文物》1981 年第 9 期。
⑦ 王轩：《山东邹县七家峪村出土的西周铜器》，《考古》1965 年第 11 期。

1 匜 1 提梁罐 1。

本期组合皆以鼎为核心。其中 4 组有簋(盨)无鬲,以鲁国故城乙组墓为中心;2 组有鬲无簋,以枣庄东江小邾国墓地为中心。滕州后荆沟既有簋又有鬲,似乎是两组组合的交汇点。因此,以上组合可分为三区:曲阜鲁国故城墓地、枣庄东江小邾国墓地、滕州后荆沟墓地。曲阜鲁国故城以鼎、簋(盨)组合为基本特征,推行同期中原盛行的鼎簋制度,差异在于中原多有鬲同出,而鲁国故城却未出鬲。但鲁国有较多作为媵器的鬲出土,如邹县七家峪墓出土的鲁伯驷父鬲、临沂凤凰岭墓出土的鲁伯愈父鬲等,这也是鲁国青铜器的特色之一。小邾国墓地以鼎、鬲、簠组合为基本特征,无簋,鼎的数量为偶数且较少,列鼎大小相同,没有或基本没有推行中原盛行的鼎簋制度。值得注意的是本区与中原的不同之处,恰好与楚国境内的铜容器组合相近,如淅川下寺楚墓①,二者有无源流关系有待于进一步考察。滕州后荆沟墓以鼎、鬲、簋、簠为基本组合,兼有前两区的组合特征,似乎是两区的结合地带,也是中原地区常见的组合方式。

二、春秋中期

春秋中期较为完整的铜容器墓有 9 座,组合方式有 8 种:鲁国故城 M201:鼎 1 盆 1 铫 1;鲁国故城 M202:敦 1 铫 1 盘 1 匜 1;鲁国故城 M203:铫 1;鲁国故城 M305:铫 1;薛国故城 M1:鼎 8 鬲 6 簋 6 簠 2 铫 1 壶 3 盘 1 匜 1;薛国故城 M2:鼎 8 鬲 6 簋 6 簠 2 铫 1 壶 3 盘 1 匜 1 提链罐 1 盒 1;薛国故城 M4:鼎 10 鬲 6 簋 6 簠 2 铫 1 鸟形杯 3 壶 3 盘 1 匜 1 镵盉 1 鉴 1;枣庄徐楼 M1:鼎 3 簠 4 敦 2 铺 2 盒 2 铫 1 盘 1 匜 1 立鸟罐 1 提链罐 1;枣庄徐楼 M2:鼎 3 铫 1 盘 1 匜 1。

根据地域差异,本期组合可分为三组,鲁国故城四座小型甲组墓为一组,薛国故城三座大中型墓为一组,枣庄徐楼两座中型墓为一组。薛国故城三墓是典型的薛国墓葬,可单列一区,以鼎、鬲、簋、簠为组合特征,推行鼎簋制度,与中原同时期组合基本相同。由于鲁国故城甲组墓与乙组墓及其他地区的组合均不相同,故也可单列为一区。枣庄徐楼二墓略晚,处于春秋中晚期之交,以鼎、铫、盘、匜为核心,其中 M1 有簠、铺、敦、盒、提链罐等,与其他二区皆不相同。该区最为突出的特点是,普遍随葬铫,铫的普及程度尚高于鼎,由此可见本区对铫的偏爱。

三、春秋晚期至战国早期

春秋晚期至战国早期较为完整的铜容器墓仅有 6 座,且不易区分早晚关系,故而放在一起讨论。组合方式有 4 种:薛国故城 M6:鼎 1 盖豆 2 铫 1;薛国故城 M7:铫 1;薛国故城 M9:鼎 1 盖豆 2 盘 1 匜 1;鲁国故城 M115:铫 1;鲁国故城 M103:铫 1;滕州庄里西 90STZM8:鼎 1 盖豆 2 铫 2 盘 1 匜 1。

---

① 河南省文物研究所、河南省丹江库区考古发掘队等:《淅川下寺春秋楚墓》,文物出版社,1991 年,第 309 页。

本期组合基本以铈为核心。滕州庄里西 90STZM8 的铜器组合与薛国故城 M6、薛国故城 M9 相近,但器物形制、墓葬形制、墓向等差别较大。庄里西墓地与滕国故城所在地滕城村毗邻,且多次出土滕侯器物,应是滕国高级贵族墓葬区,因此可单独列为一区。薛国故城墓基本延续了前期随葬铈的传统,是同期中原常见的组合方式。鲁国故城甲组墓也延续了前期的重铈传统,皆随葬 1 件铈,形成鲜明的地域特色。本期组合的另一特点是簋退出了历史舞台,多由敦、豆替代。组合的趋同性增强是本期的主要特征,本期组合的差异主要源于等级差别,而同等级墓葬的组合基本相同。

从铜容器组合来看,海岱南部东周铜器墓至少可以分为六区,即鲁国故城甲组墓地、鲁国故城乙组墓地、枣庄东江小邾国墓地、枣庄徐楼墓地、薛国故城墓地、滕州后荆沟墓地。其中后三区都推行了中原盛行的鼎簋制度;前三区则与鲁北、鲁东、鲁东南大部分地区一致,基本没有推行这一制度。值得注意的是,小邾国墓地铜器的组合方式与南方楚墓更为接近,而与海岱南部其他地区迥异。至战国早期海岱铜器组合的区域差异才逐渐减弱。

第二节　铜器形制的多元性

海岱南部目前正式发表东周铜容器墓 35 座,其中较为完整的有 24 座,共出土铜容器 280 余件。除去 11 件残损严重未能复原和 6 件未作报道的外,多数器物为中原地区常见的形制,但部分器物的地域性特征也十分明显,择其要者如下。

一、曲阜鲁国故城乙组墓葬

鲁国故城 M30∶32、M48∶16 两件卵形铜壶是海岱南部地区仅有的两件。此类壶在鲁东南日照崮河崖 M1① 及附近地区发现稍多,时代也略早。由于中原不见此类器物,鲁国故城的两件应是自鲁东南一带传入或者受其影响下的产物。M48 出土的裸体人形三足盘(M48∶8)也是山东地区的特色器物,山东地区还发现 4 件,分别出于小邾国墓地 M3、滕州后荆沟 M1、临朐泉头 M 甲②、沂源姑子坪 M1③,时代约在春秋早期。考虑到此类盘主要出于山东地区的非姬姓周人文化区,可能是夷人文化器物,M48∶8 应是受其影响下的产物。

二、枣庄东江小邾国墓葬

本墓地出土的 21 件春秋早期铜鼎中有 17 件不同于当时的常见形制。其中从此墓地盗出又被追回的 10 件夔龙纹鼎,全器满饰夔龙纹之华丽风格在当时十分少见,不见于山东其他地区。M2、M3 出土的 7 件平盖、束颈、鼓腹铜鼎也不见于其他地区。M3 出土的方盉、匜形鼎、提链罐、圜底无足匜以及从此墓地盗出又被追回的鸟盖兽流窃曲纹盉皆为海

---

① 杨深富:《山东日照崮河崖出土一批青铜器》,《考古》1984 年第 7 期。
② 临朐县文化馆、潍坊地区文物管理委员会:《山东临朐发现齐、郚、曾诸国铜器》,《文物》1983 年第 12 期。
③ 山东大学考古系、淄博市文物局等:《山东沂源县姑子坪周代墓葬》,《考古》2003 年第 1 期。

岱南部地区所仅见,其中圜底无足匜是最早的无足铜匜之一。此外,M1出土的青铜瓶极为罕见,目前仅发现3件;M2出土的窃曲纹匜流下有凸牙,具有明显的吴文化风格,如溧水宽广墩①、江宁陶吴②出土铜匜。

三、枣庄峄城徐楼墓葬

共发现墓葬2座,出土青铜容器26件。其中细锥足鼎、龙耳铞、龙耳缶(2件)、提链罐、立鸟罐、乳丁纹盒(2件)等8件器物不见于海岱南部其他地区。细锥足鼎三足外撇,具有明显的越式铜鼎的特征,如江苏丹徒烟墩山墓所出铜鼎③、屯溪M1:30④等。铞的环形双耳为龙身卷曲状,龙首尾皆备,集中出土于湖北襄樊、当阳一带,如襄阳山湾⑤、当阳赵家湖金家山M9⑥,属于楚文化铜器。2件龙耳缶具有山戎铜缶的特征,如河北怀来甘子堡M2⑦及北京延庆玉皇庙M2⑧出土铜缶。提链罐之套环式提链较为少见,不见于其他地区。立鸟罐目前也仅发现这一件。乳丁纹盒具有明显的越文化风格,如安徽屯溪M3:10⑨、绍兴M306:20⑩。

四、薛国故城墓葬

本墓地出土的25件铜鼎中,有18件不见于山东其他地区。其中4件形制为直附耳、卵形深腹、粗短蹄足,此类鼎在鄂北、豫南有较多发现,如湖北随州黄土坡M1⑪、河南新野小西关墓⑫等皆有出土,二墓的时代分别为两周之际和春秋早期,早于这4件。此类鼎应发源于豫南鄂北地区的楚文化区。其余14件鼎为直附耳、浅腹、圜底近平、粗短蹄足。此类鼎还见于山西闻喜上郭村76M17:6⑬,时代也相当,其源头不甚清楚。出土的18件鬲除去未报道的6件外,有6件是鲁东南流行的夷式尖足铜鬲,不见于同期的海岱南部其他墓地。其出土的6件莲花状捉手铜簋也不见于山东其他地区。出土的10件铜壶中有4件不见于海岱南部其他墓地,其中3件为平盖、短颈、球形腹、平底,此类壶在稍早的长清仙人台M6⑭、招远东曲城⑮也有发现,应有源流关系;另一件为短颈、橄榄形腹、平底、提

---

① 刘建国、吴大林:《江苏溧水宽广墩墓出土器物》,《文物》1985年第12期。
② 李蔚然:《南京发现周代铜器》,《考古》1960年第6期。
③ 江苏省文物管理委员会:《江苏丹徒县烟墩山出土的古代青铜器》,《文物参考资料》1955年第5期。
④ 安徽省文化局文物工作队:《安徽屯溪西周墓葬发掘报告》,《考古学报》1959年第4期。
⑤ 湖北省博物馆:《襄阳山湾出土的东周青铜器》,《江汉考古》1988年第1期。
⑥ 湖北省宜昌地区博物馆、北京大学考古系:《当阳赵家湖楚墓》,文物出版社,1992年,第123、124页。
⑦ 贺勇、刘建中:《河北怀来甘子堡发现的春秋墓群》,《文物春秋》1993年第2期。
⑧ 北京市文物研究所:《军都山墓地——玉皇庙》(二),文物出版社,2007年,第903页。
⑨ 殷涤非:《安徽屯溪周墓第二次发掘》,《考古》1990年第3期。
⑩ 浙江省文物管理委员会、浙江省文物考古所:《绍兴306号战国墓发掘简报》,《文物》1984年第1期。
⑪ 拓古、熊燕:《湖北随州市黄土坡周代墓的发掘》,《考古》2007年第8期。
⑫ 郑杰祥:《河南新野发现的曾国铜器》,《文物》1973年第5期。
⑬ 山西省考古研究所:《1976年闻喜上郭村周代墓葬清理记》,《三晋考古》(第一辑),山西人民出版社,1994年,第133页。
⑭ 山东大学考古系:《山东长清县仙人台周代墓地》,《考古》1998年第9期。
⑮ 李步青、林仙庭、杨文玉:《山东招远出土西周青铜器》,《考古》1994年第4期。

链,是目前发现的最早的提链铜壶之一。M4 出土的 3 件鸟形杯也不见于海岱南部其他地区。

五、滕州后荆沟墓葬

出土的 2 件尖足铜鬲,是流行于鲁东南以及江淮流域的典型夷式鬲,与传世的两周之际的邾伯鬲形制、纹饰、尺寸几乎完全相同。1988 年枣庄山亭区两河叉也出土 2 件①,时代相当。薛国故城墓地也有出土,但形态特征略晚。海岱南部其他地区、鲁北以及中原地区未见,应来源于鲁东南或受该地影响。

六、邹县七家峪墓葬

出土的 6 件附耳柱足鼎不见于海岱南部其他地区。出土的四兽足封口匜,是封口匜的较早形态,也是山东地区春秋早期以前仅有的一件。

根据出土铜容器的形制特征,海岱南部地区铜器墓至少可以分为六区:鲁国故城乙组墓、枣庄东江小邾国墓、枣庄徐楼墓、薛国故城墓、邹县七家峪墓和滕州后荆沟墓。其中鲁国故城乙组铜器的形制与中原最为接近,而小邾国、薛国及费国铜器的形制与海岱南部其他地区差别较大。

第三节 出土陶器的多元性

一、鲁国故城甲组墓葬

(一)组合。甲组墓出土的陶器组合一般是鬲、簋、豆、罐,各为 2 件或 4 件的偶数。流行簋、豆等圈足器。与中原以鬲、鼎、豆为核心的组合既有共性又有区别,而与鲁北地区较为相近。

(二)形制。甲组墓出土的陶器制作较为精细规整,如华盖壶、华盖簋等。

(三)纹饰。鬲多饰绳纹,其余器物多为素面或饰旋纹(凹弦纹)、绳纹、圆圈暗纹等。春秋晚期的器物如华盖壶、华盖簋、盖豆等多饰彩绘,有三角云纹等,似仿青铜纹饰,纹饰极为精细,但多剥落不清。

二、鲁国故城乙组墓葬

(一)组合。春秋早期一般为鬲、罐、甗;春秋晚期至战国早期一般是釜、罐、甗,不见簋、豆等圈足器。鬲、釜一般一墓一件,罐、甗、壶一般呈偶数。

(二)形制。陶器制作较为粗糙,鬲都带扉棱,与山东其他地区明显不同,而与中原地

---

① 李光雨:《山东枣庄市两河叉出土周代铜鬲》,《考古》1996 年第 5 期。

区相同;其他器物形制特征不甚鲜明。

（三）纹饰。绳纹最多,多见于鬲和釜上;旋纹(凹弦纹)其次,多施于罐上;波浪形、同心圆等形状的暗纹和刻纹,则多见于战国时期的壶上。总体来看,纹饰较为简单粗疏。

三、小邾国墓葬

（一）组合。仅随葬陶罐,M2、M3分别出土8件和7件陶罐。这种做法与春秋中期鲁国故城部分甲组墓仅随葬陶罐以及滕州薛国故城仅随葬陶甒的做法极为相似。

（二）形制。三地随葬陶器的类别与形制有一定差异,尤其是M3出土的7件陶罐的形制与其他陶罐明显不类。

（三）纹饰。仅在肩部饰数道旋纹。

四、枣庄徐楼墓葬

（一）组合。鬲、豆、罐,以较为完整的M2为例,出土陶器有鬲7、豆19、罐12。

（二）形制。鬲敛口、宽平沿、鼓肩、深腹、联裆、柱状实足;罐小口、鼓肩、收腹、平底;豆有两种,皆高柄,一种为侈口、深盘,一种为敞口、浅盘。

（三）纹饰。三类陶器皆有施黑衣红彩者,其余陶器中,鬲皆饰绳纹,除豆柄饰弦纹外,豆、罐基本为素面。

五、薛国故城墓葬

（一）组合。春秋中期至晚期偏早,多随葬4件或6件罐,个别墓葬加6件盖豆;春秋战国之际以鬲、罐、豆为组合,各类器物的数量为2—6件不等。

（二）形制。同墓所出的罐大小基本一致;鬲的瘪裆较低,实足作乳头状。

（三）纹饰。甒肩部饰旋纹,鬲腹部饰绳纹,豆盘或豆柄多饰弦纹。M5、M8随葬的部分陶器有彩绘,与曲阜鲁国故城相似,但纹饰内容不同。

从陶器上看,鲁国故城乙组墓与其他墓葬之间的差异最为明显。小邾国墓地与薛国墓地陶器的组合、形制较为相近,与部分甲组墓也有相近之处。陶器纹饰大抵如此,但其间的差异也比较明显。就现有陶器资料而言,海岱南部地区至少可分为以上五区。

第四节　墓葬形制及葬俗的多元性

一、墓葬形制

海岱南部地区的东周墓葬皆为竖穴土圹墓,且口、底基本同大,四周有熟土二层台。
1. 鲁国故城甲组墓墓口宽度与长度之比小于、等于、大于1/2的数量分别占64%、22%、

14%;乙组墓墓口宽度与长度之比小于、等于、大于1/2的各占33%①。2. 薛国故城9座墓的墓口宽度与长度之比皆大于1/2,其中7座北部有生土二层台。3. 枣庄东江小邾国墓地5座墓的墓口宽度与长度之比接近1∶1,四周有熟土二层台,其中3座各有一条墓道。4. 枣庄徐楼二墓皆口大底小,宽度与长度之比接近1∶1,四周有熟土二层台。5. 庄里西滕国墓的口、底同大,宽度与长度之比皆大于1/2,无二层台。6. 滕州后荆沟墓的口、底同大,宽度与长度之比大于1/2,余不明。7. 邹县七家峪墓的形制不明。

可以看出,位于枣庄地区的薛国故城墓、小邾国墓及徐楼墓的形制相近,而与其他地区有明显差异,可合并为一区。滕国墓无二层台,与鲁国故城甲组墓、乙组墓也有区别。除情况不明的滕州后荆沟M1及邹县七家峪墓外,海岱南部地区墓葬根据形制上的差异及地域的远近至少可分为四区:曲阜鲁国故城甲组墓、鲁国故城乙组墓、滕州庄里西滕国墓以及枣庄境内的薛国、小邾国、徐楼墓。

二、葬俗

(一)鲁国故城甲组墓的墓向绝大多数在200°左右,绝大多数为仰身直肢葬,37%有腰坑殉狗,器物多置于椁底棺椁间的头部和两侧。

(二)鲁国故城乙组墓的墓向绝大多数在0°—25°之间,为仰身直肢葬,没有腰坑,器物多置于头部椁顶、棺椁之间和二层台上。

(三)滕州薛国故城墓墓向在20°左右,有仰身直肢,也有侧身屈肢,皆有腰坑殉狗,多数有殉人,器物多置于北部生土二层台上的器物箱内。

(四)小邾国墓的墓向在80°左右,墓底铺朱砂,墓室分为南北两部分,北部为椁室,南部设宽大的器物箱,这一做法与鲁东南夷人墓及长清仙人台邿国墓相同。

(五)枣庄徐楼墓墓向为100°,墓室北部为椁室,南部为器物箱;墓室底部、椁室四周及上部施一层青膏泥,随葬品多放置在椁室南侧的器物箱内。

(六)滕州后荆沟铜器墓墓向为310°,是海岱南部东周铜容器墓的孤例;随葬器物在墓主右侧,余不明。

(七)滕州庄里西滕国墓墓向在160°—190°之间,墓底有腰坑铺河卵石、殉狗,器物在头部棺椁之间。

(八)邹县七家峪墓墓向东,具体角度不明,坑壁涂朱,铜器在墓坑南侧。

就现有资料而言,除滕州庄里西滕国墓与鲁国故城甲组墓稍微相近以及枣庄东江小邾国墓地与枣庄徐楼费国墓葬相近之外,其余几组墓葬皆有较大差异。无论墓葬方向、墓室布局,还是随葬品的摆放位置及其他葬俗,各区都有较大差异,可以各自独立为一区。因此,从葬俗来看,除东江小邾国墓地与徐楼费国墓葬可以合并为一区外,其余墓地皆可独自为一区,即海岱南部地区可以分为七个区域。值得注意的是,目前一般把腰坑的有无

---

① 山东省文物考古研究所、山东省博物馆等:《曲阜鲁国故城》,齐鲁书社,1982年,第114、214页。

看作区别姬姓周人与殷夷之民的重要标志之一,但发现的滕国墓葬皆有腰坑,而且滕国墓向朝南也有别于姬姓周人墓向多向北的特征。

第五节 多元性成因分析

综合以上分析,海岱南部地区济宁东南部至枣庄这一狭仄之地,东周时期的青铜文化墓葬至少可以分为八个区域(系统):鲁国故城甲组墓、鲁国故城乙组墓、薛国故城墓、滕州庄里西滕国墓、枣庄东江小邾国墓、枣庄徐楼墓、邹县七家峪墓、滕州后荆沟墓。各区之间皆有明显差异,其中枣庄东江小邾国墓及枣庄徐楼墓与其他几区的差别最大,也最具特色。

笔者认为,这些差别应是墓葬族属或国别相异的直接体现。《曲阜鲁国故城》认为鲁国故城乙组墓是姬姓周人墓[①],甲组墓的族属有学者认为是当地土著夷人[②],是正确的。《左传·定公元年》载:"薛之皇祖奚仲居薛。"薛为妊姓,传为夏车正之后,因久居东夷之地,已渐融入东夷,但也保留了部分传统。滕国是武王灭商后其庶弟叔绣的封国,为周同姓,但显然也受到了东夷土著文化的影响。小邾国是两周之际从邾国分出的,与邾国同为曹姓。《潜夫论·志氏姓》曰:"曹姓封于邾,邾颜子之支,别为小邾。"《世本》曰:"小邾,曹姓,帝高阳之苗裔也。"二邾皆为东夷曹姓土著国。枣庄徐楼墓葬的国别目前主要有两种意见:一是费国,一是滥国[③]。《尚书·费誓》云"鲁侯伯禽宅曲阜,徐、夷并兴,东郊不开,作《费誓》",可知,费地在鲁国东郊,这与枣庄徐楼墓位置大致相合。《今本竹书纪年》云:"帝启二年,费侯伯益出就国。"此国即费国,一般认为伯益及其后人在费地一直生活到春秋末年。1972年邹县峄山后钓鱼台出土了一件春秋时期的铜鼎,铭"费敏父作孟姒媵鼎,其眉寿万年永宝用"[④],可知,费国为姒姓,自夏以来就与东夷毗邻,其文化也渐近东夷土著。邹县七家峪墓及滕州后荆沟墓破坏严重,其族属、国别争议较大,通过对现有资料的分析,知其可能均为邾国墓葬,但二者的族属可能有别[⑤]。两墓与典型的小邾国墓有较大差异,故而,可能均不属于邾国宗室墓葬。

促成各区青铜文化相异的原因,除了族属、国别之外,可能还有两个:一是本区自夏商以来就是东夷、中原、江淮诸民族交流的前沿地带,两周时期更是东临东夷土著、南面吴楚荆蛮、西接中原宗周、北靠殷夷故旧,复杂的地理、历史环境加剧了本区青铜文化的多元性。二是周室东迁以后,其向心力日趋于微,各诸侯国区域本位观念增强,地域文化兴起,

---

① 山东省文物考古研究所、山东省博物馆等:《曲阜鲁国故城》,齐鲁书社,1982年,第114、214页。
② 张学海:《试论鲁城两周墓葬的类型、族属及其反映的问题》,《中国考古学会第四次年会论文集》,文物出版社,1985年,第85—91页;魏训田:《鲁城"甲组墓"族属考》,《文物春秋》1998年第4期。
③ 李学勤:《枣庄徐楼村宋公鼎与费国》,《史学月刊》2012年第1期;石敬东、尹秀娇、杨晶:《枣庄徐楼墓葬及相关问题》,《海岱考古》(第七辑),科学出版社,2014年,第405—410页。也有学者认为,此墓地为邾国分支滥国的所在地(参见赵平安:《宋公䜌作瀳叔子鼎与滥国》,《中华文史论丛》2013年第3期)。
④ 王言京:《山东邹县春秋邾国故城附近发现一件铜鼎》,《文物》1974年第1期。
⑤ 毕经纬:《边缘墓葬族属、国别研究——以山东东周墓为例》,《考古与文物》2011年第4期。

也加速了列国青铜文化的分化,促进了列国青铜文化特点的形成。

小　　结

　　海岱地区尤其是南部地区东周时期的青铜文化,在墓葬及其随葬的铜器与陶器上的差异十分明显,在葬俗方面更是如此。而且,这种差异一直存在于东周始终,表现出较强的多元性和包容性。仅是弹丸之地的海岱南部地区的青铜文化就复杂若斯,由此可以窥见整个海岱地区青铜文化的多元性。同时,也应看到,就出土铜容器而言,海岱各地皆以食器为主,酒器、水器相对较少,这在宏观上具有周人重食、重礼的文化特质;海岱各地的器物类别、形制等也多有相近之处,表现出一定的融合性。而且,随着时代的演进,文化上的多元性日益消退,表现出越来越明显的融合趋势。

　　海岱南部,是海岱青铜文化与中原及江淮青铜文化对峙、碰撞的前沿地带,各种文化因素相互交织,使得该地成为中国青铜文化面貌最为复杂、多元的地区之一。这些文化在经历长时期的碰撞与融合之后,于春秋时期(尤其是春秋晚期)完成蜕变,获得新生,形成了丰富多元的文化沃土,孕育出孔子、墨子[①]、左氏、鲁班等众多宗师圣哲,对中国"轴心时代"的形成,尤其是中国轴心文化——儒家文化的形成,作出了无可比拟的贡献。春秋时期的海岱南部,是海岱地区乃至当时中国轴心时代的文化重心,这一重心的光芒还辐射至周边地区,并诞生了一批著名思想家,比如齐国的管仲、孙武,陈国的老聃等,成为当时中国思想文化灿烂星空中最为耀眼的"银河"地带。

　　春秋时期的海岱南部,既是海岱文化喷发的井口,又是其文化繁荣的缩影。该地青铜文化的发生、发展、繁荣与蜕变,基本代表了海岱青铜文化的演变进程。

---

① 另一说墨子为河南鲁山人,此为一说。

结　　语

苏秉琦先生曾经指出"山东半岛自然地理、人文条件既有它内向的一面,又有它外向的一面,而总的说来,它在我国文明史上有它特殊的贡献"[1],"山东是中国考古学界的三大支柱之一"[2]。这些结论固然多是针对商代以前而言,但海岱地区商周青铜文化作为其后续文化,在中国青铜文化体系中仍然占有重要地位,对中国青铜文明也作出了重要贡献。

本书主要从三个层面对海岱地区商周青铜器展开研究。一是从器物层面构架起海岱地区商周青铜器的发展序列和空间体系,进而剖析海岱青铜文化的构成情况。二是从社会背景层面探讨了影响海岱铜器时代特点、性别特点、构成因素以及格局变化的社会动因。三是从制度、思想和习俗层面探讨海岱铜器的器用制度、随葬情况、制器思想以及海岱南部春秋时期思想文化高度繁荣的深层次原因。此外,本书还对海岱铜器的铸造及矿料来源进行了分析,并兼及海岱铜器族属、国别的推断等工作。在研究中,本书的发现和所得结论主要如下。

一、海岱铜器的形制。海岱地区商周青铜器的形制及其发展演变,总体上与中原有同有异,其中同是主流,异是支流。具体而言,商代至西周前期,海岱铜器与中原地区基本相同,仅个别器物有一些特色。西周后期开始,海岱东部和东南部开始涌现一些本土因素,并逐渐延及海岱全境,最终对中原及周边地区产生影响,这一现象至春秋晚期达到顶峰,并延续至战国早期。但值得注意的是,海岱铜器的主体部分始终是中原铜器因素,只是在不同时期,其间的比例有所不同。至战国早期以后,海岱铜器的特色因素逐渐减少,与中原地区的趋同性日益明显。就海岱境内各文化区而言,东南文化区铜器特征最为明显,其次是东部文化区,再次是北部文化区,南部文化区特点最少。

二、海岱铜器的类别与组合。海岱地区商周青铜器的类别、组合以及演变与中原地区大致相同,如皆以容器为主,用鼎较为普遍,组合多采用煮食器、食器加水器或酒器的方式,随葬器物的类别多相同,组合的演变也与中原基本同步。但在一些小的方面表现出一定的地域特色,特别是西周后期以后更为明显。具体而言,商代至西周前期海岱地区的铜器组合基本与中原相同,西周后期以后,本土特色开始出现,如铈出现并迅速成为铜器组

---

[1] 苏秉琦:《再谈筹建考古实验站与课题问题——苏秉琦教授给山东省文物局负责人的一封信》,《海岱考古》(第一辑),山东大学出版社,1989年,第3—5页。
[2] 杨子范:《对山东史前考古的追述与瞻望》,《山东史前文化论文集》,齐鲁书社,1986年。

合的重要组成部分,这在春秋中期以前基本不见于中原地区。而且铈的地位及普及程度远高于中原地区,有不少铜器墓仅随葬一件铜容器即铈,而没有随葬中原地区最为盛行的鼎。再如中原盛行的鼎簋组合仅在部分地区可以看到,不少地区则少见或不见。还有不少地区的列鼎多大小相同且呈偶数,与中原地区的列鼎有较大差异。此外,至战国中期,海岱地区铜器组合的区域差异增大(同一墓地同规格墓葬的组合也出现了较大差异),出现了严重的组合不全或紊乱现象,这一现象要早于中原地区。

三、海岱铜器的纹饰。海岱地区商周青铜器纹饰的发展演变也与中原地区基本一致,而且一致性要高于青铜器的形制和组合。商至西周前期海岱青铜纹饰与中原地区基本无异,西周后期以后本土纹饰开始增多,但总量一直较小,基本未对中原传统纹饰形成冲击和影响。值得注意的是,海岱地区春秋后期出现了一些复古纹饰,如沂水刘家店子铜鼎腹部的兽面纹、齐文化区较为流行的乳丁纹等。其原因值得思考。

四、海岱铜器的铭文。海岱铜器铭文与中原地区也基本一致,仅个别铭文的书体较有特点,如龙口徐家村出土的铜簋,笔画连续,潦草难辨。少量字体与中原写法不同,如"侯""老""考"等字,此外,部分国名常后缀"邑"字偏旁。少量铭辞不见于其他地区,如"它它(沱沱)熙熙"等。齐文化区的纪年纪月方式常用"立事岁""冰月""饭者月"等,基本不见于其他地区。这些特点大多出现于西周晚期以后,尤其是春秋晚期至战国前期最为多见。此外,海岱铜器铭文中承载了大量信息,包括海岱国氏、世系源流、军事战争、齐霸诸侯、列国婚姻关系等,其中有不少信息不见于传世文献。

五、海岱铜器的分期与演变。笔者根据青铜器自身的变化特点,把海岱地区商周铜器分为五期,各期的年代范围大致为:第一期约当于商代前期后段、第二期约当于商代后期至西周前期、第三期约当于西周后期至春秋前期、第四期约在春秋后期至战国前期、第五期为战国后期。以典型器物特征分别概括为:锥足鼎时期、柱足鼎时期、蹄足立耳鼎时期、蹄足附耳鼎时期以及向日常实用器过渡的时期。实际上还可以进一步划分为三大期:西周中期以前是以酒礼器为核心的时期,西周中期以后至战国前期是以食礼器为核心的时期,战国后期是向日常实用器过渡的时期。本书分期的特点是大致以各个历史时期的中期为界,在此基础上,进一步提出了"中国青铜文化中期质变论"这一观点。

六、海岱青铜文化的构成。首先联系其他地区出土的青铜器,对海岱地区商周青铜器的各种文化因素进行了较为详细的分析,并在此基础上探讨了海岱青铜文化与周边地区的交流与互动情况。笔者发现海岱青铜文化的构成较为复杂,而且各个时期的复杂程度也有很大差异,与周边青铜文化的交流也是如此。商代中期至西周中期基本上都是中原铜器因素,少量其他因素也可能多是经由中原地区传入的。西周晚期本土因素开始涌现,至春秋晚期达到顶峰,并对周边地区产生较大影响,这在器物组合、形制、纹饰以及铭文方面均有所反映。战国早期以后本土因素逐渐减少,对周边青铜文化的影响也渐趋于微。周边青铜文化对海岱地区的影响也主要集中在西周晚期以后,特别是春秋中期以后。

七、海岱青铜文化的格局与演进。依据海岱地区商周铜器年代的早晚及其出土地点,在前人研究的基础上,对海岱青铜文化的格局与演进情况进行了时间和空间的二维观察,并结合文献记载,对格局与演进的社会动因进行了探讨。提出商时期海岱青铜文化格局特点形成的直接原因,是商王朝不同时期依据国势的强弱、资源需求、四境所面临的威胁等所制定的政治、军事策略。西周前期,海岱地区为继承商文化的周人青铜文化逐渐覆盖,并最终完成了商人未能完成的东进大业。西周后期,海岱地区的青铜文化自东部和东南部开始出现分流,区域特征开始显现,并逐渐延及海岱全境。至春秋后期这种分流达到顶峰,区域特征也最为明显,海岱青铜文化大致分流为南部、北部、东部和东南部四区,但除东南部和北部形成一定规模并影响了海岱青铜文化格局外,其他两区的特征皆不甚明显,也未形成规模。

八、海岱青铜器的族别与国别特征。在对海岱地区主要国、族铜器进行梳理的基础上,从出土概况、类别、组合、形制、纹饰、铭文等要素,对海岱地区商周时期主要国、族铜器的特征进行了简要的分析和归纳。商代各族铜器与中原基本无别,但两周列国铜器自西周中期开始形成了自己的一些特点,在春秋晚期达到顶峰,其中齐、莒两国的特色铜器最多,邾、小邾、薛、费也有一定数量的特色铜器,其余国家的特色铜器相对较少。这与列国的姓氏、渊源、传统、地望密切相关。

九、海岱青铜器的性别特征。本书对海岱地区商周时期性别资料较为清楚的铜器墓葬进行了整理,在此基础上对海岱青铜器的性别特点进行了分析和归纳。主要结论如下:商代后期至西周前期男女墓葬中铜器的类别及数量差别不大,而且在随葬兵器上的差异也不明显。西周后期至春秋前期,男女墓葬在随葬铜器的数量上差别不明显,但在类别上有所分化,如女性有铜匜,而男性则无,而且女性随葬兵器的比例低于男性。春秋后期至战国时期男女随葬品进一步分化,女性墓中随葬兵器的现象明显降低,特别是战国时期,女性墓基本不随葬兵器,而日常生活器具及饰品明显增多,如骨雕香熏、水晶环、耳坠、铜环等。男性墓中基本都有兵器或带钩随葬。值得注意的是这一时段的女性墓也随葬有乐器编钟、编磬等,可知,编钟、编磬等乐器在春秋晚期以后不再是男性的专有随葬品。由于资料有限,加上地域差异,上述部分结论可能不具有普遍意义。

十、海岱青铜器在墓葬中的摆放情况。墓葬中随葬品的摆放规则(或称为习俗),至少在新石器时代已经形成。同一墓地随葬品的摆放位置一般相同,这种一致性,反映了共同的精神信仰和心理习俗。海岱地区商周时期青铜器的摆放情况如下:铜容器多放在头部棺椁间或器物箱内;乐器以置于二层台上者居多,较大墓葬则专设盛放乐器的器物箱;兵器多放在棺内和棺椁之间,也有专设兵器箱的;车马器多在棺椁间或二层台上;工具多放在棺椁之间;小件铜器多在身旁。从器物的摆放位置可知,就商周时期大多数时间而言,铜容器在墓葬中最为重要,其次为乐器,再次是兵器(战国时期部分墓葬中兵器的地位可能不亚于铜容器和乐器)、工具、车马器等。总的来看,与同期的爵觚制度、鼎簋制度以及编钟制度相比,墓葬中器物摆放的规范化程度较低,是否曾经上升到制度或规则的层面还有商榷的余地。

十一、海岱青铜文化对中国青铜文化的贡献。海岱青铜文化对中国青铜文化的贡献,可以分为两种:一是海岱地区中原式铜器的大量发现,是对中原青铜器数量的增加和发现地域的扩展;二是海岱式铜器,即海岱地区创造的新器类、新器形、新纹饰、新组合、新的铭文书体、铭辞和内容,丰富了中国青铜文化的内容与内涵。笔者主要讨论了影响最大的第二种中的新器类和新器形。

西周晚期,海岱青铜文化自东部和东南部开始出现一些不同于中原地区的因素,特别是春秋中期以后,这些因素急剧增多,并形成了一定规模。这些新的因素产生之后,有的迅速遍及海岱地区和中原地区,产生了较大影响,如铜铒等;有的主要分布于海岱地区,对海岱境外有一些影响但影响不大,如小环钮浅腹矮圈足盘、矮扁足短曲流匜、乳丁纹三足敦等;还有的仅在海岱地区有少量发现而不见于海岱之外,如卵形壶等。可以说,海岱地区的特色青铜器(见表一四"海岱地区商周时期本土铜器统计简表")都可以视作对中国青铜文化的独特贡献。这些对周边地区(由于地理等原因主要是中原地区)产生影响的器物数量不少,形成一定规模的"西渐"现象,具有重要意义。这一现象说明,东夷作为商周时期的重要势力,在东周时期仍对中原及周边地区有着重要影响。也说明周文化与东夷故地文化的交流是双向的,其交流进程并不是单一的周式化,中原文化也同时存在着"夷化"现象。在华夏文明孕育、成长的过程中,东夷文化所输送的营养是源源不断的。至于海岱铜器东周时期对中原及周边地区形成较大影响的原因,应主要在于齐国的强大。一个国家实力的强弱,一定程度上决定了其文化对外影响力的强弱。齐国在东周时期的强盛,是海岱铜器传播到周边地区的最重要凭借。

十二、海岱青铜文化的属性。总体来看,海岱地区发现的商周铜器在性质上大多数属于礼器,就时代而言,商代至西周前期以酒礼器为核心,西周后期至战国前期基本上以食礼器为核心,战国后期开始由礼器转向日常实用器。这些都与同期中原地区的青铜器用核心相同或相近,只是在少量细节方面略有差异。譬如,海岱地区西周晚期至春秋时期,虽然不少地区没有推行严格的鼎簋制度,但基本都遵循着周人的重食传统,在本质上都接受了周人重食的祭祀礼制特质,具有广义上的周文化属性。至于海岱地区商代后期的青铜文化则更是毋庸置疑地属于商人青铜文化范畴。笔者认为,商周时期如果某一地域墓葬(或窖藏)中青铜器的主体部分,是由煮食器、盛食器、酒器、水器中的一种或若干种构成,就可以作为广义的商周文化(中原文化)对待。这一点也适用于其他文化的相关问题探讨。

十三、海岱铜器的器用制度。在探讨海岱地区商周铜器组合的基础上,笔者进一步讨论了海岱地区商周墓葬中的青铜器器用制度。笔者发现,商代后期至西周前期,与中原地区一样,海岱地区推行的是以酒器为核心的爵觚制度,西周后期至春秋前期推行的主要是以食器为核心的鼎簋制度,春秋后期至战国前期推行的主要是以礼乐为核心的编钟制度以及套鼎制度(列鼎有多套)。这与各个时期礼制内涵和祭祀理念的变化密切相关。海岱地区的爵觚制度及编钟随葬制度与中原地区基本无别。

需要注意的是海岱地区的鼎簋制度。海岱地区除南部曲阜鲁国故城乙组墓、薛国故城墓、仙人台邿国墓之外的大部分地区,基本没有推行严格的鼎簋制度,如有鼎无簋、列鼎呈偶数、列鼎的大小相同等,与中原地区有明显区别。部分鼎簋制度推行不力的地区,在春秋中期就出现了瓦解迹象,这个瓦解过程是从低级贵族开始、自下而上进行的。与中原相比,海岱地区鼎簋制度的瓦解现象出现得较早,瓦解的速度较快,瓦解得也较为彻底。究其原因,主要是因为海岱地区的鼎簋制度基础薄弱,先天不足。海岱地区本是殷夷故地,其文化习俗根深蒂固,加上海岱地区距中原较远,境内又多南北走向的丘陵山壑,东西交流不畅,鼎簋制度作为周人祭祀文化的重要内容,在海岱地区推行得不彻底。

十四、海岱青铜器的世俗化进程及其制器思想。海岱青铜器的世俗化进程,自中原青铜文化进入该地伊始(二里岗上层二期)就已开启,至商代晚期青铜器的世俗化已十分明显,如作为生活实用器的铜质车马器以及作为狗装饰品的铜项圈与铜铃的出现,形制的明器化,纹饰的简化,非祭祀铭文的出现等。青铜器的世俗化在西周时期明显加快,除了上述表现外,更为理性的器类与纹饰取代了充满感性和神秘意味的纹饰,祈福、婚嫁、宴飨宾客类铭文大大冲击了以往占据主流的祭祀类铭文,而且明器数量大增。至春秋晚期,铜器的世俗化全面展开,已波及社会生活的方方面面。战国中期以后,铜器已基本脱离神圣世界,步入世俗领域,大量的生活实用器涌现,素面铜器大盛,精美的铜器纹饰及铭文已成为炫耀身份地位的工具,铜器的世俗化至此基本完成。海岱铜器的世俗化正是时人制器思想不断祛魅的结果,反映了时人思想日益理性的发展过程。

十五、海岱青铜文化的多元性及其蜕变。海岱青铜文化与周边青铜文化经过长时期的碰撞之后,逐渐形成融合局面,并于东周时期完成了蜕变。这一过程在海岱南部最为典型。海岱南部是海岱青铜文化与中原及江淮青铜文化对峙、碰撞的前沿地带,各种文化因素相互交织,使得该地成为中国青铜文化面貌最为复杂、多元的地区之一。这些文化在经历长时期的碰撞与融合之后,于春秋时期(尤其是春秋晚期)完成了蜕变,获得了新生,形成了丰富多元的文化沃土,孕育出了孔子、墨子[①]、左氏、鲁班等众多宗师圣哲,对中国"轴心时代"的形成,尤其是中国轴心文化——儒家文化的形成,作出了无可比拟的贡献。春秋时期的海岱南部,是海岱地区乃至当时中国轴心时代的思想文化重心,这一重心的光芒还辐射至周边地区,并诞生了一批著名思想家,比如齐国的管仲、孙武、陈国的老聃等,成为当时中国思想文化灿烂星空中最为耀眼的"银河"地带。海岱南部之所以在春秋时期形成无可比拟的文化沃土,孕育出众多的绚丽之花,是因为她植根于海岱地区这一广袤而多元的土壤之中。海岱境内多元的文化谱系是为其输送养分的毛细血管,而各个文化的繁荣因子则是形成沃土的营养成分。故而,春秋时期的海岱南部,既是海岱青铜文化喷发的井口,又是其缩影。该地青铜文化的发生、发展、繁荣与蜕变,基本上代表了海岱青铜文化的演变进程。

---

① 另一说墨子为河南鲁山人,此为一说。

十六、对今后海岱青铜器研究工作的展望。海岱地区商周青铜器今后的研究工作，以下几点亟待加强。

（一）海岱青铜器图录的编写工作。目前发现的海岱铜器的数量已很大，但一直未见较为全面的图录专著。而以往发表的铜器图片多不甚清晰，数量也十分有限。这种现状一定程度上桎梏了海岱铜器研究工作的深入展开，特别是关于铸造技术的分析等工作很难系统开展。《中国出土青铜器全集·山东卷》的出版，一定程度上缓解了这一窘迫局面，但因所收铜器数量有限，未能从根本上解决问题。

（二）海岱铜器金相、微量元素等方面的科学分析。目前对这方面的分析和研究还比较缺乏，致使海岱地区商至西周铜器的矿料来源等问题尚未解决。

（三）莱国青铜器的发现及莱都的确定。这一问题一直是海岱地区考古学和历史学关注较多、争讼不已的问题。由于一直缺乏文字方面的有力证据，莱国及莱都的地理位置一直未能确定，甚至有不少学者怀疑西周时期的莱国是否存在。与之相关的是己、夨、莱的关系问题，有一国说，有二国说，也有三国说。众说纷纭，莫衷一是，亟须开展寻找莱国的专项考古攻关工作。2007—2010 年，哥伦比亚大学、中国社会科学院考古研究所、山东省文物考古研究所组成的中美联合考古队，对归城遗址进行了大规模的考古调查工作，收获颇丰，但未能找到更多的如铜器铭文般直接、有力的证据[①]。莱国及莱都等问题的解决仍任重而道远。

（四）海岱东部是否存在商时期青铜文化之问题。这一地区商代的文化遗存发现较少，文化面貌尚不甚清晰。该地的铜器资料也是如此，是否有自己的青铜文化也存在争议。这一问题的解决，需要对该地开展针对性的考古调查工作。与之相似的是海岱东南部，在山东省文物考古研究所刘延常等学者对该地商文化遗存进行调查之前，学界一般认为商文化一直未越过沂水而到达海岱东南部夷人腹地。但调查结果显示，早在商代中期，商文化铜器已越过沂河、沭河进入海岱东南部夷人腹地。海岱东部也不排除存在这种可能性。

十七、本书的创新之处。本书的创新之处，可从选题、研究领域、理论与方法、观点与认识等方面，归纳如下。

（一）选题

在对海岱地区商周青铜器全面收集的基础上，首次对其开展全面、系统的研究；并在此基础上，参考相关考古资料、传世文献，对海岱商周铜器的器用制度、性别特点、在墓葬中的摆放等问题进行探讨和研究。这些课题大多是以往的研究没有或较少涉及的。

（二）研究领域

论文第十三章，从铜器的类别、形制、纹饰、铭文、铸造等方面入手，系统讨论了海岱青铜器的世俗化进程及其制器思想，这是以往的青铜器研究所未涉及的领域。并指出，随着

---

① 中美联合归城考古队：《山东龙口市归城两周城址调查简报》，《考古》2011 年第 3 期。

时代的演进,海岱青铜器经历了一个不断祛魅的过程,即逐渐由神圣领域走向世俗领域。鉴于物质文化研究的终极目的是透物见人,关于青铜器的世俗化及其制器思想的研究,显然具有重要意义。

(三) 理论与方法

1. 引入了哲学研究方法,借用了世俗化及祛魅概念,来探讨海岱青铜器的世俗化进程及其制器思想。

2. 引入社会学研究方法,借用了文化选择、文化漂变、文化调适等概念,讨论海岱青铜器以及中国青铜器中期质变现象及其形成原因。

(四) 观点与认识

1. 提出"中国青铜器中期质变"之观点。在海岱铜器的分期中,笔者观察到青铜器发展过程中的较大变化(质变)大都发生在各个历史时期的中期前后,故而提出"中国青铜器中期质变论"这一观点。其运行机制是物质文化具有渐变性特征,不会随着朝代的更替而遽然发生大的变化。

2. 提出"爵觚制度"概念。在考察海岱地区商周铜容器组合时,笔者发现,中原以及海岱地区商代晚期至西周初期的爵觚组合与西周后期至春秋前期的鼎簋组合所代表的社会意义基本相同。鼎簋组合的社会意义在于通过鼎、簋的数量来表达其主人的社会等级与地位,且在当时具有普遍的约束力,一般称之为"鼎簋制度",代表了周人的核心器用观念。商代晚期至西周初期的爵觚组合,在当时社会也起到了相同的作用,即通过爵、觚的数量,来代表其主人的社会等级与地位,而且这一现象普遍存在于商文化覆盖区。鉴于此,笔者提出"爵觚制度"之概念,以代表商人的核心器用观念。

3. 提出西周晚期海岱青铜文化出现分流之观点。在探讨海岱地区商代青铜文化格局与演进时,发现自西周晚期开始,海岱地区的青铜文化自东部及东南部夷人故地开始出现分流,涌现出一些与中原青铜器不同的因素,并逐渐延及海岱全境和周边地区。这一分流现象至春秋晚期达到顶峰。在海岱青铜文化出现分流的情况下,海岱青铜文化内部开始出现分化,逐渐形成四个文化区。

4. 认识到以往关于女性墓葬一般不随葬兵器的说法有欠周全。通过对海岱铜器墓葬的观察,笔者发现海岱地区商代晚期至西周早期,女性墓随葬青铜兵器的做法十分普遍,西周晚期以后女性墓随葬青铜兵器的现象有所减少,春秋晚期以后女性墓随葬青铜兵器的做法才逐渐少见。这与不同地域、不同时期女性的社会分工和社会地位的变化有直接关系。

5. 本书发现,海岱地区两周时期所创造的新器类、新器形,如铏、矮圈足环耳盘、平底匜等大量传入中原及周边地区,形成了一定规模的"东器西渐"现象,具有重要意义。这一现象说明,两周时期海岱与中原之间的文化交流是双向的。在华夏文明成长的过程中,海岱地区所输送的营养是源源不断的。

6. 最后指出,海岱南部是海岱青铜文化与中原及江淮青铜文化对峙、碰撞的前沿地带,各种文化因素相互交织,使得该地成为中国青铜文化最为复杂、多元的地区之一。这些文化在经过长时期的碰撞与融合之后,于春秋晚期完成蜕变,形成了丰富多元的思想文化沃土,孕育出众多的宗师圣哲,对中国"轴心时代"的形成作出了无可比拟的贡献。此外,本书之研究,也为海岱南部及其附近地区东周文化繁荣的深层次原因,提供了考古学证据。

十八、本书不足之处。限于本人学力,文中还有不少不足之处,需要在今后不断加强和完善。主要有两点:一是关于海岱青铜器文化因素的分析还不是十分透彻,部分判断可能存在错误;二是知识结构和理论素养尚嫌不足,对部分问题的探讨与解释还不甚深入,部分结论也存在可商之处,敬祈方家批评指正。

参 考 文 献

一、古代文献

[1] [汉] 司马迁：《史记》，中华书局，1982年。
[2] [汉] 班固：《汉书》，中华书局，1962年。
[3] [汉] 许慎：《说文解字》（附检字），中华书局，1963年。
[4] [汉] 刘向：《战国策》，上海古籍出版社，1985年。
[5] [北魏] 郦道元：《水经注》，中华书局，2009年。
[6] [唐] 姚思廉：《梁书》，中华书局，1973年。
[7] [宋] 吕大临：《考古图》（外六种），上海古籍出版社，1991年。
[8] [明] 于慎行：《兖州府志》，齐鲁书社，1985年。
[9] [清] 高士奇：《左传纪事本末》，中华书局，1979年。
[10] [清] 顾栋高：《春秋大事表》，中华书局，1993年。
[11] [清] 梁诗正：《钦定西清古鉴》，大新书局，1965年。
[12] [清] 阮元：《十三经注疏》，中华书局，2009年。
[13] [清] 毕沅、阮元：《山左金石志》，仪征阮氏小琅嬛仙馆刻本，1797年。
[14] [清] 徐宗干、冯云鹓：《济州金石志》，闽中自刻本，1845年。
[15] [清] 段松苓：《益都金石记》，益都丁氏刻本，1883年。
[16] [清] 胡培翚：《仪礼正义》，江苏古籍出版社，1993年。
[17] [清] 黎翔凤：《管子校注》，中华书局，2004年。
[18] [清] 孙希旦：《礼记集解》，中华书局，1989年。
[19] [清] 孙诒让：《墨子间诂》，中华书局，1986年。
[20] [清] 孙诒让：《周礼正义》，中华书局，1987年。
[21] [清] 孙诒让：《古籀拾遗·古籀余论》，中华书局，1989年。
[22] 顾颉刚、刘起釪：《尚书校释译论》，中华书局，2005年。
[23] 钱玄：《三礼通论》，南京师范大学出版社，1996年。
[24] 孙葆田、法伟堂等纂，张曜、杨士骧等修：《山东通志》，山东通志刊印局铅印本，1915年。
[25] 徐元诰：《国语集解》，中华书局，2002年。
[26] 杨伯峻：《春秋左传注》（修订本），中华书局，1990年。

二、考古报告

[1] 安徽省文物管理委员会、安徽省博物馆：《寿县蔡侯墓出土遗物》，科学出版社，1956年。

[2] 北京大学考古学系商周组、山西省考古研究所：《天马—曲村（1980—1989）》，科学出版社，2000年。
[3] 北京大学考古学系、烟台市博物馆：《胶东考古》，文物出版社，2000年。
[4] 北京大学历史系考古教研室：《元君庙仰韶墓地》，文物出版社，1983年。
[5] 北京大学震旦古代文明研究中心、郑州市文物考古研究院：《新密新砦——1999—2000年田野考古发掘报告》，文物出版社，2008年。
[6] 北京市文物研究所：《琉璃河西周燕国墓地(1973—1977)》，文物出版社，1995年。
[7] 郭宝钧：《山彪镇与琉璃阁》，科学出版社，1959年。
[8] 国家文物局考古领队培训班：《兖州西吴寺》，文物出版社，1990年。
[9] 河北省博物馆、文管处台西考古队等：《藁城台西商代遗址》，文物出版社，1977年。
[10] 河北省文物研究所：《战国中山国灵寿城——1975—1993年考古发掘报告》，文物出版社，2005年。
[11] 河南省文物考古研究所、南阳市文物考古研究所等：《淅川和尚岭与徐家岭楚墓》，大象出版社，2004年。
[12] 河南省文物考古研究所、三门峡市文物工作队：《三门峡虢国墓》，文物出版社，1999年。
[13] 河南省文物研究所、河南省丹江库区考古发掘队等：《淅川下寺春秋楚墓》，文物出版社，1991年。
[14] 湖北省博物馆：《九连墩——长江中游的楚国贵族大墓》，文物出版社，2007年。
[15] 湖北省博物馆：《曾侯乙墓》，文物出版社，1989年。
[16] 湖北省荆沙铁路考古队：《包山楚墓》，文物出版社，1991年。
[17] 湖北省荆州博物馆：《荆州天星观二号楚墓》，文物出版社，2003年。
[18] 湖北省荆州地区博物馆：《江陵雨台山楚墓》，文物出版社，1984年。
[19] 湖北省文物考古研究所：《盘龙城——1963—1994年考古发掘报告》，文物出版社，2001年。
[20] 济青公路文物考古队绣惠分队：《章丘绣惠女郎山一号战国大墓发掘报告》，《济青高级公路章丘工段考古发掘报告集》，齐鲁书社，1993年。
[21] 卢连成、胡智生：《宝鸡강国墓地》，文物出版社，1988年。
[22] 山东大学历史系考古专业教研室：《泗水尹家城》，文物出版社，1990年。
[23] 山东省博物馆、山东省文物考古研究所：《邹县野店》，文物出版社，1985年。
[24] 山东省文物管理处、山东省博物馆：《山东文物选集》（普查部分），文物出版社，1959年。
[25] 山东省文物考古研究所：《济青高级公路章丘工段考古发掘报告集》，齐鲁书社，1993年。
[26] 山东省文物考古研究所：《临淄齐墓》（第一集），文物出版社，2007年。
[27] 山东省文物考古研究所：《山东20世纪的考古发现和研究》，科学出版社，2005年。
[28] 山东省文物考古研究所、山东省博物馆等：《曲阜鲁国故城》，齐鲁书社，1982年。
[29] 山东省文物考古研究所：《山东省高速公路考古报告集（1997）》，科学出版社，2000年。
[30] 山东省兖石铁路文物考古工作队：《临沂凤凰岭东周墓》，齐鲁书社，1987年。
[31] 山西省考古研究所、山西博物院等：《长治分水岭东周墓地》，文物出版社，2010年。
[32] 山西省考古研究所：《上马墓地》，文物出版社，1994年。
[33] 陕西省考古研究所、陕西省文物管理委员会等：《陕西出土商周青铜器》，文物出版社，1979年。
[34] 太原市文物考古研究所：《晋国赵卿墓》，文物出版社，2004年。
[35] 西安半坡博物馆、陕西省考古研究所等：《姜寨——新石器时代遗址发掘报告》，文物出版社，

1988年。

[36] 烟台市博物馆、海阳市博物馆：《海阳嘴子前》，齐鲁书社，2002年。

[37] 赵友文主编：《小邾国遗珍》，中国文史出版社，2006年。

[38] 中国科学院考古研究所：《洛阳中州路（西工段）》，科学出版社，1959年。

[39] 中国科学院考古研究所、陕西省西安半坡博物馆：《西安半坡》，文物出版社，1963年。

[40] 中国科学院考古研究所：《上村岭虢国墓地》，科学出版社，1959年。

[41] 中国社会科学院考古研究所：《胶县三里河》，文物出版社，1988年。

[42] 中国社会科学院考古研究所：《蒙城尉迟寺——皖北新石器时代聚落遗存的发掘与研究》，科学出版社，2001年。

[43] 中国社会科学院考古研究所、山西省考古研究所等：《临猗程村墓地》，中国大百科全书出版社，2003年。

[44] 中国社会科学院考古研究所：《陕县东周秦汉墓》，科学出版社，1994年。

[45] 中国社会科学院考古研究所：《滕州前掌大墓地》，文物出版社，2005年。

[46] 中国社会科学院考古研究所：《偃师二里头——1959年—1978年考古发掘报告》，中国大百科全书出版社，1999年。

三、考 古 简 报

[1] 安徽省文化局文物工作队：《安徽舒城出土的铜器》，《考古》1964年第10期。

[2] 安徽省文物工作队：《安徽肥西县金牛春秋墓》，《考古》1984年第9期。

[3] 安志敏：《河北省唐山市贾各庄发掘报告》，《考古学报》（第六册），1953年。

[4] 北京大学考古文博院、山西省考古研究所：《天马—曲村遗址北赵晋侯墓地第六次发掘》，《文物》2001年第8期。

[5] 北京大学考古系、山西省考古研究所：《1992年春天马—曲村遗址墓葬发掘报告》，《文物》1993年第3期。

[6] 北京大学考古系、烟台市文管会等：《山东乳山县南黄庄西周石板墓发掘简报》，《考古》1991年第4期。

[7] 北京大学考古学系、山西省考古研究所：《天马—曲村遗址北赵晋侯墓地第二次发掘》，《文物》1994年第1期。

[8] 北京大学考古学系、山西省考古研究所：《天马—曲村遗址北赵晋侯墓地第五次发掘》，《文物》1995年第7期。

[9] 程长新：《北京市顺义县龙湾屯出土一组战国青铜器》，《考古》1985年第8期。

[10] 程长新、曲得龙、姜东方：《北京拣选一组二十八件商代带铭铜器》，《文物》1982年第9期。

[11] 程欣人：《随县涢阳出土楚、曾、息青铜器》，《江汉考古》1980年第1期。

[12] 德州地区文化局文物组、济阳县图书馆：《山东济阳刘台子西周墓地第二次发掘》，《文物》1985年第12期。

[13] 德州行署文化局文物组、济阳县图书馆：《山东济阳刘台子西周早期墓发掘简报》，《文物》1981年第9期。

[14] 宫德杰：《山东临朐县湾头河春秋墓》，《考古》1999年第2期。

[15] 固始侯古堆一号墓发掘组：《河南固始侯古堆一号墓发掘简报》，《文物》1981年第1期。
[16] 韩明祥：《山东长清、桓台发现商代青铜器》，《文物》1982年第1期。
[17] 郝导华、邱波、张子晓等：《山东沂水纪王崮发现大型春秋墓葬》，《中国文物报》2012年10月12日第8版。
[18] 河北省文化局文化工作队：《河北邯郸百家村战国墓》，《考古》1962年第12期。
[19] 河北省文物管理处：《河北省平山县战国时期中山国墓葬发掘简报》，《文物》1979年第1期。
[20] 河南省博物馆、信阳地区文管会等：《河南信阳市平桥春秋墓发掘简报》，《文物》1981年第1期。
[21] 河南省文物考古研究所、平顶山市文物管理局：《河南平顶山应国墓地八号墓发掘简报》，《华夏考古》2007年第1期。
[22] 河南省文物考古研究所、平顶山市文物管理委员会：《平顶山应国墓地八十四号墓发掘简报》，《文物》1998年第9期。
[23] 河南省文物考古研究所、三门峡市文物工作队：《三门峡虢国墓地M2010的清理》，《文物》2000年第12期。
[24] 河南省文物研究所、平顶山市文管会：《平顶山市北滍村两周墓地一号墓发掘简报》，《华夏考古》1988年第1期。
[25] 河南省文物研究所、平顶山市文物管理委员会：《平顶山应国墓地九十五号墓的发掘》，《华夏考古》1992年第3期。
[26] 河南省文物研究所、三门峡市文物工作队：《三门峡上村岭虢国墓地M2001发掘简报》，《华夏考古》1992年第3期。
[27] 河南文物工作队第一队：《郑州市白家庄商代墓葬发掘简报》，《文物参考资料》1955年第10期。
[28] 侯俊杰、王建明：《三门峡虢国墓地2009号墓获重大考古成果》，《光明日报》1999年11月2日。
[29] 怀宁县文物管理所：《安徽怀宁县出土春秋青铜器》，《文物》1983年第11期。
[30] 黄河水库考古工作队：《1957年河南陕县发掘简报》，《考古通讯》1958年第11期。
[31] 惠民地区文物普查队、阳信县文化馆：《山东阳信城关镇西北村战国墓器物陪葬坑清理简报》，《考古》1990年第3期。
[32] 济南市文化局文物处、历城区文化局：《山东济南市左家洼出土战国青铜器》，《考古》1995年第3期。
[33] 莒县博物馆：《山东莒县西大庄西周墓葬》，《考古》1999年第7期。
[34] 孔繁刚：《山东沂水县出土一批青铜器》，《考古与文物》1992年第2期。
[35] 孔令远、陈永清：《江苏邳州市九女墩三号墩的发掘》，《考古》2002年第5期。
[36] 莱芜市图书馆、泰安市文物考古研究室：《山东莱芜市戴鱼池战国墓》，《文物》1989年第2期。
[37] 李步青、林仙庭：《山东黄县出土一件青铜甗》，《考古》1989年第3期。
[38] 李步青、林仙庭：《山东黄县归城遗址的调查与发掘》，《考古》1991年第10期。
[39] 李步青、林仙庭、杨文玉：《山东招远出土西周青铜器》，《考古》1994年第4期。
[40] 李步青：《山东莱阳县出土己国铜器》，《文物》1983年第12期。
[41] 李光雨：《山东枣庄市两河叉出土周代铜鬲》，《考古》1996年第5期。
[42] 李光雨、张云：《山东枣庄春秋时期小邾国墓地的发掘》，《中国历史文物》2003年第5期。
[43] 李剑、张龙海：《临淄出土的几件青铜器》，《考古》1985年第4期。

[44] 李晓峰、伊沛扬：《济南千佛山战国墓》，《考古》1991年第9期。

[45] 聊城地区博物馆：《山东阳谷县景阳岗村春秋墓》，《考古》1988年第1期。

[46] 林宏：《山东泰安市黄花岭村出土青铜器》，《考古与文物》2000年第4期。

[47] 林仙庭、高大美：《山东栖霞出土战国时期青铜器》，《文物》1995年第7期。

[48] 临朐县文化馆、潍坊地区文物管理委员会：《山东临朐发现齐、郭、曾诸国铜器》，《文物》1983年第12期。

[49] 临沂市博物馆：《山东临沂中洽沟发现三座周墓》，《考古》1987年第8期。

[50] 刘心健、王亮：《山东临沭出土的铜器》，《考古》1984年第4期。

[51] 刘延常、李鲁滕：《滕州庄里西遗址考古发掘获重要成果》，《中国文物报》1996年7月28日第1版。

[52] 刘一俊、冯沂：《山东郯城县二中战国墓的清理》，《考古》1996年第3期。

[53] 洛阳博物馆：《洛阳哀成叔墓清理简报》，《文物》1981年第7期。

[54] 洛阳市文物工作队：《洛阳两座东周铜器墓》，《中原文物》1983年第4期。

[55] 洛阳市文物工作队：《洛阳市西工区203号战国墓清理简报》，《中原文物》1984年第3期。

[56] 洛阳市文物工作队：《洛阳市西工区几座春秋墓的清理》，《考古与文物》2003年第2期。

[57] 马玺伦：《山东沂水发现一座西周墓葬》，《考古》1986年第8期。

[58] 马萧林、李新伟、杨海青：《河南灵宝西坡遗址第五次发掘获重大突破》，《中国文物报》2005年8月26日第1版。

[59] 孟宪武：《安阳三家庄、董王度村发现的商代青铜器及若干问题的讨论》，《安阳殷墟考古研究》，中州古籍出版社，2003年。

[60] 宁景通：《河南伊川县发现商墓》，《文物》1993年第6期。

[61] 宁荫棠、曲世广：《山东章丘市孟白战国墓》，《考古》1999年第11期。

[62] 栖霞县文物管理所：《山东栖霞县松山乡吕家埠西周墓》，《考古》1988年第9期。

[63] 齐国故城遗址博物馆、临淄区文物管理所：《山东临淄齐国故城西周墓》，《考古》1988年第1期。

[64] 齐文涛：《概述近年来山东出土的商周青铜器》，《文物》1972年第5期。

[65] 祁健业：《岐山县北郭公社出土的西周青铜器》，《考古与文物》1982年第2期。

[66] 祁延霈：《山东益都苏埠屯出土铜器调查记》，《中国考古学报》（第二册），商务印书馆，1947年。

[67] 群力：《临淄齐国故城勘探纪要》，《文物》1972年第5期。

[68] 山东大学东方考古研究中心、山东省文物考古研究所等：《济南市大辛庄商代居址与墓葬》，《考古》2004年第7期。

[69] 山东大学考古系：《山东长清县仙人台周代墓地》，《考古》1998年第9期。

[70] 山东大学考古系、淄博市文物局等：《山东沂源县姑子坪周代墓葬》，《考古》2003年第1期。

[71] 山东大学历史文化学院考古系：《长清仙人台五号墓发掘简报》，《文物》1998年第9期。

[72] 山东大学历史文化学院考古系、山东省文物考古研究所：《济南大辛庄遗址139号商代墓葬》，《考古》2010年第10期。

[73] 山东大学历史系考古专业、山东省文物考古研究所等：《1984年秋济南大辛庄遗址试掘述要》，《文物》1995年第6期。

[74] 山东大学历史系考古专业、山东省新泰市文化局：《山东新泰郭家泉东周墓》，《考古学报》1989年

第4期。

[75] 山东大学历史系考古专业、邹平县文化局:《山东邹平县古文化遗址调查》,《考古》1989年第6期。

[76] 山东省博物馆、长清县文化馆:《山东长清岗辛战国墓》,《考古》1980年第4期。

[77] 山东省博物馆、临沂地区文物组等:《莒南大店春秋时期莒国殉人墓》,《考古学报》1978年第3期。

[78] 山东省博物馆:《临淄郎家庄一号东周殉人墓》,《考古学报》1977年第1期。

[79] 山东省博物馆:《山东栖霞县战国墓》,《考古》1963年第8期。

[80] 山东省惠民地区文物组、邹平县图书馆:《山东邹平县大省村东周墓》,《考古》1986年第7期。

[81] 山东省济宁市文物管理局:《薛国故城勘查和墓葬发掘报告》,《考古学报》1991年第4期。

[82] 山东省考古所、山东省博物馆等:《山东莒县陵阳河大汶口文化墓葬发掘简报》,《史前研究》1987年第3期。

[83] 山东省文物管理处:《济南大辛庄商代遗址勘查纪要》,《文物》1959年第11期。

[84] 山东省文物考古研究所、莒县博物馆:《山东莒县杭头遗址》,《考古》1988年第12期。

[85] 山东省文物考古研究所、临沂市文物管理委员会等:《郯城县大埠二村遗址发掘报告》,《海岱考古》(第四辑),科学出版社,2011年。

[86] 山东省文物考古研究所、齐城遗址博物馆:《临淄东古墓地发掘简报》,《海岱考古》(第一辑),山东大学出版社,1989年。

[87] 山东省文物考古研究所、齐城遗址博物馆:《临淄两醇墓地发掘简报》,《海岱考古》(第一辑),山东大学出版社,1989年。

[88] 山东省文物考古研究所、青州市博物馆:《青州市苏埠屯商代墓地发掘报告》,《海岱考古》(第一辑),山东大学出版社,1989年。

[89] 山东省文物考古研究所:《山东高青县陈庄西周遗址》,《考古》2010年第8期。

[90] 山东省文物考古研究所:《山东济南王府遗址发掘报告》,《山东省高速公路考古报告集(1997)》,科学出版社,2000年。

[91] 山东省文物考古研究所:《山东济阳刘台子西周六号墓清理报告》,《文物》1996年第12期。

[92] 山东省文物考古研究所:《山东淄博市临淄区淄河店二号战国墓》,《考古》2000年第10期。

[93] 山东省文物考古研究所、沂水县文物管理站:《山东沂水刘家店子春秋墓发掘简报》,《文物》1984年第9期。

[94] 山东省烟台地区文管组:《山东蓬莱县西周墓发掘简报》,《文物资料丛刊》(3),文物出版社,1980年。

[95] 山东省烟台地区文物管理委员会:《烟台市上夼村出土己国铜器》,《考古》1983年第4期。

[96] 山东沂水县博物馆:《山东沂水县近年发现的几座战国墓》,《文物》2001年第10期。

[97] 山东诸城县博物馆:《山东诸城臧家庄与葛布口村战国墓》,《文物》1987年第12期。

[98] 山西省考古研究所:《1976年闻喜上郭村周代墓葬清理记》,《三晋考古》(第一辑),山西人民出版社,1994年。

[99] 山西省考古研究所、北京大学考古学系:《天马—曲村遗址北赵晋侯墓地第三次发掘》,《文物》1994年第8期。

[100] 山西省考古研究所、北京大学考古学系:《天马—曲村遗址北赵晋侯墓地第四次发掘》,《文物》1994年第8期。

[101] 山西省考古研究所：《山西长子县东周墓》,《考古学报》1984年第4期。

[102] 山西省考古研究所：《山西浑源县李峪村东周墓》,《考古》1983年第8期。

[103] 山西省考古研究所、山西省晋东南地区文化局：《山西省潞城县潞河战国墓》,《文物》1986年第6期。

[104] 山西省考古研究所、太原市文物管理委员会：《太原金胜村251号春秋大墓及车马坑发掘简报》,《文物》1989年第9期。

[105] 山西省考古研究所：《闻喜县上郭村1989年发掘简报》,《三晋考古》(第一辑),山西人民出版社,1994年。

[106] 山西省文物工作委员会晋东南工作组、山西省长治市博物馆：《长治分水岭269、270号东周墓》,《考古学报》1974年第2期。

[107] 山西省文物管理委员会侯马工作站：《山西侯马上马村东周墓葬》,《考古》1963年第5期。

[108] 山西省文物管理委员会：《山西长治市分水岭古墓的清理》,《考古学报》1957年第1期。

[109] 山西省文物管理委员会、山西省考古研究所：《山西长治分水岭战国墓第二次发掘》,《考古》1964年第3期。

[110] 陕西省考古研究所、宝鸡市考古工作队等：《陕西眉县杨家村西周青铜器窖藏发掘简报》,《文物》2003年第6期。

[111] 石璋如：《小屯第一本·遗址的发现与发掘·丙编·殷墟墓葬之三——南组墓葬附北组墓补遗》,中研院史语所,1973年。

[112] 石璋如：《小屯第一本·遗址的发现与发掘·丙编·殷墟墓葬之五——丙区墓葬上》,中研院史语所,1980年。

[113] 苏州博物馆考古组：《苏州虎丘东周墓》,《文物》1981年第11期。

[114] 随州市博物馆：《湖北随县安居出土青铜器》,《文物》1982年第12期。

[115] 孙善德：《青岛市发现西周墓葬》,《文物资料丛刊》(6),文物出版社,1982年。

[116] 泰安地区文物局、新汶县文教局：《山东新汶县凤凰泉东周墓发掘简报》,《考古》1983年第11期。

[117] 滕鸿儒、高京平：《山东海阳郭城镇出土战国青铜器》,《文物》1994年第3期。

[118] 滕县博物馆：《山东滕县发现滕侯铜器墓》,《考古》1984年第4期。

[119] 滕州市博物馆：《1989年山东滕州庄里西西周墓发掘报告》,《中国国家博物馆馆刊》2012年第1期。

[120] 滕州市博物馆：《山东滕州庄里西战国墓》,《文物》2002年第6期。

[121] 拓古、熊燕：《湖北随州市黄土坡周代墓的发掘》,《考古》2007年第8期。

[122] 万树瀛：《滕县后荆沟出土不嬰簋等青铜器群》,《文物》1981年第9期。

[123] 万树瀛、杨孝义：《山东滕县出土杞薛铜器》,《文物》1978年第4期。

[124] 万树瀛、杨孝义：《山东滕县出土西周滕国铜器》,《文物》1979年第4期。

[125] 王儒林、崔庆明：《南阳市西关出土一批春秋青铜器》,《中原文物》1982年第1期。

[126] 王锡平、唐禄庭：《山东黄县庄头西周墓清理简报》,《文物》1986年第8期。

[127] 王轩：《山东邹县七家峪村出土的西周铜器》,《考古》1965年第11期。

[128] 魏国：《山东新泰出土商周青铜器》,《文物》1992年第3期。

[129] 西安市文物管理处：《陕西长安新旺村、马王村出土的西周铜器》,《考古》1974年第1期。

[130] 心健、家骥:《山东费县发现东周铜器》,《考古》1983年第2期。
[131] 信阳地区文管会、信阳市文管会:《河南信阳市平西五号春秋墓发掘简报》,《考古》1989年第1期。
[132] 信阳地区文管会、信阳市文化局:《信阳市平桥西三号春秋墓发掘简报》,《中原文物》1981年第4期。
[133] 信阳地区文管会、信阳县文化馆:《信阳县明港发现两批春秋早期青铜器》,《中原文物》1981年第4期。
[134] 烟台市博物馆:《山东烟台芝罘岛新石器时代遗址和春秋、战国时期墓葬》,《文物资料丛刊》(3),文物出版社,1980年。
[135] 烟台市文管会、栖霞市文管处:《山东栖霞市金山东周遗址的清理》,《考古》1996年第4期。
[136] 烟台市文物管理委员会、海阳县博物馆:《山东海阳县嘴子前春秋墓的发掘》,《考古》1996年第9期。
[137] 烟台市文物管理委员会、栖霞县文物事业管理处:《山东栖霞县占疃乡杏家庄战国墓清理简报》,《考古》1992年第1期。
[138] 烟台市文物管理委员会:《山东长岛王沟东周墓群》,《考古学报》1993年第1期。
[139] 烟台市文物管理委员会:《山东蓬莱县柳格庄墓群发掘简报》,《考古》1990年第9期。
[140] 杨富斗:《山西万荣庙前村东周墓地调查发掘简讯》,《考古》1963年第5期。
[141] 杨深富:《山东日照崮河崖出土一批青铜器》,《考古》1984年第7期。
[142] 杨子范:《山东临淄出土的铜器》,《考古通讯》1958年第6期。
[143] 沂水县博物馆:《山东沂水县发现五座东周墓》,《考古》1995年第4期。
[144] 沂水县文物管理站:《山东沂水发现两座战国墓》,《文物》1986年第6期。
[145] 枣庄市博物馆、枣庄市文物管理办公室:《枣庄市东江周代墓葬发掘报告》,《海岱考古》(第四辑),科学出版社,2011年。
[146] 枣庄市文物管理站:《枣庄市南部地区考古调查纪要》,《考古》1984年第4期。
[147] 张光明:《山东淄博南阳村发现一座周墓》,《考古》1986年第4期。
[148] 浙江省文物考古研究所反山考古队:《浙江余杭反山良渚墓地发掘简报》,《文物》1988年第1期。
[149] 镇江博物馆:《江苏镇江谏壁王家山东周墓》,《文物》1987年第12期。
[150] 郑杰祥:《河南新野发现的曾国铜器》,《文物》1973年第5期。
[151] 郑绍宗:《唐县南伏城及北城子出土周代青铜器》,《文物春秋》1991年第1期。
[152] 郑同修、隋裕仁:《山东威海市发现周代墓葬》,《考古》1995年第1期。
[153] 郑州市博物馆:《郑州市铭功路西侧的两座商代墓》,《考古》1965年第10期。
[154] 中国科学院考古研究所山东发掘队:《山东平度东岳石村新石器时代遗址与战国墓》,《考古》1962年第10期。
[155] 中国社会科学院考古研究所安阳工作队:《安阳武官村北的一座殷墓》,《考古》1979年第3期。
[156] 中国社会科学院考古研究所安阳工作队:《安阳小屯村北的两座殷代墓》,《考古》1981年第4期。
[157] 中国社会科学院考古研究所安阳工作队:《河南安阳市郭家庄东南26号墓》,《考古》1998年第10期。
[158] 中国社会科学院考古研究所安阳工作队:《河南安阳殷墟花园庄东地60号墓》,《考古》2006年第

[159] 中国社会科学院考古研究所洛阳唐城队:《1983年洛阳西工区墓葬发掘简报》,《考古》1985年第6期。

[160] 中国社会科学院考古研究所洛阳唐城队:《河南洛阳市中州路北东周墓葬的清理》,《考古》2002年第1期。

[161] 中国社会科学院考古研究所山西工作队、临汾地区文化局:《山西襄汾县陶寺遗址发掘简报》,《考古》1980年第1期。

[162] 中美联合归城考古队:《山东龙口市归城两周城址调查简报》,《考古》2011年第3期。

[163] 朱华:《闻喜上郭村古墓群试掘》,《三晋考古》(第一辑),山西人民出版社,1994年。

[164] 朱活:《山东历城出土鲁伯大父媵季姬簋》,《文物》1973年第1期。

[165] 淄博市博物馆:《山东淄博磁村发现四座春秋墓葬》,《考古》1991年第6期。

四、研究专著(含图录、论文集)

[1] [俄]E.H.切尔内赫、C.B.库兹明内赫著,王博、李明华译,张良仁审校:《欧亚大陆北部的古代冶金:塞伊玛—图尔宾诺现象》,中华书局,2010年。

[2] 安作璋主编:《山东通史》(第一册),山东人民出版社,1993年。

[3] [日]白川静:《金文通释》,白鹤美术馆,1962年。

[4] 北京大学出土文献研究所:《青铜器与金文》(第一辑),上海古籍出版社,2017年。

[5] 北京大学中国考古学研究中心、北京大学古代文明研究中心:《古代文明》(第1卷),文物出版社,2002年。

[6] 曹锦炎:《鸟虫书通考》,上海书画出版社,1999年。

[7] 曹玮:《汉中出土商代青铜器》,巴蜀书社,2006年。

[8] 曹玮:《周原遗址与西周铜器研究》,科学出版社,2004年。

[9] 陈梦家:《海外中国铜器图录》,国立北平图书馆,1946年。

[10] 陈梦家:《西周铜器断代》,中华书局,2004年。

[11] 陈梦家:《中国铜器综述》,中华书局,2019年。

[12] 陈槃:《不见于春秋大事表之春秋方国稿》,上海古籍出版社,2009年。

[13] 陈佩芬:《夏商周青铜器研究》,上海古籍出版社,2004年。

[14] 陈青荣、赵缊:《海岱古族古国吉金文集》,齐鲁书社,2011年。

[15] 陈双新:《两周青铜乐器铭辞研究》,河北大学出版社,2002年。

[16] 陈英杰:《西周金文作器用途铭辞研究》,线装书局,2008年。

[17] 崔明德:《先秦政治婚姻史》,山东大学出版社,2004年。

[18] 丁山:《商周史料考证》,中华书局,1988年。

[19] 杜金鹏、许宏:《二里头遗址与二里头文化研究——中国·二里头遗址与二里头文化国际学术研讨会论文集》,科学出版社,2006年。

[20] 方辉:《大辛庄遗址研究》,科学出版社,2013年。

[21] 方辉:《海岱地区青铜时代考古》,山东大学出版社,2007年。

[22] 高广仁:《海岱区先秦考古论集》,科学出版社,2000年。

[23] 高广仁、邵望平：《海岱文化与齐鲁文明》，江苏教育出版社，2005年。
[24] ［日］工藤元男：《東アジア古代出土文字資料の研究》，《东亚古代出土文字资料研究》，雄山阁，2009年。
[25] 宫长为、徐勇：《史海侦迹——庆祝孟世凯先生七十岁文集》，香港新世纪出版社，2006年。
[26] 管子学刊编辑部：《齐文化纵论》，华龄出版社，1993年。
[27] 郭宝钧：《商周铜器群综合研究》，文物出版社，1981年。
[28] 郭克煜、梁方健、陈德银：《鲁国金文编注》，曲阜师范学院孔子研究所、历史系中国古代史研究室油印本，1983年。
[29] 郭沫若：《卜辞通纂》，科学出版社，1983年。
[30] 郭沫若：《两周金文辞大系图录考释》，科学出版社，1957年。
[31] 郭沫若：《石鼓文研究》，科学出版社，1982年。
[32] 郭沫若：《殷周青铜器铭文研究》，科学出版社，1961年。
[33] 何浩：《楚灭国研究》，武汉出版社，1989年。
[34] 何景成：《商周青铜器族氏铭文研究》，齐鲁书社，2009年。
[35] 何琳仪：《战国文字通论》（订补），江苏教育出版社，2003年。
[36] 河南博物院、台北历史博物馆：《新郑郑公大墓青铜器》，大象出版社，2001年。
[37] 湖北省考古学会：《湖北省考古学会论文选集》（一），武汉大学学报编辑部，1987年。
[38] 江淑惠：《齐国彝铭汇考》，台湾大学出版委员会，1990年。
[39] ［德］卡尔·雅斯贝斯著，魏楚雄、俞新天译：《历史的起源与目标》，华夏出版社，1989年。
[40] 康世荣主编：《秦西垂文化论集》，文物出版社，2005年。
[41] 柯昌济：《金文分域编》，余园丛刻，1935年。
[42] 李济：《李济文集》，上海人民出版社，2006年。
[43] 李松主编：《中国美术史·夏商周卷》，齐鲁书社，2000年。
[44] 李学勤：《东周与秦代文明》，文物出版社，1984年。
[45] 李学勤：《新出青铜器研究》，文物出版社，1990年。
[46] 李学勤：《走出疑古时代》，辽宁大学出版社，1994年。
[47] 李玉洁：《黄河流域的青铜文明》，科学出版社，2010年。
[48] 卢丁：《中国青铜器真伪鉴别》，广东科技出版社，1996年。
[49] 栾丰实：《东夷考古》，山东大学出版社，1996年。
[50] 栾丰实：《海岱地区考古研究》，山东大学出版社，1997年。
[51] 罗琨：《商代战争与军制》，中国社会科学出版社，2010年。
[52] 马承源：《中国青铜器》（修订本），上海古籍出版社，2003年。
[53] 蒙文通：《古史甄微》，商务印书馆，1933年。
[54] 闵家胤主编：《阳刚与阴柔的变奏——两性关系和社会模式》，中国社会科学出版社，1995年。
[55] 逄振镐：《东夷文化研究》，齐鲁书社，2007年。
[56] 逄振镐：《山东古国与姓氏》，山东人民出版社，2006年。
[57] 彭裕商：《春秋青铜器年代综合研究》，中华书局，2011年。
[58] 彭裕商：《西周青铜器年代综合研究》，巴蜀书社，2003年。

[59] [美]乔治·彼得·穆达克著,童恩正译:《我们当代的原始民族》,四川省民族研究所,1980年。
[60] 《庆祝苏秉琦考古五十五年论文集》编辑组:《庆祝苏秉琦考古五十五年论文集》,文物出版社,1989年。
[61] 裘锡圭:《文字学概要》,商务印书馆,1988年。
[62] 容庚:《商周彝器通考》,哈佛燕京学社,1941年。
[63] 容庚、张维持编:《远望集——陕西省考古研究所华诞四十周年纪念文集》,陕西人民美术出版社,1998年。
[64] 山东大学历史系考古教研室:《纪念山东大学考古专业创建二十周年文集》,山东大学出版社,1992年。
[65] 山东古国史研究会:《东夷古国史研究》(第一辑),三秦出版社,1988年。
[66] 山东省《齐鲁考古丛刊》编辑部:《山东史前文化论文集》,齐鲁书社,1986年。
[67] 山东省文物考古研究所、北京大学震旦古代文明研究中心等:《青铜器与山东古国学术研讨会论文集》,上海古籍出版社,2017年。
[68] 山东省文物考古研究所、临沂市文化广电新闻出版局等:《沂水纪王崮春秋墓出土文物集萃》,文物出版社,2016年。
[69] 上海博物馆:《晋侯墓地出土青铜器国际学术研讨会论文集》,上海书画出版社,2002年。
[70] 上海博物馆青铜器研究组:《商周青铜器纹饰》,文物出版社,1984年。
[71] 施劲松:《长江流域青铜器研究》,文物出版社,2003年。
[72] 宋镇豪、唐茂松主编:《纪念殷墟YH127甲骨坑南京室内发掘70周年论文集》,文物出版社,2008年。
[73] 孙刚:《齐文字编》,福建人民出版社,2010年。
[74] 孙敬明:《考古发现与齐史类征》,齐鲁书社,2006年。
[75] 孙亚冰、林欢:《商代地理与方国》,中国社会科学出版社,2010年。
[76] 台北故宫博物院联合管理处:《故宫铜器图录》,"中华"丛书委员会,1958年。
[77] 田昌五、石兴邦主编:《中国原始文化论集——纪念尹达八十诞辰》,文物出版社,1989年。
[78] 王斌主编:《虢国墓地的发现与研究》,社会科学文献出版社,2000年。
[79] 王恩田:《齐鲁文化志》,上海人民出版社,1998年。
[80] 王恩田:《商周铜器与金文辑考》,文物出版社,2017年。
[81] 王国维:《观堂集林》,中华书局,1959年。
[82] 王晖:《商周文化比较研究》,人民出版社,2000年。
[83] 王立新:《早商文化研究》,高等教育出版社,1998年。
[84] 王青:《海岱地区周代墓葬与文化分区研究》,科学出版社,2012年。
[85] 王世民、陈公柔、张长寿:《西周青铜器分期断代研究》,文物出版社,1999年。
[86] 王献唐:《春秋邾分三国考》,齐鲁书社,1982年。
[87] 王献唐:《黄县㠱器》,山东人民出版社,1960年。
[88] 王献唐:《山东古国考》,齐鲁书社,1983年。
[89] 王迅:《东夷文化与淮夷文化研究》,北京大学出版社,1994年。
[90] 文化部文物局古文献研究室:《出土文献研究》,文物出版社,1985年。

[91] 文物出版社编辑部:《文物与考古论集》,文物出版社,1986年。
[92] 吴小平:《汉代青铜容器的考古学研究》,岳麓书社,2005年。
[93] 徐旭生:《中国古史的传说时代》,文物出版社,1985年。
[94] 许宏:《先秦城市考古学研究》,北京燕山出版社,2000年。
[95] 杨波、李大营:《青铜器》,山东友谊出版社,2002年。
[96] 杨朝明:《齐鲁文化》,群众出版社,1998年。
[97] 杨树达:《积微居金文说》,上海古籍出版社,2007年。
[98] 岳洪彬:《殷墟青铜礼器研究》,中国社会科学出版社,2006年。
[99] 枣庄市山亭区政协:《小邾国文化》,中国文史出版社,2006年。
[100] 曾毅公:《山东金文集存·先秦编》,齐鲁大学国学研究所石印本,1940年。
[101] 张昌平:《曾国青铜器研究》,文物出版社,2009年。
[102] 张光明、姜永利主编:《夏商周文明研究》,中国文联出版社,1999年。
[103] 张光明:《齐文化的考古发现与研究》,齐鲁书社,2004年。
[104] 张光裕、黄德宽主编:《古文字学论稿》,安徽大学出版社,2008年。
[105] 张光裕主编:《第三届国际中国古文字学研讨会论文集》,香港中文大学,1997年。
[106] 张光裕主编:《第四届国际中国古文字学研讨会论文集》,香港中文大学中国语言及文学系,2003年。
[107] 张光直:《考古学专题六讲》(增订本),生活·读书·新知三联书店,2013年。
[108] 张光直:《中国考古学论文集》,生活·读书·新知三联书店,2013年。
[109] 张光直:《中国青铜时代》,生活·读书·新知三联书店,2013年。
[110] 张懋镕:《古文字与青铜器论集》(第一、二、三、四、五辑),科学出版社,2002、2006、2010、2014、2016年。
[111] 张学海主编:《海岱考古》(第一辑),山东大学出版社,1989年。
[112] 张亚初、刘雨:《西周金文官制研究》,中华书局,2004年。
[113] 张政烺先生九十华诞纪念文集编委会:《揖芬集——张政烺先生九十华诞纪念文集》,社会科学文献出版社,2002年。
[114] 张忠培、许倬云主编:《中国考古学跨世纪的回顾与前瞻:1999年西陵国际学术研讨会文集》,科学出版社,2000年。
[115] 章鸿钊:《古矿录》,地质出版社,1954年。
[116] 赵丛苍:《城洋青铜器》,科学出版社,2006年。
[117] 赵瑞民、韩炳华:《晋系青铜器研究——类型学与文化因素分析》,山西人民出版社,2005年。
[118] 中国考古学会:《中国考古学会第九次年会论文集》,文物出版社,1997年。
[119] 中国考古学会:《中国考古学会第四次年会论文集》,文物出版社,1985年。
[120]《中国考古学研究》编委会:《中国考古学研究——夏鼐先生考古五十年纪念论文集》(二),科学出版社,1986年。
[121]《中国考古学研究》编委会:《中国考古学研究——夏鼐先生考古五十年纪念论文集》,文物出版社,1986年。
[122] 中国青铜器全集编辑委员会:《中国青铜器全集》,文物出版社,1997—1998年。

[123] 中国社会科学院考古研究所、哥伦比亚大学东亚语言和文化系等:《龙口归城:胶东半岛地区青铜时代国家形成过程的考古学研究(公元前1000—前500年)》,科学出版社,2018年。

[124] 中国社会科学院考古研究所:《考古求知集》,中国社会科学出版社,1997年。

[125] 中国社会科学院考古研究所:《中国早期青铜文化——二里头文化专题研究》,科学出版社,2008年。

[126] 中国先秦史学会、山东省新泰历史文化研究会:《杞文化与新泰》,中国文联出版社,2000年。

[127] 中国先秦史学会:《夏史论丛》,齐鲁书社,1985年。

[128] 中国先秦史学会、政协莒县委员会:《莒文化研究文集》,山东人民出版社,2002年。

[129]《中国音乐文物大系》总编辑部:《中国音乐文物大系·山东卷》,大象出版社,2001年。

[130] 周法高主编:《金文诂林》,香港中文大学,1975年。

[131]《周秦文化研究》编委会:《周秦文化研究》,陕西人民出版社,1998年。

[132] 朱凤瀚:《古代中国青铜器》,南开大学出版社,1995年。

[133] 朱凤瀚:《中国青铜器综论》,上海古籍出版社,2009年。

[134] 朱凤瀚主编:《新出金文与西周历史》,上海古籍出版社,2011年。

[135] 朱志荣:《夏商周美学思想研究》,人民出版社,2009年。

[136] 邹逸麟:《黄淮海平原历史地理》,安徽教育出版社,1997年。

五、研究论文

(一) 发表论文

[1] 安志敏:《"陈喜壶"商榷》,《文物》1962年第6期。

[2][日]白川静著,高广政译:《齐侯盘》,《管子学刊》2003年第1期。

[3] 毕经纬:《边缘墓葬族属、国别研究——以山东东周墓为例》,《考古与文物》2011年第4期。

[4] 毕经纬:《传世有铭铜器辨伪一则》,《考古与文物》2015年第3期。

[5] 毕经纬:《海岱地区出土东周铜容器研究》,《考古学报》2012年第4期。

[6] 毕经纬:《海岱地区商周时期的青铜器用制度——以中原地区为参照》,《高明先生九秩华诞庆寿论文集》,科学出版社,2016年。

[7] 毕经纬:《鲁国铜礼器的初步整理与研究》,《考古与文物》2018年第1期。

[8] 毕经纬:《山东东周鼎簋制度初论——以中原地区为参照》,《管子学刊》2010年第3期。

[9] 毕经纬:《试谈商周墓葬的几个问题——以山东地区为例》,《考古与文物》2013年第3期。

[10] 毕经纬、孙战伟:《融合与固守——鲁南东周铜器墓复杂性解析》,《华夏考古》2018年第1期。

[11] 毕经纬、杨欢:《随葬品摆放规则初步研究——以海岱地区东周墓葬为例》,《华夏考古》2016年第2期。

[12] 毕经纬:《"中期质变"视野下的夏代考古学文化》,《历史研究》2018年第1期。

[13] 卞文超、刘凯思、张中:《纪王崮春秋古墓主人猜想》,《大众日报》2012年5月15日第11版。

[14] 蔡运章:《"亚醜"新诂》,《杞文化与新泰》,中国文联出版社,2000年。

[15] 曹斌:《周文化统治的历史格局在"东土"的形成》,《考古》2017年第6期。

[16] 曹定云:《春秋杞国铜器铭文考释——兼论杞国迁徙及相关问题》,《杞文化与新泰》,中国文联出版社,2000年。

[17] 曹玮:《从青铜器的演化试论西周前后期之交的礼制变化》,《周秦文化研究》,陕西人民出版社,1998年。

[18] 曹玮:《关于晋侯墓随葬器用制度的思考》,《远望集——陕西省考古研究所华诞四十周年纪念文集》,陕西人民美术出版社,1998年。

[19] 曹玮:《试论茹家庄西周墓地的器用制度——兼论西周后期器用制度的源流》,《中国考古学跨世纪的回顾与前瞻——1999年西陵国际学术研讨会文集》,科学出版社,2000年。

[20] 曹玮、魏京武:《西周编钟的礼制意义》,《南方文物》1994年第2期。

[21] 曹玮:《周原的非姬姓家族与虢氏家族》,《周原遗址与西周铜器研究》,科学出版社,2004年。

[22] 曹艳芳、尹锋超:《淄潍河流域商周文化东渐历史背景之考古学观察》,《管子学刊》2006年第2期。

[23] 陈淳、孔德贞:《性别考古与玉璜的社会学观察》,《考古与文物》2006年第4期。

[24] 陈淳:《美国性别考古的研究及启示》,《东南文化》2010年第6期。

[25] 陈芳妹:《晋侯墓地青铜器所见性别研究的新线索》,《晋侯墓地出土青铜器国际学术研讨会论文集》,上海书画出版社,2002年。

[26] 陈公柔:《滕国、邾国青铜器及其相关问题》,《中国考古学研究——夏鼐先生考古五十年纪念论文集》,文物出版社,1986年。

[27] 陈国梁:《二里头文化铜器研究》,《中国早期青铜文化——二里头文化专题研究》,科学出版社,2008年。

[28] 陈槃:《春秋大事表列国爵姓及存灭表譔异》,中研院史语所,1969年。

[29] 陈青荣:《从传世山东藏家的藏品看高青出土的青铜器》,《管子学刊》2010年第2期。

[30] 陈淑卿:《山东地区商文化编年与类型研究》,《华夏考古》2003年第1期。

[31] 陈铁梅:《中国新石器墓葬成年人骨性比异常的问题》,《考古学报》1990年第4期。

[32] 陈絜:《郭氏诸器铭文及其相关历史问题》,《故宫博物院院刊》2009年第2期。

[33] 陈雪香:《山东地区商文化聚落形态演变初探》,《华夏考古》2007年第1期。

[34] 陈阳、戴哲涛:《中国财税博物馆藏滕侯赋之歌钟考》,《东方博物》(第三十六辑),浙江大学出版社,2010年。

[35] 陈泽:《秦公簋铭文考释与器主及作器时代的推定》,《秦西垂文化论集》,文物出版社,2005年。

[36] 程长新、曲得龙、姜东方:《北京拣选一组二十八件商代带铭铜器》,《文物》1982年第9期。

[37] 程有为:《杞国及其迁徙》,《东夷古国史研究》(第一辑),三秦出版社,1988年。

[38] 仇士华、蔡莲珍、张雪莲:《关于二里头文化的年代问题》,《二里头遗址与二里头文化研究——中国·二里头遗址与二里头文化国际学术研讨会论文集》,科学出版社,2006年。

[39] 崔乐泉:《纪国铜器及其相关问题》,《文博》1990年第3期。

[40] 崔乐泉:《山东地区东周考古学文化的序列》,《华夏考古》1992年第4期。

[41] 戴向明:《浅议考古学文化的"交互作用区"》,《中国文物报》1992年7月19日第3版。

[42] 丁山:《说冀》,《中研院史语所集刊》第一本第二分,1930年。

[43] 杜廼松:《东周时代齐、鲁青铜器探索》,《南方文物》1995年第2期。

[44] 杜在忠:《关于夏代早期活动的初步探析》,《夏史论丛》,齐鲁书社,1985年。

[45] 杜在忠:《寿光纪器新发现及几个纪史问题的再认识》,《东夷古国史研究》(第一辑),三秦出版社,1988年。

[46] 方辉：《春秋时期方座形铜器的定名与用途》，《海岱地区青铜时代考古》，山东大学出版社，2007年。
[47] 方辉：《大辛庄遗址的考古发现与研究》，《山东大学学报》（哲学社会科学版）2004年第1期。
[48] 方辉：《高青陈庄铜器铭文与城址性质考》，《管子学刊》2010年第3期。
[49] 方辉：《海岱地区夏商周考古的新收获》，《山东大学学报》（哲学社会科学版）2006年第5期。
[50] 方辉：《海岱地区早期铜器的发现与研究》，《海岱地区青铜时代考古》，山东大学出版社，2007年。
[51] 方辉：《记两件流失海外的大辛庄出土商代青铜器》，《海岱地区青铜时代考古》，山东大学出版社，2007年。
[52] 方辉：《"景亳之会"的考古学观察》，《海岱地区青铜时代考古》，山东大学出版社，2007年。
[53] 方辉：《论我国早期国家阶段青铜礼器系统的形成》，《文史哲》2010年第1期。
[54] 方辉：《墓葬所见岳石文化与下七垣文化关系举例》，《中国历史文物》2010年第4期。
[55] 方辉：《山东商代考古小史》，《中国文物报》1997年8月3日第3版。
[56] 方辉：《山东省博物馆藏裸人铜方鼎》，《文物天地》1990年第5期。
[57] 方辉：《商王朝对东方的经略》，《海岱地区青铜时代考古》，山东大学出版社，2007年。
[58] 方辉：《郜公典盘铭考释》，《文物》1998年第9期。
[59] 方辉：《试论周代的铜匜》，《海岱地区青铜时代考古》，山东大学出版社，2007年。
[60] 方辉：《寺公典盘铭与郜史再考》，《九州学林》2006年第4期。
[61] 方辉：《滕州前掌大墓地的国族问题》，《东方考古》（第13集），科学出版社，2017年。
[62] 方辉：《岳石文化区域类型新论》，《海岱地区青铜时代考古》，山东大学出版社，2004年。
[63] 方建军：《两周铜镈综论》，《东南文化》1994年第1期。
[64] 方建军：《陕西出土西周和春秋时期甬钟的初步考察》，《交响》1989年第3期。
[65] 方建军：《陕西音乐文物综述》，《中国音乐学》1997年第2期。
[66] 方建军：《商周礼乐制度中的乐器主及演奏者》，《音乐研究》2006年第2期。
[67] 方建军：《商周时期的礼乐器组合与礼乐制度的物态化》，《音乐艺术》2007年第1期。
[68] 傅斯年：《夷夏东西说》，《庆祝蔡元培先生六十五岁论文集》，中研院史语所，1933年。
[69] 高广仁：《海岱区的商代文化遗存》，《考古学报》2000年第2期。
[70] 高广仁：《莒国在东周夷夏融合大势中的地位和作用》，《考古学集刊》（第18辑），科学出版社，2010年。
[71] 高江涛、庞小霞：《索氏铜器铭文中"索"字考辨及相关问题》，《南方文物》2009年第4期。
[72] 高江涛：《泗水流域出土商代青铜礼器的历史地理考察》，《考古学集刊》（第18集），科学出版社，2010年。
[73] 高明：《中原地区东周时代青铜礼器研究》（上、中、下），《考古与文物》1981年第2、3、4期。
[74] 高西省：《商周时代南北甬钟之关系及南北文化交流之检讨》，《东南文化》1991年第6期。
[75] 高西省：《西周早期甬钟比较研究》，《文博》1995年第1期。
[76] 耿超：《浅议姬寏母豆与师寏钟作器者关系及族姓》，《考古与文物》2011年第1期。
[77] 宫希成：《安徽淮河流域西周时期文化试析》，《东南文化》1999年第5期。
[78] 关晓武：《青铜编钟起源的探讨》，《文物保护与考古科学》2001年第2期。
[79] 郭克煜：《杞国迁居山东问题》，《齐鲁学刊》1989年第4期。

[80] 郭克煜、孙华铎、梁方健等:《索氏器的发现及其重要意义》,《文物》1990年第7期。

[81] 郭克煜:《邿国历史略说》,《东夷古国史研究》(第一辑),三秦出版社,1988年。

[82] 郭伟民:《关于考古学文化传统中心交界地带及新区域的思考》,《南方文物》1992年第3期。

[83] 郭妍利:《也论苏埠屯墓地的性质》,《三代考古》(三),科学出版社,2009年。

[84] 郝良真、赵建朝:《邯钢出土青铜器及赵国贵族墓葬区域》,《文物春秋》2003年第4期。

[85] 何洪源、李晶:《桓台史家出土"祖戊"瓿的再认识及其探讨》,《夏商周文明研究》,中国文联出版社,1999年。

[86] 何景成:《商代史族研究》,《华夏考古》2007年第2期。

[87] 何景成:《商末周初的举族研究》,《考古》2008年第11期。

[88] 何琳仪:《淳于公戈跋》,《杞文化与新泰》,中国文联出版社,2000年。

[89] 何琳仪:《莒县出土东周铜器铭文汇释》,《文史》2000年第1辑。

[90] 何堂坤:《胶东青铜器科学分析》,《文物保护与考古科学》1990年第2期。

[91] 胡厚宣:《甲骨文所见商族鸟图腾的新证据》,《文物》1977年第2期。

[92] 胡小石:《齐楚古今表》,《国风》(第十一期),钟山书局,1934年。

[93] 黄盛璋:《山东出土莒之铜器及其相关问题综考》,《华夏考古》1992年第4期。

[94] 黄盛璋:《山东诸小国铜器研究——〈两周金文大系续编〉分国考释之一章》,《华夏考古》1989年第1期。

[95] 黄盛璋:《试论齐国兵器及其相关问题》,中国古文字研究会第六届年会论文,1986年。

[96] 蒋定穗:《中国古代编钟论纲》,《中国音乐》1995年第1期。

[97] [英]杰西卡·罗森著,陈显丹、陈必译:《中国青铜器艺术与宗教》,《四川文物》1998年第1期。

[98] 金正耀:《二里头青铜器的自然科学研究与夏文明探索》,《文物》2000年第1期。

[99] 井中伟:《关于三角援铜戈起源问题的新认识》,《边疆考古研究》(第4辑),科学出版社,2006年。

[100] 郎剑锋:《山东大学博物馆收藏的三件青铜器》,《文物》2016年第6期。

[101] 郎剑锋:《山东沂水刘家店子春秋墓铜器三题》,《江汉考古》2016年第4期。

[102] 郎剑锋、赵守祥:《山东新见青铜句鑃初识》,《东南文化》2016年第5期。

[103] 李伯谦:《关于早期夏文化——从夏商周王朝更迭与考古学文化变迁的关系谈起》,《中原文物》2000年第1期。

[104] 李伯谦:《中国青铜文化的发展阶段与分区系统》,《华夏考古》1990年第2期。

[105] 李伯谦:《冀族族系考》,《考古与文物》1987年第1期。

[106] 李朝远:《前掌大墓地中的"史"及其他——读〈滕州前掌大墓地〉》,《东方考古》(第4集),科学出版社,2008年。

[107] 李朝远:《青铜器上所见西周中期的社会变迁》,《学术月刊》1994年第11期。

[108] 李纯一:《关于陕西地区的音乐考古》,《中国音乐学》1986年第2期。

[109] 李纯一:《山东地区音乐考古及研究课题》,《中国音乐学》1987年第1期。

[110] 李丰:《黄河流域西周墓葬出土青铜礼器的分期与年代》,《考古学报》1988年第4期。

[111] 李光雨、刘爱民:《枣庄东江小邾国贵族墓地发掘的意义及相关问题》,《东岳论坛》2007年第2期。

[112] 李海荣:《"亚醜"铭铜器研究》,《辽海文物学刊》1995年第1期。

[113] 李季、何德亮：《泗河流域古代文化的编年与类型》，《文物》1991年第7期。

[114] 李济：《安阳遗址出土之狩猎卜辞、动物遗骸与装饰文样》，《台湾大学考古人类学刊》1957年第9—10期合刊。

[115] 李济：《殷墟出土青铜觯形器之研究：青铜觯形器的形制与花纹(1968)》，《李济文集》(卷四)，上海人民出版社，2006年。

[116] 李济：《殷墟铜器五种及其相关之问题》，《庆祝蔡元培先生六十五岁论文集》，中研院史语所，1933年。

[117] 李零：《读小邾国铜器的铭文》，《小邾国文化》，中国文史出版社，2006年。

[118] 李零：《说匲——中国早期的妇女用品：首饰盒、化妆盒和香盒》，《故宫博物院院刊》2009年第3期。

[119] 李零：《苏埠屯的"亚齐"铜器》，《文物天地》1992年第6期。

[120] 李龙海：《早商晚段至殷墟时期商人与东夷的文化融合》，《郑州航空工业管理学院学报》(社会科学版)2009年第3期。

[121] 李鲁滕：《略论前掌大商代遗址群的文化属性和族属》，《华夏考古》1997年第4期。

[122] 李学勤：《不嬰簋与秦早期历史》，《新出青铜器研究》，文物出版社，1990年。

[123] 李学勤：《高青陈庄引簋及其历史背景》，《文史哲》2011年第3期。

[124] 李学勤：《古代中国青铜器·序言》，朱凤瀚：《古代中国青铜器》，南开大学出版社，1995年。

[125] 李学勤、刘庆柱、李伯谦等：《山东高青县陈庄西周遗址笔谈》，《考古》2011年第2期。

[126] 李学勤：《论高青陈庄器铭"文祖甲齐公"》，《东岳论丛》2010年第10期。

[127] 李学勤：《齐侯壶的年代与史事》，《中华文史论丛》2006年第2期。

[128] 李学勤：《试论山东新出青铜器的意义》，《文物》1983年第12期。

[129] 李学勤：《释东周器名卮及有关文字》，《第四届国际中国古文字学研讨会论文集》，香港中文大学中国语言及文学系，2003年。

[130] 李学勤：《夏商周与山东》，《烟台大学学报》(哲学社会科学版)2002年第3期。

[131] 李学勤：《小邾国墓及其青铜器研究》，《东岳论丛》2007年第2期。

[132] 李学勤：《有逢伯陵与齐国》，《齐文化纵论》，华龄出版社，1993年。

[133] 李学勤：《战国题铭概述》(上、中、下)，《文物》1959年第7、8、9期。

[134] 李友谋：《裴李岗文化墓葬初步考察》，《中原文物》1987年第2期。

[135] 李玉洁：《黄河流域的青铜文明》，科学出版社，2010年。

[136] 梁方健：《齐国金文及其史料价值》，《管子学刊》1989年第1期。

[137] 梁星彭、冯孝堂：《陕西长安、扶风出土西周铜器》，《考古》1963年第8期。

[138] 梁彦民：《殷周青铜器双身龙纹及相关问题》，《考古与文物》2006年第6期。

[139] 梁彦民：《周初筒形卣研究》，《考古与文物》2007年第2期。

[140] 梁云：《周代用鼎制度的东西差别》，《考古与文物》2005年第3期。

[141] 林仙庭：《胶东青铜文化初探》，《纪念山东大学考古专业创建二十周年文集》，山东大学出版社，1992年。

[142] 林沄：《海岱地区周代墓葬研究·序》，王青：《海岱地区周代墓葬研究》，山东大学出版社，2002年。

[143] 林沄：《小邾国东江墓地青铜器铭文部分人名的考释》，《小邾国文化》，中国文史出版社，2006年。
[144] 林沄：《周代用鼎制度商榷》，《史学集刊》1990年第3期。
[145] 刘彬徽：《山东地区东周青铜器研究》，《中国考古学会第九次年会论文集（1993）》，文物出版社，1997年。
[146] 刘华夏：《金文字体与铜器断代》，《考古学报》2010年第1期。
[147] 刘莉、陈星灿：《中国早期国家的形成——从二里头和二里岗时期的中心和边缘之间的关系谈起》，《古代文明》（第1卷），文物出版社，2002年。
[148] 刘伟杰：《所谓齐国鸟虫书及相关问题》，《管子学刊》2007年第1期。
[149] 刘翔：《鲁"戎壶"小考》，《齐鲁学刊》1986年第5期。
[150] 刘晓婧：《山东地区出土东周青铜矛初步研究》，《文物世界》2009年第5期。
[151] 刘延常：《莒文化探析》，《莒文化研究文集》，山东人民出版社，2002年。
[152] 刘延常、徐倩倩：《西周晚期至春秋早期山东地区东土青铜器群的转变与传承》，《青铜器与金文》（第一辑），上海古籍出版社，2017年。
[153] 刘延常：《珍珠门文化初探》，《华夏考古》2001年第4期。
[154] 刘一俊、冯沂：《山东郯城县二中战国墓的清理》，《考古》1996年第3期。
[155] 刘雨：《两周曹国铜器考》，《中原文物》2008年第2期。
[156] 刘云涛：《从考古发现看西大庄两周墓出土青铜器的特点》，《先秦史研究动态》1997年第1期。
[157] 马承源：《陈喜壶》，《文物》1961年第2期。
[158] ［英］马太·约翰逊著，王苏琦译：《考古学与性别》，《江汉考古》2004年第1期。
[159] 庞小霞、高江涛：《晚商时期商文化东进通道初探》，《中原文物》2009年第5期。
[160] 彭裕商：《东周青铜盆、盏、敦研究》，《考古学报》2008年第2期。
[161] 彭裕商：《西周青铜器窃曲纹研究》，《考古学报》2002年第4期。
[162] 秦建明、张懋镕：《说簋》，《考古与文物》1984年第6期。
[163] 邱德修：《商周礼制中鼎之研究》，《华学月刊》1982年第7期。
[164] 任伟：《西周金文与齐国始封问题》，《中原文物》2002年第4期。
[165] 任相宏：《从泰沂山脉北侧的商文化遗存看商人东征》，《中国文物报》1997年11月23日第3版。
[166] 任相宏：《山东长清县仙人台周代墓地及相关问题初探》，《考古》1998年第9期。
[167] 任相宏：《山东沂源县姑子坪周代遗存相关问题探讨》，《考古》2003年第1期。
[168] 任相宏、张光明：《高青陈庄遗址M18出土丰簋铭文考释及相关问题探讨》，《管子学刊》2010年第2期。
[169] 商艳涛：《读〈山东金文集成〉》，《中国国家博物馆馆刊》2011年第5期。
[170] 邵望平：《考古学上所见西周王朝对海岱地区的经略》，《燕京学报》（新十期），北京大学出版社，2001年。
[171] 邵望平：《商王朝东土的夷商融合》，《东方考古》（第4集），科学出版社，2008年。
[172] 宋公文：《楚墓的头向与葬式》，《考古》1994年第9期。
[173] 宋建：《关于西周时期的用鼎问题》，《考古与文物》1983年第1期。
[174] 宋豫秦：《论鲁西南地区的商文化》，《华夏考古》1988年第1期。
[175] 宋豫秦：《试论豫东地区夏商时代的文化性质》，《郑州大学学报》（哲学社会科学版）1989年第

1期。
[176] 宋豫秦:《夷夏商三种考古学文化交汇地域的发现及意义》,《中国文物报》1992年1月12日第3版。
[177] 苏秉琦:《再谈筹建考古实验站与课题问题——苏秉琦教授给山东省文物局负责人的一封信》,《海岱考古》(第一辑),山东大学出版社,1989年。
[178] 孙进:《青铜器中的古莱国与中原王朝》,《烟台大学学报》(哲学社会科学版)2010年第2期。
[179] 孙敬明:《陈庄考古发现比较摭谈》,《管子学刊》2010年第3期。
[180] 孙敬明、何琳仪、黄锡全:《山东临朐新出铜器铭文考释及有关问题》,《文物》1983年第12期。
[181] 孙敬明:《荆公孙敦约解》,《第三届国际中国古文字学研讨会论文集》,香港中文大学,1997年。
[182] 孙敬明:《莒之青铜文化研究》,《莒文化研究文集》,山东人民出版社,2002年。
[183] 孙敬明:《邿其簠再现及相关问题》,《西周文明论集》,朝华出版社,2003年。
[184] 孙淑云:《山东泗水县尹家城遗址出土的岳石文化铜器鉴定报告》,《泗水尹家城》,文物出版社,1990年。
[185] 孙亚冰:《商代的铜路》,《纪念殷墟YH127甲骨坑南京室内发掘70周年论文集》,文物出版社,2008年。
[186] 汪涛:《两周之际的青铜器艺术——以晋侯墓地出土的青铜器为例》,《晋侯墓地出土青铜器国际学术研讨会论文集》,上海书画出版社,2002年。
[187] 王滨:《齐国青铜器装饰工艺研究》,《管子学刊》2016年第2期。
[188] 王恩田:《东周齐国铜器的分期与年代》,《中国考古学会第九次年会论文集(1993)》,文物出版社,1997年。
[189] 王恩田:《高青陈庄西周遗址与齐都营丘》,《管子学刊》2010年第3期。
[190] 王恩田:《纪、㠱、莱为一国说》,《齐鲁学刊》1984年第1期。
[191] 王恩田:《曲阜鲁国故城的年代及其相关问题》,《考古与文物》1988年第2期。
[192] 王恩田:《山东商代考古与商史诸问题》,《中原文物》2000年第4期。
[193] 王恩田:《上曾太子鼎的国别及其相关问题》,《江汉考古》1995年第2期。
[194] 王恩田:《枣庄山亭郳器与郳国》,《小邾国文化》,中国文史出版社,2006年。
[195] 王飞:《用鼎制度兴衰异议》,《文博》1986年第6期。
[196] 王国维:《说俎》(下),《观堂集林》(卷三),中华书局,1959年。
[197] 王国维:《殷周制度论》,《观堂集林》(卷二),中华书局,1959年。
[198] 王国维:《邾公钟跋》,《观堂集林》(卷十八),中华书局,1959年。
[199] 王晖、黄春长:《商末黄河中游气候环境的变化与社会变迁》,《史学月刊》2002年第1期。
[200] 王晖:《论周文化中朱鸟赤凤崇拜的原型、蕴义及演化》,《人文杂志》1994年第5期。
[201] 王建军:《殷周时期的"举族"及其相关问题》,《考古与文物》2010年第1期。
[202] 王建文、张童心:《墓葬习俗中的性别研究——以贾湖遗址为例》,《四川文物》2008年第6期。
[203] 王立新:《也谈文化形成的滞后性——以早商文化和二里头文化的形成为例》,《考古》2009年第12期。
[204] 王青、朱继平、史本恒:《山东北部全新世的人地关系演变:以海岸变迁和海盐生产为例》,《第四纪研究》2006年第4期。

[205] 王清雷：《山东地区两周编钟的初步研究》,《文物》2006年第12期。

[206] 王仁湘：《我国新石器时代墓葬方向研究》,《中国原始文化论集——纪念尹达八十诞辰》,文物出版社,1989年。

[207] 王仁湘：《我国新石器时代人口性别构成再研究》,《考古求知集》,中国社会科学出版社,1997年。

[208] 王世民：《关于西周春秋高级贵族礼器制度的一些看法》,《文物与考古论集》,文物出版社,1986年。

[209] 王世民、蒋定穗：《最近十多年来编钟的发现与研究》,《黄钟》1999年第3期。

[210] 王树明：《"亚醜"推论》,《华夏考古》1989年第1期。

[211] 王锡平：《对山东黄县庄头西周墓出土铜器铭文的初步研究》,《烟台师范学院学报》（哲学社会科学版）1991年第3期。

[212] 王献唐：《邾伯鼍考》,《考古学报》1963年第2期。

[213] 王献唐：《释"醜"》,《山东古国考》,齐鲁书社,1983年。

[214] 王迅：《东夷文化与淮夷文化研究》,北京大学出版社,1994年。

[215] 王迅：《试论夏商时期东方地区的考古学文化》,《北京大学学报》（哲学社会科学版）1989年第2期。

[216] 王永波：《"己"识族团考——兼论异、并、己三氏族源归属》,《东夷古国史研究》（第二辑）,三秦出版社,1990年。

[217] 王永波：《论禽簋与鲁国始封年代》,《东南文化》2000年第11期。

[218] 魏成敏：《陈庄西周城与齐国早期都城》,《管子学刊》2010年第3期。

[219] 魏训田：《鲁城"甲组墓"族属考》,《文物春秋》1998年第4期。

[220] 吴十洲：《两周墓葬青铜容器随葬组合定量分析》,《考古》2001年第8期。

[221] 吴伟华：《从随葬铜器墓看周代莒国贵族埋葬制度》,《文博》2009年第3期。

[222] 吴镇烽：《鲍子鼎铭文考释》,《中国历史文物》2009年第2期。

[223] 夏麦陵：《叔夷钟铭与齐侯灭莱》,《管子学刊》1993年第2期。

[224] 肖燕：《从文化变迁的角度论山东地区早商文化》,《东南文化》1993年第2期。

[225] 徐昭峰：《商王朝东征与商夷关系》,《考古》2012年第2期。

[226] 徐中舒：《陈侯四器考释》,《中研院史语所集刊》第三本第四分,1931年。

[227] 徐中舒：《金文嘏辞释例》,《中研院史语所集刊》第六本第一分,1936年。

[228] 徐中舒：《再论小屯与仰韶》,《安阳发掘报告》（第三期）,中研院史语所,1931年。

[229] 许宏：《对山东地区商代文化的几点认识》,《纪念山东大学考古专业创建二十周年文集》,山东大学出版社,1992年。

[230] 许倬云：《性别研究与中国考古学·序》,林嘉琳、孙岩：《性别研究与中国考古学》,科学出版社,2006年。

[231] 严文明：《东夷文化的探索》,《文物》1989年第9期。

[232] 严文明：《论中国的铜石并用时代》,《史前研究》1984年第1期。

[233] 燕生东、王琦：《泗水流域的商代——史学与考古学的多重建构》,《东方考古》（第4集）,科学出版社,2008年。

[234] 杨建华、曹建恩：《内蒙古凉城县小双古城墓地女性墓葬的社会地位试析》,《内蒙古文物考古》

2010年第1期。
[235] 杨善群：《杞国都城迁徙与出土铜器考辨》，《杞文化与新泰》，中国文联出版社，2000年。
[236] 杨子范：《对山东史前考古的追述与瞻望》，《山东史前文化论文集》，齐鲁书社，1986年。
[237] 殷之彝（张长寿）：《山东益都苏埠屯墓地和"亚醜"铜器》，《考古学报》1977年第2期。
[238] 印群：《论周代列鼎制度的嬗变——质疑"春秋礼制崩坏说"》，《辽宁大学学报》（哲学社会科学版）1999年第4期。
[239] 雍颖：《晋侯夫妇墓之比较及晋国高级贵族妇女社会地位试析》，《晋侯墓地出土青铜器国际学术研讨会论文集》，上海书画出版社，2002年。
[240] 雍颖：《晋侯墓地性别、地位、礼制和葬仪分析》，《性别研究与中国考古学》，科学出版社，2006年。
[241] 于省吾：《释粪》，《考古》1979年第4期。
[242] 俞伟超：《东夷系统的已佚古文字》，《揖芬集——张政烺先生九十华诞纪念文集》，社会科学文献出版社，2002年。
[243] 俞伟超：《先秦两汉美术考古材料中所见世界观的变化》，《庆祝苏秉琦考古五十五年论文集》，文物出版社，1989年。
[244] 袁俊杰：《小邾国媵器随葬于本国贵族墓地原因探析》，《华夏考古》2008年第2期。
[245] 张昌平：《论半环形钺及其文化背景》，《两周封国论衡——陕西韩城出土芮国文物暨周代封国考古学研究国际学术研讨会论文集》，上海古籍出版社，2014年。
[246] 张昌平：《论济南大辛庄遗址M139新出青铜器》，《江汉考古》2011年第1期。
[247] 张长寿：《长江流域青铜器研究·序言》，施劲松：《长江流域青铜器研究》，文物出版社，2003年。
[248] 张翠莲：《先商文化、岳石文化与夏家店下层文化关系考辨》，《文物季刊》1997年第2期。
[249] 张富祥：《逄国考》，《管子学刊》2010年第4期。
[250] 张光远：《战国初期齐桓公诸器续考》，《故宫季刊》1977年第2期。
[251] 张光直：《商周青铜器上的动物纹样》，《考古与文物》1981年第2期。
[252] 张国硕：《论夏末早商的商夷联盟》，《郑州大学学报》（哲学社会科学版）2002年第2期。
[253] 张颔：《陈喜壶辨》，《文物》1964年第9期。
[254] 张锦少：《读新见西周伯□父盨铭"用飨宾于宗室"杂志》，《古文字学论稿》，安徽大学出版社，2008年。
[255] 张俊成：《齐国铜器铭文分期研究》，《殷都学刊》2010年第4期。
[256] 张礼艳：《性别研究视角下的井沟子遗址西区墓地》，《边疆考古研究》（第10辑），科学出版社，2011年。
[257] 张懋镕：《金文字形书体与二十世纪的西周铜器断代研究》，《古文字研究》（第二十六辑），中华书局，2006年。
[258] 张懋镕：《两周青铜盨研究》，《考古学报》2003年第1期。
[259] 张懋镕：《青铜盆小议》，《古文字与青铜器论集》（第二辑），科学出版社，2006年。
[260] 张懋镕：《试论西周青铜器演变的非均衡性问题》，《考古学报》2008年第3期。
[261] 张懋镕、闫婷婷、王宏：《新出杞伯簋浅谈》，《文博》2011年第1期。
[262] 张懋镕：《一千年来商周青铜器族徽文字研究述评》，《新史学》十八卷二期。
[263] 张胜琳、张正明：《上古墓葬头向与民族关系》，《湖北省考古学会论文选集》（一），武汉大学学报

编辑部,1987年。
[264] 张学海:《试论鲁城两周墓葬的类型、族属及其反映的问题》,《中国考古学会第四次年会论文集》,文物出版社,1985年。
[265] 张振谦:《齐国鸟虫书考》,《古文字学论稿》,安徽大学出版社,2008年。
[266] 张政烺:《庚壶释文》,《出土文献研究》,文物出版社,1985年。
[267] 赵春燕:《前掌大墓地出土铜器的化学组成分析与研究》,《滕州前掌大墓地》,文物出版社,2005年。
[268] 赵东玉:《从性角色的渲染到性别角色的出现——新石器时代的男女之别》,《中国历史文物》2006年第5期。
[269] 赵学清:《战国东方五国文字的构形系统》,《聊城师范学院学报》(哲学社会科学版)2001年第5期。
[270] 周波:《"侮"字归部及其相关问题考论》,《古籍研究》2008年第2期。
[271] 周书灿:《晚商时期对东方地区的军事经略和主权管辖》,《东方论坛》2008年第2期。
[272] 周晓陆:《盱眙所出重金络罍·陈璋圆壶读考》,《考古》1988年第3期。
[273] 周永珍:《论"析子孙"铭文铜器》,《中国考古学研究——夏鼐先生考古五十年纪念论文集》(二),科学出版社,1986年。
[274] 周忠福:《临淄战国墓出土铜器的鉴定报告》,《临淄齐墓》(第一集),文物出版社,2007年。
[275] 朱凤瀚:《㲃器与鲁国早期历史》,《新出金文与西周历史》,上海古籍出版社,2011年。
[276] 朱凤瀚:《由殷墟出土北方式青铜器看商人与北方族群的联系》,《考古学报》2013年第1期。
[277] 朱继平:《从商代东土的人文地理格局谈东夷族群的流动与分化》,《考古》2008年第3期。
[278] 朱继平:《金文所见商周逢国相关史实研究》,《考古》2012年第1期。
[279] 禚柏红:《钟鸣鼎食——浅析山东地区青铜饮食器》,《收藏家》2008年第12期。

(二) 学位论文

[1] 毕经纬:《山东出土东周青铜礼容器研究》,陕西师范大学硕士学位论文,2009年。
[2] 曹艳芳:《山东出土商代青铜器研究》,山东大学博士学位论文,2006年。
[3] 樊鑫:《甘青地区新石器时代性别考古研究初探》,中山大学硕士学位论文,2010年。
[4] 何景成:《商周青铜器族氏铭文研究》,吉林大学博士学位论文,2005年。
[5] 何树环:《西周对外经略研究》,台湾政治大学中国文学系研究所博士学位论文,2000年。
[6] 侯川:《山东出土东周诸侯国乐器研究》,天津音乐学院硕士学位论文,2010年。
[7] 侯雯雯:《山东出土两周青铜容器的纹饰研究》,陕西师范大学硕士学位论文,2012年。
[8] 黄圣松:《东周齐国文字研究》,台湾政治大学中国文学系研究所硕士学位论文,2002年。
[9] 金信周:《两周颂扬铭文及其文化研究》,复旦大学博士学位论文,2006年。
[10] 金信周:《两周祝嘏铭文研究》,台湾师范大学国文研究所硕士学位论文,2002年。
[11] 赖彦融:《早期齐彝铭研究》,中国社会科学院研究生院硕士学位论文,2011年。
[12] 郎剑锋:《吴越地区出土商周青铜器研究》,山东大学博士学位论文,2012年。
[13] 李亮亮:《归城遗址的考古学研究》,山东大学硕士学位论文,2007年。
[14] 梁法伟:《山东地区出土东周时代铜兵器研究》,山东大学硕士学位论文,2006年。
[15] 林永昌:《晋系墓葬性别的考古学研究》,北京大学硕士学位论文,2008年。

[16] 刘伟杰:《齐国金文研究》,山东大学硕士学位论文,2004年。
[17] 雒有仓:《商周青铜器族徽文字综合研究》,陕西师范大学博士学位论文,2007年。
[18] 米永盈:《东周齐国乐器考古发现与研究》,山东大学博士学位论文,2009年。
[19] 邱滢霓:《东周齐国书风研究》,台湾艺术大学造型艺术研究所硕士学位论文,2005年。
[20] 宋叶:《殷商疆域研究》,厦门大学硕士学位论文,2007年。
[21] 孙光英:《齐系文字形体演变研究》,北京师范大学硕士学位论文,2006年。
[22] 王爱民:《商与东夷关系浅探》,河北师范大学硕士学位论文,2006年。
[23] 王长丰:《殷周金文族徽整理与研究》,郑州大学博士学位论文,2006年。
[24] 王雁君:《战国齐系铜器文字构形研究》,陕西师范大学硕士学位论文,2009年。
[25] 魏国锋:《古代青铜器矿料来源与产地研究的新进展》,中国科学技术大学博士学位论文,2007年。
[26] 吴伟华:《春秋时期黄河流域青铜器纹饰研究》,山东大学硕士学位论文,2007年。
[27] 徐世权:《出土商周时期青铜器铭文中的国名考察》,吉林大学硕士学位论文,2009年。
[28] 徐在国:《论晚周齐系文字特点》,吉林大学硕士学位论文,1992年。
[29] 杨丁:《山东地区商西周青铜兵器研究》,陕西师范大学硕士学位论文,2012年。
[30] 张锟:《东夷文化的考古学研究》,中国社会科学院研究生院博士学位论文,2010年。
[31] 张利芳:《试论关中东部地区西周墓葬所见性别差异》,中央民族大学硕士学位论文,2011年。
[32] 张晓明:《春秋战国金文字体演变研究》,山东大学博士学位论文,2005年。
[33] 张叶亭:《沂沭河流域商周青铜器研究》,陕西师范大学硕士学位论文,2010年。
[34] 张振谦:《齐系文字研究》,安徽大学博士学位论文,2008年。
[35] 赵海涛:《试论岳石文化与周围同时期文化的关系》,中国社会科学院研究生院硕士学位论文,2002年。
[36] 赵晓军:《中国古代度量衡制度研究》,中国科学技术大学博士学位论文,2007年。
[37] 禚柏红:《莒文化研究》,山东大学硕士学位论文,2003年。

六、外文文献

[1] Arthur H.Smith: *China and America Today*, New York Laymans Missionary Movement, 1907.

[2] Margaret W. Conkey and Janet D. Spector: "Archaeology and the Study of Gender", *Advances in Archaeological Method and Theory*, Vol. 7(1984).

[3] Gero J. M.: "Gender Bias in Archaeology: A Cross-cultural Perspective", *The Socio-Politics of Archaeology*, Amherst: University of Massachusetts, Department of Anthropology, Research Report No. 23, 1983.

[4] Katheryn M. Linduff, Yan Sun: *Gender and Chinese Archaeology*, AltaMira Press, 2004.

[5] Loewe, Michael and Edward L. Shaughnessy eds: *The Cambridge History of Ancient China: From the Origins of Civilization to 221 BC*, Cambridge: Cambridge University Press, 1999.

[6] Lothar Von Falkenhausen: *Suspended Music: Chime Bells in the Culture of Bronze Age China*, University of California Press, 1993.

[7] Max Weber: "The Disenchantment of Modern Life", in John J. Macionis, Nijole Vaicaitis Benokraitis,

eds: *Seeing Ourselves: Classic, Contemporary, and Cross-cultural Readings in Sociology*, Prentice Hall, 2006.

[8] Sarah M. Nelson: *Gender in Archaeology: Analyzing Power and Prestige*, 2nd Edition, AltaMira Press, 2004.

[9] The Taipei Palace Museum Editorial Association: *Chinese Art in overseas Collections Bronze*, Taipei Palace Museum Press, 1985.

[10] Wendy Ashmore, Robert J. Sharer: *A Brief Introduction to Archaeology*, New York: McGraw-Hill Press, 2009.

附 表

附表一 海岱地区商、西周青铜器出土单位一览表

序号	出土地点	时代	铜器	陶器	其他信息	保存状况	资料出处
1	长清前平墓	二里岗上层早段	爵1斝1	豆1		破坏	文物1982.1
2	大辛庄M106	二里岗上层早段	爵2觚3斝2尊2卣1		长方形竖穴土坑,230°,墓口3.2×2.2,一椁一棺,墓内铺朱砂,棺椁间殉人4;玉器19,海贝6。		考古2004.7
3	滕州大康留墓	二里岗上层早段	爵1斝1尊1盘1			采集	考古1996.5
4	滕州吕楼墓	二里岗上层早段	爵1觚1斝1			采集	考古1996.5
5	滕州轩辕庄墓	二里岗上层晚段	鬲1爵1斝1,戈1镞3		长方形竖穴土坑,墓口2.3×1.2,有板灰痕迹;铜容器在头部右侧,镞、玉器在盆骨处。	破坏	文物1997.6
6	大辛庄M107	二里岗上层晚段	爵1觚1		长方形竖穴土坑,230°,墓口2.12×0.7,无腰坑,双人合葬,身下铺朱砂;铜器置于一号人骨右上肢附近,柄形器1,海贝置于一号人骨胸部。		考古2004.7

续表

序号	出土地点	时代	铜器	陶器	其他信息	保存状况	资料出处
7	前掌大1978	二里岗上层晚段	爵1觚1斝1,钺1戈1镞9削1		长方形竖穴土坑,墓口2.2×1.8;容器在头部两侧,兵器在腰部附近。		考古1996.5
8	济南大辛庄M139	二里岗上层晚段	鼎2爵1觚1斝1罍1盉1盏2,钺2矛1镬1		长方形竖穴土坑,220°,墓口3.22×2.24,四熟台,腰坑内有兽骨,一椁一棺,棺底有朱砂;殉人若干。	盗扰	考古2010.10
9	莒南虎园水库	二里岗上层晚段	觚1爵1			采集	东方考古(11)
10	莒县前石窟	二里岗上层晚段	戈1			缴获	东方考古(11)
11	费县墩头	二里岗上层晚段	戈1			采集	东方考古(11)
12	大辛庄1970墓	殷墟一期	觚1斝1盉1,戈2刀1			破坏	文物1972.5
13	大辛庄Ⅳ11M5	殷墟一期	鼎1爵1觚1,戈1	高1盆1	长方形竖穴土坑,北二层台殉狗1,西二层台殉狗2,腰坑一椁一棺,狗置于棺外北部(足端),铜容器置于头部二层台,铜器置于棺内西侧,戈置于头部二层台,腰部胸前置玉佩斧。		文物1995.6
14	沂水信家庄	殷墟二期	觚1戈1爵1			采集	东方考古(11)
15	惠民大郭	殷墟二、三期	鼎1爵1觚1方彝1,饶1,钺1戈1矛1刀1铲1			破坏	考古1974.3

续表

序号	出土地点	时代	铜器	陶器	其他信息	保存状况	资料出处
16	济南刘家庄 M121	殷墟三期	鼎 5 甗 1 簋 1 爵 1 卣 1 壶 1 斝 2 罍 1 戈 22 矛 10 刀 12 锛 4 环首小刀 1,弓形器 2,铃 5		长方形竖穴土坑,170°,墓口 3.3×1.5,四熟台,腰坑殉狗 1,一椁一棺,人骨处有大量朱砂;铜礼器置于棺内椁外东西侧,铜铃多见于墓底,铜兵器等置于椁内中部,鼎(M121:39),戈(M121:43)腹内壁铭 _图,爵(M121:5,21,37)腹内壁铭(M121:26,34,90)鋬内壁铭 _图。	破坏	中国国家博物馆馆刊 2016.7
17	济南刘家庄 M122	殷墟三期	器盖 2,戈 12 矛 13 锛 3 环首小刀 1,弓形器 1 铃 5	簋 1 豆 1 瓿 1 爵 1	长方形竖穴土坑,170°,墓口 3.1×1.8,四熟台,腰坑殉狗多,南侧二层台东部殉牛 1,西南角殉猪 1,东西北三层台殉狗 6;铜礼器置于棺内北部,铜兵器置于棺内椁外东西侧,铜铃多见于墓底,玉、骨器 6 置于椁内南部,陶器均置于二层台上;M122:34 器盖铭 _图,M122:23 铭 _图,M122:17 有"甲"字。		中国国家博物馆馆刊 2016.7
18	大辛庄 M72	殷墟三期	鼎 1 爵 1 觚 1,戈 2 矛 1	高 1 簋 1 豆 1	长方形竖穴土坑,195°,墓口 3.0×1.2,一椁一棺,棺底铺朱砂,腰坑殉狗,二层台殉狗 10,铜器置于棺内和椁椁之间,陶器置于椁外头前;爵铭 _图。		考古 2004.7
19	大辛庄 M86	殷墟三期	爵 1 觚 1		爵铭 _图。		考古 2004.7
20	大辛庄 M74	殷墟三期	鼎 1 爵 1 觚 1,铃 2		长方形竖穴土坑,墓口 4.16×2.04~3.5,一椁一棺,棺底铺朱砂,腰坑殉狗,二层台殉狗 20,铜器置于棺内和椁椁之间,铃在殉人 1,殉狗左侧,玉柄形器在腹部。		考古 2004.7

续表

序号	出土地点	时代	铜器	陶器	其他信息	保存状况	资料出处
21	济南刘家庄1976	殷墟三期	鼎1甗算1爵1觚1,戈1			采集	东南文化2001.3
22	苏埠屯M1	殷墟三期	鼎1方鼎1尊1罍1提梁1(皆属残片),钺2戈6矛15镞41,铃2斧1,其他5		长方形竖穴土坑,357°,亚字形墓,墓口15×10.7,底9.45×5.9;腰坑内置陶盆、罐,铜器多铭"亚醜"。	盗扰	考古1972.8
23	苏埠屯M8	殷墟三期	鼎5簋1爵4觚2觯1罍1尊1盉1斗1,铙3铃8,钺2矛10戈6刀2镞204	簋1罐1小罐1	长方形竖穴土坑,6°,甲字形,墓口7.5×6.5,二椁一棺,四台,有腰坑,铜鼎和铃置分置于棺西北侧,兵器、杂器置于棺北侧,其他礼器置于棺的左右两侧,铜戈置于棺西南角,铙、镞散置于棺各处,陶器、蚌泡、石磬置于棺北,铜泡置于棺顶,玉佩置于棺内;15件铜器有徽识"融"。		海岱考古(一)
24	长清小屯	殷墟三期	鼎2爵5觚3觯3镞46刀3戈1,戈6斧3锛3镯2镰14刻刀1锤1,车马器14		7件铭"举祖辛亚[徽]"。	采集	文物1964.4
25	长清	殷墟三期	方鼎2豆1罍1盉1	豆1	皆有铭文,铭文同上。	采集	文物1964.4
26	滨州兰家村	殷墟三期	爵1觚1盉1			破坏	山东文物选集
27	苏埠屯一批	殷墟三期	鼎1爵1觯1斗1,戈1			破坏	中国考古学报(二)
28	滕州级索十一中	殷墟四期	鼎1爵1,铃1,戈7			破坏	考古1994.1

续表

序号	出土地点	时代	铜器	陶器	其他信息	保存状况	资料出处
29	平阴洪范墓	殷墟四期	鼎1爵1觚1,戈1,镞2	罐3	长方形竖穴土坑,头向东,墓口3.2×2.1,三人合葬;铜觚、爵、鼎各1,腰部有铜戈(削)1,足端有镞2,头部置陶罐3,有板灰痕迹。		文物1992.4
30	滕州井亭煤矿	殷墟四期	鼎2爵6觚4觯1尊1卣1,铃1,戈1,罍		多铭"戈父丁"。	破坏	文物1959.12
31	泗水寺台墓	殷墟四期	爵1觚1,钺1			采集	考古1988.3
32	寿光古城墓	殷墟四期	鼎5甗1簋1爵3罍1尊2卣2斗2,铃6,戈10矛4镞15刃3	鼎甗盆罐爵尊及尊形器各1,器盖2	残坑1.8×1.2;器物南北排列,酒器、陶器器中,煮食器在东侧;铜器60余件,19件铜器铭文为己﹑﹑,"己",玉器4,卜骨2。	破坏	文物1985.3
33	济南刘家庄	殷墟四期	鼎1簋1爵1觚1,弓形器1		可能不属一个墓葬。	采集	东南文化2001.3
34	济南刘家庄1972	殷墟四期	爵1鼎1卣盖1			采集	东南文化2001.3
35	济南刘家庄1974	殷墟四期	鼎1,戈1			采集	东南文化2001.3
36	桓台史家	殷墟四期	爵1觚1		爵铭"戊﹑﹑无寿作祖皮葬"。	破坏	文物1982.1
37	苏埠屯M7	殷墟四期	鼎1簋1爵3觚3,铃1,戈7	簋1豆1爵1觚1盘1罐2小罐5	长方形竖穴土坑,10°,墓口3.65×2.6,四台,上熟土生,台上有3殉人,腰坑殉狗1;铜觚、爵、鼎、盘、铃置于棺北头前,另有爵、觚、戈置于棺内南端,陶器置于墓主头前或棺内。		海岱考古(一)

续表

序号	出土地点	时代	铜器	陶器	其他信息	保存状况	资料出处
38	滕州官桥大韩墓	殷墟四期	爵1			破坏	考古 1996.5
39	前掌大 BM9	殷墟四期	爵1觚1,铃1,矛6戈5镞7铸2斧1刀2蹬1,车器1		长方形竖穴土坑,20°,墓口2.8×1.6,男性,一椁一棺,有二层台和腰坑,器物主要在头部附近,矛在头部右上侧,戈在大腿左侧。		滕州前掌大墓地
40	前掌大 M213	殷墟四期	甗1爵1觚1觯1,铃1,戈1,矛3镞16蹬2,泡41车马器残片,鼎簋觚爵罍	豆1	长方形竖穴土坑,20°,墓口3.27×1.9,一椁一棺;器物集中在足部棺椁间。	盗扰	滕州前掌大墓地
41	前掌大 M17	殷墟四期	爵1觚1,戈2	豆1	长方形竖穴土坑,5°,墓口2.9×1.5,女性,一椁一棺,有二层台和腰坑,仰身直肢;器物主要在头部两侧,陶豆在腹部。	扰乱	滕州前掌大墓地
42	前掌大 M49	殷墟四期	爵2觚1卣1,戈2	豆1	长方形竖穴土坑,3°,墓口2.6×1.26,女性,一椁一棺,有二层台,仰身直肢,身体撒朱砂;铜容器主要在棺内足部,戈在棺内头部。		滕州前掌大墓地
43	前掌大 M108	殷墟四期	爵1觚1,戈2		长方形竖穴土坑,8°,墓口3.02×1.7,女性,一椁一棺,有二层台和腰坑,仰身直肢;器物主要在棺内头部附近。		滕州前掌大墓地
44	前掌大 M123	殷墟四期	爵1觚1	簋1罍2罐2盉1尊1	长方形竖穴土坑,8°,墓口3.0×1.6,男性,一棺,有二层台,仰身直肢;铜器主要在棺内头部附近,陶器主要在南北二层台。		滕州前掌大墓地
45	前掌大 M126	殷墟四期	觚1觯1	器盖1	长方形竖穴土坑,墓口3.15×1.6,一棺,有二层台。	盗扰	滕州前掌大墓地

续表

序号	出土地点	时代	铜器	陶器	其他信息	保存状况	资料出处
46	前掌大M127	殷墟四期	爵1 觚1	瓿1 器盖1	长方形竖穴土坑，8°，墓口3.33×1.68，男性，一椁一棺，有二层台，撒末砂，铜器在棺内头部，陶器在北部二层台。	扰	滕州前掌大墓地
47	前掌大M128	殷墟四期	分档鼎1 簋1 觚2 觯2 爵1	豆1 盨2	长方形竖穴土坑，5°，墓口3.55×1.8，女性，一椁一棺，有二层台和腰坑，仰身直肢。	盗扰	滕州前掌大墓地
48	前掌大M129	殷墟四期	爵1 觚1		长方形竖穴土坑，墓口3.15×1.9，一椁一棺，有二层台。	盗扰	滕州前掌大墓地
49	沂源东安故城	殷墟四期	铙3、弓形器2、戈2	高足1 盆1	遗址包含龙山文化、商、周、汉文化遗存。	缴获	东方考古(11)
50	平邑洼子地	殷墟四期	鸮卣1 觚1 爵1 觯1			采集	东方考古(11)
51	费县双丘	殷墟四期	爵1			采集	东方考古(11)
52	兰山县革委大院	殷墟四期	鼎1			采集	东方考古(11)
53	兰陵密家岭	殷墟四期	鼎1 觚1	豆	遗址东部高台为商周墓群，西部平原为汉代墓群；鼎铭 ⊗、觚铭 ⊃。	采集	东方考古(11)
54	兰陵晒米城	殷墟四期	鼎1 尊1 觚2 爵2 提梁卣2		鼎铭"史"，尊铭 ⊕。	采集	东方考古(11)
55	前掌大M44	商末周初	戈1、铃1	豆1	长方形竖穴土坑，8°，墓口3.4×2.0，一椁一棺，男性，腰坑殉狗，二层台有兽骨和殉狗；玉器，骨器若干。		滕州前掌大墓地
56	邹城小西韦	商末周初	爵1 觯1		头向东，爵铭"史"。		文物1974.1
57	邹城西丁墓	商末周初	爵2 觚2		头向东，爵铭"史"，觚铭 ⊗。	破坏	考古2004.1
58	潍坊院上	商末周初	爵1 觯1 卣1	鬲1 簋1 豆1 罍1 罐5 瓮2		采集	海岱考古(一)

续表

序号	出土地点	时代	铜器	陶器	其他信息	保存状况	资料出处
59	滕州种寨	商末周初	鼎1甬1		高铭"眉王子"。	采集	文物1972.5
60	泗水窖堌堆	商末周初	爵2觚1觯1尊1				考古1986.12
61	兰陵东高尧	商末周初	甗1簋1爵2觚2觯1尊1,钟1,戈2	釉陶罐1	可能为窖藏。		文物1965.7
62	费县	商末周初	鼎1方鼎1甗1簋1豆1爵2觚2角2觯1罍1尊1盉1卣3盘1勺2,戈2刀1			北京拣选	文物1982.9
63	兖州李官庄	商末周初	爵1觚1卣1			采集	文物1990.7
64	潍坊	商末周初	卣1爵1觯1,戈3			采集	考古1993.9
65	邹县南关砖瓦窑厂墓	商末周初	爵2觚1,戈1			采集	考古学集刊(3)
66	邹县化肥厂	商末周初	爵1觚2觯1,戈1,弓形器1	10件左右		破坏	文物1972.5
67	苏埠屯二批	商末周初	鼎1觚1觯2角2盉1			采集	文物1990.7
68	前掌大M11	商末周初	方鼎2圆鼎6簋1甗1罍1壶1尊1卣2觚4爵5角2觯2盘2盉1矛子2戈31刀2,弓形器1	盉1罐2	长方形竖穴土坑,7°,墓口3.77×2.0,一椁一棺,身下铺朱砂,有二层台和腰坑殉狗;器物主要集中在北部器物箱内。		滕州前掌大墓地

序号	出土地点	时代	铜器	陶器	其他信息	保存状况	资料出处
69	前掌大 M13	商末周初	鼎1 觚1 爵1 觯1 尊1	鬲1 簋1 罍3 壶1 斝1 瓮1	长方形竖穴土坑,3°,墓口2.67×2.1,男性,一椁一棺,有二层台和腰坑殉狗,仰身直肢。		滕州前掌大墓地
70	前掌大 M18	商末周初	圆鼎1 簋1 甗1 斝1 觚1 壶1 尊2 爵2 觯1 盉1 铃2 角2 铙5 斧1, 戈4 刀2 铃1	罐1 盉1	长方形竖穴土坑,7°,墓口3.3×2.3,男性,一椁一棺,有二层台和腰坑殉狗,仰身直肢,一椁一棺,有二层台和腰坑殉狗,仰身直肢,工具主要有朱砂;铜容器主要在头箱,兵器主要在棺内足部,玉器主要在棺内两侧和足部,二层台上有1辆车。		滕州前掌大墓地
71	前掌大 M21	商末周初	圆鼎1 簋1 甗1 斝1 觚1 觯1 罍3 爵3 角3 尊2 觯1 觚2 盉1 铜镳木壶1, 铃1 戈2 矛1, 镞2 刀1 凿1 铲1	罐2 罍2 尊1	长方形竖穴土坑,6°,墓口3.28×1.8,一椁一棺,有二层台和腰坑殉狗,仰身直肢,铺朱砂;铜器主要在头箱和棺盖上。		滕州前掌大墓地
72	前掌大 M30	商末周初	爵1 觚1 觯1	簋1 罐1 尊1 瓿1 豆1	长方形竖穴土坑,7°,墓口3.1×1.58,一棺,有二层台,侧身屈肢;器物主要在头箱内头部。	盗扰	滕州前掌大墓地
73	前掌大 M31	商末周初	爵1 觚1 觯1	簋2 罐1 盆1	长方形竖穴土坑,7°,墓口3.0×1.6,女性,一棺,有二层台,仰身直肢,撒朱砂;器物主要在棺内头部。		滕州前掌大墓地
74	前掌大 M34	商末周初	爵1 觯1	鬲1 簋2 罐1 罍2 壶1	长方形竖穴土坑,5°,墓口3.2×1.48,女性,一椁一棺,有二层台和腰坑殉狗,仰身直肢,铺朱砂;器物主要在头部和棺椁之间。		滕州前掌大墓地

续表

序号	出土地点	时代	铜器	陶器	其他信息	保存状况	资料出处
75	前掌大 M38	商末周初	鼎3(分裆2)簋1觯2觚1罍1尊1卣2刀2戈1斧1铲1铃2	豆1	长方形竖穴土坑,4°,墓口3.85×2.07,一椁一棺,有二层台和腰坑殉狗,仰身直肢,身下铺朱砂;器物主要在棺内北部和南部棺盖上。		滕州前掌大墓地
76	前掌大 M110	商末周初	觚1爵1,戈1	鬲1罍1	长方形竖穴土坑,10°,墓口2.5×1.28,可能为女性,一棺,有二层台,铜器主要在棺内头部,陶器在头部二层台。		滕州前掌大墓地
77	前掌大 M119	商末周初	鼎2簋1角4尊1觯1斗1,铃2,戈1,镞2	罐1甗1壶1罍2尊1瓷豆2	长方形竖穴土坑,7°,墓口3.38×2.27,女性,一棺,有二层台和腰坑殉狗,仰身直肢,铜器主要在器物箱,玉器主要在棺内,瓷豆在头部两侧。		滕州前掌大墓地
78	前掌大 M120	商末周初	方鼎1圆鼎2(扁足鼎1)鬲1簋1斝1罍1壶1尊1卣1觚1觯2角2爵2铜箍木壶1,刀2戈1斧1	罐2罍1瓷豆5盉1	长方形竖穴土坑,7°,墓口3.68×2.15,女性,一椁一棺,有二层台和腰坑殉狗;铜器,陶器主要在器物箱,玉器主要在棺内南部。		滕州前掌大墓地
79	前掌大 M14	商末周初	爵1觯1,戈1	簋1尊2壶1	长方形竖穴土坑,5°,墓口3.65×1.6,男性,一椁一棺,有二层台和腰坑殉狗,仰身直肢,一器物大部分在头部棺椁间。		滕州前掌大墓地
80	前掌大 M15	商末周初	爵1		长方形竖穴土坑,6°,墓口3.63×1.6,男性,一椁一棺,有二层台和腰坑殉狗,仰身直肢,一器物大部分在头部棺椁间。		滕州前掌大墓地
81	前掌大 M121	商末周初	觚2爵2觯2尊1,戈1,铃1	鬲1簋1罐2壶2罍4甗1	长方形竖穴土坑,8°,墓口3.18×1.57,男性,一椁一棺,二层台,腰坑殉狗,仰身直肢,铜器主要在棺内头部附近,陶器主要在头部棺椁之间。		滕州前掌大墓地

续表

序号	出土地点	时代	铜器	陶器	其他信息	保存状况	资料出处
82	新泰市区墓	西周早期	鼎1 簋1 鬲1 尊1 卣1, 戈1 镞1	陶罐		破坏	文物1992.3
83	前掌大西西周墓	西周早期	鼎2 甗1 簋1 觚1 2		竖穴土坑,墓口4.9×4.9,墓底距地表约4.7,墓底扰乱,棺椁不明;铜器及玉器出土于墓底东北角。	盗扰	文物2015.4
84	滕州庄里西89M3	西周早期	戈1 矛1		长方形竖穴土坑,355°,墓口3.02×1.57,一棺,放置在棺内头部西侧,铜矛放置在东侧二层台上。		中国国家博物馆馆刊2012.1
85	滕州庄里西89M4	西周早期	爵1 觚1 觯1, 戈1, 弓形器1		长方形竖穴土坑,8°,墓口3.2×1.7,一椁一棺,熟土二层台,仰身直肢;器物放置在棺内左下侧。		中国国家博物馆馆刊2012.1
86	滕州庄里西89M5	西周早期	鼎1 簋1,戈1 矛1 刀1,当卢2 泡2		长方形竖穴土坑,335°,墓口2.9×1.5,熟土二层台,仰身直肢;随葬器物放置在棺内头部及上肢左侧。		中国国家博物馆馆刊2012.1
87	滕州庄里西89M6	西周早期	鼎1 簋1		长方形竖穴土坑,355°,墓口2.85×1.3,一棺,仰身直肢;器物放置棺椁内头部左侧。		中国国家博物馆馆刊2012.1
88	龙口徐家村	西周早期	鬲1 簋1		墓葬已遭彻底破坏,仅存墓底西北角,残存墓底散见少量的漆皮和朱砂;墓南5~7米处有椭圆形坑,内有较多马骨,可能为随葬的车马坑。铜器出土后遭到哄抢,未能全部收回。	破坏	文物2004.8
89	滕州庄里西89M7	西周早期后段	鼎1 簋2 爵2 觚1 觯2 尊2 卣1,戈10 削1,銮铃2 当卢4 镳4 泡97 节约11(铜器未能全部收回,组合不全)			破坏	中国国家博物馆馆刊2012.1

续表

序号	出土地点	时代	铜器	陶器	其他信息	保存状况	资料出处
90	济宁市区墓	西周早期后段	鼎2簋1方彝1爵2觚2盘1（器物粗糙，无纹饰，可能是明器）			破坏	文物1994.3
91	滕州庄里西M3	西周早期后段	簋2甗1		头可能向北，墓口残长1.7×1.6，一椁一棺；铜器在北部棺椁间。	破坏	文物1979.4
92	庄里西1982墓	西周早期后段	鼎2簋1甗2壶1	瓷罐1	长方形竖穴土坑，163°，一椁一棺，腰坑殉狗；铜器在南端棺椁间。		考古1984.4
93	济阳刘台子M1	西周早期后段	鼎2（件形制不明）	瓷罐1	不明。	破坏	文物1981.9
94	济阳刘台子M2	西周早期后段	鼎1甗2簋2觯1	甗1罐1	长方形竖穴土坑，12°，口底同大，墓口3.7×2.1，一椁一棺，人骨上遍撒朱砂；器物置北部二层台上。		文物1981.9
95	济阳刘台子M3	西周早期后段	鼎1簋1，戈1	瓷豆1	长方形竖穴土坑，12°，口底同大，墓口4.4×2.9，四熟台，腰坑殉狗，仰身直肢，下葬时右下肢与身体可能脱离；器物在头部棺椁间，二层台上空无一物。	被汉墓打破	文物1985.12
96	济阳刘台子M6	西周早期后段	鼎6甗1簋5甗1爵2觯2尊2卣1盉1盘1	甗2罐2瓷壶1管状串饰442	长方形竖穴土坑，30°，口底同大，墓口6.04×4.3，一椁一棺，四生台，腰坑，棺外涂朱砂，未发现砂，仰身直肢；器物集中于头部二层台（北台）上。	被汉墓打破	文物1996.12
97	胶州西庵M1	西周早期后段	簋1方彝1爵1觯1		长方形竖穴土坑，头向东，一椁一棺，女性，有腰坑殉狗头向东，熟台，填夯；陶器在头部。	盗扰	文物1977.4

续表

序号	出土地点	时代	铜器	陶器	其他信息	保存状况	资料出处
98	荣成学福村墓	西周早期后段	尊1,戈1,镞3		长方形竖穴土坑,约65°,墓口4.6×1.8,四熟台,填夯,一椁一棺,椁木呈井字形,墓壁为弧形圜底;尊、壶在棺椁间,戈、镞、砺石在棺内。		考古2004.9
99	高青陈庄M18	西周早期后段	鼎1甗1簋1爵1觯1尊1盉1斗1,戈2	高1罐6	长方形竖穴土坑,17°,墓口3.4×1.8,深5.4,一棺;头端置器物箱;铜器多铭"丰启作厥祖甲齐公宝尊彝"等。	完好	考古2011.2
100	临淄河崖头M101	西周中期前段	鼎1簋1	罐3瓮2	长方形竖穴土坑,345°,墓口2.6×1.4,一椁一棺,随葬品在墓西端的二层台上。	完好	海岱考古（六）
101	临淄河崖头M102	西周中期前段	鼎1甗2簋1	簋1罍4瓮6罐4	长方形竖穴土坑,345°,墓口3.2×1.7,一椁一棺,随葬品在头端北部的二层台上;出土原始瓷豆2件。	完好	海岱考古（六）
102	临淄河崖头M103	西周中期前段	鼎1簋1	罐2罍2瓮2	长方形竖穴土坑,345°,墓口2.8×1.5,有板灰迹,一椁一棺,随葬品出土于墓的西端。	完好	海岱考古（六）
103	高青陈庄M27	西周中期前段	鼎1甗1簋2爵1觯1尊1盉1盘1,车马器5	高1罐1	长方形竖穴土坑,10°,墓口5.8×3.6,墓底4.3×2.4,深5.9,一椁一棺,南壁有墓道,无腰坑。	破坏	考古2011.2
104	海阳上尚都	西周中期前段	壶1盘1,甬钟1纽钟4			破坏	考古2001.9
105	崂山夏庄墓	西周中期前段	鼎1,辖1	盂1罐1	长方形竖穴土坑,东西向,墓口2.5×1.5,有棺椁,人骨已朽,墓内填乱石。	扰乱	文物资料丛刊(6)
106	威海M1	西周中期前段	鼎2甗1觯1,铙1	簋1		破坏	考古1995.1
107	龙口归城M1	西周中期前段	鼎1甗1爵2壶1尊1盉1,戈1	罐1（陶器多未复原）	竖穴土坑,南北向,墓底南北长4.5,东西残长1,棺木彩绘;铜器在东部,陶器在西部,外有席、木痕。	破坏	考古1991.10

续表

序号	出土地点	时代	铜器	陶器	其他信息	保存状况	资料出处
108	龙口归城董家村	西周中期前段	鼎1甗1盘1戈1			破坏	考古1991.10
109	龙口归城和平村	西周中期前段	鼎1甗1,钮钟2,矛1,车马器若干		数次采集。	采集	考古1991.10
110	龙口归城	西周中期前段	鼎1甗(甗下部)1			采集	考古1991.10
111	龙口庄头M1	西周中期前段	鼎3甗1簋2卣1爵2觯1方壶1盘1勺1盂1,戈1	陶器未复原	长方形竖穴土坑,东西向,有椁椑,四熟台,似有头箱。	破坏	文物1986.8
112	曲阜鲁国故城M23	西周中期前段	鼎1	鬲1	长方形竖穴土坑,10°;墓口7×5.8,四熟台,二椁一棺。		曲阜鲁国故城
113	曲阜鲁国故城M11	西周中期后段	鼎1,戈1,铃,鱼	鬲2罐3	长方形竖穴土坑,头北,四熟台,一椁一棺。		曲阜鲁国故城
114	曲阜鲁国故城M20	西周中期后段	鼎1,戈1,鱼1		长方形竖穴土坑,头北,四熟台,一椁一棺。		曲阜鲁国故城
115	招远东曲城诸墓	西周中晚期之际	鼎2簋2			采集	考古1994.4
116	高青陈庄M35	西周中晚期之际	鼎2簋2壶2盘1匜1,戈3矛1,殉车2		长方形竖穴土坑,18°,甲字形大墓,墓口5.2×4.2,墓底4.2×2.8,一椁一棺,女性,绘黑彩;墓道向南略偏西,棺板髹红漆,绘黑彩;墓之间放置鼎、簋、盘、戈、矛等青铜器及车马构件;有车马坑。		考古2010.8
117	高青陈庄M36	西周中晚期之际	盉2方壶2盘1,戈1		长方形竖穴土坑,墓道南北长15.7,一椁一棺,有头箱,男性;有车马坑。		考古2010.8

续表

序号	出土地点	时代	铜 器	陶 器	其他信息	保存状况	资料出处
118	烟台上夼墓	西周晚期	鼎2壶1匜1,钟1铃1,戈2	砺石	长方形竖穴土坑,88°,墓口4.1×2.8,一棺,铜器在头部。	破坏	考古1983.4
119	莱阳前河前墓	西周晚期	鼎2甗1罍1盘1匜1		长方形竖穴土坑,东西向,铜器南北排列,可能有头箱。	破坏	文物1983.12
120	长清仙人台M3	西周晚期	鼎2簋2	鬲2罐2豆4	竖穴土坑,314°,头西北,四熟台,一椁一棺,北台上有边箱。		考古1998.9
121	昌乐岳家河M118	西周晚期	鼎1	鬲2盂2豆2罐4	101°,一棺,有壁龛。		考古学报1990.1
122	莒县西大庄M1	西周晚期	鼎3甗1鬲1簋4壶2盘1匜1锸1戈2削1,车马器2山字形器2	陶纺轮2	长方形竖穴土坑,20°,墓口4.6×3(残宽),底2.7×1.4(残宽),四熟台,器物在北部二层台上及墓底。	东部被毁	考古1999.7
123	日照崮河崖M1	西周晚期	鼎4鬲4壶2盆1匜1		长方形竖穴土坑,东西向,墓口3.3×2.9,有棺椁及墓道,器物多在右侧棺椁之间。	破坏	考古1984.7
124	日照崮河崖M2	西周晚期	方鼎1小圆鼎1壶1		长方形竖穴土坑,约5平方米,有棺椁和青泥,熟台,器物在南侧二层台上,可能放入木盒内;填夯。	破坏	考古1984.7
125	沂源姑子坪M1	西周晚期	鼎5簋2壶1盘1匜1罍1剑1镞50余,戈2		长方形竖穴土坑,101°,墓口5.3×5.26,二椁三棺,棺底铺朱砂,二层台,腰坑殉狗;有两个边箱,一个头箱,器物在器物箱内。		考古2003.1

续表

序号	出土地点	时代	铜器	陶器	其他信息	保存状况	资料出处
126	龙口东营周家 M1	西周晚期	簋 2	鬲 1 豆 5 罐 1（陶器多未复原）	长方形竖穴土坑，110°，墓口 5.0×2.8（残宽）；2 件铜簋置于头部，陶豆、鬲、罐置于二层台；棺椁腐朽；簋铭文"作燕宝般其万年永宝用，单"。	破坏	海岱考古（一）
127	威海 M2	西周晚期	鼎 1			破坏	考古 1995.1
128	沂源姑子坪 M2	西周晚期	鼎 1，戈 1 镞 1	鬲 2 豆 4 盆 2 罍 3	长方形竖穴土坑，112°，墓 3.72×2.8，一椁一棺，男性，有二层台，腰坑殉狗；有两个边箱，器物在器物箱内。	破坏	考古 2003.1

注："陶器"一栏，空白者表示陶器破碎未能复原或无；"其他信息"一栏，空白者表示墓葬破坏或情况不明，尺寸计量单位为"米"；"保存状况"一栏，空白者表示保存基本完好。

附表二 海岱地区东周青铜器出土单位一览表

1. 海岱南部东周青铜器出土单位一览表

序号	出土地点	时代	铜器	陶器	其他信息	保存状况	资料出处
1	山东长清 M1	春秋早期	鼎 2 簋 2			破坏	文物 2003.4
2	山东长清 M2	春秋早期	鼎 4（简报推测为鼎 5 簋 4）			破坏	文物 2003.4
3	曲阜北关墓	春秋早期	簋 6 甗 2			破坏	文物 1972.1
4	泰安城前村墓	春秋早期	鼎 2 簋 2 壶 1			破坏	文物 1986.4

续表

序号	出土地点	时代	铜 器	陶 器	其 他 信 息	保存状况	资料出处
5	枣庄东江 M1	春秋早期	鬲 4 瓶 1 罐 2		长方形竖穴土坑,90°,墓口 6.0×6.0,墓道向东,葬具不详。	盗扰	海岱考古(四)
6	枣庄东江 M2	春秋早期	鼎 4 甗 4 簠 4 罍 2 盘 1 匜 1 壶 2,戈 1 剑 1 镞 30	罐 8	长方形竖穴土坑,85°,墓口 5.8×5.7,墓道向东,四熟合,一椁一棺,椁南边有器物箱,填夯;三鼎肉有猪牛鱼骨,陶罐肉有粮食。	盗扰	海岱考古(四)
7	枣庄东江 M3	春秋早期	鼎 4(匜形鼎 1)鬲 2 簠 2 4 罍 2 盘 1 匜 1 壶 2 提梁罐 1,方彝 1,削 1	罐 7	长方形竖穴土坑,75°,墓口 5.6×5.2,无墓道,余同 M2。		海岱考古(四)
8	枣庄东江 M4	春秋早期	镞 130		长方形竖穴土坑,80°,6.54×6.36,棺椁不详,有斜坡墓道,四熟合,随葬品被盗,仅见镞。	盗扰	海岱考古(四)
9	济南北草沟墓	春秋早期	鼎 1 簠 1	鬲 1		破坏	文物 1973.1
10	长清仙人台 M6	春秋早期	鼎 15 簠 8 盖豆(铺)2 盏 5 盂 1 匜 1 提链罐 1,甬钟 1,钮钟 9 石磬 10,戈 6 剑 11,2 矛 2 镞 60,其他若干	簋(豆)4 罐 2	长方形竖穴土坑,313°,三生台,一熟台,一椁二棺,椁南北边上有边箱。		考古 1998.9
11	曲阜鲁国故城 M30	春秋早期	鼎 1 盘 1 匜 1 壶 1 盏 1,戈 1,车马器	鬲 1 罐 2	长方形竖穴土坑,墓口 2.86×1.63,头北,四熟合,一椁一棺。		曲阜鲁国故城
12	滕州后荆沟 M1	春秋早期	鼎 2 甗 2 簠 2 盘 2 匜 1 罐 2		310°,填夯。	破坏	文物 1981.9
13	曲阜鲁国故城 M46	春秋早期	鼎 1 簠 1,戈 1,车马器,铃、鱼	鬲 1	长方形竖穴土坑,墓口 2.4×1.22,头北,四熟合,一椁一棺。		曲阜鲁国故城

续表

序号	出土地点	时代	铜器	陶器	其他信息	保存状况	资料出处
14	曲阜鲁国故城M48	春秋早期	鼎3簋2盉1匜1盘2盨2簋1壶1戈1,车马器,铃、鱼	鬲1罐15	长方形竖穴土坑,墓口3.6×2.72,头北,四熟台,一椁一棺;另有玉玦。		曲阜鲁国故城
15	曲阜鲁国故城M49	春秋早期	鼎1簋2盘1匜1,铃、鱼	鬲1罐6	长方形竖穴土坑,墓口3.15×1.95,头北,四熟台,一椁一棺;另有玉玦。		曲阜鲁国故城
16	邹县七家岭墓	春秋早期	鼎6(4件残)鬲5盨4罐2盘1匜1穿带壶1	豆2	长方形竖穴土坑,310°,墓壁涂红色,铜器在南侧中部。	破坏	考古1965.11
17	邹县灰城子	春秋早期	簋4盘1匜1			采集	考古学集刊(3)
18	曲阜鲁国故城M201	春秋中期前段	鼎1盉1铜1,戈1,车马器	罐8	长方形竖穴土坑,墓口3.3×2.1,头北,四熟台,一椁一棺;另有石戈、石玦。		曲阜鲁国故城
19	曲阜鲁国故城M202	春秋中期前段	铜1敦1盘1匜1	鬲2盉2豆2罐1器1	长方形竖穴土坑,墓口2.8×1.5,头北,四熟台,一椁一棺。		曲阜鲁国故城
20	曲阜鲁国故城M203	春秋中期前段	铜1	罐4	长方形竖穴土坑,墓口2.78×1.83,头北,四熟台,一椁一棺;另有石戈、石玦。		曲阜鲁国故城
21	曲阜鲁国故城M305	春秋中期前段	铜1	罐2	长方形竖穴土坑,墓口3.2×1.9,头向东,四熟台,一椁一棺;另有石玦。		曲阜鲁国故城
22	滕州薛国故城M1	春秋中期前段	鼎8簋6鬲2簋6盘2铜1盘1匜1壶2,戈3,矛2,车马器若干	盖豆1罍6	长方形竖穴土坑,33°,墓口7.74×4.7,底5.54×4.7,二椁二棺,椁四周散布铜鱼,北部生台设器物箱,腰坑殉人1,椁外殉人1,殉狗1,填夯。		考古学报1991.4
23	滕州薛国故城M4	春秋中期后段	鼎11簋6鬲6(形制不明)簋2鬲3镞1(盉)盘2匜1鉴1铜1,矛1	罍6	仅发掘器物箱,箱3.6×2.0,余在铁轨下。		考古学报1991.4

续表

序号	出土地点	时代	铜器	陶器	其他信息	保存状况	资料出处
24	滕州薛国故城 M2	春秋中期后段	鼎 8 簋 6 鬲 2 簠 2 铺 1 盘 1 匜 1 壶（残）2 提链罐 1 盒 1 戈 9 矛 2 钜 3 镞 93 异形兵器 2 削 镖 2 斧 1 凿 4 刻刀 4 钻 9 锛 2 锯 2 刻针 4，车马器，玉石器，蚌鱼等	罍 4	长方形竖穴土坑，20°，墓口 7.5×4，底 4.5×4，二椁二棺；北生台设器物箱，腰坑殉人 1，椁外殉狗 3，椁内殉狗 1，填夯，鼎内有牛羊鸡猪鱼等骨头。		考古学报 1991.4
25	滕州薛国故城 M3	春秋中期后段	提梁壶 1（薛侯行壶）	罍 4	长方形竖穴土坑，13°，墓口 6.4×4.9，底 4.2×4.9，二椁二棺；北生台设器物箱，殉人 1，填夯。	盗扰	考古学报 1991.4
26	峄城徐楼 M1	春秋中晚期之际	鼎 3 簠 4 铺 2 敦 2 铺 1 盘 1 匜 1 浴缶 2 不知名器 1 提链罐 1 盒 2 钮钟 3 镈钟 2，辖 6 轸 5 衔 4 镳 8 节约 4 管络饰 40 盖弓帽 1	豆 4 簋 2	长方形竖穴土坑，100°，墓口 6.3×5.8，填黄褐色花土，一椁一棺，人骨腐朽，椁上及周围有青泥，铜器置于椁南部为器物箱，墓室南部为器物箱，陶器置于西北部，陶器置于东南部，四周有熟土二层台。	破坏	海岱考古（七）
27	峄城徐楼 M2	春秋中晚期之际	鼎 3 盘 1 匜 1 勺 1，戈 2 剑 1 矛 3 钜 2 镞 39 斧 1 锛 3 凿 1 錞 1，辖 6 辖 6 衔 6 镳 12 銮首 1 车盖斗 2 页 3 锁 1	鬲 7 罍 11 豆 11 簋 8 罐 1	长方形竖穴土坑，100°，填黄褐色花土，一椁一棺，人骨腐朽，附近随葬料珠、玉器等，椁上及周围有青泥，墓室南部为器物箱，铜器置于西北部，四周有熟土二层台，砺石 1。另有玉器 2，骨珠 10，骨 3。	破坏	海岱考古（七）
28	长清仙人台 M5	春秋晚期	鼎 3 敦 2 铺 1 壶 2 盘 1 甗 1，戈 1，编钟 9 石磬 14，车马器若干	鼎 3 鬲 2 豆 8 罐 4	长方形竖穴土坑，290°，墓口 4.6×3.3，一椁一棺，左壁龛，腰坑殉狗，狗头方向与人骨相反，器外在南侧椁棺间及龛中，夯填。		文物 1998.9
29	滕州薛国故城 M6	春秋晚期	鼎 1 盖豆 2 铺 1	鬲 2 豆 2 罍 2	长方形竖穴土坑，20°，墓口 3.7×2.18，底 2.7×2，北生台，台上有器物箱，一椁一棺，椁外殉人 1，填夯。		考古学报 1991.4

续表

序号	出土地点	时代	铜器	陶器	其他信息	保存状况	资料出处
30	滕州薛国故城 M7	春秋晚期	铜 1（残）	鬲 3 豆 4 罍 4	长方形竖穴土坑，25°，墓口 3.04×1.8，底 2.14×1.8，北生台设器物箱，男女合葬，男一椁一棺，女一棺，填夯。		考古学报 1991.4
31	滕州薛国故城 M9	春秋晚期	鼎 1 盖豆 2 盘 1 匜 1	鬲 3 罍 3 豆 2	长方形竖穴土坑，12°，墓口 3.0×1.8，底 2.5×1.7，北生台，二椁一棺，椁内殉人，铜器在椁外西南部，陶器在台上。		考古学报 1991.4
32	泰安王土店墓	春秋晚期	豆 2 铺 3 匜 1，戈 1 剑 2 矛 1，车饰 2 车辖 7，马面 1 搭扣 1			破坏	考古与文物 2008.5
33	枣庄二疏城 M5	春秋晚期	鼎 2	鬲 7 簋 4 豆 4 罍 4 罐 5	长方形竖穴土坑，95°，4.2—4.4×3.12—3.7，平面梯形，四壁规整，一椁一棺，四熟土台，随葬品置于器物箱内，玉器 2 置于棺内，有牛骨，蚌壳、贝等。	破坏	海岱考古（四）
34	泰安黄花岭墓	春秋晚期	鼎 1 盉 2 爵 1 盘 1 匜 1			破坏	考古与文物 2000.4
35	新泰郭家泉 M9	春秋晚期	铺 1	鼎 2 盖豆 2 豆 2 盘 1 匜 1 罍 2 鬲 1	长方形竖穴土坑，头北，东宽，一椁一棺，施青泥。		考古学报 1989.4
36	新泰周家庄 M2	春秋晚期	盖鼎 2 甗 1 提梁壶 1 铺 1 盘 1 盉 1 戈 4 剑 1 矛 3 戟 2 镦 1 钺 7，错 2 辔 2 伞盖 2 车座盖 1 车首圆錾构件 4 轭 1 衔环构件 3 圆环 3 合页 3 节约 4 管状串饰 72	鬲 1	长方形竖穴土坑，109°，墓口 3.88×3，北壁有生土二层台，二棺一椁，30 岁左右男性，人骨架保存差，仰身直肢，墓内殉狗 2；另有石器 1，骨角器 13。		文物 2013.4

续表

序号	出土地点	时代	铜器	陶器	其他信息	保存状况	资料出处
37	新泰周家庄 M3	春秋晚期	盖豆 4 盘 1 锅 1 铃 4 剑 2 戈 7 镦 2 殳 1 镞 2 萼 4 辖 4 马衔 4(明器 2)盖弓帽 11 合页 3 圆形环 1 挂环 9 铝鱼 5	鼎 3 两 1 浅盘豆 5 盖豆 1 簋 6 罐 2 华盖壶 2 筵 2	长方形竖穴土坑,112°,墓口 5.43×4.53,一椁一棺,东北角二层台放置一陶簋;南侧二层合殉两人,各有一棺,人骨保存较差,头向东,东部殉人较矮小。		新泰周家庄东周墓地
38	新泰周家庄 M6	春秋晚期	剑 2 戈 4(明器 1)殳 1 匕首 1 舉辖 2 组明器马衔 2 车构件 1 马佩件 2		长方形竖穴土坑,25°,墓口 4.98×3.93,一椁一棺,仰身直肢,椁顶殉狗,椁顶放置铜环,铜狗项申饰,椁室东南角放置猪左前肢骨,椁室西南角放置猪肋骨,椁室四周施青泥,椁室四周围施青泥,头部放置海贝。		新泰周家庄东周墓地
39	新泰周家庄 M10	春秋晚期	盖豆 2 锅 2 剑 1 戈 2 殳 2 矛 1 戟 2 殳 1 马衔 1 马衔 2	鼎 1 罐 2 敦 1 盘 1	长方形竖穴土坑,18°,墓口 3.26×1.85,一椁一棺,成年男性,仰身直肢,口含海贝。		新泰周家庄东周墓地
40	新泰周家庄 M11	春秋晚期	盖豆 2 锅 1 锌 2 铃 1 剑 6 戈 2 矛 2 戟 1	鼎 1 高 3 盖豆 2 罐 2	长方形竖穴土坑,20°,墓口 3.3×2,一椁一棺,仰身直肢;铜盘中放置部分羊右前肢骨;椁底及周围施青泥。		新泰周家庄东周墓地
41	新泰周家庄 M13	春秋晚期	鼎 1 盖豆 2 锅 2 剑 2 戈 4 戟 1 镞 7 削 1 车舉辖 2 组(4 件)马衔 2	鼎 1 两 1	长方形竖穴土坑,115°,墓口 3.75×2.46,一椁一棺,成年男性,仰身直肢;东北角二层台放置陶两;棺外缝隙处及枕木周围施青泥;腰坑内有殉狗。		新泰周家庄东周墓地
42	新泰周家庄 M15	春秋晚期	剑 1 戈 3	高 2 盖 1	长方形竖穴土坑,105°,墓口 3.2×2.0,一椁一棺,35—40 岁男性,仰身直肢,椁顶放置陶两,陶器盖。		新泰周家庄东周墓地

续表

序号	出土地点	时代	铜器	陶器	其他信息	保存状况	资料出处
43	新泰周家庄 M22	春秋晚期	鼎 1 盖豆 2 铜 2 剑 2 戈 4 戟 1 削首 1，车軎辖 2 组 马衔 2，杂器 1	鼎 1 盖豆 2 簋 2 罐 2 盘 2 匜 1	长方形竖穴土坑，107°，墓口 4.7×4.05，一椁一棺，40—45 岁男性，仰身直肢；棺顶放置 1 铜马衔，角马镳，棺内枕木底施青膏泥 1 海贝；椁四周及枕木底施青膏泥，坑外西侧位置放置 1 较大的狗骨架；随葬品中见有一较大的狗骨架；随葬品中见有一较大的陶簋朽成粉末未取，1 海贝未取出。		新泰周家庄东周墓地
44	新泰周家庄 M28	春秋晚期	盖豆 2 铜 2，铃 6	鼎 1 鬲 2 罐 4 盘 1 铃 1	长方形竖穴土坑，18°，墓口 3.2×1.96，一椁一棺，2 成年女性，仰身直肢；在椁室中部各放置一块 15—20 厘米大小东侧放置一块 5 厘米大小的河卵石，东南角，东北角各放置一块 5 厘米大小的河卵石，应是用于支垫棺的；西侧棺椁之间北端放置猪右前肢骨，椁四周施青膏泥。		新泰周家庄东周墓地
45	新泰周家庄 M35	春秋晚期	鼎 1 甗 1 盘 1 提梁壶 1 铜 2 铎 1，剑 1 支 5 戟 1 镞 8，车軎辖 4 组马衔 4 车构件 3 圆形环 1	罐 2 器 4	长方形竖穴土坑，15°，墓口 4.87×3.36— 3.54，一椁一棺，北一棺，成年人，仰身直肢；椁顶殉车两辆，北二层台上殉狗一只，东侧棺椁之间见动物肩胛骨；椁四周及底部施青膏泥；头一坑内未见遗物。		新泰周家庄东周墓地
46	新泰周家庄 M36	春秋晚期	鼎 1 盖豆 2 盘 1 匜 1 铜 2	鬲 2 罐 4	长方形竖穴土坑，19°，墓口 5.3×3.4—3.6，一椁一棺，35—40 岁，仰身直肢；两侧棺椁之间见动物肩胛骨，放置猪右前肢骨，铜匜中（东侧棺椁之间）放置猪椎胸青膏；铜盖中（东侧棺椁之间）放置猪椎胸青膏；棺底施一层未砂；腰坑内未见遗物。		新泰周家庄东周墓地

续表

序号	出土地点	时代	铜器	陶器	其他信息	保存状况	资料出处
47	新泰周家庄 M40	春秋晚期	剑1戈2	鬲1罐1罍1杯1	长方形竖穴土坑,15°,墓口3.3×1.75,一椁一棺,仰身直肢;西南角二层台放置陶鬲;椁外施青泥。		新泰周家庄东周墓地
48	新泰周家庄 M48	春秋晚期	鼎1盖豆2铜2戈3匕首1车害辖2组马衔2	鼎1鬲4盖豆4罐2罍2盘1	长方形竖穴土坑,15°,墓口3.2×2,一椁一棺,成年人,仰身直肢;椁顶放置陶罐、铜马衔、角马镳。		新泰周家庄东周墓地
49	新泰周家庄 M49	春秋晚期	鼎1盖豆2铜1戈1剑1支5匕首2车害辖2组马衔2组	鬲1	长方形竖穴土坑,106°,墓口3.9×2.52—2.58,一椁一棺,45—50岁男性,仰身直肢;椁外侧缝隙处施少量青泥。		新泰周家庄东周墓地
50	新泰周家庄 M50	春秋晚期	鼎1盖豆1提梁壶1铜1,车害辖2组	鼎1盖豆3	长方形竖穴土坑,115°,墓口4.02×2.96—3.1,一椁一棺,成年人,仰身直肢;脚坑内有殉狗。		新泰周家庄东周墓地
51	新泰周家庄 M52	春秋晚期	剑1戈3镞4,明器马衔2	鼎1鬲4罐4敦2铃3	长方形竖穴土坑,24°,墓口3.45×1.95—2.15,一椁一棺,30岁左右男性,仰身直肢;西侧棺椁之间放置羊右前肢骨、猪右前肢骨。		新泰周家庄东周墓地
52	新泰周家庄 M56	春秋晚期	剑1戈2矛2戟1,明器马衔2	鬲4罐3	长方形竖穴土坑,15°,墓口3.26×1.9,一椁一棺,仰身直肢;椁顶放置陶鬲;椁外侧缝隙处施青泥。		新泰周家庄东周墓地
53	新泰周家庄 M58	春秋晚期	盖豆2铜2戈3戈2铃2镞7匕首1,害2错2马衔2弓帽1组挂环1组	鼎1鬲2罐6罍4盖豆6壶2豆2	长方形竖穴土坑,8°,墓口3.6×2.6,一椁一棺,仰身直肢;椁四周、底部施青青泥;脚坑内未见遗物。		新泰周家庄东周墓地

续表

序号	出土地点	时代	铜器	陶器	其他信息	保存状况	资料出处
54	新泰周家庄M61	春秋晚期	铺2，剑1戈2矛1，马衔2	鼎1甗5盖豆2罐6	长方形竖穴土坑，20°，墓口3.8×2.26，一椁一棺，椁顶直肢，成年男性，椁顶放置铜矛、铜镞，脚箱内有殉狗，脚箱内有羊骨。		新泰周家庄东周墓地
55	新泰周家庄M62	春秋晚期	敦1铺1	鼎2甗2浅盘豆2盖豆2罐2罍2纺轮1	长方形竖穴土坑，13°，墓口3.7×1.95，一椁一棺，仰身直肢；陶鼎内放置部分羊右前肢骨及猪右前肢骨；椁盖板下放置石块，椁四周施青膏泥；脚坑内殉小狗。35-40岁女性		新泰周家庄东周墓地
56	新泰周家庄M80	春秋晚期	鼎1盖豆2盘1匜1铺2	甗1	长方形竖穴土坑，109°，仰身直肢，一椁一棺，20岁左右女性，西南角二层台放置陶甗，椁底部施厚约0.02米的青膏泥。		新泰周家庄东周墓地
57	曲阜鲁国故城M103	春秋战国之际	铺1		长方形竖穴土坑，墓口3×1.9。	盗扰	曲阜鲁国故城
58	曲阜鲁国故城M110	春秋战国之际	铺1	罐2盖豆1壶1	长方形竖穴土坑，头南，墓口2.5×1.2，四熟台，葬具不明。	盗扰	曲阜鲁国故城
59	曲阜鲁国故城M115	春秋战国之际	铺1，戈1剑1	盖豆2壶2罐2	长方形竖穴土坑，头南，墓口3.15×1.75，四熟台，一椁一棺。		曲阜鲁国故城
60	曲阜鲁国故城M116	春秋战国之际	鼎1铺1(报告为盨)2盖豆2(残)盘1(残)匜1(残)	罐1盖豆2簠2簋座1壶1	长方形竖穴土坑，头南，墓口3.15×2.2，四熟台，一椁一棺。	盗扰	曲阜鲁国故城

续表

序号	出土地点	时代	铜器	陶器	其他信息	保存状况	资料出处
61	新泰周家庄 M1	战国早期	鼎 2 甗 1 盖豆 2 盘 1 匜 1 杯 1 斗 1 镈 2 钮钟 4 铃 9 剑 11 戈 36 矛 31 镞 9 首 4 镦 2 秘环 1 镶 5 戟 3 戈镈 1 矛镦 1 车辖各 8 马衔 17 盖弓帽 7 合页 9 方座衔构件 4 方鉴方座构件 1 圆锥形衔构件 3 环首圆鉴构件 2 环首柄形衔构件 2 车构件 3 环形衔构件 1 璧形环 1		长方形竖穴土坑，290°，墓口 7.32×5.04。	破坏	新泰周家庄东周墓地
62	新泰周家庄 M5	战国早期	鼎 1 盖豆 2 提梁壶 1 铜 1 铎 1 剑 3 戈 3 戟 1 支 1 镞 2，车辖 2 组 2 车辖构件 2 车构件 2 马衔 2 车辖构件 3，带钩 1	罐 2 鬲 2	长方形竖穴土坑，30°，一椁一棺，45—50 岁男性，仰身直肢；椁顶南端放置猪右前肢骨 羊左前肢骨及食草动物肋骨，由于塌陷，部分骨骼落入棺椁之间。东壁有半圆形壁龛，放置陶罐；椁外缝隙处施青膏泥，枕木周围施青膏泥，厚 2.0—10 厘米。		新泰周家庄东周墓地
63	新泰周家庄 M16	战国早期	戈 3 剑 1 戟 1 支 1 钜 1，辖䡇 2 明器马衔 2 圆环 2 璧形环 2 三角形环 2	盖鼎 1 簋 2 盖豆 2 罐 1 壶 2 盘 1 匜 1	长方形竖穴土坑，南北向，20°，墓口 3.6×2.9，底周围有熟土二层台，仰身直肢，头向北；椁室顶部随一木质车辆，北端车舆下殉狗。		新泰周家庄东周墓地
64	新泰周家庄 M18	战国早期	鼎 1 盖豆 2 铜 2，戈 2，车䡇 2 组马衔 2		长方形竖穴土坑，24°，墓口 3.94×2.98，一椁一棺，20—25 岁男性，仰身屈肢。		新泰周家庄东周墓地

续表

序号	出土地点	时代	铜器	陶器	其他信息	保存状况	资料出处
65	新泰周家庄 M25	战国早期	铺1 盖豆1	筐4	长方形竖穴土坑,103°,墓口4×2.4,一棺,25岁左右女性,仰身直肢;椁顶放置陶筐;椁顶缝隙处及椁底施青膏泥,厚0.01—0.02米;头坑内殉一小狗,随葬品中可见猪枢椎骨。		新泰周家庄东周墓地
66	新泰周家庄 M26	战国早期	剑1 戈1	圆陶片1组	长方形竖穴土坑,20°,墓口2.54×1.6,一棺,40—45岁男性,仰身直肢;椁周围施青膏泥;椁内见狗下颌骨。		新泰周家庄东周墓地
67	新泰周家庄 M30	战国早期	剑2 戈1 镞2	罐2	长方形竖穴土坑,26°,墓口3.8×2.22,一棺,20—25岁男性,仰身直肢;椁西北角放置陶罐,铜戈,二层台西北角放置陶罐;椁底及周围施青膏泥。		新泰周家庄东周墓地
68	新泰周家庄 M32	战国早期	盘1 敦2 铺1,剑2 戈5 戟1 殳1 镞3,车辖2 马衔2 马佩件10件 组(组),狗项串饰1(7件)	鬲1 罐3	长方形竖穴土坑,26°,仰身直肢,一棺,35—40岁男性,椁饰和铜环,椁顶殉狗,放置狗项饰,猪敦中放置部分猪右前肢骨,猪右后肢骨及羊左前肢骨;椁底部施青膏泥,椁内施一层末砂。		新泰周家庄东周墓地
69	新泰周家庄 M33	战国早期	剑2 戈1 戟1	罐2	长方形竖穴土坑,27°,墓口3.9×2.4,一棺,成年男性,仰身直肢;北二层台上放置猪右前肢骨,西二层台上放置石块,应为支撑板所用;椁外施青膏泥,厚约0.015米;腿坑内有一殉狗。		新泰周家庄东周墓地
70	新泰周家庄 M37	战国早期	鼎1 盖豆1 盘1 匜1 铺1	鼎2 豆2 罐1	长方形竖穴土坑,105°,墓口3.51×2.55,一椁一棺,35岁左右女性,仰身直肢女性;椁底施青膏泥;口含海贝。		新泰周家庄东周墓地

续表

序号	出土地点	时代	铜器	陶器	其他信息	保存状况	资料出处
71	新泰周家庄 M38	战国早期	鼎 1 盖豆 2 提梁壶 1 盘 1 锏 1,剑 2 戈 3 殳 1 镞 21,軎辖 2 组(4 件) 马衔 2		长方形竖穴土坑,105°,墓口 4.35×2.6,一椁一棺,35 岁左右男性,仰身直肢;椁底施青膏泥;脚坑内有殉狗。		新泰周家庄东周墓地
72	新泰周家庄 M39	战国早期	剑 1 戈 3,明器马衔 1	鼎 1 罐 5 敦 3 铃 1	长方形竖穴土坑,9°,墓口 3.8×2.22,一椁一棺,头端棺椁之间放置猪前肢,铜戈,西侧棺椁之间放置猪后肢骨,西侧棺椁之间放置猪后肢骨,东侧棺椁之间放置猪后肢骨有殉狗。		新泰周家庄东周墓地
73	新泰周家庄 M57	战国早期	锏 1,剑 2(明器 1) 匕首 1	鼎 1 盖豆 2 罐 2 浅盘豆 5 罍 1 舖 1	长方形竖穴土坑,14°,墓口 3.2×2.2,一椁一棺,25—30 岁男性,仰身直肢,头端棺椁之间见动物骨骼。		新泰周家庄东周墓地
74	新泰周家庄 M59	战国早期	锏 2,剑 2 戈 3 殳 1,明器马衔 2 璧形环 1	鼎 1 盖豆 2 盎 2 盘 1	长方形竖穴土坑,10°,墓口 3.4×2,一椁一棺,35—40 岁男性,仰身直肢,陶盘、陶罍,东侧棺椁之间放置狗头及猪右前、后肢骨;椁外侧棺缝隙和枕木底部施青膏泥;脚坑内殉狗。		新泰周家庄东周墓地
75	新泰周家庄 M65	战国早期	鼎 1 盖豆 2,剑 2 戈 2 明器軎 2 马衔 2	敦 1 罐 2	长方形竖穴土坑,190°,墓口 3.5×2.3,南端较窄,一椁一棺,成年男性,仰身直肢;椁顶部分羊左前和左后肢骨,铜车辖、铜马衔、角马镳;枕木周围施青膏泥;腰坑内未见遗物。		新泰周家庄东周墓地

续表

序号	出土地点	时代	铜器	陶器	其他信息	保存状况	资料出处
76	新泰周家庄 M67	战国早期	鼎1盖豆2盘1匜1铜铃2,剑1支2戟2戈1钺1镞10,狗项饰2	浅盘豆4笾2罐2壶2	长方形竖穴土坑,110°,墓口3.6×2.3,一棺,35—40岁男性,仰身直肢;西二层台有殉狗,脚端棺椁之间放置牛肩胛骨残块,放置猪前肢骨、羊右前肢骨和兔子骨骼;南壁有壁龛,放置陶浅盘豆、陶盖豆、陶罐、陶罍;棺底施青泥;棺盖施末砂。		新泰周家庄东周墓地
77	新泰周家庄 M70	战国早期	盖豆2铜戈1,剑1支2戈1戟1	浅盘豆4笾6笾2罐2盖壶2罍2兽2	长方形竖穴土坑,98°,墓口3.7×2.5—2.6,一棺一椁,25岁左右男性,仰身直肢;东西两壁有壁龛;东侧二层台放置陶盖豆、陶壶四周施青泥;头坑内殉狗。		新泰周家庄东周墓地
78	新泰周家庄 M75	战国早期	剑1明器戈1	鬲1盖豆2罍2	长方形竖穴土坑,115°,墓口2.9×1.5,一棺一椁,20—25岁男性,仰身直肢;棺盖、陶鼎、陶盖豆、陶罍,棺顶放置猪前肢骨,北侧棺椁之间见动物肩胛骨;腰坑内未见遗物。		新泰周家庄东周墓地
79	新泰周家庄 M77	战国早期	明器戈2匕首1	罐1罍2	长方形竖穴土坑,113°,一棺一椁,男性,仰身直肢;棺顶放置陶罍;西侧棺椁之间放置陶罍;棺四周施青泥。		新泰周家庄东周墓地
80	新泰周家庄 M78	战国早期	剑1支2,明器马衔2	鼎1鬲1盖豆2罐1壶2觯1	长方形竖穴土坑,116°,墓口3.57×2.16,一棺一椁,成年人,仰身直肢;棺顶放置铜马衔、河卵石;棺周围施1—3厘米厚的青泥。		新泰周家庄东周墓地
81	滕州庄里西 90M8	战国早期	鼎1铜2盖豆2盘1匜1		长方形竖穴土坑,190°,墓口3.7×2.5,深0.65,一棺一椁,器物在头部棺椁间,另有骨石等饰件。		文物2002.6

续表

序号	出土地点	时代	铜器	陶器	其他信息	保存状况	资料出处
82	曲阜鲁国故城 M3	战国中期前段	壶 5，戈 1 弩机 1，镜 1	釜 1 罐 4 圈足壶 9 壶 18	长方形竖土坑，头向北，一椁二棺	盗扰	曲阜鲁国故城
83	曲阜鲁国故城 M52	战国中期前段	镞 1 盘 1 罐 1（残），剑 1 矛 1 弩机 1	釜 1 壶 2 瓷罐 2	长方形竖土坑，头北，一椁二棺熟台；另有玉器		曲阜鲁国故城
84	长清岗辛大墓	战国中期前段	鼎 4 盖豆 4 壶 2 铜 1，另有铜质明器鼎、盘、匜各 1，钫 2，盒形器 4		长方形竖土坑，东西向，墓口 46.8×34.8，西壁有墓道；墓室石筑，墓壁夯筑，熟台，东台上有器物坑。	盗扰，仅存器物箱	考古 1980.4
85	曲阜鲁国故城 M58	战国晚期	鼎 1 壶 2 镞 1 钵 1 缶 1 罐 1，剑 1，镜 1	釜 1 壶 4 罐 16 瓷罐 2	头北，一椁二棺，四熟台。		曲阜鲁国故城

注："陶器"一栏，空白者表示陶器破碎未能复原或无；"其他信息"一栏，空白者表示墓葬破毁或情况不明，尺寸计量单位为"米"；"保存状况"一栏，空白者表示保存基本完好。

2. 海岱北部东周青铜器出土单位一览表

序号	出土地点	时代	铜器	陶器	其他信息	保存状况	资料出处
1	临淄齐故城 M1	春秋早期	鼎 3 簋 2 盘 1 匜 1 铜 1，戈 1 矛 1 镈 1，车马器	鬲 2 簋 2 豆 4 罐 4 豆 5	南北向。	破坏	考古 1988.1
2	淄川南阳墓	春秋早期	鼎 1 铜 1，戈	鬲 1 豆 4 罐 2	长方形竖土坑，头西，器物在鲁国故城漆之做法与鼎腹部垂鳞纹漆 M48:23 相同。	破坏	考古 1986.4
3	临朐泉头 M 甲	春秋早期	鼎 2 鬲 5 铜 1 盘 1 匜 1，戈 1	鬲 1 豆 4 豆 2 罐	长方形竖土坑，南北向，器物在南端，墓口大底小，底部 3×4；器物自东而西为鼎、鬲、盘、匜，铜、戈在盘内，鼎、鬲下都有厚烟炱。	破坏	文物 1983.12

续表

序号	出土地点	时代	铜器	陶器	其他信息	保存状况	资料出处
4	临朐泉头 M 乙	春秋早期	鼎3鬲2簋2壶1匜1,戈1	罐2	长方形竖穴土坑,南北向,器物在南端,口大底小,口宽4,底宽3,大小与甲墓相仿;器物自东而西为鼎、鬲、簋、陶罐、盘、匜、壶在盘内,鼎、鬲下都有厚烟炱,鼎中有羊椎骨、肋骨。	破坏	文物1983.12
5	昌乐前次张墓	春秋早期	鼎1			破坏	海岱考古(一)
6	临淄刘家新村春秋墓M19	春秋中期前段	盘1匜1,车害2马镳4马衔2		长方形竖穴土坑,10°,墓口2.7×1.8,棺内存人头骨,其余遗物均置于棺内,铜盘置于棺内,另有石圭1,骨管20,石环16,骨贝12。	盗扰	考古2013.5
7	临淄刘家新村春秋墓M28	春秋中期前段	鼎3甗1簋2壶4钏2盘1匜1,戈3钜1车舌1矛1,合页3环1车害4镳8马衔4管162节约9	鬲1	10°,墓口3.9×2.8,墓底四周有熟土二层台,一椁一棺;车马器于棺椁之间;礼器置于棺椁内,骨柱2。	破坏	考古2013.5
8	海阳嘴子前M4	春秋晚期	鼎7敦(报告称盆)2方壶2甗1鉴1匜1(盉),编钟9,带钩1	鼎甗豆罐等百余件	长方形竖穴土坑,114°,墓口7.32×6.24,双椁一棺,四生台,设头东箱中,施膏泥;另有木器、玉石若干。		考古1996.9
9	海阳嘴子前M1	春秋晚期	鼎1豆2铺1敦1方壶1盘1,镈2甬钟5,矛1剑1戈2削1	豆4	长方形竖穴土坑,330°,墓口4.80×2.70,双椁,椁室东部设边箱,内有铜器及陶器,乐器在北、西两侧。	破坏	文物1985.3
10	阳谷景阳岗墓	春秋晚期	盖豆豆7,铺1壶1,戈1,车马器若干	鼎3鬲2盖豆1豆4罐4盘1匜1鸭形尊1	长方形竖穴土坑,一椁一棺,一棺,腰坑殉狗。	破坏	考古1988.1

续表

序号	出土地点	时代	铜器	陶器	其他信息	保存状况	资料出处
11	莱芜西上崮墓	春秋晚期	鼎3(列鼎2)敦4豆2铺1壶1盘1匜2,带钩1,车马器10,戈8剑4		数座墓。	破坏	文物1990.11
12	临淄东古M1003	春秋晚期	铺1	鼎(两)1盂1豆4罐3	长方形竖穴土坑,19°,墓口3.45×1.85,一椁一棺,四熟台,器物在棺椁间,腰坑殉狗。	盗扰	海岱考古(一)
13	淄川磁村M01	春秋晚期	鼎1敦1豆1铺1,镞6,车马器,剑3	盂	长方形竖穴土坑,95°,一椁一棺,器物在头部棺椁间,填土中殉狗。	破坏	考古1991.6
14	淄川磁村M02	春秋晚期	鼎1敦1铺1			破坏	考古1991.6
15	淄川磁村M03	春秋晚期	鼎1豆1铺1			破坏	考古1991.6
16	淄川磁村M1	春秋晚期	鼎1敦1铺1			破坏	考古1991.6
17	临朐杨善墓	春秋晚期	鼎5(残)平盖鼎2敦2铺1壶2簠3盖残片1			破坏	文物1972.5
18	邹平大省M1	春秋晚期	鼎1铺2盘1(残)匜1盆(简报称鉴,应为盆)1		长方形竖穴土坑,头向东,四熟台,一棺,器物在棺外,其他情况不明。	破坏	考古1986.7
19	邹平大省M3	春秋晚期	鼎1(残)盖豆1铺1盘1壶1,剑1		长方形竖穴土坑,头向北,口大底小,墓口3×2.2,一棺,四熟台,器物在棺外。	破坏	考古1986.7
20	邹平大省M7	春秋晚期	铺1		长方形竖穴土坑,头向东,口大底小,墓口3.7×2.25,一椁一棺,四熟台,器物在墓腿侧,腰坑殉狗。	破坏	考古1986.7

续表

序号	出土地点	时代	铜器	陶器	其他信息	保存状况	资料出处
21	安丘毛子埠墓	春秋晚期	鼎 1			破坏	考古 1991.3
22	济南左家洼 M1	战国早期	鼎 1 敦 2 盖豆 3 铜 1 盘 1 壶 1,剑 3 镞 2			破坏	考古 1995.3
23	莱芜戴鱼池墓	战国早期	鼎 2 盖豆 2 铜 1,剑 1,戈 2 矛 1 镞 2,车马器若干	豆、罐	东西向,二椁一棺。	盗扰	文物 1989.2
24	临淄河崖头窖藏	战国早期	盂 1 簋 4(方座)			破坏	文物 1972.5
25	临淄辛店 M2	战国早期	鼎 9 甗 1 敦 2 三足敦 2 豆 1 盖 2 壶 4 提梁壶 2 盉 4 盘 1 铜 1 匜 1 箕 1 长柄勺 2 短柄勺 1 杯形器 2 镞 2,铍 2,器柄 2 带钩 2 灯 1 环形饰 1	鼎 5 豆 3 壶 4 敦 2 簋 1 盘 1 盆 3 瓿 1 罍 2 盉 4 提壶 2 镜 2 高柄豆 3 铜 1 铺首 2 钵 1 饰件 2,明器:鼎 1 壶 2 扁壶 2 簠 1 盘 1 匜 1 瓿形器 1 座形器 4	甲字形土坑积石木椁墓,192°,墓口 17×15.48~16.2,填黑褐色花土,椁室四周有宽大的生土二层台;1 号陪葬墓位于椁室东侧,2 号陪葬墓位于椁室东北角,3 号陪葬墓位于椁室西北角,4 号陪葬墓位于椁室西侧,器物坑位于椁室东北角;另有泥器 24,玛瑙,水晶,石、骨器 334。	破坏	考古 2013.1
26	章丘枣家村战国墓葬 M1	战国早期	戈 1 剑 1	鼎 1 簋 1 盖豆 2 壶 2 豆 4 舟 4 无盖壶 3 盆形器 1 盖 1 盘 2 器盖 1 杯形铜 4 双耳杯 2	长方形竖穴土坑,墓口 3×1.8,一椁一棺,四熟殉狗,腰坑壁及台阶修整,西壁残有棺板痕;陶器均置于二层台,戈置于小腿处。	破坏	海岱考古(四)

续表

序号	出土地点	时代	铜器	陶器	其他信息	保存状况	资料出处
27	阳信西北村陪葬坑	战国中期前段	鼎2壶2敦2罐4罐1锄1,编钮钟9编镈5,铲1	鼎2盖豆1豆1壶2		破坏	考古1990.3
28	临淄姚王村墓	战国中期前段	鼎8豆6壶2			破坏	考古1958.6
29	临淄白兔丘村墓	战国中期前段	豆1			采集	考古1990.11
30	临淄东夏庄LDM5	战国中期前段	鼎2平盘豆3(1残)盖豆2敦2铺2罍2提链壶2盘2罐2,镈1,节约112车饰2,带钩1			盗扰	临淄齐墓（一）
31	临淄东夏庄LDM6P13X22	战国中期前段	锄1匜1			盗扰	临淄齐墓（一）
32	临淄相家庄LXM6	战国中期前段	鼎2豆1盖豆2敦2铺3鹰首壶1盘2匜2鸭尊1罐5簠1漏器1,匕1刀1镞8			盗扰	临淄齐墓（一）
33	临淄相家庄LXM2P9	战国中期前段	匜1,带钩1			盗扰	临淄齐墓（一）
34	临淄相家庄LXM3P3	战国中期前段	锄1,镜1,带钩2,梳1			盗扰	临淄齐墓（一）

续表

序号	出土地点	时代	铜器	陶器	其他信息	保存状况	资料出处
35	章丘女郎山 M1	战国中期后段	鼎 5（列鼎 4）盖豆 6 高柄豆 4 铺 4 壶>3 盘 1 勺 1，剑 7 戈 14 矛 8 戟 1 镞 113，车马器 105，钮钟 7 镈 5 磬 8（编磬 7，另一套仅余 1 件），带钩 20	鼎 3 豆 3 盖 4 敦 4 盘 1 匜 1 埙 1	长方形竖穴土坑，190°，墓口 13.15×12.58，一椁一棺，四生台，一墓道，墓壁夯筑，椁室石筑，椁外填鹅卵石墓，东台上有器物库，西、北台上有陪葬墓，椁盖上殉人 1，墓道在南壁中间；青铜礼器主要放在西南角和东南角的内外椁之间，乐器和车马器主要放置在东北角和西南角的内外椁之间，兵器分别放置在东侧内外椁之间和内侧的内外椁之间成捆的箭头集中放于南部的兵器箱内，玉器及玛瑙器放置在内椁部的兵器箱上；在棺椁周围发现了众多砗形石串饰，石申管、骨串珠等，为椁饰殉葬墓；二层台上各有 5 个 20 岁左右女性殉葬墓。	器物库被盗	济青高级公路章丘工段考古发掘报告集
36	临淄国家村 M4	战国中期后段	鼎 2 罍 2 敦 2 盘 2 匜 1 匕 1 勺 1 刻刀 2，车軎 5，盖弓帽 1 组 20 件，带钩 2 带扣 4，镦 1	鼎 2 甬 1 豆 6 盖豆 2 壶 2 盘 1	长方形竖穴土坑，墓口 11.615×10.4，一椁一棺，人骨无存，四生台，一墓道；墓室西南、西北各有一殉人，皆有棺和随葬品，器物放在器物箱内。	盗扰	考古 2007.8
37	诸城臧家庄墓	战国中期后段	鼎 4 豆 4 鹰首壶 1 杯形壶 2 壶 2 罐 1，瓠形器 1 编镈 7 编钟 9			破坏	文物 1987.12
38	临淄赵家徐姚 M1	战国晚期	鼎 2 豆 2 壶 2 罐 1 耳杯 4 带流盒 1 盘 1 匜 1 铺 1 盒 5 2 碗 3			盗扰	考古 2005.1
39	临淄单家庄 LSM1P3	战国晚期	盘 1 匜 1 盒 1			盗扰	临淄齐墓（一）

续表

序号	出土地点	时代	铜器	陶器	其他信息	保存状况	资料出处
40	济南千佛山墓	战国晚期	鼎2豆1壶2盘2,戈1削1刀币136铁片若干	豆3		破坏	考古1991.9
41	临淄商王村M1	战国晚期	盒9壶2杯形壶1高柄壶2盘1匜3罍4钵5耳杯3釜4釜3,镜5等			破坏	临淄商王墓地
42	临淄商王村M2	战国晚期	鼎2盘2编钟14等			破坏	临淄商王墓地
43	青州西辛战国墓	战国晚期	鼎2壶2钫1灶1,镦1器柄1,圆筒形器1舆帽饰2舉2篡柎2盖弓帽12环钮1	壶8	竖穴土坑,10°,全长约100,墓口残存南北长27.4—27.75,东西宽24;平面呈中字形,有盗洞,南、北两条墓道,墓道填土夯筑,石椁木椁,陪葬坑5个;另有玉器2,金银器8,骨牙器26,漆器17,钱范5。	盗扰	文物2014.9
44	临淄范家南墓地M112	战国晚期	盒1,带钩2镜1,匕2	俑2	长方形竖穴土坑,5.64×4.4,有墓道,一椁一棺,墓室有两陪葬坑,各陪葬陶俑,铜盒置于东侧椁棺间,头骨左上置石器,脚部放置玉器,铜匕。		海岱考古(七)
45	临淄范家南墓地M113	战国晚期	匜1盒1,带钩2镜1	俑2	长方形竖穴土坑,6.2×3.4,有墓道,一椁一棺,墓室东南角,西北角有陪葬坑,带钩、蚌器置于东侧椁棺间,其余置于棺内人骨上部和东南角。		海岱考古(七)
46	临淄范家村M275	战国晚期至西汉早期	镜4,印章1,带钩1		长方形竖穴土坑,墓口2.4×1.5,墓上部填五花土,底部填河卵石,墓坑西南角内壁和西壁有三角形脚窝,有生土二层台,一椁一棺,仰身直肢,头北足南,有土椁于棺上部,随葬器物置于棺上部,有玉璧,玉剑珌,铁剑1。		文物2015.4

注:"陶器"一栏,空白者表示陶器破碎未能复原或无;"其他信息"一栏,空白者表示墓葬破坏或情况不明,尺寸计量单位为"米";"保存状况"一栏,空白者表示保存基本完好。

3. 海岱东部东周青铜器出土单位一览表

序号	出土地点	分期	铜器	陶器	其他信息	保存状况	资料出处
1	栖霞吕家埠 M1	春秋早期	鼎1 铲1 罍1 匜1, 戈1 剑1 镞12 削2 镈1 錞1, 车马器	高8 簋16 豆8 罐2	长方形竖穴土坑, 340°, 墓口4.8×2.32, 一椁一棺, 四熟台, 殉人1, 器物多在头前器物箱内, 施青泥, 填夯。		考古1988.9
2	栖霞吕家埠 M2	春秋早期	鼎1 铲1(内有合壳)	鼎8 簋12 豆8 罍8 罐14 匜1 碗1 盆1	长方形竖穴土坑, 头向东, 墓口4.6×2.6, 一椁一棺, 四熟台, 腰坑殉狗, 器物多在头前器物箱内, 施青泥, 填夯。		考古1988.9
3	蓬莱 M2(辛旺集)	春秋早期	盆2 铲1(2?, 均残)		350°, 葬具不明。	盗扰	文物资料丛刊(3)
4	蓬莱 M3(辛旺集)	春秋早期	铲2(1?, 均残)		头向东, 葬具不明。	盗扰	文物资料丛刊(3)
5	蓬莱 M7(辛旺集)	春秋中期前段	提链罐1, 兵器, 车马器若干		长方形竖穴土坑, 350°, 双椁一棺, 有墓道, 四熟台, 填夯, 器物在棺椁间。	盗扰	文物资料丛刊(3)
6	蓬莱 M6(辛旺集)	春秋中期前段	鼎1(残) 甗1 瓠1 壶1		长方形竖穴土坑, 头向东, 葬具不明, 有墓道, 四熟台, 填夯, 器物在棺椁间。	盗扰	文物资料丛刊(3)
7	蓬莱柳格庄 M6	春秋中期前段	提链罐(壶)1, 钮钟9件一套	鼎, 簋, 豆, 罐(数量不详)	长方形竖穴土坑, 75°(简报说15°, 应是错录), 墓口6×4.4, 四熟台, 双椁一棺, 西台上殉人, 且周围有车马坑, 西台上殉人, 该墓地有车马坑有大量的周代遗存, 报告说可能是一方国遗存)。	盗扰	考古1990.9

续表

序号	出土地点	分期	铜器	陶器	其他信息	保存状况	资料出处
8	蓬莱柳格庄 M4	春秋中期前段	锄 2（报告称钵）	鼎、簋、豆、罐（数量不详）	长方形竖穴土坑，94°，墓口 3.58×2.4，单棺，无二层台，腰坑仅有一卵石。	盗扰	考古 1990.9
9	蓬莱柳格庄 M9	春秋中期前段	鼎 1			盗扰	考古 1990.9
10	海阳郭城镇墓	春秋中期前段	鼎 1，钲 1，剑 1，戈 1			破坏	文物 1994.3
11	栖霞杏家庄 M3	春秋晚期	敦 1（残）锄 1 匜 1	鼎 7 豆 61 罐 12 盂 2 盘 1 匜 1 壶 2 盆 1	长方形竖穴土坑，80°，一椁一棺，石筑二层台，腰坑殉狗及陶盆，陶器多在头前。		考古 1992.1
12	烟台金沟寨 M5	战国早期	剑 2 戈 2 矛 1 剑 1 镞，带钩 1	钵 1	长方形竖穴土坑，90°，墓口 3.23×1.7，单棺，长方形坑殉狗，随葬品置于人体一侧，陶簋、滑石管等置于棺内侧一周，铜剑置于肩部左侧；另有滑石管 388。		考古 2003.3
13	烟台金沟寨 M9	战国早期	壶 2，矛 1 剑 2 戈 3 镞 2，带钩 1	敦 1 罐 2 豆 2 盖 1 盆 1 钵 1 簋 1	长方形竖穴土坑，95°，墓口 2.25×1.1，一椁一棺，墓底长方形坑内有陶钵 1，陶器和铜器置于人体一侧，带钩置于腰部，陶簋散布于棺外四周。		考古 2003.3
14	长岛王沟 M1	战国早期	敦 1 提链壶 1 锄? 1，剑 3 戈 2，带钩 2		130°，余不明。	破坏	考古学报 1993.1
15	长岛王沟 M2	战国早期	敦 1 豆 2 锄? 盘 1 匜 1 鉴 2（均残），带钩 3		130°，余不明。	破坏	考古学报 1993.1
16	栖霞杨家圈墓	战国早期	鼎 1（残，形制不明），戈 2，车马器	鼎 1 甗 1 壶 1 簋 1	南北向，器物在棺椁间。	破坏	考古 1963.8

续表

序号	出土地点	分期	铜器	陶器	其他信息	保存状况	资料出处
17	平度东岳石M16	战国中期前段	鼎1敦2壶2(形制不明)盘1剑3戈6镞40,带钩6,车马器若干	鼎1盖豆2豆4盨3壶2匜1盘2盒2铺1	长方形竖穴土坑,头向北,墓口3.3×3,一椁一棺,饰品在棺内,容器在棺椁间。		考古1962.10
18	长岛王沟M10	战国中期前段	盖豆2铺2敦2壶2剑4支8镞34矛3,车马器	鼎1盖豆3豆9壶4盘1匜2罐1盨4铺2	长方形竖穴土坑,头向东,墓口6.8×7.4,四生台,墓道位于西壁正中,二椁一棺,椁室填河卵石,东西台上有车马,腰坑(坑内无物),器物多在棺椁之间及棺内,填夯。	扰乱	考古1993.1
19	威海M3	战国中期前段	敦1匜1,剑1支1矛2镞3,带钩4	盖豆2豆3	长方形竖穴土坑,90°,墓口4.06×2.4,一椁一棺,四熟台,器物多在棺内,陶器在棺椁间。		考古1995.1
20	平度东岳石M14	战国晚期	盖豆1壶1(残)	豆、壶、盒、铺	长方形竖穴土坑,头向北,墓口4.6×3.4,一椁一棺,饰品在棺内,容器在棺椁间。		考古1962.10

注:"陶器"一栏,空白者表示陶器破碎未能复原或无;"其他信息"一栏,空白者表示墓葬被破坏情况或武不能复原,尺寸计量单位为"米";"保存状况"一栏,空白者表示保存基本完好。

4. 海岱东南部东周青铜器出土单位一览表

序号	出土地点	分期	铜器	陶器	其他信息	保存情况	资料出处
1	沂水东河北崖	春秋早期	鼎1匜1铺1,支1削1,车马器	鬲两1豆2罐4罍1	长方形竖穴土坑,南北向,墓口2.3×1.8,有白膏泥,器物多在东南角。	破坏	考古1986.8
2	日照崮河崖M1	春秋早期	鼎4(2大2小)鬲4壶2盆1匜1盘1(残)		长方形竖穴土坑,东西向,墓口3.3×2.9,有棺椁及墓道,器物多在右侧棺椁之间,填夯。	破坏	考古1984.7

续表

序号	出土地点	分期	铜器	陶器	其他信息	保存情况	资料出处
3	日照崮河崖 M2	春秋早期	方鼎 1 小圆鼎（残）壶 1		长方形竖穴土坑，约 5 平方米，有棺椁和青泥，熟台；器物在南侧二层台上，可能放入木盒内，填夯。	破坏	考古 1984.7
4	沂水李家坡墓	春秋早期	鼎 1 鬲 1 盘 1 罍 1 匜（应为壶或罐）1，剑 1	豆、罐		破坏	考古与文物 1992.2
5	平邑蔡庄墓	春秋早期	鼎 2 鬲 1 盘 4 盘 1 匜 2			破坏	考古 1986.4
6	莒城大埠二村 M1	春秋中期早段	鼎 2 鬲 1 罐 2 钟 1 铑壶 1 盘 1 匜 1 连体罐 1，含辖车害 6，削刀 2 凿 1	鼎 7 簋 7 豆 6 鬲 2 罐 12 器盖 13	长方形竖穴土坑，墓坑呈覆斗状，105°，一椁一棺，墓主人东、西，无墓道，墓室北侧有器物箱 4 具殉棺，椁土为主，墓室北侧有器物箱，墓内夯土以黄褐土为主，椁椁周围及墓室底部有青黑色青泥；另有玉器 2、漆木器 1。	破坏	海岱考古（四）
7	莒城大埠二村 M2	春秋中期早段	编钟 4，斧 1 矛 1 镞 3		长方形竖穴土坑，105°，一椁一棺，墓室南侧有器物箱，墓内填土为黄褐色，墓底残留有椁室痕迹；另有石器残片 2。	破坏	海岱考古（四）
8	莒县天井汪墓	春秋中期后段	列鼎 5 盖鼎 1 壶 1 鉴 1 盘 1 鉝壶 1 罍 1 罍 2，编镈 3 编钟 6			破坏	文物 1972.5
9	临沂俄庄花园村墓	春秋中期后段	鼎 3 鬲 1 盘 1 匜 1 罍 1，编钟 9，削 1			破坏	文物 1972.5
10	沂水刘家店子 M1	春秋中期后段	鼎 16 甗 1 鬲 9 簋（铺或豆）7 壶 2 盆 1 铜 2，编钟 20（甬钟 19）纽钟 9（陈大丧史）编镈 6 铎 2 钲 1，兵器若干	罐 13	长方形竖穴土坑，109°，墓口 12.8×8，底 8.5×5.8，口大底小，二椁一棺，北生台，有车马坑，殉人多于 35 人；南器物库主要是铜礼器，北器物库主要是乐器，兵器等杂器，椁室与器物库外施青泥，填夯。	破坏	文物 1984.9

续表

序号	出土地点	分期	铜器	陶器	其他信息	保存情况	资料出处
11	沂水刘家店子 M2	春秋中期后段	鼎 9 罐 1、壶、盘、匜、编钟等数量不详		长方形竖穴土坑,墓口残 6.5×5.1。	破坏	文物 1984.9
12	临沂凤凰岭 M1	春秋晚期	鼎 10(1 立耳无盖,6 附直耳平盖)盆 1 簋 1 壶 2 瓿 1 铺 2 盘 1 舟 1 镦 1 瓠 9 镈 9 铎 1 戈 14 矛 4 剑 4 镞 4 镞 139 号 4	鬲 8 罐 9 豆 9 器盖 25	长方形竖穴土坑,头向东,一椁一棺,墓室分为南北两部分,殉人 14,腰坑殉狗,施青泥;另有石器。	(殉人另有随葬品)	临沂凤凰岭东周墓
13	莒南大店 M1	春秋晚期	鼎 2 敦 3 壶 1、剑 1、矛 1,镈 1 钮钟 9、车马器若干	鼎 7 敦 6 罐 9 瓿 1 豆 14	长方形竖穴土坑,80°,口大底小,墓口 11.15×10.40,墓道位于东壁北端,一椁一棺,悬棺,墓壁夯筑,方形墓室分南北两部分,施青泥,殉人 10,填夯。	盗扰	考古学报 1978.3
14	莒南大店 M2	春秋晚期	铺 2 盲 2、钮钟 9、车马器若干		长方形竖穴土坑,100°,口大底小,墓口 10×9,底 8.5×7.5,墓道位于东壁北端,一椁一棺,悬棺,棺底铺末砂;腰坑殉狗,一方形墓室分南北两部分,殉人 10。	盗扰	考古学报 1978.3
15	沂水略幢墓	春秋晚期	铺 1,剑 1	鬲 2 豆 1 盆 1	施青泥。	破坏	文物 1983.12
16	郯城二中 M1	战国中期前段	鼎 1,编钟 8,镈 1 盉 2 鐎 1	鼎 6 鬲 8、豆、罐、罍、瓮(瓮)、敦、壶等	长方形竖穴土坑,72°,墓室分南北两部分,分置棺椁与器物。	破坏	考古 1996.3

注:"陶器"一栏,空白者表示陶器破碎未能复原或无;"其他信息"一栏,空白者表示墓葬被破坏或情况不明,尺寸计量单位为"米";"保存状况"一栏,空白者表示保存基本完好。

附表三 海岱地区传世商周铜器一览表

1. "亚醜"族传世铜器一览表

序号	器名	时代	出土、流传、现藏地	著录	铭文字数	纹饰	尺寸、重量	图片
1	亚醜父乙鼎	殷墟三期	原藏清宫,现藏台北故宫博物院	三代 2.20.2,西清图下上 18,集成 01819	2	颈饰云雷纹填地的浮雕圆涡纹和四瓣花纹。	高 7.8,耳高 1.7,腹深 4.8,口径 8.1 寸,重 176 两(西清)	
2	亚醜鼎	殷墟三期	原藏清宫,现藏台北故宫博物院	三代 2.10.1,故图下下 17,集成 01434	2	腹部饰外卷角兽面纹,以云雷纹填地。	高 5.3,耳高 1.1,腹深 2.8,口径 5.2 寸,重 52 两(西乙)	
3	亚醜鼎	殷墟三期	原藏清宫	西甲 2.17,集成 01436	2	腹部饰外卷角兽面纹,以云雷纹填地。	高 5.4,耳高 1.1,腹深 3,口径 5.2 寸,重 50 两(西甲)	
4	亚醜方鼎	殷墟三期	原藏承德避暑山庄,现藏台北故宫博物院	三代 2.9.6,故图下 19,集成 01438	2	口沿下饰云雷纹填地的小鸟纹,中部以扉棱相隔,四壁的左右和下部各饰三排乳丁,中部饰斜雷纹,足上部饰浮雕兽面。	通高 21.3 厘米	
5	亚醜方鼎	殷墟三期	原藏清宫	西清 4.18,集成 01439	2	口沿下饰云雷纹填地的夔龙纹带,腹饰云雷纹填地的兽面纹。	高 6.2,腹深 3.1,口横 5.7,口纵 4.5,耳高 1.2 寸,重 94 两(西清)	

续表

序号	器名	时代	出土、流传、现藏地	著录	铭文字数	纹饰	尺寸、重量	图片
6	亚醜方鼎	殷墟三期	清宫旧藏	西清4.13,集成01441	2	口沿下饰云雷纹填地的夔龙纹带,腹饰云雷纹填地的兽面纹。	高6.3、腹深3.1、口横5.6、口纵4.6、耳高1.2寸,重89两(西清)	
7	亚醜父丁方鼎	殷墟三期	原藏潘祖荫,现藏故宫博物院	三代2.23.5,故铜79,集成01839	4	颈饰四瓣目纹,间饰圆涡纹,腹部饰乳丁三行呈凹形排列,中间部分光素无纹,足根部饰兽面纹,下有弦纹一道。	通高22.7、宽18.3厘米,重3.12公斤	
8	亚醜父丁方鼎	殷墟三期	原藏刘体智	三代2.23.6,善图40,集成01840	4	四壁上下各饰三列云雷纹组成的羽脊兽面纹,左右饰云雷纹组成的夔龙纹,足饰兽面纹。	身高7.8、足高3.8、耳高1.6、口横7.8、口纵5.8寸(善斋)	
9	亚醜父己方鼎	殷墟三期	故宫博物院	故铜78,三代2.25.6,集成01867	4	颈饰鸟纹一圈,腹饰兽面纹,足根部饰云雷纹一圈,下有三垂叶纹。	通高22.7、宽18.3厘米,重2.6公斤	
10	亚醜父方鼎	殷墟三期	上海博物馆	青研203	2	口沿下饰钩喙鸟纹,腹部兽面纹,内卷角兽面纹,均以云雷纹填地,足饰单线垂叶纹。	通高23.3、口纵14.5、口横18厘米,重3.4公斤	
11	亚醜父丙方鼎	殷墟三期	原藏颐和园	集成01837	4	口沿下饰双身共首龙纹,龙身屈曲处填以圆涡纹,四壁的左右和下部各饰三排乳丁,柱足饰浮雕牛首纹和三道弦纹。	不明	

续表

序号	器名	时代	出土、流传、现藏地	著录	铭文字数	纹饰	尺寸、重量	图片
12	亚醜鼎	殷墟四期	曹秋舫旧藏	三代2.9.9,集成01433	2	腹饰三组外卷角兽面纹,足饰三角纹。	不明	
13	亚醜鼎	殷墟四期	原藏清宫,现藏故宫博物院	西清4.14,集成01435	2	口沿下饰云雷纹填地的夔龙纹带,腹饰云雷纹填地的外卷角兽面纹。	高6.5,腹深2.5,口径6.2,耳高1.4寸,重75两(西清)	
14	亚醜作季子尊彝瓶	殷墟三期	原藏清宫	西清30.14,集成00886	7	颈部饰三列云雷纹,两腹饰牛角兽面纹。	高9.9,耳高1.9,腹深4.6,口径7.6寸,重7.1875斤(西清)	
15	亚醜方簋	殷墟三期	原藏清宫,现藏台北故宫博物院	西甲7.18,故图下57,集成03098	2	四角和四壁中线有扉棱,器颈和圈足饰夔龙纹,腹饰兽面纹,均以云雷纹填地。	通高20.5,腹深12.2,口横18.1,口纵11.9厘米,重4.92公斤	
16	亚醜父丁簋	殷墟三期	故宫博物院	故铜80,小校7.58,集成03310	4	盖、肩及器口下均饰涡纹,同饰四瓣目纹,足饰弦纹两道,器外底有一凸起四瓣花纹。	通高23.3,宽30厘米,重4.44公斤	
17	亚醜簋	殷墟三期	原藏清宫	西清14.1,集成03099	2	口下饰浮雕牺首和夔龙纹,其上饰仰叶纹,腹饰勾连雷纹,圈足亦饰夔龙纹,均以云雷纹填地。	高3.4,腹深2.6,口径4.6寸,重2.125斤(西清)	
18	亚醜簋	殷墟四期	原藏刘体智	三代6.6.4,贞松4.27.1,善斋8.15,集成03095	2	颈部饰夔龙纹,前后增饰浮雕兽头,圈足饰兽面纹。	身高4.5,口径8.3寸(善斋)	

续表

序号	器名	时代	出土、流传、现藏地	著录	铭文字数	纹饰	尺寸、重量	图片
19	亚醜方爵	殷墟三期	原藏吴晓亭	三代15.40.2,集成07784	2	柱顶饰雷纹,流下饰夔龙纹,腹饰兽面纹,足饰变形夔龙纹,均以云雷纹填地。	不明	
20	亚醜方爵	殷墟三期	原藏端方	三代15.17.1,愙斋22.4.1,集成07786	2	柱顶呈重檐屋顶形,颈腹壁四角、中线各有一道扉棱,流下及尾下饰夔龙纹,口下饰三角纹,腹饰兽面纹,足饰兽面纹,均以云雷纹填地。	不明	
21	亚醜父丙角(爵)	殷墟三期	原藏清宫,溥伦、刘体智,现藏台北故宫博物院	三代18.20.3-4,西清26.47,集成08882	4	腹上有三道扉棱,盖饰夔龙纹,腹饰兽面纹,以云雷纹填地。	通高23厘米	
22	亚醜爵	殷墟三期		北图拓208	2	素面。	不明	
23	亚醜觚	殷墟三期	上海博物馆	集成06969,青研112	2	颈部饰蕉叶纹,中间为象征性的兽面纹,腹饰倒立的对称夔龙纹,圈足饰对称的卷体夔龙纹。	通高20.6,口径12.7厘米,重0.83公斤	
24	亚醜方觚	殷墟三期	原藏承德避暑山庄,现藏台北故宫博物院	三代11.4.4(误作尊),故图下下379,集成06970	2	四隅和四壁中部各有一道扉棱,颈饰四瓣目纹,其上饰蕉叶纹,腹饰外卷角兽面纹,圈足饰四瓣目纹和兽面纹。	不明	

续表

序号	器名	时代	出土、流传、现藏地	著录	铭文字数	纹饰	尺寸、重量	图片
25	亚醜父丁觚	殷墟三期	原藏曹秋舫,现藏上海博物馆	三代14.25.9,怀米上15,攈古1.3.46,集成07230	4	颈部饰叶纹,腹饰兽面纹。	高7,口径4.3,腹深5.2寸,重1.25斤(怀米)	
26	亚醜觯	殷墟二、三期	原藏清宫,现藏故宫博物院	故铜84,宁寿10.6,集成09159	2	颈饰两道弦纹,腹饰兽面纹。	通高30、宽23.9厘米,重2.18公斤	
27	亚醜方尊	殷墟三期	台北故宫博物院	故宫文物月刊1997年总176期25页图33	2	颈部饰夔龙纹,其上饰组成的蕉叶状纹,肩部饰夔龙纹,腹和圈足均饰夔面纹,通体以云雷纹填地。	通高39.1厘米	
28	亚醜方尊	殷墟三期	原藏清宫,现藏台北故宫博物院	故图下上95,故宫文物月刊1997年总176期25页图34,集成05562	2	颈部饰夔龙纹,其上饰组成的蕉叶状纹,肩部饰夔龙纹,腹和圈足均饰夔面纹,通体以云雷纹填地。	通高45.5厘米,重20.8公斤	
29	亚醜者姤方尊	殷墟三期	原藏清宫,现藏台北故宫博物院	三代11.28.3,故图下上96,西清8.35,集成05935	9	颈饰仰叶纹和夔龙纹,仰叶内其一对倒夔龙纹,肩四角饰圆雕花角兽头,中部饰圆雕花角兽头,肩饰夔龙纹,腹和圈足饰夔形象不同的夔龙纹带和兽面纹,均以云雷纹填地。	通高45.7厘米	

续表

序号	器名	时代	出土、流传、现藏地	著录	铭文字数	纹饰	尺寸、重量	图片
30	亚醜　尊	殷墟三期	台北故宫博物院	故宫文物月刊1997年总177期22页图24	3	颈的下部饰两道弦纹，腹和圈足均饰云雷纹组成的兽面纹。	通高26.2厘米	
31	亚醜尊	殷墟四期	原藏刘体智，于省吾	三代11.20.5，善斋4.80，北图拓138，集成05840	2	颈饰两道弦纹，腹和圈足饰夔龙纹组成的兽面纹，云雷纹填地。	身高11.7，口径9.3寸（善斋）	
32	亚醜尊	殷墟四期	日本东京出光美术馆	西甲5.18，出光（十五周年）394页图27，集成05561	2	颈饰叶仰纹和夔龙纹，腹饰兽面纹，圈足夔龙纹组成的兽面纹，均以云雷纹填地。	通高31.5厘米，高9.5，腹深7.5，口径7.3寸，重7.5625斤（西甲）	
33	亚醜觯	殷墟三期	原藏罗振玉	三代14.35.8，贞图中2，集成06159	2	颈和圈足均饰雷纹带。	不明	
34	亚醜觯	殷墟三期	1936年益都县苏埠屯出土，原藏益都县民众教育馆，现藏山东博物馆	田野考古报告（第二册）172页图版2.10，集成06160	2	颈部和圈足饰弦纹。	通高12.85，口径7.7×9.65，腹深10厘米	
35	亚醜觯	殷墟三期	台北故宫博物院	故宫文物月刊1997年总177期8页图5	2	盖沿、颈部和圈足均饰云雷纹填地的夔龙纹带。	通高14厘米	
36	亚醜卣	殷墟三期	原藏冀朝鼎，现藏故宫博物院	故铜82，集成04809	2	盖沿饰鸟纹，腹饰鸟纹和对称的两个牺首，足饰弦纹，有十字孔。	通高30，宽22.3厘米，重3.9公斤	

续表

序号	器名	时代	出土、流传，现藏地	著录	铭文字数	纹饰	尺寸、重量	图片
37	亚醜父辛卣	殷墟四期	原藏清宫，后归潘祖荫	三代 12.55.6，西清 16.30，集成 05085	4	盖上和器身颈均饰云雷纹填地的夔龙纹带，颈部饰云雷纹增饰浮雕牺首，圈足外卷角兽面浮雕两道弦纹。	通盖高 9.2，腹深 6.5，口径 3.7×4.8 寸，重 9.687 5斤（西清）	
38	亚醜杞妇卣	殷墟四期	台北故宫博物院	故图下上 131，集成 05097	4	盖上饰夔龙纹一周，中部有花苞形钮，颈部饰夔龙纹和浮雕兽头，腹饰外卷角兽面纹，圈足饰两道弦纹。	通盖高 21 厘米	
39	亚醜卣	殷墟四期	英国伦敦富士比拍卖行	富士比（1980，12，16—17，410），近出 560	2	颈的前后有浮雕兽首。	通高 28 厘米	
40	亚醜壶（卣）	殷墟四期	原藏清宫，现藏台北故宫博物院	三代 12.1.7，西乙 8.39，故图下下 275，集成 04810	2	颈饰云雷纹组成的兽面纹，圈足饰雷纹。	通高 33.5 厘米	
41	亚醜方彝	殷墟三期	美国华盛顿弗利尔美术馆	三代 6.6.8，汇编 1004，集成 09848	2	通体四隅和四壁中部铸有扉棱，口沿下和圈足下饰夔龙纹，盖面和腹部饰兽面纹。	通高 22.2 厘米	
42	亚醜方彝	殷墟三期	原藏清宫，现藏台北故宫博物院	三代 6.6.9，西清 14.3，故图下上 118，集成 09850	2	通体四角和四壁中线有扉棱，盖上饰倒兽面纹，口下和圈足饰夔龙纹，腹部饰兽面纹，均以云雷纹填地。	通高 23 厘米	

续表

序号	器名	时代	出土、流传、现藏地	著录	铭文字数	纹饰	尺寸、重量	图片
43	亚醜者姒觥	殷墟三期	原藏潘祖荫、端方	三代17.27.1—2，缀遗14.4.1—2，集成09294，陶斋3.34	9	通体四角和四壁中线有扉棱，盖饰夔龙纹，颈饰鸟纹，腹饰夔龙纹带和兽面纹，圈足饰鸟纹，均以云雷纹填地。	通高17.1、腹深9、口长12.6、口宽6.4寸（陶斋）	
44	亚醜者姒觥	殷墟三期	原藏吴式芬，现藏日本东京出光美术馆	日精华3.262，集成09295	9	通体四角和四壁中线有扉棱，颈部饰鸟纹，腹饰夔龙纹，圈足饰夔龙纹，均以云雷纹填地。	通高31厘米	
45	亚醜罍	殷墟三期	原藏曹秋舫	三代11.4.1，缀遗26.1，集成09763，怀米上8	2	颈和圈足饰夔龙纹，肩浮雕牺首和夔龙纹，兽面纹和夔鸟纹，均以云雷纹填地。	高15、口横5.3、口纵4.9、腹深11.9寸，重31.25斤（怀米）	
46	亚醜者姒方罍	殷墟三期	原藏清宫，现藏故宫博物院	三代11.42.1—2，故铜81，集成09818	9	盖面和钮饰兽面纹，颈饰体鸟纹，肩饰夔龙纹，腹饰大兽面，圈足饰兽面纹。	通高62、口宽16.9、口横15.5厘米，重20.8公斤	
47	亚醜方罍	殷墟三期	原藏日本某氏，现藏东京出光美术馆	日精华208.1—2，汇编1005，集成09765	2	盖上饰兽面纹，颈、肩和圈足均饰夔龙纹，腹饰兽面纹和垂叶纹。	通高45.5厘米	
48	亚醜罍	殷墟三期	原藏清宫，后归陈承裘，现藏美国米里阿波里斯美术馆	西清12.6，贞松7.2.3—4，美集R136，A778，集成09767	2	盖上和上腹饰圆涡纹同鸟纹，颈饰两道弦纹，肩上饰夔龙纹，腹饰大三角纹。	通高36.1、口径11.2、宽28.5厘米	

续表

序号	器名	时代	出土、流传、现藏地	著录	铭文字数	纹饰	尺寸、重量	图片
49	亚醜罍	殷墟三期	济南市博物馆	集成09766	2	肩部饰弦纹和涡纹。	不明	
50	亚醜罍	殷墟四期	原藏刘体智	善图106、集成09764	2	颈饰两道弦纹，肩饰夔龙纹、涡纹和垂叶纹，腹饰浮雕圆涡纹和垂叶纹，垂叶内亦填兽面，圈足饰夔龙纹，均以云雷纹填地。	通高40.8厘米	
51	亚醜盉	殷墟三期	原藏刘体智	小校9.44.7—8、善斋9.22、集成09324	2	素面。	身高6.2，口径6.1寸（善斋）	
52	亚醜觯铙	殷墟三期	原藏叶东卿、潘祖荫，现藏上海博物馆	三代18.7.8、9.92.3、集成00399、青研185	3	体饰长眉而上曲的兽面纹。	通高19.5，口纵11，口横14.6厘米，重1.6公斤	
53	亚醜戈	殷墟三期		集成10839	2	素面。	不明	
54	亚醜矛	殷墟三期	青州苏埠屯出土，原藏于省吾	三代20.29.2、集成11438	2	素面。	通长22.8，銎径4.5厘米	

续表

序号	器名	时代	出土、流传、现藏地	著录	铭文字数	纹饰	尺寸、重量	图片
55	亚醜矛	殷墟三期	1930年山东益都苏埠屯出土（山东存），原藏刘体智	三代20.30.1,善斋10.45,山东存下13.2,集成11439	2	素面。	通高10、宽3.2、銎径1.4寸（善斋）	
56	亚醜矛	殷墟三期	1930年山东益都苏埠屯出土（山东存）	三代20.30.2,山东存下13.6,集成11440	2	素面。	通长24、銎径5.4厘米	
57	亚醜矛	殷墟三期	1930年山东益都苏埠屯出土（山东存）	山东存下13.4,集成11441	2	素面。	通长23.6、銎径4厘米	
58	亚醜矛	殷墟三期	1930年山东益都苏埠屯出土（山东存），现藏上海博物馆	山东存下13.5,集成11442	2	素面。	通长23.1厘米，重0.35公斤	

2. 史族传世铜器一览表

序号	器名	时代	出土,流传,现藏地	著录	铭文字数	纹饰	尺寸,重量	图片
1	史鼎	殷墟三期	原藏清宫	西甲1.19,集成01075	1	口下饰夔龙纹,腹部饰外卷角兽面纹,以云雷纹填地。	高6,耳高1.3,腹深4,口径5.8寸,重80两（西甲）	
2	史鼎	殷墟三期	清宫旧藏,现藏台北故宫博物院	西乙1.21,故图下下24,集成01088	1	颈部饰浮雕圆涡纹间四瓣目纹。	高6.6,耳高1.3,腹深4.2,口径6.4寸,重68两（西乙）	
3	史鼎	殷墟三期	英格兰菲茨威廉博物馆	集成01085	1	腹壁有扉棱,颈部饰夔龙纹,腹饰兽面纹,均以云雷纹填地。	通高32厘米	
4	史鼎	殷墟四期	原藏沈阳故宫,现藏台北故宫博物院	西乙1.22,集成01079	1	腹壁有六道扉棱,三柱足;腹饰云雷纹填地的内卷角兽面纹,足饰蝉纹。	通高23.5厘米,重3.1公斤	
5	史鼎	殷墟四期	上海博物馆	铜全4.10,青研058	1	颈饰鸟纹,腹饰曲折角兽面纹,均以云雷纹填地,三角云纹。	通高25.1,口径18厘米,重4.6公斤	
6	史鼎	殷墟四期	澳大利亚维多利亚国立美术馆	澳铜选62页图5,集成01077	1	颈部饰蝉纹,腹饰斜方格乳丁纹。	通高18.3厘米	
7	史文庚鼎	殷墟四期	原藏丁麟年,现藏故宫博物院	小校2.18.5,集成01624	3	素面。	通高约30厘米	

续表

序号	器名	时代	出土、流传、现藏地	著录	铭文字数	纹饰	尺寸、重量	图片
8	史鼎	殷墟四期	原藏潘祖荫、端方、山中商会（美集），现藏美国堪萨斯纳尔逊美术陈列馆	陶续1.12，美集R89，集成01084	1	体饰外卷角兽面纹，其上加饰一道云雷纹。	通高21.1，口径16×17厘米	
9	史簋	殷墟四期	美国米里阿波里斯美术馆（皮斯柏氏藏品）	美集R90，A160，集成02959	1	颈和圈足饰形象不同的夔龙纹，腹饰外卷角兽面纹，均以云雷纹填地。	通高14.1，口径20，宽30厘米	
10	史簋	殷墟四期	原藏颐和园，现藏美国旧金山亚洲艺术博物馆	集成02957，总集1703	1	口下饰叶纹，颈部饰浮雕兽头纹，前后增饰浮雕兽面纹，腹部饰曲折角兽面纹，圈足饰对夔龙纹组成的兽面纹带。	通高12.8厘米	
11	史簋	殷墟四期	法国巴黎赛尔诺什博物馆	日精华2.98，集成02958	1	腹饰斜方格乳丁纹，圈足饰夔龙纹，在耳下合成夔虎头。	通高16.5，口径30厘米	
12	史母癸簋	殷墟四期	美国纽约唐河纳氏	美集R91，A181，集成03225	3	颈和圈足均饰云雷纹填地的夔龙纹，颈部前后加饰浮雕牛头。	通高13.5，口径18.6，宽25.9厘米	
13	史簋	殷墟四期	原藏清宫	西清13.37，缀遗6.1.2，集成02963	1	口下、口下前后增饰浮雕兽面纹，口下前后增饰浮雕牺首。	高4.3，腹深3.5，口径6.1寸，重4.937 5斤（西清）	
14	史簋	商末周初	原藏承德避暑山庄，现藏台北故宫博物院	三代6.3.7，集成02960	1	颈和圈足饰夔龙纹，腹饰双头夔龙纹组成的兽面纹，均无地纹。	通高16.5，口径21.6厘米	

续表

序号	器名	时代	出土、流传、现藏地	著录	铭文字数	纹饰	尺寸、重量	图片
15	史爵	殷墟四期	济南市博物馆	海岱考古（第一辑）320—324页,近出874	3	腹饰兽面纹。	通高21.3厘米	
16	史爵	商末周初	济南市博物馆	海岱考古（第一辑）320—324页,近出783	1	腹饰云雷纹组成的兽面纹。	通高19.4厘米	
17	史爵	商末周初	保利艺术博物馆	保金51页	1	腹饰兽面纹。	通高18.2,流至尾长16.5厘米,重0.7公斤	
18	史觚	殷墟四期	原藏罗振玉	贞图上51,集成06610	1	腹和圈足均饰云雷纹组成的兽面纹。	不明	
19	史觚	殷墟四期	原藏刘鹗、刘体智	善斋5.6,集成06612	1	腹部饰云雷纹组成的兽面纹,圈足饰云雷纹组成的夔龙纹。	身高10.3,口径6寸（善斋）	
20	史觚	殷墟四期	原藏吴云	两罍2.6,二百3.6,集成06620	1	颈饰两道弦纹,腹饰云雷纹,圈足饰云雷纹组成的兽面纹,圈足饰目雷纹。	通高6.9,腹深4.3,口径4寸,重1.8125斤（二百）	

续表

序号	器名	时代	出土、流传、现藏地	著录	铭文字数	纹饰	尺寸、重量	图片
21	史觚	殷墟四期	原藏清宫	西清23.44,集成06623	1	腹和圈足有四道扉棱,颈饰蛇纹,其上饰仰叶纹,腹和圈足均饰兽面纹。	高9.6,腹深6.2,口径5.3寸,重2.687 5斤（西清）	
22	史觚	殷墟四期	北京图书馆藏拓本	北图拓171	1	颈的下部和圈足的上部均饰两道弦纹,腹部和圈足饰兽面纹。	不明	
23	史觚	殷墟四期	原藏丁麟年,现藏美国华盛顿弗利尔美术馆	美集R88,集成06614	1	腹和圈足饰样式不同的兽面纹。	通高30.8厘米	
24	史尊	殷墟四期	原藏曹秋舫	怀米上10,缀遗17.5.1,集成05458	1	口下饰仰叶纹,颈饰夔龙纹,腹饰外卷角兽面纹,圈足饰内卷角兽面纹,以云雷纹填地。	高9.8,口径7.5,腹深7.2寸(怀米) 重8斤	
25	史尊	殷墟四期	保利艺术博物馆	保金续83	1	口下饰蕉叶纹,腹饰对夔组成的兽面纹,圈足饰变形夔龙纹,均以云雷纹填地。	通高27.9,口径21.6厘米,重3.81公斤	
26	史父癸尊	殷墟四期	美国纽约费利浦斯氏	美集R261、A443,集成05666	3	颈和圈足饰两道弦纹,腹饰兽面纹,上下镶以联珠纹,足亦饰兽面纹。	高29厘米	

续表

序号	器名	时代	出土、流传、现藏地	著录	铭文字数	纹饰	尺寸、重量	图片
27	史尊	西周早期	原藏清宫，现藏台北故宫博物院	西清 9.6，故图下上 101，集成 05462	1	颈饰仰三角纹和夔龙纹带，腹饰兽面纹，圈足饰夔龙纹。	高 6.1，腹深 5.3，口横 5.1，口纵 3.9 寸，重 3.5 斤（西清）	
28	史卣	殷墟四期	原藏清宫	西甲 8.10，集成 04941	3	盖上和器颈饰羽脊兽面纹。	通盖高 10.5，腹深 8.2，口径 3.2 寸，重 6.3125 斤（西甲）	
29	史卣	商末周初	原藏清宫，现藏台北故宫博物院	西清 16.23，集成 04723	1	盖沿和颈饰联珠纹镶的云雷纹带，颈部增饰浮雕牺首，圈足饰两道弦纹。	通盖高 9.4，腹深 5.8，口径 3.5×4.5 寸，重 9.25斤（西清）	
30	史卣	商末周初	不明	博古 10.18，啸堂 36.2，集成 04726	1	器颈饰联珠纹镶的兽面纹，圈足饰两道弦纹。	高 7.1，腹深 6.1，径 4.1×3 寸，重 5 斤（博古）	
31	史祖乙觯	殷墟四期	原藏罗振玉	贞图中 3，集成 06200	3	盖沿和器颈均饰联珠纹镶边的雷纹带。	不明	
32	史觯	殷墟四期	原藏清宫	西清 26.16，集成 06045	1	颈和圈足饰夔龙纹，腹饰兽面纹。	高 4.2，腹深 3.3，口径 2.3×2.6 寸，重 1.5 斤（西清）	

续表

序号	器名	时代	出土、流传、现藏地	著录	铭文字数	纹饰	尺寸、重量	图片
33	史觯	商末周初	上海博物馆	集成 06047，青研 129	1	颈饰曲折角面纹，两侧配置夔龙纹，其下饰相对的弯角鸟纹，腹饰外卷角兽面纹，圈足饰对称龙纹，无地纹。	通高13.9，口径7.4×8.8厘米，重0.63公斤	
34	史方彝	殷墟二、三期	日本神户白鹤美术馆	白鹤撰10，铜全4.73，集成 09833	1	盖饰倒置的外卷角兽面纹，器口饰倒置鸟纹，腹饰兽面纹，圈足饰外卷角兽面纹，通体以云雷纹填地。	通高26.8，口横15，口纵12.4厘米	
35	史铙	殷墟四期	上海博物馆	集成 00373，青研 184	1	体饰粗线条的虎耳兽面纹。	通高12.5，口纵7.1，口横9.5厘米，重0.54公斤	
36	天爵	殷墟三期	1936年山东益都县苏埠屯出土，原藏益都县民众教育馆	田野考古报告（第二册）图版2.9	1	素面。	通高16.55，口宽5.7，流至尾长13，腹深（通柱）9.75厘米	
37	融尊	殷墟三期	台北故宫博物院	故宫文物月刊1993年总118期图6	1	腹部和圈足均饰云雷纹填地的外卷角兽面纹。	通高30厘米，重2.98公斤	
38	方鼎	殷墟二、三期	1997年10月山东济南市文物商店征集，现藏济南市博物馆	文物1999年8期92页图2，近出165	1	口沿下饰兽面纹，四壁的左右和下部各有三排乳丁，足的上部饰浮雕兽面。	通高22，口横17.5，口纵14.7，腹深10厘米	

3. 齐国（族）传世铜器一览表

序号	器名	时代	出土、流传、现藏地	著录	铭文字数	纹饰	尺寸、重量	图片
1	齐妇鬲（商代齐族之器）	殷墟四期	袁保恒旧藏，现藏上海博物馆	集成00486、青研70	3	颈饰联珠纹、斜角云纹，腹饰兽面纹。	高18.5，口径14.1厘米，重1.65公斤	
2	齐祖辛爵（商代齐族之器）	殷墟四期	刘体智旧藏，现藏故宫博物院	贞松10.1.2，善斋6.53集成08345	3	柱饰涡纹，腹饰兽面纹。	高11.2，流至尾长9.6寸（贞松）	
3	齐姬爵（商代齐族之器）	殷墟四期	美国纽约乃布氏	美集R81、A354，集成08753	2—3	通体有三道棱脊，口下饰三角仰叶纹，腹饰兽面纹。	通高22.3，流至尾长19.6厘米	
4	齐姬爵（商代齐族之器）	殷墟四期	原藏美国肯希，现藏美国哈佛大学福格艺术博物馆	美集R82、A355，集成08754	2—3	口下饰三角仰叶纹，腹饰兽面纹。	通高22.2，口19.8×8.4厘米	
	以上为商代齐族铜器，以下为周代齐国铜器							
1	鲍氏镈（鑃镈）	春秋中期后段	1870年山西荣河县后土祠旁河岸尾出土（攀古），原藏寻氏，潘祖荫，后归上海博物馆，现藏中国国家博物馆	攀古下1，山东存齐8，铜全9.37	175	舞部、篆间和鼓部均饰缜密的变形龙纹。	通高67，铣间44，鼓间34.6，舞横37.5，舞纵30.5厘米，重65.2公斤	
2	叔夷镈	春秋晚期前段	宣和五年（1123）青州临淄县齐故城	博古22.5，大系240—243，集成00285	4枚，494字	篆间饰螭龙纹。	最大者高17.5，钮高2.1，舞横11.8，舞纵9.4，铣间14.7，鼓间12.3寸，重122.5斤（博古）	

续表

序号	器名	时代	出土、流传、现藏地	著录	铭文字数	纹饰	尺寸、重量	图片
3	叔夷钟	春秋晚期前段	宣和五年(1123)青州临淄县齐故城	博古22.11,啸堂79,大系244	13枚,共500余字	三角云纹,目雷纹,云雷纹,螭纹,双头兽纹。	最大者高10.5,甬长3.7,舞横4.5,舞纵3.2寸,重28斤(博古)	
4	齐侯鼎	春秋晚期	传光绪十九年出于易县,齐侯四器之一	大系图40铭254	32	素面。	不明	
5	齐巫姜簠	西周晚期	"器出青川"(山东存),潘祖荫旧藏,现藏上海博物馆	集成03893	15	口下饰窃曲纹,腹饰瓦棱纹,圈足饰垂鳞纹。	高18.4,口径20.7,底径22.3厘米,重5.11公斤	
6	陈助簋盖	战国早期	刘喜海、刘体智旧藏,现藏台北故宫博物院	集成04190	43	盖面饰波曲纹,捉手内饰蟠螭纹。	盖高8,口径22.7厘米	
7	禾簋	战国早中期	上海博物馆	集成03939,青研560	16	腹部及方座均饰环带纹,圈足饰垂鳞纹,方座饰龙身饰鳞片。	通高29.5,口径25厘米,重12.1公斤	
8	陈侯午簋	战国早中期	沈阳故宫旧藏,现藏台北故宫博物院	集成04145	36	腹饰波曲纹,圈足饰垂鳞纹,方座饰波曲纹。	通高25.8,口径26.2,腹深11.3厘米	
9	陈曼簠	战国早期	清宫旧藏,现藏台北故宫博物院	集成04595	22	口下饰变形兽纹,腹饰卷龙纹。	高10.5,腹深5.3,口横31.3,口纵19.6厘米	
10	陈曼簠	战国早期	叶东卿旧藏(周金),现藏上海博物馆	集成04596	22	口下饰变形兽纹,腹饰卷龙纹。	高11,口纵19.4,口横31厘米,重3.15公斤(失盖)	

续表

序号	器名	时代	出土、流传、现藏地	著录	铭文字数	纹饰	尺寸、重量	图片
11	陈逆簠	战国早中期	贵州省博物馆	山东存齐17，集成04630		口下饰云纹，腹壁饰蟠螭纹。	不明	
12	齐侯敦	春秋晚期	1893年易州出土，原藏盛昱，美国人福开森（美集）美集美国大都会艺术博物馆	山东存齐2.2，美集R422，集成04645	11	上腹饰弦纹。	通高18.3，宽24厘米	
13	荆公孙敦	春秋战国之际	清光绪年间出于山东胶南县山周村齐长城脚下，现藏故宫博物院	故铜239，集成04642	15	盖、器通饰乳丁纹。	通高17，宽25.2厘米，重1.58公斤	
14	十四年陈侯午敦	战国早中期	吴士芬、周季木旧藏（攈古），现藏中国国家博物馆	集成04646	36	素面。	通高20.5，口径17.8厘米	
15	十四年陈侯午敦	战国早中期	承德避暑山庄旧藏（贞松），现藏台北故宫博物院	集成04647	36	素面。	高10.9，腹深9.4，口径9厘米（失盖）	
16	陈侯因咨敦	战国中期	陈介祺、刘体智旧藏	集成04649	79	素面。	高5.9，口径7.7寸（善图）	
17	齐史𢆍且辛觯	西周早期	合肥李氏旧藏（颂续），现藏故宫博物院	集成06490	8	颈饰浮雕羊首。	通高11.2，口径8×6.6厘米，重0.24公斤	

续表

序号	器名	时代	出土、流传、现藏地	著录	铭文字数	纹饰	尺寸、重量	图片
18	齐史嫚日辛觯	西周早期	刘体智、容庚旧藏，现藏广州博物馆	集成 06491	8	颈饰浮雕羊首。	身高 5.7，口径 3.5 寸（善斋）	
19	洹子孟姜壶	春秋晚期	阮元、吴云旧藏，现藏中国国家博物馆	两罍 4.2.1，集成 09729	约135	颈、肩、腹饰波曲纹，圈足饰蟠螭纹。	高 10.2，腹深 8.7，口径 4.3 寸，重 10 斤（两罍）	
20	洹子孟姜壶	春秋晚期	吴云、曹秋舫旧藏，现藏上海博物馆	集成 09730	143	颈、肩、腹饰波曲纹，圈足饰蟠螭纹。	通高 32.1，口径 13.4 厘米，重 5.8 公斤	
21	庚壶	春秋晚期	清宫旧藏，现藏台北故宫博物院	集成 09733	170	上腹饰弦纹。	通高 31.6 厘米	
22	陈喜壶	战国早期	1952 年收购于太原古董商人，现藏山西博物院	集成 09700	25	口下、颈、腹饰波曲纹，以弦纹为界，耳饰勾连云纹。	通高 48.5，口径 18.5 厘米	
23	国差𦉥	春秋中期	原藏沈阳故宫，现藏台北故宫博物院	西乙 16.9，山东存齐 6，铜全 9.30，集成 10361	53	素面。	高 34.6 厘米（铜全 9）；腹深 10.65，口径 7.7 寸，重 24.8125 斤（宝蕴）	
24	齐叔姬盘	两周之际	1958 年济南废品仓库拣选，现藏济南市博物馆	集成 10142	20	腹饰窃曲纹、涡纹，圈足饰垂鳞纹。	通高 14.5，口径 46 厘米，重 11.26 公斤	

续表

序号	器名	时代	出土、流传、现藏地	著录	铭文字数	纹饰	尺寸、重量	图片
25	齐萦姬盘	两周之际	清宫旧藏,现藏故宫博物院	集成10147	21	蟠螭纹。	通高15,宽55.5厘米,重11.39公斤	
26	齐侯盘	两周之际	"政和丙申岁皆安丘县民发地得之"(薛氏引《古器物铭》)	集成10117	15	耳饰雷纹,腹饰涡纹同夔曲纹。	高4.5,耳高2.2,腹深8,口径14.3寸,重17.5斤(博古)	
27	齐侯盘	春秋晚期	传光绪十九年出于易县,盛昱旧藏,现藏美国纽约大都会艺术博物馆	集成10159	30	素面。	通高8.2,口径43.7厘米	
28	齐太宰归父盘	春秋中期	陈介祺、刘体智旧藏,现藏上海博物馆	集成10151	24	仅存盘底。	直径8.4,厚0.1寸(善图)	
29	齐侯匜	春秋早期	原藏曹秋舫,吴云,现藏上海博物馆	集成10272	20	腹饰瓦棱纹,龙形鋬,兽形扁足。	通高24.7,通长48.1厘米,重6.42公斤	
30	齐侯匜	春秋晚期	传光绪十九年出于易县,盛昱旧藏,现藏美国纽约大都会艺术博物馆	集成10283	34	素面。	通高14.2,长32.5,宽20厘米	
31	陈纯釜	战国中期	1857年出于山东胶县灵山卫古城,原藏陈介祺,现藏上海博物馆	山东存齐21,集成10371,青研593	34	素面。	通高8.65,口径22.65厘米,重12.08公斤,容积20 580毫升	
32	子禾子釜	战国中期	1857年出于山东胶县灵山卫古城,原藏陈介祺,上海博物馆,现藏中国国家博物馆	山东存齐20.3,集成10374,度量衡78	108	素面。	通高38.5,口径22.3,腹径31.8,底径19厘米,容积20 460毫升	

续表

序号	器名	时代	出土、流传、现藏地	著录	铭文字数	纹饰	尺寸、重量	图片
33	左关𫓶	战国中期	1857年出于山东胶县灵山卫古城，原藏陈介祺、刘体智，现藏上海博物馆	山东存齐22.1，度量衡80，集成10368	4	素面。	通高10.8，口径19.4（不含流）厘米，容积2070毫升	
34	陈散戈	战国中期	原藏陈介祺	缀遗30.21.2，簠斋4，集成10963	3	素面。	通长19.2，援长12.2厘米	
35	武城戈	战国中期	原藏山东省图书馆，现藏山东博物馆	集成11025	4	素面。	不明	
36	吁戈	战国中期	1942年出于山东，原藏梁上椿	岩窟下54，集成11032	4	素面。	通长18.5，援长11厘米	
37	陈子山戈	战国中期	原藏罗振玉，现藏旅顺博物馆	集成11084	5	素面。	残长22.2，阑高12.5厘米	
38	陈侯因咨戈	战国中期	上海博物馆	山东存齐20.1，青研583	5	素面。	通长26.2，内长10.7，阑高11.5厘米，重0.3公斤	
39	成阳辛城里戈	战国中期	山东出土（岩窟），原藏于省吾、梁上椿，现藏故宫博物院	岩窟下53，集成11154	6	素面。	通长21，援长13厘米	
40	平阳高马里戈	战国中期	原藏陈介祺	三代19.44.1，簠斋4，集成11156	6	素面。	通长28，援长13厘米	
41	高密戈	战国中期	原藏端方	陶斋3.44，周金6.45.2，集成10972	3	素面。	不明	

续表

序号	器名	时代	出土、流传、现藏地	著录	铭文字数	纹饰	尺寸、重量	图片
42	陈𫵾散车辖	战国中期	原藏罗振玉	贞图中48，集成12024	3	素面。	不明	

4. 鲁国传世铜器一览表

序号	器名	时代	出土、流传、现藏地	著录	铭文字数	纹饰	尺寸、重量	图片
1	周公方鼎	西周早期	"绍圣间宗室仲忽获此器以献"（金石录）	集成02268	7	口下饰夔龙纹，腹饰兽面纹，云雷纹填地。	通高8.9，腹深5.8，口横6.1，口纵4.3寸，重12.1875斤（博古）	
2	禽鼎	西周早期	原藏德国艾克，现藏德国科隆东亚艺术博物馆	尊古1.24，集成01938，总集0603	23	口下饰兽面纹，四壁饰三排乳丁纹，足饰云雷三角纹。	通高10.8，耳高2，口横7.9，口纵6.1寸（十六）	
3	鲁侯尊	西周早期	原藏清宫，现藏上海博物馆	集成04029	22	素面。	通高22.2，口径20.7厘米，重4.1公斤	
4	鲁侯熙鬲	西周早期	1927年党玉琨自宝鸡戴家湾盗掘，原藏美国卢芹斋，现藏美国波士顿美术博物馆	集成00648	13	腹饰三组云雷纹填地的兽面纹。	通高17.1，宽14.5厘米	

续表

序号	器名	时代	出土、流传、现藏地	著录	铭文字数	纹饰	尺寸、重量	图片
5	鲁侯鬲	西周早期	原藏程洪溥	山东存鲁 2.2，集成 00545	6	腹部饰三组以足根为阑的兽面纹。	不明	
6	禽簋	西周早期	原藏钱坫、刘喜海、王兰溪，现藏中国国家博物馆	十六 2.3，大系 4，断代 584 页 13，集成 04041	23	颈和圈足均饰有三列云雷组成的羽脊兽面纹，颈部还增饰浮雕兽面纹。	通高 13.6，口径 19.2 厘米	
7	鲁侯爵	西周早期	原藏郭承勋、方濬祺、李泰棻，现藏故宫博物院	集成 09096	11	腹饰上下两层云雷纹带，以弦纹为界。	通高 20，宽 16.2 厘米，重 0.76 公斤	
8	叔尊	西周早期后段	海外私人收藏家	朱凤瀚《叔器与鲁国早期历史》，《新出金文与西周历史》	113	上腹饰双弦纹。	高 20 厘米	
9	叔卣	西周早期后段	海外私人收藏家	朱凤瀚《叔器与鲁国早期历史》，《新出金文与西周历史》	113	上腹及圈足饰双弦纹。	高 20 余厘米	
10	叔提梁盒	昭穆之际	海外私人收藏家	朱凤瀚《叔器与鲁国早期历史》，《新出金文与西周历史》	47	第 1、3、5 层饰顾首龙纹，第 2、4 层饰勾连斜角云纹。	通盖高 25.5 厘米	
11	鲁司徒伯吴盨	西周中晚期之际	原藏刘体智、荣厚，后归清华大学图书馆，现藏中国国家博物馆	集成 04415	15	盖沿、口沿饰窃曲纹，腹饰瓦棱纹。	身高 2.5，口横 12.7，口纵 10 寸（善斋）	

续表

序号	器名	时代	出土、流传、现藏地	著录	铭文字数	纹饰	尺寸、重量	图片
12	展散簋盖	西周晚期	原藏罗振玉，现藏故宫博物院	考古1973年2期66页，集成04213	57	盖饰瓦棱纹，盖缘饰窃曲纹。	盖高9，口径29.9厘米	
13	鲁内小臣鼎	西周晚期	原藏潘祖荫	集成02354	8	口下饰窃曲纹。		
14	鲁原钟	两周之际	原藏曹秋舫、顾子嘉、费念慈（慈斋），现藏上海博物馆	三代1.3.2，山东存鲁4，集成00018，青研432	8	环带纹、目雷纹、变形兽纹、双头夔龙纹、夔凤纹。	残高30.3，舞纵12，舞横16.9，舞间13.4，铣间19.5厘米，重7.2公斤	
15	鲁宰驷父鬲	两周之际	1965年邹县七家峪村出土，藏于邹县文物保管所	集成00707	15	腹饰长卷唇龙纹。	通高11.2，口径16.2厘米	
16	鲁伯愈父鬲	春秋早期	道光庚寅岁出于凤凰岭之沟涧，原藏许延喧，潘祖荫、丁彦臣、张子繁、诸城刘氏，器00690现藏上海博物馆	集成00690—00695	15	腹饰长卷唇龙纹。	通高12.5，口径16.2厘米	
17	鲁伯大父簋	春秋早期	1970年出土于山东历城北草沟，现藏山东博物馆	集成03974	18	盖沿、口下饰窃曲纹，盖面、腹饰瓦棱纹，圈足饰垂鳞纹。	通高25.4，口径20.1厘米，重5.28公斤	
18	鲁伯大父簋	春秋早期	原藏沈阳故宫，现藏台北故宫博物院	集成03988	17	盖沿、口下饰窃曲纹，腹饰瓦棱纹，圈足饰窃曲纹。	通高24，腹深11.15，口径20.4厘米，重5.83公斤	

续表

序号	器名	时代	出土、流传、现藏地	著录	铭文字数	纹饰	尺寸、重量	图片
19	鲁伯大父簋	春秋早期	原藏王儿、刘体智，现藏故宫博物院	集成03989	19	口下、圈足饰窃曲纹，腹饰瓦棱纹。	身高7.9，口径9.4寸（善斋）	
20	鲁士商簋	春秋早期	"浙江海宁蒋沐藏"（攈古）	集成04110	29	盖沿、口下饰窃曲纹，腹、盖饰瓦棱纹，圈足饰垂鳞纹。		
21	鲁士商簋	春秋早期	原藏清宫，现藏故宫博物院	集成04111	29	盖沿、口下饰窃曲纹，盖面、腹饰瓦棱纹，圈足饰垂鳞纹。	通盖高7.9，腹深3.7，口径6.2寸，重11.1875斤（西清）	
22	鲁伯俞父簠	春秋早期	原藏王子梅、汪慈善、吴云，现藏上海博物馆	集成04568	16	残片。	不明	
23	鲁士郭父簠	春秋早期	原藏刘鹗、许廷瑄、刘体智	集成04519	10	口下饰横鳞纹，腹饰长卷唇龙纹，圈足饰鳞纹。	身高2.5，口横12.7，口纵10寸（善斋）	
24	鲁伯愈父盘	春秋早期	1830年山东滕县凤凰岭出土，原藏潘祖荫，现藏上海博物馆	集成10114	15	腹饰窃曲纹，圈足饰垂鳞纹。	通高12.9，口径38.8厘米	
25	鲁伯厚父盘	春秋早期	原藏曹秋舫，现藏故宫博物院	集成10086	10	腹饰窃曲纹，圈足饰斜角云纹。	通高12，宽42.4厘米，重5.64公斤	
26	鲁正叔盘	春秋早期	不明	博古21.15，薛氏164.1，啸堂74.1，集成10124	16	腹饰蟠虺纹，圈足饰双头兽纹。	高2.1，耳高2，腹深0.8，口径13寸，重10.625斤（博古）	

序号	器名	时代	出土、流传、现藏地	著录	铭文字数	纹饰	尺寸、重量	图片
27	鲁士商口匜	春秋早期	现藏旅顺博物馆	集成10187	6	口下饰横鳞纹，腹饰瓦棱纹。	通高15.9，流至鋬长28.5厘米	
28	鲁伯愈父匜	春秋早期	1830年山东滕县凤凰岭出土，原藏冯云鹏、吴大澂，现藏上海博物馆	集成10244	15	口下饰窃曲纹，腹饰瓦棱纹。	通高16.5，流至鋬长31厘米	
29	鲁大司徒厚氏元铺	春秋中期	1932年山东曲阜县林前村出土（山东存），现藏故宫博物院	集成04689	23	盖、盘饰蟠螭纹，柄饰镂空蟠螭纹。	通高28.3，口径25.5厘米，重7.56公斤	
30	鲁大司徒厚氏元铺	春秋中期	1932年山东曲阜县林前村出土，原藏荣厚，现藏故宫博物院	集成04690—04691	25	盖、盘饰蟠螭纹，柄饰镂空蟠螭纹。	通高28.3，口径25.5厘米，重7.56公斤	
31	鲁少司寇封孙宅盘	春秋中期	现藏上海博物馆	集成10154	25	耳饰蟠螭纹。	通高13.8，口径39.5厘米	

5. 滕国传世铜器一览表

序号	器名	时代	出土、流传、现藏地	著录	铭文字数	纹饰	尺寸、重量	图片
1	滕虎簋	西周早期后段	原藏罗振玉	集成03828	14	盖、口下饰云雷纹填地的顾首鸟纹和浮雕兽首，方座饰顾首鸟纹，圈足饰目雷纹。		

续表

序号	器名	时代	出土、流传、现藏地	著录	铭文字数	纹饰	尺寸、重量	图片
2	滕虎簋	西周早期后段	原藏颐和园,现藏故宫博物院	集成03829	14	盖、口下饰云雷纹填地的顾首鸟纹和浮雕兽首,方座饰顾首鸟纹,圈足饰目雷纹。	通高33.6,宽31.7厘米,重7.4公斤	
3	滕虎簋	西周早期后段	原藏罗振玉	集成03831	14	盖、口下饰云雷纹填地的顾首鸟纹和浮雕兽首,方座饰顾首鸟纹,圈足饰目雷纹。		
4	滕太宰得匜	春秋晚期	现藏香港中文大学文物馆	文物1998年第8期	7	口下饰勾连卷云纹和两道身体相背、身内曲成半环的蟠螭纹。	通高12.7,口长29.5,口宽28.8厘米	
5	滕侯耆戈	春秋晚期	原藏陈承裘、罗振玉,现藏故宫博物院	山东存滕2.3—4,集成11077	5	素面。	通高20,援长12.8厘米	
6	滕侯耆戈	春秋晚期	1942年安徽寿县城北出土,原藏梁上椿,现藏故宫博物院	岩窟下43,集成11078	5	素面。	通高20.2,胡高11.8,内长8厘米	
7	滕侯昊戈	战国中期	原藏陈承裘、后归故宫博物院,现藏中国国家博物馆	三代20.13.3,山东存滕3.1—2,集成11123	6	素面。	通长23.2,援长14.9厘米	
8	滕司徒戈	战国中期	山东博物馆	录遗577,集成11205	6	素面。	通长24.7,援长15.5厘米	
9	滕之不仔剑	战国中期	原藏溧阳濮氏(贞松)	贞松12.18.3,山东存滕3,集成11608	6	素面。	通长36,中宽3.8厘米	

6. 杞国传世铜器一览表

序号	器名	时代	出土、流传、现藏地	著录	铭文字数	纹饰	尺寸、重量	图片
1	杞伯每刃鼎	春秋早中期之际	"道光、光绪年间新泰县出土"（山东存），原藏陈承裘，现藏故宫博物院	集成02494	15	盖沿、器口下饰窃曲纹，腹饰垂鳞纹。	通高28.6、口径23.8厘米	
2	杞伯每刃簋	春秋早中期之际	"道光、光绪年间新泰县出土"（山东存），原藏吴式芬、周季木（臞古，十二），现藏中国国家博物馆	集成03897	17	口下饰窃曲纹，腹饰瓦棱纹，圈足饰垂鳞纹。	通高17.1—17.3、腹深11.3、口径21厘米（十二）	
3	杞伯每刃簋	春秋早中期之际	"道光、光绪年间新泰县出土"（山东存），原藏陈介祺、潘祖荫（愙斋小校），现藏上海博物馆	集成03899	17	盖沿、口下饰窃曲纹，盖面、器腹饰瓦棱纹，圈足饰垂鳞纹。	通高24、口径20.5厘米	
4	杞伯每刃簋盖	春秋早中期之际	"道光、光绪年间新泰县出土"（山东存）	集成03900	16	盖沿饰窃曲纹，盖面饰瓦棱纹。	不明	
5	杞伯每刃簋	春秋早中期之际	1962年春武汉市文物商店收购	集成03902	17	盖沿、口下饰窃曲纹，盖面、器腹饰瓦棱纹，圈足饰垂鳞纹。	通高25、通宽38厘米、重8公斤	
6	杞伯每刃亡簋	春秋早中期之际	大唐西市博物馆	张懋镕等《新出杞伯簋浅谈》，《文博》2011.1	19	通身饰瓦棱纹。	通高20、盖高6、口径16.6、腹径19.8、圈足高4.5、足径13.9厘米	

续表

序号	器名	时代	出土、流传、现藏地	著录	铭文字数	纹饰	尺寸、重量	图片
7	杞伯每亡敦	春秋早中期之际	"道光、光绪年间新泰县出土"（山东存）	集成10334	17	盖自内而外饰环带纹，蟠螭纹，环带纹，自颈部至下腹分别饰垂鳞纹、凸弦纹、蟠螭纹、环带纹。	不明	
8	杞伯每刃壶	春秋早中期之际	清光绪年间山东新泰县出土，原藏李宗岱、盛昱、刘体智，现藏上海博物馆	集成09688	21	颈饰窃曲纹，腹饰窃曲纹，圈足饰弦纹。	通高40.6，口横17.5，口纵13厘米	

7. 已（纪）国传世铜器一览表

序号	器名	时代	出土、流传、现藏地	著录	铭文字数	纹饰	尺寸、重量	图片
1	貉子卣	西周中期前段	原藏清宫，原为一真一伪（西清15.9）（西清15.11），李山农得真盖伪器，潘祖荫得真盖美集），现盖藏美国纽约波里斯里美术馆（皮斯柏氏藏品），器藏上海博物馆	集成05409	36	盖面和器颈均饰浮雕龍纹。	通高21.8，口径14×11.1，宽21.3厘米	
2	己侯貉子簋盖	西周中期前段	原藏李山农（愙斋，丁树桢，罗振玉（愙斋，周金），现藏瑞典斯德哥尔摩远东古物博物馆	集成03977	19	盖面饰云雷纹填地的顾首大鸟纹。	不明	

续表

序号	器名	时代	出土、流传、现藏地	著录	铭文字数	纹饰	尺寸、重量	图片
3	己侯簋	西周中期	原藏陈介祺,现藏上海博物馆	集成03772	13	盖沿、口下饰顾首夔龙纹,腹饰瓦棱纹。	通高19.4,口径17.7厘米	
4	己侯虎钟	两周之际	山东寿光县人得之于纪侯台下(积古),原藏李廕,刘喜海,陈介祺,现藏日本京都泉屋古馆	大系235,山东存纪1,集成00014	6	甬有环带纹,下饰横鳞纹,篆间饰斜角云纹,鼓部饰大云纹,右鼓有鸾鸟纹。	通高26厘米,重7.2公斤	

8. 郜国传世铜器一览表

序号	器名	时代	出土、流传、现藏地	著录	铭文字数	纹饰	尺寸、重量	图片
1	郜公钎钟	春秋中期	原藏许延喧、丁麟年、端方,现藏上海博物馆	大系217,山东存郜9,青研537	36	舞饰顾首龙纹,篆间饰两头龙纹,鼓部饰相背式变形龙纹。	通高50.5、舞纵15.9、舞横20.3、鼓间19.3、铣间25.3厘米,重25.58公斤	
2	郜公华钟	春秋中期	原藏纪昀、潘祖荫,后上藏上海博物馆,现藏中国国家博物馆	积古3.18,山东存郜8,上藏82,集成00245	93	鼓部饰卷体龙纹。	通高36、舞修11.1、舞广14.2厘米	
3	郜公牼钟	春秋晚期	原藏曹秋舫、端方、吴云,现藏上海博物馆	贞松1.17,大系215,山东存郜7,集成00152	57(4枚)	舞部饰雷纹,篆间饰顾首夔龙纹,口口曲度较浅,饰多层雷纹。	通高38.2、舞纵14.8、舞横18.9、鼓间17、铣间21.4厘米,重13.63公斤	

附　　表

续表

序号	器名	时代	出土、流传、现藏地	著　　录	铭文字数	纹　　饰	尺寸、重量	图片
4	邾叔之伯钟	春秋晚期	原藏颐和园，现藏故宫博物院	山东存邾 11.2，故铜 258，集成 00087	43	篆带饰蟠螭纹，舞饰蟠虺纹，鼓饰双鸟纹。	通高 34.6，铣间 22.8 厘米，重 8.18 公斤	
5	邾大宰欉子䜉钟	春秋晚期	原藏内府，现藏台北故宫博物院	西甲 17.24，山东存邾 12.2，故图下上 241，集成 00086	36	篆间饰 S 形纹，鼓部饰云纹，舞上饰云纹。	高 5.5，钮高 1.6，舞横 3.4，舞纵 2.7，铣间 3.9，鼓间 3 寸，重 2 斤（西甲）	
6	邾伯鬲	两周之际	原藏刘镜古，许延喧丁树桢，方若，现藏中国国家博物馆	集成 00669	15	颈部饰窃曲纹。	通高 11.3，口径 15 厘米	
7	邾大宰簠	春秋中期	原藏刘善海，现藏上海博物馆	集成 04624	38	腹、底饰蟠螭纹，口沿饰三角纹，足饰象纹。	器高 10.5，口横 30，口纵 13.5 厘米	
8	邾大司马戈	春秋晚期	原藏黄小松，现藏辽宁省博物馆	积古 8.16.1，山东存邾 15.2，集成 11206	7	素面。	通长 22.3，援长 14.8 厘米	

9. 其他国（族）传世铜器一览表

序号	器名	时代	出土、流传、现藏地	著　　录	铭文字数	纹　　饰	尺寸、重量	图片
1	夆伯命甗	西周早期后段	原藏刘体智，现藏台北故宫博物院	善图 50，山东存下 10.2，故图下 12，北图拓 75，集成 00894	6	颈部饰两道弦纹，高腹饰浮雕牛角兽面。	高 16.1，耳高 2.4，口径 13.1 寸（善图）	

续表

序号	器名	时代	出土、流传、现藏地	著录	铭文字数	纹饰	尺寸、重量	图片
2	夆莫父卣	西周早期后段	自上海冶炼厂废铜中拣选,现藏上海博物馆	上藏39,文物1959年10期34页,集成05245	6	提梁饰蝉纹,盖和器腹饰垂冠顾首大凤鸟,颈两旁饰顾首浮雕牛首,两旁饰顾首卷尾鸟纹,均以云雷纹填地。	通高23.3,口横12.7,口纵9.2厘米,重2.615公斤	
3	夆伯鬲	西周中期	自上海冶炼厂废铜中拣选,现藏上海博物馆	集成00696,青研373	17	上腹饰横鳞纹,足根饰象首纹。	通高12.9,口径16.3厘米,重1.18公斤	
4	夆叔盘	春秋晚期	滕县出土,原藏旅顺博物馆	三代17.17.1,贞图中35,山东存附9.2,集成10163	36	素面。	身高6,口宽7.8,口长137寸(善图)	
5	夆叔匜	春秋晚期	滕县出土,原藏浦伦刘体智,现藏上海博物馆	三代17.40.2,山东存附10,集成10282,青研525		体饰四条镶嵌红铜的龙纹。	通高18.5,通长35.7,口宽13.4厘米	
6	过伯簋	西周早期后段	原藏刘鹗、邹安、罗振玉,现藏旅顺博物馆	三代6.47.3,大系录26,集成03907	15	颈部饰一周连续的垂冠顾首鸟纹,圈足饰云雷和兽面纹。	通高18.1,口径16.2,腹径16.5厘米	
7	铸司寇壶左鼎	西周晚期	台北某私人收藏家	图像集成2171	17	腹饰垂鳞纹。	通高30,口径28厘米	
8	铸子叔黑臣簠(2件)	两周之际	传光绪初年山东桓台出土,原藏孙庄、潘祖荫,现分藏故宫博物院、上海博物馆	山东存铸3.1.3.3,集成04570		口沿饰兽体卷曲纹,四壁饰相背式卷体夔龙纹。	通高17.8,宽27.6厘米,重4.24公斤	
9	铸公簋盖	两周之际	传出于齐东县,原藏清宫,现藏上海博物馆	西清29.3,山东存铸1,集成04574,青研453	21	盖顶交龙纹,口沿下饰变形兽体纹,腹壁饰卷体夔龙纹。	高6,口纵24.8,口横30.3厘米,重2.85公斤	

续表

序号	器名	时代	出土、流传、现藏地	著录	铭文字数	纹饰	尺寸、重量	图片
10	商丘叔簠（3件）	两周之际	原藏潘祖荫、端方，分藏上海博物馆、美国堪萨斯纳尔逊尔迹美术陈列馆	三代10.12.2，铜全7.127，集成04557	17	盖顶饰双头夔龙纹，器盖口沿下饰变形兽体纹，腹饰夔纹。	通高17.2，口横27.3，口纵22.2厘米	
11	莒小子簋	西周早中期之际	原藏冯公度，现藏故宫博物院	集成04037	25	口下饰窃曲纹间兽首，圈足饰斜角云纹。	通高14.3，口径22.2厘米，重2.94公斤	
12	莒大史申鼎	春秋中期	现藏南京大学考古与艺术博物馆	集成02732	32	口下饰蟠螭纹，三足上部饰兽面纹。	耳残，高22.6，口径25.3厘米	
13	莒侯少子簋	战国早中期之际	原藏罗振玉	大系录188，山东存莒2，集成04152	37	腹和方座均饰环带纹。	不明	
14	郘季故公簠	两周之际	原藏吴式芬，现藏故宫博物院	三代7.33.7，山东存莒部4.2，大系录222.4，集成03818	15	口下饰变形夔龙纹，腹饰瓦棱纹，圈足饰垂鳞纹。	通高17.4，口径19，宽36.5厘米	
15	郘谱簠	两周之际	原藏清宫，后归减备卿、多智友、刘体智	集成04040	24	盖沿、口下饰窃曲纹，盖面、腹饰瓦棱纹，圈足饰鳞纹。	通盖高7.2，腹深3.6，口径6.2寸，重11.6875斤（西甲）	
16	郘伯鼎	春秋早期	原藏沈阳故宫，后归台北故宫博物院	集成02601	20	口下饰窃曲纹，弦纹，长卷唇龙纹。	通高30，腹深13.8，口径35.8厘米，重9.16公斤	
17	薛侯盘	两周之际	原藏刘喜海、端方，后归美国纽约山中商会	集成10133	20	腹饰窃曲纹，圈足饰鳞纹。	通高16.5，宽42.5厘米	

续表

序号	器名	时代	出土,流传,现藏地	著录	铭文字数	纹饰	尺寸,重量	图片
18	曹公子沱戈	春秋晚期	现藏山东博物馆	铜全9.91,集成11120	7	素面。	通长17.9,阑长10厘米	
19	羊子戈(3件)	战国早期	上器出于山东曲阜,原藏曲阜颜氏,陈介祺,现藏上海博物馆;下器现藏清华大学图书馆;另有一件现藏山东师范大学历史文化学院文物陈列馆	上器:积古8.15.2,山东存齐21.2—3,集成11089;下器:集成11090	5	素面。	上器通长25,援长17厘米	
20	淳于公戈(2件)	战国中期	上器现藏故宫博物院;下器原藏于山东省吾,现藏故宫博物院	上器:集成11124;下器:三代5.2,存铸5.2,集成11125	6	素面。	下器通长26.7,援长17.8,阑高12.8厘米	

10. 寿张梁山诸器一览表

序号	器名	时代	出土,流传,现藏地	著录	铭文字数	纹饰	尺寸,重量	附图
1	小臣艅犀尊	商末	传清代晚期出自山东寿张县梁山下,潘祖荫,原藏钟美国旧金山亚洲艺术博物馆(布伦戴奇藏品)	山东存附3.3	27	素面。	通高22.9,通长37厘米	
2	太保方鼎	西周早期	传清代晚期出自山东寿张县,原藏钟养田,李山农,丁彦臣,端方,现藏天津市艺术博物馆	文物1959年11期59页,集成01735	6	饰兽面纹和垂叶纹。	通高57.6,口纵35.8厘米,重26.72公斤	

续表

序号	器名	时代	出土、流传、现藏地	著录	铭文字数	纹饰	尺寸、重量	附图
3	太保方鼎	西周早期	传清代晚期出自山东寿张县梁山下	西甲1.10,山东存下5.2,集成02157	6	口下饰夔龙纹。	高5.6,耳高1.3,腹深2,口横5.2,口纵4.5寸,重49两(西甲)	
4	太保方鼎	西周早期	传清代晚期出自山东寿张县梁山下,原藏清宫,后先后归潘祖荫、端方、吴荣光	西甲1.12,山东存下5.3,集成02158	6	口下饰夔龙纹。	高4.6,耳高1.1,腹深2,口横4.5,口纵3.8寸,重34两(西甲)	
5	太保簋	西周早期	传清代晚期出自山东寿张县梁山。李山农、潘祖荫、薄伦及美国Agnes E.Meyer,现藏美国华盛顿弗利尔美术馆	山东存下7.2,集成04140	34	腹饰兽面纹,兽面的双目为器耳相隔;圈足饰夔龙纹。	通高23.5,口径37.5厘米	
6	太史友甗	西周早期	传清代晚期出自山东寿张县梁山。李山农、潘祖荫等,现藏日本京都泉屋博古馆	海外12,断代653页72,集成00915	8	口下饰夔龙纹组成的兽面纹,高腹饰牛角大兽面。	通高52.2,口径31.9厘米,重11.4公斤	
7	伯鼎	西周早期	传清代晚期出自山东梁山。李山农、薄伦,现藏清华大学图书馆	断代651页70,集成02749	39	颈饰一道弦纹。	器高24.8,口径19.6×21.2厘米	
8	伯盉	西周早期	传清代晚期出自梁山、李宗岱,原藏钟养田、薄伦、丁树桢、刘体智、容庚	缀遗14.20.1—2,山东存71,集成09430,断代652页	10	盖上及颈部饰两道弦纹。	高8.8,口径4.5寸(善斋)	

注：以上诸表以及文中所引书目简称与全称对应如下：

《安徽金文》：《安徽出土金文订补》，崔恒升著，黄山书社，1998年。
《澳铜选》：《澳大利亚所见中国铜器选录》，张光裕著，1978年。
《白鹤撰》：《白鹤吉金撰集》，[日]嘉纳治兵卫著，白鹤美术馆，1951年。
《宝蕴》：《宝蕴楼彝器图录》，容庚著，1929年晕印本。
《保金》：《保利藏金》，保利艺术博物馆编，岭南美术出版社，1999年。
《保金续》：《保利藏金续》，保利艺术博物馆编，岭南美术出版社，2001年。
《北图拓》：《北京图书馆藏青铜器铭文拓本选编》，北京图书馆金石组编，文物出版社，1985年。
《博古》：《博古图录》三十卷，王黼等撰，宝古堂刻本。
《出光》：《日本出光美术馆开馆十五周年纪念展图录》，[日]出光美术馆编，1981年。
《从古》：《从古堂款识学》十六卷，徐同柏著，光绪三十二年蒙学报石印本。
《大系》：《两周金文辞大系图录考释》，郭沫若著，科学出版社，1957年。
《度量衡》：《中国古代度量衡图集》，邱隆、丘光明、顾茂森等编，文物出版社，1984年。
《断代》：《西周铜器断代》，陈梦家著，中华书局，2004年。
《二百》：《二百兰亭斋收藏金石记》四卷，吴云撰，咸丰六年归安吴氏刻本。
《簠斋》：《簠斋吉金录》八卷，邓实等编，1918年风雨楼影印本。
《故宫》：《故宫博物院院藏清宫陈设档案》四十五册，故宫博物院编，1929—1940年。
《故宫文物月刊》：《故宫文物月刊》，台北故宫博物院主办。
《故铜》：《故宫青铜器》，故宫博物院编，紫禁城出版社，1999年。
《故图》：《故宫铜器图录》二册，台北故宫博物院联合管理处编，1958年。
《海铜》：《海外中国铜器图录》二册，陈梦家著，商务印书馆，1946年。
《海外》：《海外吉金图录》三册，容庚著，1935年考古学社印本。
《海外遗珍》：《海外遗珍·铜器》，台北故宫博物院编，1985年。
《怀米》：《怀米山房吉金图》二卷，曹载奎辑，道光十九年自刻本。
《汇编》：《中日欧美澳纽所见所拓所摹金文汇编》十册，[澳]巴纳、张光裕编，艺文印书馆，1978年。
《积古》：《积古斋钟鼎彝器款识》十卷，阮元撰，嘉庆九年阮氏刻本。
《集成》：《殷周金文集成》（修订增补本八册，中国社会科学院考古研究所编，中华书局，2007年。
《金索》：《金石索》十二卷，冯云鹏、冯云鹓辑，光绪三十二年文渊局石印本。
《近出》：《近出殷周金文集录》四册，吴镇烽撰，刘雨、卢岩编，中华书局，2002年。
《筠清》：《筠清馆金文》五卷，吴荣光撰，宜都杨氏重刻本。
《攈古》：《攈古录金文》三卷，吴式芬撰，光绪二十一年吴氏家刻本。
《考古图》：《考古图》十卷，吕大临著，乾隆十七年亦政堂刻本。
《愙斋》：《愙斋集古录》二十六卷，吴大澂著，1918年涵芬楼影印本。
《两罍》：《两罍轩彝器图释》十二卷，吴云著，同治十一年吴氏刻本。
《灵集》：《商周金文录遗》，于省吾著，科学出版社，1957年。
《美集》：《美帝国主义劫掠的我国殷周铜器集录》，陈梦家编，科学出版社，1962年。
《宁寿》：《宁寿鉴古》十六卷，吴武芬等同敕编，1912年涵芬楼依宁寿宫写本石印本。
《欧拓》：《欧米搜储支那古铜精华》六册，[日]梅原末治编，1933年。
《攀古》：《攀古楼彝器款识》二卷，潘祖荫著，同治十一年滂喜斋高刻本。

《奇觚》：《奇觚室吉金文述》二十卷,刘心源著,光绪二十八年石印本。
《青研》：《夏商周青铜器研究》六册,陈佩芬著,上海古籍出版社,2004年。
《泉屋》：《泉屋清赏》,[日]滨田耕作著,1919年。
《三代》：《日本搜储支那古铜精华》六册,[日]梅原末治编,1959—1962年。
《山东存》：《三代吉金文存》二十卷,罗振玉编,1937年。
《陕金》：《山东金文集存·先秦编》,曾毅公编,1940年。
《善图》：《陕西金文汇编》(上、下),吴镇烽编,三秦出版社,1989年。
《善斋》：《善斋彝器图录》三册,容庚编,1936年。
《上藏》：《善斋吉金录》二十八卷,刘体智编,1934年石印本。
《十二》：《上海博物馆藏青铜器》,上海博物馆编,上海人民美术出版社,1964年。
《十六》：《十二家吉金图录》三册,商承祚编,1935年印本。
《颂续》：《十六长乐堂古器款识考》四卷,钱坫撰,嘉庆元年刻本。
《颂斋》：《颂斋吉金续录》二册,容庚编,考古学社专辑第十四种。
《陶续》：《颂斋吉金图录》,容庚编,1933年印本。
《陶斋》：《陶斋吉金续录》二卷附补遗,端方著,宣统元年石印本。
《通鉴》：《陶斋吉金录》八卷,端方著,宣统元年石印本。
《铜器选》：《商周金文资料通鉴》,吴镇烽编,2006年。后经补充资料更名为《商周青铜器铭文暨图像集成》,上海古籍出版社,2012年。
《图像集成》：《中国古青铜器选》,文物出版社,1976年。
《西甲》：《中国青铜器全集》十六册,中国青铜器全集编辑委员会编,文物出版社,1997—1998年。
《西清》：《商周青铜器铭文暨图像集成》三十五册,吴镇烽编著,上海古籍出版社,2012年。
《西拾》：《西清续鉴甲编》二十卷,乾隆五十八年敕编,1935年影印本。
《西乙》：《西清古鉴》四十卷,乾隆十四年敕编,光绪十四年迈宋书馆依宁寿宫写本影印本。
《小校》：《西清续鉴乙编》二十卷,乾隆五十六年敕编,艾兰著,文物出版社,1995年。
《啸堂》：《小校经阁金石拓本》十八卷,刘体智编,1935年影印本。
《续彝》：《啸堂集古录》二卷,王俅著,1931年影印本。
《薛氏》：《续考古图》五卷,附考古图释文,赵九成撰,涵芬楼影印,萧山朱氏藏宋刊本。
《岩窟》：《薛氏钟鼎款识》二十卷,附考识二卷,薛尚功编,光绪十三年归安陆氏刻本。
《遗珠》：《岩窟吉金图录》二卷,梁上椿编,1943年。
《遗文存》：《欧洲所藏中国青铜器遗珠》,李学勤、艾兰编著,文物出版社,1995年。
《殷铜》：《殷文存》二卷,罗振玉编,1917年艺术丛编本。
《殷续》：《殷墟青铜器》,中国社会科学院考古研究所编著,文物出版社,1985年。
《贞图》：《殷续存》二卷,罗振玉编,1935年墨缘堂印本。
《贞松》：《贞松堂集古遗文》十六卷,罗振玉编,1930年。
《周金》：《贞松堂吉金图》三卷附补遗,罗振玉编,1935年艺术丛编本。
《缀遗》：《周金文存》六卷附补遗,邹安编,1916年。
《总集》：《缀遗斋彝器考释》三十卷,方濬益编,1935年涵芬楼石印本。
《尊古》：《金文总集》十册,严一萍编,台湾艺文印书馆,1983年。
《尊古》：《尊古斋所见吉金图》四卷,黄濬编,北平尊古斋,1936年。

后　　记

　　窗外麦田的绿色正在消退，欧洲足球联赛的终场哨也渐次响起，这是一个收获的季节。于我而言，有喜悦，也有遗憾。回首学习夏商周考古与青铜器十余年的点点滴滴，收获不可谓不多，遗憾也不可谓不少，然而感触最深的还是那种得到众多关爱的庆幸和无以为报的愧疚。

　　书稿是在博士学位论文基础上修改而成的，也是本人主持的国家社科基金项目的结项成果。从题目的拟定到框架的构建，从章节的安排到文字的斟酌，无不凝聚着导师曹玮先生的心血。我的专业基础较为薄弱，为此，先生还额外担负起导引之责，小自学习方法大到治学门径，再到学问道德和为人处世，先生所费心力极多。先生的博学卓识令我高山仰止，先生的谆谆教导使我受益终生。博士毕业前夕，先生还为我的工作问题多方奔走，为我解决了最为紧迫的后顾之忧，使我得以安心向学、全力作文。博士期间赴美留学之行也是先生一力促成的。十余年来，先生对我的生活也有诸多照顾。书稿的完成犹如我本人学识的增长，凝聚着先生殷殷的期待与浓浓的关爱。先生于我亦师亦父。

　　张懋镕先生是我步入夏商周考古与青铜器研究领域的引路人，也是我攻读硕士学位时的另一位导师，对本书以及本人的学业成长，也给予了很多帮助。先生的睿智、纯粹以及谦逊近人之风华独具魅力，先生严谨的治学精神和独到的治学方法，对我影响很深。

　　奈何我过于愚钝，追随两位先生十余载而未得先生之一二，有负先生之厚爱！两位先生皆为宇内商周考古与青铜器研究之大家，得遇一位即为大幸，而我能忝列两位先生门下，人生之幸莫过于此。书稿的完成全赖两位先生教导之功，而书中错漏之处自然归于本人才力之不足。

　　博士学位论文答辩委员会主席北京大学朱凤瀚教授以及答辩委员会委员山东大学方辉教授、陕西省考古研究院张天恩研究员、陕西师范大学王晖教授在百忙之中，冒雨参加了我的论文答辩，并提出了很多宝贵的修改建议。论文外审专家山东大学的栾丰实教授、西北大学的赵丛苍教授、四川大学的罗二虎教授等也对本书提出了重要的修改意见。本书据此修改方得今日之面貌。

　　同窗卢中阳、丁守伟、谢伟峰、刘维波、何涛等在问题解析及日常生活上给予了很多帮助；师妹马军霞、杨欢、刘远晴等对本书有匡正之言；师妹李成、侯雯雯对本书资料的收集和整理有辅助之劳；师兄梁彦民、岳连建、王帅、胡嘉麟、张翀、曹斌，师姐任雪莉、阴玲玲、乔美美，师弟付建、王宏、孙战伟、魏超、李树浪、刘树满、王文轩以及师妹欧阳怡婷等也有协助之谊。

  匹兹堡大学艺术与建筑史系的林嘉琳(Katheryn M. Linduff)教授对我在美期间的学习和生活给予了很多指导和帮助，七十岁高龄的她驱车亲赴机场接我的情景，历历在目。在匹大的一年中还结识了一些要好的朋友。舍友洪猛是吉林大学边疆考古研究中心杨建华教授的高足，我们经常一起讨论中美考古学、历史学等在研究理论、方法上的异同和得失，使我受益匪浅。在匹大人类学系攻读博士学位的李涛、李冬冬、丁山(James Williams)等同学，在艺术史系攻读博士学位的董丽慧、韩佳瑶、Margarita Delagado等同学，以及盖蒂斯堡大学的孙岩老师、杨红育老师、丁山的妻子戚丽燕女士，在美期间也对我提供了很多帮助。此外，吉林大学边疆考古研究中心滕铭予教授的博士江楠同学在回国之前特意为我租赁了满意的寓所，解决了我在美期间最为迫切的居住和生活问题。

  陕西师范大学的萧正洪副校长以及历史文化学院的贾二强院长、何志龙院长、丁虹书记、杜海斌书记、梁志胜副院长、曹伟副院长、李秉忠副院长、郭妍利副院长对我的学习和生活给予了很多帮助。学院办公室董春生老师、王春阳老师、梁丽老师、齐耐心老师等也对我的学习和工作提供了很多便利。考古学方向的徐涛老师、朱君孝老师、杨瑾老师、王帅老师、胡保华老师、张寅老师、黄薇老师等也给予了很多扶助。历史文化学院的白建才老师、王成军老师、胡舶老师、韩小忙老师、黄正林老师、马瑞映老师、拜根兴老师、李化成老师、詹晋洁老师等众多师长也提供了各种形式的帮助。

  我的妻子柴银平女士继承了中国女性的所有传统美德——朴实、善良、贤惠、聪颖、乐观、坚毅。在我多年的求学生涯中，她始终默默奉献、无怨无悔，使我得以安心向学并能顺利完成学业，书稿方面她也做了很多具体的辅助工作。我永远不会忘记她怀孕后期以及孩子出生之后所度过的无数个不眠之夜。

  给予我生命、抚育我成长的父母付出了巨大艰辛和心血，对于抚养五个子女的父母来说，其中的艰难更是难以言表。当我在美国时，母亲突然罹病，待我知悉这一消息时，噩耗也同时传来：母亲已永远离开了我们。"子欲养而亲不在"，人生的悲痛和遗憾莫过于此！念及母亲音容，悲不可抑，泪不能止。母亲是一个虔诚的中国农村式的基督教信徒，驻笔祈祷母亲在天堂快乐安康，不必像今世那般辛劳，也祝愿父亲健康长寿！

  此外，我要感谢新疆生产建设兵团的单玫部长、孙新农处长、张英调研员、蒋欣处长以及王新戈、李进、余常松等领导和同事，对我在疆志愿服务以及读研期间给予的关怀与帮助。感谢北京大学文博学院的张弛老师、樊力老师，他们在河南邓州八里岗遗址手把手指导了我为期半年的田野考古实习工作。感谢山东省文物考古研究院的刘延常书记以及山东师范大学历史文化学院的燕生东教授惠赠研究资料。特别感谢上海古籍出版社的吴长青副总编辑以及王璐编辑的辛勤付出，原稿中器物与纹饰图片、表格多而零碎，编辑工作十分繁重，正是他们的不辞辛苦，本书才得以顺利面世。

孔子曰"三人行，必有吾师"，我说"三人行，必有恩惠于我者"，书稿的完成离不开每一位帮助过我的领导、老师、同事、同学，以及默默支持我的亲人和朋友们。今作小记，以志不敢或忘，并祝愿各位幸福安康！

毕经纬

记于陕西师范大学历史文化学院青年教师工作坊

2019 年 5 月 21 日 22 时 36 分

图书在版编目（CIP）数据

问道于器：海岱地区商周青铜器研究／毕经纬著.
—上海：上海古籍出版社，2019.9
ISBN 978-7-5325-9276-0

Ⅰ.①问… Ⅱ.①毕… Ⅲ.①青铜器（考古）—研究—山东—商周时代　Ⅳ.①K876.414

中国版本图书馆 CIP 数据核字（2019）第 138232 号

问道于器

海岱地区商周青铜器研究

毕经纬　著

上海古籍出版社出版发行

（上海瑞金二路 272 号　邮政编码 200020）

(1) 网址：www.guji.com.cn
(2) E-mail: guji1@guji.com.cn
(3) 易文网网址：www.ewen.co

上海惠敦印务科技有限公司印刷

开本 787×1092　1/16　印张 38　插页 2　字数 809,000
2019 年 9 月第 1 版　2019 年 9 月第 1 次印刷
ISBN 978-7-5325-9276-0
K·2671　定价：148.00 元
如有质量问题，请与承印公司联系